本书出版得到深圳市北大创新发展基金会的资助

储槐植教授近照

储槐植文选

储槐植 著

北京大学出版社
PEKING UNIVERSITY PRESS

图书在版编目(CIP)数据

储槐植文选 / 储槐植著. —北京：北京大学出版社，2022.12
ISBN 978-7-301-33551-2

Ⅰ.①储… Ⅱ.①储… Ⅲ.①刑法—文集 Ⅳ.①D914.04-53

中国版本图书馆 CIP 数据核字（2022）第 204529 号

书 名	储槐植文选
	CHU HUAIZHI WENXUAN
著作责任者	储槐植 著
责 任 编 辑	李 娜
标 准 书 号	ISBN 978-7-301-33551-2
出 版 发 行	北京大学出版社
地 址	北京市海淀区成府路 205 号 100871
网 址	http://www.pup.cn http://www.yandayuanzhao.com
电 子 信 箱	yandayuanzhao@163.com
新 浪 微 博	@北京大学出版社 @北大出版社燕大元照法律图书
电 话	邮购部 010-62752015 发行部 010-62750672 编辑部 010-62117788
印 刷 者	涿州市星河印刷有限公司
经 销 者	新华书店
	720 毫米×1020 毫米 16 开本 55 印张 1077 千字
	2022 年 12 月第 1 版 2022 年 12 月第 1 次印刷
定 价	168.00 元

未经许可，不得以任何方式复制或抄袭本书之部分或全部内容。
版权所有，侵权必究
举报电话：010-62752024 电子信箱：fd@pup.pku.edu.cn
图书如有印装质量问题，请与出版部联系，电话：010-62756370

目录

第一编　刑事一体化与关系刑法论

建立刑事一体化思想　　　　　　　　　　　　003
再说刑事一体化　　　　　　　　　　　　　　010
刑事一体化践行　　　　　　　　　　　　　　020
刑法契约化　　　　　　　　　　　　　　　　031
走向刑法的现代化　　　　　　　　　　　　　037
刑事"三化"述要　　　　　　　　　　　　　　044
刑法存活关系中——关系刑法论纲　　　　　　048
刑法机制论要　　　　　　　　　　　　　　　062

第二编　刑事政策论

刑事政策的概念、结构和功能　　　　　　　　069
刑事政策：犯罪学的重点研究对象和司法实践的基本指导思想　　079
认识犯罪规律，促进刑法思想现实化——对犯罪和刑罚的再思考　　088
美国刑事政策趋向　　　　　　　　　　　　　095
国际视野下的宽严相济刑事政策　　　　　　　102
社会管理创新视野下我国轻罪刑事政策完善　　110
刑事一体化视域下的微罪研究　　　　　　　　122
论微罪的出罪事由　　　　　　　　　　　　　138
刑法谦抑性实践理性辨析　　　　　　　　　　144
刑法谦抑——由一则建议稿引发的思考　　　　156

第三编　刑事立法论

严而不厉：为刑法修订设计政策思想	169
刑法修订与刑事政策	182
罪刑矛盾与刑法改革	186
要正视法定犯时代的到来	197
解构轻刑罪案，推出"微罪"概念	201
刑罚现代化：刑法修改的价值定向	204
刑法例外规律及其他	215
论刑事立法方法	222
市场经济与刑法	228
知识经济与现代化刑法观	236
论法定刑结构的优化——兼评97《刑法》的法定刑结构	244
死刑改革：立法和司法两路并进	259
论刑法典分则修订的价值取向	263
完善贿赂罪立法——兼论"罪刑系列"的立法方法	274
对网络时代刑事立法的思考	282
1997年刑法二十年的前思后想	289

第四编　刑法解释论

论刑法学若干重大问题	295
论我国数量刑法学的构建	307
浅议从案例提炼刑法适用解释规则	326
刑法应用观念	330
现在的罪刑法定	344
刑法基本原则的中国面向与现代化	349
刑法目的断想	351
出罪应注重合理性	353
犯罪构成理论结构比较论略	356
我国刑法中犯罪概念的定量因素	368
再论我国刑法中犯罪概念的定量因素	375

善待社会危害性观念——从我国刑法第 13 条但书说起	387
刑法第 13 条但书的价值蕴涵	403
刑法第 13 条但书与刑法结构——以系统论为视角	419
三论第三犯罪行为形式"持有"	429
一个半因果关系	433
刑法因果关系研究	438
过失危险犯之存在性与可存在性思考	452
复合罪过形式探析——刑法理论对现行刑法内含的新法律现象之解读	463
论罪数不典型	473
刑罚功能的概念与特征——兼论刑罚的负功能	482
论罪刑均衡的司法模式	489
死刑司法控制：完整解读刑法第四十八条	502
论案外情节对毒品犯罪死刑适用的影响	509
论有牵连关系的两罪也应实行并罚	528
刑民一体化视野下二维码案侵财行为定性研究	533
贪污罪论要——兼论《刑法》第 394 条之适用	548
公务活动中单纯受贿行为之贪污罪处理——兼论刑法第 394 条之适用及修改	556
初论"环境刑法"	564
滥用职权罪的行为结构	572

第五编　外国刑法研究

欧美刑法改革	577
论美国刑法的特点	589
两大法系关于犯罪构成理论和实践方面的主要差异——层次结构、法人犯罪和绝对责任	599
英国刑法中的"轻率"	606
西方刑法中的"合法辩护"	615
西方的经济犯罪	626
美国"锐苛"研究	634
英美法系国家刑法变革对中国的启示	641

第六编　关系犯罪学与犯罪场论

论犯罪学理论框架及研究目标　　　　　　　　　　　　　　649
犯罪学的特性与功用　　　　　　　　　　　　　　　　　661
犯罪学界的贡献　　　　　　　　　　　　　　　　　　　667
犯罪在关系中存在和变化——关系犯罪观论纲：一种犯罪学哲学　　671
多层次犯罪原因论　　　　　　　　　　　　　　　　　　681
犯罪发展与刑法演变　　　　　　　　　　　　　　　　　687
要重视"犯罪发展"问题　　　　　　　　　　　　　　　692
犯罪控制方略　　　　　　　　　　　　　　　　　　　　695
犯罪场——犯罪控制的捷径　　　　　　　　　　　　　　705
经济全球化与犯罪控制对策　　　　　　　　　　　　　　717
有组织犯罪及其在我国的现状　　　　　　　　　　　　　725
有组织犯罪预防论要　　　　　　　　　　　　　　　　　729
合理反击有组织犯罪　　　　　　　　　　　　　　　　　735
联合国反腐败公约与中国反腐败国际合作研究　　　　　　741

第七编　监狱、行刑与劳动教养

监狱与矫治的理想与现实　　　　　　　　　　　　　　　781
论刑事执行主体的合理配置　　　　　　　　　　　　　　788
美国监狱制度改革的新动向——监狱私营化　　　　　　　795
美国监狱参观记　　　　　　　　　　　　　　　　　　　798
刑事一体化视野中的社区矫正　　　　　　　　　　　　　802
论教养处遇的合理性　　　　　　　　　　　　　　　　　809
再论劳动教养制度合理性　　　　　　　　　　　　　　　812
议论劳动教养制度改革　　　　　　　　　　　　　　　　821
劳动教养制度走向　　　　　　　　　　　　　　　　　　826
从国情出发思考劳动教养制度改革　　　　　　　　　　　830
再论劳动教养制度改革　　　　　　　　　　　　　　　　833
关于违法行为教育矫治法立法中几个重大问题的思考　　　838

第八编　刑法研究心得

提倡折衷——法学研究范式检讨	847
刑法学研究的新构想	853
当前刑法研究的方法问题	856
刑法学论文写作谈	861
编辑后记	867

第一编

刑事一体化与关系刑法论

建立刑事一体化思想[*]

《刑法》在1980年元旦开始生效时就面对中华人民共和国成立以来出现的较高犯罪率,1981年至1983年全国人大常委会接连通过三个严惩犯罪分子的"决定",刑事司法采取了从重政策。九年来,犯罪率呈"V"形轨迹。刑事案件立案数在1984年下降为514369起,明显低于前三年,但1985年又开始反弹,出现上升趋势:1985年为542005起,1986年为547115起[①],1987年比1986年增长4%以上,为57万多起,1988年上半年重大刑事案件比1987年同期上升34.8%,"治安形势仍然相当严峻"[②]。如何解释犯罪数与刑罚量同步增长这种现象?有无可能以及怎样走出这种怪圈?要实事求是地回答这些问题,必须建立刑事一体化思想。刑事一体化的基本点是,刑法和刑法运行处于内外协调状态才能实现最佳社会效益。实现刑法最佳效益是刑事一体化的目的,刑事一体化的内涵是刑法和刑法运行内外协调,即刑法内部结构合理(横向协调)与刑法运行前后制约(纵向协调)。刑事一体化构想,大体上包含下列三方面内容。

一、更新观念

"阶级斗争是犯罪根源"这种犯罪原因简单化观点现在虽然已经失去市场,但它赖以确立的思维模式基本没有被触动:原始社会不存在犯罪,犯罪是社会发展到出现私有制和阶级这一历史阶段的产物,它与国家和法律同生同灭,社会主义制度是遏制犯罪的最可靠保证。现在刑法界尤其刑事决策过程相信"刑罚量同犯罪数成反比"的罪刑关系简单化看法同这种思维模式仍有血缘联系。

1979年颁布的《刑法》,除少数犯罪(如故意伤害、投机倒把、偷税抗税以及累犯等)刑罚偏轻外,并非属于轻刑主义刑法,当时面对的也不是理想的社会治安形势,然而为什么刚刚诞生的《刑法》不久便在从重政策思想指导下运行呢?犯罪数量增长是客观因素,但主要在于决策者的主观认识,相信刑罚加重犯罪就会减少。实际上起到了何种作用?存在两种对立观点:肯定说用"如果不是从重打击,犯罪会更严重"这种

---

[*] 原载《中外法学》1989年第1期。
[①] 1984年至1986年刑事案件立案数均参见《中国法律年鉴(1987)》。
[②] 统计数字及引文参见国务委员兼公安部部长王芳向全国人大常委会汇报公安工作和当前社会治安情况,载《法制日报》1988年9月1日。

既无法证明也很难反驳的假设进行论证。否定说则推出统计数字为论据。两种看法表面迥异,但基本出发点雷同,都以犯罪率作为评估刑法价值的唯一尺度:从主观愿望看是把刑罚理想化(期望值过高心理),从认识根源看是对犯罪原因理解的简单化。当前存在的犯罪原因简单化观点已不是20世纪70年代盛行的阶级斗争是产生犯罪的唯一(后来退一步为"基本")原因那种一目了然的单一化,承认犯罪是多种因素综合作用的结果,比以往的认识大大前进了一步,但是尚未全面地深入到社会基本结构即生产力因素本身以及经济基础与上层建筑的矛盾关系过程中去探索犯罪原因,因而未能把刑罚思想建立在犯罪规律的基础上。更新观念的核心问题在于科学地认识犯罪规律。拙文《认识犯罪规律,促进刑法思想现实化》提出了"犯罪源于社会矛盾是基本犯罪规律"[①]的看法。根据这一观点,至少可以引申出如下结论:犯罪与社会同在(从而树立同犯罪作斗争的长期性和艰巨性的思想);社会矛盾的深度与广度同犯罪数量成正比(从而把刑事政策纳入社会发展战略);犯罪率变动不是刑罚效用的唯一标志,刑法在控制犯罪中只能起到一定的作用(国家的刑罚目的和刑罚权以此为限)。

依据这种认识来讨论上面提出的问题,就既不能简单地说从重政策对控制犯罪未起作用,也不能抽象地说很起作用(例如,认为亡命徒总是少数,多数犯罪者都惧怕重刑)。应当从总体社会效益上来观察刑事政策的利弊得失,观察的立足点应当是现实的而不是想象的。现实情况,一是促成犯罪发生的社会原因力强大。在社会主义初级阶段,随着当前我国商品经济迅速发展(这是历史前进的主流),金钱的魔力笼罩全社会,利己主义膨胀;过去赖以调整社会关系、稳定社会秩序的价值观念和伦理道德遭到了猛烈撞击,加上经济政治体制处于新旧交替冲突过程中,社会生活、经济活动许多领域呈现无序状态,物价上涨过快,社会流动性大大增加,对违法犯罪的社会控制机制明显削弱等,在这样的现实条件下,如果对刑罚控制犯罪的作用寄予过高的不切实际的期望,必将导致或者是丧失信心、无所作为,或者是操之过急、继续加码。两种结果都有害。二是犯罪率上升时,轻宽刑事政策当然不可行,然而现行刑法规定的刑罚总体上并不宽容。上述情况说明,当前我国刑法处于两难困境中。这正是刑法功能发挥不如人愿的直接原因。走出困境应是刑事政策的目标,也是评价刑事政策的标准。承认这种现实,是观念更新的结果。承认现实,才可能改变现实。更新观念是改变现实的先导。刑法走出困境,还需要调整刑法结构和完善刑法机制。

二、调整结构

系统结构是实现系统功能的组织基础,合理的刑法结构是发挥最优刑法功能的前

---

① 具体论证参见《北京大学学报(哲学社会科学版)》1988年第3期。

提。刑法结构的调整有三项任务。

(1)重筑刑法堤坝。迄今为止,我国刑法是建立在以"道德·行政"为堤坝的基础上的。在历史上,这是中国文化重礼治轻法治的思想反映;中华人民共和国成立后,道德观念加进了新内容即社会主义思想。刑法的"道德·行政"基础表现在:较轻的社会危害行为主要由社会舆论和思想教育来解决,必要时采用行政处罚,但不属于刑法调整范围;刑法管辖的只是较重的那一部分社会危害行为。我国刑法中犯罪概念含定量因素①,正是这一堤坝在刑法结构中的反映。在礼义谦让、不偷不抢、和善睦邻、助人为乐等道德观念成为大多数社会成员的行为规范的条件下,道德规范为基础的刑法才能真正发挥应有的作用:社会保持稳定的低犯罪率(道德对犯罪起釜底抽薪的作用),国家刑事司法不被小事纠缠,得以有足够的力量主动对付犯罪。一旦社会公德衰落,道德堤坝决口,则刑法会发生"基础危机"(决堤现象):原本不进入刑法圈的危害行为随着数量增长必定提高"质量"而成为刑法上的犯罪(传统道德衰败将对犯罪起釜底添薪的作用),面对日趋增长(数与质)的犯罪,刑法效能相对下降。任何制度下刑法正常发挥作用均以犯罪不超过一定量为前提。

刑法的基础危机在西方世界早已发生,只是形式不同。19世纪初期开始建立起来的西方刑法是以法治主义为基础的,这是资产阶级反封建革命过程中提倡三权分立、罪刑法定主义的产物,表现为:凡有害社会的行为(定性)都由刑法(法院)管辖;犯罪概念没有定量因素,重罪、轻罪和违警罪均为犯罪,它们的区别主要体现在量刑方面,定量因素仅反映在刑罚上。当犯罪数量相对不多时,法治主义为基础的刑法对稳定社会治安是有效的。进入20世纪后,随着犯罪率急剧上升,有限的刑事司法力量疲于应付,终于招架不住。在这种背景下,西方刑法界提出了把危害不大的行为排除出犯罪范畴的"非犯罪化"刑事政策思想,目的是解决刑法基础危机。

商品经济迅速发展极大地冲击着传统道德观念,动摇了我国刑法赖以有效发挥作用的道德基础。刑法面临的一项重要任务是重筑刑法堤坝,强化刑法基础。我们不能走西方的老路,把基础转轨到西方式法治主义。出路何在?笔者认为,振兴道德,提高公德水准,需有一个漫长的历程;面对现实,只能是严格行政管理,对一般危害社会秩序的行为(违法行为)加强行政制裁,同时辅以思想教育,借以减少由小害变大害的数量,从而控制刑法圈。把我国刑法建立在"行政·道德"基础上,以行政制裁为首要刑法堤坝。例如,"目前绝对数增加最多、占比重最大的仍是盗窃财产的案件。在一般刑事案件中,盗窃案占百分之七八十,在重大刑事案件中占百分之五十以上"②。盗窃案

---

① 参见储槐植:《我国刑法中犯罪概念的定量因素》,载《法学研究》1988年第2期。
② 《国务委员兼公安部部长王芳向全国人大常委会汇报公安工作和当前社会治安情况》,载《法制日报》1988年9月1日。

的两个新特点是,单位内部盗窃公共财物犯罪多,流窜犯罪多。相应地可以采取这样一些对策:一是加强企事业机关单位内部保卫工作,建立责任制,应明确规定对失职者的行政处分。二是国家立法机关制定保安处分性质的"收容法",以行政手段包括行政制裁有效地控制流浪乞讨和流窜作案人员。又例如,为遏止日益增长的经济犯罪,需要制定一系列行政法规,治理经济环境、整顿经济秩序,堵塞商品流通过程中的漏洞,制止利用权力非法牟利,制止不公平竞争,对尚不够刑事处分的大量违法行为加重经济制裁,加强行政控制。再例如,刑法惩处公务人员渎职犯罪要收到较好效果,也必须以加强行政制裁为基础。对为数众多的不够追究刑事责任的职务上违法行为应当严格行政控制,可否设想:贪污、受贿达 200 元(超过全国职工人均月工资数)予以记过处分,达 300 元记大过,达 400 元予以撤职处分,达 500 元的开除公职。① 廉政必先严政。相应地两罪的"起刑数字线"也应予下降。下决心这样做,贪污、受贿达到刑事惩罚的案件数量肯定会减少。不要等违法行为"长大到"犯罪级别才动用刑法,应当在违法行为"萌芽时"就给以行政制裁。"刑罚前从严"比"刑罚从重"更利于控制犯罪。

随着由产品经济改变为商品经济以及社会的发展,重筑刑法堤坝,还包括把某些原来仅予以行政处分或者仅以道德调整的行为升格为刑法上的犯罪,即犯罪化。例如,假冒专利、不实广告、贷款欺诈、保险欺诈、垄断市场、高利贷、土地非法买卖、侵占盗用、污染环境、滥用职权、挥霍浪费、行政人员徇私舞弊、哄抢财物、绑架勒索、劫持公共交通工具,等等。根据我国社会发展阶段的实际情况,当前问题不是非犯罪化,而是犯罪化,与此相连,犯罪统计数肯定会上升。犯罪化是刑事政策从重的一种表现,但不能把从重单一地理解为增加刑罚量。

重筑刑法堤坝,强化刑法基础至关重要,它将防止出现"犯罪增长刑罚加重,犯罪再增长刑罚再加重"这种使国家和社会的包袱越背越重的恶性循环。

(2)协调罪刑关系。从原则上说,合理的罪刑关系就是罪(罪行和罪恶)与刑相适应。但是何谓"适应"?不同的社会发展阶段、不同的价值观念则有不同标准。古代有的国家刑法规定偷一头羊可处死刑,那时认为合理(当然体现统治阶级意志),但是今天任何人都会认为不合理。当代大多数国家,谋杀处死仍是常规。然而,盗窃一辆汽车该如何处罚,在不同国家则相差甚远。虽如此,还是可以寻找到某种相通的东西,这就是以罪刑比价是否合理为评价标准。罪刑比价与商品比价在方向上不同。商品比价的基础是不同商品的价值量(同质)并考虑同一时空条件下的供需关系。罪与刑虽异质,但仍可比的共同基础,这就是"公正"——犯罪给社会造成多大危害则社会使

---

① 1988 年 9 月 13 日国务院发布的《国家行政机关工作人员贪污贿赂行政处分暂行规定》在处分档次的数额上与 1988 年 1 月 21 日全国人大常委会通过的《关于惩治贪污罪贿赂罪的补充规定》相衔接,如能认真得以执行当然好,但为体现行政制裁从严,其实可以不必同刑法规定在数额上相衔接。

罪犯受到多大损失(作为例外的过失犯罪另当别论)。合理的罪刑比价结构还包含罪犯矫正难易程度(刑罚的"供"与矫正的"需")以及社会治安形势(犯罪的"供"与治安的"需")。"公正"标准应当类型化:侵犯人身与公共安全的犯罪侧重人身方面的刑罚,即生命刑和自由刑;财产犯罪与经济犯罪侧重财产方面的刑罚,即罚金和没收财产。由于犯罪人的财力关系,罚金往往难以执行,因而徒刑是可行的,徒刑以强制劳动为执行方式,劳动能创造财富。所以,财产犯罪与经济犯罪判处徒刑包括无期徒刑也是合理的。假定某人贪污 4000 元,在退赃(这是还原不是刑罚)之后处以 4000 元或者为遏止其再犯或者出于形势需要而处更多罚金;如果被告人确实无力支付罚金或者即使能够支付但罚金也许不足以制止其再犯罪(这种情况在审案过程中即能作出判断),则按全社会一个劳动力在一定时间内所创造的平均财富折合成徒刑,假定一年创造 2000 元左右的财富,则该犯人可处 2 年或 2 年以上有期徒刑,这基本上是公正合理的。但是盗窃 5 万元判死刑恰当吗? 一时间也许能起到某种威慑作用,但从长远看,效果未必良好,而且无异于宣布一条命值 5 万元。在当今社会,这样的罪刑比价未必妥当;从整体社会利益看,失将大于得。因此,单纯财产犯罪、经济犯罪不适用死刑(目前我国尚难立即做到,将来会逐步实现)。杀人、放火、爆炸、强奸、劫持等严重暴力犯罪适用死刑是十分必要也是完全合理的。

刑罚轻重应以罪刑比价为基础。罪重刑轻或罪轻刑重都不合理,前者起到鼓励犯罪的作用,后者侵犯了犯罪人应受保护的那部分权益,都有害于社会。商品经济要求民主政治,也要求公正法律。

(3)调整刑罚体系。我国刑法分则凡有法定刑的条文均规定了有期徒刑,以自由刑为基础的刑罚体系适合我国国情。刑罚体系中的问题在于财产刑与生命刑的比重失调。规定罚金的条文只有 20 个,而挂有死刑的条文为 28 个[①](包含 1982 年《关于严惩严重破坏经济的罪犯的决定》和 1983 年《关于严惩严重危害社会治安的犯罪分子的决定》中补充规定的死刑条款,但不含《惩治军人违反职责罪暂行条例》规定的死刑条文)。这样的比例在当代各国刑法中实属少见。如前所述,目前我国出于保卫国家安全和公民人身安全保留死刑是必要的,问题在于是否需要有那么多死刑条款,尤其是对某些单纯取利犯罪规定死刑是否必要值得研究。有一种说法认为,法律多几条死刑规定无妨,只要司法控制少用就行,这样国家主动。且不论司法能否被控制得住,这种说法实质是国家权力无限论的反映。

随着经济的发展,公民财富增长,罚金刑的适用成为可能。商品经济进一步发展,罚金刑在刑罚体系中的地位必将提高。目前刑法总则和分则对罚金刑的规定都很笼统,难以适用,对此需要进行立法上的补充。有人建议把罚金刑由目前的附加刑上

---

① 参见王作富主编:《中国刑法适用》,中国人民公安大学出版社 1987 年版,第 229 页。

升为主刑,分则增多罚金刑适用条款,甚至认为可采用"日数罚金制"等,这些是可取的意见。

限制死刑和增加罚金刑,是我国刑罚体系调整的重点所在。理顺体系,不是一个立法技术问题,它须以刑法观念更新为前提,是刑法改革的组成部分。理顺刑罚体系未必能在短期内收到控制犯罪的明显效果,但是体系不顺,从长远看必定影响刑罚效能的有效发挥。

三、完善机制

我国刑法运行只受犯罪情况的制约即单向制约:犯罪→刑罚。这是有缺陷的机制。健全的形式机制应是双向制约:犯罪情况→刑罚←行刑效果。刑法运行不仅受犯罪情况的制约,而且要受刑罚执行情况的制约。后果制约行为,是行为科学的两个基本原则。刑法运行是一种行为,它应接收行刑效果的信息反馈。不受反馈制约的刑法运行是盲目的,刑法被犯罪牵着鼻子走。接受行刑反馈才可能摆脱被动局面。

行刑效果的构成因素大致有:受刑人(死刑除外)认罪服法的态度,受刑人亲属的反应,社会舆论,刑罚执行机构的承受情况,刑罚执行人员的理解程度,刑罚执行完毕后重新犯罪率(这是行刑效果的主要标志,或者说是综合标志),等等。由于徒刑是我国刑罚体系的基础,行刑效果信息主要来自监狱劳改场所。

我国监狱劳改部门的工作成绩应当肯定,但也面临重重困难,择其要者有:第一,经费不足。罪犯矫正机构是耗费较大的国家行政事业单位,经费不足是当代多数国家包括经济发达国家如美国、日本等国的共同问题,发展中国家更如此。20世纪70年代以前我国的监狱劳动改造生产成绩举世瞩目。进入80年代后,随着国家经济体制改革,劳动改造企业失去了"三靠"(生产计划靠下达、原材料靠调拨、产品靠包销),被迫参与商品经济竞争行列。与社会企业相比,劳动改造企业的唯一优势是廉价劳动力,其他方面均处于劣势:劳动力素质差,劳动力流动性大,技术落后,设备陈旧,信息闭塞,经济效益明显下降,而且政策性、社会性支出逐年增加。新增犯人越多,监狱劳动改造机关经济负担越重。一些劳动改造企业为了维持生产不得不靠贷款度日。"经济基础"衰弱迫使监狱劳动改造机关把主要力量投入到抓生产上,对犯人的教育改造工作势必受到削弱。第二,改造效果不佳。刑满释放者重新犯罪率上升[①],虽有其复杂的社会原因,完全或者基本归责于劳动改造不力有失公正,但迄今为止把重新犯罪率作为衡量监狱效能主要标志,仍然被国际刑法界所公认。改造效果下降,除

[①] 缺乏全国的重犯统计数(由于重新犯罪在统计技术上的复杂与困难,目前我国还没有这种统计),一些抽样调查数据表明重犯率在上升。

经费不足、设施不良、管教人员素质不高等具体原因外,还有两个监狱劳动改造机关无法左右的社会原因:一是传统道德衰变,社会大环境必然影响监所小环境,犯人刑满后又回到这个大环境之中。二是社会开放程度提高,监狱是封闭社会的产物,从本性上说监狱是封闭组织,其首要职能是监禁,把犯人同自由社会隔离开来,社会封闭,监狱越容易管理,因而也越可能收到矫正功效。许多国家试行所谓开放式监狱,充其量只能起小修小补作用,难以抵挡开放社会对监狱矫正职能所造成的巨大冲击。短期监禁的矫正效果日益降低这种趋势是由社会开放程度日益提高所决定的。改造效果不佳,从根本上说是社会问题。

社会开放度提高是历史发展的必然,不可逆转,对监狱劳动改造机关采取特殊经济政策,增加财政预算,目前国力难以做到,即使做到也未必能使监狱劳动改造机关经费充足。总之,不能对监狱劳动改造场所的矫正职能寄予不现实的期望,不能要求监狱劳动改造场所"送多少犯人就收多少,而且保证改造质量"。为保证监狱劳动改造场所监禁与矫正职能的正常发挥,首要问题是控制监所人口。拥挤的监所改造效果肯定不好,这是常识。参照外国经验,根据我国情况,犯人与监所工作人员(包括行政管理、生产组织和监管教育三部分)之比控制在2∶1左右为宜。控制监所人口,监所本身只能起一小部分作用(通过减刑和假释,但须报请人民法院审核裁定),主要依赖于法院的判刑——判处徒刑的人数以及徒刑的长短。原则上,严重犯罪判处长期徒刑(含无期徒刑)或死刑,一般犯罪可不关押的尽量不送监所,适用缓刑或者其他非监禁刑,例如管制、罚金等。不能认为一提"从重"就都水涨船高。从重政策思想应表述为:轻轻重重,即该轻的轻、该重的重。从重不能仅仅理解为现在比过去重这种时间纵向比较,更应理解为这些罪处刑显得比那些罪重这样的结构横向比较。这样既体现了从重政策,又控制了监所人口。监所内短期徒刑犯相对减少,既有利于监所企业劳动力相对稳定,增进生产效益,也有利于监所教育矫正工作的进行,提高改造质量。以自由刑为刑罚体系基础的国家,刑法的效能主要由监狱矫正场所的效能来体现。因此,刑法运行须迅速准确地接收监所职能效用的信息反馈,不能只看犯罪一边的情况。这种信息反馈是调整刑事政策、改革刑罚制度乃至刑法结构的一项重要依据。

随着社会主义商品经济的发展,随着经济与政治体制改革的深入,刑法修改和刑事司法制度改革势在必行。期望刑事一体化思想在这一改革过程中能够起到促进作用,这就是本文的目的。

再说刑事一体化[*]

由于信息闭塞,10年前才听说李斯特于近百年前就提出了"整体刑法学"这一理念,并以此为名创立刊物出版至今。但对整体刑法学的具体内容仍然不甚了解。直到2002年在一次会议期间有位德国教授讲整体刑法理念的框架是"犯罪—刑事政策—刑法"。依据犯罪态势形成的刑事政策,它又引导刑法的制定和实施,这样的刑法便可有效惩治犯罪。在这三角关系中,李斯特倚重刑事政策。

拙文《建立刑事一体化思想》基本之点是刑法和刑法运行处于内外协调状态才能发挥最佳刑法功能。实现刑法的最佳社会效益是刑事一体化的目的,刑事一体化的内涵则是刑法和刑法运行内外协调。所谓内部协调主要指刑法结构合理,外部协调实质为刑法运作机制顺畅。刑法现代化的全部内容便是顺应世界潮流优化刑法结构和刑法机制。刑事一体化观念倚重动态关系中的刑法实践。刑事一体化作为方法,强调"化"(即深度融合),刑法学研究应当与有关刑事学科知识相结合,疏通学科隔阂,彼此促进。

要素不等于结构。事物的要素相同而结构不同则本质相异,结构决定事物的性质。自古以来各种社会形态中刑法的要素即犯罪与刑罚均相同,由于结构不同,则出现不同类型的刑法。刑法结构的基本内涵是犯罪圈大小与刑罚量轻重的不同比例搭配和组合。犯罪圈大小基本体现为刑事法网严密程度,刑罚量轻重即为法定刑苛厉程度。从"罪与刑"相对应"严与厉"的关系上,罪刑配置不外乎有四种组合,即四种刑法结构:不严不厉,又严又厉,严而不厉,厉而不严。又严又厉的刑法结构在当今世界并不存在,典型的不严不厉似乎也没有。多数经济发达国家和法治水平较高国家的刑法大体上可归属于严而不厉的结构类型。而我国当前的刑法结构基本上算是厉而不严。刑法结构类型的形成,有其复杂的历史原因和深刻的社会原因。下面以有代表性的两种结构类型简述刑法结构形成和变化的深层原因。

一、刑法结构——严而不厉

(一) 刑罚轻缓

封建社会的刑法以苛厉残酷著称。资产阶级政治革命,推翻封建王朝,以发展势

---

[*] 原载《法学》2004年第3期。

头强劲的商品经济为根基的新生资本主义政权充满自信,无须依仗杀人维持统治的政策,加以民主、自由为主调的社会意识形态,反射到法律制度上,首先是刑法的刑罚制度,死刑削减自然便成为刑罚轻缓的核心问题。19世纪中期开始的废除死刑运动一直延续至今。及至20世纪末,全世界在法律上和事实上废除死刑的国家和地区已超过100个。死刑的削减并没有导致监禁刑的加长,这一方面是由于近代犯罪学的研究成果认为犯罪原因深入社会的方方面面,刑罚对遏制犯罪所起作用是有限的。另一方面是由于对罚金刑适用的增多,其在相当程度上取代了监禁刑的地位,刑罚轻缓有利于人权保障。

(二) 法网严密

严密法网的主要价值在于使罪犯难逃法网,有利于控制犯罪。法网有两层,整体法网和刑事法网,前者为后者的基础。整体法网泛指国家对社会事务的管理法规。管理出秩序,秩序是刑法追求的价值目标,又是畅通刑法机制的环境保障。从总体效用观察,严管胜于严打。刑事法网,包括刑事实体法和程序法以及行政执法。严密刑事法网在这些方面的调整主要取决于犯罪态势和刑事政策的变动。

1. 刑事实体法

整个19世纪至20世纪初,经济发达国家的刑法立法模式由结果本位转向行为本位。在以公正和报应为价值目标的刑事古典学派占统治地位的影响下,刑法立法基本奉行结果本位主义。随着经济和社会的发展,公共事务和日常生活中的社会关系日益复杂,因而规范社会生活各个方面的法律逐渐完善,相应地侵犯行政法规的行为不断增加;在学术界,古典学派理论受到了重大冲击而日趋式微,以功利为价值追求的实证学派渐成气候,相应地刑法的结果本位立法模式受到越来越强的质疑,因而立法者在设置法定犯的法条(行政刑法)时大都转而采取行为本位的模式,以突出刑法的预防功能。这是现代刑法思想的一大新特点。结果本位到行为本位的转变是随着人类进入20世纪以来经济发展快速,国家行政刑法的大量出现而完成的。刑法思想导致的立法模式的变化,对严密刑事法网所起的作用比技术上增设新罪名和细化罪状要大得多。当然,刑法立法技术对严密法网所起的作用也不可忽视,诸如罪刑系列、犯罪先在行为犯罪化、堵截构成要件、推定犯罪构成等。

2. 刑事程序法

人类历史上常有这样的现象,社会大变革之中产生的某些制度易有矫枉过正的症状,在反封建司法专横基础上打造起来的刑事诉讼制度即属此例。西方世界19世纪及至20世纪上半期的刑事诉讼制度是在以保障被告人权益为中心的价值基础建立起来的。随着犯罪数量日趋上升和公正观念的逐渐完善,20世纪下半期开始注意对犯罪被害人的重视,刑事诉讼的价值基础出现非一元化。基于被告人与被害人在利益上的对立,诉讼中对被害人权益保护的重视,被告人权益势必有所退让。世界上最早在法律上规定被告人沉默权的英国经过将近一个世纪的实践于20世纪末出现了适度限制。美国最高法院的法官们对米兰达警示已不抱过分热情,最高法院于2000年尽管重申了米兰达警示,但在2003年夏季却作出一项对警察有利的裁决(即只要疑犯供词在立案过程中未被采纳,违反米兰达警示的警官就可免责)。沉默权尚未立法的一些西方国家也迟迟未能将其提上国会议事日程。

第二次世界大战后,经济发达国家犯罪高涨,面对犯罪压力,采取"轻轻重重"的刑事政策,对一些轻微罪行予以非罪化或非监禁刑化,20世纪末推行的恢复性司法(即对罪行不严重的犯罪人通过一定程序予以调解或者赔偿被害人而终结案件的一种司法形式)也属于此列;另外,对严重犯罪采取严厉政策,突出反映在有组织犯罪中。有组织犯罪对社会秩序和公共安全造成严重威胁,也对传统刑法构成了严重挑战。传统刑法立法的对象是"孤立的个人",一系列刑法制度均建立在个人责任基础上(一般共同犯罪亦如此)。而有组织犯罪尤其是黑社会组织犯罪,个人责任往往难以分清,而且首要分子通常不直接参与实施具体的犯罪活动,立法对策之一是创制一个新罪名——"组织罪",建立或参加×××组织即构成犯罪,这一实体性罪名实质是出于诉讼需要的考虑,在个人责任难以分解情况下而不使犯罪分子逃脱法网的一种弥补。通过程序来严密法网在有些情形下是实体法所无法做到的,典型事例是对证据制度的松动。传统的刑事诉讼法一概排斥窃听得来的证据的合法性。由于有组织犯罪的组织严密性,如果仅仅采用常规证据规则往往无法取得罪证,符合一定要求的窃听证据合法化是侦破有组织犯罪的实践需要和得力措施。20世纪90年代美国出现了所谓正当程序反革命,实质是出于对严重犯罪严密法网的社会需要。

3. 借助行政措施严密刑事法网

通过实体法,通过刑事程序,通过行政措施,是严密刑事法网的三个方面,大约也只有这三个方面。2001年9月11日美国遭受国际恐怖主义袭击,不到一个小时有3000多名无辜者遇难,财产损失达千亿美元以上,受损害程度远远大于60年前日本军队偷袭珍珠港事件。"9·11"事件震惊了全世界。恐怖主义袭击爆炸事件在中东、南亚、东亚、欧洲甚至非洲等地不断发生,大有处处出击之势,成为新世纪全球性灾难。继美国"9·11"事件之后,2002年印度尼西亚巴厘岛大爆炸,又一次举世震惊。一年多来(2002年10月至2003年12月初)俄罗斯发生重大恐怖袭击事件达8次之多,造成330多人死亡和550多人受伤。2003年11月,土耳其最大城市伊斯坦布尔一周之内教堂、银行、英国驻土总领馆连续遭恐怖袭击,致数百人伤亡,英国总领事当场丧生,目击者称恐怖得像美国'9·11'袭击。恐怖主义袭击阴霾席卷全球股市,迄今为止还没有任何一种犯罪其危害力度能重挫全球股市。恐怖主义活动理所当然地受到联合国和各大国政府的强烈谴责。

联合国安全理事会通过决议呼吁国际社会联手打击恐怖主义,我国政府立场鲜明,中国政府坚决反对一切形式的恐怖主义活动,它是人类社会的公害。各大国议会相继制定或完善反恐法律。美国国会于 2001 年 10 月迅速通过了《爱国者法案》,这是一部从实体到程序、从司法到行政全方位防治恐怖主义的法律,除实体上完善恐怖主义罪状和将资助、庇护恐怖主义的团体、机构、组织和个人的行为视同恐怖罪行外,引人注目的是动用行政措施:一是冻结恐怖组织和恐怖分子的银行资金以断绝其活动的经济来源;二是扩大警方在侦破行动中的自由裁量权;三是认为必要时国会有权动用军队以战争方式反击恐怖主义,并借此抓捕恐怖分子以便绳之以法。"自由给安全让路"这一观念得到大多数美国民众的认同。其他国家的反恐法案通常均包含警察执法权力的扩张。恐怖活动由早期以复仇为动机的个人暴力行为发展到 20 世纪末以政治或其他社会目的为动机的有组织的以战争方式出现的暴力行为,当今恐怖主义的要害是滥杀无辜。如果说人们对恐怖活动曾经区分红色与白色,但随着恐怖主义采取战争形式即造成无辜者大量遇害局面的出现,当今舆论一概认为恐怖主义均为最严重罪行,一切形式的恐怖活动均属非法。

历史发展,社会前进,犯罪形态也在演变。根据危害程度和控制难度,犯罪发展经历了三类形态。有组织犯罪出现以前经历几千年的犯罪行为可统称为第一形态,其基本特征为无组织性;20 世纪出现的有组织犯罪为第二形态;恐怖主义作为有组织犯罪的极端(主义)形态则属犯罪发展的第三形态,其主要特征为以战争形式(传统上战争的属性为超法律的国家行为)实施刑事犯罪。严密刑事法网的三个方面(通过实体法,通过刑事程序,通过行政措施)大致与犯罪发展三类形态相适应。

二、刑法结构——厉而不严

(一) 刑罚苛厉

我国刑罚苛厉有久远的历史渊源和深厚的现实根基。以嫡长继承为特征的中国古代宗法社会,是人生而不平等的社会。皇室嫡长子不论才能高下生来就是皇位继承人,不必说庶出,纵然是嫡系长女或非长子,即使才华出众也与皇位无缘,他们要登皇座只能采取非法手段,嫡长子及维护嫡长法统的势力则必然报以血腥镇压。皇室以下的爵位也是嫡长继承制,爵位争夺同样残酷。民间的财产继承也是长子优位。哪里有不平等哪里就有反抗,不平等制度的维护者则必然镇压反抗。刑法是镇压之法,刑法受到统治者的特别关注则是理所当然。加之中国古代长期处于自然经济状态,商品交易在整体国民经济中只占微弱地位,民商法不得发展。这样,中国自古以来的漫长岁月中刑法在法律体系中一直居于中心地位,"乱世用重典"自然成为历代当政者的治国经验。据史学界说,中国社会古来乱世长于治世。所以,刑法优位和重典优位就成为中国法制的传统。

1949年中华人民共和国成立,真正标志着长达数千年封建统治的终结。新兴政权为维护革命胜利成果、安定社会秩序不得不镇压不甘心退出历史舞台的反动势力的反抗。尔后,以公有制为经济基础、消灭剥削制度、建立大公体制、视一切罪恶源于外部(外来的和历史的)因素为意识形态的阶级专政政权,将犯罪率高低与社会制度优劣相连,将遏制犯罪与稳定政局挂钩,在将"稳定"摆为第一要义的背景下,刑事政策必然偏重打压。这与"乱世用重典"传统治国经验一脉相通。有理由相信,随着经济的发展,改革不断深入,开放更加扩大,世界大国地位的确立,重刑政策将逐渐弱化,刑罚苛厉难以实现以人为本。

(二) 法网不严

刑罚苛厉与法网不严两者看来似乎矛盾,其实完全符合政治逻辑。法网严密,意味着入罪数量增加,制裁面扩大;刑罚又苛厉,长此以往造成的后果必定是政权树敌过多,政权处于孤立境地。这是任何稍有明智的政权都不愿意看到的局面。法网不严的正面提法是"法不责众"。所以,乱世用重典与法不责众,两者实质上是相辅相成的关系。法不责众的现代话语是缩小打击面。

1979年《刑法》经过1997年修订,尽管增加了不少罪名并且细化了罪状,然而我国刑法总体上仍属法网不严。法网不严有两层含义:一是整体刑事法网(整个犯罪圈)不严密,二是个罪法网(罪状)不严密。二者的共同点是该入罪的没有入罪或未能入罪。刑法的首要功能(当然不是唯一功能)是打击犯罪维护社会安全。

从罪名看,该入罪的没有入罪,主要是一些所谓轻罪,这与重刑政策有间接联系。例如,恐吓罪,2001年12月29日通过的《刑法修正案(三)》增加了编造、故意传播虚假恐怖信息罪,这一罪名仅限于恐怖活动犯罪,不能涵盖恐怖活动以外的但有重大社会危害的其他恐吓行为。又如,见危不救罪,是许多国家刑法上的一个轻罪。刑法理论上关于不作为行为形式的作为义务来源可否包含某些道义性责任,学界有争论,尤其涉及那些夫妻间或男女情友间的恶劣行为而当场引起对方自杀的案件,司法机关在处理上出入殊异,有的不为罪,有的则以不作为形式的故意杀人罪认定。定故意杀人罪,不仅太重而且也有名实不符之嫌;而不为罪,民众也难接受。这种两难局面,如果立法设"见危不救"的轻罪,从实践到理论的争论和分歧便可迎刃而解。

从罪状看,法网不严事例众多,例如过多附加目的要件,诸如"以非法占有为目的""以非法销售为目的""以牟利为目的""泄愤报复或者其他个人目的"等,达20处之多,数量之多在各国刑法立法中实属少有。立法者的用意是缩小打击面,诚有可取,但查证作为主观因素的目的则徒增公诉机关的证明难度从而导致作恶者逃脱法网概率上升的局面。

罪状设计看重主体身份及其内心起因,典型例子是关于同职权相连的财产所有权刑法保护的立法,贪污罪与挪用公款罪,职务侵占罪与挪用资金罪,这四罪分立有两个指标:一个是主体身份是否为国家工作人员,前两项与后两项的区别即是;另一个是行为动机,前两项之间的以及后两项之间的区别即是。当前司法实践处理这类案件遇到的棘手问题恰恰是罪状设计标准引发的麻烦,这不仅增加了司法成本,而且可能纵罪漏网。

法网不严,突出表现在腐蚀公职人员、败坏国家形象、瓦解政权基础的受贿罪。受贿是公职腐败的主要问题。腐败问题的严重性在于其普遍性。遏制腐败,最基本的有赖于改革(经济体制尤其是政治体制的改革)深化和加强教育,法制建设也很重要,其中首推刑法规范。我国刑法上受贿罪立法至少有四个疏漏:其一,起刑线不合理,入罪门槛过高,放走了大量的受贿者。其二,贿赂标的限于"财物",其外延大大小于"财产性利益",更不用说"利益"。现实生活中,用作贿赂的远非仅限财物,各式各样的财产性利益对公职廉洁性的侵害力度丝毫不亚于财物。其三,既遂形态为单一形式的结果犯,国外刑法通常采用结果犯和行为犯同价的混合形式,后者的涵盖面和惩罚力度大于前者是明显的。其四,收受贿赂成立的要件"为他人谋取利益",这是典型的权钱交易式受贿罪,但在社会生活中存在着大量的同样侵害公职廉洁性的非典型的或称变相的受贿行为,我国刑法对此没有反应。

严而不厉与厉而不严两种刑法结构价值相比较,前者更有利于刑法两大功能的实现,即更有利于控制犯罪、保护社会,也更有利于保障人权。这不仅有关于结构,而且也反映在机制上。

三、刑法结构与刑法机制

刑法结构合理与否的评定标准,不是(至少主要不是)犯罪率升降程度,因为影响犯罪率变动的因素极为复杂,而刑法只是其中一个因素,尽管可能是较重要的一个因素,但绝非决定性因素。刑法结构合理与否的标准是刑法两大功能(保护社会和保障人权)的实现程度,以及是否易于协调实践中可能出现的法与情的冲突。这便主要涉及刑法机制。刑法结构是刑法机制的组织基础,刑法结构合理性实现在相当程度上有赖于刑法机制的顺畅。纸上的良法只有通过有序运作才可成为生活中的良法,否则也会变成非良法。非良法则不可能通过运作变成良法。这就是刑法结构与刑法机制的相互关系。

刑法机制这一概念的含义是刑法运作的方式和过程,亦即刑法的结构产生功能的方式和过程。刑法运作的基本价值目标是公正高效。刑事司法环境对刑法运作效果至关重要。刑事司法环境有两层含义,即外部环境和内部环境。外部环境(或可称为法律环境),主要包括公共权力体制;权力与法律的关系,实质是人治还是法治;文化(包括法文化)传统;社会信用状况;犯罪态势;等等。内部环境主要指诉讼诸阶段的实际情景和相互关系。外部环境对刑法运作起着深层制约作用,外部环境本质上可归属政治范畴。

厉而不严的刑法结构给刑法运作带来诸多麻烦,请看这样一个简单案例,某甲贩卖毒品海洛因 8 克被当场抓获,随即又从其住处查到 45 克,而他自己并不吸毒。法官对此案有两种不同看法,引起争论。一种意见是贩卖海洛因 8 克和非法持有海洛因 45 克两罪并罚。两罪最高法定刑均为 3 年有期徒刑,并罚决定刑为 3 年以上 6 年以下有期徒刑。另一种意见是定一罪,贩卖 53 克海洛因,某甲不吸毒,其住处的毒品也是用于贩卖。按《刑法》规定,贩卖 50 克以上海洛因的刑罚是 15 年以上有期徒刑直至死刑。两种意见的刑罚量相差甚远。假如此案发生在轻刑结构的国家和地区,只需定一罪即贩卖毒品罪,依生活常理,住处藏有的毒品可推定用来贩卖(行为人自己不吸毒)。在我国,司法实践中引起争论,主要原因是刑太重,法官不忍以可处死刑的一罪下判。应当说,定一罪更合乎常情,而定两罪形式上更合法律规定。情与法冲突,理性选择通常是情为优先。在轻刑结构下,这种冲突(如果有冲突的话)很容易解决。

再如(上文已有涉及),关于同职权相连的财产犯罪,我国刑法规定了四个罪名:贪污罪、职务侵占罪、挪用公款罪、挪用资金罪。贪污罪的最高法定刑为死刑,职务侵占罪的最高法定刑为 15 年有期徒刑,挪用公款罪的最高法定刑为无期徒刑,挪用资金罪的最高法定刑为 10 年有期徒刑。从经济学和所有权的权能分析,在刑法上这四种行为的本质是同一的(许多国家将这四种行为统一纳入一个罪名即侵占罪,变合法持有为非法占有)。理论上争论的关键是侵占与挪用能否并为一罪?其主要问题是如何理解刑法中的"占有"。《刑法》第 382 条贪污罪(四罪中刑最重者)规定的"非法占有"与第 270 条侵占罪和第 271 条职务侵占罪规定的"非法占为己有"的内涵应当是全同,即占为己有就是占有。从文字构成看,占有就是占为己有的缩略(犹如央行即中央银行的缩略)。所以,从这里不能得出这样的结论:认为刑法中所称占有就等于民法中的所有权(它由四项权能即占有、使用、收益、处分构成),进而认为刑法上的占有内涵不相当于民法上的占有内涵。这种观点在文义解释和刑法理论上未必正确。其实,刑法上的占有概念与民法上的占有概念基本是一致的,即对物的控制和管领。刑法上犯罪的实质是行为对法益的侵害,而不在于行为人获得了什么。可见,侵占(及贪污)与挪用的共同性是对非己财物的控制,即占有。挪用必先占有。它们的区别仅仅在于,侵占

（及贪污）是永久占有，挪用是在一段时间内占有（在占有的这段时间内财物所有权人实际上无法行使所有权的诸项权能），两者只是时间长短的区别，即量的差异。性质相同，是归为一罪的根据；量的差异，可用刑罚的轻重表示。但我国刑法之所以将其分定为四罪，主要是出于政治考虑：一是从严治吏（这可取，是否要设死刑则另当别论）；二是对公有财产的特殊保护（其实是刑法对公有财产与非公有财产的不平等保护，这是计划经济和政治体制问题在刑法上的反映）。分设四罪显然不是简单的立法技术问题，换言之不是单纯的刑法问题。现行立法给刑法运作带来诸多麻烦。这类案件即使在行为事实清晰无疑的情况下，关于主体身份，控方偏向于往国家工作人员方面靠，辩方则认为是非国家工作人员；关于财产性质，控方认为是公有财产，而辩方则说是非公有财产。由于事关刑的轻重，往往是生与死之别，双方争执激烈。更由于我国在经济体制转轨过程中，财产关系复杂化，出现了多种所有制交叉的混合所有制，加上我国刑法上关于国家工作人员有狭义国家（机关）工作人员与准国家工作人员（以国家工作人员论）之分，尤其是所谓准国家工作人员其内涵和外延有模糊性，使得司法实践中控辩双方争论难有明确的界定结论。当前这样的刑法结构，很难使刑法机制顺畅。法律问题尚需政治解决。

刑法结构厉而不严是刑法机制不畅的内在性原因，此外我国刑法立法的单轨制也是重要原因。刑法立法单轨制，即罪与刑的法律规范只存在于刑法和单行刑法中，其他法律即刑法以外的行政管理和经济运行等领域的法律均不能有独立的罪刑条款。在当今世界，这种刑法立法体制唯独我国存在。其他国家和地区，刑法均由两大部类组成，如果需要，刑法以外的法律都可以规定独立的罪刑条款，统称附属刑法规范（或称行政刑法），是刑法立法双轨制。在双轨制下，刑事犯（自然犯）规定在刑法中，行政犯（法定犯）基本上存在于刑法以外的法律中，后者数量无例外地绝对超过前者，而且罪状相当细密。这种体制的优点是有利于保持刑法的稳定，又大大方便了司法操作。相反，将行政犯纳入刑法，罪状即使不采用空白格式，也只能是概约性的叙明罪状。当前我国司法实践中感到刑法适用困难的案件主要是在经济犯罪（均属行政犯）领域。刑法立法单轨制不可避免地使刑法规范与其依托的相关法律形成毛与皮相分离的状态。如果这类犯罪行为的罪刑条款直接规定在有关法律中，则毛与皮相连附着结合为一体。这样，大大增强了司法的可操作性，易于对号入座。例如，侵犯专利的犯罪，《刑法》（第216条）只规定一个罪名，即"假冒专利罪"，而且是简单罪状（假冒他人专利，情节严重的），司法实践中遇此类案件，控辩双方各执一词，都有反驳对方的理由，然而又都缺乏充分的法律依据。处理这类案件往往会消耗大量司法资源，旷日持久并可能不了了之。实践证明刑法立法单轨制弊病很大，但至今迟迟未得变更。

四、刑事一体化与刑事政策

刑事政策实际就是刑事政治,即首先在政治层面上考量如何对付犯罪。任何朝代、任何国家的刑法,其背后均有一定的刑事政策相支撑,尽管在近代之前尚无刑事政策这个术语。从长远看,刑事政策在价值上有良性和非良性之别。良性刑事政策的核心思想是合理组织对犯罪的反应(马克·安塞尔),既符合犯罪规律(犯罪控制与犯罪原因变化的内在关系),又反映政治文明(政治民主、权力监督、社会正义、人道人权)。

刑事一体化思想有两层意思,作为刑法运作的刑事一体化和作为研究方法的刑事一体化。

一体化刑法运作,观念上旨在论述建造一种结构合理和机制顺畅(即刑法和刑法运作内外协调)的实践刑法形态。迄今为止,刑法学科(注释刑法学、刑法史学、比较刑法学、刑法哲学、国际刑法学、外国刑法学等)基本上是静态的文本刑法和理念刑法理论。动态的实践刑法认知尚未形成系统的学问即理论,可以说是一个缺憾。刑法在运作中存在和发展,刑法的本性是动态的和实践的。根据刑法的本性打造一门学问,是刑法本身的需要。作为观念的刑事一体化与刑事政策的关系极为密切,一方面它要求良性刑事政策为之相配,同时在内涵上又与刑事政策兼容并蓄,因为刑事政策的基本载体是刑法结构和刑法机制。

刑事一体化作为刑法学研究方法,重在"化"字,即深度融合。刑法在关系中存在和变化,刑法学当然也在关系中发展,刑法学研究如果只局限在刑法自身,要取得重大进展实在困难。此处的"关系"首先指内外关系。内部关系主要指罪刑关系,以及刑法与刑事诉讼法的关系。外部关系更加复杂:一为前后关系,即刑法之前的犯罪状况、刑法之后的刑罚执行情况。二为上下关系,即刑法之上的社会意识形态、政治体制、法文化、精神文明等,刑法之下主要指经济体制、生产力水平、物质文明等。西方刑事古典学派基本是资产阶级反封建的政治产物。刑事实证学派(新代派)则奠基于犯罪学研究成果,犯罪对策在刑法(刑罚)视域则形成刑事政策,从而出现刑法的刑事政策化潮流。这是刑法在关系中生存和变化的众所周知的事例。从整体到部分问题,刑法学研究均适用一体化方法。从关系角度审视刑法解释,对推动刑法发展(尤其涉及实践刑法形态)意义重大。小例也可探知大义。例如,"在疑罪情况下,在对法律规范的解释方面,法院不是选择对被告人最为有利的解释,而是选择正确的解释"[①]。何谓"正确的"解释?答案并不总在刑法中,其根据往往是在刑法之外。"关系"的外周也许太过

---

① 〔德〕汉斯·海因里希·耶赛克、〔德〕托马斯·魏根特:《德国刑法教科书(总论)》,徐久生译,中国法制出版社2001年版,第190页。引文中的"疑罪"仅指刑法适用上的疑问,而不是案件事实证据方面的疑问。

宽泛,作为刑法学方法的一体化至少应当与有关刑事学科(诸如犯罪学、刑事诉讼法学、监狱学、刑罚执行法学、刑事政策学等)知识相结合,疏通学科隔阂,关注边缘(非典型)现象,推动刑法学向纵深开拓。

刑事一体化思想提出尽管已有十多年,还只能算是粗浅的开头,尚需进一步深入和展开。诚望对此感兴趣的同仁共同参与。果如是,则欣莫大焉。

刑事一体化践行[*]

一、问题之提出

在1979年《刑法》生效10年后,笔者针对该刑法生效以来所反映出来的诸多现实问题进行思考以后,提出了刑事一体化的思想①,距今已近1/4世纪。刑事一体化源于哲学"普遍联系"的规律,是该规律在刑事法领域的具体运用和延伸,其功用在于提示一种刑法学研究的方向与方法。具体而言,"刑事"是指治理犯罪的相关事项,其外延涵盖犯罪、刑法(包含实体和程序)、刑罚制度与执行等。"一体化"是指相关事项深度融通。刑事一体化是一个开放性的概念,出于不同领域(具体指犯罪、刑法及刑罚)研习需要有不同的中心,在拙文《建立刑事一体化思想》中,笔者是以刑法为中心对刑事一体化展开论述的;刑事一体化的内涵是刑法内部结构合理(内部协调)与刑法运作前后制约(外部协调)。其实,刑事一体化的要义很简单,即融通学科联系(或曰淡化学科界限),解决现实问题。

刑事一体化是一种观念,也是一种方法(观察方法)。作为观念的刑事一体化与刑事政策的关系极为密切。对于刑事政策的概念,不同的学者有不同的理解和界定。如有学者认为:"我国的刑事政策是中国共产党和人民民主政权在马列主义、毛泽东思想的指导之下,基于预防犯罪,减少犯罪,乃至消灭犯罪的目的,根据我国的国情和一定时期的形势而制定的,与犯罪进行有效斗争的指导方针与对策。"②也有学者认为:"刑事政策是国家或执政党依据犯罪态势对犯罪行为和犯罪人运用刑罚和有关措施,以期有效地实现惩罚和预防犯罪的方略。"③笔者认为,所谓刑事政策,一以贯之,就是国家对付犯罪的政策。从这个视角看,国家预防和惩罚犯罪的一切手段都应该称作对付犯罪的对策,即刑事政策。刑事政策引导刑法立法,同时刑事政策又应当在刑法框架内起机制性作用,融入哲学、社会学、犯罪学、经济学等学科知识理念,用以解决刑法问题,体现刑事一体化。

---

* 原载《中国法学》2013年第2期,与闫雨合作。
① 参见储槐植:《建立刑事一体化思想》,载《中外法学》1989年第1期。
② 马克昌主编:《□国刑事政策学》,武汉大学出版社1992年版,第5页。
③ 杨春洗主编:《刑事政策论》,北京大学出版社1994年版,第7页。

关于刑法与刑事政策的关系,笔者曾在1993年发文①阐述,但是并不完善。该思想提出以后,在学术含量上未见多少提升,深感愧疚。2011年,劳东燕教授提到:"储槐植教授是较早注意到刑事政策与刑法学之间关系的学者,可惜在后来的研究中没有做进一步的实质性推进。"②此言极是。刑法的刑事政策化是当代刑法的潮流。作为成文法的刑法,其优点在于稳定性、确定性,有利于保障人权;缺点在于不能与社会发展同步,存在滞后性。刑法的宗旨在于治理犯罪,刑法是静态的法律规范,而犯罪却是动态的社会现象,静态的刑法治理动态的犯罪的适时、有效性有赖于刑事政策功能的发挥。刑事政策能及时协调刑法的合法性与合理性,顺畅刑法的运作,强化刑法的适时、有效性。刑事政策渗入刑法的研究,也有助于提升刑法体系的科学性。

关于刑事归责问题,古典学派认为,刑事责任的基础在于表现在外部的犯罪人的行为及其实害。古典学派立足于客观主义的立场,旨在限定处罚的范围,认为如果仅以行为人的主观恶性作为处罚的依据,就混淆了道德与法律的区别,从而导致刑法的干涉性,形成刑法介入国民生活各个角落的局面。实证学派则认为,刑事责任的基础是犯罪人的危险性格即反复实施犯罪的可能性。实证学派立足于主观主义的立场,旨在贯彻特殊预防的目的,实现社会防卫,认为刑罚的目的在于消除犯罪人的再犯可能性,所以对犯罪人的危险性格科处刑罚才具有意义,只有消除了犯罪人的危险性格,才能防止其再次犯罪,实现社会防卫。在此意义上,犯罪人的危险性格是科处刑罚的依据,外部行为没有任何意义,当然犯罪行为是犯罪人危险性格的外在表现。③ 对于刑事归责问题,无论是古典学派还是实证学派都存在不足与偏颇之处。在总结和借鉴两学派理论的基础之上,当今刑法学界形成了比较科学的统一观点,即责任的评价客体是具体行为,责任的程度判断应该考虑人格因素。所谓人格,即人的品格、人的德性。人格并非刑法规范,而是伦理学同时也是犯罪学中的一个重要概念。在具体适用刑罚和量刑活动中,司法实务界常用的一个至关重要的中国概念"主观恶性"(凶狠恶毒的性格),它不等于刑法中的"罪过"概念,而是犯罪学元素,与三阶层犯罪论中的"责任"概念相似,但两者并不相同。"主观恶性"已经深深融入中国的刑法司法实践当中,起着重要的作用,形成一体化的性状。在中华传统文化中,刑法的本性是制恶公器,刑罚的力度与犯罪人的恶性程度成正比例关系。这一观念也在相应的立法、司法解释中得到了印证。如2010年最高人民法院印发的《关于贯彻宽严相济刑事政策的若干意见》中规定:"对于被告人同时具有法定、酌定从严和法定、酌定从宽处罚情节的案件,要在全

---

① 参见储槐植:《刑事政策的概念、结构和功能》,载《法学研究》1993年第3期。
② 劳东燕:《罪刑规范的刑事政策分析——一个规范刑法学意义上的解读》,载《中国法学》2011年第1期。
③ 参见张明楷:《刑法学》(第4版),法律出版社2011年版,第9页。

面考察犯罪的事实、性质、情节和对社会危害程度的基础上,结合被告人的主观恶性、人身危险性、社会治安状况等因素,综合作出分析判断,总体从严,或者总体从宽。"上述规定很好地体现出"主观恶性"在我国司法运作中的重要作用。

二、刑事一体化践行之死刑适用标准问题

作为刑法中枢神经的刑罚,集中反映了一个国家的文明程度。特别是作为剥夺犯罪人生命的刑罚方法的死刑,位处刑罚体系中刑事政策的最敏感节点。1979 年《刑法》是"文化大革命"结束之后为适应时代潮流、"审理案件需要有法可依"的产物。对于死刑适用的标准问题,1979 年《刑法》作出了明确的规定,"死刑仅适用于罪大恶极的犯罪分子。对于应当判处死刑的犯罪分子,如果不是必须立即执行的,可以判处死刑同时宣告缓期二年执行"。该规定的政策精神在于尽量缩小死刑的适用范围。之后的 1997 年《刑法》本着相同的政策精神,在第 48 条明确规定了"死刑只适用于罪行极其严重的犯罪分子。对于应当判处死刑的犯罪分子,如果不是必须立即执行的,可以判处死刑同时宣告缓期二年执行"。这既是我国死刑适用的刑法标准,也是我国当前死刑政策(少杀、慎杀)的法律载体。

(一) 罪行极其严重与罪大恶极之关系辨析

关于现行《刑法》所规定的"罪行极其严重"与此前的 1979 年《刑法》规定的"罪大恶极"之间的关系(仅是法律用语的表述不同,还是内涵存在差异?)的认识,对于死刑执行方式的正确运用至关重要。对于此问题,我国刑法学界的通说认为,1997 年《刑法》将"罪大恶极"修改为"罪行极其严重",是从立法用语规范化的要求出发,两者并无内涵差异。[①] 笔者认为,通说观点值得讨论。因为我国刑法规定了两种死刑的执行方式,即死刑立即执行与死刑缓期执行。如果我国刑法仅仅规定了死刑立即执行的话,上述通说观点不存在任何问题。但是在我国死刑执行方式存在死刑缓期执行的前提下,通说观点值得商榷。因为死缓犯可以说是"罪大"(罪行极其严重)但不"恶极"。如果按照通说观点将"罪行极其严重"理解为"罪大恶极",形式上似乎限缩了死刑圈,其实反而堵死了以犯罪人人格情况为由进行死缓辩护的空间,造成死缓适用空间只限于国际影响、归侨侨眷、民族关系等特例、特需的夹缝中。

"罪行极其严重"的规定仅仅是从客观方面为死刑的适用提供了参考标准,其含义不同于 1979 年《刑法》中的"罪大恶极"。之所以得出这样的结论,理由如下:(1)逻辑反推法,假设"罪行极其严重"等同于"罪大恶极",那么"罪大恶极"就应当适用于死刑

---

① 参见高铭暄:《中华人民共和国刑法的孕育诞生和发展完善》,北京大学出版社 2012 年版,第 225 页。

的两种执行方式(因为"罪行极其严重"是两种死刑方式执行的前提)。鉴此,就会存在这样的疑问:以何种条件来区别死刑立即执行与死刑缓期执行? 显然无法说出死刑两种执行方式常态化的区分机制。死刑两种执行方式区分的重大意义在于贯彻"少杀、慎杀"的死刑政策精神,刑法对于这两种死刑执行的方式不可能也不应该没有常态化的区分标准,不可能只凭特例、特需来判处死刑缓期执行。(2) 反观1997年《刑法》立法,如关于"劫持航空器罪"的规定,适用死刑的唯一标准就是客观上引起了"致人重伤、死亡或者致使航空器遭受严重破坏"的后果。又如1997年《刑法》第239条关于"绑架罪"的规定,死刑的唯一标准也是"致使被绑架人死亡或者杀害被绑架人"。这些行为之所以适用死刑,是因为"罪大"且"恶极"。(3) 从司法实践的运作上看,客观罪行达到极其严重需要判处死刑,对于应当判处死刑的犯罪分子,根据犯罪分子的人格因素、主观恶性是否深重决定适用死刑立即执行还是死刑缓期执行。基本上是按照罪行极其严重,主观恶性深重,即罪大恶极判处死刑立即执行;而罪行极其严重,主观恶性不深,即罪大不恶极的判处死刑缓期执行。在吴英集资诈骗案中,最高人民法院在判决书中表明吴英的罪行极其严重,但主观恶性不深,也就是罪大不恶极,因此适用死刑缓期执行。反之,对罪大又恶极的犯罪分子判处死缓,有违立法精神和民意,李昌奎案重审改判就印证了这个道理。

总之,理论与实践都证明:"罪行极其严重"是死刑两种执行方式所具有的共同前提。司法实践中,对于犯罪人应采取何种死刑执行方式,应当将主要精力放在犯罪人"主观恶性"大小的判断上,对于"罪大"(罪行极其严重)且恶极(主观恶性)的,适用死刑立即执行,对于"罪大"(罪行极其严重)但不恶极的,适用死刑缓期执行。"罪行极其严重"和"罪大恶极"不能画等号,这样的理解有利于司法实践中死缓适用率的提高。判定"主观恶性"的大小,主要依据酌定的情节,这有利于被告方辩护权的充分行使(程序影响实体)。死缓即为少杀,少杀就是中国目前最好的死刑政策! 在笔者看来,1997年修订《刑法》之时,"罪行极其严重"被理解为"罪大恶极"或许可称作立法初义,但是此立法原义在司法实践中发生了合乎时代逻辑的蜕变,对于"罪行极其严重"在实质上应作客观化理解,即"罪大",这是合乎时代要求的客观解释论。

(二) 主观恶性与死刑适用之关系辨析

刑法学界对于死刑的研究多见于对"罪行极其严重"的研究,成果丰富,虽然学术界提出了种种方案,希望能够统一死刑的适用标准,界定"罪行极其严重"的范围,但是始终无法得出统一的结论。笔者认为,由于个罪的情况复杂,这种努力不可能取得相应的成果。其实对于死刑适用的刑法标准问题,应当从犯罪行为的客观危害、犯罪分子的主观恶性两方面进行研究方不失偏颇。特别是在我国存在死刑缓期执行的死刑执行方式且应用数量多于死刑立即执行的司法现实情况下,对犯罪分子的主观恶性、人身危险性的判断尤为重要。可以说,犯罪学中"主观恶性"的判断已经深深融入死刑的刑法适用标准当中。但是目前学界关于死刑适用对象的研究成果鲜少,这不能不说是一种缺憾。

《刑法》第48条规定的"罪行极其严重"为死刑的适用提供了客观标准。但是司法实践中具体到个案,死刑的适用标准就应当在客观标准的基础之上因人而异,即犯罪分子的"主观恶性"为死刑执行方式的选择提供了个别化标准。"主观恶性"的判断体现了刑法的实质公正,能够准确地做到区别对待,特别是在我国存在死刑缓期执行方式的情况下,对于行为人"主观恶性"作出准确判断更加重要。上述结论已经得到了司法解释的肯定。2010年2月8日最高人民法院发布的《关于贯彻宽严相济刑事政策的若干意见》中指出,"死刑只适用于极少数罪行极其严重的犯罪分子",在《刑法》第48条"罪行极其严重"之前更冠以"极少数"。"双极"政策的核心思想就是要将死刑立即执行的范围进一步缩小。

作为我国独创的死刑执行方式,死缓在控制死刑立即执行的数量方面起到了关键的作用。鉴于判处死缓的前提条件也是"罪行极其严重",所以相信无论理论界还是司法实务界,对于以犯罪分子主观方面因素(人身危险性、主观恶性)作为适用死缓的主要判断依据没有很大异议。在衡量犯罪分子"主观恶性"大小的时候应当综合考虑犯罪分子罪前、罪中、罪后的情况,"主观恶性"深重的适用死刑立即执行,反之适用死缓。在国际上提倡废止死刑的大环境下,我国的死刑立即执行应当仅限于侵犯国家安全、公共安全、人身安全的"主观恶性"深重的犯罪行为。《刑法修正案(八)》删除了13个非暴力性经济犯罪的死刑,正是基于"主观恶性"大小的考虑,是对上述观点的有力证明。其实在我国刑法中,对于量刑时应当考虑行为人的主观恶性与人身危险性是有明确规定的。《刑法》第5条规定:"刑罚的轻重,应当与犯罪分子所犯罪行和承担的刑事责任相适应。"即罪责刑相适应原则,该原则是从传统的罪刑相适应原则发展而来的。传统的罪刑相适应原则以报应主义刑罚观为基础,机械地强调刑罚与已然犯罪、犯罪客观行为(犯罪客观危害)相适应。19世纪以后,随着刑事人类学派和刑事社会学派的崛起,传统的罪刑相适应原则受到了有力的挑战。其中最为突出的表现就是行为人中心论和人身危险性论的出现。从当今世界各国的刑事立法来看,罪责刑相适应原则不可动摇,但是与刑事古典学派传统的罪刑相适应原则相比较,已经得到了修正:既注重刑罚与已然的犯罪行为相适应,又注重刑罚与犯罪分子的主观恶性、人身危险性相适应。我国刑法关于罪责刑相适应原则的规定,正是将刑事古典学派主张的传统的罪刑相适应原则与刑事人类学派、刑事社会学派所主张的刑罚个别化的巧妙结合[1],顺应了当今世界各国刑事立法的发展趋势,极具科学性与实践意义。

---

[1] 参见赵秉志等:《刑法学》,北京师范大学出版社2010年版,第44页。

三、刑事一体化践行之自首、立功情节处罚原则问题

根据我国《刑法》第 67 条、第 68 条之规定,自首是指犯罪分子犯罪以后自动投案,如实供述自己的罪行,或者被采取强制措施的犯罪嫌疑人、被告人和正在服刑的罪犯,如实供述司法机关尚未掌握的本人其他罪行的行为。对于犯罪分子有自首情节的,法律规定可以从轻或者减轻处罚,犯罪较轻的可以免除处罚。立功是指犯罪分子有揭发他人犯罪行为,查证属实的,或者提供重要线索,从而得以侦破其他案件的行为。对于有立功情节的犯罪分子,可以从轻或者减轻处罚,对于有重大立功表现的,可以减轻或者免除处罚。相关司法解释对自首、立功从宽处罚的精神作出了进一步的肯定。2010 年 2 月 8 日最高人民法院发布的《关于贯彻宽严相济刑事政策的若干意见》中更加明确了对于有自首、立功情节的被告人,除了人身危险性特别大、罪行相当严重的,一般均应当依法从宽处罚。从上述刑法及司法解释的精神可以看出,对于有自首、立功情节的,在量刑时予以从宽处罚是常态,量刑时不考虑自首、立功情节是特例。

(一) 宽严相济刑事政策与自首、立功而从宽处罚之关系辨析

自首、立功是我国刑法上重要的刑罚裁量制度。该制度是在宽严相济刑事政策的指导之下制定的。关于宽严相济刑事政策的含义,学界的解读大同小异,如有学者提出,宽严相济刑事政策具体含义是指:"该严则严,当宽则宽;宽严互补,宽严有度,宽严审时,以宽为主。"①有学者认为宽严相济刑事政策的含义是:"当宽则宽,当严则严,宽严有度。宽缓与严厉两方面互济互补,二者之间是彼此协调、有机结合的关系,不能将二者割裂开来,一味地强调某一方面。"②笔者认为,对于宽严相济刑事政策的解读应当符合世界刑事政策的发展趋势,同时也应当符合我国刑事司法的实际情况。宽严相济刑事政策包含两层含义:即适用于"主观恶性"不深,犯罪情节轻微的犯罪分子的宽缓刑事政策;适用于"主观恶性"深重,犯罪情节严重的犯罪分子的严厉刑事政策。对于宽严相济刑事政策基本精神和内容的把握,必须对刑罚目的、刑罚效果、社会民意、刑法谦抑性等加以考虑,才能使宽严相济刑事政策符合社会管理创新和和谐社会建设的需要。

无论是 1979 年《刑法》还是 1997 年《刑法》,学界都对刑法的重刑主义倾向有所批评。但对于自首而言,无论是 1979 年《刑法》还是 1997 年《刑法》,对自首情节的规定总体呈"宽缓"化趋势,特别是 1997 年《刑法》在 1979 年《刑法》的基础之上,将立功制

---

① 卢建平主编:《刑事政策学》,中国人民大学出版社 2007 年版,第 165—166 页。
② 王鹏祥:《论宽严相济刑事政策的贯彻实施》,载《河南师范大学学报(哲学社会科学版)》2010 年第 1 期。

度从自首制度中分离出来,成为独立存在的刑罚裁量制度,上述刑法规定和调整无疑不是对宽严相济刑事政策精神的回应。当然,宽严相济刑事政策在对于自首、立功的认定问题上也发挥着至关重要的作用。换言之,司法实践中,在认定自首、立功问题上,要准确把握宽严相济刑事政策的"宽缓"与"严格"的界限。以自首为例,对于自首中的典型自首行为,即犯罪分子自动投案,如实供述自己罪行的,因为其相对于"准自首"而言,犯罪分子"主观恶性"不深,具有更大的效益价值和社会价值,并且也表明了犯罪分子"人身危险性"的降低,因此,在考虑其刑罚适用时,应当适用较"准自首"行为更为宽缓的刑罚。鉴于典型自首相对于"准自首"而言其刑罚会适当从宽,司法实践中,对于典型自首认定要贯彻宽严相济刑事政策"严格"的一面,这有利于促进犯罪分子尽快地投案自首,从而获得较为"宽缓"的处理。同理,对于立功特别是共同犯罪案件中立功的认定和从宽处罚,应当从严掌握,如果从宽处罚导致全案量刑失衡的,一般不应当从宽处罚。当然,如果检举揭发或者协助司法机关抓获的是其他案件中罪行同样严重的犯罪分子,依照宽严相济刑事政策的精神,一般应当依法从宽。对于共同犯罪中的次要分子协助司法机关抓获主要犯罪分子的,应当充分体现宽严相济刑事政策,依法从宽处理。

(二)主观恶性与自首、立功而从宽处罚之关系辨析

2010年12月22日,最高人民法院发布的《关于处理自首和立功若干具体问题的意见》第8条中规定:"具有自首或者立功情节的,一般应依法从轻、减轻处罚;犯罪情节较轻的,可以免除处罚。……虽然具有自首或者立功情节,但犯罪情节特别恶劣、犯罪后果特别严重、被告人主观恶性深、人身危险性大,或者在犯罪前即为规避法律、逃避处罚而准备自首、立功的,可以不从宽处罚。"该意见很好地说明了"主观恶性"与自首、立功处罚原则之间的密切关系,即"主观恶性"是自首、立功的犯罪分子得以从宽处罚的理论依据所在。

我国刑法学界对于自首、立功制度的研究过多停留在实践问题的争议上,缺乏系统的理论层面的研究和探讨,导致对自首、立功的一些基本理论的认识和理解存在很多误区,自首与立功从宽处罚之理论依据就是其中之一。对于这个问题,刑法学界具有代表性的观点有以下三种:第一种观点是社会危害性说。该说认为,自首、立功的犯罪分子得以从宽处罚的首要依据是其行为所造成的社会危害性。行为人之所以承担刑事责任是因为行为本身的社会危害性,社会危害性是行为人承担刑事责任的基础,自首、立功而从宽处罚的前提是行为人实施了危害社会的犯罪行为,如果行为人没有实施犯罪行为,则根本不可能存在自首、立功的问题。第二种观点是人身危险性说。该说通过实例分析的方法,指出了社会危害性说的不当,认为自首、立功行为表明的是犯罪人主观恶性有所减轻以及人身危险性有所减弱,对具有该情节的犯罪人给予刑罚

上的恩惠与行为本身的社会危害性没有关系。第三种观点是折中说。该说在总结和批判前面两种学说的基础上，认为对于有自首、立功情节的犯罪人给予从宽处罚是因为犯罪人的人身危险性与社会危害性均有所减弱和降低。①

笔者认为人身危险性说是比较合理的。社会危害性在犯罪人实施了相应的犯罪行为，或者实施了犯罪行为产生了相应的危害结果时就已然存在并且无法消除和降低，这种危害社会的状态直至犯罪人归案甚至受到相应的刑罚处罚时才宣告结束。因此，在行为人实施危害行为或者造成危害后果以后，无论他是否自首或者立功，都不会对社会危害性有任何的减少或者增加，随其行为能够改变的只有人身危险性。正如有学者所指出的："初犯可能与再犯可能的统一就是人身危险性，人身危险性是未然之罪的本质属性。"②对于已然犯罪的行为人来说，其人身危险性就是再犯可能性。对于自首、立功而言，犯罪分子主动将自己置于司法机关的控制之下；或者是被司法机关控制之后，如实供述自己的罪行，提供重要线索等行为，均表明犯罪人人身危险性的减弱和主观恶性的减轻，犯罪人对于犯罪为社会所不认同的认知。但是上述行为对于已然的犯罪行为所造成的危害是起不到任何降低作用的。

如前所述，作为刑法基本原则的罪责刑相适应原则，其基本含义就是既注重刑罚与已然犯罪行为相适应，又注重刑罚与犯罪人的人身危险性相适应。自首、立功行为表明了行为人主观恶性的减轻和人身危险性的减弱，在量刑过程中应当予以考虑。对有自首、立功情节的犯罪分子从宽处罚本身就是对罪责刑相适应原则的贯彻和具体落实。从更深层次分析，对人身危险性减弱的犯罪分子予以从宽处罚也符合刑罚特殊预防目的的要求。因为，刑罚特殊预防的目的不仅在于通过刑罚手段剥夺犯罪人的再犯能力，而且还要通过教育改造，使犯罪人从内心真诚悔悟，以后不再实施犯罪。对于符合自首、立功等一定条件的犯罪人进行从宽处罚是实现刑罚特殊预防的重要手段之一，符合刑罚个别化的要求，且刑罚个别化存在的基础正是行为人的主观恶性与人身危险性。

四、刑事一体化践行之复合罪过问题

滥用职权罪是1997年《刑法》新增加的一种犯罪。玩忽职守罪原系1979年《刑法》第187条的规定。在刑法修订研拟中，1988年9月的刑法修改稿不仅将原玩忽职守罪修改补充，而且以独立条文增加了滥用职权罪的规定。此后几经修改，在1996年12月中旬的修订草案中，立法机关将上述两种犯罪的罪状合并规定在一个条文中。到了1997年2月17日的修订草案，立法机关在1996年12月修订草案的基础上，对两罪

---

① 参见祝伟：《自首从宽处罚原则简论》，载《河南公安高等专科学校学报》2007年第3期。
② 陈兴良：《刑法哲学》，中国政法大学出版社1992年版，第133页。

的主体进行了限制,由此形成了现在《刑法》第397条的规定。① 在滥用职权罪条款出台之前,刑法学界对于一种犯罪是否存在两种罪过不存在争议。自该罪条款出台之后,对于滥用职权罪的主观罪过形式争议不断。关于该罪的主观罪过形式,刑法学界主要存在以下两种观点:通说观点认为,滥用职权罪的主观罪过形式为故意(包括直接故意和间接故意,也有学者认为只能是间接故意),玩忽职守罪的主观罪过形式为过失,在大多数场合,是行为人的一种监督过失。另一种有代表性的观点认为,在多数情况下,玩忽职守罪的主观罪过形式为过失,滥用职权罪的主观罪过形式既可以是间接故意也可以是过失。② 笔者赞同第二种观点,认为其符合实际情况和立法原意。③ 在对此问题进行认真研习的基础上,借鉴外国相关立法例,笔者提出了"复合罪过"的概念。

所谓复合罪过,是指同一罪名的犯罪心态既有故意(此处故意限为间接故意)也有过失的罪过形式。复合罪过的提出,突破了"非此即彼"罪过形式的思维定式,在学界引起了热烈讨论,"商榷""批评"之声不断。多数学者认为,在不能发现法律有规定的文理线索的情况下,认为一种犯罪可以由过失或者间接故意构成,不符合罪刑法定原则,并且这种观点大多是以生活事实取代法律规定。④ 对于质疑,笔者一直未予以回应,而是继续认真思考这个问题。不过在2011年2月通过的《刑法修正案(八)》增加了食品监管渎职罪的规定,在该罪的罪状设计上,规定了食品监管的滥用职权和玩忽职守两种渎职行为。与食品监管渎职罪相比,《刑法》第397条规定了两种行为,并且概括了两种罪名,但是法定刑却完全相同。针对以上规定,笔者认为,在《刑法修正案(八)》增加规定食品监管渎职罪后,有关"复合罪过"问题值得进一步探讨。

(一)复合罪过存在之空间探析

根据我国《刑法》第14条、第15条的规定,犯罪的主观罪过形式包括故意和过失两种。在故意和过失两种罪过形式的基础上,又可以分为四种罪过形态,直接故意、间接故意、过于自信的过失与疏忽大意的过失。在具体个罪中是否只能存在一种主观罪过形式的问题上,我国深受大陆法系刑法理论的影响,认为一个具体的罪名只存在

---

① 参见高铭暄:《中华人民共和国刑法的孕育诞生和发展完善》,北京大学出版社2012年版,第620—621页。
② 参见高西江主编:《刑法的修订与适用》,中国方正出版社1997年版,第874—875页。
③ 全国人大常委会法制工作委员会刑法修改研究小组在1995年和1996年多次讨论并设想给玩忽职守罪和新增滥用职权罪两罪分别设计构成特征。鉴于两罪主观要件均非单一罪过形式(即只为过失或者只为故意),尽管前者以过失为主而后者以故意为主,最终还是建议在立法时放弃下定义的做法,并将两罪放在同一法条下(因它们给社会造成的危害相仿),以表示两罪的主观要件没有质的区别,即现在《刑法》第397条的写法。诚然,草拟该法条时并没有明确意识到复合罪过形式这一概念。参见储槐植、杨书文:《复合罪过形式探析——刑法理论对现行刑法内含的新法律现象之解读》,载《法学研究》1999年第1期。
④ 参见张明楷:《刑法学》(第4版),法律出版社2011年版,第1094页。

一种主观罪过形式,要么是故意,要么是过失。由于故意和过失在非难可能性上存在重大差异,所以在故意、过失的区分上,刑法学界诸多学者进行了很多有益的研究,但是往往理论与实践存在很大差距,如间接故意与过于自信的过失的区分问题。通说观点认为,间接故意与过于自信的过失区分的首要问题在于正确把握两者的认识因素和意志因素。第一,从认识因素上看,两者对于行为有可能引发危害结果的可能性都有预见,但是在对危害结果能否转化为现实的问题上主观估计存在不同。间接故意的心理在对于行为引发危害结果的可能性转化为现实性的问题上主观估计并未发生错误,其主客观是一致的。过于自信的过失心理在上述问题上存在错误的主观估计,其主客观是不一致的。第二,两者的意志因素存在重大差别。两者虽然都不希望危害结果的发生,但是间接故意并不排斥危害结果的发生,反映了对法益的积极的蔑视态度;而过于自信的过失对结果的发生是排斥的,甚至会采取一些避免危害结果发生的手段,反映的是对法益消极不保护的态度。但是在司法实践中,运用上述理论在很多时候也无法真正区分犯罪者的罪过形式,在此试举一例。王某在山顶上看到自己的仇人赵某在山脚下,旁边不远处有一个小孩,就拿起猎枪朝赵某开枪,结果打死了旁边的小孩。在这种情况下,王某的心态可能是认为自己枪法极佳,不会出现打击的错误,此时王某对于小孩的死亡结果的主观心态为过于自信的过失。但是也可以得出这样的结论,王某为了达到杀死仇人的目的,而对旁边小孩的死亡结果持放任的态度,其对于小孩的死亡结果的主观心态是间接故意。那么在这种情况下,如何判断行为人的主观心态?并且,虽然多数情况下犯罪故意的主观恶性重于犯罪过失,但是在对危害结果的发生听之任之的间接故意与心存侥幸认为可以避免结果,或者认为采取所谓相应措施能避免结果发生的过于自信的过失之间,认为后者的主观恶性一定轻于前者未免牵强。司法实践中,对于一些犯罪过于纠缠这个问题是否真有必要?

  对于以上问题,我们有必要在理论上加以反思。当本来的理论无法解决司法实践中存在的问题时,就不应当再固守本来的理论。以滥用职权罪和玩忽职守罪为例,浪费司法资源区分两罪的主观方面究竟有多大价值和实际意义?特别是在食品监管渎职罪的规定出台之后,刑事立法打破了原有的所谓一个罪名只能有一个罪过形式的戒律后,是否还有必要纠缠滥用职权罪和玩忽职守罪的主观罪过形式?对此问题,张明楷教授认为,并列规定与法定刑相同,显然不是确定为一个罪名的理由。如果认为滥用职权是故意犯罪,玩忽职守是过失犯罪,并且认为故意与过失是位阶关系而不是对立关系,因而只要行为人对结果有预见性,就能认定为过失犯罪,则不存在区分困难的问题。[①] 其实,依照张明楷教授的理论,认为故意与过失是位阶关系而不是对立关系,将故意解释为过失是可以的,但不能反过来。因此,按照逻辑推理,同一罪名下出

[①] 参见张明楷:《刑法学》(第4版),法律出版社2011年版,第1113页注释。

现两种罪过形式是可能的。笔者认为,从犯罪论角度出发,并不存在一种罪名只能有一种罪过形式的戒律。从刑罚论角度出发,同一罪名是否具备不同罪过形式的主要衡量标准是:同一罪名下的故意与过失所反映出来的行为人的主观恶性没有明显地影响刑罚量的级差。反之,则在同一罪名体系之下不可能存在两种罪过形式。

(二) 复合罪过存在之价值分析

复合罪过在自然犯中不会或者说很少存在。因为自然犯侵害的法益为公共安全、人身安全等与伦理密切相关的范畴,当行为人在间接故意心理的支配之下与在过失心理的支配之下造成同样的结果时,法律规定的刑罚相差悬殊,典型的如过失致人死亡罪和故意杀人罪的规定。在这种情况下,对于行为人的主观罪过形式有必要加以区分。但在法定犯中,复合罪过可以存在。因为法定犯侵害的法益为秩序和管理,相比自然犯,法定犯的主观恶性通常较低。特别是职务犯罪,犯罪人通常是有身份的人,其犯罪本身基本不涉及人身危险性问题。刑法对于法定犯尤其是职务犯罪判处刑罚的主要依据是行为所造成的危害结果,而并非行为人的主观罪过形式。在法定犯日益增多的大环境下,我们认为很有必要对我国现行的罪过形式理论进行部分的修正,引入复合罪过的概念,以便更好地解决司法实践中存在的问题,与世界刑法的发展趋势相契合。①

《刑法修正案(八)》中关于食品监管渎职罪的规定,恰好是对上述观点的有力印证,体现了我国在刑事立法上对于复合罪过形式价值的认可。刑法之所以作出如此规定的原因在于:《刑法》第408条之一将食品安全监管滥用职权和玩忽职守并列规定,并且设置了完全相同的法定刑,在这种情况下分别确定罪名没有实际意义。相反,实践表明,滥用职权与玩忽职守的区分,往往存在困难,容易引发争议,将本条确定为两个罪名,不免会给司法适用和理论研究制造诸多不必要的难题,且容易引发上诉、抗诉或者申诉,造成国家司法资源的浪费。②

鉴此,复合罪过的存在,使得司法机关在有确凿证据证明行为人实施了某些刑法上的危害行为、发生了刑法上的危害结果时,无须证明行为主体对危害结果的发生到底是放任还是排斥这一难以证明的问题,从而有利于减轻司法机关的证明责任,杜绝国家司法资源的浪费;同时,复合罪过形式的确立,可以不必区分某些犯罪中行为人的主观心态是间接故意还是过于自信的过失,从而有利于严密刑事法网,维护刑法的社会保障机能。

---

① 许多国家并未在刑法理论中刻意对间接故意和过于自信的过失进行区分。以美国为例,其刑法中的犯罪心态包括蓄意(purpose 或 intention)、明知(knowledge)、轻率(recklessness)、疏忽(negligence)。参见储槐植:《美国刑法》(第3版),北京大学出版社2005年版,第55页。其中的轻率相当于我国刑法中的间接故意与过于自信的过失。

② 参见张军主编:《〈刑法修正案(八)〉条文及配套司法解释理解与适用》,人民法院出版社2011年版,第375页。

刑法契约化[*]

契约是双方或多方当事人依法订立的有关权利义务的协议,对当事人具有约束力。私法上的契约是因相互对立的两个以上的意思表示的合意而成立的法律行为。公法上的契约是以发生公法效率为目的的契约。契约自由原则是私法上契约的基本原则,在公法上这一原则受到限制。近代以来,为了公共利益,法律上强制缔结的契约(强制契约)一直在增加。契约思想源于古希腊哲学和罗马法,是商品经济的产物,本质上属于经济关系的范畴,后来古典自然法学派思想家又将契约观念由经济观念发展为一种社会的和政治的观念。在罗马法上,既有私法上的契约,涉及私人的权利义务尤其是民事权利义务,又有公法上的契约,涉及社会公共事务尤其是政治权利义务,亦称社会契约。契约论其内涵的基本理念具有哲学方法论的意义。契约具有弘扬人格、保障安全、平衡利害、优化秩序的功能。①

刑法契约是指国家与国民(双方当事人)在刑事领域形成的权利义务关系的协议。这种契约在社会发展历史进程中逐渐显现并将继续进化,遂称之为刑法契约化。刑法契约化大体也可以理解为刑法存在及其运作的主体间平等制约关系的发展进程。刑法存在的主体间关系是国家与国民的关系,刑法运作的主体间关系基本是立法与司法的关系。本文拟在刑法契约化框架内讨论刑法及其适用的两个基础性问题。

一、罪刑法定原则的价值定位与施行规则

刑法契约化的核心内涵是罪刑法定原则契约化。罪刑法定原则一元化价值(限制国家刑罚权发动借以保障人权)是当前我国刑法学界的主流观点。笔者认为,这是过时的观念,应予置换。历史唯物主义认为,任何事物(包括有形物和无形事)的产生和效用无不与特定时空背景相联系并受其制约。罪刑法定原则的功能定位取决于国家与国民关系的定位。在前现代法治社会背景下,社会结构由压迫(剥削)阶级(国家为

---

* 原载《中外法学》2009 年第 6 期。
① 参见邱本:《契约总论》,载《吉林大学社会科学学报》1995 年第 4 期;王岩:《契约理念:历史与现实的反思——兼论全球化时代的契约文明》,载《哲学研究》2004 年第 4 期;程罗宝:《论契约精神的社会整合功能》,载《南京政治学院学报》2008 年第 3 期。

代表)和被压迫(被剥削)阶级(主要是国民的大多数)组成。随着生产力发展和生产关系变化,社会中出现了在政治舆情上足以抗衡国家压制的先进力量,经过长期斗争迫使国家制定了成文刑法,限制了刑罚权的任意发动,这对国家而言是被迫接受的桎梏。显然,这种情形下出现的罪刑法定其主旨只有一种社会功能,限制国权以保障人权。需要指出的是,它在实际生活中体现的社会价值远远小于理论分析上的社会价值。随着历史前进,社会结构发生了根本性转变,两大对抗阶级不复存在,国家与国民在宏观上不具有对抗关系。改善人类生存环境,抵御重大天灾人祸(包括严重犯罪和恐怖袭击),提高生活质量,总之事关民生的根本大计,国民全都仰仗国家。与此同时,国家的管治职能也由过往的以管制控制为主演进为以服务(为民众服务)为主。国家与国民的关系完成了由前现代法治社会以对立为主演进到现代法治社会以统一为主的历史性转变。与此相适应,罪刑法定原则成为国家与国民在刑事领域的社会契约,对国家而言,由被迫接受的城下之盟演变为主动自觉的立法技术。我国《宪法》第28条规定:"国家维护社会秩序,镇压叛国和其他危害国家安全的犯罪活动,制裁危害社会治安、破坏社会主义经济和其他犯罪的活动,惩办和改造犯罪分子。"第37条规定:"中华人民共和国公民的人身自由不受侵犯。任何公民,非经人民检察院批准或者决定或者人民法院决定,并由公安机关执行,不受逮捕。禁止非法拘禁和以其他方法剥夺或者限制公民的人身自由,禁止非法搜查公民的身体。"1997年《刑法》"根据宪法,结合我国同犯罪作斗争的具体经验及实际情况",在第3条规定了罪刑法定原则:"法律明文规定为犯罪行为的,依照法律定罪处刑;法律没有明文规定为犯罪行为的,不得定罪处刑。"罪刑法定原则明确昭示,刑法立法是国家与国民(通过选举代表)在刑事领域依法订立的有关权利义务的协议,这就是刑法契约。刑法作为国家与国民的契约:国民权利对应国家义务——国民不犯法则有行动自由,国家承担不得启用刑罚的义务;国民义务对应国家权利(权力权利化)——国民犯法则承担受罚义务,国家便有权启用刑罚。刑法作为国家与国民在刑事领域的社会契约,在逻辑上必然导致这样的结论,罪刑法定原则与其载体刑法运作相同,具有双重功能价值,惩罚犯罪,保障自由。

据此进而思考,在国家处置罪刑关系上,依据契约精神(平等、制约),国民可能接受和不能接受的情形是:

罪刑相当 重罪轻罚 有罪不罚	皆能接受	重罚轻罪 处罚无辜	不能接受

国民可能接受的"有罪不罚"情形,刑法总则已有原则规定,诸如责任年龄、中止

犯,《刑法》第37条规定的"对于犯罪情节轻微不需要判处刑罚的,可以免予刑事处罚"等。刑法诸多有关法定减轻处罚、从轻处罚以及第63条第2款(特殊情况减轻处罚)等规定均属"重罪轻罚"。

国民不能接受的两种情形皆为刑法契约精神所不容,即形成罪刑法定原则的底线"两不"——不处罚无辜、不重罚轻罪,是贯彻罪刑法定原则不得突破的底线。罪刑法定原则的底线就是法官行使自由裁量权的边界。根据契约理念,只要据理充分,不越出边界,法官自由裁量就没有违法之虞。当前司法实践中,法官自由裁量存在两种不可欲的倾向,一种是不可自由裁量而裁量,另一种是该自由裁量而不裁量。二者的共同点是没有理性对待罪刑法定原则及其底线,区别是前者无视罪刑法定原则,后者则僵化罪刑法定原则。正确贯彻罪刑法定原则应当是,依据刑法契约精神,在不突破底线的前提下,入罪坚守合法,出罪(含从轻发落)注重合理。

不可自由裁量而裁量,尽管造成的原因是多种多样的,既有司法官主观方面的原因,也有客观方面的原因,但一看便知这是错误的。然而对于该自由裁量而不裁量,往往并不认为有误,甚至可拿出某种直贴法规的理论作为说辞。出罪(含从轻发落)注重合理,其主旨在于要求司法裁决在法律效果的基础上关注社会效果,即国民的可接受性。学界曾经颇费唇舌议论过有关《刑法》第116条破坏交通工具罪的一个案例。行为人意图使火车发生倾覆,将一长条巨石放置在铁轨上之后离去,很快又想到其后果太严重,心有悔悟,于是在火车到来之前返回将巨石搬走,避免了严重后果的发生。《刑法》第116条"破坏……足以……发生倾覆、毁坏危险,尚未造成严重后果的,处三年以上十年以下有期徒刑"的规定可适用于该例,依法至少判处3年有期徒刑。但从实际情形看,客观上未造成社会危害,主观悔悟从而消解可谴责心理,普通民众也认为判处3年有期徒刑太重。怎么办?案情简单,但给通行刑法理论出了个难题。在生活情理上本该按犯罪中止处理(对于中止犯,没有造成损害的,应当免除处罚),但通行刑法理论认为,《刑法》第116条规定的是危险犯(具体危险犯),行为完毕即构成既遂,既遂之后不可能再成立犯罪中止。理论的功能是使人聪慧,处事合理。但也应防止将理论变成僵硬教条从而作茧自缚以致出现"活人被尿憋死"的难堪局面。这种现象在学界恐怕并非仅是少而又少的个案。也有学者另觅路径,认为《刑法》第116条是对破坏交通工具罪"未遂"的规定(表明不是"既遂"),在尚未造成严重后果的情况下,应认定为犯罪中止。为给中止犯的认定撑腰,却同通行理论撞车,危险犯(大多数学者持通行理论,认为《刑法》第116条和第117条是危险犯)与"未遂"不搭界。在司法实务中,处理本案时根本无须求助危险犯理论,只要援引《刑法》第116条客观地描述事件发生过程,"在犯罪过程中"分析主观和客观要件要素,在此基础上径直引用《刑法》第24条关于犯罪中止的规定,合情合理,完全不抵触罪刑法定原则。注重合理,有利于使复杂问题简单化。在实践理性上,切忌简单问题复杂化。在应然上,罪刑法定是实现司法正义的制度保障,法官自由裁量,是追求个案公正的机制保障。

二、刑法适用解释立场选择的法律依据

刑法学的核心价值在于刑法解释学。刑法的解释方法固然重要,但解释立场(一说解释目标)更重要。刑法解释的宏观导向取决于解释立场。刑法适用解释立场选择是罪刑法定原则得以原样贯彻的首要规则。这是近年来学界高度关注的一个基础性问题。法律解释就是探求规范的法律意义。解释过程是规范向着事实、事实向着规范不断接近对应和融合的过程。解释立场有主观解释论和客观解释论之分。主观解释论是探索规范的立法原义,客观解释论是查明规范的客观现实意思。关于解释立场,学者(以及司法官)之间各有不同选择。同一学者(以及司法官)在不同场合有不同选择,甚至在相似场合也有不同选择。问其为什么? 答案也是语焉不详。问题是有没有规则可循? 笔者以为,选择主观解释论或者客观解释论,不应当是随意的。关键问题是,立法与司法的契约,根据罪刑法定原则,立法制约司法,立法不禁止合理的能动司法。

随着风险社会的到来,国家对社会管理的内容和范围都在不断扩大,这也是国民生活的需要,进而导致刑法的扩张("刑法谦抑"在我国应强调要体现在"刑罚谦抑")。世界各国均如是。刑法扩张是指传统刑法之外新增类型的刑法规范的增多。

传统刑法规定的犯罪是国民凭借历史流传下来的伦理道德就能明辨的有害行为。这类行为犯罪化的标准是伦理标准,如不许偷盗、不许杀人等这类道德底线是妇孺皆知的常识。立法模型是结果本位,结果的特点是可测量性,大大减少了操作上的可争议性。立法目的是保卫国民个体与群体的人身、财产安全,打击对象皆为国民所痛恨。法律规范内涵具有静态性的特点,相应地具有高度稳定性,立法原义明朗,学理上称这类犯罪为自然犯。根据罪刑法定原则,法官在适用这类法律规范时应当(有义务)且事实上也易于持主观解释立场,查明立法原义。

新增刑法类型的法律规范,是适应市场经济发展并由此出现的社会关系日益多样复杂化的产物。为了应对这样的局面,国家(主要通过行政机关)有责任对经济和社会秩序比过往时代予以更多的关注。相应地,新增刑法类型的法律规范的内容主要是国家对经济运行和社会秩序的管理,我国刑法上主要是破坏市场经济秩序罪和妨害社会管理秩序罪。可见,违反(破坏、妨害)秩序的行为犯罪化的标准不是伦理道德,而是秩序违反。"秩序"是动态状况的相对稳定。变动是绝对的,稳定是相对的。通过"管理"才能控制变动不居的状况形成相对稳定的"秩序"。违反管理秩序犯罪的理想立法模

型是行为本位。我国传统的治国理政策略是德主刑辅,刑法思想是尽可能缩小打击面,体现在刑法立法上有两方面现象:一是犯罪概念兼具定性与定量因素;二是立法模型基本为结果本位。尽管如此,在秩序违反行为的犯罪化立法中仍然出现了一些行为犯规定。我国刑法中,自然犯通常没有这种情形。生活常识表明,法律结果容易被测量,法律行为则不然,具有概约性。管理具有动态性,违反管理秩序犯罪的法律规范也具有动态性。动态性在逻辑上隐含着随客观环境发生变化的可能性,因而法律规范本身具有一定的涵摄性(包容性)。这意味着法律规范效用的发挥不能与客观现实相脱离。这表明,法官适用这类法律时依据其客观意思和现实需要解释法律(客观解释论)是立法预设的,是合法的,是合理的。这类刑法规范学理上称为法定犯(一说行政犯)。

对法定犯案件采用客观解释论,解释结果可能入罪,也可能出罪。试以《刑法》第205条"虚开增值税专用发票罪"为例。2008年福建省法院二审判决泉州市某中外合资企业(公司)无罪、总经理陈××无罪。案情是:该合资企业(总经理陈××)为了虚夸公司实力,以便在和外商谈判时处于有利地位,但并不具有偷骗税款的故意,用18万元购买伪造的增值税专用发票942份和发票专用章12枚,并以公司为受票人开具发票326份,面额总计3700多万元,税额530多万元。一审法院判处总经理陈××构成虚开增值税专用发票罪,处10年有期徒刑。上诉后,二审法院判决上诉单位(公司)和上诉人(陈××)无罪。理由:《刑法》第205条之实际意思是防止国家税款被骗取,而本案不存在骗取国家税款的心意和事实。① 而类似案例在10年之前,一概都判决有罪并处刑。这是因为现在与10年前的社会客观情形有所不同。1997年立法时注重税收征管秩序,视为行为犯;十来年,《刑法》第205条并未修改,但更强调刑罚目的有无处罚必要,彰显司法人性化是时代发展的需要。

法定犯与自然犯的立法形态②,国际主流社会普遍采取双轨制,自然犯规定在刑法中,法定犯通常规定在刑法以外的各种非刑事法律中。我国情形特殊,采一元制,统统都规定在刑法中。虽为一元制形态,但在实质上仍然可见这种区分的影子,一个旁证是在我国刑法以外的种种非刑事法律中通常规定有"法律责任"一节,其中有"构成犯罪的,依法追究刑事责任"这样的法律表述,此所谓附属刑法规范,亦称行政犯或法定犯。

自然犯是自体恶,法定犯是禁止恶,这种古典理论仅有区分两种犯罪形态的理念意义,已经没有区分两种犯罪形态的具体作用。二元制立法方式则在形式上区分两种犯罪形态,具有操作功能。由于我国独有的刑法立法体制(一元制),决定了本文无法

---

① 参见牛克乾:《虚开增值税专用发票罪与非罪之认定》,载《人民司法》2008年第22期。
② 参见储槐植:《要正视法定犯时代的到来》,载《检察日报》2007年6月1日。

克服的缺陷,短于具体操作。追求一定的理论导向效用,聊为作者的旨趣。

  这里有两组概念需要顺便讨论一下,主观解释论与客观解释论、形式解释和实质解释。两组概念不在同一层面上,形式解释(从法条文字揭示刑法规范含义)与实质解释(落实到刑罚目的、有无处罚必要)属于解释方法;主观解释论与客观解释论以解释主体与解释对象的关系为立足点。在有些场合,二者可能对应:形式解释对应主观解释论,实质解释对应客观解释论。有些场合,二者并不对应:形式解释可同时适用于主观解释论和客观解释论,实质解释也可同时适用于主观解释论和客观解释论。根据刑法契约化精神,主观解释论与客观解释论的选择应受罪刑法定原则的制约,而形式解释与实质解释则是解释者根据需要任意选用的。从解释的结果是出罪还是入罪、是从轻还是从重看,两组概念也并不存在两两对应的关系。

  本文按通行标准可能不够规范,论证尚欠严密,注释也少,但自信提出了一个值得关注的问题,刑法契约化是现代刑法的本性。

走向刑法的现代化[*]

一、关于刑法之"现代化"

"走向刑法现代化"是一个刑法的宏观问题,涉及刑法结构及其调整,而不是具体的罪和刑的问题。

党的十八届三中全会提出要全面深化改革,它的总目标就是推进国家治理体系和治理能力现代化。一个国家或地区的刑法,尤其是我国刑法,应当是国家治理体系的重要组成部分,刑法现代化是其中应有之义。我在14年前写过一篇文章——《议论刑法现代化》,文中谈到实现刑法现代化的途径,就是要调整刑法结构。刑法结构是指在刑法内部的组成部分罪和刑之间的一种量化的比例搭配,这种比例搭配、结构是非常重要的。一个事物的结构决定这个事物的功能,决定这个事物的性质。刑法结构对一个国家或地区的刑法功能的发挥以及它的性质、它的现代化或者说它的地位是非常重要的问题,这是个宏观问题。

刑法要现代化,走向刑法现代化是我们的目标。走向刑法现代化是一个动态的过程。走向刑法现代化,意味着我们的刑法还不是现代化的,具体说来我们现在的刑法基本是"厉而不严",就是说刑法总体上是厉害的,但刑法的刑事责任、刑事法网还很不严密。我在14年前就提出"刑法现代化"问题,那时候讲这个问题,只是出于学者应有的一种责任感,很难影响到刑事立法。但是最近几年,尤其是《刑法修正案(八)》出台以来,我们的刑法应当说是在开始走向现代化。

为什么说刑法要走向现代化?因为我们现在的实际基础还不是现代化,我们用现代化的标准来衡量,很多地方应当说是有相当的距离,给它一个归纳,叫作"厉而不严"。我认为,现代化的刑法应该是"严而不厉"。那么,为什么说"严而不厉"这种刑法结构是现代化的呢?道理很简单,刑事法网严密就意味着善恶分明,善恶分明是一个民族公德水平提高的相当重要的基础,也就是说,刑事法网严密意味着公德水平有一个提高的基础;刑罚不重、不厉害则意味着社会的进步,意味着社会由野蛮走向了文明。古代那种"同态复仇"非常野蛮,后来慢慢变成国家或地区开始垄断死刑,死刑由多到少。二百多年来,世界各国或地区一直在进行刑法改革。刑法改革的重心是什

---

[*] 原载《井冈山大学学报(社会科学版)》2014年第4期。

么呢？就是刑罚的改革。

那么，刑罚的改革核心是什么呢？就是刑法体系中最重刑种的改革，也就是死刑由多到少，由有到无。所以说二百多年来，世界各国或地区刑法改革的方向就是刑事法网严密化、刑罚总量减轻。因为刑事法网严密，意味着善恶要分明，善恶分明是正义的基本要求。如果刑法过于苛厉，则意味着社会文明和社会公德有待提高。"严而不厉"的刑法结构是符合人类发展的一种必然趋势，它应该是符合现代社会的一个发展的标准，是刑法结构发展的一个范式（model）。当代世界绝大多数国家或地区，尤其是经济发达、法制水平高的国家和地区，它们的刑法结构都是"严而不厉"。那么，我国现实的刑法结构是怎样的一种状况呢？首先，我们的刑事法网现状应当说是"不严密"。"不严密"有历史原因，也有现代原因。历史原因是非常突出的，就是中华人民共和国成立之初，就公开宣布废除国民党的"六法全书"。我们知道，一个国家、一个民族的法律不完全是跟意识形态扯在一起的，它和民族的发展、民族的联合联系在一起。我国在解放初期，一下就宣布废除"六法全书"。这个做法在历史评价上，我觉得还需要考虑。不管怎么说，解放初期，没有法律了，但是犯罪照样存在，怎么办？依据什么来办案呢？依据刑事政策。但是那时候的刑事政策更多的是政治政策，法律方面的政策不是太多，因而办案时只好依据刑事政策，再加上一些常识。可见，解放初期刑事办案没有法律。新中国成立 30 年后我们才有成文刑法，但该刑法非常粗疏，一共有 192 条，103 个罪名。过了 17 年，1997 年《刑法》出台。与 1979 年《刑法》相比，1997 年《刑法》由 1979 年《刑法》的 192 条增加到 452 条，罪名由 103 个增加到 412 个，后来又增加了八个刑法修正案，又加了 40 个罪名，而且这些罪的罪状的明确性也得到了提高。从这一点看，在刑事法网的严密上应当说是往前进了一大步。尽管如此，但还不能说 1997 年《刑法》的刑事法网就严密了。所以，从解放初期没有刑法，到有比较粗疏的成文刑法（1979 年），再到内容更为精细的成文刑法（1997 年），应当说是走了一大步。

二、关于刑法之"严"

第一个问题是我国刑法立法的一元化体制。一元化体制是指罪和刑的规定都必须搁在刑法或者单行刑法中，也就是说，其他的法律都不允许单独规定罪名和相应的法定刑，这就是我国刑法立法的一元化体制。而当代国际主流社会，刑法立法通常采取的是二元立法体制。换言之，只有一部分所谓自然犯，就是侵犯伦理的这些犯罪被规定在刑法中，其他许多法定犯，如侵犯管理秩序的犯罪，绝大多数都不规定在刑法中，而是规定在刑法以外的各种各样的法律中。比如说，走私罪规定在海关法中，刑法是不规定走私罪的，等等。

一元化跟二元化的体制与刑事司法存在某种关系。举个例子来说，在一个商品经济发展的国家，侵犯专利的犯罪是不会少的。但从司法实践看，从1997年《刑法》施行到现在发生了多少侵犯专利的犯罪呢？大概是屈指可数的，为什么？因为刑法对专利犯罪的规定完全没有可操作性。《刑法》第216条规定："假冒他人专利，情节严重的，处三年以下有期徒刑或者拘役，并处或者单处罚金。"专利有三种类型：发明、实用新型和外观设计。对每一种专利类型，所谓"假冒"的实际内容是不一样的，《刑法》第216条所说的"假冒他人专利"几个字根本就没有可操作性。《刑法》第216条还规定了假冒"情节严重"的处罚，然而，三种专利类型的情节是否严重是相差很大的，所以《刑法》第216条所说的专利犯罪中"情节严重"也没有可操作性。专利法又怎么说呢？专利法又推向刑法，《专利法》中只规定"构成犯罪的，依法追究刑事责任"，所以说两头不着落。刑法立法是一元化体制还是二元化体制，对司法实践的影响差距还是非常大的。当然，我只举了一个假冒专利罪的例子。实际上我国《刑法》第三章规定的罪名都是我所指的法定犯，就是侵犯管理秩序的犯罪，侵犯管理秩序的犯罪和一般的自然犯是不一样的，法定犯是侵犯秩序，秩序是什么东西？秩序是动态的相对稳定。只有动，就没有秩序；只有静，也谈不上秩序。所以秩序是静态中的动态，动态中的静态。侵犯秩序的社会关系是非常复杂的，如果要把这个非常复杂的关系都规定在刑法中，而且要像其他国家那样将关于侵犯秩序的法定犯都详细规定了，估计我国刑法100万字也难以完成。解放初期到改革开放前期，关于这方面的法定犯相对比较少，就当时的背景来说也没有太多需要来规定侵犯秩序的这些法定犯，后来刑法中这类规定越来越多了，这有一个思维惯性的问题。如有人讲，我们把所有的犯罪都规定在刑法中，让司法人员有了这个东西，那么他就可以办事了。其实，这是他的一厢情愿，不符合社会发展实际。这是关于我国的刑事法网的问题。

第二个问题是犯罪概念、犯罪构成有一个定量限制，这也是我国刑法和其他国家或地区刑法不一样的地方。如果说我国刑法有本国特点的话，这个特点大概是最突出的一个，就是我们的立法对犯罪既定性又定量。这好像挺省事，但实际上很多问题都出在这个地方。其他国家和地区的做法是：立法定性，司法定量。这是我国与其他国家或地区的一个巨大的区别。我过去曾经说过我国刑法犯罪应有定量限制，这是根据当时情况的说法，现在我的想法也在变化。当然，要把犯罪概念的定量因素取消掉，10年、20年、30年都不可能，这跟我们千百年形成的一个统治经验有关，它比法律重要。

犯罪概念的定量限制有一个重大缺陷，就是模糊了道德底线。举例来说，在其他国家和地区，偷1元钱也是盗窃罪，要受到道义上的谴责。在我国，犯罪概念有定量因素，不要说偷1元钱，就是偷一只老母鸡，如果没有特殊情况，也不会构成司法上的盗窃罪，因为它不是扒窃，也不是入户盗窃，就是普通的盗窃。这说明什么问题？这说明,我们的犯罪概念的定量限制使得刑法没有坚守道德底线。偷 1 元钱不是盗窃犯罪,如果偷 100 元、偷 200 元都不是盗窃犯罪,久而久之,对一个民族的道德的形成有什么影响呢?我国刑法的犯罪概念,或者说刑法法网没有守住这个道德底线,久而久之就使得这个民族的公德水平存在很大的问题。刑法的第一功能就是要坚守道德底线。犯罪概念有定量要求,这在其他国家和地区是不能想象的。偷一只鸡不构成盗窃罪,不要说法官不能理解,就是一个老百姓都不能理解。但我们能够理解,于是这样理解多了以后,道德底线就直接放松了,也就是说没有守住道德底线。道德底线守不住,一个民族的社会风气将会怎样?你看,现实当中,从吃的到用的,什么都有假,只有骗子是真的。这种情况对民族的风气、对民族的道德水平的提高、对一个国家刑法的执法环境将有很大的负面影响。所以说很多问题都出在这方面。这是我国刑事法网不严密的表现。由于刑事法网不严密,犯罪概念、犯罪构成有一个定量限制,达不到规定的量,就不构成犯罪,导致道德底线失守,这是个重大的问题。

还有一个需要注意的问题是,我国最高司法机关发布了那么多的刑事司法解释,应当说是世界上没有的。其他国家的最高法院有发布那么多有法律效力的司法解释吗?没有。这个事情显然与我国刑法规定中有定量限制是有关的。比如说,一个人偷了别人的 950 元算不算盗窃罪呢?有人说是,有人说不是,司法实践遇到类似的说不清楚的问题太多。而在其他国家,只要触犯了刑律,不管量是多少,都构成犯罪。司法官在处理这个罪时,罪是确定的,对它量刑进行处理就好了,而不会发生罪成不成立的问题。但在我国,不仅会产生刑的问题,也会产生有没有罪的问题。所以,由于犯罪概念中有定量因素,我国的法官、检察官就会比其他国家的法官面临更多的问题。由于我国司法队伍总体水平有限,遇到这些法律没有明确规定、有不同看法的问题,怎么办呢?最简单的办法就是:请示。请示多了,上面就不得不解释,所以我国有那么多有法律效力的司法解释。十多年以前,我们学者还批评最高人民法院和最高人民检察院的司法解释,认为有些问题越权了。现在学者也不批评了,习惯了。现在来看,由于犯罪概念有量的限制,最高人民法院和最高人民检察院作一些有量化的解释,对统一执法是有好处的。但是任何一个事情,在眼前可能有好处,对长远是不是有好处那可不一定。我们现在有两个"性":一个是最高人民法院、最高人民检察院作解释的积极性;还有一个是广大司法人员的依赖性。上面的积极性和下面的依赖性,二者"相补""对接"。从长远来说会造成一个什么样的结果呢?会使广大司法人员主动办案的积极性慢慢消减。我认为,在一个国家,案件主要不能靠最高司法机关去处理,而应当靠广大的司法人员去处理,如果广大司法人员办案有依赖性,那么他办案的积极性和主动性就会消减。从长远来说,这是个大问题。由于犯罪概念的量化限制而出现的这些问题,确实需要考虑。这个问题需要逐渐化解,不可能永远如此。

三、关于刑法之"厉"

我国刑法总体上是苛厉的。我国的刑法体系基本上还是重刑结构,表现在以下方面:第一,死刑多。第二,立法规定的所有罪的法定刑都有监禁刑。我国现行刑法还找不到一个罪的法定刑中没有监禁刑。在其他国家,规定在刑法以外的法律中的罪,监禁刑是很少的,而规定在刑法中的一些犯罪中也有相当一些罪没有规定监禁刑,只规定罚金等。第三,我们的罚金刑适用率很低。当然,适用率很低跟老百姓日常生活水平有关,但重要的是我国刑法体系的罚金刑不是主刑。是不是主刑与它适用的频率有非常重要的关系。总之,我国刑法中死刑多,所有罪的法定刑都必有监禁刑,罚金刑不是主刑,这三个特点就表明我们的刑法体系是一个重刑的体系。甚至有人说这是重刑主义。

那么,我国刑法体系为什么基本上是一个重刑结构呢?这也不是偶然的。从历史上来说,我国几千年以来乱世长于治世。对统治者来说,在社会文明水平不是很高的情况下,乱世又很多,最简便、最省事的办法是什么?杀人。杀人是成本最低的刑罚,是最快的刑罚,也是最彻底的刑罚。在国家统治中形成的经验就是治乱世用重典,这条经验比任何法律都重要。另外,在中国历史上,往往是通过暴力革命获得政权。试问,中华人民共和国是怎么成立的?新政权是怎么产生的?是通过暴力革命产生的。暴力革命获得政权,在相当长一段时期内,也容易用暴力来维护政权,这是自然的,这叫作路径依赖。而我国为什么要暴力革命呢?再往前推,是国民党用暴力来统治,所以我们的暴力革命是有道理的,是正义的。由于以前是暴力政权,我们用暴力革命来推翻它,那么暴力革命获取的政权,在相当长一段时期内又会遭到反抗,所以我国在 20 世纪 50 年代初,杀了不少反革命罪犯。可见,我国刑法体系的重刑结构与"治乱世用重典"的历史经验有关。

那么,与这条经验有关的是什么问题呢?就是缩小打击面。执政者都有对立面。比如说我是执政者,我对面有 100 个人,我打了其中的 90 个人,那肯定这 90 个人都会反对我,拥护我的只有 10 个人,这样我就会显得孤立。如果 100 个人,我只打了 10 个人,最多 10 个人反对我,还有 90 个人拥护我。这延伸出另外一条经验,就是缩小打击面。法不责众和缩小打击面是联系在一起的。问题是:轻轻打,你打多一点没有关系;而打得重,就得注意,打的面广,被打的人就会孤立你。你如果不想被孤立,那么你要打得重,就只能缩小打击面。所以治乱世用重典引申出缩小打击面,二者联系在一起,构成千百年来两条重要的执政经验或者说统治经验。缩小打击面,体现在刑法立法上,包括两方面:一是罪名尽量减少,尤其是鸡毛蒜皮的事件,不把它作为罪。二是如果一定要作为罪的,就用量来限制,这样,多数人就不能进入刑罚圈。换句话说,缩小打击面,就是把罪种减少,而且对每一种罪在量上予以限制。这两点做到了,打击面就会缩小。我国刑法上犯罪构成有量的限制,跟我们千百年以来形成的治国理政经验或者叫统治经验联系在一起,这不是一般的经验,它不可能10年、20年就会转变,所以会持续很长时间。

值得高兴的是,我国的刑法改革正在深入进行,我国的刑法也在不断向"严而不厉"的目标发展。《刑法修正案(八)》废除了13个罪名的死刑,尽管实际上也没有因此少杀多少,但是《刑法修正案(八)》是我国刑法结构走向现代化的一个非常重要的信息。换句话说,《刑法修正案(八)》标志着我国的刑法结构已开始向刑法现代化迈进。党的十八届三中全会明确提出"逐步减少适用死刑罪名",这句话非常重要,决定了《刑法修正案(八)》取消了13个罪名的死刑。有了这句话,从现在开始,可以期待每一次刑法修正将会有若干个罪名的死刑被废除。一般来说,一个国家的刑罚总量要趋轻的话,就要从它最重的刑种那里开刀,如果最重的刑种还存在于很多罪名中,那么整个国家的刑罚总量一定很重。二百年以来世界各国刑法的改革,首先是刑罚体系的改革,而刑罚体系的改革首先从最重的刑种那里开刀。所以我认为,《刑法修正案(八)》是我国刑法走向现代化的一个契机。十多年前,我在有关刑法的讨论上就议论刑法现代化,当时说这个理论,不会有人听。现在我在适当场合继续发声,这样对学界,对有关司法部门可能有些影响。我宣传的"严而不厉",《刑法修正案(八)》对这个想法实际上有支持。你看,现实中增加了那么多新的犯罪,而刑法中却减少了那么多死刑的罪名,这不说明了我国刑法正逐渐趋于"不厉"吗?

四、关于加强法定犯研究

我在几年以前就曾经说过,我们现在已经处在法定犯的时代,我们的司法实践,特别是搞学术研究,应当注重研究法定犯。但是,我们现在很多的刑法规定,学者们关于刑罚论、犯罪论都还是以自然犯(如杀人放火、奸淫盗窃)为研究重心,对法定犯的研究还是相当不够的。应当说,在日常生活中,诸如杀人、放火、强奸之类的犯罪即自然犯,很多老百姓不是能够直接接触到的,其受害面也相对比较狭窄。而法定犯与社会公众最贴近,如食品、药品掺假涉及公众的日常生活,它的受害面不是个别人或少数人,可以说是全社会。可现在学界对法定犯,也就是对侵犯管理秩序的、最贴近老百姓生活的犯罪注意得还不够。所以北大法学院的杂志《中外法学》中提到,要发展面向司法的刑法学,这个说法是非常重要的。不仅学者要更多地注意研究法定犯,司法部门也要注意研究法定犯,因为就司法部门日常遇到的犯罪类型来说,法定犯比自然犯要多得多。而且,在审理过程中,法定犯由于它的关系复杂,不像自然犯,相对来说在收集证据、判断犯罪构成或者量刑的时候,都比较简单。在这方面,学界注意得不够。为此,我在很多场合呼吁学者要更多注意研究法定犯。

最后,我要说,让我国的整个刑法研究(包括学界和司法部门)和刑事司法实践齐头并进;让我们的刑法结构再贴近和符合社会发展,更注意善恶分明,更多地提倡公德、坚守公德;让我们的刑法不要那么多的狰狞面目,而更应当体现社会的文明;让我们齐心协力推进我国刑法的现代化。

刑事"三化"述要[*]

刑事"三化",就是刑事一体化、刑法现代化和刑法去重刑化。这几个话题实际上都是大题,为了提高时间的利用率,我就不用漫谈的方式,简约地来说。

一、刑事一体化

刑事一体化的内涵是刑法和刑法运行内外协调,即刑法内部结构合理(横向协调)与刑法运行前后制约(纵向协调)。这是我在《中外法学》1989年第1期发表的一篇论文首次提出的。20世纪80年代在中国广袤的大地上出现了为期将近十年的刑法危机:犯罪长刑加重,犯罪再长刑再加重,循环往复,刑法难以为继。这就是《建立刑事一体化思想》成文的宏大时空背景。"刑事一体化"这个观念试图从罪刑关系和刑法机制(尚未深入刑法结构)解释这种社会现象。在宏观上,犯罪源于社会矛盾,这是基本的犯罪规律,它既反映犯罪性质,又说明犯罪原因。犯罪原因是一个动态复杂的系统,而刑罚作为遏制犯罪的一个因素,同促成犯罪的众多繁杂社会因素不可能在同一水平上相抗衡。因此,不可能单纯地用犯罪率升降来衡量刑罚功效,这是理念。这种理念基本没有被国家权力(反馈为刑事政策)所认同。

在此以后,我先后发表了相关论文。2004年发表《再说刑事一体化》、2013年发表《刑事一体化践行》等,多侧重于观念和方法。可以说,"刑事一体化"是刑法危机的产物。

二、刑法现代化

"刑事一体化"理论侧重于刑法运行机制,"刑法现代化"是进一步着重讨论刑法结构问题。结构决定事物的性质,制约事物功能的发挥。尤其是2013年党的十八届三中全会决定提出全面深化改革的总目标是完善和发展中国特色社会主义制度,推进国家治理体系和治理能力现代化后,刑法现代化当是国家治理体系现代化的组成部分。

---

[*] 原载《中国检察官》2018年第1期。

刑法现代化，实质是刑法结构现代化。刑法结构，即罪与刑的量化组合：犯罪圈大小与刑罚量轻重的不同搭配。当代国际社会的刑法结构实际上有两类："严而不厉"，即刑事法网严密，刑罚不苛厉；"厉而不严"，即刑罚苛厉，刑事法网不严密。当今世界，大多数国家的刑法结构当属"严而不厉"，这是时代潮流。与此相对应，相关文章据实证成我国的刑法结构是"厉而不严"。因此，我国刑法现代化就是刑法结构由"厉而不严"走向"严而不厉"。"厉而不严"的刑法结构是不合时代潮流、不持续的刑法结构。

三、刑法去重刑化

发表在《中国法律评论》2017年第6期的一篇论文（《1997年刑法二十年的前思后想》）对此有介绍。去重刑化是我国刑法现代化的必由之路，是基础性实质问题。

2013年党的十八届三中全会提出"全面深化改革"，其中关于"推进法治中国建设"，有五个方面的内容，涉及实体刑法只有一句话，即"逐步减少适用死刑罪名"。言简意赅，特别重要。我认为这十个字深含了去重刑化的信息，削减死刑是去重刑化的首要基础性前提。

"死刑有没有用？""死刑好不好？"这类纯理论的死刑正当性争议没有太大意义。社会物质文明与精神文明发展水平决定民众对死刑存废的态度。民意是死刑存废正当性基础。北京大学法学院白建军、梁根林两位教授基于三万多个特大样本所作的实证分析显示，我国民众并不偏爱重罚重刑，主流民意对死刑的认同发生了明显松动，不再绝对认同死刑。大多数民众可以有条件地接受废除死刑。这对国家关于死刑刑事政策选择依据来说无疑是一个重要的信息。

我国现行刑法仍然是重刑化的刑法：一是经过《刑法修正案（八）》和《刑法修正案（九）》的修正，现在仍然有46个死刑罪名，如此数量级的死刑在当今国际主流社会早已成为久远的历史记忆。我国刑法众多死刑罪名使得整体刑法结构处于高位运行状态。二是无期徒刑罪名有82个。三是全部犯罪均配有剥夺自由刑。其中，法定刑最低5年以上有期徒刑的罪名有341个，法定刑最高5年以下有期徒刑的罪名只有127个，5年以上的是5年以下的约2.7倍。四是监禁刑执行的年度假释率，从来没有突破个位百分比，这种情况世界是少有的。五是刑法规定拘役的罪名有394个，其中3个是法定拘役。司法实践中的适用率显然偏低，以致缺乏对其进行独立的专项统计。六是罚金刑不是主刑。七是附加刑制度还有"没收犯罪分子个人所有财产的一部或者全部"的规定，这样的规定世界上也是少见。

去重刑化，削减死刑罪名当列首位，但不是全部。去重刑化已呈现客观条件，我们相信不可能再发生刑法危机,这是我们去重刑化最重要的背景。2000年到2010年,10年间普通刑事犯罪的发案量稳中有降,其中放火、爆炸、杀人、伤害、抢劫、绑架、劫持、强奸这八类严重暴力犯罪发案量持续下降,破案率明显上升。而且这八类严重暴力犯罪在普通犯罪总数中的占比逐年下降,特别是命案发案量比10年前下降了50%,同期命案破案率大幅度上升,到2016年已高达98.3%,每10万人命案发案数仅0.7起,单就该指数而言,我国已经成为世界上最安全的国家之一。这是我最近从公安部经济犯罪侦查局杨书文博士的一篇文章(《试议经济犯罪的风险性与经济刑法的扩张化》,载《江西警察学院学报》2017年第5期)看到的,这些数据非常重要。

社会是人类生活共同体,社会由远古蛮暴走向现代文明,是历史发展的客观规律。两个多世纪以来,世界各国刑法发展的历史就是以死刑改革(死刑由多到少、由有到无)为主线的刑罚由重到轻从而彰显文明进步的历史。我国也不例外。

当代国际社会,法定犯的数量远远超过自然犯,自然犯的法定刑明显重于法定犯,自然犯规定在刑法中,法定犯基本都规定在行政法中。我国刑罚重,还有一个不为人知的隐性原因,就是刑法立法一元化体制,自然犯和法定犯(法定犯在我国主要是《刑法》分则中的第三章"破坏社会主义市场经济秩序罪"和第六章"妨碍社会管理秩序罪")全部纳入刑法,数量各占一半。也就是说,法定犯和自然犯在我们的刑法中各占一半。因此,出现了两个问题:第一个问题是刑法稳定性差,频频进行的刑法修正主要出于法定犯的需要。第二个问题是刑罚加重,自然犯与法定犯同居一个法典内,外形已经有相似,刑量难免不被感染。例如,分则第三章中的生产、销售有毒、有害食品罪,第六章中的毒品犯罪,有死刑3个,分则第三章、第六章两章中的诸多犯罪配有10年以上有期徒刑和无期徒刑的多达25个,这对我国刑法重刑结构的贡献率可谓触目惊心。

刑法一元化的立法体制,不仅加重刑罚,并且徒增执法难度。其他国家和地区的刑事实体法有两类,刑法典和行政刑法。行政刑法的罪刑条款与刑法典的关系称为"附属刑法",我国也有附属刑法,但是我国的附属刑法不是行政刑法,我国的附属刑法是"附而不属"的"影子"刑法:在行政类法律的"法律责任"章、节规定"构成犯罪的,依法追究刑事责任",但该类法律中根本没有明确的罪刑条款,需要追究刑事责任,就去查找刑法。例如,2008年修正的《专利法》在"专利权的保护"一章中规定,"假冒专利的,除依法承担民事责任外,由管理专利工作的部门责令改正并予公告,没收违法所得,可以并处违法所得四倍以下的罚款;没有违法所得的,可以处二十万元以下的罚款;构成犯罪的,依法追究刑事责任"。如果假冒专利构成犯罪,怎么办呢?依据什么法?依据《刑法》第216条假冒专利罪,即"假冒他人专利,情节严重的,处三年以下有期徒刑或者拘役,并处或者单处罚金"。如果没有司法解释,这样的附属刑法根本无法执行,反观域外的法律,刑法中没有设置专利规范,专利法中有详细的规定,域外许多国家和地区的专利法中规定有三类专利:发明、新型、新式样。这三类专利附有三种罪行和法则(伪造、仿造、贩卖)。所以在域外许多国家和地区的专利管理中,关于假冒专利至少有九种罪刑条款,司法操作方便而且准确,也更加贴近刑法的本真使命:刑法是其他法律的保障法。我国的附属刑法,不许存在行政刑法,罪刑条款只许出现在刑法中,一元化刑法立法模式的出发点原本是突出刑法优位,结果却弱化了刑法功效,适得其反。在造假风气盛行的我国社会背景下,将近十年来,每年全国法院对假冒专利案件的判决都没有突破个位数,这很不正常。

在行政法律中,设置罪刑规范,宪法和立法法都没有障碍。可以预期,不久的将来,我国的附属刑法也就是行政刑法。

党的十八届四中全会提出全面建设法治中国。以执法司法为例,有道是"天理国法人情",国法在中间,上有天理下有人情,应当说国法是刚性的,运用法的时候,在执法司法的时候,要注意不能完全只讲刚性而没有别的东西,应该上达天理下通人情。一般来讲,入罪应当坚持合法,这是法定的,是不能动摇的。但是出罪应当注重合理。罪刑法定原则同疑罪从无原则同等重要,反过来说,疑罪从无原则同罪刑法定原则同等重要。当前司法执法中要防止法规主义,我认为法规主义不是真正的法治,关于刑事法治,陈兴良教授有一段话我觉得挺好:"要强调刑事政策对刑法教义学的目的引导功能,进行实质性的价值判断。"

举个例子,1984年"两高一部"关于强奸罪的司法解释规定,如果第一次是违背妇女的意志强奸,但后来两人又同居甚至结婚,对第一次的强奸可以不当犯罪论处。这个判断就是刑事政策的结果。如果从刑法教义学角度来说,第一次强奸就既遂了,不管两人后来关系如何变化,都不能否定之前强奸罪的既遂,刑事政策作出的结论与刑法教义学的结论不一样。在这种情况下,我们还是要根据刑事政策的考虑,对教义学规则进行补充或者限制,从而实现一种更大程度上的实质合理性。

刑法存活关系中

——关系刑法论纲*

关系刑法论纲,是与刑法学专业博士研究生就"关系刑法"问题的谈话纲要。刑法存活关系中,指刑法在关系之中存在并运作,这是关系刑法论的核心思想。此处所谓刑法,并不特指某一国家的刑法。

关系刑法论的研究对象是"关系刑法",指刑法的外部关系和内部关系对刑法的存在样态和运作方式的影响,即在关系中存活的刑法。"关系"即相互作用。恩格斯认为,相互作用是事物发展的真正的终极原因。进一步说,相互作用就是事物之间的相互联系、相互影响。相互联系是关系的形式,相互影响是关系的本质。影响包括制约和促进两个方面。当代西方和东方兴起了一种哲学理论——关系实在论:关系即实在,实在即关系。这一理论抛弃了两千多年来支配西方哲学的绝对实体观(实体本体论)。刑法存活于关系之中,关系是刑法的本体,关系是刑法的生命。

关系刑法不等于刑法关系,它们是两个不同的概念。关系刑法是在关系中存在和运作的刑法。刑法关系即刑事法律关系,是国家行使刑罚权惩罚罪犯过程中的权利义务关系。

从结构角度看,关系刑法就是刑法存在与运作中的关系网络,其内容有刑法的外部关系和刑法的内部关系两个层面,构成关系系统。刑法的外部关系:刑法之下——经济与刑法;刑法之上——政权结构、意识形态与刑法;刑法之前——犯罪与刑法;刑法之后——行刑与刑法;刑法左右——其他部门法(附属刑法)与刑法、其他学科与刑法学。刑法的内部关系:国家意志与客观规律的关系;刑法保护功能与保障功能的关系;罪与刑的关系;刑罚目的与刑罚机制的关系;刑事立法与适用解释的关系。

对刑法可以从不同角度,用不同方法进行研究,有从哲学角度的,有用注释方法的,等等。关系刑法也是一种方法论,可称关系分析法,主要是对五对关系的分析:功利与正义、国权与人权、目的与手段、目标与过程、结构与功能。经过一定努力和逐步完善,以期关系刑法论在理论刑法学领域占一席之地。

---

* 原载《法制与社会发展》1996年第2期。

一、社会经济与刑法

刑法服务于经济基础,并最终受制于经济基础,这种双向关系就是经济与刑法的全部关系。刑法为经济基础服务,是社会共识,无须为讨论重点。近代刑法三大民主原则(罪刑法定、罪刑相适应、刑罚人道)是资本主义生产关系发展的产物,这是经济制约刑法变动和运行的最有力证明。

就刑法而论,经济制约刑法体现在两个方面:

(一) 对刑法内涵的影响

(1)反映在犯罪(如罪名)方面,以最常见的盗窃罪概念变化为例,在自然经济和半自然经济社会中,经济关系单纯,极少流转,盗窃罪构成是纯单一的,即秘密窃取,首先并主要是侵犯占有权。并不侵犯占有权的侵占行为,由于财产流转现象很少或极少发生,在早期刑法中一般不以犯罪对待,没有"侵占"罪名。诈骗,由于是被害人"自愿"(尽管仅为表面现象)交出财物,仿佛并不侵犯占有权(像盗窃那样),所以西方早期刑法中诈骗一般没有独立成罪。遇有需要惩罚的侵占行为或诈骗行为则以盗窃论罪。侵占和诈骗从盗窃罪概念中分离出来,是商品经济发展、财产流转现象频繁出现的结果。英国中世纪通奸罪只惩罚女方的原因在于,防止第二代血统掺假而破坏财产继承关系,是出于经济考虑。

(2)反映在刑罚方面,以当代世界刑罚体系支柱的监禁刑产生为例,由于商品经济在封建社会中日益发展,使得社会成员的多数(被统治者)的人身依附关系日益削弱,个人自由增强,自由与劳动结合成为个人财富。只有当个人自由具有价值时,剥夺自由才可能成为一种刑罚。

(二) 对刑法观念的影响

刑法观念中以刑法功能为例,刑法总是存活于特定经济模式形成的社会关系中,经济体制转型必将引起刑法的重大变动,从观念角度看,这种变动最终涉及刑法功能观的调整。在统制经济体制下,由于公民实际上没有经济自由,因而不存在市民社会,只有政治国家,国家与公民的关系是控制与被控制的关系,很难设想有政治民主。这种背景下的刑法功能只是单一的:打击犯罪,维护秩序。刑法只有保护功能,不可能有天平意识。随着市场经济逐步建立,经济行为主体的独立自主性增强,市民社会逐渐形成,公民权利才真正有可能制衡国家权力,刑法除保护功能外,才会同时具有保障(人权)功能,刑法成为利剑加天平。上面讲的是经济体制与刑法的关系。如果就犯罪率而言,统制经济有低犯罪率,这是因为公民的一切行为都在国家的控制下,没有迁居自由,工作不能任意选择,收入固定,一切都控制得死死的,犯罪同时也被控制。当然，这种低犯罪率是以高昂沉重的社会代价（国民经济濒临崩溃边缘，社会停滞不前）换来的，从总体社会价值评判，得小而失大。

经济制约刑法，这里所说的经济当然包括生产力（含科学技术）和生产关系（集中体现为经济体制）。一般说来，生产力变动是通过生产关系变动影响刑法的。

经济制约刑法，其作用机理是复杂的。一方面表现为作用价值上的两重性：统制经济体制下刑法功能虽然偏颇，却有低犯罪率；市场经济体制下形成刑法功能平衡，但在一定时期内犯罪明显上升。另一方面表现为作用方式上的多样性：有些是直接作用；多数是间接作用，即通过中介而起作用，中介主要指上层建筑诸因素，例如权力结构、意识形态、国家政策，等等。

二、政权结构与刑法

政权结构与刑法是双向关系，刑法服务于对方又受制于对方，后者是关系刑法论讨论的重心（以下几个问题的叙述也如是）。

从过去到现在，世界上的政权结构主要有两种类型：

（一）集权式

集权制可能（仅是可能）收行政高效之利，但不可能存在权力内部的制约与平衡，同时也不会有权力外部的监督，因为集权制必然是人治。在这种权力结构下，有时也谈民主，但民主的实质是"为民做主"而不是"以民为主"。缺少民主，就缺少法治，因而难以有良好的法律环境，所以有法不依、执法不严、违法不究、以权代法、以权压法的现象不可避免。缺少民主，就缺少监督，权力不受监督必然导致腐败。权力腐败极大地削弱了国家同犯罪作斗争的力量和效果，更不必说有些腐败现象本身就是犯罪，与犯罪同流合污必然不可能去遏制犯罪，这是刑法低效的主要原因。刑法低效在犯罪上升的背景下，对付犯罪的通常办法是求助于重刑。

（二）分权式

分权指权力职能部门的分工和分立，是一种权力组合形式。分权制的实质是实现权力内部的制约与平衡，制衡只能依据法律，分权制以法治为基础。罪刑法定是法治的必然要求和重要组成部分，罪刑法定与法治同在，认为罪刑法定原则在当今世界已经没落是没有根据的。只要不主张人治，就不能否定罪刑法定。罪刑法定原则与分权制衡存在内在联系。罪刑法定的基本价值在于制约刑罚权，为刑法确立社会道义基础。坚持罪刑法定，放弃刑事类推，在司法实践中可能会少惩罚几个罪犯。这也许是为实现基本价值而付出的代价吧。

权力结构影响刑法的作用机理是：第一，权力结构决定国家对社会的治理方式（人治或是法治)、形成权与法的定位(实际上的孰大孰小)。第二,治理方式决定刑法阶位和运作原则,因为刑法是一种治理工具。

战争与刑法,是政权结构与刑法中的一个特殊问题。这里所指的"战争",不包括反侵略、反压迫的正义战争,也不包括国际刑法谴责的战争罪行,这两种战争以外的"战争"在当今世界大量存在,有国与国之间的,也有一国内民族之间的,但都是政权发动的,直接危害的都是无辜平民百姓。但它却被排除于刑法管辖之外。这一方面说明刑法听命于政权,另一方面说明普通刑法不管非常情况(如战争、军事戒严)下政权行为带来的社会危害现象。这是法典规定的效力范围以外的问题。

三、意识形态与刑法

意识形态指政治、法律、道德、哲学、艺术、宗教等社会观念样式。

(一)政治思想

强调国权(通常称"主权",愚以为用"国权"即国家权力更确切,因为主权的近代含义应是"人民主权")还是人权?突出阶级斗争还是社会亲和?对刑法和刑法理论影响深远。以犯罪构成理论为例,德国、日本等大陆法系刑法三元结构犯罪构成理论(符合构成要件的、违法的、有责任的),以及英美刑法双层结构犯罪构成理论(犯罪本体结构;责任充足条件,即排除合法辩护),共同点是体现刑罚权的自我约束机制。对偶式四要件犯罪构成理论将犯罪客体(社会主义社会关系被侵害)独立为一要件并置于四要件之首,突出了阶级性,增加了刑法的意识形态色彩。

(二)哲学观念

价值目标上功利与公正的关系。功利具有偏私性,即使国家功利在现代社会因利益集团间相互依存关系增强的历史背景下,其偏私程度逐渐下降,但毕竟无法消除偏私性。公正,即不偏私,其实质是两种或多种不同利益的平衡。带有偏私特性的功利应当受到公正制约,即功利以公正为边界。功利不受制约将成公害。功利与公正的关系是:公正是关系范畴,没有功利,公正无所依存;没有公正,功利必成公害。在刑法中,功利受公正制约,就是国家刑罚权的发动要受人权保障的制约。在这一意义上,公正的实现是功利被制约的结果。但是在实践中,反映在刑法理论上,有的重功利,有的重公正。例如,关于在生理性醉态下实施危害行为不阻却责任的理由说明,社会利益说侧重功利,原因上的自由行为说侧重公正。

(三)法律文化

关于法律的本质、作用和社会地位等问题的相对稳定的观念体系,其核心是法律意识。法是权利还是义务?法律与道德是什么关系?礼与刑何者为基础?这些问题的不同回答对刑法的存在样态和运作方式有着直接或深远的间接影响。社会生活和国家管理"尽量多地"还是"尽量少地"依赖法律，这是西方法文化与东方法文化影响下所形成的不同的统治经验。统治经验决定了刑法触角的长短和刑法覆盖面的宽窄。

四、犯罪与刑法

这里的犯罪与刑法的关系不是指刑法内部的罪与刑的关系。从两个层面来分析犯罪与刑法的关系：第一，从本体论上观察犯罪与刑法的关系，是存在与意识的关系，是因与果的关系：有犯罪才有刑法，犯罪变动推动刑法变化。从知识联系上看，近代犯罪学推动了刑法学发展，刑法学新派发源于犯罪人类学和犯罪社会学。从总体（本体）上看，犯罪为因刑法为果，是正确的。但是，犯罪增长，欧洲却出现了非犯罪化和非刑罚化趋向，这就是第二次世界大战后西欧出现的刑法改革运动的基本点。如何解释看来似乎矛盾的现象？这就是犯罪与刑法的另外一层关系。第二，从认识论上观察犯罪与刑法的关系，是客体与主体的关系，是互为因果的关系：多大的危害行为才需要给予刑罚以及给予多重的刑罚，主体（国家刑法）有选择的自由；为了节约刑事司法资源以便将有限力量相对集中用来对付严重犯罪，为了人道考虑，主体可以把危害较小的罪名从刑法典中删除（非罪化）；出于对传统刑罚效能的怀疑，陆续出现了多种刑罚替代措施（非刑化）。合理地组织对犯罪的反应，是刑法改革的主要目标。作为国家意志表现的刑法对犯罪的反应是有目的的，即为了控制犯罪。为达此目的，必须合理地组织。合理的标准，也由主体来确定，但也并非没有客观标准。合理性至少有两项标准：①符合（至少是接近）客观规律，即犯罪规律——犯罪源于社会矛盾。据此可推出两点结论：一是犯罪的基本原因是现实的、内在的，外来的、历史的因素不可能是犯罪发生和变化的主要原因。二是控制犯罪在战略上应采取综合治理方针。②功利与公正最优结合。关于功利，一是考虑资源投入与产出效果的得失之比（这大概是犯罪增长条件下一些较轻罪行非罪化的缘由）；二是打击力度与犯罪态势大体适应（这可能是一些国家刑法出现重刑结构的主要原因）。关于公正，人权保障为第一防线，主要是坚持罪刑法定主义、罪与刑相称。

五、行刑与刑法

一方面，刑法产生行刑；另一方面，行刑实践及其效果经信息反馈影响刑法。行刑，当代主要指执行监禁刑。行刑对刑法的影响主要体现在以下两个方面：

（1）行刑实践产生了若干重要刑罚制度，主要是减刑制度（近代西方最早为1817

年美国纽约州的善行折减制度,此后不少国家仿效将其订入监狱法,该制度在西方已发生功能异化,减刑由早先的鼓励犯人积极改造逐渐演化为犯人只要不在狱中闹事就应获得减刑的权利)和假释制度(起源于英国行刑实践中的释放许可证制和狱分制)。

(2)行刑效果信息反馈影响刑罚的变动,主要表现为非刑罚化(确切来说是非监禁刑化)。行刑效果主要取决于以下六项因素:①行刑机构的物质条件、人道待遇与监狱效能大致成正比关系。②监狱规模、囚犯人数多少与监狱效能成反比。③狱政管理的科学程度与监狱效能成正比。④职员素质与行刑效果成正比。⑤社会公德水准与行刑效果成正比。⑥社会开放程度与监狱效能成反比。前面四项因素属于行刑部门的内部机制,后面两项因素属于外部环境。前五项因素基本上属于可控因素,尽管很不容易,费时又费钱。最后一项因素是不可逆转、不可控制的。监狱是监禁场所,监狱在本性上是封闭性组织,与开放的社会存在属性的抵触。社会是大环境,监狱是小环境,小环境不可能改变大环境,而只能适应大环境,这就是近几十年来世界范围内出现的"开放式监狱"和社区参与型监禁设施兴起的原因。监狱的开放度逐渐加大,大过一定临界线,有朝一日监狱也就不成其为监狱了。总之,监狱效能决定了刑罚体系支柱的监禁刑的未来将走向弱化。可以认为,19世纪以前是死刑和体刑时代,20世纪是自由刑时代,21世纪或者22世纪将成为非自由刑时代。

六、其他部门法与刑法

其他部门法与刑法呈双向互动关系:其他部门法变动引起刑法变动(因与果);其他部门法运作需要刑法保障(目的与手段),于是出现了附属刑法的概念(有些学者也称为行政刑法)。关于附属刑法的立法模式,我国与外国有很大不同。在我国,刑法以外的其他法律中只能规定犯罪构成而不(不能)规定刑罚。认真而言,我国缺乏完整意义上的既有罪状又有刑罚的附属刑法。我国这种立法模式的优点是刑法集中,便于操作;缺点是刑法(含单行刑法)难以保持稳定。随着经济和社会关系的发展及单行刑事法律数量的增多和变动,立法模式的优点将日益减弱,而缺点会日趋明显。可以预料,这种立法模式迟早要改变。

其他部门法中,刑事诉讼法与刑法又是一种关系,即程序与实体、手段与目的的关系。程序法及合理的诉讼模式是刑法两种功能(参见以下第九个问题)实现的至关重要的形式保障。程序是民主的基石。

七、其他学科对刑法学的促进

当代科学发展一大趋势为学科间相互促进,学科边界模糊,出现许多交叉学科和边缘学科。对刑法学研究关系较密切的学科有哲学、科学三论、经济学(成本理论、效益分析、边际效用率等)、社会学(社会结构、社会文化、社会行为等理论)、政治学(国家理论、政治关系、政治统治、政治管理、政治民主等理论)、语义学、心理学(思维的心理因素及其机理、行为的心理过程等)等。刑法学许多问题的解决和演化往往得助于其他学科的知识,以犯罪构成的主观心态与心理学的关系为例。古典心理学关于人的心理过程以理性为基础,侧重研究认知与意志;近代心理学在此基础上进一步研究情感因素与过程,这对解决间接故意的认识内容问题有启发。通行观点认为,间接故意的认识内容只包括预见危害结果发生的可能性,少数学者认为还包括预见危害结果必然发生。后者举生活中确有认识到结果必然发生但对结果仍持放任态度的例子来说明自己的观点符合实际;前者则用推理方法予以反驳,认为"放任"以存在两种可能性(结果可能发生也可能不发生)为前提,如果认识到必然发生就否定了两种可能性,就不存在放任的前提,也就没有间接故意。说清这个问题需要明确两个前提条件:第一,直接故意与间接故意的主要区别之点在哪里？直接故意即希望故意,间接故意为放任故意,希望还是放任,是情感因素而不是认知因素;又根据心理学的意志概念(意志是自觉确定目的并据此支配行动的心理活动),只有直接故意(具有犯罪目的)才有意志因素,间接故意缺乏意志因素。[①] 一般认为,两种故意的区别主要在意志因素,这是误论,应是情感因素。第二,是否承认情感因素与认识因素之间存在冲突的可能？认识是情感的前提,情感建立在认识的基础上,两者是统一协调的关系。但有时两者也出现矛盾冲突:认识到某事物良好,但情感上厌恶它;也有相反的情形。这在现实生活中是常见的现象。这就是说,情感有理智的一面,同时也可能有非理性即与理性认识相冲突的一面。用逻辑推理(认知推导情感)来否定这种非理性情形的存在,恐怕不符合生活逻辑。其实,从本义看,情感属非理性范畴。人的行为,包括犯罪行为,并不都是理性的。犯罪构成心态要件理论的完善有待于对现代心理学研究成果的吸收和融合。

刑法的外部关系还需要提及的是,外国刑法和刑法理论与我国刑法和刑法理论的关系。依据马克思主义关于经济是社会上层建筑的基础这一观念,可以认为,经济发达国家的刑事立法对经济发展中国家的刑法有借鉴意义,当然并不是照搬。相应地,西方两大法系刑法及其理论对我国刑法及其理论的影响也是实际存在的。两种理论样态各有特点:一是理论思维的逻辑起点不同,英美法系为经验,大陆法系是概念。二是理论追求的价值目标不同,英美法系为实用,大陆法系是至善。追求实用价值,人们易于达成共识;但理论深度受限。追求至善境界,有助于理论深化;但也会有弱点,出现论述烦琐、概念游戏之弊。以首先在德国刑法学界尔后波及其他大

---

① 参见储槐植:《论刑法学若干重大问题》,载《北京大学学报(哲学社会科学版)》1993年第3期。

陆法系国家长达数十年之久的行为概念之争为例,"忘却犯"(无认识过失的不作为犯,估计占全部犯罪案件的不足万分之一)的行为性成为理论纷争的热点之一。自然行为论不能圆满解释不作为犯的行为性,目的行为论难以解决过失(无认识过失)犯的行为性,社会行为论勉强得以圆场。当代德国的年轻刑法学者表示,难以理解他们的前辈为什么会有那种理性行为。

八、国家意志与客观规律

这一关系既可视为刑法内部关系,也可视为外部关系。意志与规律,在西方自古以来就有实在法与自然法的关系的理论,我国古代的法与道的关系之争在实质上也是意志与规律的关系问题。刑法本质是国家意志的体现。即使在现代,国家意志表现为代表公众意愿遏制犯罪,但在国家权力与公民权利并不总是相一致的背景下,刑法异化现象也是难以避免的。在刑事立法上,公民的有害行为易于被犯罪化而滥用职权却难得使之受到惩罚,有的性质类似的罪行的惩处,与对公民相比显属偏袒公职人员,如此这般,加上刑事司法队伍的不纯,与犯罪人同流合污的现象并非凤毛麟角,因而实际上存在着这样的事实:代表公众可能蜕变为压制公众,遏制犯罪可能蜕变为纵容犯罪,这就是所谓刑法异化。克制或缓解刑法异化现象的途径之一是,刑法不仅体现国家意志,而且要强调符合客观规律。刑法的客观规律是什么?西方法律思想史上的"自然法""法的精神"就是企图解决这个问题的理论,认为应当对现实的法制持批评态度,不符合社会根本利益的法律是不合法的精神的,坏法不是法。近代提出人民主权的理论,借以制约国家权力。说得具体一点,反映社会发展趋势的刑法民主原则,这大概可以被视为刑法应努力遵循的客观规律。刑法民主原则,除通常所说的罪刑法定、罪刑相适应、刑罚人道三项外,愚以为还需加上"刑法面前人人平等"。这是一种关系,关系具有客观性质,如果这种关系代表发展趋势,则可视为规律。

九、刑法结构与刑法功能

刑法结构有两层含义,形式结构是指刑法总则与分则的组合,实质结构是指法定犯罪圈与法定刑罚量的组合(即两者的配置状况)。法定犯罪圈即刑事法网严密程度,法定刑罚量即刑罚苛厉程度。古往今来,法网"严"密程度与刑罚苛"厉"程度的搭配组合,可能有四种模式:不严不厉(法网不严刑罚不厉);又严又厉;厉而不严;严而不厉。严与厉,是相对的,也不是没有度。当两者出现结构性冲突时,刑法危机也就会发生。刑法(实质)结构是刑法功能的组织根据,刑法结构是刑事政策的集中反映,刑法结构是刑法改革的基础主题①,这就是研究刑法结构的重大价值所在。刑法结构是关系刑法论的基本范畴之一,是刑法研究待开发的一个课题。

刑法功能是刑法结构在运行中所产生的社会作用。刑法的价值目标是秩序与正义,刑法功能集中体现刑法的价值目标。现代刑法应有的两种主要功能是:保护功能,即维护社会秩序,保卫社会免受或少受犯罪之害;保障功能,即保障全体公民和犯罪人的人权。保护功能体现秩序价值目标,保障功能体现正义价值目标。两种功能的关系,是关系刑法论的一个重要问题。保护功能涉及整体利益,保障功能涉及个体利益(全体公民,也是就对犯罪人以外的各个公民而言的)。保障罪犯权利并非开脱罪责,保障功能并不削弱保护功能。保障罪犯权利的必要性是由刑事法律关系的性质决定的。刑事法律关系的主体是国家和罪犯,主体间的法律关系是一种特殊性质的权利义务关系,即权力与责任(服从)关系,是一种不平等关系(在此意义上,刑法是专政,是国家对犯人的专政)。正是这种不平等关系(权力与服从、强制与被强制)保证了刑法保护功能得以实现,同时也正是因为这种不平等关系使得犯罪人合法权益被国家侵害成为可能,这决定了刑法保障功能的必要。刑法保障功能的实现条件是刑罚权受制约。刑罚权在实体法上的制约,主要体现在罪刑法定和正当程序(罪刑法定原则在判例法国家的表现形式)。刑罚权在程序法上的制约,体现在严格的司法程序、证明责任规则、沉默权、辩护权、上诉权等。

保护功能与保障功能的关系,是相辅相成、对立统一的关系。保护功能是刑法的基本功能,但它不是无限的。由于权力有自我膨胀特性,如不受制约便可能导致保护功能异化,由专政变成专横,所以,保障功能的价值恰恰在于使刑法保护功能正确实现。两种功能并存,两种利益(社会利益与个体利益)才会得到平衡,从而实现刑法的价值目标。

刑法结构与刑法功能的关系:刑法结构是刑法功能实现的物质基础,刑法功能实现的信息反馈是刑法结构调整变化的重要依据。不严不厉和又严又厉这两种模式的刑法结构恐怕不可能存在刑法两种功能,厉而不严这种模式在犯罪高压长期不减的条件下将可能出现刑法难以为继的局面。

十、犯罪与刑罚

罪与刑的关系,前面已两次讨论。第四个问题"犯罪与刑法",视角落在将刑法视为一个整体,讲系统与外部环境(犯罪态势)的关系。第九个问题"刑法结构与刑法功能",视角落在数量方面,讲犯罪圈与刑罚量的比重关系。这里,是在刑法这个系统的

---

① 参见储槐植:《罪刑矛盾与刑法改革》,载《中外法学》1994年第5期。

内部来观察罪与刑这两个基本要素之间的关系,视角落在内在本质上。对犯罪观念的变化和对刑罚观念的变化都可能影响刑法,但并非直接源于罪与刑的关系。这里讨论的是刑法中的罪与刑的关系,从两个层面上观察。

(一) 在立法论上,罪刑关系是双向控制关系

犯罪作为罪犯的行为,刑罚作为国家的行为,两种行为在实质上存在着双向控制关系,即两者均为控制主体又都是控制对象。控制主体的信息,作用于被控对象后,将发生的结果反馈回来,并对信息再输出产生影响,借以进行自我调节。犯罪作为控制主体,实施犯罪行为后,接收受到刑罚的概率以及刑罚的轻重等反馈回来的信息,进行自我调节:改变犯罪方式方法(如改进手段、提高技能、变换形式、强化网络、严密组织等)借以降低受惩罚的概率。刑罚作为控制主体,惩罚犯罪行为后,犯罪变动信息反馈回来,进行自我调节:严密或者宽松法网,调整刑罚方式或轻重,以期增加刑之效果。国家的刑事立法(制定和修改)面对的是变动中的犯罪,因而刑也处于不断变动中,两者都在不断地进行自我调节。但是,两种控制的情形也有差别:刑罚作为控制主体,信息源是单一的(仅为罪),当出现罪上升刑加重、罪再升刑再重这种正反馈(信息反馈加强控制过程),刑罚就可能趋向极限呈饱和状态,从而出现刑罚危机。犯罪作为控制主体,信息源是多样复杂的,刑仅仅是其中之一种,除刑之外还存在着大量的经济、社会、文化的刺激因素,刑与罪之间一般不大可能存在正反馈,所以,犯罪不大可能呈饱和态,即是说犯罪增长不会有什么极限。可见,就刑控制罪而言,在微观上和策略上是主动的,而在宏观上和战略上是被动的。

(二) 在适用论上,罪刑关系是罪刑关系的具体实现

这里的罪是犯罪人之罪,刑罚的根据是罪,但刑罚对象是犯罪人,所以罪刑关系实现的格式是:罪—责—刑。责任,被中外学者作各种各样的解释,但无非两类:一类是"责任即责难",国家对犯罪的否定评价,这是客观意义上的责任概念,责任就是罪责(刑事责任)。另一类是"责任即责难可能性",犯罪之所以应受责难的内在根据,这是主观意义上的责任概念,责任不等于罪责。客观意义上的责任概念是从国家角度提出的,主观意义上的责任概念是从罪犯角度提出的,前者的责与刑接近,即责任接近刑罚范畴,呈"罪—责·刑"格式,后者的责与罪接近,即责任接近犯罪范畴,呈"罪·责—刑"格式。前者的责任本质是受刑根据,后者的责任本质是犯罪能力。

十一、犯罪概念的定性与定量因素

定性与定量是质与量的关系。事物的性质取决于质(本质特征),但量变也能引起质变。

犯罪概念首先取决于犯罪行为的性质,但行为该不该受刑事惩罚通常要考虑量的因素。这一思想,中外相同,但解决方式大不相同:外国是立法定性而司法定量,我国是立法定性又定量。两种方式各有短长。在外国,司法裁量权大,易于解决理与法的冲突;但在立法上缺乏刑事性违法行为与犯罪的界限,存在犯罪概念泛化的弊端。在我国,优势与缺陷情况正相反。许多犯罪构成都有"情节严重""后果严重"等表明量的要件,但实际上不可能量化,只起定量宣示功能,其结果是犯罪界限模糊化(法定犯罪构成弹性化)。

犯罪概念有无定量因素,是中外刑法思想重大差异的表现之一。犯罪概念含定量因素,是缩小打击面的要求,是我国自古以来"法不责众"统治经验的反映,它植根于国家管理和社会生活尽可能少地依赖法律这种法文化。随着社会发展,尤其在经济犯罪立法过程中,犯罪概念的定量因素越来越难设计,从而使立法日益感到困惑。

十二、犯罪理论结构与刑法运行

犯罪理论结构指犯罪构成理论结构,它与刑法运行(刑事司法)的关系是理论与实践的关系,也是过程与结局的关系。东西方,三大法系犯罪构成的要素大体相同,但要素的组合形式即结构不同,因而性质有异。一般来说,研究犯罪构成着重其要素内涵,而忽略其结构,但犯罪论研究,尤其进行比较研究,理论结构的比较至关重要。德、日的犯罪三元结构与英、美的双层结构是司法中"定罪过程"的理论概括,表明犯罪圈逐步收缩,形成法制运作中的自我约束机制,体现刑罚权受制约,同时体现刑法两种功能。四要件对偶式结构是"犯罪规格"即司法结局的理论说明,不体现刑罚权制约机制,因为司法实践中基本不存在这种机制,理论是实践的升华而不能无中生有。

古典式三元结构:构成要件是行为外观,违法是客观的,责任是主观的。条理分明,但欠科学。现代式三元结构:构成要件中有主观因素,违法也有主观性,增强了科学性,但同时出现了理论上的繁杂,以"故意"为例,有所谓构成要件故意、违法性故意和责任故意。双层结构,虽显得粗线条,但避免了理论混杂。

十三、刑罚目的与刑罚机制

刑罚机制是指刑罚运作方式,基本内涵是刑罚结构与功能的内在关系。

刑罚目的的重要意义在于,它对制定和调整刑事政策以及刑事立法和司法具有导向价值。刑罚目的也有局限性,由于目的是主观性的东西,所以未必能兑现。近两个世纪,世界各国的社会实践表明,企图通过转变刑罚目的(例如刑法新派对旧派的批评)来达到控制犯罪的效果,此路不通!基本原因之一是目标(目的)与过程(刑罚运作过程)存在着差距。过程具有客观性,刑罚运作过程直接体现刑罚功能。

刑罚功能(刑罚所发挥的社会作用)可分为两类:一类是基本功能,即只要有刑罚便必有的功能,如惩罚、威慑;另一类是附加功能,即须有附加资源投入才产生的功能,如矫正、改造。如果缺乏附加资源或附加资源投入不足,则未必存在附加功能,适用刑罚不一定能达到矫正、改造罪犯的效果。实践已证明了这一点。影响刑罚附加功能发挥的因素很复杂,诸如刑罚执行的人道待遇如何、行刑人员的素质(提高素质需要教育、培训,也需要巨大资源的投入)如何、刑罚判决的公正性如何、刑罚结构是否合乎理性,等等。刑罚结构是刑罚方法的组合形式。所谓组合形式,是指排列顺序和比例份额。在当代世界,刑罚结构大致可分为重刑结构与轻刑结构两个类型。刑罚结构是具体国情(历史传统、文化背景、统治经验、社会心理等)、刑罚目的、刑事政策的集中反映。刑罚结构在刑罚理论中应占有重要位置是理所当然的。刑罚结构决定刑罚机制的内部环境,构成整体刑罚功能的基础。通常认为,在犯罪形势严峻的背景下,重刑有助于刑罚基本功能的实现,如果过量,则必然降低甚至牺牲附加功能;轻刑利于附加功能的实现,如果过轻,尤其当犯罪率上升时,则会损害基本功能的实现。

脱离刑罚运作过程的刑罚目的是不可能兑现的。刑罚问题研究,应将重心从刑罚目的移向刑罚机制。

十四、刑事立法与适用解释

刑事立法与适用解释的关系是:适用解释以刑事立法为依据,适用解释也推动立法;刑事立法通过适用解释才能实现其价值。刑事立法是死法、宏观法,适用解释是活法、个案法。刑法规范(宏观立法)通过定罪量刑(其基础是适用解释)具体化为个案判决(微观立法)。刑法适用解释的实质是在罪刑法定原则前提下法官行使自由裁量权。我国目前尚无此概念,一提解释就指最高人民法院和最高人民检察院的司法解释。刑事司法中许多具体问题本来属于法官对刑法规范的解释问题,没有必要报请最高人民法院、最高人民检察院作司法解释。在司法实践中广泛地、准确地适用解释,将大大提高我国刑法的效能,同时也会减轻"司法解释"的压力。当然,做到这点也非易事,一方面有待司法人员业务素质的提高,另一方面也有赖于某些观念的转变。

(一) 适用解释的实质是微观立法

(1)定罪——对犯罪规范的适用解释。刑法上犯罪规范的特点是,抽象性、孤立性、静态性、规范间彼此分明。生活中犯罪事实的特点是,具象性、连接性、动态性、对应刑法犯罪规范可能呈现亦此亦彼状态。将抽象、孤立、静态的规范用到形状多变彼此牵涉的事件中,必然出现适用解释问题。主要表现在三个方面:①罪状因素。描述性罪状因素适用解释较少,规范性因素(需进行价值判断,如"合法""良知""公然""色情",等等)和开放性因素(如"其他"方法、"其他"对象等)都有适用解释的需要。②似罪非罪(罪与非罪的界限)。是否存在违法阻却和责任阻却(合法辩护),在犯罪概念有定量因素的情形下对量(情节较重)的认定,等等。③犯罪形态即犯罪阶段、共犯关系以及罪数问题常常需要进行适用解释方可定案。

(2)量刑——对刑罚规范的适用解释。法定刑就其多刑种、有幅度的特点而言可被视为(相对)不定刑,量刑就是将不定刑变为确定刑(宣告刑),实质是适用解释。

(二)适用解释的基本(最主要的)原则是平衡原则

(1)价值基础(功利与公正)的平衡,兼顾不枉无辜与不纵罪犯。

(2)理与法的平衡。协调理法冲突(合法不合理、合理不合法)是一大难题。其处理机制,大陆法系国家刑法中有超法规责任阻却、期待可能性理论等;英美刑法中有多种合法辩护、判例以及适用解释中的常理原则(常人原则)等。形成协调理与法冲突机制是一国法制成熟度的一个重要标志。

十五、刑法与犯罪控制模式

前面的诸多问题无论属于刑法外部关系或者刑法内部关系,均以现实为基点。这一问题的视角偏向未来。

迄今为止,在世界范围内,刑事立法和刑罚理论都指望主要借助刑罚及其适用来控制犯罪。刑罚是国家政权的组成部分,因此可将这种犯罪控制模式界定为国家本位模式。西方国家从20世纪刑事古典学派到实证学派以及当代的新古典主义如社会防卫运动,均把犯罪控制的注意力集中在国家刑罚和刑事司法上。政权与社会的控制关系有两个类型:大政府小社会,国家控制全社会;小政府大社会,国家只控制一部分社会生活。前资本主义或高度集中的统治经济时代属大政府小社会,国家本位犯罪控制模式与其相适应,效果良好。在市场经济高度发展的小政府大社会背景下,这种控制模式的效果则不佳,因为犯罪植根于社会。西方刑事实证学派以来的种种刑法理论的历史性失误在于过分夸大了国家刑罚的功能。随着市场经济的发展,国家对社会的控制范围将缩小,控制力度将减弱。理想的犯罪控制模式当是"国家和社会"双本位,国家与社会各自的比重随着社会的发展进步而调整。不同的犯罪控制模式直接制约刑罚负担和对刑罚的期望值。刑罚负担不是无限的,而且刑罚效果还会受到类似经济学中的边际效用递减原理的限制。以上分析得出的结论是:在当代社会背景下提高犯罪控制效益的根本途径是转换犯罪控制模式。社会治安综合治理的实质是在刑罚之外动员社会力量控制违法犯罪,构成国家与社会双本位犯罪控制模式的雏形,这已逐渐成为当今世界的共识。21世纪的刑法思想和刑法样态将以此为基点。

由于内在容量与篇幅所限,对许多问题只是提出观点,不可能展开论述,所以本文名之曰"论纲"。

刑法机制论要[*]

一、刑法机制的概念

机制是什么？《康熙字典》、旧版《中华大字典》以及《辞源》《辞海》和《新华字典》只有"机"字而均无"机制"的词义。"机制"一词来自西文 mechanism。2000 年 12 月出版的《现代汉语大词典》对"机制"一词的释义为："原指机器的构造和工作原理。生物学和医学通过类比借用此词，指生物机体结构组成部分的相互关系，以及其间发生的各种变化过程的物理、化学性质和相互关系。现已广泛应用于自然现象和社会现象，指其内部组织和运行变化的规律。"①机制一词冠以主语，形成主谓结构，诸如甲某机制、乙某机制、丙某机制等概念，尽管机制一词的核心含义未变，但各整体概念的内容彼此不同，这是由于主语本身内涵各不相同所致。生物学、医学和心理学最早借用机制概念，我国社会科学领域中经济学较早出现机制用语，刑法学论著中使用机制一词大约是在 20 世纪 80 年代，拙文《建立刑事一体化思想》率先提出，实现刑法最佳效益是刑事一体化的目的，刑事一体化的内涵是刑法和刑法运行内外协调，即刑法内部结构合理（横向协调）与刑法运行前后制约（纵向协调）。从刑法运行（犯罪态势—刑罚—行刑效果）前后制约的视角用了"刑事机制"一词，但没有给出定义，且仅有制约关系而未顾及协作关系。②《论刑法学若干重大问题》一文提出研究刑罚机制的主张："刑罚机制可理解为刑罚运行方式。刑罚运行实际是刑罚功能实现过程。运行方式有优有劣，研究刑罚机制的目的在于探索优化刑罚功能实现过程。优化过程的关键无非是要把握刑罚功能实现过程应循的规律。所以，研究刑罚机制就是探讨刑罚功能实现过程的规律。"③刑罚是刑法最基本的范畴，但二者并不等同。值得肯定的是，机制的核心含义是事物（机体、系统）的运作过程和方式；所谓运行方式有优有劣，意指同类事物在不同背景下可能出现不同的价值，例如法治背景下的刑罚机制与人治背景下的刑罚机制则有良性与非良性之别。《关注刑法机制》一文明确提出刑法机制概念，即"刑法运作方式与过程"（不仅仅是刑罚机制）。④

---

* 原载赵秉志主编：《刑法评论》（第 8 卷），法律出版社 2005 年版。
① 《现代汉语大词典》编委会：《现代汉语大词典》（下册），世纪出版集团、汉语大词典出版社 2000 年版，第 2024 页。
② 参见储槐植：《建立刑事一体化思想》，载《中外法学》1989 年第 1 期。
③ 储槐植：《论刑法学若干重大问题》，载《北京大学学报（哲学社会科学版）》1993 年第 3 期。
④ 参见储槐植：《关注刑法机制》，载《检察日报》2000 年 1 月 14 日。

刑法机制的词义概念为刑法运作的方式和过程。"运作"的实体基础是刑法结构,"运作"的客观效果是刑法功能。因此,刑法机制的实质概念便是刑法结构产生功能的方式和过程。

可见,刑法机制不同于刑事诉讼。刑事诉讼即刑事程序,即刑事案件的处理过程(前后环节),尽管与刑法功能的实现有关,但它不涉及刑事实体法即刑法问题。而刑法机制的组织基础是刑法结构,刑法结构则是刑事实体法的价值基础。所以,刑法机制的重心是刑法问题,是动态上的刑法,是实践中的刑法。在价值取向上,程序重形式正义,机制重实质正义。

二、刑法机制的研究价值

中华人民共和国成立后相当长时期内奉行阶级专政、权力万能的政治哲学,与之相应,主流意识形态政治化。在这种社会背景下,法律和司法只是政治的随从。刑事领域办案的主要依据是政策,认为凭借惩罚(刑罚)就能消除犯罪。即使在提出依法治国方略后,刑事政策的主流认知基础仍然是将罪与刑的关系视为天平两端此消彼长、你增我减的简单算术程式,因而很少顾及刑法运作过程效益最优化(刑法机制)问题。

我国刑法学界在我国第一部《刑法》(1979年)颁行后长期将主要精力放在刑法诠释上,为各类刑法学教育和司法工作者掌握刑法作出了重大贡献。1997年《刑法》修订前的10年左右时间,刑法学界的注意力转向了刑法完善方面,这是理所当然的事情。较注释刑法学发展稍晚,理论刑法学(诸如刑法哲学等)也取得了可喜成果。大体可认为,注释刑法学和理论刑法学基本上均从静态维度思考刑法,然而两者的视角不同。值得提出的是,近来已有学者关注刑法解释论问题(与刑法注释不等同),对提高刑事司法工作者的刑法适用能力将会产生积极作用。迄今为止的刑法学科群(注释刑法学、刑法史学、理论刑法学、国际刑法学、外国刑法学、比较刑法学等学科)基本上是静态的文本刑法和理念刑法理论。动态的实践刑法认知尚未形成较系统的学问(理论),实为一大缺憾。刑法在运作中存在和发展,刑法的本性是动态的和实践的。根据刑法的本性打造一门新学问,是刑法本身的需要,也是社会的需要。

中华人民共和国成立之前的法制归属大陆法系。大陆法系理论重逻辑思辨并追求体系完美,轻实践理性。文化传统无法割断。中华人民共和国成立后,跨入了社会主义法系,其特色是强烈的阶级性即政治性,从法制到理论同样淡薄实践理性。这从历史渊源上与大陆法系有其相似。从历史到现实,我国刑事领域中实践理性的土壤稀薄,植根于真正实事求是的社会实践(符合最大多数人的最大利益的社会实践)的刑法机制知识系统难以自发生成。对刑法机制关注的目的就是要倡导学界摆脱框框、转换思路,关注运作中的刑法,以期共同建构动态的实践刑法理论,同时为国家的刑事法治真正走向现代化提供理论支持和政策咨询。

三、刑法结构与刑法机制

刑法结构合理与否的评判标准,不是(至少主要不是)犯罪率升降程度,因为影响犯罪率变动的因素极为复杂,而刑法(刑罚)只是其中一个因素,尽管可能是较重的一个因素,但绝不是决定性因素。刑法结构应有优劣之分,其标准是刑法功能(保护社会和保障人权)实现程度,以及是否易于协调实践中可能出现的法与情的冲突。这一标准主要涉及刑法机制。刑法结构是刑法机制的组织基础,刑法结构合理与否有赖于刑法机制是否顺畅。纸上的良法只有通过有序运作才可成为生活中的良法,否则也会变成恶法。恶法不可能通过运作变成良法,尽管也许会减弱负面程度。这就是刑法结构与刑法机制的相互关系。

厉而不严的刑法结构会给刑法运作带来麻烦,请看一个案例:甲贩卖毒品海洛因 8 克当场被抓获,随即又从其住处查到 45 克,而他自己并不吸毒。法官对此案有两种不同看法,引起争论,迟迟难以下判。一种意见是贩卖海洛因 8 克和非法持有海洛因 45 克两罪并罚。两罪法定最高刑均为 3 年有期徒刑,并罚决定刑应为 3 年以上 6 年以下有期徒刑。另一种意见是定一罪,贩卖 53 克海洛因,甲不吸毒,其住处的 45 克海洛因也是用于贩卖。按刑法规定贩卖 50 克以上海洛因的刑罚是 15 年以上有期徒刑直至死刑。两种意见的刑罚量相差甚远。假如这一案例发生在没有死刑的国家和地区,此案只需定一罪即贩卖毒品罪,依生活常理,住处藏有的毒品可推定用于贩卖(行为人自己并不吸毒)。在我国,司法中引起争论,主要原因是刑太重,法官不忍以可处死刑的一罪下判。应当说,定一罪更合乎常情,而定两罪似乎更符合法律规定。情与法冲突,理性选择通常应当是情为优先。在轻刑结构下,这种冲突(如果有冲突的话)很容易解决。

关于与利用职权相关联的侵犯财产犯罪,我国刑法规定了四个罪名,即贪污罪、职务侵占罪、挪用公款罪、挪用资金罪。贪污罪的最高刑为死刑,职务侵占罪的最高刑为 15 年有期徒刑,挪用公款罪的最高刑为无期徒刑,挪用资金罪的最高刑为 10 年有期徒刑。从经济学和所有权的权能分析,在刑法上(刑法的本性是惩治社会危害行为)这四种行为的本质是同一的,但我国刑法之所以将其分定为四罪,主要是出于政治考虑:一是从严治吏(这是可取的,是否设死刑则另当别论);二是对公有财产的特殊保护(其实是刑法对公有财产与非公有财产的不平等保护,这是计划经济和政治体制问题在刑法上的反映)。可见分设四罪显然不是简单的立法技术问题。现行立法给刑法运作带来诸多麻烦,这类案件即使在行为事实清楚的情况下,关于主体身份,控方偏向于往国家工作人员方面靠,辩方则认为是非国家工作人员;关于财产性质,控方认为是公有财产,而辩方则说是非公有财产。由于事关刑的轻重,往往是生死之别,双方争执激烈。又由于我国在经济体制转轨过程中,财产关系复杂化,出现了多种所有权交叉的混合所有制,加上我国刑法关于国家工作人员有狭义国家(机关)工作人员与准国家工作人员(即以国家工作人员论)之分,尤其所谓准国家工作人员其内涵和外延有模糊性,使得司法实践中控辩双方争论难有确定结论,法官难以下判。当前这样的刑法结构,不可能使刑法机制顺畅。

刑法结构"厉而不严"是刑法机制不畅的内生性原因,此外,我国刑法立法的单轨制也是重要原因。刑法立法单轨制,即罪与刑的法律规范只存在于刑法和单行刑法(所谓狭义刑法),其他法律即刑法以外的行政管理和经济运行等领域的法律都不能有独立的罪刑条款。在当今世界,这种刑法立法体制唯独我国存在,其他国家和地区的刑法均由两大部类构成,刑法以外的法律,如果需要,都可以规定独立的罪刑条款,统称附属刑法规范或称行政刑法,是刑法立法双轨制。在双轨制下,刑事犯(自然犯)规定在刑法中,行政犯(法定犯)基本上存在于刑法以外的法律中,后者数量无例外地超过前者,而且罪状相当细密。双轨制的长处有二:一是在社会实际生活中,刑事犯的法律规范变异性很小,而行政犯的法律规范变异性大,相应的修改也较容易,这就有利于保持刑法的稳定;二是有关经济运行和行政管理的犯罪被置于相关的经济法律和行政法律中,罪状可以描述得详尽具体,法定刑也与之相贴切,大大方便了司法操作。相反,将行政犯纳入刑法,罪状即使不采用空白格式,也只能是概约性地叙明罪状。当前我国司法实践中感到刑法适用困难的案件主要是在经济犯罪(均属行政犯)领域。刑法立法单轨制不可避免地使刑法规范与其依托的相关法律形成毛与皮相分离的状态。如果这类犯罪行为的罪刑条款直接规定在有关法律中,则毛与皮相连附着结合为一体,这样大大增强了司法的可操作性,易于对号入座。例如,侵犯专利的犯罪,我国《刑法》第216条只规定一个罪名,即假冒专利罪,而且是简单罪状(假冒他人专利,情节严重的),司法实践中遇到此类案件,控辩双方各执一词,都有反驳对方的理由,然而又缺乏充分的法律依据。处理这类案件往往旷日持久,并可能不了了之。再如,曾经轰动全国的"黑哨"案(足球裁判收受贿赂而出现裁判舞弊),如何处治、怎样适用法律曾引起法律界长达一年之久的争议。① 如果像许多国家那样在竞技法或运动法中规定裁判受贿罪(以区别于普通刑法中的公务受贿罪),对这一简单明了的事例,则不会出现如何处治的难题。刑法立法单轨制,实践证明弊病甚大,而刑法立法双轨制则是严密刑事法网、顺畅刑法机制的一个重要方面。

---

① 尽管最终定了罪,但对罪名适用,学界仍有不同看法。

西方近代刑法史表明,最先实现工业革命的一些国家,其刑法改革运动发端于对刑罚的理性追求。经济发展相伴而来的人类自身价值的觉醒,生命价值高于财产,导致罪与刑等价意识的萌生,废除财产罪的死刑成为理所当然的社会潮流。由于最重刑种死刑的缩减,必然导致总体刑罚体系的趋轻,从此拉开了世界范围的刑法改革的序幕。刑罚的本质是剥夺(受刑人的权利),刑罚的基本功能是威慑(受刑人不想再犯和潜在犯人不敢以身试法),古往今来各国刑法概莫能外。刑罚减轻在一定程度上会降低刑罚功能的发挥,而国家设置刑法总是指望保持刑罚功能不致弱化。严密刑事法网同样能够起到刑法的威慑作用,以此作为因刑之趋轻导致刑罚乏力的功能代偿。犯罪心理学和社会实践均表明,在司法制度健全的条件下,法网严密比刑罚苛厉所发挥的社会作用要大得多。刑不苛厉但法网严密即"严而不厉"便是国家对刑法结构唯一的理性选择,这正是 19 世纪末首先在少数经济发展快速的西方国家开始出现而逐步演化成当代世界刑法结构主流格调的基本原因。所谓刑法现代化,基本点就是刑法结构现代化。"严而不厉"这种刑法结构能较好地同时发挥刑法打击犯罪保护社会与保障人权两种功能,容易协调司法实践中可能出现的情与法的冲突,少出错案,即使出现错案也较容易纠正,至少不会造成枉死冤魂而无法挽回的悲剧。可以认为,"严而不厉"是人类迄今为止探索寻觅到的利于刑法运作(刑法机制)顺畅的刑法结构。全球化是当代世界发展的大潮流,当代中国的社会发展是在全球化背景下进行的。在全球经济一体化和全球政治协同化的地球村里,法制包括刑事法制的趋近(接近)现象将日益显现。经济发达国家法制建设的经验和历程对经济欠发达国家有不可替代的参照价值,当然并非不依据国情。我国"厉而不严"不利刑法机制顺畅的刑法结构必将逐步改变。一种刑法结构的形成必有其法律以外的复杂深层的社会经济、政治根据,所以,刑法结构的改变有赖于那些法律以外的更深层因素的改变。

第二编

刑事政策论

刑事政策的概念、结构和功能[*]

良好的刑事政策对提高刑事立法质量和刑事司法效能具有直接的促进作用。对刑事政策进行科学研究是犯罪控制这一社会系统工程不可缺少的组成部分。这种研究,既应包括应用研究,例如对某项现行刑事政策进行背景分析和功效评价从而提出修改建议甚至设计新的刑事政策等;还应包括基础研究,例如对刑事政策的基本范畴诸如刑事政策概念、刑事政策结构与功能等问题,以及对刑事政策的基本过程诸如刑事政策的制定和实施等,进行理论探讨。这两种研究,目前在我国均属待垦领地。本文拟就刑事政策的一两个基本范畴发点议论以为引玉之劳。

一、刑事政策的概念

现代刑事政策的萌生可以溯源到贝卡里亚和边沁。刑事政策的成熟是19世纪末犯罪学发展的结果。刑事政策这一术语最早见于德国刑法学家费尔巴哈的著作中,但没有对其下定义。李斯特认为,刑事政策是国家和社会据以与犯罪作斗争的原则的总和。这一定义的提出引起了各国学者的注意,许多人在此基础上提出了若干表述详略不同、内容也稍有差异的刑事政策定义。这大概是正常现象。根据当代世界对惩罚和预防犯罪的认识和实践,完整的刑事政策定义应当包含以下要素。

(一) 刑事政策的主体

主体有两层含义,即决策主体和执行主体。前者是国家(有时为政党),后者是国家和社会。

(二) 刑事政策的对象

对象也有两层含义,即认识对象和实践对象。前者是犯罪态势(主要是犯罪状态、犯罪变化原因和发展趋向),后者是犯罪行为和犯罪人。

(三) 刑事政策的目的

目的具有双重性,即有效地惩罚犯罪和预防犯罪。

(四) 刑事政策的手段

手段具有多样性,刑罚是重要手段,但不是唯一手段,还必须有一系列非刑罚处遇

---

[*] 原载《法学研究》1993年第3期。

手段,诸如行政手段、经济手段、教育手段等相互配合。手段多样性与目的双重性之间存在因果联系。

(五) 目的与手段的载体

第一层含义指内容:在宏观上是指惩罚和预防犯罪的方针和战略,在微观上是指惩罚和预防犯罪的方法和策略。方针、方法、战略、策略,在语义上可以简要地统合为"方略"。第二层含义指形式:一种是法律规范,例如被包含在宪法、刑法、刑事诉讼法和有关法律、法规之中;另一种为非法律规范,例如被包含在政府文件、政党决议之中。

上述要素之间的内在联系(联结)是有序的和相对稳定的。目的是深层次的核心因素,决定手段的选择和配置。惩罚犯罪和预防犯罪双重目的之间的比重关系不可能固定不变,双重目的之间关系的调整必然带来手段选择的变动。尽管目的本身和手段本身经常处于变更状态,但是目的与手段之间的决定与被决定的关系是稳定有序的。目的并不是主体随心所欲地设想的,目的的确定和调整直接反映主体的需要,而这种需要又主要是依据对象的情况即犯罪态势产生的。犯罪态势是纯客观现象,作为认识对象对主体的目的之设定具有制约作用,然而作为实践对象则又受制于主体按照既定目的所采取的手段行为。主体与对象之间的这种互动模式也是稳定不变的。

综上所述,刑事政策可以定义为:国家和社会依据犯罪态势对犯罪行为和犯罪人运用刑罚和诸多处遇手段以期有效地实现惩罚和预防犯罪目的的方略。

这是刑事政策的一般概念。其要素中的任何一项,例如,主体的政治威信和综合力量、对犯罪态势认识的真理性程度、目的设定是否合理、手段配置是否充分、方略的可行性大小,等等,都会影响刑事政策的实施效果,也决定了刑事政策的质量是否良好。

二、刑事政策的结构

当今世界任何国家在同一时期内不可能只存在一两项刑事政策,而是有一组(一群)刑事政策。刑事政策是一个系统。一般认为,系统是由若干相互作用的部分组成的具有一定结构与功能的整体,刑事政策是一个具有一定结构和功能的整体。

刑事政策结构有两层含义:一是从微观角度观察的个体刑事政策的结构,二是从宏观角度观察的群体刑事政策的结构。

个体刑事政策,即单个刑事政策,其结构由两部分组成:原则思路和行动方案。原则思路即为政策思想,是政策的灵魂,但仅有原则思路还不是(至少不是现代意义上的)政策,政策应当包含按一定思路设计出来的可操作的行动方案。例如,我国国务院制定的《关于当前产业政策要点的决定》(1989年3月15日发布),首先规定了6条产业政策原则,依据这些原则思路制定了"产业发展序列",进而就生产、基本建设、技术改造和对外贸易四个领域具体列举出"重点支持生产的产业、产品"的产业类别和产品目录,这便是行动方案。外交政策也是既有原则思路又有行动方案。刑事政策也如此,例如惩办与宽大相结合这一刑事政策,"惩办与宽大相结合"是原则思路,它被体现在大致可操作的行动方案中:指出重点打击的犯罪行为种类——危害国家安全和公共安全的犯罪,在非重点打击的犯罪种类中也有从重打击与从宽发落之别;指出重点打击的犯罪人种类——反革命犯、累犯惯犯、严重暴力犯;规定从重与从宽在刑罚种类、量刑制度、行刑制度以及具体罪的法定刑上的体现方式、方法;等等。又如动员社会力量提高罪犯改造质量(原则思路)这项刑事政策(处遇政策),其行动方案具体化为"三个延伸"。原则思路是精髓,行动方案是骨架。原则思路是行动方案的灵魂,行动方案是原则思路的依托。原则思路与行动方案两部分有机结合构成现代意义上的刑事政策。

群体刑事政策,即宏观刑事政策系统,其结构的组成形式有两大类:一类是纵向结构(即层次结构),由基本刑事政策和具体刑事政策构成;另一类是横向结构(即过程结构),由定罪政策、刑罚政策和处遇政策构成。

(一) 刑事政策的横向结构

1. 定罪政策

刑法的基本内容之一是关于定罪(犯罪概念、犯罪构成要件和犯罪形态)的规范。刑法如何设计定罪规范,最终取决于刑事政策。所谓定罪政策便是刑法设计定罪规范的政策。定罪政策要解决的实际问题是如何编织刑事法网:刑事法网伸展到何处,即犯罪圈(打击面)画多大,以及刑事法网的疏密程度怎样,即从不轨行为中筛选出何等行为进入犯罪圈。定罪政策的法律化便是刑法的定罪规范。

定罪规范的每一环节无不体现一定的刑事政策。犯罪概念的不同内涵是不同定罪政策的第一层面的分野,大致为两类:一类是犯罪概念只含定性因素。凡危害社会(或称损害法益)的行为均属犯罪,此所谓高度道德化的犯罪概念。按此概念,盗窃一个苹果是犯罪,堕胎是犯罪,残害动物也是犯罪,等等。另一类是犯罪概念为定性与定量因素的结合。据此,盗窃一筐苹果可能不是盗窃罪,伤害极轻微(例如鼻子出血)的殴击也不构成伤害罪,堕胎不为罪,更没有残害动物的罪名,等等;盗窃达到一定数量,伤害达到一定程度,才被认为是犯罪,等等。前一类情形,把犯罪概念与道德要求紧密结合起来,表示立法者(决策者)期望为社会树立一个高标准严要求的行为规范,旨在防止更大危害行为发生(尽管实际上未必能达到此目的)。后一类情形,表示立法者(决策者)期望将有限的司法力量集中用来对付较严重的危害社会的行为从而达到更有效的保卫社会之目的(虽然目的实现并不一定理想)。

犯罪构成要件的确定也明显地受到刑事政策的制约。关于犯罪主体,法律上是否承认法人可以成为犯罪主体,与其说是纯法律问题,不如说首先是从政策角度考虑的社会功利问题。刑事责任起始年龄上下移动一两岁究竟如何确定,主要不是取决于人的生理、心理等生物学因素。刑法保护的社会关系(犯罪客体)的确定以及保护重点的选择,首先是政策问题。与犯罪形态联系在一起的犯罪行为和犯罪结果在刑事责任上的地位,也因政策思想不同而形成结果本位和行为本位两种刑法模式的明显差异。惩罚犯罪预备,是作为特例还是作为通例,法律本身无以说明,它实际上反映了立法者对刑罚的期望值的不同,是价值观,也是政策思想问题。

刑法分则中一些具体犯罪构成的确定,既有立法经验和立法方法问题,也有政策问题。以受贿罪为例,法律规定了多达六种形式,这显然比只有一两种形式更能体现出刑事法网严密的政策;将政府官员和雇员从普通公职人员中单列出来规定一种不以职务行为(利用职务便利)为要件的非法收利罪表明了从严要求政府官员的政策精神。

以上从犯罪化(某行为被法律规定为犯罪)正面说明定罪政策的存在及其对立法的指导作用。定罪政策的影响还表现在非犯罪化(将刑法已规定为犯罪的某行为从刑法中删除)方面。某种或某些行为非犯罪化,刑法本身无法解释。由于社会变动,某行为的社会危害性消除或者减弱到无须以刑罚对付的地步,这是非犯罪化的根据。判断社会危害性的有无和大小的标准取决于国家意志,集中体现为刑事政策。

2. 刑罚政策

刑罚政策指设定刑罚目的和运用刑罚手段的政策,是刑事政策的重要组成部分。最明显体现刑罚政策的是刑罚目的,可以说刑罚目的本身就是政策思想。现代意义上刑事政策的出现是目的刑论发展的直接产物。纯粹的报应刑本身视为目的(体现罪刑之间的因果关系),刑罚适用上不存在"人为调节"的余地,而人为调节正是政策的体现。只有当刑罚作为手段时才真正产生"刑罚目的"问题,目的是主观意向,主观意向是可以而且是需要调节的,这就必然有政策问题存在。

目的刑观念是当代刑罚政策的基石,但报应刑近年来在西方世界又有明显抬头,以致出现所谓"混合目的"(目的刑与报应刑相结合)的刑罚思潮。

刑罚目的作为观念是抽象的,作为政策则具体化为诸种制度和措施。一方面体现在判刑模式上。定期刑是自古以来的传统判刑模式,不定期刑出现在19世纪后期,是教育刑论的直接结果。20世纪中期以后不定期刑遭到批判随之出现了刑罚制度改革,它是刑罚人道主义政策思想的自然要求。缓刑制度与目的刑论是结果与原因的关系,这是刑法史常识。另一方面体现在行刑制度上,减刑和假释在产生初期虽然主要仅仅作为执行刑罚的技术措施,但是在实施过程中,当被注入目的刑政策思想时,这些制度便迅速得到了普遍的发展,这也是历史事实。这些制度今后的变革,也必然最终取决于刑罚政策的变动。

刑事立法上的从重、加重、从轻、减轻处罚的规定和调整(从总则到分则)以及司法实践中的量刑活动,均直接受刑罚政策的制约是众所周知的。

3. 处遇政策

处遇政策内容包括监狱(泛指罪犯矫正场所)管理、罪犯矫正和犯罪预防的方针和措施。处遇政策有广义和狭义之分。狭义的处遇政策是指罪犯处遇,从刑事政策主体角度说是指监狱结构与运行机制及其目的。广义的处遇政策除狭义的内容外还包括司法系统以外的犯罪预防方略,即社会预防(也称综合处遇)。

由于自由刑是当代刑罚体系的支柱,所以罪犯处遇主要就是自由刑执行过程中的处置和待遇。罪犯处遇的实际状况取决于处遇政策的执行情况。自由刑的效果直接取决于监狱的功效,监狱功效又与监狱运行机制密切相关。19世纪中后期西方监狱模式从隔离悔罪转向教育矫正,以及20世纪中期开始出现的社区参与模式(所谓开放监狱),均为不同处遇政策的产物。

长期实践表明,单靠刑罚(监狱)难以收到矫正罪犯、控制犯罪的效果,综合处遇的意识就是在这样的背景下萌发的。综合处遇政策的具体内容及其实现程度虽然各国不同,但基本思路是一致的,控制犯罪应当依靠司法力量和社会力量的有机结合。诚然,综合处遇的被重视程度各国也有差异,有的国家视为策略措施,有的国家将其提高到战略高度。

刑事政策横向结构的三个组成部分相互结合构成政策整体,缺少任何一部分都不可能有完整的刑事政策,任何一部存在缺陷都不可能有良好的刑事政策。三个组成部分之间存在着双向制约关系。正向制约关系表现为"定罪政策→刑罚政策→处遇政策"这种形式的顺接关系,即前项制约后项,后项承接前项,这是由事物本身发展过程顺序(因果联系)决定的。反向制约关系表现为"定罪政策←刑罚政策←处遇政策"这种形式的反馈关系,即后项制约前项,前项接受后项信息反馈,这是由刑事政策属于行为范畴这个事实决定的。行为受后果制约,是行为科学的一个基本原则,因为人的行为是有目的的,行为之前就先考虑后果。刑罚政策合理与否,受到处遇效果的检验。定罪政策与刑罚政策之间也有类似关系。反向制约关系符合实践是检验真理的标准这一认识论原理。

(二) 刑事政策的纵向结构

基本刑事政策(也称宏观刑事政策)和具体刑事政策(也称微观刑事政策)两个层次组成纵向结构。

(1)基本刑事政策,是指在较长时期内在犯罪控制全过程中起主导作用的刑事政策,具有时间上的稳定性、时空过程广延性和对下一层次刑事政策的主导性三个特征。

同时具备三个特征的刑事政策即基本刑事政策在同一国家可能不止一项,正如一个国家可以有几项基本经济政策。根据刑事政策的横向结构,一个国家可以有三项基本刑事政策。

在定罪方面,不同国家之间可能存在两种倾向相反的基本刑事政策,一种是刑事法网宽泛(大犯罪圈,打击面宽)的政策,另一种是刑事法网狭窄(小犯罪圈,打击面窄)的政策。在两种政策之间,当代一些国家出现了过渡现象。一类是大犯罪圈国家对某些行为的非犯罪化趋向,另一类是小犯罪圈国家对某些行为的犯罪化趋向。这两类情况本身虽然并没有改变原先的基本政策,但多少呈现出两种倾向相反的政策相互靠近的迹象。

在刑罚方面,不同国家之间可能存在两种倾向相反的基本刑事政策,一种称轻刑政策,另一种称重刑政策。轻刑政策下并非一切犯罪处刑都轻,重刑政策下也并非所有犯罪处罚都重,具体罪的刑罚总是有轻有重、有宽有严。轻刑还是重刑,主要反映在总体的刑罚结构(即各刑罚种类在刑罚体系中相对稳定的比例关系)上。

在处遇方面,不同国家之间相对存在两种倾向相反的基本刑事政策,一种是主要依靠国家司法力量并强调特殊预防的政策,另一种是依靠国家和社会两种力量并重视一般预防的政策。

(2)具体刑事政策,指在犯罪控制的某一阶段或某一领域中起作用的刑事政策,其特征是具体性和对基本刑事政策的依从性。根据刑事政策的横向结构,具体刑事政策也存在于定罪、刑罚和处遇三个领域或三个阶段。

在定罪方面,根据社会不同形势和国家不同需要,对不同类的犯罪行为,诸如经济犯罪、环境犯罪、职务犯罪、毒品犯罪、新技术犯罪、青少年犯罪、累犯惯犯等,有不同的具体政策。

在刑罚方面,根据不同社会背景和司法需要,有不同的具体政策。在刑罚种类上,有死刑政策(废除死刑是一种政策,死刑保存及适用频率也是一种政策)、短期自由刑替代政策、罚金政策等。在量刑上,有具体的从重从轻政策。在刑罚执行上,有具体的减刑、假释政策等。

在处遇方面,因刑罚目的和实际情况的不同而有不同的具体政策:监狱管理政策、囚犯矫正政策、监狱产业政策、犯罪预防政策等。

具体刑事政策和基本刑事政策,是刑事政策系统中的不同层次的政策。另有些政策,诸如物质文明与精神文明同步发展、搞活经济与打击犯罪两手一起抓,虽然涉及犯罪控制问题,但不属于狭义刑事政策结构之列,为刑事政策的外部关系,是一种社会总政策。如果从"最好的社会政策就是最好的刑事政策"角度说,那么这类政策也应纳入刑事政策理论的视野之内。

需要说明的是,以上是就刑事政策的组成形式即以结构为标准对刑事政策的两大类所进行的分析。如果一般地讨论刑事政策的分类,那么还可按法律过程(以功能为标准)分为刑事立法政策(指导并体现在立法上的刑事政策)和刑事司法政策(指导并体现在司法中的刑事政策),后者通常是前者的延伸和进一步具体化。

三、刑事政策的功能

刑事政策、刑事立法(实体法、程序法、组织法)和刑事司法(含处遇)构成犯罪控制大系统。刑事政策的功能主要指刑事政策在犯罪控制这一社会系统中所起的功效和作用,具体来说是对刑事立法和刑事司法的作用。就性质而言,刑事政策有导向和调节两大功能。

(一) 刑事政策的导向功能

(1)对刑事实体法,刑事政策的导向功能主要体现在:①划定打击范围;②确定打击重点;③设定打击程度;④选定打击方式。

打击方式的选定,除对不同罪种作出不同刑种的选定外,还包括对犯罪构成方式的选定(这一问题学者鲜有论述)。例如,行为犯在刑事立法中的增多,表明刑法理论由结果本位向行为本位转化,这种理论转变是以"预防为主"刑事政策思想发展的产物。又如,对犯罪构成主观要件的某种特殊处置。主观要件是犯罪成立不可少的因素,但它又往往是司法活动中最难证明的。出于"方便诉讼"策略考虑,在实体法中作某种特别规定以便减轻司法负担,主要有两点。第一,绝对责任,就是法律许可对某些没有规定犯罪心理要件的行为追究刑事责任,作为刑法制度是英美法系特有的。这类规范主要见于同大众福利关系密切的法律中,例如出售腐败变质有害健康的食品,不论出售者是否知情均为犯罪,即在诉讼中公诉人不必证明被告人主观心理怎样,只需证明出售的确实是变质食品即可。法律中的绝对责任条款是立法者出于"为了保护大众利益而要求行为人加强责任心"以及"为保护大多数人的最大利益而不惜牺牲个别人(即行为人)的局部利益"这种政策考虑的结果。这类条款通常源于行政管理立法的产品责任制。第二,推定故意,就是法律规定根据某些特定客观事实行为人被合理地认为(推定)有犯罪故意。例如,当行为人实施了一种明显的放肆行为导致他人受伤,便可被推定为故意伤害。当推定故意运用到不同的具体场合时其法律表现形式略有差异。例如,美国伊利诺伊州刑法规定,(顾客在商店中)凡"隐藏商品越过了最后一道收款台的,即被推定为怀有占有目的而占有了该商品"。这是明写的推定故意。再如,《美国联邦刑法典》第 643 节规定,"联邦或者任何联邦部门机构的官员、雇员或者代理人收受不许可作为其薪金、报酬或者津贴予以保存的公款,又无法说明其合法性的,则犯有贪污罪"。这实际是内含的推定故意。采用推定故意这种犯罪构成方式,需要符合一定条件:属多发性犯罪;主观要件不易证明;推定所依据的客观事实与被推定的主观心理之间具有高概率的联系。因是高概率联系,据此而定罪的正确系数必定高,但也有可能(尽管可能性很小)失误。某些罪选定这种构成方式是宏观上得失权衡的结果:认为此方式用于此场合其利绝对大于弊。推定故意主要见于英美法系的刑事立法中,这同其功利主义立国哲学思想一脉相承。这种法律现象是政策的产物。

(2) 对刑事程序法,刑事政策的导向功能主要体现在实体法与程序法追求的目标不统一时:前者的目标是尽可能使罪犯少漏法网,后者的目标是高效地执行实体法并少出错案;一般情况下少漏网与少出错两者是统一的,但总会出现不统一的情形。如何对待不统一,是个典型的政策问题,存在两种不同的指导思想:宁错勿纵,宁纵勿错。程序法的种种制度、具体规则以及运行机制最终无不与此等政策思想密切相关。

(3) 对组织法,刑事政策的导向功能也有体现。组织法的核心问题是权力配置,这当然属于政策范围。试举例说明。一个例子是许多国家成立的假释委员会,它在国家机构系统中不属于审判机关,实际上属于行政(司法行政)系统,但享有相当大的司法权。这在奉行"三权分立"原则的国度被认为是行政权对司法权的僭越,理论上一直有非议,然而它照样存在,这是出于为促进囚犯自我改造积极性的政策思考所采取的组织措施。另一个例子是为遏制公职人员贪污腐败而建立的专门机构,一些国家和地区的经验表明,为有效地惩治贪污贿赂犯罪,单靠法院力量远远不够,还必须有高效的检控;要有高效检控,则必须有一个不受干预的权威机构。这种机构无论是独立的还是附设于国家检察部门,都应当有某种特殊的即不受干预的权力,否则很难做到对手中有权的贪官的有效检控,而检控是审判的前提。没有权力的适当重新配置,就不可能有检控贪污腐败的权威机构。这与其说是纯组织法问题,不如说首先是政治问题即政策问题。

以上从正面阐述了刑事政策对刑事立法的导向功能。作为另一面尚需提及的是,导向功能最终应由刑事法律体现出来,而且刑事政策导向功能的实际发挥也应被限制在刑事法律的框架之内,这样才可以防止刑事政策被滥用的危险。

(二) 刑事政策的调节功能

"调节"一词大致可以理解为——为适应新情况所进行的调配和节制。上文分析的导向功能主要涉及刑事政策与某个单一事物(如实体法、程序法、组织法)之间的关系。这里叙述的调节功能则涉及刑事政策与两个事物之间的关系,具体表现在以下两个方面:

(1) 对刑事立法与刑事司法的调节,可称内部调节。从信息论角度看,立法与司法是双向沟通关系:"立法 ↔ 司法",即互为信息的传送者和接受者。但由于立法的静态性和司法的动态性二者异质的缘故,彼此间不能直接进行信息交流,二者沟通必须通过"中介"即调节器,这就是刑事政策。所以实际的模式是:立法 ↔ 刑事政策 ↔ 司法。

第一,立法通过刑事政策调节司法,突出表现在刑罚方面。立法只规定法定刑种和刑度以及刑罚适用制度,司法如何掌握和运用得恰到好处以期收到最佳效果,这便是刑事政策的事情。现代任何国家的刑事司法活动都不可能不受刑事政策的调节,差别仅在于调节的方式、方法不同。有的采取法律指导方式,例如将刑事政策具体化为量刑指南,或者采取判例方式;有的采取类似行政指令的方法;等等。

第二,司法通过刑事政策调节立法,突出表现在立法修改方面。每一项法律在立法当时往往被认为是最好的,实践(司法)结果可能是好的,可能是中可,也可能是不好的。司法效果不佳,则导致修改立法,但如何修改,司法信息反馈本身无法解决,这仍是刑事政策的事情。

(2)对刑事法律与社会状况的调节,可称外部调节。刑事法律最终受社会状况的制约,但社会状况不可能简单地直接产生刑事法律,而必须通过刑事政策的中介调节。前文对刑事政策的结构尤其对横向结构的分析实际已包含了这一内容,这里需要说明的是,刑事政策如何在这两者之间起调节作用。

社会状况(这里主要指犯罪态势)是中性的客观事实,对同一事实因主体不同而有不同认识和不同评价。法律属于主体认识,是意志(国家意志)的反映。从社会状况到刑事立法,必须经过国家(执政阶级、立法者)意志这一桥梁。试以西欧国家和美国的情形为例。从20世纪60年代开始,西欧国家和美国一样出现了犯罪高压尤其是累犯率增长的刑法(刑罚)危机,面对类似社会状况(美国的暴力犯罪比西欧国家严重一些),西欧国家和美国的法律反应却很不一样。在西欧(及北欧)国家,虽然增加了一些罪名和加重了某些罪(主要在经济犯罪和环境犯罪领域)的刑罚,但主要倾向是:较大范围的非犯罪化和非刑罚化,废除死刑国家增多,自由刑缩短,罚金刑更受重视,缓刑更广泛适用,假释条件放宽,剥夺自由的保安处分的运用也在明显减少甚至被废除(如瑞典),等等。在美国,虽然有些罪被非犯罪化,但主要倾向是:恢复死刑执行,加重对累犯惯犯(含少年惯犯)的刑罚,假释适用大大限制(有几个司法区甚至废除了假释制度),等等。总之,刑法上的不同反应集中在:西欧国家是进一步弱化自由刑;美国是有限度强化自由刑。为什么相似的社会状况却导致刑事法律很不相同的反应?关键在于刑事政策的差异。犯罪尤其累犯率增长表明刑法(刑罚)不奏效,对这一客观事实美国与西欧国家虽有共识,但各国态度不同。美国的态度是:刑罚的矫正罪犯、预防犯罪的目的没有达到,就让刑罚发挥其能够起到的惩罚犯罪的作用。在这种"不得已而求其次"的思想指导下,自然出现了刑罚从重政策。西欧各国的态度是:刑罚的矫正罪犯、预防犯罪的目的没有达到,就少求助于刑罚,多用刑罚以外的方法(包括刑罚替代方法以及社会处遇)。在这种"另谋他法"的思想指导下,当然出现了刑罚从轻政策。诚然,不同刑事政策的背后有着深刻的社会政治和文化原因,这已不属于本文所要讨论的范围了。

　　刑事政策功能分析给我们的启示是:为了提高刑事法制的效能(完善刑事立法和加强刑事司法)必须注重刑事政策,为了拓宽刑法理论的视野也必须研究刑事政策。

刑事政策：犯罪学的重点研究对象和司法实践的基本指导思想*

在 1998 年犯罪学基础理论专业委员会海口市年会上我讲的题目是《犯罪与刑法》，今年"会议通知"要我讲第四个论题"变革中发展的犯罪形态与司法运作"。在基础理论研讨会上我不打算讲很具体的问题，只想把握论题的基本要点。问题的中心是犯罪与司法，对此，可以从不同角度展开。我想从较深的理论层面来透视本论题——刑事政策作为犯罪学的重点研究对象和司法实践的基本指导思想。

19 世纪末 20 世纪初，以意大利和德国学者为主体形成的刑事实证学派（或译称"犯罪实证学派"），其起始点是犯罪原因研究，进而提出刑事政策，归宿是刑法制度和刑法理论的创新。从这一历程可以看出，刑事政策建立在犯罪学研究基础上，犯罪学研究对刑法的指引和影响是以刑事政策为中介。至今有些国家的学者在认识上将犯罪学与刑事政策画等号。

关于犯罪控制方略，虽然提出"综合治理"口号，但在当今世界的社会发展阶段，犯罪控制的主要依靠力量仍然是国家的刑法运作。20 世纪，刑法界形成了一项共识——刑法刑事政策化，刑事政策是刑法的灵魂。

当前，"严打"未能遏制犯罪，犯罪率上升，大案要案增长，原因何在？刑事政策是否恰当？不"严打"而采宽松刑事政策行不行？刑事政策要不要调整？如何调整？对这些问题的正确回答，首先需要科学认识刑事政策并进而研究刑事政策。研究刑事政策之目的在于影响和指导国家的刑事政策。

目前我国刑法学界和犯罪学界对刑事政策研究取得的具有创新价值的高水平的成果实在太少，犯罪学基础理论工作者有责任投入力量研究刑事政策。借此机会，讲讲"刑事政策"这一范畴的有关基本知识，以期引发同行学者对刑事政策研究的兴趣。拟讲刑事政策的概念、结构、功能以及刑事政策合理化四个问题。

一、什么是刑事政策

刑事政策这一术语最早见于德国古典刑法学家费尔巴哈（1775—1833）的著作

---

* 本文系作者于 1999 年 9 月在湖南长沙犯罪学基础理论专业委员会年会上的发言，原载《福建公安高等专科学校学报》1999 年第 5 期。

中,但没有下定义。可以这样认为,至今几乎所有关于刑事政策的著述,找不到两个完全相同的刑事政策定义。中外学者给刑事政策下了种种内涵互有差异的定义。"最大公约数"是刑事政策是有效地与犯罪作斗争的方略,它反映了刑事政策的核心内容,但作为定义过于笼统含糊。根据当代世界对惩罚和预防犯罪的认识和实践,刑事政策的定义应包含以下要素:

(1)刑事政策的主体——有两层含义:决策主体为国家(有时为执政党),执行主体是国家和社会。

(2)刑事政策的对象——有两层含义:认识对象为犯罪态势,实践对象是犯罪行为和犯罪人。

(3)刑事政策的目的——具有双重性:惩罚犯罪和预防犯罪。

(4)刑事政策的手段——具有多样性:刑罚是重要手段,还必须有一系列非刑罚处遇措施,诸如行政手段、经济手段、教育手段等互相配合。手段多样性与目的双重性之间存在因果关系。

(5)目的和手段的载体——就内容而言,指惩罚犯罪和预防犯罪的方针、方法、战略和策略,在语义上可简要统合为"方略";就形式而言,包括法律规范和非法律规范(如政府文件、政党决议或执政纲领等)。

上述要素之间的内在联系是有序的和相对稳定的。目的是深层次的核心因素,决定手段的选择和配置。惩罚犯罪和预防犯罪双重目的之间的比重关系不可能固定不变,双重目的之间关系的调整必然会引起手段选择的变动。目的并不是主体随心所欲地设想的,目的之确定和调整直接反映主体的需要,而这种需要又主要是依据对象的情况即犯罪态势产生的。犯罪态势是纯客观现象,作为"认识对象"对主体的目的之设定具有制约作用,然而作为"实践对象"则又受制于主体按照既定目的所采取的手段行为。主体与对象之间的这种互动模式也是稳定不变的。

综上,刑事政策可定义为:刑事政策是国家或执政党依据犯罪态势对犯罪行为和犯罪人运用刑罚和有关措施以期有效地实现惩罚和预防犯罪目的之方略。

这是刑事政策的一般概念。不同国家在不同时期,刑事政策的具体内涵会有不同的侧重和倾斜,制定刑事政策所依据的认识的真理性程度也不尽相同,即是说并非所有的刑事政策都是合理、有效的。

刑事政策具有三个特性:

(1)意向性。意向即意志倾向,刑事政策就其基本精神而言是国家对付犯罪现象的意志倾向。意向性是确定性与不确定性(模糊性)的统一。

(2)开放性。刑事政策本身是一个开放系统,它的存在和发挥作用是以与外界不断交换信息为前提的。开放性决定了刑事政策的生命力,也可以说,刑事政策的生命力表现在它的开放性上。刑事政策本身是寻求符合目的的最佳手段的不断改革和完善的过程,刑事政策的动态性是其开放性的表现。认识刑事政策的开放性,对刑事政策的制定和调整以及对刑事政策理论研究均具有重要意义。

(3)综合性。刑事政策主体和对象的两层含义、目的的双重性、手段的多样性以及刑事政策载体(表现)的层次性,集中说明刑事政策的综合性,这也是刑事政策的一个重要特性。手段多样性,是刑事政策综合性的最主要体现。

二、刑事政策的结构

当今世界任何国家在同一时期内同时存在多项刑事政策,即有一组刑事政策。刑事政策是一个系统,系统必有其结构和功能。刑事政策结构有两层意思:一是从微观角度观察的个体刑事政策的结构,二是从宏观角度观察的群体刑事政策的结构。

个体刑事政策,即单项刑事政策,其结构由原则思路和行动方案两部分组成。原则思路也就是政策思想,但仅有原则思路还不是现代意义上的"政策",政策应当包含按一定思路设计出来的可操作的行动方案。例如,惩办与宽大相结合这一刑事政策,"惩办与宽大相结合"是原则思路,它体现在大致可操作的行动方案中:指出重点打击的犯罪行为种类——危害国家安全和公共安全的犯罪,在非重点打击的犯罪种类中也有从重惩处与从宽发落之别;指出重点打击的犯罪人种类——危害国家安全犯、累犯惯犯、严重暴力犯;规定从重与从宽在刑罚种类、量刑制度、行刑制度以及具体罪的法定刑上的体现方式、方法等。原则思路是灵魂,行动方案是骨架。原则思路是行动方案的精髓,行动方案是原则思路的依托。原则思路与行动方案两部分结合构成现代意义上的刑事政策。

群体刑事政策,即宏观刑事政策系统,其结构的组成形式有两大类:一类是层次结构(纵向结构),由基本刑事政策和具体刑事政策构成;另一类是过程结构(横向结构),由定罪政策、刑罚政策和处遇政策构成。

(一) 刑事政策的横向结构

1. 定罪政策

定罪政策要解决的实际问题是如何编织刑事法网:犯罪圈(打击面)画多大?法网的疏密程度怎样?

(1)犯罪概念的不同内涵是不同定罪政策的第一层面的分野,大体分为两类。一类是犯罪概念只含定性因素,凡损害法益的行为均属犯罪,此谓高度道德化的犯罪概念。按此概念,偷一个苹果即为盗窃罪。另一类是犯罪概念在定性因素基础上还掺入定量因素,例如殴打他人致鼻子出血甚或打落一颗门牙仍不构成伤害罪。前一类情形,把犯罪概念与道德要求紧密结合起来,表示决策者(立法者)期望为社会公众树立一个高标准、严要求的行为规范,通过宣布轻微损害公益的行为即构成犯罪,从而达到防止更大危害行为发生的目的。后一类情形,表示决策者(立法者)期望将有限的司法资源集中用来对付危害社会较严重的行为从而达到更有效的保卫社会之目的。

(2)犯罪构成要件的设定也明显地受到刑事政策的制约。犯罪主体范围大小的划定和犯罪客体的确定以及保护重点的选择,均属刑事政策问题。惩罚犯罪预备,是作为特例还是作为通则,法律本身无法解释,它实际上反映了立法者对刑罚的期望值的不同;社会价值问题更接近于政策问题。

(3)刑法分则中一些具体犯罪构成的设定,既有立法经验和立法方法问题,更有政策问题。

以上是从犯罪化(某种行为被法律规定为犯罪)正面说明定罪政策的存在及其对刑事立法的指导作用。定罪政策的影响还表现在非犯罪化方面。

2. 刑罚政策

刑罚政策指设定刑罚目的和运用刑罚手段的政策,是刑事政策的重要组成部分。最明显体现刑罚政策的是刑罚目的,可以认为刑罚目的本身就是政策思想。现代意义上的刑事政策的出现是目的刑论发展的直接产物,目的刑论则是对古典学派报应刑论未能遏制犯罪现象进行批判的结果。

在刑事立法上,从总则到分则,关于从重、加重、从轻、减轻处罚的规定和调整,以及司法实践中的量刑活动,均接受刑罚政策的制约。

3. 处遇政策

处遇政策内容包括监狱(泛指罪犯矫治场所)管理、罪犯矫正和犯罪预防的方针、措施。处遇政策有广义和狭义之分。狭义的处遇政策是指罪犯处遇,从刑事政策主体角度说是指监狱结构和运作机制及其目的。广义的处遇政策除狭义的内容外还包括司法系统以外的犯罪预防方略,即社会预防(也可称综合处遇)。

由于监禁刑是当代刑罚体系的支柱,所以罪犯处遇主要就是监禁刑执行过程中的处置和待遇。罪犯处遇的实际状况取决于处遇政策的执行情况。

刑事政策横向结构的三个组成部分互相结合构成刑事政策整体,缺少任何一部分都不可能有完整的刑事政策,任何一部分存在缺陷都不可能有良好的刑事政策。

(二)刑事政策的纵向结构

(1)基本刑事政策,指在较长时期内在犯罪控制全过程中起主导作用的刑事政策。多项刑事政策同时起作用,只有在较长时期内涉及全过程的主要的刑事政策才是基本刑事政策。基本刑事政策具有三大特征,即稳定性(在较长时期内起作用)、广延性(在犯罪控制全过程中起作用)、主导性(指与有关具体刑事政策存在着决定与被决定或者依赖与被依赖的关系,正是这种关系才反映出刑事政策结构的纵向层次)。同时具备三个特征的刑事政策就是基本刑事政策。同一国家可能有几项基本刑事政策,正如一个国家可以有几项基本经济政策。根据刑事政策的横向结构,一个国家可以有三项基本刑事政策,即定罪方面的、刑罚方面的和处遇方面的基本刑事政策。在这三个方面,不同国家可能存在两种倾向相反的基本刑事政策。

(2)具体刑事政策,相对于基本刑事政策而言,指在犯罪控制的某一领域或某一阶段中起作用的刑事政策。具体性和对基本刑事政策的依从性,是具体刑事政策的特征。具体刑事政策包括对危害国家安全犯罪的政策、对金融犯罪的政策,等等,"严打"也当属一项具体刑事政策。

以上是就刑事政策的组成形式即以结构为标准对刑事政策的两大类进行的分析。如果一般讨论刑事政策的分类,那么还可以按法律过程(以功能为标准)分为刑事立法政策和刑事司法政策,后者通常是前者的延伸和进一步具体化。

三、刑事政策的功能

刑事政策、刑事立法(实体法、程序法、组织法)和刑事司法(含处遇)构成犯罪控制大系统。刑事政策的功能主要指刑事政策在犯罪控制这一社会系统中所起的功效和作用,具体而言是对刑事立法和刑事司法的作用(从而形成刑事立法政策和刑事司法政策)。就性质而言,刑事政策不像刑事立法那样具有刚性的法律约束力,其主要价值表现为导向和调节两大功能。

(一) 刑事政策的导向功能

(1)对刑事实体法的导向功能,主要体现在:

第一,打击范围的划定。打击面宽些还是窄些,不是立法方法问题,它取决于对诸多因素的综合考虑:犯罪态势、文化传统、社会心理、刑事司法力量、公众对违法行为可容忍度等。

第二,打击重点的确定,它集中体现在刑法分则体系上。这个问题除与犯罪行为本身性状相关外,还涉及社会集团利益结构和社会价值观念等,这些都是深层次的社会问题,并带有强烈的政策性色彩。

第三,打击程度的设定。对各类罪打击程度的设定,既有传统共识,例如暴力罪的刑罚重于非暴力罪、危害国家安全罪重于危害财产安全罪;也有政策考虑,最明显地反映在经济犯罪领域。

第四,打击方式的选定。除对不同罪种作出不同刑种的选定外,还包括对犯罪构成方式的选定。行为犯(无须出现实害结果而只要实施特定行为即构成既遂)的增加,表明刑法模式由结果本位向行为本位转化,这种转变是"预防为主"刑事政策思想发展的产物。

(2)对刑事程序法的导向功能虽不及对实体法那般明显,但毕竟是存在的。程序法追求的目标是高效地执行实体法,并且少出错案。实体法追求的目标是尽可能使罪犯少漏网。在一般情况下,少漏网与少出错二者是统一的,但实践中也会出现不一致的情形。如何对待不统一情况,是一个典型的政策性问题——存在两种不同的指导思想:宁错勿纵,宁纵勿错。程序法的种种制度、具体规则以及运作机制最终无不与此等政策思想密切相关。

(3)对组织法的导向功能,核心问题是权力配置。试举一例,为遏制公职人员贪污腐败而设立专门机构,一些国家和地区的经验表明,为有效遏制腐败,单靠法院的判罪远远不够,还必须有高效的检控,检控是审判的前提,检控和判罪具有同等威慑力。要有高效检控,必须要有一个不受干预(主要是行政干预)的权威机构。这种机构无论是独立的还是附设于国家检察部门,都应当有某种特殊的即不受干预的权力。否则,很难做到对手中握有实权的贪官污吏的高效检控。没有权力的适当重新配置,就不可能有检控贪污腐败的权威机构。这与其说是纯组织法问题,不如说首先是政治问题即政策问题。

以上从正面阐述了刑事政策对刑事立法的导向功能。还需要指出,导向功能最终应由刑事法律体现出来,而且刑事政策导向功能的实际发挥也应被限制在刑事法律的框架之内。这样才可以防止刑事政策被滥用的危险。

(二) 刑事政策的调节功能

"调节"一词可以理解为因适应新情况所进行的调配和节制。上述导向功能主要涉及刑事政策与某个单一事物之间的关系,如实体法、程序法、组织法。这里分析的调节功能则涉及刑事政策与两个事物之间的关系。刑事政策的调节功能具体表现在以下两个方面。

(1)对刑事立法与刑事司法的调节,可称为内部调节。

从信息论角度看,立法与司法是双向沟通关系,即互为信息的传递者和接受者。但由于立法的静态性和司法的动态性二者异质的缘故,彼此之间不能直接进行信息的传递和接收,二者沟通必须通过"中介"调节,这就是刑事政策。

第一,立法通过刑事政策调节司法,它突出体现在刑罚方面。立法只规定法定刑种和刑度以及刑罚适用制度,司法如何掌握和运用得恰到好处以期收到最佳效果,这便有赖于刑事政策的调节。

第二,司法通过刑事政策调节立法,它突出反映在立法修改方面。每一项法律在立法当时总被认为是最好的,但后来的实践未必符合预期。司法效果不佳,则将导致修改立法;但是如何修改,司法信息反馈本身无法解决这个问题,仍需刑事政策参与。

(2)对刑事法律与社会状况的调节,可称外部调节。

刑事法律最终取决于社会状况(这里主要指犯罪态势),但是社会状况不可能简单地直接产生刑事法律,而必须通过刑事政策的中介作用。

社会状况(犯罪态势)是中性的客观事实,对同一事因主体不同而有不同认识和不同评价。法律属于主体认识范畴,是意志(国家意志)的反映。从社会状况到刑事立法,必须经过国家(执政阶级、立法者)意志这一桥梁。

四、刑事政策合理化

刑事政策是人类理性在刑事领域觉醒的产物,刑事政策是否合理直接制约惩罚和预防犯罪的效果。

中华人民共和国成立50年来,我国经历过多次犯罪高峰,刑罚随之轮番攀升,刑罚投入巨资而犯罪控制效果甚微。在现实生活中,社会公众和决策机构要求继续加大刑罚力度的余地已经极为有限,刑罚几近极限。面对此种境况,刑事政策如果再不进行合理调整,则必将为此付出沉重代价。

何谓"合理"？根据中国哲学,"理"与"道"是一对基本范畴,道指普遍规律,理指特殊规律。"规律"是指事物发展过程中的本质联系和必然趋势。"合理"就是符合事物发展本身特有的规律。西方哲学上的"理性"是指合乎自然和合乎人性,作为衡量现存事物的唯一标准。"合理"作为抽象概念,中外哲学上的理解大体相同。

刑事政策合理化,就是使刑事政策按照其自身规律发展变化。问题深入到:什么是刑事政策的自身规律？

根据对世界范围刑事领域国家行为正反经验的观察,刑事政策规律由客观要素与主观要素相合而成。客观要素主要是犯罪变动规律(这是犯罪学研究的基本对象),这可以说是学界的共识。主观要素是什么？刑事学术界议论尚少,我以为应是"公众—国家—罪犯"三角关系的演变:"公众与政府的亲疏程度,公众对犯罪的恐惧程度"影响并最终决定国家对罪犯的态度。18世纪出现的三权分立宪法原则,核心是分割行政权力,是基于历史形成的公众对政府的不信任态度;刑法上罪刑法定原则产生的前提是公众对国家司法机关罪刑擅断做法的恐惧超过对罪犯的憎恨。一方面,历史发展,社会前进,三角关系也逐渐发生改变,公众与政府的亲和程度提高;另一方面,犯罪尤其是危害严重的犯罪日益增多,跨国贩毒集团、恐怖主义活动、有组织犯罪,形成强大的反社会势力,以对付"孤立的个人"为基础的传统刑事立法模式受到巨大挑战,公众对犯罪的恐惧程度空前加深。这些关系的变化最终会影响刑事政策的变化,当今一些国家对付有组织犯罪所采取的行动已在一定程度上突破了某些传统的民主法制原则便是例证。

刑事政策合理化包含极为丰富的内容,诸如刑事政策观念的合理化(批判刑法万能主义和绝对工具主义思想等)、刑事立法政策合理化、刑事司法政策合理化、行刑政策合理化、犯罪控制现实化、犯罪控制模式现代化等。理论研究的难点是刑事立法政策合理化,其核心问题是刑法结构——犯罪圈与刑罚量的有机组合。

(一) 犯罪圈大小

犯罪圈有两层含义:

(1)刑事法网宽窄,指不同种行为犯罪化数量的多寡,即罪名数量多少问题。有些国家法律上罪名数量有限,不足三五百个;而有些国家的罪名数量则多达千种,虐待动物、侮辱尸体、道路上超时停车等均为犯罪。我国学者中关于"见危不救"等应受道义谴责的行为要不要犯罪化的讨论,在一定意义上也涉及刑事法网宽窄争论的问题。

(2)刑事法网疏密,指同种行为犯罪化程度的高低,即刑事责任范围大小问题。例如,同为盗窃行为,有些国家法律规定凡盗窃均为罪;而我国则规定要达到"数额较大"或"多次盗窃"才构成犯罪。同是殴打行为,有的国家认为凡殴打均可构成犯罪,我国则认为殴打致伤达到一定程度才为罪(没有殴打罪,只有伤害罪)。

关于犯罪圈大小问题,我国刑法的主要问题在于刑事法网过于粗疏,刑事责任不严格,致使刑法面对某些严重危害行为只能表示无奈。这与我国刑法上犯罪概念具有定量因素关系密切,因而造成我国刑法的结构性缺损,备受国内外关注的劳动教养制度的"合理性"盖与此相关。

(二) 刑罚量轻重

我国刑法在刑罚量轻重方面的主要问题是刑罚过重。刑过重,易造成刑与罪之间的过度紧张关系,从而导致:犯罪增强蛮性(犯罪的凶残性增大,死刑对犯罪的凶残性起强化甚至教唆作用);刑罚缺乏柔性(即处置犯罪人的灵活性),尤其在法律与情理发生冲突时更明显。试举一例,一名农村姑娘患有"花痴"精神病,其父听说"花痴在犯病期间与人成亲即可治愈",于是找到邻村一男青年,经劝说,出于对姑娘的同情,男青年同意与其结婚,婚前订立了字据,双方不得反悔。同房未满1个月,姑娘神志清醒,强烈反对这桩"婚事",后来以强奸罪告到法院。在法律上,男青年的行为符合强奸罪的构成要件;但在情理上,男青年也是受害者。如果定强奸罪,最低刑为3年有期徒刑,显然不通人情。要是出于对男青年的同情而不定罪,则又是"不依法办事"。假如强奸罪的法定刑下限定得低些,定罪后给予很轻的象征性处罚,则可以消解至少可以缓和情理与法律的冲突。诚然,解决这类冲突还可以采取其他途径。但不可否认,刑过重便会增大解决这类冲突的难度。

需要说明的是,刑事法网要严密,但不是越密越好;刑不要过重,但也不是越轻越好。关键是要适度,这个"度"应当是刑事政策合理化研究的核心问题之一,也是难点之所在。

认识犯罪规律，促进刑法思想现实化

——对犯罪和刑罚的再思考*

我国刑事司法系统在同犯罪行为作斗争中取得了显著成效：社会治安秩序稳定，公众安全感增强。然而近年来犯罪率仍有上升，1987年我国犯罪率比1986年增长4%。① 如何解释似乎是矛盾的事实？这绝不能被理解为犯罪"越打越多"；假定没有这场斗争，犯罪必定更为猖獗。有一种观点认为，犯罪率仍然有所上升是由于刑罚分量还不够。对这种有一定代表性的看法，需要认真分析。这种看法虽然出于想要在短期内就遏制犯罪增长的良好愿望，但是它实质上反映了夸大刑罚作用的不现实的刑法思想：刑罚量同犯罪率必成反比，只要加重刑罚，就能减少犯罪，犯罪不降，刑罚则升。如果长此以往，就社会长远利益计，不可能出现良性循环的理想效果。

刑法思想就是对犯罪和刑罚的基本认识。过高估计刑罚作用，实质上是把刑罚目的"理想化"。刑罚对被适用者和部分可能犯罪者产生威慑心理效应，从而达到预防已经犯罪者再犯罪和可能犯罪者去犯罪的目的。任何事物都有其自身限度，刑罚也不例外。只有在刑罚作用足以抵消或制止促成犯罪的因素的条件下，刑罚才能够预防犯罪。由于刑罚作为遏制犯罪的因素本身是单一的，而社会上促成犯罪的因素是复杂多样的，因此刑罚预防犯罪的功能是有限度的。刑罚目的之所以理想化，其认识根源主要在于对犯罪原因理解上的"简单化"，对犯罪规律缺乏科学认识。

科学的刑法思想应当建立在对犯罪规律正确认识的基础上，由此产生的刑事政策、刑事立法和刑事司法才能够比较接近客观实际，才能够接受社会实践的检验。

在微观上，犯罪是个人行为；在宏观上，犯罪是社会现象。在相当大的时空范围内促使这种社会现象产生和变化的内在原因便是基本犯罪规律。笔者认为，"犯罪源于社会矛盾"是基本犯罪规律。

犯罪——孤立的个人反对统治关系的斗争，和法一样，也不是随心所欲地产生的。相反地，犯罪和现行的统治都产生于相同的条件。② 联系全文，此处"条件"主要是指社会物质生活条件。马克思、恩格斯这段话几乎无例外地被我国刑法教材和许多文章用

---

* 原载《北京大学学报(哲学社会科学版)》1988年第3期。
① 参见《去年全国刑事治安案件有所上升》，载《法制日报》1988年2月6日。
② 参见《马克思恩格斯全集》(第3卷)，人民出版社1960年版，第379页。

来说明犯罪的阶级本质,但是引用者却很少注意到这段论述更深层的含义。马克思、恩格斯从说明一个特定历史情况(阶级对抗社会中的犯罪具有阶级性)出发提出了一个适用于一切社会的普遍命题——犯罪产生于社会物质生活条件。社会物质生活条件,既包含遏止犯罪的条件,也包含促成犯罪的条件。前者决定任何社会中犯罪只是社会生活的一个次要方面(虽然程度和规模各有不同),后者决定在任何社会中犯罪都是不可避免的(虽然种类和名称各有不同)。马克思、恩格斯所指"条件"显系促成犯罪的条件,本文概括称为"社会矛盾",即社会物质生活条件中的矛盾(或称不平衡、失调)。

社会物质生活条件即人类社会赖以存在和发展的物质条件,由三部分构成:社会周围的自然环境(即地理环境)、人口的生产、物质生活资料的生产方式。[①]

作为人类赖以生存和发展的物质基础的地理环境,包括地理位置、气候、地貌和各种自然资源。人类不能离开自然界,犯罪行为也总在一定空间发生。犯罪行为因质而异具有强度不等的空间选择性。一般来说,拦路抢劫多发生在行人稀少的偏僻地段,而扒窃犯罪则多发生在人群拥挤的商业中心、旅游胜地和公共交通车辆上,等等。街巷夜间照明度对防止某些犯罪发生起着一定作用,这是人们的生活常识。由于犯罪原因只能在社会因素和人的因素中寻找,属于自然范畴的地理环境尽管会给犯罪行为的发生提供某种方便,但不能成为犯罪的原因。因此,资产阶级学者例如龙勃罗梭、菲利等把犯罪原因部分地归结为自然因素的观点,本文不能赞同。

人口状况即人口数量多少、质量高低、增长快慢和聚集密度等,对社会发展进程也能够起加速或滞缓的作用,人口问题是一个重要的社会问题,同犯罪现象有着密切的联系。

众所周知的近代西方国家随工业化而出现的城市化对犯罪增长的影响,主要表现在特定空间的人口增长速度过快,引起了社会生活多方面的矛盾,社会控制机制出现了严重不协调状况。我国社会主义初级阶段"是由农业人口占多数的手工劳动为基础的农业国,逐步变为非农产业人口占多数的现代化的工业国的阶段"[②]。由于产业结构调整,近年来每年大约有一千万左右农业人口转为非农产业人口,这种势头至少要保持到20世纪末甚至21世纪初。我国工业化过程虽然不走西方资本主义初期那样的老路,我国农业人口转为非农产业人口将采取"离土不离乡"的方针,而且我国城市人口也不会发展到占总人口绝对比重的地步;但是,人口逐渐集中到城镇及其周围的过程是不可逆的,这几年大中城市的人口压力已经说明了这一趋势。

[①] 参见《社会学概论》编写组:《社会学概论》,天津人民出版社1984年版,第34页;刘延勃、张弓长、马乾乐主编:《哲学辞典》,吉林人民出版社1983年版,第372页。

[②] 《沿着有中国特色的社会主义道路前进》,人民出版社1987年版,第11页。

发展国民教育和公共卫生事业，提倡优生优育，对提高人口素质（体魄、智能和道德），从而促进社会发展是十分重要的。人口素质低，不仅影响社会进步，而且是犯罪滋生的一个原因。刑事司法统计表明，许多国家的比例相当大的犯罪尤其是暴力犯罪，是文盲半文盲、愚昧野蛮的人所实施的。

人口年龄结构也在一定程度上影响社会发展。全体人口都是消费者，作为生产力中最活跃因素的人只是总人口中的一部分即劳动者，因此人口年龄结构的合理比例关系有利于社会生产力的发展。西方犯罪学者认为，20世纪60年代开始许多国家犯罪率大幅度增长的原因之一是第二次世界大战后"生育高峰"造成了青少年犯罪绝对数的提高，而近年来有些国家（例如美国）犯罪率趋于平稳甚至略有下降，并非刑事司法有效，主要原因是生育高峰年代出生的人现在已经成家立业，越过了"犯罪危险期"，从而降低了作为犯罪总数主要部分的青少年犯罪比率。如果承认青少年犯罪除社会原因外还同青少年生理、心理特征相关的话（这种认识近年来在我国逐渐被人们接受），那么上述看法就可以接受。

由生产力和生产关系构成的生产方式是一切社会的发展和变革的决定性力量，作为社会现象的犯罪，其根源也不可能游离于生产方式之外。迄今为止公开发表的犯罪宏观原因理论的主要缺陷，在于没有较系统地论证犯罪的产生与变化同社会物质生产方式之间的联系。典型的理论结构是：私有制是犯罪产生的经济根源，国内国际的阶级斗争和动乱是犯罪产生的社会根源，自私观念是犯罪产生的思想根源。由于阶级斗争和自私观念又是私有制的产物，所以私有制是犯罪的总根源，或称最终根源。无疑，这些都是重要的犯罪原因。然而，这并没有揭示犯罪产生与发展的最深层的和极复杂的原因，因而是被人为地简单化了的犯罪原因理论。根据这种思维提出的犯罪对策，必然过高估计刑罚作用、急于求成因而不免带有空想色彩，即使意识到需要"综合治理"，那也只限于"上层建筑"领域，而没有把综合治理提到社会发展战略总体组成部分的高度。

除上述人口素质和年龄结构同犯罪存在内在联系之外，下面就生产方式以及由其决定的上层建筑这个"纯社会"领域来勾画犯罪原因的系统层次图景。

损人利己的个人至上人生观是犯罪最主要的个体原因，人生观是一种意识形态，因而又是一个社会原因。人生观作为微观原因和宏观原因的结合点，在犯罪原因系统中的重要功能是显而易见的。

基于国家管理同公民之间的矛盾的官僚作风，既为社会上一些犯罪提供机会，又是某些犯罪（例如玩忽职守等）的直接原因。

具体管理制度的某些弊端和漏洞是上层建筑中引发犯罪的主要因素。统计表明，经济管理制度不完善同经济犯罪增长之间存在因果联系。控制经济犯罪的主要途径是完善管理制度,健全法制。

生产关系中的私有制是产生阶级和阶级斗争、造成社会不平等、强化私有观念的经济基础,它作为犯罪现象的重要原因毋庸置疑。但是否像有些教科书通常所说的,消灭私有制就能最终消灭犯罪?私有制产生以前就没有犯罪?这是需要研究的问题。一些国家的社会实践表明,通过革命可以在不长时间内消灭或大体消灭私有制,但是不能消灭或大体消灭犯罪,甚至犯罪照样继续增长。这似乎也可以用"犯罪原因是复杂的"这个理由来解释,但私有制既然是"犯罪总根源"(而不是一般原因),那就应得出私有制消灭或基本消灭后犯罪现象会逐渐减少的结论,才符合逻辑。私有制产生以前的原始社会有没有犯罪现象?如果把犯罪视为法律概念,原始社会没有"犯罪",因为没有"法律"。但是从社会学角度看,危害社会是犯罪的最本质特征(刑法也这样认为),社会危害行为包括严重的社会危害行为是和人类脱离动物界而进入社会阶段同时开始的。原始社会纯朴和睦,但也是最落后的社会,绝非理想化的社会。原始社会氏族间常有为争夺猎物而厮杀的现象(它不同于完全丧失劳动能力的老人被杀死甚至尸体被生者食用这种行为),这种在当时也受到特定社会方式制裁的杀人行为同后来产生私有制和国家与法律之后的杀人行为在"危害社会"这一根本点上并无差异。这给我们一个启示:探索危害社会的犯罪现象的原因不能局限于上层建筑领域和生产资料私有制。

如果承认贫穷是犯罪的一个原因,那么就应当承认犯罪同生产力状况有联系。原始社会中厮杀的直接原因便是生产力水平极度低下。在生产力有了很大发展的当今社会,犯罪同生产力因素是否还有联系?回答是肯定的。

生产力发展带来了物质财富的巨大增长,从而强烈地刺激着人的物质欲望(需要)。物质欲望既能够推动人们去进行创造性劳动,但是在一定条件下也可能促使犯罪发生,所谓享乐型犯罪多半属于这种情况。

推动历史前进的生产力迅速发展,在一定时期内必然造成物质和精神不协调现象(犯罪增长是其表现形式之一),这是由社会意识相对独立、相对稳定这个规律决定的。处理好物质文明和精神文明之间的矛盾关系是社会协调发展的重要保证。提出两个文明同步发展,正是以承认它们之间的矛盾为前提,而且同步发展这一理想也不可能在短期内顺利实现。

作为生产力首要因素的劳动者,在彻底改变"劳动作为谋生手段"状态之前,要在宏观上消除作为犯罪思想原因的私有观念是不可能的。

在短期内国家政治制度可以突变,而生产力水平不能突变。社会形态可以逾越,而商品经济发展不能逾越。社会主义初级阶段的"主要矛盾,是人民日益增长的物质文化需要同落后的社会生产力之间的矛盾"①。为了解决现阶段的主要矛盾,必须大力发展商品经济。生产的商品化是实现生产社会化和现代化必不可少的基本条件。发展商品经济是发展社会生产力的必然要求。社会主义有计划商品经济也有商品经济的一般特征:平等竞争,市场调节。商品经济的两重性是内在统一的,其主导作用是推动生产力迅速发展,同时也附带出现一些社会矛盾,其中包括犯罪。以等价交换为基础的竞争,必然伴随非等价交换的"竞争",其中严重者就是经济方面的多种犯罪。而且竞争必定出现优胜劣败的结局,破产—失业(哪怕是极少数人的暂时失业)同犯罪的关系是一个常识。恩格斯不止一次地指出过资本主义社会中竞争同犯罪的因果联系。在我国,竞争的规模和程度不同于资本主义国家,但性质上毕竟总还是竞争。因此,竞争带来的消极因素不可避免。经济运行的市场调节在宏观上起协调发展作用,对各参与者而言必然带有某种程度的盲目自发性,它又反过来对经济发展有负面影响。我国商品经济的计划控制能够减轻、弱化市场调节的消极影响,但不可能完全避免。商品经济的生产形式要求人、财、物的频繁流动和大范围流通,其结果是同"传统"的社会控制系统发生冲突,从而削弱社会控制机制。犯罪率变动取决于两方面因素相互作用的强度,一方面是促成犯罪的因素,另一方面是控制犯罪的因素。

尤其应当指出,商品流通极大地显示了金钱的作用,从而在客观上刺激人们追求金钱的欲望。这就是为什么在商品经济社会中非法牟利的犯罪大大增长的原因。

许多国家(不论社会制度)的情况表明,在经济起飞初期和与之相随的社会变革过程中,犯罪现象都有一个较快增长时期。增长的时间长度,随社会变革的深刻程度,随不同社会制度有所不同,但犯罪"突发性"增长这一社会现象是共同的。不管是否可以称作"振荡论"(犯罪增长是社会急剧变动所造成的社会损旧的结果)或者称作"代价论"(犯罪增长是经济迅速发展在一定时期内所付出的某种社会代价),一定时期内犯罪增长毕竟是许多国家包括我国都不能够避免的客观事实。

把犯罪原因追溯到社会生产力和经济发展,这是生产关系取决于生产力状况这一历史唯物主义观点的合乎逻辑的延伸。这样做是不是"因果链"展开太长了?因而是不是没有实际意义呢?为了有效地同犯罪作斗争而并非仅仅着眼于个人刑事责任,把犯罪原因探索的视野放开一些是有益无害的。再者,如果犯罪原因研究仅限于所谓直接原因或比较直接的原因,这行不通。因为,直接原因只存在于具体罪案中,在宏观上无法把犯罪原因区分为直接的和间接的,甚至自私观念和阶级斗争这类"明显的"原因也无法说是"直接的"原因。因为并不是涉及阶级斗争和存在自私观念的人都会犯罪,而且犯罪也并不都涉及阶级斗争和自私观念。当然也不能认为把犯罪原因追溯得越远越好,追溯的限度以社会实践为基准。犯罪原因理论如果只局限于生产关系

---

① 《沿着有中国特色的社会主义道路前进》,人民出版社1987年版,第10页。

和上层建筑范围,上面提到的一些超社会制度和超国界的现象就无法说明,从而无法为犯罪对策的设计提供科学依据,因为这种理论没有反映犯罪规律。

这里要矫正一个根深蒂固的形而上学观念,即有利于社会发展的事物都不会同时引发犯罪,凡引发犯罪的事物都有碍社会发展。事物之间的联系是复杂的,世界上不存在纯粹单向联系的事物。上文已经涉及,生产力变动和商品经济快速发展,必定在一个时期内引起同现有生产关系和上层建筑观念形态的不协调(社会振荡),从而产生一系列社会矛盾,包括违法犯罪。然而,严重束缚生产力和社会主义商品经济发展的过分单一的所有制结构和僵化的经济体制,以及同这种经济体制相联系的权力过分集中的政治体制,却对中华人民共和国成立后相当长一段时期内的低犯罪率产生了积极作用,这是因为这种模式具有特别强大的社会控制力,行政、法律、道德所要求的一切,它都可以通过经济组织对个人的行为甚至思想实现近乎不可抗拒的全面约束和深刻影响。竞争和宗教,对社会发展和犯罪率的升降所起的作用,也正好相反。这类事例还有一些。总之,事物的价值取决于其主导方面,即它同社会总利益的关系,这种关系大致是稳定的。因此,对商品经济发展会在一定时期内使犯罪率上升这一观点(其实已经是客观事实)不要轻易否定。

社会矛盾有多复杂,犯罪原因就有多复杂,本文不可能也无必要详尽叙述诸多复杂因素。以上分析旨在说明:犯罪原因是一个多层次系统,这个系统深藏在社会物质生活条件的矛盾过程中。这种存在于一切社会的本质联系便是基本犯罪规律。犯罪源于社会矛盾,既说明犯罪原因,又反映犯罪性质。

认识基本犯罪规律,有助于理解犯罪原因的复杂性和犯罪控制的艰巨性,从而防止决策上的急躁情绪。犯罪原因复杂性决定了国家只能做力所能及的事情,适用刑罚只能追求它可能实现的东西。科学的刑事决策应当建立在这样两个认识基础之上:一是最好的刑事政策应是最好的社会政策。抓好两头;调节社会矛盾、增强控制机制、完善法制、发展精神文明,提高罪犯改造效果、安置刑释人员就业,同时施以适当刑罚。二是刑事政策应以恰如其分地估计"正常犯罪率"为前提。犯罪源于社会矛盾,社会矛盾不可避免,作为严重社会矛盾的犯罪也不可避免,在这个意义上可以说犯罪是一种正常的(虽然是有害的)社会现象。科学的刑法思想首先是现实的刑法思想。"正常"是指总体上的"不可避免性",当然不是说具体时空条件下的任何犯罪程度都可以容忍。但是,既然总体现象是正常的,那么具体时空背景下的犯罪程度就应当有一个正常量,这个正常量可称为正常犯罪率。这是一个迄今为止在犯罪学和刑事政策学中从未正式讨论过但意义确实重大的课题,它直接关系到刑事政策的可行性。衡量犯罪率正常与否的标准本身是一个复杂体系:民族传统、文化观念、历史条件、社会背景、现实需要、控制可能等因素都相互制约。其中既有相当稳定的因素,也有比较易变的因素。

以现实态度估计正常犯罪率才可能制定比较切合实际的刑事政策,做到既不掉以轻心,也不急于求成。

认识基本犯罪规律,有助于理解"犯罪趋同"现象。犯罪产生于社会矛盾,由于各国的社会背景不同,同一国家不同地区的社会情况也有差异,因而犯罪都具有各自不同的特点,这无须多说。被人们忽略的是另一方面,由于犯罪源于社会物质生活条件,而生产方式内部矛盾运动的规律普遍存在于一切社会之中,这就决定了犯罪具有某种程度的跨国界共同特点;并且随着社会开放度提高和国际交往关系的日益密切,这种共同特点必将日趋明显。犯罪趋同现象反映在以下两个方面:

一方面反映在犯罪量上。尽管由于各国国情不同,司法制度不同,犯罪控制因素和程度不同,这些都会影响犯罪率,然而上文已经指出,商品经济发展(各国已经或者将要经历的共同过程)和人口结构变化(各国可能出现的相似形态)等情况也必定影响犯罪率,虽然影响的程度因国而异。近年来经过对多种犯罪的严厉打击,我国的犯罪率尤其是破坏经济秩序犯罪和青少年犯罪仍然在上升,这一事实说明了犯罪超国界的趋同。

另一方面反映在犯罪质上。可以从不同角度来分析犯罪的质:从犯罪类型看,由于科学技术发展、交通发达、社会流动扩大等原因,在传统犯罪样式外,出现了多种新型犯罪,例如电脑犯罪、劫持飞机、国际贩毒、流窜犯罪,等等。从犯罪手段看,罪犯的狡猾性和残暴性增强。从犯罪动机看,为解决温饱而实施犯罪的比例日益小于牟取暴利的犯罪。从犯罪主体看,罪犯低龄化和累犯增长这两个特点尤其突出。犯罪质的这些变化趋势明显地具有国际共性,我国这几年来的情况同样如此。

认识犯罪趋同现象的意义在于,犯罪预测不能只局限于一个相对狭小的空间范围,应当拓宽视野,不仅要掌握本国或本地区的犯罪情况,而且要了解外国尤其是经济发达国家或其他地区尤其是经济发展较快地区的犯罪动态信息,研究其控制犯罪的经验与教训。这有助于提高犯罪预测的可靠性,从而提高犯罪对策的可行性。

本文的结论是:作为社会矛盾一种表现形式的犯罪,其产生原因和变动情况都同现实社会结构与运行状态相联系,因而控制犯罪是一项巨大的社会系统工程,刑罚预防犯罪的功能只有置于这个大系统中才能得到正常发挥。刑罚目的虽然是(国家)对刑罚的期望,但这种期望不应是理想化的,而应是现实化的。总之,对刑罚作用进行实事求是的估计,取决于对犯罪规律的科学认识。

美国刑事政策趋向[*]

20世纪70年代中期开始,美国的刑事政策①出现了一些变化。当前的趋向,笔者认为可以归纳为:轻轻重重,以重为主。"轻轻"就是对轻微犯罪的处理比以往更轻,即轻者更轻;"重重"就是对严重犯罪的处理比以往更重,即重者更重。

1979年美国新泽西州颁行的新《刑事审判法典》第44-1条第四项和第五项可以看作"轻轻重重"精神的法律化:"除考虑到被告人的特点和条件而给予监狱监禁将成为严重不公正的情况外,法院对被定为一级或二级罪的犯人应当判处监狱监禁。"(第四项)"除考虑到罪行的性质和情节以及被告人的历史、特点和条件,为保护公益而有必要给予监狱监禁外。法院对不是被定为一级和二级罪的犯人不应判处监狱监禁。"(第五项)新泽西州的新刑法典取消了重罪轻罪这种传统的分类法,把所有的犯罪分为四级(一级为最严重),此外还有两种轻于犯罪的"罪错行为"。因此,第五项适用的对象是三级和四级较轻的犯罪以及两种罪错行为。新泽西州的新规定如果主要限于成年犯人的话,那么伊利诺伊州的新规定就是针对少年违法犯罪的。1979年伊利诺伊州对《少年法庭法》作了两项重要修改:一是"取消"了对"少年身份过错者"(例如,具有惯常逃学旷课、不服家长管教等不良行为的孩子)的"保安拘留"(它虽不是刑罚,但也限制自由);二是加重了对"少年惯犯"(详见下文)的处罚。其他州的立法变动虽不一定像上述两州那样对称和典型,但是在整个美国,轻轻重重这种两极化趋向还是可以察觉的。

一、"轻—轻"趋向的主要体现

(1)扩大缓刑和罚金的适用范围。在整个刑罚体系中,罚金轻于监禁(徒刑)。缓刑的主要用途是作为短期徒刑(对象是较轻犯罪)的补救和替代。罚金独立适用的比例,美国虽不如德意志联邦共和国和英国那么高,但也明显地在上升。美国缓刑适用的绝对数和比例数在西方国家中是名列前位的,据1982年8月美国司法部报告,1981

---

* 原载《北京大学学报(哲学社会科学版)》1985年第3期。
① 由于国家性质和体制不同,刑事政策形成的模式也不同。美国的格局大体是分散经营,议会集中,即研究和设计刑事政策的渠道是多条的,有政府部门、法学团体、律师协会、大学法学院、专业研究组织、民意调查机构、私人基金会等,最终由议会统一归口,通过立法,集中体现出来。

年全国被处缓刑的人数达120万人(而当时各类监所的在押犯共54万人)。罚金和缓刑,在美国当前实践中的主要问题是适用不当。罚金还多一个问题,即穷人和富人之间的实际不平等。尽管如此,这两种方法仍具有"生命力"。以缓刑为例,它的好处:一是对一些人身危险性不大的犯人(他们在犯人总数中占相当大的比例)判处缓刑,既能维护法律的严肃性,又能体现人道精神;二是判处缓刑,可以借助社会力量来帮助教育犯罪人,往往收到比监狱监禁更好的效果。判处缓刑省钱(根据美国条件,政府对一个缓刑犯的经费开支仅为一个在押犯的1/10),又免得监狱拥挤。罚金情形相似,只是没有上述第二个好处。因此,实践中,在纠正缓刑和罚金适用不当的同时,仍在扩大它们的适用范围。

(2)非刑事化。非刑事化涉及的都是轻微罪行。所谓非刑事化,就是把过去认为犯罪的行为从刑法上删除,不再给予刑事处罚(或者完全不管,或者进行行政制裁)。非刑事化是美国刑法改革中的一个大问题,也是争论较多的一个问题。非刑事化主要涉及两类行为:一类是所谓侵害公共福利罪,诸如违反食品法规、药物管理法规、工业安全法规、环境保护法规、城市建筑规划法规、住房法规等行为。另一类是所谓"无受害人罪",例如流浪、乞讨、通奸、卖淫、赌博、吸毒、堕胎、毁尸、残害动物,等等。

提出非刑事化的理由主要有三个。非刑事化的第一个理由是,有些本来就不是重罪的行为,随着社会发展,道德和价值观念变化,现在已经"没有社会危害",因而已不再被认为是犯罪(上述第二类行为多数属于这种情况)。非刑事化的第二个理由是,有些行为(主要是上述第一类行为)的个人责任常常难以确定,而个人责任是刑事责任的基础,所以把难以确定个人责任的行为当作刑法调整的对象是不恰当的。但是这类行为又确实危害社会公益,比较妥善的办法是既把这些行为从传统的刑法中勾掉,又保留国家对它们进行必要制裁的威慑影响,因而美国有些学者提出了"行政刑法"的替代办法。例如莫尔斯教授在《就犯罪控制问题给总统的公开信》(1977年)中建议,采取行政刑法管辖上述两类行为,建立专门的行政性机构,根据类似民事诉讼程序(例如无须检察官起诉,被告人在诉讼过程中不必受羁押)来处理这类案件,可以适用徒刑以外的其他较轻刑事制裁方法,必要时这种专门机构也可以作出决定把案件移送普通刑事法院按普通刑法处理。这样,既处理了应当处理的问题,又可以使警察和法院腾出力量来同严重犯罪作有效的斗争。非刑事化的第三个理由是为美国堆积如山的刑事积案寻找出路。案件依照目前水平积累下去,预计到21世纪初会出现这样的情景:立案时被告人是青年,审案时他已进入中年。解救这种司法危机的途径是多方面的,改革诉讼制度是一个基本办法,改革实体刑法——非刑事化,也不失为一个可取的措施。

非刑事化的理由虽然堪称充分,但是非刑事化的步伐并不大。这是因为它主要不是一个立法程序问题,而是同历史传统和刑法哲理等连在一起的复杂问题。美国法制史的一个特点是基督教会对法院和法律的深刻影响,例如1648年马萨诸塞湾殖民地《法律与自由总典籍》(属美国最早的一个宪法性文件)中有"刑法根据旧约"和"法无规定时按圣经处理"的规定。因此,同宗教意识交融在一起的道德观念几乎渗透到每一根刑法神经末梢。刑法不仅是国家统治的手段,而且也是教会统治的工具,刑法和道德的界限过于模糊,以致不少本来(像许多大陆法系国家)可以进行道德调整的场合却被刑法规范所代替。于是,通奸、卖淫、同性恋等被认为是严重的犯罪,未婚先孕、毁尸、自杀等也要受到刑事法庭的审判。历史传统的形成经历了很长时间,历史传统的改变也不是轻而易举、短期促成的。据记载,从美国第一个州废除自杀罪到最后一个州废除自杀罪,历时近一个世纪。非刑事化步子虽然缓慢,毕竟有所进展。例如1975年纽约州新刑法典还保留了通奸罪,然而邻州新泽西州1979年新刑法典废除了通奸罪。据估计,20世纪80年代开始制定的新刑法典,就通奸罪而言,将可能是新泽西型,而不会是纽约型。再例如,自20世纪60年代起有法学界、医学界、妇女界和宗教界共同参加讨论的关于堕胎罪的存废问题,一直争执不休。1983年夏天美国联邦最高法院在一项决定中认为对堕胎行为治罪是违宪的。1984年有两个州在立法上接受了这种观点。

二、"重—重"趋向的主要体现

从历史发展总进程看,刑罚逐步走向轻简。但轻简并不呈直线趋势,而是在起伏的曲线运动中逐步显示出来。这就是说,在特定的局部时期内仍然可能出现比一段时期严厉的刑罚,这是一个规律。目前美国刑事政策的一个新动向就是对严重犯罪采取比过去(20世纪70年代中期以前)严厉的制裁措施。"重—重"这一趋向主要表现在以下几个方面:

(1)有46个州不同程度地提高了累犯的刑期。[①] 有人认为,在罪名相同、情节相似的情况下,一个累犯对社会的危害大于三个初犯。加重对累犯的处罚,是同犯罪作斗争的经验总结,累犯是"犯罪的病灶",是"犯罪的癌症",应以对累犯实行任期监禁的办法来"控制"累犯。在美国,对累犯的判刑,绝大多数州实行加重制(只有个别州是从重制),其中有些州采取"累进加重"办法,即依据犯重罪的次数按一定的比例累加量刑,累加的比例州与州间各有不同。

(2)限制假释适用。假释的主要用途是作为长期徒刑(对象是严重犯罪)的补救和替代,美国大多数州刑法上规定的有期徒刑的长度要比大陆法系多数国家长得多,但是由于美国假释制度的普遍运用,有时甚至是滥用,所以又使徒刑的实际执行期限大

---

① 参见《美国新闻与世界报道》1982年11月1日。

大缩短,以致出现了放纵犯罪的弊病。"限制假释"的做法就是在这样的背景下提出来的。1979 年缅因州刑法典干脆取消了假释制度。缅因州的办法,许多法学家认为"不足效法"。然而同年新泽西州限制假释的模式则具有相当的代表性,该州法 §43-7(6)规定,"无期徒刑在执行未满 25 年时不得假释"。近年来,通过立法限制假释的州已达 2/3。

(3)有一打以上的州修改"少年法",加重对严重的少年犯罪的处罚,这是一个"历史性"的改变。同资本主义工业化和都市化连在一起的少年犯罪现象的增长,引起了社会各界的普遍关注。被认为最好的办法是事先预防少年走上犯罪的道路。从司法制度方面而言,一个重要的办法就是通过恰当处理一般违法行为以及甚至够不上违法标准的不良行为从而达到预防犯罪的目的。另外,由于 19 世纪生理学、心理学和医学的发展,人们认识到少年对外在世界比成年人存在更大的依从关系,从科学上论证了犯罪少年既是害人者,同时又是受害者这一观点,得出"少年犯罪社会有责"的结论。这种认识反映在法律方面,是不用旨在打击犯罪的普通刑法,而应当用侧重保护的特殊法律(少年法)来处理少年犯罪。重在预防,重在保护——这就是少年司法制度的基本指导思想。

司法实践常常同立法精神发生矛盾,这大概也是一种规律。例如,关于处理尚未达到触犯刑法的一般违法行为和不良行为的立法规定,目的是预防少年进一步走上犯罪道路,这在司法实践中往往导致惩罚扩大化。与此同时存在的另一种偏向是,由于少年法规强调保护,因而对 20 世纪 50 年代末开始爆发的少年恶性犯罪的严重现象,传统的少年司法制度又显得软弱无力。面对现实的挑战,立法机关不得不对传统的少年司法制度作必要的政策调整:在侧重"保护少年利益"的同时也应重视"保护社会利益",即把"惩罚"(打击)概念引进少年司法制度。把这种政策变化体现为法律条文的,首先是纽约州,1978 年修改后的少年法规定,13 岁以上 16 岁以下的少年,如犯严重暴力罪,可送普通刑事法院审理。1979 年伊利诺伊州议会在《少年法庭法》中增加了一节,"§5-12 少年惯犯"。少年惯犯,是指年龄在 13 岁至 17 岁之间,以前曾两次犯过普通刑法规定的重罪而被两次定为"少年犯",第三次又犯或者企图犯下列罪行之一的:杀人、重伤、强奸、抢劫、放火、破门入盗。凡被定为"少年惯犯",一律押送改造局(这是对少年犯法者最重的处理方法)直到满 21 岁(少年法院的最高管辖年龄),在此之前不得假释,也不准休假。芝加哥少年法庭《1979—1980 年度报告》对此作了一个重要说明,"不排除少年法庭把少年惯犯移送成人刑事法院进行审理的可能性"。如果被送普通法院,那就适用普通刑法,该判什么刑就判什么刑,甚至直到死刑①(如果普通刑

---

① 等待执行死刑的 1200 多名犯人中,有 17 人在犯罪时不满 18 岁。参见美国西北大学法学院《刑法和犯罪学杂志》1982 年第 3 期。

法中保留死刑的话）。

（4）对精神病认定采取从严政策。精神病辩护一般都发生在严重犯罪，例如杀人、强奸等案件中。1982年9月11日美国总统里根在电视广播讲话中呼吁国会通过法案限制"精神病免罪辩护的滥用"，要求"根据常识改革刑事责任制度"。这个呼吁虽然可以被认为是对80多天前联邦地区法院宣告行刺他的被告人辛克莱"因精神病而无罪"判决的反应，但确实也反映了美国精神病辩护制度上的主要问题。精神病辩护是个很复杂的问题，除那些有钱的重罪犯为逃避刑事惩罚，雇请精神病专家和老资格律师为其进行"精神病辩护"，因而把这个制度的名声弄坏之外，关键问题是：在医学上精神病有各种"轻重程度"的差别（不是所有的精神病人全部会丧失理智），而美国法律上的刑事责任却只划"有—无"一条杠，医学和法律之间缺乏明确的对应线。这是很大的漏洞，许多问题就出在这里。常见的同责任能力有密切关系的精神病，例如精神分裂和癫痫，各自有多种类型，轻重程度不等，在具体案件中要找到一条划分辨认能力或者控制能力"有无"的临界线往往是非常困难的。因此，许多美国刑法教授建议采用英国1957年《杀人罪法》或者《德意志联邦共和国刑法典》（第21条）规定的"限制责任能力"原则，也称"减弱责任能力"，是介乎有责任能力和无责任能力之间的一种责任能力。有了这个原则，法院可以根据具体案情，对被告人宣告有罪，但因精神病而显然减弱认识能力或控制能力的，减轻其刑。在英国，1957年以前，全部杀人案件中约有20%的被告人被定为"因精神病而无罪"；1957年《杀人罪法》实施十多年后的70年代，在全部杀人案件中只有1%的被告人被定为"因精神病而无罪"，大约37%的案件按"减弱责任"处理。1975年密歇根州修改刑事诉讼法典，把审前提讯（arraignment）诉讼阶段的被告答辩（plea）由原来的三种形式（有罪、无罪、因精神病而无罪）变为四种形式，即新增加一种"有罪但是精神病"。这基本上可被认为是英国"限制责任"制度的美国版本。1975年以前的7年间，密歇根州共279人得到"因精神病而无罪"的判决，1975年修改法律之后，情况有所变化，据1979年至1981年的统计，该州每年大约有80人被判为"有罪但是精神病"，多数送进监狱，少数需要进行特别的精神健康治疗。① 到目前为止，已有四个州跟随密歇根州的脚步。限制精神病人免罪辩护滥用无疑是适应目前美国加重惩罚严重犯罪的现实趋势。

（5）恢复执行死刑。从1846年密歇根州第一个废除死刑以来的138年间，废除死刑的州还不到1/4，比起西欧诸国，美国废除死刑的步子是很缓慢的。从1967年7月到1977年2月将近十年间，在反对越南战争和人权运动高涨的背景下，停止了死刑的执行。由于社会治安问题严重，20世纪70年代中期以后又恢复了死刑的执行。现在虽然仍有反对执行死刑的舆论，但是要求增加执行死刑年度数量的呼声已成大势所趋。

---

① See Norval Morris, Madness and the Criminal Law, University of Chicago Press, 1982, p. 87.

轻轻重重,是同一事物(打击方向)相辅相成的两个方面,并行不悖,目的相同:腾出司法力量集中精力对付严重危害社会治安的犯罪行为,以便更有效地维护资产阶级国家的统治。

三、威慑刑论重新抬头

轻和重两个方面,不是等量的,当前是以重为主。这是因为,其一,轻的一面进展缓慢,行动势头也远不及重的一面那样足实。其二,轻的一面的内容也并非从20世纪70年代中期开始。其三,从发挥司法机关最佳效能这个角度看,"轻轻"的目的之一是"重重"。

集中力量打击严重犯罪,对严重犯罪处以比过去严厉的刑罚,主要出于现实统治的需要。由于社会制度、生活方式和其他原因,美国的犯罪现象严重,1970年到1981年罪案增长40%多,1982年和1983年虽然变化不大,但是犯罪率仍保持在5%这样的"超高水平"上。特别可怕的是杀人犯罪上升迅速,1965年到1981年增长一倍,杀人率(被杀人数与总人口之比)达万分之一,又是一个"超高水平",犯罪严重,治安恶化,老百姓要求严惩犯罪的呼声随之升高。以关于死刑存废的两次盖洛普民意测验为例,1966年赞成死刑的占42%,反对的占47%;1981年赞成的上升为70%,反对的下降为25%。1983年9月芝加哥大学所作的一次调查的结果同1981年盖洛普民意测验相似,赞成死刑的比例数又略有上升。刑事政策的调整正是犯罪爆炸和公民呼声压力的产物。

其实,美国的犯罪率从20世纪50年代中期开始就大幅度上升,但是为什么到70年代中期才开始出现刑事政策的明显调整?除政策总要比现实事物晚一点这个缘故外,主要原因涉及历史背景。60年代到70年代初,同反对越南战争结合在一起的"人权运动"席卷美国。三十多年的统计数字表明,被执行死刑的犯人中有一半以上是黑人和穷人,这不仅同他们在总人口中的比例很不相当,而且同他们在严重犯罪中的比例也不相称。反对死刑的浪潮和人权运动紧密相连。在这种情况下,州长不愿意签署死刑执行令,在死刑这个刑罚体系的最高层次上被卡住,因而整个刑事政策不可能向从重方面调整。

轻轻重重、以重为主这种刑事政策调整的效果怎样?这两年犯罪率"持平"是不是与此有关?美国学者的看法不一致:有的认为,刑罚的威慑效能起了作用;有的认为,在20世纪50年代和60年代初"婴孩爆炸"时期出生的人现在已成家立业,不再胡作非为。有人预计,随着人口老龄化的增加,犯罪率可能下降,这同刑罚作用没有多少关系。有一点是清楚的,美国现实生活中的严重犯罪现象有着深刻的政治、经济和文化原因,在导致犯罪产生的社会因素没有得到消除时,单靠加重刑罚是不会有根本效果的。

美国刑事政策的调整,对西方世界有没有影响?直接反应还没有看见。但是和刑事政策调整同时出现的刑罚威慑理论在美国重新抬头,扩大市场,这或许会使其他西方国家的刑罚理论产生共鸣,进而影响某些具体刑法制度也是可能的。因为共同的社会制度决定:刑罚的教育改造目的难以实现,退而求其次,威慑刑论将会被重新吹响。

国际视野下的宽严相济刑事政策[*]

一、近期西方国家刑事政策的发展变化

一般认为,"刑事政策"一词最早起源于德国。然而,英美本无与"刑事政策"相当之用语,是将刑事政策学研究内容并入犯罪学之中,即作为广义犯罪学的一部分。此外尚有刑罚学、监狱改革或刑罚改革等用语,与刑事政策之意义较为接近。直至第二次世界大战之后,逐渐有 criminal policy 名词出现。① 有关刑事政策的定义,人们立足于不同的立场、传统和时代,能得出不同的结论,因而始终没有定论。但是归纳德国、法国等国学者的见解,刑事政策可分为广义的、狭义的和最狭义的三种:广义的刑事政策,是指"国家以预防及压制犯罪为目的所为一切手段或方法"。狭义之刑事政策,是指"国家以预防及压制犯罪为目的,以刑事法或刑事司法为手段,而提出的犯罪防治对策"。最狭义之刑事政策,乃在狭义之刑事政策内涵中,明显地将其范围限缩在"刑法的立法政策上",专指限于刑法规范体系内的法律政策而言。② 三者以刑事政策发挥作用的范围为区分界限,在各自范围内的具体内涵则不相同。广义说将与防治犯罪有关的各种社会政策纳入刑事政策的范围。如李斯特指出:"最好的社会政策就是最好的刑事政策。"又如马克·安塞尔教授认为:"刑事政策是由社会,实际上也就是由立法者和法官在认定法律所要惩罚的犯罪,保护'高尚公民'时所作的选择。"③ 狭义说不包括各种间接的社会政策,仅限于以预防犯罪为目的的、直接的国家强制措施。最狭义说则将刑事政策限于如何发挥刑罚措施预防犯罪的范围。如费尔巴哈认为刑事政策是"国家据以与犯罪作斗争的惩罚措施的总和,刑事政策是立法国家的智慧"④。而在美国犯罪学研究中,是在了解犯罪原因论之后,进一步提出预防及控制犯罪和社会失序的对策,其预防犯罪、控制犯罪和社会失序对策牵涉范围很广,包含直接以强制力预防犯罪及间接的与预防犯罪有关的各种社会政策在内。如此看来,其研究范围类似于德国的广义刑事政策。⑤ 我国学者关于刑事政策的定义也大体可作上述划分。由

---

* 原载《法学论坛》2007 年第 3 期,与赵合理合作。
① 参见许福生:《刑事政策学》,中国民主法制出版社 2006 年版,第 2 页。
② 参见许福生:《刑事政策学》,中国民主法制出版社 2006 年版,第 3—4 页。
③ 〔法〕马克·安塞尔:《新刑法理论》,卢建平译,香港天地图书有限公司 1990 年版,第 6 页。
④ 转引自卢建平:《刑事政策与刑法》,中国人民公安大学出版社 2004 年版,第 3—4 页。
⑤ 参见许福生:《刑事政策学》,中国民主法制出版社 2006 年版,第 5 页。

于广义说包括了各种社会政策,太过宽泛,而最狭义说则仅限于刑法的立法政策之内,因此,我们主张狭义说,即刑事政策是国家依据犯罪态势对犯罪行为和犯罪人运用刑罚和诸多处遇手段以期有效地实现惩罚和预防犯罪目的的方略。由此,通过观察各国与惩罚和预防犯罪直接相关的强制和处遇措施,就能判明其刑事政策的基本走向。当然,这种判断与运用刑事政策的具体研究成果指导某种刑法改革措施的过程并不矛盾。

20世纪中期以来,西方主要发达国家根据犯罪现状,相继调整了刑事政策,在世界范围内掀起了规模浩大的刑法改革运动。一方面,就刑事立法而言,追随刑法的脱伦理化理念,对于过去保护宗教和特定道德观的"无被害人犯罪",实行非犯罪化。70年代后,"被害者的再发现",促成刑事司法的私人化,通过行为人与被害人的和解解决刑事案件,限制国家刑罚权的发动,即"法的平和"回复(也叫恢复性司法)合法化。就刑事司法而言,为革除短期自由刑的弊端,刑事司法的各个阶段都允许实施犹豫制度,警察有微罪不举处分制度,检察官有起诉犹豫制度(缓起诉),法官有宣告犹豫制度(缓宣告)及执行犹豫制度(缓刑)等。就刑事执行而言,朝"非机构化"方向发展,具体措施有开放式处遇及社区内处遇等。① 另一方面,面对70年代以来严重暴力犯罪、恐怖犯罪、有组织犯罪、严重经济犯罪等激增的现状,立法对相关犯罪从实体和程序方面都加重了打击力度。例如,美国为加重对暴力犯罪的累犯、再犯的惩罚,于1994年通过了"三振法案"。再如,为惩治有组织犯罪,各国都制定或修改了法律。如美国1970年制定的《反犯罪组织侵蚀合法组织法》(又称反黑法),允许犯罪"行为模式"有条件从重溯及,规定了没收财产和刑事责任归咎的鬼影规则。在刑事程序方面,德国1992年制定的《打击非法毒品交易和其他形式的有组织犯罪法》,日本1999年制定的《犯罪侦听法》,对传统证据制度作了重大修改,规定窃听得来的证据可作为控诉有组织犯罪的合法证据。"9·11"事件后,美国于2001年通过的《爱国者法案》(反恐法案)和英国制定的《公共安全紧急安全法》,甚至突破了"无罪推定"原则。②

对当前世界各国刑事政策的上述两种相反趋向,日本学者森下忠指出:第二次世界大战后,世界各国的刑事政策朝着所谓"宽松的刑事政策"和"严厉的刑事政策"两个不同的方向发展,这种现象称为刑事政策的两极化③,也就是"轻轻重重"。"轻轻",就是对轻微犯罪的处理比以往更轻,即轻者更轻;"重重",就是对严重犯罪的处理比以往更重,即重者更重。④ 两极化的刑事政策各有其理论基础和实证的现实理由,在此不再赘述。但是应当指出,轻轻重重或两极化的刑事政策是在立法变动的层面上展开

---

① 参见许福生:《刑事政策学》,中国民主法制出版社2006年版,第420—421页。
② 参见刘东根:《两极化——我国刑事政策的选择》,载《中国刑事法杂志》2002年第6期。
③ 参见〔日〕森下忠:《犯罪者处遇》,白绿铉等译,中国纺织出版社1994年版,第4页。
④ 参见储槐植:《美国刑事政策趋向》,载《北京大学学报(哲学社会科学版)》1985年第3期。

的，属于狭义或广义范畴的刑事政策，它或是对国际刑法改革运动成果的总结，或是某些具体的刑事政策研究成果本身直接指导了立法，但都是在刑罚总体上走向轻缓的基本趋势下，在具体时空下的有宽有严。这点不同于我国以往的刑事政策。

当前我国提出的"宽严相济"刑事政策，是在立法保持重刑结构的前提下，作为一项具体的刑事司法政策来应用，是最狭义层面上的刑事政策，其内涵显然与世界各国两极化的刑事政策有所差异，但其精神要旨也是在倡导刑罚轻缓的前提下，对犯罪采取区别对待的灵活策略，这点与两极化的刑事政策相符合。因而两极化刑事政策的一些具体做法应能为我所用。

二、宽严相济刑事政策之内涵分析

（一）提出宽严相济刑事政策的法律政策背景

1. 提出宽严相济刑事政策是对"严打"刑事政策的理性反思

惩办与宽大相结合是我们党和国家在长期的革命和建设实践中、同反革命分子和其他刑事犯罪分子作斗争的过程中确立的基本刑事政策。1956年9月，党的第八次全国代表大会政治报告指出："我们对反革命分子和其他犯罪分子一贯地实行惩办和宽大相结合的政策。"1979年《刑法》第1条规定："中华人民共和国刑法……依照惩办与宽大相结合的政策……制定。"将惩办与宽大相结合的刑事政策上升为立法根据。在司法实践中，该政策对孤立、打击少数、争取改造多数发挥了积极的作用。

但是，自从1983年9月实行"严打"刑事政策以来，这一基本刑事政策没有得到很好的贯彻和落实。"严打"是"依法从重从快集中打击"。"从重从快"前面有"依法"两个字，不能离开法律讲"严打"。此外，全国人大常委会的"严打"决定对"严打"的对象是有限制的，仅限于反革命、杀人、爆炸等七类罪行严重的犯罪分子。在安排部署上，以3年为期，打三个战役。但是，自从"严打"刑事政策提出以后，人们在思想认识上、在司法实践中，都出现了严重的片面性，忽视了犯罪的规律性，"严打"成了包治百病的"处方"。从时间跨度看，在不到20年的时间内，分别于1983年、1996年、2001年进行了三次全国范围内的大规模"严打"斗争，加上各种专项整治斗争，几乎年年"严打"；从打击的范围看，几乎每种犯罪都要"严打"。可见"从重从快"脱离了"依法"的限制，"从重"变成多杀重判，不顾规格和标准；"从快"变成越快越好，以至于出现公、检、法三机关联合办案，上级法院提前介入办案等违反诉讼程序的现象。在"严打"过程中，顶格判处，刑罚水涨船高的现象并不鲜见。"惩办与宽大相结合"刑事政策中的"从宽"一面被完全虚置。正如陈兴良教授所指出的："严打"虽然可以从逻辑上包含在惩办的范畴之内，但它过分强调了从重从快，将惩办政策的一面张扬到了一个极端，这势必会影响到宽大政策的落实。因此,"严打"刑事政策在其内容上和惩办与宽大相结合的刑事政策是存在抵触的,采用"严打"刑事政策意味着在一定时期内惩办与宽大相结合刑事政策的搁置。① 及至1997年我国修订《刑法》,删除了第1条中关于惩办与宽大相结合刑事政策的规定,立法变动的目的仍然是突出"严"。对于作出这一删除的理由,我国学者研究认为:在1997年《刑法》修订中之所以删除关于惩办与宽大相结合刑事政策的规定,主要还是为了给"严打"刑事政策让路。② 但就"严打"刑事政策的实际效果看,"严打"并没有遏制犯罪迅猛增长的趋势。累犯、再犯罪率很高,司法实践中,许多令人发指、惨绝人寰的恶性大要案的制造者,往往有前科经历。

2005年12月,中央政法委员会书记罗干在全国政法工作会议上要求,更加注重贯彻宽严相济的刑事政策,并明确指出宽严相济是"指对刑事犯罪区别对待,做到既要有力打击和震慑犯罪,维护法制的严肃性,又要尽可能减少社会对抗,化消极因素为积极因素,实现法律效果和社会效果的统一"。贯彻宽严相济的刑事政策,一方面,必须坚持"严打"方针不动摇,对严重刑事犯罪依法严厉打击,什么犯罪突出就重点打击什么犯罪,在稳准狠和及时性上全面体现这一方针;另一方面,要充分重视依法从宽的一面,对轻微违法犯罪人员,对失足青少年,要继续坚持教育、感化、挽救方针,有条件的可适当多判一些缓刑,积极稳妥地推进社区矫正工作。不仅界定了宽严相济的内涵,而且指出了从严从宽的方向。2006年3月,最高人民法院院长和最高人民检察院检察长在向第十届全国人民代表大会第四次会议所作的工作报告中,均分别提出要对犯罪实行区别对待,贯彻和坚持宽严相济的刑事政策。2006年10月11日,党的十六届六中全会《中共中央关于构建社会主义和谐社会若干重大问题的决定》中也指出要"实施宽严相济的刑事司法政策"。以上不但指明了宽严相济是我国的一项刑事政策,而且从司法中刑罚适用(即量刑)层面着眼,鲜明地强调了宽严相济刑事政策的重要性。

这次中央和最高司法机关提出坚持宽严相济的刑事政策,实质上是基于对"严打"刑事政策的理性反思而作出的向惩办与宽大相结合刑事政策的逻辑上的回归。当然,这种回归不是对惩办与宽大相结合刑事政策具体内容的生搬硬套,而是一种辩证地扬弃,使得惩办与宽大相结合刑事政策的具体内容符合罪刑法定原则、符合保障人权的当代价值理念。但必须强调的是,既然提出宽严相济刑事政策是对"严打"刑事政策的理性反思和总结,那么在"宽"和"严"之间应该是有所侧重的,二者之间不是平均着力,宽严相济刑事政策在当前应当侧重于"宽"。

2. 宽严相济刑事政策在当前是一项司法政策

从我国刑事立法现状来看,刑法上的重刑结构未有任何改动,这是贯彻宽严相济

---

① 参见陈兴良:《宽严相济刑事政策研究》,载《法学杂志》2006年第1期。
② 参见陈兴良:《宽严相济刑事政策研究》,载《法学杂志》2006年第1期。

刑事政策的制度性障碍。刑罚结构,即诸种刑罚方法在此种刑罚体系中的比例关系,如死刑、徒刑、罚金等的比例关系。从古到今以及到可望的未来,刑罚结构无非五种:一是死刑占主导;二是死刑和徒刑在刑罚体系中占主导;三是徒刑占主导;四是徒刑和罚金并列占主导;五是徒刑的替代方式在刑罚体系中占绝对地位。第一种已成为历史,第五种在世界上还没有到来,实际上只有三种。死刑和徒刑占主要比例的叫作重刑,另两种叫作轻刑。所以重刑和轻刑不在于刑判得重还是轻,而在于在立法中一种刑罚方法在刑罚体系所占的比例关系,这就是刑罚结构。① 在我国现行《刑法》规定的 435 个罪名中,多达 68 个罪名规定了死刑,且都有无期徒刑、有期徒刑与死刑相衔接,包括大量经济犯罪的刑罚中也规定了死刑,其他犯罪也是以徒刑处罚为主。因此,在我国刑罚体系中,死刑和徒刑是占主导地位的,我国的刑罚结构属重刑结构,而且这种状况在短期内不可能得到根本改观,这是贯彻宽严相济刑事政策不可逾越的藩篱。加上社会转型期犯罪浪潮的不断高涨,司法实践中持续地开展"严打"行动,死刑被大量且频繁地适用,徒刑的判罚也随之水涨船高。因此,当前现实为:"严"仍然是主角,"宽"只是配角。在立法上重刑结构没有改变的前提下,在"严"是主角的情况下,要发挥"宽"这个配角的实际作用,那就只能寄希望于司法,要在司法过程中寻找出路。基于这种认识,我们认为宽严相济在当前只是一个刑事司法政策,且其地位仅限于是指导刑事司法的一项具体的刑事政策,因为权威机关和文件没有明确说明是否在立法中要坚持和贯彻这项政策,因而尚不能说它是我国的基本刑事政策。

(二) 宽严相济刑事政策的具体内容

关于宽严相济刑事政策的具体内容,我国学者多主张"该严则严,当宽则宽;严中有宽,宽中有严,宽严有度,宽严审时",试图在"宽"与"严"之间寻求一定的平衡、协调与结合②,等等。我们认为如此泛泛而谈,不足以指导实践。应当说,在我国刑法"严"占主角、"宽"为配角的重刑结构模式下,"严"与"宽"在立法上明显失衡,不可能求得平衡相济的状态;作为对"严打"刑事政策反思的、主张刑罚宽和的、当前是以刑事司法政策地位出现的宽严相济,应当旗帜鲜明地主张刑罚的宽和,即在"严"的现实中,通过司法努力,尽可能多地拓展"宽"的空间和份额;对于有法定从轻、减轻或者免除处罚的,必须依法兑现;对于有酌定从轻、减轻或者免除处罚的,也必须依据政策兑现;依据《刑法》第 13 条规定的"情节显著轻微危害不大的",坚决不以犯罪处理;用足用好《刑法》第 37 条免予刑事处罚的规定;扩大非监禁刑的适用;等等,这些才是提出宽严相济

---

① 参见储槐植:《刑事一体化与关系刑法论》,北京大学出版社 1997 年版,第 86—87 页。
② 参见马克昌:《宽严相济刑事政策刍议》,载《人民检察》2006 年第 19 期;陈兴良:《宽严相济刑事政策研究》,载《法学杂志》2006 年第 1 期;樊凤林、刘东根:《论宽严相济的刑事政策与我国刑法的完善》,载赵秉志主编:《和谐社会的刑事法治》(上卷),中国人民公安大学出版社 2006 年版,第 257 页。

刑事政策的主旨所在,宽严相济理应向"宽"倾斜。因此,宽严相济刑事政策当前的具体内容是主张和强调刑法的宽和、适当、人道与谦抑。

三、宽严相济刑事政策的贯彻实现

既然宽严相济的要义在于刑法宽和,要贯彻和实现宽严相济的刑事政策,就应分两步走:

(1)当前,应以在司法实践中贯彻宽严相济的具体司法政策为主导,具体操作过程可以概括为:以"量刑"(裁判)这个司法中心环节为基点,向"量刑"(裁判)的前、后两个阶段和领域进行扩散。

第一,公诉之前——缓起诉,适度扩大相对不起诉的范围,平和司法。我国《刑事诉讼法》第 142 条第 2 款规定:"对于犯罪情节轻微,依照刑法规定不需要判处刑罚或者免除刑罚的,人民检察院可以作出不起诉决定。"这是法律赋予人民检察院相对不起诉权的依据,据此可适当扩大相对不起诉的适用范围,认为犯罪较轻,综合考虑社会危害性和情节,不必追究刑事责任时,亦可作出不起诉的决定;或者根据犯罪嫌疑人的犯罪性质、年龄、处境、危害性程度、犯罪前以及犯罪后的表现等情况,没有必要立即追究刑事责任时,作出暂缓起诉的决定,给予其一定考验期限,责令进行自我改造和反省,以观后效,根据其悔罪表现决定是否起诉,这就是所谓的缓起诉。缓起诉目前虽无法律明文规定,但实践中所做的有益尝试表明效果明显。[1] 另外,可以借鉴恢复性司法的经验,将被害人引入司法过程中,给司法注入恢复性司法元素,平和司法。恢复性司法是 20 世纪 70 年代以来世界范围内刑事司法的新发展。恢复性司法是在以受害人为中心的基础上对犯罪作出的一种反应,其为受害人、犯罪人、他们的家庭成员以及社区代表提供了直接参与对罪行所致损害作出反应的机会,是"一个特定侵害的相关各方聚集在一起处理和解决该侵害现时所致后果及其对未来影响的过程"。它强调加害人应对其所侵害的受害人和社区作出解释、表达歉意并积极承担对受害人物质和精神损害进行合理赔偿的责任;强调给受害人、犯罪人、他们的家庭成员以及其他相关人员之间创造各种直接对话和解决问题的机会;强调为犯罪人提供弥补罪过并重新融入社区生活的机会。[2] 恢复性司法为犯罪人和受害人的直接沟通提供了平台和机会,有助于抚慰受害人,减少焦虑和仇恨;犯罪人可以在社会的谅解下顺利回归社会,减少对抗情绪,有利于防止再次犯罪。当然,恢复性司法的内容很广泛,但也有很大的局限性,如只适用于对个人的轻微犯罪。即使如此,我们也可以从中汲取积极因素改造我国司

---

[1] 参见陈光中、葛琳:《刑事和解初探》,载《中国法学》2006 年第 5 期。
[2] 参见陈晓明:《论修复性司法》,载《法学研究》2006 年第 1 期。

法,使司法更加公平、人道。

第二,审判阶段——实行刑事和解制度,适度多用缓刑。刑事和解是指在刑事诉讼中,加害人以认罪、赔偿、道歉等形式与被害人达成和解后,国家专门机关对加害人不追究刑事责任、免除处罚或者从轻处罚的一种制度。① 它与恢复性司法的产生理念与背景、表现形式、条件范围等都不同,符合我国民众重调解的传统,有广泛的适用空间。只要案情中有和解因素,被害人在与被告人和解后请求从轻处罚的,人民法院可适当从轻。这样,一方面能使被害人得到经济赔偿和精神抚慰,另一方面又促使被告人积极悔罪服法,减少了社会中的对抗因素,有利于社会和谐。另外,在审判中贯彻宽严相济刑事政策,应充分注意管制、拘役、罚金等轻刑的运用,适当扩大缓刑制度的适用比例。根据犯罪的危害性,对于被判处拘役或3年以下有期徒刑的偶犯、初犯、过失犯、少年犯等,放在社会上危害不大的,可适用缓刑。要充分注意《刑法》第37条免予处分的规定,用足用好这一法律武器。对于犯罪情节轻微不需要判处刑罚的,可以免予刑事处罚,贯彻对轻微犯罪从宽处理的思想,但要强调与民事的、行政的处罚或者行政处分相配套,以收对犯罪行为谴责之效果,防止因小恶不受处罚的侥幸而演化为大恶的情况。

第三,刑罚执行阶段——实行社区矫正,扩大假释适用。一方面,我国借鉴国外社区矫正的经验,从2003年起试行社区矫正,探索刑罚执行的新形式。最高人民法院、最高人民检察院、公安部、司法部于2003年7月10日发布的《关于开展社区矫正试点工作的通知》规定:"社区矫正是与监禁矫正相对的行刑方式,是指将符合社区矫正条件的罪犯置于社区内,由专门的国家机关在相关社会团体和民间组织以及社会志愿者的协助下,在判决、裁定或决定确定的期限内,矫正其犯罪心理和行为恶习,并促进其顺利回归社会的非监禁刑罚执行活动。"社区矫正作为一种新型的刑罚执行方式,重视利用社会力量对犯罪进行改造,克服了监禁刑的缺点,使罪犯不脱离社会,有开放性、自由性的特点,体现了刑罚宽容轻缓的一面,有利于对罪行较轻的犯罪人的教育矫正。另一方面,对于在押服刑的罪犯,可以相对扩大假释的适用。根据陕西省监狱管理局数字统计,2001年至2003年,全省监狱平均减刑率为21.3%(2001年为18.8%,2002年为20.4%,2003年为24.5%),每年平均假释率为3.47%,假释率远远低于减刑率。根据青岛市等发达地区的经验,依据法定条件适当扩大假释率,对促进监狱管理和罪犯改造是有利的。尤其是对一些过失犯、老病犯、经济犯等非暴力犯罪人适用假释,所发挥的改造效果和促其顺利回归社会的成效明显。这在刑罚执行阶段体现了宽严相济的刑事司法政策。

---

① 参见陈光中、葛琳:《刑事和解初探》,载《中国法学》2006年第5期。

(2)在可望的将来,实现宽严相济基本刑事政策①的根本出路在于逐步实现刑法结构改革。我国刑法现状的重刑结构模式,决定了"严"是主角,"宽"是配角,这种不均衡的刑事立法结构为从重"严打"提供了司法空间,是导致宽严失衡的直接动因,因此,要实现宽严相济刑事政策,就要使我国刑法由"厉而不严"向"严而不厉"的结构转变。"严"是指刑事法网严密,刑事责任严格;"厉"主要指刑罚苛厉,刑罚过重。当然,这里的严密并非指犯罪圈越大越好,而是指该入罪的行为不因为法网疏漏而轻易逃脱刑事制裁。"不严"就是指刑事法网不严密,有漏洞;"不厉"指行为虽然进入法网,但对其适用的刑罚不苛厉。当前,我国刑法还属于"厉而不严"的结构②,由于"严而不厉"的价值在于严密刑事法网,减少漏网机会,扩大法定犯罪圈,必然提高刑罚的不可避免性,进而增强刑法的威慑功效。③ 这样,法网的严密保证了刑罚的必定性,即使减轻刑罚的苛厉程度,也能收到惩罚与预防犯罪的双重功效,从而使主张刑罚宽和与适当的宽严相济刑事政策顺利实现,也与世界上风起云涌发展的两极化刑事政策潮流相一致。可见,"严而不厉"刑法结构将从实体上(刑法立法上)保证宽严相济刑事政策的真正实现。

---

① 因为刑法结构的改革,确保了这一政策从立法和司法两个层面全面予以贯彻和实现。可见,它已超越了司法阶段而上升为指导立法的政策,因此,可以称之为一项基本刑事政策。

② "厉而不严"在我国刑事立法上有许多表现:"厉"主要表现在刑罚体系上。一方面,轻刑种类管制和罚金在刑罚体系中的地位偏低。另一方面,重刑种类无期徒刑和死刑,无论是绝对数或是比例数都偏高。"厉"还表现在责任制度上,主要指将惩罚犯罪预备作为普遍原则。"不严"表现在量刑制度上,主要指累犯不加重处罚。"不严"表现在行刑制度上,主要指缓刑、假释撤销的条件要求过于宽容。"不严"表现在犯罪构成上,主要指某些社会危害大的多发性犯罪的起刑线过高。详细论述参见储槐植:《刑事一体化与关系刑法论》,北京大学出版社 1997 年版,第 306—308 页。

③ 参见储槐植:《刑事一体化与关系刑法论》,北京大学出版社 1997 年版,第 431 页。

社会管理创新视野下我国轻罪刑事政策完善*

　　社会管理创新是党中央、国务院在社会主义建设与和谐社会理论的基础之上,为适应我国当前社会发展的现实情况、维护社会稳定而作出的重大举措。对于司法机关应当如何开展社会管理创新的问题,在2009年底举行的全国政法工作电视电话会议作出了明确的指示。会上提出的"社会矛盾的化解、社会管理创新、公正廉洁执法"三项重点工作体现了对新形势下政法工作规律性的认识,紧紧抓住了维护社会和谐稳定的关键,对司法机关开展社会管理创新具有十分重要的指导意义。社会管理创新的最终目的是维护社会和谐稳定,犯罪问题从来就是一个公共政策的问题,那么刑事政策作为国家和社会为了解决犯罪这一公共问题而制定实施的宏观战略,理所当然应与社会管理创新的最终目的相适应。根据法定刑的轻重,犯罪可以划分为重罪与轻罪,相应地,刑事政策可分为重罪刑事政策和轻罪刑事政策。重罪刑事政策与轻罪刑事政策的划分,对落实宽严相济刑事政策至关重要。本论文重点讨论轻罪刑事政策。

　　在当前的犯罪中,轻罪案件始终占很大的比例。何谓轻罪?我国刑法上并没有明确。理论界对此存在争议,主要有3年说①(即法定刑3年以上有期徒刑的为重罪,其他犯罪为轻罪)、5年说②(即法定刑5年以上有期徒刑的为重罪,其他犯罪为轻罪)两种观点。笔者认为,轻罪应当是指法定刑3年或者3年以下有期徒刑的犯罪。最重要的依据在于《刑法》第72条有关缓刑适用条件的规定。根据《刑法》第72条的规定,对于被判处拘役、3年以下有期徒刑的犯罪分子,犯罪情节较轻、有悔罪表现、没有再犯罪的危险并且宣告缓刑对所居住社区没有重大不良影响的可以宣告缓刑。从上述规定可以得出缓刑仅仅适用于社会危害性小、人身危险性低的轻罪犯罪分子。这在很大程度上说明了立法对轻罪与重罪的区分倾向。所以,将法定刑3年或者3年以下有期徒刑的犯罪划归为轻罪是合理的。轻罪的妥善处理,对于社会矛盾化解、最大限度实现刑罚效果、回应社会管理创新和构建社会主义和谐社会意义重大,因此轻罪刑事政策作为国家处理轻罪案件的方针策略(具体以非犯罪化、非刑罚化、非监禁化和刑罚轻缓化为总的目标和趋势)尤为重要。但是现阶段中国的轻罪刑事政策还存在很多不和谐的因素,急需改革和完善。要完善我国的轻罪刑事政策,有必要结合中国的现实,反思

---

　　* 原载《湖北社会科学》2012年第7期,与闫雨合作。
　　① 参见张明楷:《刑法学》(第4版),法律出版社2011年版,第94页。
　　② 参见田兴洪:《轻重罪划分新论》,载《法学杂志》2011年第6期。

轻罪刑事政策的运行现状,以求探寻我国轻罪刑事政策的完善方案。

一、轻罪刑事政策——社会管理创新之价值选择

社会管理创新,是指在现有的社会资源和管理经验的基础之上,依据政治、经济和社会的发展态势,尤其是依据社会自身运行规律乃至社会管理的相关理念和规范,研究并运用新的社会管理理念、知识、技术、方法和机制等,对传统管理模式及相应的管理方式和方法进行改造和完善,从而建构新的社会管理机制,以实现社会管理新目标的活动。① 社会管理创新的目的在于使社会能够形成更为良好的秩序,产生更为理想的政治、经济和社会效益。其目的是维护社会和谐稳定,核心是以人为本。

刑事政策是一个动态的过程,从早期的纯粹打击犯罪行为、过分强调惩罚性到作为合理有效的打击和预防犯罪的手段并成为政治国家和市民社会整体系统性的政策而加以推进,从费尔巴哈认为刑事政策是国家据以与犯罪作斗争的惩罚措施的总和到现如今西方普遍赞同的刑事政策既是研究犯罪现象及其对策的科学,也是打击和预防犯罪的战斗策略。② 其发展过程给我们最大的启示就是刑事政策作为一国广义上的公共政策的一部分,治理犯罪不能仅靠打击犯罪,更要注重预防犯罪,并且预防犯罪也不能仅仅依靠刑罚手段的威慑,必须将传统的刑罚处罚政策与当今社会发展理念相结合,在关注刑罚的同时,关注社会问题和社会政策,使刑事政策的发展与社会发展相适应。社会管理创新使我国的刑事政策尤其是轻罪刑事政策面临新的挑战。轻罪刑事政策理所应当与社会管理创新的目标相适应。具体而言,社会管理创新视野下的轻罪刑事政策应当贯彻以下几个理念:

(一) 树立宽严相济,宽缓为主的刑事政策理念

宽严相济的刑事政策是我国的基本刑事政策,它是对我国惩办与宽大相结合刑事政策在新的时期的继承与发展。其基本内涵是:根据具体案件的法定情节和酌定情节,对犯罪适用刑罚时,做到该严则严,当宽则宽;宽严互济,宽严有度;宽严审势,宽严适度。其实质在于根据犯罪的轻重程度和犯罪人的人身危险性大小对刑事犯罪区别对待,实现刑罚个别化。③ 以宽缓为主是指,宽严相济的刑事政策整体上的发展趋势是趋向轻缓。这与西方"轻轻重重"的两极化刑事政策的发展趋势也是一致的。无论是我国的宽严相济刑事政策还是西方的两极化刑事政策,轻缓的发展都主要体现在轻罪的刑事政策上,即对轻罪在立法上尽量予以非犯罪化、非刑罚化、非监禁化和刑罚轻缓

---

① 参见应松年:《社会管理创新引论》,载《法学论坛》2010 年第 6 期。
② 参见卢建平:《刑事政策与刑法变革》,中国人民公安大学出版社 2011 年版,第 46—48 页。
③ 参见黄华生:《"宽严相济"与"两极化"之辨析》,载《法学家》2008 年第 6 期。

化,这体现了更加人道和宽容的精神。①

社会管理创新的核心是以人为本,那么在社会管理创新的活动当中必须尊重和保障人权。尊重和保障人权在2004年写入我国宪法。2012年3月14日第十一届全国人大五次会议表决通过了《关于修改〈中华人民共和国刑事诉讼法〉的决定》,修改后的刑事诉讼法将"尊重和保障人权"写入总则。这是我国部门法中第一次有了人权规定,是我国刑事诉讼立法进程中的一件大事,也是我国人权保障和社会主义法制建设进程中的一件大事,具有十分重要的意义,标志着我国刑事司法制度进入了一个以人为本的新的发展阶段。所以在社会管理创新视野下的刑事政策应当始终贯彻宽严相济的刑事政策,以人为本,坚持惩罚犯罪的同时保障人权,做到两者并重。尤其对于轻罪的处理,应当贯彻宽严相济,坚持以宽缓为主的刑事政策理念,对轻罪的处理突出宽严相济中宽缓的一面,积极实践以宽和、轻缓为基本价值理念的轻罪刑事政策,在处理轻罪的犯罪人时应当尽可能做到非犯罪化、非刑罚化、非监禁化和刑罚轻缓化,惩治犯罪的同时注意尊重和保障人权,这也是社会管理创新赋予我们的重大现实使命。

(二) 树立重视轻罪防控的理念

犯罪作为严重侵害社会生活共同秩序,破坏社会稳定和谐的行为,会对社会管理创新造成破坏和威胁。对于犯罪,根据不同标准可以作出不同的分类。国外许多国家以法定刑为标准,在刑法典中明确将犯罪分为重罪与轻罪,有些国家还加上一类违警罪。② 由于我国传统的重刑主义思想根深蒂固,加之"严打"刑事政策的影响,长期以来,理论界和实务界均对重罪的刑事政策和重罪的犯罪防控非常重视。诚然,重罪尤其是严重威胁公共安全、人身安全的犯罪对于社会秩序、社会和谐的破坏非常明显,但是在注重对重罪防控的同时,我们也不能忽视对破坏和谐的大量的轻罪的防控。毕竟在破坏社会和谐的犯罪当中,轻罪的比例一直都是很高的,以2004年某市检察机关为例,其受理的轻罪案件有11829件,涉案人数16310人,分别占受理审查起诉案件总数的60.51%、57.51%,占提起公诉案件总数的68.71%、66.70%。③ 大量的轻罪发生在人民群众身边,例如普通的盗窃罪,发案率很高,与人民群众的生活密切相关,直接影响人民群众的生活和社会秩序的稳定。左右人民群众对于公共安全感的判断。对现实生活中大量的轻罪如果不注意防控,可能导致社会不稳定因素增加,政府在人民群众中的威信下降,甚至犯罪行为会进一步扩大,演变成更为严重的刑事犯罪,严重危害人

---

① 参见陈兴良:《宽严相济刑事政策研究》,中国人民大学出版社2007年版,第297—299页。
② 一些原本规定了违警罪的国家在现行刑法典中删除了违警罪的规定。如德国在1871年的《帝国刑法典》中采用重罪、轻罪和违警罪的三分法,1975年生效的西德新刑法,删除了旧刑法分则中的违警罪,并将原有性质轻微的各种犯罪,连同违警罪重加整理,分别情形,再作归类,对于一部分不宜用刑法调整的,全部纳入1992年颁布的《违反秩序法》之中。德国2002年修订的现行刑法典将犯罪分为重罪与轻罪两类。
③ 参见刘中发:《和谐社会视野下的轻罪刑事政策》,载《国家检察官学院学报》2006年第1期。

民群众的生命财产安全。可见,重视对轻罪的防控,对社会管理创新的顺利实现有着重要的意义。

(三) 树立惩罚犯罪与教育改造相结合,突出教育改造的理念

刑罚源于人们善有善报、恶有恶报的古老的、朴素的正义观念,其作为犯罪行为的直接的法律后果,本身就带有惩罚和报应的色彩,惩罚是刑罚的固有属性。但是如果仅仅将刑罚作为惩罚犯罪的手段,片面地强调其惩罚功能,必然导致刑罚不公,违反罪责刑相适应原则,不注重对犯罪人的教育改造,一味强调惩罚功能,必将引起犯罪人以及社会公众的不满,增加社会不稳定因素,使刑罚深陷报应主义的泥潭。历史证明,严苛的刑罚极易动摇政权的稳定。从早期古典学派的绝对报应刑到19世纪以来刑事实证学派目的刑论,即刑罚本身没有什么意义,只有在预防犯罪有效的范围内,刑罚才是正当的。[①] 其中的特殊预防论主张通过教育或者改善犯罪人使其不再犯罪,对刑罚观念产生了深远的影响。对犯罪人应当在惩罚犯罪行为的同时注重与教育相结合已经成为世界各国的共识。

在社会管理创新的条件下,我们势必要坚持惩罚犯罪与教育改造相结合的刑事政策,尤其是在轻罪的处理上,应当突出刑罚的教育改造功能,使犯罪人从中受到教育,养成良好的规范意识,从思想根源上消除犯罪,自觉遵纪守法,恢复社会的和谐和稳定,这也是社会管理创新的应有之义。轻罪刑事政策的上述理念,与社会管理创新的最终目标相契合,符合社会管理创新的精神要求,因此轻罪刑事政策是社会管理创新的价值选择。

二、我国现行轻罪刑事政策中的不合理性因素

近年来,我国在依法治国、建设社会主义法治国家的基本方略指引下,尊重与保障人权在刑事政策和刑事法律制度中得到了一定的贯彻。但是由于受我国长期以来"严打"政策及重刑主义思想的影响,我国的刑事政策和刑事法律总体而言还是重视惩罚犯罪,在人权保障方面意识不强,特别是轻罪刑事政策中不合理因素的存在,与我国社会管理创新的战略目标大相径庭。

(一) 对轻罪的犯罪分子监禁率过高,轻刑种形同虚设

犯罪学的研究表明,监狱经历会使个人产生怨恨情绪,也会消除个人在被逮捕时所吸取的教训,犯罪标签很容易使人产生消极认同,进而出现仇视心理,再次犯罪报复

---

① 参见张明楷:《刑法学》(第4版),法律出版社2011年版,第453—454页。

社会。① 鉴于传统监狱模式在改造犯罪人时存在的种种弊端,西方一些国家在开始控制监狱人口的同时,加大了对社区矫正等非监禁刑的适用力度。据统计,2000 年,世界上主要发达国家的社区矫正对象(缓刑和假释)在全部被判刑者中占有较高的比例:加拿大为 80%,澳大利亚为 80%,新加坡为 76%,法国为 72%,英国为 55%,日本为 46%,韩国为 46%,俄罗斯为 45%。② 与上述国家相反,我国现行的刑事司法制度过分倚重监禁刑,甚至对于轻罪的犯罪分子也过多采用监禁刑的方式。以 2007 年为例,非监禁刑的适用率是较低的,从 2007 年全国生效刑事判决涉案总人数与判处非监禁刑总人数的比例来看,我国 2007 年判处的非监禁刑总人数在全国生效刑事判决涉案总人数中占 28.77%,占其中被判处刑罚的判决总数的 29.29%。③ 我国刑法中的管制、拘役、单处罚金以及单处剥夺政治权利在司法实践中适用率极低,其中的管制由于缺乏刑罚惩罚的本质,实践中可行性极差几乎被搁置不用,也正是因为对于轻罪可选择的合适的轻刑种不多,导致司法实践中轻罪也往往被判处监禁刑,刑罚的过度投入,不仅浪费大量的司法资源,降低行刑的效果,而且极易造成犯罪人交叉感染,增加再犯概率,不利于社会的和谐和稳定。

(二) 现行社区矫正制度有待完善

社区矫正是指依法在社区中监督、改造和帮扶犯罪人的非监禁刑执行制度。④ 相对于监禁刑,社区矫正在改造犯罪人方面的优势明显,顺应了刑罚的发展趋势而为世界上很多国家广泛使用。以美国为例,2006 年美国的刑事犯罪人员共有 7211400 人,其中监禁人口为 2258983 人,约占总数的 31.32%,社区监督下的总人数为 5035225 人,占总人数的 68.68%。⑤ 根据我国司法部预防犯罪研究所的统计数据显示:2000 年,世界上主要发达国家对罪犯适用缓刑和假释的比例达到全部被判处刑罚的人的 70% 以上,形成了以非监禁刑为中心的刑罚适用模式和执行模式。

为了顺应刑罚发展的世界潮流,进一步促进我国刑罚结构的合理配置,2011 年 2 月 25 日第十一届全国人民代表大会常务委员会第十九次会议通过的《中华人民共和国刑法修正案(八)》[以下简称《刑法修正案(八)》]正式将社区矫正写入我国刑法,明确规定了对判处管制的犯罪分子、宣告缓刑以及假释的犯罪分子在缓刑考验期限内和假释考验期限内,依法实行社区矫正。这对于我国社区矫正事业的进步和行刑社会化的发展有着重要的里程碑意义。

---

① 参见吴宗宪:《非监禁刑研究》,中国人民公安大学出版社 2003 年版,第 221 页。
② 参见刘强:《刑罚方法与适用模式比较——美国社区矫正演变史研究》,载法律教育网(http://www.chinalawedu.com/new/16900_178/2009_8_19_ji06228817191890021880.shtml),访问日期:2012 年 3 月 1 日。
③ 参见吴宗宪:《中国刑罚改革论》,北京师范大学出版社 2011 年版,第 181 页。
④ 参见吴宗宪:《社区矫正导论》,中国人民大学出版社 2011 年版,第 5 页。
⑤ 参见吴宗宪:《社区矫正导论》,中国人民大学出版社 2011 年版,第 54 页。

自 2003 年我国开始社区矫正试点工作以来,社区矫正工作成绩斐然。截至 2011 年 12 月底,全国 31 个省(区、市)和新疆生产建设兵团已开展社区矫正工作;各地累计接收社区矫正人员 882243 人,累计解除矫正 481861 人,现有社区矫正人员 400382 人。① 根据 2011 年 3 月的数据显示,社区服刑人员在矫正期间的重新犯罪率一直控制在 0.2% 左右。② 但是目前我国的社区矫正工作仍然存在着很多问题。具体而言,目前社区矫正主要存在的问题有以下几个方面:

首先,社区矫正的国家立法有待完善。虽然《刑法修正案(八)》《刑事诉讼法修正案》对社区矫正给予了法律上的肯定,与此同时,2012 年出台的《社区矫正实施办法》,将各地实践中形成的行之有效的工作体制机制、矫正方法和模式等固定下来,上升为统一的制度,使之成为社区矫正工作的操作规范和基本依据,为社区矫正工作提供了制度保障。但是到目前为止,我国还没有颁布全面规范社区矫正工作的综合性专门法律。社区矫正工作中的很多方面还没有立法上的规定,导致社区矫正法律基础不牢固、不坚实。

其次,尚未建立完善的经费保障制度。作为国家的刑罚执行工作,社区矫正的顺利开展有赖于完善的经费保障制度,但是迄今为止,我国尚未建立完善的经费保障制度。实践中社区矫正的执行经费是由社区矫正各试点省(市)财政一次性或分次拨发一定数额的款项作为启动资金,往往资金的数额都比较紧张。特别是从事我国的社区矫正具体执行工作的司法所的经费,受所在乡镇、街道的经济状况制约,绝大多数的司法所经费都很紧张。

最后,执行人员专业化程度不高。社区矫正是一种以教育为主,惩罚为辅的刑罚执行方法。这就要求在社区矫正过程中,要针对服刑人员的个人特点进行有专门针对性的矫正措施,通过相应的思想教育、心理疏导与矫正、文化知识、职业技能培训等形式提高服刑人员对自己的行为的社会危害性的认识,认真接受教育改造,顺利回归社会。那么负责社区矫正工作的执行人员要具有较高的素质才能胜任。但是目前现实情况不容乐观,存在着工作人员的业务能力和文化素质普遍不高,人数不足,专职干部队伍不稳定等一系列问题。

(三) 对轻罪犯罪分子适用自由刑重惩罚性,轻教育和复归

传统的监狱矫正模式把犯人带出正常的社会而置于异常社会,却希冀他们在释放后能适应社会、顺利地驾驭社会,这显然是一种悖论。③ 第二次世界大战后的西方,受

---

① 参见赵阳、李恩树:《司法部副部长就〈社区矫正实施办法〉答问》,载中国新闻网(http://www.chinanews.com/fz/2012/02-16/3674580.shtml),访问日期:2012 年 3 月 1 日。
② 参见司矫轩:《齐心协力实现"社区矫正"新跨越 "十一五期间全国社区矫正工作回眸"》,载网易(http://news.163.com/11/0308/08/6UK1GE9U00014AEE.html),访问日期:2012 年 3 月 15 日。
③ 参见储槐植:《刑事一体化》,法律出版社 2004 年版,第 193 页。

行刑社会化的影响,相应的行刑模式也出现了变化:在对严重暴力犯严密监视的条件下,对多数非暴力犯尽可能减轻监禁力度,出现了社区参与的开放式监狱。① 这种做法可以减少和避免犯罪人之间的交叉感染,节约司法资源,有利于犯罪人的再社会化。

在我国,现行刑罚结构是以自由刑为中心、以死刑为重要刑罚方式的封闭性重刑刑罚结构。② 在行刑模式上也一直延续传统封闭性的矫正模式,对于轻罪的犯罪人在判处监禁刑以后,往监狱里面一关,采取严看死守的办法,只要犯人没有出问题就万事大吉了。至于教育问题不过是个惩罚的副产品,教育的治本功能一直不被重视。但是,监狱工作的最终目标是要将犯罪人改造成守法公民,促使其回归社会,恢复社会和谐关系。如此重惩罚性,轻教育性和复归性,不利于和谐社会建设,与社会管理创新的要求相悖。与此同时,受报应主义刑罚观念的影响,有利于犯罪人再社会化的假释制度在我国适用率极低,13 个亚太国家和地区中,我国假释适用率排名倒数第 4 位③,这也是对我国监狱矫正模式过于注重惩罚性的现实的充分说明。

三、社会管理创新视野下我国轻罪刑事政策走向

基于前文所述,我国现行的轻罪刑事政策存在着一些不合理的因素,与社会管理创新的要求相悖。笔者认为,在社会管理创新的视野下,我国的轻罪刑事政策应当从以下几个方面加以完善。

(一) 立法上明确轻罪与重罪划分

世界上许多国家根据犯罪的严重程度将犯罪分为重罪或者轻罪,并在立法上加以规定。各国比较通行的做法是以一定的法定刑作为重罪与轻罪的分界线,在一定的法定刑之上的为重罪,在一定的法定刑之下的为轻罪。例如,《德国刑法典》第 12 条规定,重罪是最低刑 1 年或者 1 年以上自由刑的违法行为,轻罪是最低刑为 1 年以下自由刑或者科处罚金的违法行为。④ 也就是说德国轻罪与重罪的划分界限是 1 年自由刑,高于 1 年自由刑的为重罪,低于 1 年自由刑的为轻罪。西方各国在立法上对犯罪分层的刑事政策的意义在于对犯罪进行区别对待,对重罪实行严厉的刑事政策,对于轻罪采取宽松的刑事政策,实现刑罚资源效用最大化。

我国刑法上并没有关于轻罪重罪划分的规定,这是导致我国轻罪刑事政策存在不合理因素、轻罪处罚失当的重要原因之一。所以今后有必要在立法上明确我国的轻罪

---

① 参见储槐植:《刑事一体化论要》,北京大学出版社 2007 年版,189—190 页。
② 参见梁根林:《刑罚结构论》,北京大学出版社 1998 年版,第 152 页。
③ 参见司法部预防犯罪研究所课题组:《假释问题研究》,载《犯罪与改造研究》2000 年第 6 期。
④ 参见卢建平:《刑事政策与刑法变革》,中国人民公安大学出版社 2011 年版,第 179 页。

与重罪的划分,这对于宽严相济刑事政策的有效落实、贯彻刑事一体化思想(其划分具有广泛的刑事实体法和程序法上的意义)和轻罪刑事政策的完善具有重要的意义。具体来说,我国的犯罪分层宜采取两分法,将刑法上规定的犯罪行为分为重罪和轻罪。因为我国的犯罪概念是既有定性因素又含定量因素,在西方国家属于违警罪的犯罪行为在我国大多属于行政法处罚的一般违法行为,所以不宜采取西方的三分法,将违警罪纳入我国的犯罪分层当中。鉴于我国刑罚起点整体高于许多国家的现实,从符合贯彻宽严相济刑事政策的要求和实现社会管理创新、构建和谐社会的理念出发,重罪与轻罪的分界线不宜过低。如前文所述,笔者认为法定刑3年有期徒刑是轻罪与重罪的分界线。法定刑高于3年有期徒刑的犯罪为重罪,反之为轻罪。这种划分标准与我国刑法总则的相关规定以及刑法分则规定的严重犯罪的起刑点一般为3年的现实相吻合。对于轻罪和重罪的处理,应当有所区别。在轻罪的处理上,应当根据社会管理创新的要求,尽可能采取宽缓的刑事政策和非监禁的刑罚方法,鼓励刑事和解、积极恢复被破坏的社会关系,实现刑法效益最大化,使轻罪犯罪人尽快回归社会。这样才能更好地贯彻社会管理创新中以人为本的核心理念,维护社会和谐稳定。

(二) 完善现行社区矫正制度

社区矫正在改造犯罪人方面有很大的优势,有利于犯罪人的改造和再社会化,有利于降低行刑成本、减轻监狱拥挤的现状、合理配置司法资源,更有利于增进社会和谐,实现社会管理创新的目标。因此有必要对现行的社区矫正制度加以完善。具体来说,应当从以下几个方面入手:

第一,完善社区矫正的相关立法。作为一种刑罚方法,社区矫正的执行主要依据刑法和刑事诉讼法的有关规定。因此,刑法和刑事诉讼法中有关社区矫正的相关规定,应当作为社区矫正法规的重要组成部分。但由于社区矫正活动需要调整的关系复杂多样,因此,仅靠刑法和刑事诉讼法的规定是不够的,所以,很多国家和地区都规定了更加完善的社区矫正法规。美国制定了专门的关于社区矫正的法律,1973年美国明尼苏达州率先制定了世界上第一部关于社区矫正的法律《社区矫正法》,截止到1996年,美国已经先后有28个州通过了社区矫正或与社区矫正类似的相关地方性法律法规。其他国家和地区也通过专门的刑事执行法或者单行的社区矫正法规对社区矫正作出了规定。例如德国的《刑罚执行法》、加拿大的《矫正与有条件释放法》等就是通过专门的刑事执行法对社区矫正作出详细的规定,再比如我国香港地区1984年通过的《社会服务令法案》就是通过单行的社区矫正法规来调整社区矫正中的法律关系。上述国家和地区关于社区矫正的规定虽然形式不同,但都较好地补充了刑法和刑事诉讼法中的不足,而我国目前没有关于社区矫正的相关立法。建议今后在刑法、刑事诉讼法和社区矫正实施办法的基础上,制定与监狱法并行的"社区矫正法",对社区矫正的各方面内容进行详细的规定,为社区矫正提供完备的法律依据。

第二,建立完善的经费保障制度。社区矫正制度发达的国家都有一套相对完善的社区矫正经费保障制度。以美国为例,除联邦和各州政府财政保障为社区矫正提供一定的财政支持以外,缓刑帮助及社区矫正工作也有来自民间的资金支持。有力的经费保障、制度规范的健全、公众的广泛参与,使得美国的社区矫正有着较高的成功率。当前我国的社区矫正经费保障制度的不完善,严重制约了我国社区矫正的发展,因而需要建立完善的经费保障制度。关于这个重要的问题,全国性的试点文件中几乎没有规定,目前的《社区矫正实施办法》也只是规定:"各级人民法院、人民检察院、公安机关、司法行政机关应当切实加强对社区矫正工作的组织领导,健全工作机制,明确工作机构,配备工作人员,落实工作经费,保障社区矫正工作的顺利开展。"笔者建议,我国可以借鉴美国的社区矫正经费模式,建立"以政府划拨资金为主、省和县两级政府分担经费的体制,以社会捐助资金为辅、通过一系列措施恰当地吸纳社会资金开展社区矫正"的社区矫正经费保障体制。当然鉴于社区矫正属于刑罚的一种,所以政府应当保障其实施的全额经费,而不能留有缺口,不能把争取社会资金作为工作的重点。

第三,构建专业的执行队伍。再好的制度都需要人来践行,在社区矫正工作中,社区矫正的执行人员非常重要,是决定社区矫正工作能否顺利开展的根本。鉴于社区矫正工作的专业性和复杂性,要求社区矫正的专职人员必须具备法律执行者的专业素质、政治素质、文化素质以及强烈的责任意识,所以在社区矫正制度发达的西方国家,社区矫正专职人员的学历层次都很高。目前在美国的社区矫正工作者绝大多数均具备学士学位,其中一部分具有硕士学位。[①] 社区矫正与传统监狱矫正模式有着明显区别,因此,笔者认为我国的社区矫正的执行队伍应当形成"以专职人员为主,社会力量为辅"的专业执行队伍。对于从事社区矫正的专职人员,以后应该实现通过国家公务员考试进行选拔,对于专职人员的学历要求也应当在今后逐步提高。对于专职社工和志愿者,应当消除其主观上对于社区矫正的障碍,明确其参与方式、权利义务、建立相应的制度保障机制、奖励机制,建立严格的选拔机制、考核机制,保证社区矫正社会力量的专业素养。当然,社区矫正中属于刑罚执行方面的工作必须由社区矫正专职人员完成。

(三) 从根本上改革管制刑、拘役刑

管制,是指对犯罪分子不实行关押,限制其一定的自由,依法实施社区矫正的刑罚方法。[②] 在《刑法修正案(八)》出台以前,管制刑处于相当尴尬的境地,作为中国的独创刑种,管制刑符合轻罪刑事政策的要求,也能避免犯罪人的交叉感染,同时能够调动

---

① 参见刘永强、何显兵:《关于社区矫正工作者的定位及其队伍建设》,载《河北法学》2005 年第 9 期。
② 参见张明楷:《刑法学》(第 4 版),法律出版社 2011 年版,第 469 页。

社会力量改造犯罪人,不给犯罪人的生活带来太严重的影响,有利于社会和谐,因此刑法学界对于管制刑给予了很高的评价。与此相反,由于当今社会人们的职业和业务流动性增大,加上国家没有专门的执行机构和执行人员,使管制刑流于形式,所以在审判中管制很少被适用。于是应不应该废除这一刑种成为争论的焦点。《刑法修正案(八)》在保留了管制的情况下,对管制进行了进一步的完善。一方面,管制确实具有前述优点,符合刑罚轻缓化的发展趋势;另一方面,管制在执行过程中出现的问题不应该归于管制刑本身。笔者认为,如果将监督管制执行工作纳入社会治安综合治理的经常任务之中,进一步完善管制刑的具体制度,扩充执行队伍,提升执行人员的素质,发展和完善经费保障机制,管制刑将充分体现出其自身的优越性。

拘役,是指短期剥夺犯罪人的人身自由,就近实行劳动改造的刑罚方法。① 我国刑法学界普遍认为拘役属于短期自由刑。短期自由刑一直为各国学者所诟病。究其原因,主要有以下几点:第一,短期自由刑容易造成犯罪人之间的交叉感染;第二,短期自由刑的时间较短,惩罚性较轻,不能充分体现刑罚的威慑力;第三,短期自由刑时间较短,教育改造难以进行;第四,短期自由刑占用监禁设施,给行刑实务造成压力。在我国,也有不少学者主张废除拘役。② 尽管如此,世界各国刑法也都保留着短期自由刑。从各国的司法实务来看,至少对交通犯罪者和经济犯罪者短期自由刑的适用比例还是很高的。③ 这是因为:第一,短期自由刑对于偶犯、初犯、过失犯罪等轻微犯罪还是比较合适的刑种;第二,短期自由刑与罚金刑相比,给受刑人造成的痛苦是明显的,具有刑罚惩罚的性质,同时也能避免适用罚金刑时由于贫富差距出现的不公平现象,符合公平观念。基于上述原因笔者认为,在现行法律没有废除拘役的情况下,应当尽可能对该刑种加以完善,避免其不利的一面,尽量发挥其优势的一面。具体而言,对于判处拘役的犯罪分子,应当严格实行分押看管。根据我国《监狱法》第39条第2款的规定,"监狱根据罪犯的犯罪类型、刑罚种类、刑期、改造表现等情况,对罪犯实行分别关押,采取不同方式管理"。但是这种方式在实践中得不到很好的执行。拘役一般在看守所执行,被判处拘役的犯罪人往往和其他犯罪的未决犯关在一起,这样很难杜绝交叉感染,同时看守所里面也没有配备相应的专业人员,很难完成对拘役犯罪人的改造。很多看守所将主要精力放在安全监管方面,对拘役犯罪人的改造工作不够重视。鉴于这种情况,笔者认为,应当在分押看管的同时考虑在看守所配备专业的人员从事这方面的工作,对于拘役犯罪人的改造工作必须给予足够的重视,在短时间内开展有效的改造工作,收获较好的社会效果。

---

① 参见张明楷:《刑法学》(第4版),法律出版社2011年版,第471页。
② 参见宋庆德:《论短期自由刑的存废》,载《中央政法管理干部学院学报》2001年第4期。
③ 参见张明楷:《外国刑法纲要》,清华大学出版社2007年版,第384页。

不过,由于拘役本身在执行方法上存在着一定的问题,上述针对拘役执行工作的改革对于完全解决拘役中存在的问题是不可能的。笔者认为,在今后的立法中改革拘役的执行方式是克服拘役弊害最有效的方法。在这个问题上,国外的周末拘禁和半拘禁制度值得我国借鉴。周末拘禁是指利用受刑人每周的周末时间,将其收入监狱执行自由刑,而在工作日让其正常地工作、生活。① 这在一定程度上弥补了短期自由刑的缺陷,荷兰、瑞士、葡萄牙等国也先后引进了该制度。半拘禁是指白天在设施外活动,只在休息日和夜间拘禁的制度。在有些国家,半拘禁特指夜间拘禁。半拘禁在减少短期自由刑的负面效应方面与周末监禁相类似,法国、意大利、比利时等国采取这一执行方式。此外,英美法的社会服务命令也是旨在改变短期自由刑的执行方法,回避短期自由刑的弊害。从历史和现实可以看出,我国废除拘役并不现实,所以今后的任务是对拘役的执行方式加以改进,克服拘役的缺点,教育和改造犯罪人,完成社会管理创新视野下的轻罪刑事政策的使命。

(四) 完善刑事和解制度,建立犯罪被害人国家补偿制度

刑事和解亦称加害人与被害人的和解(victim-offender reconciliation,简称 VOR)一般是指在犯罪后,经由调停人的帮助,使加害人和被害人直接相谈、协商,解决纠纷或冲突的一种刑事司法制度。刑事和解是西方三十多年来刑事司法领域的一种改革尝试,它一改传统刑事司法中以国家为本位,强调国家对犯罪人行使刑罚来对犯罪人进行矫正的刑事司法理论,主张对受害人权利的关注,它为刑事司法的理论研究和实践注入了一种全新的理念。通过主动与受害人进行沟通,加害人以向受害人赔礼道歉、赔偿损失等方式赢得受害人的谅解,达成刑事和解协议,并予以认真履行。通过刑事和解,能较好地使国家、加害人、受害人的利益得以均衡。同时也能减少刑罚的适用,节约司法资源,克服刑罚弊端,修复因犯罪人的犯罪行为而被破坏的社会关系,并使犯罪人因此而改过自新,复归社会。

在刑事诉讼法修订以前,刑事和解仅在自诉案件中适用。2012 年 3 月 14 日第十一届全国人大五次会议表决通过了《关于修改〈中华人民共和国刑事诉讼法〉的决定》,修改后的刑事诉讼法将刑事和解的适用扩大到了公诉案件。将因民间纠纷引起,涉嫌侵犯人身权利民主权利、侵犯财产犯罪,可能判处 3 年有期徒刑以下刑罚的故意犯罪案件,以及除渎职犯罪以外的可能判处 7 年有期徒刑以下刑罚的过失犯罪案件纳入公诉案件适用和解程序的范围。但是,犯罪嫌疑人、被告人在 5 年以内曾经故意犯罪的,不适用这一程序。对于当事人之间达成和解协议的案件,人民法院、人民检察院和公安机关可以依法从宽处理。笔者认为《刑事诉讼法修正案》关于刑事和解的规

---

① 参见马克昌:《外国刑法学总论(大陆法系)》,中国人民大学出版社 2009 年版,第 431 页。

定是符合我国当前社会发展现实的。我国目前正处于社会转型期,全面推行刑事和解制度并不现实,所以目前刑事和解应当主要在轻罪案件中适用。具体而言,刑事和解通常只能适用于初犯、偶犯、过失犯等轻罪案件。当然,刑事和解制度在今后的立法中根据社会发展需要可以考虑进一步扩大适用范围,对于重罪案件中侵犯个人法益的非命案件可以限制适用刑事和解。① 刑事和解制度固然能够鼓励被告人对被害人进行赔偿,但当被告人没有经济能力赔偿时,刑事和解制度就失去了作用。笔者建议,我国除了完善刑事和解制度外,有必要建立犯罪被害人国家补偿制度。所谓犯罪被害人国家补偿制度,是指犯罪被害人在遭受犯罪行为侵害之后,因国家司法机关没有抓获犯罪人或犯罪人无力赔偿犯罪被害人的损失,由国家通过法律程序给予犯罪被害人一定的物质补偿的法律制度。② 被害人作为犯罪行为侵害的社会弱势群体,更应受到国家和社会的关怀,维护自己的民事权利。犯罪被害人国家补偿制度从 20 世纪 60 年代在一些国家兴起以来,已经形成了世界性发展的趋势。目前我国在犯罪被害人国家补偿制度立法方面的缺失已经成为我国犯罪被害人权益保护制度乃至整个刑事司法制度的缺憾,我们期待着我国犯罪被害人国家补偿制度的诞生。

---

① 参见王鹏祥:《重罪案件适用刑事和解制度探析》,载《河南师范大学学报(哲学社会科学版)》2011 年第 5 期。
② 参见黄华生、闫雨:《我国犯罪被害人国家补偿制度立法理由》,载《理论月刊》2011 年第 1 期。

刑事一体化视域下的微罪研究[*]

当法治发展到一定阶段,国家可以选择以刑事立法治理犯罪。在犯罪行为的认定方面,立法者根据行为对国家、社会以及个人造成的后果将严重的违法行为评价为犯罪行为。虽然微罪属于最轻微的犯罪类型,并且刑法为其配置了最轻缓的刑罚制裁措施,但是从本质上而言,微罪仍然具有犯罪的属性,实施微罪行为的人也还是理论上的"罪犯"。由于实施微罪行为的人不符合人们传统观念中对"罪犯"的习惯定位,因此在微罪形成过程中,对触犯微罪罪刑条款的人进行处罚难免会受到公众的质疑。但是谁被视为犯罪人和在什么时候被视为犯罪人,这是一个特定时代和历史时期的具体问题。[①] 只要法律规定在应予处罚的行为范围之内,并且没有违反国民的预测,那么这样的法律就是值得肯定的。[②] 换言之,如果要考察刑法治理微罪的效果,就要将微罪还原到特定历史时期和具体的社会背景中。绝不能简单地把罪刑法定原则当作挡箭牌,认为只要刑法设置了微罪罪名并配置了法定刑,微罪的设置就是正当的,也不能认为以前没有处罚过的行为,现在受到刑法规制就是不正当的。

一、对微罪的基本认识

微罪(petty misdemeanor)是美国《模范刑法典》首先提出的一种罪行分类方式。微罪指罪行程度轻于轻罪但重于违警罪的犯罪。美国《模范刑法典》规定对微罪的处罚主要是通过罚金刑来实现的,但是在少数微罪案件中,法官可以对被告人判处30天以内的监禁刑。美国有些州的刑法典也规定了微罪,例如伊利诺伊州的刑法典就规定了对微罪只能处以罚金。我国《刑法》并没有对微罪进行明确的规定。目前对微罪的一般认识主要散见于学者们的独立研究中。在微罪的概念界定上,主要存在两种方式:(1)采用统一的分类标准,即微罪要么是犯罪,要么不是犯罪。第一,通过统一的刑罚标准对犯罪进行分类,将配置了最轻缓法定刑的犯罪认定为微罪。樊崇义教授曾对

---

[*] 原载江溯主编:《刑事法评论》(第43卷),北京大学出版社2018年版,与李梦合作。
[①] 参见〔阿塞拜疆〕И. М. 拉基莫夫:《犯罪与刑罚哲学》,王志华、丛凤玲译,中国政法大学出版社2016年版,第20页。
[②] 参见〔日〕西原春夫:《刑法的根基与哲学》(增补版),顾肖荣等译,中国法制出版社2017年版,第18页。

微罪、轻罪和重罪进行过区分,并且还提出了"一年以下为微罪,一至五年为轻罪,五年以上为重罪"的实体标准。① 笔者认为,微罪是指可以判处拘役及以下之刑的犯罪。② 第二,将微罪排除于刑法之外,主张采用其他非刑罚法律手段进行治理。③ 以定性技术建立轻犯罪(包括微罪)体系,微罪只是违法行为,不构成犯罪。犯罪只包括轻罪和重罪。(2)对微罪采用两种分类标准。例如将微罪界定为实然微罪和应然微罪。实然微罪是以"犯罪"为界定标准,将微罪界定为刑法规定的判处拘役刑以下的犯罪;应然微罪则是以"人身自由剥夺"为界定标准,在实然微罪的基础上增加了《刑法》第13条"但书"的内容,构成应然微罪概念。④ 笔者赞同微罪的概念界定应当采用统一的标准。因为采用两种分类标准对微罪进行界定比较模糊,缺乏科学性和严谨性,难以发挥微罪对司法实践的指导作用。并且微罪是衔接于行政处罚和轻微刑事处罚之间的重要组成部分,具有犯罪的属性,而非一般违法行为。因此符合《刑法》第13条规定的"情节显著轻微危害不大"的行为不是犯罪行为,也不能是微罪行为。

(一) 微罪的类型属性

在国外的刑法中,微罪作为一种犯罪类型被规定在刑法规范中。(1)有的国家根据犯罪量的不同对犯罪进行分类。按照罪刑相当原则,轻微犯罪的非难可能性较小,故而应当受到较轻的刑罚处罚或者非刑罚处罚;轻罪和重罪的非难可能性要比微罪更大,因此需要接受更为严厉的处罚。在刑法中,相当数量的微罪和轻罪、重罪之间没有质的区分,只有量的不同。在此意义上,刑法规范中法定刑的差异反映的是罪行程度轻重的不同。法定刑是指刑法对具体犯罪所规定的刑种和幅度⑤,是根据犯罪严重程度的差异(而非质的差异)进行的犯罪分类。这是目前世界上主要国家对犯罪进行分类的普遍做法。除此以外,对不同的犯罪进行分类既具有实体刑法意义,也具有刑罚执行意义。例如德国刑法的犯罪分类就具有实体刑法意义。《德国刑法典》根据违反规范轻重的不同将犯罪分为两类:最低刑是1年以下自由刑或者罚金刑的犯罪为轻罪(Vergehen)(轻微犯罪被包含在轻罪之内),最低刑为1年或者1年以上自由刑的犯罪为重罪(Verbrechen)。⑥ 在英美法系国家的刑法中,犯罪分类具有刑罚执行方面的意义。美国《模范刑法典》依据可判处刑罚的严厉性或者罪犯被收押的监禁处所的种类,将犯罪分

---

① 参见樊崇义、李思远:《认罪认罚从宽制度的理论反思与改革前瞻》,载《华东政法大学学报》2017年第4期。
② 参见储槐植:《解构轻刑罪案,推出"微罪"概念》,载《检察日报》2011年10月13日。
③ 参见姜涛:《破窗理论与犯罪规制模式的重构》,载《国家检察官学院学报》2016年第1期。
④ 参见姜瀛:《劳教废止后"微罪"刑事政策前瞻》,载《学术交流》2015年第11期。
⑤ 参见杨春洗、高铭暄、马克昌等主编:《刑法学大辞书》,南京大学出版社1990年版,第100页。
⑥ 参见〔德〕冈特·施特拉腾韦特、〔德〕洛塔尔·库伦:《刑法总论Ⅰ——犯罪论》(2004年第5版),杨萌译,法律出版社2006年版,第65页。

为重罪(felonies)和轻罪(misdemeanors)。① (2)有的国家的刑法在犯罪分类上既强调质的区分,又强调量的区分。例如《俄罗斯联邦刑法典》第 15 条第 1 款根据行为的社会危害性质和程度将所有犯罪分为四类:轻罪、中等严重的犯罪、严重犯罪和特别严重的犯罪。这种犯罪分类形式正是基于不同犯罪的性质和社会危害程度实现的。②

在我国刑法中,"微罪"既不是特定犯罪罪名,也没有出现在犯罪分类的形式中。事实上,我国刑法中没有出现过"微罪"的字样。虽然刑法没有对微罪进行规定,但是学者开展微罪研究依然具有价值。微罪是罪行轻微犯罪的集合,不是特定的罪名,而是与轻罪、重罪相对应的犯罪类型。犯罪罪名和犯罪类型既有联系又有区别。犯罪罪名和犯罪类型均可以帮助我们认识犯罪的属性。犯罪罪名是犯罪的名称,也是一种符号,其本身作为一种介质引导我们关注具体犯罪,探索犯罪现象。犯罪类型具有区分犯罪的功能,是对犯罪进行同类合并的排列整理。通过犯罪分类,在研究犯罪时可以一目了然地把握犯罪的性质。因此犯罪罪名和犯罪类型都可以帮助我们更好地认识犯罪。犯罪罪名和犯罪类型也是有区别的。一个犯罪罪名中可以涵盖多种犯罪类型,同样一种犯罪类型也能够覆盖多个犯罪罪名。其一,在实践中,可以判处拘役刑的案件包含多个犯罪罪名,例如危险驾驶罪、交通肇事罪、故意伤害罪和盗窃罪等。对于微罪而言,应当着重强调罪量的轻微特性。只要满足罪量轻微的特性,犯罪的可谴责性就小,因而只能判处拘役刑及以下刑罚而不宜重判。其二,在一个犯罪罪名之内,还可以规定多种犯罪类型。司法实践中对于罪量程度的认定主要通过法条中不同的法定刑来实现。具体在罪量设置上:微罪最低,轻罪次之,重罪最高。例如《刑法》第 264 条规定盗窃罪就是典型的在一个罪名中同时设置微罪、轻罪和重罪法定刑的刑法条文。"处三年以下有期徒刑"是轻罪法定刑的规定;处"拘役或者管制,并处或者单处罚金"则是微罪法定刑的规定;"数额巨大或者有其他严重情节的""数额特别巨大或者有其他特别严重情节的""处三年以上十年以下有期徒刑,并处罚金""处十年以上有期徒刑或者无期徒刑,并处罚金或者没收财产",则是对重罪的盗窃罪法定刑的表述。在盗窃罪法条内,集合了微罪、轻罪和重罪三种犯罪类型。同一罪名设置了微罪、轻罪和重罪三种法定刑标准,其根据就在于虽然罪质相同,但是罪量不同,因此可以通过设置不同的法定刑实现区分犯罪类型的目的。

(二) 微罪的量刑上限

在不同国家的法律传统中,刑法对微罪的规定并不一致。有的国家以规定法定最高刑的方式设置微罪。刑法的法定刑是根据犯罪行为、犯罪情节将刑罚分为不同的量

---

① 参见〔美〕彼得·海:《美国法概论》(第 3 版),许庆坤译,北京大学出版社 2010 年版,第 285 页。
② 参见〔俄〕Л. В. 伊诺加莫娃-海格主编:《俄罗斯联邦刑法(总论)》(第 2 版),黄芳、刘阳、冯坤译,中国人民大学出版社 2010 年版,第 32 页。

刑区间。在量刑区间内,法官具有自由裁量的权力。例如美国《模范刑法典》规定微罪的法定最高刑为监禁刑,最高刑期不超过30天。① 我国刑法规定的微罪与轻罪和重罪的区别在于微罪的法定最高刑是拘役。也有的国家以设置法定最低刑的方式规定微罪,如德国。德国的犯罪分类以法定刑的最低刑为基准,即便受犯罪情节和犯罪结果的影响,宣告刑大大超过法定刑的最低刑期也不会改变犯罪的种类。例如轻微犯罪的最低刑是1个月的自由刑或者罚金刑,即使案件中出现了"情节较重"的因素,导致法官最终判处被告人1年的自由刑,该案涉及的犯罪仍然是轻微犯罪,而非严重犯罪。但是有两种例外情况:第一种例外情形是,如果刑法明确规定了加重的犯罪结果,在具体案件中也出现了加重的犯罪结果,那么犯罪性质就发生了转变,即由轻微犯罪转变为严重犯罪。另外一种例外情形出现在故意杀人犯罪中。虽然故意杀人行为是重罪,但是受他人嘱托实施的杀人行为却是轻罪。②

我国刑法理论以拘役为界限对微罪和轻罪进行区分,并认为我国刑法中的微罪应以拘役作为最高法定刑。对于我国刑法而言,给微罪的范围划出最高的法定刑,客观上也明确了微罪的最低法定刑。例如在危险驾驶罪中,刑法明确规定了法定最高刑为拘役,法官只能在拘役以下(包括拘役)进行裁量。虽然危险驾驶罪最高可以判处6个月的拘役刑,但是并非一定要判处拘役刑实刑。根据举重以明轻的法则,从刑法理论上而言,对于罪行轻微的危险驾驶罪可以判处管制刑或者其他附加刑,也可以判处非刑罚处罚。在审理微罪案件时,法官可以适用刑罚处罚,也可以适用刑事替代措施和非刑事处罚方式。虽然微罪的量刑都是在拘役刑及以下作出的,但是在司法适用中需要对不同情形的犯罪进行细化,继而作出不同的判决。因此对于罪行轻微的犯罪而言,法定刑是轻微的;对于罪行比较严重的犯罪而言,法定刑相对是严厉的。除了拘役刑以外,对于微罪还有多种制裁措施。例如情节轻微的,可以采用罚金刑或者免予刑事处罚;满足缓刑适用条件的,可以适用缓刑措施;还可以根据犯罪性质的需要,适用资格刑。比如限制网络犯罪的被告人进行上网活动,或者在证券金融类犯罪中,对被告人适用从业禁止的规定等。

随着以审判为中心的司法改革的深入展开,刑事审判中的绝大多数轻微刑事案件(包括大量的微罪案件)的程序得到了简化。在明确了微罪概念之后,微罪案件的诉讼程序也得以明确化。无论是刑事案件的快速审理,还是开展认罪认罚从宽制度的试点工作,这些简化的诉讼程序都在客观上提高了微罪案件的审判效率。我国刑法分则中规定了几百个可以判处拘役的犯罪罪名。在微罪概念没有提出之前,法官在审理罪行

---

① 参见储槐植、江溯:《美国刑法》(第4版),北京大学出版社2012年版,第4页。
② 参见[德]冈特·施特拉腾韦特、[德]洛塔尔·库伦:《刑法总论Ⅰ——犯罪论》(2004年第5版),杨萌译,法律出版社2006年版,第66页。

轻微的刑事案件时,往往跳过拘役刑适用的可能性,直接从有期徒刑以上的法定刑开始量刑。优先适用有期徒刑的做法忽视了微罪存在的可能性,也造成了拘役刑虚置的现象。究其原因主要有二:其一,司法工作人员对拘役刑缺少裁判经验,因而对于拘役刑相关的适用范围不甚明了。其二,因为长期存在的重刑思维惯性,法官通常也不会在拘役刑以下对轻微刑事案件进行处罚。立法中的拘役刑得不到司法上的优先适用,客观上就导致刑罚威慑效应递减的结果。这集中表现为该判拘役刑的案件不判拘役刑,而是加重刑罚,使得最终判决结果以有期徒刑为主要量刑选项,而不将更加轻缓的拘役刑作为优先适用的刑罚种类。

(三) 微罪的内部分类

根据拘役刑立法形式的不同,可以将微罪分为法定拘役和权衡拘役两类。① 在立法层面,直接规定最高刑是拘役的犯罪称为法定拘役。刑法中一共有 3 个法定拘役的微罪罪名,分别是危险驾驶罪、使用虚假身份证件、盗用身份证件罪和代替考试罪。法定拘役是典型的微罪,并且何种行为应当纳入法定拘役的矫治范围取决于社会现实的选择。在刑事法律文本修订过程中,微罪罪名的条文规范需要被谨慎对待并且反复确认才能被纳入到刑法中。3 个法定拘役的增设时间都不算长。危险驾驶罪于 2011 年通过《刑法修正案(八)》被写进刑法。使用虚假身份证件、盗用身份证件罪和代替考试罪则是在 2015 年通过《刑法修正案(九)》被修正进刑法。由于法定拘役的立法时间较短并且罪名稀少,所以尚不能将这 3 个犯罪的特征都归纳成微罪类型的普遍特征。同时,对于司法适用中出现的困境,在耐心等待法律适用效果的同时,还得扫清微罪适用过程中的障碍。实务部门工作人员应当秉持开放的思维,正确看待轻微犯罪以及轻微刑罚适用的社会反应。一方面,微罪不是免刑处罚。微罪被错误理解为免刑就失去了立法价值,造成刑法虚置的局面,在社会治理中也不会起到应有的效果。另一方面,微罪不能参照轻罪标准定罪量刑。一旦微罪比照轻罪的量刑标准进行处罚,就会造成刑罚越判越重的后果。为了区分微罪和轻罪之间的罪刑轻重,只能将轻罪的法定刑升格,从而容易产生多米诺骨牌效应。对微罪处以轻罪刑罚客观上"倒逼"刑法提高量刑标准,导致对于更加严重的轻罪只能升高刑罚。因此微罪立法可以降低刑事案件的量刑起刑点。

法定拘役是指法律规定只能判处拘役这一种剥夺自由刑。还有一类微罪,在法条中同时规定有拘役刑和有期徒刑,并且法官作出拘役刑及以下刑罚裁决,我们将之称为权衡拘役微罪。在微罪概念的内涵中,法定拘役行为和权衡拘役行为都具有轻微不法性的特征。因此二者在刑法适用上并无较大区别。从刑法运用的角度来看,将法定

---

① 参见储槐植、李梦:《论说"微罪"》,载赵秉志主编:《当代中国刑法立法新探索——97 刑法典颁行 20 周年纪念文集》,法律出版社 2017 年版,第 25 页。

拘役和权衡拘役划分为微罪犯罪类型,体现刑罚的宽容性,从而进一步贯彻"宽"的刑事政策。但是法定拘役和权衡拘役二者在立法上仍然存在区别。法定拘役的罪刑条款直接以拘役刑作为法定最高刑出现;权衡拘役的罪刑条款无法体现轻微的不法性,是由法院处以拘役刑以下刑罚显现行为的轻微不法性。例如盗窃罪,根据对应的犯罪情节和犯罪数额,包含了无期徒刑、有期徒刑、拘役三种剥夺自由刑。目前,法定拘役的犯罪只有3个,而贯穿于刑法分则各个章节中的权衡拘役的罪名共有391个。① 因此,微罪的数量是很庞大的,微罪的理论对于刑法分则的所有章节都具有极大影响。

二、微罪的理论内涵

刑法微罪是针对具体法益保护的立法,应当与整个刑事法理论体系相协调,不能脱离刑法理论的指导。微罪立法的实质是对危害行为或者危险的犯罪化处置,在犯罪化的设定上不仅要符合正义观念,还要具有内在合理性根据。② 微罪立法代表了一种高水平的精细化刑事立法技能。立法技能是一种近似"建筑术"(architectonic)的技能。③ 高超的立法可以完成保障公民权利与维护社会安全的双重任务,从而构建一种稳定的社会秩序。因此微罪立法既要应对社会治理中存在的违法现象,还应当与其他相关部门法协调。

(一)衔接违法行为

对于现代刑法而言,刑法正在由对犯罪人产生威慑作用向预防犯罪功能发生转变。在风险社会中,微罪的内涵具有多样化特征。在实然法层面,微罪指那些已经被刑法规定为犯罪的危害行为。对于微罪案件而言,当刑事犯罪发生之后,应当着力解决刑事责任分配问题;当刑事犯罪可能发生但是尚未发生之时,则重点应该通过立法预防犯罪。④ 在应然法层面,微罪除了包括实然法层面的微罪,还包括应当被一国刑法规定但尚未被规定为犯罪的危害行为。我国刑法条文中只有3个微罪罪名,数量是稀少的。不仅如此,在司法适用中微罪的范围过于狭窄。刑法的任务是保护法益,但是保护法益的手段不限于刑法。对于微罪而言,除了刑事法律制裁以外,行政制裁也是重要的法益保护形式。我国的违法制裁体系中存在强大的行政制裁手段。那些危害程度达不到判处有期徒刑以上刑罚的法益侵害行为,长期受行政机关的管辖。因此犯

---

① 参见储槐植:《刑法现代化本质是刑法结构现代化》,载《检察日报》2018年4月2日。
② 参见高铭暄:《风险社会中刑事立法正当性理论研究》,载《法学论坛》2011年第4期。
③ 参见〔美〕施特劳斯:《古典政治理性主义的重生——施特劳斯思想入门》,郭振华等译,华夏出版社2011年版,第102页。
④ 参见刘宪权主编:《人工智能:刑法的时代挑战》,上海人民出版社2018年版,第1页。

罪行为与一般违法行为之间的关系受刑事司法体系与行政制裁体系关系的影响。伴随刑事法治领域的扩大和行政范围的限缩,对于行政制裁没有起到治理效果的一部分违法行为,刑事立法正在逐渐将其纳入自己的范畴之中。例如部分多发性违法行为,虽然受到了行政处罚,但由于违法成本较低等因素的影响,导致违法现象的治理效果并不理想。

有些行政违法行为形式上也符合微罪构成要件的规定,使得行政处罚与刑事处罚的适用范围出现部分交叉。① 当以空白罪状形式规定的刑法条文与其他法律之间出现重合或者空白的时候,需要立法部门及时进行法律审查,保证法律部门之间彼此衔接,共同发挥维护社会秩序的作用。在过去很长一段时间内,我国对于行政权的限制不足,使得行政权力无法受到司法审查的监督,进而出现了比刑事处罚更加严厉的行政处罚方式,例如劳动教养、收容教育等。虽然刑事司法与行政制裁都是社会治理不法行为的重要手段,但是二者在发挥制裁社会不法的作用时,往往是非此即彼的关系。当行政制裁体系的力量过于强大时,刑事司法的力量就会式微,从而使刑事立法无足轻重。刑事立法的功能减弱加剧了刑事立法的僵化,刑事立法的僵化又反过来束缚刑事司法解决实际问题的能力,最终刑事法律制裁体系就陷入了一个恶性循环。因此,要使刑事制裁体系获得发展,就应当对行政制裁进行限制。对行政制裁的限制并非是对行政制裁体系打击违法行为的能力进行否定。相反,我们应当肯定行政制裁体系对于维护社会治安的稳定具有举足轻重的地位。实践中大量达不到刑事处罚标准的治安案件通过行政制裁的途径最终得以治理。只有当行政处罚不能将违法现象维持在较小规模以内的时候,对于不法行为的治理不力才会导致刑事立法的犯罪化处遇。

刑法对于行政法的补充作用是相对的。根据"一事不再罚"原则,对于同一违法行为,不能在采取行政处罚的同时又对该行为采取刑事处罚。一般情况下,司法机关应当优先选择适用行政处罚的制裁手段,而不能优先适用刑事制裁手段。在法定犯领域,行政法是法秩序的建立者。因此在秩序被违反的情况下,应当优先适用行政法进行法律制裁。在自然犯领域,在法秩序受到轻微违反的情况下,行政法就应作为优先适用的法律依据得以运用。当自然法的法秩序受到严重危害的时候,侵害行为需要受到严厉的惩处。而刑罚处罚作为最严厉的法律制裁手段,理应优先适用。② 因此,刑事制裁的适用前提可以归结为以下两点:其一,行政机关采用的制裁手段达到的效果有限,行政处罚无法抑制不法现象的扩张势头。违法现象没有得到有效遏制,会对社会构成威胁。其二,行政权在行使过程中不能很好地贯彻落实。中国疆土范围辽阔,人

---

① 参见陈建旭:《犯罪与行政违法行为之规范理论与界限》,载戴玉忠、刘明祥主编:《犯罪与行政违法行为的界限及惩罚机制的协调》,北京大学出版社2008年版,第257页。
② 参见袁彬:《刑法与相关部门法的关系模式及其反思》,载《中南大学学报(社会科学版)》2015年第1期。

口庞大,导致监督国家工作人员行使行政权力的任务异常艰巨。在自上而下的行政治理模式中,行政执法者的个人因素极大地干预了行政权的走向并在一定程度上影响了行政目的。由于个人因素,行政执法的可预期性偏离了社会治理的正常轨道。为了保证违法行为得到及时可控的治理,刑法可以针对个别违法行为进行犯罪化处遇。从公平正义的角度来看,人治的可控性远不如法治的可控性强。人们选择做自认为"正确"的事情,而不是"正义"的事情。"正义"可以体现在预先确立的秩序法则中,而"正确"与否要看这个具体的法律后果与支配执法者行为的目的是否相一致。"正义"和"正确"都来源于人们的理性意识形态。只有"正确"不足以促成行政执法达成"正义"的结果。

(二) 严密刑事法网

在目前危害社会行为的二元治理体系中,微罪立法将行政法规范的一部分违法行为纳入犯罪圈,标志着犯罪门槛的下降,导致犯罪圈扩大。表面看来,犯罪圈的扩大与刑法谦抑性原则不相符。犯罪化似乎是僭越刑法谦抑性原则的一种表现。然而,从保障人权的角度而言,微罪并没有与自然权利产生冲突,更没有与法治发生矛盾。

首先,刑法的谦抑性原则是刑法解释论的一项重要原则,而不是刑法立法论的基本原则。刑法谦抑性是针对发动刑法的场合提出的,而发动刑法特指刑法的司法适用。也就是说,刑法的立法并不以刑法谦抑性作为基本原则。因此,刑法谦抑性的三个特征即刑法的补充性、刑法的不完全性以及刑法的宽容性都是针对刑法的适用场合而言。① 虽然,解释论与立法论在"什么是犯罪"这一实质判断上具有连续性,但是对现行刑法进行解释的学问是解释论,而立法论是通过讨论法律规定怎样的犯罪,以此创设成为解释前提的法律本身。② 所以,刑法解释的讨论应当在刑法立法之后开展。刑法的补充性指刑罚手段应当在其他非刑罚手段控制不充分的时候才能被启用。刑法的不完全性意味着刑法并非适用于任何场合,符合构成要件的危害行为是刑法发生作用的重要前提。刑法的宽容性表明,如果要适用刑法,危害行为应当满足质与量的双重条件,即侵害行为不仅符合犯罪构成要件,而且要达到相当的危害程度。也就是说,对于危害程度较小的侵害行为,即使符合犯罪构成要件,也不宜动用刑法。

其次,社会中蕴含着犯罪的萌芽,犯罪行为的选择问题才是犯罪圈变化的根本前提。犯罪是受社会环境影响的,犯罪原因是由社会中的多方面因素促成的。危害行为受到刑法制裁的因素是复杂的,不涉及社会因素而讨论犯罪圈的大小肯定是不可靠的。犯罪圈扩大意味着非犯罪行为被纳入刑法体系而成为犯罪行为。当然也允许将不再适合刑法规制的犯罪行为逸出刑法体系成为非犯罪行为。只是这一进一出的行

---

① 参见〔日〕平野龙一:《刑法的基础》,黎宏译,中国政法大学出版社2016年版,第106页。
② 参见〔日〕前田雅英:《刑法总论讲义》(第6版),曾文科译,北京大学出版社2017年版,第4页。

为数量是不平等的。要达到犯罪圈的扩大,必须使进入刑法的行为个数多于逸出刑法的行为个数。对于犯罪圈的讨论是刑事立法政策的范畴,不是刑法解释的领域。

再次,刑法谦抑性是指刑罚裁量应当轻缓化,不能变本加厉。刑法的现代化归根到底是刑法结构的现代化①,刑法结构的现代化最终落实在刑法结构的"严而不厉"上。"严"指的是犯罪圈扩大,"厉"指的是刑罚的苛厉,"不厉"则意味着刑罚轻缓化。从刑法结构的角度而言,"严而不厉"的刑法结构通过对道德底线进行刚化,有助于公民明确规则意识,通过对刑罚量的控制,践行刑法谦抑性原则。②

最后,在认定犯罪的过程中,刑法的首要考量并不是谦抑,而是在社会发展中人们的普遍立法需求。我国政府在处理与市场的关系中,遵循"简政放权、放管结合、优化服务"的政策,使市场主体的地位进一步得到加强。市场自身的调节功能逐渐取代了事前的行政控制。与政府的控制方式相比,市场调节的规制手段变得更为缓和。对于经济领域而言,经济全球化让规制缓和成为全球范围内的市场经济的必然趋势。国家通过创设新的刑罚法规的方式,对破坏经济领域市场公正性、透明性和健全性的行为进行制裁。因此扩大犯罪化的范围对刑法提出了以保障市场运行相关规则为目的的新的犯罪化要求。③ 刑法是国家对犯罪的反应,而行为之所以被认定为刑法学意义上的犯罪,需要根据社会中发生的犯罪现象进行抽象归纳和总结。哪些行为被规定为刑法学中的"犯罪"其实是由犯罪学中的"犯罪"决定的,而不是由刑法决定的。对于行为犯罪化的取舍是刑法立法论的问题,应当基于社会的犯罪现象,而不需要就该行为讨论刑法该如何解释。

总之,刑法结构在走向现代化过程中也推动着社会的发展,未来社会的刑法萌发于现在的社会之中。法律不仅改变了人们的行为模式,还引导着人们的行为,使人们自觉地按程序制定法律、遵循法律。这样一来,法律塑造了法治社会的环境,使人们产生了对于法治社会的期待。④ 社会整体法治环境水平将直接决定未来刑法的走向。伴随法治环境的不断优化,刑法必然会向轻缓化稳步发展。

(三) 促进刑罚趋轻

现代刑罚的轻缓化要求刑罚的种类日益多样化。现今社会,大众普遍对轻微犯罪,尤其是法定犯,不再存有简单报复的心态。司法机关应当遵循罪责刑相适应原则,犯了多大的罪就应当判处相应轻重的刑罚。因此,对于罪质较轻的犯罪应当施加轻缓的刑罚。在刑罚体系中,轻微犯罪配置了多种刑罚方法,在程度上刑罚趋轻,在形

---

① 参见储槐植:《刑法现代化本质是刑法结构现代化》,载《检察日报》2018年4月2日。
② 参见储槐植、何群:《刑法谦抑性实践理性辨析》,载《苏州大学学报(哲学社会科学版)》2016年第3期。
③ 参见〔日〕佐伯仁志:《制裁论》,丁胜明译,北京大学出版社2018年版,第30页。
④ 参见王晓升:《哈贝马斯的现代性社会理论》,社会科学文献出版社2006年版,第287页。

式上灵活多样,便于司法机关操作。一是在已有犯罪中,对于轻罪部分采取扩大缓刑或是非刑罚的替代制裁方式。在已有犯罪中进行刑罚轻缓化需要谨慎选择。不仅要考虑我国特定领域犯罪高发的严峻形势,还要兼顾我国社会文明程度的现实需要。因此应当允许我国在微罪及刑罚的认识上与其他国家存在出入,不能在当下就按照欧美国家的模式在中国实行全面轻缓化的刑罚政策。① 二是对于新增设的轻微犯罪,应当配置更为宽缓灵活的刑罚。传统的刑罚种类具有行政罚化的倾向,例如在刑罚中增加职业禁止的规定。同时越来越多的刑事案件通过民事处罚的方式得到了妥善处理。② 考虑到报应与功利二元统一的刑罚目的,对轻微罪行及主观恶性不大的罪犯而言,可以处以非刑罚处罚方式,诸如民事赔偿、向被害人赔礼道歉等民事处罚措施。

微罪的法定最高刑是拘役刑,拘役刑作为典型的短期自由刑,虽然饱受争议,但是不能被废除。就刑罚体系整体而言,一旦废除拘役刑,就会破坏刑罚体系的完整性和严密性,形成处罚空当,导致罪刑失衡。③ 拘役作为主刑刑罚的一种,具有自己的优势。第一,与管制刑相比,拘役刑的惩罚强度更大。拘役刑是剥夺人身自由的刑种,而管制刑只能限制他人的人身自由。剥夺自由刑相较于限制自由刑具有更大的威慑力,所以短期自由刑还是可以震慑普通民众,起到一般预防的功效。虽然拘役刑的行刑效果饱受争议,但是拘役刑作为与微罪对应的法定刑刑种,是符合罪刑相当原则的。况且,也没有其他更好的制裁方式可以替代拘役刑来惩罚被告人,以实现公平正义。第二,与罚金刑相比,拘役刑对轻微犯罪人更具有实质的公平性,避免了经济水平带来的刑罚执行上的不公平。④ 第三,与有期徒刑相比,由于拘役刑的刑期短,被告人的服刑时间短,提高了羁押场所的周转速度以及羁押场所的利用率。

过高的惩治犯罪成本有可能抵消惩治犯罪给社会带来的红利,而且一味强调刑罚的惩罚效力会偏离当代刑法人权保护的主线。在改革和完善拘役刑方面,可以采取易科限制自由刑的方式替代拘役刑。考虑到微罪的轻微罪质属性,以及微罪的被告人人身危险性最小,在刑罚执行方式上,法官会选择缓刑作为拘役刑的刑罚替代方式。缓刑既有利于彰显正义,还有利于从源头拔除犯罪的隐患。缓刑这一刑罚替代措施以及其他非限制人身自由的处罚方式(例如,罚金刑、资格刑)对犯罪治理具有积极意义。以危险驾驶罪为例,根据中国裁判文书网的统计,2011年至2017年,全国范围内基层法院依据《刑法》第133条之一(危险驾驶罪)作出的一审判决书中,适用缓刑的案件共有199655件。而在此期间,全国范围内基层法院适用《刑法》第133条之一作为法律

---

① 参见梁根林:《刑事制裁:方式与选择》,法律出版社2006年版,第39页。
② 参见袁彬:《刑法与相关部门法的关系模式及其反思》,载《中南大学学报(社会科学版)》2015年第1期。
③ 参见王平:《刑罚执行现代化:观念、制度与技术》,北京大学出版社2017年版,第85页。
④ 参见马克昌主编:《刑罚通论》(第2版修订本),武汉大学出版社1999年版,第145页。

依据的一审判决书共有 412374 份。危险驾驶罪中适用缓刑的案件数量占全部危险驾驶罪数量的 48.4%。另外,刑罚的替代措施在微罪治理中具有广阔的适用空间。刑罚替代措施明显要比刑罚处罚更为轻缓,也更能保护公民的人权。根据中国裁判文书网的统计,2011 年至 2017 年,全国范围内基层法院审理的刑事案件的一审判决书中,全部犯罪中适用缓刑的案件共有 932498 件。在危险驾驶罪案件中适用缓刑的案件数量占全部缓刑案件数量的 21.4%。缓刑渐渐成为微罪处罚的重要方法。从经济学的角度而言,被告人一旦被判处实刑,国家与个人是没有多少经济收益可言的。对于国家而言,每一个犯人每天的生活成本是必要的刚性支出;对于被告人个人而言,其在强制监禁期间对国家、社会和家庭是没有任何贡献的。不仅如此,对于被告人的家庭而言,被告人监禁期间,家庭成员也会经历精神和物质的双重艰难。入狱之后的生活之艰可能会带来其他的后遗症。例如犯人的家庭伴随犯人的锒铛入狱而缺少重要经济来源,生活雪上加霜;而犯人的未成年子女成为留守儿童,少有人教养。贫穷不是罪恶,但是赤贫却是罪恶。① 而这些潜在的危害都将隐藏在社会中,随着时间的推移,社会能否消化这些危害是存在疑问的。如果不能在打击犯罪的同时起到遏制犯罪再次实施的效果,那么下一次犯罪的发生将只是时间问题。

三、微罪的实践意义

贝卡里亚认为犯罪行为具有连续性,最低一级的罪行是个人犯下的最轻微的非正义行为。② 根据贝氏的论述,微罪就是刑法中对应于最低一级刑罚的犯罪种类。微罪立法不是停留在罪与非罪的纯粹理论阐述,而是基于反复思量和经验的不断淬炼,穿梭于理论到实践之间的,不断推演、观察和确证的互动过程。任何社会所主张的"权利"都要从实践中获取,而非纸面上的"权利"。对于受保护的法益进行论证,也是微罪立法需要考虑的。微罪立法所保护的法益虽然由刑法规定,但是法益受刑法保护的正当性来源却在刑法之外。刑法中的微罪规定只是刑法对法益保护的表达方式,刑法不是法益保护的依据。如果说刑法所保护的法益正当性来源在刑法之中,等于是循环论证,并没有对微罪保护法益进行正当性的实质解释。不能将法益保护的表述方式等同于法益保护正当性的来源。人们的自然权利不会因为微罪的出现而受到减损和增益。在刑事立法之前,微罪规定的行为并没有侵害应受刑法保护的法定权利。微罪立法是采用刑法制裁的手段对相关权利积极保护。譬如,社会中存在的大量醉酒驾驶行为是

---

① 参见〔俄〕陀思妥耶夫斯基:《穷人的美德:陀思妥耶夫斯基天才犯罪论集》,刘开华等译,陕西师范大学出版社 2003 年版,第 2 页。
② 参见〔意〕切萨雷·贝卡里亚:《论犯罪与刑罚》,黄风译,北京大学出版社 2008 年版,第 18 页。

醉驾入刑的根源。而大量的醉酒驾驶行为对社会安全造成了极大的风险。

（一）践行法治建设

　　刑法不应像开水般沸腾,也不能自甘沉寂。在人工智能时代,刑事风险既包括使传统犯罪的危害发生"量变"的风险,还包括出现新型犯罪的风险。如今,人工智能技术在社会生活中呈全方位蔓延的趋势,扩大了高智能犯罪的范围。同时人工智能技术还可以革新犯罪工具以及犯罪手段,导致新技术领域的犯罪对社会造成的危害远比传统犯罪更为严重。例如为了应对滥用数据的风险,可以在刑法中增设新的滥用数据的犯罪形式,从而增强数据的安全防护性。[1] 犯罪行为对社会造成的危害程度与应受刑事惩罚相对应。危险驾驶罪作为第一个法定拘役的微罪,它的出现带有刑罚改革的意义。司法案例统计数据显示,在2009年之前醉酒驾驶犯罪呈多发、高发态势。在危险驾驶罪尚未出现以前,司法实践就有对于醉酒驾驶行为进行审判的判例。例如在孙伟铭因醉酒驾驶导致四死一伤案件中,二审法院最终认定孙伟铭犯以危险方法危害公共安全罪,对其判处无期徒刑。[2] 如果不对醉酒驾驶的陋习进行规制,社会中频发重大醉酒驾驶事件,对社会公共交通秩序也会造成破坏。分析刑法中对应违反交通秩序的规范,除了危险驾驶罪,其他犯罪都规定了有期徒刑以上的刑罚处罚。有期徒刑的严厉程度明显与大众对醉酒驾驶行为的量刑期待之间存在很大差距。醉酒驾驶应当得到有效治理,但是不适宜适用有期徒刑以上的刑事处罚。因此,对危险驾驶罪判处拘役刑及以下的刑事处罚客观上降低了违反交通法规类刑事案件的刑罚投入量,从而促使刑法结构向轻刑化转向。

　　将危险驾驶罪写进刑法,并不代表危险驾驶罪一律需要刑事处罚。在刑事立法已经存在的前提下,司法机关如果没有妥当地适用法律,有可能连立法的好处都被一并抹杀了,甚至还会带来对于立法动机的质疑。一旦受刑罚处罚的人获得略微严厉的处罚,当受处罚人自身遭受的痛苦加剧时,其他人往往会倍加同情受处罚人,此时受刑罚处罚的人更容易损害大众对刑事法律的信仰和认同感。与此相反,如果对触犯微罪的人不进行处罚,这样做不仅没有让犯罪人感受到任何痛苦,还通过社会"共享"的方式稀释了原本应当由行为人承担的惩罚后果。要想建设法治国家,除了需要先进的刑事立法,更重要的是让刑法运行起来。无论是多么正当的立法,在还没有被国家承认之前,就不能算成功的法治实践。有先进刑事立法的国家只能是"法制"国家,不一定就是"法治"国家。人们宁可选择有担当、有力量的司法机关,也不会愿意相信一部不能解决实际问题的刑法能具有正义属性。以危险驾驶罪为例,自危险驾驶罪出现以

---

[1] 参见刘宪权主编：《人工智能：刑法的时代挑战》,上海人民出版社2018年版,第17—20页。
[2] 参见《孙伟铭醉驾案》,载中国网(http://opinion.china.com.cn/event_7_1.html),访问日期：2019年7月18日。

来,拘役刑的案件数量迅速攀升。根据中国裁判文书网的统计,2011年至2017年,全国范围内基层法院适用《刑法》第133条之一作为法律依据的一审判决书中判处拘役刑的案件共有406871件,而同一时间内处以拘役刑的判决书总计741143份。在全部判处拘役刑的案件中,危险驾驶罪占54.90%,成为拘役刑数量最多的罪名。

由于我国刑法结构中长期阙如微罪,导致司法人员在理念上忽略了微罪的刑事责任。一方面,拘役刑得不到重视,限制了拘役刑在刑罚执行阶段优化矫治的效果;另一方面,刑罚重刑结构造成司法实践中法官适用刑罚越来越重。在微罪刚出现的阶段,由于刑事立法具有概括性,在人们缺乏认知微罪的前提下,并不清楚微罪在刑法发展中的地位和作用。立法不能涵盖实践中的所有情形,因此对于实践中出现的各种疑难案例,司法机关应当谨慎对待。实践经验表明,特定的疑难案例具有改变我国刑事法治轨道的力量。正义之锤在似是而非之间徘徊,一旦最终的审判结果超出了心理上可以承受的普遍预期,社会大众就会对微罪产生排斥的态度。另外,在界定罪与非罪中缺乏对微罪行为和情节的明确区分,导致大众在处罚轻微犯罪的反应上存在"处不处罚无所谓"的模糊态度。虽然刑事立法中已经出现了微罪的法律规定,但是对于微罪的审判还存在一个摸索的过程。我们对微罪的研究越深入,越能敏锐地发现在社会管理中存在着许多被立法忽视的违法现象。总之,微罪在提高社会法治水平上发挥着以点带面的作用。

从法律制裁的层面而言,实现公民的权利保护需要刑法和其他部门法共同发力。只根据刑法规定对犯罪人进行刑事处罚,却没有相关部门法的配合,虽然可能也会起到遏制犯罪的作用,但是容易造成犯罪人数激增的不良后果,最终导致大量案件积压。因此,为了更好地配合刑法的实施,相关法律都会及时进行调整。就整体法律体系而言,部门法之间彼此协作、与时俱进,可以达到有利于健全社会法治的功效。就部门法之间的关系而言,其他部门法充分发挥前置法律的功能,有利于刑法实现惩治犯罪和保护权利的目的。例如在醉驾行为和考试作弊行为被写进刑法之后,立法机关为保障刑法的顺利实施,相继修订了《道路交通安全法》和《教育法》。与刑法相比,这两部法律的修订在保护公民权利上具有更明确和更完善的前置性法律保护功能。

(二) 预防犯罪发生

伴随现代社会的复杂化和各种危险的出现,刑法具有的犯罪预防特征逐渐显现出来。[1] 在所有预防犯罪的模式中,刑事立法采用较小的代价就能达到预防犯罪的效果。对于宏观层面的社会治理而言,在众多社会治理模式中,刑事制裁是数种具有打击预防犯罪功能的社会治理方式之一。实际上,预防犯罪是整个社会的责任。经济、政治、文化、教育、法律等需要共同发挥作用,才能将犯罪控制在最小范围。单依靠刑法打击

---

[1] 参见张明楷:《刑事立法的发展方向》,载《中国法学》2006年第4期。

犯罪,容易造成刑罚过于严厉的后果。20 世纪 80 年代是中国刑事犯罪案件快速增长的时期。在此期间,我国在社会治理中采用了"严打"的方式遏制刑事犯罪上升的势头。然而"严打"的代价太大,不能作为治理社会的长期方式。因此,刑法运行得再好,也无法独自承担社会发展的重担,仍然需要社会各方面协同发展。当行政法已不能预防犯罪并满足被害人的感情,国家应当运用刑罚处罚非法行为。① 在法治社会时期,刑法应当坚持不懈地预防犯罪,修补那些看不见的、隐藏的社会关系。这样做的目的并不是要消灭犯罪行为,而是要在犯罪行为出现时及时止损,以确保其不会对社会产生更大的危害。因此出于预防犯罪的考量,慎重地适用刑法是恰当的、必要的。

  积极的微罪执法可以教给人们相关的法规和法律知识,警告人们不要违法。并且惩治微罪可以增强国家对社会的控制力,防止社会从严重不法行为走向失序状态,增强人们对社会的认同感和安全感。例如,代替考试罪实质上是对全国的考试秩序进行的保护。在替考作弊行为入刑之前,诚信为人只能算是一种令人称许的品行,但是在巨大的利益面前,品行往往不值得一提。那些在高考中通过考试作弊而进入大学的事例,无疑刺激着那些废寝忘食学习的考生及其家长的神经。尤其像高考这样的全国范围选拔考试,对金榜题名的考生而言,高考是鲤鱼跳龙门的转折点。再没有比高考这样至关重要的考试,更能引起全社会的广泛关注了。因此在高考中发生的代替考试行为具有重大的社会不良影响,并且拉低了整个社会的诚信水准。再如,对于那些通过考试作弊而获得各种从业执照的人而言,随着考试的难度加大,作弊行为对社会造成的危害也愈加恶劣。实证法学将犯罪与刑罚之间的关系看成病人和医生的关系,而非作恶者和复仇者的关系。微罪内含的道德缺失现象不足以引发大众道德评价的欲望。并且微罪中的犯罪人不足以被评价为"恶人",微罪中也不存在事实上的复仇者。我们希望自身生活的社会是公平的,不只是法律面前的平等,还要消除恶行导致的不平等。虽然刑法不会针对素质低下的人和行为加以立法,但是通过不当的行为而造成不平等的社会秩序却是刑法不能容忍的。

  对于一般大众而言,法律的神圣职责在于维护日常生活的有序进行,从而促使人们形成良好的习惯,遵守社会秩序。对于潜在犯罪人而言,微罪立法可以抑制他们的犯罪意图,确保他们遵守刑法规定。由于微罪的道德批判性不显,社会对微罪的批判程度也不像轻罪和重罪那样激烈。在治安良好、井然有序的社会中,更容易发展一套可行的法律秩序,对社会治理中的每一个人发出强烈的信息:这个社会具有法律秩序,违反者将付出代价。虽然微罪的道德批判性不显,但是微罪行为具有一定的社会危害性。微罪立法可以起到降低一般民众面对违法行为产生的恐惧心理。刑事法律

---

  ① 参见〔日〕西原春夫:《刑法的根基与哲学》(增补版),顾肖荣等译,中国法制出版社 2017 年版,第 57 页。

是最有能力阻止犯罪的干预方式之一,对于犯罪行为,人们的注意力已经从关注侵害行为转移到侵害行为带来的司法反应上,刑法的护佑让人们变得安心和冷静。

(三) 治小罪防大害

对于具体微罪而言,微罪的刑事制裁经历了从无到有的过程。在微罪出现之前,侵害行为没有受到刑事制裁;在微罪出现之后,犯罪行为要受到刑事制裁。然而从建设法治社会的角度来看,对于违法行为适用刑法进行规制并无不妥。刑法调整社会秩序应当秉持无私和公正。启用刑法来惩治犯罪行为,并没有失去人们的支持。恰恰相反,如果没有微罪,社会危险堂而皇之地存在着,反而容易引发社会恐慌,尽管人们的权利没有受到侵犯,但是潜在危险得不到清除。治理微罪的目的不仅仅在于惩罚,更体现为教育。教育需要对人们的行为进行适当的引导。刑法对于微罪刑罚规定了上限,却没有规定下限,在关于微罪的司法实践中,对行为人不可以逮捕,更不能判处有期徒刑以及以上刑罚。这意味着在对于微罪行为的制裁上可以选择更为柔和的处罚方式。正因为处罚轻微,微罪更贴近人们的日常生活,可以使人们早早地认识到什么是刑法禁止的行为。轻微犯罪较一般犯罪而言,更容易辨认。对于微罪,人们一眼就能辨认出什么是违法的行为,有犯罪冲动的人因为忌惮刑罚,就不会做违法的事情,刑法因此达到了特殊预防的目的。对于没有犯罪的普通民众而言,其在日常生活中也间接感受到了刑法的施行,达到了普法的效果,刑法就起到了一般预防的目的。而轻罪、重罪因为刑罚程度的加深,触犯轻罪或者重罪的罪行比较严重,导致这两种犯罪类型距离人们的日常生活较远,人们对于轻罪和重罪一边忌惮着,一边缺乏着认知。对于多数犯罪而言,虽然不是故意隐藏于刑法的深闺之中,但也确实存在于一般的社会公众视野之外。刑法分则规定的犯罪大都带有神秘性,特别是法定犯,就连非刑法专业的法科生恐怕也难辨一二,所以人们对这些犯罪的无知也是情有可原的。总而言之,微罪的广泛传播充分体现了教育作用,而刑罚轻微又显示了保障人权的功能。

根据宽严相济的刑事政策,对于轻微罪质的犯罪,刑罚在适用中不宜过于严厉。"只严不宽"就会使宽严相济刑事政策黯然失色。只提高刑度和扩张制裁,会将刑法修正引入重刑化的窠臼之中。将轻微犯罪行为从社会行为中予以区分,通过确定一个最轻微的犯罪来决定何种行为是犯罪行为,就在罪与非罪之间划出了明确的界限。明确犯罪行为的边界有利于司法机关更好地适用法律,也有利于引导人们在日常生活中合法行事。在轻微犯罪的修订中寻求更为宽缓的治理犯罪路径,这是两极化刑事政策最重要的指引方向。就宽严相济落实到刑罚处罚上而言,要求对轻微犯罪的被告人,以教育改造为主,以严格惩罚为辅。举例而言,危险驾驶罪入刑以来,事实证明在规制相关违法驾驶行为方面是卓有成效的。同时,危险驾驶罪判处拘役及以下刑罚还影响了社会危害性程度相类似的其他犯罪的处罚。例如,对交通肇事罪的行为进行刑罚调整。在危险驾驶罪入刑之后,一部分情节轻微的交通肇事罪与危险驾驶罪存在刑罚差异。在交通肇事犯罪与危险驾驶犯罪的犯罪类型程度类似的案件中,司法机关在处理交通肇事犯罪案件时,会与危险驾驶罪进行比较,不仅主刑会降低,而且附加刑也会酌情缩减。因此,对于刑法规范中新增罪名的修订,不仅要从单纯犯罪化的规定来思考,更要考虑到不同犯罪类型之间可能存在的影响。①

刑法中的微罪罪刑条款同时包含犯罪和刑罚两侧。犯罪侧在评价犯罪行为时,仍然是法律评价,而非道德评价。微罪行为并不是最低限度的道德行为,微罪也并非都具有道德上的恶。危险驾驶罪作为典型的法定犯,虽然违反了《道路交通安全法》的规定,但是不显示道德谴责性。我们在众多社会行为中将微罪区分出来,并不是要在善与恶之间再做出更为准确的界限,或者重新界定何为善、何为恶。善与恶的主观性太浓厚,我们不能将之作为刑事立法的依据。刑法作出的评价只能是法律评价,犯罪人接受法庭审判,承担法律责任并且接受法律裁判。但是道德理念是对内在道德准则侵害的把握,而不能将其作为外在法律的侵害加以理解。作恶之人遭受道德审判、受到道德谴责是法律范畴之外的问题。虽然多数情况下,在刑法实现保护权利的同时也会附随地带来一定的道德评价,但是社会赋予每一个人自由的意志,以选择行善抑或作恶。就算对于声名狼藉的恶人,也不能认为恶就是刑法应当启动的借口。根据实证派犯罪学理论,犯罪人之所以犯罪,一方面是出于个人的、自然的和未必道德的状态,另一方面是因为生活在从内部和外部都促使其走向犯罪的因果关系链条的环境中。②

四、结语

刑法研究一方面要抛弃落后的刑法理念,另一方面还要对先进的刑法理念展开挖掘。微罪理论就是在先进刑法理念指导下的制度研究。在当代社会,建立在新技术体系之上的法律控制体系是开展刑法研究的基石。刑法制度和刑法技术都是刑法理念的实现途径。当代刑法理念伴随着当代经济社会的发展变迁得以完善。③ 因此科学技术的更新换代势必对刑法理念造成冲击。微罪是刑法从自身结构出发,对于人们实施的违法行为进行调整。微罪的难题在于如何从社会治理经验和特定社会背景的大批量事件中寻求罪与非罪的平衡点。在微罪案件中,人们摒弃了传统意义上对犯罪的仇恨情绪,对刑法的社会治理作用认识也趋于理性。社会对微罪犯罪人的理性接纳,是现代化法治建设的需要。因此微罪作为刑法发展的一种成果,其存在具有合理性。

---

① 参见柯耀程:《刑法的思与辩》,中国人民大学出版社2008年版,第188—192页。
② 参见[意]恩里科·菲利:《实证派犯罪学》,郭建安译,商务印书馆2016年版,第10页。
③ 参见高铭暄、曹波:《当代中国刑法理念研究的变迁与深化》,载《法学评论》2015年第3期。

论微罪的出罪事由*

微罪指可判处拘役及以下刑罚的犯罪。对于微罪,刑法规定了处罚的上限——拘役刑。由于微罪罪质轻微且处于犯罪系列中衔接着罪与非罪行为的交叉地带,其罪与非罪的区分比严重犯罪更加困难。相较于其他严重犯罪的刑罚,微罪的刑罚具有多样性,种类丰富并且刑期具有一定的跨度。在对微罪进行刑事制裁的过程中,司法人员正逐渐尝试适用开放、半开放的刑罚手段。大量微罪案件的处理使刑法封闭的刑罚体系开始松动。微罪出罪的运用标志着刑法与教育法、道路交通安全法、居民身份证法等其他非刑事法律之间存在着良性互动。

一、微罪出罪的基本认识

微罪出罪囊括了刑法规范和司法实务中所有的出罪事由。① 出罪的内涵丰富,除了"但书",还包含因不符合犯罪构成要件而不成立犯罪、证据不足而认定无罪和超过追诉时效不再追诉的情形。微罪的出罪事由有二:一是实体法方面的出罪事由,指由于缺乏实质违法性导致的出罪。主要是根据社会危害性理论对出罪进行合理性解释。二是程序法方面的出罪事由,主要通过构建不起诉制度实现轻微犯罪的出罪。笔者主要针对实体法方面的出罪事由展开阐述。

(一)出罪的适用

根据我国刑法规定,成立犯罪不仅需要形式上符合犯罪构成要件,而且实质上必须具备相当的社会危害性。根据犯罪"罪质+罪量"的双重定义,不构成犯罪的行为主要有以下两种情形:一是由于罪质阙如裁判犯罪不成立,二是因为罪量稀薄被排除于犯罪之外。罪质阙如指行为在形式上不具有刑事违法性。犯罪构成要件是评价行为不法性的唯一根据,当行为不符合犯罪构成要件时,犯罪不成立。不满足形式不法性的行为无法进入实质不法性的评价区间,也就谈不上出罪。罪量稀薄是从实质层面而言,行为没有社会危害性或者社会危害性微小不足以启用刑罚。满足犯罪构成要件只是符合犯罪的形式不法性,还没有进行实质不法性的考察。从刑法的逻辑方法来

---

* 原载《人民检察》2019 年第 18 期,与李梦合作。
① 参见方鹏:《出罪事由的体系和理论》,中国人民公安大学出版社 2011 年版,第 20 页。

看,犯罪的形式不法性和实质不法性是有阶层的。在认定犯罪成立的过程中,应当先进行形式不法性评价,后进行实质不法性评价;先比照犯罪构成要件进行形式上的入罪考察,后根据出罪事由进行实质不法性的考察。①

微罪是与轻罪、重罪相对应的一种犯罪类型,涵盖了所有可能判处拘役及以下刑罚的犯罪罪名。不同的微罪,出罪事由的适用方式也不相同:

一是对情节犯而言,在对犯罪行为的情节进行入罪考察之后,仍有必要对社会危害性进行评价。认定情节犯,"情节严重"与"情节显著轻微"两者之间是互斥的,符合"情节严重"就不可能再符合"情节显著轻微"。但是情节犯中的"情节严重"仅是对于犯罪客观方面的考察,并非对于犯罪人主观因素的考察。社会危害性的轻重大小是由多种主客观因素共同决定的。② 所以在已经考虑了犯罪行为的客观情节之后,仍有必要对行为人的主观情节进行考察。例如,使用虚假身份证件、盗用身份证件罪是典型的微罪,由于罪刑条款明确规定了"情节严重的……",因此该罪为情节犯。司法实践中,当行为人使用伪造的驾驶证仅用于证明驾驶资格,且不存在交通事故或者未对他人权益造成严重损害的情况下,一般不建议按照犯罪处理。

二是对于行为犯而言,由于罪刑条款没有明确规定定量要素,因此出罪事由的适用需要司法人员事先对具体犯罪行为的罪量因素有一个清晰的认识。具体到个案中,通过比较才能发现罪量的不足,进而将行为排除出犯罪。例如,醉驾型危险驾驶犯罪是典型的行为犯,法条没有规定具体的情节。实践中,对于醉酒驾驶机动车没有发生交通事故并且行为人认罪、悔罪的案件,司法机关通过结合犯罪人体内酒精含量、有无犯罪前科等进行综合评判,可以考虑不认为是犯罪。即如果行为人的不法行为对社会造成的危害程度非常微小,即便形式上符合犯罪构成要件,司法人员也可以通过出罪机制将此行为排除出犯罪体系。另外,一般来说,醉酒驾驶机动车应至少出现了类型化的危险才有可能构成犯罪。③ 对于在无人的野外公路上的醉酒驾驶行为和在闹市区的马路上的醉酒驾驶行为而言,两种犯罪行为的社会危害性大小不同。为了保护人民的生命、财产安全以及公众生活的平稳与安宁状态,有必要将在闹市区马路上的醉酒驾驶行为认定为犯罪。

(二) 出罪注重合理性④

微罪具有罪质轻微的典型特征,而罪质轻微的犯罪遍布于刑法分则各个章节中。其中,对犯罪构成要件的严格审视是认定形式违法性的基本要求。在形式违法性的认

---

① 参见陈兴良:《刑法教义学的逻辑方法:形式逻辑与实体逻辑》,载《政法论坛》2017年第5期。
② 参见商浩文:《贪污受贿犯罪"但书"规定之出罪机制研究》,载《江西社会科学》2018年第11期。
③ 参见张明楷:《刑法学(下)》(第5版),法律出版社2016年版,第726页。
④ 参见储槐植:《刑法契约化》,载《中外法学》2009年第6期。

定过程中,刑事立法以及司法解释对数额、后果等客观方面进行了详细规定。然而,在具体审判工作中,过分依赖法律规定可能会导致情、理、法发生冲突。出罪事由旨在论证刑法适用的合理性,当法律运行结果和常理常情发生冲突之后,出罪事由才具有适用的必要。当然,犯罪的实质违法性内涵是出罪事由的正当性依据。司法人员结合行为人的主观恶性、犯罪动机和目的等主观方面,通过发挥司法的能动性将达不到实质违法性的行为排除出犯罪。① 合法性和合理性的不同之处主要在于:其一,合法性是构成犯罪的根据;合理性是据以出罪的解释。其二,合法性考察的是犯罪的形式,即犯罪的质;合理性考察的是犯罪的危害程度,即犯罪的量。其三,合法性实现了对犯罪罪刑条款的考察;合理性则是触及犯罪背后的法理和伦理。

刑法学是一门实践理性学科。② 刑法理论适用的对象是抽象的法律事实。当具体案件内部发生价值冲突时,刑法理论有时无法给出一个符合实践理性的回答。因此在运用刑法理论的过程中,结合以经验性为条件的实践理性更可能获得正义的结果。一旦发生价值冲突,刑法理论和司法人员的意志因素应共同参与到实践理性的运用中,也即实践理性不但应当遵守刑法规则,而且需要获得司法人员意志的支持。如果司法人员从情理的角度对出罪事由进行验证更符合司法实际,那么出罪事由的论证过程就应当包含合理性的内容。也即,在认定出罪的过程中,司法人员应当同时考察合法性与合理性,使司法裁决的法律效果与社会效果得以统一。

二、出罪的一般事由——"但书"

《刑法》第 13 条的前半部分阐述了犯罪应当具有实质违法性,后半部分明确提出情节显著轻微危害不大的行为不构成犯罪。后半部分是成立犯罪的限制性条款,通常我们称之为"但书"。虽然从理论层面而言,"但书"并不是完美的刑法理论,因为它与犯罪构成要件体系之间的逻辑不能自洽。但是从社会效果而言,"但书"的出罪功能具有实现刑法公正性和谦抑性的现实意义。实践中应当敢用、善用刑法的"但书"规定。③

(一)"但书"评价社会危害性

"但书"虽然来源于苏俄刑法,但是对于解决中国的刑法问题发挥着不可或缺的作用。我国刑法的四要件犯罪论在形式上规定了犯罪构成的四个方面,是形式的犯罪化规定;"但书"是对社会危害性的实质考察,因此是实质的非犯罪化规定。④ 从立法层面

---

① 参见刘仁文:《司法的细节》,广西师范大学出版社 2016 年版,第 107 页。
② 参见储槐植、何群:《刑法谦抑性实践理性辨析》,载《苏州大学学报(哲学社会科学版)》2016 年第 3 期。
③ 参见储槐植、张永红:《刑法第 13 条但书的价值蕴涵》,载《江苏警官学院学报》2003 年第 2 期。
④ 参见陈兴良:《但书规定的法理考察》,载《法学家》2014 年第 4 期。

而言,"但书"产生了实质意义的出罪作用。也即,《刑法》第 13 条的前半部分规定了认定犯罪的实质标准,而后半段的"但书"则承担了轻微犯罪行为的出罪功能。因此一行为要构成犯罪不仅要在形式上满足犯罪构成要件,也要在实质上具有惩罚的该当性,二者缺一不可。刑法中的罪刑条款是从正面角度对犯罪构成要件进行规定,"但书"则是从反面的角度将达不到罪量标准的行为排除出犯罪。

"但书"是出罪的一般情形,其重要价值在于对犯罪行为进行出罪判断。当行为只满足定性的规定而不满足定量的要求时,就需要"但书"发挥解释作用,将该行为排除出犯罪。当前,我国刑法规定了犯罪的基本特征,分别为社会危害性、刑事违法性以及应受惩罚性。三者之间并不是孤立存在的,社会危害性作为犯罪最基本的特征是刑事违法性和应受惩罚性的基础。① 出罪必须满足"情节显著轻微"的社会危害性标准。若行为尚未达到一定程度的社会危害性,由于不符合犯罪的概念,所以不认为是犯罪。在社会危害性的评价中,"但书"可以通过司法解释的形式指导刑事司法审判。例如 2017 年最高人民法院《关于常见犯罪的量刑指导意见(二)(试行)》规定,对于醉酒驾驶机动车的被告人,情节显著轻微危害不大的,不予定罪处罚。

(二)"但书"排除轻微罪量的行为

对于司法机关而言,犯罪的罪量因素具有过滤部分性质轻微犯罪行为的作用。而且犯罪的罪量因素不是一成不变的,会随着人们认知的改变而变化。以历史的观点认识罪量因素,契合法治时代对于刑法的期盼。

刑法分则中的所有犯罪都应受到刑法总则"但书"的约束。不管是轻微犯罪还是严重犯罪,都有出罪的可能性。"但书"适用的唯一根据是罪量因素达不到犯罪成立的标准。司法实践中,虽然大部分适用"但书"出罪的行为最终被认定为违法行为,但罪量因素达不到犯罪成立标准的行为可以是违法行为,也可以是正当行为。有学者认为,适用"但书"的行为,尽管不构成犯罪,还是应当归入行政违法行为的范畴。② 这种观点值得商榷。首先,司法人员适用"但书"进行出罪评价,不需要考虑行为是否具有行政违法性。不能认为行为具有行政违法性是适用"但书"出罪的前提。一旦在"但书"的适用中限定了行为违法性的前提,就更加不利于司法人员主动运用"但书"条款进行出罪化处理。其次,轻微犯罪出罪事由争议的根本症结在于轻微犯罪的刑事处罚和行政处罚之间的衔接不畅,从而导致"入罪即入刑,出罪就免责"的尴尬现状。因此笔者认为,出罪并不意味着免予处罚,只是免除了刑事追责。也即,虽然对于情节显著轻微危害不大的犯罪不予追究刑事责任,但是相关行为具有行政违法性的,依然可以

---

① 参见高铭暄、马克昌主编:《刑法学》(第 6 版),北京大学出版社、高等教育出版社 2014 年版,第 47 页。
② 参见敦宁:《"但书"在阶层式犯罪构成体系中的定位问题》,载《江西社会科学》2018 年第 7 期。

依据其他法律对行为人进行行政处罚,并不会放纵违法行为。

三、出罪的例外:既遂后出罪

对于出罪例外情形的研究,主要指刑事法律规范中存在的犯罪既遂之后符合特定条件而不认为是犯罪的情形。在现有刑法理论框架中,犯罪既遂之后不出罪是基本原则,出罪是例外。然而从某种程度上说,既遂之后禁止出罪的观念束缚了"但书"出罪功能的适用。虽然一行为形式上符合犯罪构成要件,但是当法律的形式逻辑和实质价值之间发生冲突时,司法机关应结合常情常理思考法律的目的和价值,继而实现各利益之间的平衡。当前,司法实践中存在形式上符合犯罪构成要件但最终法官对被告人作出无罪判决的情形,也存在检察机关采用酌定不起诉的方式以程序法路径达到出罪效果的情形。在现有法治语境下,我国刑事法领域存在实体法路径和程序法路径两条出罪的分流模式。① 在轻微犯罪体系中,实体法和程序法都为出罪事由作出了正当解释。不管是实体法出罪路径还是程序法出罪路径,理论上都来源于对刑法的实质解释。通过对犯罪进行实质解释从而否定犯罪的成立。

(一)例外的实质合理性评价

一般而言,既遂之后犯罪就已经成立,但是当法律文件明确规定了出罪的情形时,可以将行为排除出犯罪。例如,2013年最高人民法院、最高人民检察院《关于办理盗窃刑事案件适用法律若干问题的解释》第8条规定,偷拿家庭成员或者近亲属的财物,获得谅解的,一般可不认为是犯罪;追究刑事责任的,应当酌情从宽。根据此规定,近亲相盗,获得近亲属谅解的,一般可以不认为是犯罪。

作为例外的出罪情形,其本身也是符合法治发展的规律。法治思维是一种权衡思维,即在实践理性和纯理论理性之间进行权衡。当保护公民权益和国家宣示公平正义发生冲突,刑法应当优先保护且尊重公民的权益。当法律追求的公平正义与社会大众的常情常理发生矛盾之时,教条式地适用法律可能会导致司法的法律效果与社会效果不佳。教义法学是理论理性的集大成者,而犯罪的实质解释则是对于实践理性的观照。虽然犯罪已经既遂,根据教义学的解释应当认定为犯罪。但是在某些特殊情况下,实质解释应当优于教义法学的解释。因此犯罪既遂之后的出罪处理绝非不可能,尤其对于微罪案件而言,应当允许犯罪既遂之后,法院还可以作出出罪化的处理。

(二)赎罪机制的构建

当然,根据实践理性进行例外出罪应当遵循一定的规则。对于轻微犯罪而言,犯

---

① 参见王华伟:《轻微犯分流出罪的比较考察与制度选择》,载《环球法律评论》2019年第1期。

罪人认罪、悔罪,没有造成危害后果或者后果轻微的,可以通过赎罪机制将犯罪人排除出刑法体系。赎罪指犯罪人主动抵消前行为所犯之罪,自我实现非犯罪化。[①] 赎罪机制的法律机理是行为人消除实质违法性,实现非犯罪化。[②] 在微罪案件中,对于犯罪人能够主动进行赎罪的,可以不再追究犯罪人的刑事责任。所谓知错能改,善莫大焉。对于在轻微犯罪中悔悟的人,刑法不应关闭出罪的大门;对于已经改正错误的人而言,没有必要再贴上一个"犯罪人"的标签。刑罚的目的之一就是改造罪犯,使其放弃再次犯罪。因此,犯罪人赎罪的,应当对犯罪人的赎罪行为予以认同,不应再将其认定为犯罪。

从贯彻宽严相济刑事政策的角度而言,赎罪机制对于刑法的运作具有积极意义。赎罪机制加深了对犯罪实质违法性的理解,通过直接否定犯罪的社会危害性,间接实现了对教义学规则的否定,更体现了刑法的宽容性,刑法的宽容性本质上是社会的宽容性,而缺乏宽容的社会是可怕的。有鉴于此,建议在刑法中构建犯罪人赎罪机制。

[①] 参见储槐植、闫雨:《"赎罪"——既遂后不出罪存在例外》,载《检察日报》2014年8月12日。
[②] 参见马明亮:《认罪认罚从宽制度的正当程序》,载《苏州大学学报(哲学社会科学版)》2017年第2期。

刑法谦抑性实践理性辨析[*]

一、刑法谦抑性:刑法现代化的重要意蕴

法学作为一门实践理性学科,社会发展的需要是其发展的社会基础。刑法谦抑性原则是第二次世界大战后发展起来的刑法重要原则,其发展的过程主要是以第二次世界大战反法西斯的胜利为背景。第二次世界大战后,全世界爱好和平的人民对纳粹分子破坏民主、蹂躏人权的残暴罪行进行了清算,人权保障的重要性被重新认识,罪刑法定主义、法律的正当程序得到应有的强调。在刑法学理论方面,基于人权保障的重要考虑,第二次世界大战后出现了新社会防卫论、目的行为论、人格责任论等重要刑法思想,分别从刑法教义学的角度努力解释和发展刑法学,对刑法学中的责任理论有了全新发展。[①] 总体而言,刑法学界已经就刑法的谦抑性原则基本达成了共识,希望通过有节制地发动刑罚权,实现社会的稳定。而在有节制地发动刑罚权的过程中,公权力需要得到必要的限制,这种限制既包括程序方面的约束,也包括刑法学意义上的对刑罚发动的审慎考量。随着责任主义原则的发展以及对刑法谦抑性原则内涵的深度理解,消极责任主义原则基本上成为各国刑法理论的通说[②],这种用规范的刑法解释理论限制刑罚滥用,给刑罚发动制造理论上的上限的做法,也是刑法谦抑性原则在刑法学发展中直接作用的产物。没有责任就没有刑罚,这也基本上形成了刑法学上刑罚裁量的重要衡量指标。

刑法现代化的发展历程较为漫长曲折,刑法学的发展过程是一个社会管理模式日益现代化、人权保障日益得到重视和落实的过程,也是刑罚表现方式和刑罚理念日渐文明的过程。这个过程,经历了无数先人的斗争和努力,也是刑法谦抑性原则日渐深入人心的过程。从贝卡里亚以来,人们逐渐意识到,刑罚的效果并不是越严苛越好,而是因为刑罚在处理上的公平和平等,因为人人在刑罚面前平等才有了刑罚的不可避免性,以此确保刑罚的威慑力。[③] 因此,从理性来讲,刑罚并不是越重越好,而是需要在审慎的基础上,经济地适用刑罚,以实现刑法的价值最大化。当刑法的谦抑性原则越来

---

[*] 原载《苏州大学学报(哲学社会科学版)》2016 年第 3 期,与何群合作。
[①] 参见马克昌主编:《近代西方刑法学说史》,中国人民公安大学出版社 2008 年版,第 469 页。
[②] 参见张明楷:《刑法学》(第 4 版),法律出版社 2011 年版,第 71 页。
[③] 参见[意]贝卡里亚:《论犯罪与刑罚》,黄风译,中国大百科全书出版社 1993 年版,第 59 页。

越受到各国刑法学者的热爱和追捧时,刑法理性和刑罚文明发展的步伐便随着社会的发展而一步步推进。

二、刑法谦抑性的中国式解读:罪与刑的不同着重点

刑法谦抑性原则,我国早有刑法学者对此话题进行过较为深入的研究。黎宏教授认为:"刑法的谦抑性是指,在使用民事救济或者行政制裁等其他手段能够解决问题的时候,就应当使用其他制裁手段。只有在具有不得不使用刑罚进行处罚的法益侵害或者威胁的时候,才可以将该行为作为犯罪。在谦抑思想之下,刑法具有补充性、不完全性、宽容性的特征。"[1]张明楷教授认为:"刑法的谦抑性,是指刑法应依据一定的规则控制处罚范围与处罚程度,即凡是适用其他法律足以抑止某种违法行为、足以保护合法权益时,就不要将其规定为犯罪;凡是适用较轻的制裁方法足以抑制某种犯罪行为、足以保护合法权益时,就不要规定较重的制裁方法。因此,要适当控制刑法的处罚范围和处罚程度。刑事立法上应当从行为的性质、代替刑罚的手段、处罚规定对有利行为的影响、处罚的公正性、处罚的目的与效果等方面考虑将某种行为作为犯罪处理的必要性。"[2]简而言之,对刑法谦抑性原则内涵的解读可以从处罚的范围和处罚的程度两个不同的层面进行解读,即刑法学者经常说到的犯罪圈的划定(定罪)以及刑罚量(配刑)两个不同的层面进行解读。当然,对刑法谦抑性原则最原始的解读当然是该原则既包括处罚范围的谦抑,又包括处罚程度的谦抑。对犯罪圈扩大的警惕和审慎,近年来的刑法修订中都有较为明显的体现。但就中国的刑事立法和司法状况而言,随着劳教制度的废除,轻微犯罪的司法化处理已经在事实上进入实践阶段,犯罪圈的扩大已然成为一个不言自明的事实。轻微犯罪的入罪化处理,是我国法定犯时代到来的必然选择,也是我国刑事法治进程进一步规范行政处罚中涉及人身罚部分的处罚,应对我国违法、犯罪二元的立法模式,进行规范化处理后的必然结果。

诚然,犯罪圈的扩大并不必然导致刑罚总量的增加。随着犯罪圈的扩大,可能出现以下三种情况:一是犯罪圈扩大,刑罚量同步增长,呈现"又严又厉"状态;二是犯罪圈扩大,刑罚量依旧;三是犯罪圈扩大,刑罚总量下降,出现"严而不厉"状态。以上三种情况,在刑法发展过程中的不同时期或不同阶段都可能会出现,甚至会出现以上三种情况循环往复交替的现象。但纵观我国刑法发展的历史和未来,刑法结构调整和发展的目标应该是第三种情况,即刑法朝着"严而不厉"的方向发展。在当下明显扩大犯罪圈的情况下,如何通过调控刑罚的配置,最终实现刑罚总量的下降,这是我国刑法

---

[1] 黎宏:《日本刑法精义》(第2版),法律出版社2008年版,第36页。
[2] 张明楷:《论刑法的谦抑性》,载《法商研究》1995年第4期。

发展的远景和目标。

得出以上结论,究其原因,主要还是与我国的刑法结构有直接关系,刑法结构影响刑法功能,不同的刑法结构其功能和作用会有明显的不同。纵观世界各国的刑法结构,主要体现为犯罪圈与刑罚量的搭配。基于社会和历史的原因,一直以来我国现存的是"厉而不严"重刑结构,而诸多域外国家则主要采用"严而不厉"的轻刑结构。"厉而不严"的重刑结构,主要表现为刑罚苛厉,刑罚总量大,刑事法网疏漏不严密。"严而不厉"的轻刑结构,主要体现为刑事法网严密,刑罚轻缓。两种不同的结构,体现为两种不一样的社会功能。"严而不厉"的刑法结构,其社会功能表现为:道德底线刚性化,对违法犯罪行为采取较为严厉的否定态度,即便是较为轻微的违法行为在刑法上也作否定评价。如此,较为容易引导公民养成良好的守规则意识,社会诚信体系也较为容易形成。同时,因为刑罚总量上体现为轻缓,不易激化社会矛盾和个人与社会的对抗情绪。如此,"严而不厉"的刑法结构,通过对刑罚量的控制,践行刑法谦抑性的要求。"厉而不严"的重刑结构是一种不可持续的刑法结构。其特点为:法网疏漏、刑罚重、民众自觉守法的意识难以形成。因为"厉而不严"的重刑结构,法网疏漏,从而直接导致民众是非界限模糊,违法与犯罪界限不清,民众容易产生侥幸心理而难以形成自觉守法的文化。如此,在民众守法精神淡漠的背景下,加上刑事法网设定的疏漏,导致社会治安状况呈现诸多隐忧。同时,基于较为苛重的刑罚,也容易刺激民众的暴戾心理,从而引发恶性暴力犯罪,形成恶性循环。因此,对我国刑法结构进行调整成为一种历史的必然,此亦是社会发展和刑法学现代化进程的必然要求。从《刑法修正案(九)》的刑罚修订情况也可以看出,我国刑事法网的进一步严密以及轻微犯罪在刑事案件中比例的上升,正是我国刑法结构从"厉而不严"到"严而不厉"发展、转变过程中呈现的具体现象。

(一) 罪:增加罪名,完善个罪规定,进一步严密刑事法网

从罪的角度看,《刑法修正案(九)》废除了嫖宿幼女罪,新增加了20个罪名。新增加的罪名中,包括打击恐怖主义和极端主义行为的罪名,也有打击不诚信行为中的替考行为、泄露和销售考试答案行为、披露不应该公开的案件信息行为、使用虚假身份证件行为、盗用身份证件行为、组织考试作弊、虚假诉讼行为等。同时,新增加的罪名还包括对有影响力的人行贿罪,进一步增强打击职务犯罪的决心。

新增加和新修订的罪名,多半是为了加大打击力度或扩大打击犯罪范围。在对恐怖主义和极端主义的惩罚和打击方面,增加了以下罪名:帮助恐怖活动罪;准备实施恐怖活动罪;宣扬恐怖主义、极端主义、煽动实施恐怖活动罪;利用极端主义破坏法律实施罪;强制穿戴宣扬恐怖主义、极端主义服饰、标志罪;非法持有宣扬恐怖主义、极端主义物品罪;拒绝提供间谍犯罪、恐怖主义犯罪、极端主义犯罪证据罪等。从以上可以看

出,在严厉打击恐怖主义的刑事政策号召下,刑法通过立法的方式对恐怖主义犯罪进行了回应,这是我国为了进一步严密打击恐怖主义的刑事法网而进行的刑事立法。笔者认为,这种严密刑事法网的举措,与刑法要求的谦抑性原则,并不存在实质上的冲突。

刑法修正案还基于强化民众诚信意识的需要设置了相应的罪刑规范。《刑法修正案(九)》新增加了几个重要罪名,都是为了应对考试作弊、替考、身份作假、泄露不该泄露的信息等不诚信问题。其中,包括侵犯公民个人信息罪;伪造、变造、买卖身份证件罪;使用虚假身份证件、盗用身份证件罪;组织考试作弊罪;非法出售、提供试题、答案罪;代替考试罪;拒不履行信息网络安全管理义务罪;虚假诉讼罪;泄露不应公开的案件信息罪;披露、报道不应公开的案件信息罪等。以上新增加或新修订的罪名,基本上都是为了进一步严密刑事法网,遏制社会生活中常见的不诚信现象,通过降低此类行为犯罪门槛的方法,提升公民的道德素养,以实现良好的社会管理秩序的目的。以上新增加或新修订的罪名,多为法定犯,在配刑方面也都以较为轻微的法定刑为主。

同样,为了严厉打击职务犯罪,司法解释和《刑法修正案(九)》都有新举措。《刑法修正案(九)》第46条规定,在《刑法》第390条后增加一条,作为第390条之一,增加规定了对有影响力的人行贿罪。尽管目前很难预测未来的司法实践中该罪的运用频率会有多高,但立法加大对行贿行为的打击力度,扩大打击面,进一步扩大犯罪圈,是我国刑事法治努力实现进一步严密刑事法网的需要。从罪的角度解读,我国刑法的发展历程是一步步严密刑事法网,在不断增加和修订罪名的过程中得到发展和完善。在《刑法修正案(九)》中,修订的罪名也多体现为扩大打击对象,比如在之前刑法规定虐待罪的基础上,新增加了虐待被监护、被看护人罪。之前的伪造、变造居民身份证罪,被修改为伪造、变造、买卖身份证件罪,罪名中既将处罚范围扩大到伪造、变造和买卖行为,增加了对买卖证件行为的入罪化处理。同时,该罪打击的行为对象,也从之前的身份证,扩展到身份证件。众所周知,能够证明身份的证件,除了常见的身份证,还包括学生证、军官证、护照、签证等身份证件。对该罪名的修改,事实上也顺应了当下社会发展的需要,从刑事立法的层面降低了行为入罪的门槛,扩大了刑罚适用的范围,其目的是进一步规范民众的日常行为,培养公民的守法习惯。立法将之前由行政法管理或只由道德约束的行为,进行了入罪化处理,如此立法也会遭遇学者质疑,这是否会违反刑法的谦抑性原则?

笔者认为,目前中国刑事立法中为了严密刑事法网的需要而进行的入罪化处理,并没有违反刑法的谦抑性原则,从中国的现状看,正是为了实现刑法的谦抑性原则所作的必要努力。主要理由为:首先,我国刑事法的历史特点,导致违法与犯罪的二元并存与对立,同样的行为往往因为行为的结果差异而出现罪与非罪的现象。比如同样是盗窃罪,盗窃人民币1元和盗窃1000元,其结果便出现两种不同的评价。尽管这种社会管理模式,在效率和管理艺术上都适合中国的国情,是一种历史的选择,但是在道德规训和引导效果层面上,此种刑事立法并非最佳的处理方式。因此,随着社会的发展,现代文明社会要求有更为文明和具有守约精神的公民,以实现现代社会管理中全球大部分国家所认可的最佳的社会治理模式——法治社会。因此,在我国目前的状况下,进一步严密刑事法网,是法治建设的需要,也是我国特殊立法模式在刑法现代化道路上前行的必由之路。这与刑法谦抑性原则的初衷和内涵并没有实质性的冲突。其次,入罪并不代表重罚,许多罪名的法定刑在事实上还没有之前的行政处罚或劳动教养严厉。扩大犯罪圈,这是严密刑事法网的需要,在当下的中国语境下,刑法谦抑性的内涵应该更着重于对刑罚的考量。当然,刑罚轻重的考量,既包括法定刑额度的规定,更包括在司法实践中事实上的刑罚裁量结果。以醉酒驾驶入刑而言,尽管学界也有诸多批判的声音,认为醉酒驾驶入刑违反了刑法的谦抑性原则,但是从入罪以后的司法实践来看,基本上超过80%的醉驾入刑的醉驾行为最后都被进行了缓刑处理。所以,尽管该行为进行了入罪化处理,但从实质的刑罚量而言,并不大,按照刑罚的分类,也只能算是微罪。从该行为入罪后的社会效果看,却是大大提升了民众的守法意识,当下"喝酒不开车、开车不喝酒"的新时代文化已经悄然形成。由此也可以看出,扩大犯罪圈的做法,是当下中国社会发展的需要,国家需要进一步严密刑事法网,以刑事立法的方式告诫民众行为的道德底线,以提升民众的规则意识和守法意识。通过降低犯罪门槛,缩短违法与犯罪之间的差距,具有非常重要的现实意义,也并不违反刑法的谦抑性原则。一个非常具体的例子是,司法实践中出现如此有意思的现象:实践中正在被强制戒毒的人员,通过自首供认之前犯罪行为希望受到刑罚的惩罚,从而通过进入刑事程序接受实质上时间更短的刑罚惩罚,来逃避被约束自由更长时间的强制戒毒。以上看起来非常费解的司法现象,却从事实上证明了,入罪并不等于重罚。最后,扩大犯罪圈,是为了处理劳教废除后的刑事法应对问题。我国刑法通说采取一元的刑罚理论,在实践中,采用治安管理处罚、劳动教养、刑罚三元的制裁模式,这是具有国情特色的法律制裁模式,治安管理处罚和刑罚针对的是"恶行",劳动教养针对的是"恶习"。客观而言,劳动教养制度的历史性存在曾经在相当长的时间里发挥了其及时、高效、顺应中国国情等独特优势。劳动教养制度历经50多年,于2013年12月28日,被全国人大常委会废止。劳动教养制度虽然废止,但是,原属劳动教养规制的罪错行为和行为人(简称劳教对象)的社会应对,也就是对相关劳动教养事由进行类型化处理,将其纳入法治轨道①,成了当前一个重要的问题。因此,之前被劳教的部分行为,进行司法化和入罪化处理,也是情理中的事。比如再次降低盗窃罪的入罪门槛,将特殊

---

① 参见赵秉志、商浩文:《论劳动教养制度的废止与刑法调整》,载《法律科学》2015年第3期。

情况下入罪的数额进行减半处理等,以扩大犯罪圈的形式从现实层面进一步推动我国法治的进程。尽管在应对劳教废除方案方面,学者们有不同的主张,但司法化和法治化的立场,却是同一的。① 因此,在此种情状下的扩大犯罪圈,对之前某些违法或劳教行为的入罪化处理,也并没有违背刑法的谦抑性原则的实质要求。近年来司法实践中轻微犯罪案件在全部刑事案件中所占比例不断攀升,尤其是自《刑法修正案(八)》将扒窃、入户盗窃、携带凶器盗窃、危险驾驶等常见多发违法行为入罪以来,轻微刑事案件明显增多,这是犯罪门槛下调的必然结果。严密刑事法网、强化守法意识、推进法治建设,刑法出手,无可指责。

(二) 刑:恪守责任主义,进一步控制刑罚适用的量

我国刑法正在朝着更为科学、更为现代化,不断与国际接轨的方向发展。总体而言,刑罚朝着更为轻缓的方向发展,这是一种不可逆转的国际潮流,刑法轻刑化的过程即是践行刑法谦抑性原则的过程。从我国刑法的发展特点看,以前自然犯是刑法规定的主要犯罪,本文称之为自然犯时代。而随着社会的发展、市场经济时代以及公民社会的到来,公众对秩序的要求日益提升,违反社会管理秩序方面的问题频发,矛盾的争议点也常常体现为如何维护公民的基本社会权益与正常市场和社会秩序之间的矛盾关系。因此,笔者认为,随着我国刑法法定犯的日益增多,我国正逐渐步入法定犯时代。而基于我国的社会文化传统,对自然犯有着本能的仇恨和报应心理,因此在自然犯时代刑罚趋重,实在是中国特定社会历史文化状态下的历史和文化选择。然而,在法定犯时代,民众对诸多之前依赖道德约束的违法行为会有不同于自然犯的认识和态度,刑法在严密刑事法网的过程中对法定犯的态度也基本上会采取较为轻缓的处理。从《刑法修正案(九)》来看,修正案所增加的罪名大多为法定犯,这也再次体现了我国在逐步进入法定犯时代后,刑法结构继续朝着"严而不厉"的方向发展。正如上文所述,扩大犯罪圈并不必然导致刑罚总量的增加,轻刑将成为未来刑事立法和刑事司法发展的一个重要方向。

具体到我国刑法学的发展,体现为逐渐减少残酷的刑罚,将不人道的刑罚逐渐排除出刑罚体系。我国《刑法修正案(九)》废除了9个死刑罪名,在立法上又进一步削减了死刑罪名,从刑罚的量上而言,的确是朝着更为轻缓的方向发展。同时,尽管目前我国在严密刑事法网的要求下犯罪圈在逐渐扩大,某些类罪的法定刑有所提升,但总体而言,平均个罪的法定刑却朝着更为轻缓的方向发展。比如,目前法定刑最轻的个罪危险驾驶罪,醉酒驾驶的法定刑只有拘役,如此轻缓的法定刑设置,在中国的刑法学发展史上,可以说是史无前例的。刑罚朝着更为轻缓的方向发展,这既是现代文明社会

---

① 参见刘仁文:《后劳教时代的法治再出发》,载《国家检察官学院学报》2015年第2期。

发展的必然趋势,也是犯罪圈扩大以后平衡违法行为和犯罪行为的必要途径。具体到我国的刑事法实际,我国刑法的谦抑性主要体现在轻刑上,如上文指出,入罪并不等于重罚,严密刑事法网是为了提升民众的守法意识,是法治社会建设的必备要素。在我国现有的司法制度下,可以通过立法和司法一体化模式的协同努力,在实质上控制刑罚的总量。从而,刑法谦抑性原则的三个必备要素:刑法的积极性、最后性和有限性①,都没有因为随着严密刑事法网而带来的犯罪圈的扩大,而在实质上被突破。因此,在我国当下的状况下,进一步践行刑法谦抑性原则最为迫切的需要便是进一步削减刑罚的量,这种削减既包括立法上的法定刑的逐渐降低,也包括司法裁量中轻刑化趋势的落实,更有刑罚执行过程中非监禁刑、各种刑罚替代措施的运用。从宏观上看,我国轻刑化的发展,主要体现为逐渐削减死刑罪名,司法实践中慎用死刑;在以自由刑为主的刑罚体系中,逐渐增加罚金刑等财产刑的适用;社区矫正、禁止令等非监禁刑的进一步运用;等等。

尽管《刑法修正案(九)》在废除几个死刑罪名的同时大大扩大了犯罪圈,使得法定刑罚总量似乎有所增加,但笔者认为,中国当下的刑罚配置及刑罚结构并没有在实质上违背刑法谦抑性内涵的要求,不断增加罪名以及对某些行为的加重处罚,是为了社会稳定和民众安全的需要,更是进一步严密刑事法网、提升公民的守法意识、刑罚配置与国际接轨的一种体现。近年来,我国的刑罚分布一直都在朝着轻刑化的方向发展,最为突出的成果便是从立法和司法两个不同层面分别对死刑进行控制。中国学者不管是在大型国际会议上还是在国内会议上,都极力主张慎用死刑。我国陆续废除了不少死刑罪名,在司法适用上,也是更为审慎地适用死刑。刑罚处罚的广度与刑罚的严厉程度本来就是刑罚严厉性的两个不同向度,一个关涉刑罚的范围,另一个关涉刑罚的程度,二者的综合是刑罚总量的计算。尽管从表象上看,目前我国不断扩大刑罚范围,罪名不断增加,诸多罪名入罪门槛有所降低,同样的罪名处罚的范围有所扩大等,这些都是在增加刑罚的量。但从更宏观的角度而言,中国的刑事处罚结构设置,正是与当下的社会发展情状以及中国的社会现实相适应,为了进一步严密刑事法网,适应变化了的社会发展情状,迎接和进一步部署法定刑时代到来的结果。

我国刑法的发展,随着犯罪圈的进一步扩大,短期内很可能出现上文所说的三种不同情况,甚至会出现三种情况反复交替的局面。从宏观上看,刑法的发展是社会发展推动的必然结果,刑罚总量的情况既要从立法的法定刑幅度进行观察,又要从司法裁量的宣告刑进行实然考察。刑罚总量的趋轻,既需要刑事立法的努力,更需要通过刑事程序的配合而得以落实。我国正在进行的司法改革中,所采取的多种措施都在事实上朝着适应我国刑法发展特点的需求努力。我国刑法目前发展的特点主要表现为:

---

① 参见熊永明、胡祥福:《刑法谦抑性研究》,群众出版社2007年版,第65页。

犯罪圈进一步扩大,轻微刑事案件渐增,以进一步控制刑罚总量为目标等。为了应对刑法以上的特点,我国在司法制度方面采取了如下具体的应对措施:控制逮捕,减少逮捕,非必要不捕;对轻微刑事案件适用刑事速裁程序;在司法实践中形成中国特色的认罪认罚从轻减轻处罚制度等。以上对应措施都是为了配合和实现我国刑法朝着进一步严密刑事法网,刑法结构严而不厉而作出的必要调整。

落实到具体个案的配刑上,有学者通过大样本实证研究发现,司法实践中大部分常见犯罪实际量刑的平均水平都低于相应罪名法定刑中线 10～12 个月[1],近年司法统计表明,法院判处 5 年以上刑罚的重罪案在总体刑案中的比重有下降趋势。实践理性值得关注。以上也从一个侧面说明目前我国的刑事立法在配刑方面虽有趋高的现象,而刑法谦抑性的实现则是通过刑事司法的控制实现最终用刑上的谦抑。刑法的谦抑有赖于个案裁量中法官对具体个罪在刑罚量上的把握,因此,具体个案配刑上的细化考量则显得尤为关键。

自古典主义以来,配刑以及对刑罚量的限制,主要体现在责任主义原则的提出和不断发展。当然,责任主义原则既包括有责任就有刑罚的积极责任主义,又包括没有责任就没有刑罚的消极责任主义。为了进一步体现刑法的谦抑性,在配刑方面,当今刑法理论的通说采取的是消极责任主义。亦即,不管是立法还是司法都应当在责任主义原则的统摄和规制下,践行刑法正义,同时也是落实刑法的谦抑性原则。在是否成立犯罪方面,消极责任主义意味着责任是犯罪成立的必要条件,没有责任就没有犯罪。对责任的考量是决定犯罪是否成立的核心要素,即行为既没有主观上的故意也没有主观上的过失,便不能成立犯罪。这是在犯罪是否成立层面责任主义原则对配刑所作的限制,在量刑方面,消极责任主义也意味着责任是刑罚的上限。即使行为人所实施的犯罪一般预防必要性和特殊预防必要性很大,也不得超出责任的上限量刑。[2] 不管是立法还是司法,刑罚配置的原则都是根据行为人责任的大小进行量的分配,这种份额分配的情况与刑法所追求的正义原则以及刑法谦抑性原则在本质上都是前后呼应的。

三、刑法谦抑性的妥当理解

德国学者耶赛克教授认为,"刑罚思想或理论,即刑罚对于犯罪人本身及对于社会大众应该具有何种意义,是研究整体刑事法学的关键与基础"[3]。因此,刑罚理论不但支配刑事立法的方向与内涵,而且与整体刑事法的解释也有密切关系。[4] 从刑罚调整

---

[1] 参见白建军:《裸刑均值的意义》,载《法学研究》2010 年第 6 期。
[2] 参见〔日〕西田典之:《共犯与身份》,成文堂 2003 年版,第 284 页。
[3] 张丽卿:《司法精神医学:刑事法学与精神医学之整合》,元照出版有限公司 2004 年版,第 181 页。
[4] 参见张丽卿:《司法精神医学:刑事法学与精神医学之整合》,元照出版有限公司 2004 年版,第 181 页。

的视角看待刑法谦抑性原则在现实中的运用和发展,需要从罚的角度进行重要研究和阐述。在社会发展的不同阶段,刑罚的总量可能会有所浮动,如上文所述,三种情况都可能会出现。但从我国刑法发展的历程来看,刑法发展的目标和方向是朝着"严而不厉"的目标继续努力,因此在犯罪圈进一步扩大的情况下,刑法的谦抑显得更为直接和必要。

(一) 宏观上:应当与社会发展和民众安全需求相适应

正如学者所指出的,"轻刑化是历史发展的必然趋势的结论,并不意味着任何时代、任何条件下刑罚都越轻越好,不意味着可以超越时代实行轻刑化。因为刑罚是应当严厉还是应当轻缓取决于时代的平均价值观念、取决于国情、取决于本国人民群众的物质、精神生活水平"[①]罚是刑事法的核心要素也是通过刑法惩罚犯罪的最终落脚点,适当的刑罚量自然成为刑法谦抑性原则必须考虑的刑法面向。"至今为止,我们对刑罚理论的研究仍然非常欠缺,以至于有学者明确指出,我们应该建构一门法律惩罚社会学,并且援引社会理论家与历史学家的论述以阐明惩罚的历史基础、社会角色与文化意涵。"[②]当然,在法律惩罚社会学还没有建立起来的情况下,对刑罚的研究和关注还是非常必要的。在司法实践中我们会发现,在构成犯罪的情况下,对被告人而言,大多数的被告人更加关心作为结果的宣告刑,刑期是多少?有没有判缓刑的可能?而对于构成何种犯罪,到底是故意还是过失,被害人有没有过错等问题,则是次要的关注点。甚至,有些被告人表示,如果能够换得更轻的刑罚,即便是判处一个看起来更为严重的罪名,他们在事实上也不是那么在意。当然,在法治社会,合适的定罪自然是合适量刑的基础。只是,被告人的如此心态直接反映出刑罚对于被告人而言有着怎样现实的直接剥夺性,使得处罚的量成为当事人最为关心的焦点。

从我国刑法的发展历程来看,特别是刚通过的《刑法修正案(九)》,可以看出我国刑法的处罚范围事实上在不断扩大,笔者认为,这是为了提升公民守法意识而采取的一种刑法态度,更是为了进一步严密刑事法网,树立刑法权威,有效规制民众的行为所作的努力。同时,针对恐怖主义犯罪、极端主义犯罪的严厉处罚,则是为了民众安全和人类尊严的基本需要。正如学者所言,"在任何情况下都不受侵犯的人类尊严才是国家刑罚权的明确限度所在。比例原则、最后手段原则、罪刑法定原则、责任原则是余下的检验程序,用来控制刑罚权,并审查刑法法规"[③]。可以看出,社会发展的需要是刑罚配置的社会基础,也是立法的现实根基。只有在满足了社会现实需要,立法合适配置的宏观情况下,才用传统刑法的各种基本原则对该立法进行审查和检视。

---

① 张明楷:《刑法的基本立场》,中国法制出版社2003年版,第98页。
② 〔美〕戴维·葛兰:《惩罚与现代社会》,刘宗为、黄煜文译,商周出版社2005年版,第2页。
③ 〔美〕希尔根多夫:《德国刑法学:从传统到现代》,江溯等译,北京大学出版社2015年版,第236页。

当然,就目前中国刑法的发展状况,也会有学者质疑其是否违反了刑法谦抑性原则。但是,正如上文所述,刑法在处罚范围上的扩大,并没有在实质上违反刑法谦抑性原则。如醉酒驾驶入刑以来,其投入的司法成本与收获的社会效益之比较,总体效果仍然受到各方的赞赏和支持。事实上,一个时期的刑法发展状况是彼时社会发展情状的总体反映,也是民众生活和安全需求在刑法上的体现。正如德国学者所指出的,"刑法的基本原则,如比例原则、最后手段原则、罪刑法定原则、责任原则等,都只能在一定程度上限制立法者,但无法确切定义国家刑罚权的界限"①。因此,对刑法谦抑性内涵的解读,也是在一定弹性和理性范围之内的,并非某些个罪法定刑的提升或者某些罪名的增加便必然导致违背刑法谦抑性原则。

"法律是鲜活的生命,而非僵化的规则"②,法律是不断变化发展的实践理性。就刑法而言,刑法必须遵守谦抑性原则。比起其他的部门法,刑法的修订更要谨慎和深思熟虑。从我国频繁修订刑法来看,在罚的问题上表现出了更为灵活和更为时代性的特征。除了有关死刑问题在与国际接轨的道路上作出的巨大努力,随着社会的发展,对一些贪利型犯罪更多地适用罚金刑。罚金刑和资格刑的更多运用,再次说明我国在践行刑法谦抑性原则的过程中,轻罚主要体现为对某些个罪自由刑法定刑和裁量刑的日渐减低,当然此处不包括为了拉近死刑与无期徒刑、无期徒刑与有期徒刑之间的距离,而对某些个罪采取执行更为长时间的自由刑的做法。因此,这也可以看出,刑法谦抑性原则要求下的轻罚并非为了轻罚而轻罚,而是在宽严相济刑事政策的指引下,进行了"轻轻重重"的刑罚结构安排。该轻则轻,该重则重,适当增加财产刑和资格刑的适用范围,以体现市场经济时代财产和行业准入资格在生活中的重要地位,剥夺或部分剥夺财产也能体现刑罚的严厉性。在剥夺或部分剥夺财产可以体现刑罚的严厉性的情况下,自由刑的运用便可以有所缩减,这是刑法谦抑性原则在轻罚方面的具体体现。

(二) 微观上:坚持消极责任主义原则

欧陆刑法研究中,不论持何种责任理论的学者,对责任主义原则都有一种不容置疑的恪守和坚持。因此,责任要素是量刑的重要标准,以上观点在学术界已然达成基本共识。只是,如何测定具体责任的大小,或者在具体责任要素的分析和把握上,会因为观点的不同而有较大差异。对责任的内涵进行更深入的研究,这是理论界需要继续努力的方向,而责任作为连接犯罪与刑罚的重要桥梁,其重要作用和地位也在不断的研究中日益得到巩固。就目前的综合刑论时代,责任理论也基本上走到了规范责任理

---

① 〔德〕希尔根多夫:《德国刑法学:从传统到现代》,江溯等译,北京大学出版社2015年版,第236页。
② 〔美〕卡多佐:《法律的成长》,李红勃、李璐怡译,北京大学出版社2014年版,第1页。

论,即规范的责任要素应当包括责任能力、责任形态、违法性认识与期待可能性。[1] 当下的责任理论是借鉴了古典的心理责任论和新派的社会责任论的综合责任理论。至于学者们是持相对的心理责任论,或相对的心理责任论与社会责任论的综合,或是持规范责任论,笔者认为皆不妨碍我们对责任理论和责任要素的讨论,更不妨碍在实现刑法谦抑性原则的过程中,恪守责任主义原则。

有学者指出,中国的法律人同时扮演着司法者和立法者的双重角色,他们必须两只眼并用,一只眼看法律,另一只眼看社会,是双轨制。[2] 因此,客观而言,当下我国的法律人必须既要遵守教义法学所要求的规范意识和演绎思维,同时,又要时不时用立法者的眼光批判地看待司法实践和现状。诚然,我们也常常能够看到,中国法律人的立法思维和司法思维经常是混同的,在处理问题的时候很难纯粹地将二者分割开来,这与中国传统哲学思想追求的实质观有直接关系。具体到刑法的谦抑性以及司法实践中合适刑罚量配置的问题,笔者亦认为中国的刑法学当然要坚持消极责任主义,以责任作为刑罚裁量的上限对刑罚量进行合适规制。在微观的刑罚量配置中,刑罚量一定要与行为人应当承担的刑事责任成比例,且以责任作为刑罚裁量的上限进行限制处理,以此来限制刑罚的滥用,真正实现刑法的谦抑性要求。

历史上为了防卫社会,强调刑罚一般预防的效果,在某些场合存在刑法客观化优先责任原则后退的现象。诸如,英国的客观责任以及美国的违反公众卫生法的犯罪中采用的严格责任。尽管在历史上客观责任和严格责任一度被引入刑法并有所适用,但是从刑法的谦抑性以及刑法总体的发展而言,正如有学者所言:"客观责任和严格责任是对没有责任的人进行处罚,使人们产生对法律的不信任感,结果使一般人丧失守法意识,而且就其和行为人的关系来说,由于使刑罚丧失其感召力,所以,也难以期待刑罚具有防止再犯的效果。"[3]由此可见,刑罚的预防效果其实存在一个短期和长期的考量问题,客观责任和严格责任看似在短期内起到了一般预防的效果,但又因其缺乏责任主义的规制而损害了刑罚的可预测性和可期待性而使效果递减。综上,为了体现刑法的谦抑性原则以罚为着重点,在事实上还是需要坚持责任主义原则,而且是着重坚持责任主义中的消极责任主义,以对刑罚裁量上限作出规定和限制。正如美国学者胡萨克认为,当下美国的过罪化特别明显,而过罪化事实表现为一种司法的过刑化,即在司法[4]审判过程中,被告因为司法官的自由裁量而被判处超过其应当承受的刑罚量。因此,从微观的层面对刑罚量进行必要的控制,在司法实践中是一条可行、必行且非常

---

[1] 参见余振华:《刑法总论》(修订第 2 版),三民书局 2013 年版,第 286 页。
[2] 参见柯华庆:《法律变革的逻辑:社科法学与法教义学的较量》,载《桂海论丛》2014 年第 4 期。
[3] 张明楷:《论刑法的谦抑性》,载《法商研究》1995 年第 4 期。
[4] 参见〔美〕胡萨克:《过罪化及刑法的限制》,姜敏译,中国法制出版社 2015 年版,第 45—46 页。

理性的道路。而我国刑法的发展，也正是看到了"罚"作为刑法的核心要素，紧扣刑罚量的合适性，既在宏观层面讲求与社会发展相适应，又在微观的个罪中体现对刑罚量的合理限制。

四、结语

刑罚如若被滥用，必定会导致诸多社会问题，既存在人权保障不足的问题，更会因为刑罚过度干涉民众生活而给普通百姓生活带来不便，同时司法资源的浪费更是刑罚滥用带来的必然后果。刑法谦抑性原则是刑法现代化的必有内涵，该理论形成于第二次世界大战之后，是刑法理论界与实务界共同努力，希望通过刑法对国家公权力进行必要限制，在国家打击犯罪的同时努力实现保障公民权利的目的。《刑法修正案（九）》的公布，部分学者曾从刑法谦抑性原则角度对其进行质疑，认为犯罪圈的一再扩大有违刑法谦抑性原则。基于此，笔者认为，从中国现有的刑事立法和刑事司法状况出发，对刑法谦抑性原则应当有一个符合中国国情的适当解读，以解决学术研究和司法实践中的某些困惑，为我国的刑法学发展作出相应的贡献。

具体而言，从我国《刑法修正案（九）》来看，我国刑法学发展出现了明显的方向性转变，即在进一步严密刑事法网的同时，需要在刑罚的惩罚程度上作进一步的调整，在刑事惩罚的程度上有所减轻，以体现刑法谦抑性的内在要求。从我国现有实际出发，为了进一步严密刑事法网，犯罪圈的扩大是历史发展的必然。但是，基于刑法谦抑性在轻刑化方面的要求，在扩大了犯罪圈的同时，刑罚的处罚程度会普遍降低，这可以从轻微罪在整个刑法中的比例以及轻微罪刑事案件在整个刑事案件中不断攀升的比例看出。进一步严密刑事法网，这是我国刑法发展的内在要求，也是法定犯时代对刑事立法提出的新挑战。而如何降低处罚程度，既需要刑事立法的进一步努力，更需要刑事司法在程序和制度设置上进行规制和落实。而刑法结构的调整以及在事实上落实刑法谦抑性原则，则需要中国的刑事法在刑罚处罚的程度上继续朝着轻缓化的方向发展，从而形成"严而不厉"的刑法结构。

刑法谦抑

——由一则建议稿引发的思考*

近年来,受偏爱男孩的传统思想影响,部分父母为了生一个男孩,不惜与医院或诊所达成交易,利用超声技术等手段对胎儿性别进行鉴定,或者进行选择性别的人工手术终止妊娠,致使我国新生儿男女比例失衡。为了防止出现严重的社会问题,在前不久结束的十届全国人大常委会第十四次会议上,众多委员建议对刑法作出修改,严厉惩处非法胎儿性别鉴定和选择性别的人工打胎等违法行为。[①]

暂不考虑情感因素,对于通过修改刑法达到遏制男女比例失衡的问题,我们首先应该思考的是:其一,什么样的行为构成犯罪?或者说国家将某一行为犯罪化的依据在哪里?其二,如果民众无法认同刑法的规定,从而对刑法产生了信仰危机,后果将会怎样?其三,我们在苦苦地追寻着犯罪与刑罚的正当化,难道仅仅是为了证明刑法学(或者刑罚学)本身的科学性吗?我们是基于什么样的理念构筑我们心目中的刑法大厦?

本文选取刑法谦抑的路径切入,并倡导一种建立在宪法基础上的充分体现谦抑品格的刑法基本理念,试图通过系统阐述刑法谦抑的理论内涵和宪法基础,说明在实现刑法谦抑过程中的可能路径和障碍,对上述疑问作出回答,并对开头的问题作出回应,反思我国民间甚或官方在刑法治理中的一些误区。

一、刑法谦抑的理论内涵

刑法谦抑性是刑事政策的基础,同时伴随着"刑法的刑事政策化",谦抑性原则日益成为刑法的一项基本原则。刑事政策最早由费尔巴哈提出,后经李斯特的发展并作为教育刑的基础而深入刑法理论的各个领域。德国刑法理论深深地影响了日本刑法。作为主观主义大师的日本刑法学家宫本英修首次明确提出了刑法谦抑性的概念,并将

---

* 原载《云南大学学报(法学版)》2005年第3期,与薛美琴合作。
[①] 参见《中国立法者建议修改刑法 严惩非法胎儿性别鉴定》,载 https://news.sina.com.cn/o/2005-02-26/18585212641s.shtml,访问日期:2005年2月28日。

其与主观违法性论结合,构建了自成一体的犯罪论体系:行为性——违法性——可罚性。① 关于刑法谦抑性含义②的种种说法,虽有差异,但其共同点是主要的,即应严格限制刑法之恶的扩张,并使其保持在一个恰当的维度之内。

刑法谦抑的理论内涵包括两个方面:一是以必要性原则为基点的公法学基础;二是以宽容精神为理念的人文基础。

(一) 公法学基础——必要性原则

公法学上的必要性原则是比例原则的重要组成部分。必要性原则意指在以不违反或减弱该法律所追求之目的的前提下,立法者应该选择对人民权利侵犯最轻之方法。该原则因此可被称为尽可能最小侵害之原则。③

刑法作为制裁法,只有在其他法规定的权利受到侵害时才能适用。同时目的的正当性并不能证明手段的正当性。在制裁法中尚有民事、行政、经济等各种制裁手段,并不必然选择刑罚。这是因为刑法对犯罪人的定罪量刑意味着国家对公民的政治否定和道德贬损,其严厉性程度是最高的。而且,适用刑罚,可能是不必要的、无效的。④"因此,随着对公众行为自由的保障,刑法有必要对为保障人们在社会中的共同生活而采取的必要的干预行为作出限制。"⑤

防卫社会和保护人民是刑法并行不悖的基本功能。自古至今,刑法被滥用成为违反人道与侵犯人权的工具,而形成的苛刑暴政,历史上班班可考。人类正是在饱尝人性受到践踏,尊严受到歧视之后才深感自由与权利的可贵。刑法的安全价值无疑是重要的,即便有时矫枉过正,我们仍然对此深信不疑。唯一让我们深感不安的是,刑法使我们得以生活在一个安全的世界里,也使在这个安全世界里的人们生活得不那么安

---

① 参见李海东主编:《日本刑事法学者》(上),法律出版社 1995 年版,第 97—98 页。
② 关于刑法谦抑性的含义,代表性的观点主要有:①平野龙一认为包含三方面的含义:一是刑法的补充性。即使有关市民安全的事项,只有在采取其他手段如习惯的、道德的制裁即地域社会的非正式的控制或民事的控制不充分时,才动用刑法。二是刑法的不完整性。三是刑法的宽容性,或者说自由尊重性。即使市民的安全受到侵犯,其他控制手段没有充分发挥效果,刑法也没有必要无遗漏地处罚。②张明楷教授认为,刑法的谦抑性是指刑法应根据一定的规则控制处罚范围与处罚程度,即凡是适用其他法律足以抑制某种违法行为、足以保护合法权益时就不要将其规定为犯罪;凡是适用较轻的制裁方法足以抑制某种犯罪行为、足以保护合法权益时就不要规定较重的制裁方法。③陈兴良教授认为,刑法的谦抑性是指立法者应当力求以最小的支出——少用甚至不用刑罚(而用其他刑罚替代措施)获取最大的社会效益——有效地预防和控制犯罪。参见李海东主编:《日本刑事法学者》(上),法律出版社 1995 年版,第 273—274 页;张明楷:《论刑法的谦抑性》,载《法商研究》1995 年第 4 期;陈兴良:《刑法的价值构造》,中国人民大学出版社 1998 年版;陈新民:《德国公法学基础理论》(下册),山东人民出版社 2001 年版,第 353 页。
③ 参见林山田:《刑法通论(上册)》(增订 8 版),台大法学院图书部 2002 年版,第 369 页。
④ 边沁认为不应适用刑罚的案件可归纳为四类,当刑是:①滥用;②无效;③过分;④太昂贵之时。详见[英]吉米·边沁:《立法理论》,李贵方等译,中国人民公安大学出版社 2004 年版,第 373—375 页;《意大利刑法典》,黄风译,中国政法大学出版社 1998 年版,第 373—375 页。
⑤ [法]孟德斯鸠:《论法的精神》(下册),张雁深译,商务印书馆 1963 年版,第 34 页。

全。本来,真理再往前一步,就可能是谬误;那维护秩序再往前一步,也有可能以牺牲个体的自由为代价。而自由是我们无论如何都不愿意丧失的。二律背反的结果是,刑法既应当成为保护个人自由的护身符,也应充当维护社会必要秩序的工具,只有这样,刑法才不至于陷入纯工具论的立场,从而奠定其价值论的基础。刑法理论的发展过程显示了这样一个权力与权利之间的博弈。立法者必定扮演一个消极入世者与积极出世者的矛盾体。有人对这一思想作了如下形象的描述:立法者"在日常生活的波浪中,听任各种行为在他脚下玩耍,他用懒洋洋的手将它们收集起来,只是当他感到不可忍受时,才把它们提升为犯罪类型"。意大利学者也把这种根据必要性原则筛选犯罪行为的思想称为"片段性原则"。①

意义上的犯罪是一个规范判断与价值判断的统一,而社会评价的标准在于社会观念②基础上形成的公共伦理道德。民众总是将伦理道德当作安身立命之本,将违反伦理道德的行为视为严重的犯罪,尤其在中国古代,卑亲属杀害尊亲属被看作"十恶"之罪。今天尽管这样的思想已经消除,但是自然犯的大量存在均在事实上证明我们仍然无法容忍违反伦理的行为。当然行政犯并不符合这样的观念,但大量行政犯向自然犯的过渡,至少表明二者之间的界限不明,行政犯越来越多地倾向于对某种伦理的违背。时代在发展,民众的伦理道德感也发生了相应的改变。

(二) 人文基础——宽容精神

宽容,谓曰:宽大有气量,不计较或追究。人要有宽容精神,包容他人,善待自己。法律同样如此。一部饱含宽容精神的法律,深切关怀人性,唯此,才能为民众所信仰而遵守,为民众遵守而获得真正的权威。

1. 宽容精神的主体

首先,国家通过立法机关体现宽容的内涵。刑事法律体现国家意志,而国家作为抽象的主体和集合的概念,必然要通过具体群体中的个人所体现。立法过程就是意志外化的过程。因此,"适中宽和的精神应当是立法者的精神"③。宽容首先是通过立法机关得以实现。其次,司法者(这里主要指法官)也应该在对具体案件适用法律的过程中贯彻宽容精神。通过法官适用刑法的过程,立法所贯彻的宽容精神在现实世界中得到了直接的还原。最后,刑法是否要体现和尊重普通民众的法感情,这一点值得深入思考。一方面,树立普通民众的宽容意识是国家现代化建设的应有内涵。如果一国民众普遍地存在严酷和残忍的法感情,将各种违法都视作犯罪,对所有违法者均采取敌

---

① 参见〔法〕孟德斯鸠:《论法的精神》(下册),张雁深译,商务印书馆1963年版,第5—6页。
② 社会观念指在某一特定时期内某一特定社会的普遍心理状态,主要包括人类的知识、信仰、伦理观念、道德,以及其他在大多数人们思想中占据统治地位的观念。这些观念不是来自法律但是却能够指导人们的行为,提供给他们判断的标准。
③ 〔法〕孟德斯鸠:《论法的精神》(下册),张雁深译,商务印书馆1963年版,第286页。

视态度,此时,如果刑法并没有按照其意愿对此作出规定或者国家持谦抑精神宽容这种行为的话,民众就会对国家产生不信任感,从而对刑法存在的价值和根基产生怀疑。这无疑是危险的。因此,我们需要培养一个具有宽容精神的民族。事实上,中国法律文化中自古就有息诉的传统,我们缺乏的可能是民间解决争议的途径。另一方面,由于刑法本身的特殊性使得刑法在更大程度上体现了制定者的主体意识,而缺乏民众的民主参与性和有效的沟通机制,使得刑法过多地体现了国家的单方性,也在一定程度上解释了刑法逐渐缺失民众基础的缘由。

总之,一部宽和的法律容易塑造一个宽容的民族,而一个宽容的法官无疑是为民众宣讲一个谦抑的法治。

2. 树立宽容精神的必要性

(1) 多元化社会所决定。宽容精神是以社会的多元化为前提,以认识的不断深化和相对真理为背景。如果社会价值单一化,公众没有选择的空间,人人被强制推行一种文化和社会观念,无所谓冲突,无所谓选择,也就无所谓计较或者宽容了。"对于他们而言,只有一本刑法注释书,对于官方而言,只有一种信仰学说,也就是官方的信仰。在此被当作理想而加以追求者,实际上是一种不为大家所乐见的生活及文化的平整化与空洞化,是一种多样性的牺牲。"①所以多元风险社会是产生宽容精神的孵化器。事实上,中国古代的民众就以宽容要求自己,恰是文化意识领域内多元化的一种体现。只不过在专制统治的国家里,没有民主制生长的土壤,缺乏多样性的空间,法律上的宽容终将无法实现。所以在建设现代法治国家的进程中,我们提倡发展多元化的社会,不压制冒险,鼓励一个风险形成以及运行、化解的整合机制。

(2) 对犯罪原因认识的不断深化使更多的人相信犯罪人本身不是犯罪的主要原因或者根本原因。犯罪学理论的发展向我们展示了一个人类探寻犯罪发生原因的历程。犯罪不仅是个人选择的结果,而且受到复杂的社会因素的影响。按照多层次犯罪原因理论②的解释,与生产力、生产关系和上层建筑相联系的社会原因是犯罪发生的存在论意义上的基础,是外因;而人的道德水平和性格特征体现行为人的主观恶性,是内因。二者共同起作用才能解释犯罪发生的原因。"个人犯罪社会有责"早已成为犯罪学上的一个共识。正因为如此,对于那些被我们贴以犯罪标签的民众来说,宽容也是必需的。宽容可以宽容的行为,是一个健康民族应有的性格。

(3) 刑法本身的特性所决定。刑法规范分为两类:禁止性规范和命令性规范。这两种规范都是对人们义务的描述,都是在一定程度上迫使人们对自由作出让渡。法律的目的不在于驯化民众成为制度的奴役,而是在最大限度内确保每一个人的自由。因

---

① 〔德〕考夫曼:《法律哲学》,刘幸义等译,法律出版社 2004 年版,第 417 页。
② 参见储槐植:《刑事一体化》,法律出版社 2004 年版,第 3—11 页。

此,在道德谴责和法律禁止性规范的界限的确定上,应尽可能地多为前者留置空间;凡是法律不明文禁止的均视为允许,但"允许"并不意味着行为就具有合法性或合道德性。①

3. 界定宽容精神的标准——社会控制能力

一般来说,社会的控制能力越强,国家公权力对于违法行为的容忍度也就越大,相应地就会采取更为广泛的手段来对付违法行为。社会控制能力与下列因素有关:

(1)与国家治理社会的技术有关。按照功利主义的观点,对不正当行为最有效的治理手段是剥夺其所可能获得的最大化利益。对于犯罪行为而言,最重要的是针对实施犯罪的刺激源切断犯罪人对非法利益的追求。所以国家对犯罪的治理技术就与探寻刺激源相关。以公司企业人员的经济犯罪为例,如果社会能建立起每个人的社会信用机制从而影响到个人未来工作与生活的话,人们就会更加珍视自己在社会中的忠诚义务,从而形成一个公开透明的人与人之间的监督网络。从这个意义上讲,在刑罚之外建立一系列非刑罚的制裁方法,可能要比单纯地剥夺人的自由或者财产更有效。事实上,犯罪行为种类各异,行为人意图通过实施犯罪行为达到的社会负效果也是不一样的,对不同的人来说,剥夺其财产和剥夺其自由,甚至剥夺其资格就会产生不同的效果。反过来,这种方式也有利于国家形成有效的社会控制,提高国家对犯罪行为的容忍度。

(2)与政治国家和市民社会的二元分立有关。市民社会形成的最突出的价值在于培育一个权利发达、自由开放、尊重个人品格和公民性的制度。政治国家与市民社会二元分立的结果是:作为政治设置的制度空间由国家占据,在此以外则是私域和非官方公域这两大基本的独立领域,即市民社会。② 而发达的市民社会有能力利用其内部资源解决争议消解诉讼,从而导致政治国家需要以国家公权力介入的机会或频率相对减少。这是因为刑法所规制的行为中有相当一部分直接利害关系人是被害人本人(即公民个人),而与国家或社会整体利益无关。对于这样的行为,让被害人参与到解决机制中来,不仅可以满足被害人复仇的欲望,而且可以使争议在协商的气氛中解决,有利于社会团结。

二、刑法谦抑的宪法基础——对人的尊严的尊重

宪制是一个制度性的架构,为各法律提供了充足的养分,刑法的谦抑性同样可以从中找寻到其根基——对人的尊严的尊重。

刑法首先体现对犯罪人的尊重。无论犯罪人实施了何种行为,当他处于国家的强

---

① 参见冯亚东:《理性主义与刑法模式》,中国政法大学出版社 1999 年版,第 52 页。
② 参见邓正来:《市民社会理论的研究》,中国政法大学出版社 2002 年版,第 10—11 页。

势压迫之下以及其他民众的道德谴责之中时,都是这个社会的弱者。对弱者的尊重,体现了一个国家的文明程度。刑法的诸制度设计也是以犯罪人权利保护为出发点的。

　　刑法的谦抑性就是这样一种给予了人性及人的尊严以充分关注的制度。考夫曼曾指出:如同所有法权都是因人而发生存在而且不能反其道而行之一样,法哲学也必须不断地面对这样的问题,即它在多大程度上可服务于人类。法哲学追求的是:对人及人的世界承担责任。① 人是一种创造存在的存在②,而人的尊严又是人最重要的特质,是人的一切权利生成和发生作用的基础,是人之为人的意义所在。人的尊严"作为权利存在以及界定的基础,它是一个更为基本的宪法范畴,并有可能成为世界共同承认的基本宪制规范。只有在承认并尊重人所固有的尊严之基础上,谈论权利、自由、民主或法治才有意义"③。只有真正从心底发出对个人尊严的尊重,立法者才能有动力(或许会成为一种本能)制定出合理且正当的"善法"。司法者才能体恤人性的弱点,从而作出"善"的判决。也只有在以对人尊严的充分关注的宪制基础上构建刑法谦抑性,并以刑法的谦抑性为基础理念创立刑法体系,才可能形成一种符合公正、体现人道的"爱的刑法观"。④

三、刑法谦抑的实现途径

　　刑法是规定罪与罚的法律。刑法谦抑亦可从犯罪与刑罚两个角度予以分析:罪之谦抑与刑之谦抑。然而无论罪与罚均有应然和实然两个层面的含义,故本文将从另一个角度,即立法之谦抑与司法之谦抑来分析刑法谦抑的实现途径。

(一) 立法之谦抑

1. 立法之谦抑与刑法结构之间的关系

　　理想的刑法结构⑤是"严而不厉"。其意旨:严密刑事法网,刑罚宽缓。二者之间有

---

① 参见〔德〕阿图尔·考夫曼:《后现代法哲学——告别演讲》,米健译,法律出版社 2000 年版,第 53—54 页。
② 参见赵汀阳:《论可能生活———一种关于幸福和公正的理论》(修订版),中国人民大学出版社 2004 年版,第 82 页。
③ 张千帆:《宪法学导论——原理与应用》,法律出版社 2004 年版,第 56 页。
④ 日本著名的主观主义刑法学家宫本英修,他以主观的违法性论为基础,从理想主义出发,刑法理论中蕴藏着浓厚的"人情味",从而倡导一种被称为"爱的刑法观"的理念。参见李海东主编:《日本刑事法学者》(上),法律出版社 1995 年版,第 100—101 页。
⑤ 刑法结构有两层含义,形式结构是指刑法总则与分则的组合,实质结构是指法定犯罪圈与法定刑罚量的组合(即两者的配置状况)。需要说明的是,本文是在实质意义上使用这一概念的。参见储槐植:《刑事一体化》,法律出版社 2004 年版,第 341 页。

着内在的制约与协调机制。严密刑事法网,指犯罪圈范围较大,将应该由刑法规制的行为尽可能地规定为犯罪。犯罪圈扩大,意味着国家必须投入更大的司法资源才能有效地治理犯罪。不厉的刑罚体现了对犯罪人的预防和矫正的功能。在这种情况下,人们更看重的是定罪活动对自身利益的影响,所以就会最大限度地降低犯罪率和追诉率,导致国家投入的刑罚总量相对减少。因而在这种刑法结构中,刑罚是最有效的。同时,在刑罚轻缓的条件下,定罪对行为人的影响力就会更明显,犯罪标签也将约束到行为人的行为能力和行为性质,而国家可以利用这种犯罪标签的约束,并通过不同的社会组织或者社会利益体对民众的行为起到积极的引导作用,从而在事实上减少犯罪总数。也就是说,定罪活动本身有利于充分利用社会资源监督犯罪人从而使国家在刑事执行方面的负担普遍降低。比如,受过刑事处罚的人(过失犯罪除外)不能再从事律师职业①;因犯特定罪行的人在一定期间内不得担任公司的董事、监事、经理②。相反,如果刑罚苛重,人们更会关心是否可以受到较轻的刑罚处罚,而不是更看重自己是否被定罪。国家不仅要投入大量的司法成本追诉犯罪,而且需要监狱等一系列刑事执行资源对犯罪人予以矫治。所以"严而不厉"的刑法结构是符合刑法谦抑性的。

2. 立法之谦抑在实现过程中所遇到的阻力

(1)社会观念基础的影响。受几千年封建"泛刑化"和重刑主义传统思想影响,刑法泛道德化和刑罚苛厉程度比较严重,直接导致我国刑法结构表现出"厉而不严"的特征。背后的根本原因在于权利意识的淡薄,以及对自我修养的过分热情。总之,民众对于刑法的恐惧与依赖始终阻碍着刑法观念现代化的实现。

(2)对罪刑关系的不正确理解。罪刑关系是指犯罪与刑罚之间的关系。罪与刑呈现不同的作用趋势。罪刑关系在立法论上,是双向控制关系。具体来说,刑罚作为控制主体,信息源是单一的(仅为罪),当出现罪上升刑加重、罪再升刑再重这种正反馈(信息反馈加强控制过程)时,刑罚就可能趋向极限呈饱和态,从而出现刑罚危机。犯罪作为控制主体,信息源是多样复杂的,刑仅仅是其中之一种,除刑之外还存在着大量的经济、社会、文化的刺激因素,刑罪之间一般不大可能存在正反馈,所以,犯罪不大可能呈饱和态,即是说犯罪增长不会有什么极限。③ 事实上,刑事政策的制定和刑事立法的过程中我们往往无视这种罪刑关系之间的双向控制关系,一味地追求刑遏制罪的效果,结果往往导致罪抗衡刑的尴尬。"严打"的反复性就充分地说明了这一点。

---

① 《律师法》第9条规定:"有下列情形之一的,不予颁发律师执业证书……(二)受过刑事处罚的,但过失犯罪的除外……"

② 《公司法》第57条规定:"有下列情形之一的,不得担任公司的董事、监事、经理……(二)因犯有贪污、贿赂、侵占财产、挪用财产罪或者破坏社会经济秩序罪,被判处刑罚,执行期满未逾五年,或者因犯罪被剥夺政治权利,执行期满未逾五年……"

③ 参见储槐植:《刑事一体化》,法律出版社2004年版,第343页。

(二) 司法之谦抑

司法之谦抑主要涉及司法中的定罪和量刑。司法体现谦抑性原则主要是从事实上的非犯罪化和量刑的科学化①的角度来考察的。

事实上的非犯罪化是指尽管刑罚制度的正式规定没有发生任何变化,但刑事司法制度对特定情况下特定行为(逐渐)减少其反应活动的现象。事实上非犯罪化体现了刑法的限制机能,同时可以使刑法在面对"情与法"的冲突时作出一种符合人性的理性选择。另外,对于某类并不适合直接在法律上作出规定,或者在法律上非犯罪化的条件仍不成熟的行为提供一种过渡性安排的途径。

但是在实践中,事实上的非犯罪化遇到了巨大的阻力。

首先,刑事诉讼法中缺乏对法官运用自由裁量权作出非犯罪化处理的激励机制。法官一般不会主动地关注实质正义。不仅如此,由于错案追究制、上诉审等制度的存在,使法官不愿意冒着风险对一些具有典型性的案例作出非犯罪化的处理。

其次,事实上的非犯罪化事由在现有的犯罪论体系中面临无法解决的困境。大陆法系犯罪论模式是递进式的犯罪构成体系,即构成要件该当性、违法性和有责性。通常满足构成要件该当性的行为就推定为犯罪,除非有违法阻却事由和责任阻却事由的存在。近年来,随着超法规的违法阻却事由和超法规的责任阻却事由的出现,法官在司法实践中能主动地运用自由裁量权,将那些在法律上没有予以非犯罪化的行为作出罪化处理。英美法系犯罪论被称为双层次的犯罪论体系,即本体要件和责任充足要件。而责任充足要件是一个开放的条件,使得英美法系的定罪过程能更好地体现出罪的功能。大陆法系和英美法系通过积极要件和消极要件的配合,在实践着刑法的人权保障和社会保护机能。而我国的犯罪构成体系被称为耦合式结构,犯罪构成要件之间的关系成为一种共存关系,即一有俱有、一无俱无。② 各构成要素之间缺乏位阶关系,导致犯罪论体系基本上是一个入罪的结构,而不能很好地实现出罪的功能。尽管理论界承认并对期待可能性、允许危险等原则予以了充分的论证,但由于无法在现有的犯罪论体系中正确定位,导致司法中这些理论并没有得到承认。事实上非犯罪化的困境由此产生。③

---

① 量刑科学化本身是一个十分重要的问题,与现代法治的实现有着密切的联系,同时也是在司法实践中最容易使人忽略和影响加害被害互动激励机制的问题。但限于篇幅,同时也限于与本文所着力强调的重点的关系,对量刑科学化的分析在本文中将被省略。
② 参见陈兴良:《本体刑法学》,商务印书馆2001年版,第217页。
③ 比如最近讨论较多的家庭暴力案件,在英美法系发展出了"受虐妇女综合征",大陆法系利用"期待可能性"理论进行出罪化的处理。而我国,由于这样的行为被认定为正当防卫尚有诸多的理论困难,又没有超法规的违法阻却事由的存在,大量家庭暴力案件的受害妇女在遭受身体和精神痛苦之外还要身陷囹圄。除了同情,我们似乎找不到任何可以有所作为的方法;也使得我们的刑法成了一个毫无怜悯、不通人情的制裁工具。这与刑法的价值相违背。

最后,刑法适用解释机制的不畅阻碍了事实上非犯罪化的发展。刑法适用的过程就是法官解释刑法并对犯罪人定罪量刑的过程,刑法的功能和价值目标是在这一过程中实现的。① 刑法适用与法官解释刑法是相随而生的两项工作。然而现在的问题是:司法官员仍然拒绝严格意义上的适用解释,究其原因主要是:今日大多数法律人仍然认为"制定法的不完备性"是一种缺陷,因此尽力去消除大量制定法中的这种缺陷。大部分的人较喜爱受到"严格的、赤裸的法律文义"的拘束,以免必须自己承担责任。② 大量抽象的司法解释的出台就是一个充分的例证。法官在立法不完备的情况下,总是试图通过立法或者近似立法的方法解决实践中各异的行为,而最高人民法院也试图将任何一个细微的部分都解释得天衣无缝,结果事与愿违,已经解释的司法解释仍需要解释,陷入解释论上的循环。试图用刑事司法解释来代替刑法适用解释,是刑法机制运行不畅的重要原因。

四、对非法鉴定胎儿性别和人工终止妊娠行为等相关问题的反思——一种刑法谦抑的视角

随着男女比例严重失调,相关政府部门包括司法机关对非法鉴定胎儿性别的行为更加重视。学界普遍的观点认为应将此种行为犯罪化,分歧点主要是通过修订《刑法》第336条的规定将其纳入非法行医罪的范畴,还是应增设非法鉴定胎儿性别罪。总之,对非法鉴定行为一下子从行政违法的范畴上升到刑罚处罚领域,犯罪化的倾向成为实践部门的反应焦点。

事实上,一个理性的决策者应从制度本身是否具有合理性和正当性的角度分析应否实行犯罪化。犯罪化本身是一个制度选择问题,可以选择就意味着不是唯一,但是否能构成对这类行为的主要制约机制,就不单纯是一个选择的问题了。

笔者以为,从刑法谦抑的视角分析,非法鉴定胎儿性别的行为不应犯罪化。

1. 将非法鉴定行为③犯罪化是否必要

首先,应考虑对非法鉴定行为予以犯罪化是否可以实现原来设想的目的——控制男女比例失衡,从而减少出现严重社会问题的可能性。通过非法鉴定胎儿性别的方法改变女孩的出生率确实会影响到男女的比例问题,但是,男女比例失衡的主要原因或者根本原因并不在此。其次,非法鉴定胎儿性别的行为是否被犯罪化与严重的社会问题没有关系。有观点认为:广泛存在的非法鉴定胎儿性别和人工终止妊娠行为已经引

---

① 参见储槐植:《美国刑法》(第2版),北京大学出版社1996年版,第133页。
② 参见〔法〕孟德斯鸠:《论法的精神》(下册),张雁深译,商务印书馆1963年版,第73—74页。
③ 为了便于行文,本文在同一意义上使用非法鉴定胎儿性别行为和非法鉴定行为。

发了严重的社会问题。其一,直接危及孕妇的身体健康和生命安全;其二,为将来侵犯女性权利的违法犯罪活动大量发生留下了严重隐患;其三,引发家庭内部矛盾和纠纷;其四,助长买卖婚姻等传统陋习。①

笔者以为,上述理由是站不住脚的。首先,任何不适当的人工终止妊娠行为都会对孕妇的身体造成伤害。非法鉴定行为本身并不足以产生损伤的结果。其次,因为缺乏配偶而产生心理扭曲从而导致犯罪率的上升,这种论证是缺乏理论依据和实证支持的。再次,如果是因为生男或者生女的问题导致家庭纠纷,那么即便不是在鉴定时,也会在胎儿出生之后使矛盾激化。所以取消或者强制不进行性别鉴定起不到任何作用。也就是说,鉴定本身不是引发矛盾的根本原因,亦不是消解矛盾的主要方法。最后,买卖婚姻与对男女的偏好不具有事实上的因果关系。这种简单的需求决定供给的函数计算方法,忽视了社会矛盾的复杂性和社会问题背后的制度性因素。本文无意否定非法鉴定行为本身具有的社会危害性,只是笔者有理由相信,文化的因素、制度的浅层危机要比民众朴素的不科学的心理对男女比例失调问题应负的责任更大。因此,用可能产生的社会后果来论证非法鉴定行为的社会危害性的方法本身就是不科学的,由此解释非法鉴定行为需要犯罪化的观点也是值得商榷的。

2. 将非法鉴定行为犯罪化是否违反刑法的宽容性

根据前文界定刑法宽容性的标准——社会控制能力来考察非法鉴定行为犯罪化是否违背刑法谦抑。目前国家控制这类行为的主要手段是行政处罚,基本的制裁方式是罚款,而行政处罚中罚款的上限都比较低,即便受到处罚,违法行为人仍然可以从非法鉴定行为中取得利益,从而无法形成有效的制约机制,表现出社会控制能力较低。而且我国从未形成政治国家与市民社会的二元格局,无法培育一个发达的市民社会内部解决纠纷的机制,所以往往需要借助国家公权力来参与到公民私权利的争议解决中。这些是我们的社会和文化表现出来的现实。在考虑制度建构和犯罪化的时候我们需要充分地考虑这些现实,但不囿于现实,而应该反观改革现实的可能性。事实上,对于非法鉴定胎儿性别的行为,国家控制能力并没有完全地发挥出来,社会可做的事情还有很多。比如,加强社会保障体制的完善,加大对女童上学的投入,加强卫生管理部门与基层组织的合作与监督机制等。故改革的重点应是完善行政立法,而不是简单地将行政不法规定为刑事违法。不可唯刑法是赖。

3. 将非法鉴定行为规定为犯罪的现实可能性——犯罪化的实现程度

如果非犯罪化后的实现程度很低或者适用比例很低的话,这样的条文不仅会导致立法的虚置,而且会使法律的权威性大打折扣。犯罪化的实现程度与两个因素有关:

---

① 参见赵秉志、左坚卫:《试论非法行医罪的立法完善——以非法鉴定胎儿性别和人工终止妊娠行为为视角》,载《人民检察》2005年第5期。

一是可证明性；二是法律的可规避性。关于可证明性的问题，如果将此类行为规定为非法行医罪的话，非法鉴定行为本身的可识别性不强，同时当非法行医的主体扩大到具有执业资格的人时，对于非法鉴定行为与合法鉴定行为本身就难以区别。而根据刑事诉讼法的基本理念，对行为人的定罪需经历一个从事实上的犯罪到法律上的犯罪的过程，在这个过程中必须满足两个基本条件：一是行为人的行为需符合定罪事实（即犯罪构成事实）；二是公诉机关必须有确实充分的证据证明行为人的行为构成犯罪。所以，当非法鉴定行为本身无法证明或者证据无法满足证明力和证据能力的要求时，非法鉴定胎儿性别的犯罪就无法实现法律上的犯罪化处理。关于法律的可规避性，法律规避的严重问题不是仅仅通过更好的立法就可以解决的，因为正是法律救济的高成本导致了法律规避，而高成本不是来自内在的立法技巧而是来自不恰当的社会观念基础。① 由于这类行为存在被害人的同意，有着很强的隐蔽性，这就增加了司法追诉成本，不利于侦查的进行；同时被害人与被告人在事实上形成了一个合意，也有利于规避法律的不明确性。结果导致这种行为可能没有办法在立法中作出规定：规定得过于严格会导致侵犯人权，过于宽泛又可能起不到任何效果。因此，基于边沁所讲的无效的刑罚是不必要的理念，对于无法证明（或者证明十分困难）或者极易规避的非法鉴定行为来说，犯罪化是不可取的。

4. 将非法鉴定行为犯罪化后又能怎么样

为了更进一步地理解上面的观点，我们不妨换一种角度来思考。分析的基本路径是，如果立法将非法鉴定行为犯罪化，这样做的结果是否会达到立法者的目的。笔者以为，即使非法鉴定行为被全部禁止，男女比例失衡仍然会成为一个难题，甚至可能出现更严重的社会问题。父母无法在怀孕状态知道自己的孩子是男孩还是女孩，当女孩出生以后，就会有很多父母继续生孩子，尤其是在农村，"超生游击队"的状况仍不是少数，就会出现更多的"黑户"小孩，将来的上学、就业等一系列问题都会随之而来；且对于国家而言，计划生育政策也可能功亏一篑。当然也不排除有另外一些孩子，可能会在很小的时候被送给他人或者被遗弃街头，弃婴和拐卖儿童的行为也会增多。总之，社会治理是一项系统工程，别指望单靠刑法或者主要靠刑法解决所有的问题。"严打"不如"严管"更有效。

---

① 参见梅辙：《社会观念视域中的中国婚内强奸问题》，王亚凯、付立庆译，载《金陵法律评论》2002年第1期。

第三编

刑事立法论

严而不厉：为刑法修订设计政策思想[*]

《刑法》(1979年)颁行10年以来，全国人民代表大会常务委员会又相继通过了补充和修改刑法的三个决定和四项补充规定[①]，对稳定社会秩序、保卫四化建设、促进改革事业的顺利进行以及保护公民的人身和财产安全发挥了重大作用。但是，由于改革开放、商品经济的发展，社会发生了巨大变化，刑法需要同新情况相适应，由于决定、补充规定同《刑法》存在某些不协调，致使司法实践在适用刑法上遇到了一些困难；更由于决定和补充规定增加了不少死刑，大大提高了法定刑，又对有些多发性犯罪提高了起刑线（构成犯罪的数额起点），实际缩小了刑事法网，形成了刑法"厉而不严"的结构性倾斜，客观状况是刑罚量居高不下，严重犯罪也居高不下，这就不得不提出我国刑法"该怎么办"的问题。所以，刑法修订势在必行。删去一些现实生活中不大可能发生的罪名和增添若干社会管理需要的新罪名，协调某些法律规范以方便司法实践，这两项工作量虽然不轻，但相对而言并非十分困难。刑法修订的关键在于调整政策思想。

"严"与"厉"二字含义有相同的一面，常常连用；它们也有不同的一面，"严"为严肃、严格、严密之意，"厉"为厉害、猛烈、苛厉之意。本文是在不同含义上使用这两个字：严指刑事法网严密，刑事责任严格；厉主要指刑罚苛厉，刑罚过重。

现行刑法（广义）在法条中体现出来的政策思想的主要倾向在于"厉而不严"。刑法修订如果不是应急之举，笔者认为，"严而不厉"的政策思想，才能真正体现万里委员长所说"无论是新法律的制定，还是现行法律的修改，都要既考虑当前，又考虑长远，保持法律的尊严和相对稳定。力求避免时紧时松，此伏彼起的现象发生"[②]的立法精神。

一、"厉而不严"的主要表现

1. "厉"主要表现在刑罚体系上

一方面，轻刑种类管制和罚金在刑罚体系中的地位偏低。管制作为选择性法定刑

---

[*] 原载《北京大学学报（哲学社会科学版）》1989年第6期。

[①] 三个决定，即《关于处理逃跑或者重新犯罪的劳改犯和劳教人员的决定》(1981年)，《关于严惩严重破坏经济的罪犯的决定》(1982年)，《关于严惩严重危害社会治安的犯罪分子的决定》(1983年)。四项补充规定（均在1988年通过）是：《关于惩治走私罪的补充规定》《关于惩治贪污罪贿赂罪的补充规定》《关于惩治泄露国家机密犯罪的补充规定》《关于惩治捕杀国家重点保护的珍贵、濒危野生动物犯罪的补充规定》。

[②] 《法制日报》1988年12月8日。

加以规定的分则条文共 20 个,可以并处或单处罚金的条文只有 21 个(含补充规定增加的 1 个),由于刑法对罚金刑规定得过于原则,既无上限又无下限,司法实践难以适用,加之因为几个决定对若干严重犯罪法定刑的提高从而在审判活动中出现了对其他犯罪的处刑相随加码的倾向,所以管制和罚金在实际上极少运用。另一方面,重刑种类无期徒刑和死刑在刑罚体系中的比重过大,规定可以判处死刑的刑法条文共 28 个,29 个条文规定有无期徒刑(凡规定有死刑的条文,都规定了无期徒刑,作为选择性刑种)。① 无论从绝对数或比例数(与有罪刑规定的条文总数相比)来看,在当今各国刑法中并不多见。在开放社会里,国际横向比较应与国内历史纵向比较并重。问题还不在于轻刑与重刑的条文数目,而在于司法实践对某一方面的"偏爱",这种偏颇恰好反映了相应的政策思想。诚然,在我国相当长时期内不能把死刑一概视为厉刑而予以废除,对一些危害国家安全和公共安全罪以及凶杀、强奸、抢劫等严重暴力罪适用死刑是完全必要的。但是,在商品经济日益发展即将进入 21 世纪的时代,对多种侵犯财产和经济犯罪仍然保留诸多死刑,以及对罪行特别严重的已满 16 周岁不满 18 周岁的未成年犯可判死刑缓期执行,则不能认为"合潮流",问题还在于效果不明显,也超出了实际的客观需要。

2. "厉"表现在责任制度上

主要指将惩罚犯罪预备作为普遍原则。根据犯罪构成理论,犯罪预备行为毕竟不是刑法分则规定据以定罪的犯罪客观要件行为。一般来说,其社会危害性未必达到需要判处刑罚的程度,在诉讼中证明预备行为的犯罪意图常常又很困难,因此对预备犯定罪判刑的案例极少见。

3. "不严"表现在量刑制度上

主要指累犯不加重处罚。《刑法》规定的是累犯从重制裁。有人认为《关于处理逃跑或者重新犯罪的劳改犯和劳教人员的决定》(1981 年)补充了累犯加重处罚的规定。其实,决定规定的加重处罚限于犯人服刑期间实施的某些犯罪,根据我国刑法,这属于数罪并罚范畴,并非累犯,因为决定明确指出"刑满释放后又犯罪的,从重处罚"。所以,现行刑法没有累犯加重处罚的规定。外国和我国经验说明,累犯是社会溃疡,是罪恶渊薮,在我国累犯率也呈上升趋势。累犯不加重处罚实为刑法不严的一种表现。

4. "不严"表现在行刑制度上

主要指缓刑、假释撤销的条件要求过于宽容。根据《刑法》第 70 条和第 75 条的规定,只要不"再犯新罪",缓刑和假释不撤销。缓刑、假释撤销条件的宽严,各国不完全

---

① 参见王作富主编:《中国刑法适用》,中国人民公安大学出版社 1987 年版,第 226、229 页。

一致。苏联法律规定的撤销条件是又犯新的应当判处剥夺自由的故意罪。① 如果又犯过失罪或者虽为故意罪但不能判剥夺自由刑的,都不撤销缓刑、假释。撤销范围限制得相当狭窄。不过苏联对可能获得假释的对象和条件限定得远比我国严格。许多西方国家法律规定的撤销条件除又犯新罪外,还包括严重违反缓刑、假释考验应遵循的要求的行为。例如现行《日本刑法典》(1968 修正)第 26 条把缓刑撤销分为两种情况,即"必要撤销"(缓刑期内又犯应处禁锢以上之刑的罪)和"裁量撤销"(缓刑期内又犯被处罚金刑之罪,或者严重不遵守缓刑考验事项);第 29 条规定假释期内又犯应处罚金以上之刑的罪或者不遵守应当遵守事项的,均为撤销假释的理由。相比之下,我国刑法过于宽容。假定某罪犯盗窃 500 元被判缓刑,考验期间贪污 500 元,因不构成犯罪,缓刑仍不撤销。这无异于放纵犯罪。

5. "不严"表现在犯罪构成上

主要指某些社会危害大的多发性犯罪的起刑线过高。

(1)贪污罪受贿罪。"现在违法乱纪的很多,最主要的就是贪污、受贿。检察机关等部门必须把主要力量放在反贪污反受贿问题上……最高人民检察院检察长刘复之说,1987 年至 1988 年 8 月,检察机关立案查处 51600 件经济犯罪案件,其中贪污、受贿 36700 余件,占 71%。"② 1988 年 7 月至 11 月,全国检察机关共受理群众举报线索 101300 余条,其中贪污、受贿线索 34700 余条,占举报总数的 34.5%。③ 贪污、受贿行为对商品经济秩序和国家机关为政清廉所造成的巨大破坏是难以用数字估量的。立法机构充分认识到了问题的严重性,全国人大常委会 1982 年通过的《关于严惩严重破坏经济的罪犯的决定》和 1988 年的《关于惩治贪污罪贿赂罪的补充规定》中,把受贿罪的最高法定刑提高为死刑,与《刑法》原来对贪污罪的最高刑相等,并对二罪规定了几个处刑档次,为司法办案大致统一了标准。实践表明,提高法定刑并未收到预想效果。原因是多方面的,其中之一在于两罪的起刑线过高,从而难以收到预防犯罪以及防止发展为重罪的效果。

(2)偷税抗税罪。随着经济发展,纳税户大量增加,现在全国纳税户已达 3000 多万户(不含交纳个人所得税的人),比十一届三中全会前增长了约 20 倍。同时,漏税(非犯罪行为)、偷税和抗税行为近年来相当普遍。据国家税务总局的调查统计,全国 50% 以上的国营、集体企业和 80% 以上的个体工商户都存在偷税漏税问题。有的偷漏税额巨大,情节十分严重。④ 问题的严重性还在于这种违法犯罪现象正以高比例继续

---

① 参见〔苏〕H.别利亚耶夫、〔苏〕M.科瓦廖夫主编:《苏维埃刑法总论》,马改秀、张广贤译,群众出版社 1987 年版,第 367、380 页。
② 《法制日报》1988 年 11 月 14 日。
③ 参见《法制日报》1989 年 1 月 11 日。
④ 参见《法制日报》1988 年 10 月 25 日。

增长。例如,1987年全国各级检察机关共受理和立案查处偷抗税案件分别比1985年上升1.4倍和1.2倍。① 上海市1988年上半年偷漏税案件比上一年同期上升67%,而且数额大的为多。② 税收是国民经济的大血脉,国家财政收入的90%以上靠税收。在商品经济发达国家,给国家造成经济损失最大的犯罪是逃税,例如美国财政部国家税务局1982年一份报告估计美国一年中逃税总额约达1000亿美元,占应纳税金的20%。③ 我国此项绝对数虽无法同美国比,但是比例数或许不比美国低。由于《刑法》公布时我国正处于产品经济转向商品经济、企业上缴利润改为交纳税金的起初阶段,偷税抗税犯罪不多,因而刑法对其处治不严是自然的。依据今天形势要求,"不严"体现在三个方面,一是最高法定刑为三年徒刑,过于轻宽;二是尚无"单位犯罪"(法人或非法人团体犯罪)的规定;三是构成偷税抗税罪的要件之一"情节严重"主要指逃税数额大,起刑线被提得过高,1986年至1988年三年中全国立案查处数额大、情节严重的偷抗税案仅为6416件,差不多平均一县一年只有一件。④ 这固然有多方面原因,"以罚代刑"刑事法制宽容应是最主要的问题。

6. 过失犯罪的刑事责任

在现代科学技术革命条件下,随着高科技和现代化器械的广泛运用,随着社会生产和日常生活的进一步技术化,危险源日益增多,过失犯罪尤其业务过失犯罪无论是在数量上还是在危害程度上都日趋严重。时代对刑法提出了同这类犯罪行为作斗争的更严格的要求。在20世纪以前刑事立法上过失犯罪基本均为实害犯(结果犯),即只有发生了实际危害结果才构成犯罪。我国刑法也如此。下述"行为"现在许多国家都可作犯罪处理而我国则不为罪:1987年7月23日一架美国波音747客机从纽约飞抵伦敦,机上有乘客380人,降落前驾驶人员忘记打开机翼升降器,在降落前43秒时被机场指挥塔发现,及时通知机组人员,从而避免了一场机毁人亡的惨祸。美国法院追究了机组有关人员的刑事责任。这是必要的,也是合理的。由过失行为引起类似的险情在我国社会生产和生活中也时有发生,难道就无须作为犯罪处理吗?

上述"厉而不严"的主要表现,都是刑法修订需要解决的问题。

二、"严而不厉"的具体建议

1. 废除纯财产经济犯罪即投机倒把罪和盗窃罪的死刑

废除理由说明如下:

---

① 参见《法制日报》1988年1月29日。
② 参见1988年9月11日中央人民广播电台新闻报道。
③ 参见《犯罪与司法大全》(1983年英文版),第683页。
④ 参见《法制日报》1988年11月12日。

(1) 死刑对重大盗窃犯和投机倒把犯的威慑作用不明显。论据是近几年重大刑事案件呈上升趋势，"1988 年全国刑事案件共发生 82.7 万多起，比上一年增长 45.1%，重大案件达 20.5 万余起，比上一年增长 65.7%……在刑事案件中占百分之七八十的是盗窃案"①。上海市 1988 年前 10 个月共发生盗窃工厂原材料案件 512 起，其中大案 257 起，分别比 1987 年同期增加 94.9% 和 2.3 倍。② 受害人学研究表明，控制财产经济犯罪（尤其是大案）的有效途径是加强财产经济管理，以消除罪犯作案条件，加强管理还应包括对财产负有保护责任者追究玩忽职守的法律责任。

(2) 社会公众能够接受。③ "杀人偿命"在我国民族传统文化中是根深蒂固的，因此死刑对重大暴力罪虽然也无明显威慑作用但仍应予保留。

(3) 有利于同另一法无死刑规定的纯财产犯罪即诈骗罪保持刑罚的平衡。有一种观点认为，把诈骗罪最高刑升格为死刑，这样也可保持三个社会危害性大致相当的犯罪的刑罚的平衡。从微观具体办案角度看，这种以三个死刑保持的平衡也是可用的，但从宏观社会发展趋向和国家形象看，是不可取的。

(4) 取消二罪死刑后，作为最高法定刑的无期徒刑并不宽纵罪犯，而且可以在刑法总则里规定"二次以上累犯"判处有期或无期徒刑的不得假释，或者在分则有关条文中规定"情节特别严重"判处无期徒刑的不适用假释。

(5) 从国际经验看，死刑的总趋势是由减少至最终废除，现在已经废除死刑的国家都有一个首先取消侵犯财产罪的死刑的过渡阶段。刑罚趋轻是普遍规律④，从长远看，我国必将减少死刑。这一"起点"无须等到 21 世纪。

(6) 走私罪的死刑限于走私珍贵文物、毒品和武器。渎职性经济犯罪——贪污罪和受贿罪目前仍应保留死刑。这三罪对经济和政治造成的危害远远大于盗窃罪和投机倒把罪。

2. 废除已满 16 周岁不满 18 周岁所犯罪行特别严重的少年犯的死刑缓期执行的规定废除理由如下：

(1) 少年生理心理发育尚未成熟，应当减轻责任。同时，少年犯可塑性较大，比成年犯容易矫治。

(2) 少年犯死刑缓期执行，司法实践表明，其结果几乎百分之百不执行死刑。因此，不如干脆取消这种规定。

---

① 《法制日报》1989 年 1 月 24 日。
② 参见《法制日报》1989 年 1 月 19 日。
③ 参见《法制日报》1989 年 1 月 16 日。阎华庆诈骗 28 万元，被判无期徒刑。社会公众对此并非不能接受。由此推论，对重大盗窃犯和投机倒把犯不适用死刑，社会心理同样可以承受。
④ 参见储槐植：《西方刑法规律探讨——兼谈刑法研究的系统方法》，载《法学论文集》，光明日报出版社 1987 年版，第 367—380 页。

(3)"死缓"不是刑种,只是死刑的一种特殊运用方式。

3. 完善罚金刑,以利于司法实践扩大运用范围

具体做法是:

(1)在刑法总则里,规定两种罚金制,一种是对获利性犯罪采比例罚金制,即罚金数为非法所得数的百分数或者倍数,另一种是对非获利性犯罪采幅度罚金制,即规定罚金数的下限与上限。

(2)在刑法分则部分,增加适用(单处或者并处)罚金刑的条款。

4. 取消犯罪预备概念,增设两个独立罪名

罪名具体内容为:

"持有鸦片、海洛因、吗啡或者其他毒品的,处二年以下有期徒刑、拘役或者管制,可以并处或者单处罚金。"

"以杀人、伤害、爆炸、投毒或者其他危害安全为目的,持有犯罪工具的,处二年以下有期徒刑、拘役或者管制,可以并处或者单处罚金。"

说明:犯罪预备概念,色厉内荏,很难适用,判例极少。新设的持有犯罪工具罪便于控告证明,实际是原来犯罪预备概念企图解决的主要问题。新设的持有毒品罪,是使吸毒行为犯罪化(把过去不为罪的行为规定为犯罪),同时弥补现行《刑法》第171条"制造、贩卖、运输"毒品罪之不足。

5. 累犯应当从重或者加重处罚

法律条文可措辞为:

"被判处有期徒刑以上刑罚的故意犯罪,刑罚执行完毕或者赦免以后,在五年以内再犯应当判处有期徒刑以上刑罚之故意罪的,是累犯,应当从重处罚。

"二次以上累犯,应当加重本刑二分之一至二倍,但是有期徒刑不得超过20年,刑罚执行中不得假释。"

说明:

(1)现在犯罪与前次犯罪的时间相隔由现行规定的"三年以内"延长为"五年以内",适当扩大累犯外延是司法实践的需要。

(2)一次累犯从重处罚。为矫治罪犯,对二次以上累犯采取加重处罚制,并且不得假释,是完全必要的。上述加刑幅度也是可行的。新罪的法定刑如果没有无期徒刑或者没有死刑,则不得从有期徒刑加重至无期徒刑或者从无期徒刑加重至死刑。

(3)据汉语词典,"累"字意为重叠、连续、屡次。"累犯"英文为 recidivism(指行为)或 recidivist(指人),源于中古拉丁文 recidivare 或 recidivus,意为恢复原事物(尤指犯罪和犯罪习惯)的倾向,即屡犯罪行的习性。汉译为累犯、惯犯、常习犯。因此,西方刑法总则里作为量刑制度一般只用"累犯"(包括普通累犯、常习累犯、多次累犯和特别

危险的累犯等)这个概念。① 犯罪学所称在一定时期内反复多次实施同种罪行的"惯犯"(habitual offense 或 old offender)一般只出现在刑法分则中。累犯是对国家法制的挑战,具有很大的社会危险性,历来是打击的重点对象。我国唐律有"三犯流者,绞"的规定。16世纪英国法律和1791年《法国刑法典》都有累犯加重处刑规定。美国18世纪末康涅狄格州法律规定"初犯夜盗、抢劫、伪造罪的处罚不超过10年监禁,再犯者处终身监禁"②。及至19世纪前期西方人道主义发展和刑法思想的变化,累犯加重处罚制陆续减少。③ 20世纪50年代末西方世界普遍出现以累犯明显增长为主要标志的"刑法危机"(刑罚危机,刑事政策危机),作为对策之一便是对累犯加重刑罚。例如,法国1960年第529号法律规定对累犯"可以加重其刑至二倍",1970年第643号法律规定对多次累犯"得宣告刑事监护",刑事监护期间为10年,从刑罚执行完毕开始。刑事监护在监狱中执行,或者依照刑事诉讼法所定条件在假释制度下执行。④《德意志联邦共和国刑法典》(1975年)第48条对普通累犯采从重处罚制,第66条对二次以上累犯在判处监禁刑外并予以"保安监置"处分,第一次交付保安监置不得超过10年,顺序为先执行刑罚后执行保安处分。日本现行刑法对累犯可加重至本刑的2倍,1974年日本《改正刑法草案》把累犯分为普通累犯和常习累犯,对前者采加重处罚制,对后者得宣告不定期刑。美国明尼苏达州《量刑准则》(1981年)规定根据犯罪人的前科数(罪性不限)对累犯采取累进加重的办法。当代各国对累犯构成条件(罪性、刑种、间隔)的宽严程度差别虽大,但对其采取加重处罚制度(附加剥夺自由的保安处分实质上也是一种加重处罚形式)几乎是共同的。根据我国实际情况,国际经验值得借鉴。

6. 缓刑和假释的撤销条件修改

具体修改为:

"缓刑考验期内、假释考验期内又犯罪的,撤销缓刑、假释;严重违反考验条件要求的,也可撤销缓刑、假释。"

说明:缓刑,假释的撤销,根据不同情况,分为两类,一是必须撤销(又犯罪),二是可以撤销(严重违反考验要求)。

7. 补充现行刑法总则关于犯罪过失的概念

具体补充如下:

---

① 《瑞士刑法典》(1971年修正)"保安处分"中仅用"常习犯"一词。《意大利刑法典》(1968年修正)总则第四章第二节为"累犯、职业犯、常习犯和倾向犯",除倾向犯外,常习犯和职业犯均以累犯概念为基础。

② 《美国监狱史画册》(1983年英文版)第26页。

③ 旧中国的刑法里一直保留累犯加重处罚的规定,例如《中华民国暂行新刑律》(1912年)、《中华民国刑法》(1928年)和《中华民国刑法》(1935年)等。

④ 参见《法国刑法典》(1810年公布,1975年修正)第56—58条。

"应当预见自己的行为可能发生危害社会的结果,因为疏忽大意而没有预见,或者已经预见而轻信能够避免,以致发生这种结果或者足以发生这种结果的,是过失犯罪。"

相应地,在现行《刑法》分则第 105 条、第 107 条、第 108 条和第 109 条之后,各另加一款:"过失犯前款罪的,处二年以下有期徒刑或者拘役,可以并处或者单处罚金。"

并在第 113 条、第 114 条和第 115 条之后,各另加一款:"有造成严重后果之虞的,处二年以下有期徒刑或者拘役,可以并处或者单处罚金。"

说明:对现行刑法的过失结果犯概念补充了"过失行为犯",相应增加 7 种具体的过失行为犯。这是处罚虽未造成但足以造成严重危害后果的过失行为,不应理解为惩罚过失未遂犯。根据通行观点,犯罪未遂是犯罪"未得逞",限于故意犯罪。需要更新的观点是,过失犯罪不局限于结果犯,也应包括行为犯。

8. 扩大对贪污行为和受贿行为的刑事惩罚范围

为维护党政机关威望,彻底清除腐败现象,促进廉政建设,促进商品经济新秩序建立,应当扩大对贪污行为和受贿行为的刑事惩罚范围。具体体现在下列两个方面:

(1)贪污罪受贿罪的起刑线降至与一般盗窃罪大致相当的水平线。

(2)受贿罪的构成要件"利用职务上的便利"修改补充为"直接或者间接利用职务上的便利",使那些利用上下级隶属关系或利用手中权力左右对方利益的便利条件从而受贿的严重犯罪无法逃脱法律制裁。何谓"间接利用"尚需作进一步的司法解释。①

说明:按现行法律,一面提高法定刑,另一面又提高起刑线"网开一面",实际并未收到"严惩"和遏止这两种犯罪的效果。原因何在?笔者认为,刑法对这些危害甚大的犯罪应当两面夹攻,而不是攻一面放一面。一方面适当提高法定刑在一定时期内是必要的,更重要的另一方面是防微杜渐,降低起刑线,扩大刑事法网,不放过小罪,从而降低发展为大罪的概率。目前刑法对两罪的起刑线规定为 2000 元左右②,实在太宽容。2000 元相当于全国职工人均 20 个月工资收入。贪污、受贿不仅破坏经济秩序,更严重的是腐蚀政治机体。"利用职务上的便利"的贪污罪、受贿罪的起刑线定得高于盗窃罪(仅仅侵犯财产、破坏经济)的 5 至 10 倍③,在道理上很难说得通。这里至少存在两个问题,其一,违背《宪法》第 33 条第 2 款"中华人民共和国公民在法律面前一律平等"的规定精神,为什么某人未利用职权盗窃 500 元定为犯罪,而另一人利用了职权盗窃(即

---

① 关于如何具体解释"间接利用"职务之便,可参考邢雯:《试论受贿罪利用职务上的便利》,载《法学研究》1988 年第 6 期。

② 参见《关于惩治贪污罪贿赂罪的补充规定》第 2 条和第 5 条的规定。

③ 最高人民法院和最高人民检察院 1984 年 11 月 2 日发布的《关于当前办理盗窃案件中具体应用法律的若干问题的解答》对《刑法》第 151 条盗窃罪构成要件之一"数额较大"的司法解释是,"个人盗窃公私财物,一般而以二百元至三百元为'数额较大'的起点;少数经济发展较快的地区,可以提到四百元为起点"。

贪污)1000元不为犯罪呢？其二,忽视了刑法预防犯罪的功能。外国和我国社会实践以及犯罪学和心理学研究表明,由于犯罪原因机制的复杂性,刑法对常呈突发性暴力犯罪的一般预防作用甚微,但对行动前仔细计算利害得失的冒险者实施的财产经济类犯罪,刑法提高定罪率(扩大犯罪圈)比单纯增加刑罚量(提高法定刑)更能控制犯罪发生。① 道理很简单,降低起刑线,扩大犯罪圈,有助于及早遏制权力与金钱交易的犯罪意念。相反,如果起刑线高,行为人的心理很可能是"反正数额尚未过线,不算犯罪",这就助长了犯罪意念。犯罪意念一旦形成并且得到行为(哪怕是轻微行为)的反馈强化,再去遏制则为时已晚。降低起刑线,把贪污受贿行为遏制在萌芽期,才可能产生对大案起釜底抽薪的效应。这是严治贪污受贿之道。

9. 扩大对偷税抗税行为的刑事惩罚范围并提高其法定刑

为防止国家财源流失,实现社会分配公平,促进经济发展,应当扩大对偷税抗税行为的刑事惩罚范围并提高其法定刑。具体是:

(1)降低偷税抗税罪的起刑线,其数额可相当于一般盗窃罪起刑线的5至10倍。并把现行法定最高刑3年徒刑提到10年徒刑。

(2)刑法分则规定法人或非法人团体也能成为偷税抗税罪的主体。

说明:为纠正"以罚代刑",降低起刑线有必要。但是也不宜降至与一般盗窃罪相等水平,否则人民法院将应接不暇,而且它与盗窃罪毕竟有所不同。盗窃是非法取得原不属于自己的财物,而偷税抗税则是非法不交纳应交出(原属于自己)的款项,主要是不履行义务,侵害带有间接性。

法人犯罪多为破坏经济秩序罪,其中最普遍的是偷税抗税、投机倒把、假冒商标、走私、贿赂等罪。目前法律仅有法人走私罪、法人行贿受贿罪和法人投机倒把罪的规定,刑法修改时应将比例很高的那些法人犯罪明确规定出来。否则,易导致轻纵犯罪。由于实际责任承担的复杂情形,很难对"直接责任人员"(现行法规定的犯罪主体)按整个案件的客观罪行及其社会危害追究刑事责任。有一种观点认为,不设法人犯罪、不处罚金,但可以处行政罚款,效果无异。从个案处理看,也许可以如是认识。从国家态度看,情形则不然,如果社会危害相等的同类行为,个人实施构成犯罪,法人实施不算犯罪,这种"两把尺子"的法制实不可取。

10. 使某些促成犯罪发生或者引起重大社会危害的高概率原因因素犯罪化

为维护社会安全,使某些促成犯罪发生或者引起重大社会危害的高概率原因因素犯罪化,例如增设酒后驾车罪和卖淫罪。

说明:交通肇事是当代社会造成非正常死亡的首害,而酒后驾车又是交通肇事中

---

① 参见《犯罪原因的经济理论——贝克尔模型》,载《犯罪与司法大全》(1983年英文版),第318页。

概率最高的原因因素。① 为控制交通肇事,刑法宣布酒后驾车为犯罪十分必要。

性病和艾滋病严重危害公众健康,卖淫是其传播的主渠道,因此为全社会利益计,应当使卖淫行为犯罪化。

11. 增加一些新罪

为适应社会发展需要,应增加一些新罪,例如商品生产和流通领域中的某些犯罪,国家工作人员滥用职权、挥霍浪费的犯罪,污染环境的公害犯罪,以及某些国际犯罪(如空中劫持、海盗、绑架外交人员)等。

刑法"严而不厉"为什么优于"厉而不严"?是否还有其他模式可供选择?

三、"严而不厉"的理由陈述

1. 出于刑罚目的考虑

刑罚目的的具体提法,在理论上是一个中外长期争论的问题。但有一点相近的共识,即预防犯罪,包括对已犯罪者适用刑罚使其不再犯罪的个别预防和通过惩罚犯罪者使可能犯罪的人不敢实施犯罪的一般预防。抽象地分析,两个预防是相互联系、密切结合的。但实际上它们既有相通的一面,也有矛盾的一面。从社会实践看,不同的刑事政策以及同一国家不同时期刑事政策的调整,核心问题(无论是否明确地被意识到)始终围绕着两个预防的位置轻重转换(从价值取向上反映为社会与个人的利益侧重变动)而展开;而且在政策思想上不可能出现两个预防完全摆平的格局,总是有所侧重:要么更注意一般预防,要么更强调个别预防。如果以惩罚犯罪人为手段,强调一般预防,逻辑结论则近乎是刑罚越苛厉越能威慑犯罪。如果以大多数人(包括有些罪规定的该处死的犯人)的行为是可以矫正的认识为基础,强调个别预防,必然重视通过适用刑罚改造犯人,改造以认罪服法为前提,服法又以罪刑相当为条件,所以刑罚要适度;个别预防并非一般预防的手段,一般预防是个别预防的自然结果,因而只能求助于严密的刑事立法和高效的刑事司法。究竟哪种侧重更贴近实际,这是一个社会实践问题。

刑罚目的是主观追求的东西,能否最佳兑现要受诸多客观因素的制约,最基本的客观因素是犯罪规律。笔者认为,在宏观上,犯罪源于社会矛盾是基本犯罪规律,它既反映犯罪性质又说明犯罪原因。犯罪原因是一个动态复杂系统,同社会结构的每一层

---

① 据 1988 年 12 月 13 日北京人民广播电台报道,北京市 1988 年 1 至 11 月,酒后开车出事故 60 起,死亡 43 人,重伤 16 人。

次(生产力、生产关系、政治上层建筑和社会意识形态)的现状与变动有着内在联系。① 刑罚作为遏制犯罪的一个因素同促成犯罪的众多社会因素不可能在同一水平上相抗衡。因此,不能简单地用犯罪率升降来衡量刑罚的功效,对刑罚控制犯罪寄予过高希望必定要落空,刑罚目的侧重一般预防正是对刑罚的期望值过高的典型表现。结论是,刑罚目的以个别预防为基础,适当照顾到一般预防,这才是现实的、科学的。刑法"严而不厉"与此相合。

2. 出于功利得失考虑

从严与厉的关系角度看,刑法不外有四种模式:一是不厉不严,二是厉而不严,三是又严又厉,四是严而不厉。1979年公布的《刑法》(不含后来的几个决定和补充规定)大体上属第一种模式。经决定和补充规定修改和补充的当前刑法属于第二种模式。两者共同点是不严,其弊端前文已述。余下可供选择的是后两种模式,它们的区别在于厉还是不厉,这是两者择一的关键。

如果选用又严又厉这一模式,在短期内成效可能大于严而不厉模式。但从长远看,将是得不偿失。其一,重刑的直接结果必定是普遍提高刑度,难以贯彻罪刑相适应的刑法基本原则,不利于使罪犯认罪服法,个别预防效果差。其二,如果相信综合治理是社会治安的基本方法,那就应当承认控制犯罪不能主要靠重刑。其三,随着国际交往发展,有些犯罪尤其是某些严重经济犯罪的主体既有我国公民也有外籍公民,而外国法律的刑罚常常轻于我国,多半无死刑(走私毒品除外),如果对其判处重刑(甚至死刑),国际影响不好,如果中外犯人同罪不同刑,则有失法律公正。其四,由于严密刑事法网和严格刑事责任,定罪数肯定增加,如果刑罚量也增加,直接结果是监禁率随之增长,在监所设施和管教工作人员的数和质不能同步增长的条件下,必然降低罪犯改造质量,客观上无异于制造累犯。控制犯罪的初衷可能导致被罪犯控制的结局。② 其五,如前所述,在相当长时期内犯罪率很难稳住,如果采取"刑随罪长"的对策,则很可能出现罪刑轮番上涨的恶性循环,国家和社会将背上更难解脱的沉重包袱。

根据当前情况,犯罪上升,刑法不能不严。严而不厉是最优选择,在增加定罪数以利于控制犯罪的条件下,基本上能够避免上述不利后果。由于刑不厉,取消多发性纯财产经济罪的死刑,便能适当压低许多罪的刑度,而且定罪未必都需监禁。采纳"严而不厉"刑法修订的政策思想,应确立几个观念:

---

① 参见储槐植:《认识犯罪规律,促进刑法思想现实化:对犯罪和刑罚的再思考》,载《北京大学学报(哲学社会科学版)》1988年第3期。

② 关于刑法应受行刑效果信息反馈的制约,请参见储槐植:《建立刑事一体化思想》,载《中外法学》1989年第1期。

（1）刑罚对控制犯罪所起作用是有限度的，高期望将带来大失望。批评重刑不等于袒护犯罪人。限制死刑并不是"便宜"极少数严重犯罪分子。

（2）不能抽象地认为犯罪率和定罪数越低越好。社会秩序与犯罪率，一般情况下呈反向关系，然而也有特殊情况。因为，社会秩序好坏有客观标准，犯罪率高低则具有很大的人为成分。统计上影响犯罪率的，除了国家刑事司法系统的效能，主要因素是刑法制度。举例说明，在甲国盗窃相当于1日国民人均收入数额即为犯罪，在乙国盗窃相当于100日国民人均收入数额才算犯罪，此项罪在这两国的犯罪率统计就有百倍之差，但社会秩序状况是一样的（如果发案情况相同）。其他许多罪的统计也存在类似情形。只有定性因素而无定量分析的犯罪概念虽然很不可取，但定量过高，犯罪圈（刑罚圈）则过小，其实纵容了犯罪，同样不可取。这种人为色彩强烈的低犯罪率和低定罪数其社会价值或许不如高犯罪率和高定罪数。

（3）"打击不力"概念的外延不能仅仅是"刑该重而不重"，还应包括"罪该治而不治"。例如，对投机倒把罪"打击不力"主要不是刑轻，而在于治不了直接或者间接利用职权牟取暴利的单位犯罪和"官倒"。

严密刑事法网、严格刑事责任，犯罪数将上升，必定增加刑事司法系统的工作负担。因此，需要增加人事编制，增加财政经费，这是刑法严而不厉模式所需付出的必要的代价。但是，法网严而刑不厉，其长远的社会总效益将大于法网疏而刑过重。

3. 出于时代趋势考虑

当代世界刑法改革潮流是限制重刑，扩大非剥夺自由刑的适用范围，第二次世界大战以后又出现了非犯罪化和非刑罚化趋势。这种大趋势的三个精神支柱是：对犯罪原因的理解，对刑法功能的反思，对社会现实的承认。如果说，刑事古典学派和刑事近代学派都是理想主义的，那么20世纪末刑法的基本思想是现实主义的。如果说，古典派和近代派都以国家为本位，那么21世纪刑法将以社会为本位。

上述大趋势在各国总是同该国国情相结合因而表现形式和程度各有差异。例如美国，在非犯罪化和非刑罚化的进程中，对惯犯和某些严重法人犯罪加重其刑。[①] 但是，死刑仍然严格控制。这同欧洲一些国家的情况有所不同。我国在相当长时期内不但不会提出非犯罪化问题，而且应使相当数量的社会危害行为犯罪化。因为国情不同，经历过资产阶级革命的国家的刑法有相似之处，即"高度道德主义"，刑法几乎把大多数道德不容的行为都宣布为犯罪，因此当前非犯罪化的一个主要领域是所谓道德罪。我国刑法基本没有这种背景，不存在非犯罪化问题。但是限制死刑适用范围仍是一项基本主张，突出表现为1979年《刑法》分则可适用死刑的条文只有15个，同以前相比，刑罚明显趋轻。1982年和1983年两个决定几乎使死刑条文数翻了一番，这是短

---

① 参见储槐植：《美国刑事政策趋向》，载《北京大学学报（哲学社会科学版）》1985年第3期。

期特殊情况,不代表历史发展趋向,今后将会逐渐改变,这次刑法修订应是契机,哪怕迈出半步也是良好开端。

现代一些国家刑事立法表明,刑法不会由于刑重而收到良好社会效益,却常因刑重而难以为继。

刑法修订与刑事政策[*]

《刑法》颁行17年以来,对打击犯罪、保护人民、保障改革开放和社会主义建设事业的顺利进行起了重要作用。随着经济体制转轨和各项改革事业的不断深入,刑法运行遇到不少新情况和新问题,显得不相适应,因而刑法修订被提上了议事日程。

《刑法》总则第一章第1条宣布刑法是"依照惩办与宽大相结合的政策"制定的。这一刑事政策是刑法得以发挥重要作用的内在根据。

"惩办与宽大相结合"是我国一贯的经得起历史考验的行之有效的基本刑事政策,体现了无产阶级改造世界、矫治罪犯的博大胸怀。"惩办"反映刑法的本质特征,体现保护社会的重大使命;"宽大"是给出路,相信罪犯能够被改造,少杀、慎杀,体现社会主义人道主义精神,以利刑事司法发挥人权保障功能。惩办与宽大相结合,体现了刑法的保护社会与保障人权的双重功能。惩办的基本依据是犯罪行为,宽大主要针对犯罪行为人。刑事古典学派的刑事责任理论以行为为本位,刑事实证学派的刑事责任理论以行为人为本位。我国的惩办与宽大相结合的刑事政策表明其刑事责任思想以行为与行为人相结合为双向本位。这是对刑事责任理论的重大发展,值得作为一个课题进行专门研究。

惩办与宽大相结合,之所以为基本刑事政策,是因为它是各项具体刑事政策的基础,是因为它既是刑事立法的指导思想,又是刑事司法的指导思想。当前"严打"斗争仍要贯彻惩办与宽大相结合的政策精神,"依法从重"意味着该严的严、该宽的宽。

刑法的刑事政策化,是20世纪刑法发展的趋势。刑法修订要全面贯彻惩办与宽大相结合的刑事政策。修订后的刑法,其社会价值和国际反响的状况主要取决于修订时能否全面贯彻这一刑事政策以及贯彻的程度。所谓全面贯彻,就是总则和分则都要贯彻。

在刑法总则,首先有实质意义的是犯罪概念,其正文和但书,包含了定性因素和定量因素,是中华法文化和传统治国经验在刑事领域的集中反映。犯罪概念体现的刑法思想同惩办与宽大相结合的刑事政策完全一致。刑法规定的责任年龄、共同犯罪人刑事责任分配以及时效等都体现或者应体现这一刑事政策。在总则部分,惩办与宽大相结合政策体现得最突出的是在刑罚部分,尤其是刑罚适用制度。重点说说减刑制度。

---

[*] 原载《中外法学》1997年第1期。

我国现行《刑法》规定的减刑制度与国外的减刑制度,有两点相同,也有两点不同。相同点之一是目的相同——鼓励犯人自我改造的主动性和积极性。相同点之二是方法相同——同一犯人可以多次减刑,因为减刑被当作促进犯人自觉改造的刺激因素,所以不可能一次减刑很多,而只能细水长流,经常有刺激因素存在。不同点之一是,我国减刑规定在《刑法》中,减刑批准权在法院;而外国的减刑则规定在监狱法或监狱法实施细则中,有文献可查的最早规定见1817年美国纽约州刑罚执行法,称作"善行折减"(Good-time Credit),有的也称"刑期缩短",其决定权由监狱当局行使。不同点之二在于,我国的减刑一旦被法院批准后是不可以撤销的;国外由于是行刑机关掌握的,因而是可以撤销:有的规定可以撤销全部减刑(缩短的全部刑期),有的规定可以部分撤销,有的规定当年作出的减刑决定只能在当年撤销,有的则没有此种限制。关于减刑(刑期缩短)最多能减去多少?各国情况不同,有的国家,例如美国有些州,按不同罪种和不同刑期规定不同的减刑期限;有的国家统一规定许可减去宣告刑的1/2或者1/3。我国现行《刑法》规定,"经过一次或者几次减刑以后实际执行的刑期,判处管制、拘役、有期徒刑的,不能少于原判刑期的二分之一;判处无期徒刑的,不能少于十年"。如果考虑到惩罚的需要,修改为减刑限于有期徒刑和无期徒刑,判处有期徒刑的减刑以后实际执行的刑期不能少于原判刑期的2/3;判处无期徒刑的不能少于15年。这是可以的。但是如果对同一犯人只许可减刑一次,无异于取消减刑制度。从实践看,一次减刑通常为半年至1年,达到2年的很少见。一个被判15年徒刑的犯人只允许减半年至1年刑(充其量2年),实际上起不了促进自觉改造的积极作用。规定减刑的总数足以防止宽大无边弊端的出现,但如果限制减刑次数则将导致取消刑事政策宽大的一面。

缓刑是对短期徒刑缺陷的补救,假释是对长期徒刑(含无期徒刑)缺陷的补救。两种制度所设定规则上的宽严相济,才能真正发挥它们应有的功能。这两种制度在现行《刑法》上的共同不足之处是只要"没有再犯新罪",原判刑罚就不再执行或认为原判刑罚已经执行完毕,即使犯罪人在缓刑或假释考验期内有严重违法行为或严重违反监管规定,显得过宽。这是立法上的问题。另外,在司法实践中,这两种制度适用的概率又太低,显得过严。这样的宽严搭配并不符合惩办与宽大相结合的刑事政策。具体问题应具体解决,立法上的不足与司法中的缺陷要分开纠正,不能将二者混同。

惩办与宽大相结合的刑事政策的全面贯彻关键看刑法分则。惩办与宽大相结合体现在刑法分则中,笔者认为就是"严而不厉":在犯罪构成的设计上应当做到严密罪状,严格刑事责任,不使犯罪人轻易逃脱法网;在法定刑方面应当是不厉害,不苛厉。在罪状设定和法定刑格局两个方面,现行刑法(含单行刑法)在体现惩办与宽大相结合(严而不厉)方面都有较大差距。罪状设定方面不能说是做到了"法网恢恢,疏而不漏",例如多发性犯罪之一的受贿罪的法网就有不小(不少)的漏洞,许多变相贿赂行为未受到法律制裁。又如好多项经济犯罪的构成要件之一是"违法所得数额较大",这样的规定简直是作茧自缚。"违法所得"往往很难计算,而且有些罪案的被告人没有任何"所得"甚至亏了本,但其行为确实严重扰乱了经济秩序。如果将违法所得修改为"违法经营",问题将迎刃而解。行为的社会危害性并不表现在违法所得数额,而主要表现在违法经营数额,违法经营规模大小决定了行为危害性程度。法网该严密,而事实上常常并不严密。法网严密对犯罪控制的功效大于法定刑苛厉的功效。

法定刑方面的问题主要在于太苛厉。法定刑格局是刑法修订乃至刑法改革的核心所在。

法定刑格局有两层含义。在宏观上是刑罚结构问题。刑罚结构是指不同刑种在刑罚体系中的比例配置。刑罚结构变动是西方世界两个世纪以来刑法改革的最基本内容,关键之点是暴力刑即死刑的减少和废除、相应提高自由刑地位以及后来增强财产刑比重的运动。刑罚结构的状况取决于最重刑种的数量。中国古代由五刑"墨、劓、剕、宫、大辟"演变为五刑"笞、杖、徒、流、死"以及到近代身体刑的废除都是刑罚结构的重大改革。

刑法修订时如果把 1980 年以来 22 个单行刑法增加的死刑基本上都纳入刑法,则死刑罪名数将多达 80 个以上,恐怕有可能被人们认为是"死刑法典"的刑罚结构。这在当今世界也许绝无仅有。问题还在于如此众多死刑必将导致"刑罚通胀",实质是刑罚贬值。组织卖淫罪的法定刑重于故意杀人罪,然而并没有能够遏制日趋严重的卖淫现象便是一例。扭转刑罚贬值的唯一途径是控制死刑数。"严打"不如"严管"(严格法律,严格规章制度,严格管理国家干部,严格管理企业事业单位,严格管理社会治安,等等)。以严打弥补缺乏严管造成的问题,终非长久之计。

法定刑格局,在微观上是具体罪的刑罚幅度问题。具体罪法定刑幅度的设计要能体现惩办与宽大相结合的刑事政策,我认为应遵循这样的标准:法定刑上限以一般预防需要为主,法定刑下限以改造犯人的最低要求为准。

"一般预防需要"在同类罪案中应是平均数,是具代表性的典型情况。不同罪有不同的一般预防需要。这种不同在刑罚量上难以甚至无法用数字表述,但是可以求助于经验即社会实践在人们头脑中形成的统计平均指标。预防伤害罪所需要的刑罚量应低于预防杀人罪所需要的刑罚量,预防盗窃罪比预防抢劫罪需要的刑罚量为小,这是经验常识。以一般预防需要为法定刑上限标准的立法是以典型性为基础的立法。如果法定刑上限以少见严重的特殊罪案为准,则许许多多罪名的上限均可为死刑,因为在众多伤害犯罪中会存在比杀人犯罪更可恨、更残忍的特殊案例,在众多盗窃犯罪中会有比抢劫犯罪更有害的特殊案例。这种以特例为刑罚上限标准的立法必将使法定刑普遍上涨。法定刑上限以什么为准是立法思路问题。实际可能有两种立法思路。

一种立法思路以少见特例作为法定刑上限标准,即"特例立法"思路。这样做,对个案(特殊严重的罪案)可能是合理的,符合个别正义;但结果是因普遍提高了法定刑而使得大多数犯罪人将要承担超过其实际罪行轻重的刑罚量,因而造成多数罪案的不合理,损害了普遍正义。这种立法思路必然导致死刑增多,使法定刑幅度无限扩展,以致出现有将近20个罪名的法定刑幅度从下限拘役到上限死刑这样的稀有立法例现象。下为拘役上为死刑,这样的法定刑幅度与"无度"充其量只能算是相距咫尺之遥。按市场经济等价交换法则(平等法则),只对暴力罪才适用暴力刑——死刑,这是刑法现代化的起码要求。从心理学分析看,死刑多了必将强化国民心理中的暴力因素,这是暴力犯罪增长的缘由之一。刑用之得当有益于遏制罪,用之不当则可能促发罪。另一种立法思路是典型立法思路,其效果与特例立法正相反,多数罪案合理,合乎普遍正义,但也可能轻宽了个别罪行严重的犯人。两种立法思路的得失权衡,宁可采取以一般预防需要作为设定具体罪的刑罚上限标准的典型立法思路。

总之,关于法定刑格局,宏观的刑罚结构要控制最重刑种,微观的法定刑幅度要控制其上限。这样的刑罚格局才能真正体现惩办与宽大相结合的基本刑事政策。这样的刑法才能产生最佳效益,也才能经得起时间的考验。

罪刑矛盾与刑法改革[*]

刑法改革,目前我国尚无此提法。然而"现在经济体制改革每前进一步,都深深感到政治体制改革的必要性"[①]。刑法是政治体制的一部分,任建新同志曾撰文提出"改革政法工作"[②]。可以预见,随着政治体制改革的发展和深入,刑法改革必将很快进入国家立法议事日程。探讨刑法改革问题,首先需要从罪刑矛盾关系这一理论视角着眼。

一、罪刑矛盾

罪与刑在哲学上为一对矛盾,存在对立和统一关系。

(一) 罪刑对立关系

罪与刑彼此对抗,相互斗争。在一定时期内,斗争会出现两种结果:一是刑遏制罪,这是社会所期望的;二是罪抗衡刑,当前我们正面对这种状况。1983年开展了为期三年"严打"斗争,其后各种专项打击连续不断,犯罪总量在1984年稍有下降之后又呈持续上升势头。1991年为1984年的近5倍,严重罪案自1995年后以年均40.3%的速度上升,增长速度大大超过同期罪案总数的平均涨幅。严重罪案在全部罪案中所占比例也明显上升,由1984年的13%上升到1991年的22%。[③] 与此同时,刑罚也在同步加重。以最有威慑力的死刑为例,1980年开始实施的《刑法》分则规定的死刑涉及28种具体罪,到1991年底在10年间通过单行刑事法律增加的可判死刑的罪达42种,平均每年增加4.2个死罪。我国刑事立法上规定的死刑罪已超过70种,与罪名总数之比超过了《刑法》中原来比率的一倍。[④] 由于刑罚内部的协调和攀比,高比率死刑的存在必然提高了徒刑幅度,使刑罚量在总体上处于较高水平。刑罚有极限而犯罪无极限。犯罪如果继续居高不下,至少目前尚未出现缓解上涨强劲势头的迹象,而总量高位的刑

---

[*] 原载《中国法学》1994年第5期。
[①] 《邓小平文选》(第3卷),人民出版社1993年版,第176页。
[②] 任建新:《以十四大精神为指针,加强和改革政法工作》,载《求是》1993年第4期。
[③] 参见郭建安:《论刑罚的威慑效应》,载《法学研究》1994年第3期。
[④] 参见鲍遂献:《对中国死刑问题的深层思考》,载杨敦先、曹子丹主编:《改革开放与刑法发展》,中国检察出版社1993年版,第170页。

罚结构(刑种组合)继续上调的回旋余地已很有限,刑罚已接近极限。罪与刑这种结构性(整体性)抗衡局面不可能长期僵持下去,解决的途径只能是结构性改革。

(二) 罪刑统一关系

主要表现在以下三方面:

1. 罪与刑各依对方为自身存在的条件

没有罪就没有刑,没有刑也就无所谓罪。

2. 罪与刑产生于相同的社会物质生活条件

犯罪和现行的统治都产生于相同的条件。相同的条件,主要指社会生产方式。作为上层建筑的现行统治(刑罚是现行统治的组成部分)以现存社会生产方式为基础,犯罪是社会矛盾的综合反映,一切社会矛盾都直接或间接地与社会基本矛盾即生产方式内部矛盾相联系,生产力与生产关系、上层建筑与经济基础的矛盾是产生犯罪的根本原因。① 生产力发展和经济模式变化,是社会前进的根本动力和首要标志,但作为其次要的一面,伴随着社会矛盾的增多和复杂化,它也成为犯罪产生和变动的深层原因。以公职腐败(其中大部分属于犯罪)为例,据联合国工业发展组织的一项大范围的调查表明,各个国家社会经济结构变革最快的时期,也是社会问题大量产生的时期。腐败现象在英国最盛行的是18世纪,在美国是19世纪,都是在进行工业革命、实现工业化的年代。② 现在,我国正处于加速现代化、由高度集中的计划经济向社会主义市场经济过渡的转轨时期,腐败现象赖以产生和滋长的土壤、条件大量存在。权力易于进入市场,市场也容易进入国家机关和公共机构,权力与金钱交易的机会大量增多。"党内、国家机关中的腐败现象,有些方面还在滋长和蔓延"③。在生产和流通领域中的经济犯罪的增长与经济运行的关系就更为直接。

马克思主义关于罪和刑的产生统一性观点具有重大认识价值。社会物质生活条件是现实的,社会基本矛盾是内在的,因此犯罪的原因基本上也是现实的和内在的,历史因素和外来因素不可能成为犯罪的主要原因。把主要原因归于旧社会残余和国外腐朽势力侵入的外因论是错误的。甚至将犯罪率上升主要归咎于刑罚打击不力也不妥当,因为从逻辑上说,产生于相同条件的两个对立事物(罪与刑)之间不可能存在产生与被产生的关系,否则就不能说两者产生于相同的条件。科学认识犯罪原因是正确制定刑事政策的首要前提。以外因论或罪因简单化认识为基础的刑事政策经不起社会实践的检验。

---

① 参见储槐植:《认识犯罪规律,促进刑法思想现实化:对犯罪和刑罚的再思考》,载《北京大学学报(哲学社会科学版)》1988年第3期。
② 参见林吕建:《在发展社会主义市场经济过程中加强反腐败斗争》,载《求是》1994年第10期。
③ 江泽民于1993年8月21日在中共十四届中央纪委二次全会上的讲话。

刑事决策应坚持宏观考察的思想方法。从微观个案观察,犯罪行为是"人祸",公众在感情上恨之入骨;在有些情况下,预防工作做得好也是能避免发生的,在这一意义上犯罪可以被消除(消灭)。在宏观上,犯罪现象产生于社会赖以生存的物质生活条件,它是无法被消除(消灭)的,至少迄今为止以及可预见的将来人类不可能完全避免犯罪之害。从祸害不可避免性看,社会整体可将犯罪现象视为"准天灾"。如果以减灾的思想方法来进行刑事决策,将会提高其理性水平和有效程度。对待犯罪,在微观上不能掉以轻心,但在宏观上不要惊慌失措。

3. 罪刑统一关系还表现在矛盾转化上

罪刑矛盾转化,并非指罪变刑刑变罪,而指矛盾主次地位的转换。假定刑遏制罪(刑罚控制住犯罪),刑为矛盾主要方面。如果罪抗衡刑,则罪为主要矛盾方面。国家创制刑罚和运用刑罚的目的就是使刑压倒罪。19世纪中期以后开始出现的刑事实证学派,是刑不压罪(而是罪压倒刑)历史背景的产物,其根本意图在于促使罪刑矛盾地位转化,刑由次要方面转变为主要方面。实证学派批判古典学派,焦点在于刑罚目的。古典刑法理论的报应刑论产生的社会背景是批判封建罪刑擅断、司法专横而并非面对罪压倒刑的社会现实,所以,报应刑论不含刑罚转化目的。抽象地分析,实证学派的目的刑论(教育、矫正刑论)比报应刑论更积极:刑罚面对犯罪人而不是犯罪行为,刑罚着眼未来的犯罪预防而不是过去的事实清偿。实际上又怎样呢?近一个世纪以来,几乎是世界范围的社会实践表明:转变刑罚目的无力转化罪刑矛盾地位以收控制犯罪的功效。20世纪60年代西方世界流行的折中目的刑论,或称混合理论,就是用功利主义目的刑论说明刑罚基本理由,强调从罪有应得(报应刑论)的角度考虑刑罚轻重程度。折中理论的真谛并不在于控制犯罪率和累犯率上升,它主要追求刑罚公正合理的价值取向,兼顾主权与人权。

企图通过转变刑罚目的以收控制犯罪之效——此路不通!这可被认为是20世纪世界刑法领域一大教训,值得反思和深入研究。笔者认为,与以下三个问题直接相关:

第一个问题,犯罪控制方式。迄今为止,在世界范围内,刑事立法和刑罚理论都指望通过(至少是主要借助)刑罚及其适用来控制犯罪。刑罚是国家政权的组成部分,因此可将这种犯罪控制方式界定为国家本位方式。西方国家从19世纪刑事古典学派到实证学派以及当代的新古典主义和社会防卫运动,均把犯罪控制的注意力集中在国家刑罚和刑事司法上。政权与社会的控制关系有两个类型:大政府小社会,国家控制全社会;小政府大社会,社会基本不受国家控制。资本主义前期或高度集中的计划经济时代属大政府小社会,国家本位的犯罪控制方式与其相适应,效果良好。在商品经济高度发展的小政府大社会背景下,这种控制方式的效果则不佳,因为犯罪源于社会(物质生活条件)。西方刑事实证学派以来种种刑法理论的历史性错误在于过分夸大了国家刑罚的功能。随着市场经济的发展,国家对社会的控制范围将缩小,控制力度将减弱;而人类社会的自身组织程度远没有达到理想水平,不可能出现社会本位控制方式。合乎现实状态的控制方式是"国家·社会"双本位,国家与社会各自的比重随着社会发展进步将会调整。不同的犯罪控制方式直接制约刑罚负担和人们对刑罚的期望值。假定犯罪控制指数为10,国家本位方式下的刑罚负担便等于10,而国家和社会共同分担方式下的刑罚负担必定小于10(如果国家与社会以7:3分担,刑罚负担则为7)。不同的控制方式形成不同的刑罚负担,但总的控制效果相同。需要指出的是刑罚负担不是无限的,而且刑罚效果还会受到类似经济学上的边际效用递减原理的限制。以上分析得出的结论是:提高犯罪控制效益的基本途径是转换犯罪控制方式,而不是转变刑罚目的,在此前提下才可摆正刑罚位置。社会治安综合治理的实质是在刑罚之外动员社会力量控制违法犯罪,构成国家与社会双本位犯罪控制方式的雏形。这已逐渐成为当今世界的共识。综合治理方案逐步落实和不断完善,将会在实际上调整人们对刑罚的期望值。

第二个问题,刑罚功能局限。刑罚功能指刑罚可能发挥的积极作用,刑罚功能是刑罚特性的客观表现。刑罚有两大特性:惩与戒。刑罚功能有基本功能与附加功能之分。基本功能是刑罚特性的直接反映,彼此对应。惩罚、警戒特性与报应、威慑功能相对应。基本功能与刑罚同在,但也有限度。惩戒不足则纵容犯罪,过分则侵犯人权。决定刑罚度需审时度势,历史和现实经验表明,刑罚度误定也与刑罚同在。附加功能是刑罚在执行过程中通过附加外力投入所产生的作用,主要指教育、矫正。附加功能由于并非刑罚特性的直接反映,未必与刑罚同在。如果投入的质和量不够(管教人员的素质差、数量少是一方面表现),有刑罚不一定就有附加功能。教育刑论的失误在于错把附加功能当作基本功能,没有看到刑罚功能的局限。刑罚功能不可理想化。

第三个问题,罪刑矛盾地位转化的机理。在宏观上,罪与刑存在双向信息控制关系,即各方均为信息发送者(信源)同时又是信息接受者(信宿)。罪发生后信息传送到刑,刑为信息接受者,据此作出反应。这一信息反馈到罪,罪据此作出反应。第二轮信息传递过程中二者互换位置。这种过程循环往复,信息交换连续不断。如果刑作为控制方发送的惩戒信息被罪作为被控制方所接受,即信源发出的信号与信宿收到的信号相对应,那么刑控制了罪,刑为矛盾的主要方面。这种状态的出现以信息无干扰为前提。但在现实中,信息传输过程中不可能没有干扰,必然会丢失一定量的信息。一般说来,罪作为信源发送的信息较少干扰地达到信宿刑;反过来,刑作为信源发送的信息达到信宿罪的过程中会出现较大干扰。刑给罪的是遏制信息,这一信息传递过程中常被多种激发犯罪的因素所干扰,这些干扰因素有时产生强大的作用力,遏制信息程度不同地被干扰,有时甚至完全干扰,使信源发出的信号由于干扰而使信息全部丢失,所以实际上信宿收不到信源的任何信息。这就是刑罚加重并没有遏制住犯罪上升势头的基本原因。刑没有控制罪,刑处于被动地位,罪为矛盾的主要方面。这在当代世界具有典型性。刑要转为矛盾主要方面,则需要排除其信息传输过程中的干扰,然而刑本身(即刑发出的信息本身)无力排除干扰,社会治安综合治理在这个意义上起排除干扰的作用。

二、刑法改革

在世界范围内,罪刑对立统一关系向来是刑法改革的基因。除此之外,我国刑法改革还有更深层次的原因,即正在改革的经济模式要求作为上层建筑组成部分的刑法与之相适应。

(一) 刑法改革的背景

我国刑法面对的两大现实问题是:刑法与经济模式转轨不相适应,罪与刑呈现结构性对抗局面。

1. 罪刑结构性对抗

自20世纪70年代末以来,犯罪率上升,1983年开始"严打",10年间通过诸多决定和补充规定,使《刑法》规定的刑罚结构(各刑种在刑罚体系中的比例关系)迅速重化,以致刑罚结构濒临极限。犯罪无极限,总量高位的刑罚并未遏制住犯罪。这就是20世纪90年代初将80年代初针对青少年犯罪提出的综合治理方针上升为(泛化为)社会治安的基本政策的社会背景。它在实质上是对"严打"效能反思的结果。严打与综合治理虽然并非不相容,但将严打置于综合治理首位使原先构想有所走样。严打毕竟是作用有限(甚至利弊参半)的应急措施,欲把应急变久策,必定强其所难而事与愿违。

2. 刑法与经济模式转轨不相适应

20世纪70年代末,我国确立了改革开放的国策,当时尚未明确提出经济体制转换的目标。1979年公布的《刑法》以20世纪50年代开始起草至1963年形成的"刑法草案"第33稿为基础,结合新情况加以修改补充而成。这部《刑法》是计划经济的产物,为计划经济服务。自20世纪80年代以来,根据经济体制改革和社会治安的需要,作了不少补充和修改,但基本上限于分则的具体罪和刑,远远没有解决刑法适应社会主义市场经济发展需要的问题。

经济模式转轨导致罪刑结构性对抗。计划经济是集权型经济,国家不仅在宏观上调控而且在微观上直接干预具体经济活动。凡能直接控制微观经济行为和人们切身物质生活(即自然生存条件)的政府就能紧紧控制全社会。这种社会背景下,在罪刑关系上,刑为矛盾的主要方面,刑罚权行使处于绝对主动甚至随心所欲的状态,一般不可能出现令决策者头痛的罪刑结构对抗局面。(计划经济模式下的低犯罪率是以整个国民经济接近崩溃边缘为惨重代价。)市场经济正与之相反,在社会生产力获得解放、国民经济飞速发展的大好形势下出现了犯罪上升甚至趋于失控的问题。在罪刑关系上罪为矛盾主要方面的背景下,刑事政策应当调整,刑法必须改革。

社会主义市场经济是国家宏观调控下市场发挥资源配置基础功能的经济,政府不再直接干预具体经济行为,为数众多的个人、企业以及各种机构、组织,既是独立的利益主体,又是独立的决策主体。公众主体意识增强是人权观念立足的基础。人权观念的发展,要求刑法不仅保护社会而且保障人权。刑法保障功能在刑事实体法方面的体现主要是坚持罪刑法定原则和罪刑相当原则。现行刑法教材和论著都把罪刑法定视为我国刑法基本原则之一。与"文化大革命"前"无法无天"的状况相比,《刑法》的公布基本做到有法可依,在这一意义上理解罪刑法定是符合实际的。罪刑法定是人类文明进步的一大成果,19世纪以来许多国家都把它明文写进刑法典,有的国家还载入宪法。而我国《刑法》没有明写,相反却有与之相悖的类推适用制度。罪刑法定,从正面说是国家行使刑罚权有法律依据,从反面说是制约刑罚权,防止刑罚权被滥用。在本质上,罪刑法定与类推适用是不相容的。罪刑法定原则也不允许从重溯及,哪怕是单行刑事法律中的个别条款。《刑法》中写进一条罪刑法定字样并非举手之劳的立法技术性问题,而是涉及国家刑罚权要不要和愿不愿受限制的根本刑法观念问题。

在市场经济发展较早的西方国家,19世纪刑法改革的中心问题是减少和废除死刑。死刑问题,在个案中仅是多杀或少杀还是杀不杀罪犯的问题,在宏观上则是生命的价值是否高于一切以及"杀人偿命"是否理想文明观念的问题。生命价值高于一切的观念是人类自我觉醒的标志,是文明发展的结果。这种现象出现的经济基础是公众主体意识赖以确立的市场经济。19世纪西方废除死刑运动在政治上与营造一个文明自由社会氛围以利于人民充分发展的最高价值追求联系在一起。这一价值显然大于个案杀死几个罪犯所可能产生的效益。从历史上看,许多废除死刑的国家都有一个逐渐减少死刑的过程。首先不处死刑的犯罪是财产经济类犯罪,其理念是生命价值高于财产价值,生命价值无法用经济数字估计。直至今天,在市场经济发达国家尽管经济犯罪很多,但刑罚相对较轻。原因是,社会生存靠互助,社会发展靠竞争,而经济犯罪和与之关联的大部分财产罪都是在竞争过程中产生的。当然,既打击经济犯罪又保护竞争是可能的,但是,过重打击必定影响竞争(首先影响经济主体经济活动的积极性)。我国刑法死刑罪中相当部分是经济犯罪,这种立法显然渗透着计划经济的思想意识,计划经济与竞争是绝缘的。在我国为适应经济模式转轨促进市场经济的发展,减轻经济犯罪刑罚,首先是减少经济罪(直接造成重大人身伤亡的按有关人身罪从重处罚或并罚另当别论)的死刑,盖是应有之义。上述刑法改革背景的两个现实问题,就是刑法改革的两个目标。

(二) 刑法改革的思路

1. 刑法改革的性质——自我完善与发展

我国的刑法改革不是废弃现行刑法另外制定一个,只是革除现行刑法中不适合经济模式转轨需要的因素,补充犯罪控制需要的内容,实现刑法的自我完善和发展。要做到完善和发展,就不是小修小补。细小的修补不是改革。改革什么？改革应从实际出发,抓住重点。"我们国家缺少执法和守法的传统","没有法制不行"①,这是个重大的实际问题。市场经济是以法律为边界的经济,建立市场经济体制必须加强法制。《刑法》的颁行是法制建设的重要组成部分,但其本身仍然留下了可能破坏法制的漏洞,诸如与罪刑法定原则相左的类推制度,没有全面坚持不从重溯及,刑法分则中过多的简单罪状和空白罪状,许多罪的法定刑幅度过大,有的罪显然有悖罪刑相当原则(例如,组织他人卖淫罪的最低法定刑与叛国罪相等而大大高于故意杀人罪),有些罪的刑罚与宪法规定的"公民在法律面前一律平等"原则相违(例如,贪污罪与盗窃罪的起刑线的不公平)。另外,还有与民族法律文化相联系的体现在刑法中的某些思想也需要逐步转变。

2. 刑法改革的步骤——改革是个过程

笔者认为可分两步走,第一步在两三年内进行"微调",第二步在微调基础上进行涉及政策思想等深层次的改革。

所谓微调,实际是对刑法进行难度不太大的修改、补充和调整。具体做法是,其一,将《刑法》颁行后立法机关补充的条文与刑法分则原有条文进行必要的技术处理,使之前后协调,汇编入典,并加进根据市场经济和社会治安需要新增补的条文。其二,删除不合时势的罪名,例如投机倒把罪;改变某些过时的罪名,例如将反革命罪改为危害国家安全罪。其三,尽可能堵塞破坏法制、有碍人权保障的漏洞。

深层次改革涉及刑事政策和与之相连的刑法结构的调整,目前尚不具备进行这种改革的条件:其一,刑法改革的目标是使刑法现代化,现代化刑法产生的前提是立法者刑法观念现代化,刑法观念现代化的核心是刑法功能观的现代化:刑法是利剑同时又是天平,刑法不仅有保护社会的功能(是基本的),而且有保障人权的功能。② 如果没有这种观念,就不会认为刑法有改革的必要。这种观念的形成需要经历一段时间。其二,在犯罪率大幅上升的客观情况下,如果主观上认识不到犯罪原因的复杂性(根源于社会基本结构内在矛盾)和刑罚效能的有限性,就不会认为刑法有改革的可能。这种

---

① 《邓小平文选》(第3卷),人民出版社1993年版,第163页。
② 参见储槐植:《市场经济与刑法》,载《中外法学》1993年第3期。

认识的取得也需要经历一段时间。其三,在罪刑结构性对抗的形势下,如果缺乏配套措施,主要是社会治安综合治理措施不落实不完善,深层次刑法改革很难收效。综合治理措施的完善和较好落实也需要经历一段时间。深层次改革可能出现在 3 年或 5 年甚至更长时间之后,两步并作一步走是不可能的。

3. 刑法改革的政策思想——严而不厉①

这是深层次改革的中心问题。"严"与"厉"二字含义有相同的一面,常常连用;它们也有不同的一面,"严"为严格、严密之意,"厉"为厉害、苛厉之意。本文是在不同含义上使用这两个字:"严"指刑事法网严密,刑事责任严格;"厉"主要指刑罚苛厉,刑罚过重。

现行刑法(含单行刑事法律)在法条中体现出来的政策思想,大致可归纳为"厉而不严"。"厉"主要表现在刑罚结构上。一方面轻刑种类管制和罚金在刑罚体系中的地位偏低,适用很少;另一方面重刑种类无期徒刑和死刑在刑罚体系中的比重过大。关于"加重刑罚"(规定在 1981 年《关于处理逃跑或者重新犯罪的劳改犯和劳教人员的决定》)的说明,"罪加一等"即在法定最高刑以上一格判处,这是苛刑思想的反映。笔者认为在理论上需要重新思考。在形式上,加重与减轻相对,减轻既然可突破法定最低刑,加重便可突破法定最高刑。但两者性质有异,减轻其实是一种宽赦,突破法定最低刑是应有之义。加重只是刑罚数量的增加,是量变而不是质变,不能改变刑种,有期徒刑升为无期徒刑或者无期徒刑升为死刑均不妥。所以,实际上加重处罚只限于有期徒刑这一刑种(最高可加到 20 年有期徒刑)。这相似于数罪并罚。数罪并罚在死刑或无期徒刑的情况下只适用吸收原则,限制加重原则只适用于有期徒刑(及其以下刑种)。数罪均只能判有期徒刑的,并罚不能改为无期徒刑;数罪中既有无期徒刑又有有期徒刑(甚至是两个以上无期徒刑)的,并罚不能改为死刑。加重处罚是针对一罪,数罪并罚是对几个罪,就加重的结果而言,一般前者不应重于后者。"厉"还表现在责任制度上,惩罚犯罪预备作为普遍原则,而不是例外情况。按犯罪构成理论,犯罪的预备行为毕竟不是刑法分则规定据以定罪的犯罪客观要件行为,况且其社会危害性也未必均达到需要动用刑罚的程度。刑罚苛厉的弊端在于,随着犯罪增长必然导致刑罚膨胀,膨胀等于贬值。这不仅降低刑罚效用,而且促使公众心理对残忍感受麻木化,转而助长严重犯罪,形成罪刑恶性循环,最终不利于精神文明建设和社会发展。"不严"主要指刑事法网不严密,刑事责任不严格。有些危害性行为应予刑事惩罚而没有犯罪化(刑法将其规定为犯罪)。第二次世界大战后,西方国家刑事政策一大变化是非犯罪化,它基于两个背景:一是由于西方法律文化(例如,国家管理和社会生活最大限度地依靠法

---

① 关于"严而不厉"的具体阐述,参见储槐植:《严而不厉:为刑法修订设计政策思想》,载《北京大学学报(哲学社会科学版)》1989 年第 6 期。

律)导致刑法过度膨胀,即法定犯罪膨胀,有的国家规定了千种以上罪名,例如美国有些州规定驾驶轮胎平滑的汽车即为犯罪,芝加哥市议会一项法律规定在7人以上公共交通设施上喝饮料便是犯罪,可处罚金,20世纪80年代初美国南方有个镇议会通过一项法令规定家庭没有自卫武器的家长应受惩罚。① 二是犯罪率上升致使国家刑事司法力量不敷应用、难以招架,只得将一些轻微的不影响社会安全感的危害不大的行为非犯罪化,以便舍掉芝麻抓住西瓜(较重的犯罪)。我国情况不同,中国传统法律文化的基点之一是国家管理和社会生活最小限度地依靠法律,中华人民共和国成立后很长时间没有刑法,1979年公布的《刑法》只规定了100多种罪名,10多年来经过多次补充也仅达200多种,在人口众多、情况复杂的我国,再增加100种恐怕也不会产生刑法膨胀而导致非犯罪化的需要。我国刑法的法网疏漏,还表现在一些犯罪的构成要件不完善,突出的一例是受贿罪。《关于惩治贪污罪贿赂罪的补充规定》虽已补充了《刑法》第185条的受贿罪规定,最高人民法院和最高人民检察院《关于执行〈关于惩治贪污罪贿赂罪的补充规定〉若干问题的解答》实际上增加了两个"以受贿论处",即居间受贿和离退休国家工作人员的受贿。即使如此,该补充规定和解答也没有使法网严密到足以包容全部有意变形的危害严重的各种各样的受贿犯罪行为,而且现行法条本身尚有欠缺,为狡猾的罪犯逃脱法网敞开一个大口子。② 另外,受贿罪的起刑点过高(构成受贿罪的财物数额高出构成盗窃罪财物数额的2倍以上),对多发性犯罪作如此规定,显然降低了刑法的威慑功能,减弱了刑法的预防犯罪效益。

不同的政策思想决定不同的刑法结构(定罪面与刑罚量的组合形式)。从罪与刑、严与厉的关系角度,刑法结构不外是四种模式:一是不厉不严,二是厉而不严,三是又严又厉,四是严而不厉。1979年公布的《刑法》(不含后来的诸多单行刑事法律)大体上属第一种模式。经单行刑事法律补充后的当前刑法属第二种模式。两者共同点是不严,其缺陷已如前述。余下可供选择的是后两种模式,它们的区别在于刑罚是否苛厉。如前所述,严密刑事法网可取,但厉刑从长远看不可取,所以唯一的选择是严而不厉。

严而不厉的基本点:一方面,严密刑事法网,适度扩大法定犯罪面。我国国情决定,在一个相当长的时期内,刑事立法的一个重要任务是犯罪化,即适应市场经济建立和完善以及稳定社会秩序的需要增加新罪名。多发性犯罪的客观构成要件应多元化,即既有数量因素又有非数量的情节因素可供选择。例如盗窃罪的客观要件不仅有"数额较大",还应有数额以外的情节,如入室盗窃、携带凶器盗窃、多次盗窃、结伙盗窃、盗窃银行、盗窃文物等,这些情节只要具有其中一项即构成盗窃罪。另一方面,减

---

① 美国的市、镇议会有权制定适用于本地区的法令,包括刑事条款。
② 参见储槐植:《完善贿赂罪立法——兼论"罪刑系列"的立法方法》,载《中国法学》1992年第5期。

轻刑罚苛厉程度。中心问题是控制死刑,逐步减少死刑。死刑在我国也许还要存在 50 年或更长时间,但死刑过多使我国刑罚总量高到难以应付继续增长的严重犯罪的窘境,犯罪高压引起刑罚危机。如果高瞻远瞩,从现在起在立法上和司法中控制死刑会好于增加死刑。这需要决策者的明断。减少死刑有个顺序,首先减少财产罪和经济罪的死刑;在经济罪中也有先后,先减少不可能引起危害公共安全罪的死刑。减少死刑有个立法技术问题,不少严重的罪的客观要件由手段行为和目的行为组成(罪名取决于目的行为),手段行为往往直接造成人身伤亡,遇有这种情形,可依照《关于惩治偷税、抗税犯罪的补充规定》(1992年)第6条的办法,其第1款规定"以暴力、威胁方法拒不缴纳税款的,是抗税",最高刑为7年有期徒刑,并处拒缴税款5倍以下罚金。第2款规定"以暴力方法抗税,致人重伤或者死亡的,按照伤害罪、杀人罪从重处罚,并依照前款规定处以罚金"。这样,最高刑可至死刑,但抗税罪没有死刑。另外,有些经济犯罪造成不特定多人伤亡的,可按"准用"危害公共安全罪某一法条的做法,删除该经济罪的死刑,实际效果不变。

严而不厉的价值。严密刑事法网,减少漏网机会,扩大法定犯罪圈,必然提高刑罚的不可避免性,从而增强刑法的威慑功效。减轻刑罚苛厉程度,从长远利益看,有利于社会宽松环境的形成,符合文明发展的潮流;在短时期,可能(但未必尽然)有些潜在犯罪人活跃起来,但严密刑事法网的正效应远远可以抵消这种暂时出现的负效应。经验以及犯罪学和心理学研究表明,由于犯罪原因机制的复杂性,刑罚对突发性暴力犯罪的一般预防作用很小,但对行动前仔细计算利害得失的冒险者实施的财产经济类犯罪,刑法提高定罪率(扩大犯罪圈)比单纯增加刑罚量(提高法定刑)更能控制犯罪发生。①

抽象考察,在定罪面与刑罚量有一项不变的条件下,以相等比率调整前项或后项,两者所产生的威慑功效大体相似。这是刑法结构性改革的功利起点。厉而不严转变为严而不厉,是刑法结构性改变,是名副其实的刑法改革。上文(罪刑矛盾)提到罪刑结构性对抗的紧张局面,缓解的办法唯有刑法结构改革,以此逐渐使刑在罪刑斗争中转化为矛盾的主导方面,切实发挥刑法控制犯罪的作用。

严而不厉价值的实现。以严而不厉政策思想为基础的刑法结构性改革要取得预想效果,需要有一个层次在刑法之上的大环境,主要是社会治安综合治理的完善和落实。综合治理思想合乎历史趋势,当前问题是不落实和难落实。综合治理落实需要靠法制化。"从全局来说,是加强法制。"②"还是要靠法制,搞法制靠得住些。"③同时严格

---

① 参见《犯罪原因的经济理论——贝克尔模型》,载《犯罪与司法大全》(1983年英文版),第318页。
② 《邓小平文选》(第3卷),人民出版社1993年版,第163页。
③ 《邓小平文选》(第3卷),人民出版社1993年版,第378页。

管理,"新加坡的社会秩序算是好的,他们管得严,我们应当借鉴他们的经验,而且比他们管得更好"①。并且加强教育,适应市场经济发展进行道德重建。"现在这么多青年人犯罪,无法无天,没有顾忌,一个原因是文化素质太低。所以,加强法制重要的是要进行教育,根本问题是教育人。"②法制、管理、教育这三项抓好,综合治理全面落实,为刑法改革创造一个良好的社会环境。

---

① 《邓小平文选》(第 3 卷),人民出版社 1993 年版,第 379 页。
② 《邓小平文选》(第 3 卷),人民出版社 1993 年版,第 163 页。

要正视法定犯时代的到来*

一、自然犯、法定犯的区分标准

现有文献延续了几百年以前罗马法给法定犯和自然犯所下的定义:法定犯就是法律禁止的恶,自然犯就是本体的恶。这是企图从实质上对自然犯和法定犯作一个区分。但实际上随着社会的发展,法定犯、自然犯的定义也会存在一些变迁。到今天为止,如果要给自然犯和法定犯作一个实质上的界定,恐怕是不可能完成的。有时候对一个事物从实质上下定义比较困难,从形式上下定义反而比较简单。从形式上给自然犯、法定犯下定义,从世界通例来说,就是以是否属于已经规定在刑事法律中的犯罪作为两者的区分。也就是说,规定在刑法典以及单行刑法中的犯罪就是自然犯,规定在除刑事法律之外的其他法律中的犯罪是法定犯。这种形式上的定义,在其他国家都是可以适用的。但在我国很难进行形式上的定义,因为我国所有的犯罪都是规定在《刑法》或单行刑法中,我国还不允许刑法以外的法律独立来规定犯罪并配有相应的法定刑。但是可以说,这样的规定越来越不适应社会生活需要。

二、如何应对法定犯时代的到来

从历史发展来看,在自然经济条件下,犯罪的基本形态就是自然犯,自然经济条件下社会发展非常缓慢,受社会谴责的行为按千百年来人们所熟悉的观念、伦理标准就能判断,所以自然犯就是在社会发展非常缓慢、在自然经济条件下的犯罪。随着市场经济的发展,社会关系多样而复杂,随之而来的就是社会生存、人类生活的方方面面、时时处处都有风险相伴。可以说,随着市场经济的发展,风险社会就到来了。随着风险社会的到来,新型安全需要的扩展,就不可能不影响国家安全管理的方略。拿刑罚来说,刑罚在追求报应的同时,更加关注风险控制,追求报应是刑罚的传统功能。社会进入了风险社会,风险太多,为了适应新型安全需要,渐渐产生了一种新型的风险控制。刑罚是国家管理的一种手段,它不能无视国家风险控制的需要,所以刑罚的功能在继承了传统的报应功能的同时,更加关注风险控制,那就是威慑,威慑就是风险控

---

* 原载《检察日报》2007年6月1日。

制,与此相适应就出现了法律上的犯罪形态的结构性的变化,也就是说,犯罪形态在数量变化上由传统的自然犯占绝对优势演变为法定犯占绝对比重这样的局面。可以说,随着风险社会的到来,法定犯时代也随之到来。

应对法定犯时代的到来,需要从以下几个方面着手:

(一) 刑法立法体制要从单轨制转向双轨制

从世界范围来看,从 20 世纪开始,从自然犯时代进入法定犯时代,这在刑法立法上是有所反映的,立法上的变化具有深层次的巨大价值。比如说刑法立法体制,在自然犯时代是单轨制,也就是说都规定在刑法典和有限的几个特别刑法中。到法定犯时代,刑法立法体制变成双轨制,也就是说,自然犯规定在刑法典中,法定犯规定在比刑法典多几十倍、上百倍甚至上千倍的其他法律中。这就使得刑法立法模式出现了由单轨制向双轨制的重大变动,这种变动的好处在于使得刑法典相对稳定。稳定有什么好处?刑法典是规定侵犯千百年来形成的道德规范的犯罪,老百姓只要有一定的常识,到了一定的年龄,都应该知道,不许杀人、不许放火、不许奸淫,杀人、放火、奸淫这些都是自然犯罪。刑法的稳定对社会的稳定有重要作用。随着社会的发展产生的一些风险也需要用刑罚来处罚它。如果把这么多罪名都规定在刑法典中,刑法典就很难保持稳定。日本现在还在适用 1908 年《刑法典》,尽管 1974 年提出了修订刑法的草案,但是还是被搁置下来了;德国 1975 年把 1875 年的《刑法典》作了重大变动,相隔了整整一个世纪;法国 1993 年《刑法典》对其 1810 年《刑法典》作了巨大变动。这些国家的刑法典的变动不是以年而是以世纪为单位。而我国 1997 年出台新修订的《刑法》,实行没有多久,修正案、立法解释就随之而来,而这些立法解释、修正案,多数是关于法定犯的规定。把法定犯规定入刑法造成其不稳定还是其次,关键是刑法对法定犯的规定非常简略、非常概括、非常笼统,这就必然缺乏可操作性。

(二) 刑法立法要从结果本位转向行为本位

法定犯时代的到来,除了要求在刑法立法模式上从单轨制转向双轨制,还要求刑法立法基础也相应变化,由传统自然犯的结果本位变为行为本位。我国现行刑法中如数额巨大、情节严重等规定都表明,我国刑法立法基础还是结果本位,也就是说要出现法律规定的某种结果才成立犯罪既遂。而行为本位是只要出现了刑法规定的某种行为,刑法就可对此作出评价(尽管大多数行为是有结果的)。行为本位体现了风险控制,说将风险扼死在摇篮之中早早,但只要发展到某种阶段,就可以作为犯罪既遂进行处罚。这就凸显了社会的保卫功能和刑法的预防功能,所以刑法立法基础就应由自然犯时代的结果本位转向法定犯时代的行为本位,显然这对整个社会来说价值更大。刑法立法基础由结果本位变为行为本位是刑法领域的一个重大变动,这是对传统刑法的一种颠覆。另外,行为本位更容易处理司法实践:实施一种行为,对公诉人来说更容易证明,使犯罪嫌疑人难脱法网。

(三) 犯罪构成要件要出现重大变动

犯罪构成要件最重要的无非就是主体、客观方面和主观方面。随着法定犯时代的到来,这三个方面也发生了重大变化。

第一,在自然犯时代,犯罪主体是一元的,就是自然人,现在犯罪主体由一元变为二元,即自然人和法人或称之为单位,这是重大的变动。法人犯罪在我国刑法中的数目不少,法人犯罪一般是法定犯,在其他国家是规定在刑法典以外的法律中的。

第二,传统犯罪行为的形式是二元的,即作为和不作为,现在在大陆法系的刑法典中,犯罪的行为形式还是作为和不作为,但是在英美法系的国家,犯罪的行为形式除了有作为和不作为外,还有持有型犯罪,笔者称之为第三行为形式。美国《模范刑法典》是把持有与作为和不作为并列的,但在我国刑法学界,大多数人还不认为持有是一种犯罪行为形式。有人反驳笔者,作为和不作为就像白和非白,它们之间不存在一种中间状态。但是,作为和不作为没有穷尽第三种情况,与白和非白的逻辑关系是不一样的,中间不排除第三种可能。

第三,传统的罪过形式也是二元的,即故意和过失,这是针对自然犯而言的,自然犯罪由于关系比较简单,所以其主观方面也比较明晰。所以这就形成了一种潜规则,就是刑法上的一个罪名就其主观来说,要么是故意,要么就是过失,不能二者兼有。但美国《模范刑法典》的主观方面有四种,第一种叫作"明知",明知主要针对行为犯,就是说行为人在实施这个行为时知道这个行为违法。另外三种属于出现结果的要有针对结果的主观心态。第二种叫作"蓄意",相当于我们的直接故意。第三种叫作"疏忽",相当于我们疏忽大意的过失。第四种我们没有,叫作"轻率",轻率就相当于我们的间接故意加上过于自信的过失。从理论上说,间接故意和过于自信的过失不难区分,但运用到实际时,二者的区分有时连行为人自己都说不清楚,所以我们看到德国和法国刑法学者中都有相关的研究,实际上就是为了便于司法实践。美国更偏重于经验,偏重于司法实践,所以就根据司法需要,不区分间接故意和过于自信的过失,而统一为轻率。

在我国,几乎所有的刑法教科书关于《刑法》第397条滥用职权罪和玩忽职守罪的主观方面的认识都是同一的,即滥用职权是故意,玩忽职守是过失。但是,在1997年《刑法》公布后不久,在一些刑法著作中,关于玩忽职守罪的主观方面,则认为其基本是过失,但也不排除故意,而滥用职权多数情况下是故意,但有些情况下也不排除过失,这就似乎违反了一罪名只能有一种主观心态的规则。笔者认为"规则"不是没有例外,而是例外不多。例外和规则是相对的概念。所以凡是有规则就一定有例外,既然说一个罪名不是故意就是过失是个规则,那么也应该存在例外,这个例外我们是有的,如《刑法》第397条。例外往往推动事物的发展,好多规则,包括缓刑、假释等起初都是例外,所以要重视例外,不要无视例外,不要否定例外。

(四) 刑法理论要更加正视法定犯时代的到来

以上所说的,就是以自然犯为本体的传统刑法已经融合了新型法定犯的一些重大体现,包括刑法立法体制、刑法立法基础和犯罪构成的几个方面。尽管立法予以了关注、改变,但是,在刑法学理论界,虽然也出现了一些文章,但还是有一些没有注意到的地方,基本上还是用自然犯的眼光来观察研究法定犯,笔者觉得这是有问题的。举例来说,到目前为止,为什么对单位犯罪要采取双罚制?对此,说法很多,但是还没有一个说法圆满地解释了为什么要采取双罚制。问题到底出在什么地方?笔者认为是没有跳出自然犯的圈子来观察法定犯应有的现象。所以,为什么要提法定犯时代,就是为了更好地研究法定犯。

最后,笔者想说说这两种类型的犯罪在实体上的重大差别。自然犯发生在非常态的社会活动中间,它存在的领域相对比较狭窄,所以它的实际关系比较简单,行为人的主观恶性比较明显,所以追究法律责任的难度比较小,这是从实体角度,从犯罪学、社会学的层面对自然犯所作的一些剖析。法定犯发生在常态的社会活动中,所以它存在的领域非常广泛,因而行为的实际关系比较复杂,行为人的主观恶性较小,对法定犯的处罚通常比自然犯要轻,但是法定犯追究法律责任的难度却比较大。几百年来,人们对自然犯有充分的研究,而对法定犯的研究还没有达到一定的深度和高度,在当今世界绝大多数国家,法定犯的犯罪比率远远高于自然犯,所以我们有责任、有理由对法定犯给予必要的关注和研究,只有这样,才能把我们的刑法学向前推动一步,更重要的是为司法实践带来便利。

解构轻刑罪案，推出"微罪"概念*

从总体上认真查纠、从宽发落多数轻微罪案，方能分化突显、有力打击少数严重罪案，此乃宽严相济得以被称为刑事政策的真谛所在。

《检察日报》2011年9月14日刊载《"扒窃"定罪争议也不小》一文称，马某在成都某菜市场水果摊附近，趁63岁的被害人陈某不备，用随身携带的镊子盗走其1.5元，后被抓获。该案由公安机关直接移送到成都市金牛区检察院审查起诉，法院最后以盗窃罪判处马某有期徒刑6个月。争议的是诸如扒窃属行为犯还是结果犯、扒窃罪的既遂与未遂如何界分以及乘车人放在座位上方行李架上的财物被盗可否构成扒窃罪等司法人员和学者感兴趣的问题，而这些并非受处罚人关心的问题。受处罚人关心的问题主要是刑的轻重适当与否，这是刑法适用是否公正的核心问题。扒窃1.5元被处6个月徒刑，适当吗？

这等个案，也许是特例，但透出的信息却是司法实践长期形成的重罚思维定式的自然结果。这绝非小问题。此案被告人假如被判处一个月拘役或者单处罚金是否更合适？不知法官想过没有，抑或想到而不敢如是下判？有些醉驾案件在一定程度上可能也存在类似问题，诸如可否适用《刑法》第13条但书规定，或者定罪并适用《刑法》第37条之规定（犯罪情节轻微不需要判处刑罚的，可以免予刑事处罚……），抑或宣告缓刑？对轻微罪案定罪本身就是一种惩罚。

对一些轻微罪案不敢或者不愿适用轻微处罚措施，造成此种现象的原因复杂多样，有可能是长期践行严打政策逐渐形成的习惯，也有可能是从众心理的投影，笔者认为，恐怕与刑法理论没有意识到我国除有重罪和轻罪的司法概念之外在刑法上实际还有微罪的规定密切相关。

以美国为例，刑法有重罪（felony）、轻罪（misdemeanor）还有微罪（petty misdemeanor）之分。《模范刑法典》（美国法学会拟制的供各州制定和修订刑法典参考之用）规定轻罪的刑罚不超过一年监禁，微罪的最高刑期为30天监禁（有的州规定"只能判处罚金"）。犯罪的种类多种多样，其危害程度各有不同，刑罚的种类和程度多样才能做到罚当其罪。美国有些州对发案数量最多的盗窃罪的规定，除有重大盗窃和一般盗窃，还有小偷小摸微小盗窃（petty larceny）。

---

* 原载《检察日报》2011年10月13日。

我国刑法中,重罪和轻罪只是司法(和学理)上的称呼,以法定刑 3 年有期徒刑为界,其上的称重罪(重刑),其下的称轻罪(轻刑)。法定刑 3 年以下有期徒刑的轻罪,在刑法上有多种组合形式,除"处三年以下有期徒刑"而没有规定轻于有期徒刑的刑种(共有 4 个条文)以外,有近 180 个条文(多数为各该条的第一档刑)规定 3 年以下有期徒刑或者拘役(或者管制、并处或者单处罚金)。有代表性的条文如盗窃罪、诈骗罪、抢夺罪的第一档刑为:处 3 年以下有期徒刑或者拘役或者管制、并处或者单处罚金。另有 5 个条文规定,处 2 年以下有期徒刑或者拘役或者管制(或者罚金)。仅有 1 个条文规定,处 1 年以下有期徒刑或者拘役。《刑法》第 133 条之一"危险驾驶罪"仅规定"拘役,并处罚金",是唯一没有规定有期徒刑而径直规定拘役的条文。粗略算来,全部分则条文的半数左右都规定有"拘役"。此刑种从实体法上看为主刑中次轻级(最轻为管制)但仍有剥夺自由性质的刑种,与有期徒刑相衔接;在程序法上与其他剥夺自由刑种(及以上)有重大区别,即可处"拘役"的犯罪嫌疑人不适用"逮捕"这种剥夺自由的强制措施(《刑事诉讼法》第 60 条的当然解释)。逮捕这种强制措施在我国刑事法运行机制中有特别值得关注的功效,大致可以说,犯罪嫌疑人一旦被逮捕,便注定会被判刑。刑法上规定的处 3 年以下有期徒刑或者拘役,作为具体罪案,在司法实践中有些被判 3 年(2 年、1 年)以下有期徒刑,一般称为"轻罪"案;有些案件被判"拘役",亦称轻罪案显然不妥,因为有期徒刑与拘役在实体和程序上的运行机制有别(是否可适用逮捕以及判刑后的监禁场所均有不同),称作什么好? 3 年以下有期徒刑称轻罪,拘役比轻罪更轻,称作"微罪"应是理所当然。微罪就是可处拘役或以下之刑的罪。这与卢建平教授提出的犯罪分层理论相契合。具体罪案是否判定微罪由司法官裁量。为提高办案质量和效率,基层法院可设立治安法庭,适用特别简易程序。这类案件通常不会发生错案。轻罪与微罪的界分以实体程序一体化为标准。微罪行为的危害性和行为主体的主观恶性在刑法评价的等级上都是最低微的。这一点很重要。

建立微罪概念有什么意义? 笔者认为,《刑法修正案(八)》出台以来有关醉驾和扒窃案件处理的争议,与在理念上缺乏微罪概念关系密切。就扒窃而言,法律没有解释,但在社会生活中并无疑义,无须理论解释。扒窃就是从别人身上偷窃财物,英美刑法上也有扒窃的概念(steal by touching body, 接触身体的偷窃)。它与一般盗窃有不同,一是接触身体,从保护人身安全考虑,应从严入罪;但这种盗窃造成财产损失通常不大,且易被发觉抓获,处罚可从宽。《刑法修正案(八)》作如此处理是妥当的。扒窃是一种典型的微罪,理论上和司法中对扒窃构成要件要素作扩大解释(例如乘客放在座位上方行李架上的财物被偷视为扒窃)不可取,因为这样做反而增添了操作难度,至少是不易划清扒窃与一般盗窃的区别。

进而言之,微罪概念的建立与全面贯彻宽严相济刑事政策也有内在联系。贯彻宽严相济政策,困难不在于知识不够或理念不清,而是在于执法环境欠佳。执法环境是多元因素构成的巨系统,其中一组重要因素盖是司法人员的观念和思维习惯存在问题。任何社会的犯罪总量中轻罪微罪总是占多数,司法中如果该定微罪而定轻罪,则可能引发连锁反应,逐步升级,于是该定轻罪便升为重罪,这就造成刑罚资源过度消费,其结果将是刑罚在公众心理上出现经济学上的边际效应,刑罚威慑作用递减。应对这种局面,以为有效的对策就是加重刑罚适用,其实,校正的办法最好是釜底抽薪。该定微罪的定微罪,甚至有些轻罪案也可以按微罪处理。这样,对重罪适用该当之刑其收效便不会打折扣。这就是生活常识"相反相成"的道理。在现实背景下,贯彻宽严相济刑事政策需要配合刑法运行机制的改进。从总体上认真查纠、从宽发落多数轻微罪案,方能分化突显、有力打击少数严重罪案,此乃宽严相济得以称为刑事政策的真谛所在。

总之,不应让刑法上众多"微罪"虚置,望司法实务解放思想、迈开步伐。

刑罚现代化：刑法修改的价值定向*

我国刑法正在准备修改中，无论是大改、中改或小改，都应当确定一个价值目标。价值目标的恰当与否，关系到修改质量以及修改后的刑法的稳定性。修改刑法的价值目标的选择须符合国家大政方针和社会发展趋势。现代化是我国社会主义建设和各项改革事业的方向。刑法现代化应当是刑法修改的价值定向。刑法由犯罪与刑罚组成，犯罪是躯体，刑罚是神经。刑法现代化的核心是刑罚现代化。

什么是现代化？迄今还没有一个无争议的被广泛认同的现代化的定义，但这并不妨碍人们对现代化概念实质的把握。现代化就是前现代向现代转变的过程。这一过程从系统论角度看，实质内涵是组成系统的基础即结构的转变。社会这个巨系统的现代化，主要标志是社会结构的转变：由前现代农业社会变为现代工业社会，这是经济结构变化；与此相应的还有地缘人口结构的转变，农村人口与城市人口比例的颠倒。什么是刑罚现代化？很难而且也无必要给其下定义，但实质应当明确。笔者以为，刑罚现代化的基本点是刑罚结构朝着文明方向发展。国家刑罚比之前国家复仇时期是文明进步，自由刑比之前的身体刑是文明进步，以监禁刑为主比之前的以死刑为主是文明进步。从宏观历史演变角度观察，刑罚结构变化有一条明显的轨迹，刑罚趋轻与合理化是刑罚变化的必然趋势，尽管犯罪现象并不减轻甚至存在加重走向。如何解释这种悖论？原因十分复杂，基本一条是人类随着时间推移对自身价值逐渐觉醒并日益看重。也许有人会反问：犯罪人不是也侵犯他人的人身权利吗？但这里有一个重要问题，即量的比例。古今中外，在犯罪总量里侵犯财产权利的犯罪始终占绝对比重。只要这种比例关系不变，对人身权利的重视（人身价值日益高于非人身价值）必然导致刑罚在总体上的趋轻。轻不是全部内容，在趋轻过程中实现刑罚结构合理化，以此弥补轻缓可能带来的刑罚乏力的缺憾。

刑罚结构是指各刑种在刑罚系统中的组合形式，即刑种配置比例。当代世界各国主要的刑种有死刑、监禁刑和罚金刑。这三者（有的国家仅为二者，没有死刑）的比例配置差异形成了不同的刑罚结构。不同的刑罚结构决定了互有差异的刑罚功能，从而出现不同的刑罚效益。

刑罚现代化涉及许多方面，在当前我国，笔者认为，至少有下列问题需要研究：控

---

* 原载《法学研究》1997年第1期。

制死刑,刑种多样,刑度适中。

一、适量减少死刑

西方刑法史表明,自贝卡里亚发表《论犯罪与刑罚》以来,死刑的限制和废除一直是刑法改革的首要问题,死刑存废之争向来是刑事政策关注的焦点。死刑问题之所以如此重要,是因为它是影响刑罚结构的关键所在。刑罚结构的调整主要体现在最重刑种的变动,最轻刑种的变动也只有涉及最重刑种的变动时才能体现出对刑罚结构的影响。

由于国情,废除死刑在我国还是遥远的事。在目前修改刑法中要不要减少一些死刑? 有两种不同看法,无非是要或者不要。从目前我国社会治安形势来说,不要减少死刑的观点似乎更易打动人。但是往前看,从刑罚现代化长远利益来说,需要减少死刑的观点则以理性见优势。如果说,"死刑多并未控制住严重犯罪上升故而没有多大威慑作用"这一论述理由并不充分,因为可以反驳说"要是没有死刑则严重犯罪会比现在更甚",其实这两种对立论点都无法证明自身真实同时也无法证明对方不真实。那么,是否可以换个视角。通过《刑法》修改将分散在20多个单行刑法中的新增死刑罪名和《刑法》中的死刑罪名统一集中规定在一部刑法里,死刑罪名将占全部罪名的将近30%,如果给世人造成"死刑法典"的印象,将给我国形象带来巨大损害。在信息社会,形象具有重大意义。不减死刑,从长远利益计,肯定是失远远大于得。仅仅从这一点考虑,也应当减少一些死刑罪名。何况死刑罪名数量多将会强化"民不畏死"的长远社会忧患局面,与"仁政治国"的理念也不相容。

在死刑的增减问题上,学者与执政者的看法有较大差距。超脱,既是学者思考问题的长处所在,往往也是其缺点所在。务实,是执政者的共同特点。美国民主与共和两党每四年一次的总统竞选过程中有一系列针锋相对的政见政纲,但有一点例外,在从严打击犯罪的刑事政策上在近1/4世纪里两党的立场完全一致。原因很简单,犯罪尤其是严重犯罪上升,选民盼望从重惩处犯罪;执政者如果想连任,必须倾听选民的呼声,保护选民的利益。学者与执政者的看法的差距具有普遍性。在我国,政府对犯罪采取从重打击政策是民众愿望的体现,"治乱世用重典"这一中华治国经验在缺乏理想办法或者理想办法不易快速见效的条件下也不失为一种较好的选择。我国与美国在对待严重犯罪问题上有相似之处,也有不同之处。美国的从重政策主要体现在增加监禁刑长度上,我国的从重政策则首先体现在增加死刑罪名的数量上。美国政府在死刑罪名不可增多的具体国情条件下除了加长监禁刑外几乎没有其他选择余地,我国政府在对付严重犯罪时除增加死刑外还可以选择增加徒刑。具体分析,民众希望从严惩治犯罪并非都要多判死刑,对不涉及人身安全和公共安全的犯罪不判死刑百姓并无意见,明显一例是在1982年增加了对盗窃罪的死刑后一直没有对诈骗罪升格死刑,对此舆论没有异议。适度长判(增长徒刑)有助于达到适量少杀的效果。

减少死刑不能是消极的,须以增强犯罪控制能力为基础。如果这样,减少死刑不仅不会有风险,而且会为逐步实现"以刑制罪"从而为改变目前"刑不压罪"的局面提供可靠保障。减少死刑与增强控制相连,属上策。如果借助增加死刑(至少不减死刑)来代偿犯罪控制乏力之责,无论是否明确意识到这一点,均为下策。

减少死刑并非以死刑没有威慑作用为理由,而是因为它太多了。任何事物都有个度,过犹不及。如何衡量多与不多?通常认为国家的治安需要是衡量标准。这种说法未必妥当。"需要"毕竟是主观性的,难以明定。"必要"标准更科学。必要是不可少也不用多的意思,是满足主体需要的客观限度,它不单纯是主观性事物,而是国家需要与社会存在的结合。社会存在有丰富的内涵,包括经济发展状况、文化传统、道德水平、大众心态以及国际交往关系等。社会存在虽然无法量化,但绝非无法把握。死刑统计数量保密这一事实是否蕴含"国家需要"仍有必要"限制"这样的潜台词?

在哪些领域可以减少死刑条款?《刑法》公布后死刑罪名增加主要在经济管理和社会治安两个领域。死刑减少的可能性首先落在有关经济犯罪方面,凡不直接涉及公民人身安全和社会公共安全的经济犯罪均无必要设死刑,例如,投机倒把、非法集资、票据诈骗、信用证诈骗、走私(毒品走私除外)、虚开增值税专用发票、伪造并出售其增值税专用发票等。社会治安方面,不会危及社区安全感的犯罪,诸如传授犯罪方法、组织反动会道门利用封建迷信进行反革命活动、引诱容留妇女卖淫、组织他人卖淫等也没必要设死刑。原则上,死刑主要限于暴力犯罪和严重危害公共安全和国家安全的犯罪。如果这样,死刑罪名数量可以减少1/4左右。诚然,也不是所有涉及暴力的犯罪都需要设死刑,这里有立法技术问题。《关于惩治偷税、抗税犯罪的补充规定》(1992年)第6条第2款提供了范例,"以暴力方法抗税,致人重伤或者死亡的,按照伤害罪、杀人罪从重处罚"。如果不是这样,则抗税罪也可能规定有死刑。这在刑法理论上称转化犯。《刑法》第153条的规定是典型的转化犯,即由非暴力犯罪转化为暴力犯罪。《关于惩治偷税、抗税犯罪的补充规定》第6条的规定,转化犯是由低度暴力转化为高度暴力,即犯罪"手段过限"(手段超过基本犯罪构成的限度)的转化犯这类犯罪一般均为复合行为形式的犯罪,由犯罪行为的暴力性手段行为与非暴力性目的行为组合而成。这相应地决定了犯罪直接客体的复杂性,既侵犯人身权利(手段行为所致)又侵犯其他权利(目的行为所致)。两种权利的受侵害程度并不均等,目的行为侵犯的权利是主要的(手段行为是辅助的,这就是限度),罪名由此而定,这是基本犯罪构成形态。但是,当手段行为(因过限)侵害的权利变为主要时,便改变了基本犯罪形态,罪名也随之改变。如果采用转化犯理论进行立法,则抢劫罪、强奸罪甚至有些危害公共安全罪都可以不设死刑,也不会轻纵罪犯,只要杀人罪和伤害罪保留死刑就足矣。不过我国现有立法更偏爱结果加重犯和情节加重犯,后果是增加了不少死刑罪名。不仅如此,而且可能平添司法操作困难和刑法理论困惑。以《刑法》第 150 条第 2 款抢劫罪为例,"犯前款罪,情节严重的或者致人重伤、死亡的,处十年以上有期徒刑、无期徒刑或者死刑,可以并处没收财产"。犯抢劫罪致人死亡,情节基本相同的案例,不同法院会出现两种不同的定罪。这与对《刑法》第 150 条第 2 款的理论分析有分歧相关,一种观点认为是结果加重犯,另一种观点认为是结合犯。说结合犯也许更合理一些,但根据条文措辞又难说是结合犯。按条文字面含义,可算结果加重犯。如果实现了抢劫,结果加重犯之说在逻辑上勉强可以说得通;如果抢劫未实现,没有结果何来结果加重犯?假定将死亡视为结果,那么加重的结果又是什么?根据《刑法》第 150 条第 2 款目前的规定,致人重伤、死亡的,又无法视为情节加重犯。这种理论困惑是立法技术造成的。

适量减少死刑并非出于有利于犯罪人考虑,而是为了维护国家形象这等长远利益。修改后的《刑法》至少应稳定到 21 世纪初。

二、刑事制裁多样化

刑事制裁多样化有两层含义:一层是刑事制裁奠基于一元(行为的社会危害性)还是二元(行为的危害性和行为人的再犯可能性)。20 世纪以前,各国在立法上均属一元化刑事制裁(为行文简约,以下以广义"刑罚"代之)模式,以既往行为的危害性为依据设定刑罚种类和刑罚轻重。这种建立在哲学因果论基础上的刑罚制度的长处是可操作性强,有利于实现客观公正和刑法的保障(人权)功能。缺点是无视行为人的人格特征,忽视刑法预防再犯的保护(社会)功能。在刑事实证学派理论推动下出现的保安(保社会之安)处分制度使刑罚演进到二元化模式。近代意义上的保安处分较早的正式立法例是 1908 年英国《预防犯罪法》,该法允许对惯犯判处监禁刑之外并附加一定期限的预防性拘留(preventive detention)。① 第一次世界大战后,大陆法系有些国家在刑法典中创设了保安处分制度。美国至今既没有像英国那样的预防犯罪法,也没有像德国、意大利那样的保安处分制度,而是采取综合办法:对累犯、惯犯根据其犯罪记录多寡采取累进量刑方法,刑期可以判得很长;对精神病犯人,在精神卫生法等法律中规定可以强制医疗;对一般的可能会犯罪的人则有所谓"预防性司法"(preventive

---

① 1948 年英国《刑事审判法》允许单独判处 5 年至 14 年预防性拘留。1973 年废除了这一制度,但如有必要,对惯犯可以延长监禁。20 世纪 90 年代初,意大利对付黑手党采取的预防性拘留,属刑事侦查中(起诉前)对嫌疑犯的司法措施,实质是"不准保释"。

justice),这是一种制度,即政府有关机构对很可能会犯罪的人采取的令其作出保证或担保以防止犯罪发生的措施。无论是英国、美国还是德国、意大利,对有责任能力的犯罪人适用的剥夺自由的保安处分(名称各异)有一个共同点,即依法由法院判决。罪与保安处分均由法律规定,不服判决可提出上诉,有监督机制防止保安处分被滥用。

根据现行立法,我国刑罚属一元化模式。尽管在理论上有学者提出犯罪本质二元论(行为的社会危害性和行为人的人身危险性相结合)的观点,但《刑法》第 57 条规定的量刑原则和一系列刑罚制度表明,我国刑法上并不存在以行为人的人身危险性(再犯可能性)为主要依据的保安处分。

我国刑事司法领域中的两大有争议的做法:其一,"收容审查"通过修改《刑事诉讼法》得到了圆满解决,其二,"劳动教养"能否随着修改《刑法》也有相应收获已成为当前普遍关注的一个热点问题,也是非常棘手的问题。问题的焦点在于需要与合理的冲突。

关于劳动教养做法的需要,笔者在《劳动教养是我国特有的治安制度》①一文中有较为详细的说明。世界上任何国家都存在并且也都认为应当处理这样一批人:大法不犯,罪错不断(一犯再犯),危害治安,公众憎恨,气死警察,法院难办。对此,各国的处理办法不尽相同,效果也各异。我国的对策是采取劳动教养措施。1957 年全国人大常委会批准的《国务院关于劳动教养问题的决定》规定的劳动教养对象主要是不务正业、危害治安、罪行轻微、屡教不改的生活无着的人员,劳动教养的性质是强制性教育改造措施,也是安置就业办法。矫正教育与解决就业并重。这非常类似英国 16 世纪开始出现的济贫教养所(workhouse),收容决定权也由政府有关部门行使。1982 年国务院批转的公安部《劳动教养试行办法》,规定收容对象主要是罪行轻微不够刑事处分的人,劳动教养的性质是强制性教育改造的行政措施,已经没有安置就业的功能。这与 19 世纪美国的教养院(reformatory)颇有几分相似,但区别主要在于教养院接收的人(青年犯罪人)是经法院判决的,而劳动教养的决定则不是由法院作出的。以上情形表明,劳动教养就实质上的需要而言,具有社会普遍性,在我国,作出劳动教养决定的程序是:对需要劳动教养的人,承办单位(主要是公安机关)报请人民政府组成的劳动教养管理委员会批准。承办单位具有决定性作用。手续简便(相对于诉讼程序而言),快速高效,这是劳动教养的一大明显特点,也是它能满足治安需要的重要原因。但往往问题也出在这里,即缺乏必要的监督,教养决定权基本上不受制约。"被决定劳动教养的人,对主要事实不服的,由审批机关组织复查。经复查后,不够劳动教养条件的,应撤销劳动教养;经复查事实确凿,本人还不服的,则应坚持收容劳动教养。"②

---

① 该文载《法制建设》1984 年第 6 期,该文的缺陷是对劳动教养制度存在的问题没有提及,有片面性。
② 《劳动教养试行办法》(1982 年)第 12 条第 2 款。

劳动教养决定权行使缺乏监督机制，之所以成为问题，关键还在于劳动教养制度的合理性受到质疑：劳教期限为1年至3年，必要时得延长1年，执行场所为劳动教养管理所，除执行半年以上并且表现好的在节假日准许回家探望外，一般都须集中留居在劳动教养管理所；因不够刑事处分而被劳动教养的人所得到的实际处遇在人身自由丧失程度上和期限上却远比作为刑罚种类的管制和拘役要严厉得多。这在法理上很难说得通。

为解决劳动教养的合理性（合法性）问题，有人建议取消这种做法。这种因噎废食的意见没有考虑到这个制度对社会治安的实际需要，与公众愿望也不尽相合。还有一种意见正相反，强调需要合我国国情，认为当前应原样保留这种做法，在实践中逐步完善。笔者以为应设定这样的思路，使需要建立在合理性基础上。

如何使劳动教养的需要建立在合理性基础上？"三改"是可选择的较好方案：改变程序、改变期限和改变名称。

1. 改程序

解决劳动教养决定权行使缺乏有效监督机制的基本缺陷。根据劳动教养处遇的性质，程序改变的关键是将劳动教养决定权归人民法院行使。为保持快速高效的特点，劳动教养案件的审理可适用简易诉讼程序，案件也可以由公安机关直接移送人民法院，当然，这并不排除人民检察院的法律监督。这样，劳动教养便是司法措施而不是行政措施。司法措施适用诉讼程序。既然进入诉讼程序，被审人就可以聘请律师为其进行辩护，不服判决还可以上诉。程序是民主的基石，它使权力在正确的、受制约的轨道上行使，既有利于对公民权利的保障，又有利于维护国家权力的威望。

劳动教养决定由人民法院作出，这就涉及一个无可回避的尖锐问题——劳动教养是不是一种刑罚或者刑罚性质的方法？可见，程序改变涉及实体法上的问题。或者说，程序改变以实体法上的变动为前提。实体法上的变动，笔者称之为"劳动教养刑法化"。这就回到了本文第二部分开头提及的刑种多样化的第一层含义，即刑事制裁奠基于一元还是二元的问题。劳动教养作为制裁措施进入刑法，具有刑罚性质（仅是"性质"）是毋庸讳言的。因而自然就可能提出两个责难，其一，刑罚（指拘役，下限为15日）与治安处罚（指拘留，上限为15日）之间没有空隙，劳动教养（长达3年）插不进去；如果插进去则会出现重叠现象。其二，劳动教养的前提是"不够刑事处分"，怎么又可以刑法化呢？乍一看，这两个问题确实很难回答。但深入地想，劳动教养的对象与刑罚（和治安处罚）的对象在性质上不尽相同。前者的特征是罪行虽轻而屡教不改，有很大的再犯可能性，在实质上重点是行为人，措施的基本价值目标是预防未然行为，惩罚并非为主；后者（后二者）以行为为基点，注重已然行为的危害性，立法设定制裁的价值目标建立在惩治基础上。可见，劳动教养与刑罚（和治安处罚）两者并不在同一层面上,因而不发生插不进去和重叠的问题。依这一思路,第二个问题也不难解释,"不够刑事处分",是指其行为本身(如果不考虑行为人的人格特征)而言。在实质上,劳动教养与刑罚处罚确有不同①,劳动教养就其价值取向而言和国外的保安处分相似,这是劳动教养刑法化的根据,使刑事制裁二元化。然而在适用对象和方式上,劳动教养和保安处分两者并不相同。在国外,对完全责任能力(不是精神病)的成年人(不是未成年人)适用剥夺自由的保安处分,条件是犯了重罪的惯犯,保安处分作为监禁刑的补充,先执行监禁刑后执行保安处分。我国的劳动教养与此不同(独立适用,对象有别),所以劳动教养进入刑法不必冠以保安处分名称。诚然,被劳动教养的一部分人是吸毒上瘾经强制戒除后又吸毒的瘾君子,这与国外收容于戒瘾机构的保安处分在对象和方式上较相似,但这部分人仅占劳动教养人数总数的较小比例,所以,仍无必要在整体性质上与保安处分制度挂钩。

由于劳动教养有保安处分的价值取向,是劳动教养制度进入刑法(刑法化)的客观依据,从而使我国刑事制裁具有二元性能:刑罚以惩罚已然之罪为本;劳动教养这种刑事制裁方法以防止再犯为主。劳动教养与刑罚有别,因而劳教不是一个刑种,其性质是限制被教养人自由,对其进行教育,防止重新违法犯罪,维护社会安宁的一种司法措施。需要特别指出的是,劳动教养不是剥夺自由,区别于有期徒刑和拘役,它是限制自由,和管制相似,但被劳动教养者比被判管制者具有更大的再犯可能性,所以自由受限制程度高于管制。

劳动教养究竟如何进入刑法?笔者认为,可以这样设计。将《刑法》总则第三章"刑罚"的章名改为"刑事制裁"(或者"犯罪的法律后果")。第三章第一节"刑罚的种类"更名为"刑罚的种类及教养处分"。在现有《刑法》第30条之后加一条如下:对于扰乱社会秩序罪行轻微不够刑事处分的,或者违反治安管理屡教不改的,可以适用教养处分。需要说明的是,劳动教养处分主要适用对象限于犯有刑法中扰乱社会秩序一类罪行。② 违反治安管理,本来不构成犯罪,但因屡教不改,可以被视为"刑法边缘行为",我国刑法中犯罪概念具有定量因素,这类行为划入犯罪圈并无不可。在《刑法》分则条款中,表明定量因素的措辞有"数额较大""情节严重"等,这些仍然是有弹性的概念。以模糊性词语表达一个确定性观念——罪与非罪因量的差异而造成质的不同。量变引起质变。与《刑法》第一节增加的一条相呼应,在第八节(主刑与附加刑诸节规定完了)之后,加一节"教养处分",内容为教养处分的性质(已如上述),期限(见下),执行地点(强调在低度警戒的半开放性设施中执行)和案件审理程序(已如上

---

① 全国人大常委会1981年通过的《关于处理逃跑或者重新犯罪的劳改犯和劳教人员的决定》将劳改和劳教放在一起有合理的一面,是劳动教养刑法化的一个根据;但也有不妥之处,即将劳改和劳教视为有相同的法律后果。

② 根据法治原则(处分法定原则),劳动教养处分应在《刑法》分则有关条文中明示。

述)等。

2. 改期限

现有法规的劳动教养期限为 3 年,必要时可以延长 1 年。考虑到适用对象的行为危害性程度和行为人的人格状况,期限应当缩短,上限以 2 年为宜,下限可考虑为 3 个月或者半年。

3. 改名称

"劳动教养"改为"教养"(教养处分),相应地,"劳动教养管理所"改为"教养院"。这是因为性质已变(劳动教养进入刑法,劳动教养也由行政措施变为司法措施),所以,名称也需要改变,避免旧瓶装新酒。

刑事制裁多样化的另一层含义即通常所说的刑罚方法的多种形式。增加刑罚方法的形式,是刑法界的共识。犯罪和犯罪人情况复杂,作为犯罪对策的刑罚方法理所当然地应与之适应。刑罚多样是刑罚个别化的重要保证。对某些经济犯罪和职务犯罪增加规定剥夺从事特定职业和职务的资格。罚金刑,有人建议设日额罚金制。① 即使不采取这种方式,罚金的具体形式也应多样化,比例制(多用于获利性犯罪)和定额制(一般用于难获利性犯罪)并存。另外,罚金也可以缓刑。而且,无故不缴纳罚金的,可以改判非剥夺自由的社区劳动或者改判有期徒刑。现行法律规定的有期徒刑的方式也过于单调,国外的间歇监禁(intermittent imprisonment)值得借鉴,其适用对象一般是罪行较轻的非暴力初犯,被判监禁刑的犯人在一定周期(一日或者一周)的一定时间(白天或黑夜,平日或周末)内在监所服刑,其余时间在社会上工作、学习和生活。例如,判处一个有职业(工作或学习)的交通肇事犯以间歇监禁,可以令其平日在社会上工作和学习,周末回监狱服刑,因为交通事故多数发生在周末。这样,既惩罚了犯罪人,减少了周末肇事的机会,也没有影响受刑人的工作或学习,减少了因丧失工作或学习机会而可能造成的社会负担。又如,判处一个有家累的女犯以间歇监禁刑,令其白天在监所服刑,晚上回家照料孩子和家庭团聚(孩子白天上学或上托幼园,晚上都要回家);或者相反,让她夜晚到监所服刑,白天在家里照看孩子,如果因家境贫寒孩子上不起托幼园,丈夫在白天又要上班,待到晚上丈夫下班后便可以尽家务之责。犯人何时在监狱服刑,由法院根据被告人的具体情况而定,在判决书上写明。以上是关于对自然人犯罪的刑罚方法。

我国对法人犯罪的刑罚方法只有一种即罚金,太单一。法国新刑法典(1994 年)对法人犯罪规定了九种处罚方法,对我们有启发作用。

---

① 日额罚金(day-fine)制,即按犯罪的轻重程度确定罚金的日数(类似与监禁相比),依犯罪人的财产状况确定每日的具体金额,两者相乘即为个案的罚金数。

三、刑罚幅度适中

刑罚幅度是指立法上对具体罪规定的具体刑罚量,即微观上的刑罚结构。刑罚幅度是国家刑罚目的的凝聚态,是罪刑适应原则的数量化。研究刑罚幅度具有重要的理论意义和立法价值。

在罪刑擅断的前资本主义社会,立法上尤其是司法中刑罚幅度太大实际上等于没有幅度。18世纪末西方资产阶级革命时期刑法(如1791年《法国刑法典草案》)曾出现毫无弹性的绝对确定法定刑,为批判罪刑擅断而废弃了刑罚幅度。但很快就意识到,矫枉过正的做法是反科学的。后来的刑罚幅度立法样式是绝对确定法定刑的否定,这种否定绝不是对过去幅度大到无限宽的立法样式的再肯定。这一历史演变过程说明,刑罚幅度要有合理的度。幅度太窄相当于绝对确定刑,在司法实践中必然产生不合理的判决多于合理的判决的结果。幅度过宽则等于没有幅度,缺乏可操作性,也会出现不是轻纵就是过枉的弊端。抽象说来,刑罚幅度规定要适中,既不太窄也不过宽,这就是合理。依此衡量我国刑法规定的刑度,主要问题是幅度过宽。根据对《刑法》和21个单行刑法(截止到1995年10月)中近200个条文的罪种的法定刑的粗略统计,上下限跨度有22类情形:拘役至1年徒刑,2个;拘役至2年徒刑,10个;拘役至3年徒刑,25个;拘役至5年徒刑,18个;拘役至7年徒刑,29个;拘役至10年徒刑,13个;拘役至15年徒刑,15个;拘役至无期徒刑,14个;拘役至死刑,24个;6个月至15年徒刑,2个;6个月有期徒刑至无期徒刑,3个;6个月徒刑至死刑,3个;2年至7年徒刑,1个;2年徒刑至死刑,1个;3年至7年徒刑,1个;3年至10年徒刑,7个;3年至15年徒刑,2个;3年至无期徒刑,2个;3年徒刑至死刑,8个;5年徒刑至死刑,3个;7年徒刑至死刑,1个;10年徒刑至死刑,9个。大致可以这样认为,拘役至5年徒刑、2年至7年徒刑、3年至10年徒刑、5年有期徒刑至死刑的跨度不算大,约占统计总数的1/3;上下限跨度过大的约占2/3。一种罪的下限为拘役上限为死刑,尽管根据情节或数量分成若干(三至四个)档次,但毕竟属同一种罪。有的罪的法定刑上限提得很高,并非因行为有可测量的特别严重的危害性,而是由于过分估计了行为人的主观恶性,例如,传授犯罪方法罪。有些罪的刑罚跨度大的一个重要原因是立法者的传统伦理观念和感情因素起了过多的作用,例如,某些"丑恶现象"性质的犯罪。有些罪的法定刑幅度宽则与立法者的方法有关,将复杂的行为危害性和主观罪过融合简化为侵犯对象的数额,数额实际上决定法定刑的档次,最终决定刑罚的上限。还有一种立法思路是:法定刑上限的依据是生活中发生概率极小的案件,即特例决定刑罚上限。这样做的结果是,特例(个案)可能符合罪刑相适应原则,但由于上限提得很高,整体刑罚量必然增加,则将出现要多数普通案件的行为人负担超过本应承受的刑罚,这就造成了微观合理而宏观上罪刑不适应的局面。特例立法是因小失大的思想方法。典型立法是,法定刑下限和上限均以典型为准,典型即在同类中最具代表性的意思。典型与特例是相对的两个概念。法定刑幅度的典型立法方法,有利于收宏观合理的功效,但也可能出现个案不合理(主要是刑罚过轻)的现象,为追求大效益而付出小代价。权衡得失,典型立法思路优于特例立法思路。

以上从立法方面分析了刑罚幅度过宽的原因,但尚未在较深的层面上回答法定刑跨度过大能否达到刑罚目的的问题。

具体罪的刑罚幅度,即具体罪的刑罚结构。例如,重婚罪的法定刑为2年以下有期徒刑或者拘役;组织他人卖淫罪的法定刑为10年以上有期徒刑或者无期徒刑,情节特别严重的处死刑;非法集资罪的法定刑为3年以下有期徒刑或者拘役,数额巨大(或者有其他严重情节)的处3年以上10年以下有期徒刑,数额特别巨大(或者有其他特别严重情节)的处10年以上有期徒刑、无期徒刑或者死刑。我国刑法上规定的具体罪的刑罚结构大致就是这三种形式。事物的结构影响甚至决定事物的功能。通常认为,刑罚的基本功能是惩罚和警戒。惩罚就是对犯罪人权利的剥夺,使其产生痛苦。警戒有两层含义:一方面是对已犯罪的人,由于受刑的痛苦经验,以后不想或不敢再犯罪,即特殊预防;另一方面是对可能犯罪的人,由于看到他人的痛苦,自己不敢步其后尘,即一般预防。惩罚功能是警戒功能的基础,后者不能脱离前者,但两者之间并不都存在正比关系。刑罚幅度的上限高度与惩罚功能成正比关系,加重惩罚可能有利于一般预防。尽管如此,上限也要有合理的度,这是因为,其一,促成犯罪的原因非常复杂,刑罚轻重只是一个因素,甚至是次要因素;其二,大范围长时间地加重惩罚,将增强社会心理对重刑的耐受度(即"抗刑性",犹如一种药用多了便产生抗药性),从而形成"民不畏死"的现象,"以死惧之"可奈何?惩罚功能与特殊预防的关系比较复杂,打个吃饭的比喻,吃第一碗饭没有完全消除饿的感觉,第二碗饭进肚后,仍未满足需要,第三碗正好吃饱,如果再吃第四碗,造成浪费,第五碗便过饱,不仅浪费而且有伤身体。这在经济学上称边际效用价值。刑罚量的增加也要考虑其实际效用。惩罚过轻,犯罪人因犯罪得利大于受刑失利而起不到警戒作用;惩罚过重,犯罪人觉得刑罚不公平从而产生抗拒心理,口服心不服,起不到警戒作用。惩罚过轻与过重均会使再犯率增加。对具体犯罪的刑罚量要有合理的度。合理度的标准是什么?其决定因素非常复杂,有社会的经济发展水平,有民族的传统文化,有公众的道德水准,有国家的治理经验,有违法犯罪的严重程度,等等。迄今为止,这个合理度尚无法数量化,但不等于它不存在。商品价格的调整取决于市场。笔者认为,刑罚轻重得当与否,其标准是受刑人的感受,即是否有"罪有应得"的感受。这在表面上是量刑问题,而量刑轻重在宏观上必然反映法定刑轻重。以受刑人感受为标准,对初始立法的把握会有困难,但对经过相当时期实践之后的法律修改来说应当是可行的,只需进行必要的调查和统计就可能取得明确的结果。以受刑人感受作为法定刑轻重合理度的标准,乍一看似乎不合理甚至不可思议,但实际上受刑人感受确是法定刑轻重合理与否最好的测量表,这是长期司法实践形成的社会经验。如何解释这种经验的来源?受刑人感到"罪有应得",这是实际存在的,并非理论上的杜撰。犯罪人对刑罚处置没有选择权,承认有罪是对事实的无可回避,这是因为犯罪人首先作为社会人的存在,在其意识(和潜意识)中必然深深打上特定社会主导文化(国家刑法总是与之相适应)的烙印;然而对刑罚轻重必然有自己的判断,而且这种判断有较高的纯度,即刑与罪直接相对,中间少掺杂有其他成分。在个案中,可能有"刑罚越轻越好"的心理;但在宏观上,由于受刑人没有回避刑罚的余地,所以并不存在"刑罚越轻越好"的问题,存在的仅是对刑罚过重的内心反抗。不存在反抗心理就是承认罪有应得。受刑人对刑罚反抗心理的存在说明刑罚没有取得最佳效益甚至没有效益。所以从刑罚目的角度而言,以受刑人感受作为法定刑轻重的标准是科学的。这里还需要进一步讨论一个问题:受刑人感受只涉及特殊预防,有没有特殊预防效益差而一般预防效益好的可能性呢?应当说,在宏观上(长时间和大范围内)不存在这种可能。强化惩罚功能在短期和小范围内可能收到增强一般预防的效果,但如前所述,加重惩罚在大时空背景下将起反作用。一般预防无法刻意追求。这就是现代刑罚不以一般预防为主要目的的基本缘由。特殊预防虽然可变,但可追求,处理得当可以长效,而且还因为它与法定刑幅度设计有密切关系,所以,现代刑罚以特殊预防为主要目的。可见,法定刑幅度合理是客观刑罚功能与主观刑罚目的得以统一的可靠保障。合理的刑度是刑罚现代化的一个重要方面。

刑罚现代化作为刑法修改的价值定向,是"严而不厉"作为刑法修改(改革)的基本思路①在刑罚方面的具体化和进一步深化。两者联系起来,有助于构成有关刑法修改(改革)的比较完整的观念。

---

① 参见储槐植的《严而不厉:为刑法修订设计政策思想》《罪刑矛盾与刑法改革》。

刑法例外规律及其他[*]

"例外"就是在一般规律或认定之外。"规律"是事物内部的本质联系和发展的必然趋势,具有普遍的不断重复出现的特点。一般来说,例外和规律是两个相对立的概念。然而近代刑法规范的例外,不分国界,不断出现,长期存在,使刑法实际处于不断改革之中,从而推动刑法本身的发展。从宏观时空上看,刑法中的例外是一种普遍现象。既然如此,它就必定具有某种规律性的特点,本文称之为"例外规律"。这是一个尚未开发的课题,有探讨的必要。

一、刑法例外现象普遍存在

(一) 罪刑关系方面

有罪必罚是刑法的常规,有罪不罚(罚指刑事处分)是例外。我国《刑法》第 32 条关于犯罪轻微免于刑事处分的规定正是有罪不罚的例证。《刑法》总则作出这种规定在各国刑法中虽然并不典型,但第二次世界大战后出现的作为刑事政策重要内容之一的"非刑罚化"思想(即同犯罪斗争并非均用刑罚方法)在世界各大洲普遍被接受,有的已经直接反映在刑事实体法上,有的则体现在刑事诉讼实践中。

犯罪由国家惩罚是近代罪刑关系方面的一条一般规则。在特殊情况下犯罪可由私人加以惩罚,正当防卫的实质正是作为对犯罪实施国家制裁的例外而被规定在各国刑法中。

(二) 犯罪论方面

关于犯罪定义,普遍认为只含定性因素。我国《刑法》第 10 条犯罪定义的"但书"把定量因素纳入犯罪概念,这在当代世界刑事立法史上是个突出的先例。^① 还不能说是绝无仅有的例外。从本质上说,立法之前都有定量考虑,这就是为什么骂人不是犯罪而侮辱诽谤为犯罪、随地吐痰不是犯罪而矿厂大量排放有害物质为犯罪的道理所在。差异在于其他国家刑法典规定的犯罪定义本身一般只具定性的特征,其犯罪概念的定量因素体现在司法人员的裁量权中:警察可以因为罪行显著轻微而不送检控机

---

* 原载《中外法学》1990 年第 1 期。
① 参见储槐植:《我国刑法中犯罪概念的定量因素》,载《法学研究》1988 年第 2 期。

关,法官可以由于行为危害不大而不判罪。

犯罪主体为自然人,是传统刑法的一般规则,它以犯罪行为是身体动作和罪责自负的原则为基础。1890 年美国《谢尔曼反托拉斯法》的法人犯罪条款是近代刑法史上对传统犯罪主体样式的第一个例外。随着商品经济的发展和法人组织在社会生活中正负作用的增长,100 年来这种"例外"跨越国界、超越法系而出现扩展趋势。① 根据我国 1979 年《刑法》,犯罪主体仅限于自然人,1987 年《海关法》是我国规定法人犯罪(称单位犯罪)的第一部法律,1988 年全国人大常委会通过的两个补充规定②又增加了法人犯罪的罪名。

罪过作为犯罪构成的主观方面是近代刑法的一条通则,但也存在例外:其一,法律认识错误不免罪,然而不能否认某些情况下的法律错误确实影响主体的罪过。其二,关于奸淫幼女罪的年龄认识错误(属事实认识错误),各国刑法向来采取"绝对责任"立场(近年来出现变通性法条或做法)。③

惩罚犯罪未遂尤其犯罪预备(刑法明文规定惩罚预备犯的在当代并不多见),其实是对犯罪客体(法益)的例外规定,所以不仅在刑法总则中特别写出,而且许多国家还在分则中专款注明。

构成犯罪要有行为,早在罗马法中就已成为一条规则。英国在资本原始积累过程中,大批农民被迫离开土地,涌向城市,流浪乞讨,刑法中出现了不必要求犯罪行为的仅凭身份治罪的流浪罪。直至今日,美国有些州刑法仍保留这个罪名。

犯罪行为分为作为和不作为两种形式,这是近代刑法的公理。社会出于同犯罪斗争的需要,为了方便司法,第二次世界大战后在有些国家刑法中出现了既非"作为"也非"不作为"的犯罪构成,即"持有"型犯罪,例如持有毒品罪,持有赃物罪等。持有(Possession,亦译占有)是一种状态,不是作为,但其起始点常是积极的作为;状态本身更近似不作为,而刑法上的不作为却总与不履行特定义务相联系。"持有"状态是作为与不作为的特殊结合,日益被刑法理论认为是"第三"犯罪行为形式。在传统刑法的行为理论中,它只能算是例外。值得一提的是,全国人大常委会 1988 年 1 月 21 日通过的《关于惩治贪污罪贿赂罪的补充规定》第 11 条第 1 款规定的新罪,即公务人员持有超过合法收入的财产罪,它是惩治腐败的锐利武器。该补充规定公布两年以来全国各级人民法院适用该款治罪的案例只有一两件,没有发挥其预想的应有作用,主要原因是司法界和理论界对此罪的构成与罪名存在重大误解,仍以一般犯罪行为模式(作为或不作为)来理解该款规定,没有把这一新罪视为传统格局的例外从而把握其特殊

---

① 参见储槐植:《美国刑法》,北京大学出版社 1987 年版,第 50—66 页。
② 《关于惩治走私罪的补充规定》和《关于惩治贪污罪贿赂罪的补充规定》。
③ 参见储槐植:《美国刑法》,北京大学出版社 1987 年版,第 83、132—134 页。

性——持有型犯罪。

刑法分则中规定的不少"以××罪论处"的行为,其实都是"××罪"(典型犯罪)的例外。

(三) 刑罚论方面

刑与罪相称是近代刑法的一条基本原则,"刑"既指判刑也指行刑。缓刑和假释现在已经成为普遍制度,从历史上看它们都是作为通常的判刑制度和行刑制度的例外首先出现在个别国家。

互有牵连的两个罪采取"从一重处"的牵连犯概念是对"一罪一刑"规则和数罪并罚制度的例外。

相对确定法定刑(幅度刑)的上限和下限一般不得突破,这是规则。减轻和加重处罚是对刑法分则具体罪规定的法定刑的例外。

上述不完全列举足以说明刑法规范充满例外,可以认为,没有例外就没有刑法发展,刑法生命即告终止。刑法理论对种种例外规定的研究相当充分,但把例外作为一种刑法现象上升到总体层面高度加以探讨则尚属阙如。

二、"例外规律"基本含义

个别例外的出现都具有偶然性。所谓例外规律,是指例外规范作为普遍现象所包含的内部本质联系和发展必然趋势,具体有两个方面的内容:例外规范源于国家需要;例外规范趋向两极转化。

(一) 例外源于国家需要,是例外现象产生和存在的内在根据

国家需要指国家控制危害行为的需要。从逻辑上说,例外就是超出常规,因此,刑罚例外的存在理由无法从例外出现以前的既存刑法原则中得到说明。这就是为什么法人犯罪肯定说想从传统刑法理论中"寻找"法人犯罪成立理由而总不如否定说那样能自圆其说的根本原因。对所有例外存在理由的论证情形都是相同的;例外在既存原则的圈子中总处于"劣势",有效的论证首先必须把例外与既存原则放在相同的层次上。论证中肯与否取决于思维是否得当。相同的层次就是国家需要。例外适应于国家需要而出现,全部刑法原则、制度也是国家需要的产物。以法人犯罪为例,现代商品经济随着工业革命得到迅速发展,工商企业活动的触角伸展到社会生活的每根神经,法人同民众的福利息息相关;与此同时,法人的非法行为对国计民生造成损害的危险性和可能性也日益增长。为了维护公众利益,国家需要对企业法人加强控制,增强法人的社会责任感。为此,一方面把不少义务用更严格的民事责任来认可,另一方面把某些更大义务制定为刑法规范,这就是法人犯罪新概念会出现的内在根据。再如前面提及的持有超过合法收入的财产罪,这一新罪名产生的社会背景是引起公众愤慨的腐败现象盛行,有些公务人员在以权谋私过程中千方百计地规避法律制裁,给司法部门依据传统刑法规范追究责任设置重重障碍。许多案件凭直观便可察觉其中必定有鬼,"工资八十几,楼房拔地起"。但司法部门花了很大力气,由于取证不易而很难将其绳之以法。新罪名的创制,便于司法部门绕过不法之徒设置的障碍,不必去查证非法财产的来源(究竟是贪污还是受贿或者走私所得均无须查证)。而只需证明现状,即现在持有的财产明显地超过了其合法收入便可定罪判刑,这样就容易把"鬼"捉住。以上从微观上说明各个例外规范的创制均无例外地出于具体的国家需要。

犯罪与刑法,从因果关系的顺序看,先有犯罪行为,后有国家刑法规范。社会危害行为不断变化,刑法也随之变化。由于刑法本身具有的相对稳定性,这种变化通常只能表现为创设例外规范的形式。有犯罪就有刑法,那么犯罪发生变化刑法就必然有例外规范出现。例外规范与一般规则同在,没有无例外的刑法。这是从宏观上说明国家需要与例外现象普遍地长期存在的本质联系。

国家需要具有三个特点:一是总体性,即社会总体性。任何国家都是一定历史时期的各该社会的总体代表,在这一意义上,国家需要就具有社会性。但是国家不是社会全体的代表,所以国家需要并不笼统地等于社会需要。各种社会需要只有当其反映社会总体意向时才能上升为国家需要。那些仅仅代表个别人或个别集团的需要不能称作国家需要。二是现实性。从心理学上看,任何需要都基于短缺,短缺都是现实状态。因此,国家需要本质上都是现实需要。从价值评判角度观察,现实的并不都是合理的。从历史角度观察,现实的并不都是长存的。因此,不能认为只有合理的和符合历史发展需要的才是国家需要。三是多样性。国家管理的复杂性决定了国家需要的多样性,归纳起来大致有七个方面的需要:国家安全需要,保护国民需要,经济运行需要,行政管理需要,社会秩序需要,维护公德需要,国际交往需要。

(二) 例外趋向两极转化,是例外现象发展的必然趋势

例外不能永远是例外。随着时间推移,有些刑法例外规范被淘汰,有些则长久存在甚至普遍化进而成为一般规则。罪刑法定是近代刑法的基本原则,它派生出刑法无溯及力规则,刑法溯及既往便成为例外。溯及既往有两种情况:一是从重溯及,一是从轻溯及。前者越来越少,逐渐趋近绝迹,而后者已被大多数国家的刑法接受。例外两极分化的事例俯拾皆是。西方刑法中的流浪罪,一种无须具有行为要件的特殊身份犯,英美刑法特有的重罪谋杀罪,即凡在故意实行或者着手实行重罪过程中造成死亡结果的均属谋杀罪[①];等等。这些都是已被淘汰或行将淘汰的例子。例外转化为一般

---

① 参见储槐植:《美国刑法》,北京大学出版社1987年版,第193—203页。

规则的事例为数众多,前面提到的多数例外均属此类情况。

如上文所述,国家需要不仅是例外规范得以产生而且也是其继续存在的根据。不再继续需要,即告淘汰,长期持续需要,便成为一般规则。所以,在这个意义上,国家需要也可视为例外两极转化的内在依据。然而,确实有这种情形:仅以国家需要尚不足以说明为什么有的被淘汰而有的能长存。试举两例:一例是法人犯罪,自《谢尔曼反托拉斯法》首创现代意义上的法人犯罪条款以来的一个世纪中,英美法系各国刑法普遍予以响应。大陆法系国家刑法典虽然至今没有法人犯罪条款,但是自 20 世纪 40 年代以来的诸多管理法规中陆续出现了法人承担刑事责任的规定,尤其是法国 1978 年公布的《刑法典总则修改草案》(第 37 条至第 39 条)确认了法人得以成为犯罪主体承担刑事责任。① 1987 年我国《海关法》首先突破了社会主义法系不承认法人犯罪的框框。法人犯罪之所以出现由例外规范转向普遍制度这一趋势,仅用经济生活需要远不能充分说明。因为,不判罚金而处行政罚款照样能满足维持经济秩序的需要。但是,假定公民个人走私物品价额达 2 万元被规定为犯罪而企业法人、机关、团体走私物品价额无论多大都不算犯罪,那么就会造成刑法"只拍苍蝇、不打老虎",法律面前不是一律平等的社会心理。同样性质的行为(走私)由于行为主体不同(公民、法人)而出现不同评价(犯罪、违法行为),这是不公正的。有人认为,这种情况下可使有关责任人员构成自然人犯罪,不承认法人犯罪也无妨。然而,由于此类案件有关人员缺乏为己牟利的目的,往往无法令其承担刑事责任或者至多只能处以很轻的刑罚,则必然造成罪(对社会的客观危害)与刑不相称的结果,这也是不公正的。法律贵在公正,不公正的法律不能取信于民,因而难以长存。另一例是牵连犯,著名德国刑法学家费尔巴哈起草的《巴伐利亚刑法典(草案)》(1824 年)是最早规定牵连犯的立法(但未颁行)②,1907 年颁行的《日本刑法典》借鉴德国刑法规定了牵连犯的概念和处罚原则。很长时期以来,牵连犯作为立法条款始终只限于大陆法系的个别国家,而且现行刑法有牵连犯规定的国家和地区,学者间对其存废仍有争论,刑法修订本又出现了取消此种条款的势头,《日本修正刑法草案》(1974 年)便是突出例证。牵连犯在实质上是数罪,而采取"择一从重"的处罚办法。为什么数罪不并罚,教科书和论文中列举的理由都欠说服力。相反,一罪一刑、有罪必罚是罪刑法定和罪刑相称原则的要求,符合"公正"这一法律最高理念。这是牵连犯概念必将日趋衰落的重要原因。归纳上述正反两例,得出如下结论,国家需要和社会公正(合乎社会公正的国家需要,或基于国家需要的社会公正)是例外趋向两极转化的充分根据。

社会公正,尽管因不同阶级、从不同视角可作不同的理解,但它毕竟是被普遍承认的客观情状。

---

① 参见张明、冯锐:《法国的法人刑事责任问题》,载《法学研究》1989 年第 1 期。
② 参见高铭暄、王作富主编:《新中国刑法的理论与实践》,河北人民出版社 1988 年版,第 334 页。

三、例外规定探讨的启示：研究刑法哲学

探索例外规律，要求刑法理论工作者热情地以科学态度来对待（分析、评价和预测）刑事立法中不断出现的例外规范，不要本能地固守旧有规则而轻易排斥新生事物，从而自觉地促进刑法的改革。这是探讨例外规律的目的和意义之所在。

通过对例外现象的探索，得到如下启示。例外规范普遍地不断地出现和转化，使刑法成为一个不断变化和改革的开放系统。因此刑法理论工作者的任务不仅是解释刑法规范，而且要以开放性思维来研究刑法现象（不局限于法律规范），探讨刑法规律，促进刑法发展。所谓开放性思维，就其本质而言，是以社会实践为基点的辩证唯物主义的哲学思维（理论思维）。其实，刑法本身充满哲学，例如对立统一、质量互变、否定之否定等基本规律，以及现象与本质、形式与内容、个别与一般、具体与抽象、原因与结果、根据与条件、自然与必然、必然与偶然、可能与现实、相对与绝对、主体与客体、主观与客观等基本范畴都蕴含于刑法现象之中。将刑法现象中蕴含的哲理加以系统化，或者说用哲学观点和方法研究种种刑法现象，就是刑法哲学。刑法哲学（或称刑事法理学）是一种刑法理论。目前我国的刑法理论就总体而言属于规范解释论，就刑法论刑法，这是完全必需的，对司法实践尤其显示出其价值。但我国的刑法理论不应只限于这一种。近年来出版了一本又一本刑法教材和著作，多数大同小异，给人的印象是"原地踏步，进展不大"。什么原因？愚以为，原因之一是还缺少另一种刑法理论，即对刑法现象进行哲学思考的理论。它跳出刑法，在刑法之上来俯视刑法。如果说"一个民族要想站在科学的最高峰，就一刻也不能没有理论思维"①，那么也可以说，要想进一步发展刑法科学就不能没有哲学思考。这一观点日益被承认，刑法研究领域出现了可喜现象。值得提及的是中国人民大学刑法教研室的两本近著《新中国刑法的理论与实践》（高铭暄、王作富主编，1988年出版）和《中国刑法的运用与完善》（赵秉志、张智辉、王勇著，1989年出版），虽然尚未提出新的理论结构，但其中反映出来的理论思维高出现有许多同类著作。为发展刑法科学，更好地为刑事立法和司法服务，需要多层次的刑法理论。

刑法哲学是刑法与哲学的有机结合，可视为一个边缘学科。其研究对象是刑法现象中的哲学因素。研究目的是揭示种种刑法规律，提高刑事政策制定和刑事立法的科学预见度。

刑法哲学以刑事责任（国家与公民、个人与社会、主体与客体的一种特殊关系）理

---

① 《恩格斯自然辩证法》，中共中央马克思、恩格斯、列宁、斯大林著作编译局译，人民出版社1971年版，第29页。

论为主线,初步设想,大体由四部分构成:第一部分为刑法一般理论,包括刑法性质,刑法功能,刑法发展的原因和趋向。第二部为刑事责任论,包括刑事责任本质,刑事责任价值取向,刑事责任结构。第三部分为刑事责任的起因——犯罪论,包含犯罪本质,刑事责任与犯罪,刑事政策与犯罪,犯罪化和非犯罪化,行为主义与行为人主义,犯罪行为理论,犯罪构成理论中的其他哲学问题。第四部分为刑事责任的实现——刑罚论,包括刑罚目的的理想与现实,刑法功能和效应,现代犯罪学与刑罚制度,行刑效果对判刑制度的反馈作用,刑罚权的控制与非刑罚化,刑罚体系及其变化趋势。

  刑法哲学的研究方法是马克思主义哲学方法。刑法哲学研究能否具有科学价值,关键在于研究方法能否体现哲学研究的最新成果。当前我国哲学界在对怎样发展马克思主义哲学和如何深化哲学体系改革等问题进行的讨论中提出了"实践唯物主义是马克思主义哲学的现代形态"的看法。实践唯物主义强调从主体出发,即强调从现实的人及其社会实践出发来理解现实和对象。[①] 现代物理学证明,由于观察手段对客体产生不可控制的干扰,独立于观察过程之外、同观察主体无关的客体,并不是人们所认识的"实在",因此离开观察过程谈论"实在"是没有意义的。关于主体与客体的不可分割性的认识是哲学的新发展。[②] 这一点对刑法学中若干基本概念的重新思考至关重要,例如行为概念、犯罪构成诸要件间的关系、犯罪过失中关于"应当认识"的判别标准、相当因果关系说科学性的评价、不作为因果关系特征等。现代物理学概率理论的提出,把近代的规律观(严格决定论)改变为现代的规律观(或然决定论),认为规律并不是严格确定的,不具有单纯的必然性,而是或然决定的。概率表示了事件发展的可能性,这种可能性是否变为现实,以及怎样变为现实,都以条件为转移。这为打开刑法中因果关系的科学之门提供了一把钥匙。

  一门新科学的建立及其被承认,往往需要一两代人(甚至更长时间)的共同努力。以上关于刑法哲学的议论充其量只能算作肤浅的初步的设想。

---

① 参见王鹏令、李力新:《实践唯物主义研究述评》,载《求是》1989年第13期。
② 参见孙显元:《认真研究现代著名自然科学家的哲学成果》,载《求是》1989年第14期。

论刑事立法方法[*]

在执法环境和司法人员素质这些外在因素相同的条件下,刑事法律效能的高低主要取决于刑事立法本身的因素,即指导立法的政策思想是否适应以及立法方法是否科学。在刑事政策(这也是需要研究的重大课题)被认为适当的前提下,立法方法的重要性便突出起来。刑事立法方法是我国刑法理论研究中亟待拓荒的一块领地。《刑法》颁行十余年来实施成就显著,为更好地适应社会主义商品经济发展和改革开放的新形势,有些章节条款需要修改和补充,对一些呈上升趋势的严重犯罪需要及时制定单行刑事法律,在这种背景下研究刑事立法方法就显得更加迫切。本文拟在介绍几种严密刑事法网的立法方法过程中议论其得失和应注意的问题,以期引起刑法学界同行在热心讨论完善刑事立法内容的同时对刑事立法方法的关注。

一、堵截构成要件

堵截构成要件是刑事立法制定的具有堵塞拦截犯罪人逃漏法网功能的构成要件。这种立法方法大致有如下几种表现形式:

(一)"或者其他"型

例如,《德国刑法典》第 184 条"散发淫秽文书"规定的"以公开陈列、张贴、放映或者其他途径公布于众";又如《日本刑法典》第 254 条"侵占遗失物"规定的"侵占遗失物、漂流物或者其他离开本人占有之他人之物";再如我国《刑法》第 114 条规定的"工厂、矿山、林场、建筑企业或者其他企业、事业单位的职工"等。这种立法方法的主要适用场合是叙述犯罪手段和犯罪对象,有时为犯罪主体,使法条的涵盖面加以扩大,不让应受惩罚的罪行逃漏法网。为适应社会关系复杂化和犯罪方式多样化的现实情况,这种立法方法的使用频率呈增长趋势。为避免出现法条被任意解释,采用这种方法时应遵循两条原则:一是不到不得已时不用,以免这种方法被滥用而致使由不纵犯罪的初衷演变为枉罪无辜的结果。二是法条本身应能明示或暗示"其他"这一用词的内涵和外延,以免被随意扩大。

---

[*] 原载《中外法学》1992 年第 4 期,与侯幼民合作。

(二)"持有"型

例如,《日本刑法典》第140条"持有鸦片或啄食鸦片之器具"的规定;《美国模范刑法典》第5.06条规定的持有犯罪工具罪;我国全国人大常委会《关于禁毒的决定》的非法持有毒品罪,《关于惩治贪污罪贿赂罪的补充规定》第11条第1款规定的其实就是持有(或拥有)非法财产罪等。持有,既非典型的作为,也非典型的不作为,它是一种状态,是作为与不作为的一种特殊结合。从立法史上看,它发源于对"不罚预备"刑事原则作出补救的考虑,逐渐演变为堵截犯罪人逃脱法网的立法措施。制造毒品和贩卖毒品对社会有严重危害,应予惩罚;而司法实践中常遇到这样的情形:某人手头或住处或者其他处所持有一定量的毒品,很可能用于贩卖,但又很难证明,如果没有持有毒品罪的规定,则任其逍遥法外;一些贪污受贿的国家工作人员"工资一百几,楼房拔地起",或者消费奢侈,其财产或者支出大大超出合法收入,然而很难查证其贪污受贿或者其他刑法上规定的传统的财产和经济犯罪。持有非法财产罪从实体法犯罪构成要件的设计上减轻了公诉机关的证明责任,从而使狡猾的犯罪人难以逃避法律制裁。持有型犯罪构成的强大威慑力量在于减轻公诉机关控告犯罪的证明责任。这是因为,"持有"是现实存在的状态,而犯罪的"作为"或"不作为"对公诉机关而言基本上是已经过去的事实。说明"现在"无论如何要比查证"过去"容易得多。

由于持有型犯罪构成涉及的是犯罪构成客观方面的唯一必备要件,所以它应当明示或暗示主观要件。一般说来,这种犯罪可由目的(相当于直接故意)或明知(近似于间接故意)构成。

持有型犯罪构成适用于犯罪工具、违禁物品或者非法所得等场合。惩罚的对象具有灵活可变性特点,典型例子是法条内涵基本相似而惩罚对象迥异:美国《模范刑法典》(1962年)第7.03条将"被告人为21岁以上的常业犯并持有不能说明不是来自犯罪行为的巨额收入或资产"作为"加重惩罚"惯犯的理由;《法国刑法典》(1810年)第278条"持有价额超过一法郎之物而未能证明其来源者"的惩罚对象是乞丐和游民。

(三)最低要求型

构成要件"最低"要求是与最高或较高要求相对的概念,它一般只出现在"罪刑系列"(即就同一种罪法律规定的一串近似的犯罪构成以及与之相应的刑罚),较典型的立法例是《日本刑法典》第197条规定的六类受贿罪中的单纯受贿罪,即仅"因职务关系"而收受贿赂,不以实施职务行为(普通受贿罪)或者实施违背职责的行为(枉法受贿罪)为犯罪构成要件。当前我国社会生活中出现了权钱交易暂不明显,但"有朝一日总会有用"的所谓"感情投资,长线钓鱼"的变相贿赂罪行,所有现行法律均无法与其对号,最低要求型的堵截构成要件立法方法将为我国完善贿赂罪立法提供可资借鉴的思路。

二、弹性构成要件

弹性构成要件是指刑事立法制定的构成要件本身具有模糊性的特点。堵截构成要件讲的是构成要件的功能,弹性构成要件讲的是构成要件的内涵。上述"或者其他"型堵截构成要件似乎也有弹性,但其实际指向并不模糊。

从总体上说,法律规范要求确切。但这是相对的。从认识论角度观察,法律规范是立法者对客观事物(社会关系)的认识反映。唯物辩证法认为,主体认识能力的有限性和客体运动变化的无限性是矛盾的。弹性构成要件立法方法正是以法律概念的模糊性对付客体的复杂多变性,以一当十,形成法网恢恢疏而不漏的效果。法律规范有确定的和不确定的之分。确定的规范不给司法人员留自由裁量的余地。不确定的规范是运用模糊概念而给予司法人员自由裁量的权力。精确性和模糊性是人类相辅相成的两种认识形式。自然科学有较大可能达到精确性认识,而社会科学则常常需要运用模糊性认识。模糊数学的创始人查德指出:"对于人文系统,大概不可能达到既精确而又符合实际的效果。在这个意义上,模糊集理论特别是语言变量(引者:即模糊概念)的应用,将试图达到一种对于现实世界中普遍存在的模糊性和不精确性的适应。"①模糊性是指客观事物的性质状态向人们呈现的不稳定性,还指客观事物的类属边界向人们呈现的不明确性。例如,黑与白,它们的性质、状态都是相对稳定的,这类具有"非此即彼"特征的事物可以称为精确事物。但是,当事物在矛盾结构中处于对立双方的"中介"位置即同时兼有矛盾双方的某些成分而极易向其中一方发生转化时,它自身的性质状态是不稳定的和易变的,这类具有"亦此亦彼"特征的事物可以称作模糊事物。这类具有模糊性特征的事物在社会生活中是普遍存在的,例如,民法中反映的"公平""诚实信用""公共利益"等。由于我国刑法中犯罪概念具有定量因素特点,违法与犯罪界限模糊的行为大量存在,弹性构成要件的立法方法便是此种客观现象在立法者认识上的反映。我国刑事法律中最常见的模糊概念是"数额较大""情节较重""情节严重""情节恶劣""情节较轻"等。在犯罪概念基本不含定量因素的刑法中也存在弹性构成要件,虽然适用的机会要少一些。例如,《日本刑法典》第96条之三规定的"意图妨害公正之价格或者获取不正当利益";《德意志联邦共和国刑法典》第145条(d)规定的"违反良知,虚构有关犯罪之情事";《美国模范刑法典》第224.8条规定的"违反……诚实义务",第251.4条关于淫秽定义中的"显然超出通常认为相当的界限",等等。

弹性构成要件和堵截构成要件的立法目的一样,都是为了严密法网,不放纵狡猾

---

① 齐振海主编:《认识论新论》,上海人民出版社1988年版,第254页。

的犯罪人。这是事情的一方面。另一方面,也应防止弹性失控,使司法人员难以把握犯罪构成。适用弹性构成要件这一方法时应注意:①不到十分必要时不用;②法定刑很重的罪尽可能不用;③基本构成要件尽量少用,加重或减轻构成要件中适用频率适当高一些则不会造成弹性疲劳。总之,这种方法不可不用,但要慎用。用之得当,是惩罚犯罪的锐利武器;用之不当,则破坏法制。我国《刑法》(1979年)分则有具体罪刑规定的条文为97个,其中基本构成要件采用弹性构成要件立法方法(数额较大,情节严重,情节恶劣)的有20个,加重或减轻构成要件采用此种方法(情节严重,情节特别严重,情节特别恶劣,情节较轻)的计有32个。如此高比例(52处出现在46个法条中)的弹性构成要件在当今各国刑事立法中实属少见。其原因,一方面是立法经验不足,另一方面盖出于"一个不漏"的动机。辩证唯物主义主张动机与效果的统一。事实上,所有国家包括法网极为严密的国家,依刑法惩罚的犯罪仅占实有犯罪总数的小部分,因为一切国家的实际破案率(指全部犯罪的破案率)都没有达到50%,甚至可以认为达到30%的国家都很少。尽量减少放纵犯罪的可能,这一观念是可取的。减少的途径主要为两种,一是提高刑事司法效能,二是严密刑事法网。但这两种途径都有限制,即都只能是相对的。前者受到财力、物力和人员素质的限制,后者受到司法可操作性(操作既方便又准确)的限制。如果从"一个不漏"的观念出发,超限度地采用弹性构成要件,以致竟然造成"弹性法典"的结果,将可能得不偿失。

三、推定犯罪构成

推定犯罪构成(constructive ingredients of a crime)是指刑事立法规定以已知的客观事实为依据得出新的犯罪构成(要件)。这种立法方法古已有之,例如,大约公元前20世纪(早于《汉穆拉比法典》)的埃什努那国《俾拉拉马法典》第36条规定:"倘自由民以其财产交人保管,而以日后取赎为条件,然而房屋未被打开,入口未被打破,窗户未被拆毁,而保管之财产遗失,则彼(即担负保管之人)应赔偿自由民之财产。"[1]这实际上是从"房屋未被打开,入口未被打破,窗户未被拆毁,而保管之财产遗失"这些已知事实为根据推出财产被(保管人)侵占的结论。

推定犯罪构成可分为两种类型:一是不含未知因素的推定,二是内含未知因素的推定。两种类型的推定在现代英美法系刑事立法中经常可见。

大陆法系立法中一般只有第一种类型的推定,例如,《日本刑法典》第238条事后抢劫即推定抢劫(constructive robbery),《德国刑法典》第252条与之相似。美国有些州

---

[1] 法学教材编辑部、《外国法制史》编写组:《外国法制史资料选编》(上册),北京大学出版社1982年版,第8页。

刑法上的推定谋杀（出于重伤故意而产生了死亡结果）其实也应归属这一类型。从内容上分析，这都是罪名类推，是法律适用问题，并不创造新的东西。

第二种类型推定是内含未知因素的推定，可称狭义上的推定犯罪构成，按其推定的内容又可分为两种：一种是犯罪构成要件主观心态的推定，另一种是犯罪构成行为性质的推定。

主观心态推定的立法例：《美国伊利诺伊州刑法典》（1961年）关于"零售商品盗窃"条款规定，凡隐藏商品越过了最后一个收款台的均"被推定为怀有占有目的"而非法占有了该商品。这是犯罪目的的推定。再如，《美国模范刑法典》（1962年）第251.4（2）条规定"凡在自己的营业过程中散布或持有淫秽物品的，推定其为明知或轻率"。这是犯罪明知（近似间接故意）和犯罪轻率（近似有认识过失）的推定。这类例子在英美刑事立法中是相当多的。

行为性质推定的立法例：《美国联邦刑法典》第643条规定的推定贪污（或译为推定侵占），"联邦或任何联邦部门机构的官员、雇员或代理人收受不许可作为其薪金、报酬或津贴予以保存的公款，又无法说明其合法性的，则犯有贪污罪"。这类立法例虽不如主观心态推定立法例那么多，但也不是凤毛麟角。

我国刑法中也有第二种类型推定的立法例。主观心态推定的例子是一个司法解释，即1990年7月6日最高人民法院和最高人民检察院发布的《关于办理淫秽物品刑事案件具体应用法律的规定》（此规定被1990年12月28日发布的全国人大常委会《关于惩治走私、制作、贩卖、传播淫秽物品的犯罪分子的决定》取代）第4条规定："走私淫秽录像带5—10盒以上，淫秽录音带10—20盒以上，淫秽扑克、书刊、画册10—20副（册）以上，或者淫秽照片、画片50—100张以上的，可以认为是以牟利或者传播为目的，适用《全国人民代表大会常务委员会关于惩治走私罪的补充规定》第三条的规定追究刑事责任。"行为性质推定的立法例是《关于惩治贪污罪贿赂罪的补充规定》（1988年）第11条第1款的规定，即持有（或拥有）非法财产罪。

第一种类型推定与第二种类型推定两者有重大差别。第一种类型推定仅仅涉及适用什么罪名的问题，由于不含未知因素的推定，所以，一般不会发生罪的有无问题，仅与量刑轻重有关。第二种类型推定，由于内含未知因素的推定，所以不能排除发生罪的有无问题，即不能完全排除"推错"的可能性。因此立法时应力求最大限度地降低推错的概率，关键在于对据以作出推定的基础即客观事实的设定要合理，或者说推定基础（客观事实）与推定结论（心态形式或行为性质）之间应具有最高概率的内在联系（如上述走私淫秽物品数量的大小与推定目的之间联系概率的高低有内在关系）。上述《美国伊利诺伊州刑法典》"推定占有目的"设定了两个事实，"隐藏商品"和"越过最后一个收款台"。凭生活经验，指导这两个行为的心态一般是（甚至可以说"只能是")出于占有目的。这就是通过现象(观察行为)看本质(分析心理)。但是,由于这种推定还不是逻辑上严密的三段推论,所以推错的可能性仍然存在。那么,是什么原因促使立法者采用这种方法呢?大概主要是出于政策上的功利考虑。除绝对责任外,一切犯罪构成都包含主观心态要件。有些罪的心理要件本身往往很难证明。以证明某些客观事实的存在而代替证明主观心理态度本身,必将大大方便诉讼。这便是心态推定立法方法被采用的基本起因。行为性质推定也主要是基于这个想法,因为证明"现状"总比证明"过去"(即过去的行为)要容易和省力。由于推定不能保证百分之百正确,因此接着应考虑的问题就是得与失的比例。这一立法方法有得(方便诉讼)也有失(可能推错),所以立法时应保证做到得大于失,而且一旦发现失误纠正起来不必付出过大代价。这个原则在立法上应体现为:适用对象一般是多发性犯罪(这才可能得益大);同时适当降低法定刑(出错时损失也将小)。

作为实体法立法方法的推定犯罪构成不可与诉讼法上作为办案思想方法的"无罪推定"对立面的有罪推定相混同。"有罪推定"是先入为主的主观主义办案思路,应予抛弃。推定犯罪构成是立法者以严密法网为宗旨、以已知特定客观事实为根据设计出来的特定犯罪构成,本质上是一种客观主义的立法思路。因此不能把推定犯罪构成说成是有罪推定。

四、结语

上述三种刑事立法方法的共同特点是:一是严密法网从而对犯罪具有很大威慑力,二是都属刑法分则条文的立法方法。

刑事立法方法有许多,例如,提高规范精确度的立法方法,又如,内容精确与文字易懂怎样结合最优的立法方法,怎样减少法条竞合的立法方法。再如,总则条文也有其自身要求特定方法,还有一些纯技术性方法,诸如章节条项的编目顺序和怎样给后来增加新法条留有空间余地的方法,法条要义(或称边注)的表述方法等,以及刑事立法方法应遵循的基本原则等问题,这些都需要认真研究,因为它们也是完善刑事立法不可或缺的重要组成部分。

市场经济与刑法[*]

市场经济与刑法(含刑事司法)的关系有两层意思:一是刑法为建立市场经济保驾护航,这指刑法作用于市场经济,关于这方面的内容刑法学界有较多讨论;二是市场经济对刑法的影响,这指市场经济作用于刑法,本文将着重讨论这方面的问题。

由产品型的计划经济转变为社会主义市场经济,这一经济基础的重大变革必将引起上层建筑各方面(包括刑法)的深刻变化。根据市场经济发达国家的以往经历和市场经济本身对社会关系的应有需求,市场经济的发展将从思想观念和基本范畴到具体制度各个方面或强或弱或迟或早地影响刑法及其运行。

一、市场经济影响刑法观念

刑法功能亦称刑法机能,我国刑法学中关于刑法的任务就其内容而言大体类似于刑法功能。刑法功能即刑法功效,所发挥的有益的社会作用。长期以来中国人习惯于将刑法形象地比喻为刀把子,国家用这把刀作为有力的专政工具,打击敌人、惩罚罪犯、保护人民。我国《刑法》第2条规定的刑法任务集中地体现了通常所称的刑法保护功能,即保护国家的、社会的、人民的利益(用法律保护的利益),无疑这是刑法的基础功能。现代西方刑法理论认为,刑法还有保障犯罪人合法权益的功能,以防止国家权力的滥用,所以,刑法既是利剑也是天平。

将刑法视为天平(整个法律被视为天平,当然包括刑法)具有保障功能,是人权保障要求的重要组成部分。美国宪法第八修正案规定,在一切案件中,不得课以过多的保释金、过重的罚金,或者残酷与非常之刑。联合国大会1948年通过的《世界人权宣言》(共30条)直接涉及刑法的有4条(第5条及第9条至第11条)。刑法从其产生时起就以使侵害他人者自身受到惩罚从而实现公正为己任,但在漫长的前商品经济社会中,刑罚权的行使则以执法者的专横擅断为特征,刑法仅仅是统治者手中的刀把子。商品经济发展导致资产阶级革命,人权作为国家主权(君主主权)的对立概念是资产阶级革命时期提出的,尽管其后发展为人民意志是主权的基础(《世界人权宣言》第21条第3项)这一"人民主权"提法,但人权概念始终保持着"保护弱者"的核心思想,因为强

---

* 原载《中外法学》1993年第3期。

者一般不存在权利被侵害问题。被告人在刑事诉讼过程中相对于国家公诉机关而言总是弱者,保障被告人的人权(合法权益)的积极目的在于防止国家权力的滥用,而"不知人权、忽视人权或轻蔑人权是公众不幸的政府腐败的唯一原因"(1789 年法国《人权和公民权宣言》)。论及刑法人权保障功能,我国有一种舆论认为,打击犯罪、惩罚犯罪是保护广大人民群众的利益,是最大的人权保护。这当然是事实,但打击犯罪、惩罚犯罪主要是国家刑罚权的行使,属主权范畴。刑法的人权保障主要应指刑事诉讼过程中对弱者一方的权利保护。这种以主权涵盖或吞并人权的认识实际上是否定人权概念。人权与主权的矛盾关系(对立统一)一向是近现代政治学和法学的讨论热点。其趋势是随着市场经济发展人权观念必将日益强化。因为与"下级服从上级的集权型经济即计划经济"不同,"市场经济是一种分权决策的经济,为数众多的个人、企业以及各种机构、组织,既是独立的利益主体,又是独立的决策主体"①,主体意识增强是人权观念立足的基础。刑法的人权保障功能在刑事诉讼法方面的体现主要是保障被告人充分行使辩护权和切实贯彻无罪推定原则,在刑事实体法方面的体现主要是坚持罪刑法定原则(不从重溯及,不类推适用)和罪刑相当原则,在立法上不规定、司法中不判处重于罪的刑。罪与刑是否相当,不同国家不同文化传统有不同标准,但并不是说在同一时代完全没有国家间的可比因素。把保障犯罪人的人权视为替坏人说话、放纵犯罪,这是貌似正确实际错误的看法。对犯罪人的人权保障,其主旨是维护公正,而公正则是文明社会的基本标志。仅视刑法为刀把子,强调了刑法的功利,而忽略刑法也是天平,否定了刑法的公正。功利和公正都是市场经济的价值目标。② 主权和人权的统一是社会主义市场经济条件下刑法观的应有之义。

二、市场经济影响犯罪态势

犯罪态势就是一定时空条件下犯罪的既存状态和发展趋势。"犯罪和现行的统治都产生于相同的条件"③,即社会物质生活条件,主要是物质生产方式,社会生产结构的内在矛盾是犯罪产生的基本原因。由于计划经济转变为市场经济必然出现一系列的不协调(矛盾),而市场也始终存在着自身的弱点和消极方面。④ 经济基础最终决定上层建筑和社会现象。市场经济影响犯罪态势,最明显地体现在两类犯罪。

---

① 《全国人大常委纵论市场经济与法制建设》,载《法制日报》1992 年 11 月 8 日。
② 关于刑法的价值取向问题,参见马克昌、杨敦先、陈兴良:《九十年代刑法学的理论走向》,载《中国法学》1992 年第 5 期。
③ 《马克思恩格斯全集》(第 3 卷),人民出版社 1960 年版,第 379 页。
④ 参见《全国人大常委纵论市场经济与法制建设》,载《法制日报》1992 年 11 月 8 日。

(一) 关于经济犯罪

除"投机倒把"这一罪名可能取消外①,在市场经济条件下经济犯罪的数量将会增长,例如,走私、偷税、假冒商标、伪造有价证券、伪造货币等;经济犯罪的类型也会翻新,诸如非法竞争、虚假广告、产业间谍、垄断价格、投资诈骗、贷款诈骗、破产诈骗、投标舞弊、空头支票、滥用信用卡以及形式多样的电脑犯罪等违法犯罪活动将会在我国出现。在宏观上市场经济是以法律为边界的公平竞争的经济,在微观上竞争主体均以获取超出平均利润以上的最大利润为目的,以便在竞争中求得生存和最大发展。这种生产经营目的成为经济主体采取非法手段突破竞争的"公平"界域的内动力。市场经济是迄今为止人类社会经济模式的最佳选择。同样也不能否认"有市场经济就有经济犯罪"这种客观现象。这一命题有两层含义:一是经济犯罪"本身"直接地破坏经济秩序,对社会造成严重危害;二是经济犯罪"过程"同经济发展运动相联系,从宏观观察是利弊交织(这与具体案件的认定和处理不是一回事)。经济活动的合法与非法、罪与非罪的界限的确定具有很强的政策性,如果刑法干预范围过于扩张,可能造成在遏制经济犯罪的同时也遏制了市场经济参与者从事经济活动的积极性;如果刑法干预范围过于收缩,则在刺激市场经济主体积极性的同时也将刺激违法犯罪活动从而损害国计民生。经济犯罪本身的严重危害与经济犯罪过程的利弊交织所形成的"两难局面"是经济犯罪独有的基本特点,传统的财产犯罪(偷、抢、骗)并不具有。对经济犯罪的控制措施和处罚政策都应考虑这个基本特点。从西方经济发达国家处罚经济犯罪轻于财产犯罪的普遍经验看,其主要原因(不论是否意识到)盖源于经济犯罪的这种特点。

(二) 关于职务犯罪,主要指利用职务便利实施的贪污受贿罪

贪污受贿犯罪以一定的职权为前提,以权谋私,权钱交易。计划经济是集权经济,由计划经济转向市场经济的一定时期内以权易钱成为可能,加上国法政纪不严,便造成公务人员腐败的现实背景。但是,只要真正的市场经济形成,可望出现腐败现象得以遏制的可喜局面。因为市场经济不许可行政权力直接控制微观经济活动,这就从客观上排除了权钱交易的便利条件。诚然政府要对市场经济进行宏观调控,宏观经济调控目标是追求总供给与总需求的平衡。"在不考虑外界因素的条件下,一国经济增长中的总量平衡就取决于两个因素:一是国内储蓄率,二是国内投资率。"②政府对储蓄和投资的调控主要通过调节利率和财政与金融政策手段来实现,这些都不会给广大公务人员直接干预经济活动留下余地。市场经济发展,"民强"的同时必定伴随"国

---

① 参见陈宝树在"市场经济与法制现代化"座谈会上的发言,载《法学研究》1992年第6期。
② 黄志凌:《宏观调控的杠杆从哪里选择》,载《经济参考报》1993年2月9日。

富",政府有了提高广大公务人员经济待遇的实力,"以俸养廉"从正面理解是有积极意义的。遏制腐败现象的前景的出现需要经过一个斗争过程,从经济角度看是要抵制、防止以权力扭曲市场经济。

三、市场经济影响刑罚结构

刑罚结构是刑罚方法的组合(配置)形式。所谓组合(配置)形式,是指排列顺序和比例份额。排列次序是比重关系的表现,比重是量的关系,但量变会引起质变,比例不同,即结构不同,则性质不同。刑罚结构决定刑罚运行的内部环境,构成整体刑罚功能的基础。从过去到未来,刑罚结构可能有五种类型:死刑在诸刑罚方法中占主导地位;死刑和监禁共同在诸刑罚方法中为主导;监禁在诸刑罚方法中为主导;监禁和罚金共同在诸刑罚方法中为主导;监禁替代措施占主导地位。第一种已成为过去,第五种尚未到来,中间三种在当今世界中存在。死刑和监禁占主导的可称重刑刑罚结构,监禁和罚金占主导的可称轻刑刑罚结构。刑罚结构,无论是重刑还是轻刑,作为上层建筑的组成部分最终是由经济基础决定的。除民族文化传统因素外,市场经济的发展或迟或早将会导致刑罚趋轻。市场经济是经营者独立自主的经济,主体意识普遍增强,伴随而来的是人的价值的增长,"生命可贵"得到全社会的认同。市场经济是等价交换的经济,生命不能以金钱取代,财产犯罪、经济犯罪和所有非严重的犯罪就没有理由适用死刑。市场经济必然导致死刑的大大缩减以致最终废除。死刑的有无以及多少仍然是衡量当今各种刑罚结构类型的基本标尺。死刑的减少必将导致财产刑和资格刑适用概率的增长。

提出"刑罚结构"这一概念的意义在于它能影响刑罚功能能否得到较好实现。假定一个国家的刑罚结构为轻刑,只有个别极其严重的罪,例如谋杀,才能判处终身监禁;比谋杀稍轻的而实际仍非常严重的,例如,劫持航空器(未致人死亡),就只能判处有期监禁;逐级降低,一般的罪只判处 6 个月以下短期监禁或者罚金;而且鉴于这种情形,司法机关对有罪案件作出不处刑的概率必定大大提高。在这种背景下,刑罚的报应和威慑功能会下降,而可能偏重于对人道、文明价值的追求。又假定另一国家的刑罚结构为重刑,有相当一批罪可判处死刑;罪与罪的刑罚要攀比,将会有更大一批罪可判终身监禁或长期监禁;剩下来能判半年以下监禁的罪便屈指可数,只可判罚金的罪几乎等于零。刑罚的报应和威慑功能比上述轻刑增长;但也可能出现另一种结果:受刑人认为刑重于罪而降低矫正功能,罪犯的亲友也可能对国家产生离心倾向。重刑结构还可能反过来影响刑事政策,由于许多罪有死刑,所有罪都与监禁刑挂钩,于是,自然地形成一种观念,仿佛犯罪必然与监禁连在一起,不足以判监禁刑的就不是或者不应当是犯罪,政策思想上的"厉而不严"与此有直接关系。① 因而使刑罚量在总体上处于高水平;假定犯罪尤其重大犯罪数量继续上升,刑罚量再增长的回旋余地所剩无几,结果将导致刑罚功能下降,严重者便是"刑罚危机",需要进行刑罚结构改革即刑罚改革。所以,刑罚功能最佳实现就应当有一个合理的适度的刑罚结构。什么算适度?并无定格,但至少应避免畸形状态。是否适度关键在于控制最严厉刑罚方法的量。这个量能否控制得当,取决于几个现实主义观念的确立:恰当认识刑罚预防犯罪功能的有限性,恰当估计国家行刑机构的主观能力,恰当照顾国际通常状况。

四、市场经济影响刑法运行

刑法运行即刑法实现过程,是个宏观概念。刑法实现是指概念上的刑法变成实践中的刑法。刑法实现与刑法适用两者有区别,刑法适用是微观概念,即把刑法规范用到具体案件中去。两者的联系是,刑法适用是刑法实现的必要组成因素。刑法实现要取得尽可能好的效益,实现的过程是基础,实现过程中的力量(资源)配置是关键。"社会主义市场经济体制的要点是:市场在社会主义国家宏观调控下对资源配置起基础性作用,使经济活动遵循价值规律的要求,适应供求关系的变化。"②同理,资源(力量)配置得当与否是制约刑法实现能否取得良好效益的首要因素。刑法运行中的力量配置有两层含义:第一层次是国家刑事司法范围内的力量分配;第二层次是国家力量与社会力量的有机配合。

(一) 国家刑事司法范围内的力量分配

核心问题是重点对象的合理确定。当今世界的现实状况是,任何国家刑事司法力量的增长都跟不上犯罪数量的上升,因而司法力量不足是普遍现象。资源短缺的解决办法只能是合理分配资源,就是说不对所有犯罪平均使用力量,于是,便产生了重点对象的确定问题。重点对象的基本含义是应多投入刑事司法力量的对象,而未必都是须加重刑罚的对象。在具体时空条件下重点对象没有定格,只能是哪些犯罪问题突出就以哪些犯罪为刑事力量的重点对象。但在宏观上进行战略考虑,有可能得出大致稳定的看法。依据市场经济发达国家刑事司法的成功和不成功经验进行理性分析,刑事力量的重点对象按以下思路确定是合理的。

1. 从犯罪侵害的利益考察

从犯罪侵害的利益考察,可将犯罪概括为两大类:危害安全的犯罪与破坏秩序的

---

① 参见储槐植:《严而不厉:为刑法修订设计政策思想》,载《北京大学学报(哲学社会科学版)》1989年第6期。
② 《全国人大常委纵论市场经济与法制建设》,载《法制日报》1992年11月8日。

犯罪。两者相比,前者为重点对象。

(1)在危害安全的犯罪中,危害集体安全(国家的和公共的,含环境安全)罪与危害个人安全罪相比,前者为重点。

(2)在危害个人安全的犯罪中,危害生命健康安全罪与危害财产安全罪相比,前者为重点。

(3)在多种破坏秩序犯罪中,破坏经济秩序罪的社会危害性最大,理应属于刑事司法力量的重点对象,但经验表明:除危害国家安全罪外,经济犯罪是最大消耗刑事司法力量的犯罪,但实际收效甚微。这是因为没有哪种犯罪比经济犯罪与市场经济运行的联系更直接、更密切。如前所述,由于经济犯罪过程在宏观上具有利弊交织的特点,与传统财产犯罪比较刑事处罚相对宽容。鉴于刑事力量的投入与司法效益的产出不相称,一些西方学者建议尽可能多地将经济犯罪纳入(转入)行政刑法[①]范围。以行政性制裁对付大量的经济违法犯罪活动具有简捷、灵便、效果较好的特点。"以罚代刑"如果不含权力滥用或官官相护因素,在经济犯罪领域则并无不当,也许还是发展趋向。控制经济犯罪的主要途径是加强管理:严密的法律加上严格的行政制裁。经济犯罪尽管对经济秩序有很大危害,但不会对社会安全感造成威胁,在这一点上不同于暴力犯罪,也不同于传统财产犯罪,对其不加予或者不过重加予刑事制裁一般也易于获得公众认同。

2. 从犯罪方式的特征考察

从犯罪方式的特征考察,可将犯罪分为暴力犯罪与智力犯罪,二者相比,前者是刑事司法力量的重点对象。两类犯罪的方式不同,遏制犯罪的对策也应有相应的差异。对付暴力犯罪——以"暴"制暴,即以公权力制裁和遏制暴力犯罪。对暴力犯罪,是力量的较量。暴力犯罪带来社会安全感威胁,公众需要并渴望国家暴力。对付智力犯罪——以"智"克智,即以高科技克服智力犯罪。对智力犯罪,是智慧的竞赛。以高科技侦查手段提高破案率,比加重刑罚更有威慑功效。例如全息激光防伪技术的运用,是控制生产、经销假冒伪劣商品违法犯罪活动的有效方法。

3. 关于犯罪主体方面

关于犯罪主体方面,刑事力量的重点对象是累犯、惯犯以及公务人员滥用职权的故意犯罪。累犯、惯犯是一个世纪以来西方刑法的重点对象,我国也如此。公务人员滥用职权犯罪被作为重点对象,在立法上和理论上并无异议;但在司法实践中这一思想的贯彻常常遇到种种阻力,权力制衡结构缺陷是形成此现象的主要原因。控制犯罪从社会上层开始,这种认识具有真理性。良好的社会风气是遏制犯罪的环境因素,不

[①] 学者对"行政刑法"有不同见解。根据国际刑法学协会第十四届大会《关于刑法与行政刑法之间的差异所导致的法律和实践问题的决议》,行政刑法其实就是行政性制裁法。

好的社会风气是助长犯罪的水土养分,社会风气的好坏主要决定于社会上层。其实公众的要求并不高,只希望法律面前官民一律平等,这也是市场经济的平等原则在法制上的反映。

4. 关于犯罪形态方面

关于犯罪形态方面,有组织犯罪与无组织犯罪(含单独犯罪和一般共同犯罪)相比,前者是刑事力量的重点对象。有组织犯罪这个概念无论是在刑法学还是在犯罪学上均无一致定义,但西方和东方世界日益意识到,有组织犯罪是最严重、最难对付的一种特殊的共同犯罪。在欧美,有组织犯罪与职业犯罪和犯罪组织这几个概念常常可以交替互换。所谓有组织犯罪,大体说来就是一伙人组合起来实行某种或某些犯罪活动,形成相对稳定的组织结构。美国、意大利的黑手党是世界上最有名的有组织犯罪,我国现实生活中也已开始出现有组织犯罪活动,并呈扩展迹象。有组织犯罪的骨干分子往往是社会头面人物,有合法职业,以合法组织(企业或事业单位)掩盖犯罪活动,彼此常常有跨国跨地区的联系,甚至与国家公职人员(上至国会议员,下至巡逻警察)有勾结,其内部有严密的组织纪律和残酷的管束措施。传统的刑事法律和司法力量以单独犯罪和一般共犯为典型对象,现在遇到了有组织犯罪的挑战。因此,对付有组织犯罪,不仅要集中相当的国内刑事力量,而且要有国际协作;不仅在司法上着力,也应有立法上的着眼——同谋犯对实行犯在实行共同犯罪计划过程中所发生的一切自然的和可能的后果负责这一刑事责任原则。值得提及的是美国1970年《有组织犯罪控制法》(RICO),在刑罚上规定在监禁和罚金以外允许判处没收盈利(这在美国法律上是一个突破)和解散企业,证据法上的突破是允许公诉人使用窃听得来的证据。[①] 与传统犯罪形态相比,有组织犯罪是非常态犯罪,因此为控制此种犯罪国家采取非常规措施(从立法到司法)是完全必要的。

(二) 国家力量与社会力量的有机配合

前国家时期,对付侵害行为(有人认为这就是犯罪或者犯罪的前身)的力量是社会群体(例如氏族),后来转为个人复仇。随着国家的出现,对付侵害行为(犯罪)这一事情逐渐有公权力的参与,直至完全由国家来管辖。正当防卫是在来不及诉诸法律的紧迫情况下国家留给公民个人对付侵害行为的极为有限的权利,作为国家制裁的必要补充。所以,迄今为止的刑法和刑法运行均以国家为本位。市场经济的发展从根基上动摇了"国家至上"和"国家权力无限"的观念,国家不是也不可能是万能的。这种思想在民商法经济法中已经得到充分体现,刑事立法上虽然尚无反映,但刑事政策和刑法运行中已明显可见端倪。例如,日本一些大企业成立了海外安全对策中心,主要是对付

---

① 参见储槐植:《美国刑法》,北京大学出版社1987年版,第117页。

海外危害日本企业的恐怖活动。日本企业危机(被侵害机会)管理意识的提高,促使危机管理公司兴起。欧洲一些国家也有控制危机公司。美国有名的库若联合企业以控制犯罪活动为主要业务之一,它不仅为企业也为政府搜集所需要的情报,例如,它就曾受托调查前菲律宾总统马科斯的资产。这类公司(企业)与各国政府交往极广。一些西方国家与有组织犯罪作斗争的一则经验是"需要社会力量合作"。意大利新任(1993年1月)反黑手党机构首脑(反黑一号人物)费拉罗女法官意味深长地说:"我们应该重新习惯自卫,打破沉默的法规。"打破沉默的法规是指反黑斗争不能迷信无声无息不得力的现有法律和规章,需要有所突破。重新习惯自卫,这里的自卫非指国家以刑罚为自卫手段;如果自卫是指国家刑罚,则无"重新习惯"的问题。"重新习惯自卫"其基本意思是社会自己来捍卫自己的利益。我们可以做这样的引申和展望:刑罚权和刑事司法权从国家手中分出一部分给(还给)社会,使刑法运行模式由国家本位向"国家·社会"本位过渡。迄今为止的社会实践表明,国家直接(从宏观到微观)管理经济效果不佳。推而广之,国家包办刑法运行亦非上策。愚以为,犯罪控制的根本出路在于改变运行模式。这虽是未来展望,但根据实践经验和理论推测必将如此。我国在20世纪80年代提出的社会治安综合治理的政策思想是动员社会力量参与治理违法犯罪,这是个泛概念,并非刑法运行模式的新设计,但对适合市场经济体制发展需要具有中国特色的刑法运行模式的出现将起到巨大的推动作用。

知识经济与现代化刑法观[*]

一、什么是知识经济

当人类即将步入 21 世纪之际,一股知识经济的浪潮正轰鸣而来。以信息化、数字化、网络化为主要特色的知识经济,给人类社会的各个方面——政治、经济、文化乃至人们的生活方式、思维方式等都将带来一场空前的革命。继农业经济时代和工业经济时代之后,人类开始走向知识经济时代。

何谓知识经济?尽管这一词语的使用频率越来越高,但关于它的确切概念仍众说纷纭。目前比较权威的定义来源于 OECD(经济合作与发展组织)于 1996 年发表的一项报告,该报告指出,知识经济是建立在知识与信息的生产、分配和应用之上的经济。[①] 一般认为,知识经济具有如下特性:

(1)以知识为基础的经济。在知识经济时代,知识、信息、技术、人才等无形资产成为最重要的生产要素,人类的经济活动比以往任何时候都更加依赖知识的生产、传播和使用。

(2)以高技术产业为支柱的经济。以信息技术、生物工程技术、新能源与新材料技术、空间技术等为代表的高技术产业,将取代传统产业而成为知识经济时代的主导产业。

(3)由创新所推动的经济。创新包括技术创新、制度创新和观念创新。创新是知识经济的"灵魂",是一个国家、一个民族兴旺发达的源泉所在。

(4)"以人为本"的经济。一方面,知识是人所开发和掌握的,人是创新的主体和智力资源的载体;另一方面,知识经济为人的自我实现、自由发展提供了一个前所未有的广阔空间,人不再是土地或者机器的奴隶,人的主体性将得到最大限度的发挥。

(5)可持续发展的经济。知识资源不同于以稀缺性为特性的自然资源,它具有无限性和收益递增性的特点。知识资源本身不会减少,只会增多,知识资源被使用得越多,它就越有价值。知识资源在传统产业中的广泛运用,大大降低了生产过程中的物耗、能耗,这种"低耗高效"式经济将使人与自然的关系由紧张趋于和谐。

---

[*] 原载《法制与社会发展》2000 年第 4 期,与冯卫国合作。
[①] 转引自姜岩:《知识经济发展战略》,北京科学技术出版社 1999 年版,第 53 页。

(6) 全球化的经济。连接各国的信息网络使全球形成一个统一大市场,各国经济系统成为全球性经济系统的一个有机组成部分,经济活动的国内与国外的界限日益模糊起来,货物、服务、劳力、信息都将在全球范围内流动。

二、知识经济对犯罪的影响

知识经济是以科技为先导的经济,而飞速发展的科学技术像一把双刃剑,它既为造福人类提供了无穷的能量,又使得犯罪分子如虎添翼。可以预见,随着知识经济的不断发展,利用高科技手段危害社会的"知识性"犯罪将日益增多。一方面,某些传统犯罪可以借助科技手段实施,例如,利用计算机及网络技术实施盗窃、诈骗、洗钱、偷税、赌博甚至劫机、破坏交通工具等犯罪;另一方面,一些新型的科技犯罪在将来有可能出现,例如,利用克隆技术危害人类的犯罪、在外层空间实施的犯罪等。由于知识经济是以信息化、数字化和网络化为核心特征的,因此,利用计算机及网络技术所实施的"网络犯罪"(国外有学者称之为"数字化"犯罪)将是知识经济时代典型的犯罪形式。较之一般犯罪而言,网络犯罪具有下列特点。

(一) 智能化、高技术化

网络犯罪的行为人往往具有相当程度的专业知识,他们熟悉计算机及网络的功能和特性,又了解其缺陷和漏洞。他们利用计算机系统只认口令不认人的弱点,运用其丰富的电脑及网络技术,对网络系统及各种数据信息发动攻击,实施破坏,以达到其犯罪目的。

(二) 蔓延迅速、涉及面广、危害巨大

由于网络技术的发展和普及,因特网已是四通八达,遍及全球,这就大大增强了犯罪分子的犯罪能量。例如,某个人在因特网上传播淫秽色情信息,这些信息会在很短时间内传播到全国乃至世界各地,受其毒害的人将难以计数,因此,利用网络实施的犯罪比传统形式的犯罪具有更大的危害性。

(三) 隐蔽性强、侦查难度大、低风险、高收益

作为一种以高技术为支撑的犯罪,网络犯罪具有瞬时性、动态性等特点。许多网络犯罪可在瞬间完成,其作案时间很难判定;而犯罪证据又多存于电磁记录物如程序、数据等无形信息中,很容易被更改和删除,有些犯罪甚至不留任何痕迹,这就给案件的侦破和审理带来极大的困难。据报道,在美国,因黑客行为被起诉的概率是万分之一。[①] 另有人统计,利用网络实施的诈骗银行的行为同持枪抢劫银行的行为相比,前者

---

① 参见李志强、李庆芬:《美国的计算机犯罪问题》,载《现代科技译丛(哈尔滨)》1999 年第 4 期。

比后者每个案件的平均非法所得高 200 倍。① 网络犯罪的低风险性与高收益性反差如此之大,以至于日本一位反计算机犯罪专家惊叹道:"现在几乎没有一种犯罪能像计算机犯罪那样轻而易举地支取到巨额财产。"②这位专家的话,正好说明了网络犯罪愈演愈烈的原因所在。

(四) 时空虚拟化与犯罪的跨地域性、国际化

网络技术的推进使人类在传统的物理空间之外,又增加了一个虚拟空间,这将使传统的犯罪形态大大改观。在虚拟空间所实施的网络犯罪,几乎不受时间和地点的限制。行为人只要拥有一台联网的终端机,他端坐机前,按动鼠标、轻击键盘,就可以足不出户而到异国他乡去兴风作浪。

(五) 犯罪人的"白领化"、低龄化与犯罪动机多样化

据调查,网络犯罪的实施者大多为"白领阶层",即具有一定社会地位和名望的人,如程序设计师、工程师、系统管理员、银行职员等。这些人实施犯罪时,其犯罪现场"宁静而安详",行为人并非如人们想象中那样"穷凶极恶"。因此,相对于传统类型的犯罪人而言,公众心理上对网络犯罪行为人往往较为宽容,与此同时,犯罪人的罪恶感和罪责感也相应地淡化。

从年龄因素看,网络犯罪实施者有年轻化的趋向。据一项统计,网络犯罪者的年龄区段主要为 18~46 岁,平均年龄为 25 岁。③

在早期的网络犯罪中,行为人多以获取钱财、发泄不满为目的。随着网络技术的发展,网络正逐步成为各政治经济集团、敌对势力进行斗争的工具,围绕网络系统所进行的干扰与反干扰、窃密与反窃密的斗争日益激烈。在网络犯罪人中,还有一些人是出于好奇或为展示自己的能力,他们仅仅把自己的行为视为一种"智力游戏",这些人主要是一些年轻的电脑发烧友,包括一些大学生乃至中学生。

三、刑法所面临的机遇和挑战

(一) 科技治罪:犯罪控制手段的现代化

知识经济的发展促进了犯罪手段的现代化,使得同犯罪作斗争的任务更为艰巨,但与此同时,知识经济也为犯罪控制手段的现代化提供了新的机遇。在知识经济

---

① 参见徐忠、叶军凌:《金融犯罪纵横谈》,载《百科知识》1997 年第 9 期。
② 徐忠、叶军凌:《金融犯罪纵横谈》,载《百科知识》1997 年第 9 期。
③ 参见严耕等:《网络伦理》,北京出版社 1998 年版,第 104 页。

时代,"犯罪得以有效控制主要靠作为第一生产力的科技,即所谓科技治罪"①。在传统社会中,国家对付犯罪的手段主要靠有组织的暴力,即所谓"以暴制暴",而在现代社会,犯罪控制者与犯罪者的斗争更多地体现在智慧和技术的较量上,即所谓"以智克智"。正如美国一位警察局局长所说,在未来社会中,警察不仅要驾驶警车在高速公路上追赶逃犯,而且要操纵电脑在信息高速公路上缉拿"黑客"。科技的发展已经带来了一些先进的犯罪控制手段,例如,使用 DNA 技术寻找犯罪嫌疑人、利用电脑辅助系统帮助法官量刑、运用电子镣铐技术建设"虚拟监狱",等等。

(二) 无形资产的刑法保护:一个不容忽视的问题

传统社会基本上属于物质社会,因而刑法侧重于对有形财产的保护。但在同知识经济相伴而来的信息社会中,无形资产将成为最重要的生产要素,因此,惩治侵犯知识产权的犯罪,强化对无形资产的保护将成为刑法的重要任务。尽管现行刑法规定了侵犯知识产权的犯罪,但由于当前中国民众(包括一些司法者)尊重知识产权的意识还比较淡薄,以至于刑法对知识产权的实际保护程度远远不够。例如,1998 年,厦门某研究所研制的一种电机的线路板被盗,使该所遭受重大损失,但是破案后盗窃者并未受到刑事追究,理由是所盗物品的价值未达到盗窃罪要求的数额。原来,司法人员仅仅根据线路板的物质成本估算其价值,却未考虑到该研究所为研制此项产品所投入的大量人力、物力、财力。

为了强调对无形资产的保护,刑法理论有必要重新界定犯罪对象的概念,可考虑将"信息"作为同"人"和"物"并列的犯罪对象存在形态。因为根据当代科学界的普遍观点,信息作为构成客观世界的三大要素之一,是"与物质、能量等量齐观的一个概念范畴"②。尤其是在即将到来的信息社会,信息对于社会的生存和发展有着至关重要的作用,其价值和地位应受到刑事立法部门和刑法理论界的充分关注。

此外,随着知识经济的发展,网络出版物、域名等逐步成为新的知识产权形态,而侵犯知识产权的犯罪形式也更趋复杂化,因此,刑法中有关侵犯知识产权罪的规定应进一步予以完善。

(三) 网络时代的危害国家安全犯罪:需要重新审视

由于网络技术的突飞猛进,现有国家概念中特有的"地理"和"国境"界限被打破,形成了所谓的"虚拟共同体""虚拟社会""全球电子空间"等概念,这使得国家安全的定义需重新确立。首先,应当树立电子空间内的国家主权意识,维护国家对于信息资源及其使用方式的自主权;其次,要重新认识"领土完整"的含义,在未来的信息战和

---

① 储槐植:《刑事一体化与关系刑法论》,北京大学出版社 1997 年版,第 128 页。
② 张守文、周庆山:《信息法学》,法律出版社 1995 年版,第 2 页。

电子战中,可以不派一兵一卒进入他国领土,就能产生今天所指的"入侵"或"战争"效果。为了充分维护网络时代的国家安全,刑法上的危害国家安全罪有待于进一步完善。

(四) 通讯自由与个人隐私:呼唤刑法保护

现行刑法中有侵犯通信自由罪的规定,该罪表现为隐匿、毁弃或者非法开拆他人信件的行为。无论是从犯罪对象还是行为方式来看,刑法中的这一规定都已经落后于时代的需要。在网络时代,人们之间的通讯联系将越来越多地表现为网上交流的形式,例如,通过电子公告板、在线交谈、电子邮件等方式,侵犯公民通讯自由的行为也呈现多样化、复杂化的特点。因此,修改现行刑法中的侵犯通信自由罪,惩治严重妨害网上通讯的行为是刑事立法面临的新课题。

在网络社会,由于人们的生活越来越依赖于网络,而网上收集信息的便利性使得个人隐私权受到极大威胁。正如国外有的学者所指出的那样,"在当今这个计算机化的世界里,出现如此大量的个人隐私权受到侵犯或威胁的情况是前所未有的"[①]。在西方许多国家的刑法中,对公民隐私权的保护都极为重视,例如法国刑法中的侵犯私生活罪,德国和意大利刑法中的妨害秘密罪等。特别是近年来,一些国家针对通信技术发展给侵犯隐私权犯罪带来的新情况,纷纷对原有的相关法律进行修改或者颁布新的法律,以强化对公民隐私权的保护。如美国在 1986 年通过了《电子通信隐私法案》(ECPA),将截获或者泄露私人电子通信的行为确定为违法,触犯该法案有关条款,可能会被处以罚款或者判处 5 年以下监禁,或者在罚款的同时并处 5 年以下监禁。在中国传统文化中,个人隐私权从未受到足够的重视,因而刑法一直没有专门规定侵犯隐私权的犯罪。在网络时代逐步到来的背景下,这种状况必须改变,将公民隐私权纳入刑法保护的范围势在必行。

(五) 国际司法协助:惩治网络犯罪的必由之路

一方面,由于网络犯罪突破了地域限制,国际化倾向日益明显,因此,单靠一个国家的力量很难有效地打击这类犯罪。另一方面,在许多网络犯罪中,犯罪行为地和结果地可能不在同一国家,或者犯罪受害人散布于若干个国家,这样就会导致大量的刑事管辖权冲突问题。为此,加强各国刑事司法机关之间的互助与合作,共同维护国际网络秩序及安全是大势所趋。

知识经济的兴起,还给刑法带来许多其他新问题,例如,破坏社会主义市场经济秩序罪这一概念是否同全球经济一体化的趋势相协调,生产、销售伪劣产品罪中的"产

---

① 转引自〔美〕爱德华·A.卡瓦佐、〔美〕加斐诺·莫林:《赛博空间和法律:网上生活的权利和义务》,王月瑞译,江西教育出版社 1999 年版,第 18 页。

品"是否包括信息产品,以及电子商务、电子货币、虚拟公司、网络银行等的出现对扰乱市场经济秩序罪、合同诈骗罪、伪造货币罪等经济犯罪的影响,等等,这些问题都值得刑法学界认真思考。

四、现代化刑法观的重塑

刑法现代化包括三个层面,即观念的现代化、制度的现代化和技术的现代化。三者当中,居于首位的应是观念现代化,这是推动刑法全面走向现代化的前提和先导。笔者认为,与知识经济相适应的现代化刑法观主要有以下几个方面。

(一) 理性化的刑法观

首先,对犯罪现象的认识要理性化。犯罪作为一种极其复杂的社会现象,是多种因素综合作用的产物。任何社会都不可避免地存在一定量的犯罪,从某种意义上讲,犯罪的存在具有一定的合理性。在我国当前处于经济变革和社会转型的大背景下,犯罪量有所增多是正常现象。那种企图将犯罪现象"赶尽杀绝"的观念是不切实际的幻想。明智的选择应当是以较小的社会成本把犯罪控制在社会所能容忍的限度之内。

其次,对刑罚功能的认识要理性化。作为犯罪的主要抗制力量之一,刑罚的存在当然是必要的。但是,切不可过高期待刑罚能够发挥的功能,刑罚的威慑力量是有限的,它只是社会对付犯罪的手段之一,而非全部;另外,刑罚本身有很高的成本甚至会带来副作用,过量的刑罚投入非但达不到遏制犯罪的效果,反而会在某种程度上窒息社会的活力,扼杀人们创新的欲望。因为在一个刑罚权过度膨胀的国度,公众对国家权力的畏惧超过对犯罪的恐惧,对严刑峻法的憎恶甚于对犯罪的痛恨。

最后,在对犯罪和刑罚理性认识的基础上,应当构建一个理性化的刑事政策,合理地组织社会对犯罪的反应。理性化的刑事政策的核心内容有两点:一是刑法调控范围的适度化。对于其他社会规范或其他部门法能够有效调整的领域,刑法尽可能不要介入。二是刑法调控力度的适度化。我国自古就有"治乱世用重典"的传统观念,而当前的刑事政策也具有重刑主义的倾向(立法上死刑罪名过多即是例证),而重刑主义同世界刑法发展的总体趋势是不协调的,这对于实现刑法观念现代化无疑具有阻碍作用。

以创新为灵魂的知识经济需要一个相对宽松的社会环境,因此,在刑事政策中摒弃重刑主义观念是理性的选择。刑事立法和刑事司法的重点应放在强化刑罚的确定性和及时性上,而不应放在提高刑罚的严厉程度上。"严打"是必要的,但不能将"严打"简单地理解为"重判","严打"首先意味着有罪必罚,法网严密,因此,完善相关立法和提高案件的侦破率是知识经济时代有效遏制犯罪的首选之策。

(二) 人本化的刑法观

知识经济是以人为本的经济,知识经济时代的刑法观也应当体现"以人为本"的精神。"以人为本"首先意味着刑法上要尊重人的尊严和价值,要强化对人权的保障(包括被告人人权和被害人人权),要以促使犯罪人复归社会为刑法的最高使命。对以上内容,刑法学界论述很多。但除此之外,"以人为本"还意味着刑法要重视对人性和人格的考察,这在当前的理论研究中还是一个相当薄弱的领域。

在人性问题上,重要一点是要认识到人性的局限性和脆弱性,以此为前提协调刑法同道德之间的关系。中国古代法律有"伦理法"之谓,刑法沦为推行伦理的工具。受传统观念的影响,将刑法泛道德化的思想至今仍有市场,例如,有人曾撰文指出,要以刑法手段来制止国民的冷漠、怠责与怯懦现象;近年来,将通奸、卖淫、拾金而昧等行为治罪的呼声也时有所闻。不可否认,刑法是建立在社会的伦理基础之上的,但刑法所体现的只能是最低限度的道德,刑法绝不能强人所难,那种利用刑法来推行崇高道德的做法,是违背人性的粗暴做法。

在刑法同人性的关系问题上,德、日等国的"期待可能性原则"颇有可取之处,我们应以此为借鉴,构建我国刑法理论中的刑法同道德之间的冲突协调机制。

对于犯罪人人格的研究,也是刑法理论应关注的一个重大问题。在当代西方刑法学界,以犯罪人人格为基点的人格责任论已成为颇有影响的学说之一,而许多国家也在刑法中规定了刑罚个别化原则,将人格作为量刑、行刑乃至决定是否提起公诉时考虑的一个重要因素。对人格问题的研究,将有可能推动我国刑法理论的繁荣和刑事立法的科学化。

(三) 开放化的刑法观

这是以全球化为特征的知识经济对刑法的必然要求。开放化的含义是多方面的。在刑事立法上,要使我国刑法同有关国际条约所确立的国际刑事司法准则接近,要善于吸收和借鉴国外先进的立法技术和立法经验;在刑事司法领域,要加强同各国的刑事司法协助,共同打击跨国犯罪和国际犯罪;在刑法理论研究上,要广泛开展同国外学术界的交流,要吸收其他人文学科及自然科学的最新研究成果,对犯罪和刑法问题进行跨学科的研究,以推动刑法理论的更新和发展。

(四) 效益化的刑法观

知识经济是低耗高效的可持续发展的经济,因此,追求效益应是现代化刑法观的题中应有之义。必须明确,刑法资源(包括立法资源、司法资源和行刑资源)是有限的,必须实现刑法资源的合理配置,在刑法的运作中,要尽可能以最小的成本换取最大的收益。在立法上,对于那些刑法不必介入或介入效果不理想的领域应实现非犯罪化、非刑罚化;在司法上,应扩大管制、罚金、缓刑、假释等非监禁措施的适用,以节省有限的司法资源,集中对付那些对社会危害大的犯罪;在行刑领域,应贯彻行刑个别化和处遇社会化的原则,并尽量吸纳社会力量参与对罪犯的帮教事业,以提高行刑的效率。

(五) 一体化的刑法观

一体化是当今世界经济发展的重要趋势。在刑法领域也有一体化问题,体现在两个方面:

一是刑法运作的一体化,这并非要取消不同国家机关在犯罪控制活动中的权限分工及制衡关系,也不能理解为公、检、法机关在办理刑事案件中的一条龙式的流水作业。刑法运作的一体化是指刑事法律活动的各个阶段及其效果相互作用、相互协调,从而形成一个有机统一、动态平衡的系统。例如,最典型的一种刑法运作机制的表现形式是:犯罪态势制约刑事立法、刑事立法制约刑事司法、刑事司法制约行刑效果,行刑效果反作用于犯罪态势。不过,这仅是一种单向流动,是一体化刑法运作机制的表现形式之一。一体化的刑法运作机制是一个多向流动、纵横交错的系统。在这个系统的四个构成要素即犯罪态势、刑事立法、刑事司法、刑罚执行之间,任何一个要素都作用于另外三个要素,同时受另外三个要素的影响,从而形成一种良性互动关系,这对于保持刑法运作的顺畅、提高刑法运行的效益,无疑具有积极作用。当然,要形成这样一种良性的刑法运作机制,需要作出艰苦的努力,包括刑事立法的完善、司法体制的改革乃至政治体制的改革等。

二是刑法研究的一体化,这是指要打破各个刑事学科,尤其是犯罪学、刑法学、刑事诉讼法学、监狱学之间故步自封的状况,加强各学科之间的交流对话,对犯罪和刑法进行全方位、多层次的研究,从而为国家制定有效的刑事政策提供理论支持。

(六) 多元化的刑法观

随着知识经济时代的来临,犯罪现象将更趋复杂化、多样化。一方面,许多传统的犯罪类型将继续存在,另一方面,各种新型的"知识性"犯罪不断增多。为了使刑法更加灵活有效地对付各种类型的犯罪,有必要使刑法向多元化方向发展,包括刑事立法模式的多元化、刑事控制手段的多元化、刑法理论研究的多元化等。例如,在立法模式上,除刑法之外,还有单行刑法、附属刑法等形式,许多新型犯罪多规定于单行刑法或附属刑法之中,而这些特别刑法为了有效地对付某些特殊类型的犯罪,有可能突破刑法中的某些一般性规定。如美国在1970年颁行的《有组织犯罪控制法》中,在刑法的溯及力、证据制度、制裁措施上都对传统刑法的某些规则有所突破。

论法定刑结构的优化

——兼评97《刑法》的法定刑结构*

1997年3月14日,第八届全国人大第五次会议通过了修订后的《中华人民共和国刑法》,1997年《刑法》在致力于确立罪刑法定原则、严密刑事法网、严格刑事责任、完善罪刑制度、加大刑罚投入的同时,对法定罪种的法定刑结构也作了必要的调整,如进一步扩大了罚金刑的适用范围,在144个条文中规定了罚金刑,针对不同犯罪分别规定了罚金刑并科制、选科制和单科制,摒弃了罚金刑得并科的立法方式,全部采用了必并科制。扩大了没收财产的适用范围,取消了部分死刑罪名,适当限制了一些犯罪的死刑的适用范围,调整了部分犯罪的法定刑幅度。但是,总的说来,法定刑结构的调整并不是这次《刑法》修订的重点,修订《刑法》时对法定刑结构问题并没有给予足够的关注,致使修订后的《刑法》仍然存在法定刑种组合关系不协调、法定刑罚幅度过大的结构性缺陷。我国《刑法》仍然面临着如何进一步优化法定刑结构的艰巨任务。

法定刑是《刑法》分则条文对类型化、模式化的法定罪种所规定的刑罚规格和标准,反映犯罪与刑罚之间质的因果性联系和量的对应性关系。法定刑由对法定罪种所规定的不同刑罚种类即刑种和刑罚幅度即刑度构成。法定刑的结构就是组成法定刑的不同刑罚种类的组合关系和刑罚幅度上下限的差别关系,优化法定刑结构的主要任务就是调整刑种组合关系和法定刑罚幅度。笔者认为,优化法定刑结构,首先应当牢固地确立刑法使命观的现实化、刑罚功能观的平衡化、犯罪观的科学化和刑罚观的理性化观念,贯彻确定刑罚量的谦抑性原则、罪责刑相适应原则和刑罚趋轻原则,使法定刑的设定既能满足罪刑相当的一般正义的需要,又能实现刑罚个别化的个别正义的要求,使所设定的法定刑的运作实现以最小限度的投入获得最大限度的产出的刑罚效益目标。以此为基础,优化法定刑结构的总的要求和目标应当是:法定刑种的组合样式,应能使不同刑种实现功能互补和功能替代,形成最佳的综合效应;法定刑罚幅度的设置,在纵向层面上应能符合罪刑法定原则刑之法定化、明确化要求,而具有合理的宽窄跨度,在横向层面(即罪与罪之间的刑罚幅度)上应能符合衡平和协调的原则,而具有等差性和可成比例性。

---

* 原载《中外法学》1999年第6期,与梁根林合作。

一、法定刑种组合关系的优化

(一) 财产刑与自由刑、死刑的组合关系的优化

财产刑与自由刑、死刑的组合关系包括罚金刑与自由刑的组合关系以及没收财产刑与自由刑、死刑的组合关系。因此，财产刑与自由刑、死刑组合关系的优化包括罚金刑与自由刑组合关系的优化以及没收财产刑与自由刑、死刑的组合关系的优化两个方面。

经过全面修订，1997年《刑法》已经基本上扭转了1979年《刑法》对于贪利性犯罪不注重并科罚金却相对比较重视附加没收财产的结构性失衡现象，大大扩展了罚金刑的适用范围，对绝大多数贪利性犯罪规定了剥夺自由刑与罚金刑必并科制，旨在综合发挥自由刑和罚金刑的功能，实现最佳的刑罚效益。这符合罚金刑与自由刑功能互补的原则，方向无疑是正确的。但是，应当注意的是，在科处自由刑的同时并科财产刑，只是为了实现不同刑种的功能互补，发挥并科刑的综合效益。在决定罚金刑与自由刑并科时，不能仅仅考虑作为主刑的自由刑是否与罪行的社会危害程度相适应，而应当综合考虑罚金刑与自由刑并科后的刑罚强度与罪行的危害程度是否相适应。否则，罚金刑就成了可有可无、无关痛痒的东西了。这一点似乎尚未引起人们的充分注意。对同样性质、同样危害程度和同样情节的犯罪，如果过去的刑法规定仅判处5年以下有期徒刑或拘役（而不并处罚金）是符合罪刑相当原则的，而现在我们为了提高刑罚的综合效应，在仍然对该罪科处5年以下有期徒刑或拘役的同时，又规定并处若干数额的罚金，那么，则很难认为对该犯罪的罚金刑和自由刑的并科与该犯罪的社会危害性是完全适当的。因为，在判处自由刑的同时并科罚金刑比之仅判处自由刑实际上加重了对犯罪分子的刑罚强度。在其他条件不变的前提下，为了实现自由刑和罚金刑并科与罪行的社会危害性的均衡或相当，并科罚金刑时就应适当调整自由刑的幅度。自由刑与罚金刑的并科既不意味着允许对犯罪分子实行双重惩罚，也不认可对犯罪分子科处超过其社会危害程度的过量刑罚。在自由刑与财产刑并科的情况下，仍然应当坚持和贯彻罪责刑相适应原则。只有这样，才能将罚金刑与自由刑的功能有机地结合起来，实现两者的功能互补，发挥两者的综合效应。为了单纯追求并科的综合效应而突破罪责刑相适应这一原则的限制，规定与罪行危害程度和罪犯个人罪责程度不相适应的加重了的并科刑，只能招致事与愿违的结果。

经过十几年的立法探索，我国立法者对罚金刑与自由刑并科对于贪利性犯罪特别是比较严重的贪利性犯罪可能发挥的综合效应已有体认，并在1997年《刑法》中得到充分反映。但是，迄今为止，立法者似乎对罚金刑于自由刑的替代功能尚未予以足够

重视。在当今世界各国刑法改革运动中,罚金刑的适用范围的扩大与其替代自由刑的功能具有直接关系。短期自由刑惩罚和矫正效果不佳而极易导致罪犯恶习相互传染,是各国刑罚运行过程中普遍面临的一个世界性难题。罚金则被认为是替代短期自由刑的一种理想的刑罚方法。《德国刑法典》第 47 条专门规定科处短期自由刑仅属例外情况、罚金刑为短期自由刑的替代刑。相对于罚金刑与自由刑并科的功能互补作用,《德国刑法典》似乎更为重视罚金刑于短期自由刑的功能替代作用。在《德国刑法典》中,罚金刑不仅可以和自由刑并科适用于严重贪利性犯罪,而且可以作为一种替代短期自由刑的轻刑广泛适用于一般的贪利性犯罪、非贪利性故意犯罪和过失犯罪。这种趋势并非德国等西方资本主义国家所独有,即使苏联、东欧社会主义国家的刑法典也普遍呈现相同的趋势。

修订后的《刑法》对部分贪利性犯罪也规定可以并科罚金或选科罚金,甚至对个别犯罪规定了单纯的选科罚金刑,说明立法者对少数贪利性犯罪并不排斥单科罚金刑,并不完全否定罚金刑于短期自由刑的功能替代作用。但透过对 1997 年《刑法》刑罚结构的分析,不难发现,立法者对罚金刑的功能替代作用的态度比较暧昧。对少数法定刑在 3 年或 3 年以下有期徒刑、拘役或者管制的贪利性犯罪,甚至个别法定刑为 5 年以下有期徒刑、拘役或者管制的贪利性犯罪,罚金刑可以替代短期自由刑而适用,而对绝大多数法定刑在 3 年以下有期徒刑、拘役或管制的轻微非贪利性故意犯罪和过失犯罪,则没有规定单科罚金刑。之所以出现这种前后不协调的现象,与立法者观念深处对罚金刑的性质和功能替代作用认识不足不无关系。

笔者认为,在当代刑法中,罚金刑与自由刑并科的功能互补作用和罚金刑替代自由刑的功能替代作用应当得到同样的重视。功能互补可以在发挥罚金刑的经济制裁作用的同时,间接提高自由刑的惩戒效果,从而加强刑罚的综合效应,而功能替代则可以减轻或避免自由刑特别是短期自由刑的负面影响,两者的正确运用都有利于最佳地发挥我国以自由刑为中心的刑罚结构的功能。因此,如果说通过罚金刑与自由刑的并科,实现对严重贪利性犯罪的功能互补是适当的和有益的,那么,通过规定自由刑与罚金刑选科,实现对轻微贪利性犯罪、非贪利性故意犯罪和过失犯罪的功能替代同样具有正当性和必要性。笔者认为,原则上,对法定刑为 3 年以下有期徒刑、拘役或管制的贪利性犯罪、非贪利性故意犯罪和过失犯罪,除少数具有强烈的伦理可谴责性、主观恶性比较大的犯罪外,都可以规定罚金为选科刑。为了实现罪刑相当和刑罚个别化,笔者认为,对法定自由刑为 3 年以下有期徒刑、拘役或管制的犯罪,原则上只能规定选科罚金刑;对法定自由刑为 3 年以上有期徒刑的贪利性犯罪,原则上只能规定并科罚金刑,不得同时规定可以选科罚金刑。这样,就可以避免前者并科时的刑罚过量,防止后者选科时的刑罚不足。

没收财产是没收犯罪分子个人所有的财产的一部或全部,强制无偿地收归国有的一种刑罚方法。没收财产是最古老的刑罚方法之一,罗马法就规定犯罪人被判处放逐后,应当没收其财产。我国周代称没收财产为籍没,籍没的对象除犯罪人的财产外,甚至还包括犯罪人的家属。之后历代刑律都有此规定。资产阶级革命夺取政权后,在私有财产神圣不可侵犯、责任主义、罪刑法定原则、禁止残酷、苛厉的刑罚等信念的支配下,许多资本主义国家废除了没收财产刑(一般没收),仅规定了与犯罪相关的特定物(违禁物、供犯罪所用或供犯罪预备之物、犯罪的非法所得)的没收制度,即特别没收制度。有的国家虽然保留了一般没收制度,但将其严格控制在极小的范围内。《美国联邦法典》第十八篇第3554节仅允许法院对《美国联邦法典》第1962节(《犯有组织犯罪侵犯合法组织法》[1])规定的有组织敲诈勒索犯罪行为(racketeering activity)和1970年《毒品滥用综合预防与控制法》第2、3篇规定的毒品犯罪,科处没收财产,对其他经济犯罪则不允许科处没收财产刑。

我国刑法规定了作为一般没收的没收财产刑,同时又规定了作为非刑罚处理方法的没收处分制度。修订后的《刑法》在48个条文中规定了近70个可以并处没收财产的罪名,其适用范围与死刑的适用范围大体相当。如此大范围地规定没收财产刑显然也是当今各国刑事立法所罕见的。我国刑法学者对刑法广泛规定死刑罪名给予了较多关注,迄今为止对刑法上规定如此众多的没收财产刑虽有人提出非议,但未引起足够的重视。[2] 笔者认为,在已经规定了与犯罪关联物的没收处分制度的情况下,没收财产刑是一种没收犯罪分子个人所有的合法财产的严厉的刑罚方法。没收财产实际上是对宪法保障的公民私有财产权的一种剥夺,它堵塞了犯罪分子的生活后路,不利于犯罪分子的教育和改造;在其适用时,没收财产一般没有数量限制,具有不平等性,并且可能殃及与犯罪分子共同生活的无辜的亲属。贝卡里亚曾经说过:"没收财产是在软弱者头上定价,它使无辜者也忍受着罪犯的刑罚,并使他们沦于必然也去犯罪的绝境。"[3]此论虽有危言耸听之虞,但确实道出了没收财产刑潜在的非正义性,对此不可不察,用之不可不慎。因此,没收财产刑只能作为国家维护自身安全和社会安宁、打击敌对势力和特别严重的犯罪行为的一种特殊手段而谨慎使用,而不宜作为一般性的惩治贪利性犯罪的经济制裁手段。对一般贪利性犯罪适用罚金刑就足以从经济上给予足够制裁,完全没有必要另外适用没收财产刑。具体而言,笔者主张,没收财产刑只能适用于那些严重危害国家安全的犯罪、危害社会安全的有组织犯罪、毒品犯罪以及其他

---

[1] 关于该法内容,可以参见储槐植主编的《美国德国惩治经济犯罪和职务犯罪法律选编》(北京大学出版社1994年版)中《美国联邦法典》第十八篇:犯罪和刑事诉讼之第1961节至第1968节。
[2] 阮齐林《论财产刑的正当理由及其立法完善》(《中国法学》1997年第1期)一文,注意到了我国刑法中没收财产刑适用范围过于宽泛的问题,并明确提出了严格限制没收财产刑的主张。
[3] 〔意〕贝卡里亚:《论犯罪与刑罚》,黄风译,中国大百科全书出版社1993年版,第53页。

应当判处 10 年以上有期徒刑、无期徒刑或死刑的严重贪利性犯罪,原则上对法定刑为 10 年以下有期徒刑的一般贪利性犯罪不宜适用没收财产刑。在并科没收财产刑与死刑或自由刑时,也应当对并科的立法方式作区别处理,对主刑为 10 年以上有期徒刑的,原则上应当采用得并科制,由法官根据案件和被告人的具体情况裁量决定是否并科没收财产;只是对主刑为无期徒刑或死刑的,才能规定必并科制,对犯罪分子一律并科没收财产刑。

(二) 资格刑与其他刑种组合关系的优化

笔者认为,我国刑法规定的资格刑过于单一,不能适应与犯罪作斗争的实际需要。因此,有必要完善我国刑法规定的资格刑制度,将现行刑法规定的剥夺政治权利分解为剥夺选举权与被选举权、禁止担任公职、禁止从事特定职业或活动。同时针对单位犯罪的特点规定解散犯罪法人、禁止犯罪法人从事特定义务两种特殊的资格刑。然后再根据这些资格刑的具体特点分别决定和其他刑种如何进行组合。

其中,剥夺选举权和被选举权、禁止担任公职,作为附加刑原则上应当只适用于实施危害国家安全犯罪行为的犯罪分子,实施了故意杀人、强奸、放火、爆炸、投毒、抢劫等严重破坏社会秩序应当判处 10 年以上有期徒刑的犯罪分子,以及被判处死刑缓期执行和无期徒刑的犯罪分子。对被判处死刑立即执行的犯罪分子没有必要再并科资格刑。此外,对于滥用选举权和被选举权的犯罪、利用担任国家机关职务、国有公司、企业、事业单位和人民团体领导职务实施的职务犯罪,不论其主刑是何种刑罚,也可以规定并科或单科剥夺选举权和被选举权、禁止担任公职。这样,可以充分发挥并科资格刑的综合效应,防止犯罪分子继续利用所享有的选举权与被选举权或所担任的公职实施犯罪。

禁止从事特定职业或活动,是指禁止犯罪分子继续从事与其犯罪有关的特定职业或业务活动。作为一种具有强烈保安处分性质的资格刑,禁止从事特定职业或活动并不限于和某个特定刑种组合,而主要应当根据犯罪行为的性质和特点确定其适用范围和适用方式。凡实施了与其从事的职业活动或业务活动有关的犯罪,原则上都可以判处禁止从事特定职业或活动。但在具体确定这种资格刑的适用方式时,笔者以为,对于法定最高刑为 3 年以下有期徒刑、拘役、管制或罚金的,原则上可以将禁止从事特定职业或活动规定为这些轻刑的选科刑;对于法定最低刑为 3 年以上有期徒刑的,一般可以规定并科禁止从事特定职业或活动。这样,禁止从事特定职业或活动对于轻微犯罪可以发挥短期自由刑的替代刑作用,既能避免短期自由刑的弊端,又能有效地发挥惩罚和预防犯罪的功能;对于严重犯罪则可以发挥并科刑的功能互补作用,在对犯罪分子进行适当惩罚的同时,剥夺或消灭其继续实施犯罪的条件或机会。

解散犯罪法人和禁止犯罪法人从事特定业务活动,是针对现行刑法仅对法人犯罪判处罚金往往打击力度不够而专门设计的适用于法人犯罪的两种资格刑。前者相当于对犯罪法人判处死刑,是适用于犯罪法人的最严厉的刑罚方法。根据刑罚谦抑原则和国家刑罚权受制约原则,解散犯罪法人应当是对实施了性质、情节或危害结果特别严重的犯罪的法人或非法人组织最后适用的刑罚方法,其适用范围应当受到严格控制。后者也是一种比较严厉的刑罚方法,专门适用于利用非法手段实施某种业务活动或者利用合法从事的某种业务活动实施其他犯罪行为的法人或非法人组织。这两种资格刑可以作为主刑分别与罚金刑并科,也可以作为主刑与罚金刑选科。一般情况下,对情节轻微、危害不大的法人犯罪,可以考虑单处罚金;对利用从事特定业务的方便条件实施犯罪,情节恶劣或者危害严重的法人犯罪,可以并科罚金与禁止从事特定业务;对犯罪情节极其恶劣、危害后果特别严重的法人犯罪,则应当在判处罚金的同时,并科解散犯罪法人。这样,将对犯罪的法人进行有效的惩罚与对作为自然人的法人代表或直接责任人员的有效惩罚有机地结合起来,才能够保证对法人犯罪产生应有的威慑和遏制效应。

二、法定刑罚幅度的优化

法定刑罚幅度的优化,是法定刑结构改革的核心所在。优化法定刑罚幅度的目标在于根据罪刑法定原则的刑罚之法定化、明确化的要求,确定宽窄适度的刑罚幅度,同时使罪与罪的刑罚幅度在横向上保持衡平和协调,具有等差性和可成比例性。

(一) 罪种法定刑罚幅度设置的依据和方法

1. 设置罪种法定刑罚幅度的一般依据

"刑罚幅度是国家刑罚目的的凝聚态,是罪刑适应原则的数量化。"[①]这一论断实际上道出了设置罪种法定刑罚幅度的罪责刑相适应原则和刑罚目的导向的一般依据。修订后的《刑法》第 5 条明确规定:"刑罚的轻重,应当与犯罪分子所犯罪行和承担的刑事责任相适应。"这一规定所确立的罪(犯罪)责(刑事责任)刑(刑罚)相适应原则,是设置合理的罪种法定刑罚幅度的基本标准。刑责相适应原则是对传统的罪刑相当原则的继承和扬弃,它是罪刑相当和刑罚个别化原则的有机统一。罪刑相当强调法定刑的设置符合一般正义,刑罚个别化强调刑罚的运用实现个别正义。罪刑相当要求所设置的法定刑罚幅度与犯罪的社会危害性程度相均衡,刑罚个别化要求刑罚与犯罪分子的人身危险性相适应。只有同时考虑罪刑相当与刑罚个别化的需要,将犯罪行为的社会危害性与犯罪分子的人身危险性同时作为设置法定刑罚幅度的依据和标准,才能设置出符合罪责刑相适应原则的具有正当的道义和伦理基础的合理的法定刑罚幅度。

---

① 储槐植:《刑罚现代化:刑法修改的价值定向》,载《法学研究》1997 年第 1 期。

片面强调社会危害性或人身危险性的某一方面,并以此为依据设定刑罚幅度,就会出现法定刑罚幅度违背犯罪的本质和严重程度而忽高忽低、宽窄失度的现象。

合理的罪种法定刑罚幅度,不仅应当符合刑责相适应原则而具有道义公正的基础,而且应当符合刑罚目的观念而具有刑事政策上的必要性。刑事政策是刑法的灵魂,刑罚目的观念则左右刑事政策的走向。按照通说,我国刑罚的目的是特殊预防和一般预防。刑罚的一般预防目的寓于特殊预防之中。实现特殊预防的关键是消除犯罪分子的人身危险性,实现一般预防的关键在于发挥刑罚的威慑效应,其必要条件则是刑罚轻重与罪行危害程度相当。因此,设置法定刑罚幅度的目的观念导向与刑事责任基础具有内在的契合性。严格根据这两个依据设置法定刑罚幅度,将会大大减少我国刑法中法定刑罚幅度过大的条文的比例。

2. 设置罪种法定刑罚幅度的立法方法

在根据刑责相适应原则和刑罚目的观念设置罪种的法定刑罚幅度的时候,还存在一个常常被人忽视的立法方法问题,即是根据罪种的特例特征还是根据罪种的典型特征决定法定刑的上限和下限。任何罪种的性质、特征和危害程度都不可能千篇一律,必有常态和非常态之分。常态即一般情况下表现出来的典型特征,非常态即个别情况下表现出来的特殊例外情形。以发生概率极小的特例作为判断罪行的社会危害程度、决定预防犯罪需要的法定刑上限和下限的依据,虽然在个案中也符合罪责刑相适应原则和实现刑罚目的的需要,但特例立法必然会提高法定刑的上限,带动整个刑罚幅度上涨和趋重,导致多数普通案件的行为人负担超过其罪责的过量刑罚,从而造成个案中合理而多数罪案不合理的情况。因此,特例立法是以个别正义牺牲一般正义。典型立法则正好与此相反,它舍弃了罪种在个别情况下的特殊性,以最具有代表性、典型性和一般性的案例作为判断犯罪的社会危害性、决定惩罚和预防犯罪所需要的法定刑上限和下限的依据。典型立法虽然在个别情况下也会出现处理不公(主要是轻纵犯罪),但能够实现对多数罪案的公正和有效的处理,满足一般正义的要求,并且有利于控制法定刑的上限和下限,减少刑罚幅度跨度过大的现象。从立法方法论上讲,特例立法违反了法律作为普遍的、明确的规范的本质,具有对个别事件作个别调整的性质;从立法效果上讲,特例立法是因小失大、不讲效益的立法方法。典型立法则符合法律的普遍性的本质。法律的普遍性,"首先指法律从纷繁复杂的社会关系中高度抽象而来,舍弃了个别社会关系的特殊性,而表现为同类社会关系的一般共性。换言之,法律一般只对社会关系作类的调整或规范调整,而不作个别的调整……其次指法律所设想的适用对象不是特定的个人及有关的事件,而是一般的人和事件"[①]。我们在

---

① 徐国栋:《民法基本原则解释——成文法局限性之克服》,中国政法大学出版社1992年版,第134—135页。

论述刑罚圈的范围时曾经主张不具常态性和普遍性的行为应当慎重纳入刑罚圈,基于同样的原理,将犯罪行为的常态特征而不是非常态特征作为确定法定刑上限和下限的依据,也是刑法作为法律规范的普遍性本质的要求。从立法效果上讲,典型立法方法是为追求大效益而付出小代价,符合刑罚经济原则。权衡得失,典型立法方法显然优于特例立法方法。① 摒弃特例立法思路,坚持典型立法方法,显然是科学的刑事立法应有的选择。这样,将设置罪种法定刑罚幅度的刑责相适应原则和刑罚目的观念导向的一般标准与典型立法的一般方法有机地结合起来,就能够从根本上控制和减少我国刑法中罪种法定刑罚幅度过大的现象,使罪种法定刑罚幅度趋向宽窄适度。

(二) 罪种法定刑罚幅度的确定化——量刑档次的确定

尽管如此,由于犯罪现象的复杂性,罪种的法定刑罚幅度很大有时确实是难以避免的。在此情况下,将同一罪种的构成要件根据情节轻重分成若干等级,相应地将幅度很大的罪种法定刑罚幅度再分解为若干数量的幅度相对较小的量刑档次,不失为优化罪种法定刑罚幅度、实现法定刑确定化的一种行之有效的救济措施,应当继续予以坚持。

我国刑法在设置犯罪构成等级和量刑档次方面存在的主要问题是:

(1) 作为具体量刑情节的基本构成要件、加重构成要件和减轻构成要件,在总体上都过于概括、简约,多数情节具有很大的弹性和模糊性,有的则以偏概全,单纯以数额确定量刑档次,真正规定既明确具体又轻重有别、层次分明的量刑情节的条文数量极其有限。修订后的《刑法》在严密刑事法网、完善犯罪构成方面虽然取得了很大进展,但并没有根本解决量刑情节的内涵不确定、外延不分明的痼疾,量刑情节与量刑档次发生错位的可能性仍然难以避免。而量刑情节与量刑档次的错位则意味着不同量刑档次界限的消失,其结果则必然是实际刑罚跨度增大。

(2) 多数罪种的具体量刑档次仍然幅度过大。以修订后《刑法》的规定为例,尽管1997年《刑法》在罪种量刑档次的完善方面取得了重要进展,但仍有许多条文规定分解后的量刑档次为拘役至5年徒刑、2年至7年徒刑、3年至10年徒刑、5年至15年徒刑、7年至15年徒刑、7年以上徒刑或无期徒刑、10年以上徒刑或者无期徒刑、10年以上徒刑或无期徒刑或死刑、死刑或无期徒刑或10年以上徒刑。这些量刑档次几乎相当于罪种法定刑罚幅度过大与否的临界点,以至于在许多条文中,对属于同一量刑情节的同种犯罪行为,既可以判处拘役,也可以判处5年徒刑;甚至既可以判处10年徒刑,也可以合法地判处死刑。如果再因量刑情节的弹性和模糊性而发生量刑档次适用上的错位,量刑的畸轻畸重就难以避免。

---

① 参见储槐植:《刑罚现代化:刑法修改的价值定向》,载《法学研究》1997年第1期;储槐植:《刑法修订与刑事政策》,载《中外法学》1997年第1期。

面对现实,笔者认为,在罪种法定刑罚幅度过大的状况一时难以根本改变的前提下,优化罪种法定刑罚幅度,一方面,需要进一步完善犯罪构成要件,使基本犯罪构成要件、加重犯罪构成要件或减轻犯罪构成要件具体化、明确化。逻辑学常识告诉我们,内涵和外延常常成反比,构成要件的表述越抽象、越概括,内涵就越少,而外延则越广;构成要件的表述越具体、越明确,内涵就越多,而外延则越小。构成要件明确化、具体化,可以使构成要件的内涵和外延达到易把握、可确定的要求,尽量避免构成要件表述上的模糊性和不同等级构成要件间的交叉。另一方面,则应当进一步缩小量刑档次,使量刑档次更具有确定性和可操作性,使量刑档次与量刑情节实现均衡和对价。实现后一目标的关键是根据罪行性质和危害程度合理地设置若干数量的不同等级的量刑情节,使量刑档次化大为小。这两个方面分别体现了罪刑法定原则对罪状之法定化、明确化和刑罚之法定化、明确化的要求。

至于量刑档次幅度多大为合理,目前学界并无统一认识。有的学者主张,量刑档次的合理跨度应视刑罚轻重而定,原则上 10 年以下有期徒刑的幅度应以 3 年左右为宜,如 2 年以下、2 年以上 5 年以下、5 年以上 7 年以下、7 年以上 10 年以下,10 年有期徒刑的幅度可以在 5 年左右,10 年以上有期徒刑只能与无期徒刑搭界,无期徒刑才能搭界到死刑。① 有的认为,轻罪的合理的量刑幅度为 3 年以下徒刑、拘役或者管制,重罪合理的量刑幅度为 3 至 7 年有期徒刑、7 至 15 年有期徒刑、无期徒刑或者死刑。② 笔者认为,合理的量刑档次的跨度没有一个贯穿始终的统一的标准,而应当根据犯罪的性质、情节和危害程度分别予以确定。原则上,罪行越轻微,量刑幅度应当越小,罪行越严重,量刑幅度则可以相对扩大一些。据此原则,我们设想,可以将罪种法定刑罚幅度按以下标准分解为具体量刑档次:

(1)罪种法定刑上限为 3 年或 3 年以下有期徒刑的,原则上可以不再分设量刑档次,罪种法定刑罚幅度即为量刑档次;

(2)罪种法定刑上限为 5 年有期徒刑的,可以以 2 年徒刑为界,设置 2 年以下徒刑、拘役或者管制和 2 年至 5 年有期徒刑两个量刑档次;

(3)罪种法定刑上限为 7 年有期徒刑的,可以以 3 年徒刑为界,设置 3 年以下徒刑、拘役或者管制和 3 年至 7 年有期徒刑两个量刑档次;

(4)罪种法定刑上限为 10 年有期徒刑的,可以以 5 年为界,设置 5 年以下徒刑、拘役和 5 年至 10 年有期徒刑两个量刑档次;

(5)罪种法定刑上限为 15 年有期徒刑的,可以以 5 年为界,设置 5 年以下徒刑或拘役、5 年至 10 年有期徒刑、10 年至 15 年有期徒刑三个量刑档次;

---

① 参见赵长青:《略论刑法分则条文的立法改革》,载《中外法学》1997 年第 1 期。
② 参见高铭暄主编:《刑法修改建议文集》,中国人民大学出版社 1997 年版,第 296 页。

(6) 罪种法定刑上限为无期徒刑的,可以以 5 年为界,设置 5 年以下徒刑或拘役、5 年至 10 年有期徒刑、10 年至 15 年有期徒刑、15 年有期徒刑或无期徒刑四个量刑档次;

(7) 罪种法定刑上限为死刑的,可以以 5 年为界,设置 5 年以下有期徒刑或拘役、5 年至 10 年有期徒刑、10 年至 15 年有期徒刑、15 年或无期徒刑、无期徒刑或死刑五个量刑档次。[①]

当然,在罪种法定刑罚幅度下面分设量刑档次的做法只是弥补罪种法定刑罚幅度过大的缺陷的一种救济措施,并不能从根本上解决法定刑罚幅度过大的问题。解决罪种法定刑罚幅度过大的根本措施,还是将前面所述的设置罪种法定刑罚幅度的科学依据和典型立法方法有机地结合起来,控制法定刑的上限和下限,而尤以控制法定刑的上限为要。在此基础上,再将犯罪分成若干等级,设置相应数量的量刑档次,使之等级分明、轻重有序、互为阶梯,这样,才能真正实现罪刑法定原则所要求的刑罚之法定化、明确化的要求。

(三) 罪种间法定刑罚幅度的衡平和协调

我国刑法规定的罪种法定刑罚幅度在纵向层面上存在跨度过大的问题,在横向关系上则存在罪种间刑罚水平不协调、不平衡的问题。这种情况不仅在 1979 年《刑法》中存在,在全国人大常委会制定的单行刑法中存在,而且也出现在修订后的 1997 年《刑法》中。其立法例有:

(1)在 1979 年《刑法》中,普通过失犯罪的法定刑明显高于业务过失犯罪。过失杀人罪的法定刑明显高于引起不特定多数人死亡的重大责任事故罪、交通肇事罪、玩忽职守罪法定刑。1997 年《刑法》对普通过失犯罪和业务过失犯罪的法定刑进行了调整,例如,第 233 条将过失致人死亡罪的法定刑由原来的 6 个月至 15 年有期徒刑调整为 6 个月至 7 年有期徒刑,使之基本上与业务过失犯罪保持平衡和协调。

(2)1979 年《刑法》第 143 条第 2 款规定,非法拘禁致人重伤的,处 3 年至 10 年有期徒刑;致人死亡的,处 7 年以上有期徒刑。而第 134 条第 2 款则规定,犯故意伤害罪致人重伤的,处 3 至 7 年有期徒刑;致人死亡的,处 7 年以上有期徒刑或者无期徒刑。使情节更为恶劣的非法拘禁致人死亡的法定刑反而低于致人死亡的故意伤害罪的法定刑。1997 年《刑法》纠正了这一立法缺陷,规定犯非法拘禁罪致人重伤的,处 3 年至 10 年有期徒刑;致人死亡的,处 10 年以上有期徒刑。但是,如果是使用暴力致人伤残、死亡的,则应当依照第 234 条故意伤害罪、第 232 条故意杀人罪定罪处罚。

(3)根据 1979 年《刑法》的规定,故意杀人罪的最高法定刑为死刑,故意伤害罪的最高法定刑为无期徒刑。但《关于严惩严重危害社会治安的犯罪分子的决定》则将故

---

① 上述设想省略了对法定刑下限的考虑。在具体设置量刑档次时,可以根据具体罪种法定刑罚幅度的下限确定最轻量刑档次的下限。

意伤害罪的法定刑上限提高到死刑,使杀人罪与伤害罪本应存在的刑罚差别消失。1997年《刑法》维持了关于故意伤害罪的法定刑上限为死刑的规定。《关于严惩严重危害社会治安的犯罪分子的决定》同时还规定,凡引诱、容留、强迫妇女卖淫,情节特别严重的,都可以在法定刑上限以上判刑,直至判处死刑(《关于严禁卖淫嫖娼的决定》取消了这一规定)。引诱、容留妇女卖淫与强迫妇女卖淫性质和危害程度截然不同,不加区别地规定同样的法定最高刑,显然是异罪同罚。

(4)《关于严禁卖淫嫖娼的决定》规定,组织他人卖淫罪的基本法定刑是10年以上有期徒刑或者无期徒刑,情节特别严重的,处死刑;强迫他人卖淫罪的基本法定刑是5年至10年有期徒刑,加重法定刑是10年以上有期徒刑或者无期徒刑;情节特别严重的,处死刑。根据这一规定,这两种犯罪起刑点远远高于故意杀人罪,法定刑上限为绝对确定的死刑。所以,这两种犯罪的法定刑实际远远高于故意杀人罪。1997年《刑法》对这一规定作了一些修改,规定组织他人卖淫或者强迫他人卖淫的基本法定刑为5年至10年有期徒刑,加重法定刑为10年以上有期徒刑或者无期徒刑,情节特别严重的,处无期徒刑或者死刑。这在一定程度上改变了原《关于严惩严重危害社会治安的犯罪分子的决定》规定的法定刑超常偏重的状况,但没有根本改变与其他罪种之间的法定刑不衡平、不协调的问题。

(5)根据《关于惩治贪污罪贿赂罪的补充规定》的规定,贪污、贿赂构成犯罪的数额起刑点一般为2000元。不满2000元的,只有情节较重的,才构成犯罪。而盗窃罪的数额起刑点,根据有关司法解释则仅为500元,这就产生了一种极不协调的现象:贪污罪和盗窃罪的法定刑上限虽然同为死刑,但性质和危害程度更为严重的贪污罪的最低法定刑反而低于盗窃罪。1997年《刑法》将贪污罪的数额起刑点大幅度提高至5000元,而盗窃构成犯罪的数额起刑点仍然是概括性的"数额较大",根据最高人民法院的司法解释,所谓"数额较大",一般是指盗窃财物数额在500元至2000元以上。从一定意义上讲,1997年《刑法》似乎加剧了贪污罪与盗窃罪的法定刑不协调的矛盾,既违背1997年《刑法》第4条确认的刑法面前人人平等原则,也与党和国家从严惩治贪污腐败行为的方针极不协调。

(6)1997年《刑法》第333条第1款规定:"非法组织他人出卖血液的,处五年以下有期徒刑,并处罚金;以暴力、威胁方法强迫他人出卖血液的,处五年以上十年以下有期徒刑,并处罚金。"可是该条第2款却又规定:"有前款行为,对他人造成伤害的,依照本法第二百三十四条的规定定罪处罚。"而根据第234条的规定,故意伤害他人身体的,基本法定刑为3年以下有期徒刑、拘役或者管制,致人重伤的,处3年至10年有期徒刑。其法定刑反而比非法组织或强迫他人卖血罪低。只有当致人死亡或者以特别残忍手段造成严重残疾而处10年以上有期徒刑、无期徒刑或者死刑时,才能判处较非法组织或强迫他人卖血罪为重的刑罚。

(7)1997年《刑法》第30条确认了单位犯罪。第31条规定,单位犯罪的,对单位判处罚金,并对其直接负责的主管人员和其他直接责任人员判处刑罚。这是关于单位犯罪的刑事责任的基本规定。至于具体如何对主管人员和其他直接责任人员判处刑罚,《刑法》总则没有统一规定。《刑法》分则有的条文规定,对单位犯罪,对单位判处罚金,并对其直接负责的主管人员和其他直接责任人员,依照前款关于自然人犯本罪的规定处罚,即单位犯罪中主管人员和其他直接责任人员的刑事责任和刑罚完全相同,自然人犯本罪的法定刑中并处罚金的,对单位犯罪负有直接责任的主管人员和其他直接责任人员,既要判处主刑,又要判处罚金,如《刑法》分则第三章第一节规定的生产、销售伪劣商品罪,第二节规定的走私罪等;有的条文则规定,除不判处罚金外,法定刑与自然人犯本罪的法定刑完全相同,如第182条操纵证券交易价格罪;有的条文则规定,如果自然人犯本罪应当判处罚金的,在单位犯罪中,对直接负责的主管人员和其他直接责任人员既不判处罚金,也不判处与自然人犯罪相同的刑罚,而另外专门规定了较自然人犯罪为轻的法定刑,如第191条洗钱罪。

以上是我国刑事立法出现的比较浅显易见的法定刑不协调、不平衡的立法例,而不为人直接观察到的潜隐着的罪种法定刑不协调,比这种外在化的法定刑不协调可能更多。罪种法定刑不协调,同罪异罚或者轻罪重罚、重罪轻罚,不仅破坏了罪与刑的对应和等价关系,而且破坏了刑罚功能的结构基础,破坏了刑罚结构内部的平衡和协调;不仅不能阻止犯罪,反而会助长和推动犯罪在更高等级和更大规模上重复进行。边沁在设计罪刑相称的规则时指出:"当两个罪行相联系时,严重之罪应适用严厉之刑,从而使罪犯有可能在较轻阶段停止犯罪。当一个人有能力和愿望犯两个罪行时,可以说它们是相联系的。一个强盗可能仅仅满足于抢劫,也可能从谋杀开始,以抢劫结束。对谋杀的处罚应该比抢劫更严厉,以便威慑其不犯更重之罪。如果对所犯之每份恶都规定与之相适应的刑罚,那么,就等于完善地实践了这一规则。假如一个罪犯盗窃10克朗与盗窃20克朗所受刑罚是同样的,那么只有傻瓜才会少拿而不多拿。对不同之罪的相同之刑经常促使人犯重罪。"[1]因此,边沁认为,刑罚应当具有可成比例的特质,即"如果一个人有机会犯两个不同之罪,那么法律应该促使其不犯更严重的那一个。假如他发现犯更重之罪将接受更重之刑,就可能产生这样的效果。这样,应该是他自己能比较这些刑罚,并测定其不同的严厉程度"[2]。

因此,优化罪种法定刑罚幅度的重要任务之一,就是横向比较罪种社会危害性的

---

[1] 〔英〕吉米·边沁:《立法理论——刑法典原理》,孙力等译,中国人民公安大学出版社1993年版,第69页。
[2] 〔英〕吉米·边沁:《立法理论——刑法典原理》,孙力等译,中国人民公安大学出版社1993年版,第77页。

程度差别,以此为基础,坚持重罪重罚、轻罪轻罚、同罪同罚、异罪异罚,使罪与罪之间的法定刑在横向上保持平等和协调,具有等差性和可成比例性。这既是 1997 年《刑法》第 5 条确认的罪责刑相适应原则的要求,也是我国区别对待的刑事政策和法制统一原则的要求,更是保持刑罚结构功能协调、实现刑罚目的的要求。应当指出的是,在纵向层面实现罪种法定刑罚幅度的宽窄适度与在横向层面保持罪种法定刑罚幅度间的平衡和协调,可以说是一体两面,并行不悖。只要立法者在立法价值论上真正坚持罪责刑相适应原则、罪刑法定原则和法制统一原则,在立法方法论上坚持系统论的层次性原则、统一性原则和协调性原则,在立法过程中坚持实事求是的思想路线和严谨、周密、细致、认真的工作作风,尊重立法工作的客观规律,排除主观主义和长官意志,就可以消除明显的、外在化的罪种法定刑间不平衡、不协调的现象,并将潜隐着的罪种法定刑不平衡、不协调现象控制到最低限度。

不同罪种的性质、特征、情节和危害程度不尽相同,所以不同罪种的法定刑罚幅度不可能完全相同或一致,也不可能绝对实现数量化的比例确定。但是,罪种法定刑罚幅度平衡和协调,至少要求满足以下基本要求:

(1)同种性质的犯罪行为中,造成实际危害结果的实害犯的法定刑应当比仅仅导致危害结果发生危险的危险犯的法定刑重,并且危害结果越严重,犯罪情节越恶劣,实害犯的法定刑就应当越重。

(2)过失犯罪中,业务过失犯罪的法定刑原则上应当比普通过失犯罪重。在现代科技革命条件下,业务过失犯罪的数量不断增多,社会危害性日益加大,普通过失犯罪的数量和社会危害性的程度则相对下降。适时地对此趋势作出反应,适当降低普通过失犯罪的法定刑幅度,提高业务过失犯罪的法定刑幅度,是各国刑法改革的共同方向。

(3)利用职务实施的犯罪的法定刑应当比非职务性的同种犯罪行为的法定刑重,即国家工作人员或者其他具有法律要求的特定身份的人员利用职务、业务或职务、业务所形成的便利条件实施不具有特定身份的人员同样可以实施的犯罪,不论立法上是否将其犯罪行为单独规定为新的罪种,其法定刑都应当比不具有特定身份的人员实施同种犯罪行为的法定刑重。例如,贪污罪不仅侵犯了公共财产,而且亵渎了国家工作人员职务行为的廉洁性,较之普通侵犯财产罪的盗窃罪、诈骗罪具有更大的社会危害性。其犯罪构成的数额起刑点不应当高于盗窃罪、诈骗罪,而应当至少与盗窃、诈骗构成犯罪的数额起刑点持平,甚至应当更低,其法定刑的下限和上限都应当高于盗窃罪和诈骗罪法定刑的下限和上限。

(4)在侵犯人身的犯罪中,造成死亡结果的犯罪的法定刑应当高于仅仅造成伤害结果的犯罪的法定刑;具有直接造成被害人死亡结果的故意的犯罪的法定刑应当高于没有造成被害人死亡结果的故意的犯罪的法定刑;在实施其他犯罪行为的同时故意造成被害人伤亡的犯罪的法定刑应当比单纯的伤害罪、杀人罪的法定刑重,或者至少不比单纯的伤害罪、杀人罪的法定刑轻。

(5)暴力性犯罪的法定刑原则上应当比非暴力性犯罪的法定刑重。例如,侵犯公民人身权利的犯罪的法定刑一般应当重于单纯侵犯公民财产权利、民主权利的犯罪的法定刑;使用暴力手段实施侵犯公民人身权利、财产权利或民主权利的犯罪的法定刑应当重于使用非暴力手段实施上述犯罪的法定刑;对危害特别严重的暴力性犯罪可以适量规定死刑,而对不直接侵犯人身的非暴力性犯罪则不宜规定死刑。

(6)侵犯在刑法上具有特殊意义的特定对象的犯罪的法定刑应当比侵犯普通对象的犯罪的法定刑重。1997年《刑法》第359条第2款规定的引诱幼女卖淫罪的法定刑重于第1款规定的引诱、容留、介绍他人卖淫罪的法定刑,是体现这一原则的比较典型的立法例。

(7)有组织性的犯罪的法定刑应当比非组织性的单纯的个人实施的犯罪的法定刑重。犯罪的组织化是当今时代各国普遍面临的问题。犯罪由孤立的个人反对统治关系的斗争逐渐演变为联合起来的罪犯有组织、有计划、经常性甚至职业性的活动,表明其社会危害性也逐渐发生了质变。因此,各国刑法对有组织的犯罪一般都规定了严厉的刑罚,不仅对有组织地实施犯罪行为规定了比孤立的个人犯罪严厉的法定刑,有的还专门规定组织、成立、领导或参加以犯罪为主要目的和活动的犯罪组织的行为本身即构成犯罪,相应地规定严厉的刑罚。1997年《刑法》第317条组织越狱罪的法定刑重于第316条脱逃罪的法定刑、第318条组织他人偷越国(边)境罪的法定刑重于第322条偷越国(边)境罪的法定刑,是对有组织的犯罪活动从严惩处的典型立法例;而第120条规定的组织、领导和积极参加恐怖活动组织罪,第294条规定的组织、领导、参加黑社会性质组织罪,则是将犯罪组织本身犯罪化并规定相应法定刑的最新的立法例。

(8)单位犯罪中直接负责的主管人员和其他直接责任人员的法定刑应当统一。笔者认为,1997年《刑法》关于单位犯罪中主管人员和其他直接责任人员法定刑规定的三种方式都存在不足。第一种方式规定与自然人犯本罪的法定刑完全相同,实际上抹杀了单位犯罪与自然人犯罪的本质区别。既对犯罪的单位判处罚金,又对直接负责的主管人员和其他直接责任人员判处与自然人犯本罪完全相同的刑罚,有违背禁止双重惩罚原则之嫌,殊不可取。第二种方式规定对犯罪的单位判处罚金,对直接负责的主管人员和其他直接责任人员仅科处自由刑,这种立法方式实际上是将财产刑与自由刑机械地分摊给犯罪的单位和对单位犯罪负责的个人。且不说这种"一刀切"式的分摊法是否符合单位犯罪刑事责任的本质,单就效果论,对直接负责的主管人员和其他直接责任人员排除罚金刑的适用,仅科处自由刑,存在助长利欲熏心的犯罪分子出于规避罚金刑的经济制裁的考虑,而以单位犯罪的形式实施犯罪的可能。显然,这种法定刑立法方式也是不可取的。第三种方式考虑到了单位犯罪区别于自然人犯罪的本质特征,因而相对减轻了单位犯罪中主管人员和其他直接责任人员的刑事责任,规定了较自然人犯本罪为轻的法定刑,这是其合理之处。但是,这种方式也对责任人员排除罚金刑的适用,具有与第二种方式同样的潜在危险,因而也需要加以完善。笔者认为,单位犯罪是为单位谋取非法利益,经单位集体决定或者由负责人员决定实施的犯罪,与自然人犯罪是为本人谋取非法利益并由本人决定实施具有本质区别,单位犯罪的刑事责任应当由犯罪的单位和决定或参与实施犯罪的人员共同承担。在现行刑罚体系下,单位以罚金刑的方式承担其应当承担的刑事责任,其余的刑事责任则由决定或参与犯罪的人员来承担。由于单位已经承担了一部分刑事责任,所以不能再要求有关责任人员承担单位犯罪的全部刑事责任,而只能要求其承担扣除单位承担的刑事责任以后所剩的刑事责任,据此就只能对有关责任人员规定比自然人犯本罪的法定刑轻的法定刑。这是单位犯罪中有关责任人员承担刑事责任的基本原则。同时考虑到有关责任人员往往从单位犯罪中获取经济利益,如果自然人犯本罪的法定刑中包括并处罚金刑,那么,对单位犯罪的有关责任人员在规定相对较轻法定刑的原则基础上,可以采取得并科罚金制,由法官根据案件具体情况,主要是有关责任人员个人是否谋取了非法经济利益,决定是否判处罚金。笔者将这种法定刑立法方式简称为必减轻法定刑加得并科罚金刑模式。笔者主张,对所有的单位犯罪中有关责任人员的法定刑都应当统一采用这种必减轻法定刑加得并科罚金刑模式,这样,既符合单位犯罪刑事责任的本质,也有利于单位犯罪的法定刑的协调统一。

死刑改革:立法和司法两路并进*

2011年《刑法修正案(八)》废除了13个经济性非暴力犯罪的死刑,2013年党的十八届三中全会决定,完善人权司法保障制度,逐步减少适用死刑罪名。这表明我国已经正式启动了死刑制度改革的历史进程。根据国情,死刑消减将立法和司法两路并进。

一、刑法立法:治理需要抑或罪刑适应

关于立法,明确死刑的正当性是首要问题。死刑正当与否,取决于死刑设置的根据是客观性根据,还是主观性根据。主观性根据是"需要",需要是行为主体(组织、个人)追求的价值,属于主观性范畴。主观性的一个特征是可变性,主观性与随意性孪生,易使死罪概念虚化,死刑标准模糊,导致罪刑关系失当,正当性受到质疑。我国《刑法》分则共十章,除第九章"渎职罪"没有规定死刑,设置死刑的分则有九章。现在仍有55个死刑罪名,其中多数都经不住刑法罪刑相适应原则的考验。刑法作为基本法,是国家治理体系的重要组成部分。死刑立法的设置范围如此宽泛,其缘由无非国家治理的需要。国家需要借助死刑的威慑效应以维护秩序稳定,将死刑视作治国理政的一种工具。在当今文明世界的时代背景下,我国刑法立法广泛规制死刑罪名,即使同其他保留死刑的国家相比,也显得过于另类和异样,有损大国形象,不合强国自信。

在国民心理尚未超越报应观念的我国社会背景下,"杀人偿命"这种朴素报应的民意民情具有相对合理性,相合客观公正。《刑法》第5条规定:"刑罚的轻重,应当与犯罪分子所犯罪行和承担的刑事责任相适应。"罪刑相适应原则具有客观真理性,杜绝罪刑关系失衡。死刑的本质是剥夺(罪犯)生命,相应地,死刑的客观根据应是针对剥夺(他人)生命的罪行,即死刑只适用于致命性暴力犯罪。死刑与死罪相对应,这就是自然正义。这同我国1998年签署的《公民权利和政治权利国际公约》规定的"在未废除死刑的国家,判处死刑只能是作为对最严重的罪行的惩罚"相合。需要特别指出的是,该公约的"最严重的罪行"着眼于立法上的罪种,外延狭窄;而我国《刑法》第48条规定的"罪行极其严重"则是立足于司法操作,外延相对宽松。这不是文字排序的差

---

* 原载《中国法学》2015年第3期。

异,而是观念有异。

如果刑法立法依据"死刑只适用于致命性暴力犯罪"理念,我国刑法上可适用死刑的罪名将不超过 10 个。欲达此目标,恐非易事,可能"任重道远"。乐观估计,也许 10 年有望成就。其实,达此目标并非难事,也许只要顶层的一个政治决断。根据世情与国情,在立法上把死刑罪名减少到 10 个左右,有利于人权保障,对社会治安(基础当为综合治理)不会有危险。果如是,定会赢得广泛喝彩。

二、刑事司法:罪大又恶极抑或罪大不恶极

2012 年 2 月最高人民法院《关于贯彻宽严相济刑事政策的若干意见》中要求,"要依法严格控制死刑的适用,统一死刑案件的裁判标准,确保死刑只适用于极少数罪行极其严重的犯罪分子"。"两极"精神的贯彻执行很不理想。此中原因复杂,既有司法方面的原因,更有司法以外的原因。

当今世界许多国家正是通过司法裁判减少适用死刑,进而拒绝适用死刑,直至在事实上宣告死刑制度走向灭亡,并最终推动国家立法机关通过立法正式宣告死刑制度消亡。可以想见,通过司法渐进地控制乃至大幅度减少死刑,从而促进立法机关批量地削减死刑,将是我国死刑制度改革的可行选择。因而应当关注司法实践,在逻辑上要完整解读《刑法》第 48 条第 1 款:"死刑只适用于罪行极其严重的犯罪分子。对于应当判处死刑的犯罪分子,如果不是必须立即执行的,可以判决死刑同时宣告缓期二年执行。"学界通说认为,"死刑只适用于罪行极其严重的犯罪分子"是指死刑适用的法律标准。诚然,"罪行极其严重"为死刑适用的一般化标准,不能因人而异,同等情况同等对待属行为刑法,体现形式理性。然而,死刑有两种执行方式,立即执行和缓期二年执行,死刑一般化标准不足以区分死刑的两种执行方式。所以,通说实际上不得不将"不是必须立即执行的"理由置于法外(《刑法》第 48 条之外)去论说,这不合法治思维。其实,"死刑只适用于罪行极其严重的犯罪分子"的完整本义是死刑适用对象:该适用死刑判决的必须是"罪行极其严重",而执行方式的不同选择取决于具体"犯罪分子"的不同情况,需因人而异,属行为人刑法,体现实质理性。因此,《刑法》第 48 条第 1 款第 1 句应理解为立法规定的死刑适用对象。最高人民法院《关于贯彻宽严相济刑事政策的若干意见》规定,"严惩严重刑事犯罪,必须充分考虑被告人的主观恶性和人身危险性"。"宽严相济刑事政策中的从宽,主要是指对于情节较轻、社会危害性较小的犯罪,或者罪行虽然严重,但具有法定、酌定从宽处罚情节,以及主观恶性相对较小、人身危险性不大的被告人。"这表明刑法适用对象的具体情况对刑罚裁量有影响。准确适用《刑法》第 48 条,可否判处死缓(不是必须立即执行的),主要看"犯罪分子"的具体

情况,考察其主观恶性深浅和人身危险性的大小,这就是犯罪分子的人格状况。人格就是人的品格,个人的道德品质。人格考察目的是查明《刑法》第 5 条规定的"刑事责任"(罪责)。涉及可否判处死缓的人格考察不属刑事诉讼法审理未成年人刑事案件的社会调查特别程序,在实际办案过程中无须另外投入即可取得这方面的信息。人格考察事项内容多数并非法定情节,基本是非规范因素(有司法解释的认可),但是诸多酌定情节综合起来却能真实反映犯罪人的人格状况,即主观恶性和人身危险性的有无和大小,从而直接影响刑罚裁量。实现刑罚个别化,对罪行极其严重的犯罪分子,还要关注其主观恶性和人身危险性状况。依据司法经验,主要是看"三罪"情况,即罪前、罪中和罪后情况。对"三罪"情况的了解,辩护律师责无旁贷,也是落实"被告人有权获得辩护"(《宪法》第 125 条)的宪法权利的首要机制。律师作用发挥强弱(律师的刑诉参与状况)与落实被害人宪法权利关系密切。值得点赞的是,党的十八届四中全会第一次鲜明提出"法治工作队伍"概念,明确提出律师队伍是其中的重要组成部分。2015 年新春之际,最高人民检察院就贯彻落实中共中央《关于全面推进依法治国若干重大问题的决定》作出部署,提出要"认真落实《最高人民检察院关于保障律师执业权利的规定》,依法保障律师会见、阅卷、调查取证等权利,规范听取律师意见制度,对律师提出的不构成犯罪、罪轻或者减轻免除刑事责任、无羁押必要、侦查活动有违法情况等意见,必须及时进行审查,从工作机制上保证律师意见被听取、合理意见被采信"。这是一个历史性进步,我们乐观地期盼许诺成真。

  法院通过对"三罪"情况的了解,可以得知犯罪人的主观恶性深浅和人身危险性大小,从而决定对被判处死刑的犯罪人可否适用缓期执行。实践表明,死缓即不死。1997 年《刑法》第 48 条关于死刑的规定修改自 1979 年《刑法》第 43 条。修改前的条文规定,"死刑只适用于罪大恶极的犯罪分子"。可见,死刑适用标准由"罪大恶极"改为"罪行极其严重"。"罪大恶极"由两个异质子项即"罪大"与"恶极"合成。"罪大"是指客观罪行很严重,"恶极"指主观恶性很深重。两个异质因素共组一种规制标准,不可避免地带来理解上的多样性,从而导致实务纠结,其结果是增添了死缓适用的难度,因为死刑两种执行方式界限不清,在重打思维支配下,宁重勿轻。但对现行《刑法》第 48 条死刑适用对象,根据事理逻辑,应当理解为"罪大不恶极"的判处死刑缓期执行,"罪大又恶极"的方可适用死刑立即执行。完整解读《刑法》第 48 条,加上切实保障被告人获得辩护的宪法权利得以充分行使,应是司法实践贯彻少杀政策的最佳路径。

余论

  另一个非规范因素,即被害方态度对死刑案裁判有没有影响,有多大影响? 司法实践中对此认识不一致。从刑罚的社会功效看,应承认被害方态度有影响作用。从杜绝以钱买命的可能性考察,被害方态度不可影响死刑裁判。在认为有影响的意见中,还有程度差异。这确实是个棘手问题。笔者以为,应承认其有影响,但得有底线:本不该判处死刑立即执行,而被害方要求立即执行的,不可以;本该立即执行死刑,但被害方认可死缓的,可允许。此谓守望正义。

论刑法典分则修订的价值取向[*]

第八届全国人大第五次会议审议通过了修订后的《中华人民共和国刑法》(以下简称1997年《刑法》),这是1979年《刑法》颁布以来对刑法进行的第一次比较系统、全面的修改。此次修订刑法的基本目标是制定一部统一和比较完备的刑法。所谓统一,就是要改变1979年刑法法源过多的现状,将23部单行刑法和散见于民事、经济、行政法律中的130余条附属刑法规范统一规定于刑法典中。所谓完备,就是要将现行刑法规范统一于刑法典的基础上,总结司法实践经验,适应改革开放和建设社会主义市场经济的需要,进一步严密刑事法网,严格刑事责任,将需要追究刑事责任的危害行为犯罪化。1997年《刑法》的颁布,是完善我国刑事法律制度和司法制度、建立与市场经济体制相适应的具有中国特色社会主义法律体系的重大举措,对于加强刑事法制建设,建设社会主义法治国家,具有重要意义。

一、刑法分则的功能与刑法分则修订的价值取向

保护社会功能和保障人权功能是现代法治国家刑法的两大功能,作为刑法两大基本构成的总则和分则当然都要体现刑法的两大功能,但两者价值取向的重点有所不同。刑法分则的直接任务是确定犯罪的构成条件和法定刑。尽管刑法分则在确定犯罪构成时应当使犯罪构成要件具体化、明确化,减少模糊概念的使用,控制法定刑的种类和幅度,使犯罪构成和法定刑保持确定性,实现罪和刑相适应,从而体现其保障功能。但比较而言,刑法分则更为重视的是刑法的保护功能。刑法分则的核心是确定刑法的调控范围,编织刑事法网,使犯罪分子没有逃脱惩罚的可能;同时对所规定的犯罪配置适当的刑罚,使犯罪分子受到应得的惩罚。严密刑事法网、确定应得刑罚,突出保护功能,体现了刑法分则最基本的价值取向。

1997年《刑法》对刑法分则的修改是根据上述价值取向进行的。1979年《刑法》分则存在的主要问题是结构上的"厉而不严"。"厉"主要表现在刑法分则尤其是单行刑法对所规定的犯罪普遍设置了比较严厉的法定刑,对80多种犯罪规定了死刑;"不严"主要表现在,对许多应当纳入刑法调控范围的危害社会行为,由于各种原因,却没有予

---

[*] 原载《中国法学》1997年第2期,与梁根林合作。

以犯罪化,有的虽然规定为犯罪,但在犯罪构成的设计上存在疏漏、界限不清,造成执行中的随意性。此外,"不严"也表现在刑法规范具有多种法源,除刑法外,散在于 23 个单行刑法以及 130 余个附属刑法条文中,规范之间缺乏内在的协调性和逻辑一致性。这些缺陷和不足是促使国家立法机关对刑法进行系统、全面修改的主要动力。由于刑罚投入总量的削减,特别是死刑的削减涉及刑法观念和刑事政策的重大调整难度大,而严密刑事法网、完善犯罪构成则完全契合司法实践的需要,相对难度较小。所以,1997 年《刑法》着重致力于严密刑事法网、完善犯罪构成,以便在强化刑法保护功能的基础上,同时发挥刑法的保障功能。两大价值取向体现于刑法分则修订的全过程和各方面。

二、刑法分则修订的价值取向之一——严密刑事法网,强化保护功能

(一) 完善刑法分则体系

1979 年《刑法》根据犯罪行为侵犯的同类客体及其社会危害程度,将所规定的 130 多种犯罪归纳为八大类,八类罪基本上按照由重到轻的原则排列先后顺序。在每一类罪中,各种犯罪的顺序也主要是根据犯罪的社会危害程度,同时兼顾罪与罪之间的内在联系,按由重到轻的顺序排列,这种分类和排列顺序构成了 1979 年《刑法》的分则体系。近 17 年来,全国人大常委会通过制定单行刑法和附属刑法规范的形式,修改补充了 220 多个罪名。此次修订刑法时首先要将这些修改、补充的罪名统一纳入刑法,同时还要根据严密刑事法网的需要进一步增设新的犯罪构成。这样修改后的刑法规定的犯罪将达到 380 种以上,分则条文数量也增加了 2.3 倍以上。因此,修改刑法就必然面临着如何重新编排刑法分则体系的问题,由此引发了关于刑法分则体系的大章制和小章制之争。大章制论者主张,除个别章节调整外,基本保持 1979 年《刑法》分则体系不变,对内容庞杂、条文过多的类罪可以在章下设节,每节分为不同的犯罪类型。小章制论者主张,重新编排刑法分则体系,将原来内容庞杂、条文繁多的犯罪类型再细分为若干章,和其他章(犯罪类型)共同组成修改后的刑法分则体系。按小章制重新构架刑法分则体系是刑法学界的多数意见。但本着保持刑法的连续性和稳定性,能不改的尽量不动的原则,1997 年《刑法》最终还是保留了大章式的定制。根据大章制的构想,1997 年《刑法》对刑法分则体系作了下列修改:

(1)取消了反革命罪的类罪名,代之以危害国家安全罪。反革命不是严格的法律术语,内涵不易确定,尤其是反革命目的难以认定。根据反革命目的的确定反革命罪的构成增加了公诉机关的证明难度,容易出现对犯罪性质的错误认定,导致放纵犯罪或冤枉无辜;同时,反革命罪容易被人误解为政治犯罪,而授人以柄。因此,1997 年《刑

法》取消了反革命罪的类罪名,将 1979 年《刑法》规定的具有危害国家安全性质的反革命犯罪归入危害国家安全罪,其余的则分别归入危害公共安全罪、侵犯公民人身权利和妨害社会管理秩序罪。

(2)将原破坏社会主义经济秩序罪易名为破坏社会主义市场经济秩序罪;取消了妨害婚姻家庭罪的类罪名,将妨害婚姻家庭的具体犯罪归入侵犯公民人身权利、民主权利罪中;增设了危害国防利益罪和贪污贿赂罪;将军人违反职责罪纳入刑法。

(3)改变了原刑法分则章下不设节的定制,在第三章破坏社会主义市场经济秩序罪和第六章妨害社会管理秩序罪下分设八节和九节。

这样,1997 年《刑法》的分则体系就是由危害国家安全罪,危害公共安全罪,破坏社会主义市场经济秩序罪,侵犯公民人身权利、民主权利罪,侵犯财产罪,妨害社会管理秩序罪,危害国防利益罪,贪污贿赂罪,渎职罪和军人违反职责罪十章构成,并按上述顺序予以排列。1997 年《刑法》对上述犯罪进行分类的标准仍然是犯罪侵犯的同类客体,同时为突出对常见多发、危害较大的贪污贿赂罪的打击,又将其从普通渎职罪中分离出来成为独立的一类罪,与渎职罪和其他类罪并列;对犯罪进行排列的顺序基本上仍然按照犯罪的社会危害程度由重到轻排列,同时考虑到类罪之间的内在联系和个别类罪的特殊性,作了必要的例外处理,如考虑到贪污贿赂罪和渎职罪在犯罪的同类客体上的同一性,将这两类犯罪分别放置在刑法分则第八章和第九章,考虑到军人违反职责罪犯罪主体的特殊性,而将其放在刑法分则的最后一章即第十章。

(二) 重点严密多发性犯罪的犯罪构成

严密刑事法网的关键在于为刑法分则所规定的犯罪设计严密、完整、科学的犯罪构成。而严密犯罪构成的重点和难点则在于多发性犯罪。经验表明,多发性犯罪虽然种类不多,但在刑事案件发案总量中往往占绝大比例。控制住了多发性犯罪,就完成了犯罪控制的主要任务。多发性犯罪,不仅发案数量大,而且卷入犯罪的犯罪分子的数量多,同一犯罪分子重复实施犯罪的概率大。实施同种犯罪的犯罪分子数量的增多必然会导致同种犯罪以多种不同的方式实施,同一犯罪分子经过多次犯罪也会积累犯罪经验,通过处理犯罪信息来改变传统的与法律规定的犯罪构成直接对号入座的行为方式,采取以规避法律制裁为目的的多种形式实施同一犯罪。因此,为了防止多发性犯罪逃脱法网,一方面需要设计与犯罪形式的多样性相对应的多种犯罪构成,实现多发性犯罪的罪刑系列化。另一方面则应适当选用堵截构成要件,形成法网恢恢疏而不漏的格局。堵截构成要件是指刑事立法制定的具有堵塞、拦截犯罪人逃漏法网功能的构成要件。如果说罪刑系列化的立法方法是通过犯罪构成的明确性和具体化反映犯罪形式的多样性,那么,堵截构成要件的立法方法则运用其概括性和弹性对付犯罪形式的复杂性,两者可以说是殊途同归,目的都是严密刑事法网,不放纵犯罪。为了实现严密刑事法网、发挥刑法的保护功能,1997年《刑法》在致力于完备刑法分则所规定的各种犯罪的犯罪构成的同时,综合运用上述刑事立法方法,对多发性犯罪的犯罪构成进行了重点设计。

1. 盗窃犯罪的犯罪构成设计

古今中外的犯罪统计资料均表明,盗窃犯罪是最为常见、形式最多、数量最大的一种犯罪。为了严密盗窃罪的刑事法网,防止犯罪分子逃脱惩罚,经验丰富的立法者往往针对盗窃犯罪形式的多样性,采用罪刑系列化的立法方法,规定盗窃犯罪的多种构成要件。例如,《德国刑法典》除普通盗窃罪外,还规定了重盗窃、携带武器盗窃、结伙盗窃、擅用交通工具、盗用电能等八种盗窃罪。《美国模范刑法典》规定了七种盗窃罪。我国1997年《刑法》首先根据普通盗窃罪的社会危害性的程度,将普通盗窃罪分为界限明确的四个等级(纵向的罪刑系列)。在普通盗窃罪的基本构成要件中,在保留原刑法规定的"数额较大"的构成要件的同时,增设了"多次盗窃"的构成要件,从而弥补现行刑法盗窃罪构成要件单纯以赃论罪的缺陷,能够有效地防止那些多次盗窃屡教不改、再犯可能性很大,但累计数额又不够"数额较大"标准的犯罪分子逃脱刑事法网。在基本构成要件的基础上,1997年《刑法》对普通盗窃规定了三级加重的构成要件。除了普通盗窃罪的纵向的罪刑系列外,1997年《刑法》还增设了盗窃电信服务的盗窃罪,大体上形成了盗窃罪的严密的犯罪构成网络。

2. 诈骗犯罪的犯罪构成设计

诈骗犯罪是除盗窃罪以外的又一常见、多发的侵犯财产罪,而且经验表明,在市场经济社会,诈骗犯罪似有日益增多的趋势。现代各国刑法典对这种多发性犯罪无不精心设计了多种犯罪构成。例如,《德国刑法典》规定了诈骗、电脑诈骗、诈骗救济金、资本投资诈骗、诈骗保险金、骗取服务、信贷诈骗等多种诈骗犯罪。《法国刑法典》在规定诈骗罪的基本构成要件的同时规定了各种与诈骗罪相近似的犯罪。我国1997年《刑法》一方面在破坏社会主义市场经济秩序罪中规定了用诈骗方法非法集资罪,诈骗贷款罪,金融票据诈骗罪,信用证诈骗罪,信用卡诈骗罪,使用伪造、变造的有价证券诈骗罪,保险诈骗罪,骗取出口退税罪,虚开增值税专用发票骗取国家税款罪,骗取增值税专用发票或其他发票罪,虚假广告罪,合同诈骗罪等十多种具有特别构成要件的诈骗罪,使经济活动领域的诈骗犯罪的犯罪构成和法定刑形成了一个严密的罪刑系列。另一方面又在侵犯财产罪中保留了基本构成的诈骗罪,并为其规定了三个等级的有弹性的构成要件和法定刑,以发挥其不能适用特殊形式诈骗罪的犯罪构成时的堵漏功能。

3. 玩忽职守犯罪的犯罪构成设计

玩忽职守犯罪是最为常见的一种渎职犯罪。1979年《刑法》仅在第187条运用"玩忽职守,致使公共财产、国家和人民利益遭受重大损失"这样一个极富弹性的描述界定了玩忽职守罪的构成要件,导致司法实践中玩忽职守罪因内涵不明确、外延不确定而成为"口袋罪"。为了解决玩忽职守罪犯罪构成的这一重大缺陷,1997年《刑法》在系统总结十多年来民事、经济和行政法律中"依照""比照"刑法玩忽职守罪追究刑事责任的条文的规定和司法实践经验的基础上,将玩忽职守犯罪分解为二十几种具有特殊构成要件的具体玩忽职守犯罪,使常见多发的玩忽职守犯罪形成了一个比较完整的罪刑系列。同时,由于上述具体玩忽职守罪基本上是以行业为标准对特定犯罪构成要件进行列举,列举式的规定难免具有外延上的不周延性。为了防止犯罪分子逃脱法网,1997年《刑法》又保留了原刑法规定的普通玩忽职守罪,以"滥用职权或者玩忽职守,致使公共财产、国家和人民利益遭受重大损失"为其基本构成要件。"滥用职权"或者"玩忽职守"仍然是概括性很强的构成要件,足以涵盖上述诸多具有特殊构成要件的玩忽职守罪以外的其他一切形式的玩忽职守犯罪。

4. 受贿罪的犯罪构成设计

受贿罪是以权换钱,搞权钱交易,侵犯了公务、业务行为的廉洁性,是稳定政权、发展经济的大敌。当今世界文明社会的肌体均面临以受贿罪为主要形式的腐败现象的严重侵蚀。许多国家的刑法典对于这种多发性的职务犯罪和经济犯罪,均规定了多种犯罪构成。例如,《日本刑法典》规定了7种受贿罪。完善受贿罪的犯罪构成一直是我国刑事立法追求的目标。1979年《刑法》第185条规定了受贿罪的构成,全国人大常委会《关于惩治贪污罪贿赂罪的补充规定》进一步明确了受贿罪的基本犯罪构成,同时增设了违反规定收受回扣、手续费归个人所有的准受贿罪和单位受贿罪。全国人大常委会《关于惩治违反公司法的犯罪的决定》又增设了业务受贿罪。1997年《刑法》吸收了上述规定,同时又总结司法实践经验,重新确定了受贿罪的犯罪构成体系。根据1997年《刑法》的规定,受贿罪包括业务受贿罪和受贿罪(公务受贿罪)两大类。业务受贿罪包括典型的业务受贿罪和准业务受贿罪两种。关于受贿罪,1997年《刑法》采取主从式的罪刑系列立法方法,首先规定了普通受贿罪的基本构成要件,在此基础上规定了四种修正的受贿罪的构成要件:准受贿罪;加重的受贿罪,即公务人员利用职务上的便利敲诈勒索他人财物的受贿罪;单位受贿罪;斡旋受贿罪,即国家机关工作人员利用本人职权或地位形成的便利条件,通过其他国家机关工作人员职务上的行为,为请托人谋取不正当利益,索取或收受请托人的财物的受贿罪。此外,1997年《刑法》还吸收了全国人大常委会《关于惩治贪污罪贿赂罪的补充规定》中拥有来源不明的财产罪的规定,堵截那些拥有明显超过其合法收入的财产而又不能证明其系贪污受贿所得的犯罪分子成为漏网之鱼的可能。总的说来,1997年《刑法》对受贿罪的构成要件的设计朝着严密受贿罪的刑事法网前进了一大步。对于加强反腐倡廉、惩治贿赂犯罪将起到积极作用。但1997年《刑法》所设计的受贿罪犯罪构成网络并没有严密到足以包容全部变形的严重的受贿行为。

根据对上述四种多发性犯罪的犯罪构成的分析,可以看出,立法者对这些多发性犯罪采取了罪刑系列化犯罪构成与堵截犯罪构成相结合的立法方法,这是我国刑事立法方法的重大进步。恰当地运用这两种刑事立法方法,使之有机结合,能够保证使犯罪构成的条件适应犯罪形式的多样性,实现严密刑事法网。在这样的刑事立法方法组合中,规定具体犯罪构成的条文和规定普通犯罪构成的条文的竞合不仅是不可避免的,而且也是必要的。因此,1997 年《刑法》在规定诈骗罪和玩忽职守罪基本构成要件后都明确规定"本法另有规定的,依照规定",从而确认了发生法条竞合时,规定具体犯罪的条文应当优先于规定普通犯罪的条文适用的处理原则。

(三) 现实性和预见性相结合

囿于"法律是稳定的社会关系的调节器"的传统立法指导思想,我国刑法在确定调控范围时历来主张"先实践后立法""成熟一个制定一个",在积累了比较成熟的实践经验的基础上,再将危害行为正式予以犯罪化。这种立法指导思想难以避免刑法的被动性、滞后性和不稳定性。1997 年《刑法》纠正了这种单纯经验立法的偏向,既严密了已呈相对稳定状态,并且积累了丰富司法实践经验的犯罪的犯罪构成,又充分考虑了未来犯罪变化和发展的趋向,根据对犯罪规律的科学预测,规定了许多已经显现或即将出现的危害行为的新的犯罪构成,从而将刑法反映现实和刑法预见未来有机地结合起来。其主要表现是:

1. 适应维护社会主义市场经济体制的需要,建立了严密的破坏经济秩序的犯罪构成网络

1997 年《刑法》用 1 章 8 节 90 多个条文全面、系统地规定了各种类型的破坏社会主义市场经济秩序罪的犯罪构成,构成了刑法中的一部完整的"经济刑法"。这些犯罪,既有 1979 年《刑法》规定的传统经济犯罪(罪名相同,但构成要件更丰富);又有全国人大常委会《关于惩治生产、销售伪劣商品犯罪的决定》《关于惩治走私罪的补充规定》《关于惩治违反公司法的犯罪的决定》《关于惩治破坏金融秩序犯罪的决定》《关于惩治偷税、抗税犯罪的补充规定》《关于惩治虚开、伪造和非法出售增值税专用发票犯罪的决定》《关于惩治假冒注册商标犯罪的补充规定》和《关于惩治侵犯著作权的犯罪的决定》等单行刑法和附属刑法规范规定的相对比较稳定的新型经济犯罪,这一部分犯罪涵盖了 1997 年《刑法》第三章除第八节以外的各节的主要内容;还有此次修订刑法分则时根据完善社会主义市场经济体制的法律保护体系的需要新增设的犯罪,主要有掺杂使假罪,生产、销售伪劣农药、假兽药、假化肥、假种子罪,走私核材料罪,走私珍稀植物及其制品罪,国有企业董事、经理私自经营与所任职企业同类营业罪,损公肥私将本单位盈利业务交由亲友经营罪,徇私舞弊将国有资产低价折股、低价出售罪,伪造、

变造股票、债券罪,擅自发行股票、债券罪,内幕交易罪,编造和传播虚假证券交易信息罪,操纵证券交易价格罪,洗钱罪,侵犯商业秘密罪,损害他人商业信誉、商品声誉罪,串通竞标罪,合同诈骗罪,非法经营罪,强买强卖、强迫提供或接受服务罪,倒卖伪造的有价票证罪,非法转让、倒卖土地使用权罪,等等。

  上述新增设的犯罪,有些属于1979年《刑法》中的投机倒把罪分解而成的新罪名;有些则是对现实经济生活中已经具有一定严重性和普遍性的不法行为的首次罪行法定化;还有些则是带有一定预见性和超前性的犯罪,如走私核材料罪、洗钱罪和侵犯商业秘密罪等。走私核材料的犯罪目前仅在西方国家和东欧地区出现,个案数量也极为有限,但对国际社会的安全危害极大。我国尚未发现这种犯罪,但随着核技术的发展和核材料的广泛运用,不能排除将来出现的可能。洗钱犯罪是与毒品犯罪、有组织犯罪等犯罪有密切联系的一种犯罪。所谓洗钱就是通过银行转账、合法投资等方式掩饰、改变犯罪收益的非法性质,使黑钱"合法化"。打击洗钱犯罪是当今各国打击毒品犯罪和有组织犯罪的重要手段。我国目前还没有典型的洗钱犯罪的报道,但随着毒品犯罪、走私犯罪的增多和有组织犯罪的蔓延,与之相联系的洗钱犯罪必然会滋生。因此,1997年《刑法》作了相应的规定。侵犯商业秘密行为在我国已经开始出现,但现行法律仅将其作为一般的不正当竞争行为予以处理。随着市场竞争的加剧和人才流动的活跃,这种行为对公平有序的市场经济秩序的危害必将越来越大。因此,立法者把握住这一趋势,明确规定了侵犯商业秘密犯罪的构成要件。

  2. 严密妨害社会管理秩序罪的犯罪构成,加强对新型犯罪的打击

  1997年《刑法》用1章9节近90个条文规定了近100个妨害社会管理秩序的犯罪。这些犯罪包括1979年《刑法》规定的犯罪或根据其分解的犯罪,包括全国人大常委会制定的《关于惩治侮辱中华人民共和国国旗国徽罪的决定》《关于严惩组织、运送他人偷越国(边)境犯罪的补充规定》《关于禁毒的决定》《关于惩治盗掘古文化遗址古墓葬犯罪的补充规定》《关于惩治捕杀国家重点保护的珍贵、濒危野生动物犯罪的补充规定》《关于严禁卖淫嫖娼的决定》《关于惩治走私、制作、贩卖、传播淫秽物品的犯罪分子的决定》等单行刑法规定的犯罪,包括源于各种附属刑法规范的大量犯罪。这些犯罪一般是比较稳定的带有一定普遍性的犯罪。1997年《刑法》全面规定这些犯罪,体现了刑法反映现实、严密刑事法网的价值取向。同时,1997年《刑法》也根据加强社会管理秩序的需要,增设了20多种新罪名,并且对一些仅仅呈现萌芽状态的严重危害社会治安的行为作了富有预见性的规定。其中,最引人注目的犯罪是有关计算机的犯罪和黑社会性质组织犯罪。

  (1)利用计算机实施的犯罪。

  随着计算机技术的飞速发展和计算机运用的日益普及,计算机在国家政治、经济、

军事及社会生活的各方面的作用越来越重要。利用计算机实施犯罪的社会危害性也随之不断提高。计算机犯罪在我国已经出现,并且必将呈现扩大和上升趋势。1997年《刑法》首次对利用计算机实施的犯罪作出了比较系统、具体的规定。这些规定是:

违反国家规定,侵入国家事务、国防建设、尖端科学技术领域的计算机信息系统的,构成非法侵入计算机信息系统罪。

违反国家规定,对计算机信息系统功能进行删除、修改、增加、干扰,造成计算机信息系统不能正常运行,后果严重的,构成破坏计算机信息系统罪。

违反国家规定,对计算机信息系统中存储、处理或者传输的数据和应用程序进行删改、修改、增加的操作,后果严重的,构成破坏计算机信息数据和应用程序罪。

故意制作、传播计算机病毒等破坏性程序,影响计算机系统正常运行,后果严重的,构成制作、传播计算机病毒罪。

利用计算机实施金融诈骗、盗窃、贪污、挪用公款、窃取国家秘密或者其他犯罪的,则分别依照其所实施的目的行为所构成的犯罪定罪处罚。

(2)组织、领导、参加黑社会性质组织罪。

黑社会组织犯罪是当代国际社会普遍关注的严重社会问题。我国自改革开放以来,国际交往日益频繁,境外黑社会组织开始向境内渗透,发展组织成员,与境内不法分子勾结共同实施贩毒、走私等犯罪活动。境内一些地方的流氓地痞以及其他反社会分子也沆瀣一气,相互勾结,逐渐形成了横行千里、称霸一方、为非作歹、欺压民众的地方恶势力。虽然目前还没有形成像意大利黑手党、日本暴力团那样的组织严密、规模庞大的典型的黑社会组织,但带有黑社会性质的犯罪组织和犯罪活动确已出现,并有发展壮大的趋势。如不及早遏制,后果堪忧。因此,必须将其消灭在目前的萌芽状态。

依靠传统刑事立法模式难以确立有效打击黑社会组织犯罪的刑法机制。根据马克思的论断,传统刑事立法以"孤立的个人"为调整对象,任务只是将作为孤立的个人反对统治关系的斗争的个人行为犯罪化。即便是一般共同犯罪也不过是孤立的个人行为的一种合意。而黑社会性质的犯罪所显示的却是一种群体性的社会恶势力,在这种犯罪组织中,组织成员不再是孤立无援的个人,其由强大的组织力量、组织纪律、组织措施提供支持,黑社会组织的活动往往还得到被其腐蚀和收买的政府官员、执法人员的庇护。黑社会性质组织罪的危害性远远大于传统的个人犯罪,犯罪行为也更为隐秘,更善于毁灭证据、掩盖罪行,更易于逃避刑事追究。面对黑社会性质的犯罪呈现的这种新情况、新特点,如果仍然固守传统刑事立法的罪状叙述方式,坚持以行为作为其构成犯罪的必要条件,就必然会发生因无法证明而放纵黑社会组织犯罪的情况。黑社会组织犯罪对传统刑法发出的挑战,迫使立法者改革刑事立法模式,改变单纯以个人行为为本位的立法方法,赋予犯罪组织以构成犯罪的意义,将集结的(黑社会)组织本身予以犯罪化。因此,1997 年《刑法》规定了组织、领导、参加黑社会性质的组织罪。① 犯此种罪又有其他犯罪行为的,依照数罪并罚的规则处罚。境外的黑社会组织到中华人民共和国境内发展组织成员的,依照此罪的规定处罚。国家机关工作人员包庇黑社会性质的组织,纵容黑社会性质的组织进行违法犯罪活动的,也构成犯罪,应处以重刑。根据这一规定,只要能够证明被告人组织、领导或参加了黑社会性质的组织,即可予以定罪处罚。这样减轻了公诉人的证明责任,有利于摧毁黑社会组织,将从根本上遏制有组织犯罪。

三、刑法分则修订的价值取向之二——完善罪刑规定、体现保障功能

(一) 犯罪构成明确化

由于历史原因,过去我国刑事立法偏重"宜粗不宜细"的方法。在这种思想指导下,1979 年《刑法》仅用 92 个条文规定了 130 多种犯罪,许多条文中同时规定了多种选择式罪名和并列式罪名,甚至将一些不同性质的罪名糅合在同一条文中,在罪状的描述上,1979 年《刑法》对许多具体犯罪的构成要件缺乏明确、具体的规定,不适当地在 46 个条文中采用弹性构成要件的立法方法规定了犯罪的基本构成要件(数额较大、情节严重、情节恶劣)、加重构成要件(情节严重、情节特别严重、情节特别恶劣)和减轻构成要件(情节较轻)。如此高比例(近 50%)的弹性构成要件在当今世界各国刑事立法中实属少见。大量运用弹性构成要件固然有利于不纵犯罪,却容易导致刑事司法的随意性,既不便于司法机关操作,也不利于保障被告人的合法权益。为了解决刑法规定的原则性和广延性与司法实践的可操作性需要的矛盾,司法机关就不得不颁布大量的司法解释,通过司法解释将刑法的弹性规定具体化、细密化,导致司法实践中真正适用的不是刑法,而是司法解释。其结果又造成司法权对立法权的僭越,司法权能与立法权能相混淆,从而违背了现代法治国家的体现保障功能的刑法制约原则。

1997 年《刑法》正式确认了以制约刑罚权、保障人权为基本价值的罪刑法定原则。罪刑法定原则不仅要求做到"无法无罪,无法无刑",而且要求刑法规范,主要是犯罪构成要件必须具有明确性。不明确即无效是罪刑法定原则派生出来的一项重要原则。根据罪刑法定原则的要求,1997 年《刑法》改变了 1979 年《刑法》"宜粗不宜细"的做法,肯定和发展了近年来制定单行刑法时所遵循的根据立法科学性的要求,该繁则繁、该简则简、繁简得当的立法技术原则,正确地处理了罪状的粗疏与细密的关系,完备了绝大多数犯罪的犯罪构成要件,使刑法分则在总体上实现了细密、详备、具体、明确。

---

① 本罪具有特殊的犯罪构成,罪状分析可参见储槐植:《黑社会性质犯罪应严惩》,载《法制日报》1997 年 2 月 20 日。

其主要表现是：

1. 取消了投机倒把罪和流氓罪两个"口袋罪"，将其分解为若干内容具体、范围明确的犯罪

1997 年《刑法》根据发展社会主义市场经济的要求，重新甄别了计划经济条件下被当作投机倒把处理的各种工商业行为的性质，在此基础上，对一些符合市场经济要求的工商业行为作了非犯罪化处理，同时，根据需要划分追究刑事责任的投机倒把行为的具体种类，将原投机倒把罪分解为若干种生产、销售伪劣商品方面的犯罪和破坏金融管理秩序方面的犯罪，并在扰乱市场秩序罪中增设了合同诈骗罪、非法经营罪、强买强卖、强迫提供或接受服务罪、非法转让、倒卖土地使用权罪等犯罪。将流氓罪分解为侮辱、猥亵妇女罪、聚众淫乱罪、聚众斗殴罪和寻衅滋事罪四种。

2. 对绝大多数犯罪构成要件使用了叙明罪状，明确、具体地描述了犯罪构成的特征

1997 年《刑法》根据刑法明确性的要求，对绝大多数犯罪的构成要件采用了叙明罪状的立法方法，对内涵和外延确定、形态单一的犯罪的罪状作了简洁、明确的规定（如大多数传统犯罪），对内涵和外延不易确定、形态复杂多样的犯罪则尽可能作了比较详细、具体、严密的规定（如大多数经济犯罪和妨害社会管理秩序罪），有的还采取列举的方法逐一列举各种形态的犯罪构成要件（如大多数多发性犯罪），基本做到了该繁则繁、该简则简、繁简得当。同时，对少数内涵和外延已经约定俗成、无须刑法描述的传统犯罪使用了简单罪状（如故意杀人罪、故意伤害罪），对个别破坏经济秩序的犯罪使用了空白罪状的立法方法，以保持刑法的稳定性和应变性（如徇私枉法发放信贷罪）。

3. 对关系犯罪构成的重要概念作了明确、具体的立法解释

这些关系具体犯罪构成的重要概念主要有"公共财产""公民私人所有的财产""国家工作人员""司法工作人员""重伤""违反国家规定""首要分子""告诉才处理""假药""劣药""商业秘密""商业秘密的权利人""毒品""淫秽物品""战时"等。准确地界定这些重要概念的内涵和外延，将进一步使犯罪构成的内容具体化、明确化。

当然，完善犯罪构成并不意味着罪状越具体越好，以至于陷于冗长烦琐。刑事立法方法的科学化要求罪状表述该繁则繁、该简则简、繁简得当。因此，犯罪构成具体化、明确化，并不排斥在必要的时候有限制地运用带有一定概括性甚至有限弹性的构成要件。

（二）法定刑幅度合理化

法定刑幅度是刑法对具体犯罪规定的刑罚标准。法定刑幅度应当有合理的度。幅度太小不利于实现罪刑相当和刑罚个别化；幅度太大则缺乏可操作性，轻纵犯罪和惩罚过头的现象就难以避免。因此，法定刑幅度要适中。1979 年《刑法》和全国人大常

委会颁布的单行刑法的一个主要问题是法定刑幅度过大。为了解决这一问题,1997年《刑法》一方面对一些犯罪的法定刑的上限和下限作了必要的调整,缩小了上下限的跨度,如将过失致人死亡罪(原过失杀人罪)的法定刑幅度从1979年《刑法》规定的6个月至15年有期徒刑调整为6个月至7年有期徒刑;另一方面,则在绝大多数需要对同种犯罪规定较大跨度法定刑的条文中,调整和设置了两个以上的犯罪构成等级和法定量刑档次。其方法一般是在基本构成要件的基础上,设定若干档次的加重或减轻的量刑情节,然后根据基本构成的犯罪、加重构成的犯罪、减轻构成的犯罪的危害程度,再设置与之相适应的刑罚幅度。这样就形成了同一犯罪的纵向的罪刑系列,原来适用于一种犯罪的幅度过大的法定刑就被分解为多个轻重不同而又彼此衔接、幅度相对较小的量刑档次和幅度。例如,1979年《刑法》对贪污罪仅用三个量刑档次规定了从拘役到死刑的法定刑幅度。不仅构成要件弹性很大,而且法定刑上限和下限跨度也很大。

1997年《刑法》吸收了全国人大常委会《关于惩治贪污罪贿赂罪的补充规定》的规定,在调整犯罪构成的数额起点(从2000元提高到5000元)的基础上,根据贪污的数额和犯罪情节,规定了7个量刑档次:①个人贪污数额在10万元以上的,处10年以上有期徒刑或者无期徒刑,可以并处没收财产;情节特别严重的,处死刑,并处没收财产;②个人贪污数额在5万元以上不满10万元的,处5年以上有期徒刑,可以并处没收财产;情节特别严重的,处无期徒刑,并处没收财产;③个人贪污数额在5000元以上不满5万元的,处1年以上7年以下有期徒刑;情节严重的,处7年以上10年以下有期徒刑;④个人贪污数额不满5000元,情节严重的,处2年以下有期徒刑或者拘役。但1997年《刑法》使法定刑幅度合理化的努力也存在一定不足,例如,对故意杀人罪这种多发性严重暴力犯罪,仅规定了两个量刑档次,没有具体区分故意杀人的不同形式、情节和危害程度,相应地,没有设置多种幅度相对较小的量刑档次,从而使法定刑幅度合理化。

1997年《刑法》部分地改变了1979年《刑法》的无限额罚金数额确定的原则,对许多贪利性犯罪规定了比例罚金制和普通罚金制。这是1997年《刑法》确认的罪刑法定原则在罚金刑制度中的具体体现,也符合法定刑幅度合理化的要求。但是,1997年《刑法》在罚金刑问题上并未能将罪刑法定原则贯彻到底,而仍然对过失犯罪、非贪利性故意犯罪以及其他贪利性犯罪保留了无限额罚金制。无限额罚金制实际上是绝对不确定法定刑的一种表现形式。在现代法治国家,刑事立法的普遍趋势是废除无限额罚金制。随着罚金刑在我国刑法中适用范围的扩大,我国刑法也必然会面临进一步完善罚金数额的确定原则的任务。

完善贿赂罪立法

——兼论"罪刑系列"的立法方法*

贿赂犯罪是稳定政权、发展经济的大敌。这类犯罪在我国仍未得到有效控制,原因复杂,其中之一是刑事立法已不足以包容形式多变的犯罪。贿赂罪是对合犯,即由行贿与受贿双方相互勾结成立的犯罪,这就决定了此种犯罪的隐蔽性和抗法性等特点。作为立法对策,应以"罪刑系列"来抗制罪行多样化。

一、"罪刑系列"的立法方法

"系列"的意思是同性质而相关的一串。"罪刑系列"是指就同一种罪法律规定的一串近似的犯罪构成以及与之相应的刑罚。这种法律现象在外国刑法典上不乏其例。例如《德国刑法典》规定的杀人罪有:谋杀、故杀、激愤杀人、应被杀者请求而杀人、杀婴、残害人群、过失杀人等7个,并规定了相应的法定刑。又如《美国模范刑法典》规定的盗窃罪有:不法取得之盗窃罪、欺骗之盗窃罪、恐吓之盗窃罪(包括相当于我国刑法上的抢劫罪和敲诈勒索罪)、取占遗忘或遗失物或误送物之盗窃罪、服务之盗窃罪等5个。再如《日本刑法典》规定的受贿罪(第197条)有7个:单纯受贿罪,即仅"因职务关系"而收受贿赂,其不以实施职务行为作为犯罪构成要件,最高刑为5年有期徒刑(指1980年修改提高后的法定刑,下同);普通受贿罪,即以实施职务行为而收受贿赂,最高刑为7年有期徒刑;事前受贿罪,即任职前受贿,任职后为请托人办事,最高刑为5年有期徒刑;事后受贿罪,即任职期间为请托人办事,离职后受贿,最高刑与事前受贿罪相同;枉法受贿罪,即以实施违背职责的行为而收受贿赂,最高刑为15年有期徒刑;斡旋受贿罪,即公务员受请托、利用其他公务员的违背职责之行为谋利益而本人收受贿赂的,最高刑为5年有期徒刑;贿赂第三人,即公务员或仲裁人的介绍贿赂行为,最高刑为5年有期徒刑。

采用"罪刑系列"立法方法,其客观根据是犯罪行为方式的复杂多样性。这种情形一般存在于多发性犯罪。由于这类犯罪的发案率高,犯罪人犯罪经验相应较丰富,其

---

* 原载《中国法学》1992年第5期。

有较大可能通过处理犯罪信息来改变"传统的"与法律直接"对号入座"的行为方式,规避法律制裁的多种犯罪形式便出现了。"罪刑系列"立法方法的主观根据是国家严密法网的法制建设需要。从主客观的关系看,"罪刑系列"是犯罪形式多样化的立法反映,按照罪刑法定原则,法律规定为犯罪是国家惩罚犯罪的依据,罪刑单一则不足以有效地同形式多样的犯罪行为作斗争。例如,日本有两大类贿赂罪:一类是公务贿赂罪,主体是公务员和仲裁人,此类罪规定在刑法典中;另一类是业务贿赂罪,主体是企业事业等单位有关业务人员,这类罪规定在《商法》《有限公司法》等各种经济和行政法律中。又如美国《纽约州刑法典》中规定了两类贿赂罪,即公务员贿赂罪和非公务员贿赂罪(包括商业贿赂、竞技贿赂和贿赂劳工职员),两类罪又都分为一级贿赂和二级贿赂两个等级。另外,同一种罪的不同犯罪形式的社会危害性未必等同,因此,"罪刑系列"的立法方式不仅是罪刑法定原则的要求,而且也是罪刑相适应原则的要求。

"罪刑系列"立法方法,从外国的立法经验看,大致有三种模式:列举式、对称式、主从式。列举式,即就一种罪的几个形式加以简单罗列,如前述《德国刑法典》上的 7 种形式的杀人罪等。对称式,或称并列式,即同一种罪的几个形式之间存在对称关系,如《德国刑法典》上的贿赂罪,在第一层次上分为受贿罪和行贿罪;在第二层次上,受贿罪以是否实施违背职责的行为分为不违背职责的受贿罪和违背职责的受贿罪两个对称的罪名,这两个受贿罪中又两两相对地列出法定刑轻重不等的两类犯罪主体,即公务员、从事特别公务的人员与法官、仲裁人;行贿罪与受贿罪对称,相应地也分为受贿者不违反公职的行贿和受贿者违反公职的行贿,而且行贿对象也相应地分为两类,与受贿罪两类主体相对称。主从式,即一种罪的几种形式在犯罪构成立法上存在主辅关系,其中一个是基本犯罪构成,其余的为修正犯罪构成,例如,前述日本刑法中的受贿罪,其中普通受贿罪是基本犯罪构成,主体是公务员如仲裁人;客观方面是实施职务行为和收受贿赂,实施职务行为与收受贿赂这两个行为在时间上可以是同时也可以有先后,但必须出自同一个主体,而且必须是在主体的同一任职期间。单纯受贿罪与普通受贿罪相比,缺少客观方面的实施职务行为这一要件。枉法受贿罪正好与单纯受贿罪相反,不仅要有职务行为,而且要有职务行为本身的违法性,即实施违背职责的行为。事前受贿和事后受贿两罪与普通受贿罪相比,客观方面的职务行为与受贿行为在时间上有错位,即不是在主体的同一任职过程中。斡旋受贿罪与普通受贿罪相比,主体仅限于公务员,客观方面的实施职务行为(违背职责的行为)与受贿行为不是出自同一个主体。总之,普通受贿罪是社会生活中最常见的典型的受贿犯罪,法律对其规定的罪状(犯罪构成要件)是基本犯罪构成;而其他形式的受贿犯罪是典型受贿罪的各种变形,法律对它们规定的罪状则是基本犯罪构成的各种修正。

"罪刑系列"的列举式立法,优点是简单方便,缺点是内部关联线索不明显。对称式立法,优点是内在关系清楚,缺点是不够灵便。相对而言,主从式立法的优点多些。当然,在需要采用"罪刑系列"立法方法时究竟采取哪一种模式,还应视犯罪态势和实际国情而定。从我国当前贿赂犯罪的情况和立法、司法经验看,笔者认为,在修订贿赂罪立法以及在"反贪污贿赂法"关于贿赂罪法条起草中,基本上采取主从式"罪刑系列"的方式较为合适。

我国惩治贿赂犯罪的现行法律规定有:《刑法》第185条、全国人大常委会《关于严惩严重破坏经济的罪犯的决定》(以下简称《决定》)第1条第(二)项、全国人大常委会《关于惩治贪污罪贿赂罪的补充规定》(以下简称《补充规定》)第4条至第9条。另外,最高人民法院和最高人民检察院《关于执行〈关于惩治贪污罪贿赂罪的补充规定〉若干问题的解答》(以下简称《解答》),这一司法解释对司法实践也起指导作用。《刑法》第185条和《决定》除介绍贿赂罪外的内容已完全被包括在《补充规定》中。《解答》实际上是对《补充规定》的补充,增加了两个"以受贿论处"的规定,即居间受贿(类似日本刑法上的斡旋受贿)和离、退休的国家工作人员的受贿,且不说它是越权的司法解释(因为在实质上增加了两个实体法上的罪),《补充规定》和《解答》也没有使法网严密到足以包容全部变形的危害严重的贿赂犯罪行为,而且现行法条本身尚有不妥之处。因此,完善贿赂罪立法是当务之急,并有必要制定一部法网严密、规定司法机关同各种贿赂犯罪作斗争的应有职权的实体法与程序法合一的"反贪污贿赂法"。笔者拟从以下几方面提出完善贿赂罪立法的建议。

二、修改普通受贿罪的罪状

《补充规定》第4条第1款规定了普通(典型)受贿罪的概念:"国家工作人员、集体经济组织工作人员或者其他从事公务的人员,利用职务上的便利,索取他人财物的,或者非法收受他人财物为他人谋取利益的,是受贿罪。"该条第3款规定的是"在经济往来中,违反国家规定收受各种名义的回扣、手续费,归个人所有的,以受贿论处"的非典型受贿罪(或称"准受贿罪")。这里着重研讨《补充规定》第4条第1款普通受贿罪的定义。该款统一的罪名是"受贿罪",实际上包括两个犯罪构成:索贿的构成含两项因素,即利用职务便利和索取他人财物;受贿的构成除这两项因素外还需另加"为他人谋取利益"这一项因素。立法的原意是表明对索贿的从严惩处。索贿是主动的,受贿是被动的,前者犯罪主体的主观恶性大于后者,从重处罚是应当的,但是不必也不应在犯罪构成要件的数量多少上表明差异。如前所述,贿赂罪(包括索贿和受贿)是对合犯,索贿者和受贿者一样都会给行贿者办事(谋取利益)。如果索贿者只索取而根本不给对方办事,这实际上是诈骗或敲诈勒索,而不是"索贿"。在修改受贿罪立法时,应使索贿和受贿的犯罪构成要件统一起来。

现行普通受贿罪概念的主要问题在于"利用职务上的便利"和"为他人谋取利益"这两项罪状的表述上。"为他人谋取利益"这个犯罪构成要件究竟是主观要件（指受贿人的主观想法），还是客观要件（指受贿人为对方办事），在刑法理论上有争论，这反映出立法表述上的模糊性。主要问题还不在此，而在于增加了司法实践中办案的困难，尤其是对那些收取了贿赂而尚未给行贿人办事的案件，被告人以没有也不想为他人谋取利益来为自己开脱罪责，这是很方便的辩护理由，然而公诉人要予以反驳却是很困难的，这就为狡猾的罪犯逃脱法网开了一个大口子。

外国刑法关于受贿罪定义中只有极个别国家（例如俄罗斯）刑法规定"为了行贿人利益"的字样，绝大多数国家刑法中的受贿罪都没有这一构成要件。道理很简单，外国刑法中的受贿罪一般包括（也只包括）两个客观要件，即实施职务行为和收取贿赂，其实就是以权（实施职务行为）换利（收取贿赂），这概括了受贿罪的本质特征。为行贿人谋利益是受贿人实施职务行为的应有之义（否则不可能实现权与利的交易），不必特别表明，如写在定义中则反成"蛇足"而徒增司法机关的工作困难。

《补充规定》之所以写出"为他人谋取利益"也无非要说明受贿罪的实质是以权换利。由于法条在文字表达上沿用了"职务上的便利"（字面上和逻辑上均不能理解为"行为"，而"交换"只有通过行为才能完成，"便利"是不能换取财物的）而未用"职务行为"，因而感到如不写出"为他人谋取利益"则难以显示权钱交易的特点。按现行法的规定，"利用职务上的便利"与"为他人谋取利益"连在一起（应当在含义上连起来）实际是表述一个意思："因实施职务行为"而收受贿赂（除财物外，贿赂尚有各种各样的财产性利益）。因此，修改受贿罪立法时应以"因实施职务行为"取代"利用职务上的便利"和"为他人谋取利益"。

《补充规定》关于受贿罪定义中的"利用职务上的便利"的规定，是传统说法的沿袭。从中华人民共和国成立前革命根据地有关惩治贪污的立法到1979年《刑法》，都有"利用职务便利"的提法。由于我国在相当长一段时间里受贿被纳入贪污概念，受贿是贪污的一种形式，所以，《刑法》第155条贪污罪和第185条受贿罪的构成有完全相同的表述："国家工作人员利用职务上的便利"（贪污公共财物；收受贿赂）。其实，"利用职务上的便利"在两罪中的含义不尽相同。在贪污罪中，利用职务便利纯系贪污犯罪行为得以实施的"便利条件"，它本身并不是实质的犯罪"行为"。例如，财会人员涂改账目、伪造单据进行贪污，贪污所以能进行，是利用了管理财务的便利条件（仅仅是条件），涂改账目、伪造单据才是贪污"行为"（这不是其职务行为），是使犯罪行为得以实施的"条件"，这在刑法理论上称为犯罪构成客观方面的选择要件。犯罪"行为"本身才是客观方面的必备要件。在受贿罪中，"职务便利"不是选择要件，它不只是受贿的条件,而且是必备要件、应是行为(职务行为)。基本原因在于,贪污罪是单向犯,不需要以职务行为去换取对方财物,主体只需要借职务之便(借从事某种职务的机会)去实施侵占、盗窃、骗取等通常的犯罪行为即可得逞。受贿罪与行贿罪构成对合犯(贿赂罪),受贿人如果仅仅利用职务便利而没有职务行为,是换取不到对方财物的;行贿人行贿并不是要受贿人的职务便利,要的是通过其职务行为而获得好处。在受贿罪中,职务行为是手段行为,收取财物是目的行为。例如户籍管理人员不会仅仅因管理户籍而收到贿赂,一般是通过具体办理户籍(例如"农业户口转为非农业户口")这种职务行为而受贿。由此可见,贪污罪与受贿罪的"利用职务上的便利"并非同一含义,两个内涵有异的犯罪构成要件用同一词语表述而且存在于同一法律中显然不妥。近年来,办理受贿案件适用法律中的最大问题是如何解释"利用职务上的便利",而关于贪污罪则没有这种问题,重要原因之一便是法条本身的词不达义。

"利用职务上的便利"虽经《解答》作出"利用本人职权和职位形成的便利条件"这样有限度的扩大解释,但仍然是正向含义,难以包括社会中常有的因受贿而实施的职务不许可的和超越职权的即违背职责的行为。假如将利用职务便利改为"实施职务行为或违背职责的行为",这样便涵盖了一切"贪赃枉法和贪赃不枉法"的情况,使惩治受贿罪的法网严密化。

外国刑法中,关于受贿的定义,除《巴西刑法典》用"凭借自己的职权"和《匈牙利刑法典》用"利用自己的职位"外,一般都明确规定"职务行为"(有些国家的刑法典还进一步写明"违背职责的行为")。

如上所述,职务行为与收取贿赂二者是手段行为与目的行为的关系,在时间上有三种可能的情形:①两者同时进行;②先办事后受贿;③先受贿后办事。只要目的行为实现(接受了贿赂)即为既遂,否则为未遂。手段行为实行与否不是既遂与未遂的区别标准。为确切反映手段与目的两种行为之间的不同时间顺序,立法可以这样表述:"因实施或将要实施职务行为或者违背职责的行为,索取或者收受他人财物或者其他财产性利益。"这就是普通受贿罪的定义,即受贿罪的基本犯罪构成。

三、补充变相受贿罪的规定

近年来,受贿犯罪行为方式不断翻新,普通受贿罪定义(虽然仍适用于绝大多数此类案件)已经不能适应犯罪形式的变化,需要在立法上增添若干修正犯罪构成,形成受贿罪系列。

(1)国家工作人员利用本人职务之便,通过其他国家工作人员的职务行为,为请托人谋利益而本人从中向请托人索取或收受财物的。与基本构成相比,这种犯罪构成修正的是受贿人不是以本人的职务行为而是通过他人的职务行为来受贿。

（2）已离、退休的国家工作人员利用本人原有职权和地位形成的便利条件，通过在职的国家工作人员的职务行为，为请托人谋利益而本人从中向请托人索取或收受财物的。与前者相比，这种犯罪构成又修正了主体要件，即受贿者不是在职国家工作人员而是离职的国家工作人员（非国家工作人员）。以上两项已由《解答》规定。目前情况又有变化，通过在职国家工作人员的职务行为而本人从中索取、收受财物的主体超出了上述两项规定的范围。据此，有人建议将上面两项合并使主体泛化，使犯罪主体成为没有任何特定身份要求的一般主体。建议两项合并是可取的，因为它们的客观要件基本相同，但建议泛化主体不可行，因为受贿本质上应属渎职罪，主体限于有特定身份的人，而且泛化主体在司法实践中很难执行。

（3）国家工作人员利用职务便利，购买物品故意压价而只象征性付款的，或者以借为名而收受他人财物的等，其共同点是：没有实施职务行为，仅是利用职务便利，借故受贿。这也是其与普通受贿罪的差异。

（4）国家工作人员因职务关系而收受贿赂的。它没有实施或约定实施职务行为，甚至连"利用"职务便利都不明显。形式上很像馈赠，但显然是因"受赠"者的职位或职务关系，将来可能利用其职务行为，即所谓"感情投资""长线钓鱼"。第（3）（4）类情形在生活中日益增多，实际上是变相受贿，但现行法律都没有规定，对为政清廉危害极大，应予犯罪化，即由法律规定为犯罪。第（4）类情形近似于我国香港地区《防止贿赂条例》（1971年）第3条"任何政府雇员，如无港督之一般或特别许可，而索取或接受任何利益者，均属违法"，俗称为"政府雇员收取非法利益罪"；也相似于日本刑法上的单纯受贿罪（前已介绍）。这种不以实施职务行为为要件的变相受贿罪的立法具有重大价值：因属于"堵漏性"犯罪构成（德国有学者称其为"截堵构成要件"）而有力地威慑善于变换手法的狡猾犯罪人；因减轻了司法机关控告犯罪的证明责任而大大方便诉讼。它是严密贿赂罪刑事法网的重要条款。但是，不以实施职务行为为构成要件并不等于不要任何要件。日本法例以"因职务关系"为要件，我国香港地区法例以违反港督许可为要件。从执法角度看，后者优于前者，只是需要有相应的配套法规以利其实现。我们在立法时可用"违反国家规定"（索取或收受他人财物或其他财产性利益）为要件。这方面的"国家规定"还有待将来公务员法或类似法规进一步具体确定。还需说明的是，本条款并不替代《补充规定》的国家工作人员"在经济往来中违反国家规定收受回扣、手续费归个人所有的"条款。

上述四类变相受贿，立法顺序置于普通受贿罪之后。如何定罪名？有两种可供选择的方案：一种是相对于普通受贿单独定罪名，例如，第一个［第（1）（2）类合并而成］可称"居间受贿"，第二个［第（3）类］可称"借故受贿"，第三个［第（4）类］可称"单纯受贿";第二种方案是在罪状叙述完后写明"以受贿罪论处",即视为准受贿罪,不各自另立罪名。不论何种方案,笔者认为,它们的最高法定刑不必到死刑。因为从总体上看,它们的社会危害性不会达到普通受贿罪最严重的应处死刑的程度。从长远看,对非暴力犯罪的控制和预防,应侧重于加强管理和严密法网而不在于增加苛厉的刑罚。①

四、受贿罪的定罪数额问题

"定罪数额"是指构成犯罪的起点数额,这是个政策性很强的问题。假定数额定得过低,打击面则扩大,不利于集中力量惩处重大犯罪;数额定得过高,会放纵犯罪,并造成与有关财产罪处罚上的失衡。1952年《惩治贪污条例》(以下简称《条例》)规定的定罪数额实际为1000元。1988年《补充规定》第5条规定,对犯受贿罪的,根据受贿所得数额及情节,依照贪污罪的规定处罚。对贪污罪按四个档次数额规定了刑罚,前三项是加重刑罚数额,第四项是定罪数额——个人贪污数额不满2000元,情节较重的,判处刑罚;情节较轻的,酌情给予行政处分。这意味着,情节一般的贪污定罪数额为2000元。司法实践中大致也是如此掌握的。就纵向比较看,从《条例》到《补充规定》,时隔30多年,物价上涨超过一倍,贪污、受贿定罪数额提高一倍是合理的。但在横向比较上却存在两个问题:一是罪与罪的不平衡,主要指贪污受贿与盗窃、诈骗在定罪数额上相差达四至五倍,显失公平,而且同从严惩处国家工作人员犯罪的原则精神相悖。二是地区与地区之间的不平衡,2000元在经济比较发达地区是个小数目,在经济不发达地区则是一笔可观的钱财,同一定罪数额在这两类地区从不同角度看都会认为不合适;然而在法律条文表述上又不宜出现"有幅度"的定罪数额(司法解释不受此限),解决的办法可以借鉴《刑法》关于盗窃、诈骗、抢夺罪的规定——以"数额较大"作为定罪标准。然后依据当前我国实际情况作出一个有幅度的司法解释。《补充规定》的其他三项加重刑罚数额的规定可以沿用,在条文写法上将它们置于定罪数额这一项之后。

五、关于行贿罪的主观要件

当前我国司法实践中处罚行贿人的案件很少,与处罚受贿案件非常不相称。主要原因在于《补充规定》规定必须具备"为谋取不正当利益"这个要件才构成行贿罪。我国的经济体制正处于改革过程中,有关法律和规章不够完备、细致,法规空隙多,在经济运行中谋取的利益的性质(正当与否),往往很难确定,而且正当利益与非正当利益

---

① 参见储槐植:《严而不厉:为刑法修订设计政策思想》,载《北京大学学报(哲学社会科学版)》1989年第6期。

交织在一起很难明确分开。法律之所以如此规定,是由于考虑到乡镇企业等的具体情况,具有政策意义。实践表明,它给司法工作带来了诸多麻烦,以致给狡猾的行贿者开了绿灯。从刑法理论上说,为谋取正当利益而行贿也是犯罪,道理很简单,因为行贿与受贿组成对合犯,侵害的客体是同一的,即公职人员公务的廉洁性、公职不可收买性。只要给予公职人员贿赂,不论出于什么目的,也不论谋取何种利益,都是对公职的收买,如果出于谋取不正当利益的目的,应作为从重处罚情节。

从犯罪构成理论分析,为谋取不正当利益属于主观要件。从立法技术看,在叙述罪状时不到不得已时不特别标出主观要件。因为法律写明的罪状,公诉人均负有证明责任,而主观要件最易为被告人作为"辩护"的借口,同时又是公诉人最难证明的。世界各国刑法中除我国以外都没有给行贿罪规定主观目的要件,一概从客观上来设定罪状,大多数这样规定:对于公务员的职务行为(极少数为"违背职责的行为")而交付利益的是行贿罪。就事物分析,因职务行为而给予利益,当然为了谋取自己的利益,谋利是行贿的应有之义,无须专门写出。不写主观要件,不仅有利于诉讼,而且在逻辑上更突出行贿是对公务的收买,使侵犯客体更明确。

修改行贿罪定义,既可以采用只标明客观罪状的方法,为了照顾习惯,也可以写出主观目的,但不应以"为谋取不正当利益"来困扰司法活动,可以写成"为谋取个人利益"。证明"个人利益"比证明"不正当利益"要容易。当然还可以增加一款,"为谋取不正当利益(或非法利益)而行贿的从重处罚"。

六、单位贿赂罪问题

关于贿赂罪,无论是受贿还是行贿,《补充规定》均规定单位、机关、团体可作为犯罪主体。社会生活中确有这类事例,但迄今为止,司法实践尚没有定单位犯罪的判例。完善贿赂罪立法时,有三种可供选择的方案:①保持《补充规定》原样;②完全取消这样的规定;③折中方法——承认单位可能犯贿赂罪,但不给单位以刑事处罚,承担刑事责任的仅是有关主管人员和直接责任人员。笔者认为,第二种方案是立法上的倒退,不可取。第三种方案与第一种方案的相同点是都承认单位可以作为犯罪主体,不同点在于单位能否作刑罚主体。第三种方案事实上采取的是法人刑事责任的代罚制,即所谓正向转嫁,将刑罚由法人转给其代理人。从当前趋势看,法人刑事责任多取"两罚制"。因此,第一种方案更好些,但刑事诉讼法要作出与之相适应的配套规定,以利于实体法的执行。

对网络时代刑事立法的思考[*]

互联网的广泛应用,大大拓展了人类活动的空间,但同时网络犯罪也相伴而生。虽然刑事立法和司法都对网络犯罪作出了积极回应,但网络犯罪的不断发展以及刑法立法模式的限制,对网络犯罪的治理效果并不尽如人意。笔者拟对我国当前的单轨制刑法立法模式进行分析,并从立法视角提出相应的完善建议。

一、关于网络犯罪的现状考察

随着网络技术的发展和"互联网+"战略的实施,计算机网络已经深刻影响到国家政治、经济各个层面,也渗透个人生活的方方面面。同时,利用信息网络实施的诈骗等各类犯罪以及由此形成的灰黑产业链泛滥,产业化、集团化趋势日益明显。从各个主要国家的统计数据看,各种利用互联网技术实施的偷盗、诈骗、敲诈的案件数量每年以超过30%的速度在增长。据测算,仅中国"网络黑产"从业人员就已超过150万人,市场规模也已高达千亿元级别。[①] 网络安全、信息安全受到了前所未有的挑战。当网络从人机互联过渡到人人互联并发展为万物互联时,任何一个节点的网络漏洞或者网络威胁都可能对所有网络终端用户造成致命伤害。即使论及眼前,在与"明网"相对应的"暗网"里,每天都发生着大量毒品交易、比特币交易、人口买卖、个人信息买卖,其难以被监管和控制,甚至不易被察觉。因此,不论怎么强调网络安全的重要性都不为过。"没有网络安全就没有国家安全,没有信息化就没有现代化。"[②]

一方面,立法机关充分认识到网络犯罪对网络安全和国家安全的严重危害,积极开展相关刑事立法。增设纯正网络犯罪。通过帮助行为正犯化、预备行为实行化等刑事立法技术,实现了网络犯罪干预早期化、处罚严厉化。网络犯罪刑事立法的修改和完善,也成为我国近二十年来最为活跃的领域。[③] 另一方面,司法机关积极制定司法解释,对空白罪状或者简单的叙明罪状进一步明确规范内容,细化量刑情节,回应传统犯

---

[*] 原载《人民检察》2018年第9期,与薛美琴合作。
[①] 参见赵清建:《我国网络黑产从业者超150万 规模达千亿元》,载 http://tech.gmw.cn/2017-07/content_25233080.htm,访问日期:2018年3月13日。
[②] 习近平:《习近平谈治国理政》,外文出版社2014年版,第197—198页。
[③] 参见刘艳红:《象征性立法对刑法功能的损害——二十年来中国刑事立法总评》,载《政治与法律》2017年第3期。

罪网络化后的特殊表现,服务司法实践。

但相对于刑事立法而言,司法实践表现得相当"克制",网络犯罪的相关罪名适用率普遍较低、罪名适用混乱、量刑偏轻。

(1)罪名适用率低。以纯正网络犯罪罪名为例,在中国裁判文书网中搜索各罪名的一审刑事案件,截至 2017 年 9 月 26 日,找到非法侵入计算机信息系统罪 27 件,破坏计算机信息系统罪 206 件,扰乱无线电通讯管理秩序罪 14 件,非法获取计算机信息系统数据、非法控制计算机信息系统罪 9 件,提供侵入、非法控制计算机信息系统的程序、工具罪 26 件,非法利用信息网络罪 15 件,拒不履行安全管理义务罪 0 件,帮助信息网络犯罪活动罪 0 件。

(2)定性困难。对"白帽子"行为、恶意注册、刷单炒信等网络空间特有的行为如何定性,罪与非罪、此罪与彼罪的争议很大。

(3)量刑偏轻。以网络赌博为例,赌资数额从几十万元到几亿元不等的案件,量刑幅度几乎均在 3 年至 5 年有期徒刑,有些赌资达到几千万元的也被适用缓刑。

(4)网络犯罪案件数与司法机关查处力度有很大关系。以网络赌博为例,公安部于 2010 年 1 月开始,在全国范围内集中开展了整治网络赌博违法犯罪专项行动。专项行动以来,公安机关破案数、抓获犯罪嫌疑人数、冻结赌资数、抓获境外派驻境内犯罪嫌疑人数量均超过前五年总和。①

刑事立法与刑事司法之间的矛盾、紧张关系,除了受司法人员和司法环境等外在因素影响,刑事立法理念、模式、方法是否合乎科学、理性,也是不可忽视的因素。一是罪状表述过于简单、概括,部分规范性用语专业性强,不易判断。二是网络犯罪侦查难、取证难、证明难、认定难,导致大量进入公安机关侦查视线的案件无法顺利起诉、审判。而罪状表述与证据证明,都可以从罪刑规范设置的合理与否入手研究,以促成立法与司法的良性互动,实现刑法社会保障和人权保护功能。

二、刑法单轨制立法模式的弊端

自 1997 年《刑法》施行以来,我国实行刑法单轨制立法模式,即罪与刑的法律规范只存在于刑法和单行刑法中,其他法律即刑法以外的行政管理和经济运行等领域的法律均不能有独立的罪刑条款。在当今世界,这种刑法立法体制唯独在我国存在。其他国家和地区的刑法均由两大部类组成,刑法以外的法律如果需要都可以规定独立的罪

---

① 参见高贵君等:《〈关于办理网络赌博犯罪案件适用法律若干问题的意见〉的理解与适用》,载《人民司法》2010 年第 21 期。

刑条款,统称附属刑法(或称行政刑法),即刑法立法双轨制。① 网络犯罪刑事立法沿袭了单轨制立法模式,行政法律中仅简单规定法律责任条款,只有刑法才能规定罪刑条款。如,全国人大常委会于 2012 年 12 月 28 日发布的《关于加强网络信息保护的决定》第 11 条规定"构成犯罪的,依法追究刑事责任";2016 年 11 月 7 日公布的《网络安全法》第六章法律责任部分第 74 条规定,"构成犯罪的,依法追究刑事责任"。

单轨制立法模式的好处在于所有罪刑条款都规定在刑法中、维护了刑法的统一,罪状表述简单、便利查阅、便于学习。但上述优点也恰恰体现了不足:第一,所谓的"刑法的统一"建立在刑法分则的不断修正、补充基础之上,是以牺牲刑法本应具备的稳定性、权威性为代价的。第二,从形式上看,罪状表述简单,便利了司法人员和公众学习,但实际上,分则大量采用空白罪状,或者概约性的叙明罪状,司法人员和公众为了明确罪状所规定的不法与罪责的内涵和程度,需要进一步"找法",甚至出现大量"找不到法"的情形,看似方便,实则不便。

当然,也应该看到,自 1997 年《刑法》施行至今,我国刑事立法一直就采用单轨制模式。在解决罪状过于简单带来的司法适用上的难题方面,"司法解释"功不可没。明确不法和罪责的内涵和程度,成了司法解释的主要内容和主要目的。以《刑法》第 286 条破坏计算机信息系统罪为例,最高人民法院、最高人民检察院 2011 年发布《关于办理危害计算机信息系统安全刑事案件应用法律若干问题的解释》,对如何认定"专门用于侵入、非法控制计算机信息系统的程序、工具""计算机病毒等破坏性程序"等作了具体、明确的规定。但最高司法机关是否可以担此重任? 司法解释能否解决所有问题? 在网络技术飞速发展、网络关系日益复杂的新背景下,恐怕会有诸多难题。

首先,由于网络行为的技术性、专业性、复杂性、交互性等特点,司法机关在未具备相关专业技术知识储备的基础上所作的司法解释,极有可能会出现与相关法律、行政法规之间内容上的不协调、处罚上的不衔接等问题。比如,根据 2016 年 2 月 6 日《国务院关于修改部分行政法规的决定》修订的《电信条例》第 58 条明确规定:"任何组织或者个人不得有下列扰乱电信市场秩序的行为:(一)采取租用电信国际专线、私设转接设备或者其他方法,擅自经营国际或者香港特别行政区、澳门特别行政区和台湾地区电信业务……"《电信条例》第六章罚则部分第 67 条规定:"有本条例第五十八条第(二)、(三)、(四)项所列行为之一,扰乱电信市场秩序,构成犯罪的,依法追究刑事责任;尚不构成犯罪的……"根据上述条例第 58 条和第 67 条规定,第 58 条第(一)项所列行为显然没有作入罪情形处理,这是文义解释的当然结果。但最高人民法院 2000 年 5 月 12 日公布的《关于审理扰乱电信市场管理秩序案件具体应用法律若干问题的解

---

① 参见储槐植:《刑事一体化》,法律出版社 2004 年版,第 501 页。

释》第 1 条以及最高人民检察院 2002 年 2 月 6 日公布的《关于非法经营国际或港澳台地区电信业务行为法律适用问题的批复》规定,违反国家规定,采取租用电信国际专线、私设转接设备或者其他方法,擅自经营国际或者香港特别行政区、澳门特别行政区和台湾地区电信业务进行营利活动,扰乱电信市场秩序,情节严重的,应当依照《刑法》第 225 条第(四)项的规定,以非法经营罪追究刑事责任。由此可见,司法解释是将《电信条例》第 58 条第(一)项行为作犯罪化处理的。

其次,为应对传统犯罪网络化的实际,超出立法原意的扩大解释不断出现,司法解释本身的合法性和内容的适当性受到质疑。面对网络时代层出不穷的新型危害行为,刑法理论与实践积极盘活传统刑法规范,尽可能地把传统刑法规范适用于新型网络犯罪,通过对具体罪名制定司法解释以及针对个案所作的刑法适用解释实现刑法的扩张。最高人民法院、最高人民检察院于 2013 年发布的《关于办理利用信息网络实施诽谤等刑事案件适用法律若干问题的解释》,将利用信息网络实施的"删帖"与"发帖"行为认定为非法经营行为,将"网络秩序"认定为公共秩序,将"编造虚假信息,或者明知是编造的虚假信息,在信息网络上散布,或者组织、指使人员在信息网络上散布,起哄闹事"认定为寻衅滋事行为。目前,利用信息网络实施诽谤、造谣、炒作、删帖等违法犯罪行为日益严重,甚至有境外敌对势力利用网络对我国政权和国家安全实施破坏、渗透,从维护国家安全、网络秩序和公众利益角度出发,确有打击必要,但其中部分概念如"网络秩序""在信息网络上起哄闹事"等,由刑事立法或者立法解释予以明确更符合法治原则。

最后,被赋予明确罪刑规范适用条件的司法解释,实质上成为司法人员办案的主要依据,刑法在一定程度上被架空,失去其作为基本法律的意义和价值,也丧失了本该具有的权威性。更重要的是,从形式上看,司法解释似乎解决了刑法中行政犯(或称法定犯)罪刑规范条款过于概括、简单以及不法和责任的内容不够具体、明确等一系列根本性问题。无论是学者还是司法人员,都满足于刑法的"完美"表现和刑法体系的自给自足,忽视了以刑法为核心的单轨制立法模式导致的司法适用的种种困境。在网络快速发展的当下,更是试图通过司法解释填平传统刑法与网络犯罪之间的沟壑。

综上,刑事立法单轨制不可避免地使刑法规范与其依托的相关法律形成毛与皮相分离的现象,司法解释也始终无法解决刑法单轨制下的立法问题,司法人员不会用、不敢用也就在所难免。大量具有法益侵害性的网络行为要么通过民事或者行政途径予以解决,要么仅作为不道德的行为或者作为灰色地带不予处理,公众的规则意识受到极大影响。

三、重视网络犯罪特殊性,着力解决网络犯罪证明难等问题

网络犯罪打击难度大是全世界面临的难题。网络技术是把双刃剑,在促进经济发

展、便利民众生活的同时,也为隐匿证据、甚至毁灭罪证提供了技术支持。电子证据侦查难、收集难、固定难、鉴定难,成为打击网络犯罪的天然屏障。但同时,刑事理论甚至办案实践表明,我们仍然没有充分认识到网络犯罪与传统犯罪的区别,没有重视网络犯罪的特殊性,将规制线下活动的法律和治理逻辑应用于网络空间,试图以与传统犯罪同样的证明标准和证明体系来处理网络犯罪,无异于自束手脚。限于篇幅,笔者仅以犯罪数额或者数量的认定为例说明。

计算机网络技术是以数字存储技术、数字传输为核心技术发展起来的,因此,计算机信息技术也被称为"数字革命"。运用数字信号,计算机的计算能力、存储能力、网络的传播能力不再是以倍数增加,而是呈指数级提升。从这个意义上讲,"数"不仅表现为一种运算能力,也体现为一种存在方式。云技术与大数据就是最直观的表现。不仅如此,随着网络技术的更新、变革,伴随而生的网络犯罪也体现了网络的"数字化"特性。对于网络犯罪,一味地重视"数"的特性反而不利于犯罪的认定。

一是技术对"数"的决定作用。技术革新速度加快,对网络犯罪数额标准的影响几乎是决定性的。以利用伪基站实施诈骗犯罪为例,新一代伪基站设备不仅更加智能、小巧,功率更大,发送短信的覆盖范围更广,发送速度更快,短信发送量甚至可达每小时数万条,更有断电后数据自毁功能。随着云技术的发展,淫秽影片以极低廉的价格在云盘之间贩卖、转移,而云盘中存储量可达上万部。如果仅以存储的淫秽电子信息数量作为量刑标准,势必造成量刑畸重。

二是计数标准。最高人民法院、最高人民检察院2013年9月6日颁布的《关于办理利用信息网络实施诽谤等刑事案件适用法律若干问题的解释》第2条规定了"实际被点击、浏览次数达到五千次以上,或者被转发次数达到五百次以上的"作为情节严重的标准。该解释出台后,有许多网站采取了一系列技术手段规避法律,如自动设置上限为499次。最高人民法院、最高人民检察院、公安部2016年12月19日公布的《关于办理电信网络诈骗等刑事案件适用法律若干问题的意见》规定,发送诈骗信息5000条以上、拨打诈骗电话500人次以上的,以诈骗罪(未遂)定罪处罚。对于那些通过QQ、SKYPE等网络聊天工具实施诈骗的案件,是否能将聊天记录的条数作为发送短信条数认定,也有争议。也有学者对判例数据库收录的纯正网络犯罪的判决书进行全样本分析,指出司法解释设定的标准不符合计算机犯罪的特点,只有当把情节特别严重的认定标准上调10~20倍以上,即数量或数额达到司法解释认定的"较大"的50~100倍以上,才可以达到案件数量分布的正金字塔结构。

三是数额或者数量的不易证明。如在网络赌博犯罪中,往往由于一注代表多少钱无法查清,导致赌资数额难以确定。在使用语音寻呼技术拨打诈骗电话案件中,由于不同的诈骗团伙可以使用同一网络通信通道同时进行语音寻呼,如何认定其中某一团伙拨打电话数就很困难。此外,网络犯罪跨地域性也决定了精确计算损失往往工程浩大,难以实现。电信网络诈骗案件中,即使被告人供述被收缴的银行卡就是用来诈骗的,如果没有找到所有被害人,无法做到被害人与诈骗金额一一对应的话,也很难认定银行卡上的金额就是诈骗数额。数额或者数量的不易证明导致刑法或司法解释规定的"从重"情节形同虚设。

四是数额或者数量能否全面、客观地评估网络犯罪的社会危害程度,值得思考。网络犯罪一旦发生,危害后果往往不可控。以诽谤罪为例,即使行为人被判决认定有罪,公众也明知系虚假信息,但由于网络快速传播导致的被害人尊严、名誉受损,都很难实质性消除。

可见,用传统犯罪的数额或数量标准来界定甚至区分网络犯罪的严重程度是很困难的,也是不现实的。而且由于实践中网络犯罪造成的损失严重,公众对网络犯罪严惩的呼声也很高,为回应社会反映出的问题,刑事立法就会不断加重法定刑,司法解释也整体体现"从严惩处",刑事审判也整体强调"重判重罚"。网络犯罪大多属于法定犯,法定犯是对"秩序"的违反,通过"管理"才能遏制无序状态,形成相对稳定的"秩序"。[1] 从犯罪控制的角度来讲,对违反秩序的行为应确立行为本位,治小罪防大害,逐步使公众养成守法意识和规则意识,有效控制和防范风险,同时便利司法,避免纠缠于对"结果"的过度证明。

四、刑法立法模式由单轨制向双轨制转变的立法价值

刑事立法首先需要理顺刑法与其他法律之间的关系。刑法是保障法、最后法,只有当一般部门法不能充分保护某种社会关系时,才由刑法进行保护。决定网络犯罪本性的首先应当是网络方面的法律,而不是刑法。

刑事立法也需要积极回应网络犯罪立法需求。未来我国互联网立法将进入高速发展时期。在"互联网+"战略的推动下,互联网与各行各业实现融合发展,互联网立法相应地承载更多、更丰富的社会关系,不断产生新的法律需求,立法内容由单一的互联网管理向网络信息服务、网络安全保护、网络社会管理等各领域扩展。同时,由于网络技术本身带来的各个领域参与主体、行为方式、规则及价值选择均呈现不同特点,互联网专门立法大量涌现。刑法作为保障法,需要对新型网络关系作出立法回应。如果仍采用刑法单轨制立法模式,以刑法修正案的方式增加网络刑事立法,可能会在短期内频繁修正刑法,刑法的稳定性和权威性将再次受到质疑。而专业性、技术性壁垒又会导致"懂刑法的不懂技术""懂技术的不懂刑法"的现象,司法人员将继续面临在网络立

---

[1] 参见储槐植:《刑法契约化》,载《中外法学》2009年第6期。

法中寻找规范内容的尴尬局面,不利于打击网络犯罪。

推进我国刑事立法向双轨制模式转变,能推动立法水平的总体提升,促进立法的科学、理性。近年来,我国网络立法工作总体而言较为活跃,内容涉及刑事、民事、行政、经济等多个领域。一方面,这些制度规范大多是部门规章、行业规定,效力层级较低、缺乏可操作性。另一方面,罪刑条款涉及限制公民人身自由和财产,只能由法律作出规定。因此,要改变附属刑法"附而不属"的局面,在互联网专门立法中规定罪刑条款的话,必须提升整体互联网立法的效力层级,这样既可避免以行业规则代替行政立法,也可以有效促进不同法律内容之间的协调互补。

也有学者表示担忧,认为双轨制立法模式存在一定弊端:一是许多法益价值大,本应由刑法规定的问题,会逐渐成为特别刑法调整的对象,保护具有普遍意义的新型法益就成了特别刑法的任务,由此可能使得刑法逐步空心化、边缘化。二是法条竞合现象大量增加,也会给司法适用增加难度。三是中国幅员辽阔,司法人员素质地方差异大且有待提高,社会转型使得行政和经济立法今后可能会"海量增加",单行刑法、附属刑法大量存在,不利于国民学习刑法,更可能在司法适用上造成一定程度的混乱,司法人员必然"在浩瀚的法令全书中搜索散乱大量之单行法"①。上述问题确实在一定程度上存在,但问题本身并非无法克服,有些甚至不是"真命题"。其一,从保护法益角度而言,刑法主要保护的是基于个人生命、财产等基本权利和自由而产生的社会中最为重要、最有意义的利益,采用刑法双轨制立法模式并不会将侵犯上述法益的犯罪移出刑法。况且双轨制立法模式本身并不堵塞行政刑法规范进入刑法的通道。如果行政犯的罪刑规范经过较长时间的实践检验,其规范性、权威性获得了公众的普遍认同,立法者完全可以考虑将部分相对比较重要的行政犯规定移入刑法,将之提升为刑法中的法定犯。② 其二,无论是单轨制立法模式还是双轨制立法模式都不可避免地会产生法条竞合,这本身是个立法技术的问题。其三,经济社会转型时期,行政、经济立法的增加势所必然,即使附属刑法中不具体规定罪刑条款,对相关规范内容和专业问题的解释也必然要求助于相应的行政和经济立法。而且,规定行政、经济领域的犯罪,本身就是为了规范相关主体的行政、经济行为,在相应法律中规定罪刑条款,也能方便专业人士学习相关领域的罪刑条款,熟知刑行边界,更利于刑罚目的的实现。以网络犯罪为契机,在网络安全等相关法律中直接规定罪刑规范,真正确立我国刑事立法中刑法与行政刑法并立的双轨制立法模式,解决附属刑法"附而不属"的问题,将附属刑法变成真正的行政刑法,是刑法现代化的当务之急。

---

① 周光权:《转型时期刑法立法的思路与方法》,载《中国社会科学》2016 年第 3 期。
② 参见梁根林:《刑法修正:维度、策略、评价与反思》,载《法学研究》2017 年第 1 期。

1997年刑法二十年的前思后想[*]

写文章,做研究,"小题大做"易受点赞。相反,"大题简做"多半会受"点质"。质问引发讨论,扩大思想交流,也是好事。

一、1997年《刑法》出台的社会背景

1954年9月,第一届全国人民代表大会第一次会议召开,通过了中华人民共和国第一部《宪法》。中国法制建设进入了一个新阶段,这对刑法起草工作是很大的推动。刑法起草工作于1954年10月启动,到1957年6月已草拟出第22稿。由于1957年下半年开始进行"反右派"斗争,之后的多种政治运动又接连不断,刑法起草工作停了下来。从1962年开始到1963年,拟出第33稿。其后又开始了为期10年的"文化大革命",直到1978年第五届全国人民代表大会之后组织修订班子,对第33稿进行修改工作。在此过程中,党的十一届三中全会启动改革开放,随即于1979年7月1日第五届全国人大第二次会议审议一致通过。至此,中华人民共和国成立30年第一次有了刑法——1979年《刑法》。它成为司法机关办理刑事案件的法律依据。从整体上说,1979年《刑法》对维护社会秩序、惩罚犯罪、保障改革开放起了重要作用。但是,由于历史条件和立法经验的限制,这部《刑法》在结构、规范内容和立法技术上都存在一定的缺陷。1981年以后,全国人大常委会先后通过了24个单行刑法,并在100多项非刑事法律中设置附属刑法,从而对1979年《刑法》作了一系列的补充和修改。

1988年《全国人大常委会工作要点》将刑法的修订工作列入立法规划。此后,全国人大常委会法制工作委员会、最高人民法院、最高人民检察院和刑法学界做了许多组织工作。1997年3月,第八届全国人大第五次会议经审议通过了修订的《中华人民共和国刑法》,即1997年《刑法》,使刑法的体系更加完备,内容更加丰富,刑罚制度更加严密,增强了可操作性。1979年《刑法》有罪名130个,1997年《刑法》有罪名412个(其后10个刑法修正案又增加57个罪名),仍是国际主流社会中罪名最少的。

关于1997年《刑法》出台的社会背景,需要特别关注20世纪80年代那段与刑事政策取向紧密相关的历史。1979年《刑法》于1980年1月1日开始生效时就面对着中华

---

[*] 原载《中国法律评论》2017年第6期。

人民共和国成立以来出现的高犯罪率问题,1981年至1983年,全国人大常委会接连通过三个严惩犯罪分子的"决定",刑事司法采取了从重政策。刑事案件立案数1984年下降为514369起,明显低于前3年,但1985年又开始反弹,出现上升趋势;1985年为542005起,1986年为547115起,1987年比1986年增长4%以上,达57万起以上,1988年上半年重大刑事案件比1987年同期上升34.8%,治安形势仍然相当严峻(参见《法制日报》1988年9月1日)。如何解释犯罪数与刑罚量同步增长的现象?这种现象出现在人口10亿、时间长达将近10年的如此宏大时空社会背景之下,必定有某种规律性的东西可循。"刑事一体化"思想从罪刑关系如刑法机制上试图予以解释① 1979年《刑法》第1条规定的"依照惩办与宽大相结合的政策";1997年《刑法》第2条规定"刑法的任务,是用刑罚同一切犯罪行为作斗争"。两相对照,可知一二。

在宏观上,犯罪源于社会矛盾,是基本犯罪规律,它既反映犯罪性质又说明犯罪原因。犯罪原因是一个动态复杂系统,而刑罚作为遏制犯罪的一个因素同促成犯罪的众多社会因素不可能在同一个水平上相抗衡。因此,不能简单地用犯罪率升降来衡量刑罚功效,这是理念。但重刑治罪的偏好在实践中依然可见:1997年《刑法》将1979年《刑法》的15个死刑罪名外加诸多单行刑法中的诸多死刑罪名照单全收,形成了一个20世纪末罕见的死刑罪名众多的刑法。

二、1997年《刑法》的历史地位——走上法治路

(1)废除1979年《刑法》的刑事类推制度,1997年《刑法》确立了罪刑法定原则、刑法适用人人平等原则、罪责刑相适应原则,彰显刑法的民主性和现代性。

(2)维护经济秩序,适应市场经济发展的需要,规定了诸多法人犯罪(单位犯罪)。

(3)严密刑事法网,用细化罪状、分设罪名的办法删除了三大"口袋罪"(投机倒把罪、流氓罪、玩忽职守罪)。"口袋罪"的副作用是为刑事类推"开绿灯",与罪刑法定原则相抵触。

三、1997年《刑法》的未来——刑法结构的重整

对比全面落实依法治国、建设社会主义法治国家的要求,1997年《刑法》仍有诸多不适应,首先是刑法结构问题。

刑法结构即罪刑量化组合,具体就是犯罪圈大小与刑罚量轻重的搭配。结构决定事物的性质,制约其功能发挥。

---

① 参见储槐植:《建立刑事一体化思想》,载《中外法学》1989年第1期。

1997年《刑法》基本上属重刑结构：①经《刑法修正案（八）》《刑法修正案（九）》修正，现在仍有46个死刑罪名。②无期徒刑罪名有94个。③全部犯罪均配有剥夺自由刑，其中法定刑最低为5年以上有期徒刑的罪名有341个；法定刑最高为5年以下有期徒刑的罪名仅有127个（5年以上的是5年以下的2.6倍）。④监禁刑执行的年度假释率从未突破个位百分比。刑法规定拘役的罪名有394个（其中3个是法定拘役），司法实践中的适用率显著偏低，以致缺乏对其进行独立专项统计。⑤附加刑制度还有"没收犯罪分子个人所有财产的一部分或者全部"的规定。可见，1997年《刑法》偏好重刑。

1997年《刑法》出台之前，法律上的死刑罪名散见于刑法和诸多单行刑法中，给人以零敲碎打的印象，不成气候。而1997年《刑法》将它们集中起来，统一收纳在一部法律中，从而产生类似"滚雪球"效应，形成视觉上的固化重刑结构。

刑法规定的刑种（罪名）及其数量在总体上决定该刑法结构的轻重程度。社会是人类生活共同体，社会由蛮暴走向文明是历史发展的客观规律。两个多世纪以来，世界各国刑法发展的历史就是死刑改革（死刑罪名由多到少、由有到无）为主线的刑罚由重到轻，从而彰显文明进步的历史。我国也不例外。

党的十八届三中全会决定"全面深化改革的总目标是完善和发展中国特色社会主义制度，推进国家治理体系和治理能力现代化"，刑法现代化是题中应有之义。去重刑化是刑法现代化的基础性问题。

《中共中央关于全面深化改革若干重大问题的决定》的第九部分"推进法治中国建设"包含五方面，其中涉及实体刑法的只有一句话（10个字）"逐步减少适用死刑罪名"。应特别指出，文稿并未表述为"逐步减少适用死刑"，因为它仅表明死刑适用的数量，加上"罪名"二字，明确指向罪刑结构。"逐步减少适用死刑罪名"显然隐含"去重刑化"信息。去重刑化的基础性首要环节是削减死刑罪名。"死刑有没有用？""死刑好不好？"这种纯理论的死刑正当性争议没有意义。社会物质文明与精神文明发展程度决定民众对死刑存废的态度。民意是死刑存废的正当性基础。北京大学法学院白建军、梁根林二位教授基于3万多个样本所做的实证分析显示，我国民众并不偏好重法重刑，主流民意对死刑的认同发生了明显松动，不再绝对认同死刑，大多数民众可有条件地接受废除死刑。这对国家关于死刑政策选择依据无疑是重要信息。

《刑法修正案（八）》《刑法修正案（九）》减少22个死刑罪名，这22个罪名的法定刑中线下降。司法实践表明，对重罪案件法官的量刑均值一般低于法定刑幅度中线。据信，这是国际共同存在现象。

随着祖国愈加强盛，物质文明和精神文明程度提高，再有若干年（少则5年，多则10年），46个死刑罪名再减三分之二，将成事实。

现代化的刑法结构应是可持续的刑法结构:严而不厉。严密刑事法网,适度扩大犯罪圈。20 年间,刑法 10 次修正,罪名增加,这是客观现实,也是学界共识。笔者认为,关于"严密刑事法网"尚需进一步拓展领域,建构"行政刑法"。这涉及刑法立法的形式结构。刑法的基本原则"罪刑法定"要求刑法立法的明确性,1997 年《刑法》分则第三章"破坏社会主义市场经济秩序罪"和第六章"妨害社会管理秩序罪",其条文既多且细,可谓世界之最。历次刑法修正都集中在这些领域。

其他国家和地区的刑事法律都有两类:"刑法"主要规定触犯伦理道德底线的自然犯;行政类法律规定妨害社会管理、扰乱市场秩序的法定犯,通称"行政刑法"。行政刑法中的罪刑条款与刑法的关系可概括为前者为后者的附属刑法。我国也有附属刑法,但不是行政刑法。域外的附属刑法就是行政刑法,我国的附属刑法是附而不属的影子刑法:在行政类法律的"法律责任"章节中所称"构成犯罪的,依法追究刑事责任",但该类法律中没有明确的罪刑条款,要追究刑事责任就去查找刑法。我国《专利法》在"专利权的保护"章节中规定"假冒专利的,除依法承担民事责任外,由管理专利工作的部门责令改正并予公告,没收违法所得,可以并处违法所得四倍以下的罚款;没有违法所得的,可以处二十万元以下的罚款;构成犯罪的,依法追究刑事责任"。依什么法,并不明确。《刑法》第 216 条假冒专利罪规定:"假冒他人专利,情节严重的,处三年以下有期徒刑或者拘役,并处或者单处罚金。"如没有相应的司法解释,如此附属刑法,根本无法执行。反观域外法律,其刑法典里没有设置专利规范,《专利法》有详细规定:三类专利(发明、实用新型、外观设计)附有三种罪行和罚则(伪造、仿造、贩卖等),三三得九,至少有九种罪刑条款,司法操作方便精准。更贴近刑法的本真使命:刑法是其他法律的保障法。我国不许存在行政刑法,罪刑条款只许出现在刑法中,一元化刑法立法模式的出发点原本是突出刑法优位,结果却是弱化了刑法功效。适得其反。君不见,我国专利法的法治情况值得反思乎? 在造假风气盛行的社会背景下,近十年来每年全国法院对假冒专利案件的判决都没有突破个位数,这正常吗?!

在行政法律中设置罪刑规范,宪法和立法法都没有障碍。可以预计,不久的将来,我国的附属刑法也就是行政刑法。

第四编

刑法解释论

论刑法学若干重大问题[*]

在当今世界,犯罪是困扰人类的一大社会问题。作为其对立面的刑罚所发挥的功能远不遂人意。这些一直是犯罪学和刑法学的研究主题。本文仅从刑法学角度对犯罪和刑罚的若干重大问题略抒己见。

问题之一:重组犯罪构成理论

一、刑法学通行犯罪论体系的缺陷

(一) 犯罪概念并非《刑法》第10条的说明

犯罪概念是对犯罪的本质特征的反映,犯罪本质特征通常被归纳为三个:社会危害性(或一定的社会危害性)、违法性(或刑事违法性)和应受刑罚处罚性。几乎全部有关论著对违法性的说明都很抽象和简约,令人难以把握其实质内涵。主要原因之一在于,理论概念并没有恰当反映《刑法》第10条的犯罪定义,它规定"一切……危害社会的行为,依照法律应当受刑罚处罚的,都是犯罪"。根据这一法律定义,犯罪概念的三个特征应是:一定的社会危害性、法定性("依照法律")和当处刑罚性。

大陆法系德国、日本刑法理论中作为犯罪成立三要素之一的违法性,其内容也很单薄,法典上从未规定违法性的内涵和判断标准,只是从反面规定了违法阻却事由。所以,学者之间的看法相距悬殊。这一情况的可能解释是以违法性代替了意识形态色彩强烈的社会危害性(西方确有学者认为违法性的实际含义是危害社会利益)。我们的刑法理论明确提出社会危害性,这是内涵深化的进步。违法性是危害性的表象。下定义应抓住本质特征,所以犯罪概念中规定违法性不妥。"法定性"(下文详述)是罪刑法定原则的反映;而且从逻辑上说,犯罪并非违反刑法,恰恰是行为符合了刑法的规定,不能以"违法性"替代法定性。

(二) 犯罪构成内部层次关系不清晰

且不论将正当防卫和紧急避险置于犯罪构成之外这种通行做法未能准确体现《刑法》总则第二章第一节的结构和功能,犯罪构成理论体系内部关系不协调,主要指将犯

---

[*] 原载《北京大学学报(哲学社会科学版)》1993年第3期。

罪构成的四要件并未放在同一层面。犯罪客体是国家保护的社会关系受到犯罪侵害,侵害行为被称为犯罪的根本原因在于它严重侵害了国家保护的社会关系,犯罪的标的取决于国家意志。将侵害客体作为构成要件是国家态度的集中表现。犯罪主体是个人(含法人)。国家和个人是两极,介于其中的犯罪客观方面和犯罪主观方面,它们与两极的关系(地位和功能)不清晰。其实它们应被组合形成一个上位概念"犯罪行为结构",才能与两极处于同一层面,起中介功能。正如马克思所说:"对于法律来说,除了我的行为以外,我是根本不存在的。我根本不是法律的对象,我的行为就是我同法律打交道的唯一领域。"①犯罪"行为"是"我"(个人)与"法律"(国家)产生关系的中介。犯罪构成应当体现这种层次关系。

二、犯罪构成对应犯罪概念——重新组合犯罪构成

作为刑法学核心内容的犯罪构成,即犯罪结构。"结构"作为科学概念是指事物的诸要素相对稳定的组合方式。犯罪构成是成立犯罪的诸要素(要件)的结合形式。犯罪构成与犯罪概念的关系,有两种可能的表现方式:一种是两者重合、二位一体,例如日本刑法理论认为"犯罪就是具备构成要件的、违法的、有责的行为"②。可见,犯罪概念即为犯罪成立三要素(符合构成要件、违法、责任)的集合。日本刑法理论中"犯罪成立三要素"在结构功能上相当于我国刑法学上的"犯罪构成",所以不可将三要素之一的"构成要件"称作犯罪构成。构成要件,据说是日本刑法学者泷川幸辰(另一说认为是大场茂马)翻译德国刑法理论中 Tatbestand(意为"行为事实")这一术语形成的日文表述,与原文字面意思并不完全对应。但长期被沿用,也就约定俗成了。我国刑法理论中犯罪概念与犯罪构成并非二位一体的关系,而是另一种情形,即要素组合(犯罪构成)与本质属性(犯罪概念)的关系,是从不同视角对同一事物所作的表述。既然是同一事物,不同视角的表述之间必定存有内在联系:本质属性是组合要素的基本特征,组合要素是本质属性的主要载体。这就是说,犯罪概念与犯罪构成之间可以找到对应关系,从而将两者统合起来,这就需要重新组合犯罪构成。其意义在于深化对犯罪的法律反映的理论认识。

(一) 犯罪概念・社会危害性(对应)犯罪构成・评价因素

(1)法律载体。《刑法》总则第 2 条和第 10 条以及分则各章名称。

(2)内容名目。基本内容为犯罪行为对法律保护的社会关系的侵害。称作犯罪客体还是"评价因素"? 以犯罪客体为名,其仅是犯罪事实情况的反映,并使它与犯罪构

---

① 《马克思恩格斯全集》(第 1 卷),人民出版社 1960 年版,第 16 页。
② 〔日〕福田平、大塚仁编:《日本刑法总论讲义》,辽宁人民出版社 1986 年版,第 38 页。

成其他要件处于一个平面上,而没有显示出这个要件的本质和功能。称评价因素可以弥补这些不足。

(3)性质和功能。规定什么行为属于犯罪,是国家意志的反映,是否定性评价的表现。犯罪是由国家评价确定的一种行为模式。评价因素(国家对危害其统治的行为的否定)在犯罪构成系统中处于主导地位;在宏观上起定性作用,立法上的犯罪化和非犯罪化由它决定;在微观上具有奠基功能,决定司法中罪与非罪和此罪与彼罪的界限,是类推适用的前提。称评价因素可以较准确地反映其地位和功能。反映国家意志的评价因素,评价标准对国家而言是主观的,评价对象对社会而言则是客观实在的。作为犯罪构成的评价因素并非纯主观的,而是主客观双重性质的结合。

(4)意义。主客观双重性结合的评价因素的存在使得犯罪构成成为开放系统。所谓开放系统,就是以不断与外界交换能量和信息为存在条件的系统。犯罪构成不是封闭系统,它的具体存在和实现始终要受到犯罪态势和治安需要的制约。评价因素决定了刑事政策对犯罪构成具体实现必然起着影响作用。例如,破坏社会主义经济秩序的诸种犯罪,在计划经济和市场经济不同背景下,犯罪构成就发生变化。首先是犯罪主体范围,由单纯的自然人发展为自然人和法人。在犯罪行为方式上,由单一发展为多样。有些行为需要犯罪化,设计新的犯罪构成,例如,破产诈骗、业务侵占、单位骗取国家出口退税款等。有的行为可以非罪化,例如不以暴力、威胁方法进行的抗税(实际相似于19世纪许多国家存在的欠债不还的民事犯,是单纯的不作为犯),这样就需要修改原有的抗税罪犯罪构成。[①] 又如,反革命罪的罪名和某些犯罪构成是以阶级斗争为纲的历史时期的产物,在以经济建设为中心的改革开放和"一国两制"条件下,进行某些修改是完全必要的。

(二) 犯罪概念·法定性(对应)犯罪构成·行为结构

(1)法律载体。《刑法》总则第10条至第13条以及分则含有罪刑内容的法条。

法定性是罪刑法定原则在犯罪概念中的反映。符合刑法规定的行为结构,是犯罪构成要件。这大体类似于德日刑法理论中的构成要件符合性。[②]

(2)内容。由两部分组成:一是客观方面,包括行为、行为对象、行为结果和附随情况(时间、地点、行为方式以及具有定罪功能的情节)。二是主观方面,包括故意、过失和附随情况(目的、动机)。主观方面是主观恶性的主要反映。作为犯罪构成要件的行为结构包含主观因素,是刑法理论的常识。

(3)功能。法定性在客观上使国家对犯罪的制裁始终在法治的限度内进行。行为

[①] 参见全国人大常委会《关于惩治偷税、抗税犯罪的补充规定》(1992年9月4日公布)第5条和第6条。
[②] 也称"犯罪构成符合性",参见何秉松:《建立具有中国特色的犯罪构成理论新体系》,载《法学研究》1986年第1期。

结构在犯罪构成系统中发挥支撑功能,是评价因素的基本依托,处于基干地位。《刑法》分则条文的内容几乎纯系行为结构,是罪刑法定(法定性)的基础,行为结构完满则法定性充实,行为结构残缺则法定性损伤。

(三) 犯罪概念·应受刑罚性(对应)犯罪构成·责任条件

(1)法律载体。《刑法》总则第 10 条以及第 14 条至第 18 条。

在客观上(犯罪概念)应受刑罚性表明国家态度;在微观上(犯罪构成)责任条件表明个体资格即承受刑罚的资格。两者视角不同,在内涵上彼此沟通,具有刑事责任的对应关系。

(2)内容。由两部分组成:一是犯罪主体条件,包括责任年龄和责任能力。二是不存在责任阻却情况,即不存在不负刑事责任的情况,包括正当防卫和紧急避险。

(3)功能。应受刑罚性表明犯罪的法律后果;责任条件表明法律后果承担者的资格,在犯罪构成系统中发挥充实功能,使刑事责任得以落实。虽然存在《刑法》分则规定的行为结构,如果缺乏责任条件,则仍不存在犯罪构成。

犯罪构成三要件的关系:"评价因素"表明国家(通过法律)对侵害统治关系的行为作出的政治和法律的否定评价,是刑事责任的起始,是犯罪构成的前提;"行为结构"是评价因素的实体依托,是犯罪构成的核心;"责任条件"即落实刑事责任的条件,是犯罪构成的充足。三要件的关系实质上体现了法律(国家)通过行为同个人打交道这一法制社会的基本规则。评价因素表明国家主权;国家依据法定行为结构惩罚犯罪,也就是说惩罚罪犯须以行为结构的性质和程度为限度,这是人权保障。犯罪构成三要件论明确体现主权与人权的统一关系。三要件齐全,犯罪构成就完备,犯罪即告成立。犯罪构成是刑事责任的根据。所以《刑法》总则第二章第一节(第 10 条至第 18 条)称作"犯罪和刑事责任"。

犯罪构成三要件论与德国、日本刑法理论的犯罪成立三要素论有相同之处:要件数均为三;行为结构与"构成要件"(行为事实)的内涵大体一致;责任条件与"责任"的外延基本接近。相异之点是:评价因素与"违法"在政治、法律内容的侧重不同;三要件层次关系的理论解说不同。

犯罪构成三要件论与我国通行的四要件论相比,在内容的总和上并没有添加什么,但不同的组合和层次关系反映了不同的理论认识。正如四要件论与德、日三要素论在实际内容的范围方面大体近似,不同的主要在于政治、法律评价和理论结构方面。

问题之二:充实犯罪构成理论

(一) 犯罪行为的形式应在作为和不作为之外加一种行为形式"持有"

我国现行刑事法律中已经出现了持有型犯罪的立法例。全国人大常委会《关于禁毒的决定》(1990年)规定了"非法持有毒品"罪,《关于惩治贪污罪贿赂罪的补充规定》(1988年)中有拥有非法所得财产罪(占有、拥有与持有基本同义)。既然法律中有规定,理论上就应加以总结和反映。①

持有是一种状态,它的先导是"作为",但状态本身不是积极的作为;状态更多地类似于"不作为",但刑法上的不作为须以具备实施作为的特定义务为成立前提,而状态本身的存在与作为义务并无关系。由此可见,持有既像作为又似不作为,既不像作为又不似不作为,应是与作为和不作为并列的一种犯罪行为形式。这里的问题是,作为与不作为两概念之间不可能有中间情况。这个说法不错,但作为和不作为属于"行动"范畴,而持有属"状态"范畴,行动与状态两者不是同一层次的事物。因此,将持有与作为和不作为并列视为犯罪行为形式在逻辑上并无不可。

研究持有犯罪行为形式,有理论意义,更有立法实践价值。在一些多发性和危害大的犯罪现象中,有些案件无法以传统罪名(犯罪构成)治罪,持有型罪名便成为唯一的选择。它减轻了司法机关的证明责任,对遏制犯罪具有巨大的威慑力。例如,上面提及的两例便是。另一意义是以惩罚早期预备行为来防止严重犯罪的发生,例如,非法持有凶器罪。可以预料,今后我国立法中还会出现持有型罪。

(二) 对罪过概念中心理因素的重新思考

1. 只有直接故意才有意志因素

通行观点是两种故意甚至轻信过失和疏忽过失均有意志因素。如果(其实是应当)按心理学知识来理解意志因素,则通行看法应予修正。心理学认为,意志是自觉确定目的并据此支配行动的心理活动。意志对行动的支配和调节作用表现为发动和制止两方面,前者是推动人们去从事达到预定目的所必需的行动,后者是阻止不符合预定目的的行动。② 目的即希望实现的结果,是意志的基本构成内容。缺乏目的的心理现象不能称作意志。据此,只有直接故意才有目的,也才有意志因素;其他诸种罪过形式不含目的,也就没有意志因素。犯罪构成主观心态中的目的限于对危害结果的追求,而非泛指与危害结果有一定联系的行为目的。例如,司机驾车的行为一般是有目的的(运货、载人),对肇事结果(伤、亡)和造成结果的行为(撞人或轧人,而非驾车行为本身)都没有目的。又如,猎兽心切的猎人,明知附近拾柴的孩子可能受害,还是开了枪。一枪放出,未中野兽而中小孩。开枪有目的,但对子弹入人体的伤害行为并非为追求伤害结果而实施,对伤害行为既没有自觉发动,也没有自觉制止。轻信过失中是否含有所谓否定性意志因素?事实上行为人并没有实施阻止不符合

---

① 美国有些刑法典和英国刑法理论已将持有(英国将持有纳入"事态"范畴)与作为和不作为并列。
② 参见北京师范大学公共课《心理学》编写组:《心理学》(北京师范大学公共课教材),北京师范大学出版社1985年版,第201页。

预定目的(例如安全运输)的行动(防止交通事故的具体行动),所以,说不上什么意志。而且从意志定义看,不存在否定性意志。那么,间接故意和轻信过失是否仅有认识因素而没有其他心理因素?它们没有意志因素,但有情感因素。情感是对外界事物的状态和评价的心理活动,可区分为肯定的情感、否定的情感和模糊的情感。在犯罪构成中,"外界事物"是指危害结果。可见,在直接故意中存在肯定性情感,在轻信过失中存在否定性情感,在间接故意中存在模糊性情感。模糊性情感在数轴上表示为一个区间,有的模糊情感较接近于肯定性情感,有的则更靠近否定性情感。通过上述分析,笔者得出的结论是:直接故意、间接故意、轻信过失三种罪过形式的认识因素以外的区别在于,前一者有意志因素,后两者无意志因素;三者均有情感因素,但性质各不相同。

传统刑法理论缺乏对情感心理因素的研究,一般只是简单地提及激情犯罪中存在情感因素。出现这种现象的原因之一就是对意志的内涵有误解。人的意识由认识、情感和意志三项心理因素构成。情感是认识和意志的中间环节,有承前启后的作用。人是感情动物。情感对人类社会实践活动有着不可估量的巨大作用,"恨"(否定性情感)是阶级斗争的一种动力,"爱"(肯定性情感)是家庭和睦、社会稳定、国际共荣的基因。犯罪行为中也包含着不同色彩的情感因素,从而反映不同程度的主观恶性。对罪犯的矫正,情感转变(个人对他人和社会的态度)往往是关键,感化就是情感转化。犯罪心理学和罪犯改造学都重视情感因素研究,刑法学也需重视这个问题。

2. 间接故意的认识因素问题

通行观点是间接故意的认识因素只包括预见危害结果发生的可能性,少数学者认为还包括预见危害结果必然发生。后者以生活中确有认识到结果必然发生但对结果仍持放任态度的实例来说明自己的观点符合实际。前者则用推理方法予以反驳,认为"放任"以存在"两种可能性"(结果可能发生也可能不发生)为前提,如果认识到必然发生就否定了两种可能性,就不存在放任的前提,也就没有间接故意。这是争论已久的问题。

说清这个问题需要明确两个前提条件:一是直接故意与间接故意的主要区别点在哪里?直接故意即希望故意,间接故意即放任故意,可见它们的区别之点落在情感因素上,前者对危害结果持肯定态度(肯定性情感),后者对危害结果呈中间(两可)态度即模糊性情感。二是是否承认情感因素与认识因素之间有矛盾冲突的一面?认识是情感的前提,情感建立在认识的基础上,这是两者统一协调的关系。有时两者也出现矛盾冲突:认识到某事物良好,但情感上厌恶它;也有相反的情形。这在现实生活中是常见的。这就是说,情感有理智的一面,同时也可能有非理性即与理性认识相冲突的一面。用逻辑推理(认识推导情感)来否认这种非理性情形的存在,恐怕不符合生活逻辑。从正面分析,如前所述,"放任"这种模糊性情感在数轴上呈现为一个区间,有的模糊性情感介于肯定性情感与否定性情感中间,这是典型的放任;有的紧靠否定性情感;有的贴近肯定性情感,这是特殊的放任即放纵,但并不是希望。如果上述两个前提确定为:直接故意与间接故意的主要区别点落在情感因素上,并且承认情感并非总与认识相一致;那么,间接故意的认识因素既包括预见危害结果的可能性也包括预见必然性这种看法并无不当。

3. 疏忽过失的心理分析

疏忽过失以"应当预见"为成立要件,应当预见的言内之意是"没有预见",没有预见也就没有认识因素,没有认识因素自然没有情感因素和意志因素。即使如此,仍可对疏忽过失进行心理分析。正如有人提出,过失的心理事实是潜意识,是把自己的职责遗忘了。① 遗忘的本义是记忆库中的认识没有及时被提取出来;如果记忆库中根本没有这种认识,也就无所谓遗忘。心理分析认为,人的意识可分为显意识和潜意识。两种故意和轻信过失属于显意识,疏忽过失属潜意识。所以一切犯罪行为都是意识行为。

(三) 一种可减少死刑条款的犯罪构成

全国人大常委会《关于惩治偷税、抗税犯罪的补充规定》(1992 年)第 6 条第 1 款规定,"以暴力、威胁方法拒不缴纳税款的,是抗税",最高刑为 7 年有期徒刑;第 2 款规定,"以暴力方法抗税,致人重伤或者死亡的,按照伤害罪、杀人罪从重处罚"。这意味着其最高刑可到死刑,但保持抗税罪本罪没有死刑。按此思路,用这种犯罪构成立法方法,便可大大减少《刑法》中的死刑条款。抢劫罪、强奸罪、绑架罪和流氓罪的基本犯罪构成可以删除死刑,甚至放火、决水、爆炸、投毒、破坏交通工具、破坏交通设备、破坏电力煤气设备和破坏易燃易爆设备等罪也可照此处理。总之,几乎除伤害罪和杀人罪以外的所有以暴力方法实施的犯罪均可删去死刑,只需在基本犯罪构成之后增加类似上述规定第 6 条第 2 款的规定即可。这样,死刑罪名可以减少十多个,实际上并不会造成放纵罪犯的结果。又假定将来废除财产罪和经济罪(贩毒除外)的死刑,我国刑法上的死刑罪名可以控制在 10 个以内。

理论上如何解释全国人大常委会《关于惩治偷税、抗税犯罪的补充规定》第 6 条第 2 款规定?我国《刑法》中没有典型结合犯(甲罪+乙罪=甲乙罪)的规定,所以由方法行为与目的行为(或者方法行为与目的)构成的罪均为单一犯,罪名取决于目的行为,同时表明方法行为无须达到相关罪的犯罪程度。例如抗税,行为人殴打税务员,殴打不必达到伤害(轻伤)罪的程度即可构成抗税罪。如果方法行为达到相关罪的犯罪

---

① 参见陈兴良:《刑法哲学》,中国政法大学出版社 1992 年版,第 41 页。

程度,已超出基本犯罪构成的界限,方法行为当然可以构成独立的罪,行为人并负从重处罚之责。这可以被认为创制了一项"方法过限构成单独罪"规则。

问题之三:进行刑罚机制研究

一方面,我国《刑法》颁行十余年来,司法机关运用刑罚同犯罪作斗争取得了一定成绩,经验需要总结上升为理论。另一方面,法定刑一增再增而严重犯罪的犯罪率居高不下,累犯率也有所增长。将社会治安综合治理作为基本对策无疑是正确的。但是国家刑罚如何面对这个局势仍然应当进行冷静思考和深入研讨。

长久以来,刑法(刑罚)理论一向重视刑罚目的的研究,它对刑法思想和刑罚制度变动具有最终影响作用,但目的本身毕竟是主观意愿。近年来学者开始注意刑罚功能,重视对客观因素的研究,是一大进步。然而对刑罚功能基本上仍停留在静态分析上。从实践价值考虑,有必要在刑罚理论方面开发一块新领地——研讨刑罚机制。

"机制"通常可被理解为事物的运行方式。刑罚机制可解释为刑罚运行方式。刑罚运行实际是刑罚功能的实现过程。运行方式有优有劣,研究刑罚机制的目的在于探索优化刑罚功能的实现过程。优化过程的关键无非要把握刑罚功能实现过程应遵循的规律。所以,研究刑罚机制就是探讨刑罚功能实现过程的规律。

刑罚功能是指刑罚可能发挥的积极作用。"可能"的意思是指刑罚只有在被驱动(运用)之后才能表明功能的实际存在。尽管如此,功能是客观的,根据在于功能是客观事物特性(特有的本质)的外在表现。刑罚功能是刑罚特性的表现。刑罚有两大特性,惩与戒。功能与特性的区别在于,只有当特性与外界发生关系(作用)时才能表现出功能。特性不含关系因素,功能含有关系因素。所以功能是一种作用。作用有积极与消极之分,刑罚也如此。刑罚惩罚罪犯、防止(戒备)受刑犯和潜在犯侵害社会;惩罚过轻则纵容犯罪,惩罚过重则侵犯人权。后者为消极作用,前者为积极作用。刑罚功能指刑罚的积极作用。

刑罚功能有基本功能与附加功能之分。基本功能是刑罚特性的直接反映,彼此对应。惩、戒特性与报应、威慑功能相对应。附加功能是刑罚在执行过程中通过附加外力的投入所产生的作用,主要指矫正(教育、改造)。基本功能与刑罚同在,只要有刑罚就有其基本功能。而由于附加功能并非刑罚特性的直接反映,未必与刑罚同在,有刑罚不一定就有附加功能(当投入的量和质不够时)。明确刑罚功能的分类有重要的理论和实践意义。

刑罚功能的实现过程(刑罚运行过程)有广义和狭义之别。广义上指立法、量刑和行刑,狭义上的仅指后两项。本文在广义上理解刑罚功能的实现过程。

依据长期社会实践形成的正反两面经验,刑罚运行过程中如能遵循以下规律,将会使刑罚功能得以最佳实现。

一、结构协调

(一) 刑罚结构的概念

刑罚结构是刑罚方法的组合形式。所谓组合形式,是指排列顺序和比例份额。刑法学教材中都有刑罚体系的概念:"刑法所规定的并按照一定次序排列的各种刑罚方法的总和"①,刑罚分主刑和附加刑两大类。刑罚体系一般都提及排列次序,但未展开,更没有注意比例份额。因而有必要提出刑罚结构这一概念。

在社会形态和国家经济运行中,经济结构是一个至关重要的范畴。封建社会和资本主义社会都有商品经济和自然经济,但是两者比重不同决定了两种不同的社会形态。当代许多国家都同时存在国有制和私有制,但两者份额不同形成了两种不同的生产关系。我国由"重工业—轻工业—农业"变为"农业—轻工业—重工业",产业顺序的调整反映了经济结构的重大改变,对国计民生有十分深远的影响。排列次序是比重关系的表现,比重是量的关系,但量变会引起质变。成分相同,结构不同,则性质不同。② 研究刑罚结构关键是研究刑罚方法的比例关系及其在刑罚运行过程中的实际意义。

(二) 刑罚结构的类型

从过去到未来,刑罚结构可能有五种类型:死刑在诸刑罚方法中占主导地位;死刑和监禁共同在诸刑罚方法中为主导;监禁在诸刑罚方法中为主导;监禁和罚金共同在诸刑罚方法中为主导;监禁替代措施占主导地位。第一种已成历史,第五种尚未到来。中间三种在当今世界中存在。死刑和监禁占主导的刑罚结构可称为重刑刑罚结构,监禁和罚金占主导的刑罚结构可称为轻刑刑罚结构。这种看法不会有分歧。问题是监禁刑为主导的刑罚结构属哪类,应具体分析。概览当今主要的有代表性的诸国刑法,大致可以认为法律上平均刑期在 3 年以上的③属重刑类,称次重刑;平均刑期在 3 年以下的归轻刑类。

(三) 刑罚结构的意义

(1) 刑罚结构是具体国情(历史传统、文化背景、统治经验等)、刑罚目的、刑事政策的集中反映。刑罚结构在刑罚理论中占有重要位置是理所当然的。

---

① 高铭暄主编:《中国刑法学》,中国人民大学出版社 1989 年版,第 236 页。
② 这种现象在自然界也大量存在,例如有机化学中的同分异构体,分子式相同而结构式不同则性质不同,如甲醚和乙醇。
③ 例如,某罪法定刑为 3 年以上 7 年以下有期徒刑,则平均刑期为 5 年有期徒刑。各罪的平均刑期相加再除以罪数,即为法律上的平均刑期。

(2)刑罚结构决定刑罚机制内部环境,构成整体刑罚功能的基础。通常认为刑罚的目的是预防犯罪(两个预防结合),这是静态观察。从动态上说,刑罚目的应是刑罚功能的最佳实现。刑罚功能实现过程受到刑罚机制内部环境和外部环境两方面的制约。外部环境包括政权与公民的关系紧密程度、国家的实力、公民的法律意识等。这里要讨论的主要是内部环境。假定一个国家的刑罚结构为轻刑刑罚结构,只有个别极其严重的罪,例如谋杀,才能判处终身监禁;比谋杀稍轻一些而实际上仍非常严重的,例如故意重伤害,就只能判处有期监禁刑;逐级降低,一般的罪只判处 6 个月以下短期监禁或者罚金;而且鉴于这种情形,司法机关(从警察到法官)对有罪案件作不处刑处理的概率必然大大提高。这种情况下,刑罚的威慑功能会下降,而可能偏重于人道、文明价值的追求。又假定另一国家的刑罚结构为重刑刑罚结构,有相当一批罪可判处死刑;罪与罪的刑罚要攀比(协调),将会有更大一批罪可判终身监禁或长期监禁;剩下来能判半年以下监禁的罪便寥寥无几,只可判罚金的罪几乎为零。刑罚的报应和威慑功能比上述轻刑刑罚结构增强;但是,也可能出现另一种结果:受刑人认为刑重于罪导致矫正功能减弱,罪犯的亲友也可能与国家产生离心倾向。重刑结构还可能逆向影响刑事政策,由于许多罪有死刑,所有罪都与监禁挂钩,于是自然地形成一种观念,仿佛犯罪与监禁必然连在一起,不足以判监禁刑的就不是(或者不应是)犯罪,犯罪概念的定量因素盖主要出于这种想法,政策思想上的"厉而不严"与此有直接关系。① 因而使刑罚量在总体上处于高水平;假定犯罪尤其重大犯罪数量继续上升,刑罚量再增长的余地所剩无几,结果将导致刑罚功能下降(严重者便是"刑罚危机",需要进行刑罚结构改革,即刑罚改革)。所以,刑罚功能的最佳实现就应当有一个良好的刑罚机制内部环境,即刑罚结构要协调。结构协调是指刑罚方法之间比例适度。例如,死刑与监禁刑之间、监禁刑内部长期刑与短期刑之间、监禁刑与罚金刑之间的比例关系要适度。何谓适度,虽无定格,但至少应避免畸形状态。适度的关键在于控制最严厉刑罚方法的量。这个量要控制得当取决于几个现实主义观念的确立:恰当认识刑罚预防功能的实现限度,恰当估计国家行刑机构的主观能力,恰当参考国际通常情况。

二、双边合力

监禁作为刑罚结构中适用最多的刑罚方法,其预防犯罪功能的实现过程,就是新陈代谢(同化与异化)的过程。行刑机构矫正罪犯,罪犯接受矫正,将社会主义文化接受为(内化为)自己的观念,即同化过程。同化过程伴随着改变过去反社会意识和行

---

① 参见储槐植:《严而不厉:为刑法修订设计政策思想》,载《北京大学学报(哲学社会科学版)》1989 年第 6 期。

为,即异化过程。同化和异化的实现均离不开催化剂,即双边合力。双边合力有两层含义:

(一) 国家行刑机构与犯人之间的合作

悖论之一:一方面刑罚的存在以国家与犯人的对立为前提,另一方面刑罚(主要指监禁刑)的执行以犯人与国家的合作为条件。这种对立统一关系决定双边合力不是同心协力而是异心协力,关键是要协力。合力须建立在双边平等合理的权利(力)和义务关系上。国家的权力和犯人的义务自不待言,如果权利(力)和义务不是双向的,也就不可能有双边合作。所以,国家(行刑机构)应承担义务,犯人也应享有一定权利。给犯人权利,并非仅仅表示人道主义,其积极目的是为刑罚功能的最佳实现设定必要条件。行刑机构的基本权力是执行刑罚的权力(这是专用权),具体是剥夺犯人的自由,强使犯人遵守规章制度,强使有劳动能力的犯人从事劳动。行刑权的延伸权力包括对犯人的减刑、假释权和求刑权。减刑和假释权从本质上说是行刑权而不是审判权,由行刑机构行使符合追求刑罚功能最佳实现的刑罚目的。为保证不被滥用,减刑假释权由一定级别的行刑管理机关行使。求刑权并不是指一般追诉权,而是特指对犯人严重不遵守义务(但没有构成任何普通刑事罪)请求法院予以加刑的权力。为保障犯人权益,加刑须有法律依据,办法是增设破坏监管秩序罪。行刑机构的义务主要是:依法办事;对犯人生活、生产和矫正提供必要的物质保障;教育改造犯人。相应地,犯人的基本义务是接受刑罚的义务。具体是遵守监所的规章制度,有劳动能力的认真从事生产活动,认真参加行刑机构组织的活动。接受教育,矫正观念和行为,虽不是其义务,但只要履行上述义务,加上行刑人员(管教人员)耐心细致的工作,改造是自然结果。犯人的权利,《中国改造罪犯的状况》(白皮书)(1992年8月10日)列举出11项,其中"申诉的权利""人格不受侮辱、人身安全不受侵犯的权利""获得依法减刑、假释的权利"尤有意义。给犯人权利的重大意义在于使犯人在行刑过程中处于相对的主动地位,以利于调动其矫正的积极性。双方的权利(力)和义务是双边合力的法律基础,双方享有权利(力)并认真履行义务的过程就是双边合作的过程,也就是刑罚功能实现的过程。侵犯犯人的权利实质是阻挠国家刑罚目的的实现。

(二) 国家行刑机构与社会之间的合作

悖论之二:一方面监狱的作用是将犯人与社会隔离,另一方面监狱的目标是使犯人回归社会。这种对立统一关系决定社会参与是刑罚机制本身的要求。监狱是封闭社会的产物,由于监狱的封闭属性,社会越封闭监狱效能越高。在开放社会中,监狱的管理难度增加。社会现实和发展趋势无法改变,只得改变监狱管理模式,目标提前显现,弱化监狱封闭性,使其变为"开放的"或"半开放的"。这是时代使然,只能接受。在这个背景下,行刑机构与社会之间的合作就是十分必要的了。

三、物质支撑

死刑不需要物质基础,罚金刑给国库增加收入,更没有问题。需要物质支撑的主要是当代运用率最高的监禁刑。在计划经济时代,我国监狱劳改单位生产收益足以维持矫正事业,且有余。在市场经济条件下,企业竞争主要是科学技术和先进设备的竞争,劳动力价格低廉不是主要因素,这决定了监狱生产经济收益下降的总趋势。我国矫正事业经费紧张的矛盾将日益突出。这是世界潮流。

罚金是收益型刑罚,监禁是耗费型刑罚。西方发达国家,监狱犯人每年人均耗资(监狱系统一切费用的年人均)达2万美元至3万美元。我国为650元左右①,相比之下低得多,但这仅仅是"罪犯年平均生活费",并不包括监管人员工资和设施维护费用以及其他费用。加在一起如果全由政府支出,也将是巨大的财政负担。

监狱(泛指一切矫正场所)的存在和运行需有物质为后盾。物质包括物、财、人。这三项任何一项都直接关系到监禁刑的执行效果。监狱拥挤(人满为患是许多国家监狱的共同性问题)影响矫正质量。监狱设施的好坏关系到人道待遇。扩充监狱、改善设施都要钱。监狱管理人员的数量和质量是矫正质量高低的决定性因素。数量足够的高素质的监狱工作人员,实现的保证仍然是钱。物质支撑,实际是以钱为基础。几乎所有国家对监狱都感到财力吃紧,只是程度不同而已。钱不足,肯定影响刑罚功能实现的成效。于是不得不提出这样的问题:按市场经济思路,对刑罚结构的支柱监禁刑要不要考虑投入与产出(效果)的得失比例关系?假定思路以这样两个前提为出发点:监禁刑不能废除;而物质支撑不住现有局面。与其硬撑甚至扩展现有局面而收不到预想效果(由于矫正质量下降还会增长累犯率),不如适当控制监禁刑以便使有限物质基础支撑住现有局面。从客观上控制监禁刑可能有两种途径,一是人为地减少适用监禁刑的罪案数,这显然不可取;剩下的只有适当缩短刑期。② 由于监禁刑在刑罚结构中处于中间位置,监禁刑的缩短必然向上影响死刑以及向下影响罚金,结果必将是减少死刑和增加罚金,这就是刑罚结构的调整。这样调整的结果,在一时之间似乎使某些罪犯得了"便宜"(轻纵了罪犯)。但从长远看,一方面,这使现有物质基础支撑好现有局面,在这个范围内保证刑罚功能得到较好实现;另一方面,由于增加罚金机会而增加国库收入,然后将此收入再转用于监狱,从而使监禁刑运行机制更为顺畅,呈现良性循环。结构协调、双边合力、物质基础是完善刑罚机制的根本保障。三项中任何一项出毛病都会影响刑罚功能的充分实现。

---

① 参见《中国改造罪犯的状况》(白皮书),1992年8月10日公布。
② 想象在科学技术高度发展的将来,用冷冻(使犯罪人冬眠)的方法执行监禁刑,也许是一种既便宜又安全的方式。

论我国数量刑法学的构建*

数量刑法学实质是一种刑法研究方法,经由罪刑量化解析以期达致罪刑均衡的正义境界。在我国,将定量因素规定在立法中,通过立法对法益侵害没达到一定数额的行为进行除罪化处理,这种立法模式,与欧陆各国通过行为性质进行入罪、通过司法自由裁量进行出罪的处理方式形成了鲜明对比。当然,我国如此定性加定量的立法模式,在学界也颇受质疑。从实践的角度看,直接从立法上通过数额(包括对法益造成侵害后果的数量,也包括行为的次数)进行入罪标准的划定,具有一定的客观历史性。定量因素对我国刑事立法和刑事司法的影响甚大,理论上褒贬不一。如何对我国立法中的定量因素进行合理规制和理性评估?笔者认为,数量刑法学主要通过数量关系的合理运用,对我国立法和司法中涉及定量因素以及相应刑罚量运用的合理性进行理性评估,从而实现刑法追求的实质正义。陈兴良教授指出,"尽管我国目前还没有正式建立数量刑法学这样一门学科,但对于刑法中的数量关系的研究已经有了长足的发展。运用定量分析方法,得出了许多定性分析所无法获得的结论"[①]。随着实证研究的进一步推进,特别是大数据时代的到来,法学研究范式将会出现革命性变化。构建数量刑法学的客观条件将逐渐成熟。

一、构建数量刑法学的背景和基础

长久以来,我国关于刑罚适用之实践一直都是一种估推式的刑罚配置,但随着数学方法在法学领域的运用,对于实践理性的把握及运用,开始变得精确化。用数字表达经验理性成为一种可能,更成为现实世界数量化评估的重要表达。在自然法学派看来,实然与应然是一致的,而在康德主义、新康德主义、法实证主义、分析法理论看来,实然与应然是不一致的。[②] 作为新康德主义和分析法学的支持者,笔者认同实然与应然二分的观点。基于此,对客观存在的行为的不同认识才有了通过价值判断连接犯

---

* 原载《中国法学》2019年第3期,与何群合作。
[①] 陈兴良:《"老而弥新":储槐植教授学术印象》,载储槐植:《刑事一体化论要》,北京大学出版社2007年版,第9页。
[②] 参见〔德〕阿图尔·考夫曼、〔德〕温弗里德·哈斯默尔主编:《当代法哲学和法律理论导论》,郑永流译,法律出版社2002年版,第135页。

罪学理论与刑罚理论的存在必要。故对现象的观察和了解是价值判断的前提和基础，也是刑罚裁量的重要方法论指引。在实践法哲学看来，人既是抽象意义上的人，又是在不断的社会实践中具有个性和具体特征的不同个体。具体到刑罚上，刑罚既要坚持客观主义统摄的标准，同时又要在具体的应对上因人而异，根据不同的个体、不同的情状作出不同的应对。就中国目前的刑罚而言，受到多重思潮的影响，也充斥着矛盾和混乱。

但是，刑罚应当与不断变化的社会实践相适应，刑罚理论与刑罚结构应当与不断发展变化的社会实践同步。笔者认为，我们应当用实践法哲学的思想引领我们的刑罚理论，即以实践作为法哲学的发展基础，并希望在不断的实践中完善和充实我国的刑罚观。实践法哲学的思想资源可以从中国的儒家哲学、亚里士多德的实践哲学、美国的实用主义哲学和法哲学以及马克思思想中去寻找，这些思想流派都具有鲜明的实践指向。因此，我们应当继承人类的优秀文化成果，在现有的条件下，努力挖掘人的创造性，既要体现我国传统刑罚理念的优势，结合我国的司法实践，吸收域外成熟的刑罚理论和可取经验，创造出符合我国具体国情的刑罚理论和刑罚体系。

我国罪刑失衡问题一直饱受学界关注和批评。但关于罪刑失衡的程度，一直存在各种论述。通过实证研究，有学者根据量刑实验法与量刑数据比较法分析得出，中国司法实践中存在量刑失衡现象，其程度为 30% 左右。① 在目前环境犯罪猖獗的情境下，污染环境罪成为学界关注的焦点。对污染环境罪的刑罚配置，也存在诸多论述和探讨。如前文所述，通过实证研究和数学建模，用模糊数学以及分层评估的方法，计算出目前我国污染环境罪的刑罚配置主要存在两个重要问题：惩治力②严重不足，以及刑罚威慑力不够。相比较而言，污染环境罪刑罚配置的最大问题还是司法的惩治力问题，其次才是刑罚威慑力问题。这也正印证了贝卡里亚的话："对于犯罪最强有力的约束力量不是刑罚的严酷性，而是刑罚的必定性，这种必定性要求司法官员谨守职责，法官铁面无私、严肃认真。"③为解决污染环境罪惩治力问题，目前我国司法实践中正在探寻生态环境司法专门化途径，希望通过专门的诉讼程序和专门的人员配置，从根本上解决此类犯罪由技术和专业要求带来的现实瓶颈，以提升对此类犯罪的刑事司法惩治力。

诚然，用数学方法客观地检测出我国罪刑失衡的程度，可谓是数学对刑法学作出

---

① 参见蔡曦蕾：《克服量刑失衡二元体系之构建——基于对我国量刑失衡现象的实证分析》，载《政治与法律》2013 年第 11 期。
② 惩治力，即为刑罚的不可避免性。本文将刑罚的不可避免性表述为刑罚的惩治力，即有罪必罚的司法环境。
③ 〔意〕切萨雷·贝卡里亚：《论犯罪与刑罚》，黄风译，中国法制出版社 2005 年版，第 72 页。

的重要贡献之一。"相配性是财产刑的最明显的优点。"①因此,从理论上而言,在对财产刑进行配置的过程中,财产刑的刑罚配置比较容易做到罪刑的均衡。当然,在具体的刑罚配置过程中,财产刑的配置也一样存在诸多问题,亟须完善。准确评价一种罪的严重程度是确定配刑的绝对基准。然后,需要准确评价不同种罪的严重性的轻重之别,确定配刑的轻重之序的相对基准。② 在刑罚配置中,不管是对罪的评价还是对刑的评价,都需要有一个数量标准,这种数量标准都是数量刑法学的重要组成部分。在刑罚配置的过程中,数额、数量等量的变化常常是刑量计算的重要指标。用数学的方法计量法益侵害的量,并与之相对应地确定刑罚量,这种计算的过程,需要用到数学的方法。在刑的配比过程中,对不同罪种的严重性划分,需要根据不同罪种的性质配比一定的系数,以得出法益侵害之具体量。关于污染环境罪的一项罚金刑研究,通过"数学建模"得出:在一般的污染环境罪罚金刑裁量过程中,主要依赖法官的自由裁量。客观上而言,罚金刑在污染环境罪中的适用亟须调整、革新。人既是刑罚理论上被抽象化处理的理性人,又是在实践中处于具体实务和具体感知的具体个人。这样的综合体,既具有抽象人的理性特征,又具有具体人的实践特征。数量刑法学能从实践理性的视角为我国的刑罚配置提供客观而翔实的数据支撑,为我国刑法的现代化发展提供方法论指引和智力支持。本文将这种用数学方法为理论提供智力支持的方式,称为数字化实践理性。

从刑法学的整体发展来看,以实证研究为主要研究方法的犯罪学给刑法学的发展注入了活力,且提升了刑法学解决问题的能力。"注重经验事实和现象之间关系研究的经验主义和统计学分析之间有某种天然的血缘关系:经验主义为社会统计研究提供了理论基础,而统计分析又为经验主义研究提供了大量的资料支持。在犯罪学研究领域,长达两个多世纪的犯罪统计研究,为实证主义犯罪学的产生做了准备。"③诚然,犯罪学的发展极大地推动了刑法学的更新与进步,特别是将数学方法引入犯罪统计与刑罚效果的评估,为犯罪预防与犯罪防控带来了新动力。对犯罪现象的研究主要借助于实证的方法,而实证的方法主要是以数学为基础的统计学及计量学。具体到我国,随着刑事法学的继续发展,实证研究在我国刑法学领域也得到了长足发展,主要运用在刑罚效果的评估以及量刑均衡方面的量化评估,极大地推动了我国刑法学的发展。

"在当下变革时期,制度短缺是一个现实问题,法律的不法又在客观上加剧了制度在供给上的短缺。非法律的法,尽管是非正式的法律渊源,但也是法理学的常态,并不

---

① 邱兴隆:《刑罚理性导论:刑罚的正当性原论》(第2版),中国检察出版社2018年版,第99页。
② 参见邱兴隆:《刑罚理性导论:刑罚的正当性原论》(第2版),中国检察出版社2018年版,第99页。
③ 白建军:《关系犯罪学》(第3版),中国人民大学出版社2014年版,第55页。

是因社会变革才产生。"①在社会变革时期,法律规定不足或不恰当,会加剧社会制度的短缺,将社会问题更明显化。因此,增加法律的有效供给便显得尤为重要。在当下复杂多变的社会形势下,打击犯罪与保障人权成为刑事司法必须关注的两个重要方面。在刑法裁量的过程中,法官需要平衡各种因素,最终实现罪刑均衡,以实现刑法的正义价值。而要考察法律运行的实然状态,需要运用到以数学统计为基础的实证研究方法。实证研究方法在法学领域的运用和发展,为学界了解实然状态下法的具体状况及可能存在的问题提供了现实有效的方法。数学方法也是学界了解和掌握实然状况,对应然状况进行理性把握的重要方法。

二、数量刑法学的功能分析

罪与刑是刑法的两个核心问题。刑罚直接关涉犯罪人的切身利益,对当事人的影响最为直接。因此,对司法实践来说,对刑罚的研究和分析显得极为迫切。如学者所言,"定罪、量刑与行刑,是刑法适用的三个环节。在这当中,量刑具有承前启后的功能,对于实现罪刑均衡具有重要意义。在过去相当长的一个时期内,我国刑法学界较为注重定罪问题,而对量刑与行刑则相对忽视"②。罪刑均衡原则作为刑法的一个重要基本原则,是支撑刑法学发展的一个重要原则。事实上,罪刑均衡问题不单单是立法者努力思考和努力解决的刑法学重要问题,也是司法者在具体的司法裁量中秉持的一个重要原则。立法中,具体个罪的刑罚规定是否适当,是刑法规范是否良善的重要衡量标准,畸重或畸轻的刑罚规定都会对刑法功能的实现带来障碍。从目前来看,尽管各国在罪名和刑法体系上有较大差异,但总体而言,重罪重罚、轻罪轻罚、无罪不罚的刑法原则基本上得到认可和尊重。至于何为重罪?何为轻罪?在不同的国度或不同的时期可能会有不一样的诠释,但终归一点,追求罪刑的均衡似乎成了刑法学理论和实践的一个核心议题。笔者认为,通过发展数量刑法学,用科学的方法锚定犯罪行为与刑罚配置之间的函数关系,避免经验式估推配刑方式导致的罪刑失衡的弊端,具有积极有效的推动作用和较大的实践价值。

(一)用数学方法精准评估刑罚适用的效果

实证作为一种研究方法始于自然科学研究。18世纪、19世纪自然科学有了翻天覆地的发展,不仅推动了工业革命的巨大成功,而且为社会科学研究开辟了一种研究路径。随着自然科学的研究方法在社会科学领域的运用,对现象的观察越来越倚赖实

---

① 卢建平:《刑事政策与刑法变革》,中国人民公安大学出版社2011年版,第30页。
② 张苏:《量刑根据与责任主义》,中国政法大学出版社2012年版,第5页。

证的研究方法。学者们都希望通过实证的研究方法,尽量客观、真实地反映出事物存在的本真现象,希望通过对现象全面而真实的了解,为社会科学所需要的价值判断打下坚实基础。如是,犯罪作为一种社会现象,自然需要用实证的方法进行实然的研究。而作为因犯罪而生的刑罚也是一种社会现象。刑罚的功能、效果、发展等,更是一种现实而客观的存在。因此,历来各个国家都很重视对刑罚适用的现状、各种刑罚适用的变化以及背后的原因、规律等的研究;重视使用定量的方法描述各种刑罚适用的情况。如在英国,每个季度司法部都要公布法院判刑情况。在美国,司法统计局(Bureau of Justice Statistics)每年公布适用刑罚情况,而统计数字不仅包括被适用刑罚的人数,而且包括其他统计信息,如平均刑期、监禁率等。同时,"实证方法具有描述刑事政策适用效果的功能"①。因此,某项刑事政策实施的效果与之前预设的目标是否符合。差距有多大。如果与设计的初衷不符合,原因又是什么。这些在变动中的社会发展情状和刑罚适用状况都需要通过实证研究进行客观描述。

德国耶赛克(Jescheck)教授认为,"刑罚思想或理论,即刑罚对于犯罪人本身及对于社会大众应该具有何种意义,是研究整体刑事法学的关键与基础"②。因此,"刑罚理论不但支配刑事立法的方向与内涵,而且对于整体刑事法的解释也有密切关系"③。正如邓正来教授所指出的那样,"法条主义理论模式在根本上是因为它是以一种有关法律部门法有着一种先验的、固有的逻辑结构或逻辑方案的前设为依凭的,进而对这种逻辑结构或逻辑方案的发现、分析和注释也是与现实生活世界不相关的"④。由此我们可以看出,对于刑罚理论研究的欠缺,法解释学(法教义学)会出现难以突破的瓶颈。同时,其对整个刑事立法和刑事司法都会带来一系列的问题。比如,刑罚的正当化根据到底是什么?国家发动刑罚权的根据是什么?在刑罚权的适用过程中,又该如何做到既惩罚了犯罪人,同时又实现了刑罚教育改造的目的?

而对刑罚现状的研究则需要运用以实证研究为代表的社会学研究方法,对刑罚运用的现状及可能存在的问题进行具体研究和讨论,并结合各国的具体实践,在对问题进行总结的基础上提出有效的应对策略。观察是评判的基础,刑罚的运用及刑罚效果的具体体现是测量罪刑是否均衡的基础性工作。因此,研究罪刑均衡问题,首先离不开实证研究。而实证研究包括调研和数据统计,既有立法层面的数据统计,也有司法

---

① 翟中东:《刑罚问题的社会学思考》,法律出版社2010年版,第44页。
② 转引自张丽卿:《司法精神医学:刑事法学与精神医学之整合》(第2版),元照出版有限公司2004年版,第181页。
③ 转引自张丽卿:《司法精神医学:刑事法学与精神医学之整合》(第2版),元照出版有限公司2004年版,第181页。
④ 邓正来:《中国法学向何处去——建构"中国法律理想图景"时代的论纲》,商务印书馆2006年版,第250页。

层面的具体运用方面的数据统计。随着实证研究的继续发展,运用模糊数学等数学模型,精准计算出刑罚实施的具体效果,这对实现刑法正义所要求的罪刑均衡将会起到重要作用。

(二) 理性评估个罪的合适刑罚量

随着刑法学的发展,学者们发现,传统的不考虑刑罚效果的古典刑法教义学很难真正解决现实中的犯罪问题。因此,在坚持客观主义的刑罚边界的基础上,刑法学理论对古典的客观主义进行了改良。比如,日本的平野龙一教授提出了机能的刑法观。随着机能刑法观的发展,在我国也有诸多学者赞同"以刑制罪"的司法裁量路径。有学者指出,部分法官在一些疑难案件的司法裁判中也逐步意识到,要想从规范与事实无法一一对应的不争现实中"抵达"定性准确、量刑合理的理想"彼岸",仅仅依靠以罪定刑的单向"摆渡",多少显得有些力不从心。[①]

我国《刑法》法定刑设定至少存在三个明显的问题:"一是存在同罪异罚与同罚异害现象;二是存在法定最高刑与最低刑过高现象;三是不同犯罪法定刑之不平衡。"[②]笔者认为,罪刑均衡问题,既是一个刑法学问题,又是一个高深的数学问题。针对我国目前法定刑设置出现的具体问题,既需要从刑法学的角度对不同性质的罪行配置相应的法定刑,又要用数学的精确计量方法,尽量实现刑法一直追求的罪刑均衡。虽然不同质的行为有时候也很难进行比较,即很难找寻到通用于所有行为的共同参数对行为的恶性进行计算,但是,随着刑法学和数学的不断发展,用数学方法精确计算和表达罪与刑的关系问题将不再是难题。

客观而言,"在经验世界里,人们往往是通过刑来认识罪,即刑罚是一种易感触的力量"[③]。在刑罚的世界,刑是可以量化和用数据表达的。因此,从刑的角度,可以找到数量刑法学的落脚点。不管是基于立法,还是司法问题,或者是二者综合的因素最终导致罪刑失衡,其结果都是刑法正义的缺失。为了真正实现刑法正义所要求的实质正义,在刑罚配置的过程中,虽然影响刑罚效果的因素很多,但刑罚的效果可以用数学的方法测量和表达。有学者指出,在我国的审判实践中,通过"以刑制罪"来实现从轻量刑的现象较为突出。[④] 司法中这种由具体的刑罚量作为定罪的起点的做法,在实践中给了我们诸多启示。刑,既包括刑的种类,又包括刑的程度,即量。为了实现刑法要求的罪刑均衡原则,司法实务中开始重视和强调刑的具体运用。

---

① 参见周建达:《"以刑定罪"的实践样态及其分析——以 Y 市法院的实证考察为基础》,载《环球法律评论》2015 年第 1 期。
② 李洁:《法定刑设定根据与设定技巧研究》,载《江苏行政学院学报》2006 年第 4 期。
③ 〔意〕切萨雷·贝卡里亚:《论犯罪与刑罚》,黄风译,中国法制出版社 2005 年版,第 9 页。
④ 参见徐光华:《"以刑制罪"视阈下绑架罪的定性与量刑——对大样本绑架释放人质案件的实证考察》,载《政法论坛》2018 年第 5 期。

以我国《刑法》第 338 条规定的污染环境罪为例，为了评估该罪在实务中具体适用刑罚量的合适度，有学者借助模糊数学综合评判的方法，通过数学建模，发现了本罪刑罚适用的真正问题所在。通过建模评估发现，污染环境罪刑罚适用存在的首要问题在于刑罚的惩治力问题，即在现有法定刑不调整的情况下，司法处理依然有很大的提升空间，即可以通过提升该罪入罪率、提升司法中该罪量刑的刑罚量等，提升该罪刑罚的惩治力。通过评估模型能看出，除了刑罚的惩治力问题，该罪还存在刑罚威慑力不足的问题。通过模糊数学分层综合评判方法可以看出，污染环境罪虽然在理论上争议非常大，但具体到刑罚量的配置，最大的问题在于司法中具体裁决的问题。要解决刑罚的威慑力不足的问题，除司法裁量要加大刑罚量之外，主要还需通过刑事立法调整法定刑的配置。综上，用数学的方法评估出个罪司法实务中刑罚合适的量，对我国某些有重大争议的个罪之刑事司法和刑事立法有着相当的指导和推动作用。

（三）从经验式估推配刑到数字化精确配刑

数量刑法学的研究将有助于提高刑法的效能，也有助于提高刑事司法工作的效率，并且必将丰富刑法学理论。的确，在我国采用的定性加定量的立法模式的情况下发展数量刑法学，用数学的方法精确罪刑关系的重要意义在于更好地实现刑法正义所要求的配刑均衡。"法定刑配置不是立法者恣意为之的事情，它必须得到某种合理化的控制。法定刑配置的合理化追求体现的是犯罪对刑罚的本能制约，它要求法定刑配置应当以犯罪为限度，追求犯罪与刑罚之间的内在等同性，表现出对于具有意志自由的犯罪主体充分的理性尊重。"[1]数量刑法学的发展，能够改变之前依靠经验的估推式刑罚配置模式，精细化我国刑法典关于个罪的法定刑配置。

"惩罚的严厉性是报应对刑罚的量的规定。"[2]从量的角度对刑罚进行规定，不同的犯罪行为对应不同的刑罚量，这是刑法正义之内在要求，也是刑法之责任主义原则的内涵所在。关于刑罚的设置中刑罚量的需求，"报应对刑罪关系的量的规定性是刑罪等价，重刑罚重罪、轻刑罚轻罪，即刑罚的等价性。功利对刑罪关系的量的规定性是刑需相应，即刑罚额适度性，亦即刑罚的严厉性程度以预防犯罪的需要为必要，又以预防犯罪的需要为限度"[3]。当然，各种刑罚理论本质上都是在追求刑与罪之间某种量上的对应关系。笔者认为，不管采用何种刑罚理论，要寻求罪刑之间的对应关系，数学方法和数学思维都是必然的选择。

然而，从司法实践来看，目前我国刑罚的裁量还是以经验式的估推为主。个案观

---

① 周光权：《法定刑配置的合理性探讨——刑罚攀比及其抗制》，载《法律科学（西北政法大学学报）》1998 年第 4 期。
② 邱兴隆：《刑罚理性导论：刑罚的正当性原论》（第 2 版），中国检察出版社 2018 年版，第 9 页。
③ 邱兴隆：《刑罚理性导论：刑罚的正当性原论》（第 2 版），中国检察出版社 2018 年版，第 41 页。

察和经验归纳是使理论站在坚实的事实基础和经验根据之上的第一步。从某种意义上而言,所谓事实其实就是研究者头脑中的知识预设、既有的认识能力以及研究方法的产物。① 白建军教授通过大量的实证研究,希望找出罪刑之间存在的某种函数关系,研究的成果已经得到了诸多肯定。这种以科学态度分析刑罚裁量问题的研究模式,在当下中国,既值得尊重,又难能可贵。基于操作的复杂性和运用上的难度,我国的量刑规范化改革并没有运用这种希望从数值上找寻罪刑直接恒定关系的数学模式,而是采用了定性与定量相结合的量刑模式。笔者认为,这既有操作上的原因,亦有理论上的原因。即中国的刑罚裁量模式,需要严格按照罪刑法定原则对法条进行相应的理解。刑法分则中,每个法条的规定就是对一个行为的定性。因此,对行为进行不同性质的划分是刑法分则要做的第一件事。在对行为进行定性的基础上,再根据行为的客观状况以及行为人的主观特点进行刑罚的裁量。

我国刑罚裁量是定性与定量相结合的产物,与美国所采用的量化行为的惩罚度对罪量进行无限制相加的刑罚裁量方法存在较大差异。美国可以有累计几百年的监禁刑,而我国监禁刑主要采用限制加重原则。因为我国的有期徒刑实际执行的年限相对较短,修改之前的有期徒刑最高年限为 20 年,修改之后也仅为 25 年。因此,从这么短的刑期中找出因变量与自变量之间的函数关系着实有些为难,但也不是不可能。罪与刑之间的对应关系,如果要从立法上进行考量的话,是多种因素作用的结果,如历史的、人文的因素,甚至是某些偶然的因素。罪刑均衡从实然的角度看只是一种相对的平衡关系,很难找寻到某种绝对且不变的公式进行数值化演算。但笔者认为,随着实证研究的进一步推进,大数据、人工智能的发展运用,在未来的某一天,建构精确配刑的罪刑关系以及科学合用的精确化配刑模型将成为现实。

三、数量刑法学的实践价值

公正与效率是刑法追求的两个重要价值,而在实现正义的过程中,效率价值显得愈发重要。为了尽快实现刑法正义,效率成为一个重要考量要素。笔者认为,高等数学之数学模型等手段在刑法中的运用,既可以提升司法效率、精确刑罚配置,又能使刑罚结构科学化,实现刑法的正义价值。

(一) 提升司法效率

在中国司法实践中可以看到,为了确保规范的遵守而继续采取从形式上排除法官裁量权的做法。如果绝对排除法官的自由裁量权,将量刑的过程看成是机械的公式推

---

① 参见白建军:《法律实证研究方法》(第 2 版),北京大学出版社 2014 年版,第 43、250 页。

演或电脑计算,那么,这种绝对主义的思想会将司法裁量推向另一个僵化的极端。如此,人的自主性和灵活性将得不到发挥,司法过程会演变成现有立法的僵硬套用。众所周知,立法具有滞后性和概括性,再加上天生对稳定性的依赖,立法的不足和漏洞是所有成文法不可避免的问题。立法的不足往往需要司法加以弥补,这也正是司法官应当发挥的能动性所在。过于僵化的司法裁量,不单单无助于对立法精神的恪守,反倒会将既已存在的问题推向更复杂的局面。同时,绝对主义的做法会让上诉制度失去存在的意义,就连法解释学的发展也势必受到压制。日本学者来栖三郎认为,"判决是复数的主观意志相互作用的结果、法律不存在唯一正确的解答。因此,我们的法治应当探求的是在主观的相互调整之中如何形成客观化效应的问题,以及有关的机制设计"①。对中国司法问题的理性认识和深刻解读也有赖于对刑罚理论的精准把握,以及在刑罚理论的指引下,规范和合理使用法官的自由裁量权,使得司法的过程能够很好地实现刑法所追求的正义。

因此,我们要警惕绝对客观主义的想法,因为司法具有诸多不确定因素,且主观性的判断在所有判断中都占有一定的比例,过分追求法律结果的唯一性,容易导致法律形式主义,而忽视法官的价值与功能。同样,在刑罚理论上,在不违背罪刑法定原则的基础上,适当地考量犯罪人的个人情况,也是现代立法和司法的应有之义。因为对绝对主义的批判历来已久。如有学者提出,"古典的刑罚理论是按照抽象及理想而进行,但实际上刑法必须要顾及具体的情况"②。适当地考虑犯罪人的个人情况是理性应对犯罪的应有举措,不管是对绝对主义的反思,还是对现实的考量,社会管理出于对犯罪人再回归社会需要的考虑,自然是需要对具体的犯罪人采取适当的因人而异的处遇措施。在目前量刑规范化的指引下,刑罚自由裁量的过程主要在定量分析部分。对犯罪行为的定性分析,尽管也会有法官的自由裁量和独立思考,但行为的性质基本上能通过各种证据,相对完整地表现出行为人在行为当时的具体情状。因而,从主客观相结合的角度对行为进行定性分析比较合理:在定性分析上,主要根据证据体现的事实,以及刑法分则的具体规定进行综合判断;而对行为人的定量分析,即处断刑的判断及之后宣告刑的最终确定,则会因为行为人自身的特性有非常大的差别。如是,在刑罚裁量的定量分析方面需要有数字定量方法的引入,以快速解决司法裁量中定量因素与刑罚配置之间的关系问题,锚定行为对应的具体刑罚量,最终快速高效地实现罪刑均衡。

(二) 精确化刑罚配置

法的局限性以及理性人假设的现实障碍,决定了法治实现的过程必须赋予法官

---

① 季卫东:《大变局下的中国法治》,北京大学出版社2013年版,第162—163页。
② 〔美〕齐林:《犯罪学及刑罚学》,查良鉴译,中国政法大学出版社2003年版,第346页。

一定的自由裁量权。法律游离于现实,而现实远比法律丰富。① 因此,法官判案的过程不是简单的逻辑推演,更不是机械式的公式计算,而是饱含着法官基于公平、正义考量的审时度势和对社会纠纷的热切关注。正如恩吉施所言,"法律发现是一种不断交互的作用,是一种目光往返来回于大前提与事实之间的过程"②。法官找法的过程,事实上是在找寻能与发生的事实相对应的合适的法律。这个过程,既是法律适用的过程,也是法官发现法律、运用法律、让纸面上的法律变得鲜活的过程;同时,法官找法的过程,更是法官的价值判断与客观事实认定相结合,在价值指引下完成的活动。正如有学者所言,在法官自由裁量权行使的必要性上,不仅有法律抽象性、原则性的因素,还有立法不科学等问题。③ 因此,多方面因素决定了法官司法实践和刑法正义的实现都必须要求法官自由裁量权的存在。

既然法官的自由裁量权基于一种现实的需要,那么,规范法官自由裁量权的合理使用便显得较为迫切。毕竟,"一个被授予权力的人,总是面临着滥用权力的诱惑,面临着逾越正义与道德界限的诱惑"④。如是,规范量刑的各种措施,是在合理规范和制约法官的自由裁量权,并不是否定法官的自由裁量的权力。"从法的视点对权力进行监控,即基于法治国家的原则进行权力监控,被认为是目前所发现的最为有效的监控手段。"⑤因此,规范量刑的意义在于监督和控制,而不是从本质上扼杀法官的自由裁量权。在笔者看来,没有自由裁量权的司法不是真正意义上的司法。而司法权的合理利用,也包含了对法官自由裁量权的规范和合理引导。故对量刑过程进行有效的规制和管理,也是对法官司法裁量的保护和指引。在我国具体的司法实践中,会有相应的地方性司法文件出台,对新出现的复杂、棘手问题进行解释。在条件合适的情况下,最高司法机关也会出台相关指导性文件和典型案例,以规范法官的司法裁量。

例如,针对污染环境罪的刑罚适用问题,通过数学建模,在用矩阵实验室(Matlab)对模型进行优化处理之后,建立了三个拟合度较高⑥的回归模型。回归模型显示,污染环境罪实务中的刑罚量总体趋轻。关于具体的刑罚适用,该罪主要包括徒刑和罚金刑,而对罚金刑的适用,既没有规定上限,也没有规定下限,主要依靠法官的自由裁量。通过数学方法得出:罚金刑的数额总体趋轻,趋轻的程度比徒刑的程度更

---

① 参见〔日〕棚濑孝雄:《纠纷的解决与审判制度》,王亚新译,中国政法大学出版社1994年版,第126页。
② 转引自〔德〕考夫曼:《法律哲学》(第2版),刘幸义等译,法律出版社2011年版,第96页。
③ 参见王利宾:《刑罚的经济分析》,法律出版社2014年版,第141页。
④ 〔美〕E.博登海默:《法理学:法律哲学与法律方法》,邓正来译,中国政法大学出版社1999年版,第347页。
⑤ 杨建顺:《宪政与法治行政的课题——宪法与行政法学领域的"现代性"问题研究》,载《人大法律评论》2001年第1期。
⑥ 回归模型的拟合度越高,说明模型表达的公式越能反映事物本身的规律。

高。以此可以看出,用数学的方法可以测试出个罪实务中具体适用刑罚量的状态到底是趋轻还是趋重。以上科学的数量结果,是从实然的角度观测刑罚适用的量,能为刑事司法和刑事立法提供科学依据。

(三) 合理化定量因素

司法实务中的量刑存在两个重要环节:定性分析和定量分析。量刑起点根据犯罪的基本犯罪构成事实确定,取决于基本犯罪构成事实对法益造成的侵害大小以及社会危害性的大小。对行为的定性,一般是根据行为所符合的具体构成要件进行判断。在此罪与彼罪的区别方面,很多个罪可以通过行为方式、行为主体、侵害的法益等进行区分,这种区分相对比较容易。因此,根据行为以及行为的后果可以进行综合定性。但是,某些罪的罪与非罪的判断标准是数额的大小,在司法中便出现了不小的麻烦。因为对数额犯而言,数额的计量在现实中会出现各种复杂情况。再则,客观而言,数额在现实中很可能只是一种偶发因素,完全依赖此种偶发因素,便可能出现定性上的差别,在司法中会导致量刑失衡。此种量刑失衡,当属立法反制型量刑失衡。

对于数额型犯罪,基本犯罪构成事实的社会危害性的大小主要取决于犯罪数额的大小;对于非数额型犯罪,基本犯罪构成事实的社会危害性的大小主要取决于行为对象、结果及方法等构成要件要素。① 在司法实践中,数额很可能只是一个偶发因素。比如,同样的盗窃行为,行为人并不清楚所盗窃的客体具体值多少钱;或者基于拿取自己认为并不值钱的东西的主观故意,而事实上却构成盗取天价财物的客观事实。如此之状况,又该如何实现主客观统一?因为数额的差异会直接导致罪与非罪的差异,或量刑上的巨大差异,此种以数额论的个罪,最容易出现实质上的罪刑失衡。如何准确划定量变与质变之间的界限,需要数学方法的精准介入。同时,在定罪量刑的过程中,数额对于行为性质及量刑的影响程度,更需要数学方法的科学化介入。

比如,根据我国之前的立法,受贿数额在10万元以上和10万元以下的,在量刑上会有非常大的差异。基于对立法的尊重,很可能对受贿10万元的行为人判处10年有期徒刑,对受贿300万元的行为人判处12年的有期徒刑,而对受贿9万元的行为人判处6年有期徒刑。该种立法反制型量刑失衡,根源于现有立法,司法过程会努力填补缺陷。但即便是司法非常努力,亦不能从根本上解决该种罪量刑失衡的问题。如是,若要从根本上解决问题,需要在立法上进行修改。随着我国刑法修正案对该罪名罪状与法定刑的修订,罪刑关系虽然已明显得到改善,而要实现实质的罪刑均衡,仍更多地依赖司法裁量的科学化和合理化。但是,如何评估立法的科学性?以及在遵循罪刑法定原则的基础上,基于不同水平的立法,采取多大的权重偏差能够最终实现罪刑

---

① 参见南英主编:《量刑规范化实务手册》,法律出版社2014年版,第19页。

均衡的目的?以上问题的解决需要借助数学的方法,即立法中定量因素的选择和确定,需要用数学方法进行反复论证,以确保罪刑均衡原则的实现。同时,当立法出现各种偏差时,需要司法赋予不同的权重进行调试,以最大限度地确保罪刑均衡。综上,数学方法的引入,对刑法中定量因素的科学化、合理化意义重大。

(四) 科学化刑罚结构

合理化配刑需要立法和司法两方面进行体系性努力,通过去重刑化、严密刑事法网、增设新法益、发展行政刑法、提升立法明确性、完善刑罚体系等措施,着力优化我国的刑罚配置。具体到我国,既没有发达的附属刑法,更没有成熟的行政法体系,且又正好处在社会转型期。为了及时有效地应对各种频发的社会问题,政策性文件便常常发挥"定海神针"的作用。在刑事法领域,便是刑事政策发挥了较大的作用。由于种种原因,我国的刑事司法对刑事政策以及随之出现的刑事司法文件表现出一种难以解释的特别依赖。这种依赖,一方面体现为国家对社会的直接把控,另一方面,又可能会在某种程度上加剧对法的稳定性的破坏。

刑法本应是一门安定的法律,从近年来频繁修法以及不断增加的罪名来看,我国的刑法并不是安定的法。西方国家的政治制约原理,包括刑事司法权力在内的国家权力都能得到较好的制约,因此,它们不必太在意刑事政策或刑事司法政策会侵蚀国家的法治基础和制约机制。基于我国特殊的历史和政治原因,我们需要对我国目前的刑事政策侵蚀罪刑法定原则的问题进行深刻检讨。正如有学者所言,"在我国,刑事政策甚至于刑事司法政策立即就能在追求社会效果的名义下越俎代庖,破坏三十多年法治建设来之不易的成就"[①]。如是,可以看出,我国对刑事政策有一种无法摆脱的强烈依赖。这种依赖是一种客观的存在,既有历史的原因,更有制度和政治层面的原因。但是,刑事政策对刑罚权的适用应该是有限度的。在刑罚裁量过程中,刑事政策的影响是必然的,但也必须限制在一定的范围内。用数学方法精确计算出刑罚裁量中刑事政策的影响度,有利于我国刑事司法对罪刑法定原则的坚守,更有利于我国向"严而不厉"之刑罚结构的转型。

概言之,我国刑法的现代化,即刑法结构的科学化和现代化。刑法结构的调整,主要体现在刑罚结构的调整。随着数量刑法学的发展,运用高等数学、数学模型、人工智能等手段,精准找出我国刑罚配置中出现的具体问题,并适时作出相应调整,以推动我国刑罚结构的现代化和科学化。

---

① 卢建平:《刑事政策与刑法变革》,中国人民公安大学出版社 2011 年版,第 45 页。

四、数量刑法学的具体内涵

哲学家康德认为,在特定的理论中,只有其中包含数学的部分才是真正的科学。数量刑法学,就是把刑法的相关因子数字化、数量化,然后以这些数量为基础,利用科学的方法进行处理后,使其成为解决刑法学中相关具体问题的一种研究方法。数量刑法学涉及刑法研究的方方面面,从立法到执法再到司法。具体到刑法研究的各个环节和领域,数量刑法学主要是借助数学的方法,将一些之前只能通过经验感知的问题用具体的数据表达出来,并通过数据表达找出规律和问题,为刑法研究提供更广阔、更科学的渠道和方法。

当今数字时代,数量刑法学让数字在刑法学的发展和运用过程中发挥举足轻重的作用。如何把刑法的相关因子数字化,如何利用当前人类掌握的理论、方法和工具把这些数据进行加工处理成为有用的数据,成为解决问题的数据,成为推动刑法发展的数据,是一个值得研究的问题。目前与数量刑法学结合比较紧密的是应用数学和数学建模。应用数学(AppliedMathematics)是应用目的明确的数学理论和方法的总称。数学建模就是根据实际问题来建立数学模型,用数学模型来进行求解,然后根据结果去解决实际问题。它们把数学相关知识与实践相结合,用以解决现实中的问题。

"大数据"需要新的处理模式才能具有更强的决策力、洞察发现力和流程优化能力,以适应海量、高增长率和多样化的信息资产。随着大数据的快速发展,以及随之兴起的数据挖掘、机器学习和人工智能、物联网等相关技术,数据世界的很多算法和基础理论可能会改变,实现科学技术上的突破。

人工智能(ArtificialIntelligence)是研究、开发用于模拟、延伸和扩展人的智能的理论、方法、技术及应用系统的一门新的技术科学。

人工智能是一门新型学科,属于自然科学和社会科学的交叉。在处理和运用刑罚方面,随着数量刑法学的建立和发展,大数据和人工智能也将在刑罚配置方面有不俗表现。

(一) 通过数据精准预测防控犯罪

预防犯罪是现代刑法学发展的重要基点,也是诸多政策法规的出发点和重要目标。对于刑法的重要任务之一的预防犯罪,大数据也提供了新技术和新方法。"人工智能技术为犯罪预防带来了新的机会和手段。利用人工智能技术的AI+犯罪预防模式,不仅能够加强对犯罪态势的感知、认知、预测和预警,而且可以降低犯罪预防的成本,拓展犯罪预防的深度和广度。相较于以往的犯罪预防偏重于经验的运用,近年来兴起的大数据犯罪预测,运用统计学、心理学和计算机科学等研究方法,将犯罪态势发展变化规律的分析由定性研究转向定量研究,由宏观预测转向微观预测,由纯数理模型转向'数据+模型'。进而提高了犯罪预测的准确度和科学性,在一定程度上弥补了传统犯罪预防模式的缺陷。"①针对公共安全问题,"随着数字化浪潮与城市化进程的交汇,以'智慧城市'建设为代表的城市公共安全的技术治理模式蔚然成型"②。

北京市怀柔区公安局自 2013 年起,开始运行"犯罪数据分析和趋势预测系统",通过多种预测模型,自动预测未来某段时间、某个区域可能发生犯罪的概率以及犯罪的种类。美国也已经把这些方法运用在了预测警务中,成效斐然。在孟菲斯市区,有一个名为"蓝色粉碎(BlueCRUSH)"的项目为警察局提供报告,这一项目帮助当地警局更好地分配警力资源,至今为止,孟菲斯市区的犯罪率下降了 26%。③ 洛杉矶警局与加州大学洛杉矶分校合作,采集分析了 80 年来 1300 万起犯罪案件,用于进行犯罪行为的大型研究,通过算法预测,成功将相关区域的犯罪率降低了 36 个百分点。④

关于刑法学中的刑罚裁量,在目前综合刑理论下要实现刑法追求的正义,刑罚的裁量变得相对复杂起来。其既不像古典的绝对主义那样拥有简单而唯一的标准,又不像新派所提倡的那样引入病理学或精神病学领域的成果。如是,一种综合考量的刑罚理论,要求司法官在裁量的过程中综合各种因素,力求根据现有的立法以及案件事实灵活地作出最适合的刑罚裁量,这种被要求的最合适的刑罚裁量,便是刑法所追求的罪刑均衡的内容——到底多大的刑罚量是最合适的,多大的刑罚量与行为人的犯罪行为能够达到质与量上的均衡。

"刑罚权的核心是国家对犯罪人适用刑罚的权力。"⑤意大利学者贝卡里亚指出:"需要有些易感触的力量来阻止人类沦入古时的混乱,正是这种需要迫使人们割让自己的一部分自由,这一份最少量自由的结晶形成惩罚权。"⑥刑罚配置的过程,便是刑罚权合理分配的过程。不管是立法中的法定刑配置还是司法中的刑罚裁量,尽力实现合适配刑一直是刑法学界一代又一代学术人的理想和追求。正如有学者所言,罪刑是否均衡是衡量刑法是否为善良之法的重要标准。在追求法治的路上,我们都期待刑法能被尊重和被信仰。而事实上,"只有罪刑均衡的刑法,才能获得社会公众的普遍认

---

① 刘钊、林晞楠、李昂霖:《人工智能在犯罪预防中的应用及前景分析》,载《中国人民公安大学学报(社会科学版)》2018 年第 4 期。
② 单勇:《走向空间正义:城市公共安全的技术治理》,载《中国特色社会主义研究》2018 年第 5 期。
③ 参见〔英〕维克托·迈尔-舍恩伯格、〔英〕肯尼斯·库克耶:《大数据时代》,盛杨燕、周涛译,浙江人民出版社 2013 年版,第 216 页。
④ 参见《分析 1300 万起案件 洛杉矶警局如何用算法预测犯罪》,载 http://www.sohu.com/a/74300201_116235,访问时间:2018 年 11 月 23 日。
⑤ 张小虎:《刑罚论的比较与建构》,群众出版社 2010 年版,第 7 页。
⑥ 〔意〕切萨雷·贝卡里亚:《论犯罪与刑罚》,黄风译,中国法制出版社 2005 年版,第 9 页。

同。如此,刑事法律才能具有权威,法律信仰方能形成"①。在欧陆各国刑法中,罪刑均衡原则被归入责任主义原则中,即刑罚必须依据责任的量的比例,因为责任是量刑的基准,也是实现罪刑均衡的核心参考标准。②

在实现罪刑均衡的过程中,责任是关键。责任的有无、责任的大小,直接决定和影响着刑罚的有无和大小。因此,在德日刑法学中,罪刑均衡的问题常常在责任的范畴内进行讨论。责任是指"针对一个实现构成要件该当而具有违法行为的行为人予以人格上的无价值评价"③。责任的内涵为,评价行为人所实行的行为是否具有处罚的必要性,如果该行为具有处罚的必要性,则可依此而归责或非难该行为人。所以罪刑均衡是指行为人受到的刑罚处罚应当与行为人所承担的责任相匹配。

目前,责任主义原则是衡量刑罚的重要标准。但是,衡量责任的标准又基于不同的理论而有所不同。至于要选择何种评判标准,不同的学者持不同的态度。在具体的刑罚裁量中,采取不同的责任理论,在裁量的度上可能会有较大的差异。总体而言,我国目前所采取的基本上是一种广泛意义上的与刑罚后果对应的刑事责任说,即与行为造成的法益侵害以及行为人的人身危害性相对应的概括责任。这种责任的基础到底是道义责任还是社会责任,甚或是二者的综合?笔者认为,除了在查处犯罪方面,数量刑法学通过目前的人工智能和大数据的算法已经有了相当精彩的表现。在刑法教义学方面,针对责任主义原则之下的责任计算,数量刑法学也将有其精彩表现和卓越贡献,即通过精确化刑罚配置之责任要素,结合数学模型,科学有效地实现刑罚的目的,有效防控犯罪。

(二) 精准化司法量刑

在审判环节,人工智能也日渐有突出贡献。审判环节的关键在于量刑,目前很多国家和地区都对科学量刑进行了探索和实践。我国台湾地区 2011 年 7 月建置完成的"妨害性自主罪量刑资讯系统",在量化与精确化上迈出了一大步,正式拉开了台湾地区资讯化量刑改革的大幕,是台湾地区量刑改革的重要里程碑。④ 美国的《量刑指南》曾在整个美国占据优势,并适用于联邦法院 90% 以上的重罪和 A 级轻罪案件。⑤ 美国量刑改革的核心,是以数量式(数字式)的量刑图表来描述各种罪行等级数值,从而确

---

① 汪明亮:《社会资本与刑事政策》,北京大学出版社 2011 年版,第 194 页。
② 参见余振华:《刑法总论》(修订第 2 版),三民书局 2013 年版,第 51—52 页。
③ 余振华:《刑法总论》(修订第 2 版),三民书局 2013 年版,第 289 页。
④ 我国台湾地区"司法院"自 2011 年 2 月开始进行资讯化量刑改革,至 2013 年 5 月止,已陆续完成"妨害性自主罪量资讯系统""不能安全驾驶罪量刑资讯系统"等,并上线供法官参考使用。正在建设中的有"窃盗罪量刑资讯系统"等。参见郭豫珍:《量刑与刑量:量刑辅助制度的全观微视》,元照出版有限公司 2013 年版,第 123—133 页。
⑤ 参见郭豫珍:《量刑与刑量:量刑辅助制度的全观微视》,元照出版有限公司 2013 年版,第 7 页。

定刑度范围和宣告刑,是一种数量化量刑。①

我国大陆对量刑数量化已经进行了很多有价值的探索。具体如,武汉大学赵廷光教授等学者主持开发的《实用刑法专家系统》②及其后来提出的"量刑精确制导论"(积分量刑法)③,都在很大程度上推动了量刑情节数量化方法的研究。还有一些学者利用模糊数学理论对量刑数量化进行了研究。在我国刑法的量刑中,主观"估推"是传统量刑的一个特点,对于有经验的法官,在运用传统的"估推"式量刑方法时,仍然遵循一定的规律和步骤,尤其是对经验丰富的法官来说,在其遵循一定的规律和步骤量刑时,还会自觉或不自觉地与其以前的相关量刑进行比较,从而一定程度上实现了量刑上的均衡。④ 三十多年来,传统的经验量刑法基本上没有什么变化,但其所具有的重经验轻理性、重定性轻定量的"估推"弱点,导致该方法缺乏客观性、标准性和科学性,进而引起量刑不统一、不平衡和畸轻畸重的质疑,也由此成为长期以来量刑制度改革着力改造的重点。随着现代科学技术的突进和人类思维观念的拓展,传统量刑方法的更新改造具备了观念和技术的可能,不少法学工作者开始借助决策学、数学科学、电脑技术等新的学科理论、方法和技术探索量刑的科学化问题。就此,不少旨在剔除传统经验量刑方法中主观随意性和量刑偶然性的新式量刑方法应运而生,其中,较为典型的有层次分析法、数学模型法以及电脑量刑法等。⑤

2016 年 12 月 14 日,最高人民法院"智慧法院公众开放日"活动在首站北京市高级人民法院举行。北京市高级人民法院在活动中向公众展示了信息化技术诉讼服务群众的最新成果,并现场上线北京法院智能研判系统——"睿法官"。⑥ 最高人民法院发布的《智慧法院建设评价报告(2017 年)》显示,部分地区法院网络信息化创新发展向全国辐射。75.6%的法院支持网上立案,52.3%的法院支持网上缴费,76.3%的法院支持电子送达,35.1%的法院实现案件相关通知和文书电子送达。电子诉讼呈现以浙江省、吉林省两地全面应用为中心,逐渐辐射全国的整体发展态势。

---

① 参见杨志斌:《英美法系国家量刑指南制度的比较研究》,载《河北法学》2006 年第 8 期。
② 参见赵廷光:《电脑辅助量刑系统的一般原理》,载《中国法学》1993 年第 5 期。
③ 参见赵廷光:《论量刑精确制导》,载《现代法学》2008 年第 4 期。
④ 参见袁涛:《数字化量刑方法研究》,载陈兴良主编:《刑事法评论》(第 24 卷),北京大学出版社 2009 年版,第 459—483 页。
⑤ 所谓层次分析法,又称为多层次加权决策法,是系统工程中对非定量事件作定量分析的一种简便方法,也是对人们的主观判断作客观描述的有效手段;所谓数学模型法,是建立量刑的法律系统模型,以使量刑数学化的一种量刑方法;所谓电脑量刑法(电子计算机的量刑方法),是根据审判人员提供的案情事实信息,运用系统存储的法律和有关知识进行推理判断,而为审判人员审理刑事案件提供准确定罪量刑与最佳量刑方案的量刑方法。层次分析法,是基于系统论做定量分析;数学模型法,是基于法律系统模型使量刑数学化;电脑量刑法,是指运用计算机系统进行推理判断。参见石经海:《量刑个别化的基本原理》,法律出版社 2010 年版,第 238 页。
⑥ 参见徐骏:《智慧法院的法理审思》,载《法学》2017 年第 3 期。

2018年5月2日,《法制日报》发表了文章《全国法院信息化建设普惠法官及当事人"智慧法院"像网店一样方便》,文章介绍,最高人民法院发布的评价报告和第三方评价报告均显示,全国"智慧法院"系统已初步形成。据介绍,全国多家法院建设在全国具有示范推广意义的业务系统,"案款归集管理系统"实现地方法院与银行业务"一案一号"运行统一管理,"睿法官"系统将法官的案情分析效率提升75%,"电子法院APP"为当事人、律师提供诉前、诉中和诉后的全流程、贴身智能化诉讼辅助服务,"车载流动法庭"实现了偏远地区文书的电子签章、签发等功能,"智审系统"实现了电子卷宗的资源化利用、案件信息的自动化生成、裁判文书的智能化写作、类案法条的智能化推送、法律数据的精细化检索。2017年度全国法院"智慧法院"建设平均指数为72。"智慧法院"建设指数在80与90之间的法院最多,达到847家,标志着全国"智慧法院"系统已初步形成。不同层级法院间差距较小,集约化、节约化、标准化、规范化特征明显,基本形成以"云网一体化"为纽带的信息基础设施全覆盖格局。① "2018至2022年度美国联邦司法部门信息技术长期规划"(以下简称"长期规划")包括"战略重点"和"IT计划的投资"两部分,其中,"战略重点"占据了较大篇幅,说明了该长期规划的主旨在于发掘信息技术在法院工作中的潜力,发现法院和社会对信息的需求并予以满足。②

(三) 用数学方法科学化配置法定刑

民主立法是科学立法的重要内容。因此,立法需广泛征求民意。在立法过程中,借助数学思维和数学方法,运用科学数据进行合理评估,最终得出科学的立法。在人工智能时代,人工智能亦能为立法作出贡献。具体而言,立法中所涉及的各重要因素也可以被量化为数据,可以用数学公式进行计算,部分立法决策也可以由人工智能计算作出。人工智能将成为立法者的工具,甚至变为立法者的伙伴。③ 2014年9月起,天津市人大常委会法制工作委员会开始使用北大法宝智能立法支持平台(以下简称"智能立法平台"),尝试借助人工智能进行备案审查、人大立法等工作。这一智能立法平台包括提供立法项目管理、草案意见征集、法规文件公开、法规文件报备、法规文件审查、法规文件清理、立法资料管理、立法(后)评估、立法大数据分析等九个系统功能。三年多来的实践表明,人工智能的引入使得备案审查的准确性得到明显提高。2016年起,天津市人大常委会开始应用人工智能系统,对自身往年所有的规范性文件

---

① 参见《全国法院信息化建设普惠法官及当事人"智慧法院"像网店一样方便》,载《法制日报》2018年5月2日。
② 参见和苋、韩静:《美国法院信息化现状和发展——概述近期联邦司法信息技术长期规划》,载《今日科苑》2018年第9期。
③ 参见江必新、郑礼华:《互联网、大数据、人工智能与科学立法》,载《法学杂志》2018年第5期。

进行审查,在机器的辅助下自我清理。①

近代学派推崇刑罚个别化,认为犯罪人在接受刑罚惩罚的同时,亦接受矫正和教育。改造的目的,是使得改造后的犯罪人成为守法公民,再回归社会。但是,此种目的刑理论又因为技术上的障碍而遭遇了发展瓶颈。即,犯罪学研究并未解决人身危险性的测量技术问题,因而这种刑罚个别化的设想难以操作。我国台湾地区学者林山田教授指出,一个理想的制度,在其施行上,若存有技术性的困难,则应顾及此一困难程度,而限制此制度的适用范围。② 因此,在立法上,既要考虑行为人行为的恶害,又要从预防的角度考虑行为人的人身危险性,两种考量角度的平衡,实则给立法带来了不小的挑战。

理论源于实践,刑罚理论亦然。众所周知,在形成完备的刑罚理论之前,人们为了维护社会生活的稳定秩序,对破坏众人愿意遵守的生活规则的行为及行为人,也一定有一种约定俗成的制裁措施。人类理性思辨之后,刑罚理论逐渐形成、发展,并日趋成熟。理论终归是实践的归纳和总结。在某种程度上,理论也常常预示着社会发展的规律和方向。而随着刑法的出现,人类社会的实践便逐渐在法规范的范围内活动,体现出法规范维护社会秩序的功能和价值。如日本学者大谷实教授所言,"刑法是通过保护法益,维护社会秩序的法规范"③。那么,被规定于刑法规范中的刑罚又是如何实现刑法维护社会秩序的功能的呢?具体而言,一定的犯罪行为,其刑罚量的配置、罪与刑之间数量关系的确定,需要数学方法和数学思维的介入方能提升其科学性。

具体到个罪中法定刑的配置,即立法上的罪刑均衡,一直是近代以来刑法理论研讨的问题。尽管各国和地区都有自己相应的理论和具体国情,但罪与刑的合比例对应是现代刑法追求之正义价值的重要内容。罪刑失衡可能是立法上的问题,亦可能是司法上的问题,或者立法司法皆有问题。司法的过程一方面是实现立法中关于罪与刑的对应关系,同时也是实际地解决具体的纠纷和矛盾,希望通过罪与刑的对应关系,达到罪刑的真正均衡,以实现刑法正义。随着大数据、人工智能的发展,在深化实证研究的基础上,建构和发展我国的数量刑法学,用数学建模等高等数学研究方法,用数据量化、科学化罪刑关系,以达到实质意义的罪刑均衡。数量刑法学的发展,将更好、更高效地实现罪刑均衡,进一步推动我国刑法学的发展。

---

① 参见蒲晓磊:《天津市:用人工智能辅助地方立法》,载《江淮法治》2018 年第 8 期。
② 参见张小虎:《刑罚论的比较与建构》,群众出版社 2010 年版,第 18 页;林山田:《刑罚学》,台北商务印书馆 1983 年版,第 259 页。
③ 〔日〕大谷实:《刑法讲义总论》(第 3 版),成文堂 2010 年版,第 10 页。

结语

数学是调节理论和实践、思想和经验之间的差异的工具。现代文明中,有关理性认识和征服自然的部分都有赖于数学。罪与刑之间的数量关系的确定需要数学方法和数学思维的介入方能提升其科学性。数量刑法学旨在借助数学方法量化罪刑关系,将影响刑罚的诸多因素进行量化分析,最终实现刑法所追求的罪刑均衡。数量刑法学具有提升司法效率、精确刑罚配置、使刑罚结构科学化等功能,随着实证研究、大数据、人工智能的运用,数量刑法学的发展将为我国刑法学的现代化发展作出划时代的重要贡献。

浅议从案例提炼刑法适用解释规则*

刑法适用解释是指司法人员将刑法规范适用于具体案件所作的说明。成文刑法规范具有抽象性、静态性和孤立性的特点,而现实生活中变化多端的犯罪行为则有具体性、动态性和牵连性的特点。因此将刑法条款(分则的和总则的)适用于讼案时,除有的可以直接对号入座外,则需经过难易程度不等的说理解释。法律适用不可能没有解释(即使对号入座也是一种解释),法律规范适用其实就是法律规范被解释。

刑法适用解释在当今我国实际存在两种形式:一种是由最高人民法院和最高人民检察院所作的"司法解释"。自1981年全国人大常委会通过《关于加强法律解释工作的决议》,近二十年以来,"两高"发布的刑事司法解释达200件左右。另一种是各级司法机关在办理具体刑案过程中遇有疑难时所表明的理解,其数量之多难以统计,遗憾的是对此现象缺乏理论提升,学界甚至不承认其是比"司法解释"出现频率更高、实践价值更大因而更值得关注的法律适用解释。从司法需求角度看,最应当研究的是解释规则。

通常认为,刑法适用解释应遵守这样一些规则:①严格解释,这是罪刑法定原则的必然要求,其作用是排除刑法适用上的随意性。②解释不违背社会常理,除非根据立法原意不得不如此解释。③同一法律词语在不同场合保持相同解释,除非立法另有明显含义。④如遇法律含义不明确,不作不利于被告人的解释。⑤明定此一事物意味着排除另一事物,即一项刑事法律明确地列举了某一原则的几个例外情况,就意味着不包括其他没有列举的情况。⑥只含同类规则,即某一法条在列举了几项情形之后跟随着一个总括词语,如"以及其他",就意味着只限于包括未列举的同类情形,而不包括不同类情形。⑦不能颠倒或转移证明责任。

根据近年来的司法实践,尤其是媒体报道引起公众关注的案例,笔者试图提炼出如下刑法适用解释规则。

一、包含更恶

刑法规定惩罚某项恶行,如遇类型相同但性质更为恶劣的行为,刑法规范能否包

---

* 原载《法制日报》2000年9月17日。

含?例一,《刑法》第 280 条伪造、变造、买卖国家机关公文、证件、印章罪,如买卖的是假的国家机关公文、证件、印章能否依照第 280 条的规定定罪处罚?1998 年 12 月 29 日全国人大常委会《关于惩治骗购外汇、逃汇和非法买卖外汇犯罪的决定》第 2 条规定"买卖伪造、变造的海关签发的报关单、进口证明、外汇管理部门核准件等凭证和单据或者国家机关的其他公文、证件、印章的,依照刑法第二百八十条的规定定罪处罚",对上述问题作了肯定回答。例二,《刑法》第 238 条非法拘禁罪,第 3 款"为索取债务非法扣押、拘禁他人的,依照前两款的规定处罚",如索取的是法律不予保护的债务能否适用第 238 条的规定定罪处罚?2000 年 7 月 13 日最高人民法院公告解释"行为人为索取高利贷、赌债等法律不予保护的债务非法扣押、拘禁他人的,依照刑法第二百三十八条的规定定罪处罚",对上述问题作了肯定回答。刑法惩罚恶行,如果行为比法律明定的类型相同的行为更恶,当然属于惩罚之列。这是刑法本质属性应有之义。依据前述全国人大常委会的决定和最高人民法院的司法解释,可以概括提升为一条适用解释规则:刑法规范应当包含与法定罪行同类但性质更恶劣的行为。

二、合理推定

上述"包含更恶"规则主要适用于实体性法规规范,"合理推定"规则的适用主要针对关系范畴,诸如原因与结果之间的联系,主观与客观之间的联系等。以一个全国通晓的案例——陈晓受贿案为例。陈晓担任中国电子物资公司安徽公司总经理期间,利用职务之便,于 1992 年和 1993 年年初为其下属单位实业公司承包人李剑峰谋取高达 180 多万元超额利润,于 1993 年和 1994 年春节前后三次收受李剑峰所送 33 万元人民币和 15 万元港币。1998 年 5 月初被起诉,一审法院认为"事后受财"无法证明双方"事先约定"而没有"受贿故意",不构成受贿罪。同年 10 月判决后,检察院提出抗诉。同年 12 月省高级人民法院开庭审理此案,并于次年 12 月作出裁定:撤销原判,发回重审。2000 年 1 月重审判决陈晓受贿罪成立,处 10 年有期徒刑。初审时认定不构成犯罪的理由主要涉及对受贿故意的理解和认定问题。在理论上不仅应研究故意的法律内涵,而且要关注故意的形成过程及其认定。

任何一种具体故意罪的故意内涵均具有法律确定性,抢劫罪有特定的抢劫故意,盗窃罪有特定的盗窃故意,贪污罪的故意内涵不同于受贿罪的故意内涵。但犯罪故意形成过程则具有复杂性,它主要取决于犯罪行为方式。盗窃罪的行为方式是单一的,即窃取,而抢劫罪的行为方式则是复杂的,由手段行为和目的行为组成;贪污罪是单向犯,而受贿罪则是对合犯(无行贿则无受贿)。就受贿罪故意而言,其形成过程因不同案件也有差异。依据我国刑法,受贿故意的内涵简言之则为权钱交易故意,即对权钱交易有认识。交易表明权与钱的联系。这种联系的形成方式是多种多样的,以"有约定"方式(无论是明示式约定还是暗示式约定)形成的联系,受贿故意通常是"即时"(在短时间)形成的;而无事先约定并非不能形成联系,这种受贿故意往往呈"历时态"(经历一段时日)形成,主要见于事后受贿:行为人明知利用自己职务之便为对方谋取了利益,事后接受对方送给的明显超过友情馈赠数量的钱财时,内心必定(不可能不)与先前的职权行为产生联想,这种内心联系便形成了权钱交易的受贿故意。无事先约定的受贿故意,在用权为对方办事时也许尚未形成,而是在后来收受财物时即权钱交易最后阶段形成,因此不能认为是"事后故意"。就司法认定而言,得出行为人具有受贿故意的结论是运用了推定解释方法,其前提有二:一是行为人事先以职务行为为对方谋取了利益,二是对方给予的钱财明显超过通常友谊赠送数额,根据社会常理和生活经验,这种结论是唯一的,即不可作其他解释(尽管被告人口头不承认)。推定是适用解释的一种较为常见的方法。推定解释的合理性须同时具备两项前提条件:解释结论既符合法律规范的立法精神,又符合社会实践经验。

对陈晓受贿案重审判决的逻辑分析表明,对事后受贿(先以职务行为为对方谋取利益,其后接受贿赂)的受贿故意的认定不以"事先约定"为必要条件。否则,所谓"事后受财"将一律不可能构成犯罪(只要双方不承认有事先约定,公诉人便难以证实存在事先约定,这无疑又给狡猾的贪官开了一扇脱罪的大门)。需要说明的是,2000年6月30日最高人民法院关于"国家工作人员利用职务上的便利为请托人谋取利益,并与请托人事先约定,在其离退休后收受请托人财物,构成犯罪的,以受贿罪定罪处罚"的司法解释,笔者以为其适用范围仅限于已离退休的人员。

三、审查无限

审查无限意指法院对案件涉及具体行政行为的审查,根据案情既可以作形式审查也可以作实质审查。以南昌市自称"德国牙医"的章俊理非法行医案为例,被告人于1989年5月至1998年11月间,为谋取非法利益,刊播虚假广告,诱骗广大患者就诊;明知不符合行医条件却开设个体牙科诊所,采取蒙骗诱导办法,以免费清洗为由,在被害人不同意或不知情的情况下,违反医疗常规,对患者进行扩大化、非治疗性、破坏性的锯冠、磨冠等处理,致使3人重伤,1人轻伤甲级,共有1124名就诊患者受到不同程度的损害。在法院审理过程中,控辩双方就《刑法》第336条非法行医罪的构成前提"未取得医生执业资格"的"医生执业资格"问题展开了争论。辩方认为法院审理非法行医案件时只能对行为人的医生执业资格进行形式审查,即只能审查行为人是否取得医生执业资格或者已经取得的医生执业资格是否真实。如果这样,法院只能宣告非法行医罪不成立。控方认为应对被告人所在的医疗机构取得"医疗机构执业许可证"时的条件重新进行审查，即进行实质审查，发现不符合有关规章所规定的行医条件，得出被告人"本不应具备医生执业资格"的结论。诚然，根据我国政体，法院没有像西方有些国家那样的司法审查权，但是根据宪法，我国检察机关有行使法律监督的职能，对行政机关的具体行政行为理当可以进行不局限于形式的审查。法院对控辩双方的意见，当然有权力也有责任判别，从而决定采纳一方意见而拒绝另一方意见。再者，根据行政诉讼法，法院有权对具体行政行为进行实质审查；刑事诉讼中法院也理应拥有此种权力。法院最终认定章俊理非法行医罪成立。

以上认识，虽只源于若干案例，由于符合法理和法律规定，符合社会常情，因而可以具有普适性，堪称规则。我国民法界已开始研究（民法）解释学。我国刑法界也需要研究（刑法）解释学，它对提高（司法人员）办案水平、降低诉讼成本、增强刑法活力，具有其他学问不可替代的重大价值。

刑法应用观念[*]

刑法应用观念对实务工作者至关重要。它不仅仅是一种法理、法律原则、法律精神等方面的专业素养,还包含分析案件的思考方法,后者直接关系到高效处理案件信息以及合理调配法律资源的能力。因此,"观念"不仅是纯粹意识领域的理念,还包含方法要素。实践中,产生争议的法律,要么在适用中因存在适用解释的空间而可以形成多种合理、合法但结论不同的观点,要么在理论上因不同的观察视角和多样性的论据,形成结论迥异但均可自圆其说的判断。就像政治家间流行的一句行话,"有多少种研究社会的方式,就有多少种描述社会变迁的方式"[①]。而科学观念加上具体实践则是使许多适用中或理论上纠缠不清的争论达成共识的两大支撑。

一、应用观念"科学性"的标准

首先,科学的应用观念应当有利于实现刑法功能,服务刑法目的。后者体现为一国的刑法价值取向。现代法治国家刑法的两大功能是"保护社会"和"保障人权"。其中,刑法分则的直接任务在于确定犯罪构成要件和法定刑。刑法分则的核心是确定刑法的调控范围,编制刑事法网,同时对所规定的犯罪配置适当的刑罚,使犯罪分子受到应得的惩罚。刑法分则最基本的价值取向是:严密刑事法网、确定应得刑罚、突出刑法分则的保护功能。[②]

其次,科学的应用观念包含公平、正义等基本的价值内涵,并于"合法性"之外,在理论研究和司法实践中发挥"合理性"的判断功能。作为规范性力量的事物性质的表现形式之一是它可能立基于人们对构成某个特定社会形态之基础的基本必要条件或前提条件的认识。在这种情形中,一些法律规范产生于人们对社会经济、政治和法律等制度在生成与发展的历史背景和社会环境中具有的某些基本功能特征所进行的思考和观察。德国法学家海因里希·德恩伯格认为:"从某种程度上讲,生活关系本身就含有它们自身的标准和它们自身的内在秩序。隐于这种关系中的内在秩序被称为'事物之性质'。善于思考的法学家在没有实在规范或在规范不完善或模糊不清时肯定会

---

[*] 原载《法律科学(西北政法大学学报)》2009 年第 3 期,与魏颖华合作。
[①] 〔美〕史蒂文·瓦戈:《社会变迁》(第 5 版),王晓黎等译,北京大学出版社 2007 年版,第 6 页。
[②] 参见储槐植:《刑事一体化》,法律出版社 2004 年版,第 365—366 页。

诉诸这一观念。"①因此,诸如公平、正义的理念应贯穿法律适用的始终。在法律应用的链条中,它处于比法律规定更为前端的位置,影响着司法者对法律的理解,决定着适用法律过程中对从逻辑的角度看似乎都合理的各种冲突现象所作的任何选择,是一种根植在观念中既抽象又具体、既无形又实实在在的、与法律并行并影响司法判断的力量。

最后,科学的应用观念应当有利于提高诉讼效能。诉讼中的应用观念主要体现在证明观念和方法上。能否提高诉讼效能,取决于证明观念及方法是否符合犯罪规律和刑法特点,是否符合认识规律和逻辑规则。

二、实体刑法应用中的基本观念

(一) 变通观念

1. 解读"变通"

变通,是指依据不同情况,作非原则性的变动。变通是一种法律智慧,是在法律基本原则框架内打破教条束缚的随机性的智慧。变通有助于防止观念惰性钝化对客观变化及发展趋势的敏感性,体现了一种开放的理念,符合事物在客观上不断发展变化的运动本性。同时,变通具有"渐进性",反映了事物从"此"到"彼"的由量变到质变的发展过程。因而它不同于"突破",更非"颠覆"。而是换一个角度或换一种方式分析问题、解决问题。肯定说、否定说、折中说随着治学方式的进化已经成了制约思维方式发展的"八股",如果不更新、拓展思考格局,在治学途中,必然是路越走越窄。

2. 变通的理论根据

(1) 社会学上的依据。社会变迁如同时间的经过,不可逆转、无法阻却。对社会学家而言,法律首先是一种社会现象。历史法学观和比较法学观的观察和比较都证明了"法律规定本质上的暂时性",没有一种法律——即便是刑法——不服从永远变化这一规律。人的任何一个行为,本身都无所谓无辜或有罪,"在我们看来最为可憎的犯罪行为,如杀害父母罪,在某些社会群体里是允许的;而另一些在某些原始群体中受到严厉惩罚的犯罪行为,如违反某些宗教迷信的禁忌,在我们看来却是无所谓的"②。同时,法律的变化不是被动的。社会学家将法律作为应对社会变迁的一种策略,视法律为指导和塑造未来行为和社会形式的工具,认为法律和社会变迁之间是互惠的关系,法律既可被看作社会变迁的结果,也可被看作社会变迁的起因。③ 无论

---

① 〔美〕E. 博登海默:《法理学:法律哲学与法律方法》,邓正来译,中国政法大学出版社 2004 年版,第 474—479 页。
② 〔法〕亨利·莱维·布律尔:《法律社会学》,许钧译,上海人民出版社 1987 年版,第 18—29 页。
③ 参见〔美〕史蒂文·瓦戈:《社会变迁》(第 5 版),王晓黎等译,北京大学出版社 2007 年版,第 306 页。

是"策略"还是"工具",法律必定且必须处于不同程度的变化中。"变通"即在方法上对这种变化的反应,反映了对现有法律"改变的需要",并为实现这种变化提供前期适应性的过渡。

(2) 法理上的依据。法律是一门实践性很强的科学。无论是法律本身还是法学理论都处在一个不断更新的过程中。变通观念是推动这一过程的重要力量。我国古代法家学派立法上的一个根本指导思想,就是"礼法以时而定,制令各顺其宜……治世不一道,便国不法古",法律应随时代变化而发展的历史进化思想。① 变通能够针对变化了的情况对原有的认识作逐步修正,使立法更为完善,并引发人们认识问题和研究问题的方法的变革,这种变革又直接催化了理论的更新,使现有的理论系统保持开放性,并在吐故纳新的过程中不断进化,为复杂多样的司法实践提供科学、有效的指导。

(3) 方法论上的依据。方法是解决问题的手段、路径或程序。刑法界定犯罪而非制造犯罪,从法条到案件之间存在一段观察、分析和判断的过程。有时通过观察可以直接确定彼此之间的对应,有时形式的观察会排除法律的适用,但实质的分析却揭示出二者内在的必然联系。变通便是这种"实质分析"的常用方法,其以非原则性的灵活机能实现法律和案件之间的联通,赋予静态的法律以一定的应变性,以增强其对现实的适应能力。

3. 变通的规则及途径

变通在本质上是自由裁量权的体现,因此,它的规则是罪刑法定,途径主要是刑法适用解释。以适用解释为载体,借助变通,软化和缓解法律的刚性。西塞罗在论及法律越严苛对无辜者伤害就越大的准则时表达了这样一种观点,即刚性适用不受衡平法制约的严格不变的法律规则,往往会导致巨大的灾难和重大的不正义现象。因此博登海默提出,正义观念乃是实施法律的指导原则之一,而且其意义并不只局限于要求把法律规则和规范性标准公正地适用于所有属于它们调整范围之内的案件。在一起诉讼案中,有时会出现一系列具有奇特特点的事实,而这些事实既不适于按现存规则加以裁判,也无法同早期的已决判例相比较。在这种情形中,正义之考虑会在狭小严格限定的范围内要求背离某条业已确定的规范或对该规范作扩大解释,以达到公正满意地裁判该案件。②

4. 变通观念的实践

(1) 对待"通说"。

"通说"是我们在理论研究的多样性中形成的经典、权威的共识。同时,司法实践

---

① 参见刘海年:《战国秦代法制管窥》,法律出版社2006年版,第334页。
② 参见〔美〕E. 博登海默:《法理学:法律哲学与法律方法》,邓正来译,中国政法大学出版社2004年版,第479—480页。

中各种新情况、新问题层出不穷,又要求我们不能将"共识"绝对化而使之成了认识问题、思考问题的羁绊。变通理念为我们在共识中打开了一道通往探索的大门,让丰富的司法实践检验并丰富着理论,并使二者之间形成良性互动。变通理念认同通说之所以为通说的客观因素,只是强调通说地位并非一成不变,需要进行适时的调整。正如张岱年先生所言:"不能单纯地拘泥于已有的个别结论,而应该依据这些基本原理,考察实际的情况,对具体问题进行具体分析。在科学研究的过程中,总要依靠已经达到的理论成就作为指导来研究新的情况,而研究新的情况的结果反过来又可能使一般的原理更加丰富起来。我们不能把唯物论的基本原理当成简单的公式,不问客观实际情况如何,教条式地到处套用。如果是这样,就不是科学的研究方法了,也根本不能解决实际问题……唯物主义方法应该从实际出发,对于客观事实进行具体的考察。已经发现的规律乃是进一步研究的指导。"①

(2)对待"例外"。

有原则才会有例外。例外形式上是对原则的突破,但实质上是使原则具有了一种内容得以不断更新的开放属性。当对应于原则的例外经历了量变到质变的过程后,"例外"自然融合到了原则之中,成为后者的一部分。原则也在例外带来的对立冲突的运动变化中,通过整合新的元素而得以更新,从而能够始终映照现实的法律生活。正如博登海默所言,当英国的大法官第一次允许强制照约履行合同时,他所依据的是衡平或良心,因为他认为普通法上的损害赔偿救济手段并不能充分补偿原告因被告违约而使他遭受的损害。然而,当强制照约履行合同被作为一种理所当然的做法而在其他和类似的案件中被准许时,一开始在衡平法上背离普通法规则(将损害赔偿作为唯一的救济方法)的做法就转变成了一种衡平法规则……随着时间的推移,许多在开始时因主张"抵制法律"而行使自由裁量权的东西或为实现"不据法司法"的东西,后来则构成了一种补充普通法规则的法律规则体系。②

"原则"之外总有"例外"构成变通的客观基础。同时,也正是通过变通完成了原则在适应性的发展进化中"例外"的形成。立法和司法实践中的示例比比皆是,如我国《立法法》第 84 条关于法的溯及力的规定:"法律、行政法规、地方性法规、自治条例和单行条例、规章不溯及既往,但为了更好地保护公民、法人和其他组织的权利和利益而作的特别规定除外。"因此,法不溯及既往是原则,同时,如果法律的规定是减轻行为人的责任或增加公民的权利,也可以具有溯及力。《立法法》第 66 条第 2 款规定:"自治条例和单行条例可以依照当地民族的特点,对法律和行政法规的规定作出变通规

---

① 张岱年:《中国哲学史方法论发凡》,中华书局 2003 年版,第 3 页。
② 参见〔美〕E. 博登海默:《法理学 法律哲学与法律方法》,邓正来译,中国政法大学出版社 2004 年版,第 485 页。

定,但不得违背法律或者行政法规的基本原则,不得对宪法和民族区域自治法的规定以及其他有关法律、行政法规专门就民族自治地方所作的规定作出变通规定。"《刑法》第 404 条徇私舞弊不征、少征税款罪系结果犯,2006 年最高人民检察院《关于渎职犯罪案件立案标准的规定》第 14 条对该罪作了"致使国家税收损失累计达 10 万元以上"的量化解释后,基于严密法网的考虑,同时确定了可以排除前述限制的例外情形,即"徇私舞弊不征、少征税款不满 10 万元,但具有索取或者收受贿赂或者其他恶劣情节的"。如国外禁止从重溯及被认为是近代刑事立法的一个原则,不从重溯及是近代刑法的民主原则之一。然而,美国为了对付有组织犯罪,不惜对二百年来形成的刑法民主原则有所变通,容许有条件的从重溯及。① 又如犯意规则的例外,维拉曼特指出,除非有一种受禁止的行为(犯罪行为 actus res),再伴以一种特定的心理状态(犯罪意图 mens rea)——通常是故意或者过失,否则是不会被判犯罪的。这两者都必须被证明是确凿无疑的……可以假定,一切犯罪都需要有两种成分——身体的行动和精神状态;刑法上的解释是,推定犯罪必须有犯罪意图,除非刑法明确地作了相反的规定。犯罪必须有精神因素的规则是有例外的,不管精神状态如何都可予以惩罚的严格责任的罪过是存在的,并且事实上在不断增加。尽管乍一看来惩罚一个无过错的人似乎是不公正的,但基于更紧迫的公共政策的需要可以要求采取这种步骤……而不是费很大的劲去证明行为人知道不知道掺假。另一方面,严格责任这一事实可能对牛奶供应者产生有益的影响,使他们始终关心确保无论是仆人或代理商或陌生人不去弄脏他们供应的牛奶。严格责任罪过的范围越来越扩大,因为社会利益揭示了需要适用这一原则的新领域。②

当然,"例外"不是无根据的"例外"。它实际是对原则出现"适用危机"时的救济。也就是说,"例外"是原则进化的必然产物。在原则作用穷尽的特殊情形下,通过对原则的变通形成"例外",以增强原则的适应性。例外的合理性表现在它是对"原则"建设性的完善和补充,是原则更新的经历和完成进化的过渡。例外的产生和上述功能的实现即是借助"变通"完成的。

(二) 双赢观念

"双赢"指法律效果和社会效果的双优,强调适用法律对两种效果的兼顾。尽管这是两个不同的概念,但这两种效果在社会总体价值上是一体的,表现为两个不同的层次,有一种表里关系。法律效果是"表",体现的是通过查办案件对法律信息的准确传递,发挥法的宣传、教育、警示、惩罚等功能,实现法律保护社会、保障人权的初衷;社会效果是"里",体现的是案件查办的过程及结果在社会上实际产生的影响。这种影响可

---

① 参见储槐植:《刑事一体化》,法律出版社 2004 年版,第 67 页。
② 参见[澳]维拉曼特:《法律导引》,张智仁、周伟文译,上海人民出版社 2003 年版,第 303 页。

能波及社会各个领域,是法律适用后的社会反应。反映的内容超越法律本身,甚至直指公平、正义、制度等价值及社会体制机制等更深层次、更广泛的领域。适用法律定分止争是法的直接作用的体现,同时,法律不仅仅是规则。适用法律的价值最终要从法律延及社会。司法人员在审理具体案件时常会遇到申诉、上访情况,即使那些以法律标准衡量堪称"秉公"处理的案件也未能避免上述情形。于是,"案结事了"成了司法机关衡量工作绩效的重要指标。此外,一些具有重大社会影响的案件宣判后,舆论如潮,社会各界争论不休。这种办结却未能了事的案件、引起强烈社会反响的案件,都是适用法律的社会效果的不同程度的写照。这使司法人员切身体会到办理案件需要考虑的绝不仅仅是法律。在罪刑法定的前提下,在自由裁量的范围内,必须关注诸如政策、民意等宏观或微观的社会因素,这些因素将会为法律适用解释提供具体的指导性或参照性标准。正是这些标准可以使司法人员对社会效果的好坏事先有一个大概的评估。政策,是国家或政党按照一定历史时期的政治路线而制定的行动准则,国家根据社会发展需要而作出的管理决策,体现了国家意志、社会发展需要和大多数民众的利益,因此,政策符合性是评估社会效果的主要依据。比如,对一个案件中的具体问题或对案件本身的处理意见基于对法律的不同适用解释而出现不同观点,各观点都有一定的道理且能够在法律上站得住脚,在这种情况下,应当针对各种解释方案评估社会效果,以社会效果的好坏优劣作为选择的标尺和客观依据。一个真正的精品案件,一定是法律效果和社会效果双优的案件。

(三) 正义观念

法律包含了正义、秩序等多样价值。在刑法适用中,这些价值在适用观念上并非等量齐观,在特殊情形下发生价值冲突时,价值分层观念可以帮助快速作出选择。在价值因素中,公正优先!"当指向不同方向并导向不同结果的两个实在法原则或两个司法先例从逻辑角度看都可以适用于某个案件时,有关正义的考虑也可以起到决定性的权衡作用……法院在解释宪法和法规文件中含糊不清的条款时,也一直诉诸有关正义的考虑。"[①]对于仅凭外观适用法律会导致实质不公正的情形,不应再机械地拘泥于法律教条,而是要借助适用解释,将法律规定变通地适用,使其在形式不违背罪刑法定原则的前提下,在适用效果上尽可能地趋于公正。这并不意味着"正义"可以作为司法依据,而是表明正义是"司法观念或态度"。也即,在实际的适用中,"正义"这个带有强烈价值色彩的概念欠缺作为适用标准而应具有的内容理解上的客观性、确定性和认识上的一致性。它更适合对某一做法或某一结果进行是否合乎主流正义观的评价,但不适宜作为如同法律条文般的对具体案件的结果作出裁决的依据。尤其是在其与法

---

① 〔美〕E. 博登海默:《法理学:法律哲学与法律方法》,邓正来译,中国政法大学出版社 2004 年版,第 466—467 页。

律规定发生冲突时更是如此。博登海默认为,正义观念被司法机关颇为广泛地使用,而且在审判争议案件中也起到了显著的作用。这应当被认为是任何人所应采取的一种可望的和可欲的态度,亦即他在不忽视或不牺牲正义之基本规定和要求的情形下把法律看成用来实现社会和平、稳定和秩序的一种制度时所会采取的一种态度。① 同时,他也强调,在实施法律的过程中,总会出现一些情况,如法律确定性的要求与正义的要求发生了冲突,又如法官必须在两种相互对立的价值之间作出明确的选择。就一般情形而论,法官必须适用宪法和法规中实在的和明确的命令,即使他坚信这些命令不符合或不再符合当今正义的基本观念……换言之,当实在法规定提供了一种秩序参照系时,法官通常都要受它的约束,而且不能为了正义而背离它。②

尽管正义不是"依据",但作为观念,其仍然对法律适用具有深刻的影响力,如维拉曼特所言:"尽管难下定义,但一切法律制度仍然把正义观念看作一种永久性的鼓舞力量。在1980年12月向全世界发布的一个重要通谕'上帝的垂怜'中,教皇约翰·保罗二世提醒人们,形式化的法律制度会腐蚀、侵犯和压制人民,并否认人民的基本权利。当法律制度离开正义观念发挥作用时,这个有影响的文件及时提醒世界人民,法律制度是有局限性的。"③

(四) 归纳思维与理论的司法定位

1. 关于理论的司法价值

一方面,学界对一些立法和司法现象的思考,随着共识范围的扩大和深入,会逐步在理论上凝结为"理论概念",其中包含了这些概念在适用中的运行规则。这些概念抽象出了立法及司法现象的共性特征和内在一致的规律性,便于理论界在统一的语境下,对立法和司法进行研究。研究人员以这些概念为标本,基于法理的、逻辑的以及司法实践的需要,总结这些概念应然的适用规则,从而形成相关的理论命题。这些命题为其所映照的立法规定构筑坚固的理论支撑,为立法完善进行前瞻性的探索,为司法实践提供适用法律的学理参考。另一方面,如亨利·莱维·布律尔所言,法理并非一种法律渊源。他解释说,从术语看,法理一词指的是那些从事法律工作的人,即广义上所称的法学家(法律教授、法官、律师、从事司法或司法以外的法律工作的人员)陈述的观点。相对于习惯法、法令、判例这些法律的直接渊源而言,法理至多只是法律的一种间接渊源……法理在我们的时代只不过是法律变化的因素之一而已,与政治、道德、经济、宗教等因素处于同一地位……只要这些规则不被社会群体所接受,那制定这

---

① 参见〔美〕E.博登海默:《法理学:法律哲学与法律方法》,邓正来译,中国政法大学出版社2004年版,第468页。
② 参见〔美〕E.博登海默:《法理学:法律哲学与法律方法》,邓正来译,中国政法大学出版社2004年版,第469页。
③ 〔澳〕维拉曼特:《法律导引》,张智仁、周伟文译,上海人民出版社2003年版,第219页。

些规则的人的意见仍然只是他自己的意见,不会对法律生活产生影响。①

2. 关于理论的司法定位:"依据"还是"说明"

以牵连犯为例,我国大陆现行《刑法》第399条第4款的规定涉及这一理论概念。从理论上考察,牵连犯的理论地位正在萎缩。最早的有关牵连犯及其处断原则的立法规定见于德国的费尔巴哈(1775—1833)在1824年起草的《巴伐利亚刑法典(草案)》,其中把牵连犯和想象竞合犯一起作了如下规定:"犯罪人(1)以同一行为违反不同的刑罚法规,或者(2)确以不同的行为实行了不同的犯罪,但这一行为仅是实现主要犯罪的手段,或是同一主犯罪的结果,应视为附带的情形,可考虑不作加重情节,只适用所违反的最重罪名之刑。"②在此后针对牵连犯的大量研究中,观点不一,主存主废各方都各执一词。但从各国的立法实践来看,牵连犯的理论命运并不乐观。世界上多数国家和地区的刑法典没有对牵连犯作出规定,曾经对牵连犯作出规定的日本和我国台湾地区也都废止了该规定。1974年《日本刑法改正草案》废除了牵连犯,我国台湾地区"刑法部分修正草案",于2005年1月7日通过,2月2日公布,2006年7月1日施行。其中,我国台湾地区"刑法"第55条原文为:"一行为而触犯数罪名者,或犯一罪而其方法或结果之行为犯他罪名者,从一重处断。"修改为:"一行为而触犯数罪名者,从一重处断,但不得科以较轻罪名所定最轻本刑以下之刑。"从中可以看出,原条文中的"或犯一罪而其方法或结果之行为犯他罪名者"即牵连犯的规定,在修改的条文中已经删除,修正的"刑法"之所以删除牵连犯的规定,理由在于:"牵连犯之实质根据既难有合理之说明,且其存在亦不无扩大既判力范围,而有鼓励犯罪之嫌,实应予删除为当。至牵连犯废除后,对于目前实务上以牵连犯予以处理之案例,在适用上,则得视其具体情形,分别论以想象竞合犯或数罪并罚,予以处断。"③这为原属于牵连犯的犯罪现象的刑法适用和处罚原则提供了更为明确、清晰的路径。对于受贿且渎职的情形,显然不属于想象竞合犯,这样,适用数罪并罚就成了最后的结论。

但是,我国大陆《刑法》第399条第4款规定的则是"依照处罚较重的规定定罪处罚"。这一罪数适用规则引起理论界对该规定罪数形态类型的研究兴趣。法规竞合犯、想象竞合犯、牵连犯、吸收犯等一系列的理论概念和相关主张被纷纷提出。让人觉得对该款规定的适用似乎异常复杂。然而,从罪数研究对该款的适用分析过程来看,整个分析过程实际只有三个环节:一是比对形式依据即刑法规定,确定犯罪构成的个数;二是比对实质依据,即案件中被侵害的法益(犯罪客体)的个数;三是比对法定的罪数适用规则的条件,判断受贿行为与《刑法》第399条前三款的枉法行为是否具有内

---

① 参见[法]亨利·莱维·布律尔:《法律社会学》,许钧译,上海人民出版社1987年版,第78—79页。
② 刘宪权:《我国刑法理论上的牵连犯问题研究》,载《政法论坛》2001年第1期。
③ 马克昌:《我国台湾地区刑法修正述评》,载《中国刑事法杂志》2005年第4期。

在关联性。由此,联系前述牵连犯的实践命运和理论前景,或许能引起我们对在司法实践中如何应用"理论概念"及"理论规则"的反思——理论规则的定位是适用"依据"还是适用"说明"?

从逻辑方法的角度讲,将理论概念及其规则定位为适用"依据"时,用的是"演绎"思维;将之定位为适用"说明"时,用的是"归纳"思维。当我们把已有的理论概念及其规则作为适用依据时,意味着在刑法适用解释时,将法律规定作了趋向于该理论概念的解释,引起的解释效果是将该理论概念的规则引入了法律适用(以下简称"依据论")。当我们把已有的理论概念及其规则作为适用"说明"时,意味着理论概念仅仅是法律适用结论的佐证,其不在法律适用的过程中,不影响适用法律的选择,仅是在选定适用法律后,对这种选择结果于法理上的正当性、合理性进行的理论验证(以下简称"验证论")。对两种定位分别分析如下:

在"依据论"的情况下,会引起以下质疑:

(1)是否具有作为"依据"应当具有的"权威性"和"稳定性"?"理论概念"及其规则是一定时期、一定范围内,对特定法律问题或事实现象在理论上的概括,是理论界普遍认可的"研究语言"或"研究术语"。这些"概念"不是单一的,而是包含了适用条件、适用效果等因素在内的概念体系。尽管理论界对概念本身所代表的问题或现象认识一致,但对概念的适用条件、应用规则以及概念之间虽细微但影响识别的差异,却有不同见解。而且,这些概念和规则毕竟是"理论"上的,因此,其不仅缺少权威,而且没有立法所必须经历的程序的约束,更易随着司法实践中的新情况、新问题的出现而不断地、快速地推陈出新。牵连犯的实践命运就是生动的实例。因此,理论概念及其规则欠缺作为适用依据应当具有的权威性和稳定性。

(2)是否有利于诉讼?如果将理论概念及其规则作为适用依据,便会增加证明环节,以确认适用对象是否符合适用条件,这将形成入罪的"理论门槛"。

(3)对于立法和实践的应用价值如何?一旦将"理论"定格为"依据",其对实践的接纳即从开放转为封闭。实践是理论新陈代谢的新鲜素材,缺少实践给养的理论是僵化的理论,其对立法的检讨和前瞻价值将会大幅缩水。这反过来又会动摇理论作为适用依据的地位。

相比之下,以归纳方法替代演绎思维,采用"验证论"的立场能够有效地排除上述对"依据论"的质疑。在"验证论"的情形下,理论是一种参考、一种思路、一种分析方法,其不需要普遍的权威,并与实践水乳交融,不断更新、不断发展,对立法和实践具有持续、重要的指导和参考价值。当然,"验证论"也并不全面。在缺少相关法律规定时,具有普遍共识的理论概念及其规则在自由裁量范围内,对裁判发挥着实质上的判断依据的作用。

综上,在理论被立法化之前,其作为审案依据的适用范围仅局限于自由裁量的范围内。在此范围内,实务人员对理论成果的应用是演绎的思维方式,即从理论规则到案件事实。除此之外,理论成果在案件审理中只是对适用法律选择结果的理论上的验证,为这种选择提供理论上或法理上的说明,不具有审案依据的功能。

(五) 简化观念与排除方法

简化观念的哲学基础是透过现象看本质。排除方法强调的是思考或处理问题的非常规路径。实体方面,建立罪数不典型概念的价值在于:以否定式的比较替代肯定式的论证。具体来说,无须正面论证某个不典型犯罪构成形态究竟属于一罪还是数罪,而只需要否定它属于一罪或是数罪。在关系复杂的条件下,否定一事物要比肯定一事物方便,而且进行现象的比较要比进行理论的论证省力。① 诉讼方面,典型的适例是"排除合理怀疑"的证明标准。它要解决的问题是,案件事实的结论要具有一定的确定性,当这种确定性不好把握时,如何处理? 它的思路是,对于不能从正面来把握的问题,可以从反面来把握。因此,一个结论如果能够排除对它的合理疑问,它就具有确定性。这种确定性对于一个具有正常理智的人而言,具有合理的可接受性。②

(六) 环境聚合意识与开放思维

实践中,司法工作人员不妨将实体法及程序法规定的审理案件中可资利用的各种因素,包括一些工作制度都视为解决案件的"资源"。对各种资源的整合和驾驭,体现了司法人员的法律功底和司法智慧,反映审理案件的水平和处理案件的效率(法律效果和社会效果的综合)。"整合"不仅仅是对相关资源形式上的综合利用,更重要的是,凭借这种整合弥补应用单一资源在功能上的缺陷。同时,通过资源的多维聚合,避免思维过程中可能出现的不周延等片面性错误。当前,学术研究中引用了"生态"这一概念。笔者认为,这一概念实际上是强调一种"环境"观念。上述审理案件所需或可能、可以用到的各种资源构成了一个特定的"环境"。只有将具体案件置于特定"环境"中观察、分析,才能对案件作出相对公正、合理的判断。

开放思维体现在两方面:一是突破学理范畴的界限,进行资源整合。比如,我们不仅可以进行实体和程序的整合,还可以进行以实体问题为素材的理论和属于程序问题的证据的整合。在研究案件事实的认定时,我们已指出,司法实践中的诸多疑案、错案,主要症结往往不是实体法问题,而是证据问题。由此我们才认为,某些理论实际是为一些事实情节模糊且缺乏足够证据使之清晰明朗,但又必须通过司法程序给出定论的案件,提供一种"证据或事实困境"下的解决方案,是以实体法为素材的理论对诉讼

---

① 参见储槐植:《刑事一体化》,法律出版社2004年版,第322页。
② 参见樊崇义:《刑事诉讼法实施问题与对策研究》,中国人民公安大学出版社2001年版,第236页。

证据证明不足的弥补。二是突破解决问题路径的界限。比如,我们除了在实体法、程序法等法律框架内寻求问题的解决方案,还可以用工作制度①这种"民间"方式解决前者未能企及的领域中出现的新问题,尤其是属于程序方面的问题。

上述两方面,后者提倡"开放",前者强调"周延"。语义上,"周延"是一个封闭的概念,似乎难以与"开放"兼容。而实际上,二者并不冲突,而是一种在动态中形成的方法与目的的关系。"开放"能够包容更多的信息和资源,使得对问题的分析、判断更趋准确、合理。周延是相对的周延,其精确度取决于其据以作出判断的信息的"质"和"量"。信息的质量取决于思维的开放度。显而易见,思考问题的视角越多,受到已有思维套路、理论模块的束缚越小,整理出来的信息的质量就越高。

三、定罪视角下的证明观念

定罪视角下,在观念上对"定罪"和"证明结果"要作双重理解,即其包含了"入罪"和"出罪"两种可能,而不能片面理解为"有罪证明"。定罪中的证明观念,既有保障人权、维护实体正义和程序正义等基本理念,同时也包含证明思路或证明模式,有时也表现为具体的证明方法。构成要素是证明的起点和归宿。在从起点到终点这段距离中,体现的则是调动证据锁定事实,并用事实固定犯罪要素的组织证据、应用证据的过程。

(一) 联动一体的证据网观

联动一体的证据网观是前文资源整合意识在诉讼证明中的具体体现,即以犯罪构成为框架,整合各个犯罪构成要素所对应的证据资源,使各要素形成互补互证、连接一体的证据网,使作为网络结点的各构成要素在证据网上得到固定、确证。

如果说证明案件事实时,针对具体事实情节的证明,各证据在逻辑上表现为环环相扣的串联特征,那么,证明构成要件时,作为对一个"体系"的证明,在证明效果上,证据间则呈现互补互证的并联关系。站在证明的立场上,各构成要素分别规定了不同的证明视角,从不同视角展开证明活动,证明结论将最终分别回流到"是否构成犯罪"这一定罪中心。尽管各构成要素的证明视角和重点各不相同,但在同一客体的统领下,各要素之间存在密切的关联性。对一个要素的证明,同时关系到其他要素的成立与否。因此,在组织证据时,既要明确目标、使证明具有针对性,又要避免孤立证明某一要素而忽略其他已证要素的佐证功能。

---

① 参见王新友:《首届十大反渎职侵权获奖案件三大鲜明特点》,载正义网,访问日期:2008 年 7 月 7 日。

(二)"因案制宜"的证明观

一方面,诉讼证明有其自身的运作规则,既要符合法律规范的要求,又要遵循逻辑思维的普遍规律;另一方面,诉讼证明又因个案的不同而表现出具体性、针对性的特征。每一个刑事案件的性质不同、涉嫌犯罪的特征不同、证据资源状况不同,因而证明方式也不可能千篇一律。司法实践中,应当因"案"制宜、因"罪"制宜,以符合此类型案件涉嫌犯罪的犯罪规律和法律特征的方式,确定证明对象,制订证明方案。实践中,侦查部门总结出渎职犯罪"由果溯因,以因定责,归责到人"的一般性的侦查规律,他们将这一规律和案件事实相结合,以判定新领域内案件侦查方向。上述侦查规律结合渎职罪双重违法性的特征,即可形成组织证据的两条主线:一条是反映上述一般性侦查规律的证据,即固定危害结果和确定因果关系的证据,明确"归口"进而确定责任单位和责任人的证据;一条是案发领域的相关规章制度及涉案人员职责,以确认其行政违法性。

(三) 辨析证明体系观与证据链条观

在我国,有罪证明的标准是"排除合理怀疑",体现了刑事诉讼证明的基本要求。证据体系观,是将现有证据材料根据一定的规则归纳后,得出某一判断结论。它强调的是对未知结论的推导。证据链条观,则是在已知结论的情形下,用现有证据材料说明该结论的成立。办案中,首先应以证明体系观求证结论;其次,才是以证据链条观进一步说明该结论的正确性。上述顺序不能颠倒,否则可能出现错误的结论。原因在于:一是从证明体系观来看,一个具体案件包括的若干证据材料的证明方向并非一致,有的甚至指证方向截然相反。此时,就需要综合全案证据资源进行系统的比对、分析和判断。"证据体系"的证明观念,即是基于这种系统思维,对全案各种证据进行全面综合的考察和整理,进而导出证明结论的证明观念。在逻辑方法上,从证明体系到证明结论使用的是归纳方法。由于证明体系中包罗了各种不同证明方向的证据材料,证明结论是对这些材料统合分析的结果,因此,从证明体系归纳而来的结论较为客观、周密,具有符合客观案件事实的高度盖然性。二是从证据链条观来看,要形成完整的证据链,就要保证链条证据的密切衔接,使得这些证据能够紧密地咬合在一起。而事实上,一个案件所包括的证据材料往往不是,甚至不可能有如此天然纯正的证据资源,必然杂合了指向不同证明结论的其他证据。要形成证据链条,链条上的证据必然是司法人员对案件中诸多证据材料进行选择的结果。如果只有单一的证据链的证明观念,就会形成司法实践中按图索骥的误区。具体而言,在依据现有证据材料,既可以形成得出有罪结论的证据链条,又可以组成得出无罪结论的证据链条时,如果司法人员先入为主,凭主观印象和认识形成断案结论,就会主动寻找支持其内心定向结论的证据。这样的证据链的形式可能是完整的,但其结论却可能是错误的。审判实践中,公诉人常常会以"控方所举证据环环相扣,已经形成完整的证据链"为由,笼而统之、一劳永逸地应对辩护人的质证,这样的答辩缺少说服力并会为辩方提供支持辩护理由的举证空间。公诉方只有树立证据体系的证明观念,综合考察各种证明方向的证据材料,既考虑到了指控证据,又分析了辩护证据,得出的结论才会是综合各方证据材料,全面、系统判断的结果。这样的指控体系才不会给辩护方留下质证的余地,才会在举证过程中始终占据主动。

综合上述内容,"证据体系"与"证据链条"两种证明观并非非此即彼的排斥关系,而是在内容上前者包含后者,在功能上相对独立、相辅相成、彼此印证,在逻辑方法上,"体系"对应"归纳"、"链条"对应"演绎",二者相呼应并聚合在证明结论这一共同目的的中心结点上,形成总分式的论证结构。

(四) 双向对合证明观

双向对合证明观,即在定罪视角下,有罪证据与无罪证据的双向论证、对合确认。其强调以客观、中立的立场审查证据,避免"入罪情结"与"证据盲区"现象。这种观念源于犯罪构成体系结构类型的启发。大陆法系国家的犯罪构成体系为:构成要件该当性→违法性→有责性,是递进式的逻辑结构,英美法系国家采取的是实体法意义上的要件和诉讼法意义上的要件相结合的双层次逻辑结构。两种犯罪构成体系体现了应用排除法的证明观念。我国犯罪构成体系采用的是犯罪客体、犯罪主体、犯罪主观方面、犯罪客观方面并列互依的平面结构,证明模式上体现为应用整合法的证明观念。在理论上,上述三类犯罪构成体系各具特色、界限分明,但从证明角度看,应当突破理论界限,根据各类犯罪的构成特征灵活选择证明模式。如果说,大陆法系犯罪构成体系的递进结构中的要件概念与我国犯罪构成要件概念有较大差异,在运用时存在障碍,那么,英美法系的双层犯罪结构则可以在不突破我国犯罪构成结构的前提下,有效嫁接到我国的定罪证明中。双层犯罪结构实际上是使司法证明从单向思维和平面思维转向双向立体思维。在完成定罪的过程中也同步完成了法庭上证据调查阶段的质证答辩和辩论阶段的综合答辩的准备工作。所以,从司法意义上讲,英美法系的双层结构与其说是理论概括,不如说是一种证据审查与证明的观念。当然,根据各个案件所具有的不同的证明条件,有些案件无须双向证明即可达到充分确证,但是,作为证明的思维格局,双向证明观无疑是必要的、合理的。

双向对合证据观有助于避免"入罪情结"和"证据盲区"现象。在侦查和公诉领域,入罪往往成为一种"职业惯性",常常以"假定有罪"为证明起点,寻求入罪证据,除非在此过程中出现了否定或反向证据时才会考虑到出罪的可能。双向对合证明观就是要改变这种"入罪"为先、"出罪"在后的思维模式,以客观中立的立场,对案件事实进行全面审查。在分析案件时,一个重要的工作是,从繁杂的案件事实中完整理出行为人在本案中都有哪些行为,避免遗漏,排除不具有法律意义的行为,逐一分析每一行为的性质。避免初步审阅案件后凭直觉对定性形成先入为主的意见。因为这种凭直觉形成的假想结论必然导致后期工作中带有倾向地求证。这样,一些能够证明假想结论的行为便很容易进入视线而被强调,但其他的一些重要信息可能因此而成为"证据盲区"而被忽略。

现在的罪刑法定[*]

现在,即现实存在的意思,既指当代的世界,也指当前的中国。罪刑法定是刑事领域一把金光闪闪的宝剑,用之适当与否,效果差距甚大。

一、罪刑法定两种功能的和谐

事物功能的发挥不能脱离其周围环境。罪刑法定原则的功能与社会背景密切相关。通行的观点认为,罪刑法定原则只有一种功能,即限制国家司法权的任意发动以及人权保障。诚然,罪刑法定原则在产生和形成阶段,其功能价值的确是限制国家司法权的滥用,这是基于当时的社会背景:社会由压迫与被压迫、剥削与被剥削两大对抗阶级构成,国家与公众对立,刑法是国家手中可随时随意动用的压制公众"犯上作乱"的工具。罪刑擅断、司法专横是封建刑事司法的基本特征。罪刑法定主义是先进社会势力反抗封建专制而提出的政治诉求的重要组成部分。但是罪刑法定原则定型以后,即在现代法治国家,其功能价值则变为兼具惩罚犯罪和保障人权双重功能。这也是由社会背景决定的。现代社会明显的压迫与被压迫、剥削与被剥削阶级对抗似不存在,政治文明和人权意识日益昌盛,政府行为由管治型走向服务型,公众在改善生存环境、提高生活质量和抵御重大灾害等根本利益方面日益依赖政策。和平与发展是当代世界的共同主题,国家与公众之间的亲和程度日益提高,这些都是不可逆转的基本趋势。成文刑法实际上已经成为国家与国民在刑事领域的社会契约。契约的基本要求是当事人双方具有平等的权利义务关系:国民享有不触犯刑律就不受惩罚的权利,国家则承担不得启用刑法的义务;国民一旦触犯刑律,国家就取得动用刑法的权力,国民则有义务承担刑事责任。罪刑法定作为刑事领域的基本制度,就成为国家和国民共同遵守的办事规程和行动准则。与此同时,罪刑法定这一原则现在也是一种技术,即国家自觉地用来惩治犯罪的技术。犹如游戏规则,规则起初是外加于游戏的,久而久之,规则与游戏融为一体,无规则的游戏已不能称作游戏而是胡闹。有人说,没有罪刑法定原则照样可以惩罚犯罪而且效率更高,并且据此否定罪刑法定原则惩罚犯罪、保护社会的功能,这纯属臆想。在当今社会,刑法与罪刑法定原则已融为一体,可以

---

[*] 原载《人民检察》2007 年第 11 期。

说,"罪刑法定"原则与其载体"刑法"在功能上是相同的。罪刑法定原则具有相反相成的功能价值:在限制国家刑罚权随意发动的基础上为国家行使刑罚权确立合法性根据。罪刑法定是现代国家追究犯罪的基本方式。认识罪刑法定兼具的两种功能价值及其内在的和谐,意义重大。

二、罪刑法定与刑法适用的和谐

这里的刑法适用仅指刑法适用解释,包括司法解释以及司法官员在刑法适用过程中对刑法所作的解释(理解)。当前有两个问题特别需要讨论:

(一) 刑法适用解释立场(或称解释目标)问题

主观解释以寻找法律原意为目标,利于人权保障;客观解释以适应现实需要为目标,利于社会保护。纯主观论或者纯客观论,均被公认为不可取。客观论为主辅以主观论,或者主观论为主辅以客观论,这两种解释立场均为折中方式,但侧重不同。当前刑法界似乎形成了以"客观论为主辅以主观论"为主流的局面。笔者认为,依据我国国情,应以主观论为主辅以客观论。有人认为,当今大陆法系的德国和日本均以客观论为主,应当为我国所借鉴。如果考察一下社会背景,结论就会不同。德日刑法适用解释以客观论为主流,有三项社会条件:一是罪刑法定深入人心;二是形成了高水平的法律职业共同体;三是刑罚结构属轻刑类型。应当承认,我国当前不具备这些条件。客观解释论之实质是无视法律原义,甚至可以说是不承认存在法律原义。无视法律原义就等于无视罪刑法定。在我国刚刚推行罪刑法定而且远远没有达到深入人心的社会背景下,在实践中无视刑法原义是格外有害的。再者,客观论着眼于现实需要,所谓"现实需要"就是指在尚未形成高水平的法律职业共同体的背景下很可能难以达成共识,各有各的需要。而且,客观解释的结果多半是入罪。我国刑罚属重刑结构,一旦入罪有误,危害不浅。总之,为了解决几个疑难案件而有损罪刑法定原则,实在得不偿失。因此,客观解释论为主论,目前我国应当缓行。主观解释论为主有利于坚持罪刑法定原则。在法网不严密的刑法结构中,对全部非严重暴力犯罪案件采主观解释论,其结果多半为出罪,与宽严相济刑事政策的宽缓精神大体符合。对严重暴力案件"辅以客观解释论"使其入罪,符合社会大众的根本利益,也体现了宽严相济的严惩一面。总之,刑法适用和刑法理论不能背离公平正义这一刑法基本宗旨,也不能脱离特定社会背景,应当与时代和国情相合。

(二) 消解罪刑法定被僵化问题

由于我国的历史和现实的复杂原因,罪刑法定原则在法律上的确立只有短短十年,践行罪刑法定原则需要国家领导层的关注以及法学界和司法实务界的共同努力。

当前要清醒看到两种倾向:明地里或暗地里抵制罪刑法定;僵化罪刑法定原则,将罪刑法定与自由裁量(刑法适用解释)完全对立起来。后一种倾向因其似是而非易于晓人因此更值得警惕。比如,对某些未成年人犯罪案件,检察官出于保护青少年权益之目的,根据犯罪情节(轻微)和认罪态度(较好)从而作出暂缓起诉决定,也因所谓缺乏法律依据而被叫停,如此等等。合理的试验往往是良好立法的客观依据,社会转型期尤其需要。非议和叫停所依据的一种说法是,法律没有规定的则国家公职人员一概不可作为云云。这种说法的合理性是有条件的,即法制完备,社会成熟平稳,旨在防止主权侵犯人权。但在法制尚不完备,正处于转型期的社会,这种说法往往会产生扼杀实践中创新活力的负面作用。这种说法可能是担心创新带出腐败、影响法制权威。此动机不无是处。但应分清的是,针对创新试验而言,要防止腐败,树立法制权威,可以设置附加限制措施,而一定范围内的创新举措本身则应予以扶植。

至于实践中的一些做法是否为创新,应当相信社会自有公论,实践本身能够证明。我们不能用外国的绳索捆住自己的手脚。进而,这里还要讨论一个问题,即罪刑法定原则是否会束缚司法官的自由裁量? 应当明确,罪刑法定原则的基本精神是阻止国家刑罚权的随意发动,以保障国民自由生活不受非法干扰。上文提及,当代罪刑法定是国家与国民在刑事领域的契约,但也必须承认,国家本身是有组织的整体,是强者,国民是众多个体的总称,国民就个体而言相对于国家则是弱者。在当代,强者体恤弱者是政治文明、精神文明的应有之义。因此,可以得知"不伤及无辜,不重罚轻(罚)者"是罪刑法定原则的底线。司法官的活动不能跨越这条底线,这就是束缚。除底线之外仍有很多空间——司法能动机制存在的根据。"不伤及无辜"与"有罪不罚"(不受刑罚处罚)并不矛盾,从刑法总则和分则诸多从轻和减轻处罚条款可以得知,刑事诉讼法中也有相当条款予以反映。罪刑法定与司法官员的自由裁量功能互补,罪刑法定并未堵塞司法自由裁量空间,甚至可以认为罪刑法定本身就要求司法裁量。司法能动机制(司法官的自由裁量)是罪刑法定原则得以实现法律效果与社会效果双优的方法和过程。

三、犯罪概念定性与定量的和谐

我国刑法中犯罪概念定性又定量,其他国家和地区是立法定性司法定量,属两种不同的模式。这不是立法技术问题,涉及的是刑法理念、治国方略等重大深层次问题。

犯罪概念的定量因素是我国刑法意义重大的创制。犯罪概念的定量因素体现在我国刑法总则规定的一般犯罪概念和刑法分则规定的诸多具体犯罪的构成要件之中。《刑法》总则第13条在概括规定犯罪的一般概念之后,规定"情节显著轻微危害不大的,不认为是犯罪"是对分则诸多具体犯罪构成数量要件的概括,其正面意思是社会危害大到一定程度才是犯罪。数量不同导致性质有异(量变引起质变)。在我国的法律意识中,刑事违法与犯罪在性质上不同。其他国家因立法上对犯罪成立没有量的限定,刑事违法就是刑事犯罪,偷一辆汽车是盗窃罪,偷一个苹果也是盗窃罪。我国则不同。

我国刑法上犯罪概念含定量限制有其深远的历史渊源。从古至今,刑事领域有两句话是得到社会公众认同的治国经验:乱世用重典,法(刑法)不责众。历史学家认为,我国古代乱世长于太平盛世。法不责众即缩小打击面的意思。重刑加上惩罚面宽广,结果会使权力当局树敌太多而自陷孤立境地。乱世重典与法不责众二者相辅相成,成为治国执政的明智选择。缩小打击面(法不责众)在刑事立法上主要体现为两种方式:一是在罪种上加以限制;二是对已认定的犯罪在构成上设置量的因素加以限制。后者的限制效果更大。

犯罪概念定量因素的正面效应主要有两项:一是把没有达到法定数量的危害行为排除在犯罪圈之外,减少犯罪数。这有益于维护正常的社会心理,使相当比例的公民免留犯罪的污名劣迹,减轻他们的心理压力,因而有利于个人自由发展。同时从公民与国家之间的关系来说,还可以减少公民对国家的抗力,从而在尽可能广泛的基础上加强公民与国家的合力。二是可以使刑事司法力量集中于打击事关国家稳固、社会发展以及公民生命财产安全的犯罪活动,避免把有限的司法资源消耗在对付那些社会危害性不大的一般违法行为上,从而使刑事司法发挥最佳效能。在国家管理和社会生活的大系统中,刑事司法绝不是无能的,但也绝非万能。事无巨细,都动用刑事司法资源,不仅没有必要,而且整体刑事司法运作的效果必定很差,导致刑罚效益低下。因此,定量的犯罪概念把那些没有达到一定数量要求的违法行为排除在犯罪圈之外,交由行政机关处理,这样既可以避免刑事司法资源不必要的浪费,又可利用行政机关处理问题便捷迅速的特点,及时化解矛盾,维护社会稳定。

定量的犯罪概念也有负面效应,有些问题相当棘手,但主要是运作机制方面的问题。国内司法实务界对犯罪概念定量因素已经习惯,并未提出多大意见。有学者从概念的逻辑分析角度出发提出了取消犯罪概念定量因素的看法。如果取消立法上犯罪概念定量因素,自然将导致现行治安管理处罚制度的消亡,极大地扩张法定的犯罪圈。在我国现实背景下,这将造成灾难性后果。近年来,治安管理处罚数大致是法院有罪判决数的五倍。如果全部归法院审理,且不说法院不堪重负,而且在国家权力结构、意识形态、传统文化影响以及刑事司法机制尚不完善的条件下,司法操作又偏好入罪而不习惯出罪,其结果可能是公民中有犯罪记录的人数达到目前的五倍以上。在中国传统文化中,犯罪记录造成的负面社会心理效应是广泛而沉重的,对公民的自由发展极为不利。在相当长时期内,取消刑法上犯罪概念定量限制,对人权保障将是弊大于利。还需说明,罪与非罪是性质区别,加入数量因素是否科学？这是境外学者普遍的质疑。所谓质,即事物所具有的性质,是一事物区别于他事物的一种内在的特有规定性。而量也是一种规定性,即事物存在的规模和发展的程度用数量来表示的规定性。相对于质的规定性,就实践经验而言,量的规定性更容易被感知。例如,被偷一分钱通常未必产生受害感,而被盗一万元则肯定会感受到伤害。可见,量的变化显然会在人的心理上形成对质的不同认知。犯罪概念含定量因素在实践理性上可以得到说明。哲学上质量互变规律对犯罪概念定量因素的刑事立法也不失为一种理论支持。事实上,由人群组成的社会无时无刻不受到多种多样的分割,社会在受害中存在和发展,国家没有必要对任何程度的侵害都采取最激烈的反应(动用刑罚)方式。否则,必定得不偿失。

刑法基本原则的中国面向与现代化[*]

刑法的基本原则体现了刑法的精气神，一方面是刑法的精神与价值的体现和彰显，另一方面又指导刑法规范的解释和适用。刚刚高铭暄教授就刑法基本原则的相关问题作了一个很好的报告，从刑法基本原则的思想渊源、原初主义，到立法演进再到对司法实践的基本价值，作了系统的阐述。这个报告我想大概可以用这几句话来概括，那就是借用习近平总书记关于雄安新区建设的16字方针，"世界眼光、国际标准、中国特色、高点定位"。

刑法基本原则应当是一个动态的概念，不应当是固定不变的概念。也就是说，刑法的基本原则应当随着时代的发展，随着客观需要的变化注入新的内涵。我国刑法的基本原则与世界上其他国家相比，有很多基本特点。比如说在我国，罪刑法定原则中的"法"如果只有法律而没有最高人民法院、最高人民检察院（以下简称"两高"）的司法解释，我们能不能很好地适用刑法？这是一个值得研究的问题。

关于"两高"的刑事司法解释，在若干年以前基本上是被批评的，现在大家基本不批评了。因为在刑事司法实践中，如果没有"两高"的司法解释，我们很难更好地适用刑法，这一点是中国的实际情况。其他国家大多没有像我们国家这样的"两高"的司法解释，这一点也可以说是中国特色，但这确实是现实需要。尽管"两高"的司法解释有时候也并不完美，也可以对之进行批评，但是总的来说，"两高"的司法解释在刑事司法实践中是有必要性的。一方面，"两高"的司法解释，为更好地适用刑法，为我们一个14亿人口的大国贯彻法制统一原则，发挥了重大作用。如果没有"两高"的司法解释，一个14亿的人口的大国，刑事司法能够统一吗？结论一定是很难。毋庸置疑，刑事司法统一也是一个非常重要的价值。另一方面，我国刑法中的犯罪概念与世界其他国家刑法中的犯罪概念不同，我国刑法中的犯罪概念在立法层面不仅有定性因素，而且还有定量因素，即罪量要素。在司法实践中，诸多犯罪罪量要素的具体界定标准，还是要借助于司法解释才能具体化、明确化，才能为司法工作人员提供判断罪与非罪的具体适用标准。

再比如说罪责刑相适应原则，说穿了，罪刑是不是相适应归根结底是一个数量问题。习近平总书记讲："努力让人民群众在每一个司法案件中感受到公平正义。"我觉

---

* 原载《中国检察官》2019年第13期。

得在实体层面,对司法案件的处理结论是否让人民群众感受到公平正义说到底还是对数量结论觉得是否公平的问题。就以"罪"和"刑"的关系而论,"罪"和"刑"有个数量层面的对应关系。"罪"和"刑"的对应关系是非常复杂的,是"罪"决定"刑",还是以"刑"制"罪",不是一个简单的问题。"罪"和"刑"在数量上要做到相适应,有时候就要借助数学思维解决问题。现在我们讲数量关系、数量经济等有关数量的问题,我觉得刑法也要重视数量问题。《中国法学》2019 年第 3 期发表了我的一篇论文:《论我国数量刑法学的构建》,文章主要内容是提出在我国刑法研究中运用数学方法构建数量刑法学,对我国刑法学的现代化发展具有重大意义。数量刑法学旨在借助数学方法量化罪刑关系,以促进司法实践,努力让人民群众在每一个司法案件中感受到公平正义。文章论述了数量刑法学通过研究并科学化刑法数量关系,经由罪刑量化解析,以期达致罪刑均衡之正义境界。并且指出数量刑法学具有提升司法效率、精确刑罚配置、使刑罚结构科学化等功能,罪刑均衡可以通过科学精确的配刑模型得以有效实现。这也从另一个侧面印证了刑法的基本原则应当随着社会的发展注入新的内涵和方法论要求。

高铭暄教授刚刚关于刑法基本原则的报告非常系统、全面。对我国刑法的基本原则,从渊源与演进,从立法层面到司法层面,从理论深度到实践广度,以及刑法基本原则承载的基本精神与价值,作了一个非常完整的、既关注知识体系又关注方法论启发的"双一流"的报告,我受益匪浅。

刑法目的断想[*]

一、目的之相对性

刑罚是刑法的中枢神经,刑罚目的是刑法之核心目的。就报应而言,惩罚是目的,以实现公正(正义);就教育而言,惩罚是手段,教育矫正罪犯以预防犯罪为目的,追求功利。这是手段与目的之相对性。

二、目的之阶段性

现代之一元化刑法目的——惩罚犯罪;现代之二元化刑法目的——规划惩罚权,保卫全社会。

刑法立法阶段,刑罚目的主要是惩罚犯罪,保卫社会;司法量刑阶段,刑罚目的是惩罚为主并辅以预防;刑罚执行阶段,刑罚目的重在教育矫正罪犯以预防犯罪。这种说法在国内外刑法学界已有一定程度之共识。

三、目的之分层性

刑法设置刑罚是为了遏制犯罪。犯罪在刑法上呈现为两大基本类型,即自然犯和法定犯。

从历史发展看,自然经济社会背景下的犯罪基本形态为自然犯。随着市场经济发展,社会关系变得多样而复杂,社会生存和人类生活的方方面面时时处处都有风险相伴,风险社会已经到来。刑法是国家管理的一种方法,不能无视国家控制风险的需要,因而刑罚功能在继承了传统的报应与惩罚的同时也关注风险控制。

与此相应,出现了法律上的犯罪形态的结构性演变:在数量上由传统的自然犯占绝对比重变为法定犯占绝对优势的格局。应对法定犯时代的到来,就世界范围而言,至少有两大历史性改变值得特别关注:

其一,刑法立法体制由自然犯时代的单轨制(所有犯罪都规定在刑事法律中)转变

---

* 原载《中国法律评论》2017年第6期。

为法定犯时代的双轨制(自然犯规定在刑事法律中,法定犯规定在刑事法律以外的其他行政性法律和经济类法律中)。

其二,刑法立法的基础,由传统自然犯时代的结果本位变为现代化的行为本位。不仅如此,犯罪构成要件要素也有重大变化。

自然犯和法定犯这两类犯罪在实体方面的重要差异至少有:自然犯发生在非常态的社会生活中,其存在领域较为狭窄,行为涉及的实际关系也比较单纯,危害重在法益侵害,行为人的主观恶性明显,追究法律责任难度相对较小;法定犯发生在常态社会活动中,其存在领域非常广泛,因而行为涉及的关系比较复杂,危害重在秩序违反,行为人的主观恶性相对较小,但追究法律责任难度较大,参见表1。

表1 自然犯与法定犯差异对照表

	发生背景	法律特征	归责根据	立法目的
自然犯	非常态社会生活,存在领域狭窄	刑事违法	法益侵害	保护法益
法定犯	常态社会活动,存在领域广泛	行政违法	秩序违反	维护秩序

四、目的之主观性

刑法目的虽然不是虚无缥缈的个人想象,但毕竟还是立法者或学术群体的主观意向。目的,无论主体是谁,本身均有非客观属性。目的本身无法保证自身的实现。整个20世纪的实践表明,刑法近代派教育刑论之刑罚(刑法)目的——"预防犯罪"基本没有兑现。刑法目的(学说)虽有导向作用,但在理论上和实践中更应当注重具有客观属性的刑法功能和刑法机制。

最后说明,上述内容不成其为文章,写作不够规范,连一个注释都没有,故只能称为"断想"。

出罪应注重合理性[*]

出罪是指形式为罪但作无罪处理。出罪注重合理与入罪注重合法同等重要。"事后自动恢复"（亦称"事后自动复原"）是指对行为人实施刑法禁止行为后又自动恢复原状的法律评价。典型案例如：王某意图使火车出轨，将一巨石放置铁轨上之后离去，很快又想到后果太严重，害怕夹杂后悔，在火车到来之前返回铁路将巨石搬开，避免了严重后果发生。又如，李某从张家盗走价值百万元的收藏品，其后心有悔悟，两天后悄悄将收藏品放回张家原处。两案共同点是，不法行为发生后又自动恢复原状。在进入司法程序后，法院审判结果虽从宽发落但均入罪，且为既遂犯，分别是危险犯既遂和结果犯既遂。对此，刑法界也普遍认同，因为法官是根据通行刑法理论作出判决的。由于属既遂犯，又找不出法定减轻情节，尽管得到从轻处罚，给出的量刑仍显得过重，于是对"事后自动恢复"出现未遂、中止应减轻处罚的观点，这是学界比较新异的观点，但论证有欠周详。此外，还有认为此种情形应当出罪的观点，更是稀有，理由仅为刑事政策考量，不免太过粗放，而且说服力欠缺易被质疑。

刑法上的既遂概念有两种形式：一种是行为犯，不法行为完成即告既遂，例如《刑法》第116条破坏交通工具罪，上述王某将巨石置于铁轨上便是。另一种是结果犯，不法行为产生结果为既遂。既遂之后有可能恢复原状（例如盗窃、挪用、贪污以及多种危险犯等）和不可恢复原状（例如抢劫、伤害、杀人、受贿等）之分。既遂之后能否恢复原状，哲理评说有两种：能恢复原状的既遂称理念上的既遂，不能恢复原状的既遂称实体上的既遂。这样区分有重大价值，它涉及现实生活感官直觉有与无的差异，进而形成入罪与出罪的区别。

前述二例按通说均为"既遂"，本文认为其当属理念上的既遂，但不是实体上的既遂。如果没有进入司法程序，始终都为无罪（是否有罪须有法院判决）。如果进入司法程序，法庭作出判决之前应推定为无罪，控辩双方才可能进行平等博弈，这是公正司法的前提条件。本质上作为私权的辩护权抗衡公法上的控告权乃是刑事司法中体现刑法契约化的一项基础性元素，对建设现代刑事法治意义重大。庭审中，辩方提出：由于"事后自动恢复"，表明客观上没有了现实危害（没有法益侵害），被告人的主观恶性也

---

[*] 原载正义网（https://www.jcrb.com/procuratorate/theories/academic/201309/t20130924_1209160.html），访问日期：2013年9月24日。

几近为无,如果将其入罪会与《刑法》第 5 条罪责刑相适应原则有抵触。控方意见无非是侧重公德社评之类的抽象分析。控辩对抗,说服力的强弱差异是明显的。依据刑法本义和公众舆情鼓励知错改错,法庭判决"无罪"当是正道。司法实务中对"事后自动恢复"案件作出的有罪(既遂)案例,盖是法官遵从学界"理念既遂"论先入为主决断的结果,而按照实体与程序相融通的"刑事一体化"思维方法,得出的结论应当是"无罪"。

通过实体与程序相结合解析"事后自动恢复"案件得出无罪结论拉近了法律与情理的间隔,这也并非完全于法无据。罪刑相适应既要把握当罚性,也要关注需罚性。《刑法》第 37 条规定:"对于犯罪情节轻微不需要判处刑罚的,可以免予刑事处罚……"就司法机制的实质成分观察,刑是罪刑关系的主导方面,免刑实质上相当于出罪。《刑法》第 37 条具有浓重的刑事政策色彩,从司法中宽缓刑罚力度,有助于改善重刑背景下的刑法生态。不无遗憾的是,司法实务界对《刑法》第 37 条疏于适用。

行文至此,还需要进一步深入思考:"事后自动恢复"案件如果没有进入司法程序,理论上可否认为是可罚的?

通行理论认为:行为完成齐备了法定构成要件即为既遂,上例李某的盗窃行为如果张家有现场监控"录像"为证,即使有"事后自动恢复"的发生也不能改变犯罪既遂,因为"事后自动恢复"之前的事实已成"历史",无法改变。但是笔者认为,这仍然不能作为李某在"事后自动恢复"后依旧构成盗窃罪既遂的证据。所谓证据,即证明的依据。证据的价值全在真实性。真实性系于连贯性。连贯性体现在两项因素上:一是时间延续性,即过去的事情延续到现在;二是内在因果性,即结果由行为引起,结果才可作为入罪的证据。据此分析:关于过去盗窃事实的"录像"固然表明李某与张家构成侵害与被害的法律关系,但是在"事后自动恢复"之后这种关系已不再存在。再看因果性,"事后自动恢复"显现出来的"双无"(既无侵害也无被害)并非由先前"双有"所引起,而是另有能动性因素作用的结果。有不是无的"因",无也不是有的"果"。有与无,性质相异,二者不具有因果性。按照证据概念特性,不能以"事后自动恢复"之前的情节作为"事后自动恢复"之后构成犯罪既遂的证据。

以上是将行为分为两段解析证据,实际上"事后自动恢复"只存在一个统一的行为过程,行为人主观恶性(一种超法规的社会通识)的有无演变贯穿其中,决定了法律关系性质的变化:初始行为产生的侵占与被侵占,因有行为人主观恶性存在便形成了刑事侵害与被害;继而因"事后自动恢复"的产生则使刑事侵害与被侵害向民事债的关系转化,主观恶性消解,完成了欠债还债的过程,因而消解了行为的犯罪性。哲学认识论(实践论)认为,主观与客观相互联系,主体与客体相互影响。刑法通说的思想方法存在问题,将历史与现实(指"事后自动恢复"之前与之后)割裂,同时造成主观与客观以及主体与客体分开,机械地根据"历史"("事后自动恢复"以前的情形)定罪,继而再按

"事后自动恢复"考虑量刑。于是出现:依历史定罪,按现实量刑。这种超法理的诡异罪刑结构,使思维进入死胡同,违背了罪刑关系的对合适应性。

对此还可试举一例予以辨析,赵某三年前盗窃张家钻石一枚,没有"事后自动恢复",也没有再次犯罪,三年后以三年前的行为定罪量刑,不能视为依"历史"定罪,因为三年前的危害一直延续到现在以及三年前行为体现的行为人主观恶性至三年后没有证据证明已经消除,仍然符合定罪须有真实危害(真实的法益侵害)而不是虚幻的证据。而对于上述李某案,通说以"历史不可改变"为由按照"历史"以既遂定罪,但实质上完全是按照"历史"的影子(内容虚化的往事回忆)定罪。不折不扣是炮打乌托邦,犯了一个历史性错误。"历史不能改变"是指已经过去的事情不能改变,但过去造成的损害可以补救(可以改变),经过补救的损害就不再是原先的那个损害,镜中花不是真花。无就是无,不能无中生有,没有犯罪客体。在"事后自动恢复"已成事实(这莫非不是历史?)的背景下仍以仅供回忆的那个历史按既遂定罪,完全是与情理相悖的"不许悔过自新"逻辑。悔过自新值得正面称道,也是符合实践理性的社会共识。

需要补充一句,如果对原先刑事不法行为予以"自动恢复"(完全落实)之后,因先前行为或者他人趁机对事主造成一定经济损失的,则可在刑事出罪之外令其承担一定民事赔偿之责。刑民有别。

理论指导实践又服务实践。"事后自动恢复"案件也许只是个案,至多是局部问题。但理论研究体现的倾向性值得留意。目前刑法理论研究重犯罪论而轻刑罚论,犯罪论研究也主要是倚重规范分析而疏远司法实务的情形值得注意。制定刑法是为适用刑法,研究刑法是为科学合理施行刑法,取得刑法最佳社会效益。刑法研究应当以实践为路径,发展面向司法的刑法学。对"事后自动恢复"作出罪处理,其实践意义在于开启合理宽容之门:回头是岸! 悔过是金!

犯罪构成理论结构比较论略[*]

引言：基本概念与问题缘起

犯罪构成结构，即成立犯罪诸要件的组合形式，它可分为两种，即法律结构和理论结构。前者即法律规定的(罪刑法定意义上的)犯罪成立要件的组合形式；后者即理论上建构的(刑法解释学意义上的)犯罪成立要件的组合形式。犯罪构成理论结构也可视为犯罪论体系。德日、英美、中俄等三个不同法系的犯罪构成法律结构大体相当①，但理论结构差异显著。

随着国外两大法系犯罪构成理论的引介而入，我国刑法学界对相关理论体系(尤其是德日三阶层要件模式)进行了系统深入的研讨，进而对其合理之处有所体悟。于是，不少刑法学者主张全面移植德日三阶层要件模式以替代我国的四要件模式，从而实现我国刑法学知识体系的全面转型。对此，我国大多数刑法学者持反对态度。反对者的基本立场大体为：我国的四要件理论模式与国外两大法系之犯罪构成要件理论模式皆为根植于其各自法律文化土壤中的理论模式，各具特色，各有其道理，也各有其不完善之处，且各已为各自的理论界和实务界所适就，虽可相互借鉴，但不宜全面移植，否则会"水土不服"——全面移植的"革命性"方案有失于对我国本土法律文化资源的深切考虑，不可取。

有比较，方能有所鉴别。本文拟从三个不同法系犯罪构成理论结构模式的外在形态、逻辑结构、文化特点和出罪功能等四个层面的比较中，发掘其中的道理，寻求我国刑法学相关理论争议的合理出路。

一、外在形态之比较

(一) 德日模式的外在形态——三阶层

就外在形态而言，德日犯罪构成理论结构是由构成要件的符合性、违法性和有责性组合而成的三阶层的结构体系。

---

* 原载《现代法学》2009年第6期，与高维俭合作。
① 有关的具体论述，参见储槐植：《美国刑法》(第3版)，北京大学出版社2005年版，第99—100页。

（二）英美模式的外在形态——双层次

就外在形态而言，英美犯罪构成理论结构是由犯罪本体要件（刑事责任基础）和法律辩护事由（责任充足条件）对合而成的双层次的结构体系。

（三）中俄模式的外在形态——四方面

就外在形态而言，中俄犯罪构成理论结构是由客体要件、客观要件、主体要件和主观要件等四方面组合而成的对称性的结构体系。

二、逻辑结构之比较

（一）德日模式的逻辑结构——三阶层纵向递进式的抽象思维逻辑

第一，作为第一阶层的构成要件符合性，其旨在以抽象肯定的逻辑大体地框定犯罪成立的"典型事实构成要素"[1]，即在一般、典型的情形下，某行为很可能构成犯罪。该阶层反映着德日犯罪构成理论结构对犯罪圈的初步逻辑划定，它一方面以一种抽象肯定的逻辑将符合相应特征的行为予以纳入，另一方面又将其他不符合相应特征的诸多行为排除在犯罪圈以外。

第二，作为第二阶层的违法性（是否具有排除违法性的事由，如正当防卫、紧急避险、业务行为、执行命令等），其旨在（从客观层面上）考察某具有构成要件符合性的行为是否符合"更大法益原则"，是否得以排除违法性或具有法律上的正当性（排除违法性的行为也被称为"正当行为"[2]）。如是，则该行为得以出罪；如否，则进入下一阶层的逻辑考察。

第三，作为第三阶层的有责性（是否具有排除有责性的事由，如精神病态、意外事件、不可抗力等），其旨在（从主观层面上）考察行为人是否具有刑事责任能力，是否可以排除行为人在案件具体情境中的主观罪责（故意和过失）。如是，则行为人的行为不构成犯罪；如否，则行为人的行为因具备了构成要件符合性、违法性和有责性等三个层次的要件而成立犯罪。

可见，从逻辑结构的角度来看，德日犯罪构成理论结构是一种抽象纳入+（双层）具体排除的剥笋式的纵向递进的三阶层逻辑结构体系。

（二）英美模式的逻辑结构——双层次纵向对合式的动态诉讼逻辑

首先，作为正面、积极维度的犯罪本体要件，即刑事责任基础（行为和心态），其旨

---

[1] 参见〔意〕杜里奥·帕多瓦尼：《意大利刑法学原理（注评版）》，陈忠林译评，中国人民大学出版社 2004 年版，第 97 页。

[2] 英美刑法的相关概念，如"正当化的行为"（justified behavior）、"正当理由"（justification）。

在以抽象肯定的逻辑将某行为纳入犯罪圈,即"在刑事司法中,公诉一方只需证明被告人行为符合犯罪本体要件,即可推定被告人具有刑事责任基础;如果被告人(一方)不抗辩,犯罪即告成立"①。

其次,作为反面、消极维度的法律辩护事由(legal defense),即责任充足条件,其旨在为辩方提供出罪辩护的法律事由,即"在行为特征符合犯罪本体要件时,如果被告人(一方)能说明自己不具有'责任能力'(responsibility),如未成年、精神病等;或者说明自己的行为正当合法(justification),不具有政策性危害,如正当防卫、紧急避险、执行职务、体育竞技等;或者说明有其他可宽恕(excuse)的情由,如认识错误、被胁迫、警察圈套等,便可不负刑事责任"②。

可见,"要成立犯罪除应具有犯罪本体要件外,还必须排除合法辩护的可能,即具备责任充足条件。在理论结构上,犯罪本体要件(行为和心态)为第一层次,责任充足条件为第二层次,这就是美国刑法犯罪构成的双层模式"③。从逻辑结构的角度来看,英美犯罪构成理论结构是一种抽象纳入+(单层)具体排除的控辩式的纵向对合的双层次逻辑结构体系。虽说英美理论的第二层次(责任充足条件)在内容上大体相当于德日理论的第二、三层次(违法性和有责性),但前者直接反映出犯罪认定的控辩对抗局势,更具实践性,而后者更为理论化,其对控辩对抗局势的反映不太直接。

(三) 中俄模式的逻辑结构——依次判定的横向平展式的真实生活逻辑

中国犯罪构成理论结构源于苏联,与俄罗斯的理论模式具有大体的一致性。我国犯罪构成理论结构模式隐含着两种基本的逻辑顺序:

第一,侦查逻辑顺序:客体——客观——主体——主观。以某人死亡案件为例:(1)人死即刑法所保护的生命权(客体)疑似受到侵害。(2)侦查人员力图查清该人的死亡是否为他人行为所致(客观要件),如否,则无犯罪行为发生;如是,则疑似的客观要件具备。(3)接着,侦查人员力图查清致人死亡的行为是何人所为(主体),以及该行为人是否具有刑事责任能力(主体要件),如否,则无犯罪;如是,则疑似的主体要件具备。(4)最后,侦查人员力图查清该行为主体是否是在具有主观罪过(认识辨别和意志控制的一般可能)的情况下非法致人死亡,如否,则不构成犯罪;如是,则成立犯罪,同时前述三个要件得以一并确认。

第二,审判逻辑顺序:主体——客观——客体——主观。司法人员首先审查的是被告人是否具备相应的刑事责任能力(主体要件),如否,则指控罪名不成立;如是,则继续审查该行为人是否实施了受指控的行为(客观要件),侵害了刑法所保护的社会关

---

① 储槐植:《美国刑法》(第3版),北京大学出版社2005年版,第36页。
② 储槐植:《美国刑法》(第3版),北京大学出版社2005年版,第36页。
③ 储槐植:《美国刑法》(第3版),北京大学出版社2005年版,第36页。

系(客体要件);最后,再审查其主观罪过(主观要件)是否成立,如否,则宣告无罪;如是,则判定为犯罪。① 可见,我国犯罪构成四要件理论结构大体是横向的、平展式的,但并非杂乱无章的,而是有其内在逻辑顺序的,其对犯罪成立问题的判定是按照犯罪查证的真实生活逻辑顺序依次展开的,因而易于被司法人员所理解和接受。

三、文化特点之比较

(一) 德日模式的文化特点——抽象性与精密性

德日犯罪构成理论结构具有显著的抽象性和精密性。笔者认为,这些文化特点与德日民族思维方式的精密性及其理性主义哲学传统有着内在的文化关联。

抽象性,即指德日犯罪构成理论结构的三个层次(构成要件符合性、违法性和有责性)全然是抽象的思维概念,而并无具体形象的依托。这种抽象思维概念体系的建构与德日等国家的传统思维习惯(喜欢且擅长运用抽象概念来表达思想)有着密切的文化关联。

精密性,即指德日犯罪构成理论结构的三个层次及其内在概念的建构具有显著的精密性。一方面,其概念的数量非常丰富,且其概念的界分非常精细;另一方面,其概念的逻辑建构层层递进,相当严密。精密性是对德日犯罪构成理论结构的肯定话语,但其反面的否定话语即过于繁复、过于精细,以至于不容易理解和运用。甚至于有学者批评其"有唯体系论的倾向,偏离了现实的司法实践"②。"各种学说、各种理论,铺天盖地地迎面而来,叫人眼花缭乱。连日本学者都感叹……到处充斥的场景,除了刑法学以外,可能再也找不出第二个来了。"③

(二) 英美模式的文化特点——实践性、简便性与动态性

英美犯罪构成理论结构具有显著的实践性、简便性与动态性。这些文化特点与英美传统思维方式的灵活性及其经验主义、实用主义的哲学基础之间有着内在的文化关联。

实践性,即指英美双层次的犯罪构成理论结构是在长期刑事司法实践经验的基础上,加以理论总结,将诉讼规则演化为实体法的总则性规范,是判例法传统的产物。换言之,"美国犯罪构成的理论结构是刑事责任基础和责任充足条件的结合,全同于法律结构,即犯罪本体要件和排除合法辩护,理论上的双层次是法律文本两部分的再现(直

---

① 值得注意的是,根据我国《刑法》第 13 条但书——"但情节显著轻微危害不大的,不认为是犯罪"的规定,我国犯罪成立的定性还要结合"情节"之定量指标体系来予以综合判定。
② 黎宏:《我国犯罪构成体系不必重构》,载《法学研究》2006 年第 1 期。
③ 黎宏:《我国犯罪构成体系不必重构》,载《法学研究》2006 年第 1 期。

接反映)。美国刑法犯罪构成理论结构奠基于传统司法实践(判例法,对抗式诉讼模式,陪审制),同源于刑法立法。美国刑法犯罪构成双层次理论结构是实践性的,是法官型的"①。

简便性,即指英美双层次的犯罪构成理论结构具有显著的理解和操作上的简便性。之所以如此,其原因至少有两方面:其一,该理论的正反两层次,一方肯定(纳入),一方否定(排除),相互对合,简单明了;其二,该理论结构是对其法律结构的直接再现,是直接源于实践经验的,并与刑事司法程序相应,便于把握。

动态性,即指英美双层次的犯罪构成理论结构反映着司法实践认定犯罪的动态过程。"美国刑法犯罪构成第二层次,以排除合法辩护的形式来充实刑事责任条件,完成独特的犯罪构成模式,反映犯罪构成是动态的'定罪过程',而不仅仅是静态的'犯罪规格'。"②另外,在类似的意义上,德日犯罪构成理论结构和英美犯罪构成理论结构都具有动态性。但二者并不完全相同,即前者侧重于理论思维过程意义上的动态性,后者侧重于诉讼实践过程(控辩对抗)意义上的动态性。

(三) 中俄模式的文化特点——形象性与对称性

受我国传统文化和马克思主义哲学文化的深刻影响,我国犯罪构成四要件的理论结构具有显著的形象性和对称性的文化特点。

形象性(或直观性),即指我国犯罪构成四要件皆源于对刑事案件场景中的实际形象(生活意义上的刑案原型)的法律规范意义上的直观抽象,如客体要件乃是对犯罪对象(被害者)的抽象,客观要件(危害行为)乃是对行为人举止的抽象,主体要件乃是对行为人的抽象,而主观要件(主观罪过)乃是对行为人心态的抽象——在中国传统文化中,"心"早就成为一个由"心脏"而"取象比类"③的概念——亦是相关问题的"核心"所在。

对称性,即指我国犯罪构成四要件的概念之间有着显著的对称性,如主体对客体,主观对客观。这种严整的对称性,显然有助于我国学习者的迅速认识和理解。这一特性显然受到了两方面文化传统的影响:其一,我国传统文化中充满着对称性的文辞表达方式,如对联、唐诗宋词,"云对雨,月对风,晚照对晴空,来鸿对去雁,宿鸟对鸣虫……"之类的耳熟能详的对仗文辞,深刻地影响着我国的语言文辞习惯;其二,马克思主义哲学中主观与客观、主体与客体、质与量、对立与统一、表象与实质、具体与抽象等对称性的基本哲学范畴,随着始于高中阶段以至于博士研究生阶段的马克思主义哲

---

① 储槐植:《美国刑法》(第3版),北京大学出版社2005年版,第100页。
② 储槐植:《美国刑法》(第3版),北京大学出版社2005年版,第36页。
③ 关于"取象比类"的中国传统哲学方法,参见吕嘉戈:《中国哲学方法——整体观方法论与形象整体思维》,中国文联出版社2003年版,第56页。

学教育培养,对我国的学术思维表达范式的影响也是相当深透的。

四、出罪功能之比较

出罪功能是犯罪构成理论结构的核心价值所在,它不仅备受关注,而且为我国刑法学界评价三个不同法系的犯罪构成理论结构优劣的主要理由。笔者认为,三个不同法系的犯罪构成理论结构皆可提供行之有效的出罪机制,但从具体路径上,三者各行其道,各具特色。

(一) 大体比较

总体而言,德日犯罪构成理论结构以抽象的概念体系反映着犯罪认定中"犯罪圈"多层次缩限的抽象思维过程,即从构成要件符合性的抽象概念层次入手,首先对典型情形下的疑似犯罪行为模型予以抽象纳入;然后再从客观层面考察相关行为的违法性,即尝试排除相关行为的(客观)违法性事由;最后从主观层面考察相关行为的有责性,即尝试排除相关行为的(主观)有责性事由,并由此而确定相关行为是否成立犯罪。从而使"犯罪圈"得以逐步缩限,体现着具有其自身特点的出罪机能。

英美的"犯罪构成双层模式,即犯罪构成由两个层次相结合的过程来完成。第一层次侧重体现国家意志,表现为公诉机关的权力,确立行为规范,发挥刑法的维护秩序和保卫社会的功能。第二层次侧重体现公民权利,发挥刑法的保障人权的功能,制约国家权力。两个层次相辅相成,构建美国刑法运行的内在制约机制,体现刑法公正性的价值取向。正(符合犯罪本体要件)反(排除合法辩护)两方面结合完成刑事责任的认定"①。可见,英美模式直接反映犯罪认定的控辩对抗的诉讼逻辑——这是其显著特点(即体现其司法实践性及其与诉讼程序的动态结合性),并以此体现其保障人权的出罪机能和价值取向。

而中俄犯罪构成理论结构是从客观层面入手,通过对具体要素的实际形象的直观抽象,横向地划定犯罪成立要素的基本方面。同时,这种横向的划定不是杂乱无章的,而是遵循严格的查证犯罪的真实生活逻辑顺序。依此逻辑顺序,中俄犯罪构成理论结构逐一划定入罪与出罪的界限,从而体现其保护社会和保障人权的双重功能。

对比而言,中俄理论实际上将德日、英美理论的纵向性的入罪与出罪功能予以了横向的整合;而德日、英美理论的纵向思维模式实际上将中俄理论的横向性的入罪与出罪功能予以了纵向的分解。笔者认为,中俄理论虽未直接反映犯罪圈缩限的纵向过程,但其横向性的依次缩限结构在功能上与德日、英美理论"异曲同工"。

---

① 储槐植:《美国刑法》(第3版),北京大学出版社2005年版,第36页。

(二) 内在理论资源比较

德日、英美犯罪构成的内在理论资源相对较为丰富,如德日刑法理论中的社会相当性理论、期待可能性理论和超法规免责事由;英美刑法理论中的充满人性的"可以宽恕"免责概念、不问小事原理(deminimis doctrine)、法律的生命在于经验这种实用主义理念以及配套的控辩对抗式诉讼。同时,两大法系"权利外延开放"的理念导致其出罪机制畅通。

而我国目前的相关理论资源相对贫乏,缺乏德日和英美的上述理论学说,因而可以从中有所借鉴——事实上,我国刑法理论正在对此予以学习借鉴。但同时应当看到,我国《刑法》第13条但书之"情节"是一个饱含着社会情理的概念,与德日、英美刑法理论中的上述理论学说之间有着极大的契合性①,可以进行更多、更深的理论开发和实践运用。②

五、我国之理论抉择

基于对中俄犯罪构成四要件的理论批判,我国一些刑法学者主张废弃我国犯罪构成四要件理论,而代之以德日犯罪构成三阶层理论。对此,笔者不赞成。结合上文的论述,笔者的主要理由如下:

(一) 四要件理论的价值

1. 理论本身的合理性

冯亚东教授认为:"犯罪构成是由立法者和理论工作者所共同建构的认定犯罪之模型,作为模型之运作意义就在于需要将其同实在的行为相比较……显而易见,被犯罪化的对象欲满足上述要求,就只能是社会生活中完整意义之危害行为;……至少应包含如下要素:一是行为的发出者即行为主体;二是支配行为的主观心理态度,即罪过;三是行为本体与伴随状况,即身体动或静及能够决定行为危害性的犯罪结果、时间、地点、方法等;四是行为在社会意义上的具体指向与承受体,即行为本身侵犯了何种权益。犯罪构成模型实际上是对完整意义的危害行为的抽象,而抽象之认识基础自为实然行为之本体四要素。苏联的刑法学者们之所以建构起平面式的犯罪构成体系及'四要件说',自有其道理和实用价值所在。因此我们认为,将犯罪构成的整体模型

---

① 换言之,德日、英美犯罪构成理论中的上述理念与我国刑法情节中的社会情理的精神内涵大体一致。

② 相关的详尽论说,参见高维俭:《我国刑法情节之辩证与实质——兼论刑法价值之二元冲突模式》,载高维俭主编:《宽严相济刑事政策研究之检察视角——理念、实证与实践》,中国人民公安大学出版社2008年版,第116—136页。

分解为客体要件、客观方面要件、主体要件和主观方面要件显然符合典型行为的特征,在现阶段中国制度转型的国情及……思维方式的背景下……并无重新构造之当务必要。"①

高铭暄先生对此也有一番经典的论说:"深入到四要件犯罪构成理论内部进行研究可以看出,四要件犯罪构成理论具有逻辑严密、契合认识规律、符合犯罪本质特征等内在的合理性。可以说,四要件犯罪构成理论并不是毫无法理基础的特定政治条件下冲动的产物,而是经过了审慎思考、反复论辩形成的理论精华,其精致程度足可媲美世界上任何一种犯罪论体系。"②

2. 本土文化的适就性

如上文所论,德日、英美和中俄三个不同法系的犯罪构成理论结构皆有其各自的文化土壤根基,各有其合理性。我国犯罪构成理论结构有其本土文化思维表达方式的基础,如传统的中国文化、业已本土化的马克思主义哲学文化。同时,我国犯罪构成(四要件)理论结构业已为我国数以百万计的法律人所普遍接受和熟练运用,而且基于我国的本土文化思维方式,该理论结构非常易于被我国未来的法律人接受、理解与运用。

"从更具体的情况看,四要件犯罪构成理论之所以具有现实合理性,一个更重要的原因在于,中国并无大陆法系或英美法系的历史传统……只有以四要件为核心的中国刑法学体系,随着法学教育的蓬勃发展,扎根开花,广为传播。在这样的现实面前,强行掐断已经生机勃勃的中国刑法学,再移植进一个完全没有生存土壤的德日犯罪论体系或其他什么体系,是否有舍本逐末之嫌?"③

3. 司法实践的适用性

从我国刑事司法实践的角度来看,我国司法人员大体已经能够熟练地运用四要件理论来解决刑事司法实践中的案件问题,而且未见明显问题。"实务界普遍的观点是四要件犯罪构成理论方便、实用。目前尚未见到有实务界的人士明确提出,由于运用四要件犯罪构成理论,导致重大冤案、错案的发生。"④"近年来,理论界对犯罪论体系、刑法学体系的争论十分激烈,而实务界却反应冷淡,我想一个重要原因恐怕就在于实务工作者并未感觉到四要件犯罪构成理论存在司法障碍吧!"⑤

---

① 冯亚东:《罪与刑的探索之道》,中国检察出版社2005年版,第355—357页。
② 高铭暄:《论四要件犯罪构成理论的合理性暨对中国刑法学体系的坚持》,载《中国法学》2009年第2期。在该文中,高铭暄先生从历史合理性、现实合理性、内在合理性和比较合理性等四个角度对犯罪构成理论的合理性进行了一番入情入理的分析。
③ 高铭暄:《论四要件犯罪构成理论的合理性暨对中国刑法学体系的坚持》,载《中国法学》2009年第2期。
④ 高铭暄:《论四要件犯罪构成理论的合理性暨对中国刑法学体系的坚持》,载《中国法学》2009年第2期。
⑤ 高铭暄:《论四要件犯罪构成理论的合理性暨对中国刑法学体系的坚持》,载《中国法学》2009年第2期。

"这种操作方法可称之为'块块分割,逐块分析,综合评价'。几十年来,我国的刑事司法过程基本是按此思路进行并形成定式,它简单易行,具有高度的可操作性。"① "就解决同一问题而论,越简单的方法越科学。"②同时,通过深入刑事司法实践工作,笔者也并未发觉在刑法(实体法)的层面上,有什么案例不可以通过我国目前的犯罪构成(四要件)理论结构来加以合理认定——虽然有所争议,但实属正常现象。

总之,通过30年来的刑事司法实践检验,我国目前的犯罪构成(四要件)理论结构基本可资解决刑事司法实践中所遇到的纷繁复杂的刑法案例问题,具有很强的实践适用性。当然,这里的前提是,能够正确地理解和运用我国犯罪构成四要件理论。

(二) 四要件理论结构的不完善与可完善性

应当看到,我国目前的犯罪构成(四要件)理论结构并非完美无缺,正如德日理论也从未停止检讨与更新一样——其纷乱局面较我国而言,有过之而无不及。我国刑法学界的相关批评也是不无道理的。但笔者认为,相关的理论结构缺陷也不是不可以在现有的理论构架中予以合理完善的。③

1. 批评之一:四要件内在的逻辑阶位问题

有批评曰:四要件理论结构之所以不合理,重要原因即在于四要件并不在同一个逻辑阶位中,其目前的横向平展式的整合结构模式显然有问题。

笔者认为,四要件理论内在隐含的逻辑结构关系值得注意:一方面,就两两关系而言,主观要件即主体的罪过心态,换言之,主体要件即主观要件的责任能力基础(或前提);客观要件即针对客体的侵害行为,换言之,客体要件即作为客观要件的侵害行为的目标。也就是说,四要件之间的关系是环环相扣的。另一方面,就总体关系而言,主观要件(主观罪过)是犯罪构成四要件的归宿与核心,其他要件(大体可归属于客观层面)是围绕主观要件、为确证其是否成立而设置的思维逻辑过程——其马克思主义哲学理念基础,即主观见诸客观——由客观(现象)入手,查证主观(本质)。可见,我国犯罪构成四要件可以从纵向维度大体划分为两个层次,即客观层次和主观层次。④ 其中,客观层次基本为事实判断,主观层次基本为价值判断。只是这种内在的纵向立体

---

① 冯亚东:《罪与刑的探索之道》,中国检察出版社 2005 年版,第 356 页。
② 冯亚东:《罪与刑的探索之道》,中国检察出版社 2005 年版,第 355 页。
③ 黎宏教授的基本观点与此大体一致。参见黎宏:《我国犯罪构成体系不必重构》,载《法学研究》2006 年第 1 期。
④ 张明楷教授也提出了所谓"两阶层犯罪构成体系"。参见张明楷:《刑法学》(第 3 版),法律出版社 2007 年版,第 78 页;李立众、吴学斌主编:《刑法新思潮——张明楷教授学术观点探究》,北京大学出版社 2008 年版,第 116—143 页。值得指出的是,张明楷教授理论的实质是对我国四要件理论的基本否定,更接近于德日理论,或者说是德日理论的翻版;而笔者的理论是对我国四要件理论的内在理论结构的理顺和完善,是对四要件理论之合理性的尊重和坚持。

性的思维逻辑阶位关系尚未获得我国刑法学界的充分认识和理论建构。①

2. 批评之二：排除社会危害性行为与四要件的关系问题

有批评曰：四要件理论结构未能将排除社会危害性行为（或正当行为）有机地纳入，而是将其拼接在四要件逻辑结构体系之后（或之外），其理论结构缺陷明显。

笔者认为，排除社会危害性行为是一类不典型的现象，但对此类行为性质的分析未尝不可纳入四要件理论结构中予以完成。其大体思路即排除社会危害性行为也有其客观层次和主观层次：一方面，其客观层次可以考虑纳入客观要件和客体要件予以甄别，如在正当防卫的情形下，存在着基于维护整体法秩序的防卫人所保护的合法权益与不法侵害人权益之间的"更大法益"的抉择问题，即相对而言，正当防卫行为并未侵害刑法所保护的社会关系（即犯罪客体）。或曰，四要件中的客观要件和客体要件具有相对性，即在法益保护冲突的情形下，需要进行相对的价值权衡。说得更简单、直接一些，所谓"排除社会危害性行为"，其基本意思即该行为实际并未侵害刑法所保护的社会关系（犯罪客体）。另一方面，其主观层次可以纳入主观要件（主观罪过）中予以甄别，如与正当防卫行为相关的"客观防卫"和"假想防卫"（或主观防卫）问题，可以归入主观要件的范畴（以认识错误的理论）予以解决。如此，则条理清晰，问题迎刃而解。

同时，排除社会危害性行为与四要件的这种理论结构上的可融入关系，并不妨碍将排除社会危害性行为作为一类特殊情形放置于犯罪构成四要件理论之后予以独立探讨。

3. 批评之三：《刑法》第 13 条但书之"情节"与四要件的关系问题

有批评认为：我国《刑法》第 13 条但书之"情节"规定与四要件的理论结构关系不顺，即在四要件判定之后，还要再对是否"情节显著轻微危害不大的"进行一次判定——带着一个逻辑的"尾巴"，四要件理论结构不够严整。故而有学者甚至主张取消我国《刑法》第 13 条但书的规定。

对此，笔者认为，我国《刑法》13 条但书之"情节显著轻微危害不大的，不认为是犯罪"的规定，是值得充分重视的具有我国刑法特色的出罪性法律规范。该但书规定反映了我国刑法之犯罪概念是定性维度和定量维度的结合。根据我国刑法学关于犯罪概念与犯罪构成的基本理论关系，即犯罪构成是犯罪概念的具体化或系统结构化，二者形式不同，但内容范围相同。申言之，我国《刑法》第 13 条但书的出罪机制并非在于犯罪构成结构之外，而是在于其内，是对我国刑法规定之犯罪构成结构中内含的定量因素的一般概括——有学者关于"我国刑法情节弥漫在犯罪构成四要件体系之中"的感受即对此的写照。同时，罪与非罪的认定本身就是包含着一种基于社会情理（笔

---

① 关于四要件之间的辩证关系以及"主观罪过是犯罪构成的核心"的观点及独到论说，参见陈忠林：《刑法散得集》，法律出版社 2003 年版，第 267—282 页。

者认为,社会情理是法律规范的内在精神实质)①的综合价值评判——英美刑法之正当程序原则和德日刑法之社会相当性理论即包含着这一精神。与正当程序原则及社会相当性理论相应的我国刑法的近似话语即情节。我国《刑法》第 13 条但书之"情节"规定,对我国犯罪构成理论结构及其出罪机制而言,意义非常重大,其中包含着具有中国特色的正当程序原则或社会相当性理论,断然不可废除。② 因此,在犯罪构成四要件(定性模型)的判定之后,再结合《刑法》第 13 条但书之规定,对犯罪构成中所包含的情节(定量因素)进行一番排除性(或出罪性)的综合价值判断,非但不妨碍四要件理论逻辑结构的严整性,反而更为科学。③

总而言之,因其理论本身的合理性、对本土文化的适就、业已经过长期刑事司法实践的检验以及可以在现有的理论构架中予以合理完善,我国犯罪构成四要件理论不宜废弃——那种代之以德日或英美理论的全盘移植方案绝非上策。

结语:注重刑法机制之刑事一体化理论知识形态

德日、英美抑或中俄的犯罪构成理论结构,无论是对其哪一种进行理论建构或理论批判,其宗旨无非在于促进刑事法治。为此,我国刑法学者已经在刑法(刑事实体法)理论(尤其是犯罪构成理论结构)上投入了相当巨大的学术精力。然而,刑事法治是一个综合性的问题,是一个刑事一体化的问题,它至少涉及刑法(实体法)、刑事诉讼法(程序法)、刑事司法制度以及政治环境等四方面的问题,是四方面综合关联、动态运行的状态及结果。刑事法治需要四方面学者和实务工作者的共同努力与通力合作。而我国刑法学者多倾向于将我国刑事法治的问题过多地归咎于刑法(实体法)的法律规范和法学理论的不完善。如果注意对我国刑事法治实践状态的观察,我们就不难发现,导致其机制不畅的主要原因并不在于刑事实体法的法律规范和法学理论。

对此,我国刑法学者所需要做的是,在刑事实体法学理论研究的基础上,更多地去关注、联系和综合其他刑事学科的知识,注重刑法机制,逐步实现我国刑法知识一体化

---

① 关于该观点的具体论述,参见高维俭:《前言:本研究的基本理念与基本构架》,载高维俭主编:《宽严相济刑事政策研究之检察视角——理念、实证与实践》,中国人民公安大学出版社 2008 年版,第 2—3 页。
② 相关的有价值的论说,亦可参见王政勋:《论定量因素在犯罪成立条件中的地位——兼论犯罪构成理论的完善》,载梁根林主编:《犯罪体系》,北京大学出版社 2007 年版,第 50—68 页。
③ 陈兴良教授的《本体刑法学》建构了一种"罪体·罪责·罪量"三位一体的犯罪构成体系,与笔者的上述理念较为近似。参见陈兴良:《本体刑法学》,商务印书馆 2001 年版;陈兴良:《作为犯罪构成要件的罪量要素——立足于中国刑法的探讨》,载《环球法律评论》2003 年第 3 期;阿炳:《读〈本体刑法学〉》,载《现代法学》2002 年第 5 期;蔡道通:《理论与学术的双重提升——评陈兴良教授〈本体刑法学〉》,载《法制与社会发展》2002 年第 1 期。

式的动态化的转型,并从而更为实际、更为系统化、更为深层次地推进我国刑事法治的进程。所谓刑法机制,即刑事司法机制。它是一种基于刑事实体法(刑法)立场的、注重刑法动态运作状态及效果(关注刑法与刑事诉讼法以及刑事司法制度等相关制度的内在关联性)的、刑事一体化的理论知识形态。就我国刑事司法机制的现状而言,注重刑法与刑事诉讼法(实体与程序)的深度融合,注重刑事司法信息公开机制的建立与完善,显得尤为紧要。"刑事一体化"恐怕是"中国刑法的知识转型"[①]的重要方向,而局限于刑法学(刑事实体法学)内部的理论重构恐怕只能收效甚微。

---

① 参见陈兴良:《刑法的格致》,法律出版社 2008 年版,第 195—212 页。

我国刑法中犯罪概念的定量因素[*]

一、我国刑法中犯罪概念的科学表述

在学术上给犯罪下定义时,把我国《刑法》第 10 条但书——"情节显著轻微危害不大的,不认为是犯罪"和刑法分则具体罪状的数量因素概括进去,才能准确体现立法原义。据此,我国刑法中犯罪的科学概念应当是:犯罪是社会危害达到一定程度应予以刑罚制裁的违法行为。

作为历史现象的犯罪,是一种违法行为,其法律标尺是应受刑罚制裁,国家作出这种价值判断的客观依据是行为达到了一定程度的社会危害性。这体现了犯罪概念的三特征。

通行犯罪概念的三特征是:社会危害性、刑事违法性和应受刑罚处罚性。这些都是定性分析。虽然在解释刑事违法性或应受刑罚惩罚性时也常附有类似"行为的社会危害性达到了某种严重程度"这样的说明,但任何一个特征本身都不标明定量因素。从本源上看,一定程度的社会危害性是刑事违法性和应受刑罚处罚性的前提,国家给予刑罚是表明对行为构成犯罪的社会危害程度的确认。因此,不能倒果为因,在表述犯罪概念时不能以刑事违法和应受刑罚这些特征来替代、包含社会危害的"程度"这个本源素质。

通行的犯罪学术定义至少不能确切反映我国刑法的立法精神。因为它没有包容《刑法》第 10 条但书的本义。但书是第 10 条犯罪立法定义的必要组成部分,它把人类认识发展史上获得的新成就"定量分析"引进刑法领域,此其一。其二,通行的概念没有概括我国刑法分则具体犯罪构成中包含的数量要件。从定量角度观察,我国刑法上的具体罪,可以粗分为三类:第一类没有直接的定量限制,例如反革命罪、杀人罪、强奸罪、抢劫罪、非法拘禁罪、报复陷告罪、制造贩卖运输毒品罪、盗运珍贵文物出口罪、重婚罪、拐骗儿童罪、私放罪犯罪等,占刑法分则有犯罪构成与法定刑规定的条文三分之一左右。这类犯罪行为本身的性质显然已经反映了社会危害的程度。第二类直接规定了数量限制,例如盗窃罪、诈骗罪和抢夺罪等,法条数虽不多,但它们在全部刑事案件中占绝对比重。第三类是在法律条文中写明"情节严重的""情节特别恶劣的"或

---

[*] 原载《法学研究》1988 年第 2 期。

"造成严重后果的"才应受刑罚制裁的罪,实质上它们多数是内含定量限制的罪,其有力旁证是这类罪多数在《治安管理处罚条例》中都可以找到社会危害程度较轻的相应的违法行为。这类犯罪占刑法分则罪刑条款的半数以上。其三,通行的犯罪概念也没有反映出我国刑法结构的基本特点。我国没有像世界许多国家那样把"违警罪"纳入刑法体系,我国的"违反治安管理行为"不属于犯罪之列,虽然它显然具有社会危害性。如果说泛泛地把"社会危害性"作为犯罪概念特征,对于违警行为也属犯罪的刑法结构是恰当的;那么对于违反治安管理行为被排除在犯罪范畴之外的刑法结构来说,犯罪基本特征就应表述为"达到一定程度的社会危害性"。

二、犯罪概念的定量因素是我国刑法的创新

直观是认识的起点。人认识外在世界的最初阶段主要是凭直观,对不同质的事物的认识(定性)可以靠直观获得,例如树不同于草,狗不同于猫,人不同于猴,善不同于恶,都是显而易见的。社会生产力发展,自然科学和社会科学随之发展,尤其是分析化学和统计学的出现,人类的认识能力产生了一次跃进,对自然现象和社会现象的认识由单纯定性分析发展到定性分析和定量分析相结合。观察事物的数量方面,注意基本的数量分析,可以准确地把握相似事物的质的界限。

法律发展史也反映了人类认识发展的一般状况。18 世纪以前的法律,基本上是"民刑不分",国家把义务性规范和禁止性规范统统规定在一个法典里。19 世纪世界上出现了现代意义上的刑法典,但是直到现在,除我国刑法外,刑法典的各类具体犯罪定义基本上仍是建立在"犯罪即恶行""犯罪是反社会行为"这样的定性分析的观念上面。以发案率最高也最易用数额计算的盗窃罪为例,英国早期普通法规定所有盗窃行为都是重罪,哪怕是偷一个苹果。到现在,盗窃罪分为轻盗窃和重盗窃,这种轻重程度之分只有刑罚上的意义。1871 年《德国刑法典》和 1976 年《联邦德国刑法典》关于盗窃罪的规定基本未变,盗窃罪的轻重之分主要在于偷盗的手段、场所、物品性质、被害人情况以及犯罪人情况等的不同,没有明确规定数额对犯罪构成的意义。1930 年《意大利刑法典》(经 1968 年修订)规定"窃取他人动产而占为己有者,处三年以下徒刑,并科 1.2 万至 20 万里拉罚金","窃取成群之家畜三只以上"作为"加重情节"之一。盗窃罪的构成没有数量限制。1944 年《西班牙刑法典》(经 1973 年修订)规定:"偷窃价值超过 10 万西元者处长期苦役。偷窃价值超过 2.5 万西元但不满 10 万西元者处短期苦役。偷窃价值超过 2500 西元但不满 2.5 万西元者处长期监禁。偷窃价值 2500 西元以下,但犯罪人曾因抢劫、偷窃、诈欺、非法占有、空头支票或隐匿罪的……也处长期监禁。"该法典中盗窃数额与刑罚轻重有直接的数量相应关系,较之上述国家刑法相关规

定有较大不同,然而盗窃的犯罪构成仍无定量要求。1962 年美国《模范刑法典》①关于盗窃罪的等级规定是:盗窃数额超过 500 美元或者盗窃发火武器或机动交通工具的构成三级重罪;盗窃数额 50 美元以下的构成微罪;其他情况属于轻罪。按法条字面解释,盗窃 1 美元也是犯罪(微罪也是罪)。1979 年生效的新泽西州《刑事审判法典》②参照《模范刑法典》精神,将盗窃罪的等级规定为:盗窃数额超过 7.5 万美元的构成二级犯罪;盗窃数额超过 500 美元但不满 7.5 万美元或者盗窃发火武器或机动交通工具或者进行人身接触的扒窃的构成三级犯罪;盗窃数额 200~500 美元的构成四级犯罪;盗窃数额在 200 美元以下的构成不法者罪错。根据该法解释,"罪错"不是"犯罪"。新泽西州刑法关于盗窃罪数额的规定在当代西方刑法的具体犯罪构成中定量因素最为突出。但是,犯罪与罪错二者都统一规定在《刑事审判法典》中,都受"刑罚"处罚。

总的说来,具体犯罪定义在外国刑事立法中至今基本上仍停留在定性认识阶段,数量大小和情节轻重一般都不作为犯罪构成要件。这种不考虑定量因素的缺陷一般是由司法实践加以弥补。警察可以不逮捕盗窃一磅苹果的犯罪人,检察官可以不起诉诈骗一套衣服的犯罪人,法官也可以对逃税几百元的罪行免予刑罚,等等。学者在理论上表述犯罪概念时只能根据刑事立法。英国法学家布莱克斯东(1723—1780)认为"犯罪是违反禁止性或命令性公法的作为或不作为"。德国刑法学者宾丁认为"犯罪是违犯刑罚制裁法律的行为"。当代美国刑法学者珀金斯在其所著《刑法》(1969 年)中批评以前的犯罪定义"没有突出社会危害性",认为"犯罪是依法应受刑事惩罚的社会危害行为"。但是珀金斯的概念根本不可能包含定量因素。

1926 年《苏俄刑法典》第 6 条犯罪定义的附则——"对于形式上虽然符合本法典分则某一条文所规定的要件,但因为显著轻微,并且缺乏损害结果,而失去危害社会的性质的行为,不认为是犯罪行为。" 1960 年《苏俄刑法典》第 7 条(犯罪概念)的第 2 款基本上相当于上述"附则",规定:"形式上虽然符合刑事法律所规定的某种行为的要件,但是由于显著轻微而对社会并没有危害性的作为或不作为,都不认为是犯罪。"③在刑事立法史上,刑法总则犯罪定义后面附加这样的内容,是一项首创,对指导司法实践做到不扩大打击面有积极意义。我国《刑法》第 10 条但书的形成显然受到上述"附则"的启发,但是两者存在重大差别。"附则"规定"缺乏损害结果,而失去危害社会的性质"(对社会没有危害性);"但书"规定的是"危害不大"。根据一些苏联学者的解

---

① 《模范刑法典》是美国法学会拟制的学术性"法典",20 余年来,美国已有半数以上州依此为范本制定或修订了州刑法。
② 新泽西州的新刑法取消了传统的"重罪·轻罪"划分方法,统一把"犯罪"(crime)分为四级,此外还有更轻的两等"罪错"(offense)——不法者罪错和不法者轻罪错,前者处 6 个月以下监禁或罚金,后者处 30 天以下监禁或罚金。
③ 根据《苏俄刑法典》1985 年修订本译出。此资料由曹子丹教授提供。

释,"附则"主要是指犯罪预备行为。而且《苏俄刑法典》分则具体犯罪构成没有一个规定"数量"要件,包含"情节严重"或"造成严重后果"这类内含定量因素要件的具体罪状也为数不多。所以,《苏俄刑法典》总则关于犯罪概念的"附则"不具有定量含义。

我国《刑法》第10条"但书"是对刑法分则诸多具体犯罪构成的数量要件(直接规定的和实际内含的)的概括。"情节显著轻微危害不大的,不认为是犯罪",其正面意思是社会危害大到一定程度才是犯罪。但书把定量因素明确地引进犯罪的一般概念,反映了人类认识发展的时代水平,是世界刑事立法史上的创新。

西方法制以刑罚轻重为轴心把反社会行为分为重罪、轻罪和违警罪,三者都由刑法管辖,社会治安采取一统制裁体系——刑罚,全部任务均由法院承担。我国法制以社会危害程度为轴心把反社会行为分为犯罪、需要劳动教养的罪错和违反治安管理的行为,刑法只管辖犯罪。社会治安采取三级制裁体系——刑罚、劳动教养和治安处罚,任务也由人民法院、劳动教养管理委员会和公安机关三个部门分担。从反社会行为都应处治这一点上说,两种社会治安制裁体系无甚差别,但是二者在总体战略上和实际效果上却颇为不同。

"任何质量都表现为一定的数量,没有数量也就没有质量。"①许多日常现象都说明这一哲学原理。例如,0℃以下的冰和0℃以上的水以及100℃以上的汽,三者的化学成分同为H_2O,但是它们的形态与物理性能差别很大。社会现象也如此。犯罪和需要劳动教养的罪错以及违反治安管理的行为,三者都具有社会危害性(在这一点上是相同的),但是它们的社会性质和国家评价却不一样,其根本是社会危害程度大小不同,即数量差异。量变引起质变。把犯罪同其他反社会行为区分开,不只是一个技术问题,更是一个具有重大价值的原则问题。第一,可以减少犯罪数,降低犯罪率。这绝不是"鸵鸟政策"。这样做既有利于维护国家形象,也有益于社会心理。那种犯罪与一般反社会行为不加严格区分的法律制度,实质上是"自杀政策"。第二,可以使相当比例的公民免留犯罪的污名劣迹。这既有利于公民个人的发展,也可以减少公民对国家的抗力,从而在尽可能广泛的基础上加强公民与国家的合力。第三,可以使刑事司法力量集中打击事关国家稳固、社会发展、公民生命与财产安全的犯罪活动,避免把有限的刑事司法力量消耗在对付偷鸡摸狗的琐事上,从而可能使刑事司法发挥最佳效能。在国家管理和社会生活的大系统中,刑事司法既不是无能的,也不是万能的。事无巨细,都动用刑事司法力量,不仅没有必要,而且效果必定很糟。捡了芝麻,丢了西瓜。大多数西方国家深感刑事司法力量短缺,重要原因之一在于社会治安的一统制裁体系,刑事审判活动讲求合法程序,不像行政行为那样迅速。对此许多学者提出了不少处方,其一是"非犯罪化",把原来法律规定为犯罪但实际社会危害程度不大的行为

---

① 《毛泽东选集》(第4卷),人民出版社1966年改横排本,第1380页。

通过立法程序宣布为不是犯罪;其二是另施行一套所谓"行政刑法",把一些发案较多但危害程度较小的犯罪从刑事司法系统分离出去,由某种行政机构来处理。这些处方的出发点其实都是对现行西方犯罪与反社会行为不加严格区分的法律制度的批评。

三、确定具体犯罪构成定量因素的依据和原则

具体犯罪构成中的定量因素,由法律、法令、法规、实施细则或司法解释加以规定。

(一) 确定具体犯罪构成定量因素的依据

1. 社会发展水平

行为的法律评定取决于社会发展水平,它是确定具体犯罪构成定量因素的最终依据。社会发展的基础是生产力状况。在生产力极其低下的社会中,一只羊足以维持一个人相当时间的生命;如果是一只母羊,可以挤奶,还可以繁殖小羊,这也许关系到一家人的生活,因此偷一只羊,其社会危害程度就很大,以致可作死罪处罚。但是在今天,一只羊的社会效益相比之下小得多,偷一只羊,其社会危害程度也就小得多,以致可不认为是犯罪。又例如,在单一计划经济模式下,私人长途贩运商品直接冲击国家计划经济,其社会危害程度大到足以构成犯罪的地步;但是在有计划发展商品经济的背景下,长途贩运(如果不是国家禁止贩运的)商品则有利于搞活经济。

价值观念随着社会发展而变化。在经济发展水平较低的历史阶段,财物受到高度重视,所谓"物以稀为贵",其价值不亚于甚至超过人身价值,"舍命不舍财"并不仅仅是守财奴的哲学。因此,许多侵犯财产的行为都被认为是社会危害很大的犯罪,可以判死刑,甚至不少伤害人身的罪案可以通过经济赔偿来解决。随着生产力发展,社会物质财富增长,相形之下,对财物的价值评价逐渐低于对人身的价值评价。当代大多数国家刑法仍然把谋杀和强奸等严重侵犯人身的犯罪规定为死罪,而许多侵犯财产的犯罪都不再适用死刑。这大概是一种规律性现象。

2. 国家管理需要

这是确定具体犯罪构成定量因素的直接依据。法律规定的由历史文化延续下来的"公认"犯罪(所谓自然犯),诸如杀人罪、伤害罪、强奸罪、抢劫罪、盗窃罪、放火罪,等等,当然也是出于国家管理的需要。这里所说的国家管理需要,主要涉及所谓"法定"犯罪,例如"浪费公共财物",即法律规定它为犯罪它才是犯罪,否则就不算犯罪。这种法定犯罪的定量因素比传统的公认犯罪更为明显。随着社会关系日益复杂化和社会发展节奏加快,这类犯罪在刑法中的比重必将日趋增长。在历史上,采伐原始森林的树木、捕捞江河湖海的鱼虾、狩猎野生动物(包括珍稀动物)等行为在道德规范上都是无所谓的,法律一般也就不加过问。到了现代,人口剧增,自然资源日显匮乏,生态环

境遭到破坏,国家为社会长远利益计,有必要对上述现象加以控制,把那些危害性达到一定严重程度的行为宣布为犯罪。现在我国刑法上只惩罚破坏珍稀野生动物资源的行为,有朝一日为了加强国家管理也可能把破坏珍稀野生植物资源的行为规定为犯罪。商品生产和流通过程中的不轨行为达到何等程度才算犯罪也纯粹视国家管理需要而定。

在现代科学技术革命条件下,随着社会生产和人们生活的进一步机械化、自动化和现代化,业务上的过失行为在数量上和危害程度上都将继续增长,日趋严重。国家出于对社会的管理需要,也可能调整某些法律已经规定的过失罪构成要件"危害结果"的数量程度,或者规定新的过失犯罪。过失罪构成要件的定量因素比故意罪更为突出。

(二) 确定具体犯罪构成定量因素的原则

1. 合理性

具体犯罪构成的定量因素如果确定得过低,就会扩大打击面,损害公民的个人利益;如果确定得过高,就会放纵犯罪,损害社会的整体利益。因此,恰当地确定具体犯罪构成的定量因素,对发挥刑法的最佳效用至关重要。如何做到这一点?关键在于犯罪构成的定量因素确定得合理,对于是否合理,各个具体犯罪各有其特定的评价标准。例如,一般情节的盗窃罪构成的数额确定,至少应考虑国民的平均收入和各地区的实际差别。投机倒把罪构成的数额确定,就应考虑既要保护广大消费者利益,又要有利于商品流通经济活跃。要达到犯罪构成定量因素确定的合理性,必须进行充分调查和反复论证,甚至需要科学计算利弊得失。

关于合理性问题,特别要指出,如果一种罪除数额以外的其他构成要件都比另一罪严重,那么这一罪的构成数额限度就不应当高于另一罪的构成数额,否则就不合理。例如,贪污罪由国家工作人员实施,侵犯的又是公共财产,主体和客体都比盗窃罪严重,因此贪污罪的构成数额限度就不应当高于盗窃罪的构成数额。否则,就不仅仅是"执法失衡"问题,而且违背了"社会主义法制的统一和尊严"的宪法原则。

2. 统一性

这有两层含义,第一层是同一种罪的定量限度的统一。如果这种罪既可以由个人实施,也可以由单位(法人)实施,那么此罪的构成数额也不应当有两个标准。无论从犯罪构成理论还是从法制统一性看,都只能得出这样的结论。这里需要说明的是,犯罪是否成立取决于行为侵犯的社会利益以及罪过形式(有时还有行为人身份特征)所综合表现出来的社会危害程度,而不以主体的类型(自然人还是法人)为转移,然而犯罪构成之后责任如何承担则同主体类型直接相关。例如,相同数额的两件走私犯罪案件,一件是个人走私,假定判处被告人10年有期徒刑;另一件是法人走私,则应对该单位判处罚金刑,对其主管人员和直接责任人员绝不可能都判 10 年有期徒刑,而是根据各自的实际责任来处理,有的可以判较重的刑,有的可以判较轻的刑,有的可以不判刑,如果全部有关人员的各自责任都达不到判刑程度,那么全都免予刑事处罚。但不能反过来推论,由于承担责任的方式不同而对同一种罪规定不同的犯罪构成标准。

统一性的第二层含义是,性质近似的罪的定量要件应当近似。例如,盗窃和诈骗以及贪污等侵犯财产罪的构成数额应当近似;破坏经济秩序的走私罪和投机倒把罪的构成数额应当近似;非法捕捞水产品罪和非法狩猎罪的定量限度应当近似;等等。但是性质不相似的罪,例如伪造国家货币罪和假冒商标罪,它们的定量限度当然不能要求相似。

四、建立一门新的刑法分支学科"数量刑法学"的设想

刑法中充满了数量关系。除上述具体犯罪构成中存在数量因素外,刑法总则的诸多问题中也有数量关系。例如罪刑相适应,罪与刑的关系,从哲学上看是因果关系,从数学上看是等量等值关系。这种数学关系,迄今为止还只是凭经验和估计加以确定的,常难精确。能不能用数学公式(例如类似代数方程式)来表达呢?大概是可能的。当然,形成这种公式需要考虑到影响二者平衡的尽可能详细的复杂因素各自本身的值和它们相互作用下的变量关系。又例如,刑法上因果关系的确定,存在一个概率问题。[①] 刑法理论研究尚不深透的罪过形式之一"间接故意",从心理学角度看是一种"模糊心态",对其进行深入研究,"模糊数学"是不是会有所助益?再例如,刑罚目的结构可以通过刑罚量及其调整加以说明。数量刑法学的研究对象就是刑法内部的数量变化关系。建立某些数学模型,用以比较精确地反映刑法的某些规律,便于刑事司法工作的实际应用,这是该学科的目的和任务。因此,它完全不同于研究犯罪(以及刑罚)的外部数量的司法统计学,虽然统计方法也是数量刑法学的一种研究方法。

数量刑法学的研究将有助于提高刑法的效能,也有助于提高刑事司法工作的效率,并且必将丰富刑法学的理论。马克思认为,一种科学只有在成功地运用数学时,才算达到了真正完善的地步。

数量刑法学的形成及其水平,将取决于研究队伍的知识结构。研究队伍不应是数学工作者加上刑法学工作者,而应当是一批懂得刑法且有数学造诣的人和懂得数学且有刑法造诣的人。

这些仅仅是关于数量刑法学的一些极其粗浅的设想,也算是一种展望。

[①] 参见储槐植:《一个半因果关系》,载《法学研究》1987 年第 3 期。

再论我国刑法中犯罪概念的定量因素[*]

1997年《刑法》的颁布和实施,一方面基本适应了我国在社会主义市场经济条件下惩治犯罪、维护社会治安的现实需要;但另一方面,由于匆忙出炉,有些新问题未及科学合理地论证,便写进了刑法。① 有些在1979年《刑法》中存在的缺陷也未给予必要的梳理和修改而依旧保留下来。于是国人在习惯性地经历了短暂的讴歌之后,冷静下来重新审视这部刚刚诞生的刑法时,发现其中仍有众多的缺憾和不足,以致学界有人提出"新刑法能否垂范久远"的质疑。② 一时间各种批评性学术论文充斥各种法学刊物,几成一边倒的趋势。情势之烈迫使有的学者不得不发出"法律不是嘲笑的对象"的呐喊。③ 希冀借此改变人们的看法,予新刑法以脉脉温情的关怀。

本文无意嘲笑什么,只是以我国刑法中犯罪概念的定量因素为切入点,通过对犯罪概念含定量因素的利弊进行分析,为犯罪概念的科学化提供参量,为走出由立法缺陷而导致的理论困惑和解释尴尬的困境厘清思路,同时也希望以此引发学界对犯罪概念及其相关问题予以更多的理性思考。

一、界定犯罪概念的两种模式:单纯的定性分析和定性+定量分析

18世纪以降,在刑事古典学派思想的影响下,各国立法者纷纷在刑法典中明确规定各种犯罪的概念,只是在具体的技术操作上有所不同,归纳起来,大致有两种界定犯罪概念的模式:单纯的定性分析和定性+定量分析,兹分别介绍如下。

(一) 单纯的定性分析模式

所谓单纯的定性分析模式,是指立法者在规定犯罪的概念时,只对行为性质进行考察,不作任何量的分析,犯罪构成中不含数量成分。这种模式是目前世界上多数国家通行的界定犯罪概念模式。下面我们以发案率最高也最易用数额计算的盗窃罪为例,看看一些国家的立法是如何在定性分析的层面上界定犯罪概念的。

---

* 原载《法学研究》2000年第2期,与汪永乐合作。
① 例如《刑法》第20条创制的"无限防卫权"制度,是否会有损刑法的公正价值,值得思考。
② 参见范忠信:《刑法典应力求垂范久远——论修订后的〈刑法〉的局限与缺陷》,载《法学》1997年第10期。
③ 参见张明楷:《刑法格言的展开》,法律出版社1999年版,第1页以下。

1. 法国

1810年《法国刑法典》第1条规定了犯罪的一般概念:"法律以警察刑处罚的犯罪,为违警罪;法律以矫正刑处罚的犯罪,为轻罪;法律以剥夺生命、身体自由或身份能力之刑处罚的犯罪为重罪。"①该法典第379—401条是有关盗窃罪的规定(其中第385条已被废除)。第379条规定:"窃取不属于己有之物者,为盗窃罪。"这就是说在法国,行为人只要窃取了不属于自己所有的财物,不管数额大小,原则上都构成盗窃罪。因此,在1810年《法国刑法典》中,无论是总则部分的犯罪的一般概念,还是分则部分最易体现数额的盗窃罪概念,都不含有定量因素,而只对行为作定性分析。

2. 德国

1976年《联邦德国刑法典》总则部分未规定犯罪的一般概念。该法典第19章为"盗窃罪和侵占罪",其中第242条为"单纯盗窃"的规定:"意图自己之不法所有窃取他人动产者,处……"第243条为"加重盗窃"的规定:"有下列情形之一者,原则上为情节重大:①侵入、爬越、以假钥匙开启或以其他不正当之开启工具进入建筑物、住宅、办公或商业场所,或其他锁闭场所,或隐藏于该场所内以实行犯罪者;②自紧锁之容器或其他防止偷盗之保险设备中盗取物品者;③常业盗窃者;④自教堂或其他宗教用场所内窃取礼拜用或举行宗教仪式用之物品者;⑤窃取公开展览或公开陈列之学术、艺术、历史或技术发展上有重大价值之物品者;⑥利用他人无助、意外事件、公共危险时盗窃者。"据此,1976年《联邦德国刑法典》关于盗窃罪的轻重之分主要在于偷盗的手段、场所、物品的性质、被害人的情况以及犯罪人的情况等的不同,没有明确规定数额对犯罪构成的意义。②

3. 英国和美国

英国早期普通法规定所有盗窃行为都是重罪,哪怕是偷一个苹果。英国现在的盗窃罪分为轻盗窃和重盗窃,但是这种轻重程度之分亦只有刑罚上的意义。1962年美国《模范刑法典》关于盗窃罪的等级规定是:盗窃数额超过500美元或者盗窃发火武器或机动交通工具的构成三级重罪;盗窃数额50美元以下的构成微罪;其他情况属于轻罪。按法条字面解释,盗窃1美元也是犯罪(微罪也是罪)。1979年生效的新泽西州《刑事审判法典》参照《模范刑法典》的精神,将盗窃罪的等级规定为:盗窃数额超过7.5万美元的构成二级犯罪;盗窃数额超过500美元但不满7.5万美元或者盗窃发火武器或机动交通工具或者进行人身接触的扒窃的构成三级犯罪;盗窃数额200~500美元的构成四级犯罪;盗窃数额在200美元以下的构成不法者罪错。根据该法解释,"罪错"

---

① 世界上多数国家刑法典一般都不在总则部分明文规定犯罪的一般概念,只有少数几个国家的刑法典例外。如1810年的《法国刑法典》,1944年的《西班牙刑法典》,1996年的《俄罗斯联邦刑法典》,1997年的《中华人民共和国刑法》。

② 参见储槐植:《刑事一体化与关系刑法论》,北京大学出版社1997年版,第270页。

不是"犯罪"。新泽西州刑法关于盗窃数额的规定在当代西方刑法的具体犯罪构成中定量因素最为突出。但是犯罪与罪错二者都统一规定在《刑事审判法典》中,都受"刑罚"处罚。①

4. 其他国家

除上述国家以外,尚有其他一些国家的刑事立法在界定犯罪概念时亦只作定性分析,不考虑定量因素。例如《日本改正刑法草案》(1974 年 9 月 29 日法制审议会总会决定)规定的盗窃罪是:"窃取他人的财物的,是盗窃罪,处……"规定的盗窃罪的加重情形是:"①侵入他人住宅或他人看守的建筑物盗窃;②携带凶器盗窃或两人以上在现场共同盗窃。"②《意大利刑法典》(1930 年颁布,经 1968 年修订)规定的盗窃罪是:"意图为自己或他人不法之所有,窃取他人动产而占为己有者。"该法典第 625 条规定的是盗窃罪的加重情节,其中第 8 项规定:"窃取成群之家畜三只以上……",可见盗窃三只以上的成群家畜是盗窃罪的加重情节,而非盗窃罪的构成要件。《瑞士刑法典》(1937 年公布,1970 年修订)规定:"为自己或第三人不法之利益而窃取他人之动产者,为盗窃罪",有下列情形之一者,加重处罚:"①参与经常性盗窃或强盗集团而犯盗窃者;②以盗窃为常业者;③行为人的盗窃方式显其特殊危险性者"。因此,总的说来,盗窃犯罪定义在上述诸国的刑事立法中至今基本上仍停留在定性认识阶段,数量大小和情节轻重一般都不作为犯罪构成要件。立法只作定性分析,定量分析由司法实践完成。

(二) 定性+定量分析模式

所谓定性+定量分析,是指在界定犯罪概念时,既对行为的性质进行考察,又对行为中所包含的"数量"进行评价,是否达到一定的数量对决定某些行为是否构成犯罪具有重要意义。目前只有中国、俄罗斯等少数国家的刑法采取这种模式。

1. 中国

犯罪概念的定量因素是我国刑法的创新。③ 我国刑法中犯罪概念的定量因素具体体现在刑法总则规定的犯罪的一般概念和刑法分则规定的诸多具体犯罪的概念之中。例如,《刑法》总则第 13 条在概括规定犯罪的一般概念之后,接下来的"但书"规定:"情节显著轻微危害不大的,不认为是犯罪。""但书"的这一规定是对刑法分则诸多具体犯罪构成数量要件(直接规定的和实际内含的)的概括。其正面意思是社会危害大到一定程度的才是犯罪。"但书"把定量因素明确地引进犯罪的一般概念。分则的许多具体犯罪构成都含有定量因素。例如,《刑法》第 264 条规定的盗窃罪、第 266 条规定的诈骗罪、第 267 条规定的抢夺罪等。从犯罪概念中是否含有定量因素的角度考察,我

---

① 参见储槐植:《刑事一体化与关系刑法论》,北京大学出版社 1997 年版,第 270 页以下。
② 《日本刑法典》,张明楷译,法律出版社 1998 年版,第 190 页。
③ 参见储槐植:《我国刑法中犯罪概念的定量因素》,载《法学研究》1988 年第 2 期。

国刑法中的具体犯罪可以粗分为三类：第一类没有直接的定量限制。如杀人罪、强奸罪、抢劫罪、放火罪、投毒罪等，占刑法分则有犯罪构成与法定刑规定的条文三分之一左右。这类犯罪行为本身的性质已经反映了社会危害的程度。第二类直接规定了数量限制，如前述的盗窃罪、诈骗罪和抢夺罪等。法条数虽不多，但它们在全部刑事案件中占绝对比重。第三类是在法律条文中写明"情节严重的""情节特别恶劣的"或"造成严重后果的"才应受刑罚制裁的罪。例如，《刑法》第 129 条的丢失枪支不报罪、第 139 条的消防责任事故罪、第 216 条的假冒专利罪等。这类罪实质上多数是内含定量限制的罪，占刑法分则有犯罪构成与法定刑规定的条文的半数以上。如果把第二类直接规定数量限制的罪与第三类内含数量限制的罪相加，约占我国刑法分则有犯罪构成与法定刑规定的条文数的三分之二以上。因此，含定量因素的犯罪概念在我国刑法中占绝对比重。

2. 俄罗斯

《俄罗斯联邦刑法典》在界定犯罪概念时与我国相类似，也是采取定性+定量分析模式。《俄罗斯联邦刑法典》（俄国家杜马 1996 年 5 月 24 日通过，1997 年 1 月 1 日起施行）第 14 条规定的是犯罪的一般概念："一、本法典以刑罚相威胁，所禁止的有罪过地实施的危害社会的行为，就认为是犯罪。二、行为（不作为）虽然形式上含有本法典规定的某一行为的要件，但由于情节轻微而不具有社会危害性，即未对个人、社会或国家造成损害或构成损害威胁的，不是犯罪。"①虽然这里第 2 款的规定与我国刑法"但书"的规定不同，不含有定量因素。但是《俄罗斯联邦刑法典》分则部分某些具体犯罪的罪状中却含有定量因素。② 例如第 171 条规定的"非法经营罪"，第 172 条规定的"非法从事银行活动罪"，第 173 条规定的"虚假经营活动罪"，第 176 条规定的"非法取得贷款罪"等。不过，《俄罗斯联邦刑法典》在各条的"注释"部分对什么是"数额较大"，什么是"数额巨大"的标准都作了明确规定。这一点与我国刑法只作模糊性规定，具体数额标准留待司法解释予以明确的做法是不同的。

二、刑法中犯罪概念定量因素的利弊分析

我国刑法在界定犯罪概念时，把人类认识发展史上取得的新成就"定量分析"引入刑法领域，这可以说是刑事立法史上的创新。但这一创新是利耶？弊耶？不无疑问。笔者曾在《我国刑法中犯罪概念的定量因素》（载于《法学研究》1988 年第 2 期）一文

---

① 《俄罗斯联邦刑法典》，黄道秀等译，何秉松审订，中国法制出版社 1996 年版，第 8 页。
② 《俄罗斯联邦刑法典》规定的偷窃、诈骗、抢夺等罪并不要求把"数额较大""数额巨大"等定量因素作为各罪的构成要件，而只把它们视为量刑要考虑的情节，这一点与我国刑法的有关规定不同。

中,对我国刑法中定量犯罪概念的利的方面进行了分析,但该文未涉及定量犯罪概念的弊的方面。现在回想起来,这种分析是不全面的。其实任何事物都是有利有弊的,定量犯罪概念亦概莫能外,以下便对定量犯罪概念的利弊予以扼要分析。

(一) 定量犯罪概念的正面效应(利的方面)。

归纳起来,我国刑法中定量犯罪概念的正面效应主要体现在以下三方面:

(1)适应我国社会治安三级制裁体系——刑罚、劳动教养和治安处罚——的结构要求。[①] 我国与西方国家不同,西方法制是以刑罚轻重为轴心,把反社会的行为分为重罪、轻罪和违警罪,三者均由刑法管辖,刑事法网严密,行为性质的认定均通过司法程序完成,社会治安采取统一制裁体系——刑罚。处罚的轻重由法院享有最终决定权。我国法制以社会危害程度为轴心,把反社会行为分为犯罪、需要劳动教养的罪错和违反《治安管理处罚条例》的一般违法行为。刑法只规制犯罪,违反治安管理的行为虽然具有一定的社会危害性,但却未纳入刑法的视野,不受刑法调整,刑事法网粗疏。社会治安采取三级制裁体系——刑罚、劳动教养和治安处罚。处罚决定权也分别由人民法院、劳动教养管理委员会和公安机关行使。由于我国刑法只调整具有严重社会危害性的犯罪行为,因此,最易体现危害程度的定量因素便会很自然地引入犯罪概念。而且从司法实践的角度来看,这种界定犯罪概念的方法也便于划分罪与非罪的界限,不至于造成社会治安三级制裁体系结构的混乱。

(2)可以减少犯罪数,降低犯罪率。定量犯罪概念把没有达到法定数量的危害行为排除在犯罪圈之外,因此,可以减少犯罪数,降低犯罪率。这样做绝非是"鸵鸟政策",因为它一方面有利于维护国家形象,有益于社会心理,另一方面也可以使相当比例的公民免留犯罪的污名劣迹,减轻他们的心理压力,有利于他们个人的发展。同时从公民与国家之间的关系来说,还可以减少公民对国家的抗力,从而在尽可能广泛的基础上加强公民与国家的合力。

(3)可以使刑事司法力量集中打击那些事关国家稳固、社会发展以及公民生命与财产安全的犯罪活动,避免把有限的刑事司法资源消耗在对付那些社会危害性不大的一般违法行为上,从而可能使刑事司法发挥最佳效能。在国家管理和社会生活的大系统中,刑事司法既不是无能的,但也绝不是万能的。事无巨细,都动用刑事司法资源,不仅没有必要,而且整个刑事司法运作的效果必定也很差,导致刑罚效益低下。因

---

① 长期以来,法学界关于劳动教养制度的存废问题一直存在两种对立的主张。废除论者重视其运作弊端,认为劳动教养性质含混,收容条件笼统,操作过程缺乏监督,随意性大,易出差错,不利于人权保障。保存论者看好其社会功效,认为劳动教养制度创建40年来累计教育改造了300多万有各种违法犯罪行为而又符合劳动教养条件的人,对满足社会治安的需要功不可没。笔者认为,劳动教养制度有其合理性,不应予以废除,但对其中的有关规定及运作弊端应该加以修改和完善。参见储槐植:《论教养处遇的合理性》,载《法制日报》1999年6月3日。

此,定量犯罪概念把那些没有达到一定数量要求的违法行为排除在犯罪圈之外,交由行政机关处理,这样既可以避免刑事司法资源不必要的浪费,又可利用行政机关处理问题便捷迅速的特点,及时化解矛盾,维护社会稳定。

(二) 定量犯罪概念的负面效应(弊的方面)

辩证法要求我们看待任何事物都必须采取"一分为二"的观点,既要看到事物肯定的方面,又要看到事物否定的方面,既要看到有利的一面,也要看到不利的一面。对待定量犯罪概念亦应是如此。我们在上述肯定其正面效应的同时,也需对其负面效应予以解剖,以对定量犯罪概念有一个全面的认识。归纳起来,定量犯罪概念的负面效应亦有三方面:

(1) 导致刑法理论的困惑和学理解释的尴尬。我国刑法理论认为:犯罪构成与犯罪概念之间具有密切的关系。① 犯罪构成以犯罪概念为基础,因此,犯罪概念界定得科学与否,直接影响到对犯罪构成的理论说明,进而对整个犯罪论体系产生影响。由于我国刑法在界定犯罪概念时引入了定量因素,这使得以定性分析为根基的犯罪构成理论面临着一些新的问题,出现一些无法解释的现象。例如,我国《刑法》第 129 条规定的"丢失枪支不报罪"②,学界在解释行为人对"造成严重后果"这一内含的定量是否需要有认识,进而对"丢失枪支不报罪"在主观上是故意还是过失时,产生了不同意见。有人主张是故意③,有主人张是过失④,还有人主张既可能是过失,也可能是间接故意⑤。但无论是哪一种主张,均存在诸多不妥之处。⑥ 于是,有些学者试图突破传统的犯罪构成理论的束缚,提出"客观的超过要素"⑦和"严格责任"⑧的概念。希冀解决这一由犯罪概念的定量因素所导致的理论困惑。学者们这种孜孜以求的治学态度和敢

---

① 关于犯罪概念与犯罪构成之间的关系如何,我国刑法学界存在意见分野。观点一认为:两者之间是"抽象和具体"的关系。参见高铭暄主编:《中国刑法学》,中国人民大学出版社 1989 年版,第 75 页。观点二认为:两者之间的关系是"本质和现象"之间的关系。参见杨春洗、杨敦先主编:《中国刑法论》(第 2 版),北京大学出版社 1998 年版,第 60 页。观点三认为:"犯罪概念揭示犯罪行为的本质属性和特征,犯罪构成则阐明犯罪这个有机整体的构成要件,结构和性能。"参见何秉松主编:《刑法教科书》,中国法制出版社 1997 年版,第 182 页。但不管学者们持何观点,均不否认犯罪构成与犯罪概念之间具有紧密的联系。
② 1997 年《刑法》中还有其他许多条文都存在类似第 129 条的问题,如第 168 条、第 186 条、第 187 条、第 188 条、第 189 条、第 330 条及第 331 条等。
③ 参见张穹主编:《刑法适用手册》,中国人民公安大学出版社 1997 年版,第 498 页;杨春洗、杨敦先主编:《中国刑法论》(第 2 版),北京大学出版社 1998 年版,第 351 页。
④ 参见何秉松主编:《刑法教科书》,中国法制出版社 1997 年版,第 647 页;最高人民检察院办公厅编审:《中华人民共和国刑法释义与司法适用》,中国人民公安大学出版社 1997 年版,第 189 页;周振想编著:《刑法学教程》,中国人民公安大学出版社 1997 年版,第 34 页。
⑤ 参见中国检察理论研究所编写:《刑法新罪名通论》,中国法制出版社 1997 年版,第 34 页。
⑥ 参见张明楷:《"客观的超过要素"概念之提倡》,载《法学研究》1999 年第 3 期。
⑦ 参见张明楷:《"客观的超过要素"概念之提倡》,载《法学研究》1999 年第 3 期。
⑧ 参见李文燕、邓子滨:《论我国刑法中的严格责任》,载《中国法学》1999 年第 5 期。

于创新的精神是难能可贵的。但问题是这两种主张本身也存在很多不足。例如,就"客观的超过要素"而言,至少可提出以下三点质疑:首先,在《"客观的超过要素"概念之提倡》一文中,论者一方面强调"客观的超过要素"不同于德日等国的"客观处罚条件",但另一方面却又未能划清两者的界限。因为在德日等国,关于"客观处罚条件"是有争论的。诚如论者所言:有一种观点主张所有的客观处罚条件都是构成要件。在此情况下,其与论者提倡的作为构成要件的"客观的超过要素"是何关系?二者有无区别?其次,在该文中,论者要求行为人对"客观的超过要素"具有"预见可能性",这种"预见可能性"实质上是属于"犯罪心态"中的认识因素,而在"丢失枪支不报罪"以及类似的具有"客观的超过要素"的犯罪中,行为人对作为又一层结果的"客观的超过要素"的意志因素不外乎有两种:要么放任,要么轻信能够避免。如此,"认识因素"加"意志因素",岂不又回到了该文批判的"丢失枪支不报罪"既可能是过失,又可能是间接故意的观点上?这样,提出"客观的超过要素"还有什么意义?论者在回答这类疑问时的答案"总有难以被人接受的感觉",这种回答是很难有说服力的。最后,"客观的超过要素"是否会导致"客观归罪"不无疑问。试想,假如有两个依法配备公务用枪的人员都丢失了枪支,且都未及时报告,两人的心态、丢枪的情节完全一样,结果一人丢失的枪支未被人捡到或虽被捡到但未作为杀伤工具而未造成严重后果,另一人丢失的枪支被人捡到后用作杀伤武器而造成了严重后果,其结果是前者不构成犯罪而后者构成"丢失枪支不报罪",这合理吗?两人行为、心态完全相同,却有两种迥然不同的结果,而这种不同的结果又是由行为人无法控制的第三人的行为结果决定的,这难免落入"客观归罪"。鉴于"客观的超过要素"具有上述缺憾,笔者认为"客观的超过要素"的提法并未解决问题。

"严格责任"概念的提倡亦是同样的。具体体现在以下三个方面:第一,论者在《论我国刑法中的严格责任》一文中将我国刑法中的"严格责任"界定为:"在行为人主观罪过具体形式不明确时,仍然对其危害社会并触犯刑律的行为追究刑事责任的制度。"①据此,论者以为:我国刑法中的"严格责任"是指行为人主观上有罪过,只是其罪过形式究竟是"故意"还是"过失"不明确时,才冠之以"严格责任"的称谓,借此来追究行为人的罪过责任。论者的这一"严格责任"概念与"严格责任"的发源地英美刑法中的"严格责任"是完全不同的。作为一项刑法制度,"严格责任"是英美法系所特有的。大陆法系的犯罪构成理论原则上排斥严格责任。② "在当前我国刑事立法与司法实践中不存在严格责任,而且将来也不应采用严格责任。罪过责任始终是我国刑事责任的

---

① 李文燕、邓子滨:《论我国刑法中的严格责任》,载《中国法学》1999年第5期。
② 参见储槐植:《美国刑法》(第2版),北京大学出版社1996年版,第86页。

原则。"①英美刑法中的"严格责任(strict liability)"是指:"不要求蓄意、轻率、甚或疏忽过失作为犯罪行为的一个或多个要素的犯罪,这种犯罪有时亦被称为绝对禁止的罪。"②另有表述为"绝对责任(也就是严格责任——引者注)就是法律许可对某些缺乏犯罪心态的行为追究刑事责任。因此,绝对责任也就是无罪过责任(liability without fault)"③。第三种表述为:"……在这种情况下,被告本人虽然没有任何过错,但却要承担刑事责任。这种责任称为严格责任。"④尽管上述关于"严格责任"的界定措辞不尽相同,但本质含义则是一致的,即都要求在某些特殊的情况下,即使行为人主观上没有任何罪过,也可以追究其法律责任。这一点可从英美的一些刑事判例中得到佐证。在帕克诉阿德(Parker V. Alder)一案中,农民阿德通过铁路运输把牛奶发送给一位购买者,途中,一些阿德不认识的人在抽走一部分牛奶后,往牛奶罐中注入了一些水,结果阿德被判"销售不符合要求的食品罪"。在此案中,我们可以看到,阿德即使连过失也没有,但仍要承担刑事责任。因此,英美刑法中的严格责任是无罪过责任,这与论者主张的我国刑法中的"严格责任"是罪过责任迥然有异。论者使用了英美刑法中具有确定含义的"严格责任"概念,但却赋予其完全不同的内涵,这会造成学术研究的混乱,也不利于我们参与国际学术交流。第二,论者所提倡的严格责任与故意、过失的关系如何,不甚明了。也就是说,严格责任是与故意、过失并列的第三种罪过形式呢?还是故意、过失的上位概念?从全文的论述来看,论者似乎更倾向于后者。因为论者所主张的严格责任是在行为人主观心态究竟是故意还是过失不甚明确时,司法机关不必深究行为人的罪过如何,而直接以模糊的"严格责任"来达到定罪量刑的目的。如此,何不直接冠之以"罪过责任"的称谓,而一定要采取英美刑法中具有固定含义但又不赋予其同样内涵的"严格责任"呢?第三,"严格责任"的提倡不符合罪责刑相适应原则的要求。如前所述,论者所主张的"严格责任"是"罪过责任",但又不要求司法机关查明行为人的主观罪过形式如何。也就是说,不论行为人是出于故意还是过失,都一律予以同样的定罪和量刑,这与我国《刑法》第5条规定的罪责刑相适应原则是不相符的。而且论者主张我国刑法分则的近二十个罪名可以适用严格责任,范围如此之广是否会导致我国法制建设的破坏,不无疑问。众所周知,"严格责任"发端于英美刑法,但英美刑法中"严格责任"的适用范围是非常有限的。普通法上的严格责任主要有四类:①公害

---

① 陈兴良:《刑法哲学》,中国政法大学出版社1992年版,第200页。
② J. C. Smith and Brian Hogan, Criminal Law, Lexis Law Publishing (Va), 7th ed., 1992, p. 87: "Crimes which do not require intention、recklessness or even negligence as to one or more elements in the actus reus are known as offences of strit liability or, sometimes, 'of absolute prohibition'." See also Glanville Williams, Textbook of Criminal Law, p. 905: "offences not requiring fault are said to be offences of strict, or absolute, liability."
③ 储槐植:《美国刑法》(第2版),北京大学出版社1996年版,第86页。
④ 〔英〕鲁珀特·克罗斯、〔英〕菲利普·A.琼斯:《英国刑法导论》,赵秉志等译,中国人民大学出版社1991年版,第67页。

(public nuisance)、②刑事诽谤(criminal libel)、③藐视法庭(contempt of court)、④亵渎神灵(blasphemy)。① 制定法上,一般而言,要求所有的犯罪必须具有故意、过失等犯意。但在一些制定法,尤其是产品责任法中也有一些严格责任的规定。这些规定主要集中在一些涉及人民大众的健康和福利的领域内,例如,通货膨胀(inflation)、危险药品(dangerous drugs)、道路交通(road traffic)和环境污染(pollution)。② 可见英美刑法中严格责任的范围较之论者所主张的我国刑法中严格责任的范围显然要小得多。论者一方面主张严格责任是罪过责任,且不必区分行为人的主观心态是故意还是过失,另一方面又不适当地扩大其适用范围,其运作的结果是否会导致我国法制的破坏,值得深思。

综上,无论是"客观的超过要素"还是"严格责任",都不能彻底解决我国刑法中这种由于立法而导致的理论上的困惑。治病必须找准病因,对症下药。笔者认为这种理论困惑的"病因"主要在于刑法在界定犯罪概念时引入了"定量因素"。倘若我们舍去犯罪概念中的定量因素而把"丢失枪支不报罪"界定为"依法配备公务用枪的人员丢失枪支不及时报告的,处……"而把是否"造成严重后果"作为量刑情节予以考虑,立法解决定性问题,司法解决定量问题,那么这些"困惑"将不再成为"困惑",学者们亦不会再陷入难以自圆其说的解释尴尬的窘境。③

(2)导致最高司法机关司法解释权的膨胀和地方司法机关自由裁量权的萎缩。我国刑法中某些具体犯罪的概念虽然引入了定量因素,但反映在条文中,往往只是采取一些诸如"数额较大""数额巨大""情节严重""造成严重后果"等模糊性规定,未能精细地予以量化。这给司法实践的运作带来了不便,各地司法机关在认定这些犯罪时往往自立标准,各行其是,结果造成了执法上的混乱。鉴于这种情况的存在,最高司法机关先后颁布了一系列的司法解释,对一些行为构成犯罪必须达到的数量界限明确地予以规定,而且随着1997年刑法在实践中的进一步运用,最高司法机关的这种司法解释权必将进一步扩大。例如,关于《刑法》第168条、第188条、第189条、第403条、第404条、第405条、第406条等条文中规定的"造成较大损失""造成重大损失"的标准,都必须依赖最高司法机关在司法解释中予以明定。这些司法解释一方面补充了立法的不足,使各地司法机关在处理具体案件时有了统一的量定标准,但另一方面,过于膨胀的

---

① See J. C. Smith and Brian Hogan, Criminal law, Lexis Law Publishing (Va), 7th ed., 1992, pp. 87-88.
② See J. C. Smith and Brian Hogan, Criminal law, Lexis Law Publishing (Va), 7th ed., 1992, pp. 92-98.
③ 刑法中其他具有定量因素的犯罪均可采用类似的方法予以界定。例如,第187条的"用帐外客户资金非法拆借、发放贷款罪"可以界定为:"银行或者其他金融机构的工作人员以牟利为目的,采取吸收客户资金不入账的方式,将资金用于非法拆借,发放贷款的"而把是否"造成重大损失"作为量刑情节予以考虑;第188条的"非法出具金融票证罪"可以界定为:"银行或其他金融机构的工作人员违反规定,为他人出具信用证或者其他保函、票据、存单、资信证明的";等等。

"两高"司法解释也不当地限制了地方司法机关的自由裁量权。例如,根据 1997 年 11 月 4 日通过的最高人民法院《关于审理盗窃案件具体应用法律若干问题的解释》的规定,个人盗窃公私财物价值人民币 500 元至 2000 元以上的,为数额较大。该解释又指出:"盗窃公私财物接近'数额较大'的起点,具有下列情形之一的,可以追究刑事责任:1. 以破坏性手段盗窃造成公私财产损失的;2. 盗窃残疾人,孤寡老人或者丧失劳动能力人的财物的;3. 造成严重后果或者具有其他恶劣情节的。"这样,最高人民法院的司法解释就把"盗窃数额"作为决定行为是否构成犯罪的主要依据。这种"唯数额论"的司法解释逻辑演绎的结果必然是地方司法机关在处理具体的盗窃案件时,往往只限于或主要限于对"盗窃数额"大小的关注,而忽视对盗窃行为其他情节——诸如盗窃财物的性质、受害人的经济状况、盗窃的手段、目的、动机、行为人平时的一贯表现等——的考察。其只会造成定罪量刑上的不合理。试想,假如有两个盗窃犯,其中一个因下岗而生活无着落,为了生存而盗窃自己原单位价值 500 多元的财物;另一个一贯游手好闲,有班不上,采取溜门撬锁的手段盗窃一孤寡老人价值 200 元的财物,致使老人因财物被盗而生活困难。从盗窃行为发生的原因和受害人的经济状况来看,前者的社会危害性明显小于后者,但结果是前者因达到上述司法解释中规定的"数额较大"的标准而构成盗窃罪,后者因未达到"接近数额较大"的标准而不构成盗窃罪,这合理吗?这种定罪失当的症结就在于司法解释在明确刑法中一些犯罪概念的定量因素时,不适当地强化了"数量"在定罪中的作用,从而束缚了地方司法机关对其他犯罪情节的考察。好在立法、司法机关已经注意到了这个问题①,但笔者认为,要想从根本上纠正这种因"两高"司法解释权膨胀而致的地方司法机关自由裁量权的萎缩,进而造成的司法不公正现象,唯限制刑法中犯罪概念的定量因素以外,别无他途。

(3) 导致刑事法网粗疏,不利于控制和预防犯罪。"严而不厉"和"厉而不严"都是刑法结构的模式。"严"是指严密刑事法网,严格刑事责任;"厉"主要指刑罚苛厉,刑罚过重。② 我国 1979 年刑法颁行以后,由于改革开放和社会主义市场经济的发展,社会生活发生了巨大的变化,新的犯罪现象不断出现。为了适应同这些犯罪作斗争的需要,全国人民代表大会常务委员会又相继通过了一系列的决定和补充规定。这些决定和补充规定一方面加重了有些犯罪的法定刑,另一方面又对一些多发性犯罪提高了起刑线(构成犯罪的数额起点),从而使我国刑法在整体上呈现出"厉而不严"的结构性特点。这种"厉而不严"的刑法模式运作的实际结果是:使得我国的社会治安状况陷入犯罪量和刑罚量交替上升的怪圈。有鉴于此,笔者早在 20 世纪 80 年代就曾指出:刑法修

---

① 1997 年《刑法》第 264 条盗窃罪中关于"情节"的规定以及 1997 年 11 月 4 日通过的最高人民法院《关于审理盗窃案件具体应用法律若干问题的解释》中关于"情节"的详细解释,已反映出立法、司法机关对"情节"在定罪中作用的重视。

② 参见储槐植:《刑事一体化与关系刑法论》,北京大学出版社 1997 年版,第 305 页以下。

订势在必行,并认为刑法修订的关键在于调整政策思想,用"严而不厉"的模式取代原来的"厉而不严"的模式。① 对此主张,笔者始终坚持认为是正确的。因为这一主张与我国历来强调的惩办与宽大相结合的刑事政策是完全吻合的。所谓"惩办",就是严密刑事法网,严格刑事责任,做到法网恢恢,疏而不漏;所谓"宽大",就是刑罚宽容,不苛厉。1997 年《刑法》的一些具体规定已在某种程度上贯彻了"严而不厉"的思想,例如死刑条款的削减(包括不满 18 周岁不适用死刑等)、罚金刑适用量的增多,累犯从重处罚以及对累犯不适用缓刑和有条件地不予假释的规定等。然而,这一刑事政策思想在1997 年刑法中并没有得到充分体现,具体表现在一些犯罪构成定量因素的存在不适当地稀松了法网,使得许多犯罪分子从法网边缘轻松而过,不利于打击和预防犯罪。实践证明,法网严密,刑法提高定罪率(扩大犯罪圈)比单纯增加刑罚量(提高法定刑)更能有效地控制犯罪的发生。②

三、传统法文化与现实的冲突——定量犯罪概念的取舍

通过上文分析可知,定量犯罪概念本身是毁誉参半、利弊兼有的。而且从总体上看,很难衡量定量犯罪概念究竟是利大于弊,还是弊大于利。但这丝毫不影响我们对我国刑法中是否应存定量犯罪概念作出科学的选择。首先,我国自古沿袭下来的并且影响广远的"法不治众"的文化传统要求我们的刑事立法必须以缩小打击面为宗旨,注重刑法的谦抑性。而达致缩小打击面最为简约的方式便是从犯罪构成的量上进行控制,把没有达到一定"数量界限"的危害行为排除在犯罪圈之外。因此,可以说我国刑法中定量犯罪概念的存在是我国传统法文化的当然体现。只要这种传统法文化在广大社会公众中的影响依然存在,那么刑法中就不应轻易地彻底舍弃犯罪概念的定量因素。其次,现实社会的发展水平决定了人类的认识能力到目前为止还是非常有限的。在人们尚不能够对犯罪行为的社会危害性精细地予以量化以及"数量因素"在大多数场合还不是决定行为社会危害性程度的唯一甚或主要因素的情况下,在刑法中过多地引入定量犯罪概念又是不科学的。因此,笔者的结论是:传统的法文化与现实的冲突决定了在我国刑法中,定量犯罪概念应该有一席之地,但其范围应该受到严格限制。

至于我国刑法中哪些犯罪概念可以含定量因素,哪些犯罪概念不应含定量因素,笔者认为以下设计不失为一种可行的选择:(1)分则第三章破坏社会主义市场经济

---

① 参见储槐植:《严而不厉:为刑法修订设计政策思想》,载《北京大学学报(哲学社会科学版)》1989 年第 6 期。
② See Sanford H. Kadish, Encyclopedia of Crime and Justice, Free Press, 1983, p. 318.

秩序罪中的多数犯罪可以采用"立法定性又定量"的模式。原因是经济犯罪与传统的财产犯罪不同。"经济犯罪'过程'同经济发展运动相联系,从宏观观察是利弊交织的(这同具体案件的认定与量刑不是一回事)。经济活动的合法与非法、罪与非罪界限之确定具有很强的政策性。如果界限过严,那么,可能造成在遏止经济违法犯罪活动的同时,也遏止了市场经济参与者从事经济活动积极性的结果。"①因此,鉴于经济犯罪这种利弊交织的特点,加之经济犯罪的犯罪分子的主观恶性较之传统的财产犯罪、性犯罪、杀人罪、伤害罪等犯罪的犯罪分子的主观恶性往往要小得多,所以立法在决定经济领域中某类行为是否是犯罪行为时,必须从严把握。而"定量犯罪概念"的引入无疑是进行这种"从严把握"的最为简便的工具。例如,当某一时期的经济形势决定某类经济违法行为的社会危害性不那么严重时,我们就可以调高构成犯罪的起刑线,把绝大多数没有达到起刑线的该类经济违法行为排除在犯罪圈之外;反之,当另一时期的经济形势决定此类经济违法行为的社会危害性非常严重时,我们又可以调低构成犯罪的起刑线,把绝大多数这类经济违法行为纳入刑法视野,由刑法进行调整。这种简便的方法对于节约刑事司法资源,保障社会主义市场经济的顺利发展无疑是非常必要的。同时,在经济犯罪中使用定量犯罪概念也是可行的。因为经济犯罪大多涉及金钱数额,加之经济犯罪分子的道义可谴责性小,因此,"数额的大小"往往是决定经济犯罪社会危害性程度的主要因素。在此情况下,使用定量犯罪概念不会导致或枉或纵的结果。(2)除分则第三章中某些经济犯罪以外的其他罪,包括盗窃罪、诈骗罪和抢夺罪等传统的财产犯罪在内,均应采用"立法定性,司法定量"的模式。理由是:第一,这类犯罪不像利弊兼有的经济犯罪那样,公众凭一般的社会伦理观念即可知晓其犯罪性,在价值判断上应与经济犯罪有所区别;第二,这类犯罪社会危害性的大小往往是由多种因素综合决定的,"数额"不是决定这类犯罪社会危害性程度的主要因素。在此情况下,如果立法对这类犯罪采取既定性又定量的模式,往往会不适当地强化"数量"在定罪中的作用。这样做的结果是一方面束缚了司法机关在处理具体案件时对"数量"以外的其他情节的考察,不适当地限制了司法机关的自由裁量权,另一方面也必然会使我国刑法的运作因罪刑法定原则而变得僵化。有鉴于此,笔者认为,对于我国刑法中经济犯罪以外的其他犯罪,立法时均应采取"只定性而不定量"的模式。(3)如上所述,因分则中有的经济犯罪概念既含有定性因素,又含有定量因素,所以为了与分则的规定相对应,总则第13条中作为犯罪一般概念之定量因素的"但书"仍可保留。

---

① 杨敦先、谢宝贵主编:《经济犯罪学》,中国检察出版社1991年版,第33页。

善待社会危害性观念

——从我国刑法第 13 条但书说起*

众所周知,20 世纪五六十年代的中国刑法学几乎是苏联刑法学的翻版。1979 年刑法颁布后,我国刑法学者在模仿苏联教科书的基础上,参照 1979 年的刑法体系,吸收司法实践经验建立了我国的刑法学体系并沿用至今。这种刑法学体系的一个突出特点是以社会危害性为中心,有关犯罪与刑罚的一切问题都根据犯罪的社会危害性来解释。因此,我国传统的刑法理论可以称为社会危害性理论,我国传统的刑法学体系可以称为"社会危害性中心论"的刑法学体系。[①] 10 余年前,我国刑法学者开始反思苏联刑法模式,提出"建立具有中国特色的社会主义刑法学体系"的口号并进行了不懈的努力。在这样的理论氛围中,作为传统刑法学基石性概念的社会危害性开始受到质疑和挑战。最近,有学者指出,"社会危害性"这类对犯罪规范外的实质定义的致命弱点在于,在这个基础上建立起来的犯罪体系完全依赖于行为的规范属性,因而,它又从本质上放弃了犯罪的实质概念。如果我们宣称犯罪的本质在于行为的社会危害性,显然,危害社会的并不都是犯罪,那么区别犯罪与其他危害社会行为的唯一标准就不可避免地只能决定于刑法是否禁止这个行为,也就是行为的形式违法性。这种所谓实质认识由此也就成了一种文字游戏般的东西,其实质变成了由法律形式所决定的,因此也就是形式犯罪而已。换言之,社会危害性的认定在这种理论中完全依赖于行为的形式违法性。[②] 另有学者指出,1997 年刑法确立的罪刑法定原则为犯罪概念的确立提供了一定的规范标准,而我国刑法中犯罪概念则采社会危害性标准,这就导致社会危害性与罪刑法定的冲突。[③] 更有学者认为,应将社会危害性逐出注释刑法学的领域,以法

---

* 原载《法学研究》2002 年第 3 期,与张永红合作。
① 参见陈兴良:《刑法哲学》,中国政法大学出版社 1992 年版,第 671 页以下。
② 参见李海东:《刑法原理入门(犯罪论基础)》,法律出版社 1998 年版,第 7 页。由于该书的某些观点具有较大的影响,所以有必要专文予以探讨。
③ 参见樊文:《罪刑法定与社会危害性的冲突——兼析新刑法第 13 条关于犯罪的概念》,载《法律科学(西北政法学院学报)》1998 年第 1 期。

益和法益侵害的概念取代之。① 在上述学者对社会危害性弃之如敝屣的情况下,也有学者论证了社会危害性与罪刑法定原则的一致性,为我国犯罪概念的科学性作了辩护。② 但声音微弱,孤掌难鸣。矫枉有时需要过正,但若"太""过正"却也会走向反面,本身成为"枉"。笔者有感于刑法学界目前对于社会危害性批评一边倒的情势,认为应该善待我国刑法中的社会危害性观念。因为社会危害性理论首先表现在对犯罪本质特征的界定上,犯罪概念是反思社会危害性理论的一个基本视角③,所以,本文从《刑法》第13条犯罪概念的但书展开论述。

一、但书的内容

我国《刑法》第13条中规定"但是情节显著轻微危害不大的,不认为是犯罪"。这就是但书的内容,具体言之,可分为两部分:

1. 条件——情节显著轻微危害不大

情节,指除客观损害结果外影响行为社会危害程度的各种情况(包括犯罪构成要件),如行为的方法、手段、时间、地点,行为人的动机、目的、一贯表现等。④

---

① 参见陈兴良:《社会危害性理论———一个反思性检讨》,载《法学研究》2000年第1期。先说一句,要将社会危害性逐出注释刑法学领域,除非将刑法分则犯罪概念的定量因素和《刑法》第13条但书也一并逐出刑法领域,而这是不可能的,而且在价值取向上也得不偿失。另外,法益到底是什么?法益与社会危害性究竟是什么关系? 也并非很容易说清楚的问题。本文旨不在此,故对此不欲展开,聊引李斯特和耶赛克几段关于法益和犯罪本质的论述供读者参考。"如同每一种不法行为一样,犯罪也是反社会的行为,即使犯罪行为直接针对某个特定的人,它也是对社会本身的侵犯。""实质违法是指损害社会的(反社会的)行为。""只有当其违反共同生活目的之法制时,破坏或危害法益才在实体上违法;对受法律保护的利益的侵害是实体上的违法,如果此等利益是与法制目的和人类共同生活目的相适应的。"([德]弗兰茨·冯·李斯特:《德国刑法教科书》,徐久生译,法律出版社2000年版,第5页,第201页,第202页。)"在法益侵害中存在对共同关系的损害,此等损害表明将犯罪行为表述为'危害社会的行为'是正确的。""法益必理解为受法律保护的社会秩序的抽象价值,维护该价值符合社会的共同利益,而无论该价值的主体是个人,还是社会。"([德]汉斯·海因里希·耶赛克、[德]托马斯·魏根特:《德国刑法教科书(总论)》,徐久生译,中国法制出版社2001年版,第288页,第316页。)

② 参见李立众、李晓龙:《罪刑法定与社会危害性的统一———与樊文先生商榷》,载《政法论丛》1998年第6期;李立众、柯赛龙:《为现行犯罪概念辩护》,载《法律科学(西北政法学院学报)》1999年第2期。

③ 参见陈兴良:《社会危害性理论———一个反思性检讨》,载《法学研究》2000年第1期。

④ 我国刑法学界对情节(犯罪情节)存在不同理解,归纳起来,大致有如下四种:(1)情节是指决定行为社会危害程度的一切主客观方面的因素(包括犯罪构成);(2)情节是指犯罪构成共同要件以外的事实;(3)情节是指犯罪构成要件以外的事实;(4)情节是指犯罪构成的共同要件。参见郑伟主编:《新刑法学专论》,法律出版社1998年版,第426页。但书的实质是将符合具体犯罪构成但社会危害性不大的行为排除在犯罪圈之外,而社会危害性及其程度不仅由犯罪构成要件(包括犯罪构成的共同要件和具体犯罪的特殊要件)来说明,而且要由犯罪构成要件以外的事实情况来说明。所以,作为说明行为社会危害性较小的"情节显著轻微危害不大"应作为一个整体来理解,如果认为"危害不大"是指社会危害性不大,那么无论对"情节"作何种理解,"情节显著轻微"的规定都是多余的;如果认为"危害不大"是指客观损害结果不大,那么,这里的"情节"显然应该指除损害结果外一切能表明行为社会危害性大小的因素,包括犯罪构成要件。

我国刑法对情节作了程度不等的各种表述,计有情节特别恶劣、情节恶劣、情节特别严重、情节严重、情节较轻、情节轻微和情节显著轻微七种。应注意区分情节较轻、情节轻微和情节显著轻微三种情况。情节较轻(如《刑法》第111条)一般是作为从轻处理的条件,即对已经构成犯罪的行为适用较低档次的法定刑;情节轻微(《刑法》第37条),是免予刑事处罚的条件,即对已经构成犯罪的行为不予刑事处罚,而根据案件的不同情况,予以训诫或者责令具结悔过、赔礼道歉、赔偿损失,或者由主管部门给予行政处罚或行政处分;情节显著轻微,则可能不认为是犯罪。情节轻微从表面上看,似乎仅比《刑法》第13条但书规定中的情节显著轻微高一个档次,但实际上两者有质的差别。情节轻微以行为已经构成犯罪为前提,而情节显著轻微则可能属于非罪的事实情况范围,是区分罪与非罪的情节。可见,情节显著轻微较之于情节较轻和情节轻微,在程度上更轻,处理上也有所不同。至于什么是情节显著轻微,应当根据案件的具体情况,全面考虑,加以确定。

危害不大,依照我们的理解,是指行为的客观危害结果不大。有论者认为,这里的"危害"包括主观与客观的综合指标。其中主观包括罪过、主观恶性、人身危险性;客观包括行为及其危害结果等。[①] 笔者认为这种观点值得商榷,因为对"危害"一词的这种理解,显然将其等同于社会危害性,而社会危害性是涵括情节在内的,所以,如果将《刑法》第13条中的危害不大视为社会危害性不大且与情节显著轻微并列,是一种不必要的重复。因此,将这里的危害限定于客观危害结果是妥当的。

那么,如何理解情节显著轻微和危害不大的关系呢?笔者认为,情节侧重说明行为人的主观恶性(当然也在一定程度上说明了行为的客观危害性),而危害侧重说明行为的客观后果,二者相结合就构成了社会危害性的全部内涵。因此,在适用《刑法》第13条但书时,必须同时具备情节显著轻微和危害不大这两个条件,仅有情节显著轻微或者危害不大是不能适用但书的。如扳道工嗜睡忘记扳道致使两列火车相撞死伤多人,属忘却犯(疏忽大意过失的不作为犯),尽管情节显著轻微,但是客观损害结果十分严重,不宜适用但书;又如妻子因奸情出于杀人目的给丈夫下毒却误将白糖当作毒药,属不能犯(工具不能犯),尽管没造成客观损害后果,但情节比较恶劣,也不宜适用但书。

2. 结果——不认为是犯罪

不认为是犯罪,就是指情节显著轻微危害不大的行为,法律确定其不是犯罪。这里的不认为是犯罪,意思等于不是犯罪。有人认为这里规定的"不认为是犯罪",是指某种行为已经构成犯罪,仅仅是不作为犯罪处理。这种认识值得商榷。在1979年刑法

[①] 参见张小虎:《人身危险性与客观社会危害显著轻微的非罪思辨:我国〈刑法〉第13条之出罪功能》,载《中外法学》2000年第4期。

起草过程中,历次讨论稿、修改稿中,对表述不认为是犯罪的写法曾经有过多次变动。有的稿中表述为"不以犯罪论处",有的表述为"可不以犯罪论处"或"可不认为是犯罪",等等,这些表述极易理解为已构成犯罪,仅仅是不按犯罪处理。1979 年刑法采纳不认为是犯罪的表述,1997 年刑法予以保留。但是由于它在形式上与分则某条文的特征相同,所以强调写了"不认为"。如果把"不认为"理解成行为已经构成犯罪,而仅仅是从宽处理,那就同犯罪的定义相矛盾,并且与《刑法》第 37 条的规定相冲突。

二、但书的渊源

但书从何而来,这是研究但书时不可回避的问题。笔者认为,但书直接渊源于《苏俄刑法典》犯罪概念的附则,但其深层的渊源则是我国"法不治众"的传统法文化。

1. 直接渊源——《苏俄刑法典》犯罪概念的附则

1926 年《苏俄刑法典》第 6 条规定了犯罪的实质概念,其附则规定:"对于形式上虽然符合本法典分则某一条文所规定的要件,但因显著轻微,并且缺乏损害结果,而失去危害社会的性质的行为,不认为是犯罪行为。"1960 年的《苏俄刑法典》第 7 条(犯罪概念)的第 2 款基本上相当于上述附则,规定:"形式上虽然符合刑事法律所规定的某种行为的要件,但是由于显著轻微而对社会没有危害性的行为或不作为,不认为是犯罪。"在刑事立法史上,刑法总则犯罪定义后面附加这样的内容,是一项首创,对指导司法实践以不扩大打击面有积极意义。我国 1979 年《刑法》第 10 条但书的形成显然受到上述附则的启发,这可从我国 1979 年刑法的立法过程得到证明。

1954 年中央人民政府法制委员会拟定的《中华人民共和国刑法指导原则草案》第 1 条在犯罪概念中规定:"情节显然轻微并且缺乏危害后果,因而不能认为对社会有危险性的行为,不认为犯罪。"1956 年全国人民代表大会常务委员会办公厅法律室拟定的《中华人民共和国刑法草案》(第 13 次稿)第 8 条在犯罪概念中规定:"行为在形式上虽然符合本法分则条文的规定,但是情节显著轻微并且缺乏社会危害性的,不认为是犯罪。"不难看出,上述但书的内容与 1926 年《苏俄刑法典》第 6 条附则和 1960 年《苏俄刑法典》第 7 条第 2 款如出一辙。1957 年全国人民代表大会常务委员会法律室拟订的《中华人民共和国刑法草案》(第 21 次稿)第 10 条在犯罪概念中规定:"但是情节显著轻微危害不大的,不以犯罪论处。"此后的刑法草案第 22 次稿、第 27 次稿、第 30 次稿、第 33 次稿、第 36 次稿、第 37 次稿和第 38 次稿都作了与第 21 次稿基本相同的规定。① 从以上对 1979 年刑法立法过程的粗略描述中,我们可以清楚看到我国刑法在但

---

① 参见高铭暄、赵秉志编:《新中国刑法立法文献资料总览》,中国人民公安大学出版社 1998 年版,第 136 页以下。

书规定上对《苏俄刑法典》的模仿,尽管这种模仿并不是一味照搬,而是在原有基础上有所变动。① 当然,仅以立法规定上的相似性来论证我国刑法犯罪概念中的但书源于《苏俄刑法典》还是不够的,应该说明的是,中华人民共和国成立之初,受当时国内外政治局势影响,法制建设基本照搬当时的社会主义国家——苏联的模式,刑法学领域当然也完全以苏联为师,其影响非常深远,经历"打砸抢""砸烂公检法"的"文化大革命"十年后制定的刑法仍然可见苏联刑法的影响。② 因此,这种情况下立法规定的相似性完全可以认为是对苏联刑事立法学习的结果。

2. 文化渊源——法不治众的刑法文化传统

刑法传统离不开法文化。中华法文化历来缺乏西方国家那样的自然法精神和权利意识,在社会结构上从来没有形成独立于政治国家之外的市民社会(公民社会),因而最能体现国家权力的刑法得到了过分的发展。在我国的法文化中,法即刑的观念影响深远。刑法权(刑罚权)膨胀是我国刑法传统最基本的特征。③ 而我国古代社会的刑罚苛酷又为人所熟知。我国的奴隶制五刑墨、劓、剕、宫、大辟,都是肉刑和生命刑;封建制五刑笞、杖、徒、流、死也以生命刑和肉刑为主。重刑决定了刑法打击面不能太宽泛,否则会造成社会公众与政权的全面对抗,最终动摇统治基础并颠覆政权。法不治众的统治策略因此得以形成,其现代表述形式是缩小打击面,而达致缩小打击面最为简约方式便是从犯罪构成的量上进行控制,把没有达到一定"数量界限"的危害行为排除在犯罪圈之外。因此,可以说我国刑法中定量犯罪概念的存在是我国传统法文化的当然体现。④ 应该指出,法不治众的策略是在以重刑政策为基础的条件下对重刑弊端的某种补救,因为"治"意味着处死或其他重刑。如果刑法不以重刑为基础,"打击"仅是定罪法办,定罪法办未必都重刑,而且在刑事司法各阶段均许可司法机关采取转处(diversion)方法,即通过正规程序以外的方法来处理罪案,那么"缩小打击面"的提法不仅不必要,甚至有异化为"纵容犯罪"之虞。⑤

三、但书与我国刑法中的犯罪概念

在刑法学界,通行犯罪概念的三特征是:社会危害性、刑事违法性和应受刑罚处罚性。这些都是定性分析。虽然在解释刑事违法性或应受刑罚处罚性时也常附有"行为

---

① 附则规定的是"缺乏损害结果,而失去危害社会的性质",对社会没有危害;但书规定的是"危害不大",对社会有危害。
② 参见单长宗等主编:《新刑法研究与适用》,人民法院出版社 2000 年版,第 45 页。
③ 参见储槐植:《议论刑法现代化》,载《中外法学》2000 年第 5 期。
④ 参见储槐植、汪永乐:《再论我国刑法中犯罪概念的定量因素》,载《法学研究》2000 年第 2 期。
⑤ 参见杨春洗主编:《刑事政策论》,北京大学出版社 1994 年版,第 35 页。

的社会危害性达到了某种严重程度"这样的说明,但任何一个特征本身都不标明定量因素。从本源上看,一定程度的社会危害性是刑事违法性和应受刑罚处罚性的前提,国家给予刑罚是表明对行为构成犯罪的社会危害程度的确认。因此,不能倒果为因,在表述犯罪概念时不能以刑事违法性和应受刑罚处罚性这些特征来替代、包含社会危害的"程度"这个本源素质。

据此,笔者认为,在学术上给犯罪下定义时,把我国《刑法》第13条但书概括进去,才能准确体现立法原意。因此,我国刑法中犯罪的科学概念应当是:犯罪是社会危害性达到一定程度而应予刑罚制裁的违法行为。

作为历史现象的犯罪,是一种违法行为,其法律标尺是应受刑罚制裁,国家作出这种价值判断的客观依据是行为达到了一定程度的社会危害性。这体现的是犯罪概念的三特征。

通行的犯罪学术定义本身不能确切反映我国刑法的立法精神,因为它没有包含《刑法》第13条但书的本意。但书是第13条犯罪立法定义的必要组成部分,它把人类认识发展史上取得的新成就"定量分析"引入刑法领域,具有重大的理论和实践价值。[①]

强调但书是犯罪立法定义的有机组成部分,对于正确理解我国刑法中的犯罪概念有着非常重要的意义。刑法理论界有人认为犯罪的立法定义存在逻辑上的矛盾。该论者指出,"一切危害国家主权……都是犯罪,但是情节显著轻微危害不大的,不认为是犯罪"。从这样的立法定义分析,除了"一切"之后所列的六类行为外,均不是犯罪;在"一切"这样的外延之下,但书是不应该存在的,要用"一切"就不能用但书,要用但书就不能用"一切"。[②] 笔者认为,这种观点的不当之处在于没有把但书纳入我国刑法对犯罪的立法定义之中,把《刑法》第13条的前段当成了立法定义的全部,认为它已经划定了犯罪圈。而实际情况是,我国刑法中犯罪圈的划定是由《刑法》第13条的前段和但书两段结合共同完成的。根据前段,一切具有社会危害性、刑事违法性和应受刑罚处罚性的行为都是犯罪,这就大致框定了我国刑法的犯罪圈,但框入圈内的行为有些并非犯罪;根据但书,那些已被框入圈内但情节显著轻微危害不大的行为,不认为是犯罪,就将一部分行为排除出去,这才是最终划定的犯罪圈。因此,对我国刑法关于犯罪的立法定义完整的理解是:除了情节显著轻微危害不大的行为外,一切危害国家主权……都是犯罪。

[①] 参见储槐植:《刑事一体化与关系刑法论》,北京大学出版社1997年版,第268页。
[②] 参见樊文:《罪刑法定与社会危害性的冲突——兼析新刑法第13条关于犯罪的概念》,载《法律科学(西北政法学院学报)》1998年第1期。

四、但书的功能

我国刑法的一般犯罪概念含有定量因素,而具体犯罪概念有的含定量因素,有的不含定量因素。含有定量因素的具体犯罪概念,与犯罪的一般概念显然具有一致性,而不含定量因素的具体犯罪概念,则与一般犯罪概念间存在差异。这种差异是不能由我国的犯罪构成理论加以弥补的。众所周知,我国的犯罪构成理论是以苏联的理论为蓝本建立起来的。但苏联刑法中的犯罪概念(无论是总则的一般犯罪概念还是分则的具体犯罪概念)都不含有定量因素[①],所以这种以定性分析为根基的犯罪构成理论并无不妥之处。而我国刑法总则的一般犯罪概念含有定量因素,所以,对于分则那些不含定量因素的具体犯罪概念来说,以定性为根基的犯罪构成理论就显得捉襟见肘了。这时就凸现了但书的功能。概而言之,但书的功能有二:

1. 照应功能

我国刑法中具体犯罪含有定量因素的可分为两类:第一类直接规定了数量限制,如盗窃罪、诈骗罪和抢夺罪等。法条数虽不多,但它们在全部刑事案件中占绝对比重。第二类是在法律条文中写明"情节严重的""情节特别恶劣的"或"造成严重后果的"才应受刑罚制裁的罪。例如《刑法》第 129 条的"丢失枪支不报罪"、第 139 条的"消防责任事故罪"、第 216 条的"假冒专利罪"等。这类罪实际上多是内含定量限制的罪,占刑法分则罪刑条款的半数以上。如果把第一类直接规定数量限制的罪和第二类内含数量限制的罪相加,约占我国刑法分则条款数的三分之二以上。因此,内含定量因素的具体犯罪概念在我国刑法中占绝对比重。[②] 上述具体犯罪概念中的定量因素,是总则一般犯罪概念中定量因素——但书的体现,将这些定量因素作为具体犯罪概念的一部分,在认定犯罪时便体现了但书的照应功能。

2. 出罪功能

除了上述约三分之二含有定量因素的犯罪,我国刑法分则尚有不足三分之一的犯罪不含定量因素。这些不含定量因素的犯罪又大致可以分为两类:第一类是行为本身性质严重,足以反映其社会危害程度的犯罪。如杀人罪、强奸罪、抢劫罪、放火罪、投毒罪等。第二类是行为本身性质并不严重,不足以反映其社会危害程度的犯罪。如《刑法》第 253 条第 1 款的私自开拆、隐匿、毁弃邮件、电报罪。对于第二类罪,是否行为符合构成要件犯罪便成立呢?试以私自开拆、隐匿、毁弃邮件、电报罪为例,如果行为人

[①] 1997 年施行的《俄罗斯联邦刑法典》分则部分某些具体犯罪含有定量因素,如第 171 条规定的"非法经营罪"、第 172 条规定的"非法从事银行活动罪"、第 173 条规定的"虚假经营活动罪"、第 176 条规定的"非法取得贷款罪"。

[②] 参见储槐植、汪永乐:《再论我国刑法中犯罪概念的定量因素》,载《法学研究》2000 年第 2 期。

出于集邮的爱好,将一邮件上邮票剪下,然后将此邮件隐匿,而该邮件并无特别重要性,亦未造成其他危害。显然,上述情况已完全符合私自开拆、隐匿、毁弃邮件、电报罪的构成要件,按照我国的犯罪构成理论,应认定为犯罪并应受刑罚处罚。然而实践中此类行为绝不可能被定罪,甚至连治安管理处罚的标准也够不上,至多给予纪律处分。这时,便需注意但书的作用了。尽管上述行为已经符合该罪构成要件,但因其情节显著轻微危害不大,因此不认为是犯罪。这就将原本要认定为犯罪的行为排除出去,我们称之为出罪功能。

那么对于上述第一类不含定量因素的犯罪,但书是否就丧失了这种功能呢?笔者对此持否定回答。因为这类犯罪虽然行为性质比较严重,但并非仅实施该行为就足以断定其社会危害已经达到应受刑罚处罚的程度。试以我国第一例"安乐死"案件的判决为例,陕西省汉中市人民法院一审认为,被告人王某在其母夏某病危濒死的情况下,再三要求主管医生蒲某为夏某注射药物,让夏无痛苦死去,虽属故意剥夺夏某生命权利的行为,但情节显著轻微危害不大,不构成犯罪。被告人蒲某在王某的再三请求下,亲自开处方并指使他人给垂危病人夏某注射促进死亡的药物,其行为亦属故意剥夺公民生命权利的行为,但其用药量属正常范围,不是造成夏某死亡的直接原因,情节显著轻微危害不大,不构成犯罪,故于 1991 年 4 月 6 日判决,宣告蒲某、王某无罪。汉中地区中级人民法院二审确认了这一判决。①

但书是社会危害性的载体,然而上述两例中却发挥了与罪刑法定原则一样的人权保障功能,这不能不让我们重新思考社会危害性与罪刑法定原则的关系。

---

① 该案案情如下:被告人王某之母夏某长期患病,1984 年 10 月曾经被医院诊断为肝硬化腹水。1987 年年初,夏某病情加重,腹胀伴严重腹水,多次昏迷。同年 6 月 3 日,王某与其姐妹商定,将其母送往汉中市传染病医院住院治疗,被告人蒲某为主管医生。蒲某对夏某的病情诊断结论是:(1)肝硬化腹水(肝功失代偿期、低蛋白血症);(2)肝性脑病(肝肾综合征);(3)渗出性溃疡并褥疮 2~3 度。医院当日即开出病危通知书。蒲某按一般常规治疗,进行抽腹水回输后,夏某的病情稍有缓解。6 月 27 日,夏某病情加重,表现为痛苦烦躁,喊叫想死,当晚惊叫不安,经值班医生注射了 10 毫克安定后方能入睡。6 月 28 日昏迷不醒。8 时许,该院院长雷某查病房时,被告人王某即问雷某其母是否有救。雷某回答:"病人送得太迟了,已经不行了。"王某即说:"既然我妈没救,能否采取啥措施让她早点咽气,免受痛苦。"雷某未允许,王某坚持己见,雷某仍回绝。9 时左右,王某又找被告人蒲某,要求给其母施某种药物,让其母无痛苦死亡,遭到蒲某的拒绝。在王某再三要求并表示愿意签字承担责任后,蒲给夏某开了 100 毫克复方冬眠灵,并在处方上注明是家属要求,王某在处方上签了名。当该院医护人员拒绝执行此处方时,蒲某又指派陕西省卫校实习学生蔡某、戚某等人给夏某注射,遭到蔡某、戚某等人的回绝。蒲某生气地说:"你们不打(指不去给夏某注射),回卫校去!"蔡某、戚某等人无奈便给夏某注射了 75 毫克复方冬眠灵。下班时,蒲某又对值班医生李某说:"如果 12 点不行(指夏某还没死亡),你就再给她打一针复方冬眠灵。"当日下午 1 时至 3 时,王某见其母未死,又两次去找李某,李某又给夏某开了 100 毫克复方冬眠灵,由值班护士赵某注射。夏某于 6 月 29 日凌晨 5 时死亡。参见肖中华:《侵犯公民人身权利罪》,中国人民公安大学出版社 1998 年版,第 27 页以下。

五、社会危害性与罪刑法定原则

有论者认为,《刑法》第 13 条规定的犯罪定义中既存在社会危害性标准,也存在规范标准。

在一个定义中同时使用了相互冲突、排斥的两个标准来界定犯罪,势必影响罪刑法定原则在犯罪定义中的完全彻底体现,使犯罪这个概念乃至整部刑法的科学性大打折扣。① 另有论者指出,社会危害说不仅通过其"犯罪本质"的外衣为突破罪刑法定原则的刑罚处罚提供一种貌似具有刑法色彩的理论根据,而且也在实践中对于国家法治起着反作用。② 对论者的上述认识,笔者有必要澄清以下两个问题:

1. 《刑法》第 13 条规定的犯罪定义不存在社会危害性标准

社会危害性标准,依照论者解释,是指罪与非罪以行为的社会危害程度是否达到应受刑罚处罚为标准,也就是说行为的社会危害程度是决定罪与非罪的唯一因素。应予指出,1979 年《刑法》存在类推制度(1979 年《刑法》第 79 条),即对于刑法分则中没有明文规定的犯罪,可以比照刑法分则最相类似的条文定罪。同时 1979 年《刑法》第 10 条也存在但书,即对于形式上与刑法分则条文规定相符合的行为,如果情节显著轻微危害不大,可以不认为是犯罪。这种情况下,认为刑法存在社会危害性标准、存在社会危害性标准与罪刑法定原则的冲突是正确的(但也并非犯罪的立法定义本身存在社会危害性标准)。因为罪刑法定原则所要求的规范标准(刑事违法性标准)虽然划定了一个基本的犯罪圈,但这个犯罪圈在两个方向上受到非规范标准的冲击:类推可以使人入罪而扩张该犯罪圈,但书可以使人出罪而紧缩该犯罪圈。③ 可见,当时的立法状况是,社会危害性凌驾于刑事违法性之上、非规范标准超越规范标准、实质特征压倒形式特征,犯罪圈的最终划定由非规范标准(社会危害性标准)所决定。罪刑法定原则所要求的规范标准实际被架空。④ 但是,1997 年刑法已明文废止类推并确立了罪刑法定原则,所以类推的入罪功能已成为过去,犯罪圈也不存在扩张的可能。作为社会危害性

---

① 参见樊文:《罪刑法定与社会危害性的冲突——兼析新刑法第 13 条关于犯罪的概念》,载《法律科学(西北政法学院学报)》1998 年第 1 期。

② 参见李海东:《刑法原理入门(犯罪论基础)》,法律出版社 1998 年版,第 8 页。

③ 应该指出,类推与但书对罪刑法定原则的冲击是有所区别的。类推制度的存在打破了罪刑法定原则的界限,使刑法分则没有明文规定行为的犯罪化有了明确的法律依据;而但书则是在罪刑法定原则的范围内起作用的。

④ 这是一种理论的应然分析,但实际状况是,但书固然适用不多,类推适用也极为有限。在 1979 年刑法实施后的 17 年中,最高人民法院核准适用类推的案件仅为 92 件,而且多为并不严重之犯罪,对打击犯罪、维护整个社会秩序而言,其实际作用并不大,因此为数不少的刑法学者仍然坚持认为我国 1979 年刑法基本是坚持罪刑法定原则的。

载体的但书则只能出罪。① 时已过,境已迁,还认为我国刑法(尤其是犯罪概念)存在社会危害性标准就显得很虚浮了。《刑法》第 13 条前段明确规定,一切危害国家主权……的行为,依照法律应当受刑罚处罚的,都是犯罪。从法条的规定看,刑法所认定的犯罪行为,除具有一定程度的社会危害性外,还必须具有刑事违法性和应受刑罚处罚性。我国传统的刑法理论也肯定犯罪具有三个特征,即社会危害性、刑事违法性和应受刑罚处罚性,犯罪的三个特征缺一不可,虽然社会危害性是本质特征,决定其他两个特征,但这种决定是根源意义上的,目前,没有论者会认为仅有社会危害性而无须刑事违法性即可认定犯罪。否则,那些具有严重社会危害性,而分则条文尚未明文规定的行为都可直接作犯罪处理了。②

可见,我国现行刑法并不存在社会危害性标准,那么这种所谓两个标准的冲突并不是我国刑法中的一种实然冲突,而是一种虚拟的冲突,是现有立法规定与一种过时理论的冲突,是罪刑法定原则与社会危害性中心论的冲突。社会危害性中心论是在刑法只规定犯罪实质概念的情况下发展起来的,它等同于社会危害性标准,即认为犯罪的唯一特征是社会危害性,只要社会危害性达到一定程度就构成犯罪,因而无须刑法分则特别明文规定。而在形式和实质相结合的犯罪概念下,存在一种奇怪的组合:依照实质概念,只要社会危害性达到一定程度即可构成犯罪,刑法分则仅为形式和摆饰;依照形式概念,只有刑法分则明文规定才能够构成犯罪。类推是一种折中,并非所有社会危害性达到一定程度的都是犯罪,要比照刑法分则最相类似的条文,无最相类似条文者不可定罪(对实质犯罪概念的限制)。但同时,犯罪并非限于分则,分则无规定但社会危害性达到一定程度的,也可比照最相类似的条文认定为犯罪(对形式犯罪概念的扩张)。所以说,在实质犯罪概念下,社会危害性中心论兴起并发展;在实质、形式统一的犯罪概念下,社会危害性中心论以类推为载体;取消类推后,皮之不存,毛将焉附? 何来社会危害性中心论,何来社会危害性标准,何来其与罪刑法定原则的冲突? 刑法理论应随刑事立法的变迁不断更新,在刑事立法已经变化的情况下,不更新原有理论对刑事立法作出正确阐释,而去设计所谓两个标准的冲突,岂非一种学术资源的浪费?③ 那么,我国刑法关于犯罪界定采取的是一种什么标准呢? 显然,不是规范标准。所谓规范标准,即是否犯罪以法律规定为标准,也即看行为是否具有刑事违法性。

---

① 关于但书与罪刑法定原则的关系,参见下文详述。
② 1997 年修订刑法实施后,实践中发现有些国有公司企业的工作人员玩忽职守或滥用职权,造成公司企业严重损失致使国家利益遭受重大损失的事例,确有重大社会危害,但法无明文规定,无法定罪,所以才有 1999 年 12 月 25 日刑法修正案的出台。
③ 即使上述持两标准冲突论的研究者也将其文章的题目定为《罪刑法定与社会危害性的冲突》,而非"罪刑法定与社会危害性标准的冲突",且其文中所论述大部分确是罪刑法定与社会危害性的冲突,而非罪刑法定与社会危害性标准的冲突。

按照现行《刑法》第13条的规定,行为虽然形式上符合刑法分则条文的规定,但情节显著轻微危害不大的,并不认为是犯罪。可见,刑事违法性并非决定罪与非罪的唯一标尺,规范标准之论也站不住脚。

由此可知,我国《刑法》第13条关于犯罪的立法定义,既未采用纯粹的社会危害性标准,也未采用完全的刑事违法性标准,而是一种刑事违法性和社会危害性相结合、规范标准和非规范标准互为补充的复合标准。也就是说,对行为罪与非罪的判定,不仅要受刑事违法性的形式制约,而且要受社会危害性的实质限定。在这种复合标准之下犯罪认定可大致分为如下四种情况:

具有刑事违法性且有相当程度的社会危害性,构成犯罪(复合标准);

没有刑事违法性也没有相当程度的社会危害性,不构成犯罪(复合标准的逻辑推论);

具有刑事违法性但没有相当程度的社会危害性,不构成犯罪(但书);

没有刑事违法性但有相当程度的社会危害性,不构成犯罪(罪刑法定原则)。

刑事违法性和社会危害性能否互相结合呢?这就涉及社会危害性与罪刑法定原则的关系问题。

2. 社会危害性与罪刑法定原则并不冲突

首先,应该指出,社会危害性与社会危害性标准是不同的。社会危害性标准已如上述,是将社会危害性作为确定罪与非罪的唯一标尺,这决定它必然突破刑事违法性的原则界限,可以将刑法分则没有规定的行为认定为犯罪。但社会危害性概念本身却并不必然导致这种结论。对社会危害性大的行为固可入罪,对社会危害性小的行为亦可出罪。

其次,对于罪刑法定原则的理解。要在理论上阐明社会危害性与罪刑法定原则的关系,首要的是应该弄清罪刑法定原则的内涵。

罪刑法定原则源自西方,但在西方,对罪刑法定原则却存在两种不同的理解。

对罪刑法定主义的实质性理解,把罪刑法定原则中的"法"理解为体现了"人类理性"的"自然法",在实际生活中为人们所遵循的"活法"或"司法创造的法"(Nullum crimin sine jure 不违背正义要求不为罪);在法的价值取向问题上着重强调个人的利益应服从社会的需要,将维护保卫社会生活的基本条件作为刑法的首要任务;在刑法的渊源的问题上,强调刑法表现形式的多样性和内容的不确定性(Nullum crimin sine peona 无刑罚处罚不为罪);在犯罪本质问题上,强调犯罪行为的社会危害性(Nullum crimin sine iniuria 无社会危害不为罪)。只要行为的社会危害性达到了犯罪的程度,即使在没有法律明文规定的情况下,也应受刑罚处罚;只要行为不具有应有的社会危害性,即使有法律的明文规定,也不得作为犯罪来处理。这是坚持罪刑法定主义的实质性理解必然得出的两点结论。对罪刑法定原则的形式主义理解,把罪刑法定原则中的法理解为成文的、有权制定法律的机关所制定的法;把犯罪的本质归结为对法律规定的违反;在法的基本属性问题上把维护个人自由放在首要的位置上。法律没有明文规定为犯罪的行为,不论其社会危害性达到什么程度,也不得处罚;法律规定为犯罪的行为,即使对社会没有任何危害性,也必须依照法律规定进行处罚。这是坚持罪刑法定原则的形式主义理解必然包含的两点结论。①

在讨论社会危害性与罪刑法定原则的关系时,对罪刑法定原则的理解不同,势必会得出不同的结论。如果对罪刑法定原则采取实质主义的理解,很显然,二者恰好是一致的;但若对罪刑法定原则采取形式主义的理解,则可能与社会危害性存在冲突。所以问题的关键在于我国刑法中的罪刑法定原则应采取何种理解。目前,我国刑法学界比较一致的看法是,罪刑法定原则应坚持形式主义理解。因此,许多学者认为社会危害性与罪刑法定原则存在冲突。笔者认为,问题恐怕没有那么简单,罪刑法定原则的功能定向是单一的,即框定犯罪范围,缩小刑法打击面,保障人权;但社会危害性的功能是双向的。如果强调国家利益,着眼于将具有一定程度社会危害性的行为入罪,则社会危害性起着扩大刑法打击面的作用,如 1979 年《刑法》第 79 条的类推即是;如果强调公民权利,着眼于将不具有一定程度社会危害性的行为出罪,则社会危害性担负着缩小刑法打击面的功能,如 1979 年《刑法》与 1997 年《刑法》犯罪概念中的但书。如果说刑罚是一柄双刃剑,用之得当,则国家与个人两受其利;用之不当,则国家与个人两受其害的话,那么同样,社会危害性也是一柄双刃之剑,用于扩张犯罪范围(如类推)属用之不当,国家与个人两受其害;但用于缩小犯罪范围(如但书),则属用之得当,国家与个人两受其利。这种情况下的社会危害性与形式主义罪刑法定原则存在冲突吗?

形式主义理解的罪刑法定原则主旨在于限制国家刑罚权,缩小刑法打击范围,从而实现刑法保障人权的机能。这与但书的功能显然是一致的。从价值和功能讲,但书与形式主义的罪刑法定原则有异曲同工之效。不可否认,但书对现有的形式主义的罪刑法定原则也存在突破,即行为在具有刑事违法性的前提下还有可能不构成犯罪。冲突与突破有原则界限,前者指两事物价值取向不同,而后者指价值取向相同条件下对事物的一种更新。现在的问题是,按照现有的对罪刑法定原则的形式主义理解,只要不符合分则规定的行为就不是犯罪,只要符合分则规定的就是犯罪,如果行为符合分则规定又不认为是犯罪就与罪刑法定原则冲突。笔者认为,这是一种墨守成规、故步自封的做法。须知,罪刑法定原则本身并不是僵死的、一成不变的,相反,它是不断发

---

① 参见陈忠林:《从外在形式到内在价值的追求——论罪刑法定原则蕴含的价值冲突及我国刑法应有的立法选择》,载《现代法学》1997 年第 1 期。

展变化的。从绝对禁止适用类推到许可严格限制的扩大解释,从绝对禁止适用习惯法到允许习惯法成为刑法的间接渊源,从绝对禁止刑法溯及既往到允许从轻溯及,从绝对禁止不定期刑到允许采用相对的不定期刑,罪刑法定原则在保障人权的宗旨指导下,内容在不断更新、扩展。现在,不会有人认为刑法不溯及既往与罪刑法定原则相冲突,而会认为这是对原有罪刑法定原则的一种突破,但书又何尝不是如此呢?如果说罪刑法定原则为缩小刑法打击范围、保障人权作了第一重限定,那么,但书则作了第二重限定。为什么但书不可以被认为是对罪刑法定原则的一种增补呢?

笔者认为,但书的存在所形成的罪刑法定原则制约下①的社会危害性格局(双重制约格局)②具有重要的理论和实践意义。

第一,既可保证一般公正,又可实现个别公正。

刑事法律既追求一般公正也追求个别公正。刑事违法性易于体现一般公正,而社会危害性更易于追求个别公正。刑事法律确定犯罪的一般概念和具体刑法规范时侧重一般公正,而司法机关在具体运用刑事法律时则可以考虑反映犯罪行为社会危害性的具体事实以实现个别公正。有论者认为,认定犯罪时以法律作为最高标准,以是否具有刑事违法性为根据,尽管可能无法使个别具有较为严重的社会危害性的行为受到制裁,但这是维护法律的尊严、实现一般公正所付出的必要代价。③ 如果说这种代价是必要的,那么,将那些虽然符合分则条文规定但情节显著轻微危害不大的行为也作为犯罪处理则是一种不必要的代价。但书的存在恰将此类行为排除出去,无疑促进了个别公正的实现。

第二,使犯罪的实质内容受到规范内的关照。

双重制约格局使犯罪的认定分为两步:第一步,看是否符合犯罪构成,如果不符合,则直接排除其犯罪性(形式判断);第二步,如果符合犯罪构成,再看是否情节显著轻微危害不大,如果是则不认为犯罪;如果不是才认为犯罪(实质判断)。这就打破了我国犯罪构成的平面整合结构,使犯罪的实质内容受到规范内的关照。但有一种情况例外,分则条文若含有定量因素,则仍是平面整合结构,一次判断即告完成。

---

① 1926年《苏俄刑法典》第6条犯罪定义的附则和1960年《苏俄刑法典》第7条(犯罪概念)的第2款在"但是"之前都有"形式上虽然符合本法典分则某一条文所规定的要件"的表述。在我国1979年刑法起草过程中,刑法草案的第13次稿、第34次稿和第35次稿中的犯罪概念也有类似规定,尽管1979年刑法没有保留这种表述,1997年刑法也未予增加,但其意思却不可忽略。因为"但是"一词足以体现这种意蕴,否则,不符合分则构成要件的行为显然不为罪,何来"但是"?而且后面的"不认为是犯罪"也可以说明这个问题。如果不符合分则条文规定,自然不为罪,何来"不认为"? 所以,笔者认为但书适用的前提是行为具有刑事违法性。

② 如果把但书当作对原有形式主义罪刑法定原则内容的补充,那么其本身亦是罪刑法定原则的一部分。

③ 参见陈兴良、刘树德:《犯罪概念的形式化与实质化辨正》,载《法律科学(西北政法学院学报)》1999年第6期。

六、司法者判断社会危害性的必要性和可能性

在犯罪构成的双重制约格局下,司法者不仅要判断行为的刑事违法性,而且要判断行为的社会危害性。司法者判断行为的刑事违法性,不仅必要,而且可能,这为绝大多数刑法研究者所认同,但司法者是否需要判断行为的社会危害性以及能否判断行为的社会危害性却是有争议的问题。

1. 司法者判断社会危害性的必要性

有论者认为,社会危害标准应是立法者、法学研究人员确立犯罪行为规范的重要因素,司法者和一般公民只能根据刑法规范一目了然地进行行为对照判断,而没有判断"社会危害程度大小"的注意义务,如果确立社会危害性标准,那是对司法者和守法者的苛求。① 立法者要考虑社会危害性,无疑是正确的。因为立法者要根据本国政治、经济、文化等国情以及以往同犯罪作斗争的经验在观念上认定某些行为能够严重侵犯国家、社会和个人利益,从而将其规定为犯罪。这种意义上的社会危害性是立法者确认某一行为为犯罪的指南针。② 如 1997 年《刑法》只将逃汇行为规定为犯罪,而未将套汇和非法买卖外汇行为规定为犯罪,但逃汇、骗购外汇、非法买卖外汇导致我国外汇储备急剧减少,在金融危机蔓延的情况下,对我国的经济安全构成了威胁,具有严重的社会危害性,因此第九届全国人民代表大会常务委员会第六次会议于 1998 年 12 月 29 日通过了全国人民代表大会常务委员会《关于惩治骗购外汇、逃汇和非法买卖外汇犯罪的决定》,将骗购外汇、非法买卖外汇,数额较大或情节严重的行为,规定为犯罪。

那么司法者是否要考虑社会危害性呢?有论者在将社会危害性划分为立法者那里的社会危害性和司法者那里的社会危害性后指出,司法者也要考虑社会危害性,但司法者那里的社会危害性是指司法者依据行为的刑事违法性而认定该行为严重侵犯了国家、社会、个人利益而具有的社会危害性。③ 这一观点立即招致了如下反驳:如果社会危害性是完全依据刑事违法性认定的,那么这种司法上的社会危害性又有什么意义呢?④ 但我们同样可以再反问:司法上的社会危害性是完全依据刑事违法性认定的吗?社会危害性是各种犯罪的共性,它当然要通过犯罪构成的各个要件予以体现,但

---

① 参见樊文:《罪刑法定与社会危害性的冲突——兼析新刑法第 13 条关于犯罪的概念》,载《法律科学(西北政法学院学报)》1998 年第 1 期。
② 参见李立众、李晓龙:《罪刑法定与社会危害性的统一——与樊文先生商榷》,载《政法论丛》1998 年第 6 期。
③ 参见李立众、李晓龙:《罪刑法定与社会危害性的统一——与樊文先生商榷》,载《政法论丛》1998 年第 6 期。
④ 参见陈兴良:《社会危害性理论——一个反思性检讨》,载《法学研究》2000 年第 1 期。

犯罪构成各要件并不能全面表明行为的危害程度,对于刑法分则中含有定量因素的犯罪如此,对于分则中不含定量因素的犯罪更是如此。如果说依据刑事违法性认定的社会危害性不具实质意义,那么依据构成要件之外的事实情况认定的社会危害性也不具有实质意义吗?上述关于《刑法》第253条的说明便是很好的例证。笔者认为,即使在依据刑事违法性认定犯罪的过程中,司法者也应该而且实际上也考虑了行为的社会危害性。我们知道,任何刑法规范无论规定得多么详尽具体,司法者都不可能"一目了然地对行为进行对照判断",刑法规范的适用离不开对刑法规范内容的解释,刑法司法解释的必要性源于刑法规范类型化和实际执法个别化的特点。① 关于刑法解释的思想,国内外刑法理论界大致有三种不同的观点:主观说、客观说和折中说。

主观说将立法原意作为法律解释的目标,具体到刑法解释,其目标就是刑法立法原意。那么,这个立法原意是什么呢?很显然,只能是立法者认定犯罪行为的标准,即社会危害性及其程度;客观说认为刑法解释的目标就是阐明刑法条文客观上所表现出来的意思,而不是立法者制定刑法时主观上所赋予刑法条文的意思。如日本刑法学者泷川幸辰认为,只要社会永远处于不断的发展变化之中,那么所有的法律解释,当然刑法也不例外,就该适应这种新的现实。在客观说的主张者们看来,法律不是僵死的文字,而是富有生命力的。法律的生命力在于它对社会实际需要的满足,对社会正常发展的保护。日本刑法学者木村龟二指出:"刑法解释必须适应社会情况的变化,与个人利益相比,当然更应尊重国家利益。"②要尊重国家利益,不考虑行为的社会危害性行吗?既然主观说与客观说都必须考虑社会危害性,那么作为二者折中的折中说自然也不能不考虑社会危害性了。当然,刑法司法解释必须坚持合法性原则,在一定情况下可以超出刑法立法原意,但不能超出用语可能的含义,这样有利于防止司法侵入立法,保证罪刑法定原则的贯彻执行。司法实践中常有这样的情形,一些疑难案件,对照法条,乍看来非此非彼,细想来又是亦此亦彼,究竟是入罪还是出罪,思考过程不能不注意行为的社会危害性。这是任何一名司法工作者无可否认的。③

2. 司法者判断社会危害性的可能性

有学者认为,社会危害性本身具有笼统性、模糊性、不确定性。有的行为的社会危害性很明显,如抢劫、杀人、放火等,而有些行为的社会危害性是很难判断的。④ 对此,有论者指出,《刑法》第13条社会危害性的规定就局部来说具有笼统、原则的成

---

① 参见郑伟主编:《新刑法学专论》,法律出版社1998年版,第476页。
② 李希慧:《刑法解释论》,中国人民公安大学出版社1995年版,第79页。
③ 参见樊文:《罪刑法定与社会危害性的冲突——兼析新刑法第13条关于犯罪的概念》,载《法律科学(西北政法学院学报)》1998年第1期。
④ 参见樊文:《罪刑法定与社会危害性的冲突——兼析新刑法第13条关于犯罪的概念》,载《法律科学(西北政法学院学报)》1998年第1期。

分,但是就第 13 条以及刑法整体来讲它是确定的。之所以说《刑法》第 13 条社会危害性的规定似乎有笼统、原则的成分,是因为该条但书之前的犯罪界定是一种宣言式的命题。但是这种笼统、原则的宣言并不影响《刑法》第 13 条整体与罪刑法定原则相结合,构成社会危害性的明确内涵,也就是说刑法对罪刑法定原则的贯彻使第 13 条社会危害性含义明确化。① 笔者认为,该论者所说有一定道理,因为按照罪刑法定原则认定行为构成犯罪,那么此类行为显然具有社会危害性,但这种情况下的社会危害性又回到了所谓"司法上的社会危害性",而我们所要强调的是,在构成要件之外,判断行为的社会危害性也是可能的。因为社会危害性虽然具有某种程度的笼统性、模糊性、不确定性,但社会危害性是相对稳定性与变异性的统一,是客观性与可知性的统一。② 随着时空的变换,行为社会危害性的有无与大小可能有所变化,但总的来说行为社会危害性的有无与大小在一定历史时期是稳定的。这是刑事法律稳定的前提。司法中社会危害性的判断主体是司法者,判断依据是社会利益,判断的具体指标是犯罪客体、行为性质、方法、手段、危害结果及其大小、行为本身情况、主观方面、实行行为时的社会形势等。判断主体、判断依据、判断具体指标的确定性决定了社会危害性在特定历史时期是明确、具体、确定的,司法者可以判断。错误理论需要反思和批驳,正确理论需要建构和确立,唯如此,刑法学方能不断发展,方能对司法实践起到有效的指导作用。但是在反思和批驳的过程中,也当慎思明辨,找准标靶,认清问题症结;也要理智冷静,避免矫枉过正。对于社会危害性的众口一词的批判使之成为一个遍遭冷遇的可怜儿,笔者愿以此文给予其些许安抚。

---

① 参见张小虎:《人身危险性与客观社会危害显著轻微的非罪思辨:我国〈刑法〉第 13 条之出罪功能》,载《中外法学》2000 年第 4 期。
② 参见李立众、李晓龙:《罪刑法定与社会危害性的统一———与樊文先生商榷》,载《政法论丛》1998 年第 6 期。

刑法第 13 条但书的价值蕴涵*

1979年《刑法》第10条是犯罪的立法定义,其中"但是情节显著轻微危害不大的,不认为是犯罪"的规定,从刑法条文的结构而言,在学理上被称为"但书"。刑法学界比较一致地认为,但书是刑法总则犯罪概念的有机部分,从什么情况下不认为是犯罪的角度,补充说明什么是犯罪,对于划清罪与非罪的界限,具有重要的意义。

《我国刑法中犯罪概念的定量因素》一文对1979年《刑法》第10条的但书进行了初步研究,指出,但书是我国刑法中犯罪概念定量因素的体现,具有重大的价值和意义。① 1997年新修订的《刑法》在犯罪的立法概念中仍然保留了但书的规定(1997年《刑法》第13条)。随着1997年《刑法》中罪刑法定原则的确立,一些学者基于此对刑法学中的许多问题予以新的审视,犯罪概念中的但书便成为关注的一个问题。有学者提出,应该删除犯罪概念中的但书。这种情况下,进一步阐述但书的价值就十分有必要。本文试图在前文的基础上,进一步论述但书的立法和司法价值。

一、收缩犯罪圈,实现刑法谦抑

谦抑,是指缩减或者压缩。刑法的谦抑性,又称刑法的经济性或节俭性,是指立法者应当力求以最小的支出——少用甚至不用刑罚(而用其他刑罚替代措施)以获取最大的社会效益——有效地预防和控制犯罪。② 谦抑性已经成为现代刑法追求的价值目标之一。

刑法谦抑包括罪之谦抑和刑之谦抑两个方面。罪之谦抑是指国家应该科学界定犯罪的范围,限定刑法对社会生活的干预度。刑法对社会生活的干预度实际是刑法调控范围的问题。刑法的调控范围可分为实质调控范围和形式调控范围。刑法的实质调控范围是指从社会公共利益保护需要的角度出发,立法者应当将有关行为规定为犯罪并以刑罚相威胁的范围;刑法的形式调控范围是指一国刑事法律中所规定的可以构成犯罪并应被追究刑事责任的行为的范围。刑法的形式调控范围以刑法的实质调控

---

* 原载《江苏警官学院学报》2003年第2期,与张永红合作。
① 参见储槐植:《我国刑法中犯罪概念的定量要素》,载《法学研究》1988年第2期。
② 参见陈兴良:《刑法哲学》,中国政法大学出版社1992年版,第6页。

范围为基础且是其在刑法上的体现和反映。① 笔者认为,刑法的实质调控范围由犯罪的概念所决定,刑法的形式调控范围则由分则的犯罪构成所决定。因此,犯罪概念的确立就成为实现罪之谦抑的关键。我国刑法中兼具定性和定量因素的犯罪概念有效地限缩了刑法的打击范围,满足了刑法谦抑中罪之谦抑的要求。

现行《刑法》第 13 条规定:"一切危害国家主权、领土完整和安全,分裂国家、颠覆人民民主专政的政权和推翻社会主义制度,破坏社会秩序和经济秩序,侵犯国有财产或者劳动群众集体所有的财产,侵犯公民私人所有的财产,侵犯公民的人身权利、民主权利和其他权利,以及其他危害社会的行为,依照法律应当受刑罚处罚的,都是犯罪,但是情节显著轻微危害不大的,不认为是犯罪。"据此,刑法学理论界通常认为,犯罪的三个基本特征是社会危害性、刑事违法性和应受刑罚处罚性。但这种认识是不准确的。因为无论社会危害性、刑事违法性还是应受刑罚处罚性都只是定性分析,虽然在解释刑事违法性或应受刑罚处罚性时也常附有类似"行为的社会危害性达到了某种严重程度"这样的说明,但任何一个特征本身都不标明定量因素,显然忽略了其中但书的内容。《刑法》第 13 条中的但书从什么情况下不认为是犯罪的角度补充说明了犯罪的含义,是我国刑事立法中犯罪定义的有机组成部分,它把人类认识发展史上达到的新水平"定量分析"引进刑法领域,使对犯罪的界定在定性的基础上首次实现了定量的限制。这是我国刑事立法的一个重大创新。但书的存在告诉我们,并非具有社会危害性的行为都是犯罪,只有那些社会危害性达到一定程度的行为才可成为犯罪。

在总则犯罪概念定量因素(但书)的制约下,我国刑法分则中大量犯罪的构成中也设置了数量要件。这比较集中地反映在数额犯和情节犯的规定上。数额犯,是以达到一定数额为构成要件的犯罪,如盗窃罪、诈骗罪和抢夺罪;情节犯,是以情节达到一定程度为构成要件的犯罪,如假冒注册商标罪、假冒专利罪和串通投标罪。此外,还有许多犯罪的成立以造成严重后果为要件,如破坏计算机信息系统罪、重大劳动安全事故罪、聚众扰乱社会秩序罪等,也是含有量的限制的。据粗略统计,现行刑法中的数额犯共有 36 个,情节犯共有 73 个,以严重后果为构成要件的犯罪共有 87 个。此外,以情节和后果其中之一为构成要件的犯罪有 2 个,以情节和数额其中之一为构成要件的犯罪有 5 个,以情节、数额和后果其中之一为构成要件的犯罪有 4 个,情节和后果同时为构成要件的犯罪有 8 个,数额和情节同时为构成要件的犯罪有 2 个。上述犯罪共计 217

---

① 参见陈正云:《刑法的经济分析》,中国法制出版社 1997 年版,第 213—214 页。

个,约占现行刑法罪名总数的 1/2。①

但书和作为其具体体现的分则中的数量要件就将刑事犯罪与一般违法行为区分开来。与此相对应,我国《治安管理处罚条例》第 2 条规定,扰乱社会秩序,妨害公共安全,侵犯公民人身权利,侵犯公私财产,尚不够刑事处罚的,应当给予治安管理处罚。在《治安管理处罚条例》规定的各项行为中,共有 30 多项行为的表现形态同刑法分则中规定的罪名相同或者相似,只是由于危害程度的不同,从而不构成犯罪,而作为治安违法行为处理。如,殴打他人或打架斗殴,造成轻微伤害的,按照《治安管理处罚条例》的规定,属于违反治安管理的行为,如果对他人身体的伤害达到了一定程度,按照刑法的规定则构成故意伤害罪。治安违法行为和刑事犯罪的对照,如表 1 所示。

表 1 治安违法行为与刑事犯罪对照表

治安违法行为	刑事犯罪
扰乱机关、团体、企业、事业单位的秩序,致使工作、生产、营业、医疗、教学、科研不能正常进行,尚未造成严重损失的	聚众扰乱社会秩序罪
扰乱车站、码头、民用航空站、市场、商场、公园、影剧院、娱乐场、运动场、展览馆或者其他公共场所的秩序的	聚众扰乱公共场所秩序罪
结伙斗殴,寻衅滋事,侮辱妇女或者进行其他流氓活动的	聚众斗殴罪,寻衅滋事罪,强制猥亵、侮辱妇女罪
拒绝、阻碍国家工作人员依法执行职务,未使用暴力、威胁方法的	妨害公务罪
非法携带、存放枪支、弹药或者有其他违反枪支管理规定的行为,尚不够刑事处罚的	非法持有、私藏枪支、弹药罪

---

① 根据 1997 年 12 月 9 日通过的最高人民法院《关于执行〈中华人民共和国刑法〉确定罪名的规定》以及 2002 年 3 月 15 日发布的最高人民法院、最高人民检察院《关于执行〈中华人民共和国刑法〉确定罪名的补充规定》,刑法分则第一章到第十章的罪名个数分别为:12 个、43 个、97 个、36 个、12 个、119 个、21 个、12 个、33 个、31 个,共计 416 个。需要说明的是,前述规定将《刑法》第 168 条概括为徇私舞弊造成破产、亏损罪一个罪名,而前述补充规定则确定为国有公司、企业、事业单位人员失职罪和国有公司、企业、事业单位人员滥用职权罪两个罪名。补充规定还取消了奸淫幼女罪。1998 年 12 月 29 日通过的全国人民代表大会常务委员会《关于惩治骗购外汇、逃汇和非法买卖外汇犯罪的决定》增加了骗购外汇罪,应列入刑法分则第三章第四节。全国人民代表大会常务委员会 1999 年 12 月 25 日通过的《中华人民共和国刑法修正案》增加了第 162 条之一的隐匿、故意销毁会计凭证、会计账簿、财务会计报告罪。全国人民代表大会常务委员会 2001 年 12 月 29 日通过的《中华人民共和国刑法修正案(三)》增加了第 291 条之一的投放虚假危险物质罪和编造、故意传播虚假恐怖信息罪。

(续表)

治安违法行为	刑事犯罪
违反爆炸、剧毒、易燃、放射性等危险物品管理规定,生产、销售、储存、运输、携带或者使用危险物品,尚未造成严重后果不够刑事处罚的	危险物品肇事罪
在铁路、公路、水域航道、堤坝上,挖掘坑穴、放置障碍物、损毁、移动指示标志,可能影响交通运输安全,尚不够刑事处罚的	破坏交通设施罪
殴打他人,造成轻微伤害的	故意伤害罪
非法限制他人人身自由或者非法侵入他人住宅的	非法拘禁罪,非法侵入住宅罪
公然侮辱他人或者捏造事实诽谤他人的	侮辱罪,诽谤罪
虐待家庭成员,受虐待人要求处理的	虐待罪
隐匿、毁弃或者私自开拆他人邮件、电报的	侵犯通信自由罪,私自开拆、隐匿、毁弃邮件、电报罪
偷窃、骗取、抢夺少量公私财物的	盗窃罪,诈骗罪,抢夺罪
哄抢国家、集体、个人财物的	聚众哄抢罪
敲诈勒索公私财物的	敲诈勒索罪
故意损坏公私财物的	故意毁坏财物罪
明知是赃物而窝藏、销毁、转移,尚不够刑事处罚的,或者明知是赃物而购买的	窝藏、转移、收购、销售赃物罪
倒卖车票、船票、文艺演出或者体育比赛入场票券及其他票证,尚不够刑事处罚的	倒卖车票、船票罪
利用会道门、封建迷信活动,扰乱社会秩序、危害公共利益、损害他人身体健康或者骗取财物,尚不够刑事处罚的	组织、利用会道门、邪教组织、利用迷信破坏法律实施罪,组织、利用会道门、邪教组织、利用迷信致人死亡罪,诈骗罪
冒充国家工作人员进行招摇撞骗,尚不够刑事处罚的	招摇撞骗罪
故意污损国家保护的文物、名胜古迹,损毁公共场所雕塑,尚不够刑事处罚的	故意损毁文物罪,故意损毁名胜古迹罪
故意损毁或者擅自移动路牌、交通标志的	破坏交通设施罪
违反交通规则,造成交通事故,尚不够刑事处罚的	交通肇事罪

(续表)

治安违法行为	刑事犯罪
故意涂改户口证件的	伪造、变造居民身份证罪
严厉禁止卖淫、嫖宿暗娼以及介绍或者容留卖淫、嫖宿暗娼,违者处15日以下拘留、警告、责令具结悔过或者依照规定实行劳动教养,可以并处5000元以下罚款	引诱、容留、介绍卖淫罪,引诱幼女卖淫罪
严厉禁止违反政府规定种植罂粟等毒品原植物,违者除铲除其所种罂粟等毒品植物以外,处15日以下拘留,可以单处或者并处3000元以下罚款	非法种植毒品原植物罪
赌博或者为赌博提供条件的	赌博罪
制作、复制、出售、出租或者传播淫书、淫画、淫秽录像或者其他淫秽物品的	制作、复制、出版、贩卖、传播淫秽物品牟利罪,传播淫秽物品罪

正是因为上述定量因素的制约,有很多行为尽管具有社会危害性,却被排斥在犯罪圈之外。正如学者所指出的:"一些犯罪,尤其财产犯罪的构成标准较高,从而排除了某些罪名的存在。比如盗窃罪、欺诈罪、贪污罪等在我国都属于数额犯,当具备其他要件时,还必须侵犯财产数额较大才能构成犯罪。这就决定在我国很难存在诸如商店盗窃罪、入室盗窃罪、窃电罪、欺诈获取罪、虚假账目罪等独立的罪名,因为这些犯罪往往犯罪次数多,但每次未必数额较大。比如在超级市场窃取一瓶酒、一盒烟或一副太阳镜等,在英国构成商店盗窃罪,而在我国则不成立盗窃罪,仅仅属于盗窃行为。"①

刑事立法中在犯罪概念定性基础上所附加的定量限制将我国的犯罪圈划定在一个较小的范围内,从根本意义上凸现了刑法谦抑的精神,在实践中产生了很好的社会效果。

首先,它使相当数量的公民免留污名劣迹。犯罪,在我国民众的观念中,不仅是一种法律上的恶,也是一种道德上的恶,因此,犯罪分子为民众所深恶痛绝,即便服刑期满出狱,也往往为人所不齿,给其社会化带来很大的阻力。罪犯的标签也会令犯罪人本人背上沉重的思想包袱,难以融入正常的社会生活。如果对于公民的社会危害较轻的行为不予认定犯罪,而只作一般违法处理,则可避免以上问题。"这既有利于公民个人的发展,也可以减少公民对国家的抗力,从而在尽可能广泛的基础上加强公民与国家的合力。"②

---

① 陈兴良:《刑法的价值构造》,中国人民大学出版社1998年版,第406页。
② 储槐植:《我国刑法中犯罪概念的定量要素》,载《法学研究》1988年第2期。

其次,它可以使刑事司法力量集中打击事关国家稳固、社会发展、公民生命和财产安全的犯罪活动,避免把有限的刑事司法力量消耗在对付偷鸡摸狗的琐事上。国家的资源是有限的,国家不可能把所有的资源都用于打击犯罪,这就决定了刑事司法资源的有限性。同时,犯罪的刑事惩处又具有巨大的消耗性。因为刑罚的适用以确认行为构成犯罪为前提,而犯罪的确认需要经过侦查、起诉、审判等一系列严格的过程,其中每一阶段都需要耗费大量的资源。此外,刑罚的执行更是伴随着社会成本的巨额支出。正是由于刑事司法资源的有限性,香港特区刑法中规定了浪费警力资源罪,以确保刑事司法资源的有效利用。① 在这种情形下,事无巨细都动用刑事司法力量,不仅没有必要,而且效果必定很糟。因为社会生活中危害程度较大的行为毕竟只是少数,大量的是社会危害程度比较轻微的行为,这可以从十数年来我国所处理的治安违法案件和刑事案件的数量看出来,见表2。

表2　1986—1997年全国刑事案件和治安违法案件数量表

年份	全国刑事案件发案数(起)	全国治安违法案件发案数(起)	予以治安处罚的人次
1986年	547115	1115858	1690602
1987年	750439	1234910	2040484
1988年	827594	1410044	2394812
1989年	1971910	1847625	3089721
1990年	2216997	1965663	3060099
1991年	2365709	2414065	3404907
1992年	1582659	2956737	3860149
1993年	1616879	3351016	4279039
1994年	1660734	3300972	2865754
1995年	1690407	3289760	2968720
1996年	1600716	3363636	3117623
1997年	1613629	3227669	3003799

注:资料源于《中国法律年鉴(1998)》。

与我国从犯罪概念限制刑法的打击范围不同,西方国家的犯罪概念没有定量因素的限制,刑法典的各类具体犯罪的定义基本上仍是建立在"犯罪即恶行""犯罪是反社

---

① 参见朱家佑:《诉讼资源岂容浪费》,载《检察日报》2002年3月27日。

会行为"这样的定性分析的观念上面。因此,其犯罪圈极度扩张,犯罪泛化倾向比较严重,大量的社会危害程度比较轻微的行为也被纳入刑法打击的视野,无数案件积压在司法机关的案头。为了解脱积案如山的困境,响应刑法人道化、刑罚轻缓化的要求,只有通过非犯罪化的方法来缩小刑法的打击面,从而实现刑法谦抑。

兴起于西方20世纪60年代的非犯罪化已经成为世界性刑法改革运动的一种潮流,是罪之谦抑的重要途径。概而言之,其非犯罪化的途径有如下几种①:

第一,立法上的非犯罪化,即从刑事立法上将原来某些犯罪行为作非罪处理。这具体而言又有以下两种情况:

(1)有关道德犯罪及无被害人犯罪的非犯罪化。如,英国1967年通过《性犯罪法》,该法确认了21岁以上的男子之间私下自愿发生的同性恋行为是合法的。1967年英国还通过《堕胎罪法》,根据该法,如果妊娠是由一个已经注册的执业医生予以终止,并由这样的执业医生提出意见,则不构成堕胎罪,这实际上是使堕胎自由化。除英国以外,其他国家也以各种形式开始非犯罪化的进程。联邦德国颁布新刑法典,取消了决斗、堕胎、通奸、男子间单纯的猥亵等罪名;瑞典等北欧国家通过修改性犯罪法缩小了卖淫和亲属相奸等罪的范围;美国通过颁布成文的刑法典取消了醉酒、色情书画、卖淫、通奸、自杀等一些传统的罪名。由此可见,关于非犯罪化的范围,世界各国的总趋势几乎总是表现在有关道德风化的各种犯罪之中,如赌博、卖淫、同性恋、乱伦、吸食毒品、色情书画、公共场合醉酒、非正常性行为、公然猥亵,此外还有通奸、自杀、堕胎、决斗等。这些行为大多属于无被害人犯罪或自愿被害人犯罪。在这些行为中,传统意义上的犯罪人和被害人的关系是不存在的,实行行为的任何一方都是自愿的,都不能把自己看成是被害人。因此,在现代社会,对这样的行为实行非犯罪化是必要的。

(2)把犯罪本身转化为违反秩序。在这种情况下,不再适用刑罚,而是科处惩戒性罚金处分。德国就采用了这种方法。德国对于所有有关轻罪的刑法,凡是未终止的,都转移到秩序法的有关规定中去。现在保有这种秩序法的国家除德国之外还有意大利和瑞士。日本也把1948年规定的科处各种刑罚的轻罪转移到有关违反秩序的法律中。

第二,司法上的非犯罪化,即对于立法上规定的犯罪,在司法运作中通过各种方法不作为犯罪处理。这大体有下述两种情况:

(1)采取起诉权宜主义的诉讼解决办法。这就是说,检察机关对于轻微的案件,经过一定程序,在一定条件下,规定一定的遵守义务,就可以在起诉之前结束案件。英国、法国、日本、美国以及许多其他国家都采用了这种一般人几乎未注意到的非犯罪化

---

① 参见〔德〕汉斯·海因里希·耶施克:《世界性刑法改革运动概要》,何天贵译,载《环球法律评论》1981年第1期;陈兴良:《刑法的价值构造》,中国人民大学出版社1998年版,第399页。

道路。德国曾经采用过把原来的制裁权移交给检察机关的新办法。这种办法规定,对极为轻微的案件按照原来的权限规定关于缴纳金钱的遵守义务,行为人以后如有悔改表现,例如恢复所造成的损害或者履行了其他应遵守的义务,就决定不予起诉。

(2)法院在判定行为人有罪之后,缓期举行关于刑罚的宣判。这种做法就是为了给被告人一个机会,使他清算自己罪行所引起的损害,重新回到守法的道路上来。如,在德国、法国、英国、加拿大等国对于经得起这种考验的人就不再宣判刑罚。与这种制度并行的,还有对轻微罪行不附带任何条件和遵守义务就免予刑罚的办法,如英国、加拿大、瑞典。在波兰,如果行为的社会危险性轻微时就免予刑事诉讼,这种制度也具有与上述做法类似的作用。

可见,与西方国家在犯罪圈扩张的情况下通过立法与司法的途径实行非犯罪化的做法相比,我国采用在犯罪概念中设置定量因素从而限缩犯罪圈的做法无疑更为直接和彻底,从根源上控制了刑法的打击面,实现了刑法谦抑的要求。

二、协调情与法,保证实质合理

"法不外乎人情"是中国传统法律观的组成部分,意指法律与人情并无矛盾之处,或不应有矛盾之处。违背天理人情的法无法为公众所接受,其存在价值令人怀疑。因此,法律应当以情理作为其赖以存在和发展的基础,法律的内容和价值追求要尽可能地符合和体现情理的要求,情理要融于法的价值之中。可以说,这是对情理与法之间应然关系的一种表述,然而在现实中,情与法总难免存在冲突。这取决于法律自身的特点和情理自身的特点。

首先,法是国家意志的体现,尽管不可能不反映广大民众的意愿,但有时二者之间并非完全一致。其次,法律的制定会反映特定历史阶段民众的需求,体现当时的情理,但法律具有稳定性,一经制定便不会轻易改动。情理作为社会民众伦理观念的一种体现,具有更大程度的变异性,会随社会生活的发展而不断变迁。正如梅因所言,社会性的需要和社会性的意见常常是或多或少走在法律前面的,我们可能非常接近地达到它们之间缺口的接合处,但永远存在的趋势是要把缺口重新打开来,因为法律是稳定的,而我们所谈到的社会性是进步的。①

在情与法的冲突中,采取何种方式予以解决,成为司法者经常面临而又倍感困惑的一个难题。有学者曾言,古代社会是以情代法,现代社会是以法代情②,可谓一语中的。

---

① 参见〔英〕梅因:《古代法》,沈景一译,商务印书馆 1959 年版,第 15 页。
② 参见郝铁川:《法律与感情之间》,载《检察日报》2002 年 3 月 27 日。

古代社会，法的权威尚未确立，完全被视为一种驭民的工具，以言代法、因人乱法的情况并不罕见。"当法律与道德冲突之时，法律往往要屈就于道德：以武犯禁的侠客、以文乱法的儒士、为亲复仇的孝子、以身试法的烈女的犯法行为不仅常常可以逃避法律的制裁，而且还常常受到朝廷和官府的旌表。"①"中国古代社会，在儒家法的主导下，以礼入法，出礼入刑，在礼和法之间存在表里关系。因此，法官的使命不是实现法的价值，或者说，法没有自身的独立价值，只有礼所内涵着的伦理内容才是法官所追求的价值，为实现这种伦理价值，往往牺牲法律的形式。"②"法者，情也"的观念在中国古代的立法和司法过程中的影响无处不在，制度化的典型如"亲属容隐"和"存留养亲"制度。

我国古代社会在处理情与法的冲突时弃法而重情的做法弊端十分明显，它使得法律没权威，统治者治国无常，"人存政举，人亡政息"。我们过去备受其害，对此予以抨击、揭露，完全是必要的。但从一个极端走到另一个极端，以法代情，即以法律代替人与人之间正常健康的感情，同样有害。我国学者指出，现代法律确有伤害人们正常、健康感情的趋势。现行的许多法律是从西方移植、借鉴来的，西方法律价值观念的核心是个人主义，它把个体的权利作为法律的逻辑起点，其长处是保障了每个个体的利益和尊严，而短处则是缺乏对整体和谐的关注，硬要把本来亲密无间的人类群体拆成一个个孤立的分子。因此，冷漠、缺乏人情味、紧张、恐惧等已成为西方公认的社会病。而中国，过去是伦理社会，个人的独立性淹没在家族主义之中。为了适应市场经济和民主政治发展的需要，培育个体权利意识是势在必行的事情。但同时，我们要注意克服个体本位法律文化的缺陷，保留中国传统文化中重视亲情、友情的积极因素，使我们生活在一个情、理、法有机统一、浑然一体的社会。③

笔者认为，以上论述具有相当程度的合理性。情与法的冲突在各个部门法中都有所体现，但尤以在刑法中为突出。下面以我国首例安乐死案件为例，来说明刑事法律中情与法的冲突。

该案案情如下：王某之母夏某长期患病，1984 年 10 月曾经被医院诊断为肝硬化腹水。1987 年年初，夏某病情加重，腹胀伴严重腹水，多次昏迷。同年 6 月 23 日，王某与其姐妹商定，将其母送往汉中市传染病医院住院治疗，蒲某为主管医生。蒲某对夏某的病情诊断结论是：(1) 肝硬化腹水(肝功失代偿期、低蛋白血症)；(2) 肝性脑病(肝肾综合征)；(3) 渗出性溃疡并褥疮 2～3 度。医院当日即开出病危通知书。蒲某按一般常规治疗，进行抽腹水回输后，夏某的病情稍有缓解。6 月 27 日，夏某病情加重，表现

---

① 马小红：《中国传统社会礼与法的借鉴》，载《人民法院报》2002 年 4 月 22 日。
② 陈兴良：《法治国的刑法文化——21 世纪刑法学研究展望》，载《人民检察》1999 年第 11 期。
③ 参见郝铁川：《法律与感情之间》，载《检察日报》2002 年 3 月 27 日。

为痛苦烦躁,喊叫想死,当晚惊叫不安,经值班医生注射了10毫克安定后方能入睡。6月28日昏迷不醒。8时许,该院院长雷某查病房时,王某问雷某其母是否有救。雷某回答:"病人送得太迟了,已经不行了。"王某即说:"既然我妈没救,能否采取啥措施让她早点咽气,免受痛苦。"雷某未允许,王某坚持己见,雷某仍回绝。9时左右,王某又找蒲某,要求给其母施某种药物,让其母无痛苦死亡,遭到蒲某的拒绝。在王某再三要求并表示愿意签字承担责任后,蒲某给夏某开了100毫克复方冬眠灵,并在处方上注明是家属要求,王某在处方上签了名。当该院医护人员拒绝执行此处方时,蒲某又指派陕西省卫校实习学生蔡某、戚某等人给夏某注射,遭到蔡某、戚某等人的回绝。蒲某生气地说:"你们不打(指不去给夏某注射),回卫校去!"蔡某、戚某等人无奈便给夏某注射了75毫克复方冬眠灵。下班时,蒲某又对值班医生李某说:"如果12点不行(指夏某还没死亡),你就再给她打一针复方冬眠灵。"当日下午1时至3时,王某见其母未死,又两次去找李某,李某又给夏某开了100毫克复方冬眠灵,由值班护士赵某注射。夏某于6月29日凌晨5时死亡。经法医鉴定,夏某的主要死因为肝性脑病,严重感染亦不能排除。夏某两次接受复方冬眠灵总量为175毫克,用量在正常范围,冬眠灵只是加深了患者的昏迷程度,促进了死亡,并非其死亡的直接原因。①

该案的事实是清楚的,行为人在主观故意的支配下,实施了剥夺他人生命权利的行为,行为人也无疑具有刑事责任能力,根据我国的犯罪构成理论,行为人的行为已经满足了故意杀人罪的全部构成要件②,依照罪刑法定原则的要求,就应该追究行为人的刑事责任。然而该案的特殊之处在于:夏某身患绝症、无治疗希望而又痛苦异常,采取无痛苦的方式让其死去,对其本人及家属而言,是一种解脱;相反,任由其遭受病魔的残酷蹂躏而无动于衷应该是残忍和冷酷的表现。对于大多数民众来说,是与他们的情理相背离的。

该案很典型地反映了刑法适用过程中情与法的冲突。诚如台湾地区学者甘添贵所言:"安乐死之思想,实来自人类同情、慈悲或怜悯等人道主义。惟安乐死之本质,仍属杀人行为,自与生命神圣之原理相抵触。因此,保护生命之要求与以缓和痛苦为内容之人道主义的要求,自然而然即呈现冲突或对立之状态。"

对于该案,公诉机关汉中市人民检察院以故意杀人罪对王某和蒲某提起公诉,但

---

① 参见最高人民法院中国应用法学研究所编:《人民法院案例选》(刑事卷,1992年至1996年合订本),人民法院出版社1997年版,第289—296页。

② 关于但书与犯罪构成的关系,在我国刑法理论界是一个未予澄清的问题,对此问题的论述,可参见储槐植、张永红:《善待社会危害性观念——从我国刑法第13条但书说起》,载《法学研究》2002年第3期。另需指出,有人认为,要解决刑法适用中情与法的冲突,应该通过改变我国现有犯罪构成理论的方法进行。参见劳东燕:《论犯罪构成的功能诉求——对刑事领域冲突解决机制的再思考》,载《金陵法律评论》2001年第2期。笔者认为这种做法有欠妥当,还需进一步考虑。

其后,王某、蒲某二人均被汉中市人民法院判决无罪(1991年4月)。一审法院的判决书认为,被告人王某在其母夏某病危濒死的情况下,再三要求主管医生蒲某为其母注射药物,虽属故意剥夺其母生命权利的行为,但情节显著轻微,危害不大,不构成犯罪。被告人蒲某在王某的再三要求下,亲自开处方并指使他人给垂危病人夏某注射促进死亡的药物,其行为也属故意剥夺公民的生命权利,但其用药量属正常范围,不是造成夏某死亡的直接原因,情节显著轻微,危害不大,不构成犯罪。依照1979年《刑法》第10条(现行《刑法》第13条)和1979年《刑事诉讼法》第11条(现行《刑事诉讼法》第15条)的规定,判决被告人王某和蒲某无罪。二审法院审理后认为,原审法院对于此案认定的事实清楚,证据确实充分,定性准确,审判程序合法,适用法律和判决结果是适当的,因而维持了原审法院的判决。

不难发现,法院在认定王某、蒲某的行为均属故意剥夺公民生命权利的行为的情况下,是通过援用1979年《刑法》第10条(现行《刑法》第13条)关于犯罪定义条款中的但书规定和1979年《刑事诉讼法》第11条(现行《刑事诉讼法》第15条)第(一)项的规定,即"情节显著轻微危害不大的,不认为是犯罪"的规定,而得出无罪判决的。该案属于实体法上的疑案,因而实体法上的但书规定对于最终的判决结论起了极为关键的作用。该案的判决,获得了良好的社会效果,并得到了最高人民法院的认可,最高人民法院将此案编入全国颁行的案例汇编,用以指导其他地方法院对于类似案件的处理。

当然,对该案的判决也绝非没有争议,反对的意见主要来自法学理论工作者。如,有人认为,法院判决认定的基本前提,即王某、蒲某二人已经实施了故意剥夺公民生命权的行为,与其随之所推导得出的"情节显著轻微危害不大"的关键性结论在逻辑上存在严重的内在矛盾,由此得出无罪判决实在有些牵强。既然王某、蒲某二人的行为是非法的,其危害就不可能"不大",其情节也难说是"显著轻微"。生命权是刑法所保护的最高法益,如果非法剥夺他人生命权的行为都属于"危害不大"的行为,那么还有何种行为能归于危害重大的犯罪之列?至于认定该案情节"显著轻微",就更显得荒唐和莫名其妙。此判决的言外之意是想说明用药物杀人的行为比之于一般的杀人行为属于"情节显著轻微",还是说人的生命有高低贵贱之分,杀死一个垂危的老人属于"情节显著轻微"?如果是前者,恐怕以后所有的杀人犯都要为终于找到一种无须承担刑事责任的杀人方法而欢呼雀跃;如果是后者,又显然有违生命权一律平等的原则。①

笔者认为上述观点值得商榷。认定该案情节显著轻微,当然不是因为被杀者是一个老人,生命权利是平等的,谁也不会说杀死一个老人相比杀死一个青年人属于情

---

① 参见劳东燕:《论犯罪构成的功能诉求——对刑事领域冲突解决机制的再思考》,载《金陵法律评论》2001年第2期。

节显著轻微;也不仅仅是因为被杀者生命垂危,生命作为一种权利没有量的差别,谁也不会说杀死一个垂危的病人相比杀死一个健康的人属于情节显著轻微;还不仅仅是因为行为人是用药物杀死病人,这只是杀人的一种手段,而且药物杀人也有毒药和安眠性药物的不同。可以说,上述三方面单独任何一方面都不能说明行为人的行为属于情节显著轻微,而只有综合全案的情况,才能得出情节显著轻微的结论。

首先,无论是作为医生的蒲某还是作为病人儿子的王某,其实施杀人行为的动机都是为了使夏某解脱病痛的折磨。对于饱受疾病煎熬的患者来说,与其没有任何希望地等待死亡并天天要忍受肉体的创痛,她宁愿选择无痛苦地早日死去。蒲某、王某二人的行为实际上满足了病人的要求。其次,从杀人所使用的方法上看,蒲某给夏某采取了药物注射的方法,注射的是复方冬眠灵,这是一种安眠类药物,能使病人在昏睡中死去。因而,病人在死亡的过程中是不会感受到痛苦的。用这种方法让病人死亡,当然比刀砍斧斫、绳勒手扼要轻微得多。故而,笔者认为,认定行为人的杀人行为情节显著轻微并无不妥。关键在于,既然剥夺了他人的生命,还能说危害不大吗?

论者认为生命权是刑法保护的最高法益,没有比剥夺他人生命权更为严重的危害行为,笔者也不能完全赞同。生命权无论如何重要,毕竟属于一种个人权利。既然是个人的权利,权利人自然可以放弃。在这种权利被放弃后,刑法是否还将其作为保护的法益,就值得考虑。有人认为生命权因其特有的重要性,法律不允许权利人放弃。笔者不同意这种观点,如果说法律不允许公民放弃自己的生命权利,那么对于自杀未遂的行为人也是应该追究刑事责任的,而这种情况在现代各国的刑事立法和司法实践中都不存在。所以,不能一概否认公民在特定情况下有放弃自己生命的权利。当然,仅仅是限于特定的情况,而非任何情况。如果说公民的生命权利是可以放弃的,而这种放弃又是为广大民众的伦理观念所能接受的,再认定这种行为具有很大的危害性就不妥当了。

实际上,公民对于自己生命有无处置权利的问题,一些国家已经在立法和司法上予以回答,并开始有所突破。2000年荷兰通过一条法律,允许医生在垂死病人的要求下,帮助其施行安乐死手术。尽管安乐死在其他国家是不合法的(如,1999年,一个美国医生因为病人施行安乐死手术被控以三级谋杀),但是不少国家的医生仍绕开法律悄悄地进行。英国一项调查发现,1998年英国约有27000人在医生的帮助下死去,这些人通常是因为医生撤走部分治疗或是断绝他们的食物和水供应后死去的。尤其值得一提的是,一向将安乐死作为犯罪处理的英国最近通过判决的方式确认了安乐死的合法性。该案案情如下:

现年43岁的黛安娜·普雷蒂曾是一名社会服务工作者。1999年由于一根脊椎血管破裂而导致颈下全部瘫痪,要靠呼吸机维持生命。但她的神志仍然清醒,还能够讲话。医生说,她恢复健康的机会不到1%。在数百个日日夜夜里,黛安娜浑身上下插满了各式各样的管子,令她痛苦不堪。她不想再成为家人的拖累,也不愿忍受痛苦而无望的治疗。她宁愿有尊严地死去,也不愿在苦海中挨过最后的日子。然而,当她写好遗嘱、安排好一切后事之后才发现,原来死并不是一件容易的事。由于颈部的运动神经元被破坏,她根本无力自绝,连呼吸的力量都没有,更别提自己关掉输氧设备了。无奈之下,黛安娜求助于医生,但得到的答复却是:这样做有违医德。黛安娜又想到了丈夫,请求他帮自己解除痛苦。但是这样会给丈夫带来麻烦,因为按照英国1961年制定的自杀法案将自杀定义为"自行了断"。换言之,任何由别人提供协助的自杀都被认定为谋杀,而提供帮助的人即是凶手,判刑可长达14年之久。这就是说,一旦黛安娜的丈夫关掉了输氧设备,他将以谋杀罪被判处最高14年有期徒刑。黛安娜不忍心连累共同生活了20多年的丈夫,便向地方法院提出允许她的丈夫协助她自杀的请求。2001年8月,地方法庭判决黛安娜败诉,黛安娜又上诉到高等法院。同年10月18日,3名英国高等法院的法官作出一项判决:无论情况如何特殊,至少在当今的英国,谁也没有权利预谋死亡。黛安娜和她的法律顾问及支持她的人权组织决定将案子直接递交到英国议会上院。黛安娜在上诉书中说:"希望上院议员能成全我生命中这个最后的心愿……尽快结束我和家人同时承受的痛苦。"2001年11月29日,英国议会上院驳回她的"安乐死"要求。2002年3月19日,黛安娜将最后的诉讼书递交到欧洲人权法庭,那里的7名法官是她最后的希望。经过3天的激烈讨论,3月22日,欧洲人权法庭家事法庭庭长伊丽莎白·布尔特·斯洛斯夫人作出裁决:黛安娜有权决定何时有尊严地终结自己的生命。判决书还写道:"我们必须给予类似遭遇的患者特殊权利,要知道,他们目前的状况可能比死亡还要糟糕。"法庭还宣判医院强迫黛安娜使用制氧设备维持生命是非法的,并以"非法侵入罪"判处医院赔偿100英镑的象征性损失费。[①]

该案的判决是值得我们深思的,因为虽然以前英国高等法院在某些案例中曾允许医生停止维持那些没有康复机会的"永久性植物人"的生命,但为神志清醒的残疾病人安乐死开了绿灯的判决尚属首次,因为黛安娜神志清楚,健康状况并未恶化,如果没有不可预料的情况发生,她可以继续活着。但正如黛安娜的律师哈佛斯所说:"生命的尊重权应当得到保证,黛安娜有权利、有尊严选择死亡,而不是忍受痛苦的煎熬。现在的她正面临耻辱和丧失体面的死亡方式,这一切使她痛苦异常并有损尊严。在这一点上,黛安娜受到了歧视,恶劣的身体状况不允许她像正常人那样结束自己的生命,而可怜的她却无法得到别人的帮助。"与哈佛斯的慷慨陈词形成鲜明对照的是官方辩解的苍白和无奈,政府的代表克劳对黛安娜的境况表示同情和怜悯,他指出,法律条文很清

---

① 参见蒋建平:《她赢得了选择生死的权利——英国首例安乐死判决始末》,载《检察日报》2002年3月25日;赵永悦:《全瘫黛安娜赢得安乐死》,载《信报》2002年3月25日。

楚,不可违抗。而且,导致黛安娜痛苦的是疾病,而并非不人道的对待。政府必须公平处理作为整体的公共利益和作为个人的基本权利。

也许哲学家会说:死亡是生存的必然结果;但律师必须回答:死亡权是生存权的对立面。在这一问题上,公众的观点是公允的,公众普遍认为,结束一个痛苦不堪、生不如死的生命是维护了这个人向往美好生活的基本权利,而要求一个时刻笼罩在疾病和死亡阴影之下的生命继续存在恰恰是非人道的,是违背了欧洲人权公约的。他们认为,如果黛安娜不愿再继续忍受病痛折磨,她应该有权利选择她认为的有尊严的死亡办法和时间。但法官也是无可指责的,因为"安乐死"在目前的英国于法无据。如果法官支持了"安乐死",黛安娜是解脱了,可法律的尊严就落空了。

但我们不禁要发出疑问,一个非人道的法律,维护其尊严的价值何在?从这个意义上讲,笔者认为我国刑法总则犯罪概念中但书的价值不容忽视,它在僵硬的法律和民众柔善的情理之间架起了一座沟通的桥梁,使法律的适用能够获得民众的心理认同,而这正是法律的生命力之所在。正如有学者指出的,刑法如果得不到公众的认同,它就是施行暴政的工具,从而与社会的法治观念格格不入。只有保持刑法与市民感觉或规范意识之间的一致性或张力,获得公众对刑法的认同感,才不会使刑事司法活动成为一个脱离公众的"异物"。

在上述安乐死案件中,我们不难发现,行为人的行为已经符合了刑法中故意杀人罪的构成要件,但却通过适用但书而不作为犯罪处理,这与罪刑法定原则是否存在冲突呢?实际上这涉及时下刑法理论界一些学者所言的形式合理性与实质合理性的关系问题。

形式合理性与实质合理性是马克斯·韦伯将合理性概念用于分析社会结构时所形成的一种分析范式。形式合理性具有事实的性质,是关于不同事实之间的因果关系判断;实质合理性具有价值的性质,是关于不同事实之间的逻辑关系判断。形式合理性主要被归结为手段和程序的可计算性,是一种客观合理性;实质合理性则基本属于目的和后果的价值,是一种主观合理性。[①] 在韦伯看来,近代法律发展是一个法律形式化的运动过程,"法治"就是伴随现代资本主义的兴起而发展起来的一种形式合理性的法律类型,现代法律体系与科学、技术、资本主义以及行政管理(官僚制)一样,是高度合理的,但这种合理性是纯粹形式的,即形式合理性。

我国有学者将形式合理性与实质合理性的社会学分析范式引入刑法学,认为韦伯所说的形式合理性就是指形式理性,而韦伯所说的实质合理性就是指实质理性,形式理性与实质理性是刑事法治的首要之义,在刑法中表现得极为明显。刑法需要强调实

---

① 参见陈兴良:《刑事法治的理念建构》,载陈兴良主编:《刑事法评论》(第6卷),中国政法大学出版社2000年版,第4页。

质理性,这就是坚持犯罪的社会危害性命题,对于没有社会危害性的行为不应在刑法中规定为犯罪。但刑法更需要关注形式理性,这就是坚守罪刑法定原则,法无明文规定不为罪,法无明文规定不处罚。在形式理性和实质理性发生冲突的情况下,应选择形式理性而非实质理性。①

可以简单地说,学者所谓形式理性与实质理性的冲突在我国就是社会危害性与罪刑法定原则的冲突,而但书显然是社会危害性的载体,其适用无疑是实质理性压倒形式理性的过程,因此,明确形式理性与实质理性的关系就显得异常必要。限于论文主题,对于形式理性与实质理性的关系,本文不作评析,仅对社会危害性与罪刑法定原则的关系予以澄清。

首先应予指出,罪刑法定原则与罪刑法定主义是有所区别的。罪刑法定主义作为近代反对封建刑法罪刑擅断的一种思潮,从其产生的渊源上来讲,其本质精神在于限制国家的刑事司法权,因此可以说,其功能指向是单一的,仅为保障人权。但将这种思想经由刑事立法转化为刑法的一项原则后,其功能已经发生了变化,由单纯的保障人权演变为保障人权和追究犯罪两项功能。法无明文规定不为罪,显然是罪刑法定原则保障人权功能的体现,但行为符合法律的明文规定就应该予以刑事惩处,则无疑凸现了刑法追究犯罪的功能。道理很简单,刑法有两项功能,作为刑法原则之一的罪刑法定,其功能不可能与刑法相悖。长期以来,我国刑法理论界将罪刑法定原则的功能仅仅强调为保障人权,而忽视其追究犯罪的功能,是与将罪刑法定主义与罪刑法定原则混为一谈的认识误区分不开的。

其次,罪刑法定原则存在着形式主义和实质主义两种不同的理解。如果对罪刑法定原则采取实质主义的理解,很显然,两者恰好是一致的;但若对罪刑法定原则采取形式主义的理解,则可能与社会危害性存在冲突。② 所以问题的关键在于对我国刑法中的罪刑法定原则应采取何种理解。目前,我国刑法学界比较一致的看法是,罪刑法定原则应坚持形式主义理解。因此,许多学者认为社会危害性与罪刑法定原则存在冲突。

但是,社会危害性也存在双向的功能。如果强调国家利益,着眼于将具有一定程度社会危害性的行为入罪,则社会危害性起着扩大刑法打击面的作用,如1979年《刑法》第79条的类推即是;如果强调公民权利,着眼于将不具有一定程度社会危害性的行为出罪,则社会危害性担负着缩小刑法打击面的功能,如1979年《刑法》与1997年《刑法》犯罪概念中的但书。如果说刑罚是一柄双刃剑,用之得当,则国家和个人两受

---

① 参见陈兴良:《刑事法治的理念建构》,载陈兴良主编:《刑事法评论》(第6卷),中国政法大学出版社2000年版,第12页。
② 参见储槐植、张永红:《善待社会危害性观念——从我国刑法第13条但书说起》,载《法学研究》2002年第3期。

其利;用之不当,则国家和个人两受其害的话,那么同样,社会危害性也是一柄双刃之剑,用于扩张犯罪范围(如类推)属用之不当,国家和个人两受其害;但用于缩小犯罪范围(如但书),则属用之得当,国家和个人两受其利。

如果说在法无明文规定的行为是否作为犯罪处理的问题上社会危害性与罪刑法定原则存在冲突的话,那么这种冲突也已经因为刑法取消了类推制度而归于消弭。而在法律明文规定为犯罪的行为是否作为犯罪处理的问题上,罪刑法定原则和社会危害性则存在价值取向上的一致性。因为形式主义理解的罪刑法定原则,主旨在于限制国家刑罚权,缩小刑法打击范围,从而实现刑法保障人权的机能。这与但书的功能显然是一致的。从价值和功能讲,但书与形式主义罪刑法定原则有异曲同工之效。

应该指出,罪刑法定原则本身并不是僵死的、一成不变的,相反,它是不断发展变化的。从绝对禁止适用类推到许可严格限制的扩大解释,从绝对禁止适用习惯法到允许习惯法成为刑法的间接渊源,从绝对禁止刑法溯及既往到允许从轻溯及,从绝对禁止不定期刑到允许采用相对的不定期刑,罪刑法定原则在保障人权的宗旨指导下,内容在不断更新、扩展。现在,不会有人认为刑法不溯及既往与罪刑法定原则相冲突,而会认为这是对原有罪刑法定原则的一种突破,但书又何尝不是如此呢?如果说罪刑法定原则为缩小刑法打击范围、保障人权作了第一重限定,那么,但书则作了第二重限定。为什么但书不可以被认为是对罪刑法定原则的一种价值增补呢?在罪刑法定原则框定犯罪范围、缩小刑法打击面、保障人权的功能定向下,社会危害性与形式主义罪刑法定原则存在冲突吗?

因此,如果说刑法分则的犯罪构成能够满足形式合理的要求,那么通过但书的适用将那些形式上符合犯罪构成而危害较小的行为作非罪化处理则无疑保证了实质合理的实现。

我国有学者认为,刑法的价值主要有三个方面,即公正性、谦抑性和人道性。因为刑法的公正性包括一般公正和个别公正,而实质理性实际上是个别公正的体现,所以,可以说我国《刑法》第 13 条的但书具有实现刑法公正性和谦抑性的重大价值。谦抑性是通过限制立法实现的,可以说是但书在立法上的价值;公正性是通过指导司法体现的,可以说是但书的司法价值。正是基于此,尽管我们不能说但书的规定是无可挑剔的,但是在提出废除但书这类观点时,绝对不能忽视甚至漠视其价值的蕴涵。

刑法第 13 条但书与刑法结构

——以系统论为视角*

系统论认为,任何事物都是一个系统。所谓系统,就是相互联系、相互制约、相互作用的元素组成的具有一定结构和功能的整体。简而言之,系统就是整体。系统有其相对性,整体大系统可以分解为若干部分的子系统,子系统内部还可以有若干层次的子系统(系统的等级层次原理)。凡是系统,都具有这样的特征:大系统内部的子系统之间形成一定的结构;整体的大系统具有各子系统所不具备的功能("整体大于部分之和"原理);系统与其外部环境通过物质、能量、信息交换的方式实现相互作用和相互联系,两者相互塑造,达到复杂的动态平衡(系统与环境互塑共生原理)。系统的功能,由元素、结构和环境三者同时决定,在元素和环境给定的情况下,结构决定功能。① 功能发挥过程对结构有反作用,促使结构改变。②

研究事物,也要运用反映事物特点的系统方法。系统方法就是把研究对象作为一个具有一定组成元素、结构与功能的整体,从整体与部分之间、系统与外部环境之间的相互联系、相互制约、相互作用的关系中进行综合考察,以达到处理问题的最佳科学方法。

从国家治安管理活动的整体而言,刑法是其中一部分,即一个子系统;但就刑法自身而言,它又是一个独立的大系统,有其内部结构。因此,研究我国刑法结构的特点、优化我国的刑法结构,对于我国刑法保护社会和保障人权功能的充分发挥,有着十分重大的意义。在我国刑法结构的形成和优化的过程中,《刑法》第 13 条但书(以下简称"但书")占据着举足轻重的地位,所以,本文试图从《刑法》第 13 条但书入手,运用系统论的观点对我国刑法结构的有关问题进行论述。

一、但书与刑法结构的形成:以刑法为大系统的考察

我国《刑法》第 13 条中规定"但是情节显著轻微危害不大的,不认为是犯罪"。这

---

* 原载《法学家》2002 年第 6 期,与张永红合作。
① 事物的性质和功能取决于其结构而非其组成元素,这一点与结构 功能主义的基本观点暗合。
② 参见苗东升:《系统科学精要》,中国人民大学出版社 1998 年版,第 26—45 页。

就是但书的内容,具体言之,可分为两部分:(1)条件——情节显著轻微危害不大。情节,即犯罪情节,学界对此概念存在不同认识,有人认为,它是指犯罪构成以外的事实;有人认为,它是能决定行为社会危害程度的一切主客观方面的因素(包括犯罪构成);有人认为,它是犯罪构成共同要件以外的事实情况;有人认为,它是犯罪构成的共同要件。笔者认为,犯罪情节应该是指刑法规定或认可的犯罪构成共同要件以外的,能够体现行为社会危害性程度和行为人人身危险性的大小,从而影响定罪量刑的各种事实情况。犯罪情节,根据不同的标准可作不同的分类,如根据对定罪量刑的影响或作用,可把犯罪情节分为定罪情节和量刑情节;根据产生的时间先后性,可把犯罪情节分为罪前情节、罪中情节和罪后情节;根据内容是否确定,可将犯罪情节分为确定情节和概括情节。"情节显著轻微"中的情节应是定罪情节和概括情节,既包括罪中情节,也包括罪前情节和罪后情节。犯罪是否显著轻微的判定,通常需要从以下方面进行分析:犯罪的时间、地点、场所和环境,犯罪的手段和方法,犯罪侵害的对象,犯罪的动机,犯罪的次数,以及犯罪的后果。危害不大,是指综合考察犯罪的共同要件和全案的情节,行为对社会的危害尚不属于严重,即行为对社会的危害在量上还未达到一定程度。危害不大既包括行为客观方面的内容,也涵括主观方面的内容,是从主客观相统一的角度来阐释行为的社会危害性的。(2)结果——不认为是犯罪。不认为是犯罪,就是指情节显著轻微危害不大的行为,法律确定其不是犯罪。这里的不认为是犯罪,意思等于不是犯罪。有人认为这里规定的"不认为是犯罪",是指某种行为已经构成犯罪,仅仅是不作为犯罪处理。这种认识值得商榷。在 1979 年《刑法》起草过程中,历次讨论稿、修订稿,对表述不认为是犯罪的写法曾经有过多次变动。有的稿中表述为"不以犯罪论处",有的表述为"可不以犯罪论处"或"可不认为是犯罪",等等,这些表述极易理解为已构成犯罪,仅仅是不按犯罪处理。1979 年《刑法》采纳不认为是犯罪的表述,1997 年《刑法》予以保留。笔者认为,符合一定条件,不认为是犯罪,就是法律确定这种行为不是犯罪。但是由于它在形式上与分则某条文的特征相同,所以强调写了"不认为"。如果把"不认为"理解成行为已经构成犯罪,而仅仅是从宽处理,那就同犯罪的定义相矛盾,并且与《刑法》第 37 条的规定相冲突。①

  刑法结构有形式结构和实质结构两层含义,刑法的形式结构是指刑法在形式上的组合状况,广义的形式结构指刑法由刑法典、单行刑法和附属刑法组成②,狭义的形式

---

① 《刑法》第 37 条规定:"对于犯罪情节轻微不需要判处刑罚的,可以免予刑事处罚。但是可以根据案件的不同情况,予以训诫或者责令具结悔过、赔礼道歉、赔偿损失,或者由主管部门予以行政处罚或者行政处分。"本条中,情节轻微的行为是构成犯罪的,只不过免予刑事处罚,这与情节显著轻微的行为不构成犯罪应该是有所区别的。

② 这是指成文法国家刑法组成,在英美等判例法国家,组成刑法的除了上述刑法典、单行刑法和附属刑法,还应该包括判例。

结构指刑法由总则和分则①构成,狭义的刑法形式结构实际是刑法的条文结构。刑法的实质结构是指犯罪与刑罚的组合状况。本文的刑法结构仅指刑法的实质结构。在宏观上,法定刑的性状大凡分为两类,重与轻,或者苛厉与不苛厉。刑法的犯罪规范也有两类,刑事法网即罪状设计严密(刑事责任严格)或者不严密(刑事责任不严格)。排列组合罪与刑的结构有四种:罪状设计严密、刑罚苛厉(又严又厉),罪状不严密、刑罚不苛厉(不严不厉),法网严密而刑罚不苛厉(严而不厉),刑罚苛厉而法网不严密(厉而不严)。② 结构决定功能,不同的刑法结构具有不同的刑法功能。一般认为,刑法具有保护社会和保障人权两大功能,上述四种刑法结构在这两项功能的实现上存在差别。法网严密,有助于刑法保护社会功能的实现;刑罚宽缓,有利于刑法人权保障功能的达成。③ 因此,"又严又厉"的刑法结构得之于社会保护,而失之于人权保障;"不严不厉"的刑法结构得之于人权保障,而失之于社会保护。二者均不能同时发挥刑法的保护社会和保障人权的双重功能,当代各国均不存在此类刑法结构。相比较而言,"严而不厉"的刑法结构既有利于保护社会,又便于保障人权,是比较理想的一种刑法模式,为现代西方各国所普遍采用。④

刑法结构问题实质上是刑法的调控范围和调控强度的问题。刑法的调控范围,是指刑法介入社会生活的范围,即立法者将哪些行为规定为犯罪并且以刑罚相威胁。刑法的调控强度,是指立法者、司法者为了获得合理的刑法效益所投入的刑罚,包括其种类和数量。刑法的调控范围,从不同的角度,可以被划分为不同的种类:首先,刑法的调控范围可分为实质调控范围和形式调控范围。实质调控范围是指从社会公共利益保护的角度出发,立法者应将有关行为规定为犯罪并以刑罚相威胁的范围;形式调控范围是指一国刑事法律中所规定的可以构成犯罪并应被追究刑事责任的行为范围。其次,刑法的调控范围也可分为刑法的广度调控范围和刑法的深度调控范围。刑法的广度调控范围是指刑法介入、干预社会生活的合理空间领域,即刑法可以对哪些社会关系、主体行为进行调整且具有适应性。刑法的深度调控范围是指刑法对可以介入、干预的社会关系、主体行为,应该调控至合理的程度。刑法的深度调控范围是以刑法的广度调控范围合理为前提和基础的刑法调控范围的第二次确定,即在确定刑法的广

---

① 我国刑法除了总则和分则,还有附则。
② 参见储槐植:《议论刑法现代化》,载《中外法学》2000 年第 5 期。
③ 宽缓的刑罚对于公民权益的剥夺和限制相对小一些,并非说对具体犯罪判处的刑罚越轻就越符合人权保障的原则。
④ 从这个角度来看,"厉而不严"的刑罚结构既不利于保护社会,也不利于保障人权,可谓导致刑法功能的双失,我国刑法采用此种结构实属不妥。但应注意的是,我国并非如西方国家那样实行一统的治安制裁体系,而是三级制裁体系,因此,它具有一定的合理性。参见储槐植:《再论劳动教养制度的合理性》,载《中外法学》2001 年第 6 期。

度调控范围的基础上再确定刑法的调控程度。① 刑法的实质调控范围由犯罪的概念所决定,刑法的形式调控范围由分则的犯罪构成所决定;刑法的广度调控范围由犯罪的样态(定性因素)所决定,刑法的深度调控范围由犯罪样态中的附加条件(定量因素)所决定。可见,刑事法网的严密与否实质上是刑法调控范围的大小问题,刑事惩罚的严厉与否实质上是刑法调控强度的大小问题。

刑法大系统结构的形成,需要考察其两个子系统:罪与刑。

首先,法网的严密与否,取决于行为的样态及附加条件的多少。行为样态,或称犯罪类型,是指行为的外在表现形式。如盗窃不同于抢夺,伤害不同于诈骗,抢劫不同于放火。在我国的刑事立法中,杀人、抢劫、强奸被作为犯罪,成为犯罪类型,而通奸、卖淫、随地吐痰则不被作为犯罪,不成为犯罪类型,这主要是由行为的自身样态所决定的。附加条件,是指在行为样态基础上所追加的一些条件,如目的、情节、结果、数额等。在我国的刑事立法中,并非具有某种样态的行为都是犯罪,有的还需要追加一定的条件,有些样态的行为如果不具备这些附加条件,也不能成为犯罪,如诈骗、抢夺要求数额较大,虐待、遗弃要求情节恶劣,重大飞行事故、重大责任事故要求后果严重,等等。

如果说行为样态是经线,划定了刑事法网的横向范围,那么附加条件则可称为纬线,划定了刑事法网的纵向范围,经纬交织,就构成了刑事法网的整体。

如果行为样态设计较多,附加条件追加较少,则经线与纬线繁多,刑事法网严密;相反,如果行为样态设计较少或附加条件追加较多,或者二者兼具,则经线过于稀少,或纬线过于稀少,或者二者兼具,因而导致刑事法网过于稀疏。

行为样态是定性的,附加条件基本上是定量的,即在行为样态所设定的行为的社会危害性的基础上再附加量的限制,但行为样态的定性,最终也是由其社会危害性的有无及程度决定的。因此,法网的严密与稀松只是外在表现,而社会危害性的程度则是内在决定因素。

其次,刑罚的苛厉与否,即刑罚的轻重,取决于刑质和刑量。

刑罚的轻重有相对和绝对之分。

相对意义的刑罚轻重,是就刑罚与犯罪的关系而言的。轻罪重罚、重罪轻罚为其适例。在轻罪重罚、重罪轻罚的情形中,即使对轻罪适用的是性质上为轻的刑罚,也可能为重刑;即使对重罪适用的性质上为重的刑罚,也可能为轻刑;前者为刑罚过剩,后者为刑罚不足。两者俱属罚不当罪。

绝对意义的刑罚轻重,是就刑罚自身而言的,包括刑罚质的轻重、刑罚量的轻重及

---

① 参见陈正云:《刑法的经济分析》,中国法制出版社 1997 年版,第 213、214、242 页。

刑罚结构的轻重。刑罚质的轻重,指不同刑罚种类的轻重,如生命刑重于自由刑,自由刑重于财产刑。刑罚量的轻重,指刑种量的大小,如长期自由刑重于短期自由刑,大数额的罚金重于小数额的罚金,剥夺全部财产重于剥夺部分财产。从质的意义上讲,刑罚的轻重是确定的;从量的意义上讲,同质不同量的刑罚轻重也是确定的,但对于质不同量也不同的刑罚,权衡其轻重有时却很困难。重质重量的刑罚重于轻质轻量的刑罚,但重质轻量的刑罚与轻质重量的刑罚孰轻孰重,却难以判定。本文的刑罚轻重是指刑罚结构的轻重,即将一个国家的刑罚(包括刑罚种类和各种刑罚所占比例)作为整体进行考察,分析其宏观态势。这种意义上的刑罚苛厉与否,实际上包括了刑罚的质和量两方面的因素。刑罚的质,即刑罚的种类。刑罚的量,即某种刑罚在各种刑罚总和中所占比例,刑罚质和量的统一形成刑罚结构(宏观结构),刑罚的轻重由刑罚结构决定。重刑(刑质重)所占比例大(刑量大)、轻刑(刑质轻)所占比例小(刑量小)的刑罚为重刑,属刑罚苛厉;轻刑(刑质轻)所占比例大(刑量大)、重刑(刑质重)所占比例小(刑量小)的刑罚为轻刑,属刑罚不苛厉。

如果说刑罚是一根大棒,那么这根大棒的打击效果除主体和对象的因素外,取决于两个方面:这个大棒的原料及各原料所占比例。其中,原料是刑质,而原料所占比例则是刑量。

因此,刑罚的轻重只是外在表现,而刑罚的结构则是内在决定因素,其中各个刑罚种类所占比例是关键。

从犯罪与刑罚二者关系来看,犯罪是基本决定刑罚的,我们说有罪当罚,无罪不罚,是讲犯罪的有无决定刑罚的有无;我们说重罪重罚,轻罪轻罚,则是说犯罪的轻重决定刑罚的轻重。申而言之,即如果犯罪有量的限制,那么作为其法律后果的刑罚也必须有量的限制。这种要求对于司法和立法是相同的。因此,含有定量因素的犯罪只能对应较为苛厉的刑罚,这是就单个犯罪而言的,但是作为犯罪和刑罚的整体,我们也不难发现,苛厉刑罚所占比重加大,整个刑罚结构趋重,也就是说,法网的不严密某种意义上就意味着刑罚结构的重化。

但书作为我国刑法总则犯罪概念定量因素的体现,将对社会危害轻微的行为排除在犯罪圈之外,只将对社会危害比较严重的行为纳入犯罪圈,使我国的犯罪圈呈现"不严"的状态。[①] 与此相对应,作为犯罪后果的刑罚就只能是比较重的,使我国的刑罚表现出"苛厉"的性状。可见,但书与我国刑法"厉而不严"结构的形成有内在联系。

---

① 刑事法网不严的另一原因是行为样态设计较少。

二、但书与我国刑法结构的优化：以刑法为子系统的分析

厉而不严的刑法结构具有与生俱来的弊端,主要表现在法网不严和刑罚苛厉两个方面。首先,稀疏的刑事法网使大量的社会危害行为逸脱其外①,不利于对犯罪的预防和控制,因而也就不利于实现对社会的合理保护；其次,苛厉的刑罚不利于对人权的保障,有违刑罚轻缓化的世界潮流。随着历史的演进,人类的权利意识日益张扬,刑罚的轻缓化成为不可阻遏的趋势。西方 200 余年的刑法发展史表明,刑罚趋轻是刑法演进的规律。② 刑罚趋势主要表现在一国的刑罚结构中重刑(尤其是死刑)所占比例大大降低。而我国刑法中,重刑(包括死刑和自由刑)所占比例较大,这种苛厉的刑罚结构不利于公民权利的保障。

可见,厉而不严的刑法机构存在着功能缺陷,根据功能反作用于结构的原理,如果要实现刑法功能的正常化和合理化,就需要优化其结构。③ 在刑法结构优化的过程中,减弱刑法的调控强度、实现刑罚的轻缓化是学界的共识。这主要通过调整刑罚体系的方法完成,具体而言,就是要加大罚金在刑罚体系中的比例、合理限制有期徒刑的适用范围,当然,首要的任务是削减死刑,因为死刑是一个国家刑罚体系的龙头,如果存在数量较多的死刑,那么基于刑罚攀比的原因,其他刑罚的量自然就会上升；减少了死刑,就从源头上实现了刑罚宽缓的要求。所以,刑罚的改革应该不成为问题。关键在于刑事法网的重整。这就存在一个模式选择的问题。因为,如上所述,法网不严,其原因有两个,一是行为样态设计较少,一是附加条件追加较多,在严密刑事法网的时候,我们应该通过增加行为样态的方式进行,还是应该通过取消附加条件的方式进行呢？前者是一个通过增加定性因素扩大刑法调控广度的问题,后者是一个通过取消定量因素加大刑法调控深度的问题。笔者认为,前者是可行的,而后者是不妥的。这要从我国刑法在社会制裁体系中的地位说起。一个社会对违法犯罪行为的调控体系(大系统)有法律调控体系和非法律调控体系之分(第一层次的两个子系统),非法律调控体系是通过道德规范、行业规范、乡规民约、社会风俗、宗教戒律等法律以外的东西来发挥作用的；法律调控体系则是通过法律明文规定的行为规范来产生作用的。法律调

---

① 这里的社会危害行为既包括具有严重的社会危害性但刑事立法没有规定的行为,也包括由于定量因素的限制而不能纳入刑法调整视野的一般危害行为。

② 参见储槐植：《西方刑法规律探讨——兼谈刑法研究的系统方法》,载北京大学法律系编：《法学论文集》,光明日报出版社 1987 年版,第 367 页。

③ 笔者早在 20 世纪 80 年代就曾撰文指出,刑法修订势在必行,并认为刑法修订的关键在于调整政策思想,由"严而不厉"的模式取代原来的"厉而不严"的模式。(参见储槐植：《严而不厉：为刑法修订设计政策思想》,载《北京大学学报(哲学社会科学版)》1989 年第 6 期。)对此主张,笔者现在仍然认为是正确的。

控体系又可以分为社会治安调控体系和非社会治安调控体系(第二层次的子系统)。① 治安有广义和狭义之分,广义的治安是指政治清明,长治久安;狭义的治安即一般所说的社会治安,是指由国家通过治安行政管理职能机构依法建立起来的一种符合统治阶级意志和利益的社会秩序。② 各个国家都有对于社会治安的调控体系,而且调控的内容基本相同,都不外乎是扰乱社会秩序、妨害公共安全、侵犯公民人身权利、侵犯公私财产的行为。③ 但是,我国与西方国家在社会治安的调控手段上存在差别,前者有刑法和行政法两种调控手段,后者只有刑法一种调控手段,也就是说,对于危害社会治安的行为,我国有三种制裁方式:治安管理处罚、劳动教养和刑罚④;而西方国家只有一种制裁方式:刑罚。一个国家是采用一统的社会治安制裁体系(如美国)还是分级的社会治安制裁体系(如中国),基本上取决于其犯罪概念定量因素的有无。西方国家的犯罪概念没有定量因素的限制,刑法中各类具体犯罪的定义基本上仍是建立在"犯罪即恶行""犯罪是反社会行为"这样的定性分析的观念上面,因此,凡是危害社会治安的行为,无论其危害程度的大小,都作为犯罪看待,由法院管辖。与此不同,我国的犯罪概念中存在定量因素,具体载体就是《刑法》第 13 条但书及其所决定的分则犯罪构成中的定量要素。犯罪概念中定量因素的存在,限制了我国刑法的处罚范围,即其只能针对那些危害社会程度较大的行为,除此以外的危害社会治安的行为都不是刑法管辖的对象。对这部分一般危害行为的惩处是行政法的任务,在我国是由治安管理处罚和劳动教养来完成的。由此可见,作为社会治安制裁体系这个大系统的一个子系统,我国刑法只担负抗制严重危害社会行为的任务,它与西方国家的刑法在处罚范围上存在明显的不同。从这个意义上来讲,中西方的犯罪数和犯罪率是不具有可比性的。我们不能仅从我国的犯罪数量少和犯罪率低这一角度就说我国的社会治安状况优于西方。另外,我们也不能仅从我国刑法只制裁对社会危害程度较大的行为而对社会危害较为轻微的行为不予过问这一点上就说我国刑法存在结构性缺损。很显然,刑法结构性缺损命题的提出,显然是将刑法作为一个独立的大系统予以考察得出的结论。因为但书作为我国刑法总则犯罪概念的定量因素,其载体主要是行为造成的客观

---

① 法律调控体系也有民法、经济法、行政法、刑法等不同法律部门的分野(第二层次的子系统),民法、经济法、行政法之间的区分主要在于其所调整的社会关系内容的不同,但这些部门法与刑法的区别则在于惩罚的严厉性程度有所不同。

② 参见魏平雄、王顺安主编:《中国治安管理法学》,人民法院出版社 1997 年版,第 3 页。

③ 当然,不同的国家,不同的时期,社会治安的内容会有不同的侧重,从而导致社会治安内容的差异,如我国,在社会主义新时期,社会治安的主要内容为,严厉打击各种严重危害社会治安的刑事犯罪活动,取缔死灰复燃的卖淫嫖娼、赌博、传播淫秽物品等丑恶活动,加强治安行政管理,维护社会安定和社会秩序,为改革开放创造一个良好的社会环境。(参见魏平雄、王顺安主编:《中国治安管理法学》,人民法院出版社 1997 年版,第 4 页。)

④ 治安管理处罚和劳动教养都属于行政处罚。关于劳动教养的性质,学界存在是行政处罚还是保安处分的争论,笔者倾向于认为是一种行政处罚。

危害结果,这就决定了我国刑法奠基于结果本位。这与其他国家的行为人本位刑法有重大差别。行为人本位刑法重行为人的主观恶性和人身危险性,行为结果本位刑法必然重行为及其结果的客观实害,而排斥行为人的人格状况,重恶果必然轻恶习。现实生活中存在着恶习深重但行为结果并未达到刑法规定的严重程度而难以绳之以刑法的情况,然而这类恶习者对生活安宁造成的威胁往往超过恶习不深但行为结果符合刑法规定的犯罪人。① 如果把刑法作为一个子系统,置于国家社会治安制裁体系这个大系统中予以考察,则不难发现,刑法的这个结构性缺损被我国的劳动教养制度补救了。因为对于那些危害不大而行为人主观恶性较小的人,可给予治安管理处罚;对于那些危害不大但是行为人有较深恶习的,可以进行劳动教养。正是在这个意义上,我国的劳动教养才具有存在的合理性。②

可见,尽管但书将一般危害社会行为排除在刑法的管辖范围之外,但这部分行为由治安管理处罚和劳动教养予以处理,三者相结合,就实现了对于危害社会治安行为的完整调控。③ 因此,从这个角度出发取消但书的说法是不妥当的。

不仅如此,但书作为刑法总则犯罪概念中定量因素的载体,具有重大的立法和司法价值。如果取消但书,将面临以下难以克服的问题:

首先,民众观念难以接受。但书将大量社会危害不大的行为不作为犯罪处理,就使相当数量的公民免留污名劣迹。犯罪,在我国民众的观念中,不仅是一种法律上的恶,也是一种道德上的恶,因此,犯罪分子为民众所深恶痛绝。即便服刑期满出狱,也往往为人所不齿,给其社会化带来很大的阻力。犯罪的标签也会令犯罪人本人背上沉重的思想包袱,难以融入正常的社会生活。如果对于社会危害轻微的行为不予认定犯罪,而只作一般违法处理,则可避免以上问题。"这既有利于公民个人的发展,也可以减少公民对国家的抗力,从而在尽可能广泛的基础上加强公民与国家的合力。"④需要强调指出,立法上废除但书可能是轻而易举的,但要转变民众长期以来形成的根深蒂固的观念却非短时间所能完成的,立法规定与民众观念的背离会成为刑法有效发挥功能的致命伤。

其次,司法效率值得忧虑。但书限缩了刑法的打击面,它可以使刑事司法力量集中打击事关国家稳定、社会发展、公民生命与财产安全的犯罪活动,避免把有限的刑事司法力量消耗在对付偷鸡摸狗的琐事上。国家的资源是有限的,国家也不可能把所有的资源都用于打击犯罪,这就决定了刑事司法资源的有限性。同时,犯罪的刑事惩处

---

① 参见储槐植:《议论刑法现代化》,载《中外法学》2000 年第 5 期。
② 参见储槐植:《论劳教处遇的合理性》,载《法制日报》1999 年 6 月 3 日;储槐植:《再论劳动教养制度的合理性》,载《中外法学》2001 年第 6 期。
③ 劳动教养制度在实际运作中存在的问题需要进行改革,予以妥善解决。
④ 储槐植:《我国刑法中犯罪概念的定量因素》,载《法学研究》1988 年第 2 期。

又具有巨大的消耗性。因为刑罚的适用以确认行为构成犯罪为前提,而犯罪的确认需要经过侦查、起诉、审判等一系列严格的过程,其中每一阶段都需要耗费大量的资源。此外,刑罚的执行更是伴随着社会成本的巨额支出。① 在这种情形下,事无巨细,都动用刑事司法力量,不仅没有必要,而且效果必定不佳。因为社会生活中危害程度较大的行为毕竟只是少数,大量的是社会危害比较轻微的行为,这可以从十数年我国所处理的治安违法案件和刑事案件的数量看出来②:

表1 1986—1997年全国刑事案件和治安违法案件数量表

年份	全国刑事案件发案数(起)	全国治安违法案件发案数(起)	予以治安处罚的人次
1986年	547115	1115858	1690602
1987年	750439	1234910	2040484
1988年	827594	1410044	2394812
1989年	1971910	1847625	3089721
1990年	2216997	1965663	3060099
1991年	2365709	2414065	3404907
1992年	1582659	2956737	3860149
1993年	1616879	3351016	4279039
1994年	1660734	3300972	2865754
1995年	1690407	3289760	2968720
1996年	1600716	3363636	3117623
1997年	1613629	3227669	3003799

从1993年到1997年全国的治安违法案件的数量几乎都是刑事案件的两倍,试想,如果将上述治安违法案件都作为犯罪处理,国家司法机关将面临多大的压力,国家将多投入多少司法资源。在我国刑事司法人员素质普遍不高、刑事司法机制运作不顺畅的情况下,司法机关所面临任务的严峻性可想而知,其完成这项任务的可能性也不难想见。而将社会危害不大的行为不作为犯罪处理,则可以保证快速有效地解决纠纷,大大地节约司法资源。西方国家已经开始尚未结束的非犯罪化、非刑罚化运动,正是基于司法机关无法应付堆积如山的案件而作的一种改革,这正可作为我国犯罪概念

---

① 正是由于刑事司法资源的有限性,香港特区相关刑事法律中规定了浪费警力资源罪,以确保刑事司法资源的有效利用。参见朱家佑:《诉讼资源岂容浪费》,载《检察日报》2002年3月27日。
② 表1中的统计数字均来自《中国法律年鉴(1998)》。

定量因素有利的一种反证。

所以，优化刑法结构决不能通过取消但书的方式进行，而应在保留但书的基础上进一步增加行为样态。

行为样态设计较少而导致危害较大的行为逸脱刑事法网的问题，我国学者多有论述，如有人指出，我国的"反黑"立法，1997年《刑法》中设置了三个罪名：组织、领导、参加黑社会性质组织罪（第294条第1款）、入境发展黑社会组织罪（第294条第2款）和包庇、纵容黑社会性质组织罪（第294条第4款）。但还有一些具有相当社会危害程度的黑社会性质犯罪在刑法中付之阙如，致使司法实务部门面对这些黑社会性质犯罪时，因法无明文规定而不能将其纳入刑事打击的视野。具体说，这些行为主要有：一是参加境外黑社会组织的行为。刑法规定了组织、领导、参加黑社会性质组织罪，又规定了入境发展黑社会组织罪，但却未将被"发展"的在我国境内加入境外黑社会组织的行为规定为犯罪。二是境外黑社会组织人员到我国发展成员的构成犯罪，而他们在我国境内从事黑社会犯罪活动却不构成犯罪。但实践中境外黑社会组织成员在我国境内从事发展成员以外的违法犯罪活动却已出现。三是包庇、纵容黑社会性质组织构成犯罪，但包庇、纵容境外黑社会成员入境发展成员、从事其他违法犯罪活动的却不包括在内。① 这三种行为的社会危害性与我国现行刑法未将其作为犯罪予以规定，致使上述行为人轻易地逃脱刑罚制裁。笔者也曾经反复提到，我国受贿罪成立的要件是"为他人谋取利益"，这是典型的权钱交易式受贿罪。但受贿中存在着大量的同样侵害公务廉洁性的非典型的或称变相的受贿行为，我国刑法对此没有反应。许多国家的刑法均达到了滴水不漏的严密程度。例如《日本刑法典》第197条规定有受贿、受托受贿和事前受贿，第197条之三规定了加重受贿和事后受贿，第197条之四为斡旋受贿。② 1997年《刑法》通过后，全国人民代表大会常务会所通过的一个决定和三个修正案对于现实生活中出现的但刑法没有明文规定的严重危害社会的行为予以犯罪化的补充规定，都说明了这一问题。可见，这应该通过立法的方式予以解决，重点在于立法要有前瞻性。③

最后应该说明的是，本文仅是从优化刑法结构的角度讨论但书的存废问题，如果是从其他角度研究但书的存废，则是另外的问题，需要不同的论述，自与本文的论述有所区别。

---

① 参见田宏杰：《试论我国"反黑"刑事立法的完善》，载《法律科学（西北政法学院学报）》2001年第5期。2000年12月4日通过的最高人民法院《关于审理黑社会性质组织犯罪的案件具体应用法律若干问题的解释》对入境发展黑社会组织罪中的"发展组织成员"作了扩大解释，将对黑社会组织成员进行内部调整的行为也视为其中之一，但对我国境内人员加入黑社会组织以及包庇、纵容境外黑社会组织的行为如何处理，未予明确。这当然是受到司法解释权限的制约。

② 参见储槐植：《议论刑法现代化》，载《中外法学》2000年第5期。

③ 在增加行为样态时，可参照西方各国经验，将刑法立法模式由结果本位转向行为本位，在作为和不作为两种犯罪行为形式外增加持有，将犯罪原因行为犯罪化以及编制更为严密的惩治有组织犯罪的刑事法网。

三论第三犯罪行为形式"持有"*

拙著《美国刑法》(1987)犯罪行为一节中说的"占有(possession)"(日本学者也认为在刑法上持有与占有是同一概念)算是一论,拙文《论刑法学若干重大问题》的问题之二"充实犯罪构成理论"中提到的"持有行为形式"算是二论(论点未变但论述方法看来不尽妥帖),这里便是三论。

一、合乎逻辑

论证持有是第三犯罪行为形式这一论点的关键首先要说明:刑法上"作为"与"不作为"的关系不等于形式逻辑中"白"与"非白"的关系。非白在逻辑上是对白的全称否定判断,二者之间不可能有第三种情形,这是形式逻辑上的排中律。排中律的前提是同一律,按前例,"非白"与"白"这两个判断中有一个共同的因素即"白"这个概念的内涵是同一的,否则前者不可能构成对后者的全称否定。然而刑法上的"不作为"与"作为"的关系并非如是。应提出,这里的讨论范围限于刑法。刑法上的"作为"是指刑法禁止实施的行为。"不作为"指能实施而未实施法律要求实施的行为。而"不作为"这一判断的组成因素"作为"的含义不是法律禁止,恰好相反,是法律要求。作为与不作为,在文字上虽有共同一词即作为;但这共同一词在两处的含义完全不同。可见,刑法上的不作为并非是刑法上的作为的全称否定,所以二者不存在形式逻辑中的排中关系,因为两处的"作为"不符合同一律。假定两处作为的含义同一,则可简单代入,其结果为:"不作为"便是能实施而未实施刑法禁止实施的行为。这正好是不犯罪!既然形式逻辑的排中律不适用于刑法上的作为与不作为的关系,因而在作为与不作为之外还可能有其他犯罪行为形式这一论点便不违反形式逻辑。

既然作为和不作为没有涵盖犯罪行为的一切形式,那么还有什么形式呢?以物质存在的形式运动为准绳,可能存在三种形态:动;静(静止是物质运动的特殊形式);动静相融。"作为"具有动的行为特征,"不作为"具有静的行为特征,"持有"具有动静结合的特征(这在《美国刑法》中已大体涉及)。英国有的刑法著作提到的与作为和不作为并列的"事态"(state of affairs,译为事态较好,即事件、事情、事物的状态),例如酒后

---

* 原载《中外法学》1994 年第 5 期。

驾车罪,分割开来看,血液中含酒精不是罪行,驾驶车辆也不是罪行,但两者结合这种状态便成为犯罪。据英国刑法文献,持有被包括在事态概念中,后者的外延大于前者。

刑法上的"不作为"被认为是作为的全称否定,这与中文词语表述形式(俄文也相似)引起的误解有关。英文不易出现这种误解,其刑法术语 omission(中文译成"不作为"是按照中国刑法学的习惯,其实际含义是疏忽、忽略、懈怠),但并不写为 action(中文译为"作为"是名实相符的)的否定词 non-action。

二、根据需要

从逻辑上论证持有与作为和不作为并列的可能性仅仅是命题成立的前提条件,重要的还在于说明将持有视为第三犯罪行为形式的必要性和依据。首先,关于主体行为素质即行为的犯罪性(有害性)的特点不同。"作为"这一行为形式其犯罪性明显地蕴含在其身体动作本身中,例如持刀抢劫、强奸妇女等,任何人实施这类行为都是犯罪。"不作为"的犯罪性在于主体与法律要求的义务关系,例如不纳税构成犯罪与否取决于主体有无纳税义务,见危不救只是负有救援义务的人才可能承担刑事责任等。一般而言,持有是指主体对财物的控制。"持有"这一行为形式之所以具有犯罪性在于主体对非法财物的控制状态,非法财物例如毒品、不义之财以及色情物品、犯罪工具(有的国家刑法中有持有色情物品罪和持有犯罪工具罪)等。显然犯罪对象的性质对主体行为的评价至关重要。

其次,行为的特质带来了行为结构方面的差异。"作为"是一元结构,即主体行为本身构成了犯罪行为。"不作为"和"持有"是二元结构,即主体行为(两种形式)与外界条件(特定义务或者特定对象)相结合才构成犯罪行为。一元结构中,主体行为是独立的,无须依赖外界条件。二元结构中,主体行为有依附性,即主体行为(两种形式)要成为犯罪行为须依赖于外界条件的存在。

最后,不同犯罪行为形式在犯罪构成中的功能不同。"作为"是犯罪构成中行为的基本形式,因为它可以无须附加条件不受限制地出现在各种犯罪构成中。"不作为"须依附于特定义务,受到一定限制,所以其在犯罪构成中出现的概率必定低于作为。"持有"与前二者最大的不同是,作为或不作为这两个术语本身均不是罪名(的组成部分),它们可以相对自由地体现在不同罪名中,所以在犯罪构成中出现的数量(罪名数)是不确定的。而"持有"本身是罪名(的组成部分),因此它的犯罪构成数量(罪名数)是由法律规定的。

三、实际价值

以上是分离出持有犯罪行为形式的理论根据(必要性)。研究第三犯罪行为形式具有立法和司法价值。在一些多发性和危害大的犯罪现象中,有些案件难以用传统罪名(犯罪构成)治罪,持有型罪名便成为唯一的选择,例如非法持有毒品罪的设立。在司法中,可以减轻公诉机关的证明责任。罪名是证明的核心,"持有"是现在事实状态,现状是容易证明的。由作为或不作为行为形式构成的种种罪名,公诉机关要证明的则是现在事实的来源或去向,当然比证明现在事实要困难得多。例如,发现某人手头或住所存有一定数量毒品,要以制造毒品治罪,则必须证明这些毒品的来源;要以贩卖毒品治罪,则须证明这些毒品的去向;如果以非法持有毒品治罪,只需证明他没有合法资格掌握毒品即可,持有是事实,发现这个事实就等于证明了这个事实。法律上所以制定持有型罪名,就是为了在公诉机关难以证明现状的来源或去向的情况下避免使狡猾的犯罪人逃脱法网、提高刑法威慑力。持有存在两种情况,一是实际持有,即亲自直接控制;另一是推定持有(或称法律持有),即虽非亲自控制但有权支配该物。证明推定持有尚需证明所属关系,但也比证明现状的来源或去向容易。根据有些国外立法,设立持有型罪名的意义还在于以惩罚早期预备行为来防止严重犯罪的发生,例如持有凶器罪、持有犯罪工具罪以及酒后驾车罪等。这种立法的法制价值是,一方面在刑法总则里废除惩罚犯罪预备作为一般原则的规定,更好地贯彻罪刑法定原则,同时另一方面又可收到防止重罪发生的效果。可以预料,今后我国立法中将可能出现一些新的持有型罪名。

四、消除误解

如上述,持有型罪名减轻了公诉机关的证明责任,这是由犯罪构成决定的,但并未改变证明规则:谁控告谁证明,是指诉讼根据控方证明而开始和终结;但诉讼过程中控辩双方的对抗活动均以"证明"(尽管证明程度依据不同案件和不同进展阶段而各有差异)作为反驳对方的根据,否则无以展开辩论,这并不存在转移证明责任的问题。这里涉及持有型罪是否应以主体负有说明义务(证明责任)为前提的问题。问题来自《关于惩治贪污罪贿赂罪的补充规定》(1988年)第11条所谓"巨额财产来源不明罪"规定的"本人不能说明其来源是合法的,差额部分以非法所得论"。如何理解这一法条的罪名是关键。通常情况下,罪名中应有动词或动名词,因为犯罪是行为。这里却缺乏这类词语。"来源不明"对谁而言?而且它是个中性词并带模糊性,并不反映犯罪的本质特征社会危害性。我认为法条第一句已表明了此罪的基本要件,即(国家工作人员)持有(或拥有)超过合法收入的巨额财产(罪名)。主体是国家工作人员,他们应当为政清廉,公众对拥有超过合法收入的巨额财产的国家工作人员持否定态度是无疑的,这一事实本身就有损声誉,具有危害性。法律设此罪与设非法持有毒品罪出于同一考虑。"合法收入"包括工资、继承所得以及一切法律许可的收入。"超过"合法收入的那部分财产理所当然地属于"非法所得",绝不可能是合法收入,这里不存在推定。法条所写"可以责令说明来源。本人不能说明其来源是合法的",是工作程序,决非实体上的犯罪构成要件。而且从本质上看,这是多余的。承办这类案件时都必然会这样做。如果被告人"能说明其来源是合法的",当然不成立犯罪。其实其他案件也如此,例如受贿罪案,如果被告人能说明其接受的财物是合法的,也不成立犯罪。这多余的写法还给人以主体负有说明义务的错觉。此罪在控告时公诉人已证明了被告人现有财产大大超过了其合法收入,如果被告人不举证反驳,则罪名成立。犹如控告受贿罪,如果被告人不能举证说明其所受财物是合法的,则罪名成立。所以这里并没有特别规定被告人的证明责任,也说不上什么证明责任转移的问题。

五、形态辨析

持有型犯罪属于状态犯还是继续犯?学者看法不同。凭常识,持有是一种状态。假定说它是状态犯,大陆法系刑法理论一般认为状态犯罪是犯罪行为完成后的不法状态的持续,因而不可罚,正如有学者指出状态犯"实际上称不上'犯'"[①]。持有型罪是可罚的,而且持有本身是一种犯罪行为。所以,持有型罪不能归属状态犯。但也难说是继续犯,通常认为"行为与不法状态都在继续中"[②]是继续犯的基本特征之一。继续犯的成立以存在行为和不法状态两项因素为前提,然而持有型罪不存在这两项因素,确切说是二者合一,行为即状态,状态即行为。状态犯也好,继续犯也好,均以积极的"作为"为前提。由于"持有"不同于作为,所以无法以作为为基础的犯罪形态论其归属。我认为应设立一种形态,称持有犯,与继续犯并列。

持有型犯罪属于行为犯还是结果犯?假定认为是行为犯,它却似乎有结果,而且是可计量的,如毒品多少克,超过合法收入(即非法所得)的财产几万元。假定认为是结果犯,结果犯须以行为与结果同时存在为前提,而持有型罪没有这种前提。相比之下,认为持有型犯罪属行为犯好些,持有型罪一般不存在犯罪未遂。

持有型犯罪的问题还有不少,需要进一步研究。

---

① 喻传主编:《刑法学专题研究》,武汉大学出版社 1992 年版,第 103 页。
② 喻传主编:《刑法学专题研究》,武汉大学出版社 1992 年版,第 99 页。

一个半因果关系[*]

因果关系是刑法理论上和司法实践中有争论的一个重要问题。争论的热点是刑法上因果关系外延的大小,基本有两种看法:一种认为刑法因果关系等于必然联系;另一种认为刑法因果关系除必然联系外还包括偶然联系。前者可以称作"一个因果关系说"(即只承认一种形式的因果关系——必然因果关系),后者可以称作"两个因果关系说"(即必然因果关系加偶然因果关系)。高等学校法学试用教材《刑法学》"因果关系"一节中有这样一段文字:"甲、乙二人因口角,甲把乙打伤,乙在去医院途中,被某丙的汽车碰倒造成死亡。甲的行为虽然也是某乙死亡结果发生的不可缺少的条件,但某甲的行为并不具有某乙死亡结果发生的实在可能性,即某甲的行为不具有引起和决定结果发生的作用,所以,某甲的伤害行为与某乙的死亡结果之间没有因果关系,它只是某乙死亡的条件(有的认为二者之间有偶然因果关系)。"[①]这典型地反映了刑法学界关于因果关系理论的基本分歧。

从西方刑法学史上看,19世纪中期以前,大陆法刑法因果关系理论中占支配地位的是"条件即原因"说(条件说);英美普通法刑法因果关系理论主要是"事实原因"说,其公式是"如果没有A、B、C、D……就没有Z,那么A、B、C、D……就是结果Z的事实上的原因"。可见,事实原因也就是条件。这两种理论都来源于民事侵权责任关于因果联系的规则。从民事赔偿角度而言,因果关系的范围宽一些是可以的,也许是必需的;但是从为追究刑事责任限定客观基础这一角度来看,因果关系的范围过宽并不是可取的。19世纪后期开始,大陆法刑法理论中出现的各种各样的"条件原因区别"说(原因说)和英美普通法中的"法律原因"说(刑法关注的那些事实原因才是刑法上的原因),都是为了限制和缩小条件即原因的范围。原因说中较有影响的一种就是必然原因说,这在社会主义法系刑法理论中尤为盛行。

刑法因果关系"必然原因"(即必然因果关系)理论为刑事责任客观基础设定了比较适当的范围;但是在某些情况下不利于解决司法实践中遇到的问题。例如,高等教育法律专业自学教材《刑法学概论》中有这样的案例:"某甲故意轻伤某乙的小腿部,乙自己在包扎伤口时未经消毒,致使破伤风菌侵入,造成某乙死亡。此案,从甲轻伤乙的

---

[*] 原载《法学研究》1987年第3期。
[①] 法学教材编辑部《刑法学》编写组:《刑法学》,法律出版社1982年版,第129页。

行为本身来分析,不存在致乙死亡的实际可能性,它只是为乙的死亡提供了条件。……但是,我们能够因此而否认甲的行为也是引起乙死亡的一种原因吗?不能。然而甲的行为同乙死亡结果之间却不是内在的、必然的联系,恰恰是外在的、偶然的联系。"①

"一个因果关系"理论不仅遇到前文提及的实践方面的难题,而且也面临哲学方面的挑战。原因与结果,必然与偶然,是哲学上早已存在的两对范畴。把因果性同必然性等同起来,是18世纪欧洲哲学上开始出现的命题。必然联系才是因果联系。这种认识建立在机械规律(机械决定论)的基础上,是同当时人类对自然现象认识水平相一致的(物理学中古典力学理论一家独占)。随着科学发展,尤其是20世纪物理学中统计规律(基本意思是,在一定条件下某个事件以稳定的概率发生)的发现,人类对客观世界的认识又向前迈进了一大步。统计规律不仅在各自然学科而且在诸多社会学科中已经被普遍应用。反映在哲学上,直接涉及对因果关系的认识。当前哲学界持这种认识的日益增多:合机械规律的必然性联系只是因果关系的一种形式,合统计规律的偶然性联系是因果关系的另一种形式。因此,刑法上"两个因果关系"的观点体现了哲学理论的新进展。

刑法中研究因果关系问题的目的在于解决刑事责任的客观基础。两个因果关系说纠正了一个因果关系说把刑事责任客观基础限制得过于狭窄的弊端,其在哲学上也有依据;然而本身未加限制的两个因果关系说在刑法理论的实质上无异于回到"条件即原因"说。19世纪的条件说虽然没有以今天的两种形式因果关系理论为依据,其方法论是现象直观加逻辑推理,但是关于刑事责任客观基础问题的结局同两个因果关系说并非两样。

从以上分析可以看出,一个因果关系说和两个因果关系说各自都有相对应的长处和短处。一个因果关系说是对条件即原因说的矫枉,不免有"过正"之弊,两个因果关系说是对一个因果关系说的矫枉,也有"过正"之弊,否定之否定,等于肯定了条件即原因说。能不能找到一种矫枉而不过正的途径?折中性质的"一个半因果关系说"试图达到这样的目的。

一个半因果关系说的基本点是,刑法上的因果关系应以哲学上两种因果关系形式为基础,但又不完全包括两种形式,即刑法上的因果关系的范围等于全部(一个)必然因果关系加上一部分(半个)偶然因果关系。问题的关键在于取哪一部分偶然因果关系。

概率是指某一事件在一定条件下出现的可能性大小。概率在大于0和小于1之间都属于"偶然性"范畴。概率为1就是"必然性"。如果用数轴来表示,必然性是一个

---

① 高等教育法律专业自学教材:《刑法学概论》,光明日报出版社1985年版,第116—117页。

"点",而偶然性是一个"区间"。可见,偶然性的范围相当广阔:既有概率大(趋近于1)的偶然性,日常生活中常用"多半""很可能"等词语表达;也有概率小(趋近于0)的偶然性,日常生活中常用"少见""极难得"等词语表达。前者可称高概率偶然性(接近必然性),后者称为低概率偶然性(远离必然性)。现代生活实践表明,酒后开车很可能出交通事故。例如 A 酒后开车,控制不住方向盘,车向道路左侧驶去,对面过来的 B 车为避免与之相撞而急速向右侧偏斜,因而轧死了同方向快速骑车人 C。A 行为(酒后开车)同 C 死亡(交通事故)之间存在高概率偶然因果联系。前面提到的,甲伤乙,乙去医院途中被丙车碰倒丧生,甲行为同乙死亡之间只存在低概率偶然因果联系。因为,去医院看病遇交通事故,是极罕见的。某些事件出现的概率大小可以通过实验进行确切统计,有些事件尤其某些社会现象是难以精切统计的,但这不等于无法区别它们出现的概率大小,生活经验、社会实践则是进行判别的标准和依据。

高概率和低概率的偶然因果联系都可以是哲学上的偶然因果联系。刑法因果关系理论要受哲学指导,但不是哲学理论的照搬。否则,就没有必要再研究刑法上的因果关系问题了。以合理划定刑事责任为基础,选取必然因果关系和高概率偶然因果关系作为刑法上的因果关系,这在理论上是说得通的,对实践也是有益的。

如何确定偶然因果关系概率的高低?一个行为直接引起一个结果,二者之间的因果联系是一目了然的。甲开枪打中乙心脏造成死亡,丙一拳打在患恶性脑瘤的丁头部引起死亡,其因果关系是不会产生疑问的。问题往往发生在所谓间接联系或偶然联系的情况下。刑法中的偶然因果关系通常都存在于一个危害行为在发展过程中插进其他因素(称"介入因素")从而产生危害结果的情况下。笔者认为,偶然因果关系概率高低取决于介入因素的性质和特点。因此,研究介入因素是至关重要的。介入因素,大体上有三类:

(1)自然事件(是指作为介入因素的自然事件,而不是原先存在的特异情况,例如被害人身体上早已存在的疾病等)。例如 A 用刀把 B 刺伤,在治疗中 B 死于医院病房倒塌。病房倒塌就是自然事件。

(2)他人行为。例如 A 用刀把 B 刺伤,治疗过程中医生不尽职责,引起 B 死亡。医生失职对 A 而言是他人行为。

(3)被害人自身行为。例如 A 用刀把 B 刺伤,治疗中 B 由于疼痛难忍而自杀。死亡结果是被害人自身行为直接产生的。

在存在上述介入因素情况下,如何认定先在行为(A 的行为)和危害结果之间有还是没有刑法上的因果关系?笔者认为首先要查明介入因素对先在行为的关系性质是"独立性"的还是"从属性"的。如果介入因素从属于先在行为,即介入因素本身是先在行为引起的,那么先在行为同危害结果之间有刑法因果关系。如果介入因素独立于先在行为，那么先在行为同危害结果之间没有刑法因果关系。以此为标准考查上述三例，前两例中介入因素均独立于先在行为，因而先在行为同危害结果之间都没有刑法因果关系；第三例中介入因素从属于先在行为，因而先在行为同危害结果之间有刑法因果关系。

从事物间的客观联系看，即使存在介入因素的情况下，先在行为也都是危害结果发生的条件（以"危害结果"为轴心往前追索与其发生有关联的条件）。但是如果以"先在行为"为轴心探测其发展趋势（因果关系应当是由因导果，看发展趋势；而不是由果追因，查逆反事实），在介入因素独立于先在行为的情况下，先在行为同危害结果之间的关系必定是低概率偶然因果联系；在介入因素从属于先在行为的情况下，先在行为同危害结果之间的关系则是高概率偶然因果联系。

一般情况下，介入因素对先在行为的关系性质是不难确定的。但在有些场合，也可能产生争议。例如，A 用刀把 B 刺伤，治疗过程中 B 死于破伤风菌感染。细菌感染是介入因素，然而细菌是刀上带来的（从属关系）还是后来侵入的（独立关系）常常难以搞清楚。又例如，汽车司机 D 一天傍晚在城郊公路上由于交通事故把 F 撞伤致使其昏迷；D 原来打算把 F 送医院救治，但仔细一看恰巧是自己的宿敌，因而弃下 F，驱车逃之夭夭。入夜以后，司机 E 驾车路过时由于照明不佳而轧死了昏迷路边的 F。介入因素 E 的事故行为对 D 的先在行为究竟是从属关系还是独立关系，也可能有不同看法。在这些场合如何认定刑法因果关系？这就要另想他法。应当考察介入因素本身的特点：是异常的，还是非异常的。如果介入因素本身是异常的，那么先在行为同危害结果之间没有刑法因果关系；如果为非异常的，则具有刑法因果关系。以此标准来衡量上面两例，介入因素本身都不是异常的（外伤受到细菌感染，夜晚在照明不好的郊区公路上汽车轧死躺在路边的人，都不应被认为是异常情况），因而先在行为同危害结果之间存在刑法因果关系。

异常和非异常，其实就是事件发生的概率大小的问题。非异常的就是高概率的偶然联系，异常的就是低概率的偶然联系。异常和非异常的判别，根据目前科学技术水平尚不能用数据表示（也许将来能够），按照现在认识发展的水平，判别标准只能是社会实践（生活经验）。多数情况下，异常或非异常，不会有什么争议。如果发生争议，最后只能诉诸社会实践——检验真理的唯一标准。

抓住介入因素同先在行为的关系性质（从属的还是独立的）和介入因素本身的特点（异常的还是非异常的）就能够区别开可作刑事责任客观基础的高概率偶然因果关系和不可作刑事责任客观基础的低概率偶然因果关系。偶然因果联系能否作为刑法上的因果联系是理论争议的一个焦点，也是寻找刑法因果关系理论最佳方案（既不回到条件即原因说，又不至于把刑法因果关系范围搞得过窄而可能放纵犯罪）的关键所在。本文关于高概率偶然因果关系判别标准的设计,希望能对刑事司法实践中存在比较复杂的因果关系问题的案件的解决有所帮助。刑法学是法学领域里应用性最强的学科之一,因此对刑法因果关系的研究也应当反映这种要求。

从哲学上讲,因果关系就是两个现象之间的合乎规律(含统计规律)的联结。在刑法上,因果关系的范围包括必然因果关系和高概率偶然因果关系。以上就是"一个半因果关系"论的基本要点。

刑法因果关系研究[*]

因果关系问题是刑法理论研究中的一个复杂且对实践具有十分重要意义的问题,长期以来,对这一问题的研究一直是我国刑法理论研究中的一个薄弱环节。国内有些学者在探索刑法中的因果关系问题时,往往自觉或不自觉地把因果关系问题与犯罪和刑事责任问题剥离开来,提升到抽象的哲学高度,用哲学中的因果关系原理取代对刑法中的因果关系问题的研究,从而纠缠于"必然性和偶然性""内因和外因"等一些哲学问题上,于司法实践的意义不大。

大陆法系因果关系理论,自1858年由奥地利学者柯拉哲(Julius Glaser)在其发表的《奥国刑法专论》一书中首先提出①;继而由德国法官布利(Maximilian V. Buri)在其1873年的著作《论因果关系及其责任》一书中提出倡导条件说后,渐成系列的概念体系。其间,伴随着当代犯罪行为理论以及责任判断合理化法则之探求,因果关系理论的演进——条件说→原因说→相当因果关系说→客观归责理论——虽不乏思辨的色彩,但总的指导思想是不脱离犯罪和刑事责任的范畴,为司法实践提供理论支撑。至于注重实用的英美刑法中的双层次原因理论,则更是取之于实践而又用之于实践。笔者通过比较研究发现,尽管英美和欧陆两大法系探求刑法因果关系问题的路径有所不同,但却遵循着大致相同的逻辑,因而得出的结论也有惊人的相似之处。因此,对两大法系因果关系理论加以巡历和比较,以便切换我们的研究视角,为我国刑法因果关系理论研究走出必然性和偶然性、内因和外因的迷障提供参考,是本文的旨趣之所在。

一、大陆法系的"条件说"和英美法系的"事实原因"理论

条件说是大陆法系因果关系理论之一种,该说认为:"只要在行为和结果之间存在 conditio sine qua non 的关系,即没有前者就没有后者这种必然性条件关系,就可以认为有刑法上的因果关系。"②例如,行为人某甲行刺某乙,乙身受重伤,被送医院就医。住

---

* 原载《中国法学》2001年第2期,与汪永乐合作。

① 另外一种观点认为,大陆法系刑法中的因果关系是由斯塔贝尔(Stubel)于1805年在其所著《犯罪之构成要件》一书中首先提出的。参见张明楷:《大陆法系国家的因果关系理论》,载高铭暄、赵秉志主编:《刑法论丛》(第2卷),法律出版社1999年版,第273页。

② 〔日〕大塚仁:《犯罪论的基本问题》,冯军译,中国政法大学出版社1993年版,第99页。

院中医院发生火灾,乙不幸遇难死亡。根据条件说的主张,此案中甲的行为和乙的死亡之间就具有因果关系,因为如果甲不行刺乙造成其重伤,乙就不会住院,乙不住院,也就不会在医院的火灾中丧生,因此,甲的行为和乙的死亡之间存在着没有前者也就没有后者这种必然性的条件关系。条件说主张,给结果以影响的所有条件均具有同等的重要性,所以条件说亦被称为等价说或同等说。

条件说异于传统民法上以客观归责理论为重心的相当因果关系说,自该理论建构以来,即为德国法学实务界所青睐。第二次世界大战以前,在布利的影响下,德国法院均采取条件说,第二次世界大战以后的联邦德国法院继续沿用这一学说。条件说不仅为德国法学实务界所看重,而且也是德国刑法理论上的通说,李斯特(V. Liszt)、施密特(E. Schmidt)、弗兰克(Reinhard Frank)、韦尔策尔(Welzel)、迈耶(M. E. Mayer)等人均主张条件说。在奥地利、意大利等国家,条件说至今仍是通说。在日本,判例的主流大体上也是追随条件说的。例如,大判昭和 3.4.6 刑集 7 卷 291 页和最判昭和 25.3.31 刑集 4 卷 469 页上记载的两个判例,均是依据条件说作出的。[①] 不过,尽管日本审判实践中的主流仍采用条件说,但是理论上主张这一观点的人却不多。

由于条件说主张只要行为和结果之间存在物理学上的因果关系即必然条件关系,就有刑法上的因果关系,因而因果关系的范围有被无限扩大之嫌。用于批驳条件说经常举的一个例子是:根据条件说,杀人犯的母亲也要对被害人的死亡结果承担刑事责任,这无论从一般常识还是从社会公正的角度来看,都是不合适的。鉴于条件说的上述弊端,刑法理论界提出了各种对条件说加以限制的主张:一种主张是"因果关系中断论",即认为在因果关系的进程中,介入了自然性事实或第三者具有故意的行为时,就此中断了正在进行的因果关系。但是,"中断论"也遭到了批评,因为它一方面以条件说为基础肯定条件关系,另一方面又否认条件关系,这样不可避免地陷入了自相矛盾的境地。为了避免"中断论"带来的尴尬,德国学者弗兰克提出了"溯及禁止"的理论。但是,这一理论与中断论并没有什么实质的区别,因而和中断论一样未获支持。[②] 另一种主张是"原因说"。该说主张从指向某犯罪性结果的众多条件中,选出特别有意义的一个条件作为原因,只在这种原因和结果之间承认因果关系,其他条件和结果之间不存在因果关系。由于"原因说"是就个别的事态来进行有无因果关系的判断,因此也被称为"个别化说"或"个别观察说"。"原因说"根据从众多的条件中筛选原因的规则不同,又区别为不同的学说:(1)有力条件说,即在各项相关因果条件中,选择对于结果之发生最具有效作用者为原因条件,此说为毕克麦耶(Birkmeyer)在1885

[①] 参见〔日〕木村龟二主编:《刑法学词典》,顾肖荣、郑树周译校,上海翻译出版公司1991年版,第148页。

[②] 参见〔日〕大塚仁:《犯罪论的基本问题》,冯军译,中国政法大学出版社1993年版,第101页。

年提出。(2)最终条件说,即在各项连锁条件中,排除其先行行为,以最终条件为原因,此说是德国学者奥尔特曼(Ortmann)于1876年提出。(3)优势条件说,认为决定结果发生方向的条件就是原因,此说为宾丁(Binding)在1922年提出。(4)异常行为原因说。此学说的标准着眼于事物发展之自然顺序,而以具有改变平常情势状况的反常条件,为引起结果的原因,此说是由德国学者冯·巴尔(V. Bar)率先提出的。不可否认,"原因说"旨在限制因果关系范围的意图是正当的。但是,要从对结果起作用的众多条件中,精密地测定每一个条件的效果和重要性,进而挑选其中之一作为原因,这在一般情况下是非常困难的。况且,现实犯罪结果的发生,并非总是依赖于一个单纯的条件,在不少情况下,往往是复数条件竞合,共同起作用。因此,"原因说"对于寻求条件理论的合理限制,虽有其学术上的参考意义,但并未为一般通说所采纳。目前,它在大陆法系国家的刑法理论中已经没有什么显著的地位了。

关于行为和结果之间有无条件关系的判断,一般而言是不难的。但在以下情况下,行为和结果之间形成了偏离常轨的因果历程,从而使判断发生困难:(1)假设的因果关系,是指虽然某个行为导致某个结果的发生,但即使没有该行为,此结果也必然会因另一个假设性的"保留条件"而发生。例如,甲打破乙房屋的玻璃,稍后不久,乙的房屋因瓦斯爆炸,门窗全部被毁。在此案中,是否承认甲的行为和乙的门窗被毁之间的条件关系,刑法理论上意见不一。"肯定说"认为,由于事实上是甲的行为导致了乙的门窗被毁坏,因而应当肯定它们之间具有条件关系;"否定说"则认为,条件关系的基本含义是"没有前者,就没有后者",但在此案中,即使没有甲的毁坏行为,乙的门窗也会被后来的瓦斯爆炸所毁坏,因而不能认定它们之间具有条件关系。对于假设的因果关系,德国联邦法院曾有过相关的判例,该判例的指向似乎是否认二者之间条件关系的存在。(2)累积性因果关系,是指两个以上的相互独立的行为,单独均不能导致结果的发生,但合在一起致使结果发生的情况。例如,甲送毒茶给乙喝,但毒药分量不足以致命;复有丙亦施以分量不足致命的毒药给乙,结果两毒俱发,致乙于死。此种情形按条件说的理论,甲、丙的行为对于乙死亡的结果,均为等价的条件,因而,两人的行为都构成杀人既遂。但也有学者持反对意见,认为甲的行为和丙的行为分别都不能导致结果的发生,在没有意思联络的情况下,将死亡结果归责于他们,是不合理的。主张相当因果关系说的学者认为,虽然可以肯定甲、丙的行为与乙的死亡结果之间具有条件关系,但不具有相当因果关系,因而甲、丙的行为只构成杀人未遂。(3)择一的因果关系,是指对于同一项结果,有两个以上各自独立的条件,各条件均足以单独造成结果的发生,但在没有意思联络的情况下,竞合在一起导致了结果的发生。因这种情况在判断上必须重复考虑,不得分割认定,因此学理上亦称之为"双重的因果关系"。例如,甲、乙分别在丙的饮料中放置均足以致命,并在相同的时间内起作用的毒药,丙饮用后死亡。在这种情况下,即使没有甲或没有乙的行为,丙都要死亡,那么,根据条件关系成立的公式,必然得出甲和乙都不是丙死亡结果的条件。这样的判断结果是否合理,显然是有争议的,故无法适用条件说的因果公式加以处理。对此,大陆法系存在以下补充理论:①条件关系修正说,认为在有几个条件的场合,如果除去一个条件,结果将发生;除去全部条件,结果将不发生;则全部条件与结果之间都存在条件关系。因此上述甲、乙的行为与结果之间都具有因果关系,都构成杀人既遂。②通过"符合法则的条件的理论"肯定条件说,认为应当放弃条件关系的公式,根据自然法则,可以认定该行为产生了该结果时,就应承认具有条件关系。③个别化说,认为在择一竞合的场合,"没有甲或者没有乙的行为也会发生同一结果"的前提本身存在疑问,应当具体地、个别地把握结果,在此基础上根据条件关系的公式妥当地解决因果关系。如果双方都投入了数量足以致死的毒药,并且同时起作用,那么可以认定双方的行为和结果之间都有条件关系。因为从经验上判断,既然能够肯定一方的毒药单独或与他方竞合造成了死亡结果,那么,就可以肯定双方的条件关系;双方都投毒即二倍的致死量毒药,或多或少会使死亡期限提前,而双方的行为与这种提前死亡的结果都有条件关系。德国的相关判例采纳的是前述第①种条件关系修正说的观点。(4)超越性因果关系或因果关系阻断问题,是指在有一项条件已经发生,但其结果尚未呈现之前,又有另一项更具强化力的条件介入的情形。例如,甲因车祸撞伤乙,在乙送医院救护途中,遇见仇人丙,丙偷偷将车轮胎刺破,乙终因迟误救护而亡。因这种案例常出现于救难的因果历程,所以学术上亦称之为"救难因果关系之阻扰"。[1] 应当说,此种情形实际上已不是行为和结果之间有无条件关系的判断问题,而是应当如何归责的问题。英美刑法对此情形一般放在"法律原因"部分加以讨论,笔者以为是比较合理的。

与大陆法系"条件说"相类似的是英美刑法双层次原因论中的第一层次原因,即"事实原因"。事实原因通常用"But for"公式来表达,即"如果没有 A(B、C……),就没有 Z,则 A(B、C……)就是 Z 发生的事实原因"。"But for"公式把造成特定结果的所有必要条件都视为原因,因此,在这个意义上,"事实原因"理论也被称为"条件等价说(equivalence of conditions)"。尽管事实原因为法律原因的筛选限定了范围,而成为英美刑法因果关系理论的客观基础,但由于"But for"公式自身的缺陷,"事实原因"理论也受到与大陆法系"条件说"大致相同的非难。非难的理由主要有三点:一是"事实原因"理论导致原因的覆盖面过大。由于"But for"公式过于扩大原因的范围,因此,运用"But for"公式判断因果关系的一种可能结果是导致刑法因果关系的虚无。二是"事实原因"理论不能包括"竞合的原因(concurrent causes)",即两个以上彼此独立的充分条件同时作用于同一对象产生一个结果的情形。在这种情况下,根据"But for"公式,则

---

[1] 参见苏俊雄:《从刑法因果关系学说到新客观归责理论之巡历》,载《法学家》1997 年第 3 期。

二者都不是结果的原因,这显然是不对的。为了克服上述缺陷,威廉姆斯(Williams)提出,应在"But for"公式中加入"多重因果关系(multiple causation)"的例外规定。三是反对"事实原因"理论最强有力的证据是该理论的提倡者一方面主张"事实原因"理论,另一方面却又背弃了"事实原因"理论。① 这一点在美国《模范刑法典》的有关规定中有具体的体现。根据该法典第 2.03(1)(a) 条的规定②,《模范刑法典》在认定因果关系问题上采用的唯一标准是"But for"公式,即只要行为人的行为(包括不作为)是某一结果发生的必要条件,那么,此行为就是该结果发生的原因。但是该法典规定的一些具体犯罪却又在"But for"公式之外另外附加了其他条件。以杀人罪为例,《模范刑法典》第 210.1(1)条规定的杀人罪是:"杀人是任何一个具有四种犯罪心态之一的人造成他人死亡的行为。"③这一定义意味着具有犯罪心态的行为人的不作为行为只要符合"But for"公式,就可以构成杀人罪。但实际情况并不是这样,《模范刑法典》对不作为行为构成犯罪的,另外还附加了一个前提条件,即该法典第 2.01(3)(b)条规定的"行为人必须负有作为的义务"。也就是说,行为人的不作为行为仅满足"But for"公式还不足以成立杀人罪,行为人还必须负有作为的义务始能构成犯罪。这与该法典第 2.03(1)(a)条关于因果关系的规定显然是相悖的。这种矛盾状况在其他以《模范刑法典》为蓝本的州的刑法典里也在被重复着。弗莱彻(Fletcher)在分析造成这种矛盾的原因时,得出的结论是:没有考虑"事实原因"理论的真正含义是造成这种混乱的唯一原因。

综上,尽管大陆法系的"条件说"和英美法系的"事实原因"理论有不当扩大原因范围的弊端,但它们在刑法因果关系认定中的基础性地位是不容置疑的。如果连条件关系都没有,就绝对不可能有因果关系,在此意义上,可以说"条件说"和"事实原因"理论为原因的筛选限定了范围,其本身的不足正为各种修正理论的出现提供了契机。

二、大陆法系的"相当因果关系说"与英美法系的"法律原因"理论

"相当因果关系说"认为,在实行行为与结果之间,根据社会生活经验,在通常情况下,某种行为产生某种结果被一般人认为是相当的场合,该行为与该结果之间就具有因果关系。换言之,只要结果的发生并非出于偶然,那么就应承认因果关系的存在。同"原因说"的宗旨一样,"相当因果关系说"也是为了限定刑法上的因果关系的范围。由于相当因果关系是根据人类的经验来判断某种行为一般是否会导致某种结果的,因

---

① See George P. Fletcher, Rethinking Criminal Law, Little, Brown & Co., 1978, pp. 597-599.
② See MPC § 2.03(1)(a): "(1) Conduct is the cause of a result when: (a)It is an antecedent but for which the result in question would not have occurred…"
③ MPC § 210.1(1): "Criminal homicide is committed by anyone who causes the death of another human being with one of four culpable states of mind."

此也被称为一般化说,或普遍的观察说。

学术上将"相当因果关系理论"运用于刑法领域者,是德国的生理学家兼逻辑学家柯利仕(Johammes V. Kries)。[①] 柯氏于1886年的《论可能性责任之原理》一书及1889年的《论可能性与尽然性的概念及其刑法上之意义》一文中,运用当时民法上判断客观可归责性的因果关系的观点,来突破刑法上采用条件说理论的困境;特别是对于"结果加重犯"的故意与过失行为竞合的情形,须综合评价其加重责任时,倘无法从条件说的因果理论架构中获得合理的解释,故其认为有另觅解决方法的必要,从而提出相当因果关系的理论。[②] 相当因果关系理论提出之后,在德国并未成为刑法理论上的通说,只有绍尔(Sauer)、希佩尔(Hippel)等少数学者采用相当因果关系说,法院在刑事审判中从不采用此说;不过在日本,相当因果关系理论则很有市场,成为刑法理论的通说。

关于相当性的判断,在时机上究竟是以条件说的立场回溯判断,还是适用事后的推测判断？判断的立场是以行为人的观点为准,还是以第三者的观点为准？从事判断的认知标准以何者为依据？学者间存有歧见。归纳而言,主要有三种主张:一是客观的相当因果关系说,主张事后站在法官的立场上,以行为时存在的全部情况以及可能预见的行为后的情况为基础判断有无相当性,即所谓客观的事后预测(objektive nachtragliche prognose);二是主观的相当因果关系说,认为应以行为人在行为当时已经认识和可能认识的情形为基础判断有无相当性;三是折中的相当因果关系说,认为应以行为时一般人能认识到的情况以及行为人特别认识到的情况为基础判断有无相当性。由于主观的相当因果关系说拘泥于行为人的认识乃至认识可能性的范围,在认定不注意的或缺乏能力的行为人的因果关系上就可能不适当地缩小,因而被批评为"失之过窄";相反,客观的相当因果关系说把行为人不能认识的情况和一般人不能预见的情况都作为判断的基础,这对行为人过于苛刻,脱离了相当因果关系说本来的宗旨,因而也受到了批判。折中说想站在两说的中间找出一个妥当的标准,认为应以一般人认识或能够预见的情况以及行为人特别认识、预见的情况为基础论及因果关系。这在实际适用上是最具合理性的立场,因而成为相当因果关系说的通说。但是对折中说也有人提出了批评。批评的理由有两点:一是折中说在因果关系的内容中纳入了主观的东西,这就把责任和因果关系混同起来了;二是折中说强调了行为人的认识,在知道某种事态的人和不知道它的人之间,就会对因果关系的存在与否得出不同的结论,特别是在共犯的场合会产生不妥当。[③] 相当因果关系说内部各种主张的缺陷表明该学说本身

[①] 在柯利仕之前,学者冯·巴尔曾经提出过"相当性"的概念,但是理论体系的基础为柯氏所创,则为德国一般教科书所公认。参见许玉秀:《检验客观归责的理论基础———客观归责理论是什么?》,载《中国刑事法杂志》1994年第1期。

[②] 参见苏俊雄:《从刑法因果关系学说到新客观归责理论之巡历》,载《法学家》1997年第3期。

[③] 参见〔日〕大塚仁:《犯罪论的基本问题》,冯军译,中国政法大学出版社1993年版,第103页。

存在不少的问题。①

20世纪70年代,为了纠正因果行为论和目的行为论过分扩张原因范围的弊端,德国学者在"风险理论"的基础上,提出了"客观归责理论",以此作为相当因果关系说的补充。尽管有人对"客观归责理论"持批评的态度②,但该理论在德国教科书及注释书中,几乎已获得普遍的认同,并且在重要的专论中被继续阐扬则是不争的事实。"客观归责理论"所要回答的问题是,哪些具有因果关系的结果具有刑法联系并应如何加以认定和解决。这实际上解决的已不是因果历程的本体问题,而是"结果责任"的归属问题。"客观归责理论"的基础是禁止的危险。③ 其主要内容体现在其基本原则和一系列衍生的规则中。"客观归责理论"基本原则的内容包括三点:(1)行为人的行为对于行为客体(对象)制造了不被容许的风险;(2)这个风险在具体的结果中被实现了;(3)这个结果存在于构成要件的效力范围内时,由这个行为所引起的结果,才可以算作行为人的结果,而被归责于行为人。④ 由这些基本原则又衍生出一系列规则,例如"降低风险""被容许的风险""从实现危险原则看避免危险规定的保护目的""属于他人负责的领域"等。⑤ 尽管关于"客观归责理论"仍然存在不少值得争论的课题,例如,在因果关系讨论的同时,又强调客观归责性的考量,这是否会超越因果关系事实性的意义等。但是,这项新的客观归责理论发展的成果,已经确立了数项一般共识的基本准则,对于结果责任相当性的个案判断,提供了客观合理的依据,颇有实践的价值。

英美刑法中,解决"结果责任"归属的是双层次原因论中的第二层次原因,即"法律原因"。法律原因是事实原因的一部分。在讨论刑法中的因果关系时,不仅证明行为人的行为是某一结果的事实原因,而且要证明其行为也是该结果的法律原因或可归责原因(imputable cause),才能让被告人承担刑事责任。法律所关注的仅仅是事件的近因或根本性原因,而不是它们的远因或非根本性原因。

如何判断事实原因中的哪一部分是法律原因,英美刑法及判例并没有形成一套具

---

① 详见张明楷:《大陆法系国家的因果关系理论》,载高铭暄、赵秉志主编:《刑法论丛》(第2卷),法律出版社1999年版,第293页。

② 在德国,原则上反对"客观归责理论"的仅剩下"目的行为论"的坚持者们。考夫曼等人可以说是他们的代表。他们为了维持目的行为论所偏爱的主观构成要件的优势,不愿意将理论的重心移转到客观构成要件上。参见〔德〕罗克辛:《客观归责理论》,许玉秀译,载《政大法学评论》1998年第50期。在日本,也有学者对"客观归责理论"持不同的看法,例如,大塚仁说:"我不禁产生了用这种见解取代相当因果关系说有什么意义的疑问。'客观性归责'作为'主观性归责'的前提,如果其目的在于将行为和行为人联系起来的话,在体系论上也许有所创新,但很难看出它超越过去的理论的实质意义。"参见〔日〕大塚仁:《犯罪论的基本问题》,冯军译,中国政法大学出版社1993年版,第106页。

③ 参见李海东:《刑法原理入门(犯罪论基础)》,法律出版社1998年版,第53页。

④ 参见〔德〕罗克辛:《客观归责理论》,许玉秀译,载《政大法学评论》1998年第50期。

⑤ 参见〔德〕罗克辛:《客观归责理论》,许玉秀译,载《政大法学评论》1998年第50期。另请参见苏俊雄:《从刑法因果关系学说到新客观归责理论之巡历》,载《法学家》1997年第3期。

有普适性的规则。英国学者威廉姆斯归纳总结的下述原则,可以说具有一定的指导性。这些原则包括:(1)"通常危险原则(the ordinary hazard principle)";(2)"合理预见原则(the reasonable foresight principle)";(3)"新介入行为原则(the principle of new intervening act)"。他同时主张在司法实践中应累积使用这些原则来确定案件的法律原因。①

所谓"通常危险原则",是指只要行为人的行为没有使被害人处于更为危险的境地,则此行为就不是该结果的法律原因。例如,一伤害案件的被害人在被救护车送往医院的途中死于交通事故。那么在这一案例中,根据通常危险原则,死亡结果不应归责于被告人的伤害行为。因为在日常生活中,任何一个人——不管是步行还是坐车——都有可能遭遇交通事故,被告人的伤害行为并没有在实质上增加被害人遭遇交通事故的风险。但是如果被害人在住院治疗过程中死于疾病,并且死亡是由于被告人的伤害行为导致被害人的身体虚弱而造成的,那么,被告人可能就要负谋杀或过失杀人的刑事责任。因为,根据通常危险原则,在这种情况下,被告人的伤害行为实际上增加了被害人死亡的风险。通常危险原则是一个过于狭窄的原则(narrow principle),单独使用它有可能放纵犯罪分子,因此,这一原则迄今还没有被英国的法院单独用于解决案件中的因果关系。

所谓"合理预见原则",是指如果一般理性的人认为被告人的行为有造成某种结果的危险,那么,当这一结果发生时,就应当认为被告人的行为是该结果发生的法律原因。英美刑法中的合理预见原则所采用的判断标准是"公众的一般认知",即只要一般人认为行为人的行为具有造成某种结果的危险,即使行为人本人没有预见到这种危险的存在,也不影响其行为与结果之间法律因果关系的成立。英国刑事判例中首先使用合理预见原则来决定因果关系的是罗伯茨(Roberts)案。② 在该案中,罗伯茨驾车送一位女孩回家,根据陪审团认定的事实,罗伯茨一直对她纠缠不休,抓住她的衣服并威胁她说,他曾经把那些拒绝他性要求的女孩揍得鼻青脸肿。于是该女孩在时速45英里(根据该女孩的陈述)或20英里(根据罗伯茨的陈述)时跳下了车,并被摔成重伤。陪审团基于这些事实,认为罗伯茨的行为构成了造成身体实际伤害的"殴击罪"。罗伯茨被定了罪,并得到了上诉法院的确认。上诉法院的意见是:"检验的标准是被害人所受到的伤害是否是被告人言行的自然结果,即被害人的伤害是否能被合理地预见是被告人所说和所做的结果? 正如一古老的案例所表达的那样,被害人的伤害必须被显示是被告人行为的结果,才能要求被告人对此结果承担刑事责任。当然,如果被害人做了某种非常愚蠢或非常出人意料的事,以至于不仅特定的被告人没有实际预料到行为

---

① See Glanville Williams, Textbook of Criminal Law, Stevens and Sons, 1983, pp. 332-340.
② (1971) 56 CAR 95. Cp. Mackie[1973]Crim. LR 54(Crown Court).

的结果,就是一般的社会公众、法院也不可能期待他预测到这种结果,那么,这一结果只是在非常遥远和非常不真实的意义上是被告人攻击行为的结果。该结果实际上是由不可预见的被害人自己的自愿行为所引起的,并且被害人的这一行为也打破了被告人的攻击行为和伤害结果之间的因果链。"在罗伯茨案以前的类似案件中,检测法律原因的标准一般是被害人逃跑时所实施的行为是否符合常理。罗伯茨案拓宽了责任的范围,并把责任置于一个更加容易理解的基础之上。

所谓"新介入行为原则",是指一个有完全责任能力的行为人,在非常清楚其正在做什么,并在没有遭受强制、胁迫或认识错误的情况下所实施的新的介入行为(nov us act us interveniens),一般会减轻甚或免除被告人对后来结果的刑事责任。为什么在有新的介入行为时,一般要减轻被告人对后来结果的刑事责任呢?英美刑法学界有两种不同的解释:一种观点认为新介入行为使得结果与行为之间的距离太远,这样公众的报应情感就会从被告人身上转移到实施新介入行为者身上,而这种报应情感的转移可以体现在因果关系的认定上;另一种观点认为新介入行为原则之所以合理化,是由于刑事审判的部分目标是戏剧性地展示社会对这种犯罪行为的排斥态度,而这个目标通过指控最近的行为者就能够充分地实现,根本没有必要要求较远的行为者对这种伤害结果承担责任,尽管他们可能被指控犯了其他的罪行,诸如犯罪未遂或适当情况下的帮助犯。

在美国刑法的因果关系理论和诉讼实务中,一般是根据"近因说(proximate cause)"来认定法律原因的。① 所谓近因,就是没有被介入因素打破因果链、当然地或者盖然地引起危害结果的事实原因。据此,近因有如下三个特点:(1)近因首先是产生结果的事实原因(即条件);(2)近因是当然地(naturally)或盖然地(probably)引起结果,即结果的发生不是偶然的巧合;(3)没有被介入因素打破因果链。近因说的一个创造性见解是承认"盖然"(很可能)关系,即行为和结果之间存在高概率的偶然联系也是刑法上的因果关系。美国刑法因果关系理论突出了"盖然"这一概念是可取的,因为随着人类认识客观世界能力的提高,犯罪人不仅可以利用必然联系,而且也可以利用盖然联系来达到犯罪目的。司法实践中,一个危害行为直接引起一个危害结果的案件,在因果关系的认定上一般不会发生争议。争议常发生在这样的场合:在一个危害行为的发展过程中又介入其他因素而导致某种危害结果,如何确定先在的行为与最后的危害结果之间有无因果关系,这是一个极为复杂的问题。近因说认为在这种情况下,关键是要考察两个问题,相应地有两条规则:第一,介入因素和先在行为之间关系的性质是独立的,还是从属的?如果介入因素从属于先在行为,即介入因素本身是由先在行为引起的,则先在行为就是结果的近因;如果介入因素独立于先在行为,即介入

---

① 参见储槐植:《美国刑法》(第2版),北京大学出版社1996版,第66—70页。

因素本身不是先在行为引起的,则先在行为不是结果的近因。第二,介入因素本身的特点是异常,还是非异常?异常或非异常其实就是现象间联系概率高低程度不同的问题。如果是异常的,则先在行为不是结果发生的近因;如果不是异常的,则先在行为是结果发生的近因。不过近因说对如何从事实原因中筛选法律原因并没有提供一套具体的、可操作的标准。

总之,英美刑法因果关系学说林立,并没有形成统一的、具有普适性的规则,因果关系的确立往往因个案而异,总的指导原则是不让犯罪分子利用因果关系而轻易逃脱法网。

三、比较和借鉴:我国刑法因果关系理论研究的视角转换

通过以上分析,笔者发现,尽管两大法系刑法因果关系理论各有不同的特点,但却遵循着大致相同的分析逻辑。大陆法系的"条件说"和英美法系的"事实原因"理论可以说别无二致,它们所要解决的都是因果历程的本体问题,为"法律原因"的筛选或"结果责任"的归属提供客观基础;而大陆法系的"相当因果关系说"及其补充理论"客观归责"与英美法系的"法律原因"又有异曲同工之妙,它们所要解决的已不是因果历程的本体问题,而是"结果责任"的归属问题。唯一不同的是,英美刑法的双层次原因理论把"事实原因"和"法律原因"作为一个有机联系的整体加以考查。"事实原因"与因果历程的本体问题、"法律原因"与结果责任的归属问题,一一对应,完整地揭示了刑法因果关系问题的全部内容,动态地分析了刑法因果关系所要最终解决的问题——"结果责任"的归属。而大陆法系因果关系诸学说在理论上则是孤立的,每一学说都认为自己能够包摄因果关系问题的所有内容,这样在理论上不免陷入了捉襟见肘的困境。但是,理论上的孤立并没能阻隔实践上的整合。实践中,在判断因果关系时,大陆法系的诸学说也常常是累积使用的。例如,"条件说"在决定结果责任的归属时,为了避免原因覆盖面过于扩大的弊端,往往自觉或不自觉地引入了"相当因果关系说"的某些判断标准;而"相当因果关系说"在决定归责的范围时,也不能不引入"条件说"的判断标准,把那些连条件关系都没有的事件或行为排除在归责评价的范围之外。因此说,大陆法系因果关系理论在实践中的运用遵循的也是英美的双层次原因分析模式,诚然是一个客观的结论。那么,双层次原因的分析模式是否是解决了刑法中因果关系问题真正科学的方法呢?笔者以为答案是肯定的。因为从刑法的目的——旨在保护法益免受侵害来看,刑法因果关系研究的主旨,并非在于研讨因果历程的存在状态,而是在于界定侵害行为的责任范围。因此,刑法上因果关系的判断,主要是从具有法律价值性的一切事实总体因素中,找寻其相当的因果关系并作为结果责任认定的基础。这就决

定了刑法中因果关系问题的解决实际上得分两步进行：第一步是划定具有法律价值性的一切事实。这是"条件说"或"事实原因"所担负的任务。第二步是从这些具有法律价值性的一切事实中找寻相当的因果关系，决定结果责任的归属。这是"法律原因"或"相当因果关系说"及其补充理论"客观归责"所要回答的问题。因此，从"事实原因"→"法律原因"或从"条件说"→"相当因果关系说"的动态演进，步步限缩，最终确定结果责任的归属，确实是解决刑法中因果关系问题的唯一科学的方法。这一科学的方法为我国刑法因果关系理论研究的视角转换提供了参照的标准。

我国刑法因果关系研究始于 20 世纪 50 年代，由于受当时苏联刑法理论和研究模式的影响，我国刑法因果关系研究一开始就与哲学因果关系研究有着天然的联系。这种研究思路导致长期以来，我国的因果关系理论一直纠缠于"必然性"和"偶然性"、"内因"和"外因"等一些纯哲学问题的论争上①，而忽视了对刑法因果关系自身特点的探求。毋庸讳言，哲学作为对自然界和人类社会的普遍规律的概括和总结，无疑对包括刑法在内的一切部门学科的研究都具有重要的指导意义，但这种指导只能是基本原理的指导，而不能越俎代庖。由于刑法因果关系研究的目的和哲学因果关系研究的目的不同，因而决定了它们在研究方法和所关注的对象上也不尽相同。哲学中因果关系研究的目的在于发现事物之间存在的因果规律，以便人类运用这些因果规律在改造自然、改造社会的过程中获得更大的自由。因此，受这一目的之制约，哲学因果关系研究在方法上更为注重抽象的理性思辨，研究的对象不仅包括影响事物发生变化的外部原因和条件，而且更为关注对事物的发生、发展起决定性作用的内部矛盾，即内因。而刑法因果关系研究的目的则是确定危害社会的结果是由谁的行为造成的，从而为结果责任的认定提供客观基础。刑法因果关系并不关注行为人的行为与结果之间的联系是否符合规律，是否具有普遍性，而注重的是在具体案件中，当某一特定的危害结果发生时，到底有哪些人的行为或事件对结果的发生起了作用，起了多大的作用，行为人应该承担什么样的责任等。因此，刑法因果关系研究实际上是一门经验科学，在研究方法上更多依赖的是社会经验法则，而不是抽象的理性思辨。在研究对象上，哲学意义上的内因（也是哲学因果关系研究不可或缺的研究对象）往往并不是刑法因果关系所要讨论的问题。在刑法因果关系研究中，哲学意义上的内因只在少数情况下才有意义。譬如，当被害人的特殊体质可以被用于排除行为人的刑事责任时，刑法因果关系研究才会去关注被害人的体质这一哲学意义上内因。除此以外，刑法因果关系所关注的基

---

① 20 世纪 50 年代以来，我国有关刑法因果关系的论争主要集中在以下三个方面：一是关于刑法因果关系研究范围的争论；二是关于刑法因果关系在刑法学中的地位的争论；三是关于刑法因果关系的联系性质的争论。围绕每一争议，又都形成了意见不一的各种主张。详见张绍谦：《刑法因果关系研究》，中国检察出版社 1998 年版，第 55—76 页。在这三种争论中，尤以刑法因果关系的联系性质，究竟是采"必然说"还是采"必然偶然两分说"的标准，争论得最为激烈，持续的时间也最长。

本上都是哲学意义上的外因。例如,当我们探讨一起杀人案件的因果关系时,我们根本不会说一个健康的被害人的体质构造或生命耗弱(哲学意义上的内因)是其死亡的原因,而是要查明被告人的杀人行为与被害人的死亡之间是否具有因果联系,而被告人的杀人行为恰恰就是哲学意义上的外因。因此,"内因是根据,外因是条件"这一哲学命题,放在刑法因果关系中,作为确定危害结果发生的原因之标准,进而作为确定刑事责任的客观依据,并不妥当。果真如此,则只能由被害人自己对死亡的结果承担责任了。你的身体构造和体质是你死亡的内部根据。如此结论,尽管在哲学因果关系研究中也许是成立的。但对刑法因果关系研究来说,岂不是荒谬至极?总之,由于哲学因果关系研究与刑法因果关系研究的目的不同,决定了它们在研究方法和研究对象上都有很大的差异。这种差异又决定了如果我们硬将哲学中的"必然性"和"偶然性"与"内因"和"外因"理论强行引入刑法因果关系研究,除了会造成没有实际意义的概念之争,对结果责任的认定并不能提供多少帮助。对此,早在 30 多年以前,苏联刑法学者普罗霍夫就已经认识到了,他指出:"人的活动和他所造成的结果彼此间是处于必然联系还是偶然联系,对于刑法并无意义。"[①]遗憾的是,这一精辟见解并没能引起我国刑法学界的足够重视。长期以来,我国刑法因果关系研究仍未能摆脱作为哲学因果关系研究侍女的地位,仍然在"必然性"和"偶然性"与"内因"和"外因"等一些哲学术语上纠缠不清。这种研究状况一方面导致我国刑法因果关系理论在哲学上的贫困[②],另一方面造成理论研究与司法实践的过于脱节,于司法实践没有任何的指导意义。

近年来,我国已有一些学者觉察到了传统因果关系研究在方法论上存在的问题,因而主张需要切换刑法因果关系研究的视角,寻找新的出路。"研究刑法因果关系的任务,在于确认危害结果是由某人的危害行为引起的,从而提供刑事责任的客观根据,至于因果联系的必然性和偶然性问题,不是因果关系存在的决定因素。所以,把因果关系说成是必然的和偶然的,违背了事物发展的必然性和偶然性对立统一的基本原理。考察刑法上的因果关系,应当注意因果关系的内容和性质,并在此前提下进一步考察因果关系在刑法中的表现形式,使其紧紧地围绕着解决刑事责任的任务,不可偏离这一既定的宗旨。"[③]应当说,论者主张刑法因果关系研究应该紧紧围绕解决刑事责任的任务的观点是正确的,是对长期以来我国刑法因果关系研究仅仅停留在哲学层面,脱离刑事责任进行研究的一种反思。但对如何切换我们的研究视角,如何构建我国刑法因果关系的理论体系,论者并未作进一步地阐扬。笔者以为,通过上述比较研究,既然得出注重实用的英美刑法"双层次原因"理论(注意:如前所述,大陆法系刑法

---

① 《苏联刑法科学史》,曹子丹等译,法律出版社 1984 年版,第 58 页。
② 有关我国刑法因果关系理论在哲学上所面临的矛盾和尴尬,可参见张绍谦:《刑法因果关系研究》,中国检察出版社 1998 年版,第 77 页以下。
③ 赵廷光主编:《中国刑法原理》(总论卷),武汉大学出版社 1992 年版,第 311 页。

因果关系理论在实践中其实遵循的也是双层次模式)是解决刑法中因果关系问题唯一科学的方法,那么,以此理论为借鉴来构建我国的因果关系理论体系,应是我国刑法因果关系研究走出"必然性"和"偶然性"与"内因"和"外因"等哲学迷思的最优选择。① 至于如何借鉴双层次原因理论来构建我国的因果关系理论体系,笔者的设想是:第一步或者叫第一层次,划定具有法律价值性的一切事实(包括行为和事件)。寻找的方法是"由果溯因",首先用"But for"公式找出与结果有关的一切行为和事件,然后由"社会经验法则"进行筛选,最终确定具有法律价值性的一切事实。社会经验法则在挑选具有法律价值性的事实中,具有十分重要的作用。比如在日常生活中,我们常说"他的放火行为是火灾的原因",而不说火柴制造者制造火柴的行为或空气中的氧气是火灾的原因(尽管根据"But for"公式,这三个条件都是必要条件),所作判断的依据就是社会经验法则。"因此,社会经验法则为法院必须解决的复杂的因果关系的法律问题设定了组织框架,它们为所有事件的因果推理标明了应引起注意的某些特性……"②那么,如何利用社会经验法则来筛选具有法律价值性的事实?笔者认为哈特和霍诺雷在他们所著的《法律中的因果关系》中提出的以下两个标准可资借鉴:(1)相对于特定的研究对象来说,行为或事件是异常的还是非异常的? 如果行为或事件是异常的,则可能是具有法律价值性的事实,如果是非异常的,即正常的,则不是具有法律价值性的事实。注意,这里的异常或非异常与前述"近因说"中"介入因素"的异常或非异常是不一样的。介入因素的异常或非异常是用于考察结果是否应归责于行为人的先行行为的判断标准。如果介入因素是异常的,则结果不应归责于行为人的先行行为;反之则可以。例如,被告人甲伤害乙,乙在被送往医院的途中,不幸被路旁折断的树枝砸死。那么,此案中的介入因素就是异常的,因此,不应把被害人乙的死亡结果归责于被告人甲的伤害行为。而这里的异常或非异常,是指根据社会经验法则,判断某一条件是否"具有法律价值性",即应否把该条件列为"事实原因"的标准。如果是异常的,则具有法律价值性;反之则不具有。例如,上面所举的火灾的例子,因为氧气是燃烧的必要条件,所以是非异常的,因此在此案中,它不是具有法律价值性的事实。但如果在一个需要真空条件的实验中,不慎漏进了一些氧气而导致实验失败,则此案中的氧气又属异常的情况,因而成为具有法律价值性的事实。(2)人的自由的、故意的行为和其他条件。一般情况下,人的自由的、故意的行为往往是具有法律价值性的事实。第二步或叫第二层次,从具有法律价值性的事实中找寻相当的因果关系,决定结果责任的归属。

---

① 陈兴良教授关于我国刑法因果关系研究方法论的转换问题,与笔者的观点不谋而合。他说:"对于因果关系的考察,二元区分的观点是引导我们摆脱因果关系必然性与偶然性的聚讼的唯一途径。这一点,我们也可以从英美法系和大陆法系的因果关系理论中得到借鉴。"详见陈兴良:《刑法因果关系研究》,载《现代法学》1999年第5期。

② See H. L. A. Hart and A. M. Honoré, Causation in the Law, 2nd ed., Clarendon Press, 1985, pp. 63-64.

诚如前述，尽管英美和欧陆两大法系关于如何从具有法律价值性的事实中找寻相当的因果关系提出了很多的主张，但由于因果关系的复杂性，任何一种主张都未能彻底解决所有案件的因果关系问题。因此，奢望提出一套刚性的规则，使之可以用于解决所有案件的因果归责问题是不现实的。英美有些学者曾说："因果关系问题的解决是个因案而异的东西。"这种说法尽管有些夸大，但以此来说明因果关系的复杂性，则是毫不为过的。但这绝不意味着我们在探求因果关系方面所做的任何努力都是徒劳的。笔者以为，在评价结果责任的归属或称法律原因的认定方面，威廉姆斯提出的三项原则与大陆法系晚近提出的"客观归责理论"累积并用是可行的。

过失危险犯之存在性与可存在性思考*

一、问题的提出

随着高科技的产业化和现代化器械广泛运用,社会生产和日常生活的进一步技术化,人们在享受高科技带来的社会文明成果的同时,面临的各种危险源也日益增多。工业革命以来,过失犯罪尤其是业务过失犯罪,无论在数量上还是在危害程度上都日趋严重。在20世纪中期以前,刑事立法规定的过失犯罪多为结果犯,即只有发生了实际危害结果才构成犯罪,人们对于导致严重损害生命财产后果的过失行为的犯罪化已经不存在什么争议,但是,随着高科技日新月异的发展和日益为人类所用,侵害或威胁重大法益安全的过失行为屡屡发生,防不胜防,为了预防和遏止危险过失行为,不少国家将过失危险行为犯罪化,这一现象引起了我国学界的广泛关注。

在科技高度发达的现代社会里,对过失行为犯罪化问题存在两种截然相反的态度。第一种是苏联一些刑法学家所主张的过失行为犯罪化的观点。在设置过失危险犯的问题上,该观点认为在科技革命条件下过失的危险性增大了,根据造成的后果规定刑事责任,其预防作用不能充分发挥,所以,立法上必须规定故意或过失犯罪的行为人在实施危害社会的行为时,而不是发生的结果时,承担责任的一般原则。技术上的犯罪具有特殊性,只要违反规范上确立的安全法规,不论已经引起危害社会的结果,还是造成有发生这些结果的实在危险都应承担刑事责任。① 第二种是德日等国的一些刑法学家所主张的过失行为非犯罪化的观点。"信赖原则"和"允许的危险"这两个过失行为责任阻却的论点是过失行为非犯罪化的重要内容。信赖原则认为,过失行为人与被害人都存在预见和避免危险结果发生的可能性,也都有违反注意义务的问题。如果确认双方都违反注意义务之后,就产生了如何分担过失责任的问题。如果说,信赖原则是针对疏忽大意的过失而言的,那么,允许的危险就是相对过于自信的过失而言的。随着高速度的交通设施和工矿、医疗机构复杂设施的日益增多,不可避免地给人的生命、健康、财产等法益带来或多或少的危险性;而且,操纵这些设施的人员在一定程度上可以预见到危险的可能性。如果人们对这种危险因素考虑过多,就会影响生产和建

---

* 原载《政法论坛》2004年第1期,与蒋建峰合作。
① 参见〔苏〕N. C. 戈列利克等:《在科技革命条件下如何打击犯罪》,王长青、毛树智译,群众出版社1984年版,第110页。

设事业。所以,一些刑法学家提出了允许的危险这一理论,主张对从事危险职业的人员造成危害结果从宽处理。① 因此,过失危险行为犯罪化同样是一个有争议的问题,表明了人们对过失犯罪不同的立场和态度。

二、过失危险犯之存在性辨析

有学者认为,我国存在过失危险犯的立法例。例如,《刑法》第 330 条妨害传染病防治罪,指违反传染病防治法的规定,实施引起甲类传染病传播或者有传播严重危险的行为;第 332 条妨害国境卫生检疫罪,指违反国境卫生检疫规定,实施引起检疫传染病传播或者有传播严重危险的行为。②

对于上述两罪主观构成要件,刑法学界存在相关的不同观点,主要有:(1)在主观方面是故意,即明知应当接受卫生检疫而逃避检疫。③ (2)受大陆法系"客观上的处罚条件"及我国刑法目的犯的"主观的超过要素"的启示,张明楷教授建构了一个置于我国犯罪构成之内的"客观的超过要素"的概念,例如丢失枪支不报罪造成的严重后果,虽然是构成要件,但是不需要行为人对所造成的严重后果具有认识与希望或放任态度,造成严重后果便成为超过故意内容的客观要素,属于客观的超过要素。④ (3)第三种相关理论是"复合罪过"理论⑤,论者认为,与传统过失犯罪不同,有些犯罪在行为上是故意的,但是,对结果的态度有时处于自信的过失与放任的故意之间的临界过错状态,行为时对后来结果的预想(猜想)呈模糊状态:既可能含有侥幸(轻信)的避免成分,也不排除漠不关心(放任)的成分。论者指出,事实上,过于轻信的过失和放任的间接故意之间存在难以区分的心理界限,有时二者之间的过错程度是很类似的。德、法、英、美等国的刑法理论对二者往往不加区分,以"第三种罪过形式""中间类型""轻率"等概括之,遂主张我国刑法以"复合罪过"论之。(4)大多数学者认为,过失犯罪的心理本质是行为人希望避免结果,但因违反注意义务或回避结果义务而导致犯罪结果发生;应严格区分行为人对危害结果采取的是回避态度还是容忍态度;主张根据弗兰克公式,对于认为结果确实要发生而持回避心理的行为人,即使违反有关规定的行为是故意的,也应该在主观上认定其为过失,造成结果危险状态的即可按该罪定罪处罚。

对于以上第一种认为对故意行为引起的犯罪就是故意犯罪的观点,笔者认为是不

---

① 参见陈兴良:《刑法适用总论》(上卷),法律出版社 1999 年版,第 187 页。
② 参见林亚刚:《犯罪过失研究》,武汉大学出版社 2000 年版,第 290—292 页。
③ 参见高铭暄主编:《中国刑法学》,中国人民大学出版社 1989 年版,第 577 页。
④ 参见张明楷:《"客观的超过要素"概念之提倡》,载《法学研究》1999 年第 3 期。
⑤ 参见储槐植、杨书文:《复合罪过形式探析——刑法理论对现行刑法内含的新法律现象之解读》,载《法学研究》1999 年第 1 期。

对的。依据我国刑法,犯罪的主观形态是故意还是过失,取决于行为人行为时对可能引起的结果的态度,而不取决于对行为本身的态度。只要对结果是过失的,即行为人对实害或危险状态的发生没有预见或者轻信能够避免,该罪的罪过就是过失。如果,行为人故意"引起甲类传染病传播或者有严重传播危险"和"引起检疫传染病传播或者有传播严重危险",则不能构成上述两罪,而构成以危险方法危害公共安全罪。在司法实践中,确实存在下列情形:对于违反规定实施妨害传染病防治的行为和妨害国境卫生检疫的行为在主观上是故意的,而在造成"引起甲类传染病传播或者有严重传播危险"和"引起检疫传染病传播或者有传播严重危险"发生的主观心理上,行为人可能是轻信能够避免,也可能是漠不关心的容忍或者是出现发生的结果超出了行为人的主观故意内容,还可能是处于轻信过失和放任故意之间的模糊地带,即持轻率态度,各种情况要按具体情况来定。在司法实践中,行为人出于过失心理造成"引起甲类传染病严重传播危险"和"引起检疫传染病传播严重危险"的危险状态的发生的,即可按两罪定罪处罚。正是基于此种认识,笔者同意上述两罪是我国刑法过失危险犯的立法例。

另外,有学者指出,1997年《刑法》第124条规定的过失损坏广播电视设施、公用电信设施罪也是过失危险犯的立法例,认为该罪是由于过失损坏了广播电视设施、公用电信设施严重危害公共安全的犯罪,严重危害公共安全包括威胁公共安全的危险状态。笔者认为,由于我国刑法总则已经规定,过失行为必须造成严重结果才构成犯罪。因此,不宜作出严重危害公共安全包括威胁公共安全的危险状态的扩大解释。

过失危险犯的设立一般在危害公共安全罪中居多,而我国刑法在危害公共安全罪中没有过失危险犯的立法例。越来越多的国家面对过失犯罪造成损失日益增大的严峻现实,为防患于未然,逐渐在刑法中规定了危险状态的过失犯。

三、否定过失危险犯可存在性有关论争观点

(一) 否定过失危险犯可存在性的理由

(1)危害结果是限制过失责任范围的客观尺度,脱离这一标准,便会无限制地扩大过失犯罪的范围。在业务活动过程中,任何人违反一项注意义务,都可能发生危害社会的结果,如果对这种行为处以刑罚,无异于用刑罚处罚违反行政法规的行为;而且,这种立法社会效果不好,会加重业务人员的心理负担,不利于社会的进步和发展。[①]

(2)过失犯罪历来都是结果犯,以发生一定的犯罪结果作为构成犯罪的必要条

---

① 参见姜伟:《罪过心理的立法构想》,载杨敦光等编:《廉政建设与刑法功能》,法律出版社1991年版,第292页。

件,是所谓结果无价值;而危险犯通常存在于直接故意犯罪中,是所谓行为无价值。所以,在结果无价值的过失犯罪中规定行为无价值的危险犯形态,是没有科学根据的。预防过失犯罪,出路只能是充分调动人的主观能动性,杜绝过失于未然。①

(3)从主观上讲,过失犯罪的发生是由于日常生活、工作和生产中注意不够、疏忽大意、鲁莽草率造成的,不像故意犯罪那样,行为人积极追求或放任危害结果的发生,所以,从特殊预防的角度看,规定危险状态的过失犯罪没有多少积极意义。②

(4)过失危险犯与允许的危险理论和信赖原则相冲突,会加重从事危险业务人员的刑事责任。③

(二) 对上述论争的剖析

对于否定论之一:危害结果是限制过失责任的客观尺度,但不是唯一尺度。笔者认为,过失危险的客观方面必须具有外在的作为或不作为表现以及危险状态的客观存在,主要内容:一是在外部行为上,违反法定或特定的义务;在有作为义务和作为条件的情况下,出于过失的心理状态而没有作为。二是危险状态客观存在,重大法益面临重大威胁。三是过失作为或不作为与危险状态之间,有因果关系。四是结果的避免是由于外力的作用。外力的及时制止改变了危险状态向危险结果发生的直线发展趋势。因此,不会无限扩大过失犯罪的范围。对于处罚过失危险犯就是用刑罚处罚行政违法行为的观点,笔者不能认同。因为行政处罚与刑罚处罚的根据在于社会危害性程度的不同,二者之间没有质上的差别。

对于否定论之二:这里犯了一个从实然层面来论证应然层面问题的逻辑错误,在注释刑法理论中,过失犯一般为结果犯,危险犯一般由故意犯罪构成,但并不能由此证明过失危险犯存在的不正当性,犯罪化是应然层面的概念,不能从实然层面由彼及此。

对于否定论之三:主观罪过是影响犯罪化的因素,但不是决定因素。笔者认为,过失危险的犯罪化是由于过失危险行为严重威胁了重要法益,严重威胁重要法益是侵害法益的一种形式,而犯罪的本质是侵犯法益,因此,不能仅以过失犯的过错程度轻微就作为否定犯罪化的理由。否定论者主张,规定过失危险犯无助于特殊预防。笔者认为,行为人在过失危险行为中表现出来的人身危险性是客观存在的,这种人身危险性既可由行为人在日常生活、工作、生产中注意不够、疏忽大意、鲁莽草率的性格因素引起,也可由特定条件下精神和身体的不适状态引起,这种性格或状态相对于行为人从事或参与的特定危险行业而言,就是潜在的人身危险性,为保证重大法益安全,需要特殊预防。

---

① 参见陈兴良:《刑法适用总论》(上卷),法律出版社1999年版,第188页。
② 参见孙国祥等:《过失犯罪导论》,南京大学出版社1991年版,第132页。
③ 参见胡鹰:《过失犯罪研究》,中国政法大学出版社1995年版,第198—199页。

对于否定论之四：过失危险行为的犯罪化，并不违背允许的危险理论。允许的危险是指业务本身存在的合理危险，即使完全按照安全规范操作也不能完全避免的潜在危险，而过失危险犯中的危险是指行为人过失地违反业务操作规则造成的严重危险，二者的根本区别是：允许的危险中行为人主观上不存在可以责难的过错，而过失危险中行为人存在疏忽大意或过于自信的过失，前者是不可避免的，后者是可以克服的。允许的危险与过失危险是两个问题，互不矛盾。过失危险与信赖原则也不矛盾，信赖原则主要解决过失行为人与被害人都存在预见和避免危害结果发生的可能性时如何分担过失责任的问题，从某种意义上说，对过失危险行为的追究也受到信赖原则的制约，信赖原则决定着对过失行为人的期待可能性和非难可能性。但是，一般而言，过失危险中的行为人是负有主要注意义务并掌握决定性安全控制条件的特定人员，被害人没有注意的义务，而且当危险状态发生时往往无力改变处境，因此过失行为人不能以信赖原则来主张减轻自己的责任。

在实行过失危险犯罪化的大陆法系，行为人的过失行为造成了法定的危险状态，仅仅是完成了符合过失危险犯罪构成的该当性要件，能不能构成犯罪，还要经过违法性和有责性的检验。显然，允许的危险是为法律和人们所允许的合理危险，不具备实质意义上的违法性，所以行为人（或被告人）可以运用允许的危险来作为阻却违法的理由。而信赖原则主要是解决行为人和受害人及其他相关人的责任分担问题的，如果受害人及其他相关人确实违反了信赖原则，通过作为或不作为方式，对造成危险状态负有不可推卸的主要责任，则行为人（或被告人）可以运用信赖原则来作为阻却有责性的理由，使自己免罪。在英美法系国家，行为人（或被告人）仅有行为和过失造成法定危险状态，还不能说他已经罪名成立，他还享有合法辩护的权利，笔者认为，在有"允许的危险"和"信赖原则"事由的情形下，被告人可以通过"允许的危险"进行合法辩护（justification），运用"信赖原则"作为免责事由（excuse）进行辩护。

笔者主张过失危险犯的可存在性，在认同以上肯定论和辩证否定论的基础上，试图进一步展开论证，揭示设立过失危险犯的理论正当性。

四、可存在性分析

反对过失危险行为犯罪化的主要观点主要有两大理由：一是行为人的主观过错仅是过失，主观恶性和人身危险性很小，动用刑罚没有多少特殊预防意义；二是过失行为只是造成了危险状态，并没有造成多大的实际社会危害性，刑法干预缺少报应的基础。主客观两方面综合起来，过失危险行为不宜犯罪化。我国有不少持肯定观点的学者也对过失危险行为的犯罪化问题进行了深入研究，但大多只强调其预防特别是一般预防上的意义,欠缺报应及特殊预防意义方面的思考。以下,笔者试图从报应和特殊预防基础及刑法谦抑等方面就过失危险犯的可存在性展开讨论。

一般认为,犯罪化主要由报应和功利两方面决定。其中,报应是决定刑法存在正当性的基础,功利是补充,报应在犯罪化的过程中起着决定性的作用。报应是一种关系范畴,本意是报答和对应的意思,具有被动性,它需要报答和对应的另一面——社会危害性或法益侵害性的存在。社会危害性是因,报应是果,两者之间存在因果关系。我们说犯罪的本质是社会危害性,正是基于刑法存在的报应本质而言。在决定某类行为犯罪化的问题上,首先应该考虑的就是行为的社会危害性。而一般预防和特殊预防属功利的范畴,在犯罪化的领域应让位于社会危害性。在考虑过失危险行为犯罪化的时候,我们不能不参照这一原则,对"过失"和"危险"进行一番考察,验证它们与社会危害性之间的关系。

(一) 过失危险的报应基础——社会危害性

1. 危险与法益侵害

如果说,犯罪的社会危害性与普通违法行为的社会危害性存在量上的差别,而需要受到惩罚则是两种危害性在质上的区别。显然,同一行为造成的实害结果必然比仅仅造成危险状态的社会危害性要严重得多,因此,刑法大多只处罚实害结果行为,而不处罚造成一般危险状态的行为。一般情况下,这是正确的。

但是人类社会存在这样一类公共安全法益,它极端重要,涉及不特定多数人生命、健康和重大公私财产的安全,它是一种超个人的法益,在各类社会法益中居首位,包括:不受外部和内部侵犯的公共安全,如放火、爆炸;普遍健康,这是随着现代对自然和疾病原因认识的提高而提出的利益;和平与秩序,如制止暴行等。① 它是如此重要,以至于人们对造成它受到侵犯的威胁都不能容忍,正是这种特殊性,将侵害该类法益的危险行为的社会危害性程度大大提升,直至进入需要受到惩罚的行列,成为刑法打击的对象。可以这样认为,使这样一类重大法益面临危险状态所造成的社会危害性已经不仅仅是危险状态本身的危害,之所以如此,一是人们心目中的这类法益价值的外延已经突破其本身的价值而及于它的安全性,换句话说,威胁它的安全就是侵犯它的价值;二是该危险状态本身具有引发严重后果的必然性。对于危险状态是否属于犯罪结果的争论,笔者认为,没有太大的实际意义。由于公共安全法益的特殊性,法益价值本身已经延及其存在的安全性,即不论是外部侵害造成其实害结果,还是对其造成严重的威胁状态(危险状态),都可视为对公共安全法益的已然侵犯。客观上,由于过失危险行为引起的危险状态已经严重地威胁到重大法益的安全,"如果不是由第三者的及

---

① 参见丁后盾:《刑法法益原理》,中国方正出版社 2000 年版,第 77 页。

时加入或者其他意外原因,就会合乎逻辑地发生严重的实害结果"[1]。处罚这种危险行为是因为,这种危险行为具有引起侵害公共安全的巨大实害结果的本质。

纵观世界各国过失危险犯的立法例,无不体现出人类对于与自身生存和与生活密切相关的社会公共安全法益的特殊关切。

2. 过失与社会危害性

危险状态的造成是行为人违反法定的必要注意义务和结果避免义务的后果,行为人主观上存在过错,具有可责难性。在行为人不存在过错的不可抗力和意外事件中,不能认为行为人的行为具有社会危害性。

3. 过失与危险二者在犯罪化方面的关系

犯罪本质的理论上,历来存在法益侵害说和规范违反说的分歧。法益侵害说主张结果无价值,即在判断行为的违法性时,主要考虑行为是否侵害或威胁了法益,没有侵害或威胁,即使行为人的内心再恶,行为本身严重违反社会伦理,也应认为没有违法性。[2] 行为人只有侵害了法益才能犯罪化,行为的反社会伦理性不能直接成为刑罚处罚的依据。该说主张对通奸、自杀、成人间基于合意且秘密的同性恋等"没有被害人的犯罪"以及对吸食毒品等"自己是被害人的犯罪"实行非犯罪化,因为这些行为只违反社会伦理而没有侵害法益。而规范违反说的基础在于"刑法是体现伦理道德的最低限度",因为刑法的目的是维持道义秩序和道德规范,而主张处罚上述"无被害人"或"自己是被害人"的犯罪。一般认为,法益的价值(重要性)、侵害的程度以及危险的程度对社会危害性起着首要的影响作用,而行为人的主观恶性则对社会危害性起次要的影响作用。[3] 意大利刑法学家帕多瓦尼把以法益侵害为本质的犯罪概念称为客观的犯罪概念,认为强调"法益"或"合法利益"与犯罪概念的直接关系,是客观的犯罪概念的核心,认为犯罪是社会的"外部"感觉到的行为,其实与犯罪人的主观无关。

我国刑法虽然实际采用了法益侵害说,但是,却在总则中规定了故意犯罪的预备犯和未遂犯,而在过失犯罪中只规定了过失的结果犯。笔者认为,从法益侵害或威胁的角度来看,既遂犯对法益造成了实际的损害;未遂犯对法益构成了实际的威胁;预备犯由于行为人意志以外的因素,在准备工具、制造条件的阶段即被制止了,对法益几乎没有构成威胁。因此,预备犯欠缺对法益的侵害与威胁,故不应予以犯罪化。而在过失危险中,过失行为使某特定法益面临实际的威胁——处于危险状态,这一点与故意犯中的未遂犯是相对称的。因此,从侵害法益的角度,过失危险行为具备了犯罪化的报应基础。而根据我国刑法总则,追究故意预备行为的刑事责任被作为一项原则来对

---

[1] 刘仁文:《过失危险犯研究》,载《法学研究》1998 年第 3 期。
[2] 参见张明楷:《新刑法与法益侵害说》,载《法学研究》2001 年第 1 期。
[3] 参见张明楷:《刑法学》(上),法律出版社 1997 年版,第 356 页。

待,过失危险犯即便被允许存在的话,也只能在分则中寻找。笔者不禁会产生这样的疑问,为什么追究故意预备行为的刑事责任可以成为刑法原则,而过失危险犯在刑法中的可存在性却要受到质疑呢?

综上,笔者认为,决定某类过错行为,包括过失危险行为在内可以犯罪化的基础不是主观过错,而是危险行为本身所具有的社会危害性。过失危险犯只能存在于危害公共安全法益的犯罪中,由于公共安全法益本身的特殊性,这类法益价值的外延已经突破其本身的价值层面而及于它的安全性,即威胁它的安全就是侵犯它的价值,而使过失危险行为具有直接侵犯公共安全法益价值的本质,进而具备犯罪化的报应基础。

(二) 过失危险的功利基础

1. 一般预防

从法益保护的角度出发,我们不仅要关注有预谋的故意行为,同样也要警惕源自人类自身弱点的过失行为,故意和过失行为都会同样地侵害法益或对重大法益造成重大危害。而现实是:对重大法益的威胁有来自恶意的攻击,最典型的例子是恐怖袭击,但更多的则来自人类自身的性格弱点——过失,如世界范围内众多的飞机失事、火车碰撞等,使人类在享受高科技带来的现代化文明成果的同时,也遭受着由此带来的巨大痛苦。严厉打击恶意侵害行为的意义不言自明,而对过失危害,人们往往只在重大惨剧发生后才动用刑法,这显然是不够的。从公平和威慑的角度来看,传统的过失犯罪概念都有欠缺,因为某一不谨慎的、极端危险的行为是否会造成损害后果,纯粹是偶然事件。只要行为人相信如果因为其行为的后果没有危害性就不会受到处罚,那么对行为人可能实施的处罚的威慑和预防效果就会大大削弱。对造成了严重损害后果的轻微过失犯罪行为处以重罚,而对造成轻微损害后果的重大过失行为不予处罚,都是错误的和不公平的。因此,所有欧洲国家的立法都已经摒弃了传统的过失犯罪概念,现在都转而采纳了危险犯罪的概念。[①]

笔者认为,面对过失行为可能带来的法益侵害风险越来越大,负有保护重大法益职责的刑法当然不能袖手旁观,必须表明态度,不得听之任之。建立保护重大法益安全的"过失危险预防机制"是必要的,也是可行的,它可以起到必要的警示作用,防患于未然。

2. 针对特殊人身危险性的特殊预防

笔者认为,过失危险犯具有人格上的可责难性,换句话说,行为人具有一定的人身危险性。一般认为,人身危险性是指故意犯罪中,由再犯次数表征的再犯可能性,如累犯的人身危险性大于初犯和偶犯的人身危险性,而自首犯的人身危险性比脱逃犯的人

---

① 参见〔德〕许乃曼:《传统过失刑事责任观念在当代社会中的弊病——新的趋势与展望》,王秀梅译,载《法学家》2001年第3期。

身危险性要小。

笔者认为,在过失犯罪中,对于防卫社会或法益保护而言,行为人的过失性格也会在特定的环境下表现出特殊的人身危险性。行为人主观上存在的疏忽大意的过失或过于自信的过失,尽管过错程度轻微,但却威胁到了特定法益的安全,这是一种特定条件下的客观的人身危险性。行为人这种疏忽大意和过于自信的性格,对于某一与特定的重大法益密切相关的特定行业、职业,往往对可能造成的法益侵害具有潜在的因果关系。这种过失性格由于在特定条件下涉及重大法益的安危而表现出人身危险性,具有加以特殊预防的必要性。对这种人身危险性的考察主要是从保护法益的角度出发的,与故意犯罪人身危险性的侧重点有所不同。前者建立在特定环境中、特定状态下的行为人与可能造成巨大损害后果的潜在因果关联上,后者则侧重于主观恶性深重的单个的行为人,而不必强调他所处的特定环境和其本人特定的生理或心理状态。可以将前者称为客观(或过失)的人身危险性,将后者称为主观(或故意)的人身危险性。将这一过失危险行为犯罪化(称刑法化更确切一些),意在通过建立一种外部的刑法制约和诱导机制,使过失行为人意识到过失行为的危险性和危害性,体会国家和社会对过失危险行为严厉的否定评价,培养严谨的工作态度和作风,达到避免或减少可能造成危险或实害的与自己本人有关的各种生理和心理状态,有效阻止过失危险行为再犯的产生和发展。

五、过失危险犯与刑法谦抑

刑法谦抑原则认为,刑法是一种恶,具有双刃性,凡是可由其他法律解决的事宜,刑法则不宜介入(也称刑法的补充性),能不用刑法调整的地方就尽量不用刑法调整。笔者赞成这一原则,但是这一原则并没有为某类行为犯罪化提供实质性的标准,而且往往会制造困惑,如我们一方面倡导轻刑化,一方面主张刑法谦抑原则,刑法中存在的与轻刑相对应的轻罪是否都可以实行非犯罪化,代之以行政处罚或民事赔偿呢?显然,泛非犯罪化不是刑法改革的方向。

刑法的补充性是刑法谦抑原则的主要内容。刑法的补充一是对侵权行为法的补充,一是对行政处罚法的补充。刑法与该二者之间没有不可逾越的鸿沟,只要其社会危害性达到一定的严重程度,立法者就可以将其规定为犯罪,给予相应的刑罚处罚。[①] 因此,在刑事立法中,应坚持将法益侵害作为犯罪化的首要标准。一般违法行为与犯罪行为的区别在于其社会危害性的程度不同,除犯罪行为以外,民事、行政违法行为也都有社会危害性,但是在危害性程度上有一定的差别,犯罪行为与其他违法行为

[①] 参见陈兴良:《刑法价值构造》,中国人民大学出版社1998年版,第368—376页。

的区别在于社会危害性的量变引起了质变。犯罪的社会危害性是质和量的统一。前面提到,过失危险行为具有社会危害性,存在犯罪化的客观基础,但并不意味着一切过失危险行为均可犯罪化,刑法的谦抑性将绝大多数的过失危险行为排除出犯罪圈。因为,客观上的轻损害加上主观上的轻过错,大大地减轻了社会危害性和行为人可责性。从刑法公正、谦抑、人道价值的层面考虑,立法者只能从保护极其重要法益的角度,有选择性地将某些过失危险行为犯罪化。

谦抑性并不意味着相对封闭的刑法体系只减不增,而是新陈交替和与时俱进的,受人类社会发展的影响而不断调整的。刑法谦抑原则的价值基础在于作为公共权力的刑法不能过分地侵涉公民的权利和自由。在政治国家和市民社会的二元结构中,我们往往把二者之间的紧张和对立作为构建和评价刑法制度的政治基础。随着社会市场经济实力和民主政治的发展,公民的主体意识强化,民主和自由空间获得前所未有的扩大。但是,另一方面,这种政治经济体制模式也给与社会文明进步不相协调的另一端——违法犯罪现象的生存发展提供了良好的环境。各种恶意的或过失的破坏行为给人们的生命财产安全和正常的生活秩序带来了巨大威胁,孤立的个人在危险的社会治安面前显得脆弱无力,尤其需要强有力的政府给人们创造一个有安全保障的生活和生存环境。笔者认为,市民社会和政治国家之间并不总是呈现简单的对立和紧张关系,有时人民大众和政治国家之间的倚赖和合作关系同样重要。笔者认为,在公共安全犯罪中设置过失危险犯不会破坏刑法谦抑原则,它体现了市民社会和政治国家的共同价值目标,有利于培养公众对于刑法的认同和忠诚,增加刑法的权威和亲和力,"9·11"恐怖袭击事件发生后,美国公众普遍支持政府加强打击犯罪的一系列措施就是一个明证。因为,社会公共安全法益根植于人类社会最基本的部分,它是政治国家和市民社会共同的生活基础,在这个角度,社会公共安全具有终极意义。确立公共安全的刑法保护不是借助刑法的超强制性,而是借助刑法的诱导功能。这一点对于预防而言,不管是一般预防还是特殊预防,都有很大意义。

六、立法设计

笔者建议在一些危害重大公共安全罪的条文中,对过失危险作出规定,如设立失火危险罪、过失决水危险罪、过失爆炸危险罪、过失投毒危险罪、重大飞行事故危险罪、铁路运营安全事故危险罪、重大责任事故危险罪、重大劳动安全事故危险罪、工程重大安全事故危险罪,等等。

设置过失危险犯不能打破"刑法以处罚故意为原则,以处罚过失为例外"的原则。设立过失危险,并非对一切过失危险行为的处罚只能在分则中予以规定。

制定相应刑罚时,笔者推崇以资格刑或罚金刑为主。资格刑主要适用于业务过失,罚金刑主要适用于非业务过失情形。资格刑不仅是为了简单报应犯罪人的犯罪行为,也是基于社会保安需要。对过失危险犯适用资格刑具有以下功能:第一,惩罚功能。资格刑的适用对象为业务过失犯,该业务过失行为玷污了其所享有的资格。第二,警戒功能。通过剥夺资格,对其他有同样资格的人起到一定的警戒作用,使之珍惜自己的资格。第三,防卫功能。可以有效制止其再犯,有利于社会防卫。第四,评价功能。对过失危险犯处以资格刑,体现了国家法律对于那些严重危害法益的人的严厉的否定评价,充分发挥刑法的诱导功能。[①]笔者认为,为了防止资格刑的过剩,可以对过失危险犯实行资格刑的分立制和减免制,根据实际情况灵活掌握。陈兴良教授指出,资格刑可以在一定程度上起到保安处分的作用,即使将来我国刑法中建立保安处分制度,资格刑也可以在刑罚与保安处分之间起到一种过渡和调节的作用。[②]

[①] 参见林山田:《刑法学》,台北商务印书馆1983年版,第308页。
[②] 参见陈兴良:《刑法适用总论》(上卷),法律出版社1999年版,第260页。

复合罪过形式探析

——刑法理论对现行刑法内含的新法律现象之解读*

问题的提出

关于现行《刑法》第 397 条滥用职权罪和玩忽职守罪的主观心态,目前我国刑法学界有两种不同论说。一种认为,滥用职权罪"主观上必须出于故意",玩忽职守罪"必须出于过失"①;国内大多数论著持类似观点。另一种认为"玩忽职守罪多数是过失"(言内之意是并不完全排除故意——引者注),"滥用职权罪在主观方面表现为过失或者间接故意"②;"不论滥用职权罪也好,还是玩忽职守罪也好,主观上都是既可由过失构成,也可由间接故意构成"③。

前一种观点是我国通行刑法理论的演绎:同一法条规定的同一罪名只能有一种罪过形式,或者是故意,或者是过失,不能兼有。后一种观点与通行理论不相符合,却符合实际情况,也反映立法原意④,笔者表示赞同。然而持此论说者大都没有从深层理论上对这种"同一个罪名兼有两种罪过形式"的法律现象进行解读,因而忽略了这种与通行理论不"兼容"的新法律现象对通行罪过形式理论的影响。本文拟在粗略介绍国外刑法罪过形式的基础上,对我国通行罪过形式理论进行反思,以解读这种新的法律现象。

---

* 原载《法学研究》1999 年第 1 期,与杨书文合作。
① 张明楷:《刑法学》(下),法律出版社 1997 年版,第 934、936 页。
② 高西江主编:《中华人民共和国刑法的修订与适用》,中国方正出版社 1997 年版,第 874、875 页。
③ 侯国云、白岫云:《新刑法疑难问题解析与适用》,中国检察出版社 1998 年版,第 251 页。
④ 全国人民代表大会常务委员会法制工作委员会"刑法修改研究小组"在 1995 年和 1996 年多次讨论并设想给玩忽职守和新增滥用职权两罪分别设计构成特征。鉴于两罪主观要件均非单一罪过形式(即只为过失或者只为故意),尽管前者以过失为主而后者以故意为主,最终还是建议立法时放弃下定义的做法,并将两罪放在同一法条下(因它们给社会造成的危害相仿)以表示两罪的主观要件没有质的区别,即现在见到的《刑法》第 397 条的写法。诚然,草拟该法条时并没有明确意识到"复合罪过形式"这一概念。

一、国外刑法罪过形式概览

(一) 法国

法国刑法理论中,罪过形式主要区分为犯罪故意与刑事过失。所谓犯罪故意,是指行为人完成人们知道的为刑法禁止之行为或者放弃完成人们知道的为法律所命令之行为的意志。所谓刑事过失,又有疏忽大意的过失与违警罪过失之区分。其中,疏忽大意的过失是指因笨拙失误、轻率不慎、缺乏注意、懈怠疏忽,或者因未履行法律或条例强制规定的安全或审慎义务的过失。①

对照《法国刑法典》(1994年)的具体规定可知,法国立法中并没有明确界分"犯罪故意"与"刑事过失";而且这种罪过形式的理论界分只具有相对意义,而并非严格的、缜密的分割。这是因为犯罪故意与刑事过失之间的分界是一个具有丰富内容的广阔而模糊的"区域"。这一"区域"具体包括三部分:

(1)可能故意,即行为人仅仅是预见到有可能发生危害结果,但丝毫不希望看到已经发生的结果,或者甚至不希望发生任何结果时的心态。从心理学角度看,"可能故意介于本义上的故意(即相当于直接故意——引者注)与疏忽大意的过失或不谨慎的过失之间"②。因为所谓疏忽大意的过失是指行为人对非法结果既不"听之任之",也不"有可能接受"与不追求。

(2)蓄意置他人于危险境地,法律将这种心态视为一种接近于故意的"情节加重的过失",如第二卷第二编第一章伤害他人生命罪中第二节非故意伤害生命罪第222-19条第1款规定出于疏忽大意的过失"致他人在超过3个月时间里完全丧失工作能力的,处2年监禁并处20万法郎罚金";第2款规定"蓄意不履行法律或条例强制规定的安全或审慎义务,所受之刑罪加至3年监禁并科30万法郎罚金"。

(3)超过行为人预计的结果,在这种犯罪中,行为所产生的结果不仅可能超过行为人原来估计的结果,甚至可能比行为人所希望的结果要严重得多,此时行为人的主观心态既不同于犯罪故意,又不同于前述"可能故意",实际上介于二者之间。

综上所述,"可能故意""蓄意置他人于危险境地""超过行为人预计的结果"这三种犯罪心态,在犯罪故意与刑事过失之间构成一个"中间类型"。③

---

① 参见〔法〕卡斯东·斯特法尼等:《法国刑法总论精义》,罗结珍译,中国政法大学出版社1998年版,第266页。
② 〔法〕卡斯东·斯特法尼等:《法国刑法总论精义》,罗结珍译,中国政法大学出版社1998年版,第263—264页。
③ 参见〔法〕卡斯东·斯特法尼等:《法国刑法总论精义》,罗结珍译,中国政法大学出版社1998年版,第263—264页。

(二) 德国

《德国刑法典》未规定罪过概念,刑法理论中,犯罪主观构成要件(即罪过)分为故意与过失两大类。故意又分为目的(亦称一级故意,是指直接努力追求作为该构成要件的结果,相当于希望故意)、直接放任(亦称二级故意,是指认识到危害结果发生的必然性但并非希望结果发生)与可能放任(指认识到结果发生的可能性而对此采取无所谓的态度,相当于我国刑法理论中的间接故意)三种。过失分为有认识过失(指行为人虽然在违反注意义务时意识到了实现过失犯罪构成要件的可能性,但却认为它不具有实现的现实性)与无认识过失(行为人在违反注意义务时根本就没有想到其行为可能实现一个过失罪的构成要件)两种。其中可能放任与有认识过失的区分是理论上非常困难而实践中十分重要的问题,德国著名刑法学家韦尔策尔称之为"刑法中最困难和最有争议的问题之一"。学者们提出了诸如"不否定说""凭借说""同意说""可能性说""放任说""危险说""危险习惯说""积极避免意志说""认真说"等主张以解决此难题,但研究结论总是不尽如人意。20 世纪 80 年代中期以来,德国学者提出了"第三种罪过形式"的想法,将可能放任与有认识过失作为一类单独的要件进行研究。①

(三) 美国

美国刑法中,罪过称作犯罪心态,罪过形式亦称犯罪心态模式。以《模范刑法典》(1962 年公布)为代表的美国当代刑法中的犯罪心态模式有四种:蓄意(指行为人自觉希望实施某种特定行为,或者自觉希望发生某种特定结果的心态)、明知(指行为人认识到行为的性质并且自觉去实施这种行为的心态)、轻率(指行为人已经认识到并且自觉地漠视法律禁止的结果可能发生的危险,虽然主观上对此结果不持肯定态度,但还是冒险地实施了产生此结果的行为;此种心态存在于对危害结果有预见但又并非明确追求此结果的场合)及疏忽(指行为人在行为时没有认识到产生法律禁止的结果的危险,然而按照守法公民的通常标准是应当认识到这种危险的一种心态)。

从上述四种犯罪心态模式的定义可以看出,"明知"专指行为犯的心态。结果犯的心态有三种,即蓄意、轻率和疏忽。其中蓄意相当于有些国家刑法中的希望故意或直接故意,疏忽即疏忽大意的过失,而轻率大体上涵盖了放任故意(间接故意)和轻信过失(有认识过失)。

(四) 英国

英国 1989 年的《刑法典草案》规定了三种罪过形式,即蓄意、明知与轻率。疏忽是行政法规(如道路交通、食品卫生法规等)中规定的犯罪心态。在刑法中疏忽是否为罪过形式,学界有争议。通常认为,疏忽处于刑法的边缘,有些疏忽是罪过心态,有些则

---

① 参见李海东:《刑法原理入门(犯罪论基础)》,法律出版社 1998 年版,第 63 页。

不是。① 对判例的解释中,有将轻率分为主观轻率与客观轻率之说,客观轻率类似于疏忽。《刑法典草案》的观点显然受到同属英美法系国家的美国《模范刑法典》的影响与启示。

综上所述,法、德、美、英诸国刑法(理论)中,罪过形式的划分各有不同,称呼亦各异,但有一点是共同的:即都将相当于我国刑法中的直接故意与疏忽过失之间的"区域"作为一个相对独立的整体加以规定或研究,这一区域相当于我国刑法中的间接故意与轻信过失。如法国刑法之"中间类型"、德国刑法之"第三种罪过形式"及美国与英国刑法之"轻率"。之所以这样做,主要原因有如下两点:

第一点原因,间接故意与轻信过失,无论是在理论上还是在实践中要进行明确的区分是极其困难的。二者共同之处是行为人对其产生危害结果的行为具有轻率特性,行为时对后来结果的预想(猜想)多半呈模糊状态:既可能包含侥幸(轻信能够避免)成分,也不排除漠不关心(放任)成分,究竟以何者为主因案件不同而相异,但有些案件中恐怕连行为人自己也并不明确,更何况司法人员。如果说二者在抽象理论上尚能勉强区分(如前所引,这是刑法中最困难和最有争议的问题之一),但在实际生活与具体案件中往往难评难断。出于经验考虑,将二者统合一体,更有利于司法操作(功利主义是英美之立国哲学,英美刑法以"轻率"一种犯罪心态模式摆脱了间接故意与轻信过失难解难分的理论困境便是理所当然)。

第二点原因,随着经济和科技的发展,社会关系日趋复杂,公共事务和社会生活的危险源也日益增多,法定犯罪骤增。此前司法实践中处理的主要是自然犯罪,故意与过失界限分明,反映出来的行为人的主观恶性也大小悬殊,因此罪过形式的清晰划分与准确认定对于定罪量刑而言,既有可能,亦属必要。而法定犯罪的激增,使得司法实践面对的诸多案件远非自然犯那般简明,间接故意与轻信过失的分界更加模糊而难辨;并且有时二者的界分实际上没有必要,因为其所征表的行为人的主观恶性差距不大,由此许多国家刑事立法或理论研究中出现了将二者合二为一统一研究的趋势。

二、我国现行刑法中新的法律现象及其解读

我国刑法总则将罪过明确地分为两种(故意与过失)四式(故意与过失分别具有两种具体形式)。通行理论认为,同一法条的同一罪名的罪过形式不能跨种越类。但现行《刑法》分则某些条文如第397条第1款突破了传统格式,同一法条的同一罪名实际上包含了跨种的罪过形式,即既有故意,又有过失,这是现行刑法内含的一种新的法律

---

① See Michael Jefferson, Criminal Law, 2nd ed., Pitman Press, 1995, pp.115-127.

现象。由于我国刑法上没有英美刑法那样的"轻率"犯罪心态模式,也没有法国刑法理论中的所谓"中间类型"或德国刑法学界的"第三种罪过形式",为了解读这一法律现象,我们不得不创造一个新术语"复合罪过形式",与通行的一个罪名只能有一种罪过形式的"单一罪过形式"相对应。

(一)复合罪过形式的概念

所谓复合罪过形式,是指同一罪名的犯罪心态既有故意(限间接故意)也有过失的罪过形式。如现行刑法规定的滥用职权罪和玩忽职守罪,其主观罪过既可能是故意,又可能是过失。[①]

如此,现行刑法中所有犯罪的罪过形式在立法上主要表现为如下几类情形:(1)有些犯罪只能由故意构成,如危害国家安全方面的犯罪。(2)有些犯罪只能由过失构成,如交通肇事罪等。对于这两类犯罪,法律往往并未甚至无须写明罪过形式,因为根据情理就不会对法律产生误解。(3)有些犯罪既可由故意又可由过失构成,对此类犯罪,法律又有两种处理方式:一种是"一分为二",例如杀人犯罪分为故意杀人罪和过失致人死亡(过失杀人)罪;焚烧犯罪分为放火罪与失火罪;等等。之所以要一分为二,因为该种"故意"多半是直接故意,与过失相比,反映主体的主观恶性差异悬殊,从而绝不能适用相同档次的法定刑。另一种处理方式是"合二为一",即法条既不明写故意也不明写过失,主要原因是该种故意基本是间接故意,与过失尤其是轻信过失相比,主体的主观恶性差异不太大,因而可以适用相同档次的法定刑。

实际上,"复合罪过形式"即前述"合二为一"处理方式并非始见于现行刑法,1979年《刑法》第186条规定的泄露国家秘密罪,法条没有明确罪过形式,起初学界曾有单一故意说与故意过失并存说之争,然而司法实践中一向采取故意过失并存的观点;1988年《保守国家秘密法》第31条规定"违反本法规定,故意或者过失泄露国家秘密,情节严重的,依照刑法第一百八十六条的规定追究刑事责任",这无疑是用明确的语言对原刑法隐意的补白,此后刑法教材及论著对1979年《刑法》第186条之罪的主观要件无一例外地认为"既有故意又有过失"。现行刑法亦采用一分为二的处理方式将一个泄露国家秘密罪分为故意犯罪与过失犯罪两个罪名,但其法定刑仍保留同一。这"改变"与"保留"说明了什么?保留同一法定刑,表明主观心态对量刑影响不大,至少不像放火与失火两罪的主观心态对量刑那么重要。一罪分为两罪,其必要性首要考虑的实质因素应是法定刑的轻重。既然如此,又为何要将一个罪名改变为两个?究其原因,恐怕还是观念问题———单一罪过形式即一个罪名只能是一种罪过形式这种思维定式使然。

[①] 可见,这里不包括结果加重犯的心态———必有故意(对基本构成)加过失(对加重结果)合成的罪过形态,例如故意伤害致死。还需说明,故意伤害致死不是一个罪名,罪名应是故意伤害罪。

(二) 复合罪过犯罪列举

(1) 第 135 条重大劳动安全事故罪，即工厂、矿山、林场、建筑企业或者其他企业、事业单位的劳动安全设施不符合国家规定，经有关部门或者单位职工提出后，对事故隐患仍不采取措施，因而发生重大伤亡事故或者造成其他严重后果的行为。本罪中行为人在有关部门或者单位职工提出劳动安全设施存在事故意隐患后，本应积极采取防范措施，然而行为人却无动于衷，熟视无睹，不采取措施，终致重大伤亡事故或者其他严重后果的发生；此间行为人对自己不作为将导致的后果的态度既可能是过失，也可能是间接故意，因此本罪主观方面是复合罪过。

与此类似，第 137 条工程重大安全事故罪、第 138 条教育设施重大安全事故罪、第 139 条消防责任事故罪等犯罪的主观方面皆为复合罪过。

(2) 第 142 条生产、销售劣药罪，即生产、销售劣药，对人体健康造成严重危害的行为。本罪中行为人明知自己生产、销售劣药的行为可能造成严重危害后果，但为了追求非法利益而放任危害后果的发生，或者轻信能够避免（将避免危害后果的发生完全寄希望于侥幸），因此，本罪主观罪过既可能是间接故意，又可能是轻信过失，属复合罪过。

与此相似，第 145 条生产、销售不符合标准的卫生器材罪；第 146 条生产、销售不符合安全标准的产品罪；第 147 条生产、销售伪劣农药、兽药、化肥、种子罪；第 148 条生产、销售不符合卫生标准的化妆品罪等犯罪的罪过形式皆为复合罪过。

(3) 第 187 条用账外客户资金非法拆借、发放贷款罪，指银行或者其他金融机构的工作人员以牟利为目的，采取吸收客户资金不入账的方式，将资金用于非法拆借、发放贷款，造成重大损失的行为。本罪中行为人作为银行或者其他金融机构的工作人员，对于自己的非法拆借、发放贷款行为可能造成的危害后果不可能没有预见，但为了牟利，仍实施非法拆借行为，终致严重危害后果的发生，显然，其主观罪过既可能是间接故意，又可能是过失，属于复合罪过。与此相类似，第 186 条规定的违法向关系人发放贷款罪与违法发放贷款罪，第 188 条规定的非法出具金融票证罪及第 189 条规定的对违法票据承兑、付款、保证罪等皆以复合罪过为主观构成要件。

另外，第 167 条签订、履行合同失职被骗罪，第 168 条徇私舞弊造成破产、亏损罪，第 169 条徇私舞弊低价折股、出售国有资产罪，第 304 条故意延误投递邮件罪，第 403 条滥用管理公司、证券职权罪等皆属复合罪过犯罪。

(三) 复合罪过犯罪的特征

(1) 以复合罪过为主观要件的犯罪，皆是结果犯。行为主体的行为"致使发生重大事故或者造成其他严重后果"，或"致使发生重大伤亡事故"，或"造成重大损失"，或"致使公共财产、国家和人民利益遭受重大损失"等危害后果，是构成该类犯罪的必要要件。假如行为主体的行为没有造成法定危害后果，则构不成该类犯罪。之所以这样,是因为行为犯的主观要件皆为故意而不可能是过失。

(2)该类犯罪的罪过形式,即复合罪过是间接故意与过失的复合。这大致相当于前述外国刑法之"中间类型"或"轻率",因为它们的共同特征是涵盖了故意与过失两种罪过形式。这里之所以强调只是"大致相当于",是因为我国刑法之复合罪过不仅实际包括间接故意和轻信过失(如外国刑法中之"中间类型"与"轻率"),而且包括疏忽过失。当然,由于疏忽过失与间接故意泾渭分明,难以划清的是轻信过失与间接故意,复合罪过形式法律现象的出现主要是基于此原因,因而本文论述重点也落在这里。

(3)该类犯罪的主体多为特殊主体,即具有一定专业知识技能、从事特定职业或者具有某种职责的人,如银行或者其他金融机构的工作人员、对教育教学设施负有管理责任的人员或国家机关工作人员等。正是由于这些人具有特定职责或专业知识技能,所以对于自己实施的非法或违规犯章行为所造成的危害后果才有预见或认识。单位也可成为某些该类犯罪的主体。

(4)该类犯罪具有多档次法定刑。鉴于该类犯罪皆结果犯,司法实践中,具体个案危害后果的严重程度各有差异,罪过形式并不单一。为充分贯彻罪责刑相适应原则,立法者为该类犯罪设计了多档次法定刑。

三、有关复合罪过形式的其他几个问题

(一) 复合罪过形式是否有违罪责刑相适应原则

复合罪过犯罪中,不论行为人主观方面是间接故意,还是过失,都认定为同一个罪名、适用同一法条的法定刑。对此,有人可能会担忧,这是否违背了罪责刑相适应原则?是否有客观归罪之嫌?答案当然是否定的,理由有二:

理由一:单就行为主体主观恶性而言,间接故意与轻信过失相比,有时很难分清孰轻孰重。

所谓罪责刑相适应原则,根据现行《刑法》第 5 条,是指刑罚的轻重,应当与犯罪分子所犯罪行和承担的刑事责任相适应。① 由此可知,行为主体的主观恶性与犯罪行为的客观危害是决定刑罚轻重的两个基本要素。关于主观恶性的评价,就罪过形式而言,一般说来,犯罪故意重于犯罪过失、直接故意重于间接故意;但是就以放任危害结果的发生为基本特征的间接故意与那些将危害结果的避免完全寄托于侥幸或者不可

---

① 将该原则命名为"罪责刑相适应原则"现已为大多数学者认同,例如,赵秉志主编:《新刑法全书》,中国人民公安大学出版社 1997 年版,第 102 页;马克昌:《论我国刑法的基本原则》,载《中央检察官管理学院学报》1997 年第 4 期;薛瑞麟、杨书文:《论新刑法的基本原则》,载《政法论坛》1997 年第 5 期;孙力:《刑法修订是完善我国刑事法律和司法制度的重大举措》,载《法律科学(西北政法学院学报)》1997 年第 4 期。

靠的所谓预防措施的轻信过失比较而言,后者主观恶性必轻于前者的结论则未免牵强。例如下面两个案子:例一,某隧道工地下暴雨,岩石松动,随时有塌方可能,甲为将施工机械抢救出来,下令工人冲进隧道抢运,这时发生塌方,致多人死亡;例二,在年会射击表演中未受过专门训练的乙与人打赌射击女演员头顶上的酒杯而击中女演员。① 显然,这两个案例中,甲乙对危害结果的发生都有预见,并且二人都不希望发生此危害后果,这是其共同点;其区别表现在:甲将结果安全寄托于侥幸,而乙则毫无根据地相信自己的射击技术。此时很难分清二人的主观恶性孰轻孰重,然而按现行罪过形式理论及法院的最后裁判,甲的罪过形式为过失,乙为间接故意。

在一定意义上可以说,复合罪过犯罪中,不仅很难分清究竟是间接故意还是轻信过失,而且没有分辨的必要与意义,因为即使行为人主观罪过是轻信过失,其所赖以避免危害后果发生的只是完全的侥幸或者没有客观根据的轻信,其所表现出来的主观恶性与间接故意相比,至多是"五十步笑百步"。既然如此,不再分析行为人主观方面究竟是如何间接故意抑或轻信过失,而认定为复合罪过形式,是不会违背罪责刑相适应原则的。

理由二:多档次法定刑为贯彻罪责刑相适应原则、避免客观归罪提供了保障。

如前所述,复合罪过犯罪具有多档次的法定刑,这样便为那些确有充足、确凿证据证明行为人主观罪过是间接故意或者轻信过失的罪案准确定罪量刑、贯彻罪责刑相适应原则提供了可能。例如1997年《刑法》第336条第1款规定的非法行医罪,其主观方面是复合罪过,即在多数情况下是过失,在个别情况下是间接故意;其量刑幅度有三个:即"三年以下有期徒刑、拘役或者管制,并处或者单处罚金";"严重损害就诊人身体健康的,处三年以上十年以下有期徒刑,并处罚金";"造成就诊人死亡的,处十年以上有期徒刑,并处罚金"。对照第233条过失致人死亡罪、第234条故意伤害罪、第235条过失致人重伤罪的法定刑可知,非法行医罪的法定刑几乎涵盖了后三种犯罪的法定刑(第234条规定的故意伤害致人死亡或者以特别残忍手段致人重伤造成严重残疾的,处10年以上有期徒刑、无期徒刑或者死刑。此款之最高法定刑高于非法行医罪,主要原因在于前者主观罪过是直接故意),这样,非法行医罪的法定刑既适于惩处过失犯罪,又适于惩处(间接)故意犯罪,从而体现了罚当其罪。

(二) 确立复合罪过形式的理论意义

众所周知,只有具有实践指导意义的理论才是有生命力、有价值的理论;而欲发挥理论的指导作用,必须使理论发展具有预见性。但是由于种种原因,我国刑法理论研究往往滞后于立法实践;不是理论指导实践发展,而是实践牵拽理论前进。这类例子

---

① 参见李海东:《刑法原理入门(犯罪论基础)》,法律出版社1998年版,第61页。

俯首即是:法人的犯罪主体资格在1987年《海关法》中就得到了立法确认,然而学界关于"法人能否成为犯罪主体"的争论一直持续到现行刑法颁布,甚至此后,还有学者预言,此争论并未到此止息;"持有"作为一种新的犯罪行为形式在1990年全国人民代表大会常务委员会《关于禁毒的决定》中便已登台亮相,然而此前学界对此问题都从未探讨过,此后学界讨论也多限于该行为形式能否作为"第三种行为形式"而独立存在?同样,关于复合罪过形式,现行刑法颁布前及颁布后一年多时间里,学界从未有人提及过。这不仅仅是学界的缺憾,也是立法者的悲哀,因为没有理论导向的实践无法避免其盲目性。这种理论的滞后与准备不足是导致作为国家基本法律的刑法刚刚修订完毕便受到了众多的来自各方面批评的原因之一。

"先天不足后天补。"既然现行刑法中出现了"复合罪过形式"这种新法律现象,并且恰好与世界刑事立法发展相合拍,那么,我们便应理性地、认真地接纳、分析、研究之。这对于理论工作者而言,既是机遇,又是挑战。一方面,复合罪过形式冲击了传统刑法学之罪过形式理论,突破了多年来一直为人们所坚守的"同一法条的同一罪名只能有一种罪过形式"的思维定式,将间接故意与轻信过失作为一种相对独立的罪过形式加以研究,从而在一定程度上摆脱了多年来纠缠不清的间接故意与轻信过失之区别这一"理论百慕大",并为罪过理论的深入研究推开了一扇新窗。另一方面,复合罪过形式的出现,也给学界提出了许多新课题。比如,作为犯罪构成这一系统整体组成要素的罪过的变化,对于该系统本身的结构、功能及其内部诸要素的影响是怎样的?如何解决复合罪过形式与"过失犯罪,法律有规定的才负刑事责任"这一法律规定的矛盾?等等。

(三) 确立复合罪过形式的实践意义

(1)有利于严密刑事法网,体现刑法之社会保护功能。人权保障与社会保护是近代以来刑法的两大基本功能。如果说人权保障功能主要体现于刑法总则,那么,社会保护功能则主要体现于刑法分则。① 复合罪过形式的确立无疑是立法者在分则部分严密编织刑事法网、突出刑法社会保护功能的举措之一。具体而言,只要行为人实施了某种危害行为,造成了法定的危害后果,不管其主观心态是间接故意还是轻信过失,都可纳入刑事法网,使犯罪嫌疑人难有乘隙漏网的可能。以玩忽职守罪为例,假如我们坚持认为本罪只能由过失构成,那么,司法实践中对于那些主观方面是间接故意的玩忽职守行为便很难定罪(实践中这样的案件并不罕见②);相反,如果认为该罪是复合罪过罪名,问题便迎刃而解。

(2)在一定程度上减轻司法机关的证明责任,提高办案效率。间接故意犯罪中,行

---

① 参见储槐植、梁根林:《论刑法典分则修订的价值取向》,载《中国法学》1997年第2期。
② 参见侯国云、白岫云:《新刑法疑难问题解析与适用》,中国检察出版社1998年版,第251页以下。

为人客观上未采取任何避免危害后果发生的措施,在轻信过失犯罪中,行为人客观上或者完全赖于侥幸而不采取任何有效措施,或者凭借自己某一方面的技能或某些客观情况,由此,二者在客观上都多表现为没有采取避免结果发生的切实措施,此时其区别仅在于行为主体对危害结果的主观态度是放任不管,还是企图避免。而这对于负有证明责任的司法机关而言,无疑是相当困难的,因为证明这一点仅凭行为人的口供是不够的,必须有其他相关的客观性证据形成一个"证据链"。复合罪过形式的确立,将司法机关从查证这些证据的山重水复中解脱出来。只要有确凿充分的证据证明行为人实施了危害行为,主观方面并非出于直接故意,即可适用复合罪过犯罪予以论处。这样,无疑减轻了司法机关的证明责任,使之能集中有限资源处理其他犯罪。

(四)理解适用复合罪过形式时应注意的问题

首先应明确,"复合罪过形式"这一概念的提出绝不是对现行罪过形式理论的根本性摧毁或全盘性否定,只是对该理论的部分修正,以解读现行刑法内含的符合世界刑法发展趋势的新的法律现象。因此,其适用范围是有限的、特定的,并非全部刑法罪名都能用"复合罪过形式"予以解释。在确立哪些罪名具有复合罪过时,必须严格、准确地依照立法原意,遵循罪刑法定原则,不允许扩张解释,禁止类推解释。

其次,司法实践中,必须警惕司法机关由此产生的"惰性"。这种"惰性"表现在两个方面。一是对于那些本不属于复合罪过犯罪的在主观罪过形式方面难以认定的疑案,以复合罪过犯罪认定,以摆脱取证查证的"纠缠",提高结案率。这种做法不仅严重背离了我国刑事诉讼法规定的"罪疑从无"原则,而且与刑法的人权保障功能大异其趣。二是对于那些复合罪过犯罪,不经认真调查取证,只是简单地以"复合罪过"一定了之,将本应由其承担的证明犯罪嫌疑人、被告人主观罪过不是直接故意的责任强加给犯罪嫌疑人、被告人,这无疑不利于罪责刑相适应原则的贯彻执行,不利于刑法之社会保护功能的发挥。

深层观念的变革难于表层制度的变革;然而不真正改变人们的观念,制度之变革便会流于形式,充其量是一躯空壳而已。而今,现行刑法中出现了"复合罪过形式"这一新的法律现象,这就迫切要求改变多年来一直为人们所信守的"一罪一种罪过形式"的传统观念,逐步树立并巩固与"复合罪过形式"相适应的新观念。只有这样,才不会使现行刑法中诸多复合罪过形式的法例形同虚设,甚至重蹈1979年《刑法》第186条施行18年后又被改变这种无效劳动之覆辙。

论罪数不典型[*]

一、罪数研究的意义

数罪应并罚,一罪不并罚。这是法制常规。"数罪"(实是或形似)不并罚,是常规之外的特例。作为"数罪"不并罚的基本理由的"罪之并合"便是刑法中罪数问题研究的中心。关于罪的并合,各国刑法规定不尽相同。我国刑法分则中有规定,如惯犯,而总则没有规定。有些外国刑法总则和分则均有规定。《德国刑法典》总则第52条(1)规定:"同一犯罪行为触犯数刑法法规,或者数个犯罪行为触犯同一刑法法规的,只判处一个刑罚。"前半句指的是想象竞合和法规竞合,后半句主要指的是连续犯。《日本刑法典》总则第54条规定:"想象竞合,牵连犯:一个行为触犯数个罪名,或者犯罪的手段或结果行为触犯他罪名时,以其最重之刑处断。"美国《模范刑法典》(1962年公布)总则第1节第7条关于"定罪限制"(实为罪之并合)规定了几种情形:(1)一罪被他罪所吸收(有三种类型的吸收犯);(2)一罪仅为他罪的共谋或预备行为;(3)为构成两个以上罪要求不同的事实要素而如果被告人只有一个相同行为时;(4)存在一般与特殊关系的法规竞合时;(5)持续行为未被中断的。上述法律规定尚属简明,但在法律规定外,许多国家(主要是英美法系以外的国家)在司法实践中为方便诉讼而将几个罪并合作一罪处罚。办案中由于罪数认定有误,该并罚的没有并罚,不该并罚的实行了并罚,这种情形时有发生。造成这种现象的重要原因之一便是刑法理论对罪数问题的研究还不够深入,或者理论缺乏可操作性。法律上写的犯罪构成,是立法者对现实中形式多样的具体犯罪现象加以筛选和抽象而组合成的特定行为模式,它具有典型性、静态性和孤立性特征。刑法学犯罪构成论以法律上写的犯罪特征为研究对象。而司法实践中遇到犯罪案件常有不典型性、动态性和连带性的特点,在适用刑法时常常出现"不对应"情况,即案件中具体犯罪行为与法律上抽象犯罪构成"有距离"。假定刑法规定合理,也无须进行司法解释;再假定案件的具体罪行没有超出刑法规定范围,在这种情况下如何"对应",使具体犯罪符合法律上的犯罪构成,这就是犯罪构成解释论的任务。罪数问题除少数已有法律规定外基本上是解释论问题,将其上升到犯罪构成数量形态的高度以增加对司法实践的理论指导意义。

---

[*] 原载《法学研究》1995年第1期。

罪数研究还有立法参考意义。刑事立法关于具体罪一般不涉及罪数问题，但在两种情形下可能与罪数有关：一是两种罪行连带发生具有很高的概率因而从刑事政策考虑需要严加打击时，另一是需要关注犯罪行为发展过程对社会造成的重大危害时。对这两种情况立法时，罪数理论研究成果有一定参考价值。最高人民法院、最高人民检察院《关于办理偷税、抗税刑事案件具体应用法律的若干问题的解释》（1992年）第11条规定："因暴力抗税实施伤害、杀人行为的，按伤害罪、杀人罪定罪处罚，或者根据案情实行数罪并罚。"全国人民代表大会常务委员会《关于惩治偷税、抗税犯罪的补充规定》（1992年）指出，"以暴力方法抗税，致人重伤或者死亡的，按照伤害罪、杀人罪从重处罚，并依照前款规定处以罚金"。相同情况，前述解释与补充规定有不同规定，前者不排除定数罪的可能，而后者为一罪。虽然因有前述补充规定立法而取代了解释，但这一立法与情形相同的《刑法》第150条第2款的规定（犯抢劫罪"致人重伤、死亡的"加重处罚）也不相同：补充规定为转化犯，改变了罪名；刑法为结果加重犯，不改变罪名。刑法、补充规定、解释对同一情节为什么作出三种不同处理？其原因盖是对罪数有关问题缺乏深入的研究，立法缺乏充分的理论准备。

二、罪数不典型的概念

罪数问题的研究对象主要为实是或形似数罪但不并罚的犯罪构成形态特征，即罪之并合的条件和根据。大陆法系刑法理论关于罪数问题的研究思路基本上是将重心放在区分一罪与数罪上面，曾经提出过以下不同学术观点：

犯意标准说认为，犯罪心意（故意或过失）是刑事责任的核心，行为仅是犯意的外化，犯意才是犯罪的本质。所以犯罪个数取决于犯意个数。

行为标准说认为，犯罪的本质是行为，只有行为才能影响客观世界，仅有犯罪心意还不能构成犯罪。所以，应以行为的单复数作为区分犯罪单复数的标准。

法益标准说（结果标准说）认为，所有犯罪都直接或间接地程度不等地侵害刑事法律保护的利益即法益，这是犯罪的本质。所以侵害法益的个数是区分犯罪个数的标准。

构成要件标准说认为，构成要件是决定罪数的标准。具体地说，如果行为人出于一犯意，实施一犯罪行为，侵害一法益则构成一罪；如果行为人出于数个犯意，实施数种犯罪行为，侵害数个法益，则构成数罪。这是当今通说，提出这个观点的目的是纠正前述诸说的片面性。但此说也并非完美无缺。

根据构成要件标准说可以进而认为，凡各构成要件（犯意、行为、结果）数均为单数的便是典型一罪；凡各构成要件数均为复数且各罪彼此独立的（即并非基于相同或相近动机引发的同一行为过程)便是典型数罪,实行并罚。典型一罪和典型数罪的共同点是犯罪要件组成数内部的对称性,它们是刑法分则罪状规定和总则数罪并罚制度最具代表性的标准形态。标准形态即典型。

典型一罪和典型数罪在刑法适用(定罪和量刑)上都不会发生问题,因而不是罪数问题研究的对象。现实生活中犯罪现象千变万化,错综复杂,许多犯罪行为既不是典型一罪也不是典型数罪。例如,行为人出于一个不确定故意,实施了一连串行为,每一行为都有结果,分别看每一行为均可独立成罪,但侵害法益相同,罪名同一,是否作数罪实行并罚?再如,一行为产生数结果,或者数行为产生一结果,是一罪还是数罪?又如,有些案件的行为数量的认定也有不同看法:某日傍晚汽车司机甲违反交通规则将行人乙撞成重伤致昏厥,本想送医院抢救,但又想可能难以救活,何况当场别无他人,于是将乙弃之路边而开车逃跑,次日晨乙死亡。一种意见认为,甲只有一个交通肇事行为,也只有乙死亡一个结果,是一罪。另一种意见认为,甲有两个行为即交通肇事行为和应当救援(因先在行为引起的责任)而不救援,相应地有两个结果即乙受重伤和乙死亡,所以是二罪即交通肇事罪和故意杀人罪(间接故意,不作为)。如前所述,罪数问题的研究重心是罪之并合,实是或形似的数罪作为一罪处罚,通常的思路是在"一罪"形态上做文章,例如提出了单纯一罪,包括一罪(理论上一罪),处断上一罪;实质竞合,想象竞合等种种说法,使得罪数这块研究领域成了迷茫丛林。种种不同观点,都围绕一罪还是数罪的归属问题上。因视角相异,结论也就不同。

愚以为可转换思路,绕开迷茫丛林,建立一个"罪数不典型"概念,将讨论的重心放在犯罪构成特殊数量形态上,看看能否找到一条简化处理的出路?

罪数不典型,是指犯罪要件组合数不标准形态。在内涵上,罪数不典型就是既非典型一罪也非典型数罪而被当作(立法规定为或者司法认定为)一罪处罚的犯罪构成形态。在外延上,罪数不典型包括两大类:一类是一行为因行为延展性而形成的罪数不典型,表现在一行为先后或同时产生两个以上结果、触犯两个以上罪名(想象竞合犯),或者是一行为在发展过程中出现性质转化从而改变行为起初实行时的罪名(转化犯)。这类罪数不典型区别于典型一罪的特征是虽是一行为但因数结果而实质上触犯了数罪名。另一类是数行为因行为整合性而形成的罪数不典型,整合性表现为行为的惯性,或者表现为行为的连续性,或者表现在行为之间结合关系上,或者表现在行为之间的吸收关系上。整合功能是将数个犯罪构成组合成一个整体,即数行为因相同或相近的犯罪动机而组合成同一行为过程,原先各犯罪构成便成为整体的组成部分,从而失去独立性,这是数行为不实行并罚的犯罪论根据。如果不存在这种内在整合性,各犯罪构成彼此独立,即为典型数罪,实行并罚。这类罪数不典型主要有惯犯、结合犯、连续犯和吸收犯。

罪数不典型的基本特征是,犯罪构成数量形态的不典型性。上文对典型一罪和典型数罪已有界定,因此所谓不典型性,就是与这种界定相比较而获得的不相符合性的观念。建立罪数不典型概念的价值在于:以否定式的比较替代肯定式的论证(犹如通常研究方法)。具体说,无须正面论证某个不典型犯罪构成形态究竟属于一罪还是数罪,而只需否定它属于一罪或是数罪。在关系复杂的条件下,否定一事物要比肯定一事物方便,而且进行现象的比较要比进行理论的论证省力。罪数不典型概念是对以下具体问题进行论述的观念基础。

三、罪数不典型的种类

这里只讨论罪数不典型的几种犯罪形态,罪数典型的情况不在此列。例如,"继续犯",应是典型一罪,司法实践中适用刑法定罪时不会产生任何问题。非法拘禁一周与非法拘禁一月,罪名相同,这无须讨论。又如"牵连犯",我国刑法没有明文规定,但有实质上不承认这一概念的法律条文,所以,我国刑法应取消牵连犯概念。① 全国人民代表大会常务委员会《关于惩治贪污罪贿赂罪的补充规定》(1988年)第3条第3款规定:"挪用公款进行非法活动构成其他罪的,依照数罪并罚的规定处罚。"显然,挪用公款罪与其他罪实际上存在着所谓牵连关系。实践中有些做法,例如,伪造公章进行诈骗通常只定诈骗一罪,这在理论上可用吸收犯进行解释,而无须借助牵连犯概念。罪数问题在理论上复杂化的重要原因之一是牵连犯概念引发出来的。

罪数不典型,依刑法分则条文有无规定为准,可分为法律规定的和处理认定的两类。前一类有惯犯、结合犯、转化犯。后一类有想象竞合犯、连续犯、吸收犯。

(一) 惯犯

惯犯是指在较长时间内反复多次实施某种危害行为触犯同一罪名的犯罪形态。惯犯有两种类型,常习惯犯和常业惯犯。其共同特征是惯常性:犯罪时间长,实施次数多,通过行为习性反映出犯罪人深重的主观恶性。从犯罪构成上看,惯犯是一种特殊的犯罪形态;在刑事责任上强调,惯犯是一种特殊的犯罪分子。

常习惯犯的主要特征是,实施某种犯罪已成习惯,从心理学分析,行为人具有某种程度的人格异常,其犯罪行为的矫正难度加大,因而对其判处较重刑罚是客观需要。我国《刑法》第152条规定的"惯窃、惯骗"即是这种形式的惯犯。

常业惯犯的主要特征是,以某种犯罪为职业,即以犯罪所得为其生活主要来源,一般都是有关财产和经济方面的犯罪。生活需要成为犯罪动力,其犯罪行为的控制难

---

① 三大法系中只有个别几个大陆法系国家的刑法典规定了牵连犯条款,并有缩减趋势。

度增加,社会危害性增大,处以较重刑罚是完全必要的。我国《刑法》第118条规定的"以走私、投机倒把为常业的"、第168条规定的"以赌博为业的"和第171条规定的"一贯……制造、贩卖、运输"毒品的,即为这种形式的惯犯。

惯犯,从形式上看,是以多个犯罪故意实施多次同种犯罪行为,如果将各个行为孤立起来看,是(同种)数罪。但为什么刑法把它规定为一罪?理由之一是,惯犯的社会危害性主要是通过犯罪行为的惯常性表现出的人身危险性,假定不是将长期反复多次行为综合起来考察,而是一次一次进行孤立分割评定,则不能反映其人身危险性。理由之二是,法律规定为一罪加重法定刑而不实行数罪并罚,不仅方便司法操作,而且一般说来处罚远比数罪并罚重。

(二) 结合犯

结合犯是指法律上将数个原来独立的故意犯罪结合成一个新的犯罪形态。例如外国刑法上的强盗强奸罪、强奸杀人罪等。结合犯的构成条件是:

(1)所结合的数罪,是刑法上有明文规定的独立犯罪行为。如果两个以上行为各自在刑法上并不是独立的犯罪行为,即使组合成一个罪,也不是结合犯。

(2)所结合的数罪,是罪名不同的故意犯罪。数个过失罪或一故意一过失均不能构成结合犯。有论著认为我国《刑法》第134条第2款的伤害致人死亡罪是故意伤害罪与过失杀人罪结合而成的。其实这里的"致人死亡"是伤害行为的加重结果,不是独立行为,况且故意与过失也不能构成结合犯。

(3)数个罪名由另一法律条文加以结合而成为一个新罪即第三罪。第三罪可能有两种形式:一种是甲罪+乙罪=甲乙罪;另一种是甲罪+乙罪=丙罪。多数刑法论著认为我国刑法没有前一种形式的结合罪,而有后一种形式的立法例。其实,全国人民代表大会常务委员会《关于严禁卖淫、嫖娼的决定》(1991年)第2条第(三)项"强奸后迫使卖淫的"即为强奸罪与强迫他人卖淫罪的结合而成立"强奸强迫他人卖淫罪"(文字表述稍有差异,实质相同),这可以视为前一种形式的结合犯的法例。① 关于后一种形式的结合犯的立法,许多论著举出《刑法》第191条第2款为例,认为是妨害邮电通讯罪与盗窃罪相结合而成为贪污罪。但问题在于,根据全国人民代表大会常务委员会《关于惩治贪污罪贿赂罪的补充规定》(1988年)第1条和《刑法》第81条的规定,邮电工作人员利用职务便利私自开拆邮件而"窃取财物的"应是贪污而不是盗窃,所以妨害邮电通讯罪与贪污罪不能结合成立贪污罪。这不是结合犯,而是吸收犯。结合犯罪构成是一种法律现象,理论解释只能依据法律规定。

---

① 参见喻伟主编:《刑法学专题研究》,武汉大学出版社1992年版,第128页。

（4）数个罪名被结合在新罪中而各自失去独立性，成为新罪的组成部分。

结合的新罪不是数罪，也不能认为是典型一罪，否则在理论上不会有诸多争论。结合犯在各国刑法中只是个别的立法现象。

法律规定结合犯的客观依据是，被结合的数罪行在现实生活中同时发生的机会具有较高概率，但数罪行之间并不具有因与果的联系，这就是结合关系的实质。从立法目的看，将数个独立罪结合为一新罪是为了加重处罚，且方便司法。

在理论叙述中有时易于将结合犯与结果加重犯混同。结果加重犯是指法律上规定的由于发生了重结果而增加其法定刑的一个犯罪行为。结果加重犯是典型一罪：一个犯罪行为，一个犯罪结果（重结果），也只有一个犯罪故意。从行为人主观心态分析，对基本犯罪行为出于故意，对重结果可能预见（有的甚至有过失，但未必都有过失），能预见本身并不等于过失，由于我国刑法没有特别规定所犯重于所知的"超意图犯"（例如，《意大利刑法典》第43条），所以结果加重犯罪构成中的罪过形式仍是单一的犯罪故意。

（三）转化犯

转化犯是指行为人出于一犯罪故意，行为实施过程中发生性质转化而改变罪名的犯罪形态。例如，我国关于转化犯的立法思路如下：(1) 我国《刑法》第153条规定，在实行盗窃、诈骗、抢夺过程中，"为窝藏赃物、抗拒逮捕或者毁灭罪证而当场使用暴力或者以暴力相威胁"依照抢劫罪处罚。(2)《刑法》第136条规定，国家工作人员对人犯实行刑讯逼供，"以肉刑致伤残的，以伤害罪从重论处"。(3) 全国人民代表大会常务委员会《关于惩治贪污罪贿赂罪的补充规定》（1988年）第3条"挪用公款数额较大不退还的，以贪污论处"。(4) 全国人民代表大会常务委员会《关于惩治偷税、抗税犯罪的补充规定》（1992年）第6条第2款"以暴力方法抗税，致人重伤或者死亡的，按照伤害罪、杀人罪从重处罚"。转化犯的成立条件是：

(1) 转化犯只限于故意犯罪，并且在着手犯罪时只有一个犯罪故意。

(2) 改变罪名，指犯罪行为完成时改变了行为着手时的罪名。罪名的改变由法律明文规定，否则不是转化犯，例如，《刑法》第150条第2款（犯抢劫罪致人重伤、死亡的）虽然与全国人民代表大会常务委员会《关于惩治偷税、抗税犯罪的补充规定》第6条第2款相似，但它不属转化犯，因为法律没有规定（法律应否作特别规定，则是另一回事）。

(3) 改变罪名的原因在于行为实施过程中发生性质转化。性质转化，指行为性质转化，或者是行为性质与故意内容同时发生转化。性质转化的条件，可能有两种情况：一种是原先行为实施过程中附加进他行为（作为或不作为），另一种是原先行为实行过限，是否"过限"由法律确认。过限行为并未超出故意范围，这是与加重结果的主要区别。

行为实行过限的转化犯,具有重大的立法方法论价值。致人重伤或死亡,出于两类情形:一类是单一行为犯罪产生的后果,例如非法拘禁致人伤亡的;另一类是复合行为(手段行为加目的行为)犯罪中手段行为过限的表现,例如抢劫、强奸、绑架、抗税以及某些经济犯罪中出现的伤害或死亡。重伤或死亡作为单一行为犯罪后果的,行为人对此一般没有故意(或有过失,或没有过失),应列入加重结果范畴。重伤或死亡作为复合行为犯罪的手段行为过限的,并没有超出行为人的故意范围,应列入转化犯范畴。按照上述例二和例四立法思路,复合行为犯罪的基本构成即本罪名(如抗税等)均无须规定死刑,只要在基本犯罪构成之后加转化犯条款(写出"以××罪论处"或者"以××罪从重处罚"即可,而不必明示刑罚)。如果这样,我国刑法中至少可减掉10个左右死刑罪名,而实际效果不变。

转化犯不是典型一罪,其基本特征是犯罪构成要件行为在开始实行时与最后完成时的不同一性,表现为刑法确认的性质转化。转化犯在我国刑法关于罪数问题的论著中涉及甚少,是个缺陷。

(四) 想象竞合犯

想象竞合犯是指出于一个犯罪心意(故意或过失),实施一个危害行为,产生数危害结果,触犯数个罪名而只按最重一罪处罚的犯罪形态。例如,行为人出于杀人故意开了一枪,杀死1人,同时打伤1人,触犯了杀人罪和伤害罪两个罪名。想象竞合犯不是我国刑法规定的,但为司法实践所认可。对这种现象的理论分析有分歧,有人认为是一罪,有人认为是数罪。主张是一罪的,也承认它与法规竞合不同。法规竞合也是一行为触犯数罪名,但只有一个危害结果,是典型一罪,不发生罪数问题,仅仅是法律适用时选择一个罪名而排斥其他罪名的问题。想象竞合犯是一行为产生了数结果,侵害数客体,法律适用不是选择罪名问题,数个罪名应同时认定,只是量刑时选择最重一罪来确定刑罚的问题。主张是数罪的,也承认数犯罪构成之间有交叉,即数罪共出于一行为。可见,不同观点也有共识,即想象竞合犯既非典型一罪也非典型数罪。

对想象竞合犯采取从一重罪处刑而不实行并罚的主要理由是数个罪只有一个行为,与典型数罪的数个行为相比,行为人的主观恶性相对小些。

(五) 连续犯

连续犯是指基于连续的同一犯罪故意,连续实施数个独立的犯罪行为,触犯同一罪名的犯罪形态。例如某人趁邻居都去看电影的机会,一个晚上连续盗窃5家,每家都被偷走数额较大的财物。孤立分析,5个盗窃行为均构成犯罪,但只出于同一故意,触犯一个相同的罪名,所以司法实践只定一个盗窃罪,不实行数罪并罚,按一罪从重处罚。连续犯不是法律规定的,而是司法实践认定的,目的是简化诉讼,同时又不轻

纵罪犯。从这个价值目标出发,对连续犯的解释论应严格控制其适用范围。在司法实践中认定连续犯应掌握以下标准:

(1)故意连续性。有三层含义:一是有数个犯罪故意。二是数个故意内涵相同。三是数个故意之间有连续关系,指相同故意之间存在密切联系,反映在行为人主观上只有一个明显的犯罪动机,在这一动机驱动下出现几个故意行为。犯罪故意的连续性在行为人内心便是犯罪故意整体性,其内在联结纽带是单一犯罪动机。这是连续犯被视为罪数不典型的主观根据。

(2)行为连续性。有三层含义:一是有数个行为。二是数行为分开看均为独立的犯罪行为,如果数行为都不构成犯罪或只有一行为构成犯罪而其他行为不构成犯罪的,则不成立连续犯;如果行为人以数个连续动作组成一个行为来完成犯罪的,也不是连续犯,而是所谓"徐行犯"(接续犯),属典型一罪。三是数个犯罪行为须连续实施。行为连续是指行为之间有时间上的分割,如果是单一行为的发展过程,中间没有间隔,则是所谓"继续犯"(持续犯),属典型一罪。但时间上的间隔过长,也不符合连续犯。行为连续性是犯意连续性的外在反映,是连续犯被视为罪数不典型的客观根据。

(3)罪名同一性。它指犯罪性质相同。刑法分则中规定的选择性罪名是性质相同的犯罪,属罪名同一性范畴。如果是排列式罪名,是性质不相同的罪,不属罪名同一性范畴。

由于连续犯是司法实践认定的,如果法律规定了对犯罪的加重处罚条款,即使实际上符合连续犯特征,也不能按连续犯实行"一罪从重处罚",而应依法适用加重刑罚。例如,全国人民代表大会常务委员会《关于严禁卖淫嫖娼的决定》(1991年)第2条第(二)项"强迫多人卖淫或者多次强迫他人卖淫的"规定了比一般强迫他人卖淫罪更重的刑罚,如果案情符合此项规定,应按法律规定处理,不再视为解释论上的连续犯。

(六) 吸收犯

吸收犯是指一个犯罪行为被另一犯罪行为吸收而仅以吸收的一罪定罪处罚的犯罪形态。我国刑法中吸收犯有两类:一类是法律规定的,例如,全国人民代表大会常务委员会《关于惩治偷税、抗税犯罪的补充规定》(1992年)第4条"纳税人向税务人员行贿,不缴或者少缴应纳税款的,按照行贿罪追究刑事责任,并处不缴或者少缴的税款五倍以下的罚金"的规定即是。另一类是司法认定的,例如,非法侵入他人住宅实行盗窃,又如伪造证件实行诈骗,对这类案件,司法实践通常只定一个罪。法律规定的吸收犯是少数,多数是司法认定的吸收犯。

(1)吸收与被吸收的是两个刑法上的犯罪行为,这是吸收犯成立的前提。所谓刑法上的犯罪行为,既包括分则中规定的犯罪,也包括总则中规定的犯罪行为,例如犯罪预备行为、帮助行为、教唆行为等。如果吸收与被吸收的行为中只有一个是刑法上的犯罪行为,不构成吸收犯。由于一罪被另一罪吸收而失去独立性,所以吸收犯不是典型一罪,而是罪数不典型。

（2）罪与罪之间的吸收关系是吸收犯成立的基础。吸收关系有三层含义：

①吸收关系的规则——重罪吸收轻罪。罪的轻重以法定刑轻重为准。这一规则适用于所有类型的吸收犯。

②吸收关系的内容：一是手段与目的的关系。如果目的比手段重,则目的罪吸收手段罪；如果手段比目的重,则手段罪吸收目的罪。二是原因与结果的关系,例如盗窃犯将窃得财物自行销售出去,盗窃与销赃是原因与结果的关系。三是主干与从属关系,主行为吸收从行为,实行行为吸收预备行为。四是危险与实害的关系,实害犯吸收危险犯。

③吸收关系的形式：一是作为与不作为的关系,作为吸收不作为。例如前述行贿（作为）、不缴税（不作为）按行贿罪追究刑事责任便是这种形式的关系。二是作为与持有的关系,作为吸收持有。全国人民代表大会常务委员会《关于禁毒的决定》（1990年）已将"非法持有毒品"规定为一个独立的罪；走私、贩卖、运输、制造毒品等罪实际上不能不包含"持有"毒品,司法实践中处理这几种由积极作为构成的毒品犯罪案件时,持有毒品罪均被吸收。三是作为与作为的关系,如盗窃与销赃。

（3）刑法上没有阻止吸收的规定,是吸收犯成立的充足条件。即使两罪之间存在上述吸收关系的内容,但法律明文规定实行并罚的,不成立吸收犯。例如,全国人民代表大会常务委员会《关于惩治贪污罪贿赂罪的补充规定》（1988年）第3条第3款规定："挪用公款进行非法活动构成其他罪的,依照数罪并罚的规定处罚。"第5条第2款规定："因受贿而进行违法活动构成其他罪的,依照数罪并罚的规定处罚。"

吸收犯是司法实践中常遇的犯罪形态,但理论研究很不充分。有人认为应当取消吸收犯概念或者至少限制吸收犯的范围,或认为牵连犯概念可以取代吸收犯。这种观点显然是本末倒置。三大法系刑法和司法实践均有吸收犯,甚至可以认为在罪数不典型诸多种类中出现频率最高的也许就是吸收犯。这是因为吸收犯概念和做法是刑法适用的润滑剂,使刻板的刑法规范更接近于人情常理。入宅盗窃,或者盗窃之前有预备,均实行二罪并罚,常人多半不能理解。把握吸收犯的成立条件是正确合理适用刑法的需要。

罪数不典型诸种形式的存在主要是为了方便诉讼,同时也符合我国刑罚目的。刑罚追求的价值目标是公正（犯罪应罚、罚当其罪）与功利（一般预防和特殊预防）的结合,主权（国家行使刑罚权惩罚犯罪）与人权（刑罚人道、刑罚经济）的结合。刑法中罪数不典型概念和规则是争取实现这两种结合的努力的组成部分。

刑罚功能的概念与特征

——兼论刑罚的负功能*

一、刑罚功能的概念

我国刑法学界,关于刑罚功能的概念主要有以下几种观点:一是认为刑罚功能指"刑罚在社会生活中可能发挥的积极作用"。二是认为刑罚功能指"国家创制、适用与执行刑罚所可能产生的积极的社会作用"。三是认为刑罚功能指"国家制定、裁量和执行刑罚对人们可能产生的积极作用"。

我们认为,上述各观点都在一定程度上触及了刑罚功能的内涵,但是都不全面,其共同的缺陷有三:

一是只注意了刑罚的创制、适用与执行活动的作用,而忽视了国家对于刑罚的宣传普及、执行监督等其他与刑罚有关的活动的作用,而这对于拥有世界文盲总数四分之一的中国而言,具有不容忽视的重大意义。二是只注意了刑罚所可能具有的积极作用,而忽视了刑罚所可能产生的消极作用。众所周知,"功能"是系统论中的一个基本概念,是"反映能动的系统及其因素的行为方式的概念,是一个系统的特性同其他系统的特性相互作用得以表现的方式。是一个系统作为一个无所不包的系统的因素所起的作用"。或换句话说,"所谓功能,是指事物与外部环境相互联系和作用过程的秩序和能力"。因此,事物的功能既可能表现为积极作用,又可能表现为消极作用;不能将刑罚功能片面理解为刑罚可能产生的积极作用而无视其消极作用。三是只注重对刑罚功能的静态分析,而忽视了动态考察,即仅仅将刑罚功能理解为刑罚对于社会可能发挥的作用,强调其潜在可能性,而忽视了对这种潜在可能性转化为现实性的条件与运行过程的考察,而后一点恰恰是研究刑罚功能的实践意义之所在。

基于此,我们认为,所谓刑罚功能是指刑罚本身所可能具有的,在国家创制、宣传、适用、执行及其他一切与刑罚有关的活动过程中所发挥出来的对于全体社会公众的作用与影响。

立足于这一概念,可以得出刑罚功能具有如下五个特征。

---

* 原载《犯罪与改造研究》1999年第6期,与杨书文合作。

二、刑罚功能的特征

(一) 刑罚功能的社会性

根据系统论,现实世界中,任何一个系统都是处在一定的具体环境之中,并与周围环境不断地进行信息与能量的相互交换,正是在这种动态的交换过程中,系统的功能得以体现与反映。刑罚功能亦是刑罚在与其周围的环境,即刑罚的作用与影响所触及的对象(以下简称刑罚的作用对象),进行信息与能量的相互交换过程中得以体现与实现的。刑罚的作用对象不是自然物,而是所有具有社会性的人。具体而言,大致可分为四类:第一类是犯罪人,这是刑罚最直接、最迫近的作用对象(称作刑罚的适用对象),因此是刑罚功能最明显、最集中的体现。第二类是潜在犯罪人,即虽尚未实施犯罪但是有实施犯罪的现实可能与重大倾向的人。第三类是受害人及其亲属,这类人由于直接承受了犯罪的侵害而处于激愤、痛苦之中,因此特别关心国家刑罚对犯罪人的运用情况,当他们接收到国家对犯罪人定罪量刑的信息后所产生的一系列心理反应,即体现为刑罚功能。第四类是社会一般公众,指除上述三类人之外,国家一切与刑罚有关的活动所直接或间接作用的具有社会性的人。这是刑罚最广泛、最易被忽视的作用对象。传统刑法理论认为,刑罚的作用对象仅包括前两类人,而不包括后两类人,这种观点实际上是片面的,导致了许多年来我们对刑罚功能始终没有一个全面而系统的认识。虽然刑法是和平时期统治阶级管理社会、抗制犯罪的最后一道防线,刑罚作为其基本组成部分,其适用对象是特定的、有限的,即仅仅适用于实施了严重危害社会的行为且应承担刑事责任的犯罪人,但是,刑罚的创制、宣传、适用、执行及其他一切与刑罚有关的活动可以将罪与罚的信息直接或间接地辐射、传播到整个社会,从而使得刑罚的作用对象具有广泛性、不特定性与社会性,包括所有具有社会性的人。当然,这种作用既直接、具体、强烈,又间接、抽象、渺弱;但它的客观存在是不容置疑的。正是基于刑罚作用对象的广泛性与社会性,我们认为刑罚功能具有社会性。

(二) 刑罚功能的结构性

任何系统都必然具有一定的结构,无结构便无系统。结构性是系统的基本特征之一,它揭示系统整体中诸要素的关系。刑罚功能的结构性,是指作为组成"刑罚功能"这一系统整体之诸要素的所有具体刑罚功能之间相对稳定的相互联系、相互作用的方式。

系统的功能是由因素的功能和系统的结构所规定的。刑罚功能是由其诸要素,比如惩罚功能、矫正功能、补偿功能等具体刑罚功能及诸功能之间的结合方式而决定的。不深入研究各具体刑罚功能之间的关系,便无从揭示刑罚功能的深刻内涵。

然而,传统刑罚理论在论及刑罚功能问题时,只是简单而粗略地将各种具体刑罚功能不分主次地罗列堆码在一起,而忽视了对这些刑罚功能之间的关系,即刑罚功能结构性的研究与阐述。我们认为,在"刑罚功能"这一大家族中,各种具体刑罚功能之间有辈分长幼之别、地位尊卑之分。

我们把刑罚本身所固有的、在刑罚功能系统中起决定作用并且较稳定的功能称作刑罚的基本功能,基本功能是刑罚内在的本质属性的反映与体现,因此又称为本质功能。刑罚的本质属性是惩罚性与威慑性,据此,刑罚基本功能是惩罚功能与预防功能。刑罚的其他功能是由基本功能所衍生、引发并受之决定的,在刑罚功能系统中居于次要地位,称之为附属功能。附属功能是刑罚非本质属性的反映与体现,因此又称非本质功能,主要是矫正(教育、改造)功能。基本功能与刑罚形影相随,不可分割,只要有刑罚便有基本功能的存在。而附属功能的产生与实现程度在很大程度上取决于国家投入的附加资源量。

根据系统的相对性原理,作为刑罚功能这一系统之要素的基本功能与附属功能又可根据一定的标准划分为若干层次。比如基本功能又分为惩罚功能与预防功能;惩罚功能根据对其适用对象的影响内容与程度的不同,分为剥夺功能与限制功能;而预防功能根据其对象的不同,分为一般预防功能与特殊预防功能;其中特殊预防功能又可根据其运行机制的不同分为主观预防与客观预防两种;等等。如此,刑罚功能实质上是一个内部层次清晰、结构脉络分明的系统整体。

(三) 刑罚功能的客观性

功能是反映能动的系统及其因素的行为方式的概念,是事物的属性的表现,因而具有客观性。所谓刑罚功能的客观性是指刑罚功能作为刑罚本身所可能具有而在运作中发挥出来的作用,是一种不依赖于人的意志而转移的客观存在,属于刑罚的客观范畴。具体而言:

首先,基本功能是刑罚本质属性的直接表现与反映,其存在不依人的主观意志为转移,因而具有客观性。

其次,附属功能的产生与实现程度在很大程度上有赖于国家投入的附加资源量,这似乎具有一定的主观随意性;其实不然,因为国家附加资源的投入是建立在对刑罚属性的认识基础之上,只有刑罚本身具有某种属性,国家的资源投入才会有意义,才会产生预期的效果。否则,盲目投入,无异于缘木求鱼。比如,正是由于刑罚具有教育性,所以当国家有意识地投入一定量的附加资源后,才有可能产生并实现矫正功能。

刑罚功能的客观性,使之明显区别于刑罚目的。所谓刑罚目的,是指国家制定、运用刑罚的目的,即国家通过制刑、量刑、行刑活动所期望达到的效果,是一种国家意志活动,存在于人们的主观意识中,因而具有主观性。简要言之,刑罚功能与刑罚目的的主要区别有:第一,刑罚功能属于客观范畴,而刑罚目的属于主观范畴。第二,在某种程度上可以说刑罚功能是国家实现刑罚目的的手段,并且"刑罚目的的实现的满意程度如何,完全取决于其机能发挥的程度"。第三,刑罚目的具有浓烈的历史性,不同的时代或同一时代的不同国家或地区会有不同的刑罚目的,它是某个历史时期国家刑事政策的风向标;而刑罚功能的客观性使刑罚功能具有一种不完全亦步亦趋地跟随统治者的主观愿望而随意变易的相对独立的品格,从而具有相对稳定性。

正确认识刑罚功能的客观性,对于科学地建构刑罚功能体系具有重要意义。比如刑罚具有惩罚功能,这是由其本质属性——惩罚性决定的,不管人们是否认识到或愿不愿意承认,它都客观地存在着,并稳居刑罚功能体系中基本功能之位置。

(四) 刑罚功能的局限性

所谓刑罚功能的局限性,是指刑罚作为包罗万象的社会控制与犯罪抗制的手段之一,其所可能发挥的社会作用与影响是有限的、特定的。具体而言,主要含义有:一是刑罚适用的时间范围具有最后性(即只有当其他法律手段都不足以制止不法、维护秩序时,刑罚才挺身而出);二是刑罚适用的对象范围具有特定性(即仅适用于实施了犯罪且应承担刑事责任的人);三是国家刑罚资源的有限性(即国家投入的刑罚资源量总是有一定限度的,不可能无节制地任意投入);四是刑罚对于人们行为的控制具有间接性(即除对于犯罪分子的客观预防功能之外,刑罚不是直接作用于行为,而是通过威慑、感化直接作用于人的心理,从而间接作用于行为)。

对此问题,中外学者曾有过精彩论述。如意大利刑法学者菲利认为:"如果我们把犯罪的总体结果与导致其产生的人类学的、自然的和社会的因素的不同特征进行比较,就会很容易发现刑罚对犯罪的结果只不过略微有些影响。其实,刑罚仅凭其作为心理力量的法律威慑的特殊作用,显然不能抵消气候、习惯、人口增长、农业生产及经济和政治危机等因素的世代相传的持续作用……刑罚作为一种心理力量,只能抵消犯罪产生的心理因素,而且实际上只能抵消那些偶然的和不大有力的因素。"

我国学者认为:任何事物都有其自身限度,刑罚也不例外,由于刑罚作为遏制犯罪的因素本身是单一的,而社会上促成犯罪的因素是复杂多样的,因此刑罚预防犯罪的功能是有限度的。

(五) 刑罚功能的双重性

如前我们对"功能"词义的追根溯源可知,事物的功能既可能表现为正功能,又可表现为负功能。所谓正功能,是指事物可能发挥的积极的、符合人们主观愿望和需要的作用;而负功能指事物可能发挥的消极的、违背人们主观意愿与需求的作用。同样,刑罚功能亦有正、负之分。就是说,"犹如两刃之剑的刑罚"对于其作用对象,既可能产生积极的作用与影响,又可能产生消极的作用与影响。我国台湾地区学者林山田认为:"一般药性较强的药品,虽然或许对于某种疾病的抗制具有特殊的效力,但是可能由于其对身体的不良副作用而有极为严重的后遗症。刑罚作为抗制犯罪的法律手段,也与药品具有同样的现象,它必然对于社会及个体具有某些程度的不良副作用。"

刑罚所具有的惩罚犯罪、预防犯罪、矫正罪犯、教育鼓舞社会公众等积极作用即刑罚的正功能(或称积极功能);刑罚所具有的掩盖社会矛盾、硬化公众心灵、镌刻犯罪烙印等消极作用即刑罚的负功能(或称消极功能)。这种既表现为积极作用,又表现为消极作用的特征即刑罚功能的双重性。深入研究刑罚正功能固然具有重要意义,但如果我们的研究就此止步,而忽视对刑罚负功能的关注,那么,对于刑罚功能的认识不可能是全面而科学的。

三、刑罚的负功能

我们认为,刑罚的负功能主要表现在如下四个方面:

(一) 掩盖社会矛盾

"犯罪作为社会矛盾的一种形式,其产生和变动情况都同现实社会结构与运行状态相联系";犯罪原因是一个多层次系统,这个系统深藏于社会物质生活条件的矛盾过程中。在一定意义上可以说,犯罪是社会生活某一方面存在冲突、矛盾或弊漏的指示器,不解决这些社会冲突或矛盾,与此相关的犯罪就无法避免。但,由于刑罚的存在,由于刑罚所特有的在短期内迅速、暂时扼制犯罪的作用,使人们产生一种错觉,即犯罪并非根源于社会矛盾,而是因为刑罚力度不够大或刑事法网过于稀疏,于是,面对犯罪,立法者"在困惑和惊慌中所能够做的一切就是通过一些新的镇压性法律",这些新法律可以暂时使社会矛盾得以缓和,"然后从烈性转入慢性",然而,"这种方法治标不治本,非但不会减少犯罪,反而会越治越多",因为它没有触及犯罪产生的真正社会根源。因此,刑罚具有转移人们追寻犯罪产生的深层社会原因的视线,从而遮盖社会矛盾的负功能。

(二) 硬化公众心灵

刑罚的本质属性是惩罚性和威慑性;刑罚的目的"仅仅在于:阻止罪犯再重新侵害公民,并规诫其他人不要重蹈覆辙",这一目的的实现主要是以痛苦与恐惧压迫、震击人的心灵为手段的。对于这一点,菲利曾指出,"刑罚作为一种心理力量,只能抵消犯罪产生的心理因素……";贝卡利亚也曾指出,"对于人类心灵发生较大影响的,不是刑罚的强烈性,而是刑罚的延续性";而费尔巴哈则将这种认识提高到"心理强制说"的理论高度。然而,"作为一种害恶的"刑罚的反复运用与广为宣传,罪与罚的信息的传播与扩散,固然可充分发挥刑罚的惩罚、威慑等正功能,但与此同时,也使得社会公众的心灵不断地遭受"报复、苦痛、残酷、恐惧、强制、冷硬"的急风暴雨的吹打与侵袭。久而久之,公众的心灵不可避免地变得刚硬,冷酷无情,甚至麻木。贝卡利亚曾指出:"人的心灵就像液体一样,总是顺应着它周围的事物,随着刑场变得日益残酷,这些心灵也变得麻木不仁了。"特别是"死刑起着纵容人们流血、树立残暴榜样的作用。以暴力镇压暴行,只能造成暴行的恶性循环"。贝卡利亚还认为,很多人犯罪是由于缺乏起码的人道主义情感,心灵很残酷,而这同社会环境的影响有着直接的关系。就是说,刑罚的存在不利于公众心灵的纯化与软化,不利于宽容忍让、扶弱济困的良好社会风气的形成,可以说,刑罚对于公众心灵的消极影响是人类之航船驶向进步、文明、礼仪之彼岸的障碍。

(三) 镌刻犯罪烙印

矫正改造罪犯,使之洗心革面、回归社会,是我们对待罪犯的基本政策。然而,刑罚的存在与适用,给罪犯镌刻上曾经犯罪的无形的耻辱烙印,使得罪犯再社会化进程受到阻碍。具体而言,一是对罪犯自身来说,在被司法机关认定为有罪且受到刑罚处罚、即被"命名为'犯罪'之后,就倾向于个人犯罪化过程(变成罪犯和被认定为犯罪的过程)中接受一种犯罪的自我形象,于是就把自己从社会中分离出去"。罪犯的这种"心理烙印"不仅不利于其再社会化,有时更易使其产生新的反社会心理。二是对社会公众而言,在现实生活中,人们对于罪犯总是另眼相看、区别对待,从而造成了罪犯与普通公众事实上的不平等,这种受歧视、"遭白眼"的社会境遇无疑不利于罪犯回归社会。因此说,刑罚具有镌刻犯罪烙印、阻碍罪犯回归社会的负功能。

(四) 抑制个性活力

对社会个体活性或曰创造性的羁绊与束缚是刑罚的又一大"罪状"。法国社会学家迪尔凯姆认为,不同的社会类型需要有不同的法律和道德,而且,"同一个社会类型中,集体存在的条件变化了,法律与道德也会随之改变"。然而,要改变法律和道德,"必须使附属于道德基础的集体情感不反对这种变化,或者反对的能量不大"。这就需要这种"集体情感"也不断进化,而不能"在不变的形式下僵硬起来"。为实现这一点,"必须使个性发达起来",即必须使作为社会基本组成粒子的社会个体的创造性与个性充分、自由地发展并发挥出来。犯罪,常与个人创造性与个性相连。"一个进步的思想家要想超越本世纪的思想而有所表现,就需要在那一时期里,有犯罪的思想","改革与犯罪相依为命,不可分离","为了进步,个人的独创性必须能够得到表现。为了使理想主义者的创造性——他们的超越了所处时代的梦想——能够得到表现,有必要让犯罪人的独创性得到表现,犯罪人处于他的时代的水准以上。没有犯罪,也就不可能使独创性得到表现"。就是说,犯罪虽然给社会造成了一定损失,但却给社会个体创造性的发展与表现提供了机会与可能。"犯罪是公共健康的一种因素,是任何社会中都不会缺少的部分。"然而,由于刑罚的赫然存在与频频发威,由于人们对刑罚所带来的痛苦的恐惧,包括"那些进步的思想家"在内的社会个体不得不有意识地收敛起自己的个性,或者在舒展自己个性时小心翼翼地将它限定在刑罚所赖以寄身的刑法规范所圈划的特定界域内,唯恐误触法网,落入刑罚之阱。当然人类历史上,忠于信仰,为了尽情发挥自己个性而不惜以身试法的事例绝非没有(如苏格拉底明知根据当时的雅典法律"提倡自由思想是犯罪",仍然极力宣扬自由思想,结果被处以极刑),但,绝大多数人面对犹如"烧红的烙铁"的刑法都避而远之。因此说,刑罚具有束缚社会个体个性的发展与活性的表现,并进而阻碍社会的进步与繁荣的负功能。

基于刑罚的诸种负功能,孟德斯鸠尖锐地指出:"一言以蔽之,历史已充分地告诉我们,刑法除了破坏之外是没有其他效果的。"这种观点虽显失偏颇,但是对于刑罚的负功能,我们必须予以高度的警惕与充分的关注。当前社会上"重刑主义"思想之所以受到绝大多数人的青睐,与人们只关注刑罚正功能而无视其负功能的片面认识具有极为密切的关系。"重刑主义"思想的盛行必然导致刑法在社会管理系统中的地位的不合理提升,导致刑罚泛化与刑罚量投入的盲目加大。其后果是刑罚苛厉、刑罚的结构失调、刑罚的效益下降,进而陷入进退维谷、难以为继的境地。正确认识刑罚的负功能及刑罚功能的双重性,不仅是构筑科学的刑罚功能理论体系的前提,而且是克服重刑主义思想泛滥的有力武器,是有的放矢地削弱(避免是不可能的)刑罚负功能,从而更充分地发挥刑罚正功能的必要条件。然而,长期以来,传统刑法理论却没有把理性的光芒射向这一领域,致使刑罚负功能成为人们研究和认识的盲区。笔者略陈管见,以期引起学界对该问题的重视。

论罪刑均衡的司法模式[*]

罪与刑是刑法的两个核心问题,刑罚直接关切到犯罪人的切身利益,对当事人的影响最为直接。因此,在司法的过程中,对刑罚的研究和分析,显得极为迫切。如学者所言,定罪、量刑与行刑,是刑法适用的三个环节。在这当中,量刑具有承前启后的功能,对于实现罪刑均衡具有重要意义。在过去相当长的一个时期内,我国刑法学界较为注重定罪问题,而对量刑与行刑则相对忽视。[①] 就刑罚的裁量标准,为了达到罪与刑的均衡,不同的理论有不同的衡量标准。例如源于前期古典学派的法益保护原则,主要是要求刑罚的量应当与犯罪所侵害的法益或对法益的危害性达到量上的均衡,而其他的因素则无须考虑。随着近代学派的发展,基于后期古典学派的社会伦理原则则认为刑罚的量应当与行为对社会伦理秩序造成的破坏程度达到量上的均衡。[②] 两种不同的理论,在现实中都有支持者,而主张不同理论的学者或司法者在具体运用刑罚时,量刑和思考问题的角度会有差异。在具体的刑罚运用和刑罚量的分配上,因为不同的理论主张,会带来不一样的刑罚后果。整体而言,不管是持何种观点的学者,基本上都认同罪刑法定原则,因而,大多情况下,在罪与非罪的基本判断上,结论也会趋于一致。然而,在罪刑法定的框架下,如何实现罚当其罪?如何高效合理地配置司法资源?基于罪刑均衡是刑法正义的一个重要指标,在刑法的适用过程中,必须正确把握罪刑均衡原则。

一、罪刑法定原则下的司法自由裁量:公平与效率的统一

正如有学者所言,刑法规范存在理性和经验的根本冲突。理性的部分可以由立法作出明确规定,而经验部分只能在刑法适用过程中由法官进行解释。通过理性认识,一些被公众所认知的概念、范畴,可以明确地在刑法规范中体现。但同时,这些范畴、定义背后又存在不明确的因素,需要在刑法适用过程中由法官根据经验知识去认识。[③] 因此,作为刑法学研究的重要环节,刑罚的裁量,则更多地依赖于司法过程中法

---

[*] 原载《政法学刊》2014 年第 6 期,与何群合作。
[①] 参见张苏:《量刑根据与责任主义》,中国政法大学出版社 2012 年版,第 5 页。
[②] 参见余振华:《刑法总论》(修订第 2 版),三民书局 2013 年版,第 13 页。
[③] 参见汪明亮:《审判中的智慧:多维视野中的定罪量刑问题》,法律出版社 2006 年版,第 29 页。

官的专业认知以及法官司法智慧的运用。在目前的综合刑时代,古典的刑罚理论与近代学派的刑罚思想相结合正在共同影响刑事法律。但是,在具体的司法中,基于综合刑内部各要素的紧张关系,因个人价值取向的不同,或者对刑罚的认知差异,导致在刑罚裁量过程中常易出现选择上的偏差。因此,司法是检验立法和法官能力的试金石,也是实现刑罚均衡的重要途径。正如卡多佐所言,法律就像旅行一样,必须为明天做准备,它必须具备成长的原则。我们期待的是,法律所传达的是一种超越暴力、超越权利的声音,它所划定的权利边界虽然无形,却深深地刻在人们的心灵之中。在这个无穷无尽的检验和再检验的过程中,有对渣滓的不断的扬弃,也有不断保留任何纯粹、合理和精致的东西。① 在目前对坚持罪刑法定原则达成共识的情形下,司法被赋予了更多的期待。

在罪刑法定原则的要求下,刑罚必须严格按照法律的规定进行裁量,作为与封建专断斗争的成果,罪刑法定原则奠定了刑法在未来几百年的基本发展方向。在罪刑法定原则的指导下,刑法既有打击犯罪的功能,又兼有保障人权和限制刑罚权的功能。因此,法无明文规定者不为罪,法无明文规定者不处罚,即刑法的明文规定,是刑罚处罚的最基本前提。正如人的社会行为往往折射出传统、人性以及知识诱因一样,在司法裁决的依据和资源上,各国司法普遍受到亚文化和多元主义的影响。② 司法的过程的确受到各国文化和思维的影响,许乃曼教授认为,对待刑罚的态度,德国与美国在法哲学上存在根本的区别,即美国的法哲学基础是边沁的功利主义,以效率最大化作为刑法和刑罚的依据,但德国基于大陆法系的根基,以保护法益和责任原则为其基础,更着重于保护法益。两种完全不同的法哲学基础,导致了在刑事司法领域的不同走向。③

笔者则认为,效率与公平是正义的两个重要因素。至于在现实中更注重何种因素,在不同的国家、不同时期,甚至同一个地域不同时期,可能会有不同的侧重点。就中国的司法实践而言,如何合理处理公平与效率的关系,的确是考验法官的智慧及处断能力的重要方面。就正义而言,迟到的正义,即非正义,因此,效率也成为正义的一个重要元素。然而,在功利主义盛行的今天,基于功利的考虑,是否又过多地牺牲个体正义?在以罗尔斯的《正义论》为代表的公平基础上的正义原则,西方世界对功利主义展开了长时期的批判,目前仍在持续。当然,就现代社会而言,效率是时代性的标志,我们不可因为追求效率而牺牲个体正义,但也不可追求一种无效率的绝对平均主义。因此,有学者指出,在责任的限度内考虑刑事政策的目的对量刑的影响,兼顾了正义与功利,在责任的基础上,对行为人的非难、一般预防、特殊预防的目的都得以实

---

① 参见〔美〕本杰明·卡多佐:《司法过程的性质》,苏力译,商务印书馆1998年版,第113页。
② 参见雷小政:《法律生长与实证研究》,北京大学出版社2009年版,第267页。
③ 参见许乃曼:《美国与德国刑事法:分歧还是趋同?》,2014年10月9日许乃曼教授在中国政法大学科研楼B209的讲座。

现,将责任作为量刑的基础,实现法益保护与人权保障的统一。①

事实上,在司法实践中,并不存在两个完全一样的案例。以贝卡利亚为首的刑事古典学派曾主张绝对的罪刑法定主义,据此,司法无权解释法律,每一个罪的法定刑是绝对确定的法定刑。如此状况,刑法典成了一纸对数表,法官只需要机械地、图解式地查对每一案情、每一情节、每一绝对确定法定刑,并对号入座即可。如此的司法制度,法官全然没有自由裁量刑罚的余地,然而,现实的情况却是"法有限,情无穷"。为此,刑罚既需要罪刑相适应,又需要刑罚个别化,而绝对确定法定刑的做法,因为不能有所区别地处断各种主客观交织的复杂案情而难免失却公平,所以有可能是扩大了社会防卫、偏废了对公民个人权益的保护,也有可能是滥用个人保护权而偏废了刑法对社会法益的保护。② 因此,尽管民众都有追求"同案同判"的善良意愿,但基于现实的复杂性、案件背景和发展情状的不同,追求绝对的司法同一性和答案的客观唯一性,又显得过于理想化。因此,在具体的司法裁量过程中,法官的自由裁量及司法智慧的运用,起到了关键性的作用。当然,在具体的司法制度上,各国也根据自身国情和具体情况,规定了不同的司法制度。例如,我国有基于不同犯罪而设置的不同诉讼程序,又例如有亲告罪的规定,再如司法实践中的认罪协商制度的出现,等等。

(一) 诉讼程序上的不同安排:司法的多样性

在我国古代的刑法中,规定亲亲得相首匿原则,除大逆、谋反之外,在一般情况下不准卑贱告发尊长,告者要受到惩处。尽管在我国目前的立法中,已经没有了如此的规定。但是,基于家庭关系或某些涉及情感纠纷或轻微的刑事案件,法律还是规定了不一样的诉讼程序。在我国现有的诉讼程序中,对某些特别的罪或者涉及家庭邻里纠纷的,在诉讼程序上有不同的规定。笔者认为,这是基于对罪的性质以及社会影响力的综合考虑,从解决问题和化解矛盾的立场出发,结合中国的现状作出的相应规定。例如将各种罪分为公诉案件和自诉案件,在自诉案件中,又包含告诉才处理的案件。这种在程序上的不同对待,一则是灵活处理公平与效率的关系问题,二则是从具体解决问题的角度出发,在刑法谦抑性原则的指引下,实现具体问题的具体解决。在司法诉讼制度中,特别规定几类告诉才处理的案件。其具体原因有二:一则,如此规定体现了刑罚的谦抑性,刑法不要轻易干涉公民的自由,特别是基于家庭邻里关系等私密性比较强的社会关系;二则,这些案件如果没有当事人的配合,也很难掌握具体的证据以证明嫌疑人的犯罪行为。因此,基于各种具体的考虑,对不同的案件设置不一样的诉讼程序,这也是刑事司法从程序设置的角度平衡效率与公平的一种方式。

---

① 参见张苏:《量刑根据与责任主义》,中国政法大学出版社 2012 年版,第 228 页。
② 参见汪明亮:《审判中的智慧:多维视野中的定罪量刑问题》,法律出版社 2006 年版,第 179 页。

(二) 司法实践中的刑事和解：司法的灵活性

为了处理好效率与公平的关系,在司法实践中,各国逐渐发展起来一种比较高效率的案件处理方式：认罪协商制度。在我国的司法实践中,也规定有刑事和解制度。① 在司法改革中,恢复性正义理念的传播和运用,是对传统的惩罚正义的革新性诠释。当然,也有学者认为,中国的刑事和解与西方的恢复性司法从运动的原因和试验效果来看,都有着本质的区别。② 但是,被害人地位的提升以及被害人利益从公权力的覆盖中得到重视,这是司法改革所带来的直接成效。这不单单是从效率的角度,以最快的速度促成被害人被侵害利益得到补偿,也是司法从解决问题的角度出发,作出的最及时回应。在处理公平与效率的关系问题上,必须着重解决如何高效地实现社会正义的问题。由此可见,公正与效率是正义的核心问题。

从司法的层面看,尽管刑事和解是从效率和节约司法成本的角度,更快、更及时地解决矛盾。但在实践中也可能存在权力滥用、权力寻租、以钱赎刑、显失公平等问题。所以,在刑事和解的过程中,注重公平,努力克服可能存在的有限理性、机会主义倾向、竞争压力、权力寻租和组织压力等问题,则显得尤为重要。例如,在刑事和解的过程中,被害人的地位得到明显的提升,也可能因为这样的地位提升而让被害人的权利意识膨胀。当被害人的欲望膨胀,可能会出现被害人漫天要价,提出不切实际的要求的情况。或者,也有可能是被害人或者嫌疑人通过一定的关系资源,提出不公平的诉求。因此,在刑事和解的过程中,既要确保效率的实现,也要保证刑罚裁量的公平,更须确保效率与公正的辩证统一。正如罗尔斯所言,每个人都拥有一种基于正义的不可侵犯性,这种不可侵犯性即使以社会整体利益之名也不能逾越。因此,正义否认为了一些人分享更大利益而剥夺另一些人的自由是正义的,不承认许多人享受的较大利益能绰绰有余地补偿少数人的牺牲。实质而言,在一个正义的社会里,平等的公民自由是确定不移的,由正义所保障的权利决不受制于政治的交易或社会利益的权衡。③ 在司法实践中,司法的确需要一定的灵活性,但司法灵活性的前提是公平和正义,所以,绝对不可以因为追求效率而牺牲正义。

二、二元的判断依据：法益侵害及行为人特质的综合考虑

在刑罚裁量的过程中,既要考虑行为所侵害的法益,又要考虑行为人的特质,进行

---

① 参见汪明亮：《公众参与型刑事政策》,北京大学出版社 2013 年版,第 88—91 页。
② 参见陈瑞华：《司法过程中的对抗与合作——一种新的刑事诉讼模式理论》,载《法学研究》2007 年第 3 期。
③ 参见〔美〕约翰·罗尔斯：《正义论》,何怀宏等译,中国社会科学出版社 2001 年版,第 3—4 页。

综合评价。正如同样的盗窃罪,基于游手好闲而盗窃与为母治病无奈之下而盗窃,在刑罚裁量上应当有一定的差异。在纷繁复杂的现实世界,犯罪所侵害的法益在质和量上很可能达到一致,但行为人的犯罪原因和行为当时的情状却千差万别。基于新派思想的影响,刑罚是为了预防犯罪而不是简单的惩罚或报应,对不同的情状应当进行差别对待。因此,在目前的综合刑时代,以法益保护作为裁判基本标准,在此基础上适当考虑行为人的差别,可说是一种理性而符合实际的刑罚裁量方法。

(一) 刑法学与犯罪学的弥合

客观而言,传统的刑法学与犯罪学有着截然不同的研究方法。前者是基于罪刑法定原则的刑法解释学,后者是基于宏大的社会学视角下的犯罪情状考虑;前者追求刑法的安定性和绝对权威性,后者基于对犯罪的动态研究适时地提出刑事政策上的对策;前者是戴着脚镣式的舞蹈,后者是多视角多角度的体系考虑。就目前的中国刑法学而言,有学者明确指出,近几年的中国,向德日学习成了一种时髦,对刑法的法律运用技术情有独钟,甚至是一些基本名词概念的使用都处处打上了德日刑法学的烙印,但对刑法的法律思维观念、刑法的法律价值取向的学习还未得到重视。[1] 如上所述,我们在学习德日的过程中,似乎只学到了他们对刑法解释学的重视,却很少有人能看到刑法解释学自身的局限性和瓶颈所在。从而,在向德日学习的过程中,近些年逐渐形成一种明显的学科发展特征,即刑法学的研究技术过分师从德日,忽视刑事法学对社会的检疫作用。[2]

从刑事法学存在的价值来看,其应当对社会起到检疫的作用,即刑事法学的研究成果应当为良善社会政策提供借鉴和智力支持。法律对于中西方社会都可以解释为一种专门的社会控制手段,或者关于人的行为规范的一种特别规章。[3] 基于不同的法文化基础,英美国家和大陆法系国家,犯罪学的研究和发展情况差别迥异。纵观各国的发展情状,英美法系国家更加重视犯罪学的发展,将犯罪学作为社会科学的一门重要和基础性学科。在研究方法上,将犯罪学、社会学高度结合起来再与刑法学结合为一体,成为一种刑事犯罪社会学。在价值取向上,以控制犯罪的发生作为刑事法学的首要任务,为社会政策的制定服务。这在体现了英美国家一直推崇的实用主义原则外,也体现了刑事法学为社会服务的现实价值。

承上,笔者认为,尽管刑法学与犯罪学有着完全迥异的学理基础和研究方法,但从学科存在和发展的总体价值看,二者有着同一的价值追求。因此,控制犯罪的最优(理

---

[1] 参见杨兴培:《反思与批评:中国刑法的理论与实践》,北京大学出版社2013年版,第355页。
[2] 参见杨兴培:《反思与批评:中国刑法的理论与实践》,北京大学出版社2013年版,第354页。
[3] 参见杨师群:《东周秦汉社会转型研究》,上海古籍出版社2003年版,第253页。

想)方案是控制社会,社会控制得好,犯罪就少;社会控制得最好,犯罪就最少。① 在刑法学的研究上,亦要打破各个刑事学科,尤其是犯罪学、刑法学、刑事诉讼法学、监狱学之间故步自封的状况,加强各学科之间的交流对话,对犯罪和刑法进行全方位、多层次的研究,从而为国家制定有效的刑事政策提供理论支持。换言之,实现刑法研究的一体化。② 正如罗克辛教授所言,作为信条性的标准,要证明的仅仅是,不同的法律领域不是孤立地对立存在的,而是相互补充和相互支持的。③ 在当下的综合刑时代,如何博采各学科的研究成果,为刑法学的发展提供助力,从而实现社会的稳定和有序发展? 这也是刑法学和犯罪学研究的社会价值所在。

(二) 量刑平衡的综合裁量

我国《刑法》第13条关于犯罪的立法定义,既未采用纯粹的社会危害性标准,也未采用完全的刑事违法性标准,而是一种刑事违法性和社会危害性相结合、规范标准和非规范标准互为补充的复合标准。也就是说,行为罪与非罪的判定,不仅要受刑事违法性的形式制约,而且要受社会危害性的实质限定。④ 从立法的角度看,这是一种二元的判断标准,也是综合刑理论在立法中的具体体现。因此,在具体的司法裁量中,也一以贯之现代刑罚理论的综合标准,既要突破古典的刑罚理论的绝对报应思想,又客观理性地考虑到司法成本和司法标准的可操作性问题。具体到司法实践中,《人民法院量刑指导意见(试行)》从2010年10月1日起在全国法院全面试行⑤,试行四年来,取得了不少成绩。全国各地的量刑在量刑规范化的指引下,有条不紊地进行。最高院对于量刑问题的具体指导,既体现了司法恪守罪刑法定原则的态度,又强调在司法裁量的范围内尽量理性、客观地实现适度的刑罚裁量,达到罪刑的均衡。

在具体的刑罚裁量中,应达到量刑的平衡。刑罚量上的平衡,是罪刑均衡原则的具体要求,也是实现罪刑均衡的必经之路。⑥ 因此,刑罚量在司法中具体分配以实现量的平衡,这是罪刑平衡的一个重要方面。当然,量刑的平衡,也只是一种相对的平衡。就罪刑均衡而言,在实践中没有绝对客观且唯一的标准。量刑均衡,在司法中也只是一种动态的基本平衡。至于如何考虑这种量刑的平衡度,笔者认为,可以有多种因素综合考虑。比如当事人是否服判、民众对判决的接受度、上诉上访率等。因此,在一些

---

① 参见储槐植:《刑事一体化论要》,北京大学出版社2007年版,第281页。
② 参见储槐植:《刑事一体化论要》,北京大学出版社2007年版,第151页。
③ 参见[德]克劳斯·罗克辛:《德国刑法学总论》(第1卷),王世洲译,法律出版社2005年版,第135页。
④ 参见储槐植:《刑事一体化论要》,北京大学出版社2007年版,第105页。
⑤ 参见本书编写组编著:《人民法院量刑指南》,法律出版社2012年版,第572页。
⑥ 参见汪明亮:《审判中的智慧:多维视野中的定罪量刑问题》,法律出版社2006年版,第175页。

学者看来,司法者充当着"药剂师"的角色①,他们非常清楚司法过程中最有可能发生什么,对司法的各种变量了如指掌。而在司法裁量的过程中,最终的刑罚量也会由诸多因素综合决定。优秀的司法者会通过自身的努力,主动革新在精神层面落后的司法习惯和司法操作方式,通过自身的努力,作出自己认为最为合理的刑罚裁量。

三、司法裁量的刑事政策观:应罚性与需罚性的平衡

我国《刑法》第5条规定:"刑罚的轻重,应当与犯罪分子所犯罪行和承担的刑事责任相适应。"《刑法》第61条规定:"对于犯罪分子决定刑罚的时候,应当根据犯罪的事实、犯罪的性质、情节和对于社会的危害程度,依照本法的有关规定判处。"如上文论述,我国立法中对于违法性的阐述,是一种综合考虑,既有具体违法性的衡量标准,又有社会危害性的社会评判标准。这种传统的规范刑法学标准与社会学标准的统一,既是对传统刑法解释学的传承,也是努力实现刑法的功能,理性分配司法资源的立法决策。

北京大学白建军教授对罪刑均衡进行了大量的实证研究,其研究对后来的中国特色的量刑规范的出台有重要参考意义。② 具体到罪刑均衡的规范研究,应罚性与需罚性两个概念,值得深入讨论。在罪刑均衡的关系中,尽管存在"无责任即无刑罚"(ohne Schuld keine Strafe)的消极责任原则,但是"有责任"并不必然伴随着刑罚。因此,在确定刑罚时,需要着眼于行为人行为的"应罚性"的考虑③,同时又要从刑事政策等社会学的视角对行为的需罚性进行考查。应罚性,是指从规范的角度理解,广义上说,构成要件该当的,作为有责的主体,则应当受到刑罚的处罚。此种应刑罚性,体现为刑法对正义的追求,即只要违反刑法禁止性命令的,即应受到刑法的负面评价。但是,在实践中,并不是所有造成法益侵害,且行为人具有责任能力的行为,就必然受到刑罚的惩罚。在考虑责任的时候,还需要考查行为的需罚性。

如果说应罚性是一种逻辑上的应然关系,那么需罚性则是从刑事政策的角度对刑罚裁量的具体指引。如罗克辛教授指出,在一般预防和罪责原则方面中存在的抽象的刑罚必要性,对于行为构成来说,是一种刑事政策的引导性标准。④ 从现实的状况看,有责任能力的行为主体,在为一定的违法行为后,并不是必然遭遇刑罚的惩罚。按照我国的立法例,情节显著轻微危害不大的,可以直接排除刑罚的处罚。所以,刑罚的

---

① 参见雷小政:《法律生长与实证研究》,北京大学出版社2009年版,第267页。
② 参见白建军:《罪刑均衡实证研究》,法律出版社2004年版。
③ 参见余振华:《刑法总论》(修订第2版),三民书局2013年版,第283页。
④ 参见〔德〕克劳斯·罗克辛:《德国刑法学总论》(第1卷),王世洲译,法律出版社2005年版,第134页。

应罚性与需罚性,是两个不同层面的问题。需罚性主要是基于社会管理和刑罚目的层面的考虑,特别是新派提出的刑罚目的主义的观点。在刑罚目的主义看来,即便一个行为符合构成要件,行为主体也具有刑事责任能力,但从惩罚目的和教育刑的角度看,刑罚量却因刑事政策和具体的情状,出现较大差异。具体而言,同样的行为结果,未成年人具有更大的可塑性和教育意义,因此刑罚的程度会相对低一些,这种需罚性的考虑,与古典的绝对报应主义思想源于两种不同的思维角度。目前,刑罚理论已经走到了综合刑时代,古典的报应刑罚理论和新派的目的刑理论已经经过漫长的相互影响、相互融合阶段,体现为目前的综合刑理论。在传统的刑法解释学研究中,新派理论通过刑事政策贯彻到犯罪论体系中,最终影响到刑罚裁量的结果。因此,实现刑罚的应罚性与需罚性的平衡,是刑罚裁量过程中,一个非常关键的因素。

(一) 积极责任与消极责任的平衡

本文所讲的责任,是德日三阶层理论中的责任(Schuld),其与我国学者经常提到的刑事责任,或者罪责刑相适应原则中的责,既有内涵上的重叠,又有概念和适用范围上的差别。责任,是指对行为人的"归责可能性"或"非难可能性",责任是连接行为与行为人之间的一种概念,也是行为人的行为是否成立犯罪的一个要素。[①] 如张明楷教授所言,如果认为刑事责任是犯罪的法律后果,那么,它就不只是犯罪与刑罚之间的一个中介,而是具有实质内容的概念,刑罚只是刑事责任的一种实现方式。[②] 因此,我国的刑法学研究,是在更宽泛的意义上使用刑事责任这一概念。本文严格按照规范的解释,此处所指的责任是指犯罪论体系中,决定犯罪是否成立的责任要素,与我国刑法中常出现的基本上与刑罚后果相对应的刑事责任的概念,差别甚大。

责任原则,是指在法政策上,针对实现一个构成要件该当且具有违法性行为的行为人所科处的刑罚,判断其是否具有妥当性而言。因此,责任原则包括三方面的内涵:一是消极责任原则,即无责任即无刑罚;二是积极责任原则,即有责任即有刑罚;三是刑责均衡原则,即责任与刑罚应成正比。[③] 积极责任原则,是指有责任就应当受到刑罚的处罚,这是从应罚性角度进行的思考。在现实中,基于刑事政策和刑罚目的的考虑,在有责的情况下,影响刑罚最终裁量的变量因素,如上文所述,又略显复杂。在司法实践中,并不是有责任就一定要受到惩罚,也并不是同样的责任就会受到同样的惩罚,而是要对行为当时的情状、行为的后果以及行为人特点在内的各种因素进行综合考虑。刑罚的裁量,是诸多因素综合的结果。对于需罚性的考虑,需要从刑事政策和社会情状中找寻诸多变量因素。比如,同样的杀人案件,很有可能会因为被害人身份

[①] 参见余振华:《刑法总论》(修订第2版),三民书局2013年版,第283页。
[②] 参见张明楷:《刑法学》(第4版),法律出版社2011年版,第13页。
[③] 参见余振华:《刑法总论》(修订第2版),三民书局2013年版,第283页。

的不同,在量刑上会有所差异。一个名人或政界要人的遇害,很可能会掀起一场司法或立法革新。因此,需罚性是对积极责任原则的补充,如根据我国《刑法》第13条的规定,情节显著轻微危害不大的,即便符合构成要件,行为人也具有责任能力,但因为需罚性甚微或明显不足,而直接免除刑罚处罚。同时,就责任原则而言,消极责任原则则是对刑罚底线的坚守。换言之,积极责任原则并不必然导致刑罚,而只有需罚性与应罚性的结合,才能最终作出具体的刑罚裁量。而消极责任原则,则是从保障人权的角度,对刑罚提出最低限度的要求,即没有责任就没有刑罚,刑罚的前提是必须要具备责任要素。

(二) 打击犯罪与保障人权的平衡

改革开放之后的几十年,中国人和中国社会的价值选择,更加偏向于功利主义。上到高层的决策,下到普通百姓的生存选择,都非常推崇功利主义思想,"不管白猫黑猫,能抓老鼠就是好猫",百姓的日常生活,也被经济利益最大化和追求最直接的物质效用最大化的价值选择所掌控。从刑法的选择和刑事司法改革的路径上看,刑事政策在近三十年的中国刑事法领域发挥了巨大的作用。在此期间,刑事政策的变化和调整,让刑法在适应了快速发展的社会同时,通过打击犯罪积极维持社会稳定。但是,始终存在一个明显的问题,即对人权的保障程度饱受诟病。

打击犯罪与保障人权,二者需要实现动态的平衡。以维护社会秩序为目的的打击犯罪的思想,在打击犯罪的同时,必须同时兼顾刑法保障人权的功能。长期以来,中国的传统社会以团体为本位,传统刑法文化也是以国家、家族为本位。因此,一直以来,对个体的权利和利益重视得不够,常常为了维护集体或国家的利益,公然地剥夺个体的正当利益。在现代文明的渲染下,特别是作为国家重要暴力工具的刑罚,在剥夺行为人权益的同时,一定要警惕对嫌疑人权益的保障。不能因为思维惯性,为了追求国家或集体利益,而无视公民合法的个体权益。近年来,各种冤假错案层出不穷,再经媒体的强力渲染,使得民众对司法的公信力逐渐产生一种怀疑,公民对自身的安危也深感恐慌。因此,刑法在打击犯罪的同时,一定要注重对个体权益的保障,刑罚必须通过合法、正当的途径实现刑法正义。在刑罚裁量的过程中,裁量者也要综合考虑打击犯罪的必要性与保障嫌疑人人权的必要性之间的平衡,以此实现打击犯罪与保障人权的辩证统一。

四、目的刑论与犯罪实质论的诠释:刑罚效果及民众接受度的考虑

在当今综合刑时代,对目的刑的采纳,既可以从刑事立法,也可以从刑事司法中找寻其踪影。尽管依然有学者坚持古典的刑法体系,但我国的刑事法制已然走到了综合

刑时代,这也是目前世界刑事法的基本现状。因而,对犯罪的解读,也不单单是刑法条文上违反刑法规定的行为。犯罪是违反刑法规范的行为,同时,犯罪也是社会学意义上,造成了社会所不能接受的严重后果的行为。此时的犯罪概念,是一种实质意义上的犯罪。笔者认为,在此综合意义上讨论罪刑均衡问题,显得务实而又贴近司法实际。作为实体法意义上的罪刑均衡,是刑法所固有的属性,因此,若要实现实质意义上的罪刑均衡,必须发挥司法的自由裁量权,这也是立法者所预期和期待的目标。[1] 在目前的综合刑时代,刑罚的目的不再是报应或惩罚罪犯,而是包含着现代文明社会的教育和矫正内涵。对犯罪的解读,也从之前单纯的侵害法益和规范违反,解释为以法益侵害为特征的对社会伦理制度的破坏。这种对犯罪的实质解读,也让我们从更宽泛的角度了解和认识犯罪。对犯罪的研究,不单单是刑法条文上的把握,还有条文背后社会情状和当事人具体情况的综合考虑。刑罚裁量时,也要综合刑罚效果以及民众的接受度,以回应刑法规定的合理性。同时,基于法规中规范与经验认知的紧张关系,在具体的司法过程中,结合具体的个案因素综合裁量,这也是司法效用最大化的具体体现。

(一) 刑罚理性主义与教育刑主义的指引

社会越是发展,人们越能发现刑罚的功能和效果是非常有限的。因此,理性而客观地看待刑罚,是刑法理论和刑罚实践继续发展的前提和基础。随着人类文明程度的提升,刑罚理性的声音日益高涨。刑罚已经超越简单的报应或惩罚,也从原始的同态复仇或各种酷刑中逐步进化成为具有现代文化气息的现代刑罚。国家通过现代刑罚,以刑罚的形式教育犯罪人不再犯罪,并努力使犯罪人回归社会,同时通过刑罚的过程教育民众遵守法规范。此时的刑罚,包含了教育、改造、指引等现代意义。

随着社会的发展,社会和民众亦理性地发现刑罚并非万能,且刑罚所能实现的功能亦非常有限。同时,刑罚本身也是一种有毒的恶。因此,随着刑罚学研究的深入,慎刑思想广为传播。随着教育刑思想的继续推广,文明和理性的刑罚在刑事法制中地位逐渐提升。在教育刑看来,为了实现刑罚的目的,量刑还需要考虑教育、改造、预防等刑事政策目的,这些影响量刑的事由称为目的刑要素。[2] 因此,在综合刑时代,刑罚的裁量不单单受犯罪行为的影响,还受到目的刑理论中刑罚目的和刑罚效果等因素的共同影响。18世纪启蒙思想家始终坚信理性具有统一性和不变性,因此,他们追寻同一性和普遍性就是理性本质的表现,而认为理性的基本功用就是发现同一性和普遍性,没有它,就不可能合理地把握和概括经验材料。[3] 但是,对于刑罚的认知,越是到后

---

[1] 参见刘浩:《刑法解释方法论》,中国政法大学出版社2014年版,第110页。
[2] 参见张苏:《量刑根据与责任主义》,中国政法大学出版社2012年版,第154页。
[3] 参见齐文远、周详:《刑法、刑事责任、刑事政策研究———哲学、社会学、法律文化的视角》,北京大学出版社2004年版,第149页。

来,人们越能发现,对不同的犯罪人,刑罚的效果往往差别较大。因此,针对不同的犯罪人,应当适用不同的刑罚,如此才是对刑罚的理性认知。随着刑罚理论的发展和人们对刑罚认识的加深,刑罚的有限性和负面因素逐渐被理性辨识。在刑罚裁量的具体运作上,刑罚的个别化得到实务界的认同。综合行为及行为人的特点进行刑罚的裁量,已经是司法界达成的某种程度的基本共识。

(二) 量刑法理学模式与量刑社会学模式的结合

在理论上,有学者提出量刑的两大模式,即量刑法理学模式和量刑社会学模式。① 笔者非常赞同这样的分类,同时,认为此种分类与上述所讨论的两种不同的理论基础有关。量刑法理学模式更接近于古典学派的绝对报应主义,即同罪同罚,衡量刑罚的具体标准是行为所侵害的法益。因此,按照量刑法理学模式,应当尽量地排除个案之间的差异,把具体的案情抽象为一个个可量化的元素,进而实现罪刑的恒定。而量刑社会学模式的理论基础,则更接近近代学派的社会责任论,基于犯罪原因的多样性以及行为人特征的千差万别,刑罚为了实现教育和矫正的目的,自然应当是针对不同的个体进行不同的裁量。因此,在量刑社会学模式看来,刑罚个别化是实现社会正义和维护社会稳定的最重要手段。两种不同的量刑模式,都有其坚固的理论依据和社会基础,也都是在司法实践中努力追求公平正义而进行的司法选择。

具体而言,量刑的法理学模式建立在"法律本质即规则"的基本命题之上,量刑必须以刑法的规定以及量刑规则为标准。② 量刑的法理学模式追求同罪同罚,绝对地排斥同罪异罚情况的出现。从理论上看,此种量刑模式是对古典的绝对报应主义思想的传承,在追求公平正义的道路上,其自然有着不可抹杀的优势,其更能以朴素正义的方式实现刑法面前人人平等原则。量刑法理学模式视量刑规则为逻辑过程,将个案视为一个具体且可量化变量的集合体,通过逻辑推演的方式,推导出具体的刑罚。在量刑法理学模式看来,同案异罚是一种不能容忍的不公平现象,而现实中千差万别的案件都可以通过简单的归类,以法益侵害为标准将案件划分为性质相同、相近或相异的不同类罪。此种量刑模式,主要是追求刑罚结果与犯罪之间的某种恒定量化关系,排斥个案中的不确定因素,以此实现刑法正义。

量刑社会学模式,则是从社会学的视角看待犯罪与刑罚,将刑罚看成是不同社会情状下的具体个案中的具体考虑。量刑社会学模式认为,量刑过程是人们的行动,而不是法律的逻辑运用。③ 要将犯罪与刑罚问题导入一条规范研究的道路,还是将其引入社会学的方向,这是十余年来中国刑法学争论和分歧比较大的一个问题。尽管作为

---

① 参见汪明亮:《审判中的智慧:多维视野中的定罪量刑问题》,法律出版社2006年版,第91页。
② See H.L.A.Hart, The Concept of Law, Clarendon Press, 1961.
③ 参见汪明亮:《审判中的智慧:多维视野中的定罪量刑问题》,法律出版社2006年版,第95页。

大陆法系的优秀代表德国和日本,其主流的刑法学研究方法都是规范的刑法解释学研究。但是,从社会学的视角研究犯罪及其形成机制,进而从刑事政策的视角,对刑罚理论有所调整和运用,这也是社会发展之现实需要。正如近代的李斯特主张以社会政策的方法,从根本上解决犯罪问题,这正是德国学者在努力摆脱刑法解释学自身的局限性时所作出的努力。因此,量刑社会学模式,迎合了社会现实的需要,在刑罚裁量中具有一定灵活性和适应性,能够从解决问题的角度出发,找寻到合适的刑罚。

基于以上的分析,笔者认为,刑法学的规范研究方法自然不可小觑,但从社会学的视角审视犯罪与刑罚则是贯通刑罚与犯罪论体系的一个核心纽带。刑罚裁量不是简单的逻辑推演,更不是机械的计算机输入和输出的公式计算。刑罚是国家刑法在处理复杂的犯罪问题时,所体现的国家态度。刑罚的内涵随着人类文明程度的不断进步而体现出时代的新特征,刑罚裁量的过程既是刑法理论得到反复验证的过程,又是国家公权力在应对犯罪这一社会难题时,作出的理性响应。因此,适合我国国情的量刑模式,应当是量刑法理学模式与量刑社会学模式的融合。我国正处在综合刑时代,刑罚理论也既借鉴了古典的刑法学思想,又吸收了近代学派的诸多社会学研究方法和研究成果。从而,过于机械的量刑,会因为其机械性和难以适应多变的社会情状而与司法实践脱节,所以,刑罚裁量结果在某种意义上也取决于它的社会意义,指望法官对案件社会结构事实视而不见,而仅仅按量刑规则去量刑是不符合现实状况的,因此刑法应当通过可预测的模式反映社会环境。① 综上,刑法学毕竟是一门以规范研究为主的学问,过于社会化导向的量刑,将给司法裁量的稳定性和可预测性带来莫大的挑战。因此,将二者有机地结合,方是量刑合理化的最佳模式。

(三) 引入量刑听证制度的构想

对量刑问题的重视,必然会在程序上有相应的调整。法官的判决书应当增加量刑部分的说理,用事实与说理论证量刑的公正与合理。同时,笔者认为,在诉讼程序上,可以考虑在某些特定案件中,出于现实的需要,增加量刑听证程序。量刑听证程序是在判决之前,根据当事人的申请,要求法官对于影响案件量刑的各个要素,再一次进行全方位了解的诉讼程序。

在美国,有量刑听证程序的设置。笔者认为,基于司法公正和公信力的考虑,我国也可以适当借鉴量刑听证制度。例如,某些特别疑难的案件,或者当事人异议特别大的案件,可以召开公开的量刑听证,由主审法官主持,充分听取各方意见,为各方质辩提供机会和场所。目前,在我国刑事司法中,已经有刑事和解以及庭前会议程序。从某种意义而言,庭前会议既充当了让和解双方当事人充分了解和协商的角色,又在量

---

① 参见汪明亮:《审判中的智慧:多维视野中的定罪量刑问题》,法律出版社 2006 年版,第 102 页。

刑上使得当事方与法官有了达成某种协商的可能。当然,刑事和解中的量刑协商与量刑听证制度差异较大。因为在量刑听证会上,主要是进一步核实被告人的量刑情节(包括法定和酌定量刑情节)和适用法定刑,听取检察机关、公安机关、被告人及其家庭与单位、受害人等多方面的意见。量刑听证会后,经合议庭讨论,结合刑法规定并综合考虑各方面意见,进行量刑。因此,量刑听证制度的引入,将从诉讼程序上加大对量刑这一环节的重视程度,进而更重视和保障当事人的切身利益。

五、结语

罪刑均衡是刑法的一大基本原则,也是实现刑法正义的必要途径。在罪刑法定的原则下,如何实现罪刑均衡?这既是考验我国司法制度和司法程序的重要环节,也是考验法官智慧和能力的重要因素。在现实的司法实践中,法与理的紧张关系时有发生。司法裁量中的法官,就像戴着脚镣的舞蹈者,既不能违反罪刑法定原则,又要尽量平衡各种关系,最终做出均衡的刑罚裁量。从刑罚裁量的模式上,希望实现量刑法理学模式与量刑社会学模式的结合,并希望引入量刑听证制度,以真正实现量刑均衡。本文的论述,希望对我国的司法裁量有所裨益。

死刑司法控制：完整解读刑法第四十八条*

《刑法修正案（八）》一举削除13种罪的死刑，对推进我国刑法现代化具有里程碑意义。实践经验表明，在我国进行死刑制度改革将经历司法控制促进立法控制的过程。梁根林教授认为，"当今世界许多国家正是通过司法裁判拒绝适用死刑而在事实上宣告死刑制度走向灭亡，并最终推动国家立法机关通过立法正式宣告死刑制度消亡"[①]。可以料想，通过司法渐进地控制乃至大幅度减少死刑，从而促进立法机关批量地削减死刑，也将是我国死刑制度改革的可行选择。我们需要关注司法实践，需要完整解读《刑法》第48条："死刑只适用于罪行极其严重的犯罪分子。对于应当判处死刑的犯罪分子，如果不是必须立即执行的，可以判处死刑同时宣告缓期二年执行。"

一、"罪行极其严重"：量定客观危害，死刑适用的一般化标准

现行《刑法》中55种罪有死刑规定，其中多数从来不用。司法实践中，分则条款规定的"死刑"也总是与"十年以上有期徒刑或者无期徒刑"选择适用。分则规定的条件一般均为行为和结果危害严重，而严重到何种程度才可以适用死刑？原则就是符合《刑法》总则第48条规定的"罪行极其严重"，它是我国刑法规定的死刑适用的一般化标准，相同情况相同对待。一般化标准具有高度概括性，适于立法。《刑法》第61条规定量刑"应当根据犯罪的事实、犯罪的性质、情节和对于社会的危害程度"，仅有原则性提示作用。近几年来刑法学界和实务界试图为司法操作统一拟制一个方便易行的、可适用于所有死刑罪案的"罪行极其严重"的具体化标准。由于情况过于复杂（例如，"罪行"构成要素属于描述性因素还是规范性因素，它们的判断标准基础就有很大差异；何谓"极其严重"，本身缺乏统一参照系而成为无解之谜，其判别标准只能是因罪行种类不同而不同，它们"社会共识"的形成背景和过程也有明显不同；等等），这种努力注定不可能有结果。即使是一种罪的便于操作的死刑标准也很难制定。时至今日，也只是"走私、贩卖、运输、制造毒品"一类罪才有一个操作性较强的司法解释，即2008年12月1日最高人民法院发布的《全国部分法院审理毒品犯罪案件工作座谈会纪要》。尽

---

* 原载《中外法学》2012年第5期。
① 梁根林：《死刑案件被刑事和解的十大证伪》，载《法学》2010年第4期。

管没有处处可套用的灵丹妙药式的具体化标准,没有司法解释,司法实务也从未停止办案,从紧掌握"罪行极其严重"尺度始终是控制死刑适用的首要环节。最重要的还是司法官胸有正义,通情(国情民情)达理(法理事理),上乘案件质量当可期许。最近发布的《国家人权行动计划(2012-2015年)》指出,中国将"进一步严格死刑审判和复核程序……强化最高人民检察院对死刑复核案件的法律监督。最高人民法院通过发布指导性案例进一步明确死刑适用标准",继续推进量刑规范化改革。

"罪行极其严重"的词意就是犯罪行为造成的社会危害达到了最高程度的严重性。所谓最高程度,具体案件仍需具体解释。问题在于,死刑是杀人,"人命关天",具体解释也不可就事论事。在当代社会背景下,法律设置死刑(与其他刑种不同),都有浓重的政策考量因素,司法适用死刑需有时代情怀。国家安全、公共安全、公民人身安全领域以外的死刑设置在现代文明社会的道义正当性很难证成。人命与财物的比价关系在社会文明的天平上从古至今发生了颠覆性变化:财富越增长,生命价更高。《刑法修正案(八)》祛除13种罪的死刑,均为经济性非暴力犯罪。法官在办理具体死刑案件时需要深刻领会最高人民法院2010年2月8日发布的《关于贯彻宽严相济刑事政策的若干意见》提出的"死刑只适用于极少数罪行极其严重的犯罪分子",在《刑法》第48条"罪行极其严重"之前更冠之以"极少数"。"双极"政策精神的核心是将死刑适用限制在最小范围。2011年5月24日最高人民法院发布《人民法院工作年度报告(2010年)》指出,将统一死刑适用标准,"不是必须判处死刑立即执行的,均依法判处死刑缓期二年执行","确保死刑只适用于极少数罪行极其严重的犯罪分子"。"尽量依法不判处死刑立即执行,最大限度化解社会矛盾。"不要忘记:刑事政策对刑法罪刑规范的解释具有重要的指引功能。司法文明对社会文明具有重大促进作用。

二、罪行极其严重的"犯罪分子":测查主观恶性,死刑执行裁量的个别化根据

"罪行极其严重"为死刑适用的一般化标准,即不能因人而异,属行为刑法,体现形式理性,同等情况同等对待;具体"犯罪分子"为死刑执行方式裁量的个别化根据,即需因人而异,属行为人刑法,体现实质理性,不同情况不同对待。综观《刑法》第48条,兼有形式理性与实质理性,协调行为刑法与行为人刑法,是谓矛盾统一。不无遗憾的是,通行刑法理论缺乏对第48条的"犯罪分子"应有的关注。

《刑法》第48条同时规定了死刑适用的标准和死刑执行的两种方式,即死刑立即执行和缓期二年执行(死缓)。两种执行方式的区分主要取决于"犯罪分子"的不同情况,理论和实践都只能得出这样的结论。司法实践中,偶尔有法律以外的原因判处死

缓的案例,这是特例。死缓以"罪行极其严重"可判死刑为前提,因此"罪行"不足以成为可判死缓的理由。判死缓的主要缘由主要只能从"犯罪分子"即主体方面寻找。罪过(故意、过失)因素不是理由,因为罪过是"罪行"的必要组成部分。白建军教授以最高人民法院示范性案例中的1643个"死罪"案例为样本进行法律解释学的实证研究,认为"死刑案件中死缓与立即执行之间的选择,基本上不是法律问题而是政策问题,甚至只是道德判断问题"①。所谓道德判断,是指应受道义谴责,即有"责任"。"责任"的文义是"分内应做之事"。"责任"作为关系范畴,有独立价值,其功能是使罪和刑两个异质的客观事物发生对接。实施法上"罪"行的未成年人、无认知无辨认能力的精神病人、有正当事由的人,因无"责任"而祛犯罪化祛刑罚化;实施法上"罪"行的无正当事由的、满一定年龄的正常人,因有"责任"而被犯罪化被刑罚化。被犯罪化和被刑罚化,通过"责任"将两个异质事物"罪"与"刑"被"人"同化形成一体,从而可谴责(可归责):罪由人实行,刑由人担当。其实《刑法》总则第一章第5条有明确规定:"刑罚的轻重,应当与犯罪分子所犯罪行和承担的刑事责任相适应。""责任"是人的主体性特征在法律、伦理语境中惯常的表述,与罪责、刑事责任、有责性、答责等词语无本质区别。赵秉志教授从世界刑法学说发展史高度解读《刑法》第5条时指出,它是把古典学派主张的传统的罪刑相适应与新派主张的刑罚个别化有机结合起来,因此称为"罪责刑相适应原则"。②

陈兴良教授认为,责任是一种评价,即归责可能性。评价客体是行为,这是行为本位刑法的基本观念;而行为人本位刑法则认为评价客体是人格。当今的主流观点是:责任的评价客体是具体行为;在判断责任程度时,考虑人格因素也是合理的。③

准确适用《刑法》第48条,可否判处死缓"不是必须立即执行的",主要看"犯罪分子"的具体情况,考察其主观恶性大小和人身危险性深浅,这就是犯罪分子的人格状况。人格就是人的品格,个人的道德品质。人格考察的目的是查明《刑法》第5条规定的"刑事责任"(罪责)。涉及可否判处死缓的人格考察虽不属新刑诉法审理未成年人刑事案件的社会调查特别程序,但在实际办案过程中无须另有投入即可取得这方面的信息。人格考察事项内容多数并非法定情节,但诸多酌定情节综合起来却能真实反映犯罪人的主观恶性和人身危险性有无和大小深浅,从而直接影响刑罚裁量。追求刑罚个别化,最重要的是要关注犯罪人的主观恶性和人身危险性。根据司法实践经验,判断犯罪人的主观恶性和人身危险性的主要依据是"三罪"情况,即罪前、罪中和罪后情况:

罪前情况,主要指犯罪原因(基本是犯罪学意义上的犯罪原因而不限于刑法上因

---

① 白建军:《死刑适用实证研究》,载《中国社会科学》2006年第5期。
② 参见赵秉志主编:《刑法总论》,中国人民大学出版社2007年版,第58页。
③ 参见陈兴良:《教义刑法学》,中国人民大学出版社2010年版,第411页。

果关系的原因)和犯罪人的一贯品行表现。犯罪原因多种多样,有的是因生活所迫、人生坎坷走上犯罪道路,有的是为满足个人贪欲追求腐化生活而实行犯罪,种种情况,差异很大。犯罪人的一贯表现也会折射其犯罪意识的强弱,是经常违法、屡教不改的惯犯还是平时一贯遵纪守法、仅此一回失足(失手)的偶犯,主观恶性和人身危险性显然不同。犯罪有无预谋、预谋的程度,情况不同,恶性有别。

罪中情况是指犯罪过程中的情况,犯罪动机险恶还是情有可原;犯罪手段残忍还是一般;对行为的辨认能力和控制能力情况;被害人有无过错以及过错的性质和程度;等等。

罪后情况,有无湮灭罪证,是如实供述所犯罪行,还是百般抵赖,有无自首,有无立功,对犯罪损害的态度,有无弥补损害,有无积极追赃、进行赔偿,犯罪造成的社会影响是否十分恶劣,等等。

对"三罪"情况的了解,可以得知犯罪人的主观恶性大小和人身危险性深浅,从而决定判处死刑的犯罪分子可否缓期执行。如果犯罪分子主观恶性和人身危险不大,即可判处"死缓"。

全国闻名、广为议论的浙江吴英集资诈骗案,浙江省高级人民法院判处死刑报给最高人民法院复核。最高人民法院依法组成合议庭,审查了全部卷宗材料,提讯了被告人,复核完毕,最高人民法院认为:"被告人吴英集资诈骗数额特别巨大,给被害人造成重大损失,同时严重破坏了国家金融管理秩序,危害特别严重,应依法惩处。吴英归案后,如实供述所犯罪行,并供述了其贿赂多名公务人员的事实,综合全案考虑,对吴英判处死刑,可不立即执行。……裁定不核准被告人吴英死刑,发回浙江省高级法院重新审判。"(《人民法院报》2012 年 4 月 21 日)浙江省高级人民法院于 2012 年 5 月 21 日判决:被告人吴英犯集资诈骗罪,判处死刑,缓期二年执行,剥夺政治权利终身,并处没收其个人全部财产。

最高人民法院对吴英集资诈骗案的死刑复核裁定,显示被告人吴英罪行虽极其严重,应当判处死刑,但鉴于其个人具体情况(主观恶性、人身危险性不大)可不立即执行。有理由认为,最高人民法院的裁定是堪称意义重大、具有导向性的典型案例。它立足《刑法》第 48 条,通过公正司法,达致"罪行极其严重"可判死刑的"犯罪分子"被限制到"极少数"。司法实践切实保证少杀、慎杀政策精神得以被看得见的方式贯彻,促进死刑制度改革沿着现代文明大方向稳步前进。

三、死刑执行方式取决于内因:罪大又恶极,罪大不恶极

刑法关于死刑的规定,1997 年《刑法》第 48 条修改自 1979 年《刑法》第 43 条"死刑只适用于罪大恶极的犯罪分子。对于应当判处死刑的犯罪分子,如果不是必须立即执

行的,可以判处死刑同时宣告缓期二年执行,实行劳动改造,以观后效"。第二句内容两法基本相同(1997《刑法》没有"实行劳动改造,以观后效"字样,这丝毫不涉及内涵)。第一句有重大修改,死刑适用标准由"罪大恶极"改为"罪行极其严重"。这主要是因为我国刑法关于死刑执行有最终事关死与不死的两种不同方式,即死刑立即执行和死刑缓期执行(死缓)。

"罪大恶极"由两个异质的子项即"罪大"与"恶极"合成。罪大指客观罪行很严重,恶极指主观恶性很深重。两个异质因素共组一种规制的标准,不可避免地必然带来理解上的多样性(换一种说法就是有歧义),从而导致实务纠结。"罪大恶极"既可以解读为死刑的一般化标准(逻辑上当可涵摄死刑两种执行方式),也可以解读为死刑立即执行标准(当然不含死刑缓期执行)。两种理解对死缓的条件要求和适用范围就有不同。罪大不恶极,是根本不构成死刑犯罪,还是构成死刑罪而可适用死缓判决,两种理解都讲得通。恶极罪不大,20世纪80年代"严打"期间将其判罪并非罕见。有鉴于此,1997年刑法将1979年刑法的"罪大恶极"两个子项修改为一个客观子项"罪大"即"罪行极其严重"(为符合法律用语习惯)。将"恶极"留给司法实践作为裁量死刑执行方式选择的依据。这样,体现立法科学性。罪行指犯罪行为和结果的现实状况,由于其纯客观性易于测量,"罪行极其严重"作为死刑一般化标准便于做到相同情况相同对待,实现司法正义。刑法常识认为,刑罚处罚的对象不是行为而是行为人(犯罪分子),犯罪分子是死刑判决执行的对象。我国死刑执行分为立即执行和缓期执行两种不同方式,制度设计的目的只有一个,即贯彻少杀慎杀政策,落实执行制度的依据必定是"犯罪分子"的主体情况即内因。不可否认,实施了极其严重罪行(罪大)的犯罪分子都有程度不等的主观恶性(人格品德问题),有的恶性不大,有的恶性极大,从而决定有的可判处死刑缓期执行(罪大不恶极),有的判处死刑立即执行(罪大又恶极)。这表明死刑执行方式选择主要取决于犯罪分子自身的情况(咎由自取)。不同情况不同对待,实现实质正义。这就是哲学上的事物变化内因决定论。

司法官对犯罪分子主观恶性大小程度的测定可从两方面把握:总体审视和个案量定。总体审视是指不同种类死刑罪犯的主观恶性有等级差异:暴力罪的犯罪人的主观恶性大于非暴力罪的犯罪人的主观恶性,侵害安全法益犯罪人的主观恶性大于侵犯管理秩序犯罪人的主观恶性。这是与人性相关的客观事实,它决定立法上废除死刑对暴力罪与非暴力罪有时段差异(这近乎国际共性)。司法实践有所体现是理所当然的。总体审视有导向作用,但不能机械等同于个案量定。个案情况多种多样,需要认真细致对待。以往实践中出现过一些社会广泛关注、受到公众质疑的案件,问题原因复杂,笔者以为主要是程序问题。只要在实体法犯罪构成相关证据确实充分的基础上,诉讼中切实保障被告方能够充分行使辩护权,在事实和规范、定罪和量刑诸方面真正做到控辩双方展开充分博弈,法官不受外界(从权力到媒体)干扰,忠于法律,凭借常理适用法律作出裁判,定会达成法律效果与社会效果兼优的公众期待。

司法实践中易于触动公众神经激发网民情绪的是如何对待杀与不杀命案中的犯罪分子。需要特别警惕防止两种倾向:既不能一味强调"杀人偿命"单纯报复观念,意气用事,也不能超越正义底线,无视现实国情民意而宽恕显属罪大恶极的犯罪分子。这与宽严相济刑事政策相一致。

司法官办理死刑案件时,须始终秉持"控制死刑"的理念,这是时代发展趋势和社会文明进步的要求。

四、余论:但愿不算多余的话

上述内容以现实国情为背景展开,死刑罪案基数众多,为达"少杀"目标,阻力最小的办法首推"死缓"适用,从而必定导致死缓总数达到相当可观的程度。

《刑法修正案(八)》规定,"对被判处死刑缓期执行的累犯以及因故意杀人、强奸、抢劫、绑架、放火、爆炸、投放危险物质或者有组织的暴力性犯罪被判处死刑缓期执行的犯罪分子,人民法院根据犯罪情节等情况可以同时决定对其限制减刑"。司法实践中,对这"1+8"类死缓犯实行限制减刑的大大多于不限制减刑的。限制减刑后实际执行的最少期限为:缓期执行期满后依法减为无期徒刑的,不少于25年;缓期执行期满后依法减为25年有期徒刑的,不少于20年。与《刑法修正案(八)》实施以前死缓犯实际执行的刑期相比,将分别延长11年和6年。对不限制减刑的,实际执行的期限,相比《刑法修正案(八)》施行前也有相应增长。另外,《刑法修正案(八)》将无期徒刑罪犯减刑和假释以后的实际执行的刑期也比《刑法修正案(八)》实施前延长3年。《刑法修正案(八)》为解决"死刑过重、生刑过轻"(生死两重天)问题,"少杀长押",平衡刑罚结构。这样做体现了刑法正义。

可以料定,在未来的十余年时期内,监狱关押的长刑犯(刑期15年以上的)数量将逐年增长,这对在押犯数量、结构变化、监狱硬件设施变化、监狱干部数量素质变化以及监狱管理和教育矫正方式变化将产生重大影响。可略举一二予以陈述。现代刑法价值功能主要由监禁刑承载。监禁刑是现代刑罚体系中最昂贵的刑种,这在关押限制减刑的死缓犯的最高戒备监狱体现得尤其明显,从监区设施到管理人员人力资源都是高成本投入。问题是效益将会如何,能成正比吗?对死缓犯行刑的预设目的是矫正还是惩罚?矫正目的是为以后重返社会,而矫正手段却是与社会严密隔离,目的与手段南辕北辙。破解此种悖论的出路便是行刑社会化。这对死缓犯根本不可行。于是剩下来的只有严加监禁——惩罚。监狱行刑实践经验显示,一个犯人持续隔离社会达15

年左右,性情常会变得孤僻,以致精神崩溃,绝望与疯狂同在,出现自残自杀,或者杀人伤人。这种景象难说人道。狱中非正常死亡事故,是监狱管理中的一个非常麻烦的大问题。当今世界国际主流社会进行的监狱改革,共同方向是监狱规模小型化,监狱管理人性化,推行社区矫正,行刑社会化。显然,关押死缓犯的最高戒备监狱将面临诸多深层难题,须经受考验。或许这类监狱可视为常规监禁设施以外的另类。诚盼东方智慧能予圆场,足矣!但无论如何,加重生刑(长押)做法的合理性与可行性还有待实践的检验。通常认为,死刑缓期执行制度是中国的独创。所谓独创,实质也是无奈之举,因为制度产生的前提是死刑判决太多。不妨设想,假如死刑判决一年只有很少几件或几十件,还用得着设计死缓制度吗?现实就是现实,利于解决现实问题就有需要,就有价值。死缓制度在一定历史阶段有其必要性和合理性,但不会长此以往,老是这样。

杀人(死刑立即执行)须减少,监狱人口(包括长刑犯人)也应减少。这是历史演进、人道意识增强的必然要求。

当前贯彻死刑政策,司法机关力求"少杀"(少判死刑立即执行),重视结果。随着社会发展、人权观念普及,时间不会太长,贯彻死刑政策,司法机关将会对涉及刑法死罪案件进一步"少判"死刑,即不必引用《刑法》第 48 条,从源头上径直限制死刑,不留尾巴(即不再判处死刑缓期执行)。这在逻辑上涉及对《刑法》第 48 条"罪行极其严重"的政策性把控。其实,"罪行"是指客观事实;而"极其严重"则是一种道义价值评断,属主体主观范畴,可随不同时空条件而变异。例如,相同"罪行"在彼时(彼地)被认为"极其严重",在此时(此地)则可被认为不够"极其严重"。随着社会进步和文明程度提高,死刑的有用性和正当性评价将逐渐降低。在刑事司法中对"罪行极其严重"死刑标准的把控将日益"严紧",与此相连的便是对"不是必须立即执行"的"犯罪分子"尺度也将逐渐"放宽"掌握。这种两端分化可戏称死刑政策的"宽严相济"。

对死罪案件,由"少杀"(判处死刑但适用死缓)到"少判"(缩小判死刑的规模)再到"不判"(不再判处死刑),这是司法控制死刑的三个演进阶段。由"少杀"到"少判",历时无须太久。再由"少判"到"不判",短期内难以成就,但也不是不可能。从罪的类型看,其间难易程度差别巨大,非暴力罪完全不适用死刑可能为时不远,当然并不容易。暴力罪另当别论。

司法实践中,无论是少杀或少判,总会遇到有些案件不被公众认同。这是正常现象。关键是判决要充分说理。民意作为公众(不是小众)对公共事务(不是非公共事务)的愿望(符合历史愿景)应当被尊重,当遇有需要破解纠结处理分歧等问题时,民意也需要理性引导。司法控制死刑的过程始终与民意协调一致同步共进。

人口众多幅员辽阔的我国,死刑制度改革必然经历一个较长由司法到立法的渐进过程,国家司法机关的有效运作必将促进这一过程的加速完成。

论案外情节对毒品犯罪死刑适用的影响*

绝对的罪刑法定原则排斥罪行之外的情节,坚持严格的行为刑法立场。但刑法却不会是单一理论的体现,无论犯罪论还是刑罚论都会综合不同理论学说的优点,在各种不同利益和主张中达到平衡。今日罪刑法定原则也有一定程度的缓和,在坚持行为刑法的基本立场上也会考虑到行为人刑法,刑罚目的论认为在报应的制约下也应尽力实现一般预防和特殊预防,罪行之外即犯罪前、后的情节被纳入刑罚裁量过程。如行为人是否构成累犯、再犯,或初犯、偶犯,犯罪后是否有自首、立功,退赔退赃等。毒品犯罪的案外情节在类型及认定上自有其特殊之处,这些情节能否及如何对毒品犯罪死刑适用发挥影响,是一个值得关注的问题。

一、案外情节影响死刑适用的依据

(一) 案外情节与行为人刑法

从最初的思想源头来看,行为刑法与行为人刑法的区分,主要表现在惩罚根据和惩罚对象的不同。① 行为刑法中,刑罚仅仅表现为对单个行为的反应,而不是表现为对行为人整体生活导向的反应,更不是表现为对一种行为人所期待的未来危险的反应。行为人刑法则相反,刑罚与行为人的人格性相联系,同时,刑罚是由行为人对社会的危害及其程度所决定的。行为人不是因为实施了一个行为而有罪,而是因为他是"一个这样的人"而成为法定责难的对象。② 罪刑法定原则的明确性要求,自然是更有利于行为刑法的发展。但今日刑法以行为刑法为基本立足点,但也在一定程度上接纳行为人刑法的观点。《刑法》第5条规定,刑罚的轻重,应当与犯罪分子所犯罪行和承担的刑事责任相适应。显然,在刑罚量定过程中,罪行和刑事责任被并列为刑罚轻重的依据。这里的刑事责任,侧重考虑行为人因素的评定,与对客观行为评价的罪行相对。

对行为人因素的考虑也是各国或地区量刑的普遍实践,大陆法系多国或地区刑法规定在实践中将行为人犯罪前、后因素作为量刑事实考虑。如《德国刑法典》规定,法

---

* 原载《刑法论丛》2016年第3期,与王亚凯合作。
① 参见车浩:《扒窃入刑——贴身禁忌与行为人刑法》,载《中国法学》2013年第1期。
② 参见[德]克劳斯·罗克辛:《德国刑法学总论》(第1卷),王世洲译,法律出版社2005年版,第105—106页。

官在量刑活动中应当考虑行为人过去的生活、他的个人情况和经济情况以及他在实施构成行为之后的表现。① 《日本刑法典》规定,"犯罪的情状中存在应该酌量的事由时,可以减轻其刑"。犯罪的情状是指关于犯罪的一切事情,除犯罪本身的外部的(客观的)事情和内部的(主观的)事情之外,还应该包括犯罪前关于行为人人格形成方面的各事情和犯罪后的各种情况。② 我国台湾地区"刑法"规定,行为人的生活状况、品行、智识程度、犯罪后态度等均在法定刑罚裁量事实之列。③

(二) 案外情节与刑罚目的

对特殊预防这一刑罚目的的考虑也是犯罪前后情节影响量刑的根据之一。绝对理论以报应思想为基础,认为刑罚本身就是目的,单纯作为针对犯罪恶害的公正报应,以刑罚均衡犯罪行为人的罪责,从而实现正义。绝对理论下刑法只关注犯罪行为,而不会考虑犯罪人的个人情况。但刑罚从产生之初便是针对犯罪的目的性明确的社会性反应,刑罚的发展是从无意识、无节制的本能行为演变成由目的思想决定的适度的、有意识的行为的过程④,国家运用刑罚权必然有其意欲实现的目的。相对理论认为刑罚本身并非目的,而是为了达成预防犯罪目的的手段,其中,一般预防理论认为刑罚目的在于威吓或说服社会大众而产生吓阻犯罪的功能。特殊预防理论强调受刑人的再社会化,认为刑罚不是为了报应犯罪,而是为了促成受刑人再度适应社会共同生活,是使受刑人成为有用社会成员的工具,刑罚目的是阻止行为人再犯新罪。综合理论将绝对理论和相对理论视为问题的一体两面,试图调和不同刑罚理论的各种刑罚目的,在各种不同思想的权衡中寻找刑罚意义和目的,认为刑罚的意义除了在于公正地报应犯罪外,尚在于威吓、说服和教育社会大众,以及教化与矫治犯罪行为人,以预防犯罪的发生。⑤

目前综合理论占据主导地位。既然刑罚目的需考虑特殊预防的实现,而特殊预防系对犯罪人未然犯罪的预防,侧重点在于行为人及其反社会思想,故在量刑过程中考虑犯罪人犯罪前后的情节,也是刑罚目的应有之义。只是将犯罪人个人所有情况均考虑在内,相当于将犯罪人个人的生活史作为量刑依据,既不现实,也有碍公正。所以特殊预防目的要求考虑的行为人因素,也应限于一定范围内,与犯罪行为或者所谓人身危险性相关。量定刑罚的基础不是"与报应并立的预防",而是"处在报应中的刑

---

① 参见〔德〕克劳斯·罗克辛:《德国刑法学总论》(第1卷),王世洲译,法律出版社 2005 年版,第 105—106 页。
② 参见〔日〕大塚仁:《刑法概说》(总论),冯军译,中国人民大学出版社 2003 年版,第 467 页。
③ 参见林山田:《刑法通论》(增订 10 版),北京大学出版社 2012 年版,第 352 页。
④ 参见〔德〕弗兰茨·冯·李斯特:《德国刑法教科书》,徐久生译,法律出版社 2000 年版,第 30 页。
⑤ 参见林山田:《刑法通论》(增订 10 版),北京大学出版社 2012 年版,第 352 页。

罚"①。依公正报应的原则确定刑罚范围,在这个范围内考虑预防目的,定出刑度。② 特殊预防不能超越报应的限度,既不可能对有严重社会危害性的行为因不具有特殊预防需要而不判处刑罚,也不可能对客观危害小但行为人具有不可矫治性、再犯可能性极大的行为判处超出报应限度的刑罚。报应是刑罚目的和意义的核心内涵,行为人若无预防需要性,则基于公正报应原则,依行为人客观上可确定的罪责,定其刑罚种类和程度。③ 所以,案外情节只影响量刑,且影响幅度既受到罪行本身的制约,也因情节性质本身而异。

(三) 案外情节与死刑适用标准

依刑法规定,"罪行极其严重"是死刑适用条件,在此前提下,"不是必须立即执行"的,则可判处死缓,否则即是死刑立即执行。罪行提供了判处死刑的基础,"不是必须立即执行"的根据则主要从犯罪人相关因素中寻找。通说认为"罪行极其严重"包含对行为的客观危害、行为人的主观恶性、人身危险性的综合考虑,"不是必须立即执行"的标准则争议更多,有的认为根据社会危害性程度区分,有的认为存在一定从轻处罚情节的则判处死缓,有的认为取决于被害方是否宽恕,也有将所有可能发挥影响的因素均列举在内,认为考虑因素具有广泛性。④ 笔者认为,应分层次决定死刑执行方式的思路。⑤ 应完整理解《刑法》第 48 条的规定,"罪行极其严重"量定客观危害,是死刑适用的一般化标准,"罪行"指行为和结果的现实状况,罪过(故意和过失)是罪行的必要组成部分,"罪行极其严重"的标准属行为刑法,体现形式理性;死缓以"罪行极其严重"为前提,罪行不足以成为判处死缓的理由,而应从"犯罪分子"主体的责任寻找理由,应根据罪前(犯罪原因)、罪中(动机、手段、对行为控制能力、被害人过错)、罪后情况,判断行为人的主观恶性和人身危险性深浅即人格状况,查明刑事责任,决定死缓还是死刑立即执行,实现刑罚个别化。考虑"犯罪分子"的具体情况属行为人刑法,体现实质理性。

死刑案件实践表明,普通暴力类犯罪如故意杀人更多是行为人生活过程中的一个事件,偶然因素通常发挥着极大作用,所表现出来的行为特征并不证明行为人是这样的一个人,如在一次故意杀人行为中手段的残忍并不证明行为人是一个残忍的人。但

---

① 〔德〕弗兰茨·冯·李斯特:《德国刑法教科书》,徐久生译,法律出版社 2000 年版,第 470 页。
② 参见林山田:《刑法通论》(增订 10 版),北京大学出版社 2012 年版,第 352 页。
③ 参见林山田:《刑法通论》(增订 10 版),北京大学出版社 2012 年版,第 281 页。
④ 参见劳东燕:《死刑适用标准的体系化构造》,载《法学研究》2015 年第 1 期;夏勇:《死刑立即执行与死刑缓期执行之界限》,载《法治研究》2015 年第 1 期;高憬宏、刘树德:《死缓适用条件设置的四维思考》,载《当代法学》2005 年第 5 期;黎宏:《死缓限制减刑及其适用——以最高人民法院发布的两个指导案例为切入点》,载《法学研究》2013 年第 5 期。
⑤ 参见储槐植:《死刑司法控制:完整解读刑法第四十八条》,载《中外法学》2012 年第 5 期。

对大部分毒品犯罪人而言,犯罪更多是一种生活方式而非偶然一次实施的行为,不是出于激情而是深思熟虑后的选择。司法实践亦表明毒品犯罪人的矫正难度更大。毒品犯罪人在服刑期间表现较好,会积极争取对自己有利的表现,但刑满释放后再犯率极高。这一特点在适用死刑时应当考虑到,但不应过分看重。"过分强调矫正思想对于全民的法律意识及国家的生存,都会造成灾难性的后果,如同对偶犯处罚过于严厉,对不可矫正的罪犯处罚过于残酷会带来灾难一样。目的刑应有其界限。"①死刑案件中毒品犯罪适用刑罚时,更应着重报应的制约作用,不能为特殊预防的目的而超越报应的界限。

二、案外情节的类型及具体适用

案外情节是罪行之外的量刑事实,从这样一个基本判断中可推出一些结论:确定刑罚的核心依据是罪行,案外情节只能影响量刑而非最终决定作用,但对死刑案件来说,能够影响到量刑,便可能是生死之别,所以对案外情节也应高度重视:量刑事实,本身是中性的,既可成为从重处罚依据,也可成为从轻处罚依据,重要的是在全面、充分的信息基础上作出量刑判断。有的观点认为罪行已经提供了判处死刑的依据,故对案外情节的考量主要是寻找从轻处罚依据②,这一说法有一定道理,但忽略了事实的中立性。比如对认罪态度的考虑,认罪态度有好有坏,对量刑作用不同,行为人犯罪前生活背景对量刑的作用方向同样因具体情况而异。

(一) 案外情节的分类

1. 犯罪前情节与犯罪后情节

依据存在于犯罪行为实施前后的不同,可以将案外情节分为犯罪前情节与犯罪后情节。犯罪人实施犯罪的那一时刻所具有的个性是从他的天资发展而来,并由其出生后就面临的外界环境所决定的。③ 刑罚特殊预防目的的实现,需要考量行为人犯罪的原因,并结合其一贯表现对再犯可能性进行预判。犯罪后的表现表明行为人对法律规范的蔑视或服从态度,也能表征其人身危险性的大小。在毒品犯罪中,行为人犯罪前情节主要有是否有多次犯罪嫌疑,或有无职业犯、惯犯情节,经济状况等。犯罪后情节,则有自首、立功、坦白、退赃等。

2. 法定情节与酌定情节

依据刑法有无明确规定,可以将案外情节分为法定情节与酌定情节。法定情节有

---

① 〔德〕弗兰茨·冯·李斯特:《德国刑法教科书》,徐久生译,法律出版社2000年版,第21页。
② 参见周金刚:《酌定量刑情节的泛化现象研究》,载《南京大学法律评论》2010年第1期。
③ 参见〔德〕弗兰茨·冯·李斯特:《德国刑法教科书》,徐久生译,法律出版社2000年版,第12页。

法律明文规定,量刑时必须考量,但并非必然影响到死刑适用结果。酌定情节则争议更大:首先在于酌定情节的范围划定,如某一情节应否纳入酌定情节的范畴,毒品犯罪中的酌定情节有无可能类型化并由法律明确。其次是考虑幅度更难把握。有学者批评酌定量刑情节在司法实践中出现了泛化现象,影响司法公正性[1],并认为酌定量刑情节在刑法中存在影子,却捉摸不定;在司法中存在其身子,却没有来路。但这种观点有片面之嫌。我们所称的酌定量刑情节,不过是我国《刑法》中未予明确规定的,而非无立法例可循,如我们通常认为的酌定量刑情节包括行为人的生活状况、品行、智识程度、犯罪后态度等,在某些国家和地区便属于法定量刑情节。

酌定量刑情节纳入量刑过程,是否违反罪刑法定原则?前文已提及,绝对罪刑法定原则排斥罪行之外的任何情节,排斥法官的自由裁量权,但刑罚目的及量刑过程的性质决定了绝对罪刑法定原则的不可行,现行刑法也考虑行为人刑法,尤其是在量刑过程中。行为的法律后果只是相对确定,犯罪行为对应的是一定幅度内刑罚而非绝对确定法定刑。在这个幅度内,法官享有自由裁量权,而裁量的依据除行为因素外,基于特殊预防目的考虑,行为人因素也应考虑在内,只要量刑在法定幅度内,并不违反罪刑法定。换言之,酌定量刑情节虽然未经法律明确列举,但并非无法律依据。

3. 从重情节与从轻情节

依据情节对量刑轻重所起的作用方向,可以将案外情节分为从重情节和从轻情节。某情节的存在会使刑罚趋重则是从重处罚情节,如前科劣迹、再犯、累犯等;某情节的存在会使刑罚趋轻则是从轻情节,如自首、立功、退赃等。需要注意的是,基于报应的制约,我国不存在加重情节即导致在法定刑幅度以上量刑的情节。在从重情节与从轻情节并存的情况下,两种情节均应考虑,需要平衡多种性能不同的情节。

也有更加中性的事实,即该情节起作用方向不确定。如对行为人个人情况的考量,包括个人年龄、性别、经济背景、犯罪原因等。即使不以人身危险性为出发点考虑个人因素,考虑个人责任、个人对刑罚的感受力以达到实质公平,也要求注意年龄、性别、条件、命运、个人习惯以及许多其他情节。[2]

4. 可以型情节与应当型情节

依据法官对该法定情节在量刑时对适用该情节有无自由裁量权,可分为可以型情节与应当型情节。可以型情节表明法官有一定裁量权,一般情况下均会考虑该情节,但不排除不予考虑的特殊情况。应当型情节则量刑时必须考虑。1997 年《刑法》曾规定自首又有重大立功的,应当减轻或者免除处罚,但这种强制减轻或免除的规定未考虑基本犯罪事实的制约作用,所以《刑法修正案(八)》删除了该款内容。量刑实现实

---

[1] 参见周金刚:《酌定量刑情节的泛化现象研究》,载《南京大学法律评论》2010 年第 1 期。

[2] 参见石经海:《从极端到理性,刑罚个别化的进化及其当代意义》,载《中外法学》2010 年第 6 期。

质公正,法官必须有自由裁量权,问题仅在于裁量权行使范围。

(二) 案外情节的认定及适用

1. 累犯、毒品再犯

再犯是毒品犯罪中独有的量刑情节,与累犯及特殊累犯构成均不相同,仅对前后罪的性质有要求,对刑罚种类、前后罪间隔时间、前罪刑罚是否执行完毕或赦免均无要求,在构成要件上更加严厉,体现对毒品犯罪的严厉打击。累犯与毒品再犯可能构成竞合,同一行为在符合再犯构成要件的同时也构成累犯,对此《全国部分法院审理毒品犯罪案件工作座谈会纪要》(以下简称《大连会议纪要》)规定在适用时应同时引用累犯和再犯条款,但在从重时仅考虑一次即可。有论点认为同时引用累犯和再犯条款是对同一情节的两次从重评价①,这是对司法适用的误解,同一量刑情节,无论符合几个法律条款的规定,也只能考量一次。

关于再犯的认定,之前最高人民法院曾有案例认为毒品再犯是累犯的一种特殊情形,刑罚执行完毕之前又犯毒品犯罪的不构成毒品再犯。② 但之后 2008 年《大连会议纪要》明确规定,只要因走私、贩卖、运输、制造、非法持有毒品罪被判过刑,不论是在刑罚执行完毕后,还是在缓刑、假释或者暂予监外执行期间,又犯刑法分则第六章第七节规定的犯罪的,都是毒品再犯,应当从重处罚。这也表明对再犯认定的趋严。有观点认为将缓刑、假释或暂予监外执行期间毒品犯罪认定为再犯违反禁止重复评价原则③,在假释期间构成毒品再犯的是三次从重:对毒品犯罪从重处罚、撤销假释表明立法趋严的评价、数罪并罚的从重处罚。本文并不认同这种论点。无论是撤销假释,还是数罪并罚的方式,都称不上是从重处罚,撤销假释仅仅是撤销了对被告人的从轻处罚,而数罪并罚时即使先减后并的方式某些情况下要略重于先并后减,也绝称不上从重处罚,无论先并后减还是先减后并,都是相对并处原则的一种从轻。

毒品再犯是影响死刑适用的重要情节。在考虑再犯情节时,应当注意:毒品再犯或累犯,是从重情节,而非加重处罚情节,故在量刑时不能因被告人是累犯或再犯,甚或有多次毒品犯罪前科而加重处罚,将本不符合死刑"罪行极其严重"标准的升格适用死刑。毒品数量达到死刑数量标准体现行为刑法的要求,不能因为行为人的累犯或再犯情节而降低这一数量要求。强调这一点不是无的放矢,而是针对实践中对再犯尤其是有多次再犯情节者降低数量标准判处死刑的现象所做的,多次再犯者人身危险性确

---

① 参见李怀胜、祝炳岩:《对司法解释中毒品再犯规则的批判性思考——以刑法中的再次犯罪评价体系为视角》,载《中国刑事法杂志》2010 年第 9 期。

② 参见《刑事审判参考》第 392 号案例李靖贩卖、运输毒品案。该案认为刑罚尚未执行完毕以前重新犯罪的,因不属于刑罚执行完毕或者赦免以后,不能认定为毒品再犯,只能依法实行数罪并罚。

③ 参见李怀胜、祝炳岩:《对司法解释中毒品再犯规则的批判性思考——以刑法中的再次犯罪评价体系为视角》,载《中国刑事法杂志》2010 年第 9 期。

实极大,甚至不存在矫正可能性,但个别预防目的不能突破报应的限制。"实际掌握的死刑数量标准",是指各地根据当地实践掌握的死刑数量标准,而非刑法所规定的海洛因或甲基苯丙胺 50 克以上这个标准。

对累犯的考量,应注意前罪的性质、刑罚及犯罪原因等,而非达到或超过死刑数量标准、构成累犯便必然判处死刑立即执行,仍然应综合全案情节考查。如某运输毒品案件的被告人何某,之前曾因抢劫罪被判处有期徒刑 3 年,运输毒品罪中涉案毒品甲基苯丙胺片剂近 4000 克,但何某实施的抢劫罪,系因同案犯认为被害人(牙医)有欺骗行为,要求被害人返还医疗费用,何某受同案犯邀约,从被害人处劫得现金 150 元,而在后罪运输过程中,何某在前探路,驾车者、携带毒品者均系受同一人安排。综合全案情节,仍以不判处死刑立即执行更妥当。

2. 多次犯罪、职业犯、惯犯等

《大连会议纪要》规定,毒品数量达到实际掌握的死刑数量标准,有多次犯罪、职业犯、惯犯等情节的,可以判处死刑立即执行。多次毒品犯罪、职业犯、惯犯均非严格的法律概念,内涵外延很难精确界定,彼此也不是互相排斥的概念,无论是以犯罪为职业,还是犯罪已经形成习惯,都包含了多次犯罪的含义在内。这些虽然不是法定情节,但在量刑时处于与累犯、再犯等法定情节相当的地位。在认定时,需要注意以下两点:其一,多次犯罪的情节是事实问题,不以之前曾因同类犯罪受过法律处分为要件,否则就是法定的再犯情节而非酌定情节;其二,之前曾有多次犯罪可以是依据证据作出的推定,如行为人的行动轨迹表明行为人无正当理由而在毒品犯罪高发区活动或往返于毒品犯罪高发区域而无合理解释,无正当收入而有巨额资产且无法合理解释等。

对之前多次犯罪的情节,必然是有相当证据证明,但证明标准难以达到死刑案件认定犯罪事实的证明标准,或者即使都达到确实、充分的标准,但证明内容也与定罪存在实质区别。事实上如果对之前犯罪在证明标准与内容上均与定罪情节完全相同,就可以直接认定行为人的多次犯罪事实,而无须作为量刑情节且是酌定量刑情节考虑。量刑情节的证明标准应当与定罪证明标准保持一致还是具有自身特殊性,根据情节的不同采取分层的证明标准,对此理论上争议较大,有观点主张对于独立于犯罪事实的从重情节公诉方只需达到优势证据标准,也有观点认为量刑证据规则与定罪证据规则的差异仅是规范内容与证明角度的差异而不是严格程度的差异。[①] 2010 年 7 月 1 日起实行的最高人民法院、最高人民检察院、公安部、国家安全部、司法部《关于办理死刑案件审查判断证据若干问题的规定》明确规定,对被告人从重的量刑情节的认定,应达到确实、充分的标准。2012 年最高人民法院《关于适用〈中华人民共和国刑事诉讼法〉的

---

① 参见吕泽华:《定罪与量刑证明一分为二论》,载《中国法学》2015 年第 6 期。

解释》第 64 条第 2 款规定,认定被告人有罪和对被告人从重处罚,应当适用证据确实、充分的证明标准。根据此解释及《大连会议纪要》的规定,可以理解为,对行为人之前多次实施毒品犯罪或职业犯、惯犯这一点的证明,应达到确实、充分的标准,但对之前曾实施的多次犯罪的具体细节,包括时间、地点、数量等,则无须达到此标准。

3. 初犯、偶犯

初犯、偶犯是事实上的判断,而非以是否在法律上因毒品犯罪受过刑事处罚为标准,即使未因毒品犯罪受过刑罚,也可能因有证据证明之前涉嫌多次犯罪而不构成初犯。在适用这一情节时,有理由加大对初犯、偶犯的从宽处罚幅度,实现这一目标需要结合量刑思路的转变,也就是在毒品数量达到死刑数量标准后,以死缓作为优先选择的执行方式,同时,由"超过实际掌握的死刑数量标准,无法定酌定处罚情节则判处死刑"改为"无从重情节则不应判处死刑(立即执行)",否则必然因为对毒品数量的考虑而无法真正地使初犯、偶犯情节发挥作用。

4. 行为人性格要素

在我国台湾地区,行为人的性格要素,即行为人的生活状况和行为人的品行是法官量刑时应当审酌的法定刑罚裁量事实。这是对没有表现在犯罪行为中的行为人性格进行考虑,以作出公正且符合个别预防的社会化目的的刑罚裁量。这一领域中,主要审查的是行为人的个人状况,包括出身、教育、家庭状况、生理与心理的健康状态、职业及社会地位、平日的生活情形、行为人的交往行为、婚姻状态、行为人对刑罚的感受等。[1] 我国一些基层法院针对未成年人犯罪案件建立"委托社会调查"制度,对符合条件的少年案件,在判处刑罚之前委托特定的机关、团体或特定领域的专家,对少年被告人的家庭、社会关系、受教育情况、成长经历、犯罪原因、前科劣迹、生理心理健康情况等问题,经过专门调查,制作一份"社会调查报告"。[2] 但这一制度基本上局限于未成年人案件,并未引入死刑案件。《关于办理死刑案件审查判断证据若干问题的规定》第 36 条规定,量刑事实应审查"被告人平时表现及有无悔罪态度"。平时表现也属于被告人性格要素的一个方面,但显然内容要狭隘得多。当然,侦查机关的讯问笔录中,对被告人基本的个人资料会有所反映,包括婚姻状况、家庭成员、受教育程度等,但也仅仅是基本资料,寥寥数字,属于程序性讯问,没有作为量刑事实的自觉性,详尽程度也远远不足以构成量刑事实。实践中某些死刑案件中辩护律师会提供证明被告方一贯表现良好的书面材料,如村委会出具的证明或者同村村民、工作单位等出具的证明,但一方面这种证明极其简陋,一般模式是宣称被告人平时尊敬老人、孝顺、无前科等;另一方面因系律师提供,而对法官说服力不足。这种证明充其量能为不核准死刑理由锦上添

---

[1] 参见林山田:《刑法通论》(增订 10 版),北京大学出版社 2012 年版,第 354—355 页。
[2] 参见陈瑞华:《论量刑信息的调查》,载《法学家》2010 年第 2 期。

花,而难以构成影响不核准死刑的实质性根据。也有观点批评以被告人平时表现为酌定情节的事实宽泛,并且法官主动收集、调查酌定情节,目的只能是发现减轻的事由。① 一方面,这种观点有其理论依据。另一方面,这种观点恰恰反映了目前对这项情节信息收集的不足,无法做到客观、全面地收集相关信息,因为行为人的以往经历本身是中立事实,"行为人的社会一体化使犯罪行为显得是一个完整无缺的人格的孤立的失误,则会对量刑产生积极效果;相反,行为人迄今为止的生活中所表现出来的明显的社会化缺陷,且犯罪行为与之相关,将会使行为人的再社会化难度加大"②。

对行为人性格要素的考虑还存在更实际的问题,具体而言:一是程序的设计,如由谁来收集并保证信息的真实性;二是影响毒品犯罪死刑适用的法定及酌定情节如此之多,被告人的以往经历仅仅是诸多情节中的一项且影响极其微弱,所能发挥的作用与获取信息所付出的代价不成比例;三是对行为人生活史的调查,是否会陷入决定论的泥潭,即将犯罪人实施犯罪视为各项因素的必然结果,每一次的调查不过再次证明命运的强大,从而怀疑刑罚的意义与作用。

5. 自首

依照《大连会议纪要》的规定,毒品数量达到死刑数量标准的,有自首、立功等法定从宽处罚情节的,可以不判处死刑。典型的自首要求自动投案并如实供述罪行。自首反映犯罪人的合作态度,还能节约司法资源,减少犯罪人对社会的潜在威胁,自首虽然是"可以"从宽的情节,但显然是极受重视的量刑情节。但毒品犯罪死刑案件中典型自首情节极其罕见,就近几年笔者参与审理的百余起毒品犯罪死刑案件中,无一例典型自首,已经公开的毒品犯罪死刑案件中也无相关案例。

毒品犯罪死刑案件中,可能提出自首主张的通常是如下情况:侦查机关已经通过技侦手段掌握了犯罪嫌疑人或者嫌疑车辆的特征,在对车辆或者犯罪嫌疑人进行检查时,犯罪嫌疑人承认携带毒品并指认了具体位置。侦查机关对嫌疑车辆或犯罪嫌疑人掌握的具体程度存在差异,可能具体到车牌号,也可能仅仅是车辆的大致特征,但均是有一定线索。与"仅因形迹可疑受到司法机关盘问后供认犯罪"这种仅仅是形迹可疑,并无实质性证据的情况存在重大区别。所以这种情况下即使被告人提出自首主张,也很难成立,因为自首从宽处罚的根据不仅仅是行为人主观上对法律的合作态度,还应当有节约司法资源的客观效果。行为人在不了解侦查机关掌握证据的情况下主动说出毒品藏匿地点,可以认定为坦白而予以从轻考虑。当然,也存在公安机关并不掌握证据,而是在公开查缉或例行检查过程中,行为人仅因形迹可疑受到司法机关

---

① 参见周金刚:《酌定量刑情节的泛化现象研究》,载《南京大学法律评论》2010 年第 1 期。
② 〔德〕汉斯·海因里希·耶赛克、托马斯·魏根特:《德国刑法教科书(总论)》,徐久生译,中国法制出版社 2001 年版,第 1063 页。

或有关组织盘问、教育后,主动交代自己罪行的情况。对于这种情况应认定为自首①,如果是因形迹可疑受到盘查,已经从其身上或随身物品中发现了相关犯罪证据,之后如实供述自己罪行的,则仍旧是坦白而非自首。②

6. 坦白

依据"任何人不得被强迫自证其罪"这一得到普遍承认的刑事诉讼原则,不得因认罪态度恶劣而从重处罚,在《刑法修正案(八)》出台之后,坦白情节更是成为法定的可以从轻处罚情节,因如实供述自己罪行避免特别严重后果发生的,可以减轻处罚。应当承认,法官在量刑的过程中,理智不可能完全避免情感的影响,认罪态度的好坏至少会对法官的情感产生影响,认罪态度良好的被告人会引发法官的恻隐之心。依照《大连会议纪要》规定,已查获的毒品未达死刑数量标准,坦白后的毒品数量才达到死刑数量标准的,可以不判处死刑。但考虑坦白不应当仅限于这种情况,对于所查获的毒品已经达到死刑数量标准,但是被告人认罪态度很好,所坦白的毒品数量在最终认定的毒品数量中占据相当比例的,也应当考虑坦白这一情节。

7. 立功

立功可以分为检举揭发型、协助抓捕型、阻止他人犯罪型。作为从宽处罚情节,立功主要是出于节约司法资源的功利考虑,是犯罪人和国家之间的一种交易,或称国家对犯罪人表现出与法律合作态度的一种奖励。所以,仅仅有立功意愿是不足以从轻的,立功必须存在切实结果,必须是检举揭发的犯罪行为属实,或抓捕到其他犯罪人。

立功可分为一般立功和重大立功,一般立功属于可以从轻或减轻处罚情节,重大立功属于可以减轻或免除处罚情节。一般立功与重大立功的区分根据则在于,被检举揭发对象可能被判处的刑罚,如果可能被判处无期徒刑以上则是重大立功,否则构成普通立功。所以,对"可能被判处无期徒刑及以上刑罚"的理解便很关键,只能是由法官对被告人检举揭发的事实证据进行衡量,判断对应的刑罚幅度是否可判处无期徒刑或死刑。

检举揭发型立功。检举揭发他人犯罪行为,经查证属实的,构成立功。虽然刑事诉讼法规定未经法院依法判决不得认定任何人有罪,但构成立功,检举揭发的事实只需侦查机关查证属实即可,不以经过法院判决为要件,否则对此类立功的要求过于苛刻,难以实现,不利于实现设立制度的立法目的。

协助抓捕型立功是争议最多的问题。《大连会议纪要》规定,仅仅供述同案犯的姓

---

① 参见《刑事审判参考》第82号案例杨某保等走私毒品案——仅因形迹可疑被公安机关盘问后即如实交代罪行的应认定为自首。被告人体内藏毒,在公安机关并不掌握线索的情况下,仅因形迹可疑受到盘问,便如实交代体内藏毒的事实。

② 参见《刑事审判参考》第1037号案例朱某博非法持有毒品案——因形迹可疑被盘查时发现持有可疑物品,被带至公安机关接受调查时如实供述了非法持有毒品的事实,仅成立坦白而非自首。

名、住址、体貌特征、联络方式等基本情况,公安机关据此抓获同案犯的,不构成立功,上述情况都属于应当供述的内容。《大连会议纪要》同时列举了四种"在公安机关抓获同案犯过程中确实起到协助作用"构成立功的情形。从解释的角度来看,这四种明确列举的情形构成立功并无疑问,其他未在列举之列而确实起到协助作用的也可构成立功。如何认定具有《大连会议纪要》所称的构成立功所需的"协助作用",分歧极大。即使对会议纪要明确列举的几种情形,也存在理解上的分歧。如经"现场指认、辨认"抓获同案犯,现场是仅限定指认行为还是也包括辨认行为?辨认同案犯照片是否构成协助行为?单纯的文义解释无法解决这一问题,因为肯定、否定解读均不存在语义障碍,只能说这是一个刑事政策把握问题,从实践来看还是相对宽松的立场占据主导地位,有案例将辨认同案犯照片也作为立功考量。① 带领公安人员抓获同案犯的立功认定争议较少,但被告人能否构成立功更大程度上取决于公安机关是否提供机会。被告人提供不为有关机关所掌握或者有关机关按照正常工作程序无法掌握的同案犯藏匿的线索,这种立功的认定裁量余地也较大,此会议纪要之前最高人民法院曾将供述同案被告人可能藏匿在姐姐家中的线索认定构成立功②,结合《大连会议纪要》该段内容的规定,供述同案犯的住址不构成立功,住址属于基本情况的范畴,但是否非住址的可能藏匿的住处便属于依照正常工作程序无法掌握的线索呢?这一问题很快以司法解释的形式得到明确,2010年12月22日发布的最高人民法院《关于处理自首和立功若干具体问题的意见》特别规定,犯罪分子提供联络方式、藏匿地址,司法机关据此抓捕同案犯的,不能认定为协助司法机关抓捕同案犯,将仅仅供述藏匿地址排除在立功情节之外。提供了同案犯的联系方式后又按要求与对方联络,是明确列举的立功形式之一。逻辑上这一项内容适用时不应当有争议,但即使对此种立功也有观点认为需要证明被告人与同案犯联系的行为对公安机关抓获行为起到"实质作用",这种观点无根据地增加构成立功的附加条件,忽视了毒品犯罪人反侦查能力强、毒品犯罪的隐蔽性的特点。也有学者总结认为③,协助抓捕同案犯型立功的成立范围在近年来有所限缩,已有的司法解释表明,构成立功,需要有比坦白做得更多的协助行为。

无论是检举揭发型立功,还是协助抓捕型立功,能否实施立功行为并不取决于被告人,而是侦查机关。被告人实现立功意愿必须有侦查机关提供的机会。检举揭发的内容是否属实,需要侦查机关去查证。协助抓捕型立功的成立则更大程度上取决于侦

---

① 参见《辨认毒品犯罪上家照片协助抓捕应认定为立功——山东济南中院判决陈丁财、衣冠鸿等贩卖、运输毒品案》,载《人民法院报》2015年7月30日,第6版。
② 参见《[第249号]梁延兵等贩卖、运输毒品案——如何认定被告人协助公安机关抓获同案犯构成立功问题》,载中华人民共和国最高人民法院刑事审判第一庭、第二庭编:《刑事审判参考》(第32辑),法律出版社2003年版。
③ 参见周光权:《协助抓捕同案犯型立功的认定》,载《国家检察官学院学报》2012年第4期。

查机关,无论是通过直接打电话、发短信等方式将同案犯或其他犯罪嫌疑人约到指定地点,还是直接带领公安人员前去抓获,或者当场指认、辨认,更大程度取决于公安人员是否提供这个机会。尤其是在科技发达、数字化侦查大背景下的现代社会,被告人仅仅提供同案犯的联络方式,公安人员凭借技术支持已经有可能成功抓捕到同案犯。这恰恰是明确规定排除出立功的情况:仅仅供述同案犯的联络方式,公安机关据此抓获同案犯,不构成立功。

立功的认定和适用均呈趋严趋势。在 1996 年 7 月 29 日一审判决的金某万、李某石贩卖毒品案中①,金某万、李某石贩卖鸦片 70505 克,审判机关认定金某万揭发全某子窝藏毒品、李某石揭发金某万贩卖毒品的行为构成立功,是从轻、减轻或免除处罚的法定情节。该案裁判理由认为,有的法院对检举揭发同案犯共同犯罪行为虽认定为立功,却以"虽有从轻处罚情节,但贩卖毒品数量特别巨大,不足以从轻处罚"为由,对被告人不予从轻,这种做法是不符合法律规定的,并强调没有其他特殊情况下,对立功者一般均应当从轻、减轻或免除处罚。从早期的指导性案例到今天,不仅《大连会议纪要》明确规定检举揭发同案犯共同犯罪事实仅认定为坦白,立功对量刑的影响也以"功是否足以抵罪"为标准。早期案例中被批评为"不符合法律规定"的做法不仅有了《大连会议纪要》的规定为依据,也成为实践中相当普遍的做法。

死刑不具有可分性,所以无论是从轻还是减轻,只要立功情节发挥作用,则是生死之别。《大连会议纪要》要求以"功是否足以抵罪"为标准,即应衡量所犯罪行和立功的大小,并注意全案量刑平衡。在毒品犯罪组织化程度高度发达的今天,这样的考虑有其根据。由于毒品犯罪的隐秘性,越是在毒品犯罪组织中的位阶高,掌握的其他犯罪人的信息越多,归案后也就越容易构成立功,所以立功情节是否从轻必须考虑行为人所犯罪行的轻重及其共同犯罪中所处地位,否则更易于造成量刑不公,由此考虑出发,要求立功从轻需"功足以抵罪"是有道理的。基本犯罪事实是量刑的核心根据,对所有量刑情节的考虑都不能离开基本犯罪事实的制约。立功毕竟是出于功利目的的考虑,刑罚的公正是更优先的价值。不过这种考虑更深层的依据在于毒品犯罪形势的严峻以及刑事政策整体趋严,导致对毒品犯罪从轻情节适用的限制增多。

8. 退赃

退赃这一情节在毒品死刑案件中较为少见,毒品犯罪追求的直接目的便是经济利益,家族式贩毒或某些偏远村庄集资贩毒者更是抱定"牺牲我一个,幸福全家人"的信念,宁判处死刑而不悔罪。对于犯罪收益的没收和追缴,我国刑法规定极其简单而缺乏可操作性,且对控方承担的证明责任要求较高,无论是否以定罪为基础,首先都需要

---

① 参见《刑事审判参考》第 27 号案例。

证明所针对财物与犯罪行为之间的实质联系。① 实践中,如果当场查获或能够证明系毒资的,依法便可采取扣押、没收等措施。死刑案件中,被判处死刑的被告人必然会并处没收个人全部财产,对这部分没收的个人财产无须证明是合法还是非法来源,也谈不上退赃问题,客观上也起到追缴犯罪收益的效果。但是,即使不采取相对专业的洗钱方式,在现有的简陋的法律规定下,犯罪收益的形式略微复杂一些,如犯罪人只需将毒品犯罪收益转移至家人名下或者供非家庭成员用于合法投资,便很容易规避犯罪收益的追缴。现有追缴犯罪收益方式在应对毒品犯罪实践时明显表现出力不从心。

鼓励退赃有极其明显的积极作用:有效实现法律难以达到的追缴犯罪收益目标,尤其是当犯罪人将犯罪收益赠予他人或以家人及他人名义用作合法投资的情况下,免除了控方的证明责任。但将退赃作为从轻处罚情节也面对两难境地:第一,有以钱赎罪、以钱买命之嫌。毒品犯罪中,所退赃款基本上是之前犯罪所得,所交易毒品已然流入社会,危害结果已然造成。事实上,能够退的赃款越多,一方面表明悔罪之诚恳,另一方面却也表明之前所犯罪行的严重程度。在犯罪之后甚或多次成功犯罪之后,当应受到法律追究时因退赃而减轻处罚,与有同样犯罪事实但无退赃而被判处死刑者相比,会给社会公众造成以钱买命的不良印象,也会削弱死刑对毒品犯罪的威慑作用。第二,行为人自动上缴犯罪收益对于已经造成的危害后果并无弥补功能,在个案中因毒品犯罪数量的巨大,上缴犯罪收益也难以起到从轻处罚的效果,但已上缴的财物却难以退还。对犯罪人家属来说,国家的形象一定程度上会受损,因为接收了被告人所退赃款,却不予从轻,难免存在背信弃义之嫌。

(三) 小结

从案外情节对死刑适用的影响来看,整体趋向严格:首先,案外情节整体作用有限,受到毒品数量情节限制极大;其次,情节认定和适用方面,从宽情节的构成范围缩小,认定条件严格,适用时影响力趋弱,而从严情节的构成范围扩大,适用时影响力趋强,这种双向变化加剧毒品犯罪死刑适用的整体趋严。

1. 数量情节的制约

案外情节影响死刑适用的基础在于对刑罚特殊预防目的的考虑,特殊预防是在报应限度内的预防,所以案外情节整体上发挥作用有限,这体现在犯罪行为的客观危害对死刑适用的决定作用,毒品犯罪死刑案件则主要体现在数量情节的绝对地位。虽然指导性文件中一再强调不能唯数量论,但对死刑案件的每一级审判者而言数量都是最重要的情节。这不是毒品犯罪的独有现象,以数量作为量刑标准的罪名中均存在此类

---

① 参见王君祥:《论刑事推定在犯罪所得没收中的适用——兼议我国犯罪所得没收制度的完善》,载《江西社会科学》2013 年第 9 期。

问题。对与数量同一方向的从重情节而言,数量情节的作用尚不是问题,但对于反方向的从轻情节,数量的限制作用极为明显,尤其是如初犯、偶犯这样的酌定情节。对于立功这一法定情节是否从轻,《大连会议纪要》中更是明确规定以"功是否足以抵罪"为标准,这一规定本身基于严厉打击毒品犯罪的价值取向,对于立功这样的功利制度而言并无不妥。但对初犯、偶犯而言则显得过于严厉。解决此问题,唯有明确规定,如果能确证系"初犯、偶犯"者,无论数量多大,均不能判处死刑立即执行。

2. 情节认定与适用的趋严

案外情节在死刑适用的过程中,所发挥影响与是否属于法定情节关系并不大,因为法定情节虽然是法律明确规定应考虑的情节,但也仅仅是可以型情节而非应当型情节,在实际量刑时很难说多次犯罪情节地位弱于累犯、再犯情节。司法指导及实践表现出的趋严反应更值得关注。这种趋严反应同时体现在两个方面:在情节认定方面,从宽情节认定条件更加严格,而从严情节的构成范围却呈扩大趋势。在适用方面,从重情节发挥作用更大。

从宽情节认定趋于严格,主要表现在立功情节的认定方面,对此前文已提及。相对地,对毒品再犯这一从重处罚情节的认定范围却更广。再犯的认定,从将之认定为累犯的特殊情况到不要求前罪刑罚已经执行完毕,范围在扩大。即使构成要件不变,在量刑时是否考虑以及考虑幅度的变化也足以制约情节实际发挥作用。

与从轻处罚情节相比,从重情节发挥作用更明显,主要原因在于国家对毒品犯罪坚持不懈的严打态度。《大连会议纪要》规定,毒品数量达到死刑数量标准,有法定、酌定及其他从重情节的,及毒品数量超过死刑数量标准的,无法定、酌定从轻处罚情节的,可以判处死刑。客观来说,《大连会议纪要》的规定是从约束死刑的立场出发的。但是,一方面,实践中这两种不同情况被异化为一种情况:只要数量达到实际掌握的死刑标准,无法定从轻处罚情节,即优先选择死刑。另一方面,由于运输方式、犯罪组织形式、毒品类型等事实因素的发展变化,处于上游的毒品犯罪个案涉案毒品数量也都有极大变化。尤其对于毒品犯罪高发区而言,动辄数千克甚至上万克的毒品犯罪个案并非罕见。满足超过死刑数量标准这个要求,过于简单。实践中,如果存在再犯、多次犯罪等情节,则不仅可能使毒品数量在实际掌握死刑数量标准下的案件判处死刑,也成为达到实际掌握死刑数量标准案件适用死刑的重要理由。但相对地,从轻情节要发挥作用则受到多重制约,既要受到数量的制约,也会考虑与他案的平衡,并要考虑到死刑的社会效果,适用时约束太多。从轻情节要发挥作用,基本上需要多个情节同时存在,而从重情节产生效果,则仅仅一个情节便有明显影响。

三、案外情节影响死刑适用的实现途径

实体规范需要通过程序性规范才能得以实现。明确案外情节的认定及如何在毒品犯罪死刑适用中发挥影响,只是案外情节影响死刑适用的前提,还必须有程序性保障,使法官能够充分了解与案外情节有关的量刑事实。从目前审判实践来看,法官对量刑事实的审查,以侦查机关对量刑事实证据的固定和收集为基础。[1] 客观上,死刑案件的审理,具备刑事案件审理的共性,即案卷对裁判结果具有决定力,而案卷的形成主要在侦查阶段,制作主体具有单方性、官方性并缺少外部制约和监督,被告人更多地处于客体地位、被调查对象地位而难以加入卷宗制作主体中。[2] 作为侦查卷宗的制作主体,侦查机关在毒品犯罪的侦查中又极其重视毒品数量,更关注从重处罚情节。[3] 所以,案外情节尤其是从宽情节要有效发挥对死刑适用的影响,应做到以下几点:首先,需要存在相对独立的量刑程序,存在对各种量刑事实讨论、质证的空间;其次,允许侦查机关之外的主体收集量刑事实证据,以保证信息的全面和充分;最后,审判者应当对各种量刑信息有回应,在正式文书中对量刑过程的反映更详细。

(一) 前提:定罪程序与量刑程序的相对分离

在死刑案件评议过程中,定罪和量刑是相对分开的,首先法官会分析被告人的定罪事实,进而对量刑情节进行讨论,专门考量对量刑有影响的各种事实证据。但这种讨论过程中,常常是定罪和量刑交织在一起,事实证据问题和法律适用问题也混杂不清,追溯原因,在于庭审过程中法庭调查和法庭辩论阶段都没有区分定罪和量刑,定罪证据和量刑证据交织在一起,虽然这之中有某些证据本身既影响定罪也影响量刑的原因,但更主要的原因在于没有有意识地分离定罪与量刑程序,证据的质证由之前打包质证进步到一证一质,但并未区分定罪证据与量刑证据,质证方式也仅限于控方提出证据,辩方表明对证据是否有异议,而不存在针对量刑事实本身对刑罚适用的影响进行的讨论。某些仅仅影响量刑的证据尤其是仅仅与犯罪人相关的酌定情节的证据,可能无法进入法庭质证程序,即使经过质证的法定量刑事实证据,由于对其成立与否尤其是对量刑确实发挥的作用讨论不足,也很难充分发挥其应有作用。实践中有地区在死刑案件中设立独立的"量刑辩论"程序,仅仅是试探性改革而无明文规定,也不是普遍做法。[4]

---

[1] 参见樊华中:《量刑事实析取及运用须注意的几个问题》,载《人民检察》2015年第14期。
[2] 参见左卫民:《刑事诉讼的中国图景》,生活·读书·新知三联书店2010年版,第104页。
[3] 参见任惠华:《毒品犯罪死刑适用问题的调查与思考》,载《甘肃政法学院学报》2015年第5期。
[4] 参见李玉萍:《中国法院的量刑程序改革》,载《法学家》2010年第2期。

具有一个至少是相对独立的量刑程序对案外情节真正发挥对死刑适用的影响有重要意义,至少能为法官充分考虑各种量刑事实和情节提供空间。目前进行的量刑规范化改革推动普通刑事案件定罪程序与量刑程序的相对分离,这是推动量刑公正的重要一步。死刑案件并不在量刑规范化改革范围内,但剥夺生命是刑罚的终极高度,死刑案件比普通案件更应重视量刑程序,设立相对独立的量刑程序更应当走在普通刑事案件之前。

所谓相对独立的量刑程序,实际上是一种将定罪审理与量刑审理交错进行的程序设置。① 一方面,量刑程序进入法庭审理程序之中,既要专门对量刑事实证据进行质证,又要对具体事实情节对量刑的作用进行辩论。另一方面,量刑程序仍旧在传统的法庭调查、法庭辩论程序之中,仅仅是将定罪与量刑相对分离,先进行定罪程序,对定罪问题进行法庭调查和辩论,之后是量刑程序,就量刑证据进行调查和辩论。② 相对独立的量刑程序,因存在专门针对量刑事实的调查和辩论,能够为控辩双方提供机会和动力提出己方的量刑主张,能够为法官获取全面量刑信息提供制度支撑,同时也因并未打破传统审判程序,避免增加一次开庭可能带来的所有弊端的同时又吸收了独立量刑程序所具备的所有优点,是符合我国国情的现实可行的选择。

(二) 量刑信息的全面、充分收集

程序是为实体规范服务。仅有相对独立的量刑程序,而无充分的量刑信息运用该程序得到质证与辩论,程序便成为空架子。最终的刑罚决定,应当建立在全面、充分的信息基础上,才能保证公正。量刑信息应尽可能涵括所有犯罪行为与犯罪人相关信息。与犯罪人相关信息,不只是犯罪行为表现出来的犯罪人特征,还有犯罪前后的有关信息。检察机关起诉及提出量刑建议、法院审理过程中定罪量刑行为,都以侦查机关提供的证据为基础。而侦查机关重点在于证明犯罪事实的成立,即使关注量刑事实,基于其控方的基本立场,所关注也更多是从重量刑事实。某些证据中必然会包括定罪信息和量刑信息,即犯罪行为所反映出来的与量刑有关的信息,对于法定量刑情节如累犯、毒品再犯、自首、立功等,侦查机关收集提供此类情节的证据系其职责所在,但对于酌定情节,与犯罪行为有关的重视程度不够,更不用提犯罪人的家庭状况、社会关系、心理健康、财产状况等个人状况。

对毒品犯罪死刑适用相关酌定情节,应尤为注重收集行为人的活动轨迹和财产状况方面的信息。行为人属于多次犯罪还是初犯、偶犯,其活动轨迹是有力佐证。例如,某被告人是四川人,却长期在云南瑞丽、景洪等毒品犯罪高发地区活动,其自称是

---

① 参见陈瑞华:《论相对独立的量刑程序——中国量刑程序的理论解读》,载《中国刑事法杂志》2011年第2期。
② 参见黄应生:《我国需要什么样的量刑程序》,载《法制资讯》2008年第6期。

到某些地方打工,但住宿记录显示其通常是住宿两三个晚上便离开,住宿期间还频繁更换宾馆,所称打工收入每天约五六十元,这显然与常理不符。财产状况也能反映被告人之前有无从事毒品犯罪的可能,应查明的财产状况不仅应包括被告人本人的,也应包括家庭财产状况,甚至是与其关系密切者的财产状况。再如,某贩卖、运输毒品犯罪的被告人,其与妻子均无正当职业,被告人同时还吸毒,案发前1年内二人购入房产2处,价值300余万元,车子2台,价值100余万元,同时还从被告人的岳母家中搜出现金80余万元。这些财产状况有关证据能够有力印证被告人供述的实施毒品犯罪的事实。但侦查机关很少主动收集被告人财产状况的信息。事实上上述案件中被告人的主要财产信息,并非侦查机关在案发后有意识去收集的,而是在案发前发现被告人有贩卖毒品嫌疑后,对其进行监控过程中取得的,在案件审理过程中其财产状况也并未作为证据使用。对于行为人的一贯表现和品行等证据,因这些情节与定罪距离更远,侦查机关不会收集此类证据。

　　量刑信息收集的目的在于为法官量刑提供参考和依据,所以合适主体的确定需要考虑到信息收集的可行性、全面性、客观性等多种因素,以及法官对信息的信任度。死刑案件中,对量刑信息进行收集的主体有几种可能性:侦查机关及检察机关,辩护律师,法官,中立的社会机构或司法官员。由侦查机关收集量刑信息尤其是酌定量刑情节信息不可行,不仅仅在于侦查机关的控方身份而在收集信息时偏重于法定及从重处罚事实,更大障碍在于现实困难:毒品犯罪死刑案件中跨地区作案具有普遍性,异地发案及抓捕、异地管辖是普遍现象,如东北的毒品犯罪人从广东等地购进大宗冰毒,而海洛因和麻古则主要从云南入境,云南汇集了全国各地的毒品犯罪人。毒品犯罪高发地区的侦查机关能力和技术相对较高,但警力不足的矛盾更突出,延伸侦查尚且力不从心,更谈不上对与犯罪人有关的酌定量刑情节的收集,对异地犯罪人的财产状况也很少主动查证。辩护律师有动力、有条件收集各种量刑信息,但辩护律师一切行为的出发点在于维护被告人的利益,信息收集自然有偏颇,所收集信息也很难获取法官的信任。有观点主张定罪之后,法律完全可以授权辩护律师调查取证,全面收集那些与量刑有关的法定或酌定情节,同时,应建立量刑证据的开示,使控辩双方了解对方的证据,庭审时可有效对抗。① 辩护律师可以收集相关信息,这是其职责所决定的。但法官对其所提供信息的采纳程度,是不容乐观的。当侦查机关和辩护律师关于同一情节的证据出现矛盾时,同样条件下法官自然更倾向于信任侦查机关。法官最信任的信息来源,自然莫过于亲自调查所得,但法官作为中立裁判者,其身份和角色定位和司法资源的稀缺性决定其不可能事事躬亲,只能依据一定规则在不同证据之间做出取舍。相比较而言,英美量刑程序中由法院内部的缓刑官提供"量刑前报告",这种做法能够提供

---

① 参见汪贻飞:《论量刑辩护》,载徐昕主编:《司法》(第9辑),厦门大学出版社2014年版。

最具可操作性的借鉴,如学者指出的,这一调查主体具有一系列优势:相对控辩双方的中立地位和超然性;作为司法调查官的职业素养和经验,保证了该报告足以给法官提供大量有用的事实信息;作为法院司法行政官员的身份以及与法官的工作关系,又可以保证其具备良好的职业操守和敬业精神,其报告的真实性也容易得到法官的信任;精致细密的调查工作,保证了量刑信息搜集的全面性。① 无论从机构设置的可行性,还是从调取信息的效果而言,是对我们国家死刑案件量刑信息调查最具借鉴性和最具可操作性的途径。

(三) 证明标准的独立性

某一情节对死刑适用发挥多大程度的影响,这是一个价值判断问题,无法如普通刑事案件中规定每个情节对基准刑的增减比例,甚至也很难规定具体标准。对量刑情节的证明方法及证明应达到何种程度,则可设定明确标准。定罪情节与量刑情节、从重情节与从轻情节、法定情节与酌定情节的区别,是客观存在的现实,是否应当因情节不同而对证明标准做出调整? 大陆法系刑事诉讼理论认为,用有证据能力的证据并且经过正式的证据调查程序作出的证明,是"严格的证明",其他证明是"自由的证明",通说认为量刑情节只通过自由证明即可,但是倾向于加重被告人刑罚的情节事实要严格证明。② 具体到证明标准,陈瑞华教授认为,普通刑事案件中,对于从轻量刑情节和独立于犯罪事实的从重量刑情节,公诉方的证明只要达到优势证据即可,被告方对从重情节的反驳也只需达到优势证据标准。③ 但对于死刑案件中的量刑情节证明标准则高于对普通案件量刑事实的证明标准,只要对量刑事实存在任何明显疑问或者对案件存在任何可以从轻、减轻处罚的可能性,都不宜适用死刑。

刑事诉讼法所规定的证明标准适用于普通刑事案件及死刑案件,但死刑案件的要求无疑更加严格。根据《关于办理死刑案件审查判断证据若干问题的规定》第 5 条第 3 款的规定,"对被告人从重处罚的事实"的证明应当达到证据确实、充分,证据确实、充分是指:定罪量刑的证据都有证据证明;每一个定案的证据均已经由法定程序查证属实;证据与证据之间、证据与案件事实之间不存在矛盾或矛盾得以合理排除;共同犯罪案件中被告人的地位、作用均已查清;根据证据认定案件事实的过程符合逻辑和经验规则,由证据得出的结论为唯一结论。也就是对被告人从重的量刑事实采取确实、充分的证明标准,对被告人从轻的量刑事实及程序事实采取优势证据标准。

问题在于对从重量刑情节的证明标准是否要达到与定罪同样的标准? 毒品犯罪

---

① 参见陈瑞华:《论量刑信息的调查》,载《法学家》2010 年第 2 期。
② 参见[日]田口守一:《刑事诉讼法》,张凌、于秀峰译,中国政法大学出版社 2010 年版,第 269—270 页。
③ 参见陈瑞华:《量刑程序中的证据规则》,载《吉林大学社会科学学报》2011 年第 1 期。

的案外情节,起到从重作用的无非是累犯、再犯的法定情节及多次犯罪、职业犯、惯犯等酌定情节。证明构成累犯、再犯,以前罪的性质与判决为基础,有生效判决文书作为证据,并无难题。但对于之前曾多次犯罪与系职业犯、惯犯的证明,如何理解"确实、充分"的标准?如前所述,确实、充分的证明标准针对的是"之前曾多次犯罪"或者行为人以毒品犯罪为业,并不要求对之前的每一次具体犯罪的证明达到确实、充分的标准。换言之,即使对从重量刑情节采取确实、充分的证明标准,也会因证明对象的不同而存在实质区别。如果不承认定罪事实与量刑事实的证明标准不同,就需要承认因所证明对象的不同而存在的实质区别。

论有牵连关系的两罪也应实行并罚*

有牵连关系的两罪,即通常所称的牵连犯。牵连犯在刑法中虽然不是什么重大的理论问题,但因涉及如何适用刑罚判刑,是按一罪择一从重处刑,还是以数罪实行并罚,从而与刑罚最后结果是轻是重有密切关系。因此,是否承认牵连犯,对有某种牵连关系的两个犯罪行为的处罚方式是至关重要的。事实上,牵连犯的概念不很明确,处罚原则也不甚合理,应当予以抛弃,对有牵连关系的两罪也应实行并罚。在此,本文从我国的刑法理论、立法根据,牵连关系的难以确定等方面予以论述。

1. 所谓牵连犯,是指行为人为了实现一个犯罪目的,而犯罪的方法或结果又触犯了其他罪名的情况。它分两种类型:(1)为实现一个犯罪目的,其犯罪的方法或手段又触犯了其他罪名。如以挪用公款为手段进行投机倒把犯罪活动。(2)为实现一个犯罪目的,犯罪的结果又触犯了其他罪名。如盗窃他人提包,除贵重物品外,内有手枪一支,而将其隐匿,即是结果行为触犯了私藏枪支罪。

牵连犯的概念和处罚原则,最早提出和比较系统、完整表述的,应首推19世纪初期德国著名刑法学家费尔巴哈。1824年,费尔巴哈在受命起草的《巴伐利亚刑法典(草案)》中,对牵连犯作了明确规定:"犯罪人①以同一行为违反不同的刑法法规,或者②确以不同行为实行了不同的犯罪,但这一行为仅是实现主要犯罪的手段,或是同一主犯罪的结果,应视为附带的情形,可考虑不作加重情节,适用所违反的最重罪名之刑。"

对牵连犯不适用数罪并罚,主张择一重罪处罚,在我国目前的刑法教科书、一些刑法专著和论文中均可见到,可以说是刑法学界的通论。司法实践中,也确实存在对有牵连关系的两个犯罪行为实行择一重罪处罚的案例。如伪造公文后又骗取财物的,手段行为触犯伪造公文罪,目的行为触犯诈骗罪,接重罪诈骗罪处罚,伪造公文罪是轻罪,只作为一个从重处罚的量刑情节,而被吸收进重罪诈骗罪中。主张对牵连犯不应该实行数罪并罚的理由是:(1)牵连犯的客观危害较轻。牵连犯的数个犯罪行为因相互依存形成一个统一整体,社会危害比实施数个完全独立的犯罪轻一些。(2)牵连犯行为人的主观恶性小。牵连犯的数个犯罪故意贯穿着一个犯罪目的,行为人蔑视法律规范和社会利益的主观恶性比分别起意实施数罪的行为人要小一些。(3)考虑到牵连

---

* 原载《中外法学》1990年第5期,与孟庆华合作。

犯行为人的自我评价和社会评价。牵连犯触犯了数个罪名,然而,行为人自以为实施了一个犯罪;而且,在社会观念中,因牵连犯的数个行为结成一体,也往往被视为一罪。

笔者认为,对牵连犯实行择一重罪处罚的原则,而不实行数罪并罚,这在刑法理论上没有什么说服力,其立法根据也不足。相反,根据我国刑法有关理论和立法上的某些规定,应该对有牵连关系的两罪实行并罚,而不应该适用择一重罪处罚的原则。

2. 刑法中的犯罪构成,是决定行为人应否承担刑事责任的基本依据。要追究一个人的刑事责任,必须查明行为人的行为是否具备法律所规定的犯罪构成。犯罪构成也是确定数罪与一罪的标准。符合一个犯罪构成的,即构成一罪,符合数个犯罪构成的,即构成数罪。构成一罪按一罪处罚,构成数罪就应该按数罪并罚。一罪两罚,两罪一罚,都不符合罪刑相适应的原则。牵连犯的行为之间虽然具有牵连关系,但是两个行为都符合犯罪构成的要件,而且各自构成独立的罪名,在这一点上,它既不同于惯犯,也不同于连续犯。如果对牵连犯不实行数罪并罚,而是择一重罪处罚,实际上就是两罪一罚,这显然有悖于我国刑法中的罪刑相适应原则。

对从重处罚的情节,按我国刑法的规定,主要有主犯,教唆不满18岁的人犯罪的,累犯,国家工作人员利用职务之便犯诬告陷害、走私、投机倒把等罪的……但是,把一个罪作为另一个罪的从重处罚情节,却在刑法中找不出任何依据。因此,在司法实践中,就也难以掌握和适用,易产生畸轻畸重的不良后果。

牵连犯的牵连行为与两个独立的犯罪行为,并没有什么本质的区别。所造成的客观上的危害结果的轻重和大小,只能根据行为人的行为实际产生的结果来衡量。例如,以挪用的公款进行赌博活动的牵连行为,与独立的挪用公款行为和进行赌博行为,两者性质并没有差别,其损害结果的轻重大小,只能根据挪用公款数额的多少,聚众赌博的人数、赌资的数额、赌博活动时间的长短等方面来判断,而不能仅仅根据两个行为之间是否有牵连关系来衡量和判断。

牵连犯的最终目的是一个,它的数个犯罪行为都是为了这个犯罪目的而实施的。但是,我们不应该忽视,作为犯罪的手段行为和结果行为也都具有各自的目的。例如,伪造公文后骗取财物的,最终目的是骗到财物,而作为犯罪手段的伪造公文行为是直接故意犯罪,当然也具有目的,即牵连犯所具有的目的不是一个,而是两个,只是两个目的有层次上的区别罢了,当然是相互关联的。比较主观恶性的大小,可以说,故意犯罪比过失犯罪恶意性大,两个故意犯罪比一个故意犯罪恶性大。但是,对两个有牵连的犯罪故意与两个独立的犯罪故意比较其主观恶性大小确是困难的,因为缺乏科学的衡量标准。

对于按法律规定应该构成两个罪,而行为人误以为构成一个罪的,这属行为人对法律产生的错误认识,不影响按两个罪定罪判刑。至于根据社会观念视牵连犯的数个犯罪为一个犯罪的,也有不妥之处。社会评价与法律规定并非都相一致。例如社会评价中把"大义灭亲"的故意杀人行为看作理所当然,甚至是值得称颂的。但是,依据法律,这种行为是要负刑事责任的,同样,对牵连犯的误解也如此。社会评价只能是对社会上所发生的事情进行评议的一种尺度,但并非法律上确定是否构成犯罪以及是构成一罪还是数罪的标准。

3. 纵观当代世界各国和地区的刑法典,仅有极少国家规定有牵连犯条款。在英美刑法中,对有牵连的犯罪行为,采用分别定罪处罚,构成几个罪就定几个罪,根本没有牵连犯概念。苏联的1922年《苏俄刑法典》、1926年《苏俄刑法典》、1958年《苏联和各加盟共和国刑事立法纲要》等,也没有一部规定过有关牵连犯的内容。其他东欧国家在刑法典中也不承认牵连犯的概念及处罚原则。

在大陆法系国家和地区中,只有1907年日本颁布的《日本刑法典》有牵连犯的规定。该法典因袭了德国旧刑法的有关内容,在总则部分规定了牵连犯的概念和处罚原则:"因一行为触犯数罪名或者犯罪的手段或结果行为触犯他罪名者,依其最重之刑的法条处断。"我国清朝末年颁布的《大清新刑律》与国民政府1928年和1935年颁行的两部刑法,都搬用了日本刑法中这一条款的内容。例如,1935年的《中华民国刑法》第55条规定:"一行为而触犯数罪名,或犯一罪而其方法或结果行为犯他罪名者,从一重处断。"

但是,值得注意的是,过去在刑法中设置牵连犯的,在以后刑法的修改草案中表现出删除该条款的倾向。例如,1974年日本的《修正刑法草案》第67条,就将牵连犯的内容删除了,只保留了想象数罪的规定。1975年,台湾地区"刑法总则修正草案初稿"第55条虽然保留了牵连犯条款,但在刑法学界也存在"牵连犯之规定以其欠公平又难认定,有主张删除的"呼声和要求。

牵连犯的概念和处罚原则,从其提出至今已有近二百年的历史,对其认可的法典为数寥寥,也没有得到刑法学界的普遍认同,而且原有牵连犯规定的也趋向于删除。国际上的这种刑事立法趋势和刑法研究状况表明:牵连犯的处罚原则是不合理、不公平的,因而不能采用。

我国现行刑法中没有牵连犯条款的规定,因此,对牵连犯实行择一重罪处罚的原则是无法律根据的。近几年来,在我国的司法实践和刑事立法上,出现了被通行理论认为是典型的牵连犯却实行数罪并罚的例证。1986年4月,北京市中级人民法院宣判了张常胜、叶之枫泄露国家重要机密和受贿一案。此案中,张、叶二犯泄露国家重要机密明显是获得贿赂的手段,受贿是其目的行为。对这种有牵连关系的两罪并没有适用择一重罪处罚的原则,而是采取数罪并罚的原则,以泄露国家重要机密罪和受贿罪,分别判处张常胜死刑、叶之枫有期徒刑17年。1988年1月,全国人大常委会通过的《关于惩治贪污罪贿赂罪的补充规定》中规定:"挪用公款进行非法活动构成其他罪的,依照数罪并罚的规定处罚。""因受贿而进行违法活动构成其他罪的,依照数罪并罚的规定处罚。"这两个法律条款无疑都包含了某些通常所称的"牵连犯",但一概实行并罚。因此,该补充规定可被视为否定择一重罪处断的牵连犯概念的立法依据。

4. 辩证唯物主义的观点认为,任何事物之间都存在着一定的联系,而且这种联系是普遍存在的。在由一个犯罪分子所实施的数个犯罪行为之间,同样也普遍存在某种程度的联系。但是,对有联系的数个犯罪行为,要准确地划分哪些是有牵连关系的犯罪行为,哪些是没有牵连关系的犯罪行为,往往是困难的。

在确定数个犯罪行为是否具有牵连关系方面,刑法学界的主张可归结为三种:(1)主观说,即认为牵连关系是用一个犯罪意图统一起来的。如为杀人而盗窃枪支的,为盗窃而侵入住宅的,为诬告而伪造证据的等。(2)客观说,又分为两种:①相互形成说,即认为手段行为和目的行为或原因行为和结果行为,必须在法律上包含于一个犯罪行为的概念中,方能构成牵连犯。如伪造公文后骗取财物的,两个行为都包含于诈骗罪的观念中而形成一个犯罪事实,因而两者具有牵连关系。但盗窃枪支后又去杀人的,就不是牵连犯。因为盗窃武器和杀人为两个独立的犯罪,这两个行为不能包含在一个犯罪观念中。②直接关系说,即认为手段行为和目的行为、原因行为和结果行为之间必须具有直接的密切关系,方能成立牵连关系。但是,学者间对何谓"直接密切关系"众说纷纭。有的主张以一般社会观念为标准,有的则主张以通常会发生的情况为标准,也有人认为应当有法律预先规定或由权威机关作出权威性解释为标准。不同的主张就会得出不同的结论。如,有人认为侵入住宅杀人的为牵连犯,盗窃枪支杀人的则不是,理由在于盗窃枪支杀人不是杀人所采取的一般方法,而侵入住宅则为杀人的一般方法。另有人则反对,认为前例为吸收犯,后例则是牵连犯。(3)折中说,即认为手段或结果行为,在客观上就是成为通常的手段行为或成为通常的结果行为,同时,行为人在主观上须有犯意的继续。对于那些表面上看具有手段和目的关系,但并无内在和直接联系的,则不能成立牵连犯。如,为达杀人目的而盗窃枪支,为受贿而作枉法裁判的,虽然前后两行为都是围绕一个目的进行,但缺乏内在的必然联系。而伪造公文后进行诈骗的,则具有这种内在的必然联系。因而,前者不是牵连犯,后者则为牵连犯。

用不同的标准去确定牵连关系的有无,必然会得出不同的结论。就我国刑法而言,用挪用的公款进行赌博活动的,有人就认为,先赌博后挪用公款的,构成牵连犯,而先挪用公款后进行赌博的则不构成牵连犯。另有人认为,上述两种情况,均构成牵连犯。日本刑法中,对于难以确认的牵连关系,干脆用判例来说明。但是,判例再多,也不可能将错综复杂的犯罪形式都包容进去,而且推崇不同学说的法官也会作出不同的判例,因此,判例之间相互矛盾者也是有的。从功利上看,承认牵连犯概念,只会徒然增加司法活动的麻烦。

正因为牵连关系的复杂性和难以确定性,使得同样具有相互联系的两个犯罪行为,有的被确认为是牵连犯,有的则会确认为不是。如果肯定牵连犯,势必在适用刑法时,对"有牵连关系的"两罪从一重处,而对"不具有牵连关系的"两罪实行并罚。然而,刑法所具有的规范性、准确性和严肃性,不容许这种对同样相联系的两个犯罪行为去适用不同的处罚原则的现象出现。

5. 在摒弃牵连犯的概念和处罚原则方面,日本在《修正刑法草案理由书》中所阐述的删除牵连犯的理由,是值得考虑和借鉴的:"有关牵连犯的规定被删除了,在构成牵连犯的数罪中,手段行为和结果行为之间会有相当的时间间隔,这样,对一个罪来讲,判决是有效的,但对另一个就不一定适用。在判例中,作为牵连犯所具有的通常手段或结果关系,在具体的适用上不是一致的。依现行法律,牵连犯本身被解释成为想象数罪的比较多,所以,牵连犯的规定被删除,对被告人的利益也没有什么坏处。牵连犯的删节就是根据这个理由。"从这些理由中可以看出:(1)由于牵连犯为数个犯罪,并且数个犯罪行为之间可能存在着时间上的间隔,这样就会在判决效力、追诉时效、新旧法的运用、犯罪地点的确定、赦免、减刑等问题方面产生一些不便。如在手段与目的的牵连行为中,手段行为先实施,追诉时效为4年,且为重罪,4年后又因实施目的行为的轻罪时两罪被同时发现。这样,按照时效规定,只能追究其轻罪,当然不能追究其重罪。但按照牵连犯从一重处的原则,既然重者已过追诉时效,那么轻者也就不能再被追究了。如果遇到赦免、减刑,只减、赦重罪,轻罪也自然随着减、赦,实为不当;而只减、赦轻罪,因适用从一重处断,则无法执行。(2)牵连犯的复杂性和难以确定性,可能使解释牵连犯所具有的通常手段或结果关系的判例,在具体适用时产生前后不相一致、彼此矛盾的现象。这样,就会使审判人员左右为难,无所适从。(3)牵连犯在日本现行法律中,被解释成想象数罪的情况比较多,因而就可以把这一部分当作想象的数罪来处理即可。想象数罪是一行为,而牵连犯为数行为,两者似乎不相联系。但是,想象数罪的一行为,在某些情况下,可以看成是"几个行为所为的"。这种情况在出于同一个犯意又是同时同地实施的几个犯罪行为中,是比较容易发生的。如某人侵入他人住宅抢劫贵重物品的行为,分开来看,侵入住宅和抢劫具有手段和目的的牵连关系;但是,也可以把侵入住宅和抢劫两个行为视为"同一行为",同时触犯侵入他人住宅和抢劫两罪名而构成想象数罪。

综上所述,在我国刑法中,对有牵连关系的两罪实行并罚,既有理论根据,又有立法依据,司法实践中也有例证。而抛弃牵连犯这个容易引起争论的概念和不公正的处罚原则,既与世界各国和地区刑事立法发展状况相一致,又符合罪刑相适应原则的要求,同时,也避免了诉讼中可能出现的争论和量刑时可能产生的轻纵罪犯的不良后果,有利于实现惩罚犯罪、保护人民、保障经济建设顺利进行的刑法任务。

刑民一体化视野下二维码案侵财行为定性研究*

一、问题提出

案情简介：近年来，社会上许多个体商户利用微信或支付宝二维码收付款，这一新型支付方式虽然给人们日常交易带来很大的便利性和快捷性，但同时也为小偷创造了生财之道。许多小偷趁商家和他人不注意之机，将商家二维码调换或覆盖（以下简称置换）为自己的二维码，从而获取顾客原本支付给商家的钱款，导致商家蒙受巨大经济损失（以下简称二维码案）。

二维码侵财类案件是近年来社会生活中发生的众多新型侵财类案件之一。看似很简单的一类侵犯财产类的案件，但是理论界及实务界对其定性问题产生了极大争议，例如，理论上认为二维码案成立诈骗罪、诈骗罪的间接正犯、双向诈骗、传统三角诈骗、新型三角诈骗、盗窃罪、盗窃罪间接正犯、三角盗窃罪、侵占罪及有个别学者认为可能成立其他犯罪等不同观点。司法实践中对其定性也存在争议，例如，在发生在石狮市的一起类似案件中，石狮市人民检察院以诈骗罪提起公诉，而人民法院判决行为人成立盗窃罪。① 可见，二维码案定性问题不但给司法实务带来挑战，也促使理论界对财产类犯罪问题的进一步深入研究。本文基于法秩序相统一原则，贯彻"刑事一体化"②和"立体刑法学"③的观念和方法，融通刑法和民法就财产犯罪问题理论知识的联系，揭示财产犯罪问题应用刑法民法一体化交叉视角研究的必要性；厘清二维码案的案件事实涉及的民事法律关系，阐述民法和刑法对存款占有性质存在的不同观点，论证行为人置换二维码非法取财行为不仅违反了民事法律规定，同时也构成了刑法上的财产犯罪，达到须科处刑罚的程度；梳理对二维码案侵财行为成立不同犯罪的路径并予以批判。依据罪刑法定原则及刑民一体化视野，能够较为全面和准确地评价行为人侵财行为符合盗窃罪的结论，进而实现对该案件理论评价的逻辑性及自洽性。

---

* 原载《刑法论丛》2019 年第 3 期，与唐风玉合作。
① 详见福建省石狮市人民法院(2017)闽 0581 刑初 1070 号刑事判决书。
② 参见储槐植、闫雨：《刑事一体化践行》，载《中国法学》2013 年第 2 期；储槐植：《再说刑事一体化》，载《法学》2004 年第 3 期。
③ 参见刘仁文：《立体刑法学：建立刑法学新的研究范式》，载《人民检察》2017 年第 8 期；刘仁文：《"立体刑法学"再出发》，载《中国社会科学报》2018 年 6 月 6 日，第 5 版。

二、刑民一体化视野下评价财产犯罪问题的必要性

财产犯罪问题历来是刑法理论研究及司法实践定罪的难点问题之一，而涉银行存款类问题，其讨论及认定都受到民事法律规范的约束，在具体构成要件要素的解释上也应坚持遵循民法从属性原则①，尽可能实现法秩序相统一性。在财产犯罪的构成要件及法律后果的逻辑认定上，刑法和民法基本相似，但其立法目的和救济立场不同，民法侧重于保护平等公民之间财产上的权利义务关系，以维持其利益分配之均衡，刑法则侧重于惩罚侵犯财产的行为和预防这类犯罪再发生，以保护公民合法财产不受非法侵害，维护社会秩序安定有序；民法在救济立场方面保护善意第三人的权利，将处罚转向没有履行义务的权利人或是因不当得利、侵权行为获利的行为人，而刑法保护财产或财产性利益真正受损失的人，处罚实施非法行为侵害他人或者公共财产利益的行为人。显然，财产犯罪具有双重属性。② 刑法保护财产犯罪的范围要比民法更广泛，在某种程度上刑法对财产犯罪的规制是为了进一步巩固民法上财产分配制度以确保财产权人的现实利益。③ 正如有学者指出，"刑民关系除了在合法与违法的维度上讨论，还包括基本概念的互相辨析、沟通，基本法律关系的协调及理论逻辑的互相借鉴等问题"④。对于财产犯罪问题，首先要判断行为人在违法性层面是否违反民法和刑法规范，刑民一体化并不排斥针对具体案件事实两者应当进行独立评价及认定的情形。例如，民法上成立不当得利的情形，不能认为不成立刑法上财产犯罪情形。任何故意或过失甚至是无过错地侵犯他人财产的行为可能达不到刑法处罚的程度，即不一定违反刑法规范，但如果违反了民事法律规定，行为人理应承担相应的民事责任。刑法仅将部分值得科处刑罚的、侵犯财产的行为类型纳入其规制范围，但不排除这些行为同时也属于民事违法行为。刑法与民法都是宪法之下的子法。然而，刑法与其他部门法非平行并列关系，其所具有的严厉性、补充性、保障性等特有的属性使其被置于最后法的地位，只有在其他法律不能充分保护或一般部门法不足以抑制某种危害行为时，才能发动刑罚，对社会关系和法益加以保护。

厘清二维码案的案件事实涉及的民事法律关系及刑事法律关系是准确评价行为人侵财行为的前提和关键。法律关系是由立法者通过法律规范有意识、有目的地构建

---

① 参见徐凌波：《置换二维码行为与财产犯罪的成立》，载《国家检察官学院学报》2018年第2期。
② 参见李菲菲：《取得错误汇款的行为性质研究》，载《刑事法评论》2017年第1期。
③ 参见杨志琼：《权利外观责任与诈骗犯罪——对二维码案、租车骗保案、冒领存款案的刑民解读》，载《政法论坛》2017年第6期。
④ 王华伟：《刑民一体化视野中的存款占有》，载《法律适用》2014年第1期。

起来的①,特定的案件事实符合特定的法律关系。有论者提出二维码案符合民法中债权的准占有情形②,但是,并没有分析二维码案的案件事实与这一民事法律规范契合的依据,笔者不赞同论者依据这一理论得出二维码案侵财行为成立诈骗罪的结论。民法上的财产权包括物权和债权两大类,债权是指特定的债权人一方请求债务人为一定行为或者不为一定行为的权利③,债是指因民事法律行为或者法律的直接规定,在特定的当事人之间产生的请求为特定的权利义务关系④,是一种财产法律关系,其核心内容是债权人享有的债权和债务人承担的债务,客体是给付,如债务人向债权人交付一定的货币。⑤ 众所周知,根据我国传统的交易习惯,商家和顾客之间默认是一种不成文的买卖合同关系,基于买卖合同关系,顾客与商家形成了一种不成文的买卖合同之债,即顾客获得商家物品(标的物)以后,商家(债权人)依照日常交易习惯或者法律规定而享有的请求顾客(债务人)向自己给付货币的债权债务法律关系。⑥ 合同之债典型地反映了债权的财产性,而债权的财产性既体现为其作为其他财产权流转的媒介,也体现了债权本身就是一种独立的财产权,可以成为交易的对象。⑦ 顾客支付货币,实际上是履行商家对自己债权的义务,顾客将货币转移给商家,与商家的债权债务关系便消灭。

二维码案中,顾客没有采用现金方式支付,而是利用扫码支付货币的方式,这里需要明晰顾客所支付钱款的性质。公民的现金存入银行后,与银行成立一种无名储蓄合同,存款行为以转移货币占有的方式在储户与银行之间建立了一种债权债务的法律关系。⑧ 有学者提出,存款具有两种含义:一种是存款人对银行享有的债权;另一种是存款债权所指向的现金,即存款债权和存款现金。存款现金属于物,存款债权属于债权,从事实上讲公民是主体,从法律规范上讲银行是主体,存款债权因此获得了财产权特征,属于财产性利益的范畴。⑨ 这里引申出对存款债权能否占有问题的争议。虽然刑法在财产犯罪的有关法律规范中,没有明确地提出将财产性利益纳入财物的范围,但是我国的立法和司法实践表明,财产性利益也属于刑法保护的对象,存款债权属

---

① 参见杨兴培:《犯罪的二次性违法理论与实践:兼以刑民交叉类案例为实践对象》,北京大学出版社2018年版,第156页。
② 参见高磊:《论清偿效果之于三角诈骗的认定》,载《政治与法律》2018年第5期;柏浪涛:《论诈骗罪中的"处分意识"》,载《东方法学》2017年第2期。
③ 参见王利明、杨立新、王轶、程啸:《民法学》(第5版),法律出版社2017年版,第130页。
④ 参见王利明主编:《中国民法典学者建议稿及立法理由:债法总则编·合同编》,法律出版社2005年版,第12页。
⑤ 参见王利明:《债法总则》,中国人民大学出版社2016年版,第14页。
⑥ 参见杨立新:《债法总则研究》,中国人民大学出版社2006年版,第33页。
⑦ 参见王利明主编:《中国民法典学者建议稿及立法理由:债法总则编·合同编》,法律出版社2005年版,第14页。
⑧ 参见杨兴培:《犯罪的二次性违法理论与实践:兼以刑民交叉类案例为实践对象》,北京大学出版社2018年版,第161页。
⑨ 参见黑静洁:《存款的占有新论》,载《中国刑事法杂志》2012年第1期。

于财产性利益,也同样可以成为占有的对象。那么,行为人利用技术手段以不法或非法方式将他人的存款债权转移给自己或者第三人占有,致使他人财产性利益遭受损失的行为则成立盗窃罪。不过,有学者持相反观点,认为刑法中的财物不包括债权这一财产性利益,民法上的债权作为一种请求权具有相对性,转移债权需要满足原债权人与受让人达成相关协议且征求债务人意见等条件,况且转移债权并不能将债权占有变所有。① 笔者不赞同这一观点,债权主体的变更除了法律上规定的相应变更要求和条件外,不排斥现实中以非法手段导致债权主体变更,非法获取或占有他人债权的情形,像存款债权一经占有,占有人就拥有对其控制和支配的排他性权利,事实上侵害了债权主体的财产权。在民法上,占有是对有体物的支配,准占有是对除了物以外的财产权权利的支配,承认对债权可以准占有,根据民法理论,财产权不因物之占有而成立者,行使其财产权之人为准占有人。德国学者认为占有的客体为物,准占有的客体为权利。② 由此,债权准占有人有权向银行主张支付请求,且其请求权具有排他性。可见,顾客支付货币的行为实际上是履行商家对自己的债权的义务,只要顾客转移债权给商家占有,就消灭了双方之间的债权债务关系。但是,行为人置换二维码的行为导致顾客将自己的债权转移给行为人占有,在这种情形下,顾客对商家债务的清偿是否有效?对债权准占有人给付发生清偿效力,首先应当具备的条件是债权准占有人必须适格,即债权准占有人须持有合法的债权文书或具有足以使债务人认为其为债权人的外观征象。③ 对于这里能否将二维码评价为行为人权利的外观象征,需要明确二维码的本质属性。

  随着移动设备的普及和移动互联网技术快速发展,以二维码为载体的移动支付以其便利性、快捷性优势覆盖了国内外不同国家社会生活众多领域。目前我国市场上主流的二维码是 1994 年由日本丰田子公司 Denson Wave 所创建 Quick Response 码(QR),又称二维码(2-dimensional barcode),是用特定几何图形按一定规律在平面(二维方向)上分布的黑白相间的图形,将数据符号信息按一定规律记录在平面(二维方向)上分布的黑白相间的图形内,通过图像输入设备或光电扫描设备自动识读以实现信息自动处理。二维码具有信息存储量大、容错能力强、借助加密机制能安全地保护好隐私数据信息以及译码错误率低、准确性高等特征。如今,二维码成为 O2O(Online to Offline)的关键入口之一,将虚拟世界与现实世界连接起来。许多发达国家已将该项技术广泛应用于国防、海关、税务、公共安全、交通运输等信息自动携带、传递和防伪领域。例如,加拿大利用二维码手机识读业务实现手机购票。日本将二维码技术广

---

① 参见杨立新:《债法总论》,法律出版社 2011 年版,第 201 页。
② 参见史尚宽:《物权法论》,中国政法大学出版社 2000 年版,第 604—605 页。
③ 参见杨立新:《债法总论》,法律出版社 2011 年版,第 219 页。

泛用于生产生活的各个领域,有效地推动了社会经济快速发展。

移动支付以其便利、快捷的优势覆盖了社会生活的各个场景,如网络购物、转账汇款、公共缴费、商场购物等诸多领域。自 1999 年我国第一家第三方支付平台诞生,至今已有 19 年,伴随着第三方支付技术的快速发展,我国正在逐步走向无现金社会。艾瑞咨询《2017 年 Q3 中国第三方支付季度数据研究报告》指出,目前我国利用第三方移动支付交易规模已经达到 31.6 万亿元,在移动交易规模结构中,移动金融占比为 18.8%,个人应用占比为 67.7%,移动消费占比为 11.7%[1],预计移动消费业务将会持续增长,线下扫码支付业务是现阶段推动我国无现金社会发展的主要支付方式。这一支付方式由银行业金融机构或非银行支付机构探索出的智能手机与二维码(图形载体)相结合的一种新型支付模式。根据中国人民银行《条码支付业务规范(试行)》规定,条码支付业务是指银行业金融机构、非银行支付机构应用条码技术,实现收付款人之间货币资金转移的业务活动。[2] 条码支付有付款人通过扫描二维码转移货币给收款人或者收款人扫描付款人二维码获取货币两种方式。二维码有静态条码和动态条码两种类型,商家一般都是采用静态条码收款,由于二维码通过几何图形来记录数据和储存信息,故难以凭借肉眼观察辨识真假,其安全性不高;动态条码则是随机生成的付款人动态条码,收款人通过扫描完成收款,其安全性高于静态条码。可见,二维码是第三方支付机构为了方便资金转移业务而提供的链接付款与收款的操作媒介或载体,其本质是一种信息存储、传递和识别技术。[3] 由此可以推断,二维码不是一种债权凭证,不具有权利外观的征表。但是,行为人正是利用了二维码的特殊属性,通过非法方式置换二维码后窃取商家债权准占有人身份。这里的债权准占有人是指权利外观征象依一般社会交易观念足以使他人认其为债权人,并为自己的意思以真实债权人的身份行使债权的非债权人[4],换言之,债权准占有人不是真正的债权人,但是其可能通过合法或者非法方式取得债权准占有人身份,依据自己的主观意图事实上行使真正债权人的权利,依照一般交易观念,足以使债务人相信其为真正债权人,例如,非法占有他人存款凭证向银行主张债权的非存款人。债权准占有人不同于善意占有人、不当得利占有人、代位权人及表见代理占有人等。换言之,如果某一案件事实符合债权准占有人的情形,那么,就排除了这一案件事实符合善意取得、不当得利、代位权人、表见代理等占有人的情形。

对债权人准占有制度是指债务人善意、无过失地对债权准占有人的给付视为有效

---

[1] 参见艾瑞咨询:《2017 年 Q3 中国第三方支付季度数据研究报告》,载中文互联网数据资讯网(www.199it.com/archives/681354.html),访问日期:2018 年 6 月 23 日。
[2] 参见刘梦雅、张爱艳:《偷换商家支付二维码案的刑法认定》,载《中国检察官》2018 年第 2 期。
[3] 参见刘梦雅、张爱艳:《偷换商家支付二维码案的刑法认定》,载《中国检察官》2018 年第 2 期。
[4] 参见杨立新:《债法总论》,法律出版社 2011 年版,第 246 页。

清偿,这一制度也称为债务人对表见债权人清偿制度。①《日本民法典》中规定,债务人对债权准占有人的给付行为有效须满足受领人为债权准占有人,其主观上债务人须为善意,客观上债务人履行了给付义务等三个构成要件。前述已讨论行为人客观上符合债权准占有人,顾客扫码支付行为,依照社会一般观念判断,属于情理之中的正常和善意支付,且已经完成支付,无论是从事实上还是民事法律规范上判断,顾客与商家之间债权债务关系消除。行为人非法获取了债权,商家债权受到损失又该如何解决?民法关于对债权准占有人给付发生清偿的法律后果效力之一是债权人与债权准占有人之间产生新的债权债务关系,债权准占有人通过非法手段取得债权或占有他人债权,应当予以追夺。② 原因是债权准占有人明知自己非债权人,其通过非法方式取得债权人身份,事实上占有他人债权的行为属于侵权行为,负有返还原物或赔偿真正债权人损失之责。对债权准占有人清偿制度旨在保障权利主体正常交易秩序,保障善意无过错的债务人利益,将处罚对象转向债权准占有人,要求其承担真正债权人遭受的经济损失。显然,民法不保护行为人非法占有他人债权的行为,承认商家是遭受财产损失人。刑法规定侵犯财产权的范围广于民法,虽然没有规定不当得利罪,民法上的侵权行为和不当得利不会一概成为刑法上的犯罪行为,但是,也不排除侵权行为及不当得利行为可能会触犯刑法上的侵占、盗窃等罪。③

三、二维码案侵财行为成立诈骗罪的观点及批判

依据法律三段论定罪模式,如果法律规范和案件事实是确定的,那么推理出来的结论应当是确定的。二维码案中明显存在对法律规范和案件事实理解不一致的地方,导致对此案件的定性出现了"仁者见仁,智者见智"的观点,凸显了二维码案定性问题的复杂性。

(一) 二维码案成立诈骗罪的观点及论证进路

将二维码案侵财行为定性为诈骗罪是获得理论界较多学者支持的学说。理论上存在认为二维码案成立诈骗罪、诈骗罪的间接正犯、双向诈骗、传统三角诈骗、新型三角诈骗罪等不同观点。观点一认为,行为人实施的是普通诈骗行为,构成诈骗罪,理由是行为人置换二维码的行为本质上是以欺骗的方式取得商家财物,符合诈骗罪的构

---

① 参见杨志琼:《权利外观责任与诈骗犯罪——对二维码案、租车骗保案、冒领存款案的刑民解读》,载《政法论坛》2017年第6期。
② 参见杨立新:《债法总论》,法律出版社2011年版,第220页。
③ 参见张明楷:《刑法学》(第5版),法律出版社2016年版,第661页。

成要件。① 这一观点内部又分为商家被骗说和顾客被骗说。前者认为，行为人置换了商家二维码，使商家误以为给顾客展示的二维码系自己所有，商家基于自己的错误认识而指示顾客扫码付款，该行为即是处分了原本属于商家的财物，行为人取得财物，商家因此受损。而后者则认为行为人采用置换二维码的方式使顾客误以为自己扫描的二维码系商家所有，顾客基于自己的错误认识将钱款支付给行为人，换言之，顾客处分自己的钱款，行为人取得财物，顾客遭受财产损失。② 观点二认为，行为人构成诈骗罪的间接正犯。其一，商家是被害人，即商家遭受财产损失，顾客则成为行为人取财利用的工具；其二，顾客是被害人，遭受了财产损失，商家则成为行为人取财利用的工具。在这两种情形下，行为人均成立诈骗罪的间接正犯。观点三认为，行为人的行为属于"双向诈骗"，成立诈骗罪。原因是行为人在商家不注意（不知情）的情况下置换了二维码，行为人通过欺骗行为使商家陷入错误认识，商家基于错误认识将物品处分给顾客。同时，行为人置换二维码的行为使顾客基于认识错误进行扫码支付钱款，但钱款实际上并未进入商家银行账户，行为人对商家、顾客都有欺骗行为，因而行为人构成"双向诈骗"。观点四认为，行为人实施的行为是传统三角诈骗行为，构成诈骗罪。③ 主要理由是行为人实施了置换二维码的行为，使顾客产生了自己扫描的二维码系商家所有的错误认识，进而实施了扫码支付钱款的处分行为，顾客购买到自己想要的货物，顾客没有受到任何损失，商家才是最终受损失的人，行为人成立三角诈骗罪。④ 观点五认为，行为人实施的是新型三角诈骗行为，构成诈骗罪。⑤ 理由是商家与顾客存在权利义务民事法律关系，行为人实施了置换商家二维码的欺骗行为，使顾客陷入错误认识，并基于错误认识处分自己的财产，顾客的处分行为系履行自己的义务，受骗人是顾客，但最终使商家遭受财产损失。有学者基于刑民交叉视角提出，新型三角诈骗实际上是民法中表见代理制度的刑法描述。⑥

（二）对二维码案侵财行为成立诈骗罪的批判

刑法理论规定，诈骗罪是指行为人以非法占有为目的，使用欺骗的方法骗取数额较大的公私财物的行为。⑦ 理论界就诈骗罪（既遂）的基本构造持一致观点，即行为人实施了欺骗行为，使受骗人产生了错误认识或者继续维持错误认识，受骗人基于错误

---

① 参见刘宪权、林雨佳：《偷换二维码侵财行为应以诈骗罪定性》，载《检察日报》2017年11月6日。
② 参见张庆立：《偷换二维码取财的行为宜认定为诈骗罪》，载《东方法学》2017年第2期。
③ 参见阮齐林：《"二维码替换案"应定性诈骗》，载《中国检察官》2018年第2期。
④ 参见周淑芳：《新型支付方式下偷换二维码取财的定性分析》，载《上海公安高等专科学校学报》2017年第6期。
⑤ 参见张明楷：《三角诈骗的类型》，载《法学评论》2017年第1期。
⑥ 参见杨志琼：《权利外观责任与诈骗犯罪——对二维码案、租车骗保案、冒领存款案的刑民解读》，载《政法论坛》2017年第6期。
⑦ 参见张明楷：《刑法学》（第5版），法律出版社2016年版，第1000页。

认识进而实施处分或交付财产的行为,而后行为人或第三者取得财产或财产性利益,被害人最终遭受财产或财产性利益损失。①

笔者认为,二维码案并不符合诈骗罪的构成要件。

其一,持诈骗罪观点的学者将行为人置换二维码行为的实质理解为其是为了让顾客产生错误认识,这一评价并不符合案件事实。本案中,行为人与商家或顾客没有明示或者暗示的接触,即行为人与商家或顾客没有任何意思联络与沟通的行为,置换二维码的行为客观上可被视为一种对客观事实情状的控制。② 行为人这一控制对商家的钱款(债权占有)构成潜在的风险,即只要顾客支付钱款,就意味着商家失去应占有的债权。二维码案中存在两个独立意义上的行为:一是行为人置换二维码的行为;二是商家指示顾客或顾客按照交易习惯扫描二维码支付钱款的行为。而行为人在整个案件中只实施了置换二维码一个行为,即使这一行为使顾客或商家对二维码的归属存在错误认知,即行为人使用了欺骗方法,但如果该欺骗行为并不具有使顾客基于认识错误处分财产的性质,仍然成立盗窃罪。例如,利用信息网络,诱骗他人点击虚假链接而实际上通过预先植入的计算机程序窃取财物的情形③,就类型化判断而言,行为人没有实施欺骗行为,无法评价为对商家或者顾客有欺骗。就商家而言,行为人采取秘密置换二维码的行为是在商家不注意的情况下实施的,商家对此完全不知情。就顾客而言,行为人置换二维码的行为并不影响顾客扫码支付钱款的行为,现实中顾客都会依据商家指示或交易习惯,基于自己真实意思处分钱款给商家。行为人与顾客或者商家事实上零交流,规范意义上的欺骗行为不存在。

其二,顾客或者商家是否产生了错误认识? 刑法理论认为,欺骗行为必须使对方(受骗人)产生或者继续维持错误认识,换言之,行为人实施了欺骗行为造成受骗者产生错误认识或者维持错误认识是行为人的欺骗所致,错误认识的内容必须是处分财产的认识错误,不是其他任何错误。④ 持诈骗罪论的学者们认为,顾客和商家对于二维码的归属都产生了错误认识,原因是行为人置换二维码的行为系实施隐瞒真相的欺骗行为。然而,对二维码的归属产生错误认识不属于诈骗罪中处分财产的认识错误,就不能评价行为人符合诈骗罪的构成要件要素。

其三,顾客或者商家是否基于认识错误处分财产? 诈骗罪中的财产处分是受骗人因为受到行为人明示或暗示的欺骗,基于有瑕疵的处分意思而作出将财产转移给行为人占有的行为,非客观上将财物转移给行为人的行为。⑤ 本案中,行为人基于真实意思

---

① 参见张庆立:《偷换二维码取财的行为宜认定为诈骗罪》,载《东方法学》2017 年第 2 期。
② 参见徐凌波:《置换二维码行为与财产犯罪的成立》,载《国家检察官学院学报》2018 年第 2 期。
③ 参见张明楷:《刑法学》(第 5 版),法律出版社 2016 年版,第 950 页。
④ 参见张明楷:《刑法学》(第 5 版),法律出版社 2016 年版,第 1002 页。
⑤ 参见周铭川:《偷换商家支付二维码获取财物的定性分析》,载《东方法学》2017 年第 2 期。

处分自己的钱款,目的是清偿与商家之间的债权债务关系。顾客没有基于错误认识或者有瑕疵的处分意思处分财产给行为人。

其四,行为人或者第三者是否取得财产,被害人是否遭受财产损失?一般而言,行为人实施欺骗行为使对方处分财产后,行为人或者第三者获得财产。① 单纯从实害结果上判断,二维码案中行为人通过置换二维码的行为,最终取得了财产性利益,顾客不存在财产损失,商家是实际遭受财产损失的人,且行为人取得财产与商家遭受财产损失符合素材同一性。

显然,依据上述论证,行为人侵财行为不满足诈骗罪的构成要件要素。虽然在责任要素层面及客观结果要素中,行为人是以非法占有商家的财产性利益为目的,造成了商家财产性利益的损害这一客观结果,但是根据犯罪构成理论,行为人不满足诈骗罪构成要件的行为类型,在违法性层面和责任层面都不存在阻却事由,无法得出行为人成立诈骗罪的结论。至于其他学者认为行为人的侵财行为成立诈骗罪的间接正犯、双向诈骗、三角诈骗或者新型三角诈骗的结论必然也不成立。

四、二维码案侵财行为成立侵占罪的观点及批判

持侵占罪论的学者认为,本案中行为人有两个行为:一是直接取得商家应收款的行为;二是继续非法占有商家财产的行为。前一行为不能评价为刑法上某一类型化的财产犯罪,后一行为可评价为侵占行为。行为人属于无权且恶意地占有原本属于商家占有的钱款,因而具有返还义务,如若继续非法占有就是侵占行为,即拒不返还时构成侵占罪。论者认为,行为人侵占的对象是债权这一财产性利益,行为人客观上实施了偷换二维码的行为,直接将应属于商家占有的钱款从顾客方转移给自己,致使钱款脱离商家占有,钱款的脱离并非出于商家本意,不是基于委托关系便由行为人擅自占有②,即行为人成立侵占罪的理由不是因为行为人置换二维码这一不法行为值得科处刑罚,而是源于行为人取得商家债权后,继续占有、拒不返还的行为值得科处刑罚。

笔者不赞同论者这一观点。刑法理论上规定侵占罪是指将代为保管的他人财物非法占为己有,数额较大,拒不退还的,或者将他人的遗忘物或者埋藏物非法占为己有,数额较大,拒不交出的行为。③ 侵占罪是将占有的他人财物非法转变为自己所有或者将脱离他人占有的财物非法转变为自己所有的行为,前者的行为主体是代为保管他人财物的人或是他人财物的占有者,行为对象是自己代为保管的他人财物;后者的行

---

① 参见张明楷:《刑法学》(第5版),法律出版社2016年版,第1004页。
② 参见张开骏:《偷换商户支付二维码侵犯商户应收款的犯罪定性》,载《上海政法学院学报》2018年第2期。
③ 参见张明楷:《刑法学》(第5版),法律出版社2016年版,第966页。

为对象是他人的遗忘物或埋藏物。论者认为二维码案侵财行为属于后一种情形,即将脱离他人占有的财物非法转变为自己所有的情形。但是,脱离占有物侵占的行为对象是他人的遗忘物或者埋藏物。二维码案中,行为对象是应属于商家占有的债权,债权既不是遗忘物也不是埋藏物,也没有脱离商家或顾客占有。再者,客观上行为人明显实施了一个偷换二维码的行为,但起到了"一箭双雕"的效果,既取得商家债权人的身份,又可获得商家的财产性利益。置换二维码是决定行为人取得债权的关键性行为,继续非法占有商家债权是行为人积极实施侵财行为后实现获取他人财产性利益的不可罚的事后行为,刑法单独对这种行为科处刑罚没有意义。换言之,值得民法与刑法科以处罚的不法行为是行为人置换二维码的行为,而非行为人取得债权占有后继续占有、拒不返还的行为。论者片面地、非体系性地思考和评价是其得出侵占罪这一错误结论的根源。论者自己也认为盗窃罪是通过侵害原有的占有建立一种新的占有关系,而侵占罪是只侵害所有而不侵害占有,可见,其观点本身前后存在矛盾。

五、二维码案侵财行为成立盗窃罪

关于二维码侵财行为定性问题,持盗窃罪论学者的观点远远不及持诈骗罪论学者的观点,这也反映出诈骗罪和盗窃罪在涉及网络空间及第三方支付领域判断构成要件该当性的复杂性,致使近年来学者们就盗窃罪与诈骗罪的区分展开了激烈的讨论。那么,二维码案是否符合盗窃罪的构成要件,是否如部分学者论证的成立盗窃罪、盗窃罪的间接正犯、三角盗窃等,其逻辑性、合理性有待检视。

(一)二维码侵财行为成立盗窃罪的不同进路及检视

有学者认为,行为人的侵财行为构成盗窃罪,理由是依据类型化思维,从刑法理论上分析财产犯罪的分类和取财行为的特征,认为行为人主观上违背被害人的意思转移财物的占有,客观上行为人的犯罪意图是非法取得他人财物而非获利,盗窃罪属于取得罪,而诈骗罪属于获利罪;又依据被害人财产损失计算范围,认为盗窃罪是针对个别财产进行损失计算的犯罪,而诈骗罪是针对整体财产损失计算的犯罪,由此得出行为人成立盗窃罪的结论。也有学者认为,行为人构成盗窃罪的间接正犯。原因是行为人并没有直接窃取钱款,而是利用顾客"不知情交付",间接地利用顾客作为其实施盗窃行为的"无意识的工具",可归之为"利用他人自害行为"的间接正犯形式的盗窃罪。[①] 还有学者认为,行为人构成三角盗窃,理由是顾客系钱款占有人,顾客有权处分或转移自己的钱款,顾客扫描商家二维码支付钱款的行为没有受到行为人的支配,但

---

① 参见周铭川:《偷换商家支付二维码获取财物的定性分析》,载《东方法学》2017年第2期。

商家受到损失,是案件的受害人。三角盗窃的概念初次呈现,它与二者间盗窃的法益侵害本质没有区别。论者认为,三角盗窃中,被害人与财物占有人不是一体的,行为人通过秘密转移财物占有人(商家)的财物致使被害人(商家)受损的情况属于三角盗窃的情状。①

首先,司法实践中对二维码案侵财行为以盗窃罪定罪处罚,法院认为行为人主观上以非法占有他人钱财为目的,客观上实施了秘密置换二维码的行为,这一行为是其获取商家钱财的关键。顾客拿到商家的物品,商家的财产权利确定且可控,顾客须立即支付对等价款。二维码可以看作商家的收银箱,顾客扫码支付即是向商家的收银箱付款,据此认定行为人成立盗窃罪。但是,有学者质疑,顾客的钱款从未进入商家账户,何谈商家拥有过钱款以及失去钱款?② 的确,如果从传统的刑法理论出发,无法解释和评价顾客支付钱款的行为与商家损失钱款之间的关系,即使牵强地得出成立盗窃罪的结论,但是论证进路上存在明显的漏洞,且逻辑上难以达到自洽。

要评价行为人是否构成盗窃罪,关键是要论证,在客观构成要件方面,行为人的侵财行为是否符合盗窃罪构成要件类型,行为人盗窃行为的对象即转移他人占有的债权是否系刑法中盗窃罪保护的法益,被害人是否遭到财产损失,财产遭受损失的原因是否系行为人通过窃取方式破坏原有债权占有关系,从而建立新的债权占有关系等问题。

笔者肯定本案成立盗窃罪的结论,但是认为论者及法院的论证路径不合理。刑法理论中,盗窃罪是指行为人以非法占有为目的,窃取他人占有的数额较大的财物或者多次盗窃、入户盗窃、携带凶器盗窃、扒窃的行为。③ 传统理论认为,盗窃是行为人基于盗窃故意的意思直接针对财产实施秘密窃取的行为,换言之,行为人采用自以为未被对方发觉的秘密窃取手段,将对方占有的财物转移为自己或第三者占有。据此,理论界就盗窃罪的基本行为构造达成一致认识:行为人基于不法占有目的,对他人财物实施秘密窃取行为,从而破坏他人对财物的控制支配关系或使自己或第三人对该财物建立起新的控制支配关系。④ 这里的财物包括狭义的财物和财产性利益。盗窃罪保护的法益是财产所有权,保护财产所有权的前提是有效地保护对财物的占有本身,可见占有是财物或财产性利益的所有人对其行使其他权利的前提,如果占有这一前提不存在,那么财物或财产性利益的使用、收益和处分都无从谈起。他人占有的财物或者财产性利益无疑也是盗窃罪保护的对象。持盗窃罪观点的学者及法官指出行为人盗窃行为的对象是应属于商家占有的债权,但是,没有回答为什么钱款从未被商家占有,受

---

① 参见刘赫:《初论"三角盗窃"》,载《东北农业大学学报(社会科学版)》2017年第6期。
② 参见阮齐林:《"二维码替换案"应定性诈骗》,载《中国检察官》2018年第2期。
③ 参见张明楷:《刑法学》(第5版),法律出版社2016年版,第938页。
④ 参见王作富主编:《刑法分则实务研究》(中),中国方正出版社2007年版,第1090页。

损害的却是商家,也没有从正面论证行为人具体符合盗窃罪的构成要件,而是否定行为人成立诈骗罪,从而得出成立盗窃罪的结论,这种否定彼罪成立此罪的论证径路显然不可取。

持盗窃罪观点的个别论者将二维码案中行为人实施置换二维码的行为定性为盗窃行为的预备行为阶段,将顾客扫码支付钱款的行为定性为盗窃罪的实行行为阶段,行为人成功取得钱款时行为人盗窃罪既遂。依据《刑法》第 22 条规定,犯罪预备是指直接故意犯罪的行为人为了实施某种能够引起预定危害结果的犯罪实行行为,准备犯罪工具,制造犯罪条件的状态。① 犯罪预备行为阶段有准备工具与制造条件两种情形。具体到二维码案件中,行为人实施置换二维码的行为是为取得商家债权制造条件,这一行为既是盗窃罪的预备行为,但同时也是实施侵害商家财产性利益的决定性行为,直接造成商家法益面临被侵害的危险,故将其评价为预备行为明显不合理。论者将顾客扫描二维码支付钱款评价为行为人的盗窃行为进入实行阶段,但是扫码支付系顾客所为,由此会推理出顾客是实施盗窃行为的主体,这种结论显然不正确。刑法上的实行行为是实施符合犯罪构成客观方面要件的行为,是指具有发生结果的一定程度以上的危险性行为。本案中,行为人实际上就实施了一个置换二维码的实行行为,从规范意义上评价,行为人这一行为产生的民事法律效果是窃取商家债权人资格,即将自己变成顾客的准债权人,造成商家失去钱款的潜在危险,当顾客支付钱款的行为完成后,行为人事实上取得债权的占有,由此推定行为人置换二维码的行为具有刑事违法性或者社会危害性,是刑法规范所禁止和不允许的不法行为。持盗窃罪观点的论者采取类推解释的方法,通过引证陈兴良教授对盗窃欠条收取欠款案件的评价,认为评价二维码案中行为人的行为与这一案件的评价相类似,推断出行为人成立盗窃罪。② 这种评价案件性质的论证方式,笔者难以认同。类推解释方法采用的原则是,在疑难案件中,事实证据不足,存疑时有利于被告人的情形下可予以采用。仅凭论者认为的盗窃罪的两个核心要素,一是实施行为的秘密性,二是违背被害人的意志性,认为行为人置换二维码的行为是在商家不知情的情况下实施的及其违背商家意志得出行为人成立盗窃罪的结论。这里只是笼统地指出商家受到财物或财产性利益损失,论证显然存在明显漏洞和不合理之处。

其次,不少学者认为二维码案侵财行为成立盗窃罪的间接正犯。盗窃罪的间接正犯是指行为人为了实现自己的犯罪目的将他人作为犯罪工具加以利用。间接正犯又称间接实行犯,是利用他人合法的行为或者不承担责任的行为来实现自己的犯罪目的。有学者指出,间接正犯实质上是将他人作为犯罪工具耍弄,和利用器物或者动物

---

① 参见张明楷:《刑法学》(第 5 版),法律出版社 2016 年版,第 332 页。
② 参见陈兴良:《盗窃罪与诈骗罪的界分》,载《中国审判》2008 年第 10 期。

来达到自己的犯罪目的没有什么实质差别，是一种比教唆犯性质更为恶劣的正犯。① 关于间接正犯的理论基础，存在工具理论说、实行行为说、行为支配说、主客观相统一说等不同学说。我国通说观点是主客观相统一说，认为间接正犯是在主观上具有利用他人犯罪的故意，即行为人明知被利用者没有特定的犯罪故意而加以利用，希望或者放任通过被利用者的行为达到一定的犯罪效果，或是客观上具有利用他人犯罪的行为，即将他人作为自己犯罪的工具。间接正犯的场合，并不是单纯地引起他人的犯罪意愿或者说为他人犯罪提供方便，而是行为人根据自己的意思对他人的动作或者行为进行支配和操纵，实现自己预期的犯罪目的。显然，利用他人缺乏犯罪故意行为的场合和利用有故意的工具的场合属于间接正犯的范围。本案中，顾客按照交易习惯或是商家的指示完成交易，顾客扫描二维码支付钱款的行为是不受行为人的主观意志或客观行为影响，自然而然地进行或发生的交易行为，行为人没有对顾客支付钱款产生任何支配或影响，不能推断出行为人成立盗窃罪间接正犯的结论。

对于二维码案侵财行为成立三角盗窃的观点，论者提出的三角盗窃这一概念是否科学有待商榷。三角盗窃与三角诈骗的提出有异曲同工之处，三角盗窃的构成要件与盗窃罪完全一致，即行为人以非法占有为目的，犯罪行为具有秘密性。不同点在于，三角盗窃的犯罪对象是财物占有人所占财物，但其在法律上属于受害人所有。传统观点认为，盗窃是在被害人控制、占有的基础上，行为人取得财产的行为。而依托第三方支付平台，被害人的债权发生转移，转移的物理空间不可控，导致盗窃罪的对象即财物或财产性利益、债权的占有转移给行为人定罪带来困难。论者认为，行为人的实行行为是秘密置换二维码的行为，这一行为导致转移电子账户中获得财物占有人（顾客）的电子货币，肯定了行为人转移电子货币占有的事实，承认电子货币事实上是银行的债权，也属于刑法保护对象。② 论者论证了行为人打破原有的占有关系，建立了新的货币占有状态，但是没有论证三角盗窃的犯罪对象即财物占有人所占有的债权在法律上应属于商家所有，论证路径上存在漏洞。三角盗窃理论似乎只符合具有特定的财物占有人向受害人履行支付义务的情形，难以推广到其他类似案件，缺乏理论应有的周延性及科学性。

（二）刑民一体化视野下二维码案侵财行为成立盗窃罪

基于罪刑法定原则及刑事一体化研究方法，秉持"立体刑法学"即刑法学研究既要前瞻后望（前瞻犯罪学，后望行刑学），又要左看右盼（左看刑事诉讼法，右盼民法等部门法）③所倡导的研究方法是解决二维码案定性问题的关键。如前所述，二维码案涉及

---

① 参见黎宏：《刑法总论问题思考》（第2版），中国人民大学出版社2016年版，第256页。
② 参见刘赫：《初论"三角盗窃"》，载《东北农业大学学报（社会科学版）》2017年第6期。
③ 参见刘仁文：《立体刑法学：建立刑法学新的研究范式》，载《人民检察》2017年第8期；刘仁文：《"立体刑法学"再出发》，载《中国社会科学报》2018年6月6日，第5版。

的民事法律关系有商家与顾客间的买卖合同之债关系、公民与银行之间的储蓄合同关系、债权清偿和消灭关系、对债权准占有人给付的效力制度和存款占有归属问题,同时涉及刑法中盗窃罪、诈骗罪及侵占罪的构成要件。

依据债务人对债权准占有人给付效力理论,债权准占有人必须适格,本案中行为人并未持有合法的债权文书或足以使顾客认为其是债权人的外观征象,但这恰好说明行为人非法取得债权准占有人的身份,行为人的这种非法行为值得科处刑罚。行为人置换二维码的行为产生的民事法律效果是非法取得商家债权准占有人身份,顾客获得商家物品后,扫码支付钱款的民事法律效果是将商家对自己的债权转移给行为人占有,商家失去原本应占有的债权。由于顾客系善意和无过错地履行了自己的给付义务,故其清偿行为有效,民法保护顾客善意支付的行为,将处罚对象归于以非法方式窃取债权准占有人身份且非法获取商家财产性利益的行为人,而本案中商家是遭受财产损失的人。从民法救济立场看,对于债权准占有人给付发生清偿的法律后果之一是商家与行为人之间产生了新的债权债务关系,行为人通过非法手段取得商家财产性利益,商家有权向行为人追偿自己受到的经济损失。从刑法规制的立场来看,行为人以非法占有商家财产性利益为目的,客观上实施了置换二维码的行为,使商家的财产性利益面临被侵害的危险情状,在顾客履行给付义务的同时,导致商家财产性利益受到损失,即商家丧失债权占有,行为人取得商家债权占有。可见,行为人侵害了原本应属于商家占有的债权,建立起新的债权占有的事实,且由于行为人多次实施类似侵财行为,造成不特定的多人财产受到损害,行为人符合盗窃罪犯罪构成,成立盗窃罪。

六、结语

二维码侵财行为定性问题的讨论揭示了社会不断变迁的大背景下,传统刑法理论应对新型违法犯罪行为时,解释者的目光需要在案件事实与法律规范之间不断往返,价值判断在前,法律规范判断在后,先明确法律规范是如何规定的,事实是怎么样的,最后得出结论。需要注意的是,二维码案定性问题明显凸显了部分学者通过被害人认定反推出行为人成立某一罪名,或者通过否定彼罪成立此罪的错误论证思路,这无论是理论上还是司法实践中都值得警惕。此外,针对某一案件涉及跨学科研究,存在的一个较为明显的缺陷是,部分学者生搬硬套的思维方式,由于不能较好地融合不同学科之间的联系与区别,仅将相关理论搬过来予以套用,并不能解决其研究的问题。例如,有个别论者从刑民交叉立场出发,提出二维码案符合民法中的表见代理情形,并指出新型三角诈骗理论实质上与普通诈骗理论没有本质差别,二维码案符合诈骗罪的犯罪构成。新型三角诈骗的实质是民法表见代理制度的刑法描述而已,新型三角诈骗理论在成立条件和法律效果上都与表见代理没有差别。二维码案其实是行为人利用虚假的二维码这一外观代为收取债务。① 论者这种民刑完美切合的理论观点，在笔者看来，明显存在不妥当之处。无论是从事实上还是民事法律关系判断，均无法推断行为人与商家之间存在代理人与被代理人的关系，而二维码的本质属性决定了其不具有外观表征的作用，该案明显不符合民法中的表见代理理论。涉及刑民交叉的案件理应由刑法的前置性法律法规处理，但是二维码案侵财行为在违法性、被害人方面都达到了值得科处刑罚的程度，在法律体系内部达到了违法一致性，消解了部分学者认为此案在法益侵害和被害人认定中存在刑民理论上的冲突和矛盾的悖论。

---

① 参见李菲菲：《取得错误汇款的行为性质研究》，载《刑事法评论》2017年第1期。

贪污罪论要

——兼论《刑法》第 394 条之适用*

修订后的《刑法》第 382 条规定:"国家工作人员利用职务上的便利,侵吞、窃取、骗取或者以其他手段非法占有公共财物的,是贪污罪。"第 394 条规定:"国家工作人员在国内公务活动或者对外交往中接受礼物,依照国家规定应当交公而不交公,数额较大的,依照本法第三百八十二条、第三百八十三条的规定定罪处罚。"根据这一规定,国家工作人员在国内公务活动或对外交往中接受礼物,依照国家规定应当交公而不交公,数额较大的,应当以贪污罪定罪处罚。在理解和适用这一规定时,我国刑法学界和司法实务界均存在严重分歧。有的同志认为,贪污罪在主观方面必须出于非法占有公共财物(归己所有)的犯罪目的,在客观方面必须以作为方式实施了利用职务上的便利、侵吞、窃取、骗取或者以其他手段非法占有公共财物的行为。国家工作人员在国内公务活动或对外交往中接受礼物,按照国家规定应当交公而不交公的,如果行为人已经以积极的作为方式将礼物非法占为己有,构成贪污罪自无疑义。但是,如果行为人只是未按照国家规定限期上交应当交公的礼物,例如只是将接受的礼物存放在办公室,没有限期交公处理的,则难谓行为人主观上具有非法占有公共财物的犯罪目的。因此,这些同志认为,《刑法》第 394 条的规定存在重大缺陷,在立法对此作出修正前应当对该条文进行限制解释。对国家工作人员在国内公务活动或对外交往中接受礼物,按照国家规定应当交公而不交公,数额较大的,应当具体情况具体分析,不能一概以贪污罪论处。对于行为人已经将礼物非法占为己有,并且数额较大的,应当以贪污罪定罪处罚。对于不按国家规定限期上交但未将礼物非法占为己有的,则不能以贪污罪论处。笔者认为,国家工作人员接受礼物按照国家规定应当交公而不交公能否构成贪污罪,涉及对贪污罪基本构成的全面、准确的把握。对贪污罪基本构成的误解必然导致对国家工作人员接受礼物应当交公而不交公的行为的定性错误。

本文拟结合对贪污罪基本构成的重新诠释,对国家工作人员在国内公务活动或对外交往中接受礼物应当交公而不交公行为之构成贪污罪进行法理分析,以论证《刑法》第 394 条之规定,并就刑法解释的方法和规则略陈管见。

---

* 原载《中国法学》1998 年第 4 期,与梁根林合作。

一、贪污罪基本构成之重新诠释

根据我国刑法的规定,我国刑法学通说认为,贪污罪的犯罪主体是特殊主体,即必须是国家工作人员和其他受国家机关、国有公司、企事业单位、人民团体委托管理,经营国有财产的人员。犯罪主观方面必须出于故意,并且具有非法占有公共财物的犯罪目的。犯罪客观方面必须实施了利用职务上的便利,侵吞、窃取、骗取或者以其他手段非法占有公共财物的行为。侵犯的客体是双重客体,即同时侵犯了公共财物所有权和国家工作人员公务行为的廉洁性。笔者认同通说所描述的贪污罪的基本构成特征,但认为对其中主观要件和客观要件的内涵有进一步诠释、分析的必要。

(一) 贪污罪的主观要件——意图永久排除权利人对公共财物的所有权

通说认为,贪污罪的主观方面必须出于故意,而且必须具有非法占有公共财物的犯罪目的。在犯罪目的内涵的具体表述上,除通行的"非法占有公共财物"外,尚有"将公共财物非法占为己有"和"将公共财物非法所有"等不同提法。

在民事法律关系中,"非法占有""非法占为己有"和"非法所有"具有不同的法律内涵。民法上,非法占有是指非所有权人既无法律根据又无所有权人的授权而在事实上控制他人的财产。非法占有根据其主观意图,又分善意占有和恶意占有。善意占有是非所有权人不知道或者无须知道其对物的事实控制为非法的占有。恶意占有则是非所有权人知道或者应当知道自己对物的事实控制为非法的占有。很显然,作为贪污罪主观要件的"非法占有公共财物的犯罪目的",指的是恶意占有,即国家工作人员作为公共财物的非所有权人,知道或者应当知道自己对公共财物的控制为非法,并且希望控制公共财物的犯罪心理态度。所有即所有权,指所有人依法对自己的财产享有占有、使用、收益和处分的权利。从严格的法律意义上讲,所有权是所有人依法取得的一种物权和对世权,对同一财产来说,不存在与合法所有(权)相对立的非法所有(权)。我国台湾地区学者即指出:"所谓不法所有,系指无所有之原因者而言。是以擅自处分自己持有之他人所有物,或变易持有之意为所有之意,而径为所有人之行为,虽行为之外形各有不同,要必具有不法所有之意思,即与此要件相符。"①亦即所谓"非法所有"仅仅指的是对他人财物进行非法占有、使用、收益和处分的行为。而所谓"非法占为己有"则是介于"非法占有"和"非法所有"之间的一种行为样态,它既可以是指对物的单纯的事实上的控制,也可以是包括对物的事实上的控制、使用、收益和处分的行为。

在民事法律关系中,就权利人而言,"非法占有""非法所有""非法占为己有"具有

---

① 蔡墩铭主编:《刑法分则论文选辑》(下),五南图书出版公司1984年版,第732—733页。

上述内涵差别。但是，刑法调整和规制的是犯罪行为，刑法思维的基点是犯罪行为对社会的危害，而不是行为人从犯罪行为中获得的利益。评价一个行为是否构成犯罪，不是看行为人本人从中获得的收益，而是看行为给权利人造成了什么危害。有的行为即便没有给行为人本人带来任何好处，甚至可能对行为人本人造成损害，但只要该行为损害了他人的合法权利，对社会造成了危害，因而符合刑法的明文规定的，即构成犯罪。犯罪的实质就是危害社会的行为。从刑法思维的这一基点出发，在侵犯财产犯罪中，尽管非法占有他人财物、将他人财物非法占为己有或者将他人财物非法所有三种行为样态于犯罪行为人具有不同的意义和内涵，但三者都以行为人对他人财物的事实上的非法控制为前提。就权利人而言，一旦自己的财物被他人非法控制，即意味着其对物的所有权受到了侵害，亦即丧失了对该财物进行占有、使用、收益和处分的权利。因此，"非法占有""非法所有"或者"非法占为己有"在刑法上的实际结果（危害结果）是完全相同的，都表现为排除权利人对财产的合法控制，并以此为前提排除权利人对财产进行使用、收益和处分的权利，从而实际剥夺权利人对财产的所有权。根据这一认识，笔者认为，贪污罪的主观方面应不以行为人主观上具有将公共财物非法占为己有或非法取得公共财物的所有权的犯罪目的为必要条件，只要行为人具有非法占有公共财物的犯罪目的，换言之，只要行为人具有非法排除权利人对公共财物的所有权而将公共财物置于自己的非法控制之下的意图，即已充足了贪污罪的主观要件。

作为贪污罪主观要件的意图非法排除权利人对公共财物的所有权必须是意图非法永久排除权利人对公共财物的所有权，而不是意图暂时非法排除权利人对公共财物的所有权。这是贪污罪与挪用公款罪的基本界限所在。顺便指出，笔者认为，挪用公款罪并不像有的学者所理解的那样，只侵犯公款的占有、使用和收益的权利，而不侵犯作为所有权核心权能的处分权。实际上，挪用公款罪同样侵犯了权利人对公款的所有权的占有、使用、收益和处分的全部权能。在公款被非法挪用期间，公款既被行为人置于其非法控制、使用和收益之下，合法权利人丧失了对公款事实上的占有、使用和收益的权利，当然也无从行使或实现对被挪用的公款的处分的权利。因此，自行为人将公款挪用之时起至归还公款时止的期间内，公款权利人事实上被剥夺了对公款的占有、使用、收益和处分的全部权能。就此观之，挪用公款罪与贪污罪并无实质区别。挪用公款罪与贪污罪的实质区别在于：挪用公款罪的行为人主观上只具有在一定时间内剥夺公款所有人对公款所有权的意图，而没有永久非法剥夺所有人对公共财物的所有权的意图。

（二）贪污罪的客观要件——利用职务上的便利，实施了排除权利人对公共财物所有权的行为

通说认为，贪污罪的客观方面表现为利用职务上的便利，侵吞、窃取、骗取或者以其他手段非法占有公共财物的行为。并且认为,贪污和盗窃、诈骗、抢夺、抢劫等财产性犯罪一样,只能以积极的作为方式实施,不作为不能构成这些财产性犯罪。有的学者甚至认为,财产性犯罪只能由作为方式构成,这是不言自明的常识。

笔者认为,常识往往只包含部分真理。一般而言,在财产犯罪中,如果行为人以他人实际控制或持有的财物作为侵犯的对象,企图将他人控制或持有的财物转移至自己的非法控制之下,则必须以积极的作为方式实施刑法明文禁止的行为,如盗窃、诈骗、抢夺、抢劫等犯罪行为。但是,如果行为人以已经被行为人合法控制或持有的他人财物为侵犯对象,企图变合法控制或持有为非法所有的,则难谓只能由积极的作为方式构成。在行为人已经合法控制或持有他人财物的前提下,行为人完全可以通过消极的不作为方式实现其非法剥夺他人对财物的所有权的犯罪目的,变合法持有为非法占有,如侵占罪。在刑法意义上,作为是用积极的身体举动实施刑法禁止的危害社会的行为,即不该为而为;不作为则是有义务实施并且能够实施刑法要求实施的某种积极的行为而没有实施行为,即应为而不为。但不作为在刑法意义上并不意味着绝对的身体静止,在不作为的场合,行为人仍然可能表现出积极的身体动作,但行为人对于其应当履行的特定作为义务却没有积极的履行意思和动作。

以此观点分析窃取、骗取和侵吞三种基本类型的贪污罪的行为形式,不难发现,窃取型贪污罪和骗取型贪污罪只能以作为方式实施,表现为刑法禁止利用职务上的便利窃取或骗取公共财物,而违背这种禁令以秘密窃取或者虚构事实、隐瞒真相的积极方法,直接非法占有公共财物。"窃取"一词的原意即指非法将他人支配下之物秘密移置于自己支配下。① 而窃取型贪污罪侵犯的对象虽然是行为人自己职务行为管辖范围内的公共财物,表面上不属于他人支配下之物,但也不能自由地不受限制地合法占有,因而只有通过积极的秘密窃取行为才能实现非法占有的目的。如受委托保管国有仓库物资的保管人员虽然负有保管国有物资的职责,可以合法地控制、管理国有物资,但这种保管职责本身并不能使其合法地占有并随时取得国有物资。在正常情况下,要将其所保管的物资带出,一般必须经过严格的出库检查和门卫检查。如果他企图非法占有所保管的国有物资,则必须利用职务上的便利,以积极的作为方式进行秘密窃取。骗取型贪污罪侵犯的对象原本不是行为人合法控制或持有的公共财物,而是在他人控制或支配下的公共财物,行为人非法占有公共财物的犯罪意图则必须以积极的作为方式,虚构事实或者隐瞒真相,将公共财物从合法控制或持有人手中移置于自己控制之下。

而侵吞型贪污罪则只能由不作为方式实施。其基本表现形态为行为人基于合法管理、经手或者使用公共财物的前提,违反法律规定或职务要求,对其控制或持有的公

---

① 参见蔡墩铭主编:《刑法分则论文选辑》(下),五南图书出版公司1984年版,第722页。

共财物,应上缴而不上缴、应支付而不支付、应入账而不入账,或者对追缴的赃款、赃物或罚没款物应报告上缴而不报告上缴,从而变合法持有为非法占有。侵吞型贪污罪的这种不作为具有两个前提:(1)行为人必须已经合法持有公共财物,即依照规定或因职务关系而合法控制或持有公共财物。如果行为人没有合法持有公共财物,未将公共财物置于自己实际控制之下,则不可能以不作为的方式非法占有公共财物。(2)行为人必须负有限时交还公共财物的义务,如将合法持有的公共财物限期上交、限期支付、限期入账或者限期上缴。一般说来,国家工作人员基于法律规定或职务关系而对公共财物的合法控制或持有不是绝对的,而是根据工作需要受到时间限制的。仅在工作需要所许可的时间范围内,这种控制或持有才是合法的。如果行为人超出工作需要的范围,逾期不上交应当限期上交的公共财物,或者不按照国家规定将公共财物限期入账或者限期支付的,则违反了限时交还公共财物的义务。当然,如果根据国家规定或职务需要,行为人可以合法地永久占有公共财物,则不存在以不作为方式侵吞公共财物的问题。

由此可见,贪污罪可以是作为犯,也可以是不作为犯。可以表现为以积极的作为方式实施的直接的非法占有公共财物的行为,如窃取型、骗取型贪污罪;也可以是以不作为方式实施的变合法持有为非法占有的行为,如侵吞型贪污罪。无论是作为型贪污罪,还是不作为型贪污罪,都是国家工作人员利用职务上的便利,非法排除权利人对公共财物所有权的行为,都造成了权利人对公共财物的所有权被剥夺的危害后果。因此,两种行为表现形式虽异,但实质却无二致。

二、隐匿不交应当交公的礼物之性质界定

1988年9月13日,国务院发布了《国家行政机关工作人员贪污贿赂行政处分暂行规定》,该规定第5条首次明文规定:"国家行政机关工作人员在对外交往中接受礼物,按照国家规定应当交公而不交公的,依照本规定第四条的规定处分。"1988年12月1日,国务院又发布了《国家行政机关及其工作人员在国内公务活动中不得赠送和接受礼品的规定》,该规定第2条规定:"国家行政机关及其工作人员在国内公务活动中,不得赠送和接受礼品。"第9条规定:"对接收的礼品必须在一个月内交出并上交国库。所收礼品不按期交出的,按贪污论处。"根据这些行政法规,国家工作人员在国内公务活动或对外交往中接受礼品的,应当交公而不交公的,数额不大的,应当按照贪污给予行政处分。但是,如果数额较大的,仅仅给予行政处分显然不足以惩罚和制止此类腐败行为。因此,全国人大常委会于1988年1月21日公布了《关于惩治贪污罪贿赂罪的补充规定》,该规定第10条规定:"国家工作人员在对外交往中接受礼物,依照国家规

定应当交公而不交公，数额较大的，以贪污罪论处。"但是，该补充规定没有规定国家工作人员在国内公务活动中接受礼物应当交公而不交公并且数额较大时以贪污罪论处。1997年修订后的《刑法》第394条填补了这一立法漏洞。笔者认为，根据前述对贪污罪构成要件的分析，国家工作人员在国内公务活动或对外交往中接受礼物，按照国家规定应当交公而不交公，数额较大的，完全符合贪污罪的主客观构成要件，应当以贪污罪论处。分析如下：

（一）符合贪污罪的主观要件

贪污罪主观方面的内涵在于意图排除国家对公共财物的所有权。因此，国家工作人员隐匿不交应当交公的礼物能否以贪污罪论处，首先就应当考察行为人主观方面是否具有排除国家对公共财物的所有权的意图。

国家工作人员在国内公务活动或对外交往中接受的礼物应当交公而不交公的具体表现形式具有多样性。有的表现为以直接的非法所有的意思而实施了将应当交公的礼物非法占为己有的行为，如将应当交公处理的珍贵礼物在下班时秘密夹带回家据为己有；有的则表现为擅自以所有人的身份处分应当交公处理的礼物，如将应当交公处理的礼物私自赠送给亲朋好友或者擅自变卖将所得据为己有；也有的则仅仅表现为不按照国家规定限期上交应当上交的礼物，如明知是应当交公处理的礼物，逾期拒不交公处理，存放在办公室予以非法持有的行为。在前两种情况下，行为人已经将应当交公归国家所有的礼物非法据为己有或者非法处分，其剥夺国家对应当交公的礼物的所有权的犯罪意图昭然若揭。问题在于后一种情况下能否一概认定行为人的主观方面符合贪污罪的主观要件。笔者认为，在后一种情况下，除非有相反的证据，只要行为人明知是在国内公务活动或对外交往中因公务关系而接受的礼物，并且也明知按照国家规定应当将所收礼物交公处理，仍然故意非法将礼物扣留不交公，就可以推定行为人具有排除国家对这些礼物行使所有权而置于自己的非法控制之下的犯罪目的，从而符合贪污罪的主观要件。所谓除非有相反的证据，是指有相反的证据证明行为人主观上确实不具有非法排除国家对礼物的所有权而置于自己的控制之下的意图，如行为人确实不知道该礼物按照国家对礼物的管理规定应当交公，或者因为出差在外来不及在规定的期限内将所收礼物交公处理，或者虽然未按照国家规定交公处理，但也没有非法据为己有，没有将礼物私自藏匿，而将礼物公开存放在办公室或单位集体公用的，等等。而故意将所收礼物私自藏匿在办公室，逾期拒不交公处理的，或者国家高级领导干部将收受的礼物私自藏匿在个人专用、他人不得随便进出的办公室、休息室的柜子、抽屉内，逾期仍然拒不交公处理的，则表明其具有隐匿应当交公的礼物而置于自己的非法控制之下的意图，即变合法持有为非法占有的犯罪意图，因而符合贪污罪的主观要件。例如，某沿海城市外经贸局局长王某自1990年至1992年期间，在国内公务活动和接待外宾、出国访问等过程中,先后收受高级相机 2 架、珍贵工艺品 5 件、便携式手提电脑 1 台,价值人民币 5 万余元。按照国家规定,王某应当最迟在接受上述礼物后一个月内将礼物悉数交公处理。但王某逾期不仅没有将礼物交公处理,反而将其中的高级相机 1 台、象牙雕刻工艺品 1 件拿回家据为己有,将便携式手提电脑给了正在上大学的儿子,其余的礼物则锁放在其办公室抽屉内。1993 年王某被立案审查,在清理其办公室时发现了上述被其隐匿不交的礼物。笔者认为,在该案中,王某将相机、象牙雕刻工艺品拿回家(非法占为己有),将便携式手提电脑送给其儿子(以所有人的身份非法处分)的行为与其将其余礼物隐匿于办公室拒不交公处理的行为(纯粹的非法占有),行为的表现形式虽异,但都具有排除国家对这些礼物的所有权的主观意图,都符合贪污罪的主观要件,因而应当以贪污罪一并论处。

(二) 符合贪污罪的客观要件

贪污罪客观方面的实质在于利用职务上的便利,实施了排除国家对公共财物的所有权的行为,在表现形式上贪污罪是不纯正不作为犯,既可以由作为方式构成,也可以由不作为方式构成。国家工作人员隐匿不交应当交公的礼物的行为完全符合贪污罪的行为实质和行为形式。

国家工作人员隐匿不交应当交公处理的礼物的行为符合贪污罪客观方面利用职务上的便利的前提条件。国家工作人员在国内公务活动或对外交往中接受礼物与国家工作人员在亲朋好友间的私人交往中接受礼物,性质完全不同。前者,国家工作人员是基于公务、职务关系,代表国家接受礼物。后者,国家工作人员则是基于私人关系,代表个人接受礼物。在国内公务活动或对外交往中,国家工作人员因公务、职务关系而接受赠送的礼物,也因公务、职务关系而在一定时间内合法地持有所接受的礼物。隐匿不交应当交公的礼物以行为人基于公务、职务关系而合法持有礼物为前提,如果不是因公务、职务关系而合法持有应当交公的礼物,当然就谈不上隐匿不交。因此,隐匿不交应当交公的礼物,必然蕴含了利用职务上的便利的内容。

国家工作人员在国内公务活动或对外交往中接受的礼物本应属于国家所有,只是因其公务关系而暂时合法地为国家工作人员所合法地持有。按照国家规定,国家工作人员在接受这些礼物后最迟应当在一个月内交公处理,以实现国家对这些礼物的所有权。逾期而将礼物隐匿不交公处理的,就行为人对礼物的控制来说,其性质则由合法持有变为非法占有;就作为被侵害人的国家来说,其本应实现的对这些礼物的所有权受到了非法剥夺。因此,国家工作人员隐匿不交应当交公处理的礼物符合贪污罪排除国家对公共财物的所有权的行为实质。

国家工作人员隐匿不交应当交公处理的礼物也符合侵吞型贪污罪的行为形式。侵吞的实质是在合法持有他人财物并且负有交还义务的前提下,出于排除他人对财物的所有权的意图而拒不交还,从而变合法持有为非法占有,其行为形式是不作为。国家工作人员对其在国内公务活动或对外交往中接受的礼物在一定时间内可以合法地持有,但按照国家规定,又应当限期交公处理。如果违背国家规定拒不交还,其对礼物的事实控制的性质则由合法持有变为非法占有,因而完全符合以不作为的方式构成的侵吞型贪污罪的特征。因此,笔者认为,《刑法》第 394 条规定,国家工作人员在国内公务活动或对外交往中接受礼物,依照国家规定应当交公而不交公,数额较大的,依照《刑法》第 382 条、第 383 条贪污罪的规定定罪处罚,是完全正确的。

在此笔者还想就刑法解释的规则和方法谈一些看法,因为它直接关系到刑法的适用效果。刑法的封闭性、内缩性决定了"刑法解释的原则首先要体现罪刑法定主义原则的精神。在解释中,只能按照实定法如刑法典以及其他明文规定的法规进行规范意义的解释,而不能超越为一定条文所制约的规范进行解释"[①]。刑法解释必须受到罪刑法定原则的制约,解释结论不能包含刑法法条所没有的含义。普通法系和大陆法系有自由裁量主义和严格规则主义的矛盾,但两大法系在刑法解释问题上都主张严格按照刑法条文字面含义进行解释。[②] 新《法国刑法典》则明确规定:"刑法应当严格解释之。"因此,刑法解释的结论必须符合刑法规范本来的客观的含义,刑法解释不得进行法律漏洞的补充,更不得通过司法解释创设刑事司法法。刑法解释的这一特点决定了文义解释应当是刑法解释的主要和首选的方法。只有在文义解释无法阐明刑法条文的真意,或者按照文义解释显然将产生对被告人明显不利的结果时,才得在刑法条文用语可能具有的意义范围内进行论理解释(包括限制解释和扩张解释),超出刑法条文用语可能具有的意义范围进行类推解释则应列入禁止之列。

刑法的文义解释应当遵守文义解释的一般规则,揭示法条文字词句的真意。刑法的论理解释更应当符合立法的真意和精神。然而我们却经常在学理解释和司法解释中看到违背刑法解释基本规则的情形。例如,刑法侵犯财产罪的规定中"非法占有"一词,其字面含义本来只是指无法律上的原因而在事实上控制他人的财物,侵犯财产罪的危害即在于此。但许多著作、论文往往将"非法占有"的内涵加深至将他人财产"非法据为己有"或"非法所有"。这一解释显然违背了法律解释的同一律原则,对作为刑法规定的法律概念的"占有"作出了不同于民法规定的法律概念的"占有"固有含义的解释,而无特别的理由。如果采取这样的解释结论必将大大限制"非法占有"的外延,导致许多侵犯财产的犯罪行为逃脱刑事追究。

---

① 甘雨沛、何鹏:《外国刑法学》(上册),北京大学出版社 1985 年版,第 22 页。
② 参见沈宗灵:《比较法总论》,北京大学出版社 1987 年版,第 150 页、第 264 页。

公务活动中单纯受贿行为之贪污罪处理

——兼论刑法第 394 条之适用及修改[*]

贿赂犯罪严重腐蚀国家肌体,动摇社会根基。惩治贿赂犯罪是古今中外刑法锋芒之所指,亦是我国党和政府的一贯政策。我国现行《刑法》用以抗制贿赂犯罪的是一张由受贿罪、行贿罪、介绍贿赂罪、单位受贿罪、单位行贿罪与对单位行贿罪共同编织成的法网。相对于 1979 年《刑法》关于该类犯罪的规定而言,这无疑是立法上的重大进步。但是,面对实践中复杂多样、形形色色的贿赂行为,仍显得捉襟见肘、隙漏过多,并且,"随着犯罪经验的日益积累与丰富,贿赂行为人将通过处理犯罪信息来改变'传统'的与法律规定直接'对号'的行为方式,因而,规避法律制裁的种种变相贿赂行为必将愈来愈多"[①]。比如当前社会上较普遍存在的一种"感情投资行为",有些人为了将来获得某种利益,放长线钓大鱼,不惜重金收买拉拢某些握有实权的国家工作人员,而无明确的请托事项,其目的在于建立感情,为将来请求受贿人为其谋利创造条件;受贿人收受贿赂后,也不立即利用其职权为行贿人谋利,在司法机关追查时,便以"馈赠"而非受贿为借口蒙混过关。该种行为貌似"馈赠",而实质上是权钱交易,具有严重的社会危害性。日本、韩国等外国刑法定之为"单纯受贿犯罪"而惩办。我国刑法中没有专门规定,加之人们对有关刑法规范的片面理解,致使司法实践中许多不法分子脱逃法网。因此,如何在罪刑法定原则指导下科学合理地解释现行刑法规范,弥补法律漏洞,打击各种变相受贿行为,便成为摆在学者及司法实务者面前亟待解决的问题。本文拟对公务活动中单纯受贿行为的处理方法略抒管见。

一、单纯受贿行为及其特征

单纯受贿行为[②]是一个与普通受贿行为(或称典型受贿行为)对称的概念。所谓普通受贿行为,是指国家工作人员利用职务上的便利,索取他人财物或者非法收受他

---

[*] 原载《国家检察官学院学报》1999 年第 1 期,与杨书文合作。
[①] 储槐植:《刑事一体化与关系刑法论》,北京大学出版社 1997 年版,第 347 页。
[②] 本文特指发生于国内活动中的单纯受贿行为,且不包括《刑法》第 385 条第 2 款规定的"国家工作人员在经济往来中,违反国家规定,收受各种名义的回扣、手续费,归个人所有的,以受贿论处"的行为。

人财物,为他人谋利益的行为,其实质是受贿人与行贿人之间的权钱交易。其中,就受贿人而言,"职务行为"与"收受贿赂"之间是手段与目的的关系;在主观心态上,贿赂双方都对这种行为的实质有明确清晰的认识。

所谓单纯受贿行为,是指仅仅因"职务关系"而收受他人财物,不以实施职务行为"为他人谋利益"为构成要件的受贿行为。其特征表现在:

1. 单向性

即单纯受贿行为中,只是受贿人单向地接受贿赂,而不以"为行贿人谋利益"为要件,就这一点而言,单纯受贿行为类似于馈赠而有别于普通受贿行为。普通受贿行为是一种对合犯,具有双向性,即行贿人提供贿赂,同时接受受贿人为其谋取的利益;而受贿人接受贿赂,同时为行贿人谋取利益,其权钱交换特征明显易见。当然,现实中这种权钱交换不一定表现为"一手交贿赂、一手谋利益"同时进行,但是两种行为之间"手段与目的"的关系一目了然。

2. 连续性

其中"行贿"与"谋利"两行为在时间上具有不可颠倒性。作为一种"感情投资行为",单纯受贿行为中,行贿人总是通过连续多次给受贿人"好处",将"感情"培养得更深厚更持久,以便在将来向受贿人提出请托事项时,能够"有求必应",因此,单纯受贿行为多表现为连续多次接受贿赂。这与普通受贿行为不同,一般而言,普通受贿行为中,行贿人采取"平时不拜佛,临时抱佛脚"的方式做"一锤子买卖",因而行贿、受贿行为多表现为一次性。所谓"不可颠倒性",是指总体而言,单纯受贿行为中,收受贿赂培养感情在先,而利用职权谋取利益在后,即行贿与谋利两行为在时间顺序上不可颠倒。(当然,现实生活中,单纯受贿行为多表现为行贿、谋利、再行贿、再谋利地交错进行,很难分清具体某次行贿行为究竟是上一次谋利的酬报,还是下一次谋利的准备。)而普通受贿行为中,既可能表现为先行贿再谋利,也可能表现为先谋利后行贿,两种行为在时间顺序上可颠倒;正是基于此,日本、泰国、韩国等国刑法中的受贿罪有事前受贿罪与事后受贿罪之划分。另外,单纯受贿行为中,由于受贿行为的连续性及其与谋利行为之间距离较大,使得两行为的联系不像普通受贿行为那样明显易见,而是显得非常模糊而松散。

3. 权钱交易性

从长远观点看,单纯受贿行为实质上是一种权钱交易。这主要表现在:一是就贿赂双方的身份而言,具有某种管辖或制约关系,既可表现为不同级别、不同部门或不同地区有职权的国家工作人员之间的横向或纵向的关系,也可表现为有职权的国家工作人员与无职权的企事业单位的工作人员及普通公民之间的关系。正是基于这种关系,行贿人才有意识地连续不断地提供贿赂以建立与巩固其与国家工作人员之间的

"感情关系"。二是就贿赂双方的主观心态而言,都对这种貌似馈赠、实为贿赂、近期目的是培养感情而最终目的是钱权交换的行为的实质心知肚明,心照不宣。正如一位因受贿犯罪而被捕的市长所说:"很多人巴结讨好我,其实不是巴结我本人,而是巴结市长这把椅子。"就是说,单纯受贿行为中,贿赂的给予与国家工作人员的职权有密不可分的联系,体现了贿赂犯罪的根本特征。

4. 严重的潜在危害性

在平时,受贿人收受贿赂,与行贿人建立了"深厚的感情",一旦行贿人认为时机成熟或确实需要受贿人为其谋利而提出请托事项时,受贿人便会"心甘情愿"地利用其职权为行贿人谋利,此时受贿人的动机主要不是出于贿赂,而更多地依赖于日常贿赂行为所培养出的感情,因此,这种权钱交易的成功系数较之于普通贿赂行为要大得多,其社会危害性自然也严重得多。而行贿人提出请托事项时间的不确定性,即受贿行为与谋利行为之间时间距离的不确定性,使单纯受贿行为的危害具有潜在性。

单纯受贿行为,可依据行为人接受礼物的时空范围,分为公务活动中的单纯受贿行为与非公务活动中的单纯受贿行为。后者如以婚丧嫁娶、祝贺节日、乔迁新居、过大寿、子女升学、孩子过满月或者以春节给孩子压岁钱等名义收受礼物。

单纯受贿行为作为一种具有严重社会危害性的腐败行为,应予以刑法规制。韩国、日本等国以及我国香港特区刑法中都明确规定了"单纯受贿罪"或"政府雇员收取非法利益罪"以惩办该种行为。我国内地刑法没有将该种行为规定为一种独立的犯罪,但是这并不意味着法律对该种行为的沉默或姑息,因为,《刑法》第394条可为惩罚这种行为提供法律依据。然而,遗憾的是,迄今为止刑法学界及司法实务界都忽略了对《刑法》第394条与单纯受贿行为之间关系的考察,都忽略了《刑法》第394条对于惩治单纯受贿行为的意义。

二、对《刑法》第394条的应有理解

《刑法》第394条规定,国家工作人员在国内公务活动或者对外交往中接受礼物,依照国家规定应当交公而不交公,数额较大的,以贪污罪论处。科学理解该条法律规范,必须明确以下几点:

(一)"在国内公务活动……接受礼物"[①]

所谓"公务",根据《汉语大词典》,是指"公事,关于公家或集体的事务"[②]。所谓

---

① 国家工作人员在国外公务活动中接受礼物应交公而不交公的行为当然可由《刑法》第394条规制,因为该条中"对外交往"一词的外延涵盖了"国外公务活动"。限于篇幅及本文主题,这里不讨论国家工作人员在对外公务活动中接受礼物的情形。

② 《汉语大词典》(第2卷),汉语大词典出版社1988年版,第20页。

"公务活动",就字面意义讲,是指"与本职工作有关的活动"①。但是,根据国务院《国家行政机关及其工作人员在国内公务活动中不得赠送和接受礼品的规定》(1988年12月1日发布)与1993年中共中央办公厅、国务院办公厅《关于严禁党政机关及其工作人员在公务活动中接受和赠送礼金、有价证券的通知》的规定,本条所称"在国内公务"活动中接受礼物具有特定的意义,这不仅指国家工作人员在与本职工作有关的活动中接受礼物,而且包括如下几种情形:

(1)以鉴定会、评比会、业务会、订货会、展销会、招待会、茶话会、新闻发布会、座谈会、研讨会等各种会议和礼仪、庆典、纪念、商务等各种活动的形式和名义收受礼物;

(2)以试用、借用、品尝、鉴定的名义收受礼物;

(3)以其他形式和名义收受礼物。

(二)"礼物"

所谓"礼物",从词源上讲,"泛指一般馈赠品"②。具体而言:礼,"谓贽币也",其中"贽"指"初次见人时所执的礼物"。"币"有两种含义,一是"泛指车马皮帛玉器等礼物",二是指"货币"。"贽币","泛指各种礼品"③。因此,礼物既包括礼金,又包括古玩玉器等物品。而受贿罪中所称"财物",根据现行立法及学界通说,指"金钱和物品"④。可见,《刑法》第394条所称"礼物"(包括礼金)与贿赂犯罪中"财物"的外延基本相同,其不同之处主要在于"礼物"披着一层馈赠、礼仪的外衣。

另外,本条所称"礼物",既包括所有权属于国家或集体的"公共礼物",也包括所有权属于私人的"私有礼物"。

(三)"依照国家规定应当交公而不交公"

这里所称"国家规定",依据《刑法》第96条规定,主要是指全国人大及其常委会制定的法律及国务院制定发布的规范国家工作人员在国内外交往中接受礼物行为的有关法规和决定。诸如国务院《关于在对外活动中不赠礼、不受礼的决定》《国家行政机关及其工作人员在国内公务活动中不得赠送和接受礼品的规定》、国务院《关于在对外公务活动中赠送和接受礼品的规定》等。依据这些规定,国家工作人员在国内交往中不得收受可能影响公正执行公务的礼品馈赠,因各种原因未能拒收的礼品,必须登记上交;国家工作人员在国内交往(不含亲友之间的交往)中收受的其他礼品,除价值不大的以外,均须登记;对接受的礼品必须在一个月内交公并上交国库,所收礼品不按期

---

① 张穹主编:《刑法适用手册》(下),中国人民公安大学出版社1997年版,第1403页。
② 《辞源(第三册)》(修订本),商务印书馆1981年版,第2268页。
③ 《汉语大词典》(第7卷),汉语大词典出版社1991年版,第960页;《汉语大词典》(第10卷),汉语大词典出版社1992年版,第391页。
④ 高铭暄主编:《中国刑法学》,中国人民大学出版社1989年版,第604页。

交公的,按贪污罪论处。

对于这类收受礼物应当交公而不交公的行为之所以按贪污罪论处,是因为该种行为"完全符合贪污罪的主客观构成要件"①,就是说,自国家工作人员接受礼物那一刻起,礼物的所有权便应归属于国家,受礼人只不过是代替国家临时"保管"(合法持有),本应在限期内将该礼物登记上交。假如受礼人在限期内不登记上交,而是变对该礼物的合法持有为非法占有,便构成对公共财物的侵吞,数额较大的,构成贪污罪。

(四) 送礼人主观心态的分析

在公务活动中向国家工作人员提供礼物的送礼人的主观心态复杂多样,大致可归为如下两种:一是出于"善"意,即纯粹出于敬意或为了表示友好等某种善良动机或愿望;二是出于"恶"意,即为拉拢讨好国家工作人员,与之建立深厚"感情",目的是日后有求于该国家工作人员时能"有求必应"。现实中,后者居多数。

三、《刑法》第 394 条与公务活动中单纯受贿行为的处罚

综上对单纯受贿行为的特征及《刑法》第 394 条立法本意的分析可知,从行为主体(国家工作人员)、行为对象(礼物或礼金)、行为时空(公务活动中)、行为方式(接受礼物应交公而不交公)到行为人的主观心态(对因职权而获得财物有明确认识),《刑法》第 394 条的法网涵盖了公务活动中的单纯受贿行为,即对于发生于公务活动中的单纯受贿行为的刑法惩治,可以《刑法》第 394 条作为依据,即公务活动中单纯受贿行为以贪污罪处理。之所以这样做,主要基于如下四点考虑:

(1)单纯受贿行为兼具贿赂罪与贪污罪的根本特征。如前所述,单纯受贿行为具有受贿罪的根本特征,即权钱交易。同时,该种行为也具有贪污罪的根本特征:行贿人(或称送礼人)向国家工作人员提供礼物,都是基于国家工作人员的职务关系,为了巴结、讨好、拉拢握有职权的国家工作人员;国家工作人员基于其职权收受了礼物(礼金)后本应按照国家规定在限期内登记上交,即此时的受礼人(受贿人)仅是该礼物的临时持有人,真正所有权人应是国家,然而受贿人在限期内不将收受的礼物上交,从而侵犯了国家对该礼物的所有权,符合《刑法》第 394 条之规定,具备了贪污罪之根本特征,因此,完全可依贪污罪处理。这是公务活动中单纯受贿行为按贪污罪处理的最主要原因。

(2)从古今中外的刑事法典来看,贪污罪与受贿罪的渊源关系非常紧密而深远。国外古代贪污贿赂犯罪立法的一个显著特征就是贪污犯罪与贿赂犯罪界限不明,如

---

① 储槐植、梁根林:《贪污罪论要——兼论〈刑法〉第 394 条之适用》,载《中国法学》1998 年第 4 期。

《雅典宪法》将官员的贪污受贿行为规定在一起,并处以相同的刑罚。① 及至近现代,亚洲一些国家和地区的"法律中,习惯使用贪污罪的罪名,常常将贿赂犯罪也作为贪污罪处理,而西方一些国家习惯用贿赂犯罪的罪名,把贪污犯罪行为也列入贿赂罪之中"②。我国香港特区的反贪污贿赂立法,1948年称《防止贪污条例》,经修订1971年改称《防止贿赂条例》,而"从其适用的对象和范围来看,包括一切贪污及贿赂行为"③。实际上,"香港刑法中的贪污罪实为大陆刑法中的贿赂罪,贪污罪与贿赂罪无甚区别"④。我国台湾地区"贪污治罪条例"(1992年)规定,"贪污罪可以说是一种具有类罪名性质的犯罪,包括多种犯罪,如普通受贿罪、违背职务之受贿罪、公务员图利罪等"⑤。

在我国大陆,1952年政务院公布的《惩治贪污条例》规定:"一切国家机关、企业、学校及其附属机构的工作人员,凡侵吞、盗窃、骗取、套取国家财物,强索他人财物,收受贿赂以及其他假公济私违法取利之行为,均为贪污罪。"显然,当时的贪污罪实际上包含了今日之受贿罪。

古今中外立法者之所以未将两罪明确界分,大概出于以下两个原因:一是两罪本质是共同的,都是利用职务关系取得合法收入以外的利益和好处;二是公务人员利用职务贪财图利行为往往是多种形式相互交织在一起,很难截然分开,因此,立法者不得不连带地将这些行为形式规定在一个单行刑事法规中,统一以贪污罪论处。

笔者上述言论,无意于否定我国刑法(包括1979年《刑法》与现行《刑法》)明确界分贪污、受贿两罪这一做法之历史进步性,只是意图表明,将公务活动中的单纯受贿行为作为贪污罪处理并非空穴来风,而于古今中外早已有之。而今,虽然我国刑法区分两罪已有多年(自1979年至今),两罪分野鲜明之观念早已深入人心,但是,在特殊情况下,在不违背罪刑法定原则的前提下,将那些兼有贪污罪与受贿罪根本特征之单纯受贿行为纳入贪污罪锋刃之下,亦无不可。

(3)我国刑法中,受贿罪与贪污罪的法定刑完全相同。《刑法》第386条规定,"对犯受贿罪的,根据受贿所得数额及情节,依照本法第三百八十三条(即对贪污罪的处罚规定——引者注)的规定处罚",即对于受贿罪的处罚,从法定刑幅度到主要量刑情节,都同于对贪污罪的处罚。另据《刑法》第394条的规定,对于那些因收受礼物应交公而不交公而构成贪污罪的,亦按《刑法》第383条的规定处罚。可见,从量刑角度讲,将单纯受贿行为依贪污罪处理,不违背罪责刑相适应原则,不会侵犯被告人的合法

---

① 参见阮方民:《我国惩治贪污罪的历史沿革及其特点》,载《杭州大学学报》1988年第1期。
② 最高人民检察院反贪污贿赂法研究起草小组:《惩腐反贪 各国政府关注的焦点——中外反贪法分解比较》,经济科学出版社1995年版,第214页。
③ 宣炳昭:《香港刑法导论》,中国法制出版社1997年版,第368页。
④ 刘光显、张泗汉主编:《贪污贿赂罪的认定与处理》,人民法院出版社1996年版,第93页。
⑤ 刘光显、张泗汉主编:《贪污贿赂罪的认定与处理》,人民法院出版社1996年版,第96页。

（4）就实践意义而言，将公务活动中单纯受贿行为依贪污罪处理不仅有利于严密刑事法网，而且有利于减少司法工作人员的主观臆断性。

《刑法》第 385 条规定的普通受贿罪中，"为他人谋利益"是构成该罪的必要要件。该要件究竟是主观要件还是客观要件，在理论上颇有争论，"主要问题还不在于此，而在于增加了司法实践中办案的困难，尤其是对那些收取了贿赂而尚未给行贿人办事的案件（其中便包括单纯受贿行为——引者注），被告人以没有也不想为他人谋利益来为自己开脱罪责，这是很方便的辩护理由，然而公诉人要予以反驳却是很困难的，这就为狡猾的犯罪分子逃脱法网开了一个大口子"①。

如果将公务活动中单纯受贿行为以《刑法》第 394 条的规定论处，问题便迎刃而解。因为，被告人收受礼物的行为（作为）与应交公而在一个月内不交公的行为（不作为）都是客观事实，对于公诉人而言，易于求证；而对于被告人来说，则难以狡辩或抵赖。这样，一方面严密了法网，使罪犯难逃法网，有利于保护社会；另一方面，增强了法律可操作性，减少甚至避免了司法擅断，有利于保障人权。

四、略论《刑法》第 394 条的修改

如前所述，单纯受贿行为可分为公务活动中的单纯受贿行为与非公务活动中的单纯受贿行为两类。对于前者，可依《刑法》第 394 条的规定处理；而对于后者，则无刑罚处罚依据。鉴于此，笔者建议，修改《刑法》第 394 条，将条文中"国内公务活动"一词，修改为"国内交往"。因为"国内交往"一词的外延较大，既可涵盖国内公务活动，又可包括国内非公务活动。修改依据是：

为规范国家工作人员在国内活动中收受礼物的行为，党和政府有关部门曾多次下发有关文件。这些文件中，因所规范的行为发生的时空范围不同而使用了不同的词语，1988 年国务院《国家行政机关及其工作人员在国内公务活动中不得赠送和接受礼品的规定》与 1993 年中共中央办公厅、国务院办公厅《关于严禁党政机关及其工作人员在公务活动中接受和赠送礼金、有价证券的通知》中，使用的都是"国内公务活动"一词；而 1995 年 4 月中办发〔1995〕7 号文件《关于对党和国家机关工作人员在国内交往中收受礼品实行登记制度的规定》中，使用的是"国内交往"一词。根据该文件，"国内交往"，既包括"国内公务活动"，又包括"国内非公务活动"，但不含亲友之间的交往。由此，从"国内公务活动"到"国内交往"，被规范的行为范围在不断扩大。这不仅反映了党和政府反腐倡廉的巨大决心与信心，而且更有利于实践操作，因为对于党和

---

① 储槐植：《刑事一体化与关系刑法论》，北京大学出版社 1997 年版，第 350 页。

国家机关工作人员收受礼品的行为,有关机关没必要再费力劳神地区分究竟是发生在公务活动中,还是发生在非公务活动中,只要不是亲友交往,便可适用该规定。

众所周知,在我国,立法必须以党和国家政策为依据与指导。作为反腐惩贪之最后手段的刑法,必须与党和国家政策保持一致、互相配合,才能相得益彰、发挥最佳效益。然而,《刑法》第394条在规范国家工作人员收受礼物行为时,仍限定在"国内公务活动中",而遗漏了党和政府文件中早已将应规范的国家工作人员收受礼品的行为范围扩展到"国内交往中",致使对非公务活动中的单纯受贿行为不能实施有效的刑法规制,这无疑是立法上的疏漏。因此,笔者建议,将《刑法》第394条中"国内公务活动"修改为"国内交往",这不仅是保障党和国家政策切实得以贯彻的需要,而且是完善刑事立法、惩治腐败的需要。

总之,对于单纯受贿行为,必须分清不同情况分别予以处理。对于公务活动中的单纯受贿行为,依《刑法》第394条的规定处理;对于非公务活动中的单纯受贿行为,在现行《刑法》修改之前,可依相关法规、文件予以非刑罚处理,当然,如果受贿人的行为构成其他犯罪,比如巨额财产来源不明罪,则依刑法的相关规定论处。

初论"环境刑法"*

随着社会的不断发展和人类文明程度的日益提高,作为社会关系调整器的法律也发挥着越来越大的作用。然而,传统的刑法理论却面临许多新的挑战,一些明智的刑法学者从行政刑法、经济刑法等新的角度来研究、解决困惑,取得了较为显著的成果,在一定程度上充实和发展了刑法有关理论。但"环境刑法"有关的理论和实践问题还没有得到系统的研究。本文试图就"环境刑法"最基本的问题从以下三个方面进行初步探讨,以期抛砖引玉。

一、"环境刑法"概述

环境问题日趋严重,从而引起各国和地区有关人士的极大关注是20世纪60年代以来的事情。如何运用刑法武器来保护环境成为刑法学家的历史重任,一些发达国家在立法和理论上对此进行了长期有益的尝试,但至今尚未使用明确的、专门的"环境刑法"一词。从国外看,类似"环境刑法"一词含义的表述已在立法上出现,如1970年日本的《关于危害人体健康的公害犯罪制裁法》(以下简称《公害罪法》)、1978年联邦德国的《环境犯罪惩治法案》(联邦德国政府向联邦议院提交的刑法修正草案)、1989年澳大利亚新南威尔士州的《环境犯罪与惩治法》等。同时,在理论上与"环境刑法"含义有关的一些重要问题也开始被纳入理论研究领域,如环境犯罪、环境犯罪的刑事责任、环境犯罪的刑罚与强制措施等。从国际上看,各种学术研讨会上也曾不同程度地涉及"环境刑法"的有关问题,并作出了有关决议或建议,如1978年8月在匈牙利举行的第10届国际比较法会议、同年在波兰召开的第12届国际刑法学会预备会议和1979年9月在德国汉堡召开的第12届国际刑法学会会议,都讨论过对环境的刑法保护问题。而且,欧洲司法部长会议作出了77(28)号关于"应用刑法保护环境的决议案"和88(18)号关于"公司危害环境的责任"的议案,1990年10月联合国第8届预防犯罪和犯罪处理大会作出了关于"用刑法保护环境"的决议,1992年11月2日至6日在加拿大举行的第15届国际刑法学会区域性预备会议上作出了关于"对危害环境犯罪适用刑法总则"的建议案。此外,预计于1994年在巴西举行的第15届国际刑法学会大会上还

---

* 原载《当代法学》1994年第2期,与傅立忠合作。

将首先专题研讨环境保护中的刑法问题。从国内看,到目前为止,无论是刑法工具书、教材,还是学术专著、论文,几乎没有出现过"环境刑法"一词。但实际上,从 20 世纪 80 年代初以来,或多或少地涉及"环境刑法"有关问题的研究著述日益增多。上述事实提醒人们,在刑法领域尽早地运用"环境刑法"这一科学术语研究有关理论问题的必要性越来越大。

将"环境刑法"纳入刑法研究视野具有的重要意义主要体现在这样三个方面:

1. 符合刑法学科发展的客观规律

马克思早就指出:"罪犯不仅产生罪行,而且还产生刑法。"①这里的"罪行"和"刑法"应是最广义的用法。可见,随着社会生产和生活的不断发展,产生了许多新的犯罪,需要新的刑法理论,从而推动了刑法的发展;同时,也促进了刑法科学的发展。综观各国和地区的法制历史的发展,都经历了从古代的诸法合体、刑民不分、实体法和程序法不分发展到现代包括各具特色的众多法律部门的法律体系这样一个复杂的演变过程。但在近现代,由于科学技术的飞速发展,使刑法学科的发展大大加快了进程,出现了一些新学科(刑法分支):19 世纪德国基本形成了"警察刑法"的概念,1861 年巴伐利亚州制定了《警察刑法典》;20 世纪初德国出现了"经济刑法"的概念,并于 1910 年制定了《钾盐贩卖法》(实际成为德国经济刑法的开端);20 世纪德国学者还发表了《行政刑法》专著,为行政刑法这一新的刑法分支学科的确立和发展奠定了理论基础。② 如今,行政刑法、经济刑法作为刑法的两个分支学科正逐步为世界各国和地区所承认,而且,有关理论的研究仍昌盛不衰。诚然,"环境刑法"能否作为刑法的一个分支学科还有待理论研究的深入和实践的发展来回答,但从系统的角度看,将其作为刑法的一个分系统来研究仍有一定的学术价值。

2. 有利于刑法理论向纵深领域发展

刑法理论如果回避现实中新的挑战或不能很好地解决新问题,那么,其生命价值迟早会被社会实践所埋没,而从不同角度、不同层次来研究刑法的理论与实践问题,无疑是进一步完善刑法的一个有益的途径。实际上,以往刑法学者早已作过这方面的探索,如从适用范围的角度将刑法划分为普通刑法和特别刑法,从立法体例上将刑法划分为单一刑法和附属刑法,从内容和形式的关系上将刑法划分为实质刑法和形式刑法,从适用对象上将刑法划分为属人刑法和属地刑法。如今,更深入的探索是,我国台湾地区学者将经济刑法又细分为竞业刑法、非常时期经济刑法、金融刑法、公司刑法、破产刑法、商事刑法、专利与商标刑法、税捐刑法等③,日本学者将行政刑法具体划分为

---

① 《马克思恩格斯全集》(第 26 卷),人民出版社 1972 年版,第 415 页。
② 参见张明楷主编:《行政刑法概论》,中国政法大学出版社 1991 年版,第 2 页。
③ 参见林山田:《经济犯罪与经济刑法》(修订 3 版),三民书局 1981 年版,第 91 页。

劳动刑法、经济刑法、交通刑法、租税刑法等①，大陆法系的法国、意大利、联邦德国等，针对当前的某些犯罪动向，提出要制定专业刑法，如企业刑法、教育刑法、体育刑法、娱乐刑法等。② 从"环境刑法"这一新的视野研究刑法理论的深层问题的确很有意义，而且，由于环境犯罪具有一些独特性质，如跨国性或国际性、危害的潜在性等，使得刑罚措施也应具有特定的针对性和实效性，诸如此类问题的解决将借助于"环境刑法"的深入系统研究。

3. 有利于刑法在保护环境的实践中发挥应有的作用

一方面，将"环境刑法"作为一个相对独立的分系统来研究，有利于全面认识刑法的具体功能，从而有助于刑法整体功能的全面发挥。另一方面，通过"环境刑法"这个分系统功能的发挥也能弥补刑法功能的某些弱点，发挥刑法应有的作用，如借助"环境刑法"制裁危害环境的危险犯、某些行政犯，可以最大限度地发挥刑法在预防犯罪方面的功能。

在我国，"环境刑法"的概念可以简单地表述为：关于环境犯罪与刑罚的刑法规范的总称。但为了研究各国和地区差异较大的"环境刑法"有关理论，可将"环境刑法"界定为三种含义：①广义的"环境刑法"是指关于环境犯罪、环境犯罪刑事责任、环境犯罪刑罚、环境犯罪诉讼程序等规范的总称；②中义的"环境刑法"即本段开头所使用的概念；③狭义的"环境刑法"是指关于环境犯罪与刑罚的单行刑事法规。从广义的"环境刑法"来看，其内容主要体现为三种形式：①刑法典中关于环境犯罪与刑罚刑事程序的条款；②专门规定环境犯罪与刑罚或刑事程序的单行法规或条例；③各种行政或经济法规中有关环境犯罪与刑罚的条款，其中又可分两种，一种是具体规定了环境犯罪罪名和相应刑罚的条款，另一种是既没有规定环境犯罪罪名，也没有规定相应刑罚，而只是笼统规定依法追究环境犯罪刑事责任的条款（如我国）。

从上述有关"环境刑法"的概念中并不能直接看出其特征，但通过对环境犯罪与刑罚等主要成分的考察分析，可以将"环境刑法"的特征大致归结为如下三个：

1. 较强的预防性

由于多数环境犯罪的危害结果一旦发生，将会给整个社会生活构成重大威胁或直接给人们的生存环境造成不可弥补的损害，因此，多数经济发达国家一般都对危害环境的危险犯（不仅有具体危险犯，还有抽象危险犯）规定相应的刑罚，而将已造成损害的实害犯视为结果加重犯，并规定较为严厉的刑罚。也有一些国家将违反一般环境保护法规或不遵守政府依据环境保护法规所发布的行政命令的违法行为规定为犯罪，这

---

① 参见〔日〕木村龟二主编：《刑法学词典》，顾肖荣、郑树周等译校，上海翻译出版公司 1991 年版，第 5 页。

② 参见杨敦先、周其华、姜伟编：《廉政建设与刑法功能》，法律出版社 1991 年版，第 66 页。

类犯罪不要求有任何结果的发生,一旦有了违法行为就可对其进行刑罚制裁。这两点,在很大程度上体现了"环境刑法"发挥着比一般刑法更大的预防作用。当然,体现这一特征的条款对目前我国的"环境刑法"来讲是非常不明显的,但也不能排除立法者在这方面的主观倾向。

2. 深远的目的性

如果从人类社会成长发展的历史长河来考察环境犯罪的话,几乎没有比可能危害人类自身生存或可能毁灭人类生存环境的危害环境犯罪更为严重的犯罪了。历史上的杀人、放火等犯罪,现代的战争、种族屠杀等犯罪,危及的只是人类中的极少数人。但如今的某些环境犯罪,如严重的核污染、严重的大气污染等犯罪,如不及时予以严厉制裁,很有可能危害整个人类的生存和发展(包括当代的人们和以后世世代代的人们)。对于这个关键问题,人类已逐渐认识并予以高度重视。许多国家纷纷通过环境立法来打击环境犯罪,就是为了更好地保护人类自身的生存和发展环境。从这个意义上讲,将"环境刑法"的特征之一归纳为具有深远的目的性是合适的。

3. 附带的程序性

"环境刑法"并不是纯而又纯的实体法,有些至关重要的诉讼规则在"环境刑法"中常有进一步的体现:第一,为了确保被害人的利益,加强侵害人责任的诉讼举证责任转移原则的规定,如美国《1970年密歇根州环境保护法》第3节规定,在环境诉讼中被告负有主要的举证责任。[①] 第二,为了及时惩治环境犯罪和保护受害人,科学地确认因果关系,将升华后的因果关系的推定原则引入"环境刑法"中,如日本《公害罪法》第5条规定:"如果某人由于工厂或企业的业务活动排放了有害于人体健康的物质,致使公众的生命和健康受到严重危害,并且认为在发生严重危害的地域内正在发生由于该种物质的排放所造成的对公众的生命和健康的严重危害,此时便可推定此种危害纯系该排放者所排放的那种有害物质所致。"[②]第三,将诉讼中的管辖原则也规定在"环境刑法"中,如日本《公害罪法》第7条规定:"有关本法规的罪的诉讼的第二审裁判权属于地方裁判所。"[③]这些规定均表明"环境刑法"是具有附带的程序性特征的。

二、国外"环境刑法"理论和实践

环境犯罪的概念及其构成要件,环境犯罪的类型及形态,环境犯罪的刑罚与强制措施等是"环境刑法"最基本的理论内容。此外,还应包括诸如证据规则、司法管辖、司

[①] 参见程正康:《国外环境诉讼若干特点试析——兼谈我国关于环境诉讼的法律规定》,载《中国环境科学》1983年第1期。
[②] 〔日〕藤木英雄:《公害犯罪》,丛选功等译,中国政法大学出版社1992年版,第159页。
[③] 〔日〕藤木英雄:《公害犯罪》,丛选功等译,中国政法大学出版社1992年版,第159页。

法协助等程序方面的内容。下面简单论述五点：

1. 环境犯罪的概念

环境犯罪一般是指行为主体故意或过失实施的污染、破坏环境的行为。但各国和地区存在差异，主要表现为两种：一种是英美等适用单一刑事处罚的国家，将一切危害环境的行为都规定为犯罪，特点在于不含有"量"的要素；另一种是日本、德国等适用刑事处罚和行政处罚相结合的国家，将严重的危害环境的行为规定为犯罪，其特点在于有"量"的要素制约，没有达到一定量的不严重的危害环境的行为不视为犯罪，而采用非刑罚方法处理。

2. 环境犯罪构成要件

环境犯罪构成要件主要涉及主体、主观要件、客观要件三方面。关于主体的分歧是法人能否构成环境犯罪的主体，德国、瑞典等国不承认，而美国、加拿大等国承认。关于主观要件，一般国家规定主观需有故意或过失才能构成环境犯罪，但美国、英国适用严格责任（绝对责任）。关于客观要件，主要是对危险犯、实害犯及相应的因果关系存在程度不同的差异，如有的将具体危险行为视为犯罪，有的还将抽象危险行为视为犯罪，有的（如某些危险犯）无须因果关系即可制裁，有的（如某些实害犯）则须借助因果关系才可制裁。

3. 关于环境犯罪的分类

在欧洲基本可分三类：第一类，公害犯罪，包括特殊形式的危险犯罪，如《瑞典刑法典》第13章第8节a的规定；第二类，侵害环境资源的犯罪，包括对水质、鱼类的侵害，如《德国刑法典》第324条的规定、《法国农业法典》第407条的规定；第三类，行政犯罪，包括犯罪行为主要触犯了行政法规或行政管辖条款的犯罪。①

4. 关于犯罪的刑罚

环境犯罪的刑罚主要是监禁和罚金两种形式，对法人环境犯罪只能适用罚金刑。但近年来针对环境犯罪的刑罚有了新的变化，出现了一些限制或禁止某些行为或其他方面的强制措施，比如禁止使用某种设备，重建被损害的环境，销毁设备等。②

5. 关于环境犯罪的刑事诉讼程序

这里主要涉及管辖原则，一般国家都认为在本国领域内对所有环境犯罪都享有司法管辖权，即领域管辖原则，也有的国家实行国家主义原则，还有的国家实行保护主义原则。

"环境刑法"的立法实践涉及许多方面，诸如立法方式、立法技巧、立法原则等。关

---

① 参见〔德〕京特·海涅、〔德〕福尔克尔·迈因贝格：《欧洲的环境犯罪法》，付立忠译，载《环球法律评论》1992年第6期。
② 参见 A.C.基斯：《解决环境问题的法律措施》，文伯屏译，载《国外法学》1984年第1期。

于立法方式,大多数国家采用刑法典和环保法相结合的方式,有的国家再加上一种单行的环境刑事法规方式,个别国家还采用在宪法性法规中进行规定的方式。关于立法技巧涉及罪名排列、刑种设置等方面,这里不多论及,重点谈谈立法原则。

根据各国的立法实践经验,下面三个原则可以视为"环境刑法"的一般立法原则。

1. 重在预防原则

预防犯罪是刑法的基本功能,但环境犯罪不同于普通犯罪,它具有潜在的危险性,而且一旦造成损害就无法挽回。如果等到有实际危害结果出现才动用刑法,那显然是迟了一大步,因为刑法手段并不能遏止危害结果的延续危害性。所以,各国在立法时都力争贯彻重在预防的原则,比如对危险犯、行政犯、抽象构成犯(指实施了无须产生具体的侵害危险,单有发生一般侵害的危险之行为即可成立犯罪)等行为明确地规定为犯罪,并予以刑罚制裁。贯彻重在预防原则可以有效地预防环境犯罪的恶性循环,是一种明智的选择,苏联、日本、美国等在这方面的努力取得了较为可观的成果。

2. 立法协调原则

主要指两方面的协调:一方面,由于"环境刑法"在很大程度上依靠行政法规的规定来界定环境犯罪和设置相应的强制措施,但刑法本身的特性与行政法相比确实是两回事,因而这种既相互依靠又各自独立的矛盾,使得立法者在"环境刑法"立法时必须解决二者之间的矛盾。另一方面,立法协调原则还包括"环境刑法"体系内的自身协调,如刑法典与单行环境刑事法规的协调,环境保护法刑事条款与刑法典的协调,单行环境刑事法规与环境保护法刑事条款的协调。这一原则是大多数国家在"环境刑法"立法时较为通行的实际做法。

3. 国际协助原则

由于跨国污染等环境犯罪实际上具有国际犯罪的特点,不受国界的限制,这就意味着毗邻国家必须通过国际协助或合作来惩治这类环境犯罪。所以,在制定有关"环境刑法"条款时,就应贯彻国际协助原则。在实践中,这一原则有两点体现:第一,体现在双边或多边的国际环境保护协定中;第二,体现在国内刑法典或有关环境刑事法规中。比如,1974年2月19日缔结的《丹麦、芬兰、挪威、瑞典环境保护公约》中规定:"出现环境污染或损害时,负责管辖的首先是后果已发生或行将发生的国家所属的法院。"① 再如,《俄罗斯刑法典》第164条是根据保护太平洋北部黄貂鱼的临时专约而列入的(1957年)、第223条是根据防止乱抛垃圾和其他物质污染海水的专约而列入的(1972年)、第167条是根据大陆架专约而列入的(1958年)。②

此外,根据最近召开的第15届国际刑法学会预备会议上通过的关于"对危害环境

---

① 〔德〕霍亨温戴尔:《跨国污染的控制与刑法》,余叔通译,载《国外法学资料》1981年第1期。
② 参见〔苏〕П.С.达盖尔:《刑法和环境保护》,郭一民译,载《国外法学》1980年第1期。

罪适用刑法总则"的建议案的有关规定,各国在进行"环境立法"时还应坚持"考虑他人的原则",即任何人在没有考虑他人利益和对影响他人与环境的行为采取预防措施以前,无权实施获取自己目标的行为,即使采取预防措施,彻底放弃了有害行为,污染者也绝不能以此作为获得经济补偿的理由。

三、我国"环境刑法"现状及发展趋势

我国"环境刑法"的立法实践开始于20世纪70年代末期。首先采用刑法典的立法方式。我国1979年《刑法》虽没有将环境犯罪列为专章或单独设立环境犯罪罪名,但实际包括了若干具体环境犯罪及刑罚条款,如危害公共安全罪一章中的第105条、第106条、第115条,破坏社会主义经济秩序罪一章中的第128条、第129条、第130条。后来,采用环境保护法规中规定刑事条款的立法方式作为补充这种方式一直沿用至今,如1989年《环境保护法》第42条、第45条,1989年《环境噪声污染防治条例》第41条、第44条,1982年《海洋环境保护法》第44条,1984年《森林法》第34条,1986年《渔业法》第28条、第29条等10余种环境法律法规,均有对环境犯罪依法追究刑事责任的条款。另外,1988年全国人大常委会还通过制定《关于惩治捕杀国家重点保护的珍贵、濒危野生动物犯罪的补充规定》增设了非法捕杀珍贵、濒危野生动物罪的罪名和罪状。上述立法实践取得了较好的效果,但仍存在许多问题。

在司法实践中,由于环境法律法规对有关环境犯罪的罪与非罪界限的规定较模糊,没有规定具体罪状和刑罚,多数只是笼统规定追究刑事责任,从而导致司法机关无所适从,很难发挥其作用。在司法人员头脑中几乎没有环境犯罪的概念,在执法中往往将污染水体的环境犯罪仅视为危害公共安全罪一章中的投毒罪,将破坏自然资源的盗伐林木犯罪视为一般的普通刑事犯罪,因而在处罚上或过于严厉或过于宽松,很难发挥刑罚应有的效能。特别是对环境法律法规追究刑事责任条款规定的适用,大多数是由行政机关来处理的。所以,司法实践中的许多问题往往来源于立法上的缺陷。从理论上开始研究"环境刑法"始于20世纪80年代初。先是介绍外国有关的理论和实践,然后转向国内。最早研究的是危害环境罪,后未涉及有关刑事责任及立法问题。到目前为止,有关"环境刑法"理论的论文或著述已有二三十篇,基本上囊括了"环境刑法"的主要内容,取得了可喜的成果。比如加强对环境的刑罚性保护已是大家的一致意见,对增设危害环境罪的主体也基本达成共识。当然,仍有许多问题有待研究解决,如对过失能否构成环境犯罪存在分歧,其他如刑法中因果关系理论是否适用于全部环境犯罪以及具体适用时如何解决其科学性,环境犯罪是否包括破坏文物古迹犯罪,环境犯罪适用自由刑和罚金是否有效及应否引入其他强制措施作为新的刑

罚,都是亟待解决的课题。另外,对环境犯罪的立法对策及理论根据、环境刑事司法和有关程序问题,尚无人论及,更应引起重视。

通过对我国"环境刑法"现状的分析,结合我国改革开放和国际社会新形势的发展,可以从三方面预测我国"环境刑法"的发展趋势:①在立法上,借鉴国外经济发达国家有关环境犯罪与刑罚方面的立法模式、立法原则和立法技巧,很可能首先制定一部专门的环境犯罪与刑罚的单行法规,或者在修改刑法时将其单独列为一个章节。②在司法上,有关行政机关将积极配合司法机关追究环境犯罪者的刑事责任,司法机关有可能设立专职部门从事环境刑事诉讼,同时,还会享有环境犯罪更广泛的司法管辖权以及不断加强国际合作。③在理论上,有关环境犯罪与刑罚等理论的研究将进一步深化和成熟,极有可能最终形成环境刑法理论这一独立分支,研究"环境刑法"的专门论文或著作也将问世。总之,可以肯定的是,在科技高度发达的未来,"环境刑法"在保护人类生存和发展环境上将发挥越来越重要的作用。

滥用职权罪的行为结构[*]

所谓滥用职权罪,是指国家机关工作人员滥用职权,致使公共财产、国家和人民利益遭受重大损失的行为。这是现行《刑法》第397条规定的一个新罪名。关于该罪的行为结构,即主、客观构成要件,学界争议较多,本文拟就此略抒管见。

一、犯罪客观方面

本罪客观方面由三个条件组成。

第一,行为人实施了滥用职权行为。这里所说的滥用职权行为具体是指逾越职权行为与不正当行使职权行为。

(1)逾越职权行为,是指行为人超越法律、法规规定的权限或授权、委托范围而实施的行为。司法实践中,逾越职权行为的表现形式是多种多样的,概括言之,主要包括以下三种类型:①横向越权,是指行为人行使了属于其他国家机关的专有职权,或者说是不同性质的国家机关之间的越权。如根据有关法律法规,具有行政处罚权的行政机关必须在法定职权范围内实施行政处罚,行政处罚的适用对象是实施了违反行政管理秩序的行为的公民、法人或者其他组织;而对于构成犯罪、应追究刑事责任的违法者,必须移交司法机关处理。假如行政执法人员徇私舞弊,对依法应当移交司法机关追究刑事责任的不移交,便构成对司法机关职权的"侵入",属于横向越权行为。②纵向越权,是指具有上下级隶属关系的同一性质但不同级别国家机关之间的越权。既包括上级对下级职责范围内的工作滥用指令,也包括下级对上级职权范围的侵犯。③内部越权,是指依照有关规定,某类问题应由该单位或机关通过内部民主讨论后形成决策,而行为人却独断专行、不倾听或不采纳别人的意见,这便属于内部越权行为。

(2)不正当行使职权,是指行为人在法定职权范围内出于不合法动机而实施的背离法定目的、精神、原则的行为。该种行为有两个基本特征:①行为人的行为没有逾越法定权限,这是该种行为区别于前述逾越职权行为的重要标志。如果行为人根本不享有实施某一公务行为的相应职权或者虽有相应职权但其行为客观上超越了法定职权,则属逾越职权。②行为人的行为客观上背离了法定的目的、原则和要求。比如使

---

[*] 原载《法学杂志》1999年第3期,与杨书文合作。

人为无义务之事项或者免除应为一定事项人之义务。例如税务机关工作人员在征税时,徇私舞弊,不征或少征应征税款,便属于不正当行使职权。

第二个构成条件是行为人的滥用职权行为造成了法定的严重后果,即致使公共财产、国家和人民利益遭受重大损失。就是说,该罪属于结果犯。所谓"重大损失",根据最高人民检察院的司法解释,是指死亡1人以上,或者重伤3人以上的,直接经济损失5万元以上的或者情节恶劣的,使工作、生产受到重大损害,或在国内外造成恶劣政治影响的。

第三个构成条件是行为人的滥用职权行为与法定危害后果之间具有刑法上的因果关系,否则不构成犯罪。

二、犯罪主观方面

关于本罪的主观方面,目前学界主要存在三种观点:第一种观点认为"必须是故意";第二种观点认为"只能是过失,不可能是故意";第三种观点认为是"过失或间接故意"。笔者基本同意第三种观点,因为它符合立法原意,但由于其未作详细说明,故有必要予以具体阐释。

为了便于分析,笔者把本罪中行为人的主观心态分为对其实施的滥用职权"行为"的心态与对其行为所造成的"后果"的心态。①行为人对其实施的滥用职权行为的心态是故意,这是不争的事实,因为行为人作为国家机关工作人员,对于其法定职权范围具体有多大及如何正确行使其职权是有明确认识的,但是出于某种非法动机(如徇私舞弊、挟嫌报复等)而逾越其职权界限或不正当地行使职权,其明知故犯的心态是显而易见的。②行为人对其滥用职权行为所造成的后果持什么心态,这是判断本罪主观方面的根本标准。解答此问题,需从分析行为人主观心态的构成因素、即认识因素与意志因素入手。

(1)先看认识因素,即考察行为人对于其滥用职权行为所造成的后果是否有认识?回答是肯定的。根据心理学常识,行为人在一定动机支配下故意实施某种行为时,对于该行为所造成的后果是有认识的。从另一个角度讲,行为人对于其滥用职权行为所造成的后果,既有认识义务,又有认识能力。

(2)再看意志因素,即考察行为人对于已认识到的其滥用职权行为所造成的危害后果的心态是希望发生、放任不管抑或轻信能够避免? 这里,我们首先可排除是希望发生的可能性。因为,假如行为人的心态是希望发生,即行为人滥用职权的目的是积极追求该行为所造成的危害后果的发生,就是说,行为人具有实施某种犯罪的直接故意,那么,应以刑法分则条文规定的其他故意犯罪(如故意杀人罪、危害公共安全罪等)定罪处罚,而不应以滥用职权罪论处。由此可知,行为人对其滥用职权行为所造成的危害后果所持心态有两种可能性,即或是放任,或是轻信能够避免。

联系上述行为的认识因素可知,本罪主观方面既可能是间接故意,又可能是轻信过失。究竟是这两种心态中的哪一种,无论是理论上,还是司法实践中,都难以清晰而准确地界定。为便于理论分析与司法操作,我们不妨把二者合二为一,作为一种特殊的罪过形式。就是说,同一种具体犯罪的犯罪心态同时具有间接故意与轻信过失两种形式。这显然与传统刑法理论所坚持的"同一种犯罪的罪过形式或是故意、或是过失,而不可能同时兼有"的观点相违背。为解释这种现象,笔者提出一个全新概念——复合罪过形式。

三、立法论上的新问题——复合罪过形式

传统刑法理论中,由于刑法明确规定了"过失犯罪,法律有规定的才负刑事责任",于是在人们的思维中形成了这样一种规程与定式:一种罪名只可能有一种罪过形式,要么是故意(直接故意或间接故意),要么是过失(轻信过失或疏忽过失),而不可能同时兼有两种罪过形式。上述关于滥用职权罪的主观方面"必须是故意"与"只能是过失"的观点,便与此种思维定式有关。

然而,如果我们把探寻的目光伸向国外刑事立法与刑法理论研究领域,便会发现:在刑法的主动性与预防功能愈来愈受到人们的重视与强调、在刑事立法模式正由结果本位走向行为本位的今天,有些西方国家的刑法典已放弃了"过失犯罪仅限于法有明文规定"的原则,在罪过形式上,已经或者正在由单一罪过形式发展为复合罪过形式。

比如《法国刑法典》(1994年)关于罪过形式的规定,在刑法理论所界分的"犯罪故意"与"刑事过失"之间,有一个由"可能故意""蓄意置他人于危险境地""超过行为人预计的结果"三种犯罪心态构成的"中间类型"。而在德国刑法学界,自20世纪80年代中期以来,便有学者提出了所谓"第三类主观要件"的思想,将间接故意与有认识过失作为一类单独的要件类型进行研究。

所谓复合罪过形式,是指同一种具体犯罪的主观心态既有可能是故意(仅限于间接故意)又有可能是过失的一种罪过形式。

复合罪过形式的提出是人类对于自身心理活动深层机制的认识不断加深的结果。传统刑事立法上的犯罪心态概念与心理模式是建立在古典心理学和意志自由论的基础上的,认为行为的心理模式是可以分割开来观察的知与意的组合。其实,人的心理活动并不都像演电影那样可以用一张张胶片把它们分割开来。现代心理学的动态研究正逐步揭示人类心理活动的奥秘,尤其是对于古典心理学基本未曾触及的"模糊心理状态(意志因素不明朗)"的认识也在不断提高。复合罪过形式恰是在此基础上提出的。

第五编

外国刑法研究

欧美刑法改革[*]

欧美,是指欧洲和美国。欧洲包括欧洲大陆和英国,也包括欧洲社会主义国家。为叙述方便,本文分欧洲大陆的刑法改革和英国、美国的刑法改革两大部分。

一、欧洲大陆的刑法改革

欧洲大陆的刑法以罗马法为基础,具有坚实的学术基础;同以法官造法为特点的英美普通法形成对照,欧洲大陆刑事法律是中央集权的国家机关制定的。以上背景,决定了欧洲大陆刑法改革具有如下特点:有明显的法学理论为指导;刑法改革常常伴随着反君主独裁的政治运动。

以理性、自由、法治和人道主义为核心内容的资产阶级启蒙思想成为18世纪末19世纪初欧洲大陆刑法改革的政治、哲学原则。在罗马法中已经萌发后来又在启蒙运动中得到进一步发挥的罪刑相称思想,在刑法制度的改革与发展中具有深远影响。

孟德斯鸠和伏尔泰,尤其是贝卡里亚的著作奠定了近代欧洲大陆刑事政策的基础。

19世纪初一些刑法典,例如1803年《奥地利刑法典》、1801年《法国刑法典》、1813年《巴伐利亚刑法典》以及1822年《西班牙刑法典》等,体现了上述哲学原则和法律思想。

19世纪英美监狱模式对欧洲大陆的监狱建设和改革产生了重大影响。

随着19世纪下半期人类学和社会学的兴起,实证主义哲学观点统治了刑法改革运动。意大利的龙勃罗梭、菲利和加洛法罗是欧洲领先的犯罪学家,德国的李斯特从康德的正义观念出发,发展成为刑事惩罚的社会理性。

1889年,李斯特、普林斯和哈默尔等人创立的"国际刑法联盟",对现代刑法改革运动起了推动作用。国际刑法联盟的工作后来由1924年成立的"国际刑法协会"所继续。这些机构的改革目标和要求主要是:推广缓刑制度,废除短期监禁,对惯犯实行长期监禁,制定少年等特别刑法,以及发展自由刑的替代措施等。其中许多建议早已实现。

---

[*] 原载《国外法学》1987年第1期、第2期。

由于两次世界大战造成的物质和精神破坏,刑法改革事业中出现了社会防卫运动,其基本精神是探索在法治结构内把人道主义和刑法实际效果结合起来的途径与方法。1949年成立的"国际社会防卫学会",起初由意大利科学者菲利普·格拉马蒂卡领导,他期望用非刑罚方法来代替刑法以达到使反社会分子重新社会化之目的。法国比较法学家和犯罪学家安赛尔采取了比较灵活的观点,对欧陆有些国家的刑事立法起了相当大的影响作用。

20世纪60年代,刑法改革在欧陆(以及英美)出现了危机。对刑罚和罪犯的研究深深地动摇了犯人能够通过在监狱里的处遇实现重新社会化的信念。于是提出了把监狱职能和社会工作结合起来、把封闭式监狱变成开放式监狱的主张,出现了刑法同社会治疗结合的趋势。这种情况在瑞典、挪威和美国表现得尤为明显。新的监禁形式诸如监放交叉、周末监禁和开放监所等已经被设计为替代剥夺自由的办法,例如社区劳动正在得到推广。欧洲大陆刑法改革虽然有着共同的原则,但是由于各国的历史和文化发展各有不同,所以刑法改革在不同国家仍然有着很大差异。

(一) 日耳曼语系国家

1. 联邦德国

在19世纪法典化的基础上,德国于1975年通过了新的刑法典。在此之前,同时提出了两个草案,即官方草案和非官方草案。最后,采纳了官方草案的犯罪部分和非官方草案的刑罚制度。在新的刑法典里,废除了已经过时的刑法规定,尤其是关于道德罪的规定。刑罚方面也进行了改革,例如预防性拘禁等有关处分已被取消;由于立法上对罚金的强调,自由刑的刑期大大缩短,缩短的幅度在17%到1/3;一次总付的罚金制被斯堪的纳维亚"计日罚金制"所代替;缓刑更广泛地被适用;犯人服1/3刑期就可能获得假释,即使终身监禁犯在服刑15年后也有可能被假释。

德国刑法的传统哲学基础,即刑罚必须严格同个人责任相符的原则,继续保留。有罪程度不仅决定刑事责任,而且也决定所采取的刑罚措施。由于强调主观有罪性,德国刑法仍然采取"双轨制"——基于罪犯主观责任的刑罚和出于保卫社会需要的处分并用。这方面特别重要的是,对严重人格异常的犯人在社会治疗机构中的监管以及对累犯、惯犯的监禁后监督(延续社会帮助)等方面所规定的新措施。从20世纪50年代中期以来,联邦德国的监狱条件得到大大改善。1976年制定了联邦法律,取消了监狱的行政自由裁量权。

2. 奥地利

同联邦德国协调一致,奥地利也在1975年修改了自己的刑法典,采取了许多类似于西德的新规定,其中包括计日罚金制。罚金多于监禁刑,大约75%的判决是罚金,监禁刑仅占25%。一些性犯罪和堕胎罪的非刑事化。对于精神错乱犯人和危险的惯犯采用诸如单独监所等预防措施。

3. 瑞士

1937年《瑞士刑法典》的基本部分现在仍然有效。类似德国刑法，瑞士刑法也坚持按犯人的有罪程度，既决定刑罚也决定预防措施。短期自由刑仍然是主要的惩罚方法，虽然缓刑适用比较普遍。今天的改革主要在于寻求减少罪名的数量，并且用新的监禁形式来改变刑罚制度。

4. 荷兰

从1811年开始适用《法国刑法典》，直到1881年才颁布荷兰自己的刑法典。荷兰是日耳曼语系法制传统和拉丁语系法制传统的会合处。《荷兰刑法典》是一个独创，把法国和德国的因素融为一体。法典的特色是，对监禁和罚金的限制，对精神病犯人采取预防措施，以及私立机构参与对在押犯人和不羁押犯人的帮助与照应。荷兰刑事政策最引人注目的结果是监狱囚犯数量极低，尽管其犯罪率同其他西方国家相似。出现这种结果的原因是，允许警察部门和公诉机构对罪案进行"法院外解决"，广泛运用"拒绝答辩"，以及广泛采用罚金代替监禁。在荷兰，只有27%的有罪判决适用监禁刑，而且其中一半以上是缓刑。荷兰的现代监狱制度堪称其他西方国家的典范。

（二）拉丁语系国家

1. 法国

1810年《法国刑法典》在实质上到现在仍然有效。通过多次修正，法国刑法改革收到效果，最明显的是1832年《法国刑法典》中规定了减轻情节，1885年规定了假释，1891年对初犯允许缓刑。虽有这些进步措施，但是《法国刑法典》仍然属于重刑范畴，主要刑罚方法是监禁。放逐刑在1938年才停止适用。1981年废除死刑。

改革刑法典的第一次努力是1934年刑法草案，它失败于左右两翼政治力量的斗争。监狱制度在1944年以后实现了现代化。战后年代的其他发展有假释监督官制度的建立，1959年以后广泛适用缓刑，1975年开始广泛地采用了监禁刑的替代办法。

1978年提出了改革刑法典的预备草案，但是在1980年被撤销了。1981年2月，通过了一项大有争议的法律，在暴力犯罪高涨的情况下，社会党政府却废除了死刑。

2. 意大利

1930年《意大利刑法典》虽然是技术上的杰作，其许多条款的严厉性却违背了时代的主导意识形态。法西斯倒台以来，《意大利刑法典》一直没有彻底修改（1968年修订并不是彻底改革），虽然通过立法和宪法的决定所进行的部分改革一直没有停止。1944年废除了死刑，1948年宪法体现了诸如个人刑事责任和监禁的再教育目的等现代刑事政策的基本原则。1962年实行假释，1975年关于矫正的新法律给予社会工作者以监督缓刑犯和监放犯（受监押与放出相结合处遇的犯人）的责任。宪法法院宣布以监禁代替罚金是对穷人的歧视,因此迫使立法机构重新审查有关法律。此外,意大利立法机关认可以替代性劳动和受控制的自由来代替监狱监禁的办法。到20世纪70年代后期,恐怖主义暴力犯罪数量增长和连绵不断的经济政治危机,阻碍了刑法改革的实现。虽然有过几个刑法典修改稿,但还是没有制定新的刑法典。1974年以来,立法方面呈现出增加现行法严厉性的趋势。

3. 西班牙

随着1975年民主的恢复,西班牙的刑法改革正在进行,旨在维护专制统治和某些过时的刑法规定已经废止;然而1944年《西班牙刑法典》(经1973年修正)仍旧有效。

有六种不同的剥夺自由,它们都可以通过假释而被折半。此外,还有三种限制自由的刑罚方法,其中最严厉的是流放。同时还有多种保安处分。1970年一项许可对流浪或轻微损害行为拘禁长达5年之久的法律仍然有效。

1978年宪法废除了死刑,并且声称无论是刑罚还是保安处分,都必须力争使罪犯重新回归社会。1980年刑法典草案力图进行根本改革以便完全地体现有罪程度决定刑罚量这一原则,草案规定的刑罚方法仅仅是罚金、有期监禁刑和剥夺民事权利。最低监禁刑为6个月。草案规定采用计日罚金制,以及其他一些监禁的替代措施。犯罪实行以前的基于身份的预防性拘禁已被废除。

(三) 斯堪的纳维亚国家

1. 瑞典

瑞典的现代刑事政策一直是欧洲的典范。对1864年《瑞典刑法典》具有重大意义的早期改革,包括1921年废除死刑,1931年首先实行计日罚金制,1939年采用英美的缓刑监督制度。1962年刑法典允许法官根据个别预防思想选择刑罚方法而基本上不考虑主观恶性的一元化刑罚模式,而不是刑罚和保安处分相结合的二元模式。

刑事政策危机使瑞典重新考虑改造更新观念。1980年废除了少年犯监所的不定期监禁,甚至对危险的惯犯的不定期刑也遭到激烈批评因而被废止。瑞典的自由刑已经回到了定期刑。在实践中,监禁刑很少适用并且常常是很短的刑期,服刑3个月后就可能被附条件释放,舆论倾向于完全废除剥夺自由刑。有罪判决不一定判刑;保护性监督有时同罚金相结合;对少年犯、酗酒犯和精神病犯的强制性监护成为监禁刑的替代方式。

根据1974年通过的法律,瑞典有着世界上最现代化的监狱制度。监禁刑的目的是为罪犯释放作准备,是复归社会的前奏。通过教育、职业训练、监放交叉、狱假、协助寻找职业和住房等活动从而达到监禁犯人之目的。瑞典认为监狱理想的规模是:地方监所容纳20—60人;提供职业教育和精神医疗的国家监狱的设计容量是60—1000人。瑞典是当代世界监禁率最低的国家之一。

2. 挪威

在刑法改革方面挪威一直追随瑞典,当然它也有自己的轨迹。1902年《挪威刑法典》几经修改,但现在仍然适用。终身监禁是挪威的一种刑罚方法,但极少适用。挪威有两种缓刑制度。1975年废除了对少年犯的特别处分。1970年停止了对酒精中毒者和流浪者的强制性劳动。对精神病犯人的预防性监管和对惯犯的预防性拘禁也都减少到最低限度。监禁刑日益被视为例外措施;同改造更新理论相反,监禁被认为是犯人的负担而不是对犯人的利益。基于1958年的法律,挪威的现代监狱制度是相当先进的。

(四) 社会主义国家

社会主义国家的刑法建立在马克思列宁主义原则基础上,它包含这样一些乐观的观点:犯罪主要是社会主义前的坏影响的产物;社会主义制度能够控制犯罪,在未来的共产主义社会犯罪将会被消灭。

苏维埃刑法模式统治着欧洲社会主义国家,当然各国受影响的程度是有差别的,例如1968的《民主德国刑法典》割断了同联邦德国法制传统的联系,受苏联影响比较明显,但是1969年《波兰刑法典》中反映出来的这种影响就比较减弱。

意识形态因素在社会主义刑法的犯罪论和刑罚论中都占有重要位置,不过近年来在这方面出现弱化趋势,至少有些社会主义国家如此。

"同志法庭"享有对轻微犯罪的管辖权,这是刑事政策思想方面的一个创制。

在民主德国,监狱管理者有着广泛的自由裁量权,因此狱中犯人由于不同情况可能受到差别极大的待遇。

通过增加刑罚和各种社会控制措施来对付累犯、惯犯。例如在波兰,从监狱释放后的危险惯犯可以被判决多至5年的"社会适应中心"再教育。一项富有革新精神的不同于剥夺自由的"限制自由"(限定居住地、强制社区服务、减去10%至25%的工资),已经被波兰法律规定为刑罚方法。1980年开始的波兰刑法全面改革由于1981年12月政局变动而受到干扰。

西欧刑法的统一问题——30年来经常不断地进行学术交流产生了超越国界的强烈的相互影响。19世纪德国和法国刑法给其他大陆法系国家的刑法改革树立了样板。第二次世界大战以来,斯堪的纳维亚国家进步的刑事政策和英美的犯罪学对欧洲大陆刑法改革一直起着甚为明显的影响作用。欧洲共同的法制传统在跨国机构诸如欧洲共同体和欧洲议会等活动过程中得到新的体现。欧洲国家在刑法事务方面的密切合作,对犯罪率和对待犯罪的态度上也有着广泛的相似性。

1950年公布了《欧洲人权公约》,欧洲委员会和欧洲人权法院也随之建立。这些机构的决议对13国的立法活动起着相当可观的影响,公约对欧洲大陆国家的刑法和刑诉法的影响是明显的。从 1957 年至 1977 年这二十年间,先后缔结了有关刑事实体(如关于处罚交通犯罪、关于防止恐怖行为等)和刑事诉讼(如关于引渡犯人、关于刑事司法协助、关于刑事判决国际效力、关于反人道罪及战争犯罪没有诉讼时限等)的九项"欧洲条约"。第二次世界大战以后,欧洲协商大会提出了一个类似美国法学会提出的《模范刑法典》(1962 年)那样的统一刑法草案。然而,指望在可望的将来出现一部真正的《欧洲刑法典》是不现实的,因为欧洲仍然是一个由主权国家组成的各有其自己法制的共同体。

二、英国、美国的刑法改革

(一) 英国的刑法改革

英国刑法从 19 世纪 20 年代以后经历了一些实质性改革,但是发展缓慢。它没有像许多欧洲大陆国家那样颁布统一的刑法典和刑事诉讼法典,直到今天,英国并没有完全废除普通法罪(根据判例确定的罪)。

以下两个因素相结合使得英国刑法改革步履艰难,其速度缓慢于大多数英国其他机构制度的改革:①议会两院相当数量以保守著称的律师和法官的影响的存在。许多最高级法官和其他法官位居上议院,许多治安法官和开业律师是下议院的成员。②英国议会允许对议案细节进行详尽研究和旷日持久辩论的惯例。两者结合,使得许多实质性改革都难以获得通过。

19 世纪初有位英国学者说英国刑法"既太严酷又太宽容,一半是用血写成的,一半含糊松散好像原始部落的习惯法","是国家的祸根与耻辱"。刑法在内容和形式上都有严重缺陷。

1818 年,有两百多项法规容许对范围广泛的罪行适用死刑,既有严重的罪(如叛国和谋杀),也有轻微的罪(如伪造、鸡奸,许多特殊情况下的轻微盗窃等)。然而,并不是所有死罪都被执行死刑,1810 年死刑执行数大约为死刑判决数的 1/20。被判死罪的被告人是不是暂缓执行死刑①主要取决于审判法官,法官不必对其自由裁量说明理由。当然,并不是所有被判死刑的被告人都可能以流放异域离开英国(美国独立后,通常流放到澳大利亚充军营)为条件而得到缓免。一个罪犯实际上是否被流放抑或留在英国牢房服短期刑(2 年或 3 年)并不取决于犯罪的性质,往往取决于法官并不关心的纯管

---

① 19 世纪前后英国的死刑暂缓执行(reprieve)制度同我国今天的死刑缓期执行制度很不相同:(1)适用对象不同。英国适用的罪行许多是不严重的罪行,我国都适用于极严重的犯罪。(2)体制不同。我国的是一项刑法制度,英国的是一种司法实践;我国明确规定期限,英国则没有。(3)后果也不同。在英国,死刑暂缓执行一般改为流放、鞭打或短期监禁;在我国,死刑缓期执行多数改为无期徒刑或长期徒刑。——译者

理和实践的考虑,诸如澳大利亚殖民地对劳动力的需求以及必要的海运能力等。

法律的形式是混乱的,并且非常含糊不清。1821 年大约有 750 个有关刑法的国会法令,另外还有约计 400 项有关诉讼的法令。这些法规是英国国会三个世纪活动的产物。由于不可能有通盘考虑,所以它们彼此间缺乏一贯性,常常互相矛盾。关于主要罪行的定义、共同犯罪的责任以及辩护的一般规则等,这些基本问题都是由 17 世纪和 18 世纪的三本权威著作来确认的。这些著作同时被一些判例所补充。诉讼程序取决于被控告的犯罪种类:叛逆、重罪、轻罪。有些情况是很专断的,例如盗窃,即使轻微盗窃也是重罪,而诈骗,即使骗得许多钱财也只是轻罪。所有死罪都属于叛逆或者重罪(当然并非所有重罪都是死罪)。

在重罪案审理中,被告辩护人只能询问证人和据法辩论,而不能向陪审团提出请求;但是在叛逆和轻罪案审理中,被告辩护人可以向陪审团提出请求。对少年犯没有特别的审理程序,7 岁以上的人都适用相同的法律、相同的审理模式和相同的刑罚,甚至有孩子被处死的案例。

对轻微罪案的简易审理程序没有一般规定,也没有明确的刑事上诉制度。

英国的刑法改革运动,在学理方面被认为始于 1771 年伊登发表的《刑法原则》,它第一次试图对刑法的结构和原则加以批判性审查,也是提出刑法改革综合规划的第一次努力。伊登认为,刑法应当首先受到"自然正义"的制约,其次受到"社会功利"的制约;刑罚应当同罪行轻重存在相应关系。他不同意流放,也不赞成监禁;他赞成鞭打、罚金和社区劳役。他建议废除所有过时的法规,健全完善可适用的法规。

国会的刑法改革运动始于 1819 年认可废除三种盗窃罪的死刑。1823 年内务大臣向政府提出了修改刑法的广泛建议。1823 年至 1827 年国会通过四项改革性法律,废除了一些轻微罪行(均为财产罪)的死刑。此后国会的立法也多数涉及死刑的废除,到 1837 年,死刑又从 27 个罪减少到 16 个罪,这些罪几乎都涉及对人身的暴力侵犯。改革者的基本原则是单纯的财产性犯罪都应当废除死刑。到 1839 年适用死刑的罪还剩下 10 个。

1848 年和 1849 年国会通过的三项法律都涉及刑事诉讼程序的改革。1847 年决定对少年犯实行单独刑事管辖(仅指司法处遇),当时规定的少年年龄为 14 岁,1850 年以后改为 16 岁。到 1908 年英国才有少年法院。

英国刑事法典化——从 19 世纪 40 年代至今将近一个半世纪里,英国曾提出三个刑事法典化方案。

英国刑事法典化的第一个方案是 19 世纪 30 年代至 40 年代初由布鲁姆勋爵和边沁的另一位追随者着手准备并提出的,国会审查和讨论历时十年之久,最后由于法官反对而没有通过。

正当英国国内讨论刑法典草案时，麦考莱去印度出任总督法律顾问，他根据英国刑法典草案起草了印度刑法典草案，该草案于1860年通过，1862年开始生效。印度、巴基斯坦、斯里兰卡、苏丹等国今天的刑法典基本上就是麦考莱刑法典。英国刑事法典化的第二个方案是19世纪70年代由斯蒂芬提出的。1877年斯蒂芬发表了《刑法摘要》，提出了完整的刑法典应有的结构。大法官委托斯蒂芬起草刑法典和刑事诉讼法典。刑法典草案于1878年5月提交国会，国会把草案交给了由三名法官和斯蒂芬本人组成的皇家委员会审查修改。委员会从1878年11月到1879年5月每天工作，讨论法案每一个条文的每一个细节。皇家委员会同意把修正草案提交国会。1879年在下议院通过了二读，1880年4月因政府发生变动，国会的注意力被爱尔兰问题所吸引，法典草案流产。但是斯蒂芬刑法典修正稿在加拿大、新西兰、昆士兰、澳大利亚、东非和西非的许多英国领土被采纳，并且证明是适用的。20世纪上半期，刑事实体法方面的改革非常少。注意力主要放在刑事司法方面，尤其集中在监狱和监禁的替代方法上，对少年犯和初犯的处理问题上也取得了进展。

英国刑事法典化的第三个方案。1959年刑法修改委员会成立，委员会就一系列专门问题提出了报告，其中最重要的是1965年建议废除重罪与轻罪划分的报告（1967年生效实施），1966年关于盗窃及有关犯罪的报告（1968年生效实施），1972年关于证据法方面许多重要改革的报告，1980年关于侵犯人身罪（包括杀人罪）的报告。该委员会采取了非常功利主义的立场：不仅避开了法典化问题，而且避开了刑法制定法的重述问题，它基本上倾向于保留普通法规则（含糊性和不确定性是其特点）。

1965年法律委员会成立，法典化是其公开声称的目标之一。法律委员会由五名法学家专员组成，是一个政府常设机构。由于法律委员会的责任是审查所有法律，所以它只能把一小部分力量放在刑法方面。附属于法律委员会的一个工作组于1967年至1973年之间调查了关于刑事责任的一般原则，它公布了几个有关专门问题的工作文件，例如犯罪的精神要件、不完整罪和从犯的责任、合法辩护等。这些工作文件在很大程度上受到了美国1962年《模范刑法典》的影响。

法律委员会自20世纪70年代以来公布了关于刑事责任的一般原则和具体犯罪的定义等一系列立法建议报告，其中包括：犯罪的精神要件（1978年），不完整罪——共谋（1976年），未遂（1980年），共同适用的合法辩护（1977年），刑事损害罪（1970年），伪造罪（1973年），干扰审判罪（1979年），刑法的地域效力范围（1978年），等等。据此，立法机关通过了一系列法律，它们是：刑事损害罪（1971年），共谋犯罪（1977年），未遂（1981年），伪造罪（1981年）。这与完成刑事法律的法典化距离尚远，但毕竟是有利于法典化的。

1981年为了推动法典化，法律委员会任命了一个由四名法学家组成的工作小组,其任务是:①考虑并就下列有关问题提出建议;刑法典的目的与目标;刑法典的性质与范围;刑法典的内容结构与各部分间的相互关系;刑法典起草的方式与方法。②用适合于法典的方式系统地提出:刑事责任的一般原则;适合于刑法典的标准术语;解释刑法典的规则。

在可见的将来,在英国考虑刑法改革的责任很可能继续被几个部门分担。刑法修改委员会将集中考虑法庭和执法问题;法律委员会将主要关心法典化、刑事责任的一般原则以及比较不重要的普通法罪;皇家特别委员会和专门委员会则可能被指定担任某些临时任务,如果问题发生争论而政府又希望表示自己处于超脱地位。

(二) 美国的刑法改革

1. 美国革命时期

美国革命刺激了刑法改革,集中在用新的态度来对待刑罚。革命爆发之后,新独立的殖民地都面临着这样的问题:愿意在多大程度上保留母国英国的法律?它们认为,严厉的刑罚反映了英国的而不是美国的社会精神气质,因此一致认为美国的刑法需要改革。在签署《独立宣言》几周之后,弗吉尼亚州议会通过了一项修改刑法的法案,要求以共和主义精神来修改刑法,并成立了包括托马斯·杰斐逊在内的刑法修改委员会。杰斐逊起草了一份新的刑事惩罚体制的法案,它是从古至今处遇犯人的历史理论总结,渗透了贝卡里亚功利主义的刑法思想。杰斐逊的指导原则是:①刑法的目的是威慑犯罪和改造犯人;②残酷的法律是自我拆台;③人们乐于遵守罪刑相称的刑法。但是这个法案没有被议会通过。

把刑法改革的理论变成现实的第一个州是宾夕法尼亚州。1776年宾夕法尼亚州宪法中包含了关于刑法改革的条款。十年以后由州立法机关采取的刑法改革的第一个步骤是废除了抢劫、夜盗和兽奸的死刑。到20世纪90年代,刑法改革的步伐缓慢下来。当时州长向立法机关提出了进一步减轻刑罚体系的建议,立法机关则很矛盾:一方面不愿意使改革走得更远,另一方面又同意只有为了确保社会安全,绝对必要时才应当适用死刑。根据这种考虑,在英美法制史上第一次提出了把谋杀罪分为两个等级(以此限制死刑)的法案。

2. 南北战争以前时期

废除死刑运动在沉寂了几十年以后,于19世纪20年代重又兴起,1820—1850年在全美国掀起了反对酷刑的浪潮。其中著名的代表人物有爱德华·列文斯顿,1826年向路易斯安那州议会提交了法典草案。列文斯顿法典包括四个独立内容:犯罪和刑罚法典,刑事诉讼法典,证据法典,监狱纪律法典。同边沁哲学相一致,列文斯顿法典渗透着对法官的深度不信任以及对任何形式的司法造法的明显反感。列文斯顿法典的全部创新中最引人注目的是废除死刑。

到 19 世纪 50 年代,美国有 11 个州成立了反对死刑的社会组织,1845 年成立了全国反对死刑的团体,副总统乔治·达拉斯是这个团体的第一任主席。反对死刑最成功的是 1846 年密歇根州议会通过法律废除叛国罪以外的所有犯罪的死刑。美国的反对死刑运动到内战前夕趋于停顿。

3. 南北战争以后时期

19 世纪后半期,实体刑法改革方面没有大的动作。在当时工业化和商业扩展时期,美国的立法者、法学家和律师们的主要精力放在经济方面;有一个突出的例外,就是纽约的著名律师大卫·菲尔德。

1857 年纽约州成立了一个委员会,负责起草民法典、政治法典和刑法典,菲尔德在委员会中起了主要作用,所以那个时候通过的法典冠以他的名字。《菲尔德刑法典》在 1881 年被纽约州议会通过。这个法典几乎被加利福尼亚州和南达科他州、北达科他州全盘仿照,它对西部其他一些州的刑法典也有重大影响,例如亚利桑那、爱达荷、蒙大拿、犹他、俄勒冈和怀俄明等州。

4. 进步党主义的成果

19 世纪最后十年和 20 世纪最初一二十年间,一个有生气的复杂的社会改革运动席卷美国社会的中上层。进步党党员成分复杂,他们对政治问题和社会问题有着不同见解,但是都想要消除政治生活中的腐败成分,在政府工作中引进科学技术,提高行政效率。进步党的纲领建立在两个基本原则上:相信人的可改善性;相信国家提高公民福利的能力。在刑事司法方面的主要改革是:缓刑监督、假释、少年法庭制度。这些都可以被视为进步党的精神的体现。

5. 20 世纪的发展

到 20 世纪 20 年代,注意力从改进犯人个别处遇的技术转到从总体上控制犯罪的战略。这就是全国禁酒实验时期。1920 年开始的克利夫兰市犯罪调查促进了其他城市的犯罪调查。1929 年胡佛总统任命以司法部长为首的"守法与执法全国委员会"对刑事司法进行了全面调查,两年后发表了 14 卷报告,其中犯罪原因占了整整一卷。

1923 年成立的"美国法学会"于 1931 年提议创制一部《模范刑法典》,真正的起草工作是从 1950 年开始的。这个"法典"写了 10 年(1952—1962 年),共 13 稿。1962 年公布的正式建议稿在许多方面类似于列文斯顿刑法草案。《模范刑法典》充满了功利主义精神。20 世纪 50 年代以来美国刑法改革的主要发展体现在:①美国法学会的《模范刑法典》;②改革联邦刑事法律全国委员会(1966 年根据国会决议成立)的《新联邦刑法典建议稿》。

20 世纪中期美国各种力量的结合产生了美国刑法改革的强大运动,这些力量主要是:①公众对犯罪浪潮和有组织犯罪担忧情绪的高涨;②都市化和广泛的内部迁居现象,瓦解了家庭、宗教和其他非法律势力的正常社会化效果以及在青年、少数民族和穷人中强化了异化效应;③日益增长的社会科学的影响以及它们对现行机构制度的有力批判作用;④法律科学工作者的威信日益增强,以及他们对传统观念批判的倾向,特别是法理方面从定性分析的抽象风格向功能性的现实风格的转变;⑤美国法学会的研究工作及其影响。

美国法学会是著名法学家、教授和法官的民间学术团体,它得到美国主要慈善基金会的资助。美国法学会的最初活动是对普通法(即法官造的法)的"重述",主要领域是民事侵权法、合同法和财产法。① 通常由著名法学教授担当的"报告人"所进行的研究和起草工作扩大了美国法学会的活动领域,使得它不仅进行"重述",而且开始草拟各类"模范法典",《模范刑法典》是其中之一。到1980年已有34个州以它为蓝本制定或修改了州刑法典。20世纪60年代的普通犯罪(街头犯罪)和有组织犯罪数量迅速增长,引起了公众的担忧,加上反越南战事、青年造反和肯尼迪总统被刺,公众把某些刑事司法制度(例如缓刑、假释和某些证据制度)视为犯罪数量增长的原因之一。另一方面,人权运动的高涨也影响到刑事立法。

改革联邦刑事法律全国委员会起草的《新联邦刑法典建议稿》成为1973年参议院第一号法案的主要内容。根据该法案,刑罚的一般水平提高了,某些监禁刑期被定为强制性的,假释受到极大限制;在诉讼方面,不仅被告人可以对判决上诉,公诉人也可以提起上诉,而且上诉法院据此有权增加上诉案件的刑罚;在骚乱中不服从警察命令可以受到1年以下监禁的惩罚。另一个争论较大的问题是把官僚主义泄密上升为犯罪,《文官保密法》就是据此而被复制出来的。参议院一号法案遭到了美国公民自由联盟的极力反对。

6. 刑法改革的问题

当前美国实体刑法改革的基本问题有以下这些:

(1)如何协调诸种刑罚目的之间的矛盾:威慑、报告、改造、隔离(剥夺再犯能力)。19世纪英国著名刑法学家斯蒂芬曾说:刑法坚持复仇威情同婚姻以性欲为基础具有同样重要的关系,对罪犯处以刑罚是普遍内驱力的合法发泄方式。

(2)对判刑自由裁量的控制,是刑事司法体制的首要问题。除修改现行刑法典外,控制法官自由裁量权的重要方法是,立法机关创立一个新的机构"判刑指导委员会",委员会制定的规则将限制或者指导法官的判刑裁量;或者由立法机关直接制定"判刑指导原则"。

(3)对犯罪和刑罚的分类。在古代,重罪可以判处死刑,轻罪则根据法官裁量可以判处其他刑罚。随着历史发展,死刑减少,重罪与轻罪的划分失去了原来的重大意义。

---

① 法律重述,主要内容是叙述有关法律的变化以及应当如何变化。

在现代意义上划分重罪与轻罪,仅仅反映重罪比轻罪严重这种思想认识。现在有的州已废除了把犯罪分为重罪与轻罪的做法。不过一般认为,这种划分仍有方法论意义。

(4)假释。以往在不定期刑制度下,法律通常对判刑上限规定限制,而法官可以随意决定不定期刑的下限。不定期刑判决的上下期限相距越大,则假释委员会的自由裁量权也就越大。以往的主要问题是滥用假释,在程序上也存在不按规定办事的现象。犯人在狱中的行为表现应是假释的主要依据,而现在实际上有时竟然是监狱容量成了假释的重要原因。

不定期刑与假释制度,促进了刑法的不可避免的伪善:不定期刑很高的上限,满足大众渴望审判时对罪犯严加处罚的情绪;不定期刑很低的下限,给广泛实行假释大开绿灯,因而刑罚实际执行结果是温和的。改革的趋势是大大限制假释的适用。

(5)监禁刑的替代措施,这同监狱改革有着密切联系。

(6)违警罪(或比较确切地称违章罪),这是现行刑法中最混乱的领域之一。改革的设想是:缩小违章罪的范围(所谓"非刑事化");分层次处罚——对无罪过的违章罪只能处罚金,对故意的违章罪可以处短期拘禁,对一贯故意的违章罪可处以多至1年的监禁。

(7)共谋。共谋罪在实践中一方面有助于对危险的犯罪主动出击,另一方面常被滥用,侵犯公民的合法权益。对共谋罪的最激烈的批评是取消这个罪名。稍温和的建议是:容许在完成共谋内容以前撤出共谋作为一种辩护理由,禁止对共谋及其实质罪实行二罪并罚。

论美国刑法的特点*

近几十年来,由于科学和社会的发展,西方刑法出现了一种趋势——不同的法系(例如大陆法系和英美法系)、不同的主义(例如客观主义和主观主义)、不同的学派(例如威慑学派和改造学派)互相影响,彼此渗透,取长补短,它们之间的原有差异正在逐步消融和变迁。这种发展趋势将日益明显。在这样的形势下,重点研究一两个有代表性的西方国家的刑法可能不失为深入了解西方刑法的一种方便途径。本文试就美国刑法的特点加以论述(美国刑法与其他资产阶级国家刑法共同具有的一般特点,诸如剥削制度的阶级性等,不属本文论述范围)。文中所说"刑法",主要是指刑事立法,但也涉及刑事司法和刑法理论。

一、多样性

多样性,简单说来就是不只存在一种模式。多样性是美国生活方式的基本特征之一,它体现在社会生活和国家制度的各个方面。就刑事司法制度这一方面而言,存在着两个法院体系,两种控告形式,两种犯罪统计方法,两个监狱系统和多种监管类型,等等。多样性这一特点在刑法方面体现得非常突出。

美国刑法有两个体系,即联邦刑法和州刑法。联邦刑法主要适用于:(1)不属于任何州的联邦领土,例如华盛顿哥伦比亚特区(即首都所在地)以及海洋中和美国的域外领地;(2)联邦"飞地"(即位于州内但不属州管辖的地方,例如军事基地、军港、国家公园、邮局——美国邮局为联邦机构,等等);(3)在公海上或在外国领水或领空中的美国船只和飞机;(4)在公海上或在外国领土上的美国公民;(5)外国人在外国领土上对美国政府(不是美国公民)所实行的侵害活动。

州刑法又有两类,一类是名副其实的刑法典(十个州),另一类是以 19 世纪或 20 世纪初的老法典为基础陆陆续续加进大量新的内容,虽经编纂并由立法机构认可但仍难免存在前后矛盾和彼此重叠的混合体,这类刑法虽然有时在名称上也称作"法典",其实是法规汇编。第一类的十个法典,半数以上是以《模范刑法典》为蓝本、结合本州岛具体情况制定出来的,旧的法典已失效。随着司法改革运动的进展,第一类的

---

* 原载《中外法学》1983 年第 3 期。

数量将逐渐增多。

《模范刑法典》由美国法学会起草,从 1953 年开始起草到 1962 年共有十三稿。它虽不是一个正式的法律,其目的只是为各州制定或修订刑法典提供样板,但它具有很高的学术价值。它的一些原理原则,甚至某些具体条文不仅常常被刑法教科书引用,而且有些法官也把它作为论证自己判决理由的法理根据。《模范刑法典》由总则、具体犯罪定义、刑罚与矫正(改造)、矫正机关四部分组成。内容详尽,仅总则部分就有 285 个条、款(项不计在内)。

刑法的多样性更体现在具体的刑法制度方面。现择其要者举例如下:

1. 刑事责任种类——有罪过责任和无罪过责任

有罪过责任就是刑事责任以罪过为前提,这是各国刑法的共同制度。所谓无罪过责任,是指有些刑事法律条文没有规定罪过要件,这类条文叫作"空白法条"。美国刑法中无罪过责任有三类:严格责任罪(也叫绝对责任罪),代罚责任罪,公司犯罪(或称法人犯罪)。许多学者认为,惩罚(至少是允许惩罚)无罪过行为是无效的,也是不公正的。《模范刑法典》把严格责任罪叫作"违警行为",以示有别于一般"犯罪"。有些学者认为把它称作"民事过错"更好些。

2. 精神病测定规则有四种

(1)迈克纳顿规则,这是根据 1843 年英国的一个判例确定的鉴别精神病的标准。至今美国许多州的法院仍采用这个规则。这个规则有两个要件:①因精神疾病而缺乏理智;②因而行为时不知行为的性质或不辨正确与错误。

(2)不能控制规则。即在上面规则的基础上又补充"意志失去控制"这一条。为数相当多的州采用这一规则。

(3)德赫姆规则。1954 年华盛顿哥伦比亚特区联邦上诉法院在审理德赫姆案件时认为,"如果被告人的非法行为是精神疾病或精神缺陷的产物,被告人不负刑事责任"。这就是鉴别精神病的德赫姆规则。这一规则的问题在于,"产物"这个概念不够明确,在实践中这个规则造成了"精神病专家统治审判"这种"不正常"现象。这一规则现在虽被废除,但它所造成的某些影响并没有立即消失。

(4)实际能力规则,也叫《模范刑法典》规则。这个规则实际上是传统的迈克纳顿规则和不能控制规则的现代化版本。采用这个规则的有全部联邦上诉法院,五个州的新刑法典,以及某些州的一部分法院。

3. 关于"未遂"的起始点,根据不同判例确立了不同的原理

(1)"最接近"原理。又可细分为四种:一是最后行为说(即完成了最后的犯罪行为仍未达到预期结果)。二是实际接近说(即行为已在时间、地点等客观条件上实际接近于达到预期结果的阶段)。三是界临既遂说。四是必具要素说。例如,某人要去杀

害他的仇人,已经准备了装有子弹的枪支,并查清了仇人平时上班的确切时刻和必经之路(根据第四说,这就是杀人未遂);在预定时间和地点进行了埋伏(根据第三说,这就是杀人未遂);当其仇人已走入射程,开始举枪瞄准(根据第二说,这就是杀人未遂);子弹射出,但没有打中(根据第一说,这才是杀人未遂)。

(2)排除歧义原理。即当某种行为具有明显的犯罪意图(在客观上不可能作任何其他解释)时即构成未遂。这个尺度由于弹性太大,实际执行起来标准难以统一,因而这一理论遭到多数人的批评。

(3)《模范刑法典》原理。此法典规定,未遂就是足以确证犯罪意图的达到完成犯罪的实质性地步的任何作为或不作为(法典认为,不作为可能存在未遂罪)。法典起草人扩大未遂责任的目的是限制危险人物。为便于执行中掌握这个原则,法典列举了已经足以确证犯罪意图的七种情况都是未遂罪。

4. 判刑制度有两类四种

(1)确定刑,例如法院判处某犯"三年徒刑"。

(2)不定刑,分三种:①法院宣判最高刑期,例如判处某犯"不超过十年的徒刑"(采取这种判刑制度,其下限刑期与法律规定的下限刑期相同)。②法院宣判最低刑期,例如判处某犯"二年以上徒刑"(上限刑期与法律规定相同)。③法院同时宣判最低刑期与最高刑期,例如"三年至八年徒刑"。后三种情况,徒刑的实际执行长度由既独立于法院又独立于监狱的假释委员会决定。

5. 缓刑制度在美国的司法实践中细分有三种

(1)世界绝大多数国家所采用的"缓刑"制度,即判刑而暂不执行,给一定考验期。

(2)世界上只有为数不多的几个国家所采用的"缓判"制度,即定罪而暂不判刑,给一定考验期,如在此期间没有犯新罪,则不再判刑。

(3)目前尚只存在于美国少数州的所谓"准缓刑"(或称"类缓刑")制度,即"判刑与缓刑相结合",被告人先执行一个短期(往往不超过半年)徒刑,然后再缓刑。应执行的徒刑期和缓刑期同时由法院宣告,这就区别于假释。作为缓刑发源地的美国(据认为,1841年波士顿的一位鞋匠是缓刑制度的实际首创人)至今仍保持着缓刑制度的"发展势头"。

多样性的长处是有利于改革和创新。美国人认为,"自由"的真谛在于"允许多种式样并存"。几个不同模式并存,有利于打开人们的思路,便于相互比较和彼此促进,因而易于收到取长补短、共同发展的功效。

多样性的缺陷在于缺乏统一性。统一性的长处正是多样性的短处。全美国要不要一个统一的刑法典,这是长久争论的问题。学术界倾向于"要",并且已起草了三稿;但据有的学者估计,在20世纪内这一工作不大可能进入立法程序。

二、详密性

宪法的高度权威和法律的详尽严密,被认为是加强法制、实行法治的两大关键。法律的详密性体现在刑法方面就是法条详细、罪名精确。

从法制史角度看,大陆法系同英美法系在刑法方面的基本差异在于,前者是"立法机关创立罪名"(叫"制定法罪"),后者是"法官创立罪名"(叫"习惯法罪")。早期英国,国会很少开会,即使开会,也很少制定法律。在司法实践中,法官遇到法律没有规定的社会危害行为,可以根据习惯(主要指社会常识和道德规范)和法理,把这种行为认定为"犯罪",加以惩罚。类似案件发生多起,这个罪名的构成要件逐渐在法官的判决里完备起来,这就形成"习惯法罪"。官方公布的判例就是习惯法罪的渊源。历史发展的趋势是,绝大多数的习惯法罪已被立法机关认可为"制定法罪"(英国和美国都一样)。从这个意义上说,英美法系的刑法逐渐向大陆法系"靠近"。但是英美法系的刑法条文的详密性这个特点也被大陆法系国家在制定(或修订)刑法时所重视。

英美刑法之所以有这一特点,因为英美刑法的历史渊源是"法官立法"。法官的基本职责是对其处理的具体案件划清罪与非罪的界限。"具体""详密"是法官的职业特性。立法者创立罪名(立法)时的基本思路是从总体上看某一类社会现象是否应受国家刑罚惩罚?如果应受刑罚惩罚,则确定为犯罪。在给犯罪下定义时,往往只是划定原则界限,而不可能像法官处理具体案件时那样详细周密。"原则""概括"是立法者的职业特性。这就是大陆法系刑法比较"概括"而英美法系刑法比较"详密"这种差异形成的历史原因(从发展的观点看,这种差异也将逐渐消失)。

1961 年版《德国刑法典》(大陆法系诸国刑法中比较详细的一部法典)共 430 条,约 6 万字。1975 年版《纽约州刑法典》(美国各州刑法中比较有代表性的一部法典)共 438 条,约 60 万字。其中法条本身约 10 万字,其余是:司法评论、历史资料、交叉参考、法律评论文摘、图书参考目录、法院判决注释。

再看具体法条,以最普通的一个罪"盗窃"为例。《德国刑法典》(1961 年版)第 242 条规定:

> 凡以非法转变所有权为目的而剥夺不属于自己的他人动产者,按偷窃罪处以监狱监禁。

1981 年版美国伊利诺伊州《犯罪法》的盗窃罪条文(第 16 章第 1 条)是:

一个人犯了盗窃罪,当他有意识地:

1. 获得或实行对未经许可的他人财产的控制;或
2. 用欺骗方法获得对他人财产的控制;或

3. 用恐吓方法获得对他人财产的控制;或

4. 获得对明知或应当知道此项财产是别人偷来的赃物的控制,并且

(1)以永久剥夺所有者对该项财产的使用或利益为目的;或

(2)以永久剥夺所有者对该项财产的使用或利益这种方式来使用、隐藏或遗弃该项财产;或

(3)意识到因他使用、隐藏或遗弃该项财产而将会永久地剥夺财产所有者对该项财产的使用或利益。

本条所称"武器",其含义见《关于获得、占有和转让武器、弹药的法令》第一条第一款(1967年8月3日修正案)。

5. 判刑:

(1)除盗窃武器和盗窃他人身上携带的财物外,盗窃价值在150美元以下的是一级轻罪。在被判过盗窃罪后又犯盗窃罪的(除盗窃武器外)是四级重罪。

(2)盗窃武器(但不是他人随身携带的武器)不论价值多少均为四级重罪。这种罪的再犯是三级重罪。

(3)盗窃他人身上携带的财物或价值在150美元以上的财物是三级重罪。

在本条之前,还有一个"定义"部分,对本章常用的九个词语下了定义。它们是:①财产。②所有者。③永久性剥夺。④欺骗(五种情况)。⑤恐吓(十一种情况)。⑥偷来的财物。⑦获得(两种情况)。⑧获得控制。⑨价值(两种含义)。

《模范刑法典》有"因果关系"和"错误"的条款,这在刑事立法史上是少有前例的。

刑事立法的详密性,在刑法理论方面也同样有所体现。试以因果关系学说为例简介如下。

美国通行的刑法理论,把原因分为事实原因和法律原因两类。事实原因就是实际上引起结果的一切先在因素(条件)。简要说来可用这个公式表达:如果没有A(B、C、D……)就没有Z,则A(B、C、D……)就是Z的原因。事实原因包括远因和近因。

引起某项结果的原因可能多种多样,但并不是所有原因都有同等的法律意义。有句格言叫作"法律关注的是近因而不是远因"。一切近因都是事实原因,但不是所有事实原因都是近因。"近因"就是刑法因果关系理论中所要研究的主要问题。近因也称"法律原因"。

法律原因,就是以"常识加公正"这个公式从"事实原因"中抽取出来的那些可能与刑事责任有关的原因。这里"常识"是指科学文化知识,也包括生活常识(顺便提一句,判断"偶然联系"和"必然联系"的标准,最终也还是同"常识"相联系)。法律原因是刑事责任的一个前提(当然不是全部)。如何确定"法律原因"?下面是指导性线索。

(1)实质性因素。一般说来,不是实质性因素就不是法律原因,如果是实质性因素,则可能是法律原因。

(2)行为所产生的力(效力、作用)停止在明显的安全位置,近因受到阻却。

(3)共生原因。两个或两个以上彼此独立的因素共同(同时或先后)作用于同一对象产生一个结果,而又找不出哪一个不是"实质性因素"(即如果只有其中任何一个,结果都不会发生),那么这些因素都称为"共生原因",都是法律原因。

(4)共生原因的一方是受害人,其法律性质不变。

(5)介入原因。一般说来,一个原因直接引起一个结果,这种情况下的因果关系比较简单明了。但当一个行为在产生某种结果之前又插入其他因素时,这种情况下的因果关系就复杂得多。介入原因就是介于先在原因(第一原因)和结果之间的原因。介入原因在因果链中的复杂性在于,它不仅直接产生了这个结果,而且还使某些本来可能不会产生这种结果的先在行为(先在因素)同这个结果发生某种联系。这种联系的性质取决于介入原因同先在行为之间有两种关系:从属的,独立的。所谓"从属的",就是先在行为引起了介入原因,即介入原因是先在行为的结果。因为先在原因是介入原因的近因,介入原因又是结果的近因,所以法律上认为先在原因也是结果的近因。所谓"独立的",就是先在行为不是引起介入原因的近因,即介入原因不从属于先在行为。当一组因果链中出现介入原因时,首先要分清是从属性介入原因还是独立性介入原因。

(6)从属性介入原因,常见的有以下几种情况:①伤口感染或其他疾病;②受害人为避免危险而作出的反应性(被迫性)行为;③丧失理智的受害人的行为;④险情引起的抢救行为;⑤攻击引起的防卫行为;⑥"不作为"不打破法律因果链。

(7)阻却法律因果关系的独立性介入原因又称"替代原因"。

三、罪刑等级制

为量刑目的把犯罪分为叛国罪、重罪和轻罪三等是由英国普通法所开创(犯罪"分等"首先见诸成文刑法典的当属大陆法系)的,但进一步"分级",使之更趋精确化和合理化,则是美国刑法的又一特点。刑事审判中的两大问题是:冤错案件,罚不当罪。从数量看,后者多于前者。罪刑等级制便于法官掌握标准,消除罪与刑之间可能出现的悬殊不当,使"罪刑适应"这一法学原理进一步法律化和制度化。

《模范刑法典》按刑罚轻重把犯罪行为分为四等:重罪,轻罪,微罪,违警行为(violation,也可译为"违警罪"或"违法行为")。重罪又分为三级:一级重罪,二级重罪,三级重罪。"故意杀人"作为一级重罪中的特殊情况,即在某些加重情节下可处死刑。

轻罪的刑罚不超过一年徒刑。微罪的最高刑期为三十天。违警罪只能处以罚金。

《纽约州刑法典》把罪行分为四等：重罪，轻罪，违警罪，违反交通规则行为。重罪又分为五级，轻罪分为三级。这是概括性的总则。为便于执行，某些常见的重罪又被分成若干级别。例如盗窃分为四级，强奸分为三级，放火分为三级，抢劫分为三级，等等。杀人罪划分得更细一些。杀人罪分三等，故意杀人（murder，基本上相当于中国刑法上的故意杀人罪，但其范围略宽于中国刑法的规定），有认识过失杀人（manslaughter，此概念基本上相当于中国刑法上的过于自信过失致人死亡，但其范围略宽于中国刑法的规定），无认识过失杀人（negligent homicide，基本上相当于中国刑法上的疏忽大意过失致人死亡）。故意杀人又分两级，有认识过失杀人也分为两级，无认识过失杀人不再分级。

《伊利诺伊州犯罪法》对罪与刑作这样的等级规定：

（1）故意杀人罪：死刑，或40至80年徒刑。

（2）重罪
- 特级重罪：6年至30年徒刑，加重情节为30年至60年徒刑；
- 一级重罪：4年至15年徒刑，加重情节为15年至30年徒刑；
- 二级重罪：3年至7年徒刑，加重情节为7年至14年徒刑；
- 三级重罪：2年至5年徒刑，加重情节为5年至10年徒刑；
- 四级重罪：1年至3年徒刑，加重情节为3年至6年徒刑。

（3）轻罪
- 一级轻罪：1年以下徒刑；
- 二级轻罪：6个月以下徒刑；
- 三级轻罪：30天以下监禁。

（4）微罪：只能判处罚金。

未遂罪比照既遂罪减轻一级处罚。

这里应当特别提到的是1980年5月1日明尼苏达州开始实行的一项新的判刑制度。把一级故意杀人罪（处无期徒刑）（笔者注：该州废除了死刑）以外的所有重罪分为十级（一级最轻，十级最重），又按犯罪人的犯罪史记录多寡分为七格（第一格为初犯，第七格为具有六次或六次以上犯罪记录的犯罪人），这样形成了一个包含七十格的判刑指导阶梯表。这个阶梯表以客观的犯罪行为的严重性为主（十个级之间的级差较大），同时又充分考虑到了犯罪人的主观恶性（七个格之间的格差不如罪行级差那样大）。七十格的刑期分为两类，一类是确定刑（这是少数），例如第三级第三格的刑期为16个月；另一类是幅度刑（这是多数），例如第五级第五格的刑期为36～40个月（中数为38个月），又例如第十级第七格的刑期为309～339个月（中数为324个月）。可见，级数格数越低，刑期幅度越小（直至确定刑）；级数格数越高，刑期幅度越大。为便于执行，这个阶梯表附有详细说明。1982年春天，明尼苏达州的司法当局对一年半的实践情况进行了总结,认为这一制度"有利于消除罚不当罪和地区悬殊"。

美国监狱的警戒分级制同罪刑等级制是相适应的。

四、刑法与刑事诉讼的矛盾

刑法与刑事诉讼的矛盾,实际就是刑事立法与刑事司法的矛盾。

"保护社会"被认为是刑事立法的基本出发点,刑事诉讼的实际侧重面是"保护个人"。保护社会和保护个人,从抽象的理论上说,是可以统一的。但在实际上,这种矛盾始终是存在的。由于某些具体制度(下面还要分析)本身存在的问题,加上为钱辩护的律师神通广大,"保护个人"最后落实为保护有钱的被告人,而"保护社会"实际上也就变成了对无钱被告人的严厉惩罚。这是美国社会制度造成的贫富实际不平等所衍生的必然结果。

同欧洲和南美洲的许多大陆法系国家的刑事立法相比,美国的刑法是严厉的。且不说美国有五分之四的州仍保留死刑,就徒刑长度而言也足以说明美国刑法的严厉性。由于美国刑法的数罪并罚制度采取相加原则(大多数州),以致出现了两个稀有现象:(1)一个被告人可以同时被判处两个或两个以上无期徒刑(例如美国联邦检察官对行刺里根总统的被告人辛克莱的起诉书中建议法院判处四个无期徒刑)。(2)有期徒刑的无期化(例如有的被告人被判处 300 年以上或 500 年以上或甚至更长时间的徒刑)。

在罪名方面也反映了美国刑法的严厉性。"通奸""卖淫""赌博"等仍然是美国刑法上的罪名。有些州的刑法还有这样一些罪名:"流浪""堕胎""提供避孕工具""乱伦""非法收受妓女财物""拉皮条""决斗""文身""毁尸""残害动物",等等。有些罪名,从历史沿袭看,是来自宗教法。凡受宗教影响较深的刑法比受影响较浅的刑法具有更多的罪名。有些罪,在实际上是很少(或很难)被惩罚的。非刑事化(即把原来的一些罪名从刑法中删除)问题是美国司法改革中的一个重要问题。

美国宪法修正案有关公民个人权利的条款(例如,第四修正案——人身、住宅不受非法逮捕和搜查;第五修正案——正当诉讼;第十四修正案——平等保护)是刑事诉讼的宪法依据。关于保护个人的宪法条款,是美国革命的产物,有利于抵制政府特权和司法专横。但是,某些具体诉讼制度的实际执行却把"保护个人"变成"保护富人"。例如,保释制度,原意是使可以不必逮捕的被告人保证按时到庭受审,但是实践中这种"保证"基本上采用金钱保证,所以保释制度常常只限于有钱人,关押未决犯的看守所里绝大多数是穷人。又如,辩诉交易制度(plea bargaining),其目的是减少法院的积案,诉讼双方协商,达成协议,解决案件,可以节省法院许多时间;但是被告人是否有钱请到"高明"的律师,对于这种"双方协商"的结果的影响是大不一样的。再如,延审制度(coutinuance),被告本人有权据理请求法官延期审理案件,一般说来这种请求只限一次;但如果律师出面往往不必受"一次"之限;愿意出力(律师的出力与被告人出钱通常成正比)的律师可以找到种种理由请求法院延期审理案件。"拖延战术"往往会出现这样的结果:造成证人对证明被告人犯罪事实情况的印象逐渐淡漠,证言的证明力被降低;或者某些证人迁走,或者某些证人死亡,以致不可能再审理这个案件("注销案件"的数量在法院受理的全部案件中占有一个不小的比例,有些司法区达到十分之一的程度)。再例如,精神病鉴别制度(这个制度虽然基本上应是实体法制度,但具体执行起来常常有极大差别),行刺里根总统的辛克莱案是一个典型例子。被告人的父亲是个大富商,为打这场官司,花去了好几十万美元(这个数字旁人很难精确统计,有人估计约超过 50 万美元)。1982 年 6 月 21 日,法院宣告被告人无罪(因精神病),这在美国朝野引起了强烈反响。许多老百姓认为,美元起了重要作用。请律师,请专家(精神病医生、心理学家等)是很费钱的。参议院司法委员会主席棱门特说:"当刑事审判制度把一个显然是有计划并且确切知道他所进行的行为性质的被告人免罪时,这使我深为担忧。"联邦司法部长(兼总统法律顾问)史密斯说:"这个判决再一次表明,为减少犯罪、更有效地保护公民,需要对联邦刑法进行认真的改革。"9 月 11 日,里根总统呼吁国会通过法案限制"精神病免罪辩护的滥用",要求"根据常识"来改革刑事责任制度。9 月 12 日,辛克莱本人对里根总统呼吁的反应是:"把我送进精神病院而不是送进监狱,这是美国方式。""法院的决定之所以正确,是因为我向总统和其他三人开枪,只是为了给一个姑娘留下深刻的印象。"

刑法与刑诉的关系是目的与工具的关系。工具得当,能够促进目的的实现;工具不当,反过来伤害目的。由于刑诉在很大程度上成为保护有钱的被告人的工具,致使刑法"惩罚(所有的)罪犯以保护社会"的功能在很大程度上产生了偏向——惩罚无钱的罪犯。于是这些受到刑法制裁的人产生了更大的反感(不平等感),因而加大了社会动乱的风险,这同"保护社会"的目的正好相反。刑诉与刑法的矛盾,是美国刑事审判体制中的一个大问题,虽然它并不被美国多数学者所承认。

五、刑法研究侧重应用的趋势

无论是古典学派还是近代学派,都侧重于基本理论的研究。第二次世界大战以来,刑法基本理论并没有重大发展。当代刑法理论进入一个新的阶段,即侧重于刑法的应用研究,改革不合理的传统观念和具体制度。例如,刑事责任年龄的合理化问题,少年犯罪的刑事责任问题,刑法错误问题,法人犯罪问题,犯罪组织问题,精神病的科学与法学测定问题,非刑事化问题,死刑存废问题,徒刑的功能问题,罚金合理化问题,监狱改革问题,等等。"科学地施行刑法"这是当代西方刑法科学研究的基本方向。如果各项刑法制度得不到有效实施,那么再好的刑法和刑法理论也等于零。

应用研究这种趋势是美国刑法学方面非常明显的一个特点。刑法刊物的主要内容大多是有关具体制度和具体问题的研究成果(上文提到的因果关系问题就是一个例证)。许多著名刑法学家都各有自己的一两个"亚专业",例如"精神病与刑法""犯罪与心理""少年犯罪与刑法""徒刑的将来""监狱与社会"等,而且他们的主要成就往往在这些比较具体、侧重应用的"亚专业"方面。

近代刑法发展的经验表明,作为社会学分支的犯罪学的发展推动了刑法学的前进。在传统的人本主义基础上加进了新的科学技术观点与方法,这是当代西方犯罪学的发展趋向。刑法的应用研究这一特点在一定程度上是犯罪学这种趋向影响的表现。

同以往的刑法学派相比,当代刑法理论将会在各项具体刑法制度的科学化、合理化方面作出新贡献。

综上所述,"多样性"的特点反映了美国的现实生活,"详密性"同英美法系的历史渊源结合在一起,"罪刑等级制"和"侧重应用"代表了西方刑法的发展趋势,"刑法与刑诉的矛盾"则同美国社会制度的弊病相联系。

两大法系关于犯罪构成理论和实践方面的主要差异

——层次结构、法人犯罪和绝对责任*

英美法系和大陆法系刑法犯罪构成的理论和实践,在为资本服务这一相同阶级性的前提下,存在若干差异。这些差异主要体现在英美法系刑法犯罪构成要件的双层次性,以及犯罪主体上的法人犯罪和主观罪过方面的绝对责任。

一、英美法系刑法犯罪构成的双层次性

通行的大陆法系犯罪构成理论包含三大部分:(1)行为同刑法规定的事实情况的相合性;(2)行为的违法性;(3)行为人的有责性(达到责任年龄,具有责任能力)。这三部分内容都属于实体刑法范畴这一个层次。

一般说来,英美法系刑法犯罪构成理论也有上述三部分内容。不同的是,英美法系刑法犯罪构成把这三部分内容分为两个层次,第一层次属于实体意义上的犯罪要件,第二层次属于诉讼意义上的犯罪要件。犯罪构成要件,原来是指犯罪定义的构成要件。作为实体刑法主要部分的犯罪定义只包括犯罪行为和犯罪意图(犯罪心理)两方面内容,因为犯罪定义是建立在行为人具备责任条件和行为本身具有刑事政策上的危害性的假设前提之下的。包含在犯罪定义之中的犯罪行为和犯罪意图便是实体刑法意义上的犯罪要件,成为刑事责任的基础。在有些场合,行为特征符合犯罪定义,但是行为人不具备责任条件,或者行为在本质上缺乏政策性危害,这些在犯罪定义中没有包括的问题留待诉讼过程中通过"合法辩护"解决。因此,犯罪定义之外的责任条件和政策性危害便是诉讼法意义上的犯罪要件。实体上和诉讼上两个层次的结合形成了英美法系刑法犯罪构成理论的特点。

英美法系刑法犯罪构成理论特点的历史原因。英美法系以判例法为基础,判例法的一个重要特征就是"分则性"规范(如具体犯罪定义)详细具体,"总则性"内容(如刑事责任原则和免除刑事责任的情况等)缺乏法律化,因此许多总则性规范常常作为"诉

---

* 原载《国外法学》1985年第3期。

讼原则"在司法实践中起作用。大陆法系国家在资产阶级革命胜利之后制定了既有具体的"分则"又有完整系统的"总则"的刑法典,这就是当代大陆法系刑法犯罪构成理论基本上是单层结构的法律根据。英国直到现在还没有一部综合内容的刑法典,美国的新刑法典(类似大陆法系那样的刑法典)是第二次世界大战后在一些州陆续开始制定的,这样的州目前已占半数。可以料想,美国刑法犯罪构成理论将会逐步接近于大陆法系的理论模式。

二、法人犯罪

大陆法系和英美法系的传统刑法理论都认为,犯罪只能是自然人的行为;法人是一个法律实体,但不能有身体动作,同时也缺乏心理要件,所以法人不能犯罪。早期英国普通法并没有法人犯罪的规定。布莱克斯东(18世纪英国著名法学家)在其《英国法释义》中认为,"法人没有能力犯叛逆罪、重罪或其他罪,虽然它的成员有个人能力实施犯罪"。然而毕夏普(19世纪美国著名法学家)在其《新刑法》一书中设立专章来论述"法人的犯罪能力"。现代英美的刑事立法已有法人犯罪的规定,而且这方面的判例为数也很多。大陆法系关于法人犯罪的立法和理论比起英美法系要保守得多,基本上仍采取"不承认"态度。现在英美的一般观念是,法人的代理人(自然人,例如经理)的行为在法律上就是法人的行为,因此法人也和自然人一样能够作为犯罪主体而实行犯罪。例如,1980年美国最高法院认定,被告人海湾石油公司及其税务科长用公司的钱为一名负责审查该公司报税情况的政府税务官提供过5次度假费用,触犯《美国联邦刑法》第201(6)节,构成贿赂罪,公司被判处罚金,科长被判处监禁。

(一) 概念

法人犯罪就是法人作为犯罪主体的犯罪。它和单独犯罪的区别是不言而喻的。它和共同犯罪有相似处:犯罪主体是"集体",所以美国有一些州的刑法典把法人犯罪和共同犯罪归在一起,例如《伊利诺伊州刑法典》在"共同犯罪"一章里分列两部分内容,共同犯罪和法人犯罪。但是,两者仍有明显的不同:①共同犯罪这个"集体"是非法组成的,法人犯罪这个"集体"(法人)是合法组成的。②共同犯罪这个集体中的成员都有犯罪意图和相关的犯罪行为,而法人犯罪这个集体中的成员未必都有犯罪意图和犯罪行为,法人犯罪通常是法人代理人(经理或其他有关职员)干的,而企业股东(法人的主要成员)往往是不知情的。这是法人犯罪问题发生争议的主要原因之一。

(二) 种类

以美国为例。《模范刑法典》在总结美国半个多世纪以来的立法和司法经验的基础上,把法人犯罪分为三类:

第一类法人犯罪,刑法分则中的多数罪都可以附加如下三个条件而构成法人犯罪:

①法人代理人的犯罪行为是以法人的名义进行的;②法人代理人的犯罪活动是在其业务范围之内;③法人代理人的犯罪活动得到法人最高决策机构(例如董事会)的批准或者默许。例如,企业(法人)由于牟取非法利润而造成产品质量低劣,因而引起用户的人身伤亡事故等类案件。

第二类法人犯罪的前两个附加条件和第一类法人犯罪相同,不同的是第三个条件,即触犯了明显的可以追究法人责任的刑法规范。例如,违反1890年《谢尔曼反托拉斯法》中关于"物价垄断"条款的犯罪。又例如,《伊利诺伊州刑法典》第24条之一规定的制造、出售……弹簧折刀、皮包铅鞭等器物罪,显然可以依据这个条款追究法人的刑事责任,所以企业代理人的"制造、出售"行为只要"是以法人的名义进行的",并且"是在其业务范围之内",而不必得到"法人最高决策机构的批准",就可以追究该法人的刑事责任。

第三类是没有履行法律规定的法人团体应当履行的义务(不作为)而构成的法人犯罪。例如,污染环境的公害案件常常就是这一类的法人犯罪。前面提到,传统观点认为法人不能有身体行为因而法人不能犯罪。然而,"不作为"不必有身体行为,所以法人可以以不作为形式来犯罪。这是美国《联邦刑法典草案》(1974年)起草人的观点,该草案只承认不作为形式的法人犯罪。这是典型的折中态度。

《模范刑法典》关于法人犯罪的范围与类型的规定,20世纪70年代以来已陆续被一部分州的刑法典所采纳,例如,1979年《新泽西州刑法典》《纽约州刑法典》(其法人犯罪条款于1981年修正后更近似于《模范刑法典》的规定),等等。

1. 法理根据

法人犯罪的观念导源于古老的侵权行为赔偿法的一个原理"仆人过错主人负责"。据此推演,代理人的犯罪行为应由法人(股东)负责。

2. 现实需要

工业革命促使经济迅速发展,工商企业活动的触角伸到了社会的每个角落,法人(企业)同民众的生活、健康和福利的关系日益密切。与此同时,企业的非法活动对国计民生造成损害的危险性和可能性也随之增长。为了维护社会安宁和公众福利,国家需要对企业加强行政管理,提高法人的社会责任感。为此,立法者一方面把不少义务用更严格的民事责任来认可,另一方面把一些更大义务制定为刑法规范,这就出现了法人犯罪的新概念。从19世纪末以来,美国制定了若干这类性质的法律。到20世纪初,有些法院认为法人可以承担刑事责任,于是把"仆人过错主人负责"这一普通法民事原则运用到刑事案件中,出现了法人犯罪的判例。

虽有法人犯罪的立法和判例,但是刑法理论界除对如何确定代理人的犯罪行为应当由法人来负责这个问题有不同看法之外,对法人犯罪的存废这一根本问题也存在争论。

(三) 争论

1. 主张废除法人犯罪的理由

(1)法人不能有像自然人那样的身体行为,法人代理人实施犯罪行为便对代理人定罪判刑,而不是对法人。

(2)法人不能像自然人那样存在犯罪意图(罪过),因而惩罚法人不符合"罪及个人"的传统刑法原理,实质上是株连责任。因为惩罚法人其实最终是落到该企业的股东身上,而股东们常常根本不知晓企业代理人的具体行为。

(3)处罚法人不可能用传统的有力的刑罚方法——监禁,只能用罚金,而罚金同行政罚款没有根本性差别,所以对企业的社会侵害行为只需作民事过错行为来处理。

2. 主张保存法人犯罪的理由

(1)任何国家都有这样的罪——藐视法庭罪(或拒不执行法院判决罪),审理案件时无故不出席法庭或者对已经发生法律效力的法院判决或裁定(既有刑事的也有民事的,多数是民事的)拒绝执行,都构成犯罪。这种情况,自然人和法人都可能发生,它不需要任何积极的作为,只需要消极的不作为;对法人而言也不需要有任何代理人(直接责任者)。假定有两起相似案件,自然人 A 拒不执行法院令其交付 1000 美元的民事赔偿的判决,法人 B 拒不执行法院令其交付 10 万美元的民事赔偿的判决,如果 A 被定为藐视法庭罪,而 B 仅因为是法人而不成立犯罪,显然是不公正的。假如法人不能构成犯罪,那么许多污染环境的公害案件就难以有效处理。

(2)承认有法人犯罪并不是对传统刑法原理的否定,而是根据历史发展进行的必要补充,即在个人责任这个原则的基础上补充集体责任的概念。

法人是法律实体,它是其代理人的总体,代理人是它的工具。当它的代理人为了它的利益并在其业务范围内实施犯罪行为,要由代理人负全部罪责是不公正的,因为他仅仅是执行法人意志的工具。但是,如果根本不作犯罪论处,对社会整体更是不公正的,因为企业的某些行为对社会的危害远远大于公民个人犯罪所造成的危害。例如环境污染、物价垄断等案件对社会造成的损失可能比普通自然人实行的犯罪造成的损失大几百倍甚至几万倍。20 世纪 60 年代一起电器公司价格垄断案件给社会带来的损失超过 20 亿美元,而当时一件普通盗窃案平均损失为 165 美元,前者造成的损失是后者的千万倍。对这类案件不作犯罪处理是违背社会公正观念的。在这种情况下,如果以"个人责任"为由而不追究企业的刑事责任,会降低刑法的威信,给人留下"(刑法)只拍苍蝇不打老虎"的坏印象。所以,根据集体责任原则来追究法人的刑事责任符合法律最高理念——公正的要求。

集体责任不等于株连责任。株连责任是追究同犯罪行为毫无关系的人的责任,因而是不公正的。然而,股东在企业盈利时获得好处,那么其在企业侵害社会时就应当受到处罚,这是公正的;而且股东入股时就以共同承担风险为契约基础,这就是集体责任的道义根据和法律根据。可见,集体责任同公正观念联系在一起,是合法的。而株连责任的核心问题是不公正性,因此是非法的。

(3)规定法人犯罪的目的是加强政府对企业活动的控制,对企业非法致富起威慑和遏制作用,它有利于维护整个社会的长远利益。这同刑法基本目的——保卫社会免受侵害是完全一致的。民意测验表明,多数公民是赞同有关法人犯罪的立法的。有些美国学者也认为,主张废除法人犯罪的观点只有利于保护私人资本,因为法人犯罪都是"文明的"富人犯罪。

(4)由于犯罪主体(法人)本身的特点,对其只能判处罚金,罚金也是一种刑罚,不能因为不能判处监禁而否定行为本身的犯罪性质。况且,根据代理人的罪行情况,也可以同时判处代理人监禁刑。

对法人犯罪持肯定性观点的,又可分为两种情况:①承认法人犯罪,但需严格限制法人犯罪概念的范围,例如前面提到的美国《联邦刑法典(草案)》起草人所采取的立场。②主张扩大对法人犯罪的起诉范围并加重对严重的法人犯罪的惩罚,例如建议提高罚金的上下限(1万美元到100万美元),环境污染方面的公害案件可按日计算罚金,例如每天5万美元,等等。

(四) 趋势

法人犯罪的发展趋势是,一向不赞同法人犯罪立法的大陆法系国家近年来已有学者提出了法人犯罪问题,而且有的国家在法律上确实开始出现法人犯罪的规定。例如,日本广岛县《健康培养青少年条例》(1979年)最后一章"罚则"中规定,"法人的代表、法人或本人的代理人,雇用人或其他工作人员,关于该法人或本人的业务实施,具有违反前条的行为时,除了处罚行为人以外,对该法人或本人也应处以该条的罚金刑"。日本现行刑法典上虽然没有法人犯罪的规定,但是20世纪70年代起在府、县制定的一些地方性法规中出现了法人犯罪的条款。这可以被认为是代表了一种发展趋向,因为它符合社会的现实需要。

三、绝对责任

(一) 概念

绝对责任也称严格责任,是指对某些缺乏犯罪心理(罪过)的行为可以追究刑事责任。绝对责任罪,就是法律没有规定主观罪过要件的犯罪,因而也叫"无罪过罪"。绝对责任是英美法系特有的一个刑法制度。由于绝对责任罪常常和工商企业活动连在一起,所以有些刑法理论文献把它作为法人犯罪的一种情况。

自17世纪以来,英国普通法要求犯罪人在主观上具有犯罪心理(罪过)。但是到20世纪情况发生变化,陆续出现了绝对责任的成文法规。有些刑事法律条文没有规定罪过要件,这类条款叫作"空白法条"。这些法条主要见于《交通法》《食品法》《酒类与药物法》,以及其他内容相关、性质类似的地方法规。例如,卖酒给未成年人,不论是否知道他的年龄,都构成这种绝对责任罪。又例如,出售腐败变质有害健康的食品,不管是否知道这份食品已经腐败变质,均为犯罪。绝对责任的宗旨就是要求出售者加强责任心,经常注意,防患于未然。法律上的绝对责任条款多数都有关于人民大众的健康和安全等福利问题,所以应当严格责任,表明社会的严格要求,控诉和判罪时不必要求被告人具有犯罪心理。另一方面,考虑到刑事惩罚的严厉性,绝对责任条款一般只限于轻罪范围。

(二) 法例

美国许多州刑法典总则里都有绝对责任条款,例如《伊利诺伊州刑法典》总则在"犯罪心理态度"这一条的末尾一款就是"绝对责任":"如果这个犯罪是不受监禁或者不超过500美元罚金的轻罪,或者规定此种犯罪的法律明显地表示立法机关对该行为施加绝对责任之目的者,在缺乏本法关于犯罪心理规定的任何一种犯罪心理状态时,行为人可以被判定为犯罪。"

(三) 理由

为什么法律允许惩罚无罪过的行为?

1. 社会需要

国家规定绝对责任罪和规定法人犯罪是出于相同的理由:工商企业活动同公众福利的关系日益密切,为保护公众利益就有必要严格企业的法律责任。

2. 诉讼考虑

对那些同企业合法活动混合在一起的暗中进行的犯罪活动,检察官很难证明被告人的心理状态,因而实践中这些犯罪很难被检举控告,除非免去公诉人证明被告人"有罪心理状态"的责任。立法者可能认为不惜一切代价把这些活动规定为犯罪是必要的——甚至包括对"没有犯罪心理的人"定罪这样的代价。为了取得平衡,法律上一般只对轻罪规定绝对责任。根据这样的法律,检察官在起诉时可以不必证明被告人的主观罪过。但是检察官有广泛的自由裁量权,对真正的无辜者可以免予起诉,而只惩罚那些狡猾的有罪人。因而,绝对责任条款是检察官手中同犯罪斗争的一个威慑武器。

许多学者认为,法律惩罚至少是许可惩罚无罪过行为,是不公正的,同刑法的目的和基本原则不吻合,因此建议把刑法中的绝对责任罪改称"民事过错"。《模范刑法典》对绝对责任罪基本上持否定态度,它把绝对责任罪叫作"违法行为",以区别于"犯罪"。

类似英美刑法中的绝对责任罪,在大陆法系国家基本上不认为是犯罪,只是可受行政处罚的违反工商行政管理法或治安交通管理法的违法行为。行政处罚是不必要求主观罪过要件的。所以,绝对责任制度的存废之争关键在于那些同公众利益关系密切的违法行为是否纳入犯罪的范畴。

以上仅是两大法系关于犯罪构成理论和实践方面的差异的主要之点,当然并非全部。

英国刑法中的"轻率"*

英国刑法中,关于罪过形式的划分、诸种罪过形式的含义及相互间的区别等基本问题不仅在理论上没有一个统一的说法,在立法上没有任何明确的规定,而且在司法实践中,各个法院的解释亦缺乏一致性①(以致有人将"罪过"原则称为英美刑法中最令人迷惑的原则②)。然而,法官们在面对纷繁复杂的具体案例时却能够游刃有余。究其原因,这是与英美法系重视实务与经验、追求实用与功利的基本特征分不开的。③ 探讨英国刑法中的罪过形式,特别是其中的"轻率"概念,对于推动重理论思辨、轻实务经验的我国的罪过形式理论的发展,进而完善我国罪过形式立法无疑具有重要的借鉴意义。

一、罪过形式的概念及种类

关于罪过形式的种类,虽然有些学者如特纳、格兰维尔·威廉姆斯、里查德·布克斯顿、霍尔等人坚持认为,罪过形式只包括故意(含"明知")和轻率两种④,不应包括过失;但大多数人认为罪过形式包括三种:故意、轻率与过失。

(一) 故意(intention)

英国刑法中,"故意是个多义词"⑤,"其含义仍然很不明确,法官们拒绝给它下定义,而且他们似乎在每个案件中对它各有不同的说法"⑥,大致说来,存在三种主要观点:

1. 狭义说

狭义说认为,只有当某种结果是行为人的目的、目标、意图时,行为人对该结果才

---

* 原载《比较法研究》2000 年第 4 期,与杨书文合作。
① See Norman Baird, Criminal law, Cavendish Publishing, 1995, p. 2.
② 参见〔美〕道格拉斯·N. 胡萨克:《刑法哲学》,谢望原等译,中国人民公安大学出版社 1994 年版,第 12 页。
③ 参见储槐植:《美国刑法》(第 2 版),北京大学出版社 1996 年版,第 2 页;滕毅:《从英国民族性看英国法特征》,载《比较法研究》2000 年第 2 期。
④ See Buxton, Some Simple Thoughts on Intention, Criminal Law Review, 1988, p. 487; Donald Stuart, Mens Rea, Negligence and Attempts, Criminal Law Review, 1968, p. 653.
⑤ J.C.Smith & Brian Hogan, Criminal Law, Butterworth & Co., 1983, p. 48.
⑥ 〔英〕格兰维尔·威廉姆斯:《论间接故意》,周叶谦译,载《环球法律评论》1988 年第 6 期。

是故意的;行为人对结果发生的实际上的必然性预见不能被称作故意,而是轻率。因为,一种不被希望发生的结果仅仅被行为人预见到其发生的实际上的必然性,其就不是与目的不可分割的结果,也不是达到目的必不可少的手段,而且也不是一种次要目的,不能被认为是故意。① 该观点曾被上诉法院的詹姆斯(James)法官在 Mohan 案(1976 年)中适用。②

2. 广义说

广义说承认第一种观点,并且认为除此之外还应包括行为人预见到某种结果发生的事实上的必然性时的主观心态。③ 如威廉姆斯教授与海尔山姆勋爵认为,行为人认识到将来的结果是其行为的事实上或实际上的必然后果与行为人有意使该结果发生一样,都是故意。④ 关于这一点,有一个"典型"案例:某人为获得一笔保险赔偿金,把一个装有定时炸弹的包裹放在一架飞机上,意图炸毁飞机,但结果只炸毁了包裹。他的直接故意是获取保险赔偿金,对于飞机上的乘客的生命安全并不关心,但他知道如果其计划成功将不可避免地导致乘客死亡。此时,就认为该人对乘客的死亡是故意的。换言之,虽然某危害结果的发生不是行为人所希望的,但只要其预见到该危害结果的发生是其有意实施的行为的事实上的必然伴随物,就说行为人对该危害结果的发生有故意的心态。广义说将上述两种故意心态分别称为直接故意与间接故意。

至于直接故意与间接故意的区分,有人提出用"失败测试"法,即我追求 X 结果的发生,并确切地知道如果 X 结果发生,那么 Y 结果也将发生;但是,假如事实上 X 结果发生了,但 Y 结果没有发生,而我仍认为我成功地达到了目的,并不因为 Y 结果没有发生而认为自己的行动失败了,那么我对于 Y 结果的心态便是间接故意。⑤

3. 最广义说

该说同意第二种观点,而且认为行为人预见到某种结果发生的(高度)可能性时,其对结果的发生的心态亦属故意。⑥ 持此说者主要有迪尔霍恩子爵、鲁珀特·克罗斯教授和菲利普·A. 琼斯教授及迪普洛克法官等。他们认为,下面两种心态都构成故意:一是行为人希望其行为产生某种特定的危害结果而加以实施的心理状态;二是行为人为达到其他目的,明知其行为可能产生危害结果(该危害结果不是行为人实施该行为所希望达到的目的),而加以实施的心理状态。这两种心理状态的共同点是都愿

---

① 参见周仲飞:《英国法中的犯罪主观方面》,载《法学与实践》1994 年第 1 期。
② See Norman Baird, Criminal law, Cavendish Publishing, 1995, p. 8.
③ See Norman Baird, Criminal law, Cavendish Publishing, 1995, p. 11.
④ See J.C.Smith & Brian Hogan, Criminal Law, Butterworth & Co., 1983, pp. 50-52.
⑤ See Antony Daff Intention, Mens Rea and the Law Commission Report, Crminal Law Review, 1988, pp. 149-150.
⑥ See J.C.Smith & Brian Hogan, Criminal Law, Butterworth & Co., 1983, p. 51.

意产生某种有害结果,在英国法中,将这两种心理状态并不区别开来。因为"按照现在的完备的法律,不论是在普通法中还是在制定法中所使用的犯罪定义的表达方式,上述两种心理状态都可以构成'故意'"①。适用该观点的典型案例是 Hyam 诉 DPP 案(1975 年)。②

(二) 轻率③(recklessness)

轻率,"作为犯罪心理在刑事立法中的新定义,是一个普通的英语词,直到 1974 年才成为一种法律术语,包含着比其普通含义更有限制的深奥含义"④。其基本含义是没有正当理由的冒险。所冒之险是否正当,取决于行为人所实施的行为的社会价值与可能引起的危害的严重性程度;在法庭上,其检验标准是客观的,即由法院或陪审团设定所需要的关注标准,而不能统而概之地说对于危害后果发生的可能性预见达到什么程度便可构成轻率。如果行为人的行为没有任何社会价值,比如武装抢劫,即使危害后果发生的可能性极小,也可构成轻率;如果其行为极具社会价值,比如实施外科手术,那么,只有严重危害后果发生的可能性极高,才可能构成轻率。值得注意的是,关于轻率的理解与认定,英国刑法中有两种不同的观点,即卡宁汉姆轻率观(Cunningham Recklessness)与考德威尔轻率观(Caldwell Recklessness)。其含义分别是:假设某被告人实施了在客观上有可能导致某危害后果发生的不正当冒险行为,在其实施行为时,对于其行为所包含的引起该危害后果发生的危险,其主观心态有三种可能性:①认识到该危险的存在;②没有考虑是否存在危险;③认为没有危险。卡宁汉姆轻率观要求行为人具备第一种心态,即"已经预见到其行为可能带来某种具体的危害,却仍然冒险实施该行为"⑤。考德威尔轻率观要求行为人或者具备第一种心态,或者在假如他停下来考虑一下,该危险对他来说是明显的情况下,却没有考虑是否存在危险,即具备第二种心态。⑥

易言之,卡宁汉姆轻率观将轻率仅限于有认识轻率(advertent recklessness),即只有当行为人实际认识到自己行为所包含的危险并有意冒险时才能构成。考德威尔轻率观将"轻率"概念扩展至足以包容疏忽轻率(inadvertent recklessness)。在考德威尔案中,迪普洛克勋爵认为,将轻率概念仅局限于有认识的冒险是对该概念的不正常的紧缩解释;在他看来,"根本没有考虑行为可能造成危险"并不必然比"有意冒险行为"具

---

① 〔英〕鲁珀特·克罗斯、菲利普·A.琼斯:《英国刑法导论》,赵秉志等译,中国人民大学出版社 1991 年版,第 33—34 页。
② See Norman Baird, Criminal law, Cavendish Publishing, 1995, p. 10.
③ 亦有人译作"放任"或"鲁莽",我们认为,根据英国法律委员会对该词涵义的界定,译作"轻率"更接近于原义,且不易与我国现行刑法中的放任故意(或称间接故意)相混淆。
④ Antony Duff Recklessness, Criminal Law Review, p. 282.
⑤ Buxton, Some Simple Thoughts on Intention, Criminal Law Review, 1988, p. 487.
⑥ See J.C.Smith & Brian Hogan, Criminal Law, Butterworth & Co., 1983, p. 53.

有更小的可责性;只要具备下列条件,行为人便构成轻率:①客观上,其行为使某财产处于被毁灭或损害的明显的危险之中;②主观上,在实施此行为时,他根本没有考虑该危险存在的可能性,或者已经认识到但仍继续实施其行为。①

(三) 过失(negligence)

对于过失,许多学者反对视之为一种"犯罪意图",而把它解释为犯罪意识和对法律禁止的结果的预见②;也有学者则坚持认为过失是"犯罪意图"之一种形式③。

至于其含义,在关于轻率概念的两种不同界定的争论解决之前,是不可能有一致观点的。依卡宁汉姆轻率观,轻率是没有正当理由的有意识的冒险,而过失是由于疏忽而实施了没有正当理由的冒险行为;如果被告人认识到了危险而决定为之,构成轻率;如果被告人应认识到危险但没有认识到,构成过失。④ 而依考德威尔轻率观,由于疏忽而实施的冒险行为可能构成疏忽轻率——条件是假如行为人考虑一下,就会认识到此危险对他而言是非常明显的。

一般认为,过失的本质是行为人对注意义务的违反。只要被告人的行为没有达到其客观标准,便可构成过失。换言之,"过失是一种偏离正常人行为标准的行为。"⑤这里,对被告人注意能力的评价采用的是客观标准,即以社会上一般或平均人的注意能力为标准,确定某具体人的违反注意义务的过失责任。⑥

关于过失是否有程度的区别,有人认为:"当过失一词用于表示一种心理状态的时候,它实在没有未注意的程度问题,因为过失意味着在某人的心理上完全缺乏特定的思想,即空虚;而空虚是没有程度差别的。"⑦多数学者认为,"没有思想"不是一种心理状态,过失不是一种空虚的心理状态,而是没有遵守应遵守的客观确定的行为标准,其本质在于没有履行注意义务,而注意存在不同程度的差别,因此过失亦有不同程度的区分。他们将过失分为重过失、一般过失与轻过失三类。⑧

综上可知,英国刑法中,关于罪过形式的种类与概念等基本问题的争论颇多,这无疑给刑事司法带来了巨大不便,同时在一定程度上阻碍了刑法理论的动态发展。为改变这种状况,英国法律委员会在1978年发表了一份《关于犯罪心理因素的报告》(Re-

---

① See Norman Baird, Criminal law, Cavendish Publishing, 1995, p. 15.
② See J.C.Smith & Brian Hogan, Criminal Law, Butterworth & Co., 1983, p. 57.
③ 参见〔英〕鲁珀特·克罗斯、〔英〕菲利普·A.琼斯:《英国刑法导论》,赵秉志等译,中国人民大学出版社1991年版,第44页。
④ See J.C.Smith & Brian Hogan, Criminal Law, Butterworth & Co., 1983, p. 57.
⑤ J.C.Smith & Brian Hogan, Criminal Law, Butterworth & Co., 1983, pp. 81–82.
⑥ 参见甘雨沛、何鹏:《外国刑法学》(上),北京大学出版社1984年版,第161页。
⑦ 〔英〕J. W. 塞西尔·特纳:《肯尼刑法原理》,王国庆等译,华夏出版社1989年版,第43页。See J.C. Smith & Brian Hogan, Criminal Law, Butterworth & Co., 1983, p. 83.
⑧ 参见周仲飞:《英国法中的犯罪主观方面》,载《法学与实践》1994年第1期。

port on the Mental Element in Crime),旨在通过明确界定"故意""过失""轻率"等概念的含义,消除学界与司法实践中指称犯罪心理因素的概念及其含义的不统一性,并为将来的刑事立法进行准备。

该报告中,"故意"指当且仅当行为人实际追求这种结果,或者实际上对其行为会产生结果并没有实质怀疑时的一种心态。① 显然,该定义采纳的是前述故意概念中的"广义说";它既包含直接故意,也包含对实际上必然发生的结果具有某种程度的预见的间接故意。

关于"轻率",该报告明确规定了其测验标准:"(1)对行为结果持轻率态度的检验标准是,行为人是否预见到其行为可能产生这种结果?如果预见到了,他是否有理由去冒产生这种结果的危险?(2)对有关情况持轻率态度的测验标准是,行为人是否认识到这种情况可能存在?如果认识到了,他是否有理由去冒存在这种情况的危险?"② 显然,法律委员会对于"轻率"的理解与界定采纳了卡宁汉姆轻率观的观点。

过失,指由于行为人没有给予合理的关心或预见,或没有合理地运用其技能,而没有认识到其所冒危险的一种心态。③

二、"轻率"的本质与司法认定

(一) 轻率的本质

关于"轻率"的本质,J. 边沁、丹宁勋爵、克罗斯和琼斯、杜富等人都曾有过论述。比如克罗斯和琼斯教授认为:"轻率的本质是(行为人)没有对自己行为的后果进行充分的估量或考衡,而并非行为人主观心态的精确描述。"④

哲学家杜富在对轻率的本质进行了深入探究后指出,轻率是指一个人行为的性质,即有意冒险,而不是指个人的态度或感情;但是,我们之所以认为某人是轻率的,正是因为其行为显示出了其态度,简单地说,这种态度是指漠不关心或不感兴趣。当然,这种刑法上的"漠不关心"或"不感兴趣"的含义不同于日常生活中该词的普通意义。杜富举例说,对于邻居家的小猫,我感到漠不关心,其生老病死与我无干,我既不会因它健康而高兴,亦不会因它萎靡而悲伤,这种态度不管是秘而不宣、还是已经显现,都不能说我对于此猫的生死持"轻率"态度;只有当我对此猫采取了某些行动并且认识到此行动可能会伤害到这只猫,而我仍继续实施自己的行为时,才能认为我对该

---

① See Antony Duff, Intention, Mens Rea and the Law Commission Report, Criminal Law Review, 1980, p. 147.
② Glanville L.Williams, The Mental Element in Crime, The Modern Law Review, 1967, pp. 466-468.
③ See Antony Duff, Intention, Recklessness, and Probable Consequences, Criminal Law Review, 1980, p. 404.
④ Donald Stuart, Mens Rea, Negligence and Attempts, Criminal Law Review, 1968, p. 649.

猫受伤害的态度是漠不关心；质言之，只有这种"事实上的漠不关心"——对于我的行为即将对某种事物构成伤害，我并没有积极追求，只是没有关心——才构成刑法意义的"轻率"。此外，这种"轻率"甚至可能包括我对此猫有一定的感情（我希望并祝愿它不会受到伤害）的情形。因为，这种感情仅仅是漫无边际、没实际意义的随意空想，对于我可能伤害该猫的安全与健康的行动没有任何实际的影响。也就是说，我并没有因为有这样的希望或愿望而停止或改变我的行为。这等于说"虽然这与我毫无干系，但是我希望它会变好"，在这里，我完全变成该事件的旁观者；然而作为反驳"轻率"指控的理由的"关心"是行为人而非旁观者的品质。

很明显，"轻率"和"关心"的区别是一个程度的问题。我对这只猫的关心程度取决于这只猫的安全在我心中的重要性与我的其他利益或目标的重要性相权衡取舍的结果。假如我非常关心猫的安全，我就会牺牲其他利益以避免伤害了猫；假如我不太关心猫的安全，以至于我不准备为了避免伤害猫而放弃任何目标或利益，就是说，我的行为实际显示出的对猫的安全的关注远小于我应该显示出的关注，此时我便是轻率的。①

（二）轻率与故意、过失的区别及司法认定

轻率与故意、过失的区别在于"有意冒险"，一个"轻率"的人对于某事实的存在，既不心存企图、亦不确信其必然存在，但至少应认识到其存在的可能性。具体而言：

轻率与故意的界限：根据英国法律委员会《关于犯罪心理因素的报告》对"故意"与"轻率"内涵的界定可知，二者之区别在于行为人对自己的行为所导致的危害后果是积极追求或者确信其必然发生，还是既非积极追求，又没有"必然性预见"，而仅仅是预见到该危害后果有可能发生。②

比如，克拉克森与凯汀认为，故意与轻率的分界线应设定在"必然性预见"上，即该危害后果是行为人实现其主要目标的先决条件。其主要理由有二：一是这样做无论是在哲学上、还是在修辞学上都有充分的理由；二是假如"故意"的含义扩展至"必然性认识"之外，那么，"故意"与"轻率"之界限会因"必然性预见"与"高度可能性预见"的区别太微小而变得模糊难辨。③

轻率与过失的区别。"长期以来，关于英国法中轻率与过失的区别，一般认为，前者指有认识的轻率与罪过心理，而后者指无认识的疏忽。"④通俗地说，行为人是否认识到自己的行为具有发生危害结果的可能性是区分二者的分水岭。

对轻率的司法认定。根据英国法律委员会《关于犯罪心理因素的报告》及相关判

---

① See Antony Duff, Recklessness, Criminal Law Review, 1980, pp. 282-283.
② See Antony Duff, Intention, Recklessness, and Probable Consequences, Criminal Law Review, 1980, p. 404.
③ See Norman Baird, Criminal law, Cavendish Publishing, 1995, pp. 10-11.
④ Donald Stuart, Mens Rea, Negligence and Attempts, Criminal Law Review, 1968, p. 653.

例,在司法实践中,对于"轻率"心态的认定,关键是把握以下几点:第一,行为人是否构成轻率,不取决于他对于该危害后果发生的可能性程度的认识,而取决于其所冒的危险是否具有合理性,只有不合理的冒险行为才能构成轻率;第二,这里所说的"合理"的标准是客观的,而不以行为人自己对其冒险的合理性的主观判断为标准;第三,行为人对危害后果的发生既可能持漠不关心的态度,也可能希望该危害后果不发生,甚至采取一定的预防危害后果发生的措施,或者仅凭一种侥幸心理希望该后果不发生,但是,只要他意识到他正在冒险而且这种冒险是不合理的,便构成轻率。①

比如,分别有三个人因工作受挫,大发雷霆,盛怒之下把他们的打印机扔出了窗外。其中阿兰非常清楚地知道其邻居正在户外晒太阳,并对于自己的行为将击伤邻居"没有实质怀疑",虽然其目的并非击伤邻居,但并未因虑及其邻居可能受伤而改变其行为。安德鲁知道其邻居很有可能在户外,自己的行为很有可能击伤他,虽然他希望邻居不要在户外,但仍旧把打印机扔了出去。阿诺德知道存在一种"其邻居在户外"的可能性,自己的行为有击伤邻居的可能,但他同时认为邻居很有可能在室内,并希望、期求自己的行为不会击伤他。假如上述案件中,他们实施的冒险行为都是不合理的,并且都发生了正在户外的邻居被击伤的实际结果,那么,三人的罪过形式应如何认定?②

阿兰虽然不实际追求伤害邻居的后果,但在对自己的行为可能击伤邻居的后果"没有实质怀疑"的情况下仍继续实施其危害行为,显然符合犯罪故意的特征。

安德鲁对于伤害邻居的后果显然也不持积极追求态度,对于此后果可能持遗憾或漠不关心的态度,甚至他可能希望其行为不产生危害后果,但这种"希望"不是实际的希望,因为在他认识到其行为将产生导致危害后果的发生后,仍继续实施其行为,就是说,危害后果的发生并不违背其期望,即为了发泄其怒气,他对于自己的行为将导致危害后果持"愿意"(willing)的心态。

阿诺德虽然也没有采取积极的行动以避免危害后果的发生,虽然他不能宣称自己的行为目的是使该危害后果不发生,并且对于其邻居的安危,他也没有展示出任何积极的、实际的关心,就是说,其冒险行为亦是不合理的,甚至到了"愿意"引起危害后果的程度。但是,与阿兰、安德鲁不同的是,阿诺德不期望危害后果的发生(甚至我们可以假定,如果他认为自己的行为很有可能引起危害后果时,便会停止实施该行为),他之所以实施此行为,是因为他认为自己的行为不会导致危害后果的实际发生。对安德鲁的行为可简单地描述为"伤害邻居",而阿诺德的行为描述为"冒险"或"置其邻居于危险之中"更为恰当。

---

① See Antony Duff, Recklessness, Criminal Law Review, 1980, pp. 282-283.
② 该案例引自 Antony Duff, Recklessness, Criminal Law Review, 1980。

依英国法律委员会《关于犯罪心理因素的报告》可知,安德鲁与阿诺德的心态均属"轻率";当然就可责性而言,阿诺德的行为轻于安德鲁,而近似于"过失"。正是基于此,杜富认为将阿诺德的心态称为"有意识的疏忽"(conscious negligence)更为准确。①

三、英国刑法中的"轻率"对于我国罪过形式学说的启示

众所周知,我国刑法中罪过形式的划分是以行为人对行为后果的"认识状况与意志态度的组合"为基准的,罪过形式分为两种(故意与过失)四式(直接故意与间接故意、轻信过失与疏忽过失);而且通行理论认为,同一法条规定的同一罪名的罪过形式不能跨种越类。然而,目前该种立法模式及其理论学说正受到越来越严峻的挑战:一方面是来自现代心理学的挑战,因该种立法模式是"建立在古典心理学和意志自由论基础上的,认为行为的心理模式是可以分割开来观察的知与意的组合"②,而现代心理学对人类心理活动的深层机制的动态研究表明,"人的心理活动并不都像演电影一样可以用一张张胶片把它们分割开来"③。另一方面该立法模式及其理论学说在司法实践中也不断地受到一些难以清晰分辨行为人罪过形式的"疑难案件"或曰"复杂案件"的挑战,特别是现行刑法的颁布实施更使之陷入了难以为继的困境。详言之,该理论在解释现行刑法中一些具体罪名的罪过形式时,很难排他地确定为哪一种具体罪过形式,比如对于《刑法》第 397 条第 1 款规定的滥用职权罪,有人认为是故意犯罪、有人坚持是过失犯罪,也有人认为既是故意犯罪又是过失犯罪;再如,对于《刑法》第 135 条规定的重大劳动安全事故罪、第 304 条故意延误投递罪等罪名的罪过形式都存在较大争议。

问题的症结何在?如何摆脱这种困境?英国刑法中的罪过形式,特别是轻率概念的存在为我们提供了有益的启示。根据上述分析,英国刑法中罪过形式的划分是以行为人对行为后果的"认识"为基准:故意与轻率的界线在于行为人对行为后果的必然性认识,轻率与过失的区别是行为人对于行为后果是否有所认识。假如将行为人对于行为后果的认识视为一个区间,那么,该区间是一个以 0 为最小取值、以 1 为最大取值的闭区间。当取值为 0 时,行为人对于行为后果没有认识,相对应的罪过形式是过失;当取值为 1 时,行为人对于行为后果有必然性认识,相对应的罪过形式是故意;当取值为 0 到 1 之间的实数时,行为人对于行为后果有可能性认识,相对应的罪过形式是轻率。显然,各罪过形式之间泾渭分明、易于区分。因而,该种罪过形式理论具有极强的实践

---

① See Antony Duff, Recklessness, Criminal Law Review, 1980, p. 287.
② 储槐植:《美国刑法》(第 2 版),北京大学出版社 1996 年版,第 85 页。
③ 储槐植:《美国刑法》(第 2 版),北京大学出版社 1996 年版,第 85 页。

指导性与可操作性。作为一种独立罪过形式的"轻率",实际上相当于我国刑法中间接故意与轻信过失相加之和;在某种意义上可以讲,英国刑法中的轻率在我国刑法中被分裂为间接故意与轻信过失两种。然而事实上,无论是行为人对行为后果的认识状况,还是对该后果的意志态度,间接故意与轻信过失之间只有"量"的不同,而无"质"的区别,长期以来我国刑法对于二者的区分实质上是不顾客观实际情况的人为切割;多年的理论研究与司法实务已经证明,无论是在理论上还是在实践中,二者都不是泾渭分明的;而根据模糊认识论,这种"无法清晰界分"是合理的、必然的。这便是问题的症结所在。在这种情况下,为摆脱我国罪过形式理论的困境,我们不妨借鉴英国刑法的做法,将间接故意与轻信过失合二为一,作为一种特殊的罪过形式进行规定与研究。有的学者将该种特殊的"罪过形式"称为"复合罪过形式"。

西方刑法中的"合法辩护"*

合法辩护(legal defense)在英美刑法理论中是受到特别重视的一部分内容,因为它同司法实践有着十分密切的联系。

合法辩护是英美刑法上的一个概念,具体事由有未成年人、错误、精神病、醉态、被迫行为、警察圈套、安乐死、紧急避难、正当防卫等。其中绝大多数在大陆法系刑法中也有,但是在刑法理论结构上有很大差别。大陆法系刑法理论把这些内容放在犯罪构成范畴之内,从反面来补充说明犯罪构成要件的内涵。而在英美刑法理论中则把这些内容放在犯罪构成范畴之外,独立成章,直接定名为"合法辩护",也有的称"责任"。形成这一特点的原因要追溯到英国普通法的历史背景。以判例法为基础的英国普通法的发展史上,上述内容起初都是刑事诉讼过程中遇到的实际问题,随着司法经验的积累,这些问题逐渐被总结为诉讼法上的原则(辩护原则),直到晚近才被陆续纳入实体法范畴,但是它们至今仍留着"被移植"的历史印记。

如果说"不完整罪"和"共同犯罪"主要解决的是行为不具有刑法分则条文规定的犯罪要件时如何负刑事责任的问题,那么"合法辩护"针对的基本问题就是行为具有刑法分则条文规定的外在特征时为什么不负刑事责任。

根据英美刑法理论,刑法规范的适用是建立在这样一个普遍推定的基础之上的,即实施了符合法定犯罪要件的行为的人被推定为有实际危害的和有责任的。因此,控告一方只需要证明被告人的行为是符合法定犯罪要件的。如果被告一方在其行为符合法定犯罪要件的情况下要否定其刑事责任,那就应当说明他的行为没有实际危害或者是没有主观责任的,这就是所谓刑法上的合法辩护。合法辩护的核心内容就是说明形似犯罪但实质上不是犯罪(不负刑事责任)的事实情况和理由。因此,这就产生了被告人的证明责任问题。

按照美国刑事司法制度,证明责任有两层含义:一是举证责任,控告一方为避免驳回诉讼,有责任向法院提出证明被告人有罪的证据;被告一方在进行否定罪责的辩护时也承担一定的举证责任。二是说服责任,控告一方为保证法院作出对被告人的有罪判决而进一步反驳辩护所承担的证明责任。

关于否定罪责的辩护一方的证明责任,大致有两种情况:一种是被告一方承担证

---

* 原载《国外法学》1986年第3期。

明自己无罪的较大责任,即被告一方有责任提出证明自己无罪的优势证据。所谓优势证据,就是虽不能完全排除陪审团和法官的合理怀疑,但也具有基本说服力的证据。在被告一方提出了优势证据的情况下,控告一方为反驳辩护,则须提出无疑证据,即完全排除陪审团和法官的合理怀疑的证据。另一种是被告一方承担证明自己无罪的较小责任,即辩护一方只需提出足以使陪审团怀疑控告理由的若干情况便可。但是在这种情况下,控告一方为反驳辩护,仍须提出无疑证据。那么,在哪些合法辩护中被告人应承担较大的证明责任,哪些合法辩护中被告人承担较小的证明责任? 这同合法辩护的分类有密切关系。

美国刑法把合法辩护分为两类(具体内容各州不尽相同),一类是"可得宽恕",例如未成年、错误、精神病、被迫行为等,另一类是"正当理由",例如紧急避难、正当防卫、警察圈套(也有人认为此项辩护应列为可得宽恕辩护)等。这两类合法辩护的相同之处是,行为人的行为都具有不自愿性;都是免除刑事责任的根据。两者又有显著的差别:①社会价值不同。可得宽恕行为在客观上有害于社会,只是由于行为人主观上的原因,才得到宽恕;正当理由行为在实际上无害于社会甚至有利于社会(择小害以避大害),因而这类行为在实质上是正当的。②享有权利的主体不同。正当理由的辩护权利是普遍的,属于任何一个处于这类情况的行为人;而可得宽恕的辩护权利只限于特殊的个人。③行为人是否认识到自己的行为性质不同。可得宽恕情况下行为人一般没有认识到自己行为的性质;正当理由情况下行为人通常都认识到自己行为的性质。这三项区别中,同被告一方承担证明责任关系密切的是第一项。根据行为的社会价值不同,可得宽恕辩护中被告一方通常应承担较大证明责任,正当理由辩护中被告一方通常承担较小证明责任。有些学者强调第三项区别,认为正当理由辩护也应承担较大证明责任。在立法上,辩护证明责任不分大小的州也是有的,例如《伊利诺伊州刑法典》即如此规定。

把合法辩护分为上述两类,除具有辩护的证明责任这一诉讼意义外,有时甚至直接具有刑事责任有无的实体法意义。例如,A 为 B 的伤害行为呐喊助威,事后查明 B 出于正当防卫(B 作正当理由辩护),因而 A 就无罪。又例如,C 为 D 的伤害行为呐喊助威,事后查明 D 是精神病患者(D 作可得宽恕辩护),因而 C 不能免除罪责。

现就几种主要的合法辩护事由简述如下。

一、错误

行为人因对事实或法律存在认识错误从而影响犯罪构成的心理要件,这是常见的一种合法辩护理由。

错误分为事实错误和法律错误两类。

1. 关于法律错误

法律错误就是行为人对法律规定存在认识错误。"不知法律不免罪"是大陆法和英美法的一个虽然在法律上没有明文规定但在司法实践中被普遍遵循的原则。形成这个原则的理由包括两方面。实体法方面的理由是：首先，刑法规范是以千百年来人们共同的社会实践、习惯和常识为基础的，因而这些规范可以被推定为人所共知，对于"杀伤无辜""奸淫""偷盗"等，即使不知法的人，也都知道这是不能容许的错误行为。其次，作为犯罪要件的罪过，其内容并不要求包含认识行为的违法性，因此不知法完全不影响罪过的成立。诉讼法方面的理由是：如果实体规范不被推定为人所共知，诉讼上就会遇到许多困难，甚至无法执行实体法。假定被告人说"我不知道法律上规定这种行为是犯罪"。对这句话无须进一步举证证明，因为他本人就是证据；但控告一方要进行反驳是很困难的，有时简直是不可能的。为了诉讼顺利进行，确立"不知法律不免罪"这个前提是必要的。

但是，任何一个法律原则的产生都同一定的历史背景有关。"不知法律不免罪"这个原则在社会发展节奏十分缓慢的古代是完全正确的。但是，工业革命加快了历史前进的步伐，新的法律规范不断大量涌现，其中不少规范同千百年来依据共同习惯形成的道德观念联系甚少。因此，在社会发展节奏加速的历史时代一概死守"不知法律不免罪"原则，就可能出现同情理相悖的现象。因而在西方一些国家的司法实践中(有的甚至在法律上)出现了某些变通。在当代西方各国刑法中，对法律错误可否作为辩护理由持最宽容政策的是1975年《德意志联邦共和国刑法典》第17条的规定："行为人在行为时对其行为的违法性缺乏认识，而且这种错误是不可避免的，则不负刑事责任。如果是可能避免的，得减轻处罚。"

2. 关于事实错误

事实错误是指行为人对自己行为的事实情况的认识错误。事实错误比法律错误更复杂，可辩护的范围也比较宽广。

关于事实错误，可以按不同标准进行不同的学术分类。例如，分为抽象事实错误和具体事实错误，目标错误和方法错误，等等。美国还有一种分类，根据是否影响罪过这一总标准，可以把事实错误分为以下四类：

(1) 可以免罪的事实错误。某些只有具备法律特别要求的心理态度才能构成犯罪的，那么过失的心理状态就不能构成犯罪。例如，某人从他人处拿走了误认为是自己的而实际上是别人的东西，这一事实错误，排除了构成盗窃罪所特别要求的"占有他人财物"的心理态度，因而缺乏构成盗窃罪的心理要件。

(2) 可以减罪的事实错误。有些事实错误虽不能作为免罪辩护的理由，但是可以降低处罚等级。

(3) 不能辩护的事实错误。凡是不影响罪过的事实错误,都属于这一类。不影响罪过的事实错误,有时可能影响罪名的确定。例如,A 意图杀 B,结果错把 B 的兄弟 C 杀死。虽有事实错误,并不改变谋杀罪的心理要件。但是,A 被定一个杀人既遂罪,还是定一个谋杀 B 未遂和一个过失杀 C 既遂,是有争议的。典型的案例是,例一(误活为死),D 出于故意杀人之心把 E 打昏之后,误认为其已经死亡,为了毁灭罪证,又把 E 投入地下水道。后经法医鉴定,E 并非死于打击,而是死于溺水。例二(误死为活),P 过失致 Q 死亡,但误认为 Q 没有死,恐怕 Q 活过来之后对己不利,遂起杀人灭口之心,因此用铁棍猛击其头部之后,把尸体扔进了森林。验尸查明,Q 在 P 用铁棍击头之前已经死亡。这两个例子,都存在行为人的主观认识和客观事实之间的不一致。犯罪构成学说的基本原则是主观心理态度同客观行为结果相一致。如何把典型的主客观一致的犯罪构成原则运用在发生"错误"又不能免罪的场合,实质问题就是在主客观不一致时怎样把主观和客观统一起来。既然是"不一致",又要"统一",那就出现了"谁统一谁"的问题。统一的途径无非两种模式:客观统一主观(以客观事实为基础)和主观统一客观(以主观认识为基础)。如果按照客观统一主观模式,例一应定谋杀未遂和过失杀人既遂。例二应定过失杀人既遂和谋杀未遂。如果按照主观统一客观模式,从总体上看,只要行为人主观上存在犯罪意图,并在行为人的有意识行动下产生了犯罪结果,而且这种结果同他的自觉行为之间存在因果关系,就构成故意的既遂罪。因此,上述两例都只成立一个既遂的谋杀罪。

犯罪构成的主观客观要件相统一的典型形态是:犯罪意图形成于犯罪行为之前或者和犯罪行为同时出现,犯罪意图随着相应的自觉行为产生结果而终了。但是,在某些事实错误情况下,主观和客观要件的统一关系呈现一种特殊形态——犯罪故意移位:故意的内容性质不变,变化的是故意的时、空形式。例一是"延伸故意"。这种故意成立的条件是,行为人出于故意并完成了自认为已经达到犯罪目的的一切行为,而实际结果的产生,或者直接出于他自己的后加行为,或者出于同他的行为有法定因果关系的其他介入因素,然而无论何者,实际结果就是其故意的内容。例二是"事后故意"。这种故意成立的条件是,犯罪故意产生之前的既成犯罪事实是他自己的行为造成的,犯罪故意萌发之后又实施了符合其故意内容的追加行为。

上述第一种模式(以客观事实为基础的模式)多见于大陆法系刑法理论,第二种模式(以主观认识为基础的模式)在目前英美法系居主流地位。

(4) 加重罪责的事实错误。如果不发生这种事实错误就不成立犯罪,或者成立较轻的罪;要是发生了这种事实错误就成立犯罪,或者成立较重的罪。这就是加重罪责的事实错误。有一部分的所谓手段错误和目标错误就属于这种情况。

二、精神病

在实施危害社会行为时行为人由于精神疾病(例如癫痫、精神分裂症)或精神缺陷而不具有正常人对事物性质的辨认能力或对自己行为的控制能力,因此影响到犯罪构成的心理要件,从而影响刑事责任。这是合法辩护的又一种理由。

从犯罪学角度看,人在三种精神状态下都可能实施危害社会的行为:完全正常;不完全正常;完全不正常。刑法学的任务是研究这三种情况下的刑事责任。

在医学科学不甚发达的历史时代,人们凭直观来判断精神病。一般说来,严重精神病才能被直观地察觉出来,所以很自然地形成了这样的观念:精神病人完全丧失辨认能力或控制能力,只要不是完全丧失责任能力的都不算精神病。据此,司法上的反映是:要么有精神病,完全不负刑事责任;要么没有精神病,完全负刑事责任。精神病的"有/无"同责任能力的"无/有"直接对应。随着医学科学的发展,人们对精神病的认识超出了传统认知范围。这就是说,有些病人虽然不是明显丧失辨认能力或控制能力,但确实有精神病。精神病有轻重程度的差别。这就打破了以往精神病同责任能力"直接对应"的传统观念。这一认识源自科学的进步,但是也给滥用精神病进行免罪辩护提供了机会。近几十年来,西方世界尤其是美国的刑事司法制度中的主要弊端之一就是这个问题。

人的精神世界和外在物质世界一样是丰富多彩、纷繁复杂的。精神病不仅是人的中枢神经细胞异常放电和大脑功能失调的表现,而且同社会变动和文化冲击也有关系。对这种复杂问题,当然需要作医学上的深入研究;但是从刑法角度看,这种医学研究应当为说明行为人的责任问题服务。关键问题是:在医学上精神病有"轻重程度"的差别,而多数国家刑法上的责任规定却只划"有或者无"的界限,医学认识和法律条款之间缺乏科学合理的对应。1957年英国的《杀人罪法》弥补了这种缺陷。1975年《德意志联邦共和国刑法典》也作了类似规定,第20条是继承原刑法的规定:"行为人在行为时,由于病理的精神错乱、深度的意识错乱、精神缺陷或者其他严重的精神反常,使得不能识别其行为的违法性,或者不能据其识别而行为的,其行为没有责任。"第21条是新的规定:"行为人在行为时,由于第20条所列各种原因,其识别行为违法性或者据其识别而行为的能力明显减弱的,得减轻其刑。"这种减弱责任能力(限制责任)是介于有责任能力和无责任能力之间的一种中间状态的责任能力。限制责任制度的采用,使得"因精神病而无罪"的判决大为减少。在英国,1957年以前,在全部杀人案件中约有20%被定为"因精神病而无罪";《杀人罪法》实施十多年之后的20世纪70年代,全部杀人案件中只有1%被定为"因精神病而无罪",大约37%的杀人案件按"减弱责任"

处理。

　　1975年美国密歇根州修改刑事诉讼法典,把审前提讯诉讼阶段上的被告人答辩由原来的三种形式(有罪、无罪、因精神病而无罪)变为四种形式,新增加一种"有罪但是精神病"。这基本上可以被认为是英国和德国的限制责任制度的美国版本。其后又有几个州采用了密歇根模式。自从行刺里根总统的被告人约翰·辛克莱因精神病而被宣告无罪以来,迄至1985年秋,美国约有半数的州修改了法律,总的趋向是限制滥用精神病辩护。例如,纽约州于1984年通过一项法律,规定以精神病为辩护理由的被告人必须自己举证来证明犯罪时存在精神失常状态。有的州修改后的法律规定,被告人一方进行精神病辩护,应负提出无疑证据的责任。这被认为是限制滥用精神病辩护的有力措施。

三、醉态

　　醉态就是精神不清醒状态。引起醉态主要有两种原因:酒精,药物。
　　一般原则是:醉态不是精神病;但是严重者确实影响心理能力,如果因此能否定行为人的犯罪心理的也可作为合法辩护的理由。
　　为犯罪而饮酒壮胆,不能作任何免罪或减罪辩护,这是不言而喻的。
　　在公共场所酗酒或者酒后开车而犯罪的,不能据此辩护。因为在公共场所酗酒和酒后开车本身就是违法犯罪行为。为了民族和社会利益,必须同酗酒现象作斗争。在西方世界,因酗酒和滥用毒品而造成的直接和间接的经济损失是十分巨大的。
　　行为人在醉态中实施的社会危害行为的刑事责任是一个很复杂的问题。从生理、心理角度看,醉态(慢性中毒除外)虽不是精神病,但它能使人在一定时间内减弱甚至丧失辨认能力或控制能力;从社会政策角度看,醉态(指行为人自己主动引起的)之中又干坏事,则是错上加错。显然,心理能力和社会政策之间存在矛盾。解决矛盾的途径只能是以公共利益为重,以社会政策为主,一般的刑法原则服从根本的社会利益。这就是说,行为人主动引起醉态而实施社会危害行为的,不能作为合法辩护的理由。
　　醉态如果是在"非自愿"情况下引起的,可能作为合法辩护的理由。非自愿醉态大致由五种情形引起:被迫;受骗;遵照医嘱;无辜的错误;病理性原因。

四、未成年人

　　由于未成年人生理、心理不成熟,不会有成年人那样的认知结构和意志结构,缺少辨认能力和控制能力,因而基本不具有构成犯罪的心理要件。

公元6世纪东罗马《查士丁尼法典》认为孩子因年幼而不会有预谋恶意,这可以被视为西方刑法中"未成年"合法辩护的最早的权威法例。1324年,英国普通法采纳了这种观点,承认年幼作为合法辩护的理由。英国法确定7岁以下儿童没有责任能力。7岁这个年龄界限也来源于罗马法。1338年,英国法律规定7岁以上的孩子"推定缺乏犯罪能力",但是这种推定可以被"具有恶意"的证据否定。17世纪以前,这种推定缺乏犯罪能力的上限年龄没有明确规定。直到17世纪,才确定刑事责任年龄为14岁。

在19世纪以前的漫长历史岁月中,人们一直凭直观认为"成年"和"未成年"的分界以生理上的青春期为标准,少年到青春期就被认为成年,就可以结婚,对自己的行为就应负完全的责任。随着19世纪心理学的产生和发展,发现生理上的突变(青春期)并不意味着心理上的成熟。作为人,成年和未成年的分界主要应以心理是否基本成熟为准。从青春期开始到心理趋于成熟尚有一个过程,一般为3~6年。因此,刑事责任不仅要同青春期联系起来,作为"开始负"刑事责任的年龄;而且要同心理趋于成熟这一具有明显的社会特点联系起来,作为"完全负"刑事责任的年龄。19世纪以前的刑法只规定前者,19世纪开始形成的少年司法制度和稍后出现的少年法,对传统刑法关于刑事责任年龄的规定作了重要的修正与补充,真正把刑事责任年龄科学地划为三段:绝对不负刑事责任的年龄;减轻刑事责任的年龄;完全负刑事责任的年龄。中间这一段便属于少年司法制度管辖的领域,依法可以进行减刑辩护。

五、被迫行为

被迫行为是英美刑法中的一种合法辩护理由。

在许多大陆法系国家的刑法中,"紧急避难"情况下的危险来源,既包括人的行为,也包括自然力量。英美刑法把这两种情况分开,前者叫被迫行为,后者叫紧急避难。

被迫行为同正当防卫的区别主要在于造成损害的对象不同,前者是对第三者,后者是对侵害者本人。

被迫行为是指行为人在他人胁迫下所实施的形似犯罪但根据一定条件可以进行合法辩护的行为。例如,A用枪对着出租车司机B,以死威胁,强迫B把他送到计划中的抢劫现场。B可以"被迫行为"为理由免除抢劫罪的责任。这是因为从社会总体上看,B帮助A抢劫所造成的损害小于B的丧失生命。孤立地看B的行为,无论是主观心理状态还是客观行为,都符合法律规定的犯罪要件;但是从社会政策上观察,这是以小害免大害,因而允许进行合法辩护是可取的。这是英国普通法所采取的传统立场。

被迫行为可作为合法辩护的范围(条件)大致是:①关于不准许辩护的罪行。一般说来,在被告人的行为对无辜的第三者构成谋杀罪或者罪该处死(例如叛国)的情况下,不准许被告人以被迫为理由进行合法辩护。②关于胁迫的程度。如果胁迫程度达不到使被告人合理地害怕死亡或者身受重伤的程度,被告人就不得以被迫为理由给自己的社会危害行为进行合法辩护。③关于胁迫的现实性。要求胁迫是紧迫的,而不是遥远的。因而一般说来,"来得及躲避"时造成的损害,不能辩护。④关于受胁迫对象。一般说来,胁迫是针对被告人本人,个别国家也允许这种胁迫是针对他人的,例如被告人的家属。胁迫者有罪。当被胁迫者被宣告无罪时,胁迫者无论以什么借口都不能免除罪责。

六、紧急避难

紧急避难发生在自然力量使得人们处于"两害择一"的紧急情况下:要么违反刑法分则的规定而造成较小的损害结果,要么遵守刑法规定而造成更大的损害。从社会政策上看,与其选择后者,不如选择前者,因为这样做有利于社会。经过很长时间的社会实践之后,这种做法得到了法律的认可,这就是紧急避难合法辩护。

紧急避难和被迫行为的区别如前所述。两者的共同点是,威胁都是对被威胁者的心理而不是身体产生压力。否则,既不是被迫行为,也不是紧急避难,而是不可抗拒的意外事件。

为使紧急避难这种辩护合法,需要具备以下条件:①避难行为必须在紧急情况下实施。②避难行为必须在不得已情况下实施。③因自身行为(无论是故意行为还是过失行为)引起的危难,不能实施紧急避难。④行为人具有避免更大损害的目的,这是成立合法辩护的主观条件。即使一个行为在客观上起到损小利保大利的作用,但主观上缺乏这种认识,仍不足以成立这种合法辩护。⑤保全的利益应当大于牺牲的利益。这在实践中常常引起争议,因为这个问题本身是复杂的。在理论上有三项原则应被遵守:价值判断最后取决于法院的意见,而不是当事人的看法;人的生命价值高于财产;生命等价,即人的生命价值不因人的种族、年龄、健康、地位等不同而有差异。

七、正当防卫

正当防卫是最古老的辩护制度。在对侵害行为采取私人复仇的历史时代,当然无所谓正当防卫问题。到对犯罪的制裁变为国家行动的历史阶段,私人复仇只限于被侵害人在来不及诉诸国家司法机关的情况下才允许实行,这就是正当防卫的由来。可以这样认为,对侵害行为的反应,从早先的私人复仇发展演变为后来的由正当防卫作补充的国家制裁。因此正当防卫也被称作"私人执法"。从正当防卫这一基本特性可引申出如下规律:当对犯罪的国家制裁严厉时,正当防卫的限制条件放宽。

西方两大法系相比,英美法系诸国在正当防卫制度上采取限制较严的政策。这不仅反映在防卫构成条件上,多数英美法系国家要求防卫者"能躲避就不自卫",即防卫是出于不得已,而大陆法系国家一般都没有这一限制;而且也表现在防卫分类上,英美刑法把防卫分为自身防卫、防卫他人、防卫财产和司法防卫。在这两方面,美国有些州的规定已逐渐趋同于大陆法系刑法的规定。

(1)自身防卫。自身防卫就是法律许可遭遇到侵害的人对侵害者本人运用适度的暴力——如果他合理地认为他处在非法的身体被侵害的紧迫危险之中,以及合理地认为为避免这种危险而使用暴力是必要的。从这个在长期司法实践中形成的一般概念可看到,构成自身防卫合法辩护的条件是,客观方面,防卫的暴力要适度;主观方面,防卫人有理由相信他来不及对侵害者诉诸法律并且使用这种暴力是必要的。这些原则在理论上是清楚的,但运用到实际案件中情况仍然很复杂,主要的问题是暴力度。

防卫的暴力和侵害的暴力常常难以作精确的数学计算,但根据具体案情进行客观估量还是可能的。按美国的理论和实践,把暴力度分为两类,即致命暴力和非致命暴力。如果侵害的暴力属于致命性暴力,即能致人死亡或者重伤的暴力,那么防卫暴力也可以是致命性的。如果侵害的暴力属于非致命性的,那么防卫的暴力也应当是非致命性的。从这两条界限可看出,对危险的暴力侵害的防卫比对轻微的暴力侵害的防卫采取限制更小的政策。杀死可能致人重伤的侵害者是许可的,但重伤可能致人轻伤的侵害者是不许可的,这体现了对严重犯罪实行严厉惩罚的精神。

(2)防卫他人。和自身防卫相比,不同之点仅在于被保卫的对象不一样。这是理论上的分析。然而为什么要把两者分开规定,这涉及历史情况。英国早期判例不允许为与自己无关的他人而实行保卫;防卫他人仅仅限于同本人有关系的他人,例如配偶、父母、子女、亲戚,或者雇员、雇主等。现在英国已不再持这种观点,但是美国现在有半数左右的州仍把防卫他人限制在同本人有某种关系的人这一范围之内。另有半数左右的州取消了这种限制,防卫他人可以包括保卫不相识的他人,因此这些州的刑法典中已不再有自身防卫和防卫他人两种不同规定。根据现代观点,取消两者的差别和限制是合理的。因为从社会整体利益看,他人(包括不相识的他人)就是"另一个我",所以防卫他人就等于自身防卫的延伸。在这一问题上,大陆法的规定比美国的更合理。

(3)防卫财产。如果把防卫他人和自身防卫分开并不合理,那么把自身防卫和防卫财产分开规定则不无道理。之所以要把二者分开,主要理由是人身比财产具有更高的价值,对防卫财产构成合法辩护要有更严格限制。

(4)司法防卫。司法防卫就是法律许可警察或者协助警察的其他人为实行合法逮捕或者制止已被逮捕的人犯逃跑而运用适度的暴力。司法防卫可细分为三种情况：实行合法逮捕；防止已被逮捕的人犯从监所逃跑；预防犯罪的实行和制止犯罪的完成。

关于实行合法逮捕。按普通法的规定，警察或者其他人在没有逮捕证的情况下，对当场犯重罪或者破坏治安的人可以实行逮捕。根据当前美国多数州的法律，警察在三种情况下都有逮捕权：有逮捕证；没有逮捕证但有正当理由相信被逮捕者犯了重罪；没有逮捕证但在当场发生的任何罪行。对不是当场发生的轻罪犯，逮捕时一般都应持有逮捕证。但是近年来美国有些州的法律也允许警察在没有逮捕证时根据法律规定的某些情况对不是当场发生的轻罪犯实行逮捕。有时，警察对罪犯（重罪或轻罪）实行合法逮捕（上述三类的任何一类）时遇到反抗，使他有理由相信被逮捕者即将对他进行人身伤害（致死或致伤），并且合理地相信对被逮捕者使用适当暴力（视具体案件可以包括致命暴力）是制止其反抗的唯一办法，在这种情形下警察使用暴力是法律许可的，因为这实际上就是警察进行自身防卫。有些学者认为，"警察为制止逃跑的重罪犯可以使用致命暴力"这种观点在重罪犯都可能被处死的历史时代是有道理的，但是在许许多多重罪犯都不会被判死刑（例如逃税、行贿、受贿等）的今天，这种观点未免过于严酷。而且在实践中容易导致警察滥用权力侵犯公民的人身权利。因此，把警察逮捕重罪犯时使用致命暴力的权力限制在只能对危险的重罪犯的范围内，这样更合理。

八、警察圈套

这是英美刑法中特有的一种制度。警察圈套就是警察、司法人员或者他们的代理人为了获得对某人提起刑事诉讼的证据而诱使他实施某种犯罪的行为，被告人则以他的犯罪行为是在警察、司法人员或者他们的代理人诱使下做出的为理由提出免罪辩护。作为合法辩护理由的警察圈套的构成要件是：①诱使者的身份。必须是警察或者其他司法人员，或者是他们派出的"耳目"；一般公民不能作为诱使者——圈套的设计人。②诱使者的行为。警察、司法人员或者他们的代理人不仅仅是提供了犯罪机会，还必须以积极行为去诱使被告人实施犯罪。这是构成警察圈套合法辩护的客观要件。③被告人的心理状态。被告人本来是无辜的，其犯罪念头是因警察引诱而萌发的，并不是原先就有的。这是构成警察圈套的主观要件。

警察设圈套是一种侦查方法，常常出于同犯罪作斗争的需要；但是滥用这种方法又会导致破坏法制、侵犯公民权利的结果，法律许可把警察圈套作为免罪辩护的理由正是为了对这种坏结果起抗衡作用。

九、正当职务行为

正当职务行为也是一种合法辩护理由。例如,医生对患者施行手术、拳击运动员进行拳击等,都不构成伤害罪,因为这是法律上许可的,或者社会观念认为是正当的职务行为。一般情况下,这不会产生争议。如果是超出正当职务范围而造成的伤害行为,则不能以正当职务为理由进行辩护。

十、安乐死

安乐死就是出于人道主义动机为解除病人痛苦而人为地加速其死亡的行为,或称"怜杀"。例如,一个无法医治而又痛苦非常的垂死病人为了摆脱这种境遇,要求他(她)的亲属给予超量的安眠药,或者要求医生停止进行救治;假定病人亲属给了他(她)致死量的药,或者医生停止了救治。从人道主义上考虑,这样做可能是对的,因为这个病人活着比死亡更痛苦,而且又没有康复的可能。从法律上考虑,这能否作为免罪辩护的理由?西方的法学界、医学界和宗教界都有不少人持肯定意见。但是,根据"无权让予生命"的原则,法律上迄今为止还不承认安乐死可以作为合法辩护的理由。

学术界近年来对这个问题予以更多关注。理论上常把"怜杀"分为四种方式:①自愿的安乐致死,就是根据本人的意愿或者得到其同意而实施的致死行为。②非自愿的安乐致死,就是没有得到本人同意而实施的致死行为,其对象主要是无法矫治的畸形婴儿或者神智昏迷无法表达意愿的危重病人。③积极的安乐致死,就是用积极作为的方式实施的致死行为。④消极的安乐致死,就是用消极不作为方式停止人的生命。

20世纪70年代中期以来,美国有两个判例对解决安乐死的责任问题具有重要的法律意义。1976年新泽西州最高法院在一个决定中认为,宪法上的私权保障病人有拒绝继续治疗的权利,当主治医师确诊继续治疗已经无效时,病人的最近亲属可以要求停止治疗,这个决定不必经法院批准,但须得到医院道德委员会的同意。1981年纽约州上诉法院(纽约州的最高一级法院)在一个决定中认为,对没有任何康复希望的病人的治疗可以在这样的情形下停止——有法定资格的病人(除精神病人或未成年人以外的病人)自己明确表示拒绝治疗。据此认为,这些司法决定对未来立法会发生影响。从趋势上看,安乐死将肯定会被法律认可为一种合法辩护,当然同时会规定构成这种合法辩护的条件。

西方的经济犯罪[*]

一、西方世界经济犯罪的一般情况

经济犯罪伴随经济活动而发生和变化。在唯利是图的思想意识的驱使下,商品经济越发达经济犯罪的机会越多,这就是西方世界经济犯罪率持续上升难以控制的基本原因。

经济犯罪是当今世界一个具有国际性的严重社会问题。它对社会造成的物质损害远远超过传统的财产犯罪(盗窃、抢劫、侵占等)给社会带来的损害的总和。20世纪70年代联邦德国学者估计联邦德国每年的经济犯罪所造成的损失数额在10亿马克以上。1982年美国财政部国内税务局的一份报告估计美国一年中逃税总额约1000亿美元,占应纳税金的20%。逃税仅是众多经济犯罪中的一种。经济犯罪对社会造成的巨大危害还表现在干扰和破坏经济秩序,直接阻碍社会生产发展。经济犯罪活动又反过来强化损人利己的观念,对精神领域的腐蚀作用也不可忽视。

经济犯罪的严重性引起了社会公众的关注,各国政府也从多方面采取对策旨在遏止日益增多的经济犯罪,但是实际效果不遂人意。原因是多方面的:经济犯罪是商品经济无法避免的副产物,促成经济犯罪发生的原因力大于同经济犯罪作斗争的抗制力(这并不意味着无须控制经济犯罪,否则经济犯罪必定更为猖獗),此其一。其二,由于经济犯罪同商品经济活动具有内在的密切联系,在宏观上对经济犯罪采取对策时常常很难协调以下两种利益使之处于平衡状态——经济秩序和广大消费者利益,以及整个白领阶层从事经济活动的积极性,使这一政策思想法律化就更加困难。这也是西方刑法对经济犯罪惩罚比较轻宽的主要缘由之一。其三,经济犯罪所触犯的法律大多涉及关系十分复杂的财政、金融、外贸、税收和工商管理等方面的法规,而且犯罪行为常常采取经过精心设计,巧妙利用经济法规的"空隙"或者商业习惯许可的活动方式,借以规避法律管辖,这就大大增加了刑事司法的难度。一个著名的案例是,美国大企业家洛克菲勒(1839—1937),他以一切可能的手段,包括经济犯罪的手段,来经营企业,并吞竞争对手,到1890年时他所经营的标准石油公司垄断了美国的炼油工业。《谢尔曼反托拉斯法》(1890年)立法的主要动机之一就是对付洛克菲勒。立法之后,当政总统下

---

[*] 原载《国外法学》1988年第4期。

决心秉公处理,经历一番艰难的诉讼,法院判他 2900 万美元罚金。他贿赂全国有关机构,用重金聘请许多著名律师,终于为他找到了一个法律"漏洞",从而使法院判决遭否定。① 其四,经济犯罪主体多半具有专业知识、在社区是有地位的企业家和生意人,又由于这种犯罪并不造成社会安全感危机,而且有时难以找到明显的被害人,有些被害人的行为在经济犯罪中起着"互动"牵连作用,因而法官在处理这类案件时常常手下留情,这就影响了刑罚的威慑作用的发挥。例如,美国在反托拉斯法颁布后的头 50 年里(1890—1940 年),在 252 件违犯反托拉斯法的刑事诉讼罪案中,只有 24 起被判监禁刑,而且其中多数是缓刑。1960—1966 年有 45 人和 29 个公司被起诉,其中只有 7 人实际服刑 30 天。1966—1974 年只有 18 件被判监禁刑或缓刑监督,其中 7 件实际执行了监禁刑。②

二、经济犯罪的概念和立法模式

1932 年德国刑法学者林德曼认为,经济犯罪是一种侵犯国家整体经济及其重要部门与制度的可罚性行为。③ 1939 年美国犯罪学者萨瑟兰提出"白领犯罪"概念,开始在西方刑法学界正式把经济犯罪作为科学研究的一个重要课题,他认为"白领犯罪大体上可以定义为体面的有社会地位的人在其职业活动过程中实施的犯罪行为"④。从 20 世纪 30 年代以来的半个世纪里,西方刑法学界还没有一个被普遍接受的经济犯罪的概念。学者们在著作中提出了各种各样的经济犯罪定义,归纳起来大体上有三种:一是以犯罪主体为基点来下定义——企业主(生意人)在其业务活动中所实施的犯罪,也称白领犯罪。二是以犯罪目的为基点来下定义——为获取非法经济利益而实施的犯罪。这可被称为广义上的经济犯罪概念,它不仅包括破坏经济秩序的各种犯罪,而且包括许多传统的侵犯财产的犯罪,例如盗窃、抢劫、诈骗等罪。三是以犯罪行为方式和侵害客体为基点来下定义,认为经济犯罪是利用经济交易许可的活动方式、违反经济管理法规、破坏经济秩序的图利行为。这一概念排除了传统形态的财产罪,可被称为狭义上的经济犯罪概念。据此,经济犯罪同普通财产犯罪的区别,主要在于因行为方式差异而引起侵害利益的不同:前者侵害了社会整体经济利益,后者侵害了特定人的财产权利。

经济犯罪的立法模式,即国家对经济犯罪的法律规定所采取的类型,主要有两种:一种是混合式,即经济犯罪有一部分被规定在刑法典中,另有一部分被规定在各有关

---

① 参见林山田:《经济犯罪与经济刑法》(修订 3 版),三民书局 1981 年版,第 40 页,"注 63"。
② See Sanford H.Kadish ed., Encyclopedia of Crime and Justice, Free Press, 1983, p. 680.
③ 参见林山田:《经济犯罪与经济刑法》(修订 3 版),三民书局 1981 年版,第 12 页。
④ Sanford H.Kadish ed., Encyclopedia of Crime and Justice, Free Press, 1983, p. 1653.

经济管理的法律中,例如,走私罪被规定于海关法中,逃税罪被规定于税收法中,等等。世界上绝大多数国家对经济犯罪的立法都采取这种模式。另一种是独立式,即除在刑法典和有关经济管理法律中规定经济犯罪行为之外,并另有独立的"经济刑法",这样规定的国家有两个,联邦德国和荷兰。1949年联邦德国的统一经济刑法,起源于1910年《钾盐贩卖法》,它规定了许多罚则,原则上都是罚金刑,作为例外,对累犯可处6个月以下轻惩役刑。在第一次世界大战期间,德国颁布了许多经济刑事法令。德国在魏玛共和国时期的1923年《卡特尔法》、1931年《第4号大总统命令》,体现了经济刑法的发展。德国在纳粹统治时期颁布的经济法令扩大了行政权。1949年统一经济刑法,把经济违法行为严格区分为经济犯罪行为和违反秩序行为两类,对前者处以刑罚,对后者科以罚款。把以违法行为、刑罚制度、未遂以及共犯为中心的实体法和以时效、侦查和科刑机关为内容的程序法统一规定在一部法中,使之系统化。联邦德国于1954年又对经济刑法作了大幅度修改,取消了不少罪名,进一步明确下列两种情况都是经济犯罪:①该行为按其所波及的范围或造成的影响具有严重破坏经济秩序,特别是现行市场秩序或价格制度的性质的;②行为人顽固地反复进行违法行为,或在营业上追求应受谴责的利益,或实施其他不负责任的行为从而表现出对经济秩序特别是对关于保护现行市场秩序和价格制度的公共利益的藐视态度。除上述两种情况以外的一切经济违法行为,都是违反秩序行为。1956年修正案又新规定了"抬高价格"这一经济违法行为——在与重要日用必需品或给付有关的职业上或营业上有权限或无权限的行为中,凡通过限制竞争或利用经济上的优势或劣势无理地故意要求、约定、协议、受取或者提供高额代价的行为,就是应予制裁的经济违法行为。1975年随刑法总则修改而加以修改并公布的统一经济刑法,规定故意罪处5年以下监禁或罚金,过失罪处2年以下监禁或罚金。①

1950年荷兰经济犯罪法,和联邦德国经济刑法相似,也是框架立法,即把分散在各种经济管理法规中的违法犯罪行为的条款汇总起来规定刑罚,使之法典化。

三、经济犯罪的类型

同经济犯罪概念一样,经济犯罪类型也没有统一定见,有的学者作粗线条划分,把各种经济犯罪归纳为三类或四类,有的学者分得很细,多至六七类甚至八九类。例如,美国有些学者把经济犯罪归纳为三类:①财产犯罪——侵害个人或国家财产的犯罪,包括盗窃,伪造,篡改记录,欺骗性的毁灭、转移或隐匿证件,欺骗性企业活动,以欺骗手段进行竞争,欺骗债权人,欺诈破产,使用空头支票,使用偷来的或已作废的信用

---

① 参见〔日〕神山敏雄:《德国经济刑法制度的变迁》,黎晓译,载《外国法学研究》1986年第1期。

卡,商业贿赂(指给予远远超出作为商业习惯合法界限的佣金、回扣来达到获取暴利的目的之犯罪行为),滥用受托财产,等等。可见,这里所说财产犯罪,已大大超出传统的财产罪,其实就包括上文所述以犯罪目的为基点下定义的为获取非法利益的经济犯罪。②管理犯罪——违反政府管理法规的犯罪行为,包括卖淫(把性作为商品出售,提供非法的性服务),出售毒品,违反食品和药物管理方面的法律的犯罪,以及违反劳动关系法和反托拉斯法等犯罪,内容非常广泛。③税收犯罪——包括违反各种财政税收和海关税收的法律的犯罪行为。这种分类以法律形式为标准,第一类犯罪基本上规定在各州刑法典里,第二类犯罪被规定在行政管理法规中,第三类犯罪是由联邦法律规定的。

大陆法系国家一些学者按行为方式把经济犯罪归纳为如下几种类型:

(一) 经济诈骗犯罪

经济诈骗犯罪是指在经济活动过程中使用诈骗方法或者用其他方法达到骗取经济利益之目的的犯罪。这一类型的犯罪包括诈骗贷款、诈骗投资(以欺骗方法引诱不知实情者购股投资,从而获得非法利益)、空头支票、虚假广告、伪劣商品、诈骗保险金、商业贿赂等。

经济诈骗罪和普通诈骗罪是两个互有交叉与部分重叠的概念,它们的主要区别有三:①从犯罪手段上看,前者并不限于施行骗术,有时也用非骗术(例如贿赂)来达到和施行骗术相同的犯罪目的,而后者只能是用骗术欺骗他人使其陷入误解而"自愿"交出财物。②从犯罪背景上看,前者发生在经济活动过程中;而后者一般不存在真实的经济活动。③从犯罪对象上看,前者的被害人受损情况往往是间接的、复杂的;而后者的被害人受损情况通常都是直接的、具体的。

(二) 非法竞争犯罪

公平竞争是商品经济发展的动力,而非法竞争则严重干扰和破坏商品经济的正常运行机制。这种类型的犯罪主要是:商业间谍(工商业者以间谍手段刺探和收集同行业竞争者的业务秘密,包括企业资产、盈亏状况、商品制造技术、专利资料、发展计划等,并利用这类信息作为竞争手段),暗定物价(竞争者之间为避免竞争而秘密协议其同类产品的市场价格),市场割据(几个竞争者商定在各自领域内彼此不竞争,即分割市场势力范围),投标操纵(几个竞争者暗中商定抬高投标价额以便使其中间有人在抬价情况下中标),等等。后三种犯罪其实是垄断性犯罪。

(三) 税务犯罪

税务犯罪是商品经济社会中最普遍的一种经济犯罪。这类犯罪的方式是多种多样的,主要是逃税。这类犯罪的特点有四:直接侵害国家整体利益;相当普遍、数额巨大;社会危害严重;有预谋、精心设计,因而司法查处难度大。

(四) 电脑犯罪

电脑犯罪是指滥用或操纵电脑而非法图利的经济犯罪,也就是以电脑为犯罪工具的犯罪。电脑操纵包括三种情况:输入操纵;输出操纵;程序操纵。这类犯罪(除输出操纵外)均是有电脑专业知识的人所为,所以俗称"专家犯罪"。

四、几种具体的经济犯罪

如上所述,西方经济犯罪种类繁多,难以一一详细讨论,下文介绍美国的两种经济犯罪。

(一) 逃税犯罪

美国政府每年征收各种捐税共约5000亿美元,其中一多半是个人所得税,15%是公司所得税,25%是职业税。

由于政府税务部门人力有限,只可对极小部分纳税情况进行认真检查,所以逃税是一种风险很小而获利很高的经济犯罪。

美国的纳税人自我评估申报制度在全世界被广泛地视为出奇地温和但有效的税务制度。在许多拉丁美洲国家和一些欧洲国家,逃税行为猖獗,但是受到刑事惩罚的却很稀少。而在美国,政府的传统看法(20世纪70年代以前)是逃税行为并不普遍。但是1979年美国财政部国内税务局的一份研究报告认为,美国1年内逃税总额在250亿美元至350亿美元,估计1982年逃税总额达1000亿美元。调查研究使政府改变了过去的传统看法。自从1913年制定所得税法以来,美国因逃税被判刑的人数最多1年为2500人。1979年为1820人。过去30年中平均每年为1000人。① 报告建议对许多逃税案件采取非刑罚性的经济处理办法来解决,这样政府收益会更多些。

故意逃税属于重罪,最高法定刑为5年监禁和10000美元罚金。

此罪构成要件有两个:①行为人必须有纳税义务,而且行为人应知道有此义务。②必须故意实施一种企图逃税的行为。

此罪与其他许多犯罪不同,它要求行为人主观上知道自己的行为违反税法。如果行为人在纳税申报中遗漏应征税的收入或者打折扣但并不知道这种行为违反税法,不属企图逃税。但是,纳税人只要逾期拖延纳税(这必定是明知违反税法的行为),就构成逃税罪。因此,纳税人故意提交虚假所得税申报的目的虽然仅仅是延期纳税,待经济状况好转后再提交真实申报并如实纳税,仍然构成逃税罪。提交虚假申报,就完成了故意逃税行为。

---

① See Sanford H. Kadish ed., Encyclopedia of Crime and Justice, Free Press, 1983, pp. 683-684.

企图逃税的主要方法是提交不真实的纳税申报资料。如果行为人没有提交应当提交的申报材料或者虽提交了真实的纳税申报材料但实际上没有全部交付应纳税额,如果行为人已经实施了很可能导致隐瞒其收入或财产的行为,并且这种行为同逃税有关,也可能构成逃税罪。因此,假定纳税人明知有纳税义务并出于逃避这种义务的想法而向税务局谎报收入或财产,构成逃税罪。此罪也可以用保存两本账簿、制作假报单或假发票、销毁账簿或记录、隐瞒财产,或者其他欺骗行为的方法实施。

并不具备全部故意逃税罪要件的许多行为也能构成较轻的重罪。依据美国国内税法规定,向税务局书面或口头提交实质上不实的申报或其他证件的行为以重罪处罚。

根据1982年美国国内税法的规定,在缺乏欺骗行为的情况下,故意不提出必需的纳税申报或者故意不交纳税款,构成轻罪,法定最高刑为1年监禁或10000美元罚金。有一种观点认为,这种以不作为方式构成的犯罪同上述以作为方式构成的犯罪,严重性没有不同,所以也应当按重罪处罚。不过,这种被告人主观上的罪过往往较小,有的是有病理上的消极情绪,有的甚至有精神病。

(二) 违反海关管理的犯罪——走私及有关犯罪

走私罪指携带货物进出海岸不纳关税或者携带违禁品进出海岸的行为。这是早在英国普通法里就已出现的一个罪名。现代英美制定法中仍然沿用这个概念,只是"海岸"一词已被易为"国境"而已。

走私罪的立法方式有三种:一是走私罪被规定在海关法(有的国家称海关和关税法)中,刑法典里不列此罪。二是刑法典以"空白法条"方式规定此罪,其具体犯罪构成参见海关法。绝大多数国家采取上述两种方式里的一种。三是刑法详细规定走私罪及相关犯罪的构成,这以美国联邦刑法为代表。

根据1981年《美国法典》[①]第18篇"犯罪和刑事诉讼"第27章的规定,下列行为都是犯罪:

(1) 故意进口不足重或不足量的,或者质量虚假的,或者少付法定关税的货物、商品的,单处或并处5000美元以下罚金,2年以下监禁。

(2) 把用虚假的发货单、申报单、保证书、信件、文件,或者用书面或口头的虚假陈述,或者借助欺骗的手段、工具进口的商品投入或引进,或者企图投入或引进美国市场而使得或可能使得美国丧失合法税收的,单处或并处5000美元以下罚金,2年以下监禁。

(3) 税务人员故意准许少付法定关税的货物、商品入关的,单处或并处5000美元

---

① 《美国法典》(U.S.Code)仅适用于联邦司法管辖地区。

以下罚金,2 年以下监禁,并且开除公职。

(4)以欺骗美国之目的故意把应当开具货单而没有货单的货物商品走私或秘密带进美国;以欺骗美国之目的故意开签货单或者故意使虚假的或伪造的货单或其他文件通过海关;故意把违反法律的货物输入或带进美国,或者故意接受、隐藏、购买、出售或者以任何方式为这样违反法律进入美国后的货物提供运输、隐藏或出售的便利,单处或并处 10000 美元以下罚金,5 年以下监禁,并且没收货物。被告人占有这种货物之物证,除非解释能使陪审团满意,否则就是定罪证据。

(5)违反美国关税法偷运货物出境的,单处或并处 5000 美元以下罚金,2 年以下监禁。

(6)违反法律,在美国和外国接壤的边境线上的建筑物中接受或存放任何货物,或者携带货物通过边境线的,单处或并处 5000 美元以下罚金,2 年以下监禁。

(7)在海关扣留货物的堆栈中欺骗性地隐藏、移动或重新包装货物,或者欺骗性地改动、损坏或擦去被扣货物包装上的标记或数字的,单处或并处 5000 美元以下罚金,2 年以下监禁。被隐藏的、移动的或重新包装的货物,或者标记或数字已被改动、损坏或擦去的包装,应当被美国没收。

(8)未经许可,在船只、其他交通工具、堆栈或包装上加盖海关印章或附加海关标识,或者未经许可,在被海关扣留或保管的船只、其他交通工具、堆栈或包装上故意移动、破坏、损坏海关印章或标识,或者恶意地进入海关扣留货物的堆栈或装有被扣货物的船只、其他交通工具,意图非法地从那里移动被扣货物的,或者明知是被扣货物而接受或运输的,单处或并处 5000 美元以下罚金,2 年以下监禁。

(9)在已经提出要对进入美国的货物进行检查后,故意隐藏或者毁坏有关发货单、记录或证件的,单处或并处 5000 美元以下罚金,2 年以下监禁。

(10)美国的官员或雇员故意帮助或唆使他人进口淫秽的或煽动叛国的或暴力反抗美国法律的或足以威胁生命、健康的书籍、文章、图画、广告、传单或物品,或者实施堕胎的工具,或者其他作下流不道德用途的物品,单处或并处 5000 美元以下罚金,10 年以下监禁。

五、西方国家对经济犯罪的刑罚政策

总的说来,西方国家对经济犯罪的刑罚要比东方国家的轻宽得多,不仅不适用死刑,终身监禁也罕见,而且有期监禁的法定最高刑一般不超过 10 年。[①] 最常用的刑罚

---

① 根据《德意志联邦共和国刑法典》(1976 年)第 302 条的规定,情节特别严重的暴利罪,最高法定刑为 10 年监禁。

方法是罚金。这并非由于没有认识到经济犯罪的严重社会危害性,基本原因除本文第一个问题"一般情况"中提到的经济犯罪难以控制的几点缘由外,另一个重要因素是观念问题——剥夺自由是对付严重暴力犯罪的基本办法,经济制裁是对付经济犯罪的主要措施。这是商品经济等价交换原则的反映。

商业社会里企业家和生意人把罚金视为"特许费",即做生意的一种代价,因而会在缴纳罚金后继续犯罪,国家对这种情况的反应是加重罚金刑。例如1974年美国制定了《反托拉斯诉讼和刑罚法》,1977年美国司法部发布了《关于反托拉斯法重罪案件的量刑指导》,把个人罚金的上限从原来的5000美元提高到10万美元,把法人罚金的上限从原来的5万美元提高到100万美元;把监禁上限由1年提高到3年。提高罚金数额,是西方国家制裁经济犯罪的共同趋势。

美国"锐苛"研究*

一、概述

"锐苛"是美国联邦《反犯罪组织危害合法组织法》(Racketeer Influenced and Corrupt Organizations Act)之简称"RICO"的音译。因为它是美国制定的最具威力的著名刑事法规之一,法定刑极为严厉,所以取名"锐苛",意"锐利苛刻"。"锐苛"于1970年由美国国会制定,作为第96章列入《美国法典》第18篇,是《有组织犯罪控制法》(Organized Crime Control Act)的一部分。"锐苛"的条文是《美国法典》第18篇第1961条至第1968条,共8条①,其核心是第1962条。

美国国会制定"锐苛"的立法意图是想利用附有严厉法定刑的这一法律来与有组织犯罪作斗争,主要目标是从合法经济组织(legitimate business)中清除有组织犯罪的腐化渗透。在美国,自20世纪60年代以来,街头犯罪与有组织犯罪迅速增长,引起了美国公众的普遍担忧,并对当时作为刑事政策思想主流的刑罚个别化(如不定期刑制度、缓刑制度与假释制度的普遍适用)的有效性产生了怀疑,报应刑主义所持的重刑思想逐渐抬头。"锐苛"就是在这种刑事政策思想转向的背景下制定的,所以法定刑极为严厉。其次,在美国国会的听证会和辩论中反复提到的关于"锐苛"所特别针对的罪恶指向的是有组织犯罪对合法组织的渗透。② 近几十年来,西方国家的有组织犯罪日趋严重,尤其是在经济领域。其中有一种很难控制的犯罪形式是犯罪组织③通过对合法组织如工会组织的控制而实施犯罪行为。其对社会与经济秩序危害之大是难以想象的。如早在20世纪50年代,美国境内的意族党(La Cosa Nostra)就积极地从事劳工诈欺行为(labor racketeering)。当时受到犯罪组织摆布的就有近十个组织庞大的工会,如面包业、屠宰业、酿酒业、旅馆及州际运输业等行业的工会。犯罪组织常常是派人渗透工会,以暴力和恐吓手段进入且控制工会领导层后,即可以凭借这一优势地位向雇主

---

* 原载《烟台大学学报(哲学社会科学版)》1993年第2期,与罗树中合作。
① "锐苛"后4条规定诉讼程序方面的问题,本文略去不予讨论。
② 美国司法部和参议院司法委员会都曾解释过"锐苛",认为其目的是禁止有组织犯罪对合法组织的渗透,是从根本上摧毁犯罪辛迪加(criminal syndicate)资金来源的法律,其重点是反黑手党(mafia)对经济组织的非法控制。
③ 犯罪组织(criminal organization)的重点在于结构以及成员之间的动态关系。这种犯罪组织所实施的犯罪行为称为有组织犯罪(organized crime)。有组织犯罪的重点在于行为的后果,而非组织本身。

管理层提出各种条件进行敲诈勒索,如不满足其需求就下令工人罢工。而一旦雇主管理层进行报复,首当其冲的受害者又是雇员。"锐苛"正是针对这种犯罪浪潮的有力反应。

"锐苛"作为专门对付犯罪组织的法律,与其他国家和地区的法律相比,是迄今最为完备的。它只有8个法条,主要内容有四方面:

(1)考虑到犯罪组织敛财的目的,规定有没收刑。一旦被告人被宣判有罪,犯罪所得会被全部没收。

(2)最高刑期为20年(例外的可处终身监禁),而且可处数额惊人的罚金。这将给受指控的组织或组织成员以沉重打击。

(3)它允许受害人提出3倍于其损失的赔偿请求。

(4)它规定有经济保安措施,可以预防同类罪行重演。可以依"锐苛"指控的罪很多,包括谋杀、绑架、赌博、纵火、抢劫、行贿、勒索、毒品交易等广泛的犯罪行为。

同时,"锐苛"还规定了某些配合性措施,引人注目的是"供证者安全保障计划"。对于提供犯罪组织证据的人,其人身安全受到保障,包括全家人迁移,姓名与身份的更改,以至于定期的生活津贴。

"锐苛"条文不多,但语言复杂不易理解,许多制定法解释问题已经被提出。美国作为判例法国家,判例是法律的重要渊源。"锐苛"同其他法规一样,其适用是建立在判例的基础之上的,必须根据每个案件的具体情况对之加以解释。

二、"锐苛"的适用范围

"锐苛"的核心是《美国法典》第18篇第1962条,该条规定了"锐苛"所禁止的范围广泛的四类行为:

(1)在一组织内通过实施符合"锐苛"规定的犯罪行为模式的行为赚取投资利润,即将非法资金投入合法组织。例如,勒索与贿赂得来的钱不能投资于一个组织。设此规定旨在将"赃钱"从合法组织中清除出去。

(2)在一组织内通过实施符合"锐苛"规定的犯罪行为模式的行为来获得或维护某种利益。该规定的焦点不在于是否已经从一个组织中获利,而在于禁止实施通过组织获利或控制该组织进行诈欺与勒索的行为。

(3)实施符合"锐苛"规定的犯罪行为模式的行为来管理或参与某组织的事务。如通过证券或破产诈欺从一家公司中获利,或纵火后利用邮电系统诈骗保险公司。

(4)合谋实施上述三项所规定的行为。

"锐苛"第1961条对美国国会在制定"锐苛"时所使用的术语下了定义,主要就"诈欺与勒索行为"和"锐苛规定的犯罪行为模式"这两个关键术语的含义作了明确解释，以免引起对第1962条所禁止的四类犯罪行为范围的不必要的误解。在第1961条中，"诈欺与勒索行为"指的是由该条所详细列举的州与联邦法律所规定的可起诉的犯罪行为。这些犯罪行为的范围由第1961条作了详细规定，包括：

（1）根据州刑法可指控的且应处1年以上监禁刑的犯罪行为。如谋杀、绑架、赌博、纵火、抢劫、贿赂、敲诈勒索、淫秽等犯罪。

（2）《美国法典》第18篇所规定的一些犯罪行为。如贿赂、盗窃、邮电诈骗、淫秽、妨害刑事司法以及多种跨州界的犯罪行为。并列举了规定这些犯罪的上百条联邦法律。

（3）《美国法典》第29篇所规定的一些犯罪行为。它列举的联邦法条有：《美国法典》第29篇第186条（限制给工会组织支付和贷款方面的犯罪行为）、第501条（c）（贪污工会基金的犯罪行为）。

（4）《美国法典》第11篇中所规定的一些涉及诈欺的犯罪行为。"锐苛规定的犯罪行为模式"指的是在10年内（除去监禁期）实施两次以上第1961条所列举的犯罪行为（下文称法定犯罪行为）。只有行为人的行为构成这种"犯罪行为模式"才成立依"锐苛"指控的基础。这一概念是"锐苛"中的关键概念。假如一个人今天因非法获得钱财而被判有罪，其在10年内（除去监禁期）又以类似手法作案被捕，公诉人就可以此要求法庭判决该人触犯了"锐苛"。这等于允许检察官为了建立犯罪模式，可以翻被告人的"旧账"。

三、违反"锐苛"犯罪的构成要件

违反"锐苛"犯罪的成立，必须具有法定的若干构成要件。一个成功的依"锐苛"提起的指控，公诉人必须证实：

（1）存在一个组织。"锐苛"第1961条第（4）款对"组织"下了定义，它指的是"任何个人、合伙、公司、联合体或其他合法实体，以及不是合法实体而由事实有联系的个人组成的单位或群体"。这一定义极为灵活且涵盖范围极广。"群体"可以说包括摩托车团伙、恐怖组织、警察部门、法院、公诉人办公室等。美国各巡回法院曾就"组织"是否只包括合法组织存在分歧。直到1981年的美国诉Turkette案，最高法院作出决定，认为"锐苛"的法律语言并没有限制其只适用于合法组织，才结束了理解上的分歧状态。不过刑法学界与律师界对此仍持有不同看法，认为如"组织"还包括非法组织，可能导致联邦对州刑事司法管辖权的实质性侵犯。这种担忧是基于：允许依"锐苛"的指控针对一个非法组织，则任何实施了两种以上第1961条第（1）款中所列举的州刑法所规定的范围广泛的"诈欺与勒索行为"的个人或群体都要按联邦重罪由联邦处罚。这种担心是有道理的。尽管美国联邦与州之间刑事司法管辖权的关系受到美国宪法的制约,这种侵犯不会轻易出现,但近来联邦主义的倾向在加强也不可否认。

(2)该组织对商业贸易有影响。

(3)犯罪行为必须构成"锐苛"规定的犯罪行为模式。依据"锐苛"第1961条第(5)款的定义,构成犯罪行为模式的诈欺与勒索行为,其中之一必须是在"锐苛"生效后(1970年10月15日)实施的,而其最后一个行为必须发生在前一行为后10年内(除去监禁期)。"犯罪行为模式"是最关键的概念,最高法院认为其是为了限制"锐苛"的适用范围。而且,判例法表明,所要求的至少两个行为之间必须有某种连续性或关系,而不能是两个孤立行为的简单相加。不过,具体判例对这一点的要求不完全相同,可以说尚无定论。

关于这一要件,存在两个问题。第一个问题是,"锐苛"不具有溯及力,但"犯罪行为模式"只要求其中一个法定的犯罪行为发生在"锐苛"生效后即可。这与"禁止法律有追溯力"的原则不相冲突吗?这一疑问已被提出。但在美国,绝大多数人认为"锐苛"并未违反这一原则。因为构成"犯罪行为模式"的应当是根据州或联邦法律应处1年以上监禁刑的犯罪,而且"模式"中至少有一犯罪行为是在"锐苛"生效后实施的。这种规定避免了与该原则的冲突。"锐苛"中的"模式"要件确实别具一格。从法理上讲,其视构成模式的两个以上法定犯罪行为为一个整体,只要这一整体中有部分行为是在"锐苛"生效后实施的,就可以认为适用"锐苛"并不违反这一原则。第二个问题是与"禁止一案再审原则"冲突。美国法院根据"双重主权原则"反驳了这一疑问。在美国,联邦与州都有刑法制定权,只是权限范围有所分工。它允许州与联邦就同一犯罪行为进行连续指控。美国最高法院在一判例中指出:"一案不再审是以同一主权国为前提的。"就是说在同一联邦司法区或同一州司法区内应坚持一案不再审。1959年,最高法院在两个决定中又重申了1852年第一次宣布的联邦制双重主权原则(一个州的公民同时也是美利坚合众国的公民),提出对同一案件由州与联邦相继起诉是合宪的。

(4)被告在该组织中投资或维持某种利益或参与其事务。

以上四个犯罪要件是从"锐苛"制定法中概括出来的,但在具体判例中,美国各法院对这些要件所作的解释不完全相同。

四、没收

"锐苛"第1963条规定了违反第1962条的犯罪行为的法定刑。违反"锐苛"的犯罪一旦宣判成立,对被告人就可能处长达 20 年的监禁刑或终身监禁①、不超过 25 万美元的罚金。如果被告人是一个组织或公司,判处的罚金可高达 50 万美元,或处相当于犯罪所得的两倍以下的罚金。除此之外,"锐苛"还规定了令人生畏的没收刑。规定没收刑,是美国国会反复辩论和考虑的结果。但判例法中,起初各巡回法院不同意该没收刑适用范围太广,因其过于严厉而且可能损害无辜者。面对各巡回法院的犹豫态度,美国国会为了加强没收刑制裁有组织犯罪的威力,两次修改了"锐苛"没收刑的有关规定②,试图消除那些阻碍司法机关积极运用联邦法律中没收刑条款的因素,如制定法上的模糊性,对制定法的限制等。美国最高法院对"锐苛"的没收条款也采取广义的解释,督促各法院充分运用这一锐利苛刻的武器。

"锐苛"第 1963 条第(a)—(n)款分别规定了没收刑罚的适用对象、范围及法定程序。第(a)款规定了适用对象,凡违反第 1962 条的犯罪所得,包括间接利益,均可没收。第(b)款规定了可没收财产的范围,包括不动产、有形与无形的财产。(c)款通过限制被告人转让应没收利益,明确了没收条款可适用的程度。它授予司法机关在违反"锐苛"的犯罪行为实施时,即拥有对应没收财产的所有权,使国家有追回被告人在宣判有罪之前转让的财产之权利。第(d)—(n)款规定了适用没收刑的程序,使司法机关有可依的控制应没收财产或阻止被告人在审判前转让应没收财产的正当法律程序。

"锐苛"第 1963 条还规定国家可以没收与应没收财产价值相等的资产。这种情况发生在因被告人的行为,使应没收财产已不可能再找到,或已转让给善意第三人,或在价值上已有实质性减少的情形。

没收条款的威力的确是巨大的。美国国会也深刻认识到犯罪组织敛财的目的,从经济基础这一根本问题上摧毁有组织犯罪对合法组织的渗透是必要的。

在判例法中,没收对象甚至还包括律师费用。这一点已引起律师界的强烈反应。但最高法院在 1989 年的美国诉 Monsanto 案中以 5∶4 票作出了没收对象不排除律师费用的决定。律师费用可以没收,这无疑会影响律师承办"锐苛"案件的积极性,且已成事实。

总之"锐苛"没收刑的对象几乎无所不包,对它的限制可以说只有程序上没收范围必须由陪审团裁决,以及实质上要遵循美国宪法第八条修正案:"不得规定过多的保释金,不得处以过高的罚金,不得施加酷刑和非刑",即罪刑要相适应。

---

① 这里指的是构成犯罪行为模式的欺诈与勒索行为中有可处终身监禁的法定刑的情形。
② 第一次是 1984 年通过的《综合没收法》(Comprehensive Act),第二次是 1986 年通过的《反毒品滥用法》(Anti-Drug Abuse Act)。

五、民事补偿(Civil Remedies)

"锐苛"第 1964 条规定了经济保安措施和三倍的损害赔偿等民事补偿手段。[①] 如法院发出禁令、解散组织和剥夺组织的财产等经济保安措施。

不久以前,美国还很少有诉讼当事人根据"锐苛"的这些民事条款来维护自己的利益,但近年来,"锐苛"民事诉讼案件的数量却戏剧性地大大增加了。可以提起民事"锐苛"诉讼的原告包括美国、组织与个人,但不同的原告可提出的诉讼请求内容不完全相同。

"锐苛"的这些规定,最不容易获得共识的是民事诉讼人可获得"三倍赔偿"。对该规定的限制是指控被告的罪名必须先成立。有些法律改革者提出要修改这一规定。结果将如何,还不得而知。

美国绝大多数人认为,"锐苛"第 1964 条的最大功用在于使法院能够抑止已成为从组织中清除犯罪组织的腐化渗透的最大障碍——非法活动被那些已被判有罪的人的后继者们继续进行。刑事指控可以有效地对付犯罪组织的头目和其成员,但对他们的长期监禁却又为其年轻和更有活力的后继者顶替他们提供了可能性。换言之,头目虽已落网,但犯罪组织依然存在。"锐苛"第 1964 条的规定大大加强了美国政府反合法组织被腐化渗透的能力。这也是经济保安措施的魔力所在。

第 1964 条第(a)款与第(b)款规定了经济保安措施。制定法上没有对可适用的经济保安措施的种类进行限制。唯一的限制只是法院的目标:清除对合法组织腐化的影响和采取适当措施保护无辜公民的权利。总之,只要能把一个合法组织与以诈欺和勒索行为来渗透该组织的犯罪组织或个人分离开来,不管是采用刑事方法,还是经济保安措施,均可采取。

六、分析

"锐苛"是美国联邦中反有组织犯罪的著名刑事法规,备受司法官员的青睐。[②] 一般来说,对付犯罪的方式有两大类:一是实质的措施,二是立法的措施。前者着重社会的综合治理,后者侧重法律的制裁。作为专门对付犯罪组织的法律,"锐苛"是公认的最为完备的,体现在:"锐苛"中的刑事政策思想有不少创新,值得借鉴。

---

① 由民事法庭作出判决。
② 美国警方对"锐苛"非常满意,有很多意族党犯罪家庭已依"锐苛"被判有罪。如哥伦布家族、"魅影"党就是实例。

(1)事后的惩罚与事前的预防相结合。"锐苛"分为刑事和民事两部分,刑事部分规定了严厉的监禁刑、罚金和没收刑;民事部分规定了经济保安措施和"三倍赔偿"。治理犯罪要对症下药。只有全面了解所要禁止犯罪的特点,才能制定出有效的对策。"锐苛"特别针对的四类犯罪行为有三个特点:一是犯罪组织的目的是敛财;二是犯罪组织头目落网,但非法活动可能由后继者继续实施,犯罪组织依然存在;三是通过诈欺与勒索行为来参与组织事务。针对这些特点,"锐苛"相应规定了长期监禁刑、罚金和没收刑,使犯罪组织头目或重要成员一旦被宣判有罪,就会落得人财两空。经济保安措施可以防止同类罪行重演,将合法组织与犯罪组织或个人分离开来。犯罪要件中,其要求成立"犯罪行为模式",这等于允许检察官翻被告的"旧账"。如此规定,对潜在犯人的威慑力是巨大的。"锐苛"这种立法思想,无疑是清楚地认识到刑罚作为一种国家强制力有其不可替代的作用,但并非万能。刑罚主要是对危害社会的犯罪所给予的一种社会非难,维护社会伦理价值是其基本使命。而刑事政策的核心是"预防犯罪、治理犯罪",保护社会和改造犯人是其基本任务。因此,为了预防危害社会而刑罚又无能为力的行为,采取有效的保安措施是必要的。尤其是在经济领域,调整手段带有强烈的政策性,刑罚手段不得不谨慎。

(2)"锐苛"作为一部反经济犯罪立法,在立法上采取刑事实体法、民事补偿手段与程序法熔于一炉的方法,克服了其他经济刑法立法方法的欠缺。它集中了打击有组织犯罪所需要的各方面的法律依据,是一种动态的全过程打击犯罪的立法。这对我国制定有关刑事法律应能有所启发。

"锐苛"所特别针对的犯罪行为在我国还尚未成为社会问题,主要是犯罪组织不发达、能量不大。但随着改革开放的深入,商品经济的蓬勃发展,这类犯罪行为将会逐渐增多,也是可以预测的。"他山之石,可以攻玉。"批判地借鉴其他国家的犯罪治理对策是有相当价值的。

英美法系国家刑法变革对中国的启示[*]

一、中国刑法对英美刑法的关注——从"远离"到"走近"

中华人民共和国成立之初,由于复杂的社会原因,国家在政治上实行"一边倒,倒向苏联"的国策。在法律领域,全面废除旧政权长期实行的"六法全书"。对于刑法,尤其是刑法教学,则是直接向苏联学习,也只能向苏联学习,实际是照搬苏联的刑法教材。有些法律院校直接聘请苏联专家讲授刑法课。在这样强烈的意识形态背景下,中国刑法只能"单向面对"苏联刑法,全面远离西方刑法(大陆法系的和英美法系的刑法)。

由于历史的原因,中华人民共和国成立前的法制属于大陆法系,法学教育采大陆法方式,图书资料多是大陆法系的。中华人民共和国第一代刑法学专家年轻时是在大陆法教育下成长的。当他们在讲述苏联刑法时,自觉或不自觉地掺进了大陆法系(主要是德国和日本的)刑法知识和理念,例如共犯制度和罪数规则等理论,与其说是苏联的不如说是大陆法的。由于学术自由的增进,20世纪80年代起,随着对苏联刑法理论(主要集中在四要件耦合式犯罪构成理论)的反思,大陆法系刑法理论受到广泛关注。可以认为,中国刑法又重新靠近大陆法系刑法,法益理论和三元递进式犯罪成立理论(构成要件符合性、违法性、有责性)成为刑法学界的热门话题。

随着社会进步和司法实践的需要,中国司法实务界和法学理论界在改革开放以来逐渐关注侧重实用的英美刑法知识,1989年出版了王国庆等翻译的英国《肯尼刑法原理》,1991年出版了赵秉志等翻译的《英国刑法导论》,2000年出版了李贵方等翻译的《英国刑法》,2003年出版了谢望原主译的《英国刑事制定法精要(1351—1997)》。1984年出版了欧阳涛等著的《英美刑法刑事诉讼法概论》,1987年出版了储槐植著的《美国刑法》(1996年第2版,2005年第3版),2004年出版了赵秉志主编的《英美刑法学》。2005年7月8日,我国最高人民法院院长、首席大法官肖扬会见美国联邦最高法院大法官金斯伯格时说:"新中国成立56年来特别是改革开放以来,中国法治建设取得了巨大进步,在刑事审判方面,从纠问式审判改为抗辩式审判……"从理论著作到司法实践可以充分证明,中国刑法已由过往"远离"英美刑法演进为"走近"英美刑法。

---

[*] 原载《当代法学》2006年第2期。

"走近"是个内涵丰富的动态概念,首先是认识和了解,认识它的现状,了解它的发展变化,并且在此基础上借鉴对我有用的东西,形成中外互动局面。本文所称"英美刑法",泛指英美法系的刑法制度、刑法范畴、刑法理论、刑法思想(刑事政策)。

二、美国刑事政策的变革

刑事政策(刑法思想)是刑法变革的先导。从 20 世纪 70 年代中期开始,美国的刑事政策出现了变化,笔者曾经把它归纳为:轻轻重重,以重为主。"轻轻"就是对轻微犯罪的处理比以往更轻,即轻者更轻;"重重"就是对严重犯罪的处理比以往更重,即重者更重。[①]

对轻微犯罪的处理包括非犯罪化、非刑罚化、非监禁刑化。这体现在:扩大缓刑和罚金的适用范围,非监禁刑适用的比例升高;作为短期自由刑替代措施的社区服务广泛适用。这些发端于英美法系国家的体现当代刑事司法民主化潮流的制度和措施,对中国刑法和司法体制改革有着积极的启示作用。美国对严重犯罪,尤其是严重暴力犯罪和有组织犯罪,采取从重打击政策。在这方面,中国和美国十分相似。美国"9·11"事件(2001 年)和英国"7·7"伦敦连环爆炸案(2005 年)以来,英美刑法在反击恐怖主义方面采取的政策措施也得到了中国官方的认同。20 世纪末出现的恐怖主义(terrorism(作为有组织犯罪的极端发展形态,其主要特征是以战争形式出现的滥杀无辜,其巨大危害是同时侵害三种安全(法律保障的三类利益),即个人安全、公共安全和国家安全,出现了前所未有的"非传统安全"问题。一般刑事犯罪(包括通常所说的有组织犯罪),或是侵害一种安全,或是侵害两种安全,而不会同时侵害三种安全。20 世纪末以来的最深刻变化是全球化进程的加快,其对世界各国的政治、经济、文化形成了巨大的冲击,整个世界的发展格局发生了前所未有的变化。全球化的内在矛盾导致民族问题和宗教问题的凸现以及各种极端思潮的泛滥,这就是恐怖主义出现的主要社会背景。恐怖组织、恐怖分子有一种共同的心理:他们认为所攻击的那个社会的全体成员都是有罪的,任何一个人都可以成为攻击的对象,即使该人是无辜的,但为了实现他们的目标,以其作为牺牲品也是应当的。这种心理也就是英国前首相布莱尔所说的"邪恶意识形态"。什么是恐怖主义?《简明大不列颠百科全书》《美国法典》、美国国务院、美国国防部、美国联邦调查局各自都给出了略有不同的定义,但这五个定义有一个共同点,即恐怖主义为实现其政治目的(或称基于政治动机)而非法使用暴力。世界大国之间的反恐合作将增强各国刑事信息沟通,从而必将促进刑法运作的协同。

---

① 参见储槐植:《美国刑事政策趋向》,载《北京大学学报(哲学社会科学版)》1985 年第 3 期。

三、英美刑法的基本范畴与理论对中国刑法的启示

（一）持有

持有(possession)在1962年美国《模范刑法典》(Model Penal Code)公布以来被多数州刑法视为与"作为"和"不作为"并列的第三种犯罪行为形式。对物品的控制状态，通常起始于作为，如取得、收受等，以不作为（无动作）维持其存在状态，具有作为与不作为相交融的特点。但持有本身是一种状态，没有积极动作，既区别于作为，也有异于不作为，因为刑法上的不作为以不履行法定义务为前提，而持有未必以此为前提。"作为"行为形式的犯罪性明显地蕴含在主体自身的动作中，"不作为"行为形式的犯罪性取决于主体与法律要求之间的义务关系。"持有"的犯罪性在于主体对非法财物（如毒品、凶器、犯罪工具、不义之财、色情物品等）的支配状态，对象的性质决定了对主体行为的评价。不同犯罪行为形式与罪名构成的关系也不同。作为和不作为这两个术语本身均不是罪名的组成因素，它们在犯罪构成中出现的数量是不确定的。持有本身是罪名的组成部分，它的犯罪构成数是法律明确规定的。持有这一犯罪行为形式的法制价值在于，在一些多发性和危害大的犯罪现象中，有些案件难以用传统罪名治罪，持有型罪名便成为最佳选择。例如非法持有毒品罪的创立，在司法实践中可以减轻公诉机关的证明责任。罪名是证明的中心。持有是现存事实状态，容易被证明，发现事实就是证明了这个事实。由作为或不作为行为形式构成的种种罪名，公诉机关必须证明既成事实的来龙去脉（来源或去向），而证明事实的来源或去向显然大大难于证明事实本身。减轻证明责任，有助于增强刑法的威慑效用，使狡猾的作恶者难逃法网。

英国刑法中，与作为和不作为并列的行为形式称事态(state of affairs)，其主要内容也是持有。

中国现行刑法立法上没有将持有规定为一种可与作为和不作为并列的犯罪行为形式，但在1997年《刑法》中规定了多个持有型罪名，包括非法持有毒品罪，持有假币罪，非法持有枪支、弹药罪，非法持有国家绝密、机密文件、资料、物品罪，非法持有毒品原植物种子、幼苗罪。中国刑法理论上，有人认为持有可以成为独立的一种犯罪行为形式，也有持否定观点的。但都不否定持有型罪名有其独特的法制价值。

（二）刑法因果关系理论

因果关系(causation)存在于结果犯的犯罪成立要件中。美国在法律上和学术界关于因果关系的公认理论是法定原因(legal cause)学说。法定原因包含两个层次：第一层是事实原因(cause in fact)，第二层是法律原因(cause in law)。事实原因由"but-for"公式表达，即"如果没有A(B, C...)就没有Z"，则A(B, C...)就是Z发生的事实原

因。事实原因就是结果发生的"条件"。由于事实原因(条件)覆盖面过大,第二层次法律原因是用以弥补第一层次的缺陷,限定事实原因的范围,从事实原因中筛选出一部分(法律所关注的那部分)作为刑事责任的客观基础。第一层是第二层的物质基础,第二层则是刑法因果关系理论的核心内容。从事实原因筛选法律原因的标准是什么?对此有不同说法,较有影响力的观点是近因说(proximate cause)。一般认为,近因就是没有被介入因素打破因果链的、当然地(naturally)或者盖然地(probably)引起危害结果的事实原因。近因有三个特征:其一,近因首先是产生结果的事实原因(条件),但事实原因的外延大于近因的外延,因此并非所有事实原因都是近因。其二,当然地或者盖然地引起结果,也就是说结果的发生不是偶然巧合。通常认为,"当然"的概率近于1,"盖然"的概率大于0.5。其三,近因与结果之间没有被介入因素打破因果链。司法实践中,一个危害行为直接引起损害结果的这类案件,在因果关系问题上通常不会发生争执。争论常常发生在这样的场合:在一个危害行为的发展过程中又介入其他因素而导致某种损害结果。介入因素主要有三类:自然事件,他人行为,受害人自身行为。在存在介入因素的情况下,如何认定先在行为是最后危害结果的近因?近因说认为,关键是考查两个问题,相应地有两条规则:第一,介入因素和先在行为之间的关系的性质是独立的还是从属的?如果介入因素从属于先在行为,即介入因素本身是由先在行为引起的,则先在行为就是结果的近因。否则便不是。第二,介入因素本身的特点是异常的还是非异常的?如果是异常的,则先在行为不是结果发生的近因。否则便是。异常或者非异常,其实就是现象之间联系概率高低程度不同的问题。

刑法因果关系近因说,符合现代自然科学关于因果关系的统计规律理论,并且有明显的可操作性。中国刑法学界以往只熟悉大陆法系刑法因果关系理论,近年来已有学者开始关注并接受美国刑法法律原因(近因)学说,看好它的实用性。因为刑法学本来是一门实用性很强的学科。

(三) 罪过形态

以《模范刑法典》为代表的美国当代刑法中的罪过(犯罪心态)形式有四种,即蓄意(purpose 或 intention)、明知(knowledge)、轻率(recklessness)和疏忽(negligence)。

轻率,就是已经认识到并且自觉地漠视法律禁止的结果可能发生的危险,主观上对此结果并未自觉制止,冒险地实施了产生此结果的行为。自觉漠视这种心理经验必须包含严重偏离守法公民的行为标准。轻率这种犯罪心态,是英美刑法上的一种实用性很强的罪过形式,其他法系刑法立法目前还没有这种规定。大陆法系刑法理论的共识是将罪过分为故意(希望故意和放任故意)和过失(轻信过失和疏忽过失)两种四类,同一法条的同一犯罪要么是故意(两类故意)要么是过失(两类过失),不可能既是故意又是过失。在理论上分别给故意和过失下抽象的定义并不困难,问题是将放任故意与轻信过失联系司法实践进行比较考察就会发现,无论在理论上还是实践中对二者予以明确界分往往极其困难。二者的共同之处是行为人对其产生危然结果的行为本身具有轻率特性,行为时对后果的预想多半呈模糊状态:既可能含侥幸避免成分(轻信),也不排除漠不关心的成分(放任),究竟以何者为主,因案件不同而相异,有些案件中连行为人自己也不明确,何况司法人员。对此,如果硬要判定是故意或者是过失,常常不可能做到,结局是莫衷一是,久拖不决,公正和效率同时丧失。出于司法实践需要,美国《模范刑法典》总结实务经验,对往昔的两种四类的结果犯的心态改为三种,即在蓄意(直接故意,或称希望故意)和疏忽过失之间设置中间模糊心态"轻率"(涵盖大陆法系刑法上的间接故意和轻信过失)。这是实用性很强的概念,也不违背科学(模糊论可作解释)。德国刑法学者提出的"第三种罪过形式"以及法国学者提出的"中间类型",在内涵上与美国刑法的"轻率"罪过形式是相同的。刑法立法和刑法理论最终应当服务于司法实际需要。

传统的大陆法系和中国刑法理论不承认兼容并包故意与过失的"轻率"作为一种独立的罪过形式。但是1997年《刑法》第397条规定的滥用职权罪和玩忽职守罪的犯罪心态实际上既包括故意(放任故意)也包括过失。由于中国刑法和刑法理论没有"轻率"概念,有些学者将此种兼容故意与过失的罪过形式称为"复合罪过形式"。①

四、英美对抗式诉讼模式的借鉴意义

关于刑法运作。体现司法文明、实现司法公正的英美对抗式诉讼模式对中国刑事诉讼改革和刑事法治建设具有重要影响和深远意义。英美法系的判例制度(体现司法公平;相同问题相同解决,相似问题相似解决)日益受到大陆法系国家的关注。近年来,中国学者对判例制度开始了较为深入的研究并取得了一些成果,提出了借鉴英美经验建立中国的判例制度的具体方案。

罪刑相当是当代各国刑法的一项基本原则,而量刑不公(sentencing disparity)却是世界性的共同问题。这不是理论问题,而是运作机制问题,是困扰各国审判实践的问题。1981年美国明尼苏达州提出了"量刑指南"(Sentencing Guidelines)。它虽然十分简要粗糙,但却有世界影响。1995年中国出版了《美国量刑指南》(北京大学法学院组织翻译),引起了国内刑法学界和司法实务界的极大兴趣。21世纪之初,山东省一地区中级人民法院根据当地情况提出了自己的"量刑指南",此举立即受到学界的关注,有赞扬的,也有批评的。2004年江苏省高级人民法院推出了较为详细的更有操作性的

---

① 参见储槐植、杨书文:《复合罪过形式探析——刑法理论对现行刑法内含的新法律现象之解读》,载《法学研究》1999年第1期;储槐植:《提倡折衷——法学研究范式检讨》,载《浙江社会科学》2005年第3期。

"量刑指南"。

辩诉交易(plea bargaining)是20世纪60年代首先在美国兴起的一种由控辩双方相互协商了结刑事案件的诉讼机制,其特点是极大地节约司法成本从而达致快速结案。尽管美国法学家对辩诉交易这一做法持批评态度,但对积案如山的社会现实却是最佳选择。20世纪末,中国司法实务界和一些刑事诉讼法学专家开始讨论借鉴美国的做法的可能性。这一动向值得注意。英美国家的刑罚执行制度,尤其是社区矫正(community correction)制度,近年来已经成为中国司法体制改革的一个热门话题。1973年美国明尼苏达州通过了《社区矫正法》,迄今为止美国多数州已有了社区矫正法或者类似的法律。在美国,社区矫正发展迅速的主要原因是监狱人满为患,以及节约刑罚执行的经费开支,有利于罪犯回归社会。当前中国刑罚执行领域也面临类似问题。社区矫正是与监禁矫正(监狱矫正)相对的行刑方式,是指将符合社区矫正条件的罪犯置于社区内,由专门的国家机关在相关社会团体和社会志愿者的协助下,在一定期限内矫正其犯罪心理和行为恶习,促使其顺利回归社会的非监禁刑罚执行活动。自2003年7月中国决定实行社区矫正以来,已有6个省(市)推开这项工作,另有12个省(区、市)正在进行试点,积极探索刑罚执行制度改革。当然,中国的社区矫正与中国的体制背景密切相联系。

大多数中国刑法学者较为熟悉大陆法系刑法及其理论,而对英美刑法较为生疏,甚至觉得英美刑法没有多少理论。这是一种误解。什么是理论?理论是指概念、原理构成的体系,是系统化了的理性认识。诚然,两种法系的理论色彩确有不同。如果说大陆法系的理论重思辨,那么英美法系的理论重实务。前者是学者型理论,后者是法官型理论。英美法理论思维的逻辑起点是经验(经验通常包含理论一时难以说清的真理成分),价值目标是实用(这样的目标容易达成共识,但可能缺乏深入思辨的推动力)。大陆法理论思维的逻辑起点是概念(概念本身即为理性认识的成果),价值目标是完美(此目标难以达成共识,但留有充分讨论的余地)。思维的起点和目标两端的差异,是两种不同理论样态形成的基本原因,二者各有特点,很难论说短长。英美法系长于实践运作能力,反映在刑罚制度(包括量刑制度和行刑制度)不断创新上。大陆法系长于抽象思考能力,表现在犯罪构成理论的丰富多彩上。以一种样态为标准去评价另一种样态是不科学的。最后要说的是,刑法是法律体系中专业性很强的部门法,刑法学本质上是一门实践的学科。

第六编

关系犯罪学与犯罪场论

论犯罪学理论框架及研究目标[*]

一、犯罪学理论框架

笔者认为,犯罪学理论框架的基本问题就是方法论和研究对象的有机结合,应在这个基点上来建立我们的理论框架。研究对象很清楚,即犯罪现象。那么,从系统论的方法来观察犯罪现象,笔者认为至少有两方面:一方面就是犯罪现象之外;另一方面是犯罪现象之中。犯罪现象之外,又可分为犯罪现象之前和犯罪现象之后。犯罪现象之前又可分为犯罪现象之上和犯罪现象之下。

(一) 从犯罪现象之下来研究犯罪

犯罪现象之下主要指的是经济基础,经济基础有广义和狭义之分,笔者所指的是广义的经济基础,即社会的生产方式,包括生产力和经济模式。从经济基础这个角度来研究犯罪现象,首先要探讨的就是犯罪的基本原因究竟是什么。在五年以前,我国通行的看法是犯罪的基本原因或主要原因来自外面,这个"外面",空间上指的是国外,时间上指的是历史,总之不是现实。笔者认为这个观点不大符合唯物辩证法的基本观点。马克思和恩格斯在《德意志意识形态》里有一句著名的话,即犯罪和现行统治都产生于相同的条件。它虽然指的是当时的资本主义社会,但笔者认为,这个命题具有普遍意义。马克思和恩格斯指的"条件"主要是物质生产,物质生产主要指的就是生产方式。一切社会的基本矛盾就是生产力和生产关系的矛盾,那么现行统治,包括现行政权也是建立在一定的生产力、生产关系基础之上的。而社会的各种各样的矛盾,包括犯罪在内,也不能脱离这一社会的基本矛盾。这才是历史唯物主义。当然历史原因、外来原因对一个社会的犯罪有没有影响?当然有影响,但应该看到,任何一个社会犯罪的原因主要还在这个社会之中。因为犯罪是一种社会矛盾,这种社会矛盾达到一定的严重程度,法律上就宣布它为犯罪。社会矛盾都是现实的,谁要不承认这一点,就不符合唯物主义的观点。所以对于马克思和恩格斯的话,应该作为一个普遍命题来理解。如果把犯罪原因归结为历史的和外来的,想要以此证明我们的制度是优越的,这样做的真正结果,将会导致我们不可能真正看到犯罪运行的基本规律所在。笔者认为,犯罪的基本规律就是犯罪导源于社会矛盾。中央有关决定中所提的"犯罪

---

[*] 原载王牧主编:《犯罪学论丛》(第1卷),中国检察出版社2003年版。

是社会问题的综合反映",讲的就是这个意思。几年前,国内刑法学术界争议的一个敏感的问题就是:犯罪的发生与现行制度是否有关系?大家各有各的说法。对这个问题如果戴着意识形态的有色眼镜来审视,只能得出一种结论。如果从事实出发,从犯罪的最深层原因是社会矛盾这个角度出发,那么就应当看到,社会矛盾直接或间接地左右犯罪的变化。否则就不能说明为什么在我们目前经济模式转轨的条件下,经济犯罪包括腐败现象猛然增多,也无法解释为何目前我国犯罪率大幅度上升。如果不是在正确认识的基础上来指导行为,就会产生偏差。所以应该承认,任何社会犯罪的主要原因就在这个社会之中,深入一层讲就在经济基础之中。这是关于犯罪观的一个非常重要的认识,这个问题说透了,就无须再争论犯罪的变动发展与社会制度是否有关系这个问题了。

科技是第一生产力,也是经济基础方面的基本因素,关于科技与犯罪,应该从两方面来考察:一方面就是科技的发展是对犯罪变动的一种挑战,它会引发犯罪,会促使一些犯罪产生变化,有些新型的犯罪会应运而生;另一方面,科技的发展也给犯罪控制带来机遇。笔者认为,事实上,控制犯罪最基本的手段是物质控制,而不是精神控制,虽然精神控制也很重要。甚至有朝一日,当我们的破案率真正能达到70%,犯罪就会得到极大控制,犯罪人就不会有那么大的侥幸心理,他们自己就会把自己遏制住了。而破案率的提高,最终有赖于科技的发展。

目前我国正由计划经济转向市场经济,关于经济模式的转换与犯罪的关系,也应该从两方面来观察:一方面,在一定的时期,由于经济模式的转换,有些犯罪必然会增长,这是不以人的意志为转移的,如经济犯罪和公职腐败。现在犯罪学界有所谓"同步论"或叫"代价论"的争论,其实笔者认为不一定要在"名词"上争论,总之,有一点大家恐怕都得承认:在一定历史条件下、一定的历史时期,经济的转轨不可避免地要促进一些经济犯罪和公职腐败增加,并会促使整个犯罪的增长。另一方面,经济的发展,从长远来看(不是三五年或七八年)对犯罪的控制是利大于弊的。明确这两方面的问题,我们就能站在一个科学的基点之上来考察经济模式的转换、经济发展和犯罪的关系,得出的结论将会比较符合实际情况。

(二) **从犯罪现象之上来研究犯罪**

所谓犯罪现象之上,主要指的是上层建筑。上层建筑的内涵很丰富、很广泛。笔者只提两点:一是权力结构与犯罪和犯罪控制的关系;二是文化背景与犯罪的关系。

权力结构的基本含义是国家权力的组织形式。当代世界权力结构主要是两种形式:一种是金字塔式的集权制,权力从下层到上层逐步集中,权力主体范围逐步缩小,最上层只有一两个人。这种权力结构实质上是基本不受制约的,它和"人治"有血缘关系。这种权力结构难以遏制权力的滥用和公职腐败。从和犯罪作斗争来说,它会削弱国家同犯罪作斗争的力量。另一种权力结构就是网络式的分权制。分权在于制约和平衡。只有在权力的运行过程中,任何一个机构都不可能最后取得超过其他机关的至上的其他权力,并且受到其他机关的约束,这样的权力运行才能取得平衡,它本身就是一种制约。不受制约的权力必然导致腐败。笔者认为,权力制约有两层含义:一是内部制约,即行使权力的组织机构之间的内部制约。二是外部制约,主要指的是公众和舆论的制约。这是对权力制约的非常重要的一方面。我国很重视这一点,但实际上做得还远远不够。笔者曾经设想,假如允许我们的新闻机构对我们国家的一些官员的非法行为在报纸上公布,比增加刑法条文要管用得多。若能够扩大新闻的自由,加强新闻舆论的制约,我们有很多犯罪就可以得到遏止。有些人不大害怕司法部门,但如果对这些人的非法行为在报纸上公布一下,看他们害怕不害怕。腐败不消除,对与犯罪作斗争是不利的。因此,对权力的制约,是提高同犯罪作斗争的整体水平,遏制犯罪的一个非常重要的方面。否则,就会造成"头痛医头,脚痛医脚"的局面。权力如果真正受到制约,就会大大改善我们的执法环境,这样,就有助于对犯罪的控制。现在从上到下都得承认,我们现在立了不少法,不能说是"无法可依"了,但主要问题在于有法不依,有的人知法犯法。如果权力得到制约,这些问题就能得到控制,有助于"有法必依"。有时候,只考虑"立法",而不考虑立法的环境,立出来的法就得大打折扣,甚至成为一纸空文。所以改善执法环境与犯罪控制是密切联系的,而改善执法环境主要是要制约权力。

关于上层建筑的另外一点是文化背景。对文化与犯罪的关系,国内学者做了不少研究。因为文化的概念非常广泛,故在此重点讲讲"法律文化"。所谓"法律文化",可以认为是一个民族在社会发展过程中逐步形成的有关法律的性质、作用、地位、制度等这样一些内容的深层次的观念,其内涵非常丰富。对"法律文化"下个明确的定义,目前中外法学工作者尚无统一的意见,但有一点基本一致,即认为"法律文化"的核心内容就是法律意识。

东西方的法律文化是有差异的。西方的法律文化,从其内涵来看,至少有三个特征:一是社会生活和国家管理尽可能多地依靠法律,一切用法律来衡量。如西方人喜欢打官司,这就是其法律文化的一种表现。二是认为法即权利。所以西方法律文化的一个基本特征就是权利本位。谈到法,首先想到权利。三是法治主义。我国古代也有法家,主张"法治主义",但从历史来看,中国的法家一直没有占据主导地位。与西方法律文化相对的是东方法律文化,也有三个基本特征:一是国家管理和社会生活尽量少地依赖法律。许多问题宁可用家族、祠堂、宗族来解决,也不用法律来解决;二是认为法律就是义务,即义务本位;三是德治主义。儒家思想从旧中国末期,尤其是汉朝起,成了中国主导的文化体系。德治主义与法治主义是相对的,主要是靠礼、权来解决问题。

不同的法律文化产生了相应的统治经验,因而形成了对付犯罪的不同做法。在西方,其犯罪概念只有定性因素,而没有定量因素。如我国的盗窃罪,一定要达到一定数额才构成犯罪,数额较小的,不是盗窃罪而是违法行为。违法与犯罪有明显的界限。而在西方,这一点没有界限,偷一个苹果也是盗窃罪。对此我们不大容易接受,西方人对我们的观念同样也不大容易接受。所以,不同法文化中的犯罪概念有相当大的差异。由于西方的犯罪概念没有定量因素,因而关于罪和刑的关系,就产生一个把犯罪网撒得很开,网眼织得很细,从理论上说几乎很难从法律上逃脱法网的状况。其一方面定罪很严;另一方面惩治又比较宽松,笔者称之为严而不厉,即刑事责任严格,法网严密,但是惩罚不苛厉。这是一种统治经验,对这种经验现在我们国家立法部门的一些领导同志觉得有道理,当然我们不可能有很大扭转,因为要扭转会涉及比犯罪概念更深层次的问题。与此相反,根据这种法律文化和由此形成的统治经验,我们的犯罪概念不仅有定性因素,而且还有定量因素。笔者曾指出定量规定的几大优点,如可以把刑事司法力量用在最需要的地方,用来惩治最严重的、对社会危害大的犯罪,这从统治策略来说是有道理的;而且由于我们的犯罪概念有定量因素,如情节严重等,相当于立法者在很大程度上给予司法者自由裁量权,实际上方便了诉讼,有利于同犯罪作斗争。但往往事物的好处的另一面就是坏处,它也可能造成执法不统一,破坏法制,甚至成为造成冤假错案的一种内在原因。

这些法律文化、统治经验和我们的犯罪控制有深层次的联系,作为犯罪学研究,应当考虑到法律文化这一深度。

(三) 从犯罪现象之后来研究犯罪

从犯罪现象之后来研究犯罪,是指犯罪控制模式问题。犯罪之后刑罚就出现了,刑罚应该起到遏制犯罪的作用,而事实上并不都是如此。这里有一个深层次的问题,即刑罚在同犯罪作斗争、预防犯罪、遏制犯罪中,在什么情况下其作用大,在什么情况下其作用小,犯罪学界和刑法学界对这一问题还没有很好地开始研究。这就要谈到一个概念:刑罚结构,即诸种刑罚方法在此种刑罚体系中的比例关系。如死刑、徒刑、罚金等的比例关系。以前教科书只谈到刑罚体系是一个有系统的排列,即由重到轻或由轻到重,这并没有解决问题。光讲排列,没有讲结构本身的问题,如果这样,也可以说我国和美国的经济结构就没有差别。制度的不同就在于经济结构的不同。同样,光讲刑罚种类的排列,不讲不同种类的刑罚在体系中的比例关系,就不能说明这个国家的刑罚结构和其他国家的刑罚结构的区别。

根据上述理解,笔者认为,从古到今以及可望的未来,刑罚的结构无非五种:一是死刑占主导;二是死刑和徒刑在刑罚体系中占主导;三是徒刑占主导;四是徒刑和罚金并列占主导;五是徒刑的替代方式在刑罚体系中占主导地位。第一种已成为历史,第五种在世界上还没有到来。实际上只有三种是存在于当今世界的。死刑和徒刑占主要比例的就叫作重刑;另两种叫轻刑。所以重刑和轻刑的区别不在于刑判得重还是轻,而在于在立法中一种刑罚方法在刑罚体系中所占的比例,这就是刑罚结构。刑罚结构对于一个国家刑罚的运行会产生重要的作用。几年前笔者就曾提出,我们现在经济犯罪死刑太多,主张废除一些死刑,杀人、放火应该判死刑,但一些经济犯罪没有必要判死刑。谈到刑法修改,笔者又谈到废除一些经济犯罪的死刑。后来法工委一位领导同志就问,你说要废除,那你说说先废除哪一个?笔者说首先废除投机倒把罪的死刑。投机倒把这一概念是计划经济的产物,在市场经济中,投机不是贬义词,应该说是个中性词。1997年《刑法》修改已经取消了这一罪名。死刑多了,其他一些刑也不会轻。现在社会上的犯罪,尤其是严重犯罪还不能被遏制住,在这一情况下怎么办?一种办法就是增加刑罚,还遏制不住怎么办?再增加?笔者认为,在经济转轨的条件下,用增加刑罚来制止犯罪,最终非但遏制不住犯罪,而且正相反,犯罪会迫使刑罚发生不正常的变化,笔者称之为"犯罪迫使刑罚畸形化"。1997年《刑法》死刑罪名有68个,这在世界上从所收集到的刑法典看,无论是绝对数还是比例数还没有超过我国的。死刑条款这么多,而且适用率也相当高,犯罪却没有被遏制住,是很值得我们思考的。笔者多次说,如果我们不从根本上来考虑我们的刑罚思想、刑事政策,我们自己就要背上刑罚的包袱。笔者认为现在已经背包袱了,越背越沉重,晚卸不如早卸。我们的刑罚结构就处于这样一个水平之上,而一时还看不到犯罪能被控制的希望,在此情况下,将增加刑罚量作为控制犯罪的主要手段,笔者认为此路不通。从世界刑法史发展看,自19世纪到20世纪70年代,一百多年来的基本趋势就是世界犯罪率上涨,出现了犯罪学的研究,推动了刑罚的发展。当时首先在刑法理论上批评了以往古典学派的报应刑理论,提出应将刑罚目的变为矫正犯罪,企图通过刑罚目的的转变来控制犯罪,世界上的经验表明此路也不通。

我国的刑罚结构是属于重刑的刑罚结构,对其合理性没有一个评判的标准,关键在于看其能否遏制住犯罪。如果遏制不住就需要进行思考。我国在刑罚执行方面,面临着一些困难。主要是指监狱、劳改部门遇到的压力。在此前的一个会议上,司法部劳改部门表示,全国有相当一批劳改企业是靠向银行贷款来维持生产,有些地方管教干部的工资发不了。这就是第一个压力即经济压力,这是个现实问题。据笔者所知,毛主席提出的"改造第一、生产第二"三十多年没有很好地落实,这不能怨劳改工作者素质低,这是经济因素决定的。第二个压力就是监狱人满为患,我国监狱人满为患的程度一点也不比有些西方国家低。劳改系统在国内面临经济压力,在国际面临人权压力。这就必然影响到改造的质量。2002年8月10日关于罪犯矫正的白皮书讲到我国重犯率只有 6% 左右,事实上我们的重犯率在增长。所以现在改造遇到一些问题,改造质量事实上在下降。在这种情况下,与其不断收进犯人,不如设法减少监狱人口。就是要通过立法、司法渠道,减少收进犯人,提高改造质量。由于刑罚上也存在攀比问题,要压刑罚就要从死刑压起,所以死刑决定一个国家的刑罚结构,死刑变多,水涨船高,其他刑罚也就更严厉了。在此情况下,要减轻监狱压力,涉及最高刑死刑问题。一个半世纪以来,西方刑法改革的核心问题就是刑罚改革。而刑罚改革的核心是死刑问题。所以死刑不是多杀、少杀几个人的问题,它涉及一个国家的刑罚结构,涉及刑罚运行产生怎样的宏观效果的问题。再考虑我国的经济条件,不可能拿出足够的钱给监狱,连西方发达国家的监狱也都喊缺钱,我们要解决也很困难。笔者曾指出,我们的劳改部门面临着两难的局面:犯罪上升,刑罚不可能下降,送进监狱的人不可能减少,监狱要运行,钱又不可能增加,而监狱运行效果好坏的重要标志是累犯率的低或高。所以监狱面临进退维谷的局面,怎样走出这个局面,笔者认为不是一个部门的问题,这是一个体制问题。

以上讲了犯罪,之后就是刑罚,刑罚的出现就是用来对付犯罪的,但是现在看来刑罚对付犯罪的作用是有限的。一个半世纪以来,世界各国的经验都是企图通过转变刑罚目的的途径达到控制犯罪的效果,实践表明此路不通。那么,在这种情况下,经过实践、反思、理论思维升华,已经开始出现一个动向,即用转变犯罪控制模式扭转犯罪控制不理想的局面,而不是转变刑罚的目的。

谈到转变犯罪控制模式,笔者认为,迄今为止,我国的犯罪控制模式基本上是国家本位,即犯罪控制的主体是国家,就是国家机关,尤其是司法机关。控制的手段就是国家司法权的运行、行使。现在开始出现新的苗头,出现了以国家、社会为本位来控制犯罪,即国家和社会联合控制犯罪。这种双本位犯罪控制的模式就当前而言还仅仅是一种萌芽。这可以说是社会发展的必然趋势,其根本上涉及国家和社会的关系。在原始社会,只有社会没有国家。原始社会末期,刚出现国家的时候,其公权力还比较薄弱、国家政府还比较小,还是小政府大社会。许多事情国家还管不起来,不可能管或没有力量管,没有力量同犯罪作斗争。为什么在世界历史发展过程中,都有过合法的私刑?就是因为国家的权力还不可能延伸到社会的每一个角落,才可能容忍社会自己对付犯罪。随着公权力的发展,国家就把社会上自己对付犯罪的权力回收,慢慢地国家权力增长,社会管理权力缩小,就变成了大政府小社会,一直延续至计划经济模式的社会,主要的国家管理、社会问题都由国家来进行处理。如以前的户口制度,20 世纪 80 年代前对社会控制起到了很大作用。随着商品经济、市场经济的发展,一方面,市场经济的真正特点是,国家只能在宏观上对经济加以控制,而不能在微观上管理企业。市场经济必然导致小政府大社会,许多事情要由社会来办。整个国家对社会控制的触角就要缩短得多。另一方面,国家对治安的控制也必然会削弱,必然转向国家和社会联手控制犯罪,这是不以人的意志为转移的。以国家为本位控制犯罪,随着经济的发展,存在一个致命的弱点,就是国家控制犯罪的力和犯罪的力不对称,笔者称之为"力不对称"。这是因为随着经济的发展,国家的触角不可能伸展到社会的每一个角落,而犯罪的触角,恰恰可以伸展到社会的每一个角落,凭这一点,就决定了以国家为本位控制犯罪存在"力不对称"这样一个不可克服的致命弱点。在这种社会背景下,犯罪控制模式没有一个根本的转化,犯罪控制就不可能走出死胡同。

国家和社会怎样联手控制犯罪,各国的提法和做法有所不同,如我国称之为"综合治理"。但这是一个社会潮流,也可以说是世界法律文化的共同成果。

(四)从犯罪现象之中来研究犯罪

这一方面内容很多,简单谈三点:

第一,研究个体犯罪原因。当代西方国家就这一问题研究的方面是很多的。从龙勃罗梭开始,在方法上开创了新的道路,力求用科学技术的方法和实证的方法来研究犯罪原因。在此之前,即19世纪上半期以前,基本上没有用实证的方法。龙勃罗梭从生物学角度研究犯罪原因在许多方面都是错误的,但是从20世纪70年代开始,由于西方犯罪率的增长,学者对以前的刑法理论,包括犯罪学的成果,提出了一些疑问,觉得那样不解决问题,所以重新开始从生物学、医学角度研究个体犯罪原因。而且据西方犯罪学者预测,以后在犯罪生物学方面可能会有重大突破。这种预测不能说完全没有道理。另外,用心理学、行为科学来研究犯罪原因,国内在这些方面开展了一些研究,也取得了一定的成绩。西方还有人从亚文化群方面来研究,用俗语来说,相当于从阶层方面研究个体犯罪原因。

第二,研究犯罪结构。对这一概念不同学科有不同理解,从犯罪学角度研究犯罪结构,一个重要的方面就是研究犯罪的类型,这一方面国内也做了许多研究。

第三,研究犯罪功能。功能就是作用。犯罪功能就是犯罪的作用。犯罪功能有两大方面:一方面是破坏功能,是负面的、反面的,也是主要的功能;另一方面是促进功能,是次要的功能。虽然是次要的功能,但也应从宏观上进行研究。犯罪的促进功能至少可以有两点:一是排污功能。社会从宏观上说,也会有新陈代谢,社会一定会隐藏着一些腐朽的东西,发展为犯罪将其加以清除,就会使社会正气发扬,惩恶的另一面就是扬善。二是激励功能。这个问题可能更尖锐一些。首先引证一些经典著作的论述。恩格斯在《路德维希·费尔巴哈和德国古典哲学的终结》中说:"在黑格尔那里,恶是历史发展的动力借以表现出来的形式。这里有双重意思,一方面,每一种新的进步都必须表现为对某一神圣事物的亵渎,表现为对陈旧的、日渐衰亡的、但为习惯所崇奉的秩序的叛逆;另一方面,自从阶级对立产生以来,正是人的恶劣的情欲——贪欲和权势欲成了历史发展的杠杆……但是,费尔巴哈就没有想到要研究道德上的恶所起的历史作用。"马克思在《剩余价值理论》中,有一长段话讲到犯罪的社会功能,主要就是说犯罪促进生产力,具体说来至少有三点:第一,能够提供就业机会;第二,犯罪生产文艺,使生产丰富多彩;第三,刺激社会竞争。所以犯罪从一个侧面促进了生产力。笔者认为这个理论在今天也应该是适用的。此外,毛泽东非常重视反面教员的作用,反面教员理论是非常辩证的。反面教员是不以人的意志为转移的,既然有了,我们就要充分利用它。反面教员的作用有时是正面教员所不能取代的。犯罪的社会作用,按毛泽东的反面教员理论,可以促使进步的东西更加巩固、更加鲜明。从哲学上来说,社会是在斗争中前进的,斗争必会有不同的对立面,其中有好有坏,有善有恶,这是不以人的意志为转移的。我们说善、伦理道德是维护社会稳定的因素,但是不能说善本身就是社会发展的动力,社会发展的动力是善恶的斗争。所以笔者认为,我们讲犯罪的社会功能,是从宏观上说的,从社会发展上看的;讲犯罪的促进功能是以犯罪不可避免作为前提的。没有从宏观上考虑犯罪以上两方面的功能,在行动目标上可能出现偏差,就可能提出消灭犯罪,以此为指导思想制定的法律对策最终是要被否定的。从微观上来说,在许多情况下个人犯罪社会有责。有许多犯罪往往都有社会原因,这是从犯罪学角度讲的。宏观政策和个案处理应有所区别。在考虑问题的时候,没有宏观考虑,往往易钻牛角尖,不能自拔。笔者讲犯罪功能就是从这个角度出发的,这样会使我们对犯罪的研究更深入一步,在这个基础上,如果要设计刑事政策,就会更科学一些。

二、我国犯罪学界值得投入力量研究的几类违法犯罪行为

(一) 经济犯罪

经济犯罪是一个热门话题,是对社会干扰很大的一类犯罪,世界许多国家都是如此。所以经济犯罪应当作为犯罪学研究的重要课题之一。经济犯罪至少有三大危害:第一,它给社会造成巨大的经济损失,比传统的财产罪的损失要大得多。美国曾做过统计,其每年盗窃罪的总额,不及逃税罪总额的1%。逃税只是经济犯罪之一,而盗窃则是财产罪发案率最高的,由此可见,经济犯罪对社会造成的损失是相当巨大的;第二,破坏经济秩序。笔者认为,只有经济犯罪才会直接破坏经济秩序,其他罪只能间接破坏而不能直接破坏经济秩序。而一个社会,尤其是在市场经济情况下,经济秩序是至关重要的,而经济犯罪能直接破坏经济秩序,这一点是其他犯罪办不到的;第三,它对社会公德有很大的腐蚀性。总之,经济犯罪有很大的危害性。因此当今世界各国都投入了相当大的力量来控制经济犯罪,但是效果并不明显,这就引起了人们的思考。

控制经济犯罪不力的原因何在?笔者认为至少有四个方面:第一,经济犯罪产生

原因的复杂性。因为经济犯罪的产生和经济运行是联系在一起的,是社会运动带来的问题,它的机制有明显的动态性;第二,针对经济犯罪制定宏观对策相当棘手,在于要妥善处理两种社会利益,即既要能维护生产者的生产积极性,又要维护广大消费者的利益,这两者往往很难协调。试想如果为了遏制经济犯罪而将界限划得过严,同时也遏制了经济运行主体的生产积极性,那么,经济也会受到遏制。如果为了刺激经济主体的产生积极性,放宽惩罚的尺度,广大消费者的利益就要受到损害。因此在考虑经济犯罪对策的时候,不能不考虑这两者利益的协调。不考虑这一点,刑事立法、刑事政策可能"不是左了,就是右了"。所以在对付经济犯罪的问题上,有时就遇到利弊得失的权衡,宏观上就要考虑如何实现利多弊少,只有利而没有弊的决策是没有的;第三,微观处理很困难。处理抢劫、强奸、流氓犯罪一般不发生政策界限问题,而经济犯罪有时立不了案,尤其是在经济转型的情况下,有时拿不准,有一些罪与非罪的界限还比较模糊。当然有时不能不模糊,笔者曾建议在修改刑法时,对经济犯罪设立一些"口袋罪",使其在犯罪构成上有一定弹性,对可能发生的经济犯罪,用"口袋罪"处理。如流氓罪、投机倒把罪就是"口袋罪"。当今世界各国,包括美国,立法很严密,都有"口袋罪"。当然"口袋罪"不能多,多了会破坏法制;第四,社会对经济犯罪比较宽容。因为经济犯罪的主体往往是一些有社会地位的,美国人称其为有体面社会地位的人。他们不像小偷、强盗那样面目狰狞。再加上经济犯罪人往往也不是社会的底层,是中层甚至上层人物,他不会去干些让社会失去安全感的犯罪,其犯罪对象是不特定的,所以社会对经济犯罪比较宽容。上述四方面共同成为对经济犯罪遏制尽管投入很大,但收效甚微的原因。

究竟什么叫经济犯罪,在学术界至少有三种看法:第一种是把经济犯罪叫作经济领域中的犯罪。这个概念的外延相当广泛;第二种是把侵犯经济关系的危害行为叫作经济犯罪,这一概念外延窄些,仍较广泛,除经济运行过程中的犯罪以外,还包括财产犯罪;第三种认为经济犯罪是破坏经济秩序的行为。这一概念外延最窄。不过要注意,现在我们有时提到破坏经济秩序会想到《刑法》分则第三章,这应作分析。《刑法》分则第三章是破坏社会主义经济秩序罪,此处的经济秩序基本上或主要是指计划经济的经济秩序。所以现在修改刑法就要将经济秩序定位为市场经济的经济秩序。在当前国内理论界、政法界,第二、三种说法是有市场的,笔者认为第三种是合适的。因为要把握经济犯罪的特征,外延就不能太广泛,这样内涵就相对贫乏,对其规律把握就很困难,因而就很难去同它作斗争。从理论上研究经济犯罪的价值目标就是两句话:把握规律、优化对策。因此从这一价值目标出发,经济犯罪的外延应当小一些,经济按客观规律运行受阻力最小的状态就是经济秩序。在理论上必须把新型的经济犯罪同传统的财产罪区分开。这样才能把握经济犯罪的规律。区分这两者具有很重要的理论价值和政策价值,这两者在性质和状态上有重大区别:①侵犯客体的性质不一样。传统财产罪侵犯的客体是财产权利,是静态的东西;经济犯罪侵犯的是经济运行,是动态的东西。这是重大差异。对前者定性没有问题,后者因为是运动的东西,对其定性反而困难。②侵犯对象有差异。传统财产罪侵犯的对象是特定的、具体的;而经济犯罪侵犯的对象是不特定的。③侵犯的方式不同。传统财产犯罪侵犯的方式基本上是侵占的方式——由无变为有;经济犯罪往往是侵占由少变多。规定经济犯罪从宏观上来讲是平衡社会利益的一种手段。④犯罪类型有差异。这个差异最早是犯罪学提出来的,意大利犯罪学家提出了自然犯和法定犯的概念,这是有道理的。法定犯和自然犯不同,控制手段也不应当一样。自然犯就是道德犯,而法定犯是法律规定为犯罪的行为,凭道德无法判断,如捕杀珍稀动物罪就是法定犯。因而,对这两类犯罪的控制的方法应有所不同。⑤产生过程有差异。经济犯罪就其产生过程来说,和经济发展是联系在一起的。所以,经济犯罪的发展过程从宏观上来说是利弊交织的一个过程。这一点和其他罪是大不一样的。

笔者认为,对传统的偷、抢、骗这样的财产罪,在一定情况下加重刑罚可能会收到控制的效果,但是利用加重刑罚的方法去控制经济运行中的经济犯罪,效果就不明显。所以对经济犯罪加重刑罚、适用死刑是愚蠢的办法。对经济犯罪适用死刑没有好处,也不会有什么效果,用毛主席的话说就是,我们不能够靠杀人来统治。从经济发展看,经济犯罪的死刑条款肯定会减少,这也是不以人的意志为转移的,有一个明显的例子,当前经济犯罪死刑条款尽管相当多,但执行的比例相当小,就是这个道理。与其搁在那里不用,不如慢慢取消掉,以有利于国家的形象。在开放的形势下,刑事立法不能不考虑国家形象问题,这是一个重要问题。

经济犯罪确实是一个重大的问题,是摆在法学界、司法界、犯罪学界面前的一个重大课题。如果对这些问题进行一些深入研究,可以起到向社会宣传以及影响决策的作用。此外,就整个犯罪而言,研究控制经济犯罪也是十分重要的。当前许多犯罪的犯罪率上涨都是直接或间接和经济犯罪的增长联系在一起的,如果把贪污、贿赂也放在经济犯罪中更是如此。西方有的国家不把贪污、贿赂归入经济犯罪,笔者认为我国可以将其纳入经济犯罪的范畴,因为我国当前的贿赂往往是被当作经济运行的润滑剂而出现的,它直接干扰了经济运行,应该认为是经济犯罪。所以控制贪污、贿赂罪,可以说是控制整个犯罪的基础。因为对整个社会的犯罪,要有一种力量去控制它,作为国家本位犯罪控制模式来说,公职腐败、贪污、贿赂犯罪发展,同犯罪斗争的机关被犯罪渗透,同流合污,怎么可能用国家的司法力量去有效地遏制犯罪呢?因此,当前同贪污、贿赂犯罪作斗争,如果能取得成效,将会对整个社会上的犯罪起到明显的遏制作用。

（二）有组织犯罪

对有组织犯罪，当今世界包括我国没有一个统一的定义。一般说来，在我国刑法学上就是指犯罪集团；在犯罪学上，有组织犯罪和黑社会组织相当接近。黑社会组织在当今世界是一股活跃的力量，如美、意的黑手党。公安部有一个同志说，黑社会势力将要成为我们国家司法机关同犯罪作斗争的最棘手的问题。这句话是有道理的。我国刑法学关于犯罪的第一篇博士论文就是研究有组织犯罪这个问题的。笔者在此提出这个问题，其意义就在于有组织犯罪已经开始对传统的刑法提出了严重挑战。传统刑法是以孤立的个人作为斗争矛头的，当今世界的刑法典都是按孤立的个人作为惩罚对象为基点制定的。对付孤立个人相对来说好办，而黑社会组织就不是孤立的个人，它已经形成了一股社会势力，成为内部紧密结合的社会群体，甚至可以说是一种相当特殊的社会阶层。所以，传统的刑法在黑社会组织面前就显得软弱无力。有些学者已经开始探索这样的问题：要和黑社会组织作斗争，控制黑社会组织，用传统的刑法已经不行了，应当要用一种非常规的办法来对付有组织犯罪，对付黑社会组织。所谓非常规的办法，既包括实体法，也包括程序法。关于这一方面，可以提到的一点就是20世纪70年代初美国的一项立法，叫"有组织犯罪控制法"。这项立法从实体到程序上对传统立法有一些突破。一是犯罪概念方面，其有组织犯罪概念有广延性，弹性很大。就是说国家不受法律约束，而在惩治时又有法律依据。这在美国是很少有的。二是容许有条件的从重溯及。从重溯及是被近代刑事立法禁止的，不从重溯及是近代刑法的民主原则之一。美国为了对付有组织犯罪，不惜对200年来形成的刑法民主原则进行变通，这是一个重大突破。三是容许对有组织的犯罪采取范围广泛的没收财产的刑罚，在私有财产神圣不可侵犯的国度里，以前是没有的。事实证明，此项立法在美国是非常有效果的。

意大利新任的反黑一号人物即一位女法官，其上台后很有感慨，她讲话中有两句话值得深思，一句是："我们应该重新习惯自卫。"第二句是："要打破沉默的法规。"按照笔者的理解，第一句话实际上就是要允许社会自己来捍卫自己的利益，在必要的情况下，可以对有组织犯罪采取一些暴力手段，也就是社会默许私刑，这在特定条件下往往是对黑社会的一种反应。第二句话实际上就是不受无能的现行法律的约束。当然这两句话是针对黑手党而言的，不是针对一般犯罪的，这是前提。女法官的话，代表了历史发展的趋势，可以说是时代的呼声。对有组织的犯罪，我国还没有认真开始研究。官方、半官方组织说我国还没有典型的黑社会，但是已经有了准黑社会组织或接近黑社会的组织。对典型黑社会组织还没有定义，笔者认为，所谓准黑社会组织发展到典型黑社会组织只差一步，这一步就是和官方勾结。美国有一句大家都熟悉的话，叫"黑手党如果不和官方勾结，一天都存在不了"。也就是说，典型的黑社会之所以典型，除了它以暴力作为手段,以金钱作为目的外,还依靠一定权力的庇护作为存在的条件,这就是典型的黑社会组织,一旦发展到官匪结合,要惩治就非常困难。它不同于一般罪的特殊之处就在于此。这个问题有国际传染性,明显的如贩毒,已经渗透我国,如果没有足够的精神准备,有朝一日就会非常被动。公安部已经注意到这个问题。我们民间也可以组织开展研究。

(三) 社会丑恶现象

这是当今的一个热点问题,也是较麻烦的问题。社会丑恶现象主要是指赌博、嫖娼、拐卖妇女。赌和嫖是富裕的结果,贫穷是拐卖妇女的原因。原因尽管不一样,却都是当前社会上带有普遍性的问题。丑恶现象从个案上来说,危害并不会很大,西方称之为无受害人犯罪。在我国有观念上的问题,认为这些丑恶现象比杀人、放火还要使人难堪,所以就出现很难理解的立法上的奇怪现象,即组织卖淫罪的最低法定刑是10年有期徒刑,最高为死刑。而故意杀人罪最低刑是3年有期徒刑,最高也是死刑,也就是说,对组织卖淫的刑罚比杀人还要重得多,这种现象说明我们的立法是轻率的立法。立法不能凭感情用事,应非常理智,要从宏观上考虑,希望对这些方面加以研究,提出一些见解、设想,可能会有新的突破,产生新的政策建议、立法建议,取得成果。

犯罪学的特性与功用[*]

一、犯罪学的特性

特性的含义是特殊的、专有的本质和性能。犯罪学的特性是指它与相关学科比较所体现出来的特有性状。对犯罪学的特性，可从逻辑起点、价值基础和内容方法三个方面进行分析。

（一）犯罪学以承认犯罪不可避免为其展开研究的逻辑起点

逻辑起点恰当与否，对一门学问或一个学科的发展至关重要。犯罪学研究以承认"犯罪不可避免"为起点和基础，现在已是共识，但在20世纪80年代中期以前还认为犯罪能被消灭。这一情况的形成有其深远的政治、历史背景。中华人民共和国成立之初，根据"一边倒，倒向苏联"的政治路线，苏联的犯罪观和刑法理论便是（应当是）我国的刑法理论。作为世界上第一个社会主义国家，苏联在成立之初处于资本主义世界汪洋大海的包围之中，随时都有被覆没的危险。在这种政治形势下，苏联共产党为了团结内部一致以外，在社会生活中强调阶级斗争和突出意识形态便成了必要的选择。政治色彩强烈的犯罪学和刑法学当然尤其需要突出社会主义的意识形态，这是历史条件决定的。表现最为明显的是犯罪观。犯罪被认为是私有制、剥削、社会不公平的产物，社会主义国家存在犯罪完全是资本主义残余势力所致。社会主义制度是犯罪日益减少以至于最终消灭的根本保证，这是社会主义制度优越性的表现之一。根据犯罪是阶级斗争的反映（犯罪的性质）和犯罪是财产私有制的产物（犯罪的根源）这样的犯罪观必定得出社会主义制度能消灭犯罪的结论。所以从20世纪50年代到80年代初期，我国刑法学界（那时尚未形成我国的犯罪学）占绝对优势的口号是"净化社会，减少犯罪，最终消灭犯罪"。但是社会实际情况与此相反，犯罪率居高不下，大要案件数量持续上升。"治安形势仍然严峻"（或"相当严峻"）这一估计近年来年复一年地被提起。实践是检验真理的唯一标准。"消灭犯罪"的提法到20世纪80年代中期开始逐渐被"控制犯罪"取代。提法上的变化反映了认识上的变化。所谓控制犯罪，通常理解为将犯罪控制在一定范围内和一定程度上。它以承认"无法消灭"为立论前提。犯罪能否被消灭则是以犯罪现象（宏观上的社会现象）能否避免为认识根据。假定认为犯

---

[*] 原载王牧主编：《犯罪学论丛》（第1卷），中国检察出版社2003年版。

罪现象可以避免,那么就意味着犯罪是一种社会的偶然现象。反之,认为犯罪现象不可避免,这就承认犯罪是一种社会的正常现象(虽然是有害的现象),犹如地震、风暴、洪涝灾害是自然的必然现象。将犯罪视为"社会各种矛盾的综合反映"(1991年3月2日第七届全国人大常委会第十八次会议通过的《关于加强社会治安综合治理的决定》),这表明国家对犯罪的认识从"仙境"回到了"人间"。犯罪源于社会矛盾(只要有社会存在,就有社会矛盾,包括性质严重的矛盾),是基本犯罪规律。对犯罪现象的科学认识以承认犯罪现象不可避免这一历史唯物主义观点为起点。对犯罪现象的科学认识是犯罪学的基础。其他有关学科,如刑法学、刑事侦查学和监狱学等,是否有这种认识并不重要,因为这些学科的任务不是研究犯罪发生和变化的规律。犯罪学的任务是预防犯罪,其前提是科学地认识犯罪发生和变化的真实原因。对原因没有符合实际情况的认识,就不可能设计出有价值的防止对策。

以承认犯罪不可避免为研究的理解起点,这不仅是犯罪学与其他有关学科相区别的特性,而且也反映了我国犯罪学研究发展历程不同于国外犯罪学的特有背景。犯罪是否可以避免,在西方犯罪学界是不屑讨论的问题,但在我国20世纪80年代中期以前却是非常重要的问题(意识形态色彩强烈的学术问题)。犯罪是私有制和阶级斗争的产物,没有私有制就消灭了犯罪;社会主义社会中的犯罪原因是外来的(历史遗留的和国外渗入的),社会主义制度是最终消灭犯罪的根本保证。在那时,谁要不同意这些看法(正统观点)谁就可能被视为"反马克思主义"或者"反社会主义"。要公开发表批评正统观点的文章也很不容易。犯罪学研究如果不冲破政治樊篱和思想禁锢就不可能有学术繁荣,甚至不可能有真正的犯罪学。犯罪能否避免是犯罪原因论的焦点,同时它也直接与犯罪控制的理论与策略有关。历史事实说明:我国犯罪学作为科学和独立学科的形成起始于20世纪80年代上半期席卷所有犯罪问题研究爱好者的关于犯罪原因的大讨论(大论战)——以禁锢思想的"正统观念"的退位而告终!

(二) 犯罪学是前犯罪学科,这集中表明犯罪学的价值基础

"前犯罪"学科与"犯罪后"学科相对应,前者的学术界域在犯罪之前;后者的学术界域在犯罪之后,例如刑法学、刑事侦查学、刑事诉讼法学、刑罚学、监狱学等。以犯罪行为实际发生的时间为标准将刑事科学大家庭划归两大类,其目的不仅在于突出犯罪学的独特性,而且便于集中阐发犯罪学的实际价值所在。人类对自然灾害的认识水平由低到高、抵抗能力由弱到强,有一个发展过程。在早期,主要是在灾害发生之后,采取补救措施,减轻损失;随着科学的发展,人们开始预测灾害,防患于未然,诚然这种能力目前仍很有限。人类对自身灾祸的认识水平和抗制能力的发展过程也相类似,在以前,主要是在犯罪发生之后,采取惩罚和矫治措施,指望以后会有所减少;随着科学发展和认识能力的提高,人们想要防患于未然,于是将目光移向犯罪发生之前,着力研究犯罪原因，犯罪学便应运而生。早期犯罪学，即现在所说的狭义犯罪学，便是犯罪原因学。犯罪学的出现，将人类对犯罪的关注提前到犯罪发生之前——力争预防犯罪，是刑事科学领域中的一大飞跃。犯罪学的基本价值正在于此。

犯罪前与犯罪后，在学术研究中不能截然分开，作为犯罪学三大板块之一的犯罪现象论，其重点主要是犯罪后的情况，但其余两大板块即犯罪原因和预防犯罪是以犯罪之前为研究重心。而且从三大板块的内在关系看，犯罪现象论是犯罪原因论的前奏。

前犯罪的研究内容与犯罪后的研究内容，在性质和特点方面有很大不同。犯罪后的研究内容比较实际，易于操作。前犯罪的研究内容比较虚缥，不易操作，但对提高人类的认识能力至关重要。在现阶段，犯罪学的主要价值是帮助提高认识水平，到切实提高操作能力（控制和预防犯罪的能力）还有很长的路要走。提高认识水平是提高能力的前提。从这一意义上说，犯罪学是一个年轻（确切地说是年幼）的学科。

（三）犯罪学是多学科交叉的边缘性学科，体现其内容即方法上的特点

将犯罪学作为刑法学的一部分或附庸，已成为历史。犯罪学就是社会学或社会学的一部分，持这种观点的支持者也越来越少。这表明，犯罪学界基本上已不认为犯罪学是单一性学科。多学科交叉这一特性是前述特性的必然结果。"前犯罪"具有多义性，因为犯罪发生的原因复杂多样。犯罪作为社会现象，其发生原因与经济有关、与科技有关、与文化有关、与社会冲突有关，甚至与政治有关；犯罪作为个人行为，其发生原因与生理有关、与心理有关、与性格有关、与人生观和价值观也有关。内容的多样性，决定了方法的多元性。仅以犯罪与经济的关系为例，形成两个分支：一是具体研究经济犯罪发生和变动的原因，研究经济犯罪的防治策略等，形成"经济犯罪学"；另一分支是以经济分析方法研究犯罪行为的发生，研究犯罪成立和犯罪收益以及犯罪控制成本等问题，形成"犯罪经济学"。同理，研究犯罪与生理的关系，必然要以生物学知识为基础并以生物学方法进行研究，从而形成犯罪生物学这种边缘学科。研究犯罪与心理的关系，以心理学知识为基础并以心理学方法进行研究是必然的，从而形成犯罪心理学这种边缘学科。以社会学知识为基础并以社会学方法研究犯罪形成的犯罪社会学（有各种各样的流派）是当代犯罪学的主流。犯罪原因的多样性，决定了犯罪控制（犯罪预防）的多样性，这也是控制论（预防论）研究具有多学科交叉特性的前提。

前面提及的犯罪学学科种类之多是刑事科学大家族中其他分支学科所远远不能相比的，这充分说明犯罪学是多学科交叉的边缘学科这一特性。需要指出的是，边缘学科仍是独立学科，因为它有自己的独立的研究对象，从而形成相对独立的知识体系。

二、犯罪学的功用

犯罪学的特性着重从犯罪学本身分析犯罪的特点。犯罪学的功用(功能)是从犯罪学外部关系分析犯罪学的作用即社会价值。犯罪学功用以犯罪学特性为基础,是特性与外部事物发生关系过程中所产生的效益。犯罪学有以下三大功能:

(一) 认识功能——认识犯罪规律

刑事政策的调整和犯罪对策的设计,都有赖于对犯罪现象的正确认识。所谓正确认识犯罪现象,关键是认识犯罪规律。规律指事物内部的本质联系和发展的必然趋势,是现象中相对同一、相对静止、相对稳定的东西。规律支配着现象的发生和发展,是反复起作用的。将犯罪现象作为研究的对象,目的在于探索犯罪规律。通过犯罪现象了解犯罪本质特征,通过犯罪现象追寻犯罪产生的原因,这些便是探索犯罪规律。在近代犯罪学产生之前,人类并没有认识犯罪。犯罪学真正成为一门科学,始于对犯罪规律的研究。在犯罪学产生以前,人类与犯罪作斗争基本上凭经验;犯罪学的产生,使人类同犯罪作斗争的事业从经验向理性转变(这一转变过程迄今为止尚未完成,因为犯罪规律尚需继续深入地、全面地、具体地探索)。

犯罪规律有基本规律和具体规律之分。基本规律指一切犯罪(不受具体时空条件限制)的本质特征和发展趋势。具体规律指某类犯罪(并受时空条件限制)的特征和变化原因。关于基本规律的知识体系,抽象程度高,解释现象面广,但可操作性差。关于具体规律的知识正相反,抽象程度低,解释现象面狭,但可操作性强。以犯罪原因理论为例,就认识需要而言,既要有能够解释一切(不计时空条件也不计类型的)犯罪的原因理论,也要有只能解释某些或某类犯罪的原因理论,以及只能从某一视角(例如生物学、心理学、社会学等)解释犯罪的原因理论。不能将某些只能解释某类犯罪或只从某一方面解释犯罪的知识(如果不是荒诞臆测的话)斥为伪科学或非科学。

(二) 导向功能——指导刑事政策

刑事政策是指国家或执政党依据犯罪态势对犯罪行为和犯罪人运用刑罚和有关措施以期有效地实现惩罚和预防犯罪目的的方略。不同国家在不同时期,刑事政策的具体内容会有不同侧重;制定(和调整)刑事政策所依据的认识的真理性程度也不尽相同,即并非所有的刑事政策都是合理和有效的。刑事政策的有效性在很大程度上取决于犯罪学研究的深度。而且从学科发展渊源看,刑事政策作为一门学问出现是对犯罪进行深入研究(犯罪学)所作政策思考的产物。

刑事政策对刑事立法和刑事司法具有导向作用。刑事政策的中心是科学合理地对犯罪作出反应,具体表现在三个方面:一是打击面的宽窄,包括某些危害行为的犯罪化(规定为法律上的犯罪)和某些罪名的非罪化(将原有罪名从刑法中删除)。二是打击力度的大小。三是惩治方式的设计(刑罚仅是一种惩治方式)。这三个问题无一不与对犯罪的认识有直接关系。对这些问题的决策不能简单地依据犯罪数量,更重要的是应对犯罪态势(目前状况、变化原因和发展趋势)进行研究和分析,这样的决策才可能收到最好效益。犯罪学研究为刑事政策的制定和调整提供理论依据。

(三) 促进功能——促进刑法发展

此处"刑法"既指刑事立法也指刑法理论。任何事物的发展都是内外合力作用的结果,刑法也不例外。刑法发展的外部直接动力来自刑法之前即犯罪和犯罪学,以及刑法之后即刑罚和监狱学。就犯罪学对刑法的作用而言,其作用过程是,犯罪学研究促进刑法思想变化从而推动刑事立法前进,世界范围的刑法学派演进和刑法改革进程,可以加以说明。刑事古典学派(包括19世纪中期以前的早期古典学派)的哲学基础是意志自由论。这是一种犯罪原因论,其认为人的意志是自由的,做好事和做坏事都是自己自由选择的结果,既然选择了坏事就应承担道义责任(负刑事责任的根据)。人的意志都是自由的(犯罪原因是相似的),在这一意义上人都是一样的,所以在刑法上应受惩罚的是行为而不是行为人。近代世界最有影响的第一部刑法典即1810年《法国刑法典》,其便以古典学派理论为基础。由于经济发展和社会变动,犯罪数量日益增长,刑事古典学派理论及其指导下的刑事立法在犯罪高发态势面前显得苍白无力,于是刑法近代学派(亦称刑法新派)应运而生。19世纪末20世纪初形成的刑法近代学派,以犯罪人类学(criminal anthropology)和犯罪社会学(criminal sociology)起家,这二者均为(至少主要是)犯罪原因论,它们在研究方法上的共同点是实证,所以统称犯罪实证学派。[①] 其哲学基础是行为决定论,认为人的思想意志并不自由,受环境以及外界环境和身心状况密切相关的人格因素的制约,人的行为最终由外界决定,不能随心所欲。[②] 犯罪人各不相同,犯罪原因各不相同,因此在刑法上应受惩罚的不是行为而是行为人。两大刑法学派的重大差别集中体现在行为主义(客观主义)还是行为人主义(主观主义),其理论起源在于对犯罪原因的不同认识。以此为契机和理论奠基,刑法思想发生了重大变化,从而产生了一系列制度创新。刑法新派理论导致刑事政策的出现(有所谓"刑法刑事政策化"的说法),产生了与刑罚并存的保安处分制度,形成了刑罚个别化原则,相应地在刑事立法上出现了缓刑、减刑和假释等制度,在刑法适用上允许扩张解释和类推解释,在刑罚执行中产生了迄今已被各国普遍接受的

---

① 犯罪人类学又译为"刑事人类学",犯罪社会学又译为"刑事社会学",这是出于不同学科需要:犯罪学著作中用前者,刑法学著作中用后者。同理,犯罪实证学派在刑法著作中便是"刑事实证学派"。英文criminal 汉译为"犯罪的"或"刑事的"均可。

② 在哲学本体论上,存在决定意识,人的行为受客观外界环境制约;在哲学认识论上,主体与客体相互依存,认识主体有选择自由。

因犯累进处遇制度等。

犯罪学促进刑法发展的功能在现今世界的刑法改革运动中也同样有明显体现。这里不必具体列举事例,只要对改革总趋势作一分析便足以说明。任何国家的刑法改革(不仅仅是针对具体问题的小修小补),核心问题是刑罚改革。刑法由犯罪规范和刑罚规范组成,犯罪规范犹如躯体,刑罚规范便是神经。刑罚改革的基本趋向是轻缓(在特定时、空条件下可能有轻有重交叉浮动,呈波浪式走向轻缓),但犯罪率仍在上升,基本上是持续上升。这是令人费解的悖论。原因何在?认识论方面的一项原因是,首先对犯罪原因的深入研究,认识到犯罪产生是许多复杂因素相互作用的结果,因而刑罚对遏制犯罪只起一部分而且是较小的作用,刑罚不能随着犯罪数量的增长而增长。刑罚量的增长有极限(不能一切罪名都设无期徒刑,甚至不能使一切犯罪都判长期徒刑),而犯罪率的上升无极限(至少迄今为止的人类社会是如此)。况且当今徒刑是刑罚体系的支柱,徒刑的适用要投入相当的人力、物力和财力。徒刑的增加便意味着人力和财力的大量投入。投入增加但收益(罪犯矫正)并非总是提高,从经济学角度说这是很不明智、很不合理的。刑罚不能随犯罪数量增长而增长的另一项重要的认识论原因是,随着时间推移,人类对自身价值逐渐觉醒并日益看重。也许有人会反问:犯罪人不是也侵犯了他人的人身权利吗?但这里有一个重要的问题,即量的比例。古今中外,在犯罪总量上,侵犯财产权利的犯罪始终占绝对比重,这是统计规律。只要这种比例关系不变,对人身权利的重视(人身价值日益高于非人身价值)必然导致刑罚在总体上的趋轻。

犯罪学界的贡献[*]

犯罪学界的贡献,有不同的等级。

一、犯罪学的三等贡献

犯罪学的三等贡献是对一定时空、一定类型的犯罪现象的变动机制作出科学的说明,进而提出可行的控制方略。

二、犯罪学的二等贡献

犯罪学的二等贡献是遵循科学规律,影响国家的刑事政策。由于我国的政治体制和西方国家的政治体制存在重大的差异,我国重大的决策,特别是关于政治、政策方面的决策,往往都是由高层决定的,相比之下,学者的影响力较小。随着科学的发展和法治建设的推进,决策和决策过程的科学化、民主化提高,学者的学术研究成果对政策的制定和调整作用也必然会日益显现。当然不能指望学者的思想在短期内能直接影响决策。

我国在《刑法》修订以前,出台了许多单行刑法,十多年以来笔者参加的全国人大常委会法工委组织的刑事立法及其解释的一些论证工作特别多,但被采纳的意见却寥寥无几。比如20世纪80年代出台的全国人大常委会《关于惩治贪污罪贿赂罪的补充规定》,是在《刑法》修改前通过的21个单行刑法中起草历时最长的规定,因为它调整的是"官"的行为;时间最短的一个单行刑法是1983年的《关于严厉打击刑事犯罪活动的决定》,从小平同志提出到全国人大通过,仅用了不到4个月的时间,因为它调整"民"的行为。笔者曾提出贪污罪、受贿罪的起刑线,至少应和盗窃罪相等同,否则就可能因为贪污受贿者拥有权力,对公共财产得到的私利要比盗窃多几倍才能进入法网。

2007年7月8日出台了最高人民法院、最高人民检察院《关于办理受贿刑事案件适用法律若干问题的意见》。当初草案中有"惩治变相受贿"的字样,笔者提出"变相受贿"字样不能出现,因为"变相"有补充之意。根据《立法法》的规定,司法解释只能解

---

[*] 原载《江西公安专科学校学报》2007年第4期。

释法律中不够明确的地方,不能去补充法律。司法解释无权补充法律。笔者认为《刑法》第 385 条关于受贿罪的定义并没有列出受贿的具体形式,而只是反映受贿的本质特征即权钱交易。从犯罪学角度来说,受贿就是用国家和人民赋予的权力跟行贿人进行交易,基于事实的分析,受贿就是权钱交易。《刑法》第 385 条只是反映了受贿的实质,并没有列举受贿的具体形式,如果枚举若干种新受贿形式并没有补充《刑法》第 385 条受贿罪的内容,只是将受贿罪暗含的语义明确地表述出来,那就只是对《刑法》受贿罪的解释,而不是补充刑法,这可视为该意见理论上的支撑。

犯罪学界要影响国家刑事政策,更多的是为国家刑事政策作出理论支持。从事犯罪学理论研究是我们的强项,凭着一个学者的良知和科学精神踏实认真地做学问,理论研究到一定程度肯定会被社会认可,甚至进入国家的立法视野。

三、犯罪学的一等贡献

犯罪学的一等贡献是对犯罪学的基本范畴提出创造性理论,或者对犯罪学的理论结构提出有利于犯罪学发展的方案。这比影响决策、影响刑事政策的价值更大。

四、犯罪学的特等贡献

犯罪学的特等贡献也即历史性的贡献,是形成影响广泛的犯罪学派。例如西方国家 19 世纪晚期到 20 世纪初期形成的实证犯罪学派,它促成了刑法新派的出现,以刑法新派来取代刑法旧派的历史性重大变动,这就是犯罪学研究推动刑法的发展,这一历史性贡献全世界是有目共睹的。

早在两千多年前,罗马法就有自然犯与法定犯的概念,根据罗马法的意思,自然犯就是自体的"恶",法定犯就是法律禁止的"恶"。长期以来,尽管有这两种概念的分界,但是一直还没有专门深入的研究,直至 1885 年意大利犯罪学家加罗法洛的《犯罪学》问世。加罗法洛在专门研究自然犯后认为,只有违反人类共有的正直、怜悯感情的行为的自然犯才称得上真正意义的犯罪;法定犯是法律规定其行为为犯罪,法定犯不是违反人类共有的正直、怜悯感情的行为的真正意义上的犯罪。当然,从统计学的角度来看,在加罗法洛的历史时代,全体犯罪中自然犯确实占了绝对的比重,加罗法洛对自然犯的研究是历史的需要。历史在前进,社会在变化。今天,从实质上对自然犯与法定犯加以区分已经很难做到,自然犯是自体的"恶",法定犯是法律禁止的"恶",用古典的犯罪定义去区分什么是自然犯和什么是法定犯已经不太可能了。科学的方案是从形式上来区分这两种犯罪类型:从世界通例来看,自然犯就是规定在刑事法律中的犯罪;法定犯就是规定在刑事法律以外的所有法律中的犯罪,比如,交通犯罪规定在《道路交通法安全》中,侵犯专利的犯罪规定在《专利法》中,走私罪规定在《海关法》中,等等。

纵观世界,其他国家和地区区分法定犯与自然犯的标准就是形式标准,即规定在刑法典或是单行刑法中的就是自然犯,规定在行政管理法律中的就是法定犯。但在我国大陆,所有犯罪罪名统统都只能规定在刑法或单行刑法之中,其他法律都无权独立规定罪名和与此相适应的法定刑,这种情况是我国大陆独有的。我国台湾地区"刑法"没有规定专利犯罪,有关专利犯罪的六个罪名都规定在"专利法"中,"专利法"中也有相应的法定刑,操作起来就相当方便,使得"皮毛一体化"——各种行政法律是皮,各种行政法律中的犯罪就是毛,毛附皮上,所以在司法实践中惩治专利犯罪只要依据"专利法"即可。虽然我国大陆刑法分则第三章破坏社会主义市场经济秩序罪有92条,但一个国家或地区刑法上规定的罪是有限的,其惩治的是千百年以来都认为不应该发生的行为,如抢劫、放火等。像税法中的偷税等就很难用千百年来形成的道德作评判,盗窃是将他人财物非法占为己有,这是道德所不允许的;而偷税的对象是自己的利润,因法律规定要缴纳而没有执行所构成的犯罪,行为人没有缴纳的税款既不是偷来的、也不是抢来的,是通过的自己合法行为赚来的,所以偷税与偷钱有着本质上的不同。司法实践中对自然犯的争议并不太多,取证也较为容易,困惑最大的是法定犯,各行政法律规定涉及的面广,而且具体办案时很难根据刑法判断,如假冒专利罪,刑法中仅仅表述为"假冒他人专利,情节严重的",仅凭这几个字法官无法把握,而《专利法》中也没有具体规定。所以我们在司法实践中花费司法成本高,公诉方和辩护方谁也说服不了谁,有时对法条中一个标点符号在句子中是表示前后并列关系,还是顺承累加意思,动辄要"两高"进行司法解释。曾有学者提出:我们为何不能像西方国家那样,把行政领域中的犯罪不规定在刑法典里,而是规定在相应的行政类的法律里呢?但是当即就被决策领导否定了。虽然有许多问题我们目前还不可能一蹴而就,但笔者相信,随着社会的发展,随着我国政治文明的提升,随着法治的推进,学者的合理意见会越来越多地被决策层尊重和肯定。

2007年6月1日笔者在《检察日报》上提出"要正视法定犯时代的到来",提出了"法定犯时代"的概念。从历史发展来看,自然经济条件下出现了自然犯罪时代,当时刑法立法体制是自然犯罪一元化的,犯罪基本形态规定在刑法典中就够了,也符合自然经济条件下社会发展缓慢的道德评判,全世界都是如此。随着商品经济的发展,社会风险的增多,经济关系的复杂,国家作为社会风险的应对主体,除了传统的刑法外,还要增加其他手段,这就促成了法定犯的出现。第二次世界大战以后,整个世界刑法立法的体制由自然犯时代进入了法定犯时代,即从一个国家犯罪总量来看,自然犯只占犯罪总量的一小部分,法定犯占绝大部分。从《日本刑法典》及其有限的几部单行刑法来看,自然犯规定比我国少得多,但日本究竟有多少犯罪罪名,没有一个日本刑法学家能说得清楚,有日本教授说少则5000个多则上万个,也就是说,《日本刑法典》中的罪名不到200个,而整个刑法体系的罪名则在5000个以上,自然犯只占总量的一小部分,法定犯占绝大部分。哲学中有条基本原理:量变到一定程度必然引起质变。从当今世界立法体制来看,自然犯时代所有犯罪都规定在刑法典中,到法定犯时代,传统的自然犯仍然规定在刑法典中,而法定犯则规定在其他调整经济运行的行政法规中,法定犯占整个犯罪的绝大部分,可以占到70%甚至90%以上,这就是量变引起质的变化。

我国目前是世界上唯一一个将所有犯罪都规定在刑法典中的国家,而不像西方国家那样把两类犯罪分别规定在两类法律中。这种单轨制的刑法立法体制不适应时代发展的需要,困扰着我们的刑事司法,但却没有得到刑法理论界足够的重视。所以,笔者呼吁犯罪学作为研究犯罪事实的学科,在特定情况下应推动刑法立法体制的变动,刑法立法体制早晚要由单轨制向双轨制演变。犯罪学从社会学中发展起来,研究社会,注重事实,法律是规范,它的本源是事实。我们通过对犯罪事实的研究,对刑法立法、刑法理论、刑事司法将有重大的推动,它将比加罗法洛的《犯罪学》贡献还要重大。

犯罪学的上述各种贡献,需要犯罪学界同人的共同努力,甚至有的还需要很长时期几代人的共同努力,单靠个人的力量是很难实现的,这就要求我们耐下心来,经过长时间努力,一定会对社会作出重大贡献。

犯罪在关系中存在和变化

——关系犯罪观论纲:一种犯罪学哲学*

一、问题的提出

似乎人人都知道什么叫犯罪,但究竟"犯罪是什么?"对这个问题我国犯罪学研究把主要精力放在犯罪原因方面。这虽很必要,但应当说是不全面的。罪因与罪质(犯罪的本质)两个问题同样重要,需同时开展对这两个问题的研究。进而能否考虑将这两个问题结合起来,统一起来?

犯罪是什么?刑法学认为——犯罪是违反刑事法律的应受刑罚处罚的危害社会的行为。刑法学定义在实际上主要是形式上的解释,虽然"社会危害性"被认为是犯罪的本质特征,但对以下现象仅仅用"社会危害性"还不足以充分说明,还需要从犯罪学的角度作进一步探讨。

例1:20世纪20年代以前,许多基督教国家将自杀作为犯罪处理,20年代以后才逐步将自杀非犯罪化;但根据自己的意志请求别人结束自己生命,而被请求者仍为犯罪(对于安乐死,只有荷兰和澳大利亚一个邦才于近年有条件地合法化),为什么?

例2:中世纪,对于通奸,欧洲许多国家只治女方的罪而不认为男方有罪,中国封建社会时期的伦理和社会舆论也类似(当然,中国与西方的根据不同,西方——防止血统掺杂,破坏财产继承关系;中国——儒家思想的伦理纲常观念所致),为什么?

例3:刑法上强奸罪的本质特征是违背妇女意志,但绝大多数国家的法律却不认为丈夫强行与妻子性交是犯罪,为什么?

例4:以体力劳动或脑力劳动为他人服务收取报酬是正当的,但以性服务取酬为什么要受罚?

例5:西方许多国家把近亲相盗作为免罪理由,其他国家至少也作为减轻处罚缘由,为什么?

例6:所有法律都认为,自己不可能偷自己的东西;但"偷税"(不把自己的一部分钱作为税金交出去)却是犯罪,为什么?

---

* 原载王牧主编:《犯罪学论丛》(第1卷),中国检察出版社2003年版。

例7：在我国，20世纪50年代至70年代末，个人凭自己劳动长途贩运货物赚钱是犯罪（投机倒把罪）；而现在是正当的有益行为，为什么？

这样的例子，还可以举出许许多多。

二、对问题的分析

对这些问题的回答表面上很简单——因为有或没有"社会危害性"。但进一步问：为什么在这种时空条件下有危害而在那种时空条件下没有危害？这种人的行为有危害而那种人的行为没有危害，又是为什么？所以，有没有危害只是一种表象，并未说明实质，即并没有说明"为什么有害"。

行为为什么有害？直接解释是"公共利益受损害"。这是对其性质的说明，即犯罪本质。公共利益为什么受损害？起因（原因）在于：微观行为上，为了获取（非法）利益；宏观现象上，出于利益冲突。从逻辑关系上看，犯罪本质与犯罪原因（从微观到宏观）统一于"利益"。那么什么是利益？"利益"是中西方思想史上的古老课题。我国古代最早对利益问题进行论述的当推春秋时期的管仲（？—前645），他认为："凡人之情，见利莫能勿就，见害莫能勿避。"①这是说，趋利避害，是人之共性。在西方，"利益"一词来自拉丁文 interesse，原意为"夹在中间"，后引申为在非报酬性事务中包含（夹带）某些报酬性成分。希腊哲学家伊壁鸠鲁（前341—前270）把正义与利益联系在一起，认为"渊源于自然的正义是关于利益的契约，其目的在于避免人们彼此伤害和受害"。至近代，对利益问题展开系统论述的是西方哲学家爱尔维修（1715—1771），他在《论精神》一书中对利益的本质、内容、特征以及它对社会生活的作用都作了较全面的探讨。按照马克思主义的论述，人的利益的形成是从人的需要到人的劳动再到社会关系的逻辑过程。人的利益首先起源于人的需要；需要是人们对于所需对象的欲求；人类的生产劳动是联系人类需要与需要对象的中介；为了进行生产人们便发生一定的联系，形成生产关系，这是一切社会关系的基础；这就使得人与需求对象之间的关系转化为人与人之间的关系。所以，个人需要具有了社会特征。这种具有社会特征的需要就是利益。由此可见，利益至少包含两方面因素：其一，利益的心理基础是人们的需要；其二，利益反映人与人之间的社会关系（人与人之间的关系本质上是利益关系）。利益的实现不可能离开社会关系。从哲学角度看，利益属关系范畴。

以上思辨推导，说明了犯罪本质（利益损害）与犯罪原因（利益冲突）统一在"利益"上，利益是一种关系，所以犯罪本质与犯罪原因统一在"关系"上。下面通过实例分析进一步证明这个论点。

---

① 《管子·禁藏》。

以前述例7来说明,计划经济体制下,个人长途贩运商品的行为,扰乱了国家的供产销统一计划,个人经济活动自由与计划经济体制是严重对抗关系。长途贩运(尽管是不剥削他人的个人劳动)之所以被视为犯罪,原因在于这种对抗关系。现在长途贩运非罪化(指长途贩运不被视为犯罪)的原因也在于一种关系,即个人经济活动自由与市场经济体制呈和谐关系(共生共荣关系)。两种经济体制下,有不同的经济关系,不同的经济关系决定了行为的不同性质——有无危害。这说明,原因与本质相统一。

犯罪的变化也取决于"关系"。以当代世界普遍关注的权力腐败为例说明之,联合国工业发展组织的一项大范围的调查表明,各个国家社会经济结构变革最快的时期,也是社会问题大量产生的时期。腐败现象在英国最盛行的时期是18世纪,在美国是19世纪,都是在进行工业革命、实现工业化的年代。随着市场经济的高度发展,腐败现象逐渐消减,情况好转。但是在第二次世界大战以后,在西方,由于政府干预的增强,腐败现象(违法和犯罪)有所增长,引起学者多方研究腐败的根源。20世纪70年代美国学者提出"寻求租金"理论以分析腐败产生和增长的一般根源。"租金"起始于地主收取的"地租"。租金的内涵是直接的非生产性利润,它包括由政府干预经济导致(资源)稀缺所形成的直接非生产性利润。租金导致寻租行为。寻租者(行贿者)通过寻租行为来改变形成租金的因素,以便使自己获得使用租金的可能性。举例来说,假设一位商人说服国王授予他在整个王国出售纸牌的垄断权,这位得到这种授权的商人将获得相当大的垄断利润即经济租金(直接非生产性利润);而其他一些可能想进入该行业的商人会注意到这种情况,他们不会听任那位商人始终享有特殊的有利地位,他们将积极去"寻求租金",贿赂有权者便是寻租行为的重要手段。受贿的前提条件是行贿。既然政府的干预是寻租行为的根源,那么只有完全放任自由的社会,没有任何的政府干预,才不会产生租金和寻租行为。但是,这样的社会是没有的。在一个高度集权的国家,国家所有制是唯一的经济成分,国家配置一切资源和垄断一切经济行为,企业和个人全部处于被动地位,也没有人去"寻租"。但是,这同样是不可能的。租金和寻租行为产生于这两个极端之间,最突出、最严重的情形存在于二者交叉或者二者的转换期即统制经济(计划经济)向市场经济过渡的时期。现在我国正处于这种过渡时期,腐败现象赖以产生和滋长的土壤和条件大量存在。权力进入市场,市场也容易进入权力,权钱交易机会大量增多。"党内、国家机关中的腐败现象,有些方面还在滋长和蔓延。"①在我国,目前对权力的有效监督机制尚未完全形成,也是腐败现象呈普遍性和严重性的主要原因。经济体制过渡(转换)这种"关系"是目前我国权力腐败现象严重的一般根源。过去的计划经济体制(生产关系)与生产力发展发生严重冲突(社会基本矛盾关系),为了解放和发展生产力必须改革生产关系,向市场经济体制过渡是历史

---

① 江泽民于1993年8月21日在中纪委二次全会上的讲话。

必然。经济基础转变必然引起上层建筑变动,出现一系列不适应(矛盾关系)。这种关系既是犯罪原因(犯罪变动原因),也反映犯罪本质。

三、抽象思考

关系犯罪观(现在尚不能称"学",还只是一种观念理论),即从关系角度以关系分析方法来研究犯罪。犹如,"犯罪人类学"从生物学角度研究犯罪,"犯罪心理学"从心理学角度研究犯罪,"犯罪社会学"从社会学角度研究犯罪,"犯罪经济学"从经济学角度研究犯罪,等等。这里,"关系"作为哲学范畴,关系犯罪观以此范畴为基点进行犯罪学研究。所以其也可被视为犯罪学哲学,属于门类哲学。

当代东方和西方兴起一种哲学理论——关系实在论,亦可称"关系哲学"。其基本观点是:关系即实在,实在即关系。当代日本著名哲学家广松涉教授的巨著《关系主义本体论》有广泛的国际影响。中、外华人哲学界提出的"场有论"("有"即存在,"场"从哲学角度说就是关系),基本观点是:场中之有,依场而有,万物皆依场而存在。不依场的存在是不可想象的。场有论,其实也就是关系哲学。关系哲学的兴起,抛弃了两千多年来支配西方哲学的"实体本体论"(认为本体是实体,"实体"曾是西方哲学中最核心的范畴)。随着社会发展和人类认识的深化,"关系"范畴日益显示其重要性。

"犯罪场"概念(由"犯罪作用场"演化而来)[①]实际是微观上的犯罪关系论。犯罪场是指存在于潜在犯罪人体验中、促成犯罪原因实现为犯罪行为的特定背景。这个概念是在多层次犯罪原因论基础上形成的犯罪原因系统中作为其构成要素之一而提出来的。在自然界,"场"是指一定质量、能量和动量相互结合的作用领域。作用力在一定领域中产生场效应,这是自然界和人类社会共有的普遍现象。社会的场存在于各种社会关系之中。犯罪场属于社会场这一大范畴。犯罪原因实现,即主观与客观诸因素相互作用产生犯罪,从而使原来可能引起犯罪的因素变成实实在在的犯罪成因。[②] 可见,犯罪场论是微观上的犯罪关系论。这里讨论的"犯罪关系论"是客观上对犯罪本质与原因的抽象。

再回到刑法上,犯罪的本质特征是恶害。在哲学上,恶害是一种价值判断,价值是主体与客体之间的一种关系,价值属关系范畴。

在语义上,"关系"即相互联系和相互影响。相互联系是关系的形式,相互影响是关系的内容。相互联系和相互影响,进一步概括,就是相互作用。恩格斯认为,"相互

[①] 参见周密主编:《犯罪学教程》,中央广播电视大学出版社1990年版;周密、康树华、储槐植主编:《青少年违法犯罪的原因和对策》,北京燕山出版社1989年版。

[②] 参见康树华等主编:《犯罪学大辞书》,甘肃人民出版社1995年版,第218页,"犯罪场论"条目。

作用是事物发展的真正的终极原因"。

现在再来看犯罪行为。任何行为,如果孤立观察,均难进行价值判断。试以极端行为杀人为例,如果不在一定关系中,也难作出价值判断。杀人行为在不同关系中有不同价值,即有不同的质。据记载,上古时代,许多民族中,杀死老年人和病残者,属有益行为,因为在生产水平极度低下(社会无力养活非生产者)的背景下,它将减轻社会负担;但杀死有劳动能力的青壮年仍要受惩罚。这是由当时的生产力与生产关系矛盾状况决定的。这例子再次表明了犯罪的原因与本质的统一。

以上从本体论层面阐述关系犯罪观,说明犯罪在"关系"中存在和变动,犯罪的原因和本质统一于"关系"。

四、犯罪内部关系

犯罪内部关系,首要问题是犯罪本质与犯罪现象的关系。关于犯罪本质前述已有抽象分析。犯罪现象蕴含犯罪本质,犯罪本质由犯罪现象具体表现出来。我国犯罪学界对犯罪现象的研究迟于对犯罪原因的研究,总的说来有待继续深入。

现象具有直观性。犯罪现象需要研究的第一个问题就是犯罪率和重犯率。犯罪率的横向可比性(国与国之间的比较)极小,原因是各国的刑法和司法制度不同,几乎没有相同的统计标准。犯罪率的比较主要是纵向比较(一个国家不同时期之间的比较)。犯罪率问题研究的重点有:犯罪率变动的机制;正常犯罪率标准如何设定;影响重犯率的因素。这些问题对制定和调整刑事政策至关重要。

犯罪现象的第二个问题是犯罪行为。这是现象论的中心问题。研究犯罪行为,不应仅仅停留在犯罪行为的分类上(虽然这是很重要的问题),还应着重探讨犯罪行为的结构与功能问题。

犯罪行为结构,刑法学上就是犯罪构成问题。三大法系有三种不同的犯罪构成理论结构模式。犯罪学上需要进行多学科综合研究:心理学、行为科学等当为主线。犯罪动机形成机制至今只有一个朦胧的认识,犯罪场与犯罪行为的实施也有内在关系。

犯罪功能问题。如果将"功能"定义为"积极作用",那么首先提出这个问题的当属马克思,他认为,"罪犯……唤起公众的道德感……打破……生活单调……防止……生活停滞",犯罪刺激竞争,"推动了生产力"[①]。法国社会学者迪尔凯姆(1858—1917)从社会学上分析,认为犯罪是正常的不可避免的社会现象,犯罪对社会发展有益,假如不存在犯罪就意味着每个人都以同样的方式表现自己,这种完全的一致性会窒息人类的创造性,从而阻碍社会发展。多样性是发展的前提和标志。犯罪功能问题至今在我国

---

① 《马克思恩格斯全集》(第26卷),人民出版社1972年版,第415—416页。

基本仍属盲区,近年虽有文章涉及,但离深入讨论还相差甚远。可以这样认为,犯罪(在宏观上)是一种"社会代谢"现象,社会代谢的原理与功能类似于生理代谢。粪便、汗水、废水排出体外,机体才能存活和成长。代谢是生命的本质。犯罪犹如粪便和汗水,本身是脏污的,但它被排出、被处治,社会得以树立正气,健康发展。作为代谢现象,还可以对其进一步思考。对人而言,生命活跃的青春期代谢最旺盛。对社会而言,情形也类似:社会变动和发展最快的时期,犯罪也最多;社会停滞则犯罪会减少。青年占人口多数的社会的犯罪率高于老龄社会,老龄社会的低犯罪率将伴随社会发展的滞缓而产生。微观上犯罪本身有害社会与宏观上犯罪伴生于社会代谢、促进社会发展,形成了千古悖论。

犯罪现象的第三个问题是犯罪人。近代犯罪学以研究犯罪人起家。研究犯罪人至关重要。犯罪人类学研究的是犯罪人,其实犯罪社会学中的"亚文化"理论的核心问题也是犯罪人,过去犯罪研究中的阶级斗争理论的中心也是犯罪人,即"犯罪分子"。犯罪人研究的主要价值在于预防犯罪和矫治犯罪。对潜在犯罪人和犯罪人分类这两个问题应特别关注。犯罪人研究要有突破性进展,恐怕需要借助现代科学知识和高技术手段。

犯罪现象的第四个问题是犯罪受害人。犯罪与受害人的关系这一重要问题的提出是现代犯罪学研究向前迈进的一项重要标志。被害人学在西方出现也只有半个世纪左右的历史,目前我国尚处拓荒阶段,希望在 2000 年前后能有一定质量的研究成果问世。

从犯罪学视角,犯罪内部关系的另一个重要问题是犯罪信息与犯罪控制的关系。

通行的犯罪学在犯罪原因和犯罪预测等问题的研究中都涉及犯罪信息,研究犯罪原因也是为了控制犯罪。应该说,传统犯罪学研究都包含犯罪信息和犯罪控制。问题是这种研究往往是思辨多于实证,演绎多于归纳,而用科学"三论"(系统论、信息论、控制论)方法重点研究犯罪信息与犯罪控制的关系基本上尚属空白。犯罪信息和犯罪控制是犯罪学的两个基本范畴,各自都需要进一步明确内涵与外延,进而考察二者的关系。

现在人们有一种认识,认为犯罪原因搞清楚了,犯罪就能被预防和控制。问题果真这样简单吗?问题是,假定犯罪原因清楚,是否就能预测犯罪(尤其是较长时期的预测)?从信息论角度观察,信源与信宿之间不可能没有信息干扰,预测时间越长干扰越大,对犯罪的预测是否会出现天气预报的"蝴蝶效应"(东半球一只蝴蝶翅膀一拍,西半球的天气就会变化,进行较长时间准确的天气预报几乎不可能)?按"三论"方法对这个问题进行深入研究,也许会得出一些令人震惊的结论。

五、犯罪外部关系

犯罪外部关系,涉及方面众多,问题复杂,以下几方面较为重要。

(一) 刑罚与犯罪

罪刑关系,是理论刑法学的重要课题,也应该是犯罪学哲学的重要问题。犯罪学很少研究罪刑关系,这是憾事。刑法学和犯罪学各有自己的研究对象,但是在犯罪与刑罚的关系上两门学科彼此交叉,很难分开。

犯罪与刑罚,在哲学上为一对矛盾,是对立和统一的关系,既是对立关系又是统一关系。

罪刑对立关系——罪与刑彼此对抗,相互斗争。在一定时期内,斗争会出现两种结果:一种是刑遏制罪,这是社会所期望的;另一种是罪抗衡刑,当前我国正面对这种状况。1983年开展了为期三年的"严打"斗争,其后各种专项打击连续不断,犯罪总量在1984年稍有下降之后又呈持续上升势头,1991年的犯罪数量为1984年的近5倍;严重罪案自1985年后以年均以40%的速度上升,而且严重罪案在全部罪案中所占比例也明显上升,由1984年的13%上升到1991年的22%。与此同时,刑罚也在同步加重。以最有威慑力的死刑为例,1980年开始实施的《刑法》分则规定的死刑涉及28种具体罪名,到1995年10月,15年间通过单行刑事法律增加的可判死刑的罪达52种(总计80种罪设有死刑)。由于刑罚内部的协调和攀比,死刑高比率的存在必然提高了徒刑幅度,使刑罚量在总体上处于高水平。犯罪率如果继续居高不下,而总量高位的刑罚结构继续上调的余地已很有限,我国的刑罚已接近极限。罪与刑这种结构性(整体性)抗衡局面不可能长期僵持下去,解决的途径只能是刑法改革(结构性变动)。

罪刑统一关系——大致表现在三个方面:

第一个方面,罪与刑各以对方为自身存在的条件(这里不是在犯罪根源上谈罪刑统一关系):没有罪就没有刑,没有刑也就无所谓罪。

第二个方面,罪与刑产生于相同的社会物质生活条件。"犯罪和现行统治都产生于相同的条件。"[①]相同的条件,主要指社会生产方式。作为上层建筑的现行统治(刑罚是现行统治的重要组成部分)以现存社会生产方式为基础。犯罪是社会矛盾的综合反映,一切社会矛盾都直接或间接地取决于社会基本矛盾即生产方式内部矛盾,生产力与生产关系、经济基础与上层建筑的矛盾是产生犯罪的根本社会原因。生产力发展和经济模式变化,是社会前进的根本动力和首要标志,但作为其次要一面(负面),伴随着

---

① 《马克思恩格斯全集》(第3卷),人民出版社1960年版,第379页。

社会矛盾的增多和复杂化,它也成为犯罪产生和变动的深层原因。

马克思主义关于罪与刑产生的统一性观点具有重大认识价值。社会物质生活条件是现实的,社会基本矛盾是内在的,因此犯罪的原因基本上也是现实的和内在的,历史因素(例如旧社会遗留的剥削阶级残余势力影响)和外来因素(例如国外资本主义势力的侵袭)不可能成为犯罪的主要原因。把主要原因归于旧社会残余和国外腐朽势力侵入的外因论是不科学的,不是马克思主义犯罪观。如果将这种外因论用来指导刑事政策的制定,必定出现决策失误;将这种外因论用来指导犯罪学研究,必定阻碍犯罪学发展。直到今天,外因论的阴影在我国犯罪学界还不能被认为已基本消除。将犯罪率上升的主要原因归咎于"打击不力"(刑罚过轻),实际上也是一种外因论。因为从逻辑上说,产生于相同条件的两个对立事物(罪与刑)之间不可能存在产生与被产生的关系,否则就不能说二者是产生于相同的条件。

第三个方面是罪刑矛盾转化。罪刑矛盾转化,并非指罪变刑或刑变罪,而是指矛盾主次地位的转换。假定刑遏制罪,刑为矛盾的主要方面。如果罪抗衡刑,则罪为矛盾的主要方面。国家运用刑罚的目的就是使刑压倒罪。19世纪中期以后开始出现的刑事实证学派(犯罪实证学派),是刑不压罪(而是罪压倒刑)历史背景的产物,其根本目的在于促使罪刑矛盾地位转化,刑由次要方面转变为主要方面。实证学派批判古典学派,焦点是刑罚目的。抽象地分析,实证学派的教育刑论比古典学派的报应刑论更积极。事实又是怎样呢? 近一个世纪,世界范围的社会实践表明:转变刑罚目的并未转化罪刑矛盾地位并收到控制犯罪的功效。企图通过转变刑罚目的以收控制犯罪之效——此路不通! 这可被认为是20世纪世界刑法领域最大的一个教训,值得反思和深入研究。这表明,时至今日,要转变刑不压罪的状况,单靠刑法已无能为力,历史重任将由犯罪学(或者是犯罪学加上刑法学)来担当。中心问题是从战略高度探讨犯罪控制方式。

总之,犯罪与刑罚的关系(刑罚关系)既是刑法学的重大问题,更是犯罪学的重大问题,它对刑事政策的制定具有直接导向作用。理论价值和实践价值同等重大。

(二) 经济与犯罪

经济与犯罪涉及两个分支学科,一是经济犯罪学,国外和我国均有这方面的论著,研究对象是经济犯罪,即犯罪的一个种类。具体研究经济犯罪变动的原因、经济犯罪的惩治与预防等。作为对经济犯罪首先制定法律和展开理论研究的德国,其当前的一个重大动向是将经济犯罪与有组织犯罪相联系,或者说有组织犯罪主要在经济犯罪领域。这一动向也许具有普遍意义。二是犯罪经济学,以经济分析方法研究犯罪行为的发生,研究犯罪成本和犯罪控制成本等。这一研究的开创者当推美国经济学家贝克尔(诺贝尔经济学奖得主),开始于20世纪60年代。我国也有人开始研究这个课题。

在我国犯罪学界,经济犯罪学和犯罪经济学这两方面都需要投入力量进行研究,尤其是犯罪经济学。

(三) 权力与犯罪

这是一个范围广泛的研究课题,涉及国家权力与公民权利的关系研究、权力结构与犯罪的关系研究、权力与犯罪控制的关系研究等。

从过去到现在,世界上的权力结构主要有两种类型。一是集权式。集权制可能(仅仅是可能)收行政高效之利,但不可能存在权力内部的制约与平衡,同时也不会有权力外部的监督,因为集权制必然是人治。在这种权力结构下,有时也谈民主,但这种民主的实质是"为民做主",而不是"以民为主"。缺少民主必然缺少法治,因而难以有良好的法律环境,所以有法不依、执法不严、违法不究、执法犯法、以权代法、以权压法的现象不可避免。权力缺乏监督必然导致腐败,这是政治学的一条公理。权力腐败极大地削弱了国家同犯罪作斗争的力量和效果,更不必说有些腐败现象本身就是犯罪。这是犯罪控制效能低下的主要原因。从这一意义上说,要控制犯罪必先控制权力(使权力受制约)。诚然,在集权制尚未严重出现权力腐败这段时期,却能形成社会治安形势良好的局面,但好景不长。二是分权式。分权指权力职能部门的分工和分立,是一种权力组合形式。分权制的实质是实现权力内部的制约与平衡。制衡的依据只能是法律。分权制是法治的政治基础。分权制有利于防止权力滥用和权力腐败,即有利于控制利用权力进行的犯罪。也应看到,分权制对控制街区犯罪并无直接的明显效果。关于权力与犯罪的关系,以往我国学界只将注意力集中在资本主义政权与犯罪的关系方面,这当然必要。但今天看来,视野未免过于狭隘。

(四) 文化与犯罪

文化与犯罪的双向关系(文化可能促成犯罪,文化也能遏制犯罪)是中外犯罪学关注的一个重点问题,有许多研究成果。笔者以为,其中有一个问题尚需深入研究,即法文化与犯罪观的关系、法文化与犯罪治理的关系。什么叫法文化?至今中外法学界尚无统一公认的定义,但有一点共识——法文化的核心内容是法律意识,即一个民族在社会发展过程中逐步形成的对法律的实质和社会作用等问题的深层观念,这种观念体现在国家管理和人们的日常生活中。中国传统法文化的基本特征是义务本位、法即刑等,反映在刑法上形成犯罪概念既有定性因素又有定量关系这一中国特色。与此相关,在我国,违法与犯罪有明确界限,而在外国这种界限往往并不明显。法文化反映在统治经验方面,有"法不责众""治乱世用重典"等。当前我国的刑事政策明显以其为导向。刑事政策体现在刑法(立法和司法)中便是刑罚目的、刑罚制度和刑罚轻重,体现在犯罪学上则是犯罪控制方略。在西方,刑事政策首先是从犯罪学领域提出的。德国犯罪社会学派著名代表人物、刑法近代学派主将李斯特(1851—1919)的一句名言"最好的社会政策就是最好的刑事政策",是很有道理的。犯罪学研究过程中提出刑事政策(控制犯罪的政策),继而刑事政策思想影响刑事立法和刑事司法,以致当代出现了"刑法的刑事政策化"的说法。这说明,在近现代,犯罪学研究推动刑法发展,而刑事政策则是犯罪学与刑法的中介与桥梁。所以犯罪学应研究刑事政策。刑事政策的底蕴是法文化。当然,一个民族的法文化不是一成不变的。随着我国经济体制的转变和对外开放进一步扩大,我们民族的法文化也将发生变化。变化中的法文化与犯罪以及犯罪控制的关系,是犯罪基础理论研究的一个重要课题。

(五) 科技与犯罪

一方面,现代科技发展促进犯罪手段现代化,出现许多新型犯罪。另一方面,高科技又为犯罪控制手段现代化提供了物质保障。可以设想:如果借助高科技大大提高破案率,则必将降低犯罪率,因为多数犯罪人属机会犯,犯罪后不被抓获的侥幸心理是促成其实施犯罪的内心动力。犯罪率升降是犯罪控制成效高低的标尺,可以预料,犯罪得以有效控制主要靠作为第一生产力的科技,即所谓"科技治罪"。

六、结论

刑罚与犯罪、经济与犯罪、权力与犯罪、文化与犯罪、科技与犯罪等犯罪的外部关系,以及犯罪本质与犯罪现象、犯罪信息与犯罪控制等犯罪的内部关系,均属较具体的关系,它们多数已经是或者将会是犯罪学分支学科。这些分支学科的共性就是"关系",进一步抽象,可以得出:犯罪在关系中存在并在关系中变动,犯罪的原因与本质在关系上得以统一。"关系"是最一般的概念,最一般即具有最大共性。因而关系是哲学的一个最基本的范畴。关系犯罪观也就成为犯罪学中最具有共性的理论,即最基本的理论,至少可以说关系犯罪观是一种犯罪学基础理论。关系犯罪观,是犯罪学研究领域的一个大题目,也是一个新课题,由于本人能力所限,思考时间也不长,所以这里提出的仅是讨论提纲(论纲)。

多层次犯罪原因论*

犯罪原因理论是犯罪学的核心内容。研究犯罪原因可以为体现在刑事立法和刑事司法中的刑事政策的制定提供科学根据。

当前西方的犯罪原因理论流派虽多,但有一个大致的共同点:不分层次的多因素论。犯罪是人所实行的社会危害行为。因此,犯罪原因就应当从"人"和"社会"两方面来研究。这两方面又各有若干层次。

一、社会原因:生产力、生产关系、上层建筑

人类社会,由生产力、生产关系和上层建筑三个层次构成。犯罪的社会原因,也应从这三个层次观察。

(一)同生产力相联系的社会原因

危害社会,是犯罪的本质特征。社会危害(包括严重的社会危害)行为同人类脱离动物界而进入社会阶段同时产生。最早的犯罪行为产生的根本原因是生产力水平极度低下。在原始社会,特别是原始社会的早期阶段,人们有时为了争夺猎物而厮杀。杀人——这种严重的社会危害行为,在原始社会无疑是存在的,虽然还没有"法庭"来强施"刑罚",但是从行为的本质特征来看,"杀人"(剥夺他人的正当生存权)总是严重的"罪行"。如果仅仅把私有制、国家和法律产生以后的杀人行为才称之为(才被认为)"犯罪",那么,这种认识与其说是原因分析,不如说是法律分析,而且这种认识同马克思主义经典著作的某些经典论述也不一致。《家庭、私有制和国家的起源》是一部叙述原始社会的权威性著作,在这部著作中恩格斯多次提到"杀人""行凶""赎罪"等概念,但没有把它们同国家和私有制联系在一起。该书"第四版序言"中说:"按照母权制,杀母是最不可赎的大罪。"恩格斯在谈到德意志人的氏族时说:"他们的制度也是跟野蛮时代高级阶段相适应的,据塔西佗说,到处都有氏族首长议事会,它处理比较小的事,而比较重大的事情则由它提交人民大会去解决;人民大会同时也是审判法庭;各种控诉都向它提出并由它作出判决,死刑也在这里宣判……"在全书最后一章中恩格斯还指出:"氏族制度的伟大,但同时也是它的局限性,就在于这里没有统治和奴役的

---

* 原载《青少年犯罪问题》1983年第3期。

余地。"

生产力发展,私有制的产生才成为可能。随着私有制的出现,也产生了一些新的犯罪,例如,偷窃(这种犯罪至今仍是全部犯罪中数量最多的一种,各国均如此)等。

19世纪末开始在一些资本主义工业发达国家出现的犯罪率上升,和最近二十多年来几乎所有国家(不论何种社会制度)出现的青少年犯罪大幅度增长的第一层原因也是生产力的急剧变动。生产力发展推动了人类历史的前进,这是事物的主导方面。但也不能不看到另一方面——虽然是次要的一面:①生产力的发展,物质财富的快速增长强烈地刺激着人的物质欲望(物质欲望既可以推动人们去进行创造,也可以促进人们去实行犯罪,当然这两种可能都同一定的主客观条件相联系,世界万物的变动都不是孤立的)。②物质生产发展的动力——"竞争",它明显地动摇了往昔长期维系社会秩序的精神支柱——"克制忍让"这种道德观念。③生产力发展改变了社区环境形态,封建社会由于处于自然经济状态,交通不发达,人口流动性很小,同一社区里的人彼此相识,不是亲戚、同族,就是祖祖辈辈的邻居,易于形成稳定的生活习俗,在这种环境下干坏事不仅容易被发现,而且会受到"十手所指、十目所视"的共同谴责,因而干坏事者容易产生"天地不容"的心理,即自我心理遏制。工业社会里,人口流动性大大增长,往昔的社会形态随之解体,形成了"近邻不相识,见面似路人"的新的环境形态,干坏事者的自我心理遏制也大为减弱。④随着工业化而来的是都市化,即人口密度加大。人口密集则增加了人们的社会接触机会,加之现代化的宣传手段(报纸、杂志、广播、电影、电视),其结果就是加快并扩大了信息(好的和坏的)传递的速度和范围,而坏信息的传递,特别是对自控力薄弱的少年,就意味着坏事的蔓延。⑤"大工业迫使妇女走出家庭,进入劳动市场和工厂",双职工的家庭削弱了对孩子的教育与控制。⑥人口密集,增加了家庭外接触机会,加上社会日益走向高度流动性,个人独立性趋势强烈,现代化生产和科学技术给人们提供了各种高效能的服务设备和社会服务机构,使家庭成员间的相互依赖程度逐渐削弱,这是导致离婚率增长的不容忽视的一个因素。离婚率增长的直接后果之一便是少年犯罪率增长。⑦生产力发展,物质生活水平提高,儿童营养丰富,普遍出现了少年青春期的提前,即生理上"早熟";同时也由于生产力发展,科学技术的进步,人们需要学习和了解的知识比以往时代成倍增加,因而又出现了少年的社会生活"幼稚期"迟蜕现象。这种生理"早熟"与心理"迟熟"的矛盾,同少年犯罪(尤其是性犯罪)的增长似乎不无关系。以上七点仅仅是列举,不是全面分析,但也足以说明生产力的变动和犯罪率的变动之间存在符合统计规律的内在联系。

(二) 同生产关系相联系的社会原因

原始社会生产力的发展,使生产关系随之发生变化,产生了私有制和阶级。而与之紧紧相连的阶级压迫、阶级斗争、剥削、贫困(同"富有"相对的概念,是私有制的产物）和失业，不仅催生了某些新类型的犯罪，而且大大增加了犯罪数量。

在阶级社会中，社会关系、生产关系的基本属性是阶级关系。因此，阶级社会中的绝大多数犯罪被打上了阶级烙印。而且生产力常常是通过生产关系和上层建筑这些中介层次表现出对犯罪现象变动的影响作用。在生产力发展缓慢的历史时期，生产力的影响作用常被这些中介层次掩盖而不易被察觉出来。在生产力迅速发展的时期，生产力的影响作用则表现得比较明显和直接。

在剥削阶级作为阶级消灭不久的社会里，由于剥削阶级残余势力的存在以及社会意识较之社会存在的相对稳定性，剥削阶级的意识形态仍然是产生犯罪的重要原因。由于国际交往日益频繁，国际的阶级影响不可忽视。但是，剥削阶级作为一个阶级被消灭之后，时间过得愈久，犯罪的阶级原因愈趋弱化，其他原因便显得更突出。这是合乎历史规律的趋势。

由于犯罪原因的多层次和复杂性，其中一个因素的变化不一定会对犯罪数量的变化产生明显的影响。要控制犯罪，也不应过分突出某一因素而忽视其他因素。明确这个认识，对科学地制定刑事政策和预防犯罪措施是有益的。

（三）同上层建筑相联系的社会原因

上层建筑受经济基础的制约，同时它又反作用于（积极或消极地）经济基础。上层建筑的主要组成内容是意识形态和制度机构。上层建筑同犯罪现象间的关系有正反两方面，即上层建筑对犯罪的遏制作用和助长作用。国家的法律制度和司法机构对犯罪现象起遏制作用，上层建筑中的某些因素（例如，管理不善、官僚主义、权力滥用等）则可能助长犯罪，这是人们的常识所能了解的。

这里有个概念问题需要说明，即"原因"与"条件"的区别问题。一般认为，原因是变化中的因素，条件是稳定的因素。其实，原因和条件具有相对性，如果客体发生变化，那么，它的原因就是变化着的条件；如果客体处于稳定状态，那么，它的原因就是相对稳定的条件。这就是说，原因和条件的区别主要在于它对客体的作用场合所引起的作用强弱的不同。而就同一因素而言，在这一场合它的作用力可能是强的，在另一场合它的作用力又可能是弱的。就管理不善和官僚主义对犯罪的影响而言，其在不同的具体场合可能产生不同的影响作用。所以，在这里要认定它们究竟是"原因"还是"条件"是困难的，而且这种区别的实际价值也不大。于是，我们就把它们视为"社会原因"中的一个层次。管理不善，主要是指某些管理制度的不健全或不合理，大至某项国家行政制度，小至某个单位的具体规章制度。管理不善可能是许多具体因素造成的，其中一个因素是官僚主义。官僚主义是一个极复杂的问题，不属本文论述范围。

上层建筑所有因素中同犯罪现象关系最直接的大概要算意识形态了。以个人同社会的相互关系的性质为标准，可把意识形态分为个人主义和集体主义两类。前者是犯罪的思想基础和助燃因素,后者是犯罪的对抗力量。对这两类意识形态采取的不同国家态度,是由一个国家的社会制度性质决定的。我国社会主义制度的优越性也将在遏制犯罪增长这个方面表现出来。

二、人的原因:道德水平、性格特征

上文说的是犯罪的社会原因,即客观的外在原因。在犯罪原因的研究问题上,既要坚持社会存在决定社会意识(犯罪现象)的唯物主义观点,又要坚持外因通过内因起作用的辩证法观点。人的主观因素(内因)起着不可忽视的作用。这就提出了在犯罪原因问题上不仅要研究"社会"同时也要研究"人"的任务。人是社会动物,因此,人(人性)就具有两重性——社会性和自然性(动物性)。道德水平问题属社会性范畴,性格特征则比较偏重于自然性。

(一) 同道德水平相联系的人的原因

法律意识的基础是道德观念。人的道德观念是由人生活在其中的社会存在决定的。例如,贞操观念并不是女子头脑自己产生的,它是由男子强加给女子和全社会的,它是同社会由母系社会转为父系社会之后出现一夫一妻制(有的原始氏族实行一夫多妻制,总之是以"夫"为中心)联系在一起的,而母系社会进入父系社会是生产力发展的结果,不以人(男人或女人)的意志为转移。通奸之所以被认为是犯罪(现在世界上许多国家的法律仍然把通奸定为犯罪,就连"性解放"程度高的美国,多数州的刑法仍保留"通奸罪",实践中法院究竟能处理几件这类案件又是另一回事),因为它同女子贞操相连,所以,较早的通奸罪只处罚女子(1933年《中华民国刑法修正案初稿》就是这样规定的,由于南京妇女界和社会进步力量的抗议,后来才修改了这一条文,通奸罪的主体不限于女子)。当男子和女子都可以作为通奸罪的主体时,处罚通奸罪的观念依据已经不是(至少不全是)女子贞操了,这是社会的进步。不把通奸视为犯罪,更反映了社会存在条件通过道德观念表现出来的变动。从通奸罪的产生到通奸罪主体的改变,再到通奸罪名的取消,清楚地反映了道德观念同犯罪的关系。以上是就社会存在而言的。从个人方面说,接受这种占统治地位的观念的,就不会犯罪;不接受的,就会犯罪,就是道德水平低下。对通行道德观念的接受程度,人与人之间的差距很大。形成这种差异的因素是复杂的,例如,经济状况、周围环境、生活经历、智能条件、性格特征、教育质量等。最主要的因素是教育。由于近年来学校教育的加强,中学生的违法犯罪现象大大减少,上海关闭6所工读学校①就是有力证明。

---

① 参见1983年4月18日新华通讯社报道。

从人的原因方面看,减少和控制犯罪的一个极为重要的环节就是使尽量多的人适应和达到这个时代应当有的道德水平。上文说到,由于竞争和生产力迅速发展,社会的物质文明显著发达,但一些影响传统道德观念的因素也相伴而生,例如,利害关系的明朗化、忍让观念的弱化、物质欲望的强化等。传统的道德观念以过去从未有过的速度改变着,在这种情况下如果没有一个能够维护社会稳定的新的道德观念来同新的生产力和生产关系相适应,那么,就会造成物质与精神的失调,其结果必然是道德水平下降,犯罪率升高。世界上许多国家的情况正是如此。我国在建设社会主义物质文明的同时高度重视社会主义精神文明建设,这对维护社会稳定和控制犯罪具有影响深远的战略意义。

人的道德水平实质上就是个人对社会的适应程度。道德作为对人的动物性的制衡力量而与人类同在的,是人的社会性的基本内容。道德的作用在于制止人性异化,即不使人回到动物世界去。既然道德是个人对社会的适应性,那么,道德水平的高低就表现在群体性(集体主义意识)的强弱上。既然道德是人的社会性的内容与表现,社会是不断发展变化的,道德观念也是发展变化的,那么,人要保持对社会的适应性,就得不断地学习、受教育(家庭教育、学校教育、社会教育)。

(二) 同性格特征相联系的人的原因

人都有各自的性格。性格特征是人在各自的素质(生理、心理、气质等)基础上,在特定的物质生活和文化教育环境中,接受特定的影响,在从事特定的社会实践活动中逐渐形成的。同时,人的性格体现在人的活动中。因此,人的性格既受客观世界的制约,又对客观世界产生反作用。就人的性格特征来研究犯罪原因问题,既不是机械论,也不是唯心主义,恰恰是坚持唯物论和辩证法的。

青少年是"社会气象计",是社会的一面镜子,社会的变动(好的方面和坏的方面)首先在青少年身上反映出来。在1919年"五四"运动和1976年"四五"运动中,青年都是先锋。20世纪50年代开始,世界上许多国家由于科学技术、生产力迅速发展,伴随着物质水平与精神文明水平失调而出现的青少年犯罪现象猛涨(成年人犯罪率变动不大),都同青少年本身的特点联系在一起。从生理上看,少年身体迅速成长,代谢机能增强,精力充沛,脑神经活动的兴奋性强,第二性征带来了生理与心理的骤变。从心理上看,少年独立自主性意识萌发,因而依赖性减少,主动性和自尊心增强,追求意志行为;但由于年龄关系,其缺乏知识,缺乏经验,判断能力弱,自控能力弱。这种矛盾,在儿童固有的模仿性与好奇心的基础上就形成了敏感、偏激和无所顾忌等心理特点。这些特点是少年(以至于青年)所共有的特征。它对青少年发展的影响具有两种可能性,在外界正确的教育影响下,可以变为积极因素,成为推动青少年向上的动力;在外界错误的教育影响下,就会变成消极因素,使青少年变坏,甚至走上犯罪道路。

科学表明,人的性格特征同"气质"有密切关系。气质是性格的自然基础,是高级神经活动类型在人的活动中的表现。它使人的性格的表现形式带有明显的个人色彩,影响心理活动的强度、速度和定向性。气质是中性的,无所谓优劣。它同一定的心理特征结合起来形成的内向性格和外向性格,各有自己的特点。外向性格常常表现为爱动、热情、敏捷等,内向性格常常表现为好静、含蓄、深沉等,在犯罪(无论是青少年犯罪还是成年人犯罪)问题上大致也能看出气质的影响,犯杀人、强奸、抢劫等"暴力罪"的人往往具有外向性格,而犯偷窃、贪污、诈骗等"智力罪"的人往往具有内向性格。

不仅性格同犯罪类型有某些联系,而且人的性别同犯罪也有某种值得进一步探讨的关系。从统计来看,从古至今,世界各国,男性犯罪人数总是绝对超过女性犯罪人数(一般是10∶1,最低也是5∶1左右)。这除了有一系列复杂的社会原因外,人的自然属性问题也不失为原因之一。

人类社会是一个复杂的有机整体,犯罪是一种社会现象。因此,犯罪原因必然是多因素的,同时这些因素之间又必然具有内在联系。内在联系,则表现为层次关系——社会的三层结构和人性的两方面,社会和人性之间既有存在与意识的唯物性质又有外因与内因的辩证关系。多因素的内在联系,不是多因素的机械罗列。这种多因素的内部互有联系的犯罪原因理论就是多层次的犯罪原因论。

犯罪原因的每一层次,都涉及许多具体的而且常常又是极其复杂的问题。对每个层次的研究都会涉及一门或多门学科,其中有些是老学科,有些是刚建立不久的学科,而且随着研究的深化,很可能还会建立新的学科。

犯罪发展与刑法演变[*]

20世纪下半期哲学界关注对社会发展的本质、规律、方式、道路和前景等重大问题的研究，形成了哲学的一个分支即发展哲学。发展哲学在经济领域卓有成效的运用，催生了经济发展理论——一个重要的经济学分支学科。笔者由此想到犯罪学研究。2001年12月初在北京召开的犯罪学前沿学术问题研讨会上，笔者提出要重视"犯罪发展"问题。整个犯罪学学科，是从研究犯罪原因开始的。到现在，犯罪原因还需进一步深入研究，但在震惊全球的美国"9·11"事件以后，笔者觉得可以提出一个新方向，即研究"犯罪发展"问题。发展与原因有联系，也有重大差别。原因研究着眼从无到有，是一种回顾性的研究思路。发展研究是以存在为前提的，研究事物由小到大、由简单到复杂、由低级到高级的变化过程。这是犯罪学的一个学术前沿问题。

可以从不同角度来讨论犯罪发展。诸如犯罪侵害对象的发展，从过去犯罪行为侵犯的主要是个人权益，发展到现在更加重侵犯公共安全，甚至发展到侵害整个世界的安宁。"9·11"事件被公认为国际公害。又如从犯罪形式的发展看，由单独犯罪到松散的结伙犯罪，再到有组织集团犯罪，如黑社会、恐怖组织犯罪。因犯罪引起的刑事责任，也随着犯罪的发展而演变：由古典派的（犯罪）"行为"责任到新代派的（犯罪）"行为人"责任，再到晚近的（犯罪）"行为人群"责任。刑事责任类型的变化，已经证明并将继续证明它对刑法理论和刑事立法有深远影响。

社会发展决定犯罪发展，犯罪发展决定刑法发展。这大概是一个规律。农业社会中，社会关系简单，犯罪类型少（主要是自然犯），因而犯罪数量相对也少；由于经济欠发达，社会总财富量少，侵犯财产的犯罪则适用重刑，因而整体刑罚必然呈现重刑结构。到工业社会，经济关系复杂化，犯罪类型增多（在自然犯之外，增加了大量法定犯），因而犯罪数量大大提升；经济发展，社会财富增长，与之适应的便是人本意识觉醒，财产罪的刑罚减轻，因而整体刑罚必然趋轻，突出表现为死刑削减改革运动。对财产和经济犯罪的刑罚决定整体刑罚结构。20世纪后期，科学技术空前发展，人类历史进入信息社会（所谓后工业社会）。社会发展突飞猛进，社会关系更趋复杂，社会矛盾更为多样，犯罪的量与质也非昔日所能比，犯罪手段与先进科技"联姻"，危害更大，侦破罪案也更难。在这种背景下，出现了两大悖论：(1) 一方面，人类探索自然奥秘的能

---

[*] 原载《江西公安专科学校学报》2002年第5期。

力空前提高;另一方面,个人又变得比过往岁月更脆弱(因为危险源大增,而且是巨大的危险源)。(2)一方面,民众摆脱政府监控、争取自由的愿望空前增长;另一方面,公民又比以往任何时候更依赖政府(因为只有政府才有能力提供公共安全保障)。对这两大悖论的调适关系,最终将决定国家刑事政策的价值定位和刑事法制的变动趋向。

刑事政策价值定位变化在刑事法制方面得到了集中体现。

在世界范围内,18 世纪以前,刑事诉讼以刑事被害人为中心,即首先关注被害人的利益。19 世纪至 20 世纪末,因犯罪增长,刑事政策采取以行为人为中心的责任思想,旨在遏制犯罪;同时又因人权意识增强,刑事诉讼转向为以刑事被告人为中心。及至 20 世纪末,仍因犯罪尤其是严重犯罪明显增长,从而对传统刑事司法制度进行反思,刑事诉讼制度逐渐演变为被害人与被告人权益受同等保护。最早一项立法,1982 年美国联邦《被害人和证人保护法》(VWPA)使得赔偿被害人成为刑事诉讼中对犯罪行为最先考虑适用的制裁。法律允许法官可以在缓刑之外单独适用赔偿;该法进一步规定对赔偿金额的争议,应依据有利于被害人的民事诉讼证据标准,即"优势证据"加以解决,而不是刑事诉讼证据标准(排除合理怀疑);关于暴力犯罪中的间接损失,不像罚金刑那样受法定上限的限制,其结果是将刑事被告人置于无限赔偿责任之下。例如辛普森案,虽然刑事审判宣告辛普森无罪,其后被害方提起民事诉讼,法官判处辛普森支付 3500 万美元赔偿金。20 世纪末,《德国刑法典》第 46 条进行补充,鼓励双方达成和解,赔偿被害人可作为对刑事被告人减、免刑罚的条件。2000 年《联合国打击跨国有组织犯罪公约》(我国已签署)第 25 条规定,各缔约国应在其力所能及的范围内采取适当措施,向犯罪被害人提供帮助和保护;使被害人有机会获得赔偿和补偿;在刑事诉讼适当阶段使被害人的意见得到表达。对被害人权益的重视,相应地对被告人权益作了适度限制,这较集中反映在被告人沉默权方面。沉默权是无罪推定诉讼原则的一项基本要求,是保障被告人权利的一项重要制度。沉默权早在 1898 年英国《刑事证据法》中就已得到承认,但目前西方国家对沉默权已开始从多方面加以限制。英国 1994 年《刑事审判与公共秩序法》对沉默权进行了较大限制。2002 年 7 月 17 日英国政府为建立 21 世纪的现代刑事司法制度,公布了关于刑事司法制度的白皮书(议会尚未正式讨论),改革有两项目标:一是建立灵便的裁决体系,软化某些硬性司法规则;二是消除公众对司法制度仅有利被告人的疑虑。刑事程序法的无罪推定原则和实体法的罪刑法定原则两者价值取向是一致的,但它们的作用有所不同,共同构成现代刑事司法制度的基础,如果当程序法的无罪推定在减弱,那么必然会增加实体法的分量。程序法的松绑必将降低实体法实现的成本。实体法侧重保护社会,程序法侧重保障人权,二者相辅相成,也有此消彼长的关系。

20 世纪末期,出现了来势凶猛的有组织犯罪浪潮,诸如黑社会、跨国贩毒集团、恐怖主义等(2001年美国"9·11"事件造成的人员伤亡和经济损失比1941年珍珠港事件大几十倍。据前不久新加坡警方称,与本·拉登的"基地"组织有联系的一恐怖组织已买好17吨威力极大的炸药准备设置在美国和以色列驻新大使馆,企图毁灭新加坡①)。恐怖主义从历史上看已有二三百年时间,但恐怖主义以战争的形式出现,还是20世纪末期的现象。西方国家对恐怖主义和恐怖犯罪这两个概念基本没有区别,在国际文件,包括法律文件内都将二者等同起来,把一个世纪以前的着重政治意义上的恐怖主义赋予明确的法律含义。以前,战争本身不被认为是犯罪,自18世纪起的国际法中认为,战争是主权国家推行内外政策的一种手段,对战争动机不做分析。我们现在所说的"战争罪"是指发动战争后没有遵守日内瓦公约的有关行为。现在的恐怖主义实质上是把战争和犯罪结合在一起的。"9·11"事件后,我国政府声明:中国反对一切形式的恐怖主义犯罪。这意味着我们对恐怖主义不再作政治意义上的评定,这种重大的转向,实质上是由恐怖活动推动的。如果说以前恐怖活动还是以个别的一般刑事犯罪形式出现,那么到20世纪末恐怖组织采取了过去国际法上还不认为战争就是罪的战争形式进行犯罪,这个重大改变,实际上推动了全世界联手打击严重恐怖犯罪。

传统的刑事立法对象是孤立的个人,它包括个人犯罪和一般的共同犯罪,一般的共同犯罪最终都能区分行为责任。犯罪的发展已超出孤立的个人,而形成严密的组织,在严密的组织内,很难区分某种行为或某个行为人的行为责任,组织就是个人的集合体。对此,传统的刑事法制难以招架。常规刑法(刑法典和单行刑法)的对象是"孤立的个人"(单独犯罪以及一般共同犯罪),归责基础是行为人的行为(这一归责基础也适用于一般犯罪集团)。而有组织犯罪的主体是结构严密的"组织"即个人集合体,是反社会群体势力,其内部组织的严密程度高,使得国家难以按通常规则清算个人责任,为遏制这类犯罪,刑事立法出新招,将"组织"本身规定为犯罪,这是对传统观念的突破,促使法律上出现一种新的罪名叫"组织罪"。从逻辑上说,此罪的责任并非以"行为"(刑法分则规定的具体行为)为基础,而是以"人群集合"为基础,于是形成了一种特殊的责任形式,即"行为人群"责任。这是20世纪末出于应对极其严重的犯罪态势而在观念上突破刑事古典派的"行为"责任和新代派的"行为人"责任原则的立法上的体现,即多种形式的"组织罪",例如,我国《刑法》上的黑社会性质组织罪和恐怖活动组织罪;《德国刑法典》第129条规定的"建立犯罪团体罪"和第129条a的"建立恐怖团体罪";《意大利刑法典》第416条的"为犯罪而结成集团罪";《韩国刑法典》第114条规定了"组织犯罪集团罪";《俄罗斯联邦刑法典》第210条"组建犯罪团体(犯罪组织)罪"。刑法分则范围内建立的在行为人群责任上的多种组织罪,相对常规刑法而言,可称得上是非常规刑法,目的是对付极其严重的犯罪。

---

① 参见《商旅报》2002年7月24日报道。

以上从诉讼结构(被告人在诉讼中的地位关系)的战略调整和刑事责任类型的增新方面,表明国家对犯罪(主要是严重犯罪)的从严惩治的刑事政策。不仅如此,从严打击严重犯罪的政策还体现在刑罚加重,美国刑事政策较欧洲各国明显从重,英美法系也好,大陆法系也好,对付重大刑事犯罪也是从严的政策。当然它们的从重与我们的从重是有区别的,它们的刑罚原来就比较轻。这种从严打击还表现在刑罚的加重和诉讼结构的调整。例如 1970 年美国的反黑法(Racketeer Influenced and Corrupt Organizations Act, RICO),明确加重了刑罚量,而且增加了资本主义国家从 19 世纪到 20 世纪中期基本不用的刑罚——没收财产。资本主义国家认为私有财产神圣不可侵犯,对一般犯罪都不处以没收财产,只要不能证明其财产的非法性,就不能没收,犯什么罪就治什么罪。但到了 1970 年,美国为了对付黑手党的严重有组织犯罪,规定对犯罪得科没收财产,而不论合法所得,还是非法所得,所以这是刑罚上的一个重大变化。

欧洲各国对付有组织犯罪,刑罚有所加重,主要企图从证据制度上来使有组织犯罪难逃法网。19 世纪到 20 世纪,国外刑事诉讼证据规则中有一系列的证据排除规则,比如窃听证据不能作为合法证据。对付有组织犯罪,使用一般方法根本无法取得罪证,因此,美、德、日等国通过法案,对有组织犯罪在满足条件的情况下窃听的证据可以作为定罪证据。窃听证据的合法化在西方推行了二百多年民主诉讼制度的条件下,是一个重大变动。1995 年德国通过反有组织犯罪法将窃听证据合法化,政府和法学界都非常震惊,但是不管怎样,国会照样通过了法案,是因为强大的有组织犯罪迫使政府不得不采取严厉的措施来对付犯罪,遏制严重有组织犯罪就是保护广大民众的利益。例如,1970 年美国的反黑法,其对传统诉讼证据制度的突破;20 世纪 90 年代德国的反有组织犯罪法和 2000 年日本的有组织犯罪侦讯法等有条件地使窃听证据合法化。

以上是从世界范围的视角出发进行的探讨。我国对严重犯罪的政策较集中反映在刑罚的加重上,但也存在一些不相契合的现象:

1. 法网不严密

(1)刑事立法模式的单轨制(罪与刑只有刑法典和单行刑法才可以规定)不像其他国家采取的双轨制,即刑事法以外的法律也可以规定罪与刑,对经济犯罪规制过于原则,因而可操作性太低。

(2)刑法中犯罪概念的定量限制,导致形成刑法结构性缺损,即主要以"恶行"为惩治对象而必然弱化对"恶习"的管束,这种缺损是用劳动教养这一我国特有的制度予以补救的(劳教制度在操作上的问题已经到了非改不可的地步,改革劳教制度将牵一发而动全身)。

2. 观念有误差,主要是对罪刑法定原则价值的理解上

较有影响的观念是,罪刑法定原则仅是为了保障刑事被告人的权利,而不认为兼

有惩罚犯罪保护社会的功能(典型的说法是,如果没有罪刑法定原则,国家照样能够惩罚犯罪而且更为便捷)。这里必须明确罪刑法定(主义和原则)的不同时代背景:在反对封建罪刑擅断呼唤制定成文刑法典的历史时代(19世纪中期以前),提倡罪刑法定主义的价值定向仅为限制国家刑罚权的随意性,从而追求保障刑事被告人权利的单向功能。在普遍制定了刑法典的当今时代,罪刑法定作为刑法的一项原则,便具有了与刑法相同的双向功能:罪刑法定原则在追求保障被告人权利的同时,也要求根据成文刑法惩罚犯罪(罪刑法定原则与刑法是毛与皮的关系)。

3. 运作方法问题,与上述观念误差不无关系

较集中反映在罪疑情况下,如何适用刑法。罪疑有两类:一类是事实证据方面有疑义,则应根据罪疑从无或者罪疑从轻原则处理(结果当然有利于被告人);另一类是证据确实而仅是对如何理解法律有争议,则应选择正确的解释而不是选择对被告人最有利的解释。何谓正确解释?至少应把握两点:一是含义正确,即合(常)情合(法)理,行为明显危害社会。例如,某国家工作人员为他人办事后收受了巨额钱财,在办事前双方没有明示权钱交易,能否成立受贿罪?(有行贿者却无受贿人)二是方法正确,即符合逻辑推演规则。例如,某单位偷接一供暖公司的暖气管道,两年内使该供暖公司损失达200万元之多,能否成立盗窃罪?根据法律推理三段论,大小前提不能倒置。大前提是法律规范,小前提是案件事实,从而得出结论。这是罪刑法定原则的必然要求。

上面着重叙述的是犯罪发展对刑法演变的深层制约作用,或者说刑法演变是犯罪发展的必然结果。但关于犯罪发展这一命题本身(犯罪发展的客观背景、方式、机理、规律等)尚未深入探讨,这里只是提出"犯罪发展"这一概念,希望能引起同志们的关注,共同进行研究。

要重视"犯罪发展"问题*

整个犯罪学学科应该是从研究犯罪原因开始的。到现在,犯罪原因还需要研究,然而"9·11"事件发生以后,笔者觉得我们需要明确一个新的方向,就是要研究"犯罪发展"问题。发展与原因是有联系的,但是也有重大的差异。研究原因就是研究从无到有,是一种回顾性的研究思路。而对犯罪发展的研究则是以存在为前提,研究一个事件由小到大、由简单到复杂、由低级到高级的过程。对犯罪发展的研究具有相当程度的前瞻性。

我们可以从不同角度来审视犯罪发展。从犯罪侵犯对象的发展上看,犯罪行为从以前侵犯的是个人权益,发展到现在侵犯的是公众权益,甚至发展到侵害整个世界的安宁。"9·11"事件就是大家所说的国际公害。另外从犯罪的形式发展来看,犯罪由个体犯罪发展到松散的团伙犯罪,再发展到有组织犯罪,如黑社会、恐怖组织犯罪。

美国"9·11"事件震动了全世界,这种自杀性的恐怖袭击,在短短的一两个小时造成数千人的死亡;直接的经济损失,保守估计超过 1000 亿美元,间接经济损失有人说是在 1 万亿美元以上。1 万亿美元是什么概念?是我国一年的 GDP,比我国全体公民的存款额还要多。我国现在的存款余额还不到 8 万亿元人民币,即还不到 1 万亿美元。"9·11"事件在短短的一两个小时内,就造成这么大的人员伤亡和经济损失,而且它的后果还在延续。

"9·11"事件以后,联合国立刻作出反应,认为这是对联合国的一个挑战,是一种国际公害。对这种犯罪行动国际上纷纷作出反应。2001 年 9 月 28 日,联合国安理会作出决议,要联合防止恐怖组织行为。联合国安理会建立了一个反恐怖主义的特别委员会,另外还要求各国采取措施来反恐怖主义。

2001 年 9 月 30 日,英国出台一个反恐怖法律,大大增强了警察的力量,警察有权对国外跑到英国去的恐怖主义分子嫌疑犯采取无限期的拘留。这是对传统的刑事诉讼理念的一个重大挑战。尽管学者有异议,但议会还是通过了这个法律。

2001 年 10 月中旬,意大利也通过了一个法律,授权警察可以像对待黑手党一样对待恐怖活动。我们知道,意大利是黑手党的发源地,其危害非常大。意大利在 20 世纪 90 年代对黑手党采取了一些非常的行动,地方议会如果被怀疑包庇黑手党,中央政府

---

* 原载《江苏公安专科学校学报》2002 年第 3 期。

有权解散地方议会,围捕黑手党分子可以动用武装警察部队而不是一般的警察,可以动用国家军队。

2001年10月25日,美国通过一个反恐怖法,该法的通过可以说在美国立法史上是少有的。因为这个法律从讨论到公布只花了两天的时间。众议院讨论一天,参议院讨论一天,第二天晚上总统就签署生效了。这部反恐怖法的一个理念是对恐怖分子加强打击,另外一个理念就是布什提出的:对恐怖分子以及资助纵容恐怖活动的组织和个人,与恐怖分子同样对待。这是在刑事实体法上追究共同责任,突破了美国历史上关于刑事责任追究个人责任原则。另外,这个法律还给警察松绑了。整个法律的基本思想,用学者的话来说,叫作"自由给安全让路"。

同时,这部法律还规定,可以通过发动战争反恐。这是一个重大的概念。以前战争这个概念是指阶级斗争的一种,是阶级斗争的极端的反应,是最高的形式。阶级斗争是阶级之间的斗争,是一个宏大的集团之间的争斗,不是犯罪。在传统概念上,刑罚是用来对付犯罪的,战争不是用来对付犯罪的,而现在战争跟传统上对待犯罪的刑罚联系起来了。这是一个对整个当代刑事法的重大挑战。对这个现象还没有很好地研究,但是要研究。为什么会出现这样一个重大转变?这就是我们以前所说的,犯罪推动刑罚的变动。而"9·11"事件是第一次用犯罪的形式来震动世界。以前震动世界的事件不是一个具体的犯罪,而是一种巨大的利益集团之间的争斗,也就是我们以前所说的阶级斗争的一种极端形式。

全国人大常委会最近制定了《刑法修正案(三)》用以打击恐怖主义犯罪。我们打击恐怖主义犯罪是从实体法的角度,这与西方国家略有不同。西方有一些国家主要从程序法上给警察松绑,加大其权力。我国基本上不发生这些问题。我国的程序法和实际情况差得很远,程序法在操作上相当不规范。我国的警察权较大,所以也不会发生给警察松绑的问题。但是对西方来说,从19世纪到现在为止整个刑事法律中程序法把警察权卡得死死的,警察的权力受到极大的限制。因此,对这种危害极大的恐怖犯罪才要在刑事法上采取这样一种重大的措施。对于这种重大措施,有人说,现在警察权太大了,应该约束一点。打击严重犯罪,要是把警察权卡得死死的,只能在严重犯罪面前打败仗。

这种法律措施的变化,是对19世纪至20世纪以来整个世界刑事法尤其是诉讼程序方面的一个重大的挑战,是一个重大转变的苗头。当然也不会全面转变,但不管怎么说,这是一个现实。对于这个现实,尽管学者有不同的说法,但各国的立法都出现了这样的转变。

"9·11"事件不久,我国政府提出坚决反对一切形式的恐怖活动。恐怖活动前面加一个定语"一切形式",这意味着我们突破了若干年以前对恐怖活动还作阶级分析的那样一种说法。

在若干年以前，我们不是反对一切恐怖活动的，有些恐怖行为被认为是革命行动。"批判的武器不能代替武器的批判"，有些革命行动需要武器的批判，当然对这种恐怖行为我们认为是革命行动。但是现在，我们认为只要是恐怖行动，就不再作阶级分析，不管是出于什么动机——政治的动机、目的或其他社会动机、目的。因为事实上，任何恐怖活动直接侵害的是广大老百姓。那么，作为一个负责的政府，就必然要反对一切形式的使老百姓遭殃的犯罪行为。

所以，笔者认为，从犯罪学研究角度来看，研究犯罪的发展是一个重要的问题，要给它相当的研究精力和相当的研究兴趣。这样，其面对现实就会产生一种更强大的解释力，对控制严重犯罪会起到一种更直接的作用。所以，笔者认为，对于犯罪学研究前沿来说，可以提出这样一个理念：重视犯罪发展问题的研究。至于怎样研究，笔者也就是"吹吹风"，也没有什么更好的想法。从当前的形势来说，应该提出这样一个问题。

当然，我们可以说，恐怖活动跟我们以前说的有组织的犯罪实际上也是联系在一起的，应该说恐怖组织是一种有组织犯罪的特殊形式。在广州召开的亚欧地区检察长会议上，韩杼滨代表认为恐怖活动也就是一种有组织的犯罪。

实际上就是这么回事。所以当前来说，如果以前是出于对某种政治的考虑，对恐怖活动作这样或那样的分析，作出某种结论，现在各国的观点在慢慢接近，只要是恐怖活动，所要侵害或直接侵害的就是广大民众。那么，从这一角度来看，如果还要死盯着政治分析、阶级分析，最终是要脱离民众的。从这个意义上说，应该说世界各国的利益在慢慢接近。从这个角度来说，世界是个地球村。除经济全球化，还有人提出了法律全球化，或者说法律一体化，至少可以说法律在趋同。这种情况，笔者觉得会越来越明显。这个严肃事件会涉及一系列的理论、一系列的理念、一系列的法律制度。笔者觉得恐怖活动是一个典型的危害非常严重的犯罪形式。

我们犯罪学研究处在整个世界对付严重犯罪的前沿，我们研究的前沿问题正是整个世界大家关注的前沿问题。

犯罪控制方略*

一、犯罪控制方略的含义及标准

(一) 犯罪控制方略的含义

方略,是战略、策略、方针、政策、方法、措施的总称。

"控制"的意思是驾驭、遏制,使不超过一定规模和范围。犯罪控制,就是不使犯罪蔓延,将犯罪限制在正常度以内。

迄今为止的人类历史经验表明,犯罪可以控制,但无法消灭。这是由基本犯罪规律决定的。"社会治安问题是社会各种矛盾的综合反映"(全国人大常委会《关于加强社会治安综合治理的决定》),社会治安的主要问题是违法犯罪,因此犯罪现象是社会各种矛盾的综合反映,这就是基本犯罪规律。它既说明了犯罪的基本性质,又反映了犯罪的基本原因。社会矛盾无法消灭,尽管解决矛盾的方法和方法的法律评价可以变化。

提出"消灭犯罪"或类似要求,都是不切实际的幻想。超现实的期望可能导致适得其反的后果。

"控制犯罪"(犯罪控制)的提法是科学的。

犯罪控制的期望值是否适当以及犯罪控制方略的设想是否可行,有赖于对犯罪控制的标准即"正常度"的正确把握。

(二) 犯罪控制的标准

原则上说,犯罪的正常度就是犯罪控制的一般标准。问题在于什么是"正常度"以及如何界定?

"度"是一定事物保持其质的稳定性的数量界限。它是质与量的统一。犯罪正常度,是指具体时空背景下社会可容忍的限度,一般是从反向理解的,即不是无法忍受的状态。

犯罪正常度是犯罪控制的标准,同时也是犯罪控制方略的目标。目标是否明确、合理(例如 20 世纪 70 年代末 80 年代初曾经提出"力争社会治安恢复到 60 年代最好状态",目标明确但不合理,因为社会背景大不相同了),直接关系到犯罪控制方略如何制

---

* 原载肖剑鸣、皮艺军主编:《犯罪学引论》,警官教育出版社 1992 年版,第 303—321 页。

定以及控制方略的实施效果,因而这是一个很重要的问题。犯罪正常度是中外犯罪学尚未研究的课题,研究这个问题具有重大的理论意义和实践价值。如何确定犯罪程度正常与否,应当把握下列几点:

(1)衡量对象——犯罪的质和犯罪的量以及它们之间的关系。

犯罪的量,是指犯罪案件发生的绝对数(犯罪数)和占人口的比例(犯罪率)。由于人口增长和社会发展带来的社会矛盾增多,犯罪数和犯罪率有所上升是正常现象。一般说来,犯罪的量年增长率在"10%以内"不会造成社会震动。如果连续几年犯罪的量年递增率均达"10%以上",则将超出民众心理承受能力,就属于不正常现象。

犯罪的质,有两层含义,一是重大犯罪在犯罪总数中的比例,二是暴力犯罪与非暴力犯罪之比。尽管各国界定重大犯罪的标准有明显差异,然而通常情况都是重罪在犯罪总数中所占比例不大,暴力犯罪(含未遂)与非暴力犯罪相比也总是前项小于后项。如果两组比例均呈现比值增大趋势,则表明犯罪将要或已经超过了正常度。

(2)衡量主体——社会公众,而不是个别人或少数人。社会公众的权威代表是国家立法机关。

(3)衡量依据,这是极复杂的问题,可分为内部依据和外部依据。

外部依据,就国家而言是以外国的犯罪情况为参照系,就地区而言是以外地(外省、外市、外县)的犯罪情况为参照系。

内部依据,是指本国(本地区)的实际情况,它是衡量的出发点和归宿。内部依据,按不同犯罪类型有不同标准:对公职人员犯罪——社会公众是否有较普遍的愤怒情绪;对暴力犯罪和财产犯罪——公众是否感到安全受到较普遍的威胁;对经济犯罪——经济秩序是否受到较明显的干扰。这三个标准构成了内部依据的基础。

(4)衡量方法是多种多样的,主要有抽样调查的数据统计、民意测验、专家评估等。

(5)衡量结论,只能是定性结论(是否超出正常度),而且是大致的。目前也许永远无法得出定量化结论(例如超出正常度的百分比)。

二、犯罪控制系统

犯罪综合治理系统工程构成了犯罪控制系统,这就是犯罪控制的总体战略构想。

(一) 总体战略构想的根据——犯罪原因是一个系统

犯罪是社会各种矛盾的综合反映,这已经成为社会共识。这一通俗的朴素语言包含了一个哲理观念,即犯罪原因是一个系统。犯罪原因系统由狭义犯罪原因和犯罪场两大部分构成。

1. 狭义犯罪原因包括社会原因和个体原因

关于犯罪的社会原因的探讨,基本理论依据是"犯罪和现行的统治都产生于相同的条件"这一马克思主义经典观点,据此可得出三点重要认识:一是社会物质生活条件在本质上是现实的,所以犯罪的原因基本上也是现实的,历史因素和外来因素不可能是犯罪的主要原因。二是犯罪产生于社会物质生活条件(主要是生产方式),所以社会生产方式结构的内在矛盾是犯罪产生的基本原因。生产力和生产关系的矛盾是一切社会的基本矛盾,也是犯罪产生的最终原因。因此把私有制(属生产关系范畴)视为"犯罪根源"在史实上和理论上都不是无可非议的。三是从逻辑上说,产生于相同条件的两个对立事物(犯罪和现行统治)之间不可能存在产生与被产生的关系,所以"社会主义制度是否产生犯罪"的提法是不科学的。因为社会主义制度属于现行统治的范畴。

犯罪的社会原因,包括社会生产方式结构的原因和社会意识方面的原因两部分。社会生产方式结构的原因,主要有:①生产力发展引起的矛盾;②生产资料私有制;③特殊形式的阶级斗争;④贫困。社会意识方面的原因,主要有:①私有观念;②剥削思想;③公德意识低落;④外来消极文化。

犯罪的个体原因由个体心理结构和人生观两方面构成。

犯罪的社会原因与个体原因,或称客观原因与主观原因,两者的关系是学术界长久争论的一个问题。促使个人实施犯罪行为的主要原因显然是个体的犯罪意识,而个体犯罪意识的产生取决于社会环境。但是,同一社会环境下,为什么此人犯罪而彼人不犯罪?其实,这里包含了两个互有联系但层次不同的问题:一是社会原因与个体原因的关系,在宏观上(犯罪作为社会现象)是存在与意识的关系,在哲学上是本体论问题。对于存在与意识的关系,唯物主义认为存在决定意识,社会原因是最主要的。因此,要减少犯罪就必先减少社会存在的消极因素。这是规划犯罪控制战略的基础。二是社会原因与个人原因,或称客观原因与主观原因。在微观上(犯罪作为个人行为)其实就是哲学上的认识论问题,要解决的问题是人怎样得到认识(决意犯罪)。认识论不回答存在与意识谁决定谁的问题(那是本体论回答的问题)。辩证唯物主义的认识论是能动的反映论。主观(主体)反映客观(客体)是有选择的反映,即反映时包含了主观选择性。推动个人实施犯罪行为的内在因素即认识(犯罪动机)的形成是主观原因与客观原因相互作用的结果,相互作用的双方是相互依存的,没有彼即没有此,没有此即没有彼。可见,在这一认识形成过程中,并不具有谁决定谁或者谁主谁次的关系问题。

2. 犯罪场是狭义犯罪原因的相对部分,它们共同构成了犯罪原因系统

"场"是什么?在自然界,场是指一定质量、能量和动量相互结合的作用领域。物

理学认为,实物和场是已知的自然界物质存在的两种基本形态,实物之间的相互作用是依靠相应的场来实现的。如电讯的传送是在电磁场内实现的。在社会中,各种相互作用的力也有其发生效应的领域,表现为社会的"场"。社会的场存在于各种社会关系中。社会的场有多种形式,人们最熟悉的是"市场"。在经济学上,市场泛指商品交换和货币流通的领域。"犯罪场"是指犯罪原因产生犯罪效应的特定领域,或者说犯罪原因实现为犯罪行为的特定领域。犯罪原因的实现,即主客观诸要素相互作用产生犯罪。从原来可能引起犯罪的因素变成现实的犯罪原因。犯罪行为的实施,使可能的犯罪原因变成(实现为)现实的犯罪原因,这一过程总是在其客观背景(特定领域)下发生的。即使当一个人形成了足以支配其实施犯罪行为的犯罪念头后,也并非在任何时候、任何地方都必然会进行犯罪活动。此时他要触禁犯法,仍然不是随心所欲就能进行的,而必须具备一定的犯罪机遇和作案条件等犯罪背景。一旦这种背景暂时不出现,行为人便会等待一段时间后实行犯罪。如果这种背景长期不出现,行为人打消犯罪念头也是可能的。由此可见,犯罪场和犯罪的关系就是:犯罪场是发生犯罪的必要条件。

犯罪场本身不是犯罪的社会原因,也不是犯罪的个体原因,即犯罪场不属上述狭义的犯罪原因,但它又是发生犯罪不可少的条件。因此,犯罪场是犯罪原因系统的必要组成部分。

控制犯罪,从本质上说就是控制犯罪原因系统,从而构建犯罪控制系统。

(二) 犯罪控制系统结构

从不同角度和层面,犯罪控制的系统结构可作以下分类:

(1)在控制广度上,分为宏观控制和微观控制。宏观控制,例如精神文明建设、完善法制,等等。微观控制,例如警察街区巡逻、组成警民联防、加强内部治安保卫工作、惩罚犯罪、教育改造罪犯,等等。

(2)在控制力度上(控制措施是否具有国家强制力特征以及强制力大小),分为社会控制和司法控制。司法控制,主要指侦查、控诉、审判、改造等刑事司法机制。社会控制,包括整顿经济秩序、加强思想教育、减少不公正现象,等等。社会控制是犯罪控制的战略目标之所在。

(3)在控制对象上,分为行为控制和人员控制。人员控制,是以特定一类人(如惯犯、精神病人等)为对象的控制。除此以外的控制均属行为控制。

(三) 犯罪控制系统的目的是追求犯罪控制的整体效益

整体效益方程式:

整体效益=(犯罪控制产出价值×时间×空间)/(犯罪损害×犯罪控制投入成本)

"犯罪损害"是客观存在,在一定背景下是不变因素。其余四项(犯罪控制的投入成本、产出价值和犯罪控制的时间长度、空间范围)都是可变因素。投入(包括国家和社会用于犯罪控制的人力、物力和财力,以及对犯罪适用的刑罚量)越少整体效益则越大。在投入不变的情况下,犯罪控制产出(包括犯罪的质和量被控制的程度以及社会安全状况)越大,整体效益则越大。或者犯罪控制产出延续的时间越长,覆盖的空间范围越广,整体效益也就越大。

整体效益是对犯罪控制系统乃至各项控制措施进行功利评定的基本标准,也是刑事政策调整和控制措施变更的基本依据。

整体效益的评定是一件很复杂的事情,时间因素尤其需要进行科学分析。常会遇见这样的情形:某项措施在短期内可能有效,但长期来看也许得不偿失;另一项措施在短期内也许收效甚少,但长期来看可能得益较多。不管怎样复杂,一项措施经过相当一段时间实施后,总是可以对其作出比较切合实际的整体效益的评定。

三、犯罪控制的战略目标——社会控制

控制犯罪的最优(理想)方案是控制社会。社会控制得好,犯罪就少;社会控制得最好,犯罪就最少。

什么是社会控制? 社会控制绝不把人人都当作可能的犯罪者而加以管理,而是把社会生产和生活组织到程度尽可能高的有序状态,简言之,就是把社会控制在有序状态。有序社会是社会矛盾较少和社会矛盾较易解决的社会。

社会控制对犯罪的关系——控制犯罪原因系统:控制狭义上的犯罪原因(社会原因和个人原因)和控制犯罪场。

社会控制可行方案优选——侧重犯罪场控制。根据社会控制的内容、范围,社会控制有三种可能的方案:第一,犯罪原因控制和犯罪场控制并重;第二,侧重于犯罪原因控制;第三,侧重于犯罪场控制。

"可能的方案"并不都是"可行的方案",可能方案能否成为可行方案,关键取决于客观条件和主观能力。

近二十年来国际社会经验表明,"社会预防"虽然理想但难以做到,比较切实可行的是"环境预防"。[①] 社会预防和环境预防,与此处所述犯罪原因控制和犯罪场控制在概念的确切内涵上并不完全相同,但大体意思是相近的,对我国犯罪控制事业有借鉴意义。

为什么上述第三方案(侧重于犯罪场控制)是最优可行方案? 道理很简单,因为犯罪原因涉及社会和人的诸多深层矛盾,迄今为止,人类对解决社会基本矛盾和透彻认

---

① 参见戴宜生:《国际社会预防犯罪的新情况、新战略、新措施》,载《青少年犯罪研究》1990年第7期。

识自身能力远远没有达到理想水平。总之,目前人类控制犯罪原因的能力尚属有限。人们通常认为,认识原因就能找到解决方法。其实,事情并非如此简单。反过来说,要找到解决办法必先认识原因,但从认识原因到找到解决办法中间还有一个过程(就犯罪控制而言是一个相当长的过程)。控制犯罪原因是犯罪原因研究的未来价值,承认犯罪原因极其复杂,承认犯罪控制极其困难是犯罪原因研究的现实价值。

犯罪场是社会原因和个体原因之外的、影响犯罪发生和变化的外部条件。犯罪场相对于犯罪大体上属于表层范围,因而比较容易控制。人类已经具有控制犯罪场的能力(控制狭义犯罪原因的能力尚属有限)。控制犯罪场同样(和控制犯罪原因一样)能收到控制犯罪的功效。因此,从现实的人类能力考虑,控制犯罪场比控制犯罪原因对犯罪控制更有实际价值。

犯罪场控制包含哪些内容?有四个方面:

(1)时间因素控制。时间等自然因素虽不是犯罪原因,但犯罪原因作用的强弱离不开这些自然因素的制约,犯罪行为的发生无时无处不受这些自然因素的影响。

许多犯罪行为具有较明显的时间选择性。一般认为,夏、秋季节犯罪多,冬、春季节犯罪相对少些。犯罪种类与季节也有关系,例如,夏季性犯罪多于冬季,而冬季入室盗窃案件多于夏季。

(2)空间因素控制。空间因素主要包括地形、地理位置、地区环境等。犯罪行为具有强弱不等的空间选择性。一般来说,拦路抢劫较多发生在行人稀少的偏僻地段;盗窃犯罪则发生在繁华的商业中心、旅游胜地和公共交通车辆上;流氓案件多见于体育场、公园、影剧院、娱乐中心和闹市区等公共场所;走私、贩毒等犯罪活动多发生在沿海和内陆国(边)境地区;入室盗窃多发生于缺乏安全设施的建筑等。作为对策,应加强公共场所的治安联防,增加偏僻地段的照明装置,完善建筑的防盗设施等。

(3)犯罪侵害对象(被害人)控制。犯罪是对公共利益,个人的人身、财产和其他权益的不法侵害,因此,犯罪行为的实施必定受到侵害对象的性质和状况的制约。这就是说,犯罪行为实施具有对象选择性,包括两层含义。其一,有可供侵害的对象;其二,侵害对象状况有利于进行侵害。研究表明,被害人的生理、心理和行为弱点是最易被犯罪人利用为实施犯罪的条件。因此,减少被害机会便成为犯罪控制的重要组成内容。

(4)犯罪控制机制弱化再控制。犯罪场四要素中,影响力最强、影响面最宽的是犯罪控制机制的弱化。

社会内部固有地(天然地)存在强大的犯罪控制机制:生产关系与生产力发展大体适应,精神文明与物质文明基本协调,公众有相近的道德意识,国家有严格的法律制度,人际关系亲善,家庭纽带稳固,学校教育良好,行政管理有序,社会生活安定,政府体察民情,民众拥护政府,社会在各方面关系协调中稳步发展。这就是对抗犯罪(控制犯罪)的强大的力量。在总体上,任何社会中犯罪控制力量总是大于犯罪促成力量,尽管不同国家之间、不同时期和不同地区存在程度上的差别。所以,由于种种原因犯罪控制机制变弱,会导致犯罪上升。

犯罪控制,从基本上说,不是控制(直接遏制)犯罪原因(前面所述狭义犯罪原因),而是控制(直接遏制)犯罪控制机制弱化的发展,即犯罪控制机制弱化再控制。

控制机制弱化,主要有八种表现:

(1)社会总需求大于总供给(差值达警戒线),在一定程度上造成经济流通领域的失控。在这种状态下,商品价格远离价值的现象是不可避免的,这就给利用商品交换牟取非法利益的多种经济犯罪带来了大好机会。

(2)社会分配不公,削弱了社会内聚力。社会内聚力是社会控制的重要因素,内聚力削弱会直接导致犯罪控制机制的弱化。

(3)商品经济促使社会流动性增大,社会凝聚力相应下降,削弱了传统控制机制。

(4)企业、事业单位、机关、团体等内部管理制度不健全,给犯罪行为的实施提供了有机可乘的条件。

(5)法制不完善。现实中尤其经济活动中出现的许多危害行为,就是利用这种法制不完善的情况实施的。

(6)法治观念淡薄。在干部(包括司法干部)方面表现为有法不依、执法不严和违法不究;在公众方面表现为守法意识淡薄。这两方面中前者是主要的。这不仅直接削弱了国家最有力的犯罪控制机制,而且直接给犯罪分子提供了犯罪机遇并壮大了其犯罪胆量。公众守法意识差也直接淡化了犯罪分子的"法网难逃"的心理压力。

(7)对某些犯罪惩治不严。表现在执法上的"以罚(款)代刑"或者"不了了之"。表现在立法上,一是某些犯罪的法定刑过低,例如偷税、抗税罪;二是某些罪的犯罪圈过小,例如贪污、受贿等罪的起刑线在数额上定得过高,使得低于法定数额的许多非法行为不成为犯罪,与某些普通财产罪相比,这不仅有失社会公正而且客观上给贪污、受贿者服了定心丸。这与此类犯罪的增多,似乎不无关联。

(8)思想工作削弱。改革取得了举世瞩目的巨大成就,但也有失误,最大的失误就是教育。既包括学校教育,也包括对普通公民尤其是国家干部的教育,总之思想工作削弱了。在过去,强有力的思想工作是社会主义国家的优势,对社会安定和国家发展发挥了巨大作用。商品经济发展,必然冲击传统价值观念和道德意识,在这一历史急转时期更需要加强思想工作。党中央根据这一预见适时地提出了两个文明同步发展的战略方针。但是由于种种原因,这一方针并没有得到切实贯彻。人的一切行为,包括善行和恶行,无不受一定的思想指引和制约。思想工作削弱导致了犯罪控制系统的精神堤坝濒临崩溃。

四、犯罪控制的策略重点——司法控制

如前所述,社会控制是犯罪控制的战略目标。把司法控制作为犯罪控制的策略重点的根据是什么?

司法控制就是国家刑事司法系统通过惩罚犯罪和改造罪犯对犯罪实行控制。其所以作为犯罪控制的策略重点,根据在于:第一,控制系统中最易落实的便是司法控制,因为有专门的职能部门作为控制主体,这些职能部门的职责就是控制犯罪;第二,有国家强制力作保证,因而具有最强的现实控制力;第三,在社会治安形势严峻的背景下,犯罪控制的策略重点除司法控制外别无其他选择。

司法控制的主体是公安机关、国家安全机关、检察机关、法院、罪犯矫治部门和劳动教养部门。

司法控制的目的是惩罚违法犯罪,矫治违法犯罪人员,以期收到刑罚特殊预防的效果。

司法控制的方法(手段)体现为"三级制裁"体系:治安处罚;劳动教养;刑事惩罚。

司法控制要收到最佳效果,实现犯罪控制的整体效益,关键在于正确贯彻执行《刑法》规定的"惩办与宽大相结合"的基本刑事政策。如何贯彻这一基本刑事政策?在微观上,"宽严相济":该严的严,该宽的宽,不能水涨船高,也不能搞"一刀切"。在宏观上,"严而不厉",防止刑罚贬值。这里需要重点研究的问题有以下几点。

(一) "严而不厉"的含义

"严"与"厉"二字含义有相同的一面,常常连用。但它们也有不同的一面,"严"有严格、严肃、严密的意思;"厉"有厉害、猛烈、苛厉的意思。本文是在不同含义上使用这两个字:"严"指刑事法网严密,刑事责任严格;"厉"主要指刑罚苛厉,刑罚过重。

(二) "严而不厉"的具体建议

(1) 完善罚金刑,扩大其适用范围。在刑法总则中完善罚金刑,将其分为两种:一种是对获利性犯罪采取比例罚金制,另一种是对非获利性犯罪采取幅度罚金制。在分则中增加适用罚金刑的条款。

(2) 增设持有型罪名,例如"非法持有毒品罪"(1990年12月全国人大常委会《关于禁毒的决定》),以及1988年全国人大常委会《关于惩治贪污罪贿赂罪的补充规定》第11条第1款所谓"非法所得罪",其实际上是"持有超过合法收入的财产罪",现称"巨额财产来源不明罪"(仍需斟酌)。

外国刑事立法中尚有"非法持有武器罪""持有犯罪工具罪"等。

这一种罪名的功能是:减轻国家公诉机关的证明责任,减少罪犯逃脱法网的机会,提高国家刑事司法效能,以便于控制犯罪。

(3)累犯应当从重或者加重处罚。现行《刑法》只规定从重处罚。为遏制危险累犯,加重处罚是必要的。外国刑事立法多采取加重制。

(4)为维护社会安全,使某些促成犯罪发生或者引起重大社会危害的高概率原因因素犯罪化(把原不是法律上的犯罪行为规定为法律上的犯罪行为),例如增设酒后驾车罪等。

(5)为维护党政机关威信,清除腐败现象,促进廉政建设,促进商品经济新秩序建立,应当扩大贪污罪和受贿罪的刑事惩罚范围。具体体现在以下两个方面:一是贪污罪、受贿罪的起刑线降到与普通盗窃罪大致相当。二是根据受贿罪的构成要件之一"利用职务上的便利"应当结合犯罪主体情况,分别几种具体的受贿罪:普通受贿罪(利用自己的现职便利条件受贿);事前受贿罪(任某职之前先受贿,约定任职之后为行贿人谋利益);事后受贿罪(任某职时为行贿人谋利益,约定在离开该职之后接受贿赂);斡旋受贿罪(受贿的公职人员并未利用自己的职务便利为行贿人谋利益,而是利用某种人事关系要求未接受贿赂的第三者利用其职务便利为行贿人谋利益,也就是通常所说的"受贿的没有枉法,枉法的没有受贿"的情形);准斡旋受贿罪(与前述"斡旋受贿"相比,唯一的不同之处在于受贿的不是现任公职人员,而是已离退休的公职人员)。为有效控制受贿犯罪,科学地严格控制行贿犯罪是十分必要的。与行贿犯罪作斗争是一个政策性强的、很复杂的社会问题。

五、犯罪控制的理想模式——犯罪控制法制化

(一) 犯罪控制(主要是社会控制)的经验教训

社会治安综合治理实践的主要经验表明,犯罪控制关键在于落实各项治理措施。治理措施无法落实的基本原因在于许多措施仅仅是号召,而没有与"相应的责任"联系起来。措施没有落实,主要是因为责任没有落实。落实责任,就是把责任以法律规范或制度章程的形式固定下来。

(二) 犯罪控制法制化的目的

统一犯罪控制主体的行为规范,落实责任,便于监督和评估。

(三) 犯罪控制法制化的艰巨任务

对犯罪控制法制化应作全方位理解,重点如下:

(1)社会生活各方面(经济、政治、文化)都有较完备的法律,使社会处于有序状态。这是犯罪控制法制化的总体目标和高层次。

（2）刑事司法系统的审判（实体和程序）方面的立法相对比较健全，同时刑罚执行和违法犯罪人员改造方面的配套法律也要具备。

（3）社会治安方面的法律规章制度的制定任务尤为艰巨。现在虽然有了《治安管理处罚法》和一系列有关公共场所、公共事业管理法规，但仍然很不完善，离综合治理（犯罪控制）法制化的要求相距甚远。另外，公共场所"谁主管谁负责"原则也应法制化。

（4）企业、事业单位、机关、团体内部保卫工作要制度化。例如，北京市东城区企事业单位治安防范委员会自1988年成立以来，大力开展群防群治。北京市东城区公安分局与全区经保系统160个单位的法定代表人签订了"治安防范责任书"，这种文件具有法律效力，不失为机关、团体、企事业单位法制化控制犯罪的方便又可行的好做法。由于实行这种做法，1990年东城区企事业单位内部刑事案件大幅度减少。"三无"（无刑事案件、无违法犯罪职工、无治安灾难事故）企事业单位已增加到144个。这是一个很大的成绩。

（5）成立各级"社会治安综合治理委员会"是犯罪控制法制化的组织保障。中央率先成立了此类委员会，随后北京市和其他一些省、市也相继成立了此类委员会。

可以这样认为：犯罪控制法制化程度与犯罪控制的成效成正比。社会实践将会证明：犯罪控制法制化是犯罪控制的理想模式。

犯罪场

——犯罪控制的捷径*

一、犯罪场论的研究对象

犯罪场论的研究对象是犯罪场。犯罪场是什么？笔者在《青少年违法犯罪的原因和对策》（北京燕山出版社1989年版）第三章"青少年违法犯罪原因的立体模型"中提出了"犯罪原因立体模型等于社会原因（二维）加个体原因（三维）并附加作用场"这一构想。"犯罪原因是多维系统"，由社会原因和个体原因两大方面（五维）构成。犯罪原因这种复杂现象并非诸因素的简单相加，而是一个系统；只有在诸因素"相互作用"的情况下，这些因素才能成为（实现为）犯罪原因。否则，始终只是一堆孤立的东西而已。"场"和实物，是自然界物质存在的两种基本形态，实物之间的相互作用是依靠相应的场来实现的，如物体的万有引力作用是在引力场中实现的。犯罪原因的实现，即诸因素相互作用产生犯罪，使得原来的孤立因素变成了犯罪原因。"一定的社会因素和个体因素相互作用产生犯罪，这一过程总是在某种背景下实现的，这种背景称之为作用场（犯罪作用场）。"作用场由两类要素，即时、空因素和侵害对象因素构成。

犯罪作用场后来在《犯罪学教程》（中央广播电视大学出版社1990年版）第十二章中改称为"犯罪场"。"犯罪原因产生犯罪效应的特定领域，或者说，犯罪原因实现为犯罪行为的特定领域，称为犯罪场。犯罪原因的实现，即主客观诸因素相互作用产生犯罪，从而使原来可能引起犯罪的因素变成了现实的犯罪原因。"在概念的基本内涵方面，犯罪场与犯罪作用场基本相同，即强调"相互作用"。两处（两书有关此论题的论述）也都指出：犯罪场（作用场）本身不是狭义的犯罪原因，既不是犯罪的社会原因，也不是犯罪的个体原因，但它又是发生犯罪不可少的条件。犯罪场的论述与先前的作用场相比有三点进步：其一，指出相互作用是"主客观因素"的相互作用；其二，指出犯罪场属社会场，社会场与自然场的区别在于，社会场存在于社会关系之中；其三，指出犯罪场的构成因素还有犯罪控制机制弱化情况（称作"社会控制疏漏"更贴切）。尽管如此，犯罪场概念仍有缺陷，主要是没有将"主观因素"明确地深化为社会关系"主体"概

---

* 节选自储槐植主编：《犯罪场论》，重庆出版社1996年版。

念。处于同样的背景条件(时间、空间、对象和疏漏的社会控制),有的人没有任何特别感受,根本不实施犯罪行为,而有的人视为犯罪机遇并实施了犯罪。可见,犯罪场的构成因素除时间、空间、侵犯对象和社会控制疏漏等客观的犯罪条件外,还有个特定主体——潜在犯罪人。所以笔者在《犯罪学大辞书》(甘肃人民出版社 1995 年版)的"犯罪场"词条中将其定义为:"存在于潜在犯罪人体验中、促成犯罪原因实现为犯罪行为的特定背景。"

"背景"(环境和条件)包括四个方面因素:时间因素、空间因素、侵犯对象(被害人)因素、社会控制疏漏。这些因素在一般情况下是中性的,它们之所以被称为"特定"背景,是因为潜在犯罪人体验(接收)到它们传递的犯罪手段得逞的信息。可见,犯罪场的结构是潜在犯罪人与犯罪背景因素的结合。没有潜在犯罪人,也就没有犯罪场。潜在犯罪人是指受外界犯罪原因影响并形成犯罪心理①的人。犯罪原因(社会的和个体的)是潜在犯罪人得以出现的客观根据。同一时、空等背景条件对不同的人(存在或者不存在犯罪心理的人)会产生迥然不同的体验;对某些人称为犯罪场构成因素,对另一些人不构成犯罪场。因此,犯罪场是主体与客体相交融、客观与主观相结合、存在于潜在犯罪人体验中的特定环境和条件(背景)。犯罪场不是纯客观的实体范畴,而是主体与客体之间的一种关系,即关系范畴。这是犯罪场的基本特征。可见,犯罪场既不同于一般所说的犯罪条件,又不同于刑事侦查中的犯罪现场,它们都是客观事物,不含主体因素。犯罪场也不是犯罪的主观原因,因为犯罪场具有不以犯罪人意志为转移的客观属性,而且它通常也不具有形成犯罪动机的原因力。犯罪场在犯罪原因系统中的功能是促成可能的犯罪原因转变为现实的犯罪行为,转变过程就是一种信息传递机制。时间、空间、被害人因素等客观条件作为信息载体,潜在犯罪人作为信息受体,载体与受体接触,信息得以传递,便形成犯罪场,同时或者即将实施犯罪行为则是犯罪场效应。财物保管不严这一客观条件对具有盗窃、贪污意识的人来说则成为犯罪机会的信息;夜晚街道里弄照明幽暗、老翁弱女,对已有抢劫动机的人而言,递送的无疑是犯罪易于得手的信息;法网疏漏、执法不严、司法无能,对潜在犯罪人传达的便是高概率逃脱法律裁判的信息。犯罪场的功能在占犯罪总数绝对比重的故意犯罪中反映明显。

研究犯罪场的价值在于:控制犯罪的捷径(方便途径)是控制犯罪场,甚至可以说,犯罪控制就是犯罪场控制。控制犯罪场的任一构成因素便能收到控制犯罪的效果。控制犯罪场比控制犯罪原因(社会的和个体的)简便而省力。这是因为,控制犯罪社会原因的最大困难在于很难协调社会基本结构(生产力与生产关系、经济基础与上层建筑)之间的内部矛盾,古往今来,人类主要精力就用在这方面。控制犯罪的个体原

---

① 犯罪心理,在刑法学中指实施犯罪行为时应受谴责的心理态度(罪过);在犯罪学上有广狭两义,广义指犯罪人的心理,狭义指可能促成犯罪发生的心理因素。这里是在狭义上使用犯罪心理这一概念。

因的核心问题是控制人的精神世界,而人类发展到今天,控制精神世界的能力远不及控制外在环境的能力。事实上很难做到"不让人去偷",但有可能做到"使人偷不到"。就社会功利的价值取向而言,犯罪控制的关键在于犯罪场控制。

研究犯罪场就是研究犯罪场的特征、犯罪场的结构、犯罪场的功能,以及犯罪场对犯罪控制的价值,这些便是《犯罪场论》的基本内容和篇目体例。

二、犯罪场论的研究方法

方法问题贯穿于人类活动的一切领域。思考问题有思想方法,管理工作有管理方法,科学研究有科学方法。"方法"一词在西方语言中源于希腊文,原意是"沿着"某条"道路"行进的意思。研究方法就是在研究过程中使用的一种精神手段。研究方法是一个复杂的、多层次的知识体系,按其概括程度和使用范围,可分为三个基本层次。第一个层次是专门方法,几乎每门科学都有自己专门的研究方法,例如化学中的元素定量分析法、高级神经活动生理学中的条件反射法、心理学中的心理测验法,等等。第二个层次是通用方法,例如观察、实验、数学方法,以及控制论方法、信息论方法和系统论方法。第三个层次(最高层次)是哲学方法,在当代主要是指唯物辩证法。[1] 著名科学家钱学森认为,要想真正把握事物,尤其是复杂事物的整体,得到对它全面、正确、本质的认识,就必须运用唯物辩证法和现代科学技术体系的知识,甚至许多还不成其为科学的点滴感受和经验,才能科学地研究和反映客观事物的全貌。他把这套方法称为"大成智慧学"(即集古今中外智慧之大成)。大成智慧学要求逻辑思维与非逻辑思维并举,大成智慧学是对直觉、灵感、非逻辑思维本质的认识;对复杂事物的总体系统分析,从一开始就应承认理论的不足,而求援于经验和专家群体判断。[2]

对犯罪场的研究,在最高层次上当然应坚持唯物辩证法,对立统一规律是指导研究的基本思想路线。

犯罪场作为犯罪学的一个基本范畴、犯罪学这门学科的专门研究方法也适用于犯罪场论的研究。什么是犯罪学的专门方法?如果将实证方法(突出定量分析)视为犯罪学的一种专门方法,这有一定道理,因为近代犯罪学的诞生以实证方法研究犯罪原因为标志,所以,也称实证犯罪学派。实证的定量分析方法直至今天仍是犯罪学研究的一种方法,尤其我国长期以来以定性和逻辑推理方法为主,实证方法应被强调是合理的。但也不能绝对化。在实证犯罪学产生初期,这种方法在西方就遭到了批评,这

---

[1] 参见齐振海主编:《认识论新论》,上海人民出版社1988年版,第127—139页。
[2] 参见孙华:《钱学森提出现代科学技术体系与大成智慧学的构思》,载《北京大学校刊》1994年6月20日。

种批评到第二次世界大战前后更趋强劲,这是因为像犯罪这种十分复杂的社会现象与许许多多变量(因素)相联系,而且其中有些作用机制至今仍是"黑箱",在这种情形下以部分变量为基础,进行定量分析,得出的结论往往难免以偏概全。另外,实证方法能否有效进行还受研究者主观力量(从时间、人力到物质手段)的限制。基于上述原因,我们对犯罪场的研究没有采用实证方法(引用一些数据似乎称不上真正的实证)。经验判断与逻辑推理相结合是犯罪场论的一个常用方法。经验是理论的土壤,正如爱因斯坦所说,狭义相对论也是建立在经验的基础上的。恩格斯认为,"全部科学都是以经验为基础的"[1]。经验判断与直觉思维(与逻辑思维和形象思维共称人类思维活动的三种普遍形式)常常紧密相连。直觉思维的表现具有突发性,是一种突如其来的对问题的顿悟。直觉思维的结构具有跳跃性,它不是按照规定的逻辑步骤进行,而是以凝聚简洁的形式,在瞬间直接获得对问题的解答。思维者记住了思考的结果,但并不了解自己思考的全过程。思维活动的跳跃性是直觉思维的本质特征。需要进一步论证直觉思维的结论,使之趋于完善。直觉思维通常只是形成揣测和假说。爱因斯坦在直觉到了狭义相对论的结论后,立即投入紧张的工作,连续奋斗五个星期,写成了《论动体的电动力学》这篇仅有 9000 字但具有划时代意义的著名论文。直觉思维主要产生于思维者的潜意识。潜意识是由遗忘的经验以及内驱力形成,它左右人的行为,而人的意识却觉察不到它。[2]

犯罪场(起先是犯罪作用场)这一概念在笔者脑海中浮现,仿佛是突如其来的灵感。这种以经验为基础的直觉思维可能有片面性和表面性的缺点,需要靠逻辑推理来弥补。对犯罪场的理论分析和论证,如前所述有一个从较多疏漏到较少疏漏的过程,这个过程未完成,今天充其量也只能说是疏漏少于以前的犯罪场论。欢迎有兴趣的同人共同参与这一过程。

"三论"(系统论、控制论、信息论)方法是介于哲学方法和专门方法之间的适用于各学科的通用研究方法,这里也是。

随着社会进步和科学技术的发展,人类在线性思维方式基础上,逐渐学会用系统思维方法来思考和处理各种问题。现代科学技术的一个特点是将研究对象当作系统来分析。整体性、有机性、动态性是系统的主要特性。系统方法的一个重要特征是研究系统的结构(系统内诸要素的组合形式)。世界上一切事物都有一定的结构,又表现为一定的功能。《犯罪场论》的内容体系就是由犯罪场的概念特征、犯罪场的结构和功能等组成。在研究犯罪场时侧重运用系统结构方法,在研究犯罪场功能时突出控制论

---

[1] 恩格斯:《社会主义从空想到科学的发展》(英文版导言),载《马克思恩格斯选集》(第 3 卷),人民出版社 1995 年版,第 382 页。

[2] 参见齐振海主编:《认识论新论》,上海人民出版社 1988 年版,第 289—291 页。

和信息论的理论和方法。

实际上,20世纪80年代初开始我国犯罪学理论研究兴起就与系统思维方法运用同步。这就是我国犯罪学研究起步晚(由于复杂的社会历史原因造成)但起点不低的原因。犯罪研究青睐于系统方法是出于现实需要。由于20世纪50年代至70年代末"阶级斗争为纲"的政治路线的长期影响,"犯罪是阶级斗争的反映""阶级斗争罪因一元论"便是当时占绝对优势地位的犯罪观。"文化大革命"结束之后的一段时间(直至20世纪80年代初)这种状况并未改变。这是犯罪学研究的最主要障碍。系统论方法正是打破阶级斗争罪因一元论禁锢的有力的批判武器。尽管当时有些研究者并未明确意识到要运用系统方法,笔者便是一例。拙文《多层次的犯罪原因论》[①]的内容是正面论述犯罪原因的极端复杂性,说明犯罪产生绝非被一两个因素所决定;写作动机便是批评被政治简化和僵化了的罪因一元论。

三、犯罪原因理论反思

在犯罪学中,出于不同视角,犯罪原因有多种定义。在本质上,原因是指产生现象的现象。犯罪原因是指产生犯罪现象的现象,这一哲理解释已成学界共识。

犯罪原因具有社会性,这不仅因为犯罪是一种社会现象,而且因为犯罪是社会结构失调的产物。犯罪原因具有复杂性,犯罪是诸多因素相互作用的产物,某一孤立因素如果不与其他因素相互作用便不会产生犯罪(作为原因的结果),犯罪原因是个系统。犯罪原因具有动态性,产生犯罪现象的现象本身始终处于变化过程中,从这一意义上说犯罪原因是一个过程。犯罪原因具有等级性,引起犯罪发生的诸多因素对犯罪发生所起作用范围的广狭和力度各有差异,这是由犯罪原因在系统中的层次决定的。

犯罪原因理论是犯罪学的理论基础。依不同标准,在学理上犯罪原因可分类为:①犯罪根源、犯罪原因、犯罪条件、相关因素。②犯罪主观原因,犯罪客观原因。③犯罪内因,犯罪外因。④犯罪的普遍原因,犯罪的特殊原因。⑤犯罪的一般原因,犯罪类型原因。⑥宏观犯罪原因,微观犯罪原因。⑦犯罪社会原因,犯罪自然原因。⑧犯罪社会原因,犯罪个体原因。⑨犯罪主要原因,犯罪次要原因。⑩犯罪的直接原因,犯罪的间接原因。⑪犯罪现象产生原因,犯罪行为形成原因。⑫犯罪现象产生原因,犯罪现象增长原因。⑬犯罪根据(亦称狭义上的犯罪原因,指决定犯罪存在和变化的那些因素),犯罪条件(狭义上的犯罪条件是犯罪根据的对称,指影响犯罪存在和变化的那些因素)。

---

① 1983年发表,后被中国青少年犯罪研究学会编委会编的《青少年犯罪研究年鉴(1987·首卷)》(春秋出版社1988年版)作为首篇收入"犯罪原因篇"。

迄今为止,犯罪学的发展经历了三个阶段。刑事古典学派犯罪原因观的基本点是自由意志论,其主要代表人物并没有专门研究犯罪原因,只是在论述刑事责任的根据和刑罚的合理性时涉及这一问题。实证派犯罪学的代表人物都否定古典学派的自由意志论,主张行为决定论,即犯罪行为由某些客观因素(包括行为人的生理素质和身体特征)所决定的犯罪原因观,但在哪些因素对犯罪具有决定作用这一问题上他们的观点各有差别。实证派犯罪学的首要特点就是用实证方法来研究犯罪原因。继实证派之后,当代犯罪学关于犯罪原因的理论,一种是初始于20世纪20年代苏联、第二次世界大战后经东欧诸国学者进一步丰富的罪因论,其基本特点之一是结构分层,在哲学概念上划分原因和条件。关于犯罪原因的第一分层是一般原因(适用于一切犯罪)和特殊原因(不同类型犯罪的原因);第二分层是将一般原因分为侧重于犯罪学的宏观犯罪现象的原因和侧重于心理学的微观犯罪行为的原因。另一种是以美国犯罪学为代表的当代西方犯罪原因理论,学科涉及广泛、学术观点多样的西方罪因论大体可归纳为五个研究方向:其一,犯罪生物学理论,是研究人体生物因素与犯罪行为的广狭的学说,其特点是自然科学方法与社会科学研究相结合,注重从人体构造、类型、组织和机能等方面探索犯罪原因。代表性的理论有:体型性格论(根据人体和精神不可分离原理,研究体型、性格类型与犯罪的关系)、染色体异常论、脑电波异常论、内分泌论、生物化学因素论等。其二,犯罪心理学理论,研究个体心理现象与犯罪行为的关系。代表性的理论有:精神分析理论、挫折反映理论、学习理论、行为理论、犯罪人格理论等。其三,犯罪社会学理论,认为生物学因素和生理学因素只有与社会因素相结合才能引起犯罪。对犯罪的社会原因,当代西方犯罪学通常从社会结构、社会过程和社会冲突三个角度进行研究。代表性理论有:文化冲突理论、差异交往理论、社会异化理论(亦译为扭曲理论或者紧张理论)、亚文化理论、标签理论、城市环境理论、社会控制理论、社会冲突理论、社会发展理论(科技发展理论就是其中的一种)、激进犯罪学理论。其四,犯罪政治学理论,认为国家权力行使与犯罪发生之间存在联系,这种理论实际是对犯罪原因所作的政治解释,主要有:国家权力真空理论、国家机能失调理论、国家干预过渡理论。其五,犯罪经济学理论,指运用经济学方法研究犯罪问题,其特点是着重从利益得失与行为选择之间的内在关系阐明犯罪原因。这种理论认为,犯罪人与普通人没有本质区别,他们都是有理智的人,趋利避害是共性,总试图以最小代价换取最大报酬,每个人都是一定条件下权衡利弊得失作出自己的行为选择。犯罪人之所以犯罪是因为他们认为这样做会比利用相同的时间和精力做其他事情能够得到更多的好处。因此,为控制犯罪,可以提高定罪概率或者加重刑罚量,以此来提高犯罪的成本(代价),从而减少犯罪的可得利益。这种理论试图用数学方程式建立经济模型,以便使犯罪原因定量化。

自中华人民共和国成立以来,我国的犯罪原因研究可粗分为三个阶段:第一,中华人民共和国成立至1957年"反右"政治运动,为罪因研究的初始时期,犯罪原因的说明主要体现在刑法教材里,理论虽有浓厚意识形态色彩,但学术思想尚属活跃。第二,1958年至1978年"文化大革命"结束,为罪因研究的停顿时期,"反右"斗争之后,在"以阶级斗争为纲"的错误路线指导下,政治运动接连不断,理论禁区日益增多,罪因问题成为刑事学科领域的头号禁区,阶级斗争罪因一元论是这个时期唯一"合法"的犯罪原因理论。第三,1979年以来是罪因研究的恢复和发展时期,犯罪学在我国才真正成为一门独立学科。由于是在正确思想指引下的恢复,不可能回到1957年以前,这种恢复本身包含了发展的基因,所以恢复和发展之间很难规定一个年份区限。首先,改革开放是犯罪原因研究得以恢复和发展的基本前提和主要动力。理论研究中突破阶级斗争罪因一元论是犯罪学领域思想解放的起点,也是20世纪80年代罪因研究的首要特点。其次,罪因研究的恢复和发展以控制青少年犯罪为契机,这是出于20世纪70年代中期开始青少年犯罪日益严重的客观形势需要。中国青少年犯罪研究学会(1982年成立)在组织和推动我国犯罪学研究这一社会事业中发挥了重大作用。再次,研究队伍结构合理,不仅有法律界的学者和实务工作者参加,而且还有教育界、医学界、心理、生理等学科研究人员以及共青团、妇联等群众团体的工作人员参加,研究队伍的多样性推动了罪因研究向多元方向发展。十多年来,犯罪原因理论取得了很大成绩,不仅促进了犯罪学整体的繁荣,而且在一定程度上影响了国家的社会政策,推动了社会治安综合治理——犯罪控制基本模式的确立。总体而言,我国犯罪原因研究起步较晚,起点不低,但因历程尚短,研究质量和理论水平有待进一步提高。20世纪80年代开始,伴随科学方法论的传播,我国犯罪学者已着手试探将犯罪原因当作一个系统进行全面剖析,从整体上和各要素之间辩证统一关系视角研究犯罪原因,取代了单一、孤立和静止的罪因研究方法,结构层次内容表述互有差异的诸多犯罪原因系统观点已成为我国目前犯罪原因研究领域的主流。《中国犯罪原因研究综述》用15万言介绍了1983年至1992年10年间我国近百种犯罪原因的一般理论观点(不含犯罪原因的类型研究)。[①]

一方面,以上对国内外犯罪原因研究发展概况的简要回顾,表明在这个研究领域存在丰硕的学术成果和深厚的理论积累,为《犯罪场论》的写作提供了一方广阔的思维空间。《犯罪场论》不是无本之木。另一方面,回顾进而反思。如前所述,犯罪原因系统观点已成为我国目前犯罪原因研究领域的主流。《中国犯罪原因研究综述》以"犯罪原因体系及其结构层次"为标题介绍了二十多种主要观点,各有一定真理成分,各有所长,也各有所短。笔者认为,种种犯罪原因系统理论都存在着结构缺陷和机制疏漏的

---

① 参见曹子丹主编:《中国犯罪原因研究综述》,中国政法大学出版社1993年版,第1—230页。

不足,其中也包括笔者在此之前发表的有关论述。

不断变化的多种多样的社会原因(因素)之间以及社会原因与个体原因之间相互作用的复杂机制,至今仍是个"黑箱",目前还缺乏足够的技术手段和应有的认识能力具体地描绘(说明)这种相互作用的机理,所以,各种论著只是笼统地说明各种犯罪原因因素间的相互作用,而不是犯罪场中主体(潜在犯罪人)与客体(环境)之间的相互作用。后者相对而言比较单纯,是可能说明的。上面提到的当前种种犯罪原因系统理论存在的机制疏漏,不是指犯罪原因诸因素之间的相互作用这个"黑箱",而是指没有认识或没有重视犯罪原因(确切地说是致罪因素或者可能的犯罪原因)在发挥其致罪功能之前不可避免地要受到"免疫系统"阻挡这样的两种反向力量的斗争。两种反向力的较量对产生犯罪原因因素以及种种因素之间发生怎样的相互作用,都必须闯过免罪系统的屏障才有可能成为真正的犯罪原因。人类社会(任何形态的社会)本来就存在强大的免罪系统,最有力的证据是犯罪者总是社会的少数。犯罪形成机制犹如病理学理论所示,人体的外界始终存在无数致病因素,但并非人人时时都得病,健康人总是多数,功劳在于人体有强大的免疫系统。疾病只是发生在免疫系统未能战胜致病因素的情况下。免罪系统未能克服致罪因素,犯罪便可能发生。从犯罪控制的功利观点考虑,对研究免罪系统应予重视。免罪系统的构成要素包括社会基本结构即生产力与生产关系以及经济基础与上层建筑大体协调,精神文明与物质文明大体同步,社会控制与治安需要大体平衡。个体免罪系统的强弱主要取决于道德意识和自控能力。

犯罪原因(致罪因素)越过免罪系统屏障,便形成潜在犯罪人,此时未必出现犯罪;潜在犯罪人只有在特定环境条件(背景)下形成犯罪场,才产生犯罪。从可能的犯罪原因到犯罪行为的实施,一个中介关节便是潜在犯罪人。通行的犯罪原因系统理论(包括笔者在此之前的理论)存在的结构缺损就是没有对潜在犯罪人这一中介关节给以足够的研究。

潜在犯罪人是指受外界犯罪原因影响从而形成犯罪意识的人,它是犯罪场论的一个重要概念。作为犯罪场构成的两个方面——潜在犯罪人与特定背景的关系,不是哲学本体论中意识与存在的关系,而是哲学认识论中主体与客体的关系。辩证唯物主义的认识论是能动的反映论,主体(潜在的犯罪人)反映客体(环境条件)是有选择的反映,即反映时包含了主观选择性。例如,在附近无人时有一手提钱袋的盲人借助竹竿摸索着走向小桥。就这一情景,大多数人对孤立无援者的险境会产生同情心,从而上前搀扶;而潜在的犯罪人则对孤立无援者的手袋感兴趣,并进而实行抢劫。手提钱袋的盲人这一客观存在,对于不同主体被反映的侧重点和形成的结果却不相同。被反映的客体是客观存在,没有它就不会有主体意识;但客观实在并不能决定反映者的选择性。而且客体不是自在之物,是客观世界中与主体活动有功能联系而被认识的客体的属性,成为主体活动的客体。能动的反映论认为,没有客体就没有主体,反之,没有主体也就没有客体。在认识论中,主体与客体相互依存。犯罪场中的主体的能动性不仅表现为对客体特性的选择性,有时还表现为创造性,即为达到一定目的而有意识地创设一定的环境条件,这种情形在预谋犯罪中并不少见。通过上述分析,得出的结论是:犯罪场既不是单纯的客观条件,也不是单纯的潜在犯罪人,而是主体与客体相互依存的关系。从哲学上观察,犯罪场不是实体范畴,而是关系范畴。关系,就是事物之间的相互作用,即相互联系和相互影响。犯罪场这一特性也为犯罪控制方略设计提示了思路。

通过对犯罪原因理论的反思,犯罪场作为其组成部分的犯罪原因系统应如图1所示:

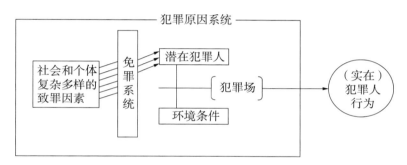

图1 犯罪原因系统

说明:

"致罪因素"即可能的犯罪原因,各种致罪因素相互作用,又遇犯罪原因系统以外的"免罪系统"(社会的和个体的)强大的阻挡,彼此斗争;致罪因素如能滤过免罪系统,则产生"潜在犯罪人";潜在犯罪人与特定背景(环境条件)形成"犯罪场",从而实施犯罪行为。可能的犯罪原因便成为现实的犯罪原因,潜在犯罪人便成为实在的犯罪人。

四、犯罪场论的学科地位

犯罪场论的学科地位,不是指犯罪场论作为独立学科的地位,而指犯罪场论在犯罪学这一学科中的地位。

通行的犯罪学主要由原因论和对策论(控制和预防)两大部分构成。有的犯罪学著作另加现象论。犯罪原因论是犯罪学的理论基础,近代犯罪学(实证犯罪学)就是从研究犯罪原因起家的。经过一个多世纪的努力,犯罪学取得了长足的发展。长期以来有一种普遍的看法,认为犯罪原因认识清楚了,犯罪就可能得到控制。当然,原因认识不清,犯罪不可能得到控制;但事实上,原因大体清楚(犯罪原因尚需进一步研究)而犯罪仍在增长。常用一个比喻,病因清楚了就可以对症下药。其实罪因与犯罪的关系远比病因与疾病的关系复杂得多。于是西方犯罪学界出现了对罪因理论研究的沮丧情绪,20世纪70年代以来"环境预防论"和"条件控制论"等理论的盛行与此背景有着密切联系。环境预防与犯罪条件控制等理论的共同点是具体、实际、可操作性强。这些理论属犯罪对策范畴。研究兴趣和研究重心从犯罪原因向犯罪对策转移,表明了功利价值导向,也符合社会需要。上述沮丧情绪和这种转移从一个侧面反映了这样的情况,即通行犯罪原因与犯罪控制(犯罪对策)两者之间欠缺直接的内在联系。

上述环境预防论和条件控制论实质上将环境条件归属犯罪对策范畴,我国犯罪学理论通常将条件纳入犯罪原因系统。两者都有一定道理。它们的理论结构分歧在于,前者不认为环境条件是犯罪原因,这种观点必然导致犯罪原因与犯罪控制(犯罪对策)分离;后者将条件归入原因系统,又将原因系统中的条件与原因加以区别,但主要区别何在以及区别的理由何在实际上没有说清楚。笔者认为,犯罪原因与犯罪控制分离在理论上不妥,条件归入原因系统而又没有说清为什么要区分原因与条件也是理论不足。两者共同的缺陷在于没有找到犯罪原因系统与犯罪控制之间的联结点。这个联结点笔者认为就是犯罪场。致罪因素(狭义上的可能犯罪原因)越过免罪系统屏障产生潜在犯罪人,潜在犯罪人在特定环境条件下形成犯罪场(可见条件与原因处于犯罪原因系统不同的过程阶段),犯罪便接踵而来。可见,犯罪场(条件是其构成要素)是犯罪原因系统距离犯罪实施的最后环节,同时逻辑上自然可被视为犯罪控制(犯罪对策)的最直接的环节。因而犯罪场理论就成为犯罪学的两大板块最基本理论,即原因论与对策论之间最相邻近的部分。这是犯罪场论在犯罪学科中的地位的一层意思。另一层意思是使犯罪原因系统理论(犯罪场论属之)结构进一步具体化:原因与条件之间存在潜在犯罪人这一中介,犯罪原因与犯罪行为之间存在犯罪场这个中介。犯罪场论为犯罪原因理论这座大厦添砖补漏。最后一层意思是犯罪场对犯罪控制的重大实践价值:从逻辑上看,控制犯罪原因系统中任何一个环节都可能切断原因系统的因果链从而收到犯罪控制的功效;但从实践上看,离犯罪行为实施越远的环节越难控制,所以在功利上说,控制犯罪就是控制犯罪场。

五、犯罪原因研究的方法论

犯罪作为一种社会现象,有其复杂的产生原因。犯罪原因研究中不同观点的争论是正常现象,而且大有益处,因为可以打开思路。为使犯罪原因的研究工作取得更佳效果,当前有个问题值得讨论,即方法论问题。方法对头,事半功倍;方法不对,事倍功半。犯罪原因研究的方法论应当得到足够的重视。

方法论的第一个问题。唯物辩证法认为,世界万物都处于相互联系、相互依存、相互制约和相互作用的有机统一整体之中。这就决定了客观现象之间因果关系的复杂性。基于这种认识,在现代科学技术革命的历史背景下产生的系统论,是认识世界、改造世界的科学方法论,也是研究犯罪原因的可靠手段。系统论认为,每一事物都是一个整体(系统)。所谓整体,有两层含义:整体必由许多部分组成;这些部分不是杂乱凑合,而是自成系统,不同层次结构有机地组成一个整体。宏观世界和微观世界都如此,宇宙是一个系统,原子也是一个系统。小至个人道德,大至社会制度,都各有其形成系统。犯罪的产生也是如此。犯罪是特定个人所造成的一种社会现象。因此它必然涉及两个方面,个人和社会。这也就是犯罪原因的两大层次。个人原因(即主观原因)主要是道德退化(或称道德水平低下)。道德退化又有其复杂多样的形成原因,既有主观因素,又有客观因素,例如,愚昧无知、反常价值观念、缺乏自我控制力、家庭教育不良、环境影响恶劣,等等。其中任何一个因素又都有各自产生的原因,有可能不止一个,造成家庭教育不良的原因,可能是家长品质问题、家庭的阶级倾向问题,或者是教育内容和方法问题,等等。社会原因(即客观原因)更为复杂。人类社会,主要由生产力、生产关系、上层建筑构成。犯罪的社会原因也离不开这三个层次。同生产力相联系的带有普遍性的原因主要有人口质量、家庭结构、竞争反冲等。同生产关系相联系的原因基本是贫困、失业、阶级矛盾等。上层建筑中同犯罪关系最直接的是意识形态方面的因素,个人主义、精神污染等是明显的犯罪原因。三个层次之间互有联系,例如,个人主义意识形态是以一定的经济形态为依据,阶级斗争同生产力之间具有深刻的内在联系,等等。正如上面提到的主观原因以客观因素为基础(道德观念由社会存在决定),客观原因也总是不能脱离主观原因而产生结果(外因通过内因起作用)。相互作用是事物真正终极原因。贫困不一定犯罪,但道德退化加上贫困以及其他因素就会实行犯罪。

既然犯罪形成过程表现为诸多因素相互作用的多层次体系(系统),那么研究犯罪原因时采取系统论方法就是客观事物本身的需要。运用系统论方法来研究犯罪原因,把研究质量提高一步,当前需要强调两点。第一,鼓励"多渠道"。对同一现象从不同角度进行研究,这在自然科学和社会科学中都不乏其例。对犯罪原因这一极其复杂的社会现象的研究,如果只从一个角度来进行,那么路子会越走越窄;没有学术繁荣,就不可能取得丰硕的研究成果。所谓多渠道,就是指可以从政治学角度(侧重于阶级关系)、社会学(社会结构、社会矛盾、社会发展等)角度(其分支很多,例如犯罪学、人口学等),也可以从心理学角度(侧重于犯罪意识形成的心理机制),甚至从医学、生理学的角度来研究犯罪原因。不同学科应当彼此促进,共同发展,而不应相互排斥。不同学科之间可以展开讨论和争论。第二,鼓励"多种类"。这就是说,不仅要开展纵向研究，即犯罪原因各个不同层次的综合的或单项的研究、历史的比较研究，等等；而且要开展横向研究，即宏观研究和微观研究、总体（一切犯罪）研究和个体（各类犯罪）研究、地区间比较研究，等等。总之，对犯罪和犯罪原因的研究也要形成一个系统。

方法论的第二个问题。如果说第一个问题是因果联系内容的系统性，那么这里涉及的是因果联系形式的多样性。从哲学角度看，可分为两种形式的因果关系：机械规律性的因果关系（以没有例外的直接的必然性表现出来）和统计规律性的因果关系（事物变动的内在趋势通过大量偶然现象的盖然性表现出来）。比较复杂的现象常常呈后一种形式的因果联系。关于许多自然现象，特别是社会现象，我们看到的都是综合统计规律的因果联系。导致犯罪的原因和产生犯罪的结果之间的联系也是一种统计规律性的因果联系。因此，用统计方法研究犯罪原因便是理所当然的事。马克思认为，一种科学只有在成功地运用数学时，才算达到了真正完善的地步。人们认识事物，首先认识它的质，然后认识它的量。由对事物作定性分析到定量分析，是人类认识发展和科学进步的必然趋势。我们对犯罪原因的研究不能以定性分析为满足，还必须作定量分析，因为只有定量分析才能比较确切地把握事物发展变化的趋向。所谓定量分析，就犯罪原因研究而言，主要是统计方法。统计方法的目的是通过社会现象的数量方面来认识社会，通过数量（大数、概率）来揭示现象变化的内在趋势，从而了解事物的性质。科学结论的得出需要运用推理，但不能以推理为依据，数据才是可靠的根据。

统计方法的有效运用取决于：第一，科学设计统计指标，做好统计调查，取得系统的、准确的统计数字。第二，对统计调查所得到的统计数字资料进行科学的整理和分析，即对调查资料进行去粗取精、去伪存真、由此及彼、由表及里的改造制作，从中发现问题，找出原因，揭示规律，感性认识上升为理性认识。进行统计分析一定要持科学态度，切忌先入为主、主观臆断。第三，具备必要的统计手段，运用计算机是事半功倍的好办法。

方法论不单纯是技术问题，方法和观点密切难分。犯罪的产生是多方面的主客观因素相互影响共同作用的结果，犯罪原因是一个多层次的体系（系统），研究犯罪原因用系统论方法正是同犯罪原因本身特点相一致。促成犯罪的原因和实行犯罪之间的联系形式是一种符合统计规律的因果联系，研究犯罪原因用统计方法正是犯罪原因本身特性的反映。可见，系统论方法和统计方法正体现了唯物主义观点，从客观"事实"出发，既不是从主观"想象"，也不是从抽象"模式"出发。总之，犯罪原因的研究工作要切实遵循实事求是的思想路线。

经济全球化与犯罪控制对策[*]

随着中国加入世界贸易组织(WTO),我国经济发展的全球化趋势大大加快。在经济全球化大背景下,我国的资源因加入WTO,进入国际优化配置的总渠道,能实现国内外各种资源优势互补。中国2001年的各项改革,无一不是在适应WTO的要求,且步伐明显加快。改革已经深入计划经济的最核心领域,即行政性行业垄断、行政审批等以往改革的禁区。因而,可以说,中国经济体制在经过20多年的渐进改革之后,终于开始大步迈向市场经济的轨道,融入世界经济主流。[①]

全球化背景下,我国市场经济体制目标模式趋于定型和完善,这对于我国政治、经济、文化等社会环境将产生积极而深刻的影响。

一、经济全球化对我国社会的深远影响

这种影响主要表现在三个方面:

(一) 政府职能由管理型向服务型转变

"入世"将促使我国社会主义市场经济与世界经济深度接轨,市场经济的进一步发展和贸易自由化将在很大程度上影响我国政府的管理模式,客观上要求政府及时改革不适应国际规则的管理制度和行为方式,建立符合国际规则的运行机制和与国际管理对接的管理模式,并进一步改善与市场和企业的关系。[②] 我国40多年来的大量计划经济法律与规则,在加入WTO后已经成为与国际接轨的一道无形屏障。我国政府要把大约570项法律重新"回炉",彻底修改其他140项法律,这是中国五千年历史上至今从未有过的政治、文化、法制的本质变革。政府职能转变和体制改革步伐加快,企业的经营、管理和人事变更,将不再由政府说了算,而要根据市场的变化由企业自主决定,政府只能当裁判员,而不能既当裁判员,又当运动员。政府的所有市场管理行为都

---

[*] 原载王牧主编:《犯罪学论丛》(第2卷),中国检察出版社2004年版,与蒋建峰合作。
[①] 参见汝信、陆学艺、李培林主编:《2002年:中国社会形势分析与预测》,社会科学文献出版社2002年版,第51页。
[②] 参见石佑启:《WTO对中国行政法治建设的影响》,载《中国法学》2001年第1期。

要接受 WTO 规则的检验,否则就可能被告上法庭乃至被告到 WTO 仲裁机构去讲理。①

(二) 市民社会作为相对于政治国家的另一极开始形成

随着市场经济体制的进一步确立和完善,"政府管公正,市场管效率"成为市场经济社会的一种基本分工。国家权力从市场逐步退却,作为市场主体的企业、公民及各类社会团体施展才能的空间将大大扩展,并且拥有可靠的法律、政策、国际公约和规则做后盾。更可贵的是,作为市场主体的实践反过来又会大大增强市民社会的主体意识、民主和自由意识,为市场经济的更进一步发展提供可靠而持续的强大精神动力,促进政治国家和市民社会二元格局的发育和形成,并对国家政治、文化等社会生活领域产生深刻影响。

(三) 地球时空距离相对缩小,国家间的相互影响大大增强

随着各种交通、通讯方式不断改进及经济全球化进程的加快推进,世界越来越像一个"地球村"。加入 WTO 意味着我国将要在一个竞争更加激烈、具有更多商机也更加规范的大市场里设立一个"摊位",面对更为现实也更为迫近的机遇和挑战。同时,全球化对我国政治、经济、文化等领域必将产生巨大的影响和冲击,各项制度的建设和改革既要考虑本国国情,又要照顾国际背景、国际惯例和国际影响。

二、经济全球化对我国犯罪和刑罚的影响

(一) 经济全球化对我国犯罪的影响

(1) 犯罪趋同现象日益明显。随着社会开放程度的提高和国际交往关系的日益密切,犯罪趋同现象突出表现在以下两个方面:一是犯罪量。尽管各国国情、犯罪控制策略和方式各不相同,但在经济全球化背景下,各国的犯罪率,尤其是破坏经济秩序的犯罪数量和青少年犯罪数量不断上升是一个不争的事实,犯罪总量并未因社会生产力发展而出现减少趋势。进入 90 年代,我国的刑事发案数逐年飙升,每年刑事案件的增幅都在 10% 左右。1998 年比 1997 年增幅高达 23.1%,1999 年比 1998 年又上升 23.5%,2000 年全国公安机关共立刑事案件 363 万起,比 1999 年上升 61%。② 对此,笔者认为,社会生产力发展使社会个体平均能量增大,在维持社会有序化发展的各种文化、道德和规

---

① 参见巩胜利:《WTO:政府面临阵痛——加入 WTO 各级政府与民众碰撞的前沿问题》,载《时代潮》2001 年第 23 期。

② 参见武和平:《公安犯罪统计失真的现状、原因、危害及对策》,载《山东公安专科学校学报》2001 年第 5 期。

则没有达到理想程度之前,犯罪总量增加的一个重要原因,就是在市场机制的作用下,社会个体的能量得到激发,导致社会内部的摩擦和碰撞随之增加,社会犯罪总量必然增加。二是犯罪质。如在犯罪类型上,由于国际社会交流频率加快,除传统犯罪样式外,恐怖主义、电脑犯罪、劫持航空器犯罪、国际贩毒、跨国有组织犯罪、黑社会犯罪等层出不穷,屡禁不绝;在犯罪手段上,犯罪的狡猾性、隐蔽性和智能化程度提高;在犯罪动机上,为解决温饱而实施犯罪的比例日益小于牟取经济利益的犯罪;在犯罪主体上,青少年犯罪和累犯增长现象突出。[①] 认识犯罪趋同现象有利于我们掌握本国或本地区的犯罪情况,了解外国特别是经济发达国家和地区的犯罪动态和信息,借鉴其控制犯罪策略的经验和教训。

(2)经济体制深层转轨会短暂激发职务犯罪的增加。经济全球化作为对外开放的成果之一,反过来又会大大推动改革的实质性发展。短期内,一些领域必然会存在市场机制和行政审批机制双轨并存的局面,为某些即将退出市场的权力带来腐化的土壤,引发职务犯罪增多。据有关资料记载,我国特大腐败案件开始出现从经济管理部门向行政执法机关乃至司法机关扩张的势头,直接的权钱交易突出,犯罪活动在一定范围内呈现由点到面的辐射状态和网络形式。[②] 但是,市场经济体制的进一步完善,对于削减职务犯罪现象有根本的积极意义。因为,随着阻隔市场的各类行政管制的逐步消解,政府官员赖以腐败和寻租的环境和条件必将大大削减。

(3)经济犯罪增加。市场经济越发达,经济犯罪的机会就越多。全球化进程将大大激发我国市场经济的活力,作为市场经济无法避免的副产品——经济犯罪也必然会随之而来。随着经济体制改革的不断深化,特别是新旧体制的进一步替换与并存,中国国民经济在与国际经济接轨的过程中,社会生活中矛盾问题和经济犯罪必然会进一步增多,如金融领域的犯罪活动可能进一步加剧。经济犯罪除具有强大的物质财富破坏力外,还会严重干扰和破坏经济秩序,强化损人利己观念,腐蚀社会风气。

(4)社会抵御各类破坏公共安全犯罪的能力将减弱。随着社会市场经济实力的增长和民主政治的发展,公民的主体意识强化,民主和自由空间获得前所未有的扩大。但是,这种政治经济体制模式也给与社会文明进步不相协调的另一端——违法犯罪现象,特别是严重破坏公共安全的各类有组织犯罪的生存发展提供了良好的环境。各种恶意的或过失的破坏行为给人们的生命财产安全和正常的生活秩序带来了巨大威胁,孤立的个人在危险的社会治安面前显得脆弱无力。例如,美国发生的"9·11"恐怖袭击和炭疽热生物恐怖事件给社会、民众的正常生活和工作带来了极大的威胁。

[①] 参见储槐植:《刑事一体化与关系刑法论》,北京大学出版社1997年版,第288页。
[②] 参见汝信、陆学艺、李培林主编:《2002年:中国社会形势分析与预测》,社会科学文献出版社2002年版,第51页。

此外,跨国犯罪、毒品犯罪、利用计算机进行的犯罪,以及通过互联网实施的犯罪也呈增加之势。

(二) 经济全球化对我国刑罚的影响

市场经济对于刑罚的影响,我们可以从当今世界发达的市场经济国家的刑罚政策和刑罚自身发展规律了解其大概。

(1)刑罚体系整体趋轻。在数千年的人类历史中,刑罚进化最明显的趋势是越来越缓和。博爱时代,刑及无辜、法外用刑被禁止,肉刑被废除,刑罚严酷性大大减弱;科学时代,缓和刑罚更成为各国刑事立法的指导性原则。死刑的废除或在适用范围上的严格限制,缓刑、假释的创设与广泛运用,再次把刑罚缓和化推上了高潮。陈兴良教授指出,就当今世界上的一般潮流而言,短期自由刑成了适用率最高的刑罚,而长期监禁、终身监禁或死刑则退居无足轻重的地位。① 这一切,与刑罚体系赖以存在的经济基础的发展进化不无关系。总体而言,刑罚进化是人类社会物质生产方式进化的结果。

(2)向"重重轻轻"方向发展。以美国为例,从20世纪70年代以来,美国的刑事政策出现了一种趋向,就是对严重犯罪的处罚比以往更重,对轻微犯罪的处罚比以往更轻。"重重"的主要表现有:提高对累犯的刑期、限制适用假释、加重对严重青少年犯罪的处罚、对精神病认定采取从严政策和恢复执行死刑;"轻轻"的主要表现有:扩大缓刑和罚金的适用范围、对无受害人犯罪和侵犯公共福利犯罪实行非犯罪化。② "重重轻轻"的结果会使政府得以集中有限的资源对付那些严重的犯罪,也符合行刑人道化和科学化的时代要求。

(3)刑罚在国家管理系统中的作用和地位下降。刑罚是国家管理体系中的一种治国手段,国家管理内容的日益丰富多彩决定了刑罚的地位相对下降。而且,随着人们对犯罪原因和刑罚功能的日益深入和全面的认识,人们不再单纯而盲目地依赖于动用刑罚作为控制犯罪的唯一政策,在控制犯罪这个巨大社会工程中对刑罚寄予超过其实际功能的期望。犯罪作为一种社会现象,单靠严厉的刑罚难以收到威慑犯罪行为发生之功效,要防止法益受到侵害,建立针对性的各种预防措施更为有效。例如,东南亚国际金融危机给当事国乃至整个地区都造成巨大的灾难。但是,规模比东南亚国家的总和还要大得多的美国股市,仅纽约股市的交易量就占全球股市的50%左右,这些年来金融投机家并未能在那里造成灾难性的后果,引起大的金融和经济危机。这除了美国经济发展势头好,金融体制的金融监管法律健全也是重要原因,单美联储委员会主席格林斯潘跟踪的金融监控指标就多达14000多种。③ 可见,要控制和预防犯罪,刑罚并

---

① 参见陈兴良:《刑法适用总论》(下卷),法律出版社1999年版,第18页。
② 参见储槐植:《刑事一体化与关系刑法论》,北京大学出版社1997年版,第169—178页。
③ 参见曹建明、贺小勇:《加入WTO与我国对外经贸立法》,载《中国法学》2000年第1期。

非最有效之策。

三、经济全球化背景下的犯罪控制对策

当前和今后一个时期内,中国将依然处于一个改革全面推进、经济快速发展、社会结构急剧变化、新旧体制交替并存的特殊历史时期。中国经济体制的逐步转换和经济结构布局调整步伐的加快,特别是随着中国正式加入WTO后带来的各种经济和金融风险及社会压力的加大,都将不可避免地给我国犯罪态势带来重大影响,社会各种深层次的矛盾和问题将会进一步显露出来,诱发犯罪的各种消极因素可能呈增多之势。面对经济全球化带来的复杂的犯罪态势,我们需要在刑事政策领域作出积极的回应。笔者认为,至少应在以下几方面对我国现行的刑事政策进行改革、调整、丰富和完善。

(一) 在现行刑事政策的基础上增加人权保障因素

在漫长的前商品经济时代,刑罚权的行使以执法者的专横擅断为特征,刑法仅仅是统治者手中的工具。人权是资产阶级反对封建专制、争取革命胜利的思想武器,随着资本主义占据统治地位,主张人人平等的人权思想更加深入人心,其内涵从抽象的平等口号转向关注包括罪犯和刑事被告人在内的社会弱者权利保护。在经济全球化大背景下,公民、法人以及各类社会组织的市场主体地位得到逐步确立和实现,公民的个体和主体意识进一步增强,相应地,传统观念中高高在上的政治国家的职能将发生实质性转变,其市场服务和社会保障功能会更加突出。这一趋势符合市场经济发展的内在规律,符合人类社会文明进步的历史潮流。与此相适应,人权保障观念具有越来越坚实的社会制度基础和思想意识基础,而这一切必然要体现于现代刑事政策和犯罪控制策略。因为从理论上讲,人人都有成为罪犯或刑事被告人的可能性。在刑事司法领域,被告人相对于国家控诉机关而言是弱者,保障被告人人权的思想要求保障被告人充分行使辩护权、确实贯彻无罪推定原则、不得刑讯逼供和超期羁押、向请不起律师的被告人提供刑事法律援助等。在刑事实体法领域,人权保障思想则主要体现在罪刑法定、罪刑平等、罪刑相适应等刑法基本原则上。我们主张在刑事政策中贯彻人权保障思想,不是为虎作伥、助长犯罪分子气焰,其根本目的是限制国家权力的滥用,保护被告人享有法律规定的基本权利。因为刑法本身是一种"恶",既能打击犯罪,也能殃及无辜,刑法的保护社会和保护人权的功能双举有助于实现对刑事司法公正价值的理性追求。

我国犯罪预防的综合治理模式取得了明显的成效,具有鲜明的中国特色,符合犯罪预防的一般规律和要求。但是,从总体上来看,这一综合治理模式在观念上重"打防",轻"教育",轻"对犯罪嫌疑人和被告基本权利的维护",累犯、再犯的大量出现至

少说明在实践中还存在着不少这样的问题。犯罪问题严重,单靠严打或刑事司法不能从根本上解决问题。而且,从另外一个方面看,市场经济是平等主体之间的竞争经济,市场主体的平等地位要求与之相配套的犯罪预防政策体现人权保障的思想。因此,我们认为,打击犯罪和保护人权两者不可偏废,在社会治安综合治理模式中有意识地纳入人权保障因素,有利于提升这一模式的现代品格,有利于特殊预防,有利于标本兼治。

(二) 朝轻刑化方向改革刑罚体系

刑罚结构和机制的调整要体现刑罚总体轻缓化的趋势。从过去到未来,刑罚结构可能有五种类型:死刑在刑罚体系中占主导地位;死刑和监禁刑在刑罚体系中占主导地位;监禁刑在刑罚体系中占主导地位;监禁刑和罚金刑共同在刑罚体系中占主导地位;监禁刑替代措施在刑罚体系中占主导地位。第一种刑罚结构已成为历史,第五种刑罚结构尚未到来,中间三种在当今世界中存在。① 无论是哪种刑罚结构体系,作为上层建筑的组成部分最终是由经济基础决定的,除民族文化传统因素外,市场经济的发展迟早会导致刑罚减轻。一般认为,我国刑法实现轻刑化的关键是削减死刑,死刑的削减会带动整个体系的刑罚趋轻。随着公民主体意识的增强,"生命可贵"会得到全社会的认同,市场经济是等价交换的经济,生命不能以金钱代替,财产犯罪、经济犯罪和所有非严重的犯罪没有理由适用死刑。市场经济必然导致大幅度地削减死刑,死刑的减少必然导致财产刑和资格刑适用概率的增长,实现刑罚趋轻。如对经济犯罪,我们应该看到,凡引发犯罪的事物并非都有碍社会发展,有利于社会发展的事物也会引发犯罪。由于经济犯罪与市场经济具有内在的密切联系,使得在宏观上对经济犯罪采取对策时很难平衡和协调以下两种利益——既要维护经济秩序和广大消费者利益,又要保持整个白领阶层从事经济活动的积极性。我们认为,适度的社会控制有利于社会保持良好的治安环境,又不失去社会发展所需要的社会活力。对经济犯罪采取相对轻宽的刑事政策,除上述原因外,还由于经济犯罪具有不会造成社会安全感危机和缺乏明显被害人的特点,轻宽处罚容易受到公众的认同。在经济全球化背景下,我国在经济犯罪中设立的诸多死刑罪名与刑法轻缓化的国际潮流是极不协调的。

(三) 切实贯彻刑法平等原则

现行刑法在刑法平等原则上存在的主要问题有:一是对国有财产和私有财产的刑法保护不平等。如现行《刑法》第 271 条和第 382 条分别规定了职务侵占罪和贪污罪。职务侵占罪是指公司、企业或者其他单位的工作人员,利用职务上的便利,将本单位财物非法占为己有,数额较大的行为,该罪最重刑为 5 年以上有期徒刑,可并处没收财

---

① 参见储槐植:《刑事一体化与关系刑法论》,北京大学出版社 1997 年版,第 404 页。

产;而贪污罪是指国家工作人员利用职务上的便利,侵吞、窃取、骗取或者以其他手段非法占有公共财物的行为,该罪的客体主要是公共财物,包括国有财产、劳动群众集体所有的财产、用于扶贫和其他公益事业的社会捐助或者专项基金的财产、在国家机关、国有公司、集体企业和人民团体管理使用或者运输中的私人财产,该罪最重可判死刑。[①] 两罪中,前者侧重于对非公有财产的刑法保护,后者侧重于对公有财产的保护,对两罪的处罚力度显然是不一样的,这反映了刑法对于保护两种财产的不同态度,重国有、轻私有,这种指导思想与我国面临的经济全球化趋势是不相适应的,对两者应该一视同仁。在统一标准的确定上,应体现出轻刑化的趋势,向轻罪即职务侵占罪的既定刑罚量靠拢。最近,中国经济体制改革研究会对中国加入 WTO 后的经济体制改革提出了五个需要突破的重要方面,归结为一点就是,要从法理创新和制度安排上给予民营经济以平等的法律地位,从法律上解决私人财产与公有财产同样神圣不可侵犯的问题,使民营经济的产权得到有效的保护。随着垄断行业的改革以及政府行政审批制度的改革,民营经济将从市场准入、融资、税收等方面获得同国有经济同等的"国民待遇"。相应地,在刑法上确立国有和民营经济的平等地位成为时代的需要。二是对政府官员和普通公民在定罪上不平等。比如现行刑法对由一般主体构成的盗窃罪和国家机关工作人员监守自盗构成的贪污罪规定的起刑线不统一。将我国《刑法》第 264 条规定的盗窃罪,与第 382 条规定的贪污罪相比,就会发现,由一般主体构成的盗窃罪的起刑线数额,按照最高人民法院、最高人民检察院、公安部 1998 年 3 月 26 日发布的《关于盗窃罪数额认定标准问题的规定》,盗窃数额较大以 500 元至 2000 元为起点,而贪污罪的起刑线数额一般为 5000 元[②],就是说,国家工作人员利用职务之便监守自盗 1000 元的话,不能以贪污犯罪论,而普通公民盗窃 1000 元就可以盗窃罪论,这显然是官民不平等的表现,也是与经济全球化大背景下社会发展的内在要求不相符的。上述国有经济与民营经济、政府官员与普通民众之间在刑法上的不平等,有碍于经济全球化所要求的国民待遇和平等原则的实现,必须加以改革。

(四) 注重打击危害公共安全犯罪

进入新的千年,人类面临的形形色色的危险源层出不穷。在市场经济条件下,市民社会自身安全防范、抵御犯罪的能力,特别是防范和抵御有组织犯罪的能力相对弱化,当今世界泛滥的恐怖主义犯罪、组织体系严密的黑社会组织犯罪、跨国毒品犯罪等令人防不胜防。犯罪主体的形式从单个犯罪人向犯罪人群方向演变,犯罪手段变得异常隐秘和狡诈,智能化水平很高,破坏性巨大,这一切对人类赖以生产、生活和工作的社会公共安全构成了极大威胁,而打击和控制这些严重危害公共安全的犯罪的重任必

---

① 参见周其华:《中国刑法罪名释考》,中国方正出版社 2000 年版,第 867 页。
② 参见周其华:《中国刑法罪名释考》,中国方正出版社 2000 年版,第 472 页。

须由国家来完成。

在构建对应的刑事政策时,我们不能只看到刑罚总体趋轻的历史潮流,受轻刑化思维定式的束缚。对于重大犯罪,特别是严重威胁和危害重大公共安全法益的犯罪,一些国家采取了所谓"重重"的刑事政策予以严厉打击。笔者认为,"重重轻轻、总体趋轻"的刑罚政策对我国有重要的借鉴意义。一般而言,针对各类严重危害公共安全的行为可以采取以下三种措施:一是提高法定刑,震慑罪犯;二是刑法提前介入,如可以在公共安全犯罪中设置过失危险犯,发挥刑法作用,防患于未然;三是在刑事诉讼法上适当放宽被束缚的侦诉机关办案的各种制约性规定,如可以有限采用非法采集的证据、放宽使用武器的限制、延长办案期限等。在政治国家和市民社会的二元结构中,我们往往把两者之间的紧张和对立作为构建和评价刑法制度的政治基础。而现实社会中,市民社会和政治国家之间并不总是呈现简单的对立和紧张关系,有时人民大众和政治国家之间的倚赖和合作关系可能占据主导地位。严厉打击破坏公共安全犯罪、追求安全平和的社会环境是经济全球化背景下市民社会和政治国家的共同价值目标,有利于培养公众对于刑法的认同和忠诚,增加刑法的权威和亲和力,"9·11"恐怖袭击事件发生后,美国公众普遍支持政府加强打击犯罪的一系列措施就是一个有力证明。因为,社会公共安全法益根植于人类社会的最基本的部分,它是政治国家和市民社会共同的生活基础。从这个角度看,社会公共安全具有终极意义。

有组织犯罪及其在我国的现状[*]

有组织犯罪,有的也称黑社会犯罪,学者对它下了各种定义,一般来说,有以下几个特征是公认的:①有严密的组织和帮规门约;②通过暴力欺诈等手段获取非法利益;③连续从事各种犯罪活动;④追求经济利益;⑤通过贿赂政府官员保证自身安全。

"各国和国际上有组织犯罪活动不断加剧的趋势继续引起发达国家和发展中国家的政府和人民的严重关切和震惊。"①传统的以个人责任为基础的刑事立法模式在对付当代组织严密、装备先进的黑社会犯罪时显得力不从心,而个人又可依靠宪法赋予的广泛的权利逃脱刑罚。从20世纪60年代开始,一系列针对有组织犯罪的法律法规相继出台,例如美国、日本、韩国、俄罗斯、德国、法国等国家的刑法典和刑事法律也都将组织和参加黑社会组织规定为严重罪行,将刑罚矛头由个体的罪犯转向非法组织及其经济基础。在这一国际背景下,针对我国目前有组织犯罪发展的态势,1997年3月14日修订通过的《刑法》第294条明确规定了组织、领导、参加黑社会性质组织罪及其刑罚,具有一定的前瞻性和重大的理论与实践意义。

一、从个人到组织——刑事立法与司法的革命

从封建社会崩溃一直到19世纪末,刑法都是植根于个人责任。个人是核心、灵魂,是可罚性的承担者。组织被认为是个人的简单组合,不具有意志能力和行为能力,既不能犯罪,也不能受罚。马克思对犯罪的定义:"犯罪——孤立的个人反对统治关系的斗争",在社会主义国家的刑法体系中占据主导地位,也一直发挥着它的作用。

从全球范围看,工业化给法律带来了深刻的变革,18世纪政治经济关系的个人主义模式——契约、侵权在组织日益增长的经济和政治力量面前不可避免地让步了。1890年《谢尔曼反托拉斯法》的颁布是法制史上的一个里程碑,它包含了对"遏制贸易自由"的组织的民事和刑事制裁,试图从民事和刑事两方面处罚那些威胁自由竞争经济的组织。今天若想完全解散并摧毁黑社会犯罪组织,仅从民事上宣告这一组织的解散是没有意义的,民事宣告只能促使其活动更隐秘。现在已经到了承认组织的刑事地

---

[*] 原载《法学杂志》1997年第6期,与陈敏合作。
① 联合国预防犯罪和刑事司法委员会1993年报告:《有组织犯罪对整个社会的影响》。

位的时候了。至少有以下四个因素决定传统的以个人责任为基础的刑事立法模式应当变更：

（1）黑社会组织有严密的组织结构和帮会纪律。"成员不再是孤立无援的个人，而是由强大的组织力量、组织纪律、组织措施提供支持"①，因而其危害之深、力量之大远超出个人犯罪和一般的共同犯罪。有组织犯罪已不再是"孤立的个人"，而且有组织犯罪在各国已查明的犯罪案件中都占到了相当高的比例。

（2）严密的组织结构给侦破和取证带来重大困难。由于具体实施犯罪的主要是外围联系人员，这些人并不了解组织的内幕，而组织的高层成员几乎从不直接插手具体事务，所以在现有的证据规则下，极难获取证实犯罪所需的证据，而组织成员也有足够的时间和手段湮灭罪证，况且还有其他成员的协助。传统的刑法要求犯罪的成立必须有具体的犯罪意图和犯罪行为，而对于有组织犯罪，要证实它们恐怕比登蜀道还难。

（3）有组织犯罪向合法事务渗透，以非法获取的巨额赃款腐蚀市场和合法组织。它们或者通过购买股票的方式控制正式的公司，或者直接投资合法的公司。事实上，已没有一个商业领域可以逃脱黑社会组织的投资渗透。在某些情况下，黑社会组织已经与合法商人的挣钱方式没有什么区别，而有时它们又借助完全正式的公司"洗钱"，掩盖犯罪痕迹，并继续获取利润。在黑手党卷入的合法事务里，传统的活动方式，如讹诈、欺骗、绑架、威胁、暴力等仍在发挥作用，其黑社会性质并没有改变。

（4）有组织犯罪已经由打打杀杀的初级阶段走向智能化和国际化阶段，诸如邮电诈骗、破产诈骗、银行犯罪、保险诈骗及计算机犯罪等。一大批高学历、高素质的专业人员为犯罪组织所雇用，采取各种看似合法或极为隐秘的方法获取非法利益。犯罪组织的触角随着商务国际化的浪潮伸入其他国家，一方面逃避打击，另一方面扩大利润。没有哪一个个人可以单独做得到这类事情，也不是逮捕一两个人就可以解决问题的，相反，国际化的大机构完全可以利用其高智能人才和势力逃避侦查，并在必要时扔出几个替罪羊了事。

二、从实体到程序——全面的刑事遏制体系

美国1970年的《有组织犯罪控制法》在犯罪构成方面创制了有组织犯罪行为模式，之后各国纷纷建立了自己的反有组织犯罪法律体系。

综合各国的遏止有组织犯罪立法，可以发现以下共性：

（1）实体法方面。首先，犯罪的概念发生变化，不仅个人实施具体的危害行为构成犯罪，而且组织非法组织的行为即构成犯罪；其次，加入非法组织即构成犯罪，不要求

---

① 储槐植、梁根林：《论刑法典分则修订的价值取向》，载《中国法学》1997年第2期。

有具体的犯罪行为;再次,组织或参加非法组织构成独立罪名,如果再实施其他罪行,仍要被以该具体罪名起诉,与组织或参加非法组织罪并罚;最后,刑罚趋重,长期自由刑和死刑普遍适用,没收财产刑也为很多国家所采用。作为组织灵魂的首要分子,常被要求对组织的全部罪行负责。由此可以看出犯罪构成模式的变化,即不以具体的犯意和行为为要件,而以组织和参加非法组织为条件,这种模式同时在一定意义上突破了一事不再审原则。这种转变是由有组织犯罪的特性决定的,也避免了对具体犯罪查证的困难。

(2)程序法方面。首先,证据规则放宽,准许使用窃听得来的资料,便衣侦探、警察圈套等原本严格限制的手段也得到普遍适用;其次,保安处分或此类性质的措施为很多国家所采用,即使证据不充分仍可进行预防性拘留;再次,建立证人保护计划和证人豁免权制度,有些国家规定可以强迫证人作证;最后,各国普遍成立专门的反黑机构,拥有相当大的特权,常常可以超越一般法律规定。程序是权利的保障,程序法方面的这些变化在一定程度上向保护社会的方向倾斜,而保障被告人权益的功能有所弱化,反映了在有组织犯罪的巨大威胁面前,个人不得不依靠群体的力量求得安全而放弃部分权利的现状。

此外,还有一个重要的方面,就是反对洗钱的斗争。洗钱由英文 money laundering 译来,一般是指犯罪人通过银行把非法得来的钱财加以转移、兑换、购买股票或直接投资,从而掩盖其非法来源和非法性质,使该资金合法化的行为。[①] 洗钱为有组织犯罪掩盖罪证,提供继续活动的资本,也易导致金融业的波动和泡沫经济,故而成为各国普遍打击的对象。1988 年《联合国禁止非法贩运麻醉药品和精神药物公约》规定,明知是靠走私、贩卖、制造毒品等获得的财物,为了隐瞒或掩饰该财产的非法来源等而转换或转让该财产的是犯罪行为。瑞士、法国、日本、美国、澳大利亚、加拿大、德国、意大利等国也相继制定了自己的反洗钱法。我国 1997 年《刑法》第 191 条规定了洗钱罪,将隐瞒、掩饰毒品犯罪、黑社会性质的组织犯罪、走私犯罪的违法所得及其产生的收益的来源和性质的行为规定为犯罪。

黑社会组织所获得的巨额利润必须有一个出路,而这个出路也正是最易露出马脚的地方,控制并努力阻塞这一出路,不但可以限制黑社会组织向合法事务的渗透,还可以顺藤摸瓜,挖出黑社会组织。

三、我国有组织犯罪状况与立法分析

据统计,1991 年至 1995 年,我国公安机关共破获犯罪团伙 20 多万个,抓获团伙成

[①] 参见储槐植:《美国刑法》(第 2 版),北京大学出版社 1996 年版,第 282 页。

员 260 多万人，占全部被抓获刑事案犯的 39%，涉案 190 多万起，占全部侦破刑事案件的 2%。① 各地都出现了一些有名的犯罪团伙，如辽宁的段氏四兄弟集团、黑龙江的乔四集团、江苏的吴家珍集团等，都是罪恶昭彰，血债累累。在 1996 年的"严打"斗争中，破获了一大批具有黑社会性质的犯罪团伙，共计近 700 个，抓获黑社会人员 5000 余人。② 这些都充分说明我国有组织犯罪的严峻状况，有些人将有组织犯罪理解为就是"黑手党""三 K 党""青洪帮"，认为我国并没有黑社会组织，现在立法太超前了。这种看法过于狭隘，有组织犯罪有各种形式，也有各个发展阶段，一般经历了从犯罪团伙——犯罪集团——黑社会性质的犯罪组织——黑社会的形成过程，不将其扼杀于萌芽阶段，无异于养虎为患。它将动摇社会的根基，侵犯社会正义的理念，是对法治秩序的极大威胁。近年来，一些境外黑社会组织趁着改革开放的机会到内地发展成员，也值得引起警惕。

因此，新修订的刑法关于黑社会性质的犯罪的规定是恰当的，对于扼制有组织犯罪的发展具有积极意义，是一项预见性良好的法律规定。防患于未然，或将其扼杀于摇篮之中，远比任其发展酿成大患之后再惩治，有效得多。

要想理解和正确执行《刑法》第 294 条的规定，应解决如下问题：

首先，对于第 294 条第 1 款的罪状表述方式，有些学者认为其语言不够法律化，犯罪构成不明确，难以操作。的确，"称霸一方，为非作恶，欺压、残害群众，严重破坏经济、社会生活秩序"等表述在刑法中出现尚属首次。罪状的统括色彩重于描述色彩，在执行中罪与非罪、罪轻与罪重的标准也不是可以照着某道线划定的。但是，我们必须看到目前黑社会性质的犯罪的特点，欺行霸市、无理取闹、随意打杀、无恶不作正是它们的主要表现。作出这种统括性的规定是符合黑社会性质犯罪的特征的，立法作出有弹性的统括规定，旨在使实践中难以对付的黑社会性质犯罪不能轻易逃脱法网。实际上，这类犯罪是无法以具体的伤害、杀人、盗窃、诈骗等措辞规定罪状的。第 294 条第 1 款的规定关键在于"有组织地进行违法犯罪活动"，这保证不至于造成打击扩大化的弊端。

其次，对于第 3 款数罪并罚，有些学者认为"其他犯罪行为"是与"前两款罪"无关的犯罪行为，而不是组织成员组织、领导和积极参加的罪行，理由是，这样的行为已包括在组织、领导和参加黑社会性质的组织罪中了。这样的看法实际上囿于传统的个人刑法模式中，没有理解第 1 款的含义在于将组织、领导和参加的行为本身定为犯罪，应在此基础上，对组织所实施的具体犯罪行为适用第 3 款。

---

① 参见孙茂利：《将此类犯罪单列一条很重要》，载《法制日报》1997 年 2 月 20 日。
② 参见刘守芬、王小明：《关于惩治黑社会组织犯罪的立法思考》，载《中外法学》1996 年第 6 期。

有组织犯罪预防论要[*]

有组织犯罪，根据 2000 年《联合国打击跨国有组织犯罪公约》(以下简称《公约》)的定义，专指由多人组成的、在一定时期存在的、为了实施一项或多项严重犯罪而一致行动的有组织结构的集团。强调"有组织结构的集团"，可见"有组织犯罪"并非泛指一切"有组织的犯罪"，因为有些共同犯罪也是有组织的，但这种"组织"还不具备狭义"有组织犯罪集团"的结构特征。其社会危害不仅侵害个人安全，同时也不同程度地侵害公共安全(包括社会经济安全)或者侵害国家安全。

一、有组织犯罪与我国社会发展进程

科学的刑法思想应当建立在对犯罪规律正确认识的基础上，而对犯罪规律的正确认识，应当建立在对所处的国家、社会发展状况正确认识的基础上，如此才能科学地对有组织犯罪并在其预防与打击等诸问题上有宏观的、高屋建瓴的认识。

哲学的基本原理告诉我们，在矛盾的普遍性与特殊性问题上，始终有两种思维方式，即形而上学思维方式和辩证的思维方式。形而上学思维方式产生的结果是抽象的普遍性，而抽象普遍性只是低级的认识阶段即知性阶段。而辩证的思维方式所达到的结果就是具体的普遍性，这是高级的认识阶段即理性阶段。

体现着建设中国特色社会主义的邓小平理论运用了具体的普遍性思维方式，达到了具体普遍性的理性认识结果，即把马克思主义的普遍真理同中国的特殊实践相结合，把社会主义的特殊模式与普遍本质区别开来，把社会主义的根本制度与具体制度区别开来，正确认识了中国的基本国情是社会主义的初级阶段，正确认识社会主义的本质，并且从生产力和生产关系的统一中把握社会主义的本质，即不仅生产关系可以作为社会制度的本质的区别，生产力也可以作为社会制度的本质的区别，认为马克思最重视发展生产力，共产主义按需分配，就需要社会主义阶段发展生产力，社会主义的本质就是解放生产力、发展生产力、消灭剥削、消灭两极分化，故该理论打破了过去仅仅从体制、分配制度来谈社会主义的本质。故在对我国社会及其发展的认识上，正如党的十七大报告中所指出的："中国特色社会主义道路，就是在中国共产党领导下，立

---

[*] 原载《法学家》2008 年第 3 期，与贾凌合作。

足基本国情,以经济建设为中心,坚持四项基本原则,坚持改革开放,解放和发展社会生产力,巩固和完善社会主义制度,建设社会主义市场经济、社会主义民主政治、社会主义先进文化、社会主义和谐社会,建设富强民主文明和谐的社会主义现代化国家。"

上述理论及其指导下的我国社会发展实践在刑事法学领域对有组织犯罪预防的理念方面至少给我们三点启示:

第一,社会主义国家在社会发展过程中所特有的犯罪现象我国必然会出现。我国现在是社会主义初级阶段,其本质是社会主义,其根本制度与资本主义国家不同,所以其根本制度导致的犯罪与资本主义国家不同。例如,由于土地、生产资料完全归国有或者主要归国有而直接产生的犯罪在我国存在。

第二,资本主义国家在社会发展过程中所特有的犯罪现象我国必然会出现。我们也要发展生产力,也要搞市场经济,也要进行现代化建设,因此资本主义国家在市场经济发展过程中,在社会进程中所出现的犯罪现象我国也必然会出现。例如,发展中国家在社会进程中所经历的暴力犯罪和财产犯罪两者的增长,并且财产犯罪的增长超过侵犯人身罪的历程;又如西方经济发达的资本主义国家出现的有组织犯罪的各种具体类型都会在我国社会发展中出现。

第三,我国现阶段社会生产力、生产关系的特殊性决定了我国还会存在一些具有中国特色的犯罪现象,这主要是指在我国经济转型时期出现的一些犯罪,如矿山开发、企业改制、政府征地过程中有组织犯罪集团利用自己控制的公司同政府官员相勾结的犯罪。这样的犯罪方式是我国社会发展过程中特有的。

二、有组织犯罪与我国现代化进程

关于"现代化"一词的含义,见仁见智、众说纷纭。基于阶级、政治、历史、文化、传统等观念,迄今还没有一个无争议的被广泛认同的现代化定义,但这并不妨碍人们对现代化概念实质的把握。笔者认为,就目前的认识而言,富强、民主、文明、和谐就是社会主义现代化的目标(当然,还有一些具体的指标作为考量因素),朝此目标前进的过程,就是我国的现代化进程。

我国的现代化进程其实还是一个社会发展的过程,国外有学者指出:有组织犯罪看来几乎是在发达国家才有的现象,有组织的犯罪的发展不仅已与当今时代相适应,而且看来它的发展是对现代社会的当代条件的合乎逻辑的反应。[①] 从本文论述的第一个问题的启示中可知,资本主义社会在其发展过程中所特有的犯罪现象在我国也必然会出现,根据国家统计局2007年9月18日发布的《从十六大到十七大经济社会发

---

① 参见[美]路易丝·谢利:《犯罪与现代化》,何秉松译,中信出版社2002年版,第108—109页。

展回顾系列报告》,自党的十六大以来,我国经济持续平稳快速增长,经济总量在世界的位次由第六位跃居第四位,人均国民收入从 2002 年的 1100 美元增加到 2006 年的 2010 美元,四年翻了近一番。按照世界银行的划分标准,中国已经由低收入国家步入中等收入国家的行列。但是中等收入国家并不等于中等发达国家,中国依然是一个发展中国家,离发达国家还有很大差距。① 这个定位是恰当的,但是我们也要看到,这是全国的平均数,而中国东西部发展极不平衡,西部贫困地区,可能远远低于此数,而东部沿海地区市场经济化程度很高,城市化、工业化进程非常快,某些地区的发展已经达到发达国家的指标。这样的国情对我们在探讨有组织犯罪预防时应当有以下启示:

一方面,就时间维度而言,在犯罪发展观方面要具有超前性,虽然我们仍然是发展中国家,但是发达国家出现的有组织犯罪形态在我国将会提前出现。犯罪对社会发展的伴随性属性决定了我国的现代化过程也是一个"犯罪发展"的过程,本文的作者之一在 2001 年就提出要重视犯罪发展问题,并指出:20 世纪出现的有组织犯罪(organized crime)是犯罪发展的第二(类)形态,20 世纪末的恐怖主义(terrorism)作为有组织犯罪的极端发展,是犯罪发展的第三(类)形态②,即我们在进行刑事政策的总体考量和刑事法改革时应当给予有组织犯罪及恐怖主义犯罪充分的关注。

另一方面,就空间维度而言,应当在全球背景下关注有组织犯罪,我国在现代化进程中,要完善基本经济制度,健全现代市场体系。并且我国经历了历史上前所未有的改革开放,无论是第二形态的有组织犯罪还是其极端发展的第三形态恐怖主义,从所侵害或者直接侵害的是广大民众利益的这个角度来看,世界是一个"地球村",经济全球化,法律在趋同。在此时代背景下,我们对有组织犯罪的关注体现在刑事立法中要充分考虑我国加入或者签署的有关有组织犯罪的国际公约的国内法化问题,充分考虑在签署双边司法协助条约、引渡条约中遵循国际法基本原则以便有效打击跨国有组织犯罪问题。在刑事司法中要充分考虑国家、地区之间的横向协作问题。对有组织犯罪的预防应当将刑事实体法、刑事程序法结合在一起加以考虑。

三、有组织犯罪与我国刑事法律改革方略

通过前面对有组织犯罪在社会发展过程中的一般发展规律及在我国现代化进程中的特殊发展两个方面进行预防应具备的基本理念的论述,笔者认为,在前述有组织犯罪预防理念的指导下,我们探讨现行的刑事法,对其改革问题也应当从宏观方略(刑

---

① 参见张毅:《中国仍是发展中国家》,载《团结报》2007 年 9 月 22 日,第 2 版。
② 参见储槐植:《全球背景下的犯罪形态发展与刑事制裁方式的演变》,载储槐植:《美国刑法》(第 3 版),北京大学出版社 2005 年版,代前言,第 11—12 页。

事政策)和微观方略(刑事法,包括实体法与程序法的修订)两个方面来考虑。

(一) 宏观方略

不能仅仅把有组织犯罪看作一个刑法分论问题,甚至它也不仅仅是刑法分论以及刑法总论中涉及共同犯罪的刑法问题,否则就将有组织犯罪狭隘化,从而在预防理念方面可能就会出现不周全。犯罪是一种社会现象,最有效的对策存在于社会之中,在有组织犯罪预防问题上,应从以下方面考虑:

(1)要从刑事政策角度应对有组织犯罪。什么是刑事政策? 笔者之一曾撰文指出:刑事政策是指国家和社会依据犯罪态势对犯罪行为和犯罪人运用刑罚和诸多处理手段以期有效地实现惩罚和预防犯罪目的的方略,并提出刑事政策的对象包括认识对象(即犯罪态势,主要是指犯罪状态、犯罪变化原因和发展取向)和实践对象(即犯罪行为和犯罪人);刑事政策的目的具有双重性(惩罚犯罪和预防犯罪);刑事政策的手段不仅仅是刑罚,还包括行政、经济、教育等手段的配合。[①] 为什么首先要从刑事政策的角度看待有组织犯罪? 理由如下:

首先,由我国有组织犯罪发展过程的特殊性所决定。如前所述,中国特色社会主义理论决定了在社会发展进程中有组织犯罪既有其他国家有组织犯罪所具备的共性,如有组织犯罪的类型、特点、行为方式等,也存在个性、特殊性,许多到了资本主义发达阶段才出现的有组织犯罪形式在我国提前出现以及我国有的有组织犯罪在运行方式上所特有的社会主义的烙印。

其次,法律滞后这一不争的事实要求我们要以刑事政策为指导,法律是一门实践性非常强的学科,实践总是走在法律前面,当然我们的立法者要尽量缩小法律和实践之间的差距,但实践总是走在法律前面,要与时俱进,还是需要刑事政策来支持。

最后,目前我国刑事政策主要是宽严相济,结合我国的综合治理来谈,笔者认为,宽严相济不仅仅是一个刑事政策,更不仅仅是一个刑事司法政策,否则远远降低了它的地位。综合治理的本意是发动全社会和不同部门的力量,采用不同的手段,共同治理违法犯罪现象,原本中央政法委将其定位于一个方针。所谓方针,是具有明确指向性的东西,但是从一切社会现象都是社会赖以存在的各种条件综合的产物之一的角度讲,综合治理也可以在更广义的意义上来理解,也就是说,一切社会上不好的现象都可以综合治理。同样,宽严相济作为春秋以后到秦末的奴隶制和封建制社会治国的经验总结,被历朝历代统治者作为治国的策略,用今天的话来说,也就是公共社会政策。这一政策充满辩证法的思维之光,即使在社会主义社会、资本主义社会也仍然是治国经验的智慧结晶。就中国目前的状况而言,不仅在刑法领域,而且在民法、经济法、行

[①] 参见储槐植:《刑事一体化论要》,北京大学出版社2007年版,第79—80页。

政法领域都应该讲究宽严相济。比如,在行政法领域,前沿理论就认为过去的行政法理论以及我国的行政法立法刚性色彩过浓,柔性不足,所以主张在行政法中增加柔性条款或者弹性条款。在民商经济法领域,立法的趋势是处罚越来越重,而引导、教育、劝说的手段越来越少,换言之,刚性色彩越来越重,法律的严厉性越来越强,政策上的柔或者处罚手段上的宽显得不足。在小国如新加坡这样的城市国家,生活地域的局限性以及经济的发达程度决定了刚猛、严厉的法律手段是国民所能容忍的,但在中国这样一个地域宽广、经济发展不平衡的国家,这种手段很容易激起人们的逆反或者逃避心理,因此,在中国,更应强调综合治理意义上的宽严相济。故从综合治理意义上理解宽严相济在有组织犯罪立法、司法层面上的作用能加强政策和法律的互补性。

(2)在有组织犯罪的立法、司法方面,应有别于以往传统犯罪的立法、司法观,应树立关系刑法学、关系犯罪学、发展刑法学、发展犯罪学、刑事一体化等思想。如要充分考虑到刑事法同其他部门法甚至其他学科之间的关系;历史发展,社会进步,犯罪在演变,刑事法网的设立必须与之相适应;要树立刑事一体化的意识,不要人为地分割刑事政策学、刑法学、刑事诉讼法学、犯罪学、监狱学等学科,应当融会贯通,也只有在此基础上的立法才能对刑事司法实践有着良性的互动作用。

(二) 微观方略

在对有组织犯罪的预防中,我们就现行刑事立法的预防功能进行重新审视,要切实发挥刑事立法在有组织犯罪预防方面的作用,至少应考虑以下几个方面的问题:

首先,鉴于目前我国刑事诉讼法修订工作正在进行,反洗钱法通过仅年余,立即制定有组织犯罪防治法不现实也不可行,故目前应充分考虑《公约》的内容先完成刑事诉讼法的修订以及对刑法进一步完善;在适当的时候应当制定统一的有组织犯罪防治法。

其次,采用对法律进行局部修订的模式。在刑事实体法中,需考虑如下问题:要考虑单位犯罪同有组织犯罪中的单位问题;考虑有组织犯罪同一般共同犯罪中主犯及首要分子的惩罚问题,在此尤其要界定清楚有组织犯罪中的"组织结构"同有的共同犯罪中也具有的"组织性"的区别,在本文伊始,我们依据《公约》的定义,采取的是狭义的"组织"含义,有组织犯罪中各行为人的刑罚问题,从刑罚的种类到刑期长短,轻轻重重,宽严相济,应当在对有组织犯罪的惩罚中得到体现。

在刑事程序法中,需要考虑如下问题:针对有组织犯罪的管辖、侦查、讯问、审判等程序,有无特殊的、有别于单个人犯罪或者一般共同犯罪的措施;在证据的合法性问题方面是否应当作出特殊的规定;等等。

最后,采用单独制定有组织犯罪防治法的模式,需要考虑该法的可操作性及同其他法律的衔接问题,应当将实体法和程序法甚至行政刑法规定于其中,包括有组织犯罪防治所涉及的立法机关、司法机关和行政机关的专家以及高校的学者(不限于刑事法学者,还应当包括国际法、民商法学、经济法学、宪法行政法学等部门法的学者)应当共同就该防治法涉及的理论与实践问题进行探讨,以增强立法与实践的同步性。

要说明的是,无论采取哪种方式对现行法律进行改革,都应当注意公约或条约的国内法化问题。

合理反击有组织犯罪[*]

完美无缺的社会生活是不存在的,犯罪就是社会生活中的缺陷,犹如人肌体中的病毒,存在是必然的,也因为其存在,使得人的肌体需随时防卫,并借助药物抵御病毒,从而增强肌体的抗病能力。当病毒熟悉了肌体的防御方式后就具有了抗药性甚至发生变异,人们又需要研发更高级的药物或者加大剂量抵御它。一种病毒被消灭了,新的病毒又出现,如此循环往复。犯罪就像病毒,伴随社会发展而发展,有组织犯罪也是社会发展过程中的正常现象,不必视其为洪水猛兽。犯罪—打击犯罪,魔道之争,周而复始。当犯罪处于社会可容忍的限度时,即犯罪正常度,国家可以通过控制犯罪使其保持在正常度内。我们以前谈犯罪控制,是针对20世纪有组织犯罪出现以前几千年人类社会中存在的犯罪形态而言的,犯罪的存在与发展有共性与个性,但总是共性多于个性,如无组织性、侵害的社会关系相对单纯等。所以对犯罪的控制有因可循,并且对犯罪的破坏程度可以预测。"9·11"恐怖袭击事件改变了我们的看法,当有组织犯罪发展到最高形态恐怖主义时,能够引发战争,导致政权的更迭,更为严重的是,其破坏性和残忍性是我们无法预测的,故笔者提出"合理反击"的概念,即针对有组织犯罪和其极端发展的恐怖主义,自由当为安全让步,应"合理反击"。

一、当前我国社会特点的分析

提出合理反击概念的前提是,对有组织犯罪的发展特点有清楚的认识,而正确的认识应当以对当前社会的特点分析为基础。

首先,我们走的是中国特色社会主义道路,其特色在于科学地发展了马克思主义,所有制主体仍然是公有制,分配制度是按劳分配,同时我们认为社会主义的本质是发展生产力,即同资本主义一样要发展生产力,成功实现了从高度集中的计划经济体制到充满活力的社会主义市场经济体制、从封闭半封闭到全方位开放的历史转折。

其次,我国目前仍然是发展中国家,处在社会主义初级阶段,但是全国经济发展极不平衡,东西部差距很大,东部沿海部分地区的经济发展水平、人民生活水平不低于资本主义发达国家,而西部贫困地区的贫困程度也让人难以想象,贫富差距较大。

---

[*] 原载《甘肃政法学院学报》2009年第2期,与贾凌合作。

最后,在中国的内部安全与外部安全问题方面,中国的前途同世界的前途命运紧密联系在一起,外部世界对我国的影响越来越大,中国经济对世界经济的影响越来越大,中国发展离不开世界,世界繁荣稳定也离不开中国。

由我国社会发展的特殊性所决定,我国社会犯罪情况不完全等同于国外学者所作的社会主义社会制度下的犯罪的分析:随着现代化,发展中国家和发达的资本主义国家与社会主义国家之间,在犯罪率、犯罪方式和犯罪的地区分布上都表现出极大的差异。从这两种类型的国家可以看到的由于现代化进程所造成的犯罪类型的差别,可以归因于社会主义经济的存在以及集中制的计划经济所必需的社会控制程度。① 我国有组织犯罪发展具有特殊性,即资本主义国家有组织犯罪所呈现出的类型、特点及行为方式我国都会出现,我国目前不仅存在有组织犯罪的最高形态——恐怖组织,并且深受其害,其生于斯、长于斯、危害于斯,具有持久的危害性。

二、有组织犯罪的界定

关于有组织犯罪的界定,众说纷纭,笔者认为,有组织犯罪在关系中存在和变化,其概念也不应拘泥于一成不变,在不同的时间,概念也应具有发展性。即便在同一时间,因为理解问题的角度不同而出现不同的有组织犯罪的概念也是正常的,但是刑事法理论要服务于司法实践,对有组织犯罪的界定应当结合我国刑事司法实践的具体情况。笔者认为,基于我国的社会现实,对有组织犯罪概念的界定应当采取狭义的组织结构特征,即有组织犯罪的社会危害不仅侵害个人安全,同时不同程度地侵害公共安全(包括社会经济安全)或者侵害国家安全。因此,在有利于刑事司法实践操作的前提下,目前将有组织犯罪限定于黑社会犯罪和恐怖犯罪为宜。理由如下:

第一,从内涵看,黑社会犯罪是有组织犯罪。从英美国家的刑法理论来看,对有组织犯罪的特征有不同看法,但是都认为黑社会犯罪一定是有组织犯罪,至于除了黑社会犯罪以外还有哪些属于有组织犯罪则有不同看法,因此在美国黑社会犯罪与有组织犯罪往往是同义语。在"9·11"恐怖袭击之前,通常认为有组织犯罪最主要的特征之一是:非意识形态(non-ideological),而恐怖犯罪试图通过暴力进行"革命",是在通常的有组织犯罪的基础上的进一步发展,具有更大的社会危害性,因此,就目前实践来看,有组织犯罪包括黑社会犯罪和恐怖犯罪。

第二,从对有组织犯罪制裁的发展趋势来看,对其特殊的制裁措施使得打击有组织犯罪更为有利,若采用广义的有组织犯罪定义,则会出现打击面过大、重刑扩大化的趋势。因此将其限缩在黑社会犯罪和恐怖犯罪两个方面,通过实体法、程序法、行政措

---

① 参见〔美〕路易丝·谢利:《犯罪与现代化》,何秉松译,中信出版社 2002 年版,第 196 页。

施三个方面严密刑事法网,能做到轻轻重重,有的放矢。并且从有组织犯罪的发展趋势看,最终制定特别法是一个较好的选择,这样,在打击有组织犯罪中出于诉讼需要设立的罪名如"组织罪",还有特殊侦查措施,如窃听等的运用,还有扩张警方在侦查黑社会犯罪和恐怖嫌疑犯工作中的自由裁量权,甚至以战争方式(出动军队)打击恐怖犯罪才能为民众和国际社会所接受,也才符合民众的"自由"为"安全"让步的底线。

第三,从刑法语境平台看,当某一犯罪概念具有模糊性或者其语词的外延有争议时,对该犯罪概念的选择应当以其外延中最重的行为为标准。例如我国《刑法》第20条第3款:"对正在进行行凶、杀人、抢劫、强奸、绑架以及其他严重危及人身安全的暴力犯罪,采取防卫行为,造成不法侵害人伤亡的,不属于防卫过当,不负刑事责任。"在此,行凶语词模糊,抢劫、强奸、绑架都有程度轻重之别,如何选择,则应当以杀人这一重行为为标准,即行凶、抢劫、强奸、绑架等犯罪行为应当同杀人一样,严重危及人身安全时,才能行使无过当防卫权。同理,有组织犯罪中的组织包括:特殊共同犯罪中的组织分工;犯罪集团中的组织分工;黑社会中的组织分工;恐怖犯罪中的组织分工。这些都具有组织性,但是从特殊制裁措施及重刑角度考察,应当以严重犯罪行为作为有组织犯罪的组织标准。而这样的标准应当是:控制社会(黑社会)或者危及国家安全(恐怖组织)。

三、有组织犯罪的认定标准

基于合理反击的特殊考虑,笔者认为目前将有组织犯罪直接限定在黑社会组织和恐怖组织两种为宜。但是二者有区别,从发展形态上看,黑社会犯罪是犯罪发展的第二形态,恐怖犯罪是有组织犯罪的极端发展,是犯罪发展的第三形态;从侵害内容来看,黑社会犯罪一般只侵害个人安全和公共安全(包括社会经济安全),而恐怖犯罪不仅侵犯个人安全、公共安全,更为严重的是还侵害了国家安全。因此,在对二者进行认定时应注意区别其不同点。

(一) 黑社会组织

1997年《刑法》修订时,考虑到我国当时还没有像西方那样典型的黑社会,刑法中规定的是黑社会性质组织,笔者认为,无论是黑社会组织还是黑社会性质组织,归根结底都是黑社会,只要具有了黑社会的本质特点,即使发展程度还不高,也应当是黑社会,如同婴儿,不能因为其小就否定他是一个人。

(1)黑社会组织的特点。就目前黑社会组织发展看,有如下特点:其一,"借壳上市",即借助合法企业的形式完成组织构建。其活动范围主要分布于娱乐行业,如酒吧、夜总会、KTV、浴场、宾馆酒楼,以及运输业、房地产业、采矿业。在此过程中,会出现与资本主义社会黑社会犯罪不同的犯罪形式,在我国以公有制为主体,但多种所有制形式并存的经济体制下,国企改制、国家改革开放过程中政府职能变更等都可能成为黑社会组织染指的目标。例如黑社会组织控制的房地产业同政府官员勾结,可能出现地方政府滥用国家征收制度,以极低的价格征地,又卖给企业,最后利益落到了企业、地方政府和少数人手中的犯罪。其二,黑社会组织的行为模式主要有走私集团、贩毒集团、境外赌博集团、专业洗钱集团等。其中走私集团、贩毒集团犯罪行为模式有变。走私集团针对西方发达国家和针对我国周边的发展中国家,行为指向不同;贩毒集团中的毒品,尤其是化学合成的毒品,如冰毒、摇头丸等,其来源由境外转变为本土制造;就境外赌博集团而言,随着博彩业的发展,可以预测赌博业将由境外向境内发展,相应地,境外赌博集团将会在境内发展自己的组织;专业洗钱组织将进一步发展,除地下钱庄外,还有同金融机构勾结的。此外,在东南亚部分国家,旅游者可以自由使用大额人民币,民间称硬通货,特别是金融危机后,其受欢迎程度超过美元,因为有专业的组织长期、汇率固定地同中国境内联手经营人民币兑换业务。

(2)黑社会组织的认定。如前所述,黑社会的组织特点主要是控制社会,故对是否为黑社会的判断标准应当是是否"控制"社会,这种控制包括两个方面:其一,地域的控制,这也是黑社会组织和其他特殊共同犯罪、犯罪集团的区别,因为后二者不控制某地域、某社区。至于地域或者社区的范围问题,结合黑社会组织最早的发源地意大利,其黑手党的统治范围通常至少是一个城市,如我们熟知的西西里的黑手党 Cosa Nostra 家族,那不勒斯的黑手党 Camorra 家族等。故可考虑其控制社会的地域或者社区范围应当是一个中等城市。地域控制,即以非法暴力为后盾,通过"借壳上市"完成组织构建,并在其掩护下,通过恐吓、贿赂等手段,从事多种犯罪活动,其触角延伸至所在城市的不同行业,犯罪收益使该组织具有较高的经济地位,甚至其头目因此可谋求部分政治地位,从而在一定程度上对所在城市具有控制能力。其二,行业的控制。行业的控制从空间上看,与地域有关,但是不同于地域控制,地域控制是在固定的领域以合法外壳掩盖各种非法行为,在"一地"范围内涉及"多行业";而行业控制是以非法暴力为后盾,对某一行业进行非法控制,是在"一行业"范围内跨越"多地域",既可以是对一个城市范围内的某一行业通过暴力进行非法垄断而获利,也可以超出城市范围,甚至全省、全国控制。只要符合上述两个"控制"之一,就可以认定是黑社会组织。

(二) 恐怖犯罪

我国的四个恐怖犯罪组织的主要活动地在新疆,其特点是境内外勾结,活动范围跨国化。其恐怖犯罪直接关系到国家主权、领土完整与安全。从我国恐怖组织的发展看,会出现三种模式:第一,国外恐怖势力直接支持建立。我国西北地区由于历史、民族、宗教等原因,加之受到周边伊斯兰国家的影响,国外恐怖组织从资金、物资、人员培训等方面支持国内恐怖组织进行恐怖活动,企图分裂国家。第二,由黑社会发展而来。我们知道,黑社会组织和恐怖组织最根本的区别在于有无意识形态,黑社会组织根本目的在于谋取经济利益,而我国恐怖组织的根本目的在于分裂国家。黑社会组织在发展过程中,其犯罪行为从危及个人安全、社会安全,发展到以暴力手段对抗国家政权,企图分裂国家,危及国家安全时,就发展成为恐怖组织。第三,由邪教组织发展而来。当邪教组织通过对人进行精神控制并公然对抗国家政权,以期达到分裂国家的目的时,就演变为恐怖组织。

当然,从目前情况看,我国恐怖组织发展主要是第一种模式,但是,从国外的情况看,第二种、第三种模式并不鲜见,故也应当引起重视,防患于未然。

四、有组织犯罪的立法调整

有组织犯罪的立法调整模式不外乎两种:第一,制定专门的"有组织犯罪防治法",在其中对有组织犯罪的实体及程序问题都作出特别的规定;第二,在现有的刑事法律中进行修正和补充。考虑到制定特别法的技术性问题,笔者认为应当采取先在刑事法律中进行修订和补充的方式为宜。

(一)实体法

有组织犯罪的相关规定分散在我国刑法分则之中,在总则中缺乏有针对性的规定。可以考虑在总则中增加一些必要的规定:第一,在总则现有的共同犯罪内容基础上,增加黑社会犯罪和恐怖犯罪的规定。第二,在刑罚种类上,增设资格刑——对利用企业形式进行有组织犯罪的,在一定期限内禁止其开办企业或者在任何企业中担任领导职务;剥夺其荣誉称号;还可以考虑规定由政府征收其企业(当然,要在不违反《物权法》的前提下);若是恐怖组织为其恐怖活动提供资金保障而开设的企业,则一律由国家征收。第三,规定对黑社会犯罪和恐怖犯罪的犯罪人在缓刑、假释的适用条件上比其他共同犯罪的犯罪人更为苛严,并不适用社区矫正。第四,在分则中,可以考虑对有组织犯罪集中加以规定,作为妨害社会管理秩序罪的专节。

(二)程序法

鉴于有组织犯罪的隐秘性强、危害性大等特点,应当在即将修订的《刑事诉讼法》中明确规定对黑社会组织犯罪和恐怖组织犯罪可以采取特殊侦查手段,尤其是对恐怖组织犯罪,可以使用电子监听监控、秘密录音录像;特工行动(包括卧底和诱惑侦查);控制下交付等。对于黑社会组织犯罪,由于其犯罪不危及国家安全,所以在特殊侦查手段的运用上,应比恐怖组织犯罪更严格一些,即仍可以采用上述手段,但是在特殊侦查手段的适用条件、程序、期限等方面控制应当更严格一些,以便利于保障公民的权利。

五、有组织犯罪的政策调适

反击有组织犯罪,需要依靠宽严相济的刑事政策加以调适。"严"的体现是:突出重点,严厉打击组织者、策划者、指挥者和其他骨干成员。在量刑上要严。具体防治措施有:第一,"重点人群监控",包括人际交往异常现象监控,如与公务员过于频繁地往来、公务员频繁地高消费等;第二,金融监控;第三,出入境监控;第四,防止利益集团利用经济强势左右政府,尤其在地方立法时,利用经济强势借保护城市之名,行牟利之实,"绑架"政府为自己的组织服务;第五,处置有组织犯罪,应当注意信息情报工作的有效开展,注意从经济上彻底摧毁其死灰复燃、东山再起的经济能力。"宽"的体现是从宽处置一般参与人员。做到区别对待,有宽有严,分化瓦解。

有组织犯罪随着社会的发展不断发展,其犯罪形式也会呈现出多样化特点,所以我们的研究也应当与时俱进,因为有组织犯罪的社会危害性及其严重性,常规的刑事立法与司法的滞后性弊端在有效反击有组织犯罪方面更显突出,故应当借鉴国外经验,多交流合作。还需建立常设性研究机构,像对抗肌体病毒一样,随时以新的策略采取有预见性的应对和反击措施。

联合国反腐败公约与
中国反腐败国际合作研究*

一、《联合国反腐败公约》的制定背景

由于在经济全球化时代背景下,腐败犯罪日益呈现出跨国性的特点,使得国际社会逐渐意识到,有效预防和打击腐败犯罪,需要世界各国的共同努力。

早在"腐败有功论""腐败正功能论"大行其道的20世纪70年代,由于跨国公司在世界范围内以行贿方式拓展市场破坏了公平的竞争秩序,加剧了发展中国家的腐败状况,并最终使发达国家也深受其害。反腐败的国际协作引起了联合国等国际组织以及一些国家政府的重视。联合国在70年代便开始关注腐败问题,曾起草过一个在国际商务中禁止非法酬付国际公约的草案,但因各成员看法不一而流产。国际商会也于1977年公布了《打击敲诈勒索和贿赂行为守则》,这项守则意在帮助企业实行自我管理,其中涉及敲诈勒索、贿赂、回扣、审计、财务记录和政治捐款等方面的犯罪。守则优先提出了牵涉政界人物和高级官员的巨额敲诈勒索和贿赂问题,因为这类行为威胁性最大,并会造成最严重的经济损失。由于其中很多内容存在争议,缺乏各国政府的有效支持,并未能发挥实际作用。

在这一时期,真正形成有效法律文书的是美国国会于1977年通过的《反海外腐败法》。该法的出台,有着深刻的历史背景。当时,由于西欧各国的跨国公司和美国的公司为了争夺国际市场,许多国家都默许,甚至支持本国企业通过贿赂方式获取国际市场份额,有些国家甚至给本国企业在国外行贿的支出以免税待遇。这种恶性竞争不但加剧了发展中国家的腐败状况,也使得发达国家的跨国公司因为无法有效控制其"市场费用"支出而导致利润率下降。美国意识到如果听任该状况继续恶化,最终只能使国际市场上的竞争规则受到扭曲,受害的不仅是产品输入国,包括美国在内的产品输出国也将深受其害。因此,在70年代的反腐败国际舞台上,美国竭力主张设立与《反海外腐败法》相适应的国际条约。但是,这种努力因为美国的单方面政策选择倾向,而在冷战的不合作气氛中宣告破产。尽管如此,这一法案还是打破了国际社会将国际反腐败视为禁忌的坚冰,批驳了一些经济学家将腐败看作对经济发展有利的谬论;第

---

* 原载赵秉志主编:《刑法论丛》(第11卷),法律出版社2007年版,与郭明跃合作。

一次改变了发达国家将腐败仅仅看作发展中国家的专利的错误看法。①

国际反腐败合作的春天,是在 20 世纪 90 年代才真正到来的。1990 年,联合国经济及社会理事会在向第八届联合国预防犯罪和罪犯待遇大会转交的一份关于在发展条件下预防犯罪和刑事司法的国际合作的文件中指出:因为政府官员的贪污舞弊行为会破坏政府各种方案的潜在成效,妨碍发展,并使个人和团体受害,所以极为重要的是:①各国应审查本国刑法,包括程序法,是否作出了适当规定,以便对付各种形式的贪污受贿以及旨在协助或便利贪污的有关行为,并规定可采取确保起到震慑作用的制裁办法;②各国应建立行政和法规机制,防止贪污行为或滥用职权;③各国应制定和通过关于侦破、调查和对贪污腐化官员判刑定罪的程序;④各国应创立法规以没收贪污所得资金和财产;⑤各国应对卷入贪污案的企业采取经济制裁。社会发展和人道主义事务中心预防犯罪和刑事司法处应协调编写一些材料,协助各国进行这些工作,包括编制一本打击贪污行为的工作手册,并应为法官和检察官提供专门培训,使他们能够处理贪污犯罪的技术问题,以及吸收处理此种案件的特别法庭的经验。②

根据以上建议,联合国预防犯罪和刑事司法处安排编写了《反贪污腐化实际措施手册》,并在第八届联合国预防犯罪和罪犯待遇大会上得以通过,手册主要有以下内容:①阐述偷窃、挪用和侵吞公款、滥用职权、利益冲突、政治捐款、财产隐瞒不报等腐败行为的界定原则,建议各国审查本国刑法和相关法律,重新作出适当的、能够起到威慑作用的规定。②建立一整套反腐机制。内容包括实行财产申报制度,设立专门反腐败机构或指定现有机构专门负责;建立预防腐败和滥用职权的行政管理制度,制定道德行为规范和实施廉政教育;强化财务审计,明确内部举报程序和举报人保护措施;等等。③制定侦查、调查和判决腐败官员的程序,手册介绍了各种侦查腐败案件的思路、方法和策略。④没收非法所得资产和财产。手册建议各国参照《联合国禁止非法贩运麻醉药品和精神药物公约》有关没收的规定,制定没收个人非法所得以及涉嫌公司财产的法律条款。⑤开展国际经验交流与合作。③

1996 年 12 月,联合国大会通过了两项重要的反腐败文书:《公职人员国际行为守则》和《联合国反对国际商业交易中的贪污贿赂行为宣言》。虽然这两项文书没有法律效力,但却具有政治意义,因为它们代表国际社会对这些事项的广泛的一致意见。

《公职人员国际行为守则》涉及以下方面:①应指导公职人员履行职责的总则(即忠诚、廉洁奉公、切实有效、公正无私);②利益冲突和回避;③公职人员披露私人资

---

① 参见邝璐、杨曼丽:《论反腐败中的国际合作》,载《湖北成人教育学院学报》2005 年第 3 期。
② 参见杨宇冠、吴高庆主编:《〈联合国反腐败公约〉解读》,中国人民公安大学出版社 2004 年版,第 14 页。
③ 参见孔祥仁:《反腐倡廉——联合国在行动》,载《中国监察》2000 年第 4 期。

产,并在可能的情况下披露其配偶和其他受赡养者的私人资产;④接受礼品和其他赠与时的申报;⑤处理机密资料的准则;⑥公职人员的政治活动不应影响到公众对其履行职能和职责的信任。

《联合国反对国际商业交易中的贪污贿赂行为宣言》中承认,必须促使从事国际商业交易的公私营公司,包括跨国公司和个人负起社会责任,并遵守适当的道德标准,特别是遵守在其境内经商的国家的法律和条例,并考虑到其活动对经济及社会发展和环境保护的影响。

1997年联合国在布宜诺斯艾利斯举行了一次各区域专家会议,以审议加强反腐败领域国际合作的方式方法,专家组会议建议考虑采取一系列具体措施,其中包括:①公职人员披露资产和债务;②利用或完善现有负责监测公共支出的独立审计机构或机关;③建立专门的反贪污腐败机构;④采取措施,提倡或鼓励以透明方式管理公共资金和决策;⑤制定具有透明度的竞争程序,用于公共工程合同招标和监督,并实行明确的采购规则;⑥采取措施确保自由竞争,包括实施反托拉斯条例;⑦采取措施防止捞取不义之财;⑧取消或限制银行保密权;⑨采取措施确保和鼓励公众参与;⑩采取措施确保实行责任制并加强有效的惩戒行动;⑪为政党和竞选运动筹措资金;⑫保障集会自由和取得信息的权利;⑬为某些专业制定和实行道德守则;⑭制订一项方案,促进执行与《公职人员国际行为守则》相似的履行职责指导原则。除联合国以外,其他一些国际组织也在这一时期加强了反腐败国际合作,其中,欧洲联盟1996年通过的一项《保护欧洲共同体金融利益公约》议定书,将主动和被动贿赂本国和共同体官员的行为定为犯罪。1997年通过的第二项议定书包括将清洗贪污所得行为定为犯罪的规定,并规定介入有组织犯罪的法人责任。1997年通过的《打击涉及欧洲共同体官员或欧洲联盟成员国官员腐败行为公约》甚至将不会给联盟造成财政损失的主动和被动贿赂官员行为定为犯罪。欧洲理事会根据《欧洲联盟条约》关于私营部门贪污腐败问题的第K.3条,1998年12月22日通过了《联合行动》,这是一项重要文书。

1996年3月29日,美洲国家组织制定了《美洲国家反腐败公约》,该公约的主要目的是促进和加强各个缔约国的体制发展,这些体制是预防、侦查、惩罚和消除腐败行为,促进缔约国之间的合作,以便确保为预防、侦查、惩罚和消除在履行公务中的腐败行为,特别是与履行公务有关的腐败行为而采取的措施和行动所需要的。

1994年,经济合作与发展组织成员国商定了一项国际商业交易中贿赂问题的初步建议。后来,该组织理事会于1997年通过了一项关于打击国际商业交易中贿赂行为的修订建议。根据这些建议和进一步的讨论,经济合作与发展组织全体成员国和5个非成员国通过了《打击国际商业交易中贿赂外国公职人员行为的公约》,该公约于1999年2月15日生效。该公约有关公职人员的定义非常广泛,已囊括所有履行公务的人员,公务可能包括为了公共利益而开展的任何活动。外国公职人员是指公营企业、公司的职员,政府指定的垄断企业负责人,或政府通过多数所有权或控制权对其施加决定性影响的任何公司的高级职员。公约要求按处理贿赂国内官员行为的办法,通过有效、相称和遏制性的刑事处罚,惩治贿赂外国公职人员的行为。

欧洲理事会自 1994 年在马耳他举行第 19 次欧洲司法部长会议以来,在贪污问题多学科小组框架内开展了各种活动,并在打击贪污腐败的国际斗争中发挥重大作用。《反腐败刑法公约》是欧洲理事会反腐败战略的基石,该公约于 1998 年 11 月通过,至今已有 30 个国家签署和一个国家批准。欧洲理事会还于 1999 年最后敲定了一项《反腐败民法公约》,这是在国际一级确定民法与反贪污腐败共同原则和规定的首次尝试。理事会还设立了一个监测机构,即反腐败国家集团,它于 1999 年 5 月开始运作,有 21 个成员参加。该集团旨在通过各种途径,提高其成员打击贪污腐败行为的能力,包括开展一项积极灵活的相互评价活动,根据其部长委员会 1997 年 11 月 6 日第(97)24 号决议通过的《打击贪污腐败二十项指导原则》,并执行即将通过的国际法律文书,成为《反腐败刑法公约》或其他文书缔约国的国家应自觉履行参加反腐败国家集团和接受其监测程序的义务。

在这种大背景下,2000 年 11 月 15 日通过的《联合国打击跨国有组织犯罪公约》中,规定了许多反腐败内容,其中涉及公职人员腐败行为的刑事定罪;采取必要的措施,确定作为共犯参与这种犯罪的刑事犯罪;贿赂公职人员的法人责任;采取措施预防、侦查和惩罚公职人员的腐败行为;促进公职人员廉洁奉公的观念以及使主管机关在打击公职人员腐败犯罪方面拥有充分的独立性。

由于《反贪污腐化实际措施手册》《公职人员国际行为守则》之类的文件没有法律强制力,欧洲联盟、美洲国家组织等的公约又是区域性的,经济合作与发展组织的公约虽然是全球性的,但是其只规定了对国际市场上腐败行为的提供方的打击方案,而《联合国打击跨国有组织犯罪公约》又不是专门针对反腐败问题的,因此,联合国在制定《联合国打击跨国有组织犯罪公约》的同时,便意识到制定一个独立的、全面的反腐败公约的必要性。

在此背景下,联合国大会于 2000 年 12 月通过决议,为制定一项有效的反腐败国际法律文件而成立了《联合国反腐败公约》特委会和相关的政府间专家工作组,负责公约的起草工作。该特委会先后举行了七届会议,经过两年多的磋商和努力,终于在 2003 年 10 月 1 日在维也纳举行的第七届会议上确定并核准了《联合国反腐败公约》草案。2003 年 10 月 31 日,第五十八届联合国大会全体会议审议通过了《联合国反腐败公约》(以下简称《公约》)。2003 年 12 月 9 日至 11 日,在墨西哥梅里达举行的联合国国际反腐败高级别政治会议上开放供各国签署,随后,包括我国在内的 130 多个国家签署了联合国历史上通过的第一个反腐败国际公约,该公约已经于 2005 年 12 月 14 日正式生效。全国人大常委会已经于 2005 年 10 月 27 日批准加入该公约。

《公约》是第一个全球性的反腐败法律文件,形成了全球打击跨国腐败的共同接受的准则,确立了被转移到他国的腐败资产的返还原则,并首次建立了预防和打击腐败并加强国际合作的机制,为反腐败国际合作提供了有效的法律依据。

根据《公约》第 68 条的规定,本公约应当自第 30 份批准书、接受书、核准书或者加入书交存之日后第 90 天起生效。2005 年 9 月 15 日,厄瓜多尔作为第 30 个批准国向联合国交存了《联合国反腐败公约》的批准书,依据《公约》第 68 条的规定,公约于 2005 年 12 月 14 日正式生效。截至 2006 年 3 月底,已经有 140 个国家签署,50 个国家批准了该公约。我国于 2003 年 12 月 10 日签署,于 2006 年 1 月 13 日完成了批准书的交存程序。

根据《公约》第 63 条的规定,公约缔约国会议为公约的实施机构。联合国秘书长应当在不晚于本公约生效之后一年的时间内召开缔约国会议。其后,缔约国会议例会按缔约国会议通过的议事规则召开。缔约国会议应当通过议事规则和关于本条所列活动的运作规则,包括关于对观察员的接纳及其参与的规则以及关于支付这些活动费用的规则。

缔约国会议应当定期审查缔约国对公约的实施情况,为改进本公约及其实施情况提出建议。各缔约国均应当按照缔约国会议的要求,向缔约国会议提供有关其本国为实施公约而采取的方案、计划和做法以及立法和行政措施的信息。缔约国会议应当审查接收信息和就信息采取行动的最有效方法,这种信息包括从缔约国和从有关国际组织收到的信息。缔约国会议也可以审议根据缔约国会议决定的程序而正式认可的非政府组织所提供的投入。缔约国会议应当在其认为必要时建立任何适当的机制或者机构,以协助公约的有效实施。

《公约》第 65 条规定,各缔约国均应当根据本国法律的基本原则采取必要的措施,包括立法和行政措施,以切实履行其根据本公约所承担的义务。为预防和打击腐败,各缔约国均可以采取比本公约的规定更为严格或严厉的措施。

关于争端的解决,公约规定缔约国应当努力通过谈判解决与公约的解释或者适用有关的争端。两个或者两个以上缔约国对于公约的解释或者适用发生任何争端,在合理时间内不能通过谈判解决的,应当按其中一方请求交付仲裁。如果自请求交付仲裁之日起 6 个月内这些缔约国不能就仲裁安排达成协议,则其中任何一方均可以依照《国际法院规约》请求将争端提交国际法院。但关于仲裁和诉讼的规定允许保留,我国在签署公约时,也对该规定提出了保留。

关于《公约》的修改,《公约》第 69 条规定,缔约国可以在本公约生效已经满 5 年后提出修正案并将其送交联合国秘书长。秘书长应当立即将所提修正案转发缔约国和缔约国会议,以进行审议并作出决定。缔约国会议应当尽力就每项修正案达成协商一致。如果已经为达成协商一致做出一切努力而仍未达成一致意见,作为最后手段,该修正案须有出席缔约国会议并参加表决的缔约国的2/3多数票方可通过。

二、公约中的犯罪圈

(一) 贿赂本国公职人员

《公约》第15条规定:"各缔约国均应当采取必要的立法措施和其他措施,将下列故意实施的行为规定为犯罪:(a)直接或间接向公职人员许诺给予、提议给予或者实际给予该公职人员本人或者其他人员或实体不正当好处,以使该公职人员在执行公务时作为或者不作为;(b)公职人员为其本人或者其他人员或实体直接或间接索取或者收受不正当好处,以作为其在执行公务时作为或者不作为的条件。"由此可见,公约中对贿赂犯罪的规定有以下特点:

1. 主体范围的广泛性

对于行贿罪的主体,公约没有作出任何限制,任何人(在许多国家包括法人)均可构成行贿罪。而受贿罪的主体是公职人员,根据《公约》第2条的规定,所谓公职人员,是指:"(i)无论是经任命还是经选举而在缔约国中担任立法、行政、行政管理或者司法职务的任何人员,无论长期或者临时,计酬或者不计酬,也无论该人的资历如何;(ii)依照缔约国本国法律的定义和在该缔约国相关法律领域中的适用情况,履行公共职能,包括为公共机构或者公营企业履行公共职能或者提供公共服务的任何其他人员;(iii)缔约国本国法律中界定为'公职人员'的任何其他人员。"

在一些国家的法传统中,只有经过任命产生的事务官被视为公共官员,而经选举产生的民意代表,包括国家元首、政府首脑、地方行政首脑以及一些国家的各部部长等政务官,则不被视为公共官员,在这些国家,政务官员直接对选民负责,对自己的渎职行为承担政治责任,但在刑法中却没有打击这类人腐败犯罪的条款。由于许多国家的政务官员腐败案件屡有发生,并且涉及数额巨大,危害特别严重,因此,通过修订刑法将经选举产生的行使公权力的人员纳入刑法的打击范围,是近几十年来世界范围内针对腐败犯罪的立法趋势。公约顺应了这种趋势,规定经选举产生的人员亦应成为腐败犯罪的主体,对堵塞一些国家刑法(包括中国)的立法漏洞有很大的价值。

《公约》没有明确规定受委托行使公务的人员应成为受贿罪的主体,这不能不说是《公约》关于腐败犯罪主体规定的一个缺陷,但是,根据《公约》的规定,这并不妨碍各国在本国法律中将这类人员界定为公职人员。

《公约》还规定各国可以将为公共机构或者公营企业履行公共职能或者提供公共服务的任何其他人员界定为公职人员。这就涉及对公共机构的定义问题，在国家立法、行政和司法机关以外，哪些机构可以被定性为公共机构，在很多国家的法律中并不是非常清楚的，因为在这些国家，很多公益性团体、行业协会等组织都实际承担部分公共管理和公共服务职能，如果按职能说，这些机构应被视为公共机构，但按属性说，其中的一些机构又被所在国法律明确定义为民间团体。因此，对公共机构的范围作出合理明确的界定，是这些国家权威部门应该做的工作。

关于公营企业人员是否构成公职人员，有些国家法律规定完全国有的企业人员视为公职人员（如我国刑法）；有些国家法律规定凡是国家具有控股地位的企业，不论国有股比例是否超过50%，均视为国有企业，对这些企业人员均认为构成受贿罪主体；也有些国家法律理论认为应按企业的经营范围确定，如果一个企业完全是市场中平等竞争的商事主体，即使完全为国家持股，企业人员亦不应视为公职人员，只有提供公共服务、具有垄断性地位的公立企业人员才被视为公职人员。在这方面，公约规定应由缔约国国内法界定。

2. 贿赂范围的广泛性

像我国刑法一样将贿赂的范围限于财物，既不合理，也与世界各国的立法趋势不符。因为贿赂罪并不是一种占有型犯罪，只要行为危害了国家廉政制度，是否形成对财产的非法占有关系并不重要；只要能够诱使公职人员与相对人之间就履行公职行为达成不法协议的任何物质及非物质利益，都应该列入贿赂的范围。将贿赂规定为任何不正当利益或不正当好处，也被几个国际反腐败公约所采纳，如欧洲理事会《反腐败刑法公约》第2条、第3条将贿赂的范围规定为"不正当的利益"；美洲国家组织《美洲国家反腐败公约》第6条将贿赂的范围规定为"任何财物或其他利益如礼物、便利、承诺或优惠待遇"；《公约》关于贿赂范围明确限定为"不正当好处"，这就打破了财物说、物质性利益说的狭小界限，目前在刑法中仍采用物质性利益说或财物说的少数缔约国，都有义务修改自己国家的刑法，将任何有形的、无形的，物质性、非物质性的利益均列入贿赂的范围。

3. 关于贿赂的行为方式

根据《公约》的规定，行贿的方式是直接或间接向公职人员许诺给予、提议给予或者实际给予。受贿的方式是直接或间接为其本人或其他人"索取"或者"收受"不正当好处。

在我国，公职人员只有为其本人或家人谋取利益才构成受贿罪，这种仅限于本人收受的立法例，过去也曾经为许多国家刑法所采纳，但在反腐败实践中，很多国家都认识到如果不将公职人员为他人谋取利益的行为包括在贿赂罪中，公职人员太容易通过间接的方式获得财产。在德国,刑法中即完成了从要求为本人谋利益向包括为他人谋利益的转变。① 目前世界大部分国家刑法均规定只要公职人员以相对人提供不当利益作为其在履行职务过程中作为或不作为的条件,不论是为其本人谋利还是为第三人谋利,都构成受贿罪。《公约》也顺应了这种立法潮流,规定公职人员无论是为本人还是为其他人索取或收受利益均构成犯罪。

在为第三人谋利的情况下,公职人员的行为是否侵害了公务行为的廉洁性?这种形式的受贿和滥用职权罪有何区别?笔者认为,对这种立法可从两个角度作合理化解释:一是从减轻反腐败机关举证责任的角度,认为为第三人谋利无非是一种曲折的、间接的为本人谋利的形式,将这种行为规定为犯罪,并不违反将受贿罪视为侵害公务行为纯洁性法益的立法原理,而是要减轻或免除控方的举证责任而已;二是认为即使是为其他人谋利,在这种情况下公职人员仍得到了利益,因自己的亲朋故旧得到了现实的利益,而自己在精神上得到了满足,实际上是获得了精神利益,仍然侵害了公职人员行为的廉洁性。

另外,公约并不要求行贿罪以谋取非法利益为构成要件,在这一点上,我国刑法中的行贿罪明显与公约不符,面临修改的命运。

(二) 贿赂外国公职人员或者国际公共组织官员

根据《公约》第16条的规定,贿赂外国公职人员或者国际公共组织官员罪是指:行为人直接或间接向外国公职人员或者国际公共组织官员许诺给予、提议给予或者实际给予该公职人员或者其他人员或实体不正当好处,以使该公职人员或者该官员在执行公务时作为或者不作为,以便获得或者保留与进行国际商务有关的商业或者其他不正当好处;外国公职人员或者国际公共组织官员直接或间接为其本人或者其他人或实体索取或收受不正当好处,以作为其在执行公务时作为或者不作为的条件。

公约中规定的贿赂外国公职人员或者国际公共组织官员罪,在行为方式、贿赂的范围等方面与贿赂本国公职人员有类似之处,但又具有如下特点:

1. 本罪限定在国际商务领域

有一种观点认为,经济合作与发展组织的《打击国际商业交易中贿赂外国公职人员行为的公约》和联合国大会通过的某些宣言与决议曾明确指出本罪发生在国际商业交易活动中。但是,《联合国打击跨国有组织犯罪公约》和《公约》并没有将本罪限定在国际商业交易活动中,造成此差别的主要原因在于,前者的立法目的主要是维护正常的国际商业交易秩序,而后者的立法目的主要是有效打击有组织犯罪、腐败犯罪。② 笔

---

① 参见《德国刑法典》,徐久生、庄敬华译,中国方正出版社2004年版,第28页。
② 参见杨宇冠、吴高庆主编:《〈联合国反腐败公约〉解读》,中国人民公安大学出版社2004年版,第154页。

者认为,这种观点是值得商榷的。因为《公约》第 16 条第 1 款已经明确将获得或者保留与进行国际商务有关的商业或者其他不正当好处规定为对外国公职人员或国际公共组织官员行贿罪的构成要件,这就表明,至少在行贿罪方面,只有在国际商务领域的犯罪行为才被纳入公约规定的范围之内。在受贿罪方面,尽管公约未明确规定与国际商务有关,但既然行贿罪与受贿罪是一种对合性犯罪,公约又将两种犯罪规定在一章中,将外国公职人员和国际公共组织官员的受贿罪解释成必须与国际商务有关,结合国际社会关注这种犯罪的初衷以及公约的制定背景,应该视为唯一正确的理解。

2. 本罪的主体范围有待各国国内法进一步明确

根据《公约》的规定,"外国公职人员"系指外国无论是经任命还是经选举而担任立法、行政、行政管理或者司法职务的任何人员以及为外国,包括为公共机构或者公营企业行使公共职能的任何人员。"国际公共组织官员"系指国际公务员或者经此种组织授权代表该组织行事的任何人员。但是,对外国公职人员的范围究竟是依本国法还是该等人员所在国法作出认定,各国的做法则不尽一致。

在美国《反海外腐败法》中,何谓外国公职人员应根据美国法独立定义,而不依据其所在国法;但在比利时,何谓外国公职人员应根据该国法,但该国为非欧盟成员时,又可参照比利时法。由于各国对公职人员的定义不同,上述两种不同的立法规定,在很多情况下会得出完全不同的结果。比如,在我国,人大代表不是公职人员,因此比利时公司贿赂我国人大代表的行为,在比利时即不构成犯罪。但在美国,外国公职人员的范围依据国内法认定,对美国公司贿赂中国人大代表的行为,完全可以在美国国内受到刑罚处罚。当然,公约中对外国公职人员已经作出明确的定义,各国国内法都应当与公约保持最低程度的一致,因此,对包括民意代表在内的经选举产生的外国公职人员,各缔约国均有义务将其规定在外国公职人员之内,但对公约中没有明确的人员,比如外国受委托从事公务的人员是否视为外国公职人员,则完全视各国国内法而定。

何谓国际公共组织?国际公共组织是否可等同于政府间国际组织?而政府间国际组织的范围又如何确定?这些问题目前在各国立法中鲜有规定,在大量的立法例中,笔者只查到比利时法律对此有确定的认定标准,依据比利时法,只有按国际公法设立,并承担国际公共职能的人员才构成涉外贿赂犯罪主体。依据这种标准,像国际奥委会、世界刑警组织这些承担国际公务的组织,因为不是依据国际公法设立的,因此不应被视为国际公共组织。这种认定标准是否合理,应该如何确定国际公共组织的标准,有赖各国国内法作出明确的规定。

3. 本罪的成立不以外国公职人员或国际公共组织官员违反职务为要件

一些解释《公约》的论著认为,与贿赂本国公职人员罪不同,贿赂外国公职人员或国际公共组织官员罪的成立,以该等人员违背其职务为要件,这种理解是不正确的。尽管公约中规定对该等人员行贿罪以获得与国际商务有关的不正当利益为要件,但何谓不正当利益?结合各国国内法,通常的理解是不仅非法获得的利益是不正当利益,在官员自由裁量的范围之内,只要是事先不确定的利益都构成不正当利益,因此本罪并不以相应官员违反职务为要件。

(三) 公职人员贪污、挪用或者以其他类似方式侵犯财产

《公约》第17条规定:"各缔约国均应当采取必要的立法和其他措施,将下述故意实施的行为规定为犯罪:公职人员为其本人的利益或者其他人员或实体的利益,贪污、挪用或者以其他类似方式侵犯其因职务而受托的任何财产、公共资金、私人资金、公共证券、私人证券或者其他任何贵重物品。"

根据上述规定,公约中规定的此类犯罪具有如下特征:

第一,此类犯罪的主体是公职人员。

第二,此类犯罪的对象为"因职务而受托的任何财产、公共资金、私人资金、公共证券、私人证券或者其他任何贵重物品",在我国,贪污罪的犯罪对象被限于"公共财物",根据我国《刑法》第91条的解释,在国家机关、国有公司、企业、集体企业和人民团体管理、使用或者运输中的私人财产,以公共财产论,因此我国贪污罪的犯罪对象与公约的规定是一致的。但是,我国将挪用类犯罪的对象仅限于公款,在这一点上不符合公约的规定,将面临修改的命运。

第三,关于此类犯罪的行为方式。在公约中并没有进行限定,从理论上讲,应该包括以侵吞、盗窃、骗取等各种手段实施的贪污、挪用行为,包括以集体研究通过的方式,或"班子成员集体点头"的方式,因此,公约中关于这类犯罪的规定包含了我国刑法中规定的私分国有资产罪和私分罚没财物罪。

第四,此类犯罪以利用职务之便为构成要件,如果不是利用职务之便,如盗窃本单位不是本人保管的财物,就不构成本罪而构成其他犯罪。

(四) 影响力交易

《公约》第18条规定:"各缔约国均应当考虑采取必要的立法和其他措施,将下列故意实施的行为规定为犯罪:(a)直接或间接向公职人员或者其他任何人员许诺给予、提议给予或者实际给予任何不正当好处,以使其滥用本人的实际影响力或者被认为具有的影响力,为该行为的造意人或者其他任何人从缔约国的行政部门或者公共机关获得不正当好处;(b)公职人员或者其他任何人员为其本人或者他人直接或间接索取或者收受任何不正当好处,以作为该公职人员或者该其他人员滥用本人的实际影响力或者被认为具有的影响力,从缔约国的行政部门或者公共机关获得任何不正当好处的条件。"

根据上述规定,影响力交易罪的犯罪构成与贿赂本国公职人员罪有许多相似之处,但又具有以下特征:

第一,只有在与缔约国行政部门或者公共机关权力范围有关的事务中,才有构成本罪的可能。而贿赂本国公职人员罪中并无这样的限制,根据公约的规定,贿赂本国公职人员的,只要与公务有关,不论发生在任何部门,不论涉及任何事项,均构成犯罪。而影响力交易罪则必须与行政部门或者公共机关权力直接相关,可见,公约对影响力交易罪的规定比贿赂本国公职人员罪更为严格。

第二,本罪的主体不限于公职人员,任何人、只要具有或被认为具有对缔约国的行政部门或者公共机关的影响力,就可以构成本罪。笔者认为,公约的上述规定突破了已有的立法例将此罪的犯罪主体限定于公职人员的狭小界限,是具有重大的现实意义的。目前在发展中国家,利用各种关系影响公权力运行的现象十分普遍,即使是在西方国家,游说集团左右政府权力运作的状况也时有发生,在美国国会,很多工作人员都是"吃这碗饭的"。从反腐败的实际需要出发,将利用本人的影响力作交易、影响公权力运作的行为规定为犯罪非常必要。

第三,本罪的构成不要求行为人具有实际的影响力,只要被认为具有影响力,又收受或索取了他人贿赂即可构成。所谓的影响力,可以基于各种关系而拥有,比如同乡、同学关系、曾经的同事、上下级、曾经给公职人员以恩惠,甚至情人关系均可被视为拥有影响力,只要这种影响力为相对人所相信,不论是否真的拥有,也不论是否实际影响公权力的运作,即可构成犯罪。

第四,本罪同样包括行贿和受贿两方面,对行贿人而言,只要直接或间接向公职人员或者其他任何人员许诺给予、提议给予或者实际给予任何不正当好处,以使其滥用本人的实际影响力或者被认为具有的影响力,为造意人或者其他任何人从缔约国的行政部门或者公共机关获得不正当好处,即构成犯罪。对受贿人而言,只要为其本人或者他人直接或间接索取或者收受任何不正当好处,以作为滥用本人或他人的实际影响力或者被认为具有的影响力,从缔约国的行政部门或者公共机关获得任何不正当好处的条件,即构成犯罪。

第五,本罪以缔约国的行政部门或者公共机关的公职人员不知情为前提,如果上述人员知情,则不构成此罪,而构成贿赂本国公职人员罪的共同犯罪。

(五) 滥用职权

滥用职权罪,从语义上讲,是指公职人员不正当地履行其职务的行为。

关于本罪,在许多国家的刑法中都有规定。比如,《日本刑法典》第193条规定,公务员滥用职权,使他人履行没有义务履行的事项,或者妨害他人行使权利的,处2年以下惩役或者监禁。《瑞士刑法典》第312条规定,当局或官员滥用职权,意图使自己或他人获得非法利益,或对他人造成不利的,处5年以下重惩役或监禁刑。《意大利刑法典》第323条规定,除行为构成更为严重的犯罪外,公务员或受委托从事公共服务的人员,在行使职务或服务时,违反法律或条例的规定,在涉及本人或近亲属利益时或者在法律规定的其他情况下,不实行回避的,有意为自己或者其他人获取不正当的财产利益,或者对他人造成非法损害的,处以6个月至3年有期徒刑。如果上述利益或者损害明显重大,刑罚予以增加。比较以上立法例,可以看出,各国刑法对本罪的规定是有差异的,其中日本刑法以使他人履行没有义务履行的事项,或者妨害他人行使权利作为犯罪构成条件;而瑞士刑法和意大利刑法则以非法获利或造成他人损害为构成要件。总体而言,在规定滥用职权罪的国家的刑法中,该罪的规定有以下特点:首先,本罪是公职人员不正当行使权力的犯罪的普通犯,观其犯罪本质,可以说所有的渎职犯罪都是滥用职权行为,但不同的具体犯罪类型又有自己的特点,如受贿罪重点惩罚的是公职人员以其公职为对价的非法获利行为,刑讯逼供罪惩罚的是司法人员利用职务侵害他人人身权的行为,只有在没有特别法规定的情况下的滥用职权行为才按本罪处理。其次,本罪的主观方面是故意,这一点上有别于玩忽职守犯罪。最后,本罪不是行为犯,而以具备一定的结果为条件,至于应具备什么犯罪后果,通常以获得某种非法利益或造成他人损失为条件,我国《刑法》第397条即以造成重大损失为条件。

《公约》第19条规定:"各缔约国均应当考虑采取必要的立法和其他措施,将下述故意实施的行为规定为犯罪:滥用职权或者地位,即公职人员在履行职务时违反法律,实施或者不实施一项行为,以为其本人或者其他人员或实体获得不正当好处。"由此可见,本公约中规定的滥用职权罪采用的是获利说而不是损失说,而构成此罪,又以公职人员在履行职务时违反法律的作为或不作为为条件。结合各国立法例,笔者认为公约对本罪的规定是有缺陷的,似采综合获利说和损失说,将两种情况均规定为犯罪为宜。

(六) 资产非法增加

《公约》第20条规定:"在不违背本国宪法和本国法律制度基本原则的情况下,各缔约国均应当考虑采取必要的立法和其他措施,将下述故意实施的行为规定为犯罪:资产非法增加,即公职人员的资产显著增加,而本人无法以其合法收入作出合理解释。"根据上述规定,资产非法增加罪在构成上有以下特征:

第一,与其他类型的犯罪不同,公约并不要求缔约国必须将资产非法增加规定为犯罪,而是规定在不违背本国宪法和本国法律制度基本原则的情况下,各缔约国均应当将此种行为规定为犯罪。因为在公约制定过程中,欧洲国家强烈反对在追查犯罪时举证责任倒置的做法,认为这和无罪推定原则格格不入。在未形成一致意见的情况下,作为妥协的产物,公约将此问题交给各缔约国解决。

第二,本罪的构成以公职人员的资产显著增加为前提,何谓显著增加,则有待各国国内法作出规定。

第三,本罪以公职人员对其显著增加的资产无法作出合理解释为构成要件。如果公职人员对自己增加的资产可以合法收入作出解释,就不能构成此罪。但何谓合理的解释则依赖各国的证据规则和证明标准,在我国,曾经发生过被侦查的官员辩解说自己的数百万元财产是一夜之间在国外赌博所得,而目前我国司法机关又没有渠道确证其辩解是否真实,后来仍然以巨额财产来源不明罪定罪的案例。在办案人员看来,这样认定并不违反经验法则,因为"在赌本不大的情况下,在一夜之间赢得数百万元的可能太小了"。

(七) 私营部门内的腐败犯罪

在《公约》中,对发生在私营部门的腐败犯罪作了详细的规定,其中第21条规定:"各缔约国均应当考虑采取必要的立法和其他措施,将经济、金融或者商业活动过程中下列故意实施的行为规定为犯罪:(a)直接或间接向以任何身份领导私营部门实体或者为该实体工作的任何人许诺给予、提议给予或者实际给予该人本人或者他人不正当好处,以使该人违背职责作为或者不作为;(b)以任何身份领导私营部门实体或者为该实体工作的任何人为其本人或者他人直接或间接索取或者收受不正当好处,以作为其违背职责作为或者不作为的条件。"第22条规定:"各缔约国均应当考虑采取必要的立法和其他措施,将经济、金融或者商业活动中下述故意实施的行为规定为犯罪:以任何身份领导私营部门实体或者在该实体中工作的人员侵吞其因职务而受托的任何财产、私人资金、私人证券或者其他任何贵重物品。"

根据《公约》的规定,私营部门内的腐败犯罪具有以下特征:

第一,犯罪构成限定在"经济、金融或者商业活动过程中",对不涉及这些领域的发生在私营企业内部的腐败,公约并不要求缔约国将其作为犯罪处理。

第二,腐败犯罪的主体并不限于私营企业人员,只要发生在经济、金融或者商业活动过程中,又不属于公职人员的腐败,不论行为主体是企业人员,还是其他人员(如财经类电视节目主持人、在商业领域有影响的大学教授),只要为其本人或者他人直接或间接索取或者收受不正当好处,以作为其违背职责作为或者不作为的条件,即可构成私营部门内的受贿罪,任何人只要许诺给予、提议给予或者实际给予该人本人或者他人不正当好处,以使该人违背职责作为或者不作为的,即可构成私营部门内的行贿罪。

第三,犯罪构成以私营部门内人员违反职务为要件,这一点比贿赂公职人员犯罪有更严格的要求,在贿赂本国公职人员罪中,公约并没有要求以公职人员违反职务为要件,可见公约对公职人员的廉洁性要求比对私营部门人员严格。

第四,私营部门内的贿赂犯罪中,贿赂的范围包括任何不正当好处,而不仅限于财物或财产性利益。在这一点上比我国公司、企业人员贿赂罪中的贿赂范围广泛。

第五,私营部门内侵吞财产的犯罪中,犯罪对象包括其因职务而受托的任何财产、私人资金、私人证券或者其他任何贵重物品。

第六,公约只对发生在私营部门内的侵吞型犯罪作了规定,而未涉及挪用型犯罪,在这一点上,公约对私营部门财产的保护力度不如对公立部门财产的保护。

第七,对于何谓不正当好处,有待缔约国国内法作出规定。以对"回扣"的理解为例,正常的回扣是在商品交易活动中的促销手段,通常由卖方支付,在商品紧缺时,买方也可能支付回扣,因此回扣实际上是对销售利益的再分配。① 那么如何对其正当性予以区分呢?对于回扣,一般来讲有以下几个标准:①以方式是否正当为标准。《德国不正当竞争法》第 12 条规定,商业企业的雇员或代理人在商业交易中用不正当方式订购或要求服务,给予某人利益,从而索取、收受贿赂,处 1 年以下的监禁或罚金。除德国外,《日本不正当竞争防止法》、奥地利、巴西、西班牙、葡萄牙、意大利、土耳其等国在工业财产权法或民商法规中所作的不正当竞争的规定,认为回扣用于不正当竞争时为违法行径,不正当的回扣是价格歧视的一种变相方式,具有行贿、收买性质。②以回扣数额的大小作为标准。《德国回扣法》对回扣的数额作了具体限制。它规定给予顾客的回扣不得超过交易金额的 3%,并且数量不得超过正常商业交易的限度。③以是否符合商业习惯作为标准。《美国商法典》第 15 卷关于佣金、手续费或其他酬劳的给予和收受条款规定,回扣、手续费的收受性质必须是连同商品、货物而提供的服务,否则便是违法。④蒙蔽单位或雇主,未获得其同意的,便属非法。

三、公约中的国际合作机制

(一) 反腐败国际合作概述

反腐败国际合作,是国与国之间为了共同打击腐败犯罪,便利刑事诉讼的进行,而在缔结双边或多边条约的基础上,或基于相互间的互惠协定,所进行的相互提供便利、信息、证据、引渡犯罪嫌疑人、移交刑事诉讼、移管被判刑人等事项的合作。

从历史的观点看,国际刑事司法合作是在尊重各国国家主权的前提下打击跨国犯罪的必然要求。

早在十八九世纪之初,针对当时比较严重的跨国犯罪,如海盗、奴隶贩卖、走私和土匪的跨界突袭这些问题,部分国家倾向于采取单边行动逮捕罪犯并对其绳之以法,在未取得边界另一方执法部门同意的情况下采取公然侵入外国领土的形式,比

---

① 参见杨宇冠、吴高庆主编:《〈联合国反腐败公约〉解读》,中国人民公安大学出版社 2004 年版,第 174 页。

如,在涉嫌海盗或奴隶贩运船只位于外国领海时就将它们扣押。这种单方面的行动常常在国与国之间制造不必要的紧张关系,而且,也为各国不得干预别国内部事务的国际法原则所不容。随着主权国家观念的兴起,打击犯罪的刑事司法权被认为是国家的专属权力,为了有效打击具有跨国性质的犯罪现象,必须通过国与国之间的刑事司法合作实现。特别是在当前经济全球化背景下,通信技术和运输的快速发展不仅改变了社会经济结构,还促进了全球化,使经济活动交易增加,种类更加多样,而且越来越具有跨国性质。这些变化为经济增长和发展创造了新机会,但随之而来的是,经济犯罪也成为一个令全球关注的问题,犯罪集团的作案手法更加先进,其活动规模也有了不小的扩大。计算机的迅速普及、因特网服务用户的大量增加和以信用卡为基础的经济扩展更是加速了这一趋势。由其性质所决定,使用因特网作为工具的犯罪很容易超越国界,扩大到全世界。犯罪分子充分利用因特网和电子商务来进行跨国经济犯罪。这些犯罪的跨国性质妨碍了对案件的侦查,并使调查和起诉更加困难。犯罪收益的跟踪和追回也变得更加复杂。[1] 这个世界日益变成一个"地球村"的时代,甚至有不少犯罪专家提出"跨国犯罪需要全球性治理"的口号,主张建立在全球范围内拥有统一司法权的国际组织。

但是,由于长期的历史传统,"犯罪历来被当做地方性或最多是国家的问题,因此,对犯罪的调查和起诉长期被认为是限于各国边界之内的事项。这样,刑法依然几乎完全适用于本国领土内,仅涉及在所在国领土上的作为或不作为。在国外所犯的罪行不是国家当局所管的事项,因此它们不愿意协助另一国当局对罪犯绳之以法,收集提起或进行刑事诉讼所需的证据性材料或没收它们与犯罪相关的财产"[2]。因此直至最近,国际刑事司法合作的演变步伐仍相对较慢,各国的司法人员普遍认为,在犯罪嫌疑人、受害人、关键证据、关键证人、关键专家鉴定或犯罪收益处在一国管辖区以外时,试图共同破案又难又费时,处理此类案件经常令人十分气馁,而司法和执法当局面对跨国犯罪继续表现的这种不乐意和消极的态度,又鼓励和刺激了罪犯继续其作案活动。

为了促进国际社会加强反腐败的国际刑事司法合作,《公约》第四章就有关国际合作的一般原则、引渡、被判刑人的移管、司法协助、刑事诉讼的移交、执法合作、联合侦查、特殊侦查手段等事项作了明确规定。《公约》第四章的规定均是直接针对刑事司法的,但在第43条又规定"在适当而且符合本国法律制度的情况下,缔约国应当考虑在与腐败有关的民事和行政调查和诉讼中相互协助"。

---

[1] 参见第十一届联合国预防犯罪和刑事司法大会文件:《打击包括洗钱在内的经济犯罪的措施》。
[2] 第十一届联合国预防犯罪和刑事司法大会文件:《加强国际执法合作,包括引渡措施》。

（二）双重犯罪原则

双重犯罪原则是指在国际刑事司法协助中，一国请求另一国协助的事项所针对的行为必须在请求国和被请求国均构成犯罪。该原则是国际刑事司法协助中所特有的原则，当一个主权国家在自己刑事管辖权范围内打击犯罪时，如何行使刑罚权完全由其国内法规定，但当犯罪具有了跨国性质，需要其他国家的协助才能使诉讼顺利进行时，被请求协助的国家就有权对行为的性质作是否有罪的判断，如果对该行为作犯罪处理不符合被请求国的刑法观念，被请求国通常不会愿意提供协助，这也是罪刑法定原则在国际刑事司法协助中的体现。

准确理解双重犯罪原则的内涵，应把握两点：第一，所谓的双重犯罪标准是一种法律拟制，即假若相关的行为在被请求国发生，则根据该国的刑法也将被视为犯罪并应该接受刑罚处罚，而并不要求该行为实际触犯被请求国的刑法。第二，该原则不仅包括对相关行为符合请求国与被请求国刑法中具体犯罪构成的要求，同时也要符合两国刑法中关于追诉时效和行刑时效以及赦免等方面的规定，只要根据一个国家的刑法该行为虽然构成犯罪但已经超出了国家行使刑罚权的范围，即视为不符合双重犯罪标准。①

作为刑事司法协助中的基本原则，双重犯罪原则在国际上的多边或双边引渡条约以及一些国家的国内法中多有体现。不过，关于该原则的适用范围，各国的立场和做法差异巨大，有些国家要求对所有请求都实施双重犯罪标准，有些只要求强制性措施才这样做，有些享有斟酌决定权在此基础上加以拒绝，还有一些既不作要求亦不行使斟酌决定权加以拒绝。比如，《中华人民共和国和加拿大关于刑事司法协助的条约》第7条规定，被请求方可以拒绝提供协助的案件范围包括：按照被请求方的法律，请求书中提及的嫌疑犯、被告人或罪犯的行为在被请求方不构成犯罪。此处并未限定双重犯罪原则的适用范围，而《德国国际刑事司法协助法》第3条第1款规定，只有当行为包含德国法律所规定的犯罪构成要件或者经类推转换后构成德国法律规定的犯罪时，才同意引渡。

在双重犯罪原则的具体适用中，往往会遇到因世界各国刑事法律对犯罪类型的划分和具体罪名的表述存在差异而产生的问题。例如，同样的侵吞国有资产行为，在我国刑法中根据具体情况可分别构成贪污罪、私分国有资产罪或私分罚没财物罪，而在德国，则构成侵占罪。为了避免此类法律制度和立法技术上的差异影响双重犯罪原则的具体适用，国家间在刑事司法协助条约中一般都订立相应条款以表明：在适用双重犯罪原则时被请求国的主管机关独立地根据本国法律对有关犯罪事实的性质和罪名

---

① 参见成良文：《刑事司法协助》，法律出版社2003年版，第30页。

作出判断,只审查有关事实根据本国法律是否构成犯罪,而不问自己所认定的犯罪类型和罪名同请求国所作的认定是否完全相同。公约中也体现了这样的原则,《公约》第43条第2款明确规定:"在国际合作事项中,凡将双重犯罪视为一项条件的,如果协助请求中所指的犯罪行为在两个缔约国的法律中均为犯罪,则应当视为这项条件已经得到满足,而不论被请求缔约国和请求缔约国的法律是否将这种犯罪列入相同的犯罪类别或者是否使用相同的术语规定这种犯罪的名称。"

(三) 引渡

引渡是指一国根据另一国提出的请求,将在其境内的某一刑事犯罪嫌疑人或罪犯移交给请求国,以便在请求国对其提起刑事诉讼或执行刑罚的活动。

长期以来,关于引渡条件或关于将逃犯交回申请国以便起诉或执行判决应遵循的程序,一直没有任何规定或国际条约。引渡基本上是一个互惠或礼让的问题。但自19世纪后期以来,引渡领域的缔约做法已经扩充。在第二次世界大战后,双边条约或特别是双边协定的数目明显增加。此外,像美洲国家组织、阿拉伯国家联盟、非洲和马达加斯加国家联盟、西非国家经济共同体、欧洲委员会、英联邦、欧洲联盟等国际组织还在其组织的框架内编制了引渡问题的多边公约。在欧盟,统一的欧洲逮捕证已经取代了传统意义上的引渡,自2004年初起,一项新的程序开始在欧洲联盟内实施,引进了所谓的欧洲逮捕证,它实际上取代了成员国间传统的引渡诉讼程序。

引渡法方面最近的趋势和发展专注于放宽有关拒绝引渡请求的某些理由的严格适用。例如,已试图缓解双重犯罪方面的困难,许多国家不愿意引渡本国国民的态度似乎也在松动。在被请求国以逃犯是其本国国民为由拒绝引渡的情况下,该国也往往被认为负有义务对此人进行审讯。在为了执行徒刑而请求引渡的情况下,被要求国亦可执行按照其国内法要求判处的徒刑。最近的事态发展还表明正在试图限制政治罪例外的范围或甚至废除它。[①]

正是在这样的大背景下,《公约》对引渡作了如下规定:

1. 关于双重犯罪标准

《公约》第44条第1款规定:"当被请求引渡人在被请求缔约国领域内时,本条应当适用于根据公约确立的犯罪,条件是引渡请求所依据的犯罪是按请求缔约国和被请求缔约国本国法律均应当受到处罚的犯罪。"可见,公约在此处采用了双重可罚性标准,即要求被引渡的事项不但在请求国和被请求国均构成犯罪,还要在追诉时效和行刑时效期限内,并不符合有关赦免的规定。

同时,《公约》第44条第2款又对双重犯罪标准规定了例外:"尽管有本条第一款

---

① 参见第十一届联合国预防犯罪和刑事司法大会文件:《加强国际执法合作,包括引渡措施》。

的规定,但缔约国本国法律允许的,可以就公约所涵盖但依照本国法律不予处罚的任何犯罪准予引渡。"

如前所述,各国有关腐败犯罪的类型、犯罪构成、时效的规定各不相同,比如,我国刑法中的受贿罪构成条件比国际通行的条件严格得多,其他国家大都规定收受任何不正当利益即构成贿赂,而我国刑法则规定只有收受财物才构成贿赂,这样,在国外哪怕是非常严重的受贿罪,只要不是收受财物,在我国即可以双重犯罪原则为由不予引渡,而事实上,在这种情况下给予引渡也并不违反国际通行的刑法观念。因此,公约规定对以不符合双重犯罪原则为由不引渡的惯例可以在缔约国法律允许的情况下不予适用,但条件是所涉及的罪行必须为公约所涵盖,至于公约没有涵盖的罪行,能否引渡则取决于国家间的引渡条约或互惠承诺,而不能以公约为依据。

2. 关于可引渡犯罪的范围

许多国家的引渡法中都有刑期的要求,如《丹麦引渡法》规定,只有当引渡请求所针对的犯罪行为根据丹麦法律可能导致被判处 1 年以上监禁时,才允许引渡。公约中也规定引渡应当符合被请求缔约国本国法律或者适用的引渡条约所规定的条件,其中包括关于引渡的最低限度刑罚要求和被请求缔约国可以据以拒绝引渡的理由等条件。这样规定的目的是避免因微罪引渡而在请求国和被请求国之间浪费过多的人力、物力。

《公约》第 44 条第 3 款规定:"如果引渡请求包括几项独立的犯罪,其中至少有一项犯罪可以依照本条规定予以引渡,而其他一些犯罪由于其监禁期的理由而不可以引渡但却与根据公约确立的犯罪有关,则被请求缔约国也可以对这些犯罪适用本条的规定。"

根据《公约》第 44 条的规定,当一项引渡请求涉及数项犯罪时,并不要求所有的犯罪都必须符合刑期标准,只要其中有一种犯罪符合刑期标准,对于其他不符合刑期标准的轻微犯罪也可以准予引渡,而不违反引渡中的罪行特定原则。许多国际引渡条约和国家引渡法律也有类似规定。如《联合国引渡示范条约》第 2 条(可予引渡之犯罪)第 4 款规定,如引渡请求涉及若干项犯罪行为,且每一项罪行按照缔约国双方法律均应予以惩处,但其中某些犯罪行为并不符合本条第 1 款规定的其他条件,被请求国仍可针对后一类罪行准予引渡,只要需引渡者犯有至少一项可予引渡罪行。我国《引渡法》第 7 条第 1 款规定:"外国向中华人民共和国提出的引渡请求必须同时符合下列条件,才能准予引渡:(一)引渡请求所指的行为,依照中华人民共和国法律和请求国法律均构成犯罪;(二)为了提起刑事诉讼而请求引渡的,根据中华人民共和国法律和请求国法律,对于引渡请求所指的犯罪均可判处一年以上有期徒刑或者其他更重的刑罚;为了执行刑罚而请求引渡的,在提出引渡请求时,被请求引渡人尚未服完的刑期至少为六个月。"第 2 款规定:"对于引渡请求中符合前款第一项规定的多种犯罪,只要其中有一种犯罪符合前款第二项的规定,就可以对上述各种犯罪准予引渡。"

关于政治犯不引渡原则,《公约》第 44 条第 4 款规定:"本条适用的各项犯罪均应当视为缔约国之间现行任何引渡条约中的可以引渡的犯罪。缔约国承诺将这种犯罪作为可以引渡的犯罪列入它们之间将缔结的每一项引渡条约。在以公约作为引渡依据时,如果缔约国本国法律允许,根据公约确立的任何犯罪均不应当视为政治犯罪。"

在引渡法中,政治犯不引渡原则从 19 世纪初期开始就被作为基本原则之一。由于各国的社会制度和意识形态不同,对于涉及他国的政治性质的犯罪,一般不愿提供引渡合作。从各国引渡实践来看,即使是社会制度和意识形态基本相同的国家,出于国家利益和外交关系方面的考虑,一般也遵循政治犯不引渡原则。①

由于关于政治犯罪的范围和标准,无论是在国与国之间还是在学理上,从来就没有形成过一致的意见,因此,这一原则因为国与国之间关系的不同而在适用上经常表现出比较大的随意性。更由于一些涉及政治因素的犯罪本身严重危害国际社会的安全,如恐怖主义犯罪,国际上通常将其排除在政治犯之外,因此,近年来,政治犯不引渡原则的适用范围已经大大缩减了。

《公约》第 44 条第 4 款要求各缔约国将反腐败公约适用的各项犯罪均应当视为现行任何引渡条约中可以引渡的犯罪,将这种犯罪作为可以引渡的犯罪列入它们之间将缔结的每一项引渡条约。但又规定,在以反腐败公约作为引渡依据时,如果缔约国本国法律允许,根据反腐败公约确立的任何犯罪均不应当视为政治犯罪而拒绝引渡。可见,公约并没有硬性规定腐败犯罪不得被视为政治犯,而是将认定的标准交给了各国国内法。因为发达国家出于对个别发展中国家将反腐败作为打击政治异己的工具的疑虑,更由于一些国家在意识形态方面的偏见和私利,公约作出这样的规定,可以说是一种不得已的做法,也是妥协的产物。

3. 关于引渡的法律依据

《公约》第 44 条第 5 款规定:"以订有条约为引渡条件的缔约国如果接到未与之订有引渡条约的另一缔约国的引渡请求,可以将公约视为对本条所适用的任何犯罪予以引渡的法律依据。"

在世界范围内,存在着只承认以条约或协定作为引渡前提的国家和不以条约作为引渡前提的国家,但世界上采取以条约作为引渡前提的国家居多,英美法系国家就是典型代表,尤其是英国。而发达国家和发展中国家之间,因为法律观念和法治状况的差别,因此相互间订有引渡条约的情况并不多见,在反腐败国际合作中,这种状况必然

---

① 参见杨宇冠、吴高庆主编:《〈联合国反腐败公约〉解读》,中国人民公安大学出版社 2004 年版,第 300 页。

会妨碍对腐败分子的引渡。为此,《公约》要求那些以订有条约为引渡条件的缔约国,如果接到未与之订有引渡条约的另一缔约国的引渡请求,可以将反腐败公约视为对腐败犯罪人予以引渡的法律依据。《公约》第 44 条第 6 款规定:"以订有条约为引渡条件的缔约国应当:(a)在交存公约批准书、接受书、核准书或者加入书时通知联合国秘书长,说明其是否将把本公约作为与公约其他缔约国进行引渡合作的法律依据;(b)如果其不以本公约作为引渡合作的法律依据,则在适当情况下寻求与本公约其他缔约国缔结引渡条约,以执行本条规定。"对不以订有条约为引渡条件的缔约国,《公约》第 44 条第 7 款规定:"不以订有条约为引渡条件的缔约国应当承认本条所适用的犯罪为它们之间可以相互引渡的犯罪。"公约在上述两种情况下都规定"应当"而不是可以,因此可以乐观地预见,在公约全面实施后,包括中国在内的发展中国家,在向发达国家引渡腐败分子时会获得极大的便利。

但同时,《公约》第 44 条第 8 款又规定:"引渡应当符合被请求缔约国本国法律或者适用的引渡条约所规定的条件,其中包括关于引渡的最低限度刑罚要求和被请求缔约国可以据以拒绝引渡的理由等条件。"目前各国法律对引渡规定的限制条件大致有:双重犯罪标准、罪行特定标准、最低刑期要求、政治犯罪不引渡、本国国民不引渡、死刑犯不引渡,等等。

4. 加快引渡程序的规定

对于引渡,不少国家的法律都规定了复杂的引渡程序,并且有些国家还规定了很高的证据要求。复杂烦琐的引渡程序和高要求的证据规则,对于保障被请求引渡者的权利是毋庸置疑的,但是对于打击犯罪则往往缺乏力度。[1] 考虑到腐败犯罪对人类社会的严重危害性,《公约》要求各缔约国应当在符合本国法律的情况下,努力简化引渡程序并降低与之有关的证据要求。为此,《公约》第 44 条第 9 款规定:"对于本条所适用的任何犯罪,缔约国应当在符合本国法律的情况下,努力加快引渡程序并简化与之有关的证据要求。"

5. 对本国公民的适用

《公约》第 44 条第 11 款规定:"如果被指控罪犯被发现在某一缔约国而该国仅以该人为本国国民为理由不就本条所适用的犯罪将其引渡,则该国有义务在寻求引渡的缔约国提出请求时将该案提交本国主管机关以便起诉,而不得有任何不应有的延误。这些机关应当以与根据本国法律针对性质严重的其他任何犯罪所采用的相同方式作出决定和进行诉讼程序。有关缔约国应当相互合作,特别是在程序和证据方面,以确保这类起诉的效率。"可见,公约在涉及本国公民的引渡时,规定了或引渡或起诉原则。

---

[1] 参见杨宇冠、吴高庆主编:《〈联合国反腐败公约〉解读》,中国人民公安大学出版社 2004 年版,第 306 页。

在请求国的引渡请求涉及本国国民时,目前大多数大陆法系国家都规定了本国国民不引渡原则,而英美法系国家则一般采取可将本国国民向外国引渡的立场。为了避免因被请求国以本国国民不引渡为由拒绝引渡而放纵犯罪人,公约规定了对腐败分子或引渡或起诉原则,这也是国际刑法中公认的原则。

在同意引渡本国国民的情况下,《公约》第44条第12款规定:"如果缔约国本国法律规定,允许引渡或者移交其国民须以该人将被送还本国,按引渡或者移交请求所涉审判、诉讼中作出的判决服刑为条件,而且该缔约国和寻求引渡该人的缔约国也同意这一选择以及可能认为适宜的其他条件,则这种有条件引渡或者移交即足以解除该缔约国根据本条第十一款所承担的义务。"此处规定的是以送还本国服刑为条件的引渡。这里首先涉及被判刑人的移管制度,被判刑人的移管是指把在外国(一般来说是指犯罪地国)受到刑事判决的人移送到其国籍国或居住地国,在国籍国或居住地国执行外国刑事判决的制度,这种制度有利于被判刑人在其最熟悉的文化和地域环境中接受改造,有利于其出狱后复归社会。为此,公约规定如果缔约国同意以将本国国民移交本国服刑为条件同意引渡,则免除其对被请求对象的起诉义务。

在缔约国针对他国为执行判决提出的引渡请求以被请求人是本国国民为由拒绝引渡时,《公约》第44条第13款规定:"如果为执行判决而提出的引渡请求由于被请求引渡人为被请求缔约国的国民而遭到拒绝,被请求缔约国应当在其本国法律允许并且符合该法律的要求的情况下,根据请求缔约国的请求,考虑执行根据请求缔约国本国法律判处的刑罚或者尚未服满的刑期。"公约在此处规定了或引渡或行刑原则,这对防止腐败分子逃脱刑罚打击是有积极意义的。

6. 人权保护原则

《公约》第44条第15款规定:"如果被请求缔约国有充分理由认为提出引渡请求是为了以某人的性别、种族、宗教、国籍、族裔或者政治观点为理由对其进行起诉或者处罚,或者按请求执行将使该人的地位因上述任一原因而受到损害,则不得对公约的任何条款作规定了被请求国引渡义务的解释。"这和《世界人权宣言》等国际法文件中规定的人人平等原则是相一致的,出于人权保护的考虑,公约中还规定了在对任何人涉及引渡的任何犯罪进行诉讼时,应当确保其在诉讼的所有阶段受到公平待遇,包括享有其所在国本国法律所提供的一切权利和保障。

7. 对涉及财税事项不引渡原则的排斥财税事项

对涉及财税事项不引渡原则的排斥财税事项,是指涉及税收、海关监管、金融货币等国家财政和经济领域的事项,涉及财税事项的犯罪包括偷税罪,抗税罪,骗取国家出口退税罪,虚开、伪造或非法出售增值税发票罪,走私罪,伪造或贩运伪造的国家货币罪,伪造金融证券罪,等等。由于各国的经济管理法规不同,在一国的涉及财税事项的犯罪，在其他国家并不一定构成犯罪，甚至一个国家的经济管制本身，在其他国家看来就是不合理的，是妨害国际范围内的公平贸易的。因此，财税犯罪在传统上被认为并不侵害国际社会的普遍利益。为此，1959 年的《欧洲刑事司法协助公约》第 2 条第（a）项把财税犯罪同政治犯罪一起列为拒绝提供司法协助的理由。比利时与前南斯拉夫 1971 年签订的《引渡和刑事司法协助条约》第 7 条规定，对有关海关、关税和汇兑的犯罪，引渡将不予准许。瑞士的《联邦国际刑事协助法》第 3 条第 3 款规定，如果诉讼标的是一项旨在减轻财经义务或税务，或违反货币法规、贸易或经济政策的犯罪，则拒绝协助。但如诉讼标的是逃税则可提供本法第三编规定的司法协助。1957 年《欧洲引渡公约》第 5 条规定，在税收、关税、汇兑问题上，只有当缔约方就各具体犯罪或犯罪类别作出有关决定时，才允许根据公约规定的条件实施引渡。

但是，财税犯罪不引渡，从来没有发展成为公认的国际法准则。有些国家拒绝协助其他国家打击这类犯罪，本身即有不正当竞争方面的考虑。随着世界经济一体化的发展，各国的经济状况紧密联系，一国经贸和金融的健康发展及稳定也对其他国家的经济产生积极的影响，因此对财税犯罪的打击越来越受到国际社会的关注和重视。许多国际公约和各国引渡立法已不再将财税犯罪规定为拒绝引渡的理由，相反，开始将财税犯罪列为可以引渡的犯罪。《联合国引渡示范条约》第 2 条第 3 款将财税犯罪列为可以引渡的犯罪，并且规定若某人因违反有关赋税、关税、外汇管制或其他税务事项的违法行为而被要求引渡，被请求国不得以其法律并不规定征收与请求国法律规定的同样种类的赋税或关税，或未载列与请求国同样的赋税、关税或外汇管制条例为理由而拒绝引渡。

为此，《公约》第 44 条第 16 款规定，各缔约国不得仅以犯罪也被视为涉及财税事项为由而拒绝引渡，这对加强对腐败分子的打击，是有积极意义的。但是，这一规定同样要受双重犯罪原则的限制，如果一个国家的财税制度与国际通行的标准严重不符，该国规定的财税犯罪在其他国家不构成犯罪，则其他国家可以不符合双重犯罪原则为由拒绝引渡。

（四）刑法司法协助

刑事司法协助，是指国与国之间，根据本国缔结或参加的国际条约、协议，或者按照互惠原则，针对与刑事诉讼相关的事项彼此提供便利，代为履行某些诉讼行为的活动。从广义上讲，包括引渡、被判刑人的移管、执法合作、联合侦查在内的所有合作事项都属于刑事司法协助的范围，但是，在公约中，司法协助仅指围绕刑事诉讼中文书的送达以及调查取证而开展的国际合作。

按照《公约》第 46 条的规定，反腐败的刑事司法协助主要包括以下几个方面：

1. 提供协助的范围和事项根据

根据《公约》第 46 条的规定，缔约国应当在对公约所涵盖的犯罪进行的侦查、起诉和审判程序中相互提供最广泛的司法协助。对于请求缔约国内依照《公约》第 26 条,可能追究法人责任的犯罪所进行的侦查、起诉和审判程序,应当根据被请求缔约国有关的法律、条约、协定和安排,尽可能充分地提供司法协助。

可见,公约中规定的缔约国提供刑事司法协助的义务范围,涉及刑事诉讼的全部过程。对于涉及法人犯罪的刑事司法协助,由于涉及关于法人犯罪的双重犯罪标准,而且,对于跨国公司的腐败犯罪行为的处理,有时会涉及国与国之间敏感的政治经济关系,因此,公约只是规定缔约国应尽可能提供协助,而没有提出硬性要求。

关于请求协助的事项,主要涉及向个人获取证据或者陈述;送达司法文书;执行搜查和扣押并实行冻结;检查物品和场所;提供资料、物证以及鉴定结论;提供有关文件和记录的原件或者经核证的副本,其中包括政府、银行、财务、公司或者商业记录;为取证目的而辨认或者追查犯罪所得、财产、工具或者其他物品;为有关人员自愿在请求缔约国出庭提供方便;不违反被请求缔约国本国法律的任何其他形式的协助;辨认、冻结和追查犯罪所得;追回资产;等等。

2. 协助请求的提出和执行方式

根据《公约》的规定,司法协助请求应当以被请求缔约国能够接受的语文以书面形式提出,或者在可能情况下以能够生成书面记录的任何形式提出,但须能够使该缔约国鉴定其真伪。各缔约国均应当在其交存公约批准书、接受书、核准书或者加入书时,将其所能够接受的语文通知联合国秘书长。在紧急情况下,如果经有关缔约国同意,请求可以以口头方式提出,但应当立即加以书面确认。司法协助请求书应当包括下列内容:提出请求的机关;请求所涉及的侦查、起诉或者审判程序的事由和性质,以及进行该项侦查、起诉或者审判程序的机关的名称和职能;有关事实的概述,但为送达司法文书提出的请求例外;对请求协助的事项和请求缔约国希望遵循的特定程序细节的说明;可能时,任何有关人员的身份、所在地和国籍;索取证据、资料或者要求采取行动的目的。

被请求缔约国可以要求提供按照其本国法律执行该请求所必需或者有助于执行该请求的补充资料。请求应当根据被请求缔约国的本国法律执行。在不违反被请求缔约国本国法律的情况下,如有可能,应当按照请求书中列明的程序执行。

3. 请求国的权利和义务

对于通过司法协助获得的机密资料,请求国有权在其诉讼中披露以证明被控告人无罪,但应当遵守对资料保密的要求,即使是暂时保密的要求,或者对资料使用的限制,接收缔约国应当在披露前通知提供缔约国,而且如果提供缔约国要求,还应当与其磋商。如果在特殊情况下不可能事先通知,接收缔约国应当毫不迟延地将披露一事通告提供缔约国。

为了获得追诉腐败犯罪的证据,请求国有要求在一缔约国领域内被羁押或者服刑的人到自己国家进行辨认、作证或者提供其他协助的权利,但应当毫不迟延地履行义务,按照双方缔约国主管机关事先达成的协议或者其他协议,将该人交还移送缔约国羁押。除非移送某人的缔约国同意,否则,不论该人国籍为何,请求国不得因其在离开移送国领域前的作为、不作为或者定罪而使其受到起诉、羁押、处罚或者对其人身自由进行任何其他限制。

对于依请求缔约国请求而同意到请求缔约国领域就某项诉讼作证或者为某项侦查、起诉或者审判程序提供协助的证人、鉴定人或者其他人员,不应当因其离开被请求缔约国领域之前的作为、不作为或者定罪而在请求缔约国领域内对其起诉、羁押、处罚,或者使其人身自由受到任何其他限制。如该证人、鉴定人或者其他人员已经得到司法机关不再需要其到场的正式通知,在自通知之日起连续15天内或者在缔约国所商定的任何期限内,有机会离开但仍自愿留在请求缔约国领域内,或者在离境后又自愿返回,这种安全保障即不再有效。

未经被请求缔约国事先同意,请求缔约国不得将被请求缔约国提供的资料或者证据转交或者用于请求书所述以外的侦查、起诉或者审判程序。但请求缔约国在其诉讼中披露可以证明被告人无罪的资料或者证据,只是应当在披露之前通知被请求缔约国,并依请求与被请求缔约国磋商。如果在特殊情况下不可能事先通知,请求缔约国应当毫不迟延地将披露一事通告被请求缔约国。

请求缔约国可以要求被请求缔约国对其提出的请求及其内容保密,但为执行请求所必需的除外。

4. 被请求国的权利和义务

缔约国主管机关如果认为与刑事事项有关的资料可能有助于另一国主管机关进行或者顺利完成调查和刑事诉讼程序,或者可以促成其根据公约提出请求,则在不影响本国法律的情况下,可以无须事先请求而向该另一国主管机关提供这类资料。

缔约国不得以银行保密为理由拒绝提供本条所规定的司法协助。

缔约国可以以并非双重犯罪为理由拒绝提供公约所规定的协助,被请求缔约国应当在符合其法律制度的基本概念的情况下提供不涉及强制性行动的协助。如果请求所涉事项极为轻微或者寻求合作或协助的事项可以依照公约其他条款获得,被请求缔约国可以拒绝这类协助。

在一缔约国领域内被羁押或者服刑的人,如果被要求到另一缔约国进行辨认、作证或者提供其他协助,在满足下列条件的情况下,可以予以移送:该人在知情后自由表示同意;双方缔约国主管机关同意,但须符合这些缔约国认为适当的条件。

当在某一缔约国领域内的某人需作为证人或者鉴定人接受另一缔约国司法机关询问,而且该人不可能或者不宜到请求国领域出庭时,被请求缔约国可以依该另一缔约国的请求,在可能而且符合本国法律基本原则的情况下,允许以电视会议方式进行询问,缔约国可以商定由请求缔约国司法机关进行询问,询问时应当有被请求缔约国司法机关人员在场。

被请求国在下列情况下可以拒绝提供司法协助:请求未按本条的规定提出;被请求缔约国认为执行请求可能损害其主权、安全、公共秩序或者其他基本利益;如果被请求缔约国的机关依其管辖权对任何类似犯罪进行侦查、起诉或者审判程序时,其本国法律已经规定禁止对这类犯罪采取被请求的行动;同意这项请求将违反被请求缔约国关于司法协助的法律制度。

被请求缔约国可以以司法协助妨碍正在进行的侦查、起诉或者审判程序为理由而暂缓进行。

缔约国不得仅以犯罪也被视为涉及财税事项为理由而拒绝司法协助请求。

拒绝司法协助时应当说明理由。

被请求缔约国应当尽快执行司法协助请求,应当依请求缔约国的合理要求,就其处理请求的现况和进展情况作出答复。

除非有关缔约国另有协议,执行请求的一般费用应当由被请求缔约国承担。如果执行请求需要或者将需要支付巨额或者异常费用,则应当由有关缔约国进行协商,以确定执行该请求的条件以及承担费用的办法。

被请求缔约国有义务应当向请求缔约国提供其所拥有的根据其本国法律可以向公众公开的政府记录、文件或者资料,但可以自行斟酌决定全部或部分地或者按其认为适当的条件向请求缔约国提供其所拥有的根据其本国法律不向公众公开的任何政府记录、文件或者资料。

5. 执行协助的专门机关

根据《公约》的规定,各缔约国均应当指定一个中央机关,使其负责和有权接受司法协助请求并执行请求或将请求转交主管机关执行。如果缔约国有实行单独司法协助制度的特区或者领域,可以另指定一个对该特区或者领域具有同样职能的中央机关。中央机关应当确保所收到的请求迅速而妥善地执行或者转交。中央机关在将请求转交某一主管机关执行时,应当鼓励该主管机关迅速而妥善地执行请求。各缔约国均应当在交存公约批准书、接受书、核准书或者加入书时,将为此目的指定的中央机关通知联合国秘书长。司法协助请求以及与之有关的任何联系文件均应当递交缔约国指定的中央机关。

(五) 其他合作方式

1. 被判刑人的移管

被判刑人的移管,是指将被判刑人从判刑国移交到其他国家服刑的一项国际刑事司法协助制度,通常是将被判刑人移送到其国籍国或居住国,以使其在自己熟悉的环境中接受改造。

设立被判刑人移管制度的目的主要是使被判刑人能够在自己的国籍国或者居住国服刑,因为在国外服刑存在很多难以克服的障碍,比如语言不通、文化传统不同、生活习惯迥异、宗教信仰有别,等等。回到熟悉的环境中,无疑会大大改善这种状况,被判刑人不仅能够较好地适应生活环境,还能得到家庭和社会的关照,不仅有保外就医或监外执行的条件,还存在获得假释的可能,因此,可以大大促进被判刑人的改造和重返社会。尽管被判刑人移管制度仍然要追求现代刑罚目的的实现,但它是一项以人为本的刑事司法协助制度,是为被判刑人服务的,这是其核心特征。[①]

关于对腐败犯罪服刑人的移管,《公约》第 45 条规定:"缔约国可以考虑缔结双边或多边协定或者安排,将因实施根据本公约确立的犯罪而被判监禁或者其他形式剥夺自由的人移交其本国服满刑期。"可见,公约本身并未规定对腐败犯罪服刑人移管的程序,只是倡导缔约国可以以缔结协定等方式对此作出安排。

2. 刑事诉讼的移交

刑事诉讼移交,又称刑事诉讼转移管辖,是指一国将其拥有管辖权的刑事案件移交其他有管辖权的国家进行刑事诉讼的一种司法协助制度。

许多腐败犯罪都具有跨国性的特点,其犯罪行为、犯罪结果可能发生在数个国家,侵害的是数个国家的法益,而导致这些国家都拥有管辖权,但究竟在哪一个国家进行诉讼更合适,必须从最有利于诉讼的进行、最能体现刑事诉讼的目的等方面考虑。有些时候,还不得不考虑国与国之间的关系,各个国家的法律传统;有些时候,已经启动刑事诉讼程序的国家并不是最适宜的追诉国;有时候一国虽然已经启动刑事诉讼程序,但被追诉的人却在国外,又因为其所在国因"本国国民不引渡"原则拒绝引渡,这时候如果不将刑事诉讼移交到犯罪嫌疑人的国籍国,便会导致犯罪人的刑事责任无法落实。刑事诉讼的移交制度,作为有效打击跨国犯罪而设立的一种国际刑事司法协助制度,近年来日益受到各国和国际社会的重视。欧洲理事会于 1972 年 5 月 15 日在斯特拉斯堡订立了《欧洲刑事诉讼转移管辖公约》,该公约比较系统地规定了刑事诉讼移管的有关原则、规则、条件和程序以及移管所产生的法律效力等内容。其后,1990 年第八届联合国预防犯罪和罪犯待遇大会通过专门决议并拟订了《刑事诉讼转移示范条约》,该条约作为一个纲领性文件,对有关国家谈判和缔结双边或多边条约具有积极的参考作用。

[①] 参见张明:《被判刑人移管及与相邻制度比较研究》,载张智辉主编:《国际刑法问题研究》,中国方正出版社 2002 年版,第 169 页。

3. 执法合作

"由于执法是行使政治主权的比较明显和突出的形式之一,各国历来不乐意与外国执法机构进行合作。随着人们逐步深入地理解特别是在打击有组织犯罪、药物犯罪和恐怖主义方面的共同利益以及开展合作应对国际犯罪的重要性,这种态度已在慢慢改变。"①

由于腐败犯罪具有跨国性的特点,单靠一个国家的力量无法有效地预防、发现和打击腐败,而单靠司法机关之间的国际合作也无法有效地查证腐败行为,因为这方面的工作涉及对国际流动人口以及跨国公司的身份、行踪、活动、财产状况等情况的全面的和不间断的监视、追踪、调查,因此有效地控制国际范围内的腐败犯罪必须加强各国、各执法部门之间的合作。

当前,妨害国家间执法合作有效开展的因素主要有:由于法律体制的多样性,在一国证明有用的调查技术在另一国不一定被允许采用。例如,使用这样一些技术,如电子监视、控制下交付、秘密作业、为换取调查合作答应免予起诉或减刑以及利用匿名证人。如果某项调查技术在一国(甲国)合法但在另一国(乙国)不合法,可能至少导致两类问题:第一类是由于乙国执法当局不能利用被甲国视为有效工具的手段而将使甲国遭受挫折;第二类是乙国的司法当局可能不允许使用通过对于乙国而言非法的技术收集到的任何证据,即使证据是在依法获取的管辖区内获得的。由于执法结构的多样性将会导致如搞不清与哪个外国执法机构接触,重复各种努力,而且在某些情况下导致各机构间的竞争,从而造成有限资源的利用效率降低的后果。例如,电子监视和秘密作业中业务保密的必要性,特别是在与缺乏信心和信任交织在一起时,可能导致不愿意共享刑事情报,在国内和国际上都是如此。②

为了促进反腐败的执法合作,《公约》第 48 条第 1 款规定:"缔约国应当在符合本国法律制度和行政管理制度的情况下相互密切合作,以加强打击本公约所涵盖的犯罪的执法行动的有效性。缔约国尤其应当采取有效措施,以便:(a)加强并在必要时建立各国主管机关、机构和部门之间的联系渠道,以促进安全、迅速地交换有关本公约所涵盖的犯罪的各个方面的情报,在有关缔约国认为适当时还可以包括与其他犯罪活动的联系的有关情报;(b)同其他缔约国合作,就下列与本公约所涵盖的犯罪有关的事项进行调查:(i)这类犯罪嫌疑人的身份、行踪和活动,或者其他有关人员的所在地点;(ii)来自这类犯罪的犯罪所得或者财产的去向;(iii)用于或者企图用于实施这类犯罪的财产、设备或者其他工具的去向;(c)在适当情况下提供必要数目或者数量的物品以供分析或者侦查之用;(d)与其他缔约国酌情交换关于为实施公约所涵盖的犯罪而采

---

① 第十一届联合国预防犯罪和刑事司法大会文件:《加强国际执法合作,包括引渡措施》。
② 参见第十一届联合国预防犯罪和刑事司法大会文件:《加强国际执法合作,包括引渡措施》。

用的具体手段和方法的资料,包括利用虚假身份、经变造、伪造或者假冒的证件和其他旨在掩饰活动的手段的资料;(e)促进各缔约国主管机关、机构和部门之间的有效协调,并加强人员和其他专家的交流,包括根据有关缔约国之间的双边协定和安排派出联络官员;(f)交换情报并协调为尽早查明本公约所涵盖的犯罪而酌情采取的行政和其他措施。"公约还规定,缔约国应当考虑订立关于其执法机构间直接合作的双边或多边协定或者安排,并在已经有这类协定或者安排的情况下考虑对其进行修正。如果有关缔约国之间尚未订立这类协定或者安排,这些缔约国可以考虑以本公约为基础,进行针对本公约所涵盖的任何犯罪的相互执法合作。缔约国应当在适当情况下充分利用各种协定或者安排,包括利用国际或者区域组织,以加强缔约国执法机构之间的合作。公约充分重视高科技对控制犯罪的作用,规定缔约国应当努力在力所能及的范围内开展合作,以便对借助现代技术实施的本公约所涵盖的犯罪作出反应。

针对因各国法律体制的多样性给执法合作带来的困难,《公约》第50条规定,为有效地打击腐败,各缔约国均应当在其本国法律制度基本原则许可的范围内并根据本国法律规定的条件在其力所能及的情况下采取必要措施,允许其主管机关在其领域内酌情使用控制下交付和在其认为适当时使用诸如电子或者其他监视形式和特工行动等其他特殊侦查手段,并允许法庭采信由这些手段产生的证据。并鼓励缔约国在必要情况下为在国际一级合作时使用这类特殊侦查手段而缔结适当的双边或多边协定或者安排。但这类协定或者安排的缔结和实施应当充分遵循各国主权平等原则,执行时应当严格遵守这类协定或者安排的条款。公约还规定经有关缔约国同意,关于在国际一级使用控制下交付的决定,可以包括诸如拦截货物或者资金以及允许其原封不动地继续运送或将其全部或者部分取出或者替换之类的办法。所谓"控制下交付"系指在主管机关知情并由其监控的情况下允许非法或可疑货物运出、通过或者运入一国或多国领域的做法,其目的在于侦查某项犯罪并查明参与该项犯罪的人员。公约的上述规定,表明国际社会为了加大对腐败犯罪的打击力度,已经在利用国际法的方式、提倡使用非常规侦查手段。

4. 联合侦查

所谓联合侦查,是指国与国之间为了侦破重大跨国犯罪而成立联合侦查机构,通过该机构在协作国的领域内开展侦查活动的一种刑事司法合作制度。联合侦查并不是使一国的司法机关拥有了治外法权,因为在任何一国领域内开展的侦查活动,均是在其本国司法机关的共同参与下进行的,采取的任何侦查措施都不违背其本国的意愿,但是,在联合侦查中,一国的侦查人员可以到合作国的领域内进行侦查活动。这就大大便利了对贩毒、腐败、恐怖主义等跨国犯罪的打击,因为,毕竟一个国家的侦查人员对其本国国民在国外的活动进行侦查时,是拥有熟悉侦查对象的语言、习惯、背景等优势的。

为此,《公约》第 49 条规定:"缔约国应当考虑缔结双边或多边协定或者安排,以便有关主管机关可以据以就涉及一国或多国侦查、起诉或者审判程序事由的事宜建立联合侦查机构。如无这类协定或者安排,可以在个案基础上商定进行这类联合侦查。有关缔约国应当确保拟在其领域内开展这种侦查的缔约国的主权受到充分尊重。"可见,公约非常重视反腐败的联合侦查措施。

四、公约中的资产追回机制

(一) 现实的困境和公约的反应

"各种形式的贪污腐败造成了过去 10 年中许多国家和国际组织一直在处理的一系列问题。大规模的贪污腐败案件,特别是涉及高级别政府官员的案件,通常牵涉巨额财富以及将这些财富转移或调拨到有关国家境外的活动。在许多情况下,所涉数额在该国资源总额中占有很大比例,其转移严重损害了该国的政治稳定以及经济和社会发展。"①侵吞资产与对腐败所得的洗钱行为会对受影响国造成大量的严重后果:损害外援、使现金储备耗竭、减少税收基础、损害竞争、影响自由贸易并加剧贫困。给各国造成的危害无论从绝对值还是从相对值来说都是惊人的。

通过国际合作追回腐败资产,既是有效遏制腐败犯罪的措施(这会使腐败分子感觉到"划不来"而放弃犯罪),也是减少发展中国家的经济负担,改善其贫困状况的必需。但是,到目前为止,通过国际合作追回腐败资产,成功的案例仍然寥寥无几。

总体而言,跨国追回腐败资产通常会面临以下困难:

1. 实际问题

跨国追赃通常要经过几个阶段:首先,必须查明这些资产目前的位置和处所。如果这些资产已经经过了多次转移,许多国家的法律要求必须提供各个转移环节之间不间断的证据;如果这些财产已经转变了形态,则必须找到转换形态的证明。其次,一经查实必须立即采取措施保管或保护此类资产,以避免犯罪人再度将之隐藏起来,但不是每个国家的法律中都包括这种为履行国际刑事司法协助而设立的强制措施。最后,必须理清蓄意掩盖其犯罪来源的复杂交易,以证明这些财产是腐败犯罪所得。但是,腐败资金来源国往往缺乏这方面的专业人员和经验,这些国家的司法人员有些不了解发达国家的法律,无法正常地和发达国家的同行沟通。而且,一方面,进行跨国追赃费时费力,发展中国家常常无力提供这方面的财政资源。另一方面,世界金融体系

---

① 第五十六届联合国大会会议文件:《防止和打击腐败行径及非法转移资金的活动》。

的改变使得腐败分子转移和隐藏其非法所得变得非常容易和便捷,许多国家银行保密法的存在又使得查处这些非法所得困难重重(因为很多腐败官员的国外存款都是用代号的),这也使得很多资金来源国知难而退。

2. 政治问题

在许多腐败成风的国家,并不存在真正意义上的法治,往往新的政府就是通过政变或者阴谋上台的,其合法性甚至得不到国际社会的普遍承认,更谈不上代表国家去跨国追赃的问题。有些领导人本身也不干净,由他们去追查其前任的腐败,被认为是政治打击的手段,而这些国家向国外提供的犯罪证据的真实性,也被强烈质疑,这些因素的存在,使得追赃变成几乎不可能的事。

而且,很多国家的政府也不愿意在这个问题上表现出过分的热情,因为在这些国家的国会议员和"社会精英"中,腐败分子就有相当大的比例。在这些国家中,反腐败是一个过于敏感的问题,在这个问题上动真格,可能会使政府的统治基础动摇。作为资金流入国的发达国家,也普遍对将腐败资产返还给那些仍然腐败成风的国家感到忧虑,它们担心这些资产最终仍然会落入腐败分子的腰包。

3. 法律问题

由于一些国家的领导人掌握着国家的立法、司法和行政大权,往往能够使其腐败行为合法化,他们可以以国家主权、国家法令和豁免理论为由使自己免受将来的诉讼。如果新政府采用有溯及力的立法将这类行为定为犯罪,则会因刑法中的不溯及既往原则而在国外得不到承认。

此外,不同法系的国家和金融机构很难弥合彼此在概念和程序上的分歧。在刑事实体法方面,各国关于腐败犯罪构成标准不一的情况影响了在追回案件中进行国际合作,因为属于腐败官员渎职性质的行为可能并不违反被请求国的法律。追回行动的另一个法律障碍可能是无法满足某一法域为相关调查所必需的正当法律程序要求,而为了揭露诡计多端的犯罪行为又通常需要进行这类调查。各法系为确保公民自由基本原则而拟订的实质性和程序性保障措施区别很大。这种区别给实际工作造成的一个复杂难题是,即使在某个国家以合法手段获取证据,但采取搜查和扣押措施可能会违反另一个国家的法律。在作证方面的另一个问题是,有些请求国基本上无法满足被请求国正当法律程序的要求(比如,我国纪检部门的存在以及侦查阶段不允许律师作为辩护人参与,就被发达国家视为不符合正当程序原则和审判权独立原则)。这些国家的基础设施可能十分有限,记录或账簿记录很少或根本不存在。即使对于明显的腐败大案,也并不一定有可能提起诉讼。官员死亡(如尼日利亚阿巴查将军的死亡)可能会使起诉半途而废。由于对非法转移资产的追踪和冻结跨越了民事诉讼和刑事诉讼之间的界限,因此在追回行动上还存在第三种常见的复杂法律情况。每一种诉讼都各有其特点,各国提起这种诉讼的情况不尽相同。作为一般性规则,通过刑事诉讼可以采取更为有效的法律补救办法。然而,与此同时,这种补救办法所具备的刑事性,还意味着举证责任重,在采取补救办法以前必须符合相对比较严格的程序保障要求。相形之下,由于不存在监禁的问题,在民事诉讼中,举证责任通常较轻,程序上的保障要求也较少。然而,出于这种原因,许多国家的法律制度不承认民事没收这类有些国家用于没收资产的常见手段。在民事没收是否合法存在的这种相互冲突的观点是国际合作面临的主要困难之一。有些国家提出的请求遭到了只允许刑事没收的其他国家的拒绝。此外,从一开始就使用这类刑事诉讼可能会使以后(或同时)进行的刑事诉讼复杂化或者会阻碍这类诉讼的进行。但在援用哪种类型的扣押以及将哪些个人或机构作为目标的问题上可能存在着严重的方法问题和道德问题。在选择被告上,出于战术的考虑,调查人员必须根据被告本人参与犯罪的情况以及根据其居住国的法律制度来评价哪些潜在的被告最容易被攻破。换言之,最应受惩罚的被告不一定是卓有成效的追回资产行动的最佳目标。

针对跨国追赃中面临的重重难题,《公约》第五章规定了腐败财产的追回机制,在其中,公约表现出了对跨国转移腐败资产的预防工作的重视,规定各缔约国均应当根据本国法律采取必要的措施,以要求其管辖范围内的金融机构核实客户身份,采取合理步骤确定存入大额账户的资金的实际受益人身份,并对正在或者曾经担任重要公职的个人及其家庭成员和与其关系密切的人或者这些人的代理人所要求开立或者保持的账户进行强化审查(但对这种强化审查应当作合理的设计,以监测可疑交易从而向主管机关报告,而不应当将其理解为妨碍或者禁止金融机构与任何合法客户的业务往来)。为此,应加强两种反洗钱措施:其一,就本国管辖范围内的金融机构应当对哪类自然人或者法人的账户实行强化审查,对哪类账户和交易应当予以特别注意,以及就这类账户的开立、管理和记录应当采取哪些适当的措施,发出咨询意见;其二,对于应当由本国管辖范围内的金融机构对其账户实行强化审查的特定自然人或者法人的身份,除这些金融机构自己可以确定的以外,还应当酌情将另一缔约国所请求的或者本国自行决定的通知这些金融机构。

公约还规定各缔约国均应当实行措施,以确保其金融机构在适当期限内保持涉嫌人员的账户和交易的充分记录,记录中应当至少包括与客户身份有关的资料,并尽可能包括与实际受益人身份有关的资料。为预防和监测根据本公约确立的犯罪的所得的转移,各缔约国均应当采取适当而有效的措施,以在监管机构的帮助下禁止设立有名无实和并不附属于受监管金融集团的银行。此外,缔约国可以考虑要求其金融机构拒绝与这类机构建立或者保持代理银行关系,并避免与外国金融机构中那些允许有名无实和并不附属于受监管金融集团的银行使用其账户的金融机构建立关系。各缔约国均应当考虑根据本国法律对有关公职人员确立有效的财产申报制度,并应当对不遵守制度的情形规定适当的制裁。各缔约国还应当考虑采取必要的措施,允许本国的主管机关在必要时与其他国家主管机关交换这种资料,以便对根据本公约确立的犯罪的所得进行调查、主张权利并予以追回。各缔约国均应当根据本国法律考虑采取必要的措施,要求在外国银行账户中拥有利益、对该账户拥有签名权或者其他权力的有关公职人员向有关机关报告这种关系,并保持与这种账户有关的适当记录。这种措施还应当对违反情形规定适当的制裁。

公约还规定缔约国应当相互合作,以预防和打击根据本公约确立的犯罪而产生的所得的转移,并推广追回这类所得的方式方法。为此,缔约国应当考虑设立金融情报机构,由其负责接收、分析和向主管机关转递可疑金融交易的报告。

公约关于资产追回机制的规定中,核心是追回资产的法律措施,在下文中,笔者将对这些措施作重点讨论。

(二) 直接追回资产的措施

如前所述,涉及跨国追赃的刑事司法协助经常因国与国之间法律原则和制度设计的差异而在现实中得不到执行,有鉴于此,由腐败资产的流入国采取立法措施,允许其本国法院或其他主管机关对腐败资产来源国对该等财产的所有权作出确认并直接将其返还给这些国家,不失为一种公平和便捷的资产返还方式。

直接追回资产的特点是:其一,涉及腐败资产来源国和流入国两个国家,因此具有跨国因素;其二,由资产来源国在资产流入国国内直接提出,因此不涉及国与国之间刑事司法协助问题;其三,是否返还的决定由资产流入国法院或其他主管机关独立作出;其四,因为这种方式通常采取民事诉讼方式进行,而在很多国家的证据法中,民事诉讼比刑事诉讼中的证明要求要低得多,因此这种方式反而更容易确认资产来源国对所涉及的资产的合法所有权,更有利于实现资产的追回;其五,一旦选择了通过民事诉讼方式直接索还资产,资产来源国就丧失了对犯罪人要求引渡和提起诉讼的权利。

因为直接追回资产方式特殊的优越性,公约中亦规定这种措施。《公约》第53条规定:"各缔约国均应当根据本国法律:(a)采取必要的措施,允许另一缔约国在本国法院提起民事诉讼,以确立对通过实施根据本公约确立的犯罪而获得的财产的产权或者所有权;(b)采取必要的措施,允许本国法院命令实施了根据本公约确立的犯罪的人向受到这种犯罪损害的另一缔约国支付补偿或者损害赔偿;(c)采取必要的措施,允许本国法院或者主管机关在必须就没收作出决定时,承认另一缔约国对通过实施根据本公约确立的犯罪而获得的财产所主张的合法所有权。"

公约规定的上述三种方式都以资金来源国提出正式请求为前提,并且都是通过民事方式作出,这就产生了一个法律疑问:在涉及直接追回机制的民事诉讼中,作为一方当事人的资金来源国的法律地位如何？根据通行的刑法观念，犯罪是孤立的个人反对统治关系的斗争，犯罪首先侵害的是国家利益，因此，在刑事诉讼中，对像腐败这样的无被害人犯罪，在国内法上，国家完全有权通过没收机制将腐败资产收归国有。但在腐败资产已经被转移国外的情况下，资产来源国以什么样的身份和地位在国外的民事诉讼中出现才适宜，就成了一个复杂的问题。

如果国家以原告身份直接在涉及追回资产的民事诉讼中出现，就会产生无数的难题。比如，为了防止因错误的冻结、查封给被告造成经济损失，所在国法院通常会要求原告提供担保，但若确实发生了保全错误，对以资产来源国国家名义交纳的担保财产，根据国家豁免的国际法原则又无法强制执行。这种困境可能会导致资产所在国法院不接受国家作为原告。

另外，尽管国家有权作为原告在资产所在国提起追回资产的诉讼，但这并不意味着国家对腐败财产享有完全的所有权，法院作出资产来源国对所涉及的资产有所有权的确认，也是在该国政府有权代表所有腐败犯罪被害人起诉的情况下作出的。资产所在国法院通常会要求来源国建立合理的分配机制，以便在因腐败犯罪受到损害的人之间合理分配追回的财产。

根据联合国相关研究机构的建议，比较理想的方式是在资产来源国设立一个独立的机构，由这个机构代表该国政府在资产所在国提起民事诉讼并管理追回的资产，这样做至少可以解决在国家作为民事诉讼原告情况下的法律难题。

（三）通过国际合作追回资产的措施

在直接追回腐败资产的措施以外，公约还规定了通过国际合作追回资产的措施。这种措施是指当一缔约国依据本国法律或者执行另一缔约国法院发出的没收令，对被转移到本国境内的腐败犯罪所得进行没收后，再将其返还给另一缔约国的资产追回方式。

在这种方式下，资产所在国的法院或其他主管机关首先要审查其他国家的生效刑事判决，在经审查并承认其效力的基础上，将非法来源的资产没收并返还来源国。为了在没收之前保全这些财产，资产所在国主管机关通常还会根据资产来源国的冻结令或者扣押令对涉及的财产实行冻结或者扣押，但条件是该冻结令或者扣押令须提供合理的根据。目前世界上很多国家都有承认和执行外国刑事判决的规定，如依据《意大利刑事诉讼法典》第 740 条的规定，法院有权应作出判决的国家的要求，将物品退还该国，但后者必须在相同情况下将物品退还意大利。在新西兰，1991 年《没收犯罪收益法》规定，没收在新西兰境内犯下严重罪行所得的收益，并作出了必要的规定，以便响应其他国家关于冻结和没收在新西兰境外犯下罪行所得收益的援助请求。

关于通过国际合作追回资产的措施，《公约》第 54 条规定了详细的机制，《公约》第

55 条就有关没收事宜的国际合作作了规定。根据《公约》的规定,承认外国没收令的范围,并不限于生效的刑事判决,也确实有些国家允许通过民事没收方式追回腐败资产,但是,由于民事诉讼中的证明标准远远低于刑事诉讼,所以很多国家不承认民事没收令的效力,只承认刑事没收的有效性。但是,在犯罪嫌疑人潜逃、死亡而无法追究其刑事责任的情况下,许多国家的刑事诉讼法都不承认在刑事诉讼中可以缺席判决。所以,在既没有建立民事没收制度又没有缺席判决制度的国家,在腐败犯罪嫌疑人外逃的情况下是无法利用以国际合作方式追回腐败资产的措施的。为了解决这个问题,公约规定在资产来源国能够提供证据合理证明其对腐败资产享有所有权时,资产所在国也可以放弃对生效判决的要求。

在国际追赃实践中,有些国家采取分享腐败资产的方式。例如,截至 2000 年 7 月,为报答在没收行动上提供的援助,美国已向约 30 个国家汇拨了约 1.69 亿美元。而不管资产在何处或最终由哪一个法域执行没收令,资产共享为各国共同努力成功追回资产提供了经济援助,作为一般性准则,分摊的资金是根据各国与其他执法参与国所提供的援助相比,按照贡献的比例大小确定的。然而,也有不少法域禁止对资产进行分享。

《公约》第 57 条第 4 款规定:"在适当的情况下,除非缔约国另有决定,被请求缔约国可以在依照本条规定返还或者处分没收的财产之前,扣除为此进行侦查、起诉或者审判程序而产生的合理费用。"可见,公约中并没有肯定资产分享的方式,但肯定了协助国可以扣除为执行协助所必要的费用。笔者认为,公约的规定是合理的,因为世界各国都有打击跨国犯罪的义务,因此在跨国追赃中,并不是发达国家单方面向发展中国家履行义务,毕竟打击腐败犯罪是对发达国家在内的所有国家都有好处的,发达国家为了履行其本应承担的义务而主张分享查获的腐败资产,这对已经受到了腐败犯罪的严重侵害,又急需建设资金的发展中国家是不公平的。但是,众所周知,因为打击犯罪所需的巨额开支,如果不允许资金流入国(主要是发达国家)扣除必要的办案支出,必然会打击其配合资金来源国查获和返还腐败犯罪资产的积极性,这对资金来源国也是不利的。

五、中国反腐败刑事法治的完善

在我国,公开表示我国的反腐败刑事法治已经非常完善的论调尚不多见。但是,如果倡导对我国腐败犯罪的犯罪构成作实质性的修改,以建立严密的犯罪圈和符合世界人权标准的刑罚结构,马上便会引来无数反对的声音。概而言之,一提到要将贿赂的范围扩大到财物以外,使刑法打击的范围能够容纳各种物质性和非物质性的、有形的和无形的利益,马上就有论者大谈"对非物质性的利益不好查处,难以证明,实践中也不好把握刑罚的尺度"云云。用更学术化的语言表述,反对者们的论点大致如下:

首先,在我国,人们习惯于将贿赂犯罪称为"权钱交易"行为,所谓权,当然是指公权力,而所谓钱,自然只能理解为金钱,至多包括物质性的、有形的财产、财物。可见,我国刑法将贿赂的范围限定于财物,是有着深厚的观念基础的,是符合我国国民对贿赂犯罪的法观念的。至于非财产性的贿赂,当然也是一种腐败,但是,基于刑法谦抑性的考虑,没有必要将其规定为犯罪。

其次,财产型的贿赂必然是有形的,必然要在可以为外人感知的情况下进行,而非物质性的利益很多却是无形的,即使硬性规定为贿赂,在司法实践中也不好发现和查处,这样的规定就会被束之高阁,根本无法得到执行。

最后,罪刑相适应原则是我国刑法的基本原则,而按照我国现行刑法的规定,贿赂只能以财物构成,而财物是有价的,可以度量的,这就便于根据贿赂额的大小建立起从高到低的刑罚阶梯,是最有利于贯彻罪刑相适应原则的。而非物质性利益根本无法测量,甚至是否存在也很难认定,如果规定在刑法中,必然会导致刑罚适用上的混乱。

对于因我国对贪污贿赂罪规定有死刑而影响到对腐败分子的引渡和遣返,有不少确凿的例子,也没有人公开否认这一事实,但是,如果谈到在我国刑法中应当对贪污贿赂犯罪废除死刑,马上就引来恶评如潮,批评者们的理由大致相同,即以"国情论"反对废除经济犯罪的死刑的主张。

所以,尽管在我国,没有人对当前的廉政状况满意,但反对对现行的反腐败法治进行修改,至少是反对作实质性修改者大有人在,很多在反腐败第一线的工作者,一方面痛感我国刑法和刑事诉讼法中的一些规定使得反腐败工作面临太多的困难,另一方面在听到学者们主张贿赂罪的犯罪构成要做大的调整,要将一切形式的利益都包含在贿赂之内,而且不但要对为自己谋取利益的行为按犯罪处理,对为其他人谋利的行为也要按犯罪处理的主张时,也无不摇头,认为这是"学者们构建的一个理想王国,不符合我国国情,在现实中无法实现"。

笔者认为,实践部门的这种态度,既不符合我国当前反腐败的实际需要,也和我国加入公约后所面临的国际形势不符。因此,评价我国的反腐败刑事法治是否完善,应该结合我国加入公约后必须承担的国际义务以及世界各国关于反腐败的通行立法例,狭隘和无知会让我们犯错误,无根据的偏执会妨碍我们对事物的认识。

以性贿赂应否列入刑法的打击范围引发的争论为例,包括一些很优秀的学者在内,很多人慷慨激昂,声称"科学的刑法必须让性贿赂走开"云云,其实,无论从任何角度考察,这种论调都是站不住脚的。这就涉及我们对贿赂犯罪本质的认识,关于受贿罪侵犯的法益，在我国未见到什么人主张是所有权制度，也没有人主张受贿罪是一种占有型犯罪，几乎所有的论者都认为受贿罪侵犯的是国家工作人员的廉洁性。按照这种主张，国家工作人员应该依法公正地行使权力，而不得因被收买为他人谋利益。既然如此，只要能够对国家工作人员起到收买作用的任何利益，都会侵害公务人员的廉洁性，为何刑法只将给予财物的行为认定为犯罪，而将其他收受不正当好处的行为排除在犯罪之外？再从世界范围内考察，如前所述，目前在刑法中规定贿赂的范围只能是物质性利益的除我国外，只有智利、保加利亚等少数国家，但这些国家在加入相关的反腐败公约后，也都承诺尽快修改刑法，将所有不正当好处均包括在贿赂范围之内。而西方发达国家的刑法中更是无一例外地将贿赂的范围规定为一切有形和无形的利益，即使公职人员没有因接受这种利益而违背职务，即使其作出的决定在自由裁量的范围之内，仍然构成犯罪。具体到性贿赂，也有巴西、土耳其、意大利、冰岛等国官方明确表示性利益可以构成不正当利益，而其他国家无论是法律规定还是刑法理论，均未将性利益排除在构成贿赂的不正当利益之外，我国又有何特殊之处，非要制定一部有别于他国的"科学的刑法"，将这类行为排除在贿赂罪之外？

更何况，在我国已经成为《公约》缔约国的情况下，谈论我国的反腐败法治问题已经不能再像过去一样仅从一国的角度考虑，而必须关注依据公约我们应承担什么样的国际义务。而根据公约中关于贿赂本国公职人员的规定，任何缔约国均有义务将公职人员为其本人或者其他人员或实体直接或间接索取或者收受不正当好处，以作为其在执行公务时作为或者不作为的条件的行为规定为犯罪。这一规定并不是无约束力的倡导性条款，而是具有强制力的义务性规定，因为涉及履行国际合作义务时的双重犯罪原则，任何一个国家不遵守公约关于腐败犯罪类型和构成的规定，都可能妨碍其履行国际义务，影响其他国家的权利，因此现在我国已经没有其他选择，必须按照公约的规定修改我国刑法，使其中的规定与公约的标准相一致。

与公约中的强制性规定相对照，不难发现，我国现行的反腐败刑事法治主要存在以下几个问题：

第一，关于公职人员的范围，我国刑法未把实际行使公权力的人大代表列为公职人员，这一点与公约的规定不符。

第二，关于受贿罪的犯罪构成，我国刑法未将公职人员利用职务之便为他人谋利益，但自己没有收取贿赂而是让他人收取贿赂的行为规定在内。关于贿赂的范围，我国刑法规定的贿赂仅限于财物，而公约中的贿赂包括一切不正当利益。在这两点上，我国刑法必须修改。

第三，关于行贿罪，我国刑法规定，行贿罪以谋取不正当利益为犯罪构成条件，公约中并无这样的限制性规定，其他国家的刑法也大都不要求行贿罪一定以谋取不正利益为条件。这一点上,我国刑法面临修改。

第四,关于贿赂外国公职人员和国际公共组织官员罪,我国刑法中没有规定,应予补充。

第五,关于影响力交易罪,我国《刑法》第388条的规定与公约的规定有三点不符:一是关于主体范围,公约中的影响力交易罪不但包括公职人员,还包括其他人员,比我国刑法中的规定更宽。二是尽管公约规定了构成此罪以行贿人谋取不正当好处为条件,而我国刑法中也以请托人谋取不正当利益为条件,似乎两者不存在差别。但是,从解释论的角度,目前很多国家刑法理论中对"不正当利益"并不解释成违法利益,而是解释成任何不是依据法律确定得到的利益,而通过行贿方式获得的,均构成不正当利益,即便是在公务人员自由裁量的范围之内得到的利益,只要通过贿赂方式获得,即构成不正当利益。而我国司法实践中,一直将不正当利益解释成违法利益。在这一点上,我们相关部门应对何谓不正当利益作出权威的解释。三是贿赂的范围,我国刑法中只限于财物,而公约中规定的是不正当好处。以上三个方面,我国刑法应通过修改与公约保持一致。

第六,关于滥用职权罪,公约采纳的是获利说,我国采用的是损失说,我国刑法应在保持现在的规定的情况下,补充公职人员滥用职权获利构成犯罪的规定。

第七,关于私营部门内的贿赂,我国刑法将私营部门限定为公司企业,而公约没有限制私营部门的范围,只要与经济、金融和商业活动过程有关即可。关于贿赂的范围,公约规定的是不正当好处,而我国刑法规定的是财物。尽管在《刑法修正案(六)(草案)》中,已经将除公司、企业以外的其他私营部门补充规定进来,但对贿赂的范围仍然与公约不符。

第八,关于洗钱罪的上游犯罪,我国刑法中规定的洗钱罪上游犯罪不包括腐败犯罪,但《刑法修正案(六)(草案)》中已经将这类犯罪补充规定进来,值得期待。

总之,与公约的强制性规定相对照,我国刑法中关于腐败犯罪的规定漏洞甚多,与世界各国反腐败立法中的通行做法相比,我国刑法的规定也存在太多亟须完善之处。为了履行作为公约缔约国的国际义务,我国应比照公约的规定,建立严而不厉的反腐败刑事法网,完善腐败犯罪的犯罪类型和犯罪构成的规定,符合公约中最低程度的要求,同时,降低对这类犯罪刑罚的强度,使之与大部分国家的刑罚强度不至于差异太大(世界各国对腐败犯罪规定的刑罚幅度大致在5年到10年有期徒刑之间),当前首要的工作应该是尽快废除对包括腐败犯罪在内的一切经济犯罪的死刑,以减小引渡腐败分子时经常遇到的阻碍。

除刑事实体法需要完善之外,我国反腐败程序法也存在若干缺陷,主要有:诉讼制度中没有允许其他国家在我国提起民事诉讼,以追回该国犯罪人转移到我国的腐败资产的规定。没有设立在贪官外逃的情况下对其进行缺席判决,以通过国际合作追回其转移到国外的资产的制度。也没有设立民事没收制度,便利在无法启动刑事诉讼程序的情况下利用民事诉讼程序作出有效判决,并将其作为向其他国家主张被转移的腐败犯罪资产所有权的法律依据。我国诉讼程序中,尽管有刑事附带民事诉讼制度,但因为过于绝对地将腐败犯罪视为无被害人犯罪,导致被腐败分子侵吞的私有财产缺乏通过有效的法律渠道索回。以上几点,都是我国反腐败程序法需要完善之处。尽管从目前情况看,我国主要还是腐败资金来源国,而未成为资金流入国,但随着我国经济地位的提高,以及与其他国家经济联系的加强,无论是向其他缔约国追回腐败资产,还是协助其他国家返还资产的情况,在我国都将大量出现。因此,通过修订程序法,完善有关机制,以便我国引渡贪官和追回赃款,并切实履行我国在国际反腐败合作中的国际义务,是当前亟待解决的问题。

第七编

监狱、行刑与劳动教养

监狱与矫治的理想与现实[*]

一、监狱——社会的特殊窗口

近现代的监狱,应该说是独立的剥夺自由刑的执行场所。独立的剥夺自由刑不同于我国古代的徒刑,我国古代的徒刑是一种修补性质的劳役型,是主刑的附加刑,类似墨、劓、刖、宫这样的主刑的附加刑,而不是独立的剥夺自由刑。因此,中国古代的监狱从夏台到囹圄,不能说是现代意义上的监狱。现代意义的监狱是独立的剥夺自由刑的执行场所,因此它不同于审判前的羁押或等待执行死刑的羁押,而古代的监所都有这样的职能。近现代的监狱应该说是生产力发展的产物。由于生产力进一步发展,商品经济繁荣,因此,使劳动者的主体地位增强,人们的人身依附关系明显被削弱,个人自由和个人自由劳动就具有了社会价值,所以,剥夺自由才可能成为一种刑罚方法,刑罚的基本支点就是要使得受刑人感到难受,对其有所剥夺。对于在奴隶制、封建制之下,多数人没有自由,人身依附关系很强的情况下,你剥夺他的自由,他就不会感到有什么难受,所以,剥夺自由要能成为一种刑罚方法,首先是要以社会上的普通人都享有自由作为前提,这显然是生产、经济发展的结果。因而监狱作为一种社会实体必然烙上时代的印记。

(一) 监狱是社会的一个窗口,它综合反映社会文明程度

监狱物质设施、犯人生活待遇、狱政指导思想、具体管理制度、犯人权利义务等无不呈现特定时代的基本特征。社会文明程度日益提高,是社会发展的规律。因此,监狱文明程度渐趋提高,是监狱发展的规律。监狱文明程度包含物质文明和精神文明两个方面。物质文明主要取决于社会经济发展水平。精神文明在哲学上的要义是人本主义,监狱的精神文明则应是以作为人的犯人为本:犯人的生活,犯人的权利,犯人的教育,犯人的矫治,犯人的未来。这里需要澄清一个问题,即监狱文明程度提高并不等于累犯率必定降低。虽然监狱管理良好能够提高犯人矫正效果,从而有助于降低犯人出狱后的再犯概率,但是,再犯与否,除个人原因外,还有诸多环境因素起作用,这纯系监狱效能界域以外的问题。可见,累犯率虽是衡量监狱效能的重要参数,但不是唯一的标准。

---

[*] 原载储槐植:《刑事一体化论要》,北京大学出版社 2007 年版。

（二）监狱是社会的一个特殊窗口，它透过特殊的人和事折射社会现实

特殊的人和事是指囚犯以及囚犯的犯罪行为和对囚犯执行刑罚。渎神罪与虐待动物罪，是不同历史时代的产物。同是盗窃罪，挖墙越栏偷耕牛与利用电脑盗钱庄，跨越的时间需以世纪为单位计算。彩礼诈骗犯罪在发达资本主义社会近乎绝迹，形形色色的金融诈骗犯罪在前资本主义时代几乎不存在。执行刑罚必然要受刑法思想的指导。不同的历史时期有不同的刑法思想。刑法思想的核心问题是罪刑关系观和刑罚目的观。刑罚目的观则左右（制约）刑罚执行模式。市场经济（世界经济发展的必由之路）发展较早的西方世界，在19世纪末期以前，占优势的刑罚目的观是报应思想，认为刑罚是对犯罪的报应（恶有恶报），对已犯罪者适用刑罚是为了威慑其本人不要再犯罪和警告世人不要去作奸犯科。相应的行刑模式是隔离威慑：繁重的体力劳动和严密的人身隔离，囚犯的身心受到严重摧残。

19世纪晚期以后，矫正犯人则成为占主导地位的刑罚目的观，认为刑罚是教育犯人、矫正其行为的手段，通过行刑达到促使犯人改恶从善成为守法公民之目的。刑罚的根据虽然是犯罪，但适用刑罚并非是要算旧账，而是为了向前看，刑罚个别化是基本的行刑原则。相应的行刑模式是教育矫治：狱政管理科学化，减刑、假释制度得到普遍推广。第二次世界大战后，20世纪60年代以来，西方世界的刑罚目的观受到两根神经的牵动：人道主义，刑罚既追求功利也不失公正。前者是对第二次世界大战期间法西斯主义疯狂践踏人权的反思；后者是对过往历史上两种刑罚目的观的反思。报应刑思想着眼罪与刑相当，强调公正，但缺功利（刑罚是国家行为，功利应属首位）。教育刑思想突出功利，但是实践中往往有失公正，而且功利目的（矫正犯人减少再犯）远未兑现。相应地，行刑模式出现变化：在对严重暴力犯严密监禁的条件下，对多数非暴力犯尽可能减轻监禁力度，出现了开放式监狱，即所谓社区参与的行刑模式。

（三）监狱之所以被视为社会的窗口，是因为监狱是社会的组成部分，监狱随社会的发展而变化

人类社会有其相同的发展规律：生产力是基础，由贫困走向富裕，作为最佳经济模式的市场经济是社会发展不可逾越的阶段。一方面，生产力现代化促成社会结构现代化，从而也推动监狱现代化。这就决定了经济发达国家走过的道路及其管理经验（从经济到其他事务）对经济欠发达国家有借鉴价值。另一方面，社会发展方式在各国有其自身的特点，所以对外国的经验不可照搬。

二、监狱行刑效能的制约因素

（一）监狱行刑效能的评判标准

监狱的演变发展，至少受到两个因素的制约：一个就是生产力发展的影响，一个就是刑罚思想，或者叫作政策思想的影响。20世纪60年代，整个西方，从美国到西欧，普遍地感到，改造罪犯这一目的并没有实现，没实现的一个事实根据，那就是累犯率在上升。这就涉及关于监狱效能的评价的标准究竟是什么？这个问题是监狱学理论上没有很好地解决的问题。在美国参观监狱时，我也和几个美国监狱长讨论过。我问："你认为，评价你们监狱的效能的高低，主要标准是什么？"说来说去恐怕累犯率的高低应该是最主要的。后来他马上感到愤愤不平。他说："我们监狱能够确定累犯率的高低吗？"因为累犯率的高低是由许多社会因素决定的，所以，他们的监狱长就觉得，你要用这个标准来检验监狱效能是不公平的。可是我又反问他，若是不这样的话，又该怎样评价你们监狱的效能呢？他又说不出来。因此，大概从社会宏观的角度来衡量，恐怕也不失为一种标准，就是看累犯率的高低。如果累犯率没有明显上升，甚至有所下降，那就可以肯定，这个社会是稳定的。同时也可以证明，监狱的效能是高的。与此相反，累犯率明显上升，其深刻的原因可能是多种社会因素造成的，但恐怕也能说监狱效能不理想。在20世纪60年代，西方世界就出现了刑法理论和监狱理论工作者都对19世纪后半期监狱矫正犯人的目的提出了怀疑的现象。

西方学者和刑务工作者总是觉得，虽然累犯率上升，但也不能完全否定监狱的改造效能。我也看到一些信息，就是现代西方，包括美国，又认为监狱还是能够起到一些矫正犯人的作用的。这种想法，在20世纪六七十年代，至少在西方的刑罚理论上是基本被否定的，就觉得刑罚起不了这个作用，监狱起不了这个作用。那么最近又好像觉得这样的说法也不公平。当然，确实由于文化背景不一样，东方有东方的特点，比如说日本，日本文化有很多与我们相似的地方，所以他们在刑罚理论上没有全盘否定过监狱的效能。这一点还是与我们中国有文化上的联系。因为东方和西方的法文化是不一样的，对法律制度，包括对监狱制度的评价，也是不一样的，这是一个重要的原因。但不管怎么说，只要承认需要监狱，总还有它存在的理由。事实上我们可以反问一下，你说监狱没有起多大作用，那么反过来说，把监狱全部取消行不行，事实上在世界上没有一个国家敢于这样做。由此证明监狱还是有用的。为什么通过一定时期实践，教育改造理论会在西方（我指的是北美和西欧）受到了很大的怀疑？恐怕其中一个重要的原因，是因为他们只是从一个或两个因素来衡量监狱的效能，这并不符合系统论思想方法。现在西方的一些刑罚学者也开始意识到，要考察监狱的效能，恐怕不能用一个两个标准衡量,应考虑到对监狱效能的制约因素是很多很多的。

(二) 影响监狱效能的内部机制因素

监狱效能高低的制约因素至少有两大系统:一个是内部机制的因素,另一个就是外部环境的因素。影响监狱效能的内部机制因素,至少有这么几个方面是非常重要的:

1. 物质条件

因为物质条件直接涉及人道待遇,人道待遇就直接涉及犯人,他对刑罚是反抗还是觉得不应该反抗,也就直接涉及犯人反抗心理的强弱。同时,物质条件在某种程度也可以作为精神教育的基础,所以物质条件是不能忽视的。物质条件,在不同的经济背景之下,它的标准不一样。一个经济发达的国家,对监狱的物质条件的要求,和一个经济还不发达或不很发达国家对监狱的物质条件的要求当然不是一个水平。在现代西方国家,包括最有钱的国家,美国和日本,他们在监狱上花的钱是很多的。在1989年的时候,这些发达的资本主义国家,一个犯人每一年国家要支出大概超过2万美元。这不仅是美国和日本,还包括澳大利亚、加拿大、韩国水平稍微低一些。所以,监狱是很费钱的。这种投入恐怕应该适度,像美国有一个少年拘禁中心,恐怕是花费过头了。我去参观那个少年拘禁中心的时候,看到一些房间,每个房间大概有12平方米左右,中间一个床铺,床铺上放的是毯子,整整齐齐,而且几个房间都是一样的摆设,我就奇怪,怎么就那么整齐划一呢?陪我参观的那个监狱长告诉我说,我们有工作人员给他们整理。我说你们关的是多大岁数的,他说13岁以上到20岁。我觉得,像这样做恐怕是做得太过头了,所以最后我跟一位美国教授说,你们美国这样做像是发疯,美国有的学者自己都承认这样做是"精神病"。发达国家的做法,有些是可取的,有些是不可取的。我觉得,过于优厚的待遇就起不到刑罚的作用,监狱是一个惩罚犯人的地方。你要给他一点惩罚的意思,如果连惩罚的意思都没有,那要监狱干什么?那大家都办旅馆好了。物质条件是重要的,但恐怕也应适度,这在我们中国目前来看还不会出现这种过头的问题,这是决定、影响监狱效能的第一个因素,物质条件。

2. 管理制度的科学化程度

第二个因素就是管理制度的科学化程度。应该承认,西方监所科学化管理有一些可借鉴的地方。关于监狱管理制度,从我国台湾地区和日本的一些监狱学著作来看,把累进制的位置提得很高,可是,几年前日本有一个研究日本监狱制度的教授,他跟我说,不能够把监狱累进制度的评价看得那么高。累进制有它合理的一面,但也有很难执行的地方,搞得不好,往往可能会起副作用。他认为监狱最基本的制度还是分类管理,这个可以说是经得起历史考验的。从西方1792年在英国的霍华德影响之下,第一座监狱就有分类制度,直到今天为止西方国家监狱的分类制度,我个人认为是比较健全、比较科学的。他们的分类制度,从法院开始,判决的时候法院就意识到分类的问题。判了以后,不是马上送监狱,而是先送到一个地方集中,然后经过大约 90 天的分类考察,然后再分配到有关监狱去。到了监所以后,还有监所里的分类。分类制度是监狱管理的一个基础,我想这是有一定道理的。监狱制度的科学化程度和监狱运行的效能成正比,这是一个很浅显的常识。

3. 监狱官员素质

影响监狱效能的内部机制,第三因素就是官员的素质,这是不言而喻的。

4. 监狱规模

监狱规模问题,现在在西方的监狱学里已被明显地重视起来。他们的结论是比较一致的,即监狱规模的大小直接影响到监狱效能。就是说监狱规模和监狱效能成反比,换言之,规模越大,监狱的效能就越低。这个道理,仔细想起来也比较简单,假如说,2000 个监狱工作人员管 5000 个犯人,是 2 与 5 之比,那么另一座监狱,是 20 个工作人员管 50 个犯人,也是 2 与 5 之比,效能显然是后者高。所以根据这个想法,瑞典的监狱立法就明确规定,国家监狱关押犯人不准超过 100 人。美国在 20 世纪 70 年代末,有个州的司法部长就下命令,把大型的少年监狱统统关闭,把它小型化。当然,这一点儿也不容易,这就涉及一些具体问题了。

刚才提到的就是影响监狱效能内部机制的四个因素,这四个因素最重要的都涉及一个字,就是钱。办监狱钱是非常重要的,刚才讲的物质条件,都是钱的问题,管理制度科学化那也跟钱有关系,官员素质也和钱有联系,你得花钱培养。那么,把大型监狱小型化,没有钱你怎么样把大化小呢?所以,四个重要因素都和钱连在一起。也就是邓小平同志说的我们现在的一切,最关键的就是要发展生产力。生产力上不去,一切都是空的。你要办好多事情,只能是望洋兴叹,纸上画饼,这是影响监狱效能的内部机制因素。

(三) 影响监狱效能的外部环境因素

外部环境因素,最重要的一个因素是,这个社会的开放程度。西方一些刑罚理论工作者和刑务理论工作者开始感到,在这种社会越来越开放的形势之下,有些事情,监狱工作人员包括监狱长在内,确实无能为力。我个人认为,社会开放程度和监狱效能成反比。也就是说,社会越来越开放,在这个社会里的监狱效能会越来越低。我想这个道理恐怕也不太复杂。因为,监狱从其发展史上看,它是封闭社会的产物,监狱的本质属性具有封闭性。要把犯人关起来,关在剥夺自由刑的执行场所,不就是同社会隔离吗?尽管现在提倡开放式、半开放式或是叫社区参与这种监狱管理模式,但这种监狱,也并不像旅馆那么自由,而且这种监狱也是国家监狱的一部分。直到今天为止,搞开放式监狱的国家,包括美国、德国,他们国内的最严重的犯罪分子仍然是关在警戒度相当高的监狱里头,其警戒度之高,我国没有哪一家监狱可以相比拟。比如说,美国最繁华的纽约市的监狱办在曼哈顿的一个岛上,四周都是水,通往岛上的只有一座桥,桥两边都有严密的封锁。任何人进去,包括纽约州的监狱长进去也要被检查。那次我去参观时,因为是联邦司法部监狱局的局长通知各个监狱,说某人要去参观,所以到纽约参观的时候,监狱长亲自开着车去接我,那位监狱长是个黑人,把我从岛外带到那个桥上,就是那个监狱长也要接受检查,要把汽车的车头盖打开看有没有什么东西。而且要让狗闻一闻,主要是检查有没有毒品。因为现在有时机器检查不出来,毒品狗能嗅得出来。过去以后,有三层金属铁丝网,都是带刺的,那个刺是非常锋利的。岛上有六所监狱。其中有两座,门口也是严格把守的,还有一所是关少年犯的,另有一座女犯监狱,稍微松一点。就是美国纽约州的监狱,也是这样得封闭。

这就涉及办监狱的目的和过程所发生的矛盾。目的是最终要让犯人回归社会,让他活得自由,可是过程又要让他完全隔离社会。那就出现了过程和目标之间的矛盾。所以从监狱本身的性能看它具有封闭性,越是封闭的社会,它的监狱越是容易办,越是开放的社会,监狱越是难办。如果让监狱的犯人完全不了解外面的情况,你给他说什么,他听什么,他就好接受,他如果总接触社会,了解社会的情况,你说什么,他跟社会上一对比,就有个人的想法。现在卫星电视越来越多,犯人都能看到,监狱从形式上还是不让他跟社会接触,是封闭的,但从信息上来说,他和社会的信息是连在一起的。所以,在这种条件之下,社会开放度增加的情况之下,办监狱确实是遇到了以前在社会和国家封闭情况下遇不到的问题,这样往往会产生一系列的麻烦和问题,比如监狱效能不理想。从社会宏观的角度看,大概都跟开放程度有关系。像上面提到的影响监狱效能的内部因素,随着生产力的发展,经济能力的提高,还有可能得到逐渐的改善。但外部环境,社会开放度,这一点就不以人的意志为转移。社会开放程度越来越高,这是人类社会发展的历史趋势,是不可逆转的。而社会开放程度越来越高,办监狱困难就越来越大。

在这种情况之下,监狱向何处去？西方特别是北欧有一些刑罚学者就提出来监狱快要寿终正寝了。这种说法恐怕是言之过早,或者是有些极端,但是,也不能说一点儿也没有道理。所以,从这个意义上来说,他们就考虑到,与其花那么多钱,办了一些跟社会潮流不一致、效果不理想的监狱,还不如少办一点儿,让社会少花一点儿钱,把钱用在更急需的方面更好。从这一意义考虑,现在,特别是西欧和北欧,就明确提出来如果要提高监狱的效能,要从社会的、经济的角度出发,也要讲投入与产出之比。他们觉得,现在就应该提出,控制监狱人口,如果其他条件跟不上、一个劲儿地往监狱里送人,从长远来看,可能带来某种副作用,自己给自己背上包袱。所以,当今世界从监狱的监禁率来看,西欧是当今世界最低的,西欧、北欧和日本的监狱监禁率,也就是犯人和全体人口之比,大概是 0.3‰ 至 0.8‰。美国是个例外,美国的监禁率根据一些报道,达到 4‰。南非的监禁率相当高,美国远远超过了南非,亚洲国家的监禁率也相当高,像泰国等国家也是比较高的。我们中国大概属于中等偏上一点,即 1‰ 这个水平吧。监狱人口最终涉及监狱效能问题,我觉得,监狱人口恐怕不应该仅仅从多关几个人、少关几个人这个角度去考虑,更应该从宏观上去考虑。监狱从长远来看应当怎样提高效能,至少是应该保持它的效能,应该从我们的投入来思考监禁人数,就是根据投入多少力量,包括人力、物力、财力,我们将预期能够让它得到多少东西。如果不作出这样全面的考虑,就知道一个劲儿地往监狱里加人,虽然短期内可能还不会有什么问题,但从长远来看,恐怕就会出现效能低的问题,这可以作为一个研究的注意之点。

论刑事执行主体的合理配置[*]

拉丁法谚云:执行乃法律之终局及果实(Excutioest finis etfructus legis)。[①] 这一法谚精辟地道出了刑罚执行的重要性。然而,令人遗憾的是,这一重要性在我国现行的刑事法律体系中却没有充分地得到体现。中华人民共和国成立以来,我国已先后制定颁布了两部刑法典和两部刑事诉讼法典,这标志着在我国现阶段,关于定罪、量刑和刑事诉讼程序方面基本上已经做到了有法可依。但是与刑法典和刑事诉讼法典具有同等重要性的刑事执行法典却迟迟没有出台,以至于长期以来我国的刑事执行几乎一直处于无法可依的状态。[②] 尽管1994年颁布实施的《监狱法》在一定程度上弥补了这一缺憾,但由于监狱法调整对象的局限性以及监狱作为刑事执行主体的不完整性,所以监狱法的颁布并没有从总体上解决刑事执行的依据问题。有鉴于此,制定一部统一的刑事执行法典,使之与实体性的刑法、程序性的刑事诉讼法相配套,实为完善我国刑事法律体系的当务之急。

一、我国刑事执行主体配置的现状

现阶段,我国的刑事执行任务并非由统一的主体来承担,而是由多个机关分担,呈分散制和多轨制。根据我国现行刑法、刑事诉讼法和监狱法的有关规定,目前我国的刑事执行主体有下述三种:

(一) 人民法院

人民法院是国家的审判机关,主要承担着刑事、民事、行政等案件的审判工作。但在我国,根据现行刑法和刑事诉讼法的规定,人民法院除了行使审判权以外,还承担着对某些刑罚的执行工作。由人民法院负责的刑事执行活动包括三种:第一,单处或并处罚金刑的执行。《刑法》第53条规定:"罚金在判决指定的期限内一次或分期缴纳。

---

[*] 原载《犯罪与改造研究》2000年第10期,与汪永乐合作。
[①] 转引自周红梅:《刑罚执行论》,辽宁人民出版社1994年版,第1页。
[②] 有学者在考察长期以来我国只重视制刑、求刑,而忽视行刑之重要性后发出这样的慨叹:"这无异于或更甚于农夫只求选种、播种,却全然放弃了田间管理,更不要了秋实之获。"我们认为这一类比是恰切的。刑罚的实现并非是制刑、求刑的必然结果或自然延伸,忽视行刑实际上是忽视了刑事司法过程中最为重要、最为关键的环节,无异于农夫不要了秋实之获。详可参见张绍彦:《行刑变革与刑罚实现》,法律出版社1999年版,第146页。

期满不缴纳的,强制缴纳。对于不能全部缴纳罚金的,人民法院在任何时候发现被执行人有可以执行的财产,应当随时追缴。如果由于遭遇不能抗拒的灾祸缴纳确实有困难的,可以酌情减少或免除。"《刑事诉讼法》第 219 条规定:"被判处罚金的罪犯,期满不缴纳的,人民法院应当强制缴纳;如果由于遭遇不能抗拒的灾祸缴纳确实有困难的,可以裁定减少或者免除。"据此可知,尽管刑法和刑事诉讼法没有明确规定人民法院是罚金刑的执行机关,但其具体规定已经赋予人民法院对罚金刑的执行权。第二,单处或并处没收财产刑的执行。《刑事诉讼法》第 220 条规定:"没收财产的判决,无论附加适用或者独立适用,都由人民法院执行;在必要的时候,可以会同公安机关执行。"刑诉法的这一规定说明,没收财产刑的执行机关是人民法院。第三,死刑的执行。根据《刑事诉讼法》第 211 条规定:"下级人民法院接到最高人民法院执行死刑的命令后,应当在七日之内交付执行。"第 212 条规定:"……指挥执行的审判人员,对罪犯应当验明正身,讯问有无遗言、信札,然后交付执行人员执行死刑……执行死刑后,在场的书记员应当写成笔录。交付执行的人民法院应当将执行死刑情况报告最高人民法院。执行死刑后,交付执行的人民法院应当通知罪犯家属。"这些规定明确了死刑的执行机关是人民法院,而不是其他任何机关。

（二）公安机关

根据我国现行刑法和刑事诉讼法的有关规定,公安机关也承担着部分刑事执行任务。具体来说,由公安机关负责执行的刑罚和刑罚制度包括以下几种:第一,管制刑的执行。《刑法》第 38 条第 2 款规定:"被判处管制的犯罪分子,由公安机关执行。"《刑事诉讼法》第 218 条规定:"对于被判处管制、剥夺政治权利的罪犯,由公安机关执行。执行期满,应当由执行机关通知本人,并向有关群众公开宣布解除管制或者恢复政治权利。"这些规定明确了管制刑是由公安机关负责执行的。第二,拘役刑的执行。《刑法》第 43 条第 1 款规定:"……被判处拘役的犯罪分子,由公安机关就近执行……"《刑事诉讼法》第 213 条规定:"对于被判处拘役的罪犯,由公安机关执行。"《刑事诉讼法》第 218 条规定:"对于被判处管制、剥夺政治权利的罪犯,由公安机关执行……"根据这一规定,应当理解为单处剥夺政治权利和附加剥夺政治权利都是由公安机关负责执行的。另外,对于单处或者并处驱逐出境刑的执行,虽然我国刑法和刑事诉讼法没有明确规定由哪个机关负责,但公安机关作为国家的治安管理机关,承担着维护社会治安的重要任务,因此,由公安机关负责执行是顺理成章的,而且实践中也是这么做的,所以,除法定的刑事执行权以外,公安机关实际上还承担着驱逐出境刑的执行。

（三）监狱及未成年犯管教所

《刑法》第 46 条规定:"被判处有期徒刑、无期徒刑的犯罪分子,在监狱或者其他执行场所执行……"《刑事诉讼法》第 213 条第 2 款规定:"对于被判处死刑缓期二年执行、无期徒刑、有期徒刑的罪犯,由公安机关依法将该罪犯送交监狱执行刑罚。对于被判处有期徒刑的罪犯,在被交付执行刑罚前,剩余刑期在一年以下的,由看守所代为执行。对于被判处拘役的罪犯,由公安机关执行。"《监狱法》第 2 条规定:"监狱是国家的刑罚执行机关。依照刑法和刑事诉讼法的规定,被判处死刑缓期二年执行、无期徒刑、有期徒刑的罪犯,在监狱内执行刑罚。"由上述法律规定可以看出,被判处死刑缓期二年执行、无期徒刑和有期徒刑的罪犯,绝大多数是在监狱内执行,而判处这三种刑罚的罪犯,在所有被判处自由刑的罪犯中又占主要部分,因此,可以认为,被判处自由刑的罪犯,主要是由监狱机关来执行刑罚。

《刑事诉讼法》第 213 条第 3 款和《监狱法》第 74 条规定:"对未成年犯应当在未成年犯管教所执行刑罚。"这说明未成年犯管教所是关押在刑罚确定时未满 18 周岁而被判处有期徒刑、无期徒刑的未成年犯的场所。未成年犯管教所也是我国重要的刑事执行主体之一。

二、现行刑事执行主体配置所存在的问题

通过上文论述可知,目前在我国,除了监狱和未成年犯管教所这些专门的刑事执行机关外,公安机关和人民法院也享有部分刑事执行权。这种职能混淆、主体散乱的状况,必然产生种种不可避免的弊端。不过目前法学界也有相当一部分人坚持认为,我国现行刑事法律所规定的分散的、多轨的行刑体制是符合中国实际情况的,有利于提高刑事执行效率。① 对此主张,笔者不敢苟同。笔者认为,现行的刑事执行主体配置状况无论在理论上还是在实践中都存在诸多问题。

首先,从理论层面而言,人民法院行使部分刑事执行权与其在司法过程中消极的仲裁者的身份不符,同时也不利于贯彻"分工负责、互相配合、互相制约"这一刑事诉讼基本原则。为了进一步论证这一问题,我们首先必须探讨一下行刑权的法律性质。② 关于行刑权的法律性质,学界有不同的主张:一种观点认为行刑权属司法权。例如有人说:"行刑权与量刑权——刑罚的裁量或适用一样,同属国家的司法权,而与制刑权——国家的立法权的行使相对应。"③还有人说:"行刑权是劳动改造机关所享有的专门职权,这种职权的法律性质属于刑事司法权性质。"④另一种观点认为行刑权是

---

① 参见周红梅:《刑罚执行论》,辽宁人民出版社 1994 年版,第 23 页。
② 有人对行刑和刑事执行作了区分。认为"刑事执行包括了审判机关裁判和各种主刑、附加刑的执行;狭义的行刑一般指对徒刑、自由刑的执行。行刑权一般是在狭义上的研讨"。对此,笔者持不同意见。笔者认为行刑就是刑事执行,两者不必加以细分。因此,本文中行刑权和刑事执行权是具有同等意义的概念。
③ 金鉴主编:《监狱学总论》,法律出版社 1997 年版,第 228 页。
④ 郑学群、孙晓雳:《劳改法学基本理论问题》,社会科学文献出版社 1992 年版,第 163—165 页。

国家司法权和行政权的统一。"行刑权作为刑罚权的一个组成部分,它的直接属性是国家的一种司法权……但是,由于行刑活动是一个将法院生效的判决和裁定交付执行的过程,具有一定的时间持续性,因此,不可避免地要涉及被执行罪犯的日常生活起居的管理,这时的行刑就带有一种行政管理的性质,由此,行刑权也包含着行政权……所以,可以说行刑权是一种司法权和行政权的统一。"① 应该说这两种观点都有其一定的合理性,但也都有缺陷。笔者认为:对于行刑权的法律性质,不能一概而论,不同种类刑罚的执行具有不同的属性。例如,对于罚金刑、没收财产刑和死刑的执行,其整个执行过程完全是为了实现刑事判决或裁定所确定的内容,不存在对罪犯的任何行政管理问题。因此,可以说对罚金刑、没收财产刑和死刑的执行纯粹是一种刑事司法权的运作,行刑权在此仅表现为司法权,丝毫不具有行政权的性质。但对于死缓、无期徒刑、有期徒刑和拘役的执行,情况则有所不同,监狱或公安机关作为执行这些刑罚的机关,不仅要实现判决或裁定所确定的内容,更重要的是要对罪犯的日常生活起居、分类、物质奖励或行政处罚、狱政等进行管理,这种管理明显具有行政管理的性质,而且监狱等机关的工作重点还就是在这些管理上,刑罚的实现不过是随着时间推移的自然过程。所以,对于死缓、无期徒刑、有期徒刑和拘役刑的执行,就不仅有司法权的运作,而且还有行政权的运作。行刑权在此不仅表现为司法权,而且也表现为行政权,并且主要是行政权。因此,我国现在把监狱等行刑机关划归司法行政机关管辖,从权力分配的角度而言,并无不妥。

既然有关罚金刑、没收财产刑和死刑的行刑权,从其性质而言属司法权,那么究竟由哪个司法机关来行使这项权力更符合法理,便是我们下一步所要追问的问题。目前我国的司法机关主要是人民法院和人民检察院,也就是说,应当由法院或检察院哪一个机关来行使罚金刑、没收财产刑和死刑的行刑权更合理呢?根据我国现行刑法和刑事诉讼法的规定,这些刑罚的执行权归由人民法院行使。笔者认为这种配置是不科学的。原因在于:虽然人民法院和人民检察院都是司法机关,但两者在行使司法权的主动性和积极性上完全不同。众所周知,无论在民事还是在刑事诉讼中(包括民事执行),如果没有原告或检察机关的提起,法院从不主动介入,因此,人民法院行使司法权是被动的、消极的,而不是主动的、积极的。这一点恰好与人民检察院行使司法权完全相反,在刑事诉讼中,人民检察院从来都是主动地追究犯罪。因此,相对于人民法院而言,人民检察院行使司法权具有主动性、积极性。而罚金刑、没收财产刑和死刑的执行,完全要求司法权的主动介入,因为一旦法院的刑事判决生效,检察机关的公诉任务便告完结,至此,便再也没有第三方要求法院来执行这些裁判。此时,消极地行使司法权的人民法院凭什么来执行这些刑罚呢?所以,笔者认为:与其把罚金、没收财产、死

---

① 夏宗素主编:《狱政法律问题研究》,法律出版社1997年版,第68页。

刑这些要求司法权主动介入的刑罚执行权交由消极行使司法权的人民法院来行使,不如交给主动行使司法权的人民检察院来行使更为合理。这样做不仅在法理上能够说得通,而且也便于人民检察院对人民法院的刑事判决进行监督,更好地贯彻"分工负责,互相配合,互相制约"这一刑事诉讼基本原则。也许有人会说,从世界范围看,由法院来执行罚金和没收财产并非我国所独有。例如《俄罗斯联邦刑事执行法典》第 16 条规定:"罚金和没收财产的刑罚由刑事判决的法院、财产所在地法院和被判刑人工作地点的法院执行。"①但笔者认为,存在的不一定就是合理的,人民法院承担部分刑事执行权确实有悖法理,与其在司法活动中所扮演的消极的仲裁者的角色相左。而且,目前大多数国家和地区的法律也都规定由检察机关来指挥或执行刑罚。如日本《刑事诉讼法》第 490 条规定:"关于罚金、罚款、没收、追征、违章罚款、诉讼费用、赔偿费用或暂先交纳的裁判,应当依检察官的命令执行。"我国台湾地区的死刑、罚金和没收财产刑也是由检察官执行或指挥执行。例如,我国台湾地区"刑事诉讼法"第 460 条规定:"谕知死刑之判决确定后,检察官应速将该案卷宗送交司法行政最高机关。"第 461 条规定:"死刑应经司法行政最高机关令准,于令到三日执行之;但执行检察官发现案情确有合于再审或非常上诉之理由者,得于三日内电请司法行政最高机关再加审核。"第 470 条规定:"罚金、没收及追征之裁判,应依检察官之命令执行之。"综上,笔者认为,由人民法院行使部分刑事执行权,在理论上存在一定的困惑。

其次,从实际执行情况来看,现行刑事执行主体的配置也存在诸多问题。例如,根据刑法和刑事诉讼法的有关规定,公安机关不仅承担管制、拘役和剥夺政治权利的执行工作,而且还担负着对缓刑犯的考察和对假释犯的监督。此外,公安机关作为维护社会治安的专门机关,还负责维护日常的社会治安和担任安全保卫工作,任务十分繁重。而基层公安民警的力量又比较薄弱,将管制、缓刑等交给他们执行,往往力不从心。在实际执行中,有些公安机关过分强调依靠群众,对被判处管制的犯罪分子不管不制;有些公安机关对缓刑犯的考察和对假释犯的监督也十分不力,导致在社会上执行的罪犯由于脱离管教而造成严重后果的现象比较严重。因此,实践中由公安机关承担的这部分刑事执行工作,由于警力不足而使严肃的刑事判决流于形式,严重影响了这些刑罚的执行效果。

三、完善现行刑事执行主体配置的设想

鉴于我国现行刑事执行主体的配置存在上述诸多理论和实践上的弊端,改革和完善我国现行的刑事执行司法体制已势所必然。目前,学界关于刑事执行主体的合理配

---

① 《俄罗斯联邦刑事执行法典》,黄道秀、李国强译,中国政法大学出版社 1999 年版,第 24 页。

置问题,存在着三种不同的主张:第一种主张认为,应当在专门统一的刑事执行立法基础上,逐步实行刑事执行司法体系的专门和统一,并实行刑事执行机关与公、检、法等司法机关间,在刑事司法活动中相同意义的分工负责、互相配合、互相制约的关系和活动原则。具体地讲,就是刑事执行统一法律规范调整之后,逐步将现由侦查机关和审判机关担负的执行任务,积极稳妥地、逐步地统一划归由全体的或者完整的刑事执行职能部门司法部行使。这是法律严肃、统一和权威等特点的要求,也是罪刑适应、人人平等原则在执行环节的延伸和体现。第二种主张认为,建立统一的刑事执行法并不要求或者必然实行刑事执行司法体制的相应调整,法律调整的统一是矛盾统一性和特殊性的要求,也是立法规范和技术的要求。但是实行什么样的司法体制则属于另一个问题的范畴。在刑事执行立法体制下,建立和实行什么样的司法体制才科学、合理,应当根据法律的实施和执行情况,实事求是地确定。第三种主张认为,刑事执行立法的统一调整与我国现行的刑事司法组织体系并不矛盾和冲突。各执行机关(公、检、法等)都应当统一按照同一的刑事执行法实施对犯罪的惩罚和改造,使刑事执行活动和社会关系接受统一的法律调整,以确保国家法律的严肃和统一。① 上述三种主张归纳起来实际上代表了两种观点:一种是主张彻底改变现行的刑事执行主体配置状况,建立专门的刑事执行机关,实现刑事执行专门化(第一种主张持此观点);另一种是主张维持现行分散的、多轨的刑事执行主体配置,不做任何改变(第二、第三种主张持此观点)。

笔者认为,从完善我国行刑法治的角度而言,把刑事执行权交由司法行政机关统一行使,逐步实现刑事执行专门化,是完全必要的,毕竟"既然行刑权系由国家委托行刑机构专一行使,则不应统一于行刑机构。此为刑制规范和行刑法治的体现和保障。倘若行刑权散失零乱,则不仅表明国家刑制混乱,而且反映了国家行刑法治的欠缺,必然导致刑出多门,刑罚滥施的悲剧"②。但在我国现行执行体制下,要做彻底改革,实现刑事执行专门化,决非轻而易举就可完成。因为这一改革必然要牵涉到人、财、物的大变动,受到多方面条件的制约,不可能一蹴而就。所以,我们主张对我国现行的行刑主体配置状况既不能不改,又不能不顾现实条件的制约而作彻底的变革。可行的做法是对现行的刑事执行主体的配置进行适当的调整,使之既符合刑事执行的内在规律,又不致因成本过高而无法实现。有鉴于此,笔者的设想是:第一,取消人民法院的刑事执行权,把原由人民法院承担的罚金、没收财产和死刑的执行任务交由人民检察院执行。理由已如前所述。第二,在最高司法行政机关司法部内设刑事执行一局(原监狱管理局)和刑事执行二局,地方司法行政机关内设相应的执行机构。刑事执行一局负责死

---

① 参见韩玉胜、张绍彦:《刑事执行立法理论研讨会综述》,载《中国法学》1998年第5期。
② 许章润:《监狱学》,中国人民公安大学出版社1991年版,第133页。

缓、无期徒刑、有期徒刑和拘役刑的执行;刑事执行二局负责管制、缓刑、剥夺政治权利的执行并负责对假释和监外执行的监督。原因在于管制犯、缓刑犯、剥夺政治权利犯、假释犯和监外执行犯都是在社会上执行刑罚,由专门机关和专人负责,有利于总结经验,统一部署,把执行、监督真正落到实处。第三,驱逐出境,无论附加适用还是单独适用,均由公安机关执行。因为公安机关承担着维护社会治安的职能,把犯罪的外国人或无国籍人驱逐出国境,使之不在国内作乱,是公安机关的应尽之责。而且,与其他机关相比,公安机关也是最有条件执行这种刑罚的机关。因此,把驱逐出境交由公安机关执行是合适的。

　　以上,我们概略地论述了我国现行刑事执行主体配置的有关问题,这些论述是否科学、合理,还有待作进一步论证,不过问题提出的本身也是有积极意义的。我们相信,随着研究的进一步深入,有关刑事执行主体的配置,学界一定能够提出更为科学、合理的设想。

美国监狱制度改革的新动向

——监狱私营化*

囚犯人数上升（近十年增长一倍），监狱费用过高（1983年达69亿美元）：这是私营监狱产生的社会背景。政府设立的监狱人满为患，再建新监狱，不仅花钱太多，纳税人反对，而且周期太长，不敷应用。怎么办？美国有一些州和联邦的法院作出决定要求释放一部分轻罪犯，以缓和监所拥挤的紧张局面。对此，社会舆论又不支持。在这种形势下，建造矫正设施和监管教育犯人的事业开始被视为有利可图的一种新产业，于是私营企业踏进监狱大墙，私立改造公司相继出现。这称得上是监狱发展史上的新闻。

教会和慈善团体给监所，尤其是青少年犯教养机构，提供某种辅助性的无偿服务，是早已有之的。这类服务设施都不具有执行剥夺自由的监狱职能。当前美国出现的私营监所，不仅规模上远远大于慈善团体举办的服务设施，而且在性质上（营利与服务）和职能上（监管与矫正）也有重大差别。今天的私营监狱，也不同于历史上私人企业租用犯人劳力的"犯人租约"制。

截至1984年底，已有两个州——得克萨斯州和新墨西哥州通过了立法，准许私营公司承办监管犯人的司法业务。康涅狄格州也在正式考虑这个办法。据全国改造学会估计，到1990年将会签订多个承包合同——州或联邦司法当局委托私人经办最高警戒等级的监禁严重罪犯的监狱（1986年初将出现第一个这种类型的私营监狱）。

私营公司进入国家监狱领域，主要有两种方式：

（1）提供直接的技术服务。例如，科罗拉多州的尼姆科斯公司生产的软禁电子遥控系统，使得法院可能对罪行较轻的犯人和非暴力的重罪犯判处监外软禁（徒刑监外执行），让犯人在脚踝上佩戴一个体积小于香烟盒的自动发报装置，事先输入犯人活动空间的指令，如果犯人的行踪超出允许的范围，安装在监狱的接收机就会收到罪犯越轨信号和犯人的方位信息；如果犯人自己脱下或者砸毁发报装置，那么接收机就会收到紧急呼号。这套遥控系统1983年在伊利诺伊州进行试验运行，效果良好，唯一问题是当犯人淋浴时发报装置暂时失灵。现在公司对此作了技术改进，缺点已得克服。用

---

* 原载《国外法学》1985年第2期。

狱外软禁办法替代狱中监禁,可以减轻监所拥挤的状况,而且大大节省政府开支。司法行政当局付给私营公司的钱,平均每个犯人每天约 10 美元,相当于狱中犯人费用的 1/7 到 1/3 左右。又例如,特拉华州的监狱健康服务公司承包了 15 个监所大约 5000 名犯人的医疗服务,提供内科、外科、牙科、精神病科等门诊和住院服务,每个犯人每年的平均医疗费用为 1000 至 1500 美元,也比原先公设服务的费用减少。再例如,马里兰州的安全运输公司正设法同司法当局签订运送犯人的合同(往返监所与法院之间,或者监狱与监狱之间,等等)。据这个公司的经理(马里兰监狱的一名退休官员)说,签订承包合同,在费用上对司法当局肯定有好处。

(2) 开办监禁矫正设施。1975 年宾夕法尼亚州司法当局请求一家素有青年就业训练教育专门知识的大公司,管理威佛斯维尔少年犯管教所。这座州少年犯管教所并不是这家公司建立的,这个公司管理少年犯管教所主要出于"社会良心"而不是为了盈利,一年平均只有 4 万美元收益,这个数目对这等规模的公司来说只能算是沧海之一粟,而且这家公司的主要业务并不是经营监狱业务。因此,威佛斯维尔少年犯管教所还不是典型的私营监狱,当然,被视为私营监狱的先导是可以的。开办私营矫正机构的第一家公司是 1977 年成立的加利福尼亚州的"西南行为系统",它在加州开办了 12 个监管设施,主要业务是监管移民和归化局送来的非法移民。经过一段时间之后,这些移民或者被送往法院,或者被遣离美国。因此,这种监管实际就是临时拘禁。临时拘禁中心一般属于最低警戒等级设施。"西南行为系统"的主任尼森先生曾经在加州政府矫正局里工作过 25 年,具有丰富的狱政管理经验。他声称,在同政府主管当局签订的合同中提出累犯率不超过 20% 的指标(而现有公设监所的累犯率大约是 50%),通过严密组织劳动生产、合理安排技术训练和有效进行文化教育,是能够实现的。"西南行为系统"平均年收入为 600 万美元。

第二家较大的私营企业是田纳西州的"美国矫正公司",成立于 1983 年 1 月。这个公司有一个令人信任的顾问委员会,其中有在三届总统任期中担任过美国联邦假释委员会主席的莫里斯·道金斯将军,以及现任美国矫正协会主席东·赫托,他曾在两个州的矫正局里担任过职务。这家公司在 1984 年 1 月在孟菲斯设立了一所少年犯监所,于 4 月又在休斯敦开办了拥有 350 个床位的非法移民拘禁中心。建造这座设施耗资 400 万美元,历时五个半月。如果由政府来建造,费用要增加 1 倍,而且时间要延长 3 至 5 倍。休斯敦非法移民拘禁中心的经营,为当地的移民和归化局节约开支约 1/3。"美国矫正公司"还在田纳西州的汉密尔顿县筹建了一所有 300 个床位的关押被判长期徒刑女犯的监狱,属于中等警戒度监狱。

全国最大的独立私营保险公司"威肯赫特公司"也跨入了监狱私营化进程,它有两个设想,一是为移民和归化局建立一个拘禁设施,另一个是同几个州签订合同创建一所中等警戒度的监狱。威肯赫特公司的这一举动被认为对促进监狱私营化这一方兴未艾的势头具有重要意义。

宾夕法尼亚州的巴金汉保险有限公司，预期在1985年上半年州议会通过立法之后，将成为美国第一家自行设计、建造和经营最高警戒度的成年犯监狱的私人公司。这家公司可望同17个东部州签订合同，这座监狱将接纳严重罪犯。监狱建在宾州的比弗县，拥有720个床位，投资1500万美元，将于1986年初开张。这家公司还计划在西部，很可能在爱达荷州，营建一座类似的监狱（《华尔街日报》1984年11月29日第30页）。

监狱私营化的反对者，主要是一些政府组织，有些左派知识分子也反对这种做法。休斯敦的一个牧师会还要求法院作出决定来阻止监狱私营化，理由是企业公司不能正确地和人道地管理监禁机构。总之，他们认为，盈利目的会妨碍矫正效果的实现。这种担心不是没有道理。不过，没有盈利目的的公设监狱，其矫正效果不是也非常之低吗？根据这两年的有限的实践情况，私营监所在营建投资、建造速度和管理费用等方面都优于公设监所。在三五年，甚至十来年的短时期内，难以正确评价矫正效果。就美国刑事司法制度的现状分析，监狱私营化在监狱发展史上不会是瞬间即逝的一片浪花。当前美国刑事政策的基本趋向是从严惩罚严重犯罪——加长累犯惯犯的刑期；限制假释的适用；严格限制精神病免罪辩护的范围；等等。所有这些，都直接导致监狱在押犯人数的增长。近三五年来，美国的犯罪率大致持平，但是"监狱人口"数量不断上升。私营监狱就是为了减轻公设监狱的重压并作为公设监狱的必要补充而表现出它的存在价值。还需指出：在同一个社会制度里，公设监狱和私营监狱，它们的根本性质没有不同，可能的差别主要在于运行效能。

（本文大部分资料是由笔者的美国朋友、历史学博士 Preston M. Torbert 律师提供的，特此说明，并致谢意。）

美国监狱参观记[*]

1982年春天和夏天前后共约一个月时间，在芝加哥大学法学院莫尔斯教授和联邦司法部监狱局局长卡尔逊先生的协助安排下，我参观了美国北部、东部和南部10所监狱。其中联邦监狱两所：芝加哥城市矫正中心和拔特南（Butner）联邦监狱。州监狱六所：纽约州阿的卡（Attica）矫正所和纽约市总监狱（男监、女监和少年部），北卡罗来纳州中心监狱和北卡州女犯矫正中心，明尼苏达州静水（Stillwater）矫正所，得克萨斯州犯人矫正局所属中心医院。地方监狱两所：芝加哥看守所（男部和女部）以及芝加哥少年临时拘禁中心。

美国监狱也和法院一样分为两个系统，联邦监狱系统和州监狱系统。联邦法院判决的犯人送联邦监狱，州法院判决的犯人送州监狱或地方看守所（jail）。州监狱系统包括州监狱和地方看守所两类。徒刑一年以上的重罪犯送州监狱；看守所关押两种人犯，徒刑一年以下的轻罪犯和等待审判的未决犯。据1981年年底的统计，联邦监狱关押的犯人为26195人，州监狱的犯人为369000人，看守所犯人将近157000人。

美国监狱也同美国生活方式那样，给人留下的一个印象是它的多样化。从坐落位置而言，有设在农村的监狱（例如拔特南联邦监狱），有设在城镇郊区的监狱（这是多数），也有设在城市闹市区的监狱（例如芝加哥城市矫正中心就在离440公尺高的全美国最高大楼"希尔斯塔"的不远处）。就建筑结构来看也是多种多样。芝加哥城市矫正中心是一座二十六层白色三角形大楼，三面临街，周围没有围墙也没有铁丝网。大楼的地下层是健身房（即室内操场），第二十六层是露天平台，作室外活动之用，平台顶上架着严密结实的铁丝网，因为在另一个监狱的露天平台上曾被直升机劫走过犯人。静水矫正所是一座圆环形五层楼的建筑，它建造在一个近似圆环形的小山坡的内侧，楼房正面有窗户，背面紧贴山坡，所以在山坡外侧的高速公路上根本看不见这个监狱。拔特南联邦监狱选址于森林中的一片荒地，三组平房被双层带刺的金属网所包围。芝加哥少年临时拘禁中心则占用了芝加哥司法大楼的两层。

美国监狱之行的第二个深刻印象是它的分级管理制。这里所指"分级"管理不是联邦与州的分级，而是指警戒等级。州监狱系统把警戒等级分为三种：最高警戒，中等警戒和最低警戒。实施最高警戒的监狱，一般说来四周是高墙，并设有"枪塔"（即带枪

---

[*] 原载《国外法学》1983年第2期。

的警卫塔),例如阿的卡矫正所的围墙厚一公尺,距地面高度为九公尺,地下还有二公尺深的砖墙。最高警戒监狱的内部警卫森严,犯人的活动空间局限在一个很小的范围内,实行分段隔离管理的办法。实行最低警戒的监狱,既没有枪塔,一般说来也没有高墙,甚至也没有铁丝网,犯人可以在整个监狱内活动,同外界有较多的接触机会。

美国联邦监狱系统从1979年开始改革了上述州监狱系统实行的传统的三级警戒制,把警戒等级改为六级,根据犯人罪行的严重程度、刑期的长短以及过去(指累犯)在狱中的表现和逃跑历史,分别将犯人关进不同等级的监狱。一级警戒为最轻,六级为最重。不同警戒等级的监狱,在枪塔的有无、枪塔的数目、环境控制程度以及内部监控设施和警卫人员的装备等方面均有差异。在实行同一种警戒等级的监狱之内,又根据犯人在狱中的实际表现和对社会的危险程度,存在四种监管类别:最大限度的监管,不能外出(监狱)的监管,可以外出(监狱)的监管,社区进行的监管。最大限度监管与不能外出监管的相同之处都是"在狱中",不同之处是后者的被监控程度轻于前者。可以外出的监管与社区进行的监管,共同点都是"可以外出";不同点在于,前者只是短时间的外出,例如犯人在监狱工作人员带领下外出观看体育比赛,购买物品,或者是短期探家,后者是较长时间的外出或定期外出,例如白天在外夜间在狱,平日在外周末在狱,这种犯人不仅由监狱对其进行监管,而且还有社区的监管。在实践中,社区监管往往适用于快要刑满释放的犯人,为使被释放者将来更好地适应社会正常生活,在正式释放之前把他送到狱外的"中途训练所"(halfway house),这是一个半开放性的机构,有政府举办的,也有私人举办的。在派送之前,由原送监狱和中途训练所订立合同。

第三个印象是人道待遇。20世纪60年代美国国内的人权运动对美国司法制度的影响是广泛的,不仅在刑事诉讼和死刑执行等问题上反映出来,而且也直接推动了监狱管理的人道主义化。其理论根据是很简单明了的:只有首先把犯人当人来对待,才可能把犯人矫正(教育改造)为适应社会需要的正常人。实际做来并不是那么容易,既涉及经费开支,又涉及管理人员的水平。总的来说,美国监狱是很费钱的,政府对一个犯人的年平均开支超过一万美元(主要开支用于工作人员的工资),略高于美国第一流大学哈佛大学一个学生的一年学费。犯人的伙食和狱中卫生设施,一般能够达到国家标准。学习方面,多数监狱不仅有小学班和中学班,还有大学班,所得学分受到承认,有的监狱甚至有研究生班(例如拔特南联邦监狱)。根据美国最高法院决定,每个监狱都必须有法律图书馆,联邦监狱的图书馆主要配备联邦法律书籍,州监狱图书馆主要备有州法律。犯人可以利用法律图书馆来学习与研究法律,为自己辩护,控告监狱工作人员的不法行为。为此,许多监狱建立了由相等数量的犯人代表和工作人员代表所组成的诉冤委员会(grievance committee)。

1976年5月开设的拔特南联邦监狱是根据莫尔斯教授1974年所写《徒刑的将来》一书的构想进行监狱改造的实验性监狱。这个构想的基本点就是人道主义具体化。这个监狱的犯人有350人，工作人员为220人左右。1981年的开支为600万美元，1982年的预算据典狱长说是700万美元（但财务科主任没有证实这一数字）。开支所以如此之大，重要原因是因为此监狱有将近100名的精神病犯人（行刺里根总统的被告人辛克莱在受审前就是关在这所监狱里）。拔特南联邦监狱由三部分组成：一是普通部，约110人，犯人主要来源是北卡罗来纳州（拔特南所在的州）违反联邦刑法的犯人；二是精神健康部，约90人，其中精神病犯人来自各联邦监狱（主要是东部地区的联邦监狱），也包括可能患有精神病的未决犯；三是研究部，约150名犯人，莫尔斯构想主要在这一部分试行，但实际上这个构想的基本精神影响到整个监狱。这个监狱关押的犯人，平均刑期为7年，其中35%的犯人有过10次以上的被捕经历。整个监狱占地面积为42英亩，四周是双层金属网，没有枪塔，只有巡逻车经常在周围巡视，建筑设计类似普通房屋，以便于犯人自由活动。多数犯人居住单间，少部分是双人房间，另一小部分是多人房间（在一个大房间里用短墙隔开每个床位，卫生设备是公用的）。最新进来的犯人先住多人房间，然后逐步移入双人房间，最后进入单人房间。房门钥匙由犯人自己保管。白天犯人可以在整个监狱之内活动。如果愿意的话，犯人可以穿普通服装。每周有五天允许犯人在会见室会见其家属或朋友。研究部的犯人差不多都是惯犯，他们是由司法部研究室通过计算机选择而派送来的。选择的三个标准是，曾经至少两次因暴力犯罪被判过刑，其假释期被安排在8个月到3年之内，年龄在18岁到35岁之间。合乎上述三个条件的犯人被送来后，先有90天的考虑期。犯人来到之后，告诉他研究部的安排、活动项目和要求。90天期满时犯人要回答"愿意留下"还是"不愿意留下"的问题。如果不愿意留下，则送回原监狱，绝不因此而产生不良后果。在这里，对犯人有三项硬性规定：一是每天至少有半天（四小时）参加劳动（此监狱有一个生产邮件袋的车间），二是遵守狱规，三是参加小组讨论。其他项目（例如文化学习、娱乐活动等）都是自由选择的。实践证明，恰当地安排假释期是重要的，它让被判长期徒刑的犯人对明天产生信心，看到未来，以便主动地自愿地接受教育改造。莫尔斯认为，强迫改造是不可能的，至少是靠不住的。

第四个印象是效能低。如上所述，美国监狱花钱虽多，职工与犯人之比也相当高（高的如拔特南联邦监狱约为1∶1.5，最低的是得克萨斯州监狱约为1∶9，平均比例大约是1∶3），但效能仍然是低的，它主要表现在高累犯率（对监狱而言，又叫作"重返率"）方面。累犯率统计是个难度极大的技术问题，美国还没有全国统一的累犯率统计，甚至没有一个州的确切统计数。有的地区的累犯率估计达30%，有的估计达70%，一般的认识是，美国的累犯率约达50%左右。当然，累犯率增长有其极为复杂的社会原因。但是,监狱效能低也不失为是多种复杂原因中的一个因素。

造成效能低的主要原因有两个,一是缺乏全面的劳动改造制度,二是缺乏有效的思想教育制度。这两个问题都同社会制度有联系。

美国只有得克萨斯一个州大规模地组织犯人从事生产劳动(主要是农业劳动,该州是美国第二大州,地多人少);其他各州从事生产劳动的犯人只占犯人总数的1/3,也就是说绝大多数犯人是不进行生产劳动的。这些不劳动的犯人中的多数也不参加文化学习,他们一天之中除了睡觉之外,就是看电视、玩扑克、听音乐、读小说、聊天。"无事生非"是个普遍规律。闲散的生活使得本来就空虚的精神变得更加空虚,空虚的精神最容易导致干坏事和犯罪。狱中犯人之间打架斗殴和搞同性恋是相当普遍的现象,更有甚者,狱中犯人的杀人率(杀人案件同犯人总数之比)几乎同社会上的杀人率同样高。据说,多数犯人是愿意从事劳动的(一个人在一个很小的活动空间里长时期没有正当持久的活动是痛苦的,心理学家们对此有共同的看法),而且多数监狱当局也是愿意组织犯人进行生产劳动的。但是,为什么就不能大规模全面地组织生产劳动呢?这是因为美国工会为保护工人利益而不允许狱中犯人进行商品生产去同社会上的工人竞争。犯人可以生产,但其产品不能进入市场。在资本主义社会中,这一限制就成为大规模组织生产无法克服的困难。

要使得刑满释放的人以后不再犯罪,除了要解决出路问题,非常重要的一点是在狱中要对他进行矫正(改造),为达到这个目的,必须对犯人进行切实有效的思想道德教育。在美国,从社会(包括家庭和学校)到监狱,基本上都没有思想教育工作制度。美国监狱虽然都有牧师和心理学工作者,但牧师的实际教育作用很小,心理学工作者所从事的工作同道德教育基本上不相干。人的改造(矫正)从根本上说是思想道德的改变。只有切实的思想教育工作才能使狱中犯人得到真正的改造。美国监狱缺乏有效的思想教育制度不能不说是美国监狱效能低的一个重要原因。

参观的监狱在数量上虽然不少,但仍然只能说是"走马观花",很不深入,因此所得感性"印象"很可能既不全面又不贴切,这是需要声明的。

(1983年元旦于北京大学)

刑事一体化视野中的社区矫正[*]

作为兼具人性化和经济性的罪犯处遇模式,社区矫正在当今许多国家受到青睐。在我国,关于社区矫正的试点工作也正如火如荼地展开。由监狱矫正为主导逐步转向社区矫正为主导,应是我国罪犯处遇事业的未来走向。刑事一体化思想在我国20世纪80年代末最早提出,至今已有十多年了。目前在刑事法学界得到一定程度的关注和认同,并逐步走向深化。从刑事一体化的视角考察,我们认为社区矫正制度同刑事一体化思想具有诸多内在关联,社区矫正是刑事一体化思想的实体展开;而社区矫正的发展,绝不仅仅意味着一种刑罚执行方式的改进,而涉及深层次的刑法观念的变化、刑事政策的调整、刑事立法的完善乃至刑事司法权力的重构等。因此,用刑事一体化思路研究社区矫正的理论基础与实践运作,对推动社区矫正的良性发展不无意义。

一、刑事一体化思想的基本内涵

刑事一体化思想有两层基本含义:作为刑法运作的刑事一体化和作为研究方法的刑事一体化。

作为刑法运作的刑事一体化,是指刑法和刑法运行应力求达到内外协调状态,唯此才能最大限度地发挥刑法功能,实现刑法的最佳社会效益。所谓内部协调,是指刑法内部结构合理,包括犯罪圈大小的划定合理、刑罚量轻重的配置适当。所谓外部协调,是指刑法运作机制顺畅,具体讲就是刑事法律活动的各个阶段及其效果相互作用、有机协调,从而形成一个动态平衡的系统。作为研究方法的刑事一体化,是指在对犯罪问题的研究上,应疏通学科藩篱,实现科际整合,尤其要加强诸刑事学科(如刑法学、犯罪学、监狱学、刑事诉讼法学、刑事政策学等)之间的互动与融合,对犯罪治理和罪犯处遇问题进行全方位研究,以便为国家制定有效的刑事政策提供理论支持。作为一种立体性和开放性的研究思路,刑事一体化倡导刑法学研究应在关系中寻求突破和发展,而不能画地为牢,故步自封。这里的"关系",首先指内部关系,包括罪刑关系,以及刑法与刑事诉讼的关系。其次是指外部关系,外部关系有二:其一为前后关系,即刑法之前的犯罪状况和刑法之后的刑罚执行情况;其二为上下关系,即刑法之上的社会意

---

[*] 原载《吉林大学社会科学学报》2005年第2期,与冯卫国合作。

识形态、政治体制、法文化等,及刑法之下的经济体制、生产力水平、物质文明等。①

二、从刑事一体化看社区矫正之定位

(一) 社区矫正是人类刑罚文明演变的历史必然

"一部人类惩罚的历史,正好象征着惩罚本身逐渐凋零的历史。"②从历史演进的大视野看,刑罚演变总体上呈现由严酷走向轻缓的趋势,这是人类物质文明、精神文明和政治文明不断发展所推动的结果。在古代专制社会中,死刑和肉刑曾是最普遍的刑罚方式;近代以来,监禁刑逐步占据了各国刑罚体系的核心,肉刑被完全摒弃,死刑或被废除,或适用上受到严格限制;而"第二次世界大战"以后,监禁刑在刑罚体系中的中心地位也面临挑战,在西方许多国家,罚金、缓刑等非监禁刑的实际适用已占到多数,以和解与赔偿为主的所谓"恢复性司法"也正在崛起之中。可以认为,未来的刑罚体系将是以非监禁刑为主导的,犯罪非刑罚化、刑罚非监禁化是当代世界刑罚的主流趋向。法国著名古典社会学家迪尔凯姆从社会变迁对刑罚影响的角度,曾为我们勾勒出刑罚发展的三大律则:一是替代律则,即随着人类历史之发展,复原式或赔偿式惩罚,逐渐替代传统的报复性或压制性惩罚;二是量化变易律则,即社会越是落后,政府集权现象越是厉害,则刑罚的科量越重越多,社会越是进步,政府越是分权,则刑罚的科量越轻越少;三是质化变异律则,即社会对于惩罚的观念日益人性化及个人化,日益重视受刑人的教育和再社会化。

社区矫正的兴起,正契合了上述刑罚发展的三大律则。同传统的监狱矫正相比,社区矫正不将罪犯与社会隔离,而将其置于社区进行救治性的处遇,这无疑对罪犯更为宽和、人道,更有利于协助其复归社会。因此,社区矫正体现着刑罚演进的历史趋向。

(二) 社区矫正是二元社会中犯罪控制模式的理性选择

近代以来,人类社会经历了由一元结构向二元结构的演变过程。在前资本主义时代,政治国家与市民社会是高度融合的,呈现出一个以专制和集权为特征的一元结构。在这种一元结构之中,国家垄断了一切社会权力,政治权力的影响无所不及,社会完全丧失了独立的品格,沦为政治国家的附属物。随着资本主义社会的来临和市场经济的兴起,政治国家同市民社会逐步由一体走向分立,政治国家的权力疆界有所收缩,市民社会获取了相对独立的空间和地位,从而形成了以民主和法治为基础的现代社会的

---

① 参见储槐植:《刑事一体化》,法律出版社 2004 年版,第 491—504 页。
② 陈秉璋、陈信木:《道德社会学》,桂冠图书股份有限公司 1988 年版,第 336 页。

二元结构。社区矫正是以相对独立的社区的发育和成熟为基础的,只有在二元结构的社会中,社区矫正才有广阔的发展空间。

传统中国社会呈现大一统的一元社会结构。国家高度集权,整个社会泛政治化,国家权力不仅控制着所有社会公共领域,甚至渗透到个人、家庭等私人生活领域,民间力量几乎没有独立生存的空间。直至20世纪70年代末,改革开放进程启动后,国家与社会高度一体化的局面才逐步瓦解,随着市场经济体制的确立,"小政府、大社会"的格局正在形成,一个相对独立并有自主运行规则的民间社会不断壮大,社区和公民对公共事务的参与热情与参与空间都日益增大。

二元社会结构的形成,对刑事政策思想和犯罪控制模式产生了深远影响。在一元结构社会中,奉行"国家至上"和"国家权力无限"的观念,一方面刑法侧重于保护国家利益,对人权保障重视不足;另一方面对付犯罪主要依赖于国家刑事司法系统对于刑罚的适用,这种犯罪控制模式可称之为"国家本位模式"。但随着二元结构社会的逐步形成,国家对社会的控制范围有所缩小,控制力度也有所削弱,因而传统的"国家本位"的犯罪控制模式效果不佳的问题日益突出。为了适应社会结构的转型,有效应对犯罪的挑战,实现犯罪控制模式的转化和调整势在必行。在二元结构的社会背景下,提高犯罪控制效益的根本出路在于改变刑法运行模式,即刑罚权和刑事司法权从国家手中分出一部分给(还给)社会,使刑法运行模式由"国家本位"向"国家-社会"双本位过渡,加强国家力量和社会力量在犯罪控制方面的协同和配合。① 社区矫正是植根于社区,依赖社会参与的罪犯处遇模式,是"国家-社会"双本位的犯罪控制思路的具体体现,因此二元社会结构的形成,必然有助于推动社区矫正在我国的发展。

(三) 社区矫正是罪刑问题研究趋于理性化的产物

18世纪的刑事古典学派将对已然罪行的刑罚惩治视为对付犯罪的最主要手段,因而忽略了罪犯矫正问题。19世纪末兴起的刑事实证学派,开始关注犯罪成因和罪犯处遇问题,促使人们对罪刑问题的认识日趋理性化。社区矫正正是基于对罪刑问题的理性认识应运而生的。时至今日,将犯罪视为社会中诸多矛盾因素综合作用的产物,承认犯罪的发生具有一定的不可避免性,这已成为刑法理论界的共识。既然一定量的犯罪发生是不可避免的,而犯罪的发生不仅仅是个人主观意志的选择,同时也是社会中各种不良因素交互作用的产物,那么,在追究犯罪人个人责任的同时,社会亦负有教育、挽救犯罪人,帮助其再社会化的责任。

另一方面,对犯罪原因认识的深化,促使人们认识到刑罚功能的有限性。刑罚不可能消灭犯罪,而适用刑罚不可避免地会产生一定副作用。被称为"近代刑罚之花"的

---

① 参见储槐植:《刑事一体化与关系刑法论》,北京大学出版社1997年版,第409—410页。

监禁刑,也存在某些弊端和缺陷,例如,给罪犯打上"监狱化烙印",削弱其社会适应能力;引发狱内"交叉感染";导致罪犯非正式群体的形成;对罪犯家庭带来不利影响;以及耗费巨额国家经费;等等。

监狱并非矫正罪犯的理想场所,而社会对于犯罪的发生亦负有责任,因此立足于社会、以罪犯再社会化为宗旨的社区矫正具有合理性和必要性。

(四) 社区矫正是优化刑法运作机制的内在要求

刑法运作实际上就是刑罚功能实现的过程。我国刑法运作的现状表现为"流水作业"式的单向流动,即犯罪态势制约刑事立法、刑事立法制约刑事司法、刑事司法制约刑事执行,作为刑法运作最后环节的刑事执行处在消极和从属的地位,难以对其他环节产生制衡作用。"这是一种有缺陷的机制,刑法运行不仅要受犯罪情况的制约,而且要受刑罚执行情况的制约;后果制约行为,是行为科学的一个基本原则,刑法运行是一种行为,它应接受行刑效果的信息反馈,不受反馈制约的刑法运行是盲目的,刑法被犯罪牵着鼻子走,接受行刑反馈才可能摆脱被动局面。"[①]发展社区矫正,有利于提升刑事执行在刑法运作中的地位,加强刑事执行对于刑事司法的能动制约作用,改变目前这种单向式的刑法运作机制,使刑法在良性运作中实现效益最大化。

(五) 社区矫正是与监狱矫正相辅相成的矫正模式

社区矫正是与监狱矫正相对应的矫正模式,但二者之间并非完全对立和排斥。尽管社区矫正未来有可能取代监狱矫正而成为最主要的罪犯处遇模式,但这并不意味着监狱矫正将走向衰亡。应当说,社区矫正与监狱矫正各有利弊,二者之间可以实现优势互补。发展社区矫正,有利于缓解监狱人口压力,降低刑罚运作成本,使监狱集中有限的行刑资源改造那些需要关押的罪犯,以增强矫正效果。但社区矫正也并非完美无缺,例如其对犯罪人的威慑和警戒功能相对较弱。而监禁刑虽有种种缺陷。但其特有属性使其在司法适用中起着承上启下的不可替代的作用:一方面,在限制乃至废除死刑的大趋势下,监禁刑无可置疑地成为死刑的替代刑;另一方面,监禁刑又保持着轻刑的"压力刑"作用,在非监禁刑适用效果不佳的情形下,可以通过易科监禁刑而发挥刑罚的威慑作用。因此,为实现最佳刑罚效益,应当实现社区矫正与监狱矫正的合理配置,并强化二者之间的互动与衔接。例如,对狱内表现良好、符合法定条件的罪犯,通过假释转入社区矫正体系;而对在社区服刑中违反义务规则、有收监必要的罪犯通过易科而转入监狱服刑。

---

① 储槐植:《刑事一体化与关系刑法论》,北京大学出版社1997年版,第302页。

三、刑事一体化导向下的社区矫正发展路径

（一）确立"有选择监禁"思路，处理好"严打"与社区矫正的关系

我们认为，我国应借鉴西方国家经验，确立"有选择监禁"的刑事政策思路。"有选择监禁"的主要含义是：鉴于监禁刑仍是一种十分必要的刑罚措施，在反犯罪斗争中发挥着不可或缺的作用，同时监禁刑本身又存在诸多弊端，监狱并非矫正罪犯的理想环境，因此，应从总量上控制监禁刑的适用，并且实现监禁刑资源的合理配置，使有限的监狱空间只关押那些对社会危险最大而有必要监禁的犯罪人，对于那些不必要监禁或不需要继续监禁的罪犯应尽可能放到社会上接受矫正。从长远看，我国可借鉴国外的做法，建立以社区处遇为塔基的金字塔形的罪犯处遇结构，使监禁处遇位于金字塔的顶端，将大多数罪犯放到社区中利用社会力量进行矫正。

在我国，对"严打"政策的认识误区可能制约了社区矫正的发展，因此必须处理好"严打"政策与社区矫正的关系。在我国目前社会治安形势依然严峻的形势下，实施"严打"政策固然有其必要性。然而，"严打"的对象范围应有合理限定，不能无限制扩大；同时"严打"必须在法治框架内进行，必须遵循罪责刑相适应的刑法基本原则，不能为迎合形势而人为地"多判重判"，损害刑法的公正性。即使在"严打"期间，对符合条件的罪犯仍可以实施社区矫正。从根本上讲，"严打"同社区矫正其实并不矛盾，"严打"即是"重重"，而社区矫正则是"轻轻"，"轻轻"有利于"重重"，通过合理发展社区矫正，可集中有限的司法资源去打击那些严重犯罪，从而更好地实现"严打"的预期效果。

（二）完善社区矫正立法，构造"三位一体"的刑事立法格局

社区矫正的推行呼唤着关于社区矫正的立法及时跟进。当前有不少学者主张制定专门的《社区矫正法》，以规范社区矫正实践。我们认为，应制定一部统一的《刑事执行法》，将社区矫正的内容纳入其中，这样有利于提升刑事执行立法的整体地位，促进狱内行刑与狱外行刑的一体化；另外应适时修改刑法和刑事诉讼法，完善有关社区刑罚的实体和程序方面内容，为社区矫正的实践运作提供一体化的立法保障。

刑事法律体系由三大主干法组成，即刑事实体法、刑事程序法和刑事执行法。刑事一体化首先应体现在刑事立法的一体化上。我国自1994年颁布《监狱法》之后，三大刑事法律并存的局面初步形成，但"三位一体"的协调状态尚没有达成，突出问题在于：一是还没有一部统一的刑事执行法典，使行刑法律体系处于残缺状态，狱外行刑缺乏法律规制；二是三大刑事法在内容上协调不够，如在有关减刑、假释、监外执行的条件和程序方面互有冲突。故从长远计，应制定统一的刑事执行法典，并实现三大刑事法的内在协调，打造"三位一体"的刑事立法格局。

(三) 改革量刑制度，建立刑事裁判与刑事执行的互动机制

社区矫正的实施，在很大程度上受到刑事裁判的制约。如果法官在适用社区刑罚时采取过于保守的立场，势必影响社区矫正的推行。所以，应建立刑事裁判与刑事执行之间的互动机制，使法官在确定刑种和行刑方式时，不仅要考虑已然的罪行，也要考虑罪犯的人格状况，考虑如何有利于罪犯的再社会化，同时适度考虑监狱的容量和负荷。在我国刑事审判中，法官更多地关注社会正义的实现，而普遍对罪犯人格和将来的执行情况考虑较少，这在一定程度上制约着判决的科学性，制约着罪犯矫正的质量。目前出现的监狱行刑改造质量滑坡、出狱人再犯罪率上升的问题，不能简单归咎于监狱工作不力，至于监狱拥挤带来的改造环境恶化问题，更非监狱自身所能控制。造成这些问题的原因是多方面的，而刑事裁判与刑事执行脱节即是其中一个方面。

西方一些国家为促进刑事裁判同刑事执行之间的互动与沟通，设计了一系列的制度，如缓刑官向法官提交判决前罪犯人格调查报告的制度，吸收社区代表参加的缓刑、假释听证制度，监狱向法院定期提供的监狱容量通报与预警制度等，这都有利于发挥行刑环节对于刑事裁判的积极调控、反馈机能，提高社区刑罚适用的科学性，值得我们借鉴。

(四) 健全行刑体制，促成狱内行刑与狱外行刑的协同运作

刑事执行是刑法运作中极为重要的一个环节，我国目前在行刑权的架构和运行上存在两大缺陷：一是行刑权主体过于分散，在现行体制下，法院、公安机关、监狱均在一定范围内行使行刑权，这种过度分散的行刑权格局，不利于行刑机关权威的树立和行刑权的有效行使，也不利于刑事司法权力的合理分工和行刑效益的最大限度发挥。二是行刑权的非均衡性，即在刑事司法权力的架构之中，行刑权相对处于弱势地位，难以同侦查权、公诉权、审判权等形成有效的制衡和协作关系。

我们认为，将行刑权集中由司法行政部门行使，应是我国行刑法制发展的方向。建议通过修改立法重新分配行刑权力，除了驱逐出境之外，将其他机关行使的非监禁刑执行权，统一移交司法行政系统。可在司法部成立专门的社区矫正局，省、地市及县区司法行政机关设立相应的分支机构，具体负责社区矫正的管理与实施。这样有助于实现狱内行刑与狱外行刑的协同运作，促进行刑效益的整体提高。

(五) 扶植社区发展，鼓励民间力量对罪犯矫正事业的参与

由于我国社会尚处于转型过程之中，二元结构社会虽初见端倪，但尚未发育成熟，在国家政治控制减弱之后，相应的社会自治机制没有及时跟进，而传统的村委会、居委会等基层组织的社会整合能力削弱，这使一些社区矫正措施因社会配合力度不够而使实施效果受到影响。为此，国家应大力扶植社区的发展，积极推进社会自治机制的完善，鼓励各种民间力量对罪犯矫正事业的参与，为社区矫正的发展营造良好的社

会氛围。

在一些国家和地区,非政府性的罪犯帮教组织在罪犯矫正及出狱人保护工作中发挥着重要作用,如英国的"罪犯关心与重新定居全国协会"、加拿大的"犯罪人援助和释放后关心协会",都是有国际影响的罪犯帮教组织。我国香港特区的善导会亦如此。[①] 在我国,虽有工、青、团、妇等组织及一些企事业单位自发参与罪犯帮教,但专门性的民间罪犯帮教组织没有建立起来。我国应扶植建立一批民间罪犯帮教组织,充分发挥其在罪犯再社会化过程中的特殊作用。

(六) 整合学科资源,倡导对犯罪与罪犯问题的多视角研究

与社区矫正实践的蓬勃发展势头相比,相关的理论研究还处于薄弱状态,这必然会影响社区矫正的发展后劲。加强关于社区矫正的研究是刑事法学界面临的重大课题。而在社区矫正的研究上,研究者须有开放的心态和开放的思路,应打破学科壁垒,整合学科资源,利用包括法学、社会学、教育学、心理学等在内的所有人文社会科学的有益成果,对罪犯处遇问题进行多视角研究,以学术创新推动制度创新,使社区矫正这一新兴罪犯矫正制度在科学理论的导引之下健康发展。

[①] 参见冯卫国:《行刑社会化研究——开放社会中的刑罚趋向》,北京大学出版社2003年版。

论教养处遇的合理性*

当前,我国司法界和法学界在沉寂了几年之后重又开始议论劳动教养立法问题。

备受国内外传媒舆论关注的中国劳动教养制度,对其发展前途长期以来一直存在两种对立的主张。废除论者看坏其运作弊端:劳动性质含混,收容条件笼统,操作过程缺乏监督,随意性大,易出差错,侵犯公民合法权益。保存论者看好其社会功效:劳教制度创建40年来累计教育改造了300多万有各种违法犯罪行为而又符合劳动教养条件的人,对满足社会治安需要功不可没。废除论无视其社会功效,因而被指"因噎废食"。

社会功效和社会需要,凭直观即可被感知,仅仅指称社会功效和需要并不等于对合理性的论证。"存在即合理",黑格尔这一说法如果倒过来修改为"合理的才会是久存的"也许就不至于受到非议了。劳教制度的合理性包括存在的合理性和运作的合理性两方面含义。

一、劳教制度存在的合理性

有关法律文件规定,劳教是对有违法和轻微犯罪行为但不够或不需要刑事处罚的人适用;然而隔离社区集中留居的劳教期限最多长达3年,必要时得延长1年。实际上远比作为刑罚种类的管制和拘役严厉得多,这不是自相矛盾吗?它是劳教制度合理性受到质疑的主要理由。

劳教对象40年来几经变动,目前大体收容这样几类人:①重罪不犯、罪错不断、屡教不改,恶习深的;②有重复卖淫、嫖娼和吸毒等违法行为的;③称霸一方、为非作恶、欺压群众有民愤的(不够或难以用《刑法》第294条治罪)。这些人,适用治安处罚毫无作用,由于够不上刑法上的犯罪而无法给予刑事处罚,如果没有介于二者中间的法律处罚措施,则社会遭殃,显得国家无能。国外情形不同,从菜市场购买活鸡回家途中倒拎其爪(头便朝下)也构成刑法上的虐待动物罪;美国拳王泰森因汽车追尾发生争吵,打了对方几拳,踢了几脚,被判2年监禁,判决理由为"被告屡有野蛮言行,法庭认为他对社会具有潜在而致命的威胁"。依据我国刑法,对上述事例不可能有那种认定和处理,因为外国刑法上的犯罪概念只有定性因素,而我国刑法则不同,犯罪概念既有

---

* 原载《法制日报》1999年6月3日。

定性因素又有定量因素,这是中华传统法文化和历史延绵形成的治国经验所决定的刑法思想的集中表现。我国刑法分则规定的"数额较大""情节严重"后果严重、损失较大等即为具体犯罪构成要件的定量因素,上升为总则性规范即第 13 条犯罪定义的但书"情节显著轻微危害不大的,不认为是犯罪"。犯罪概念定量因素具有重大社会价值:缩小刑事打击面,减少公民被签贴犯罪污名的机会从而有利于自由发展;紧缩国家刑罚权,与罪刑法定有异曲同工之效;节约刑事司法资源,以便将有限的人力财力用来对付严重的犯罪。犯罪概念定量因素同时也带来问题,造成刑法结构性缺损,定量因素的载体只能是行为造成的客观损害结果,这一点决定了我国刑法奠基于结果本位。重行为的结果,必然忽视行为人的人格状况。我国刑法分则的惯犯条款之少为当代世界各国刑法所罕见也就是这个原因。刑法立法模式决定了治安管理处罚条例也必定以结果为本。两者均注重对行为的处罚。在客观损害程度以及与之相适应的法律制裁轻重规格这一层面上,治安处罚与刑法处罚是相衔接的,其间并无空隙。劳教并不是在这一层面上介于它们两者之间,而是另一层面的问题,即通过行为侧重反映行为人的劣根性(行为造成的客观损害虽不严重但从行为反映出行为人的主观恶习深重,对社会安宁构成威胁),注重对行为人的教养处遇。于是弥补了刑法的结构性缺损,劳教制度与刑法形成功能互补格局。这就是劳教制度的存在价值。由于教养处遇与短期自由刑在适用对象、运作方式和法律后果等方面的不同,无法比较孰轻孰重。

有人建议,将劳动教养改为类似西方有些国家刑法中的"保安处分"。其出发点是既不将劳教归入治安处罚,也不归入刑法,这是可取的,但我认为名称不妥。因为西方的保安处分制度与我国的劳动教养制度有本质区别,况且保安处分制度的发展趋势正在走向衰落。因此通过这种比较研究的方法来论证我国劳动教养制度的合理性欠缺说服力。

二、劳教制度运作的合理性

关于这一问题,拙文《刑罚现代化:刑法修改的价值定向》[①]提出"三改"方案。一改名称,建议将劳动教养改为教养处遇,因为运作程序和权力主体变动(下述),所以名称也要相应改变,免得旧瓶装新酒。二改期限,建议由现行 1 至 3 年、必要时还可延长 1 年改为 3 个月至 2 年(甚或 1 年 6 个月),当然前提必须是采取切实措施保证真正做到"限制自由"而不是"剥夺自由",以区别于刑罚方法。三改程序,以解决当前劳教决定权行使过程缺乏有效监督机制的基本缺陷。提出根据教养处遇的性质特点(较长时间限制被教养人的自由),程序改变的关键是将劳教决定权归人民法院行使(限于前

---

① 参见储槐植:《刑罚现代化:刑法修改的价值定向》,载《法学研究》1997 年第 1 期。

文所指第一和第三类教养对象),教养案件的审理可适用简易程序,不服决定可以上诉。现在看来,为适应治安需要快速高效的特点,应有制度创新:基层人民法院创建"教养法庭",法庭由法院法官、公安机关代表和司法行政部门代表三人组成,法官为庭长,法庭集体行使教养处遇权,案件由公安机关直接移送。此种结构的教养法庭是否符合法理?

在刑事领域,国家司法机关运作机制和职权配置的改动最终取决于"公众—国家—罪犯"三角关系的演变:公众与政府的亲疏程度;公众对犯罪的恐惧程度。刑法上罪刑法定原则产生的前提是公众对国家司法机关罪刑擅断做法的恐惧超过对罪犯的憎恨。历史发展、社会前进,三角关系发生重大改变。一方面,随着民主政治推进,政务公开,政府服务公众职能加强,公众与政府的亲和程度逐步提高;另一方面,犯罪,尤其是危害严重的犯罪数量日益攀升,跨国贩毒集团、恐怖主义活动、有组织犯罪,形成强大的反社会势力,以对付"孤立的个人"为基础的传统刑事立法模式受到巨大挑战,公众对犯罪的恐惧程度空前加深。基于此,公众更多地关心国家对犯罪的惩罚以及对犯罪边缘行为实施者的处遇,相应地对传统刑事司法运作机制和权力配置的变动采取宽容态度,因而设立法官、警察、司法行政人员的混合法庭来裁决教养处遇案件,是可行的,也易为公众所接受。

教养期间,限制被教养人的自由。在教养院的管理方式和活动规则乃至环境设施等方面都要真正体现与剥夺自由的刑事处罚有性质上的区别。

教养处遇究竟是什么性质?它不同于作为行政处罚的治安管理处罚,也不同于刑事处罚,教养处遇就是教养处遇。追问它属于行政处罚还是属于刑事处罚,我认为没有必要。难道行政处罚与刑事处罚之外就不可能有其他处遇方法吗?"非此即彼"的思维方式无法解释"亦此亦彼"的客观现象。

存在的合理性是教养处遇立法的前提,运作的合理性需要在立法中得到具体贯彻。法律名称建议用"中华人民共和国教养处遇法"。

再论劳动教养制度合理性[*]

拙文《论教养处遇的合理性》①提出了这样的看法：劳动教养制度保存论虽不否认其运作过程中出现的种种问题并进而设计诸多补救措施，但对劳动教养制度的合理性这一核心问题未有深层阐明，因而其主张缺乏有力的理论支持。合理性的论证，是立法的首要前提。该文受到多方关注。由于刊载报端，篇幅所限，论点难以充分展开，因而有的问题可能引起误解。该文标题下有两部分内容组成：一是"劳教制度存在的合理性"，是从实然即现实状况角度讲的；二是"劳教制度运作的合理性"，是从应然即目标追求角度讲的，其前提条件设定在"三改"（改名称、改期限、改程序——关键是裁决权改由法院行使）基础上。如果从实然角度观察，现行运作机制是不合理的，此乃该文的言内之意。显然，文中小标题"运作合理性"是被误读的集中之点。存在与运作的关系问题也可能被质疑。存在离不开运作，运作不合理可否径直推导出存在不合理的结论？存在与运作不可分，但并非同一。运作是存在的形式，存在是运作的本源。在社会领域，有些制度本身只能要求一种运作方式与之相配，因而运作不合理与存在不合理便联成一体，否定其运作方式同时便否定了它的存在。例如，我国20世纪五六十年代出现的一切属于公有的人民公社制度，必然要求"共同劳动、一起吃饭（即平均分配）"的运作方式。有些制度本身可以有多种可供选择的运作方式，因而运作不合理与存在不合理并无必然联系。随便举一身边事例，评审（诸如职称评审，学位论文评审等）制度，在人情社会中以实名评审操作方式进行，其弊病众所周知，但能否据此废弃评审制度？如果操作方式改为匿名评审，弊端大大减少，则制度存在的合理性不会被质疑。其实，存在与运作是不同层次的问题，需要分别观察。鉴于此，关于劳动教养的合理性问题有必要再加讨论。

一、劳动教养存在的合理性

什么是"合理"？字面意思是合乎道理。中国古代哲学里，道与理是密切相关的两个范畴。道指事物发展的普遍性规律，理指特殊性规律。在社会学中，合理就是

---

* 原载《中外法学》2001年第6期。
① 储槐植：《论教养处遇的合理性》，载《法制日报》1999年6月3日。

符合社会常理,首要标准是符合最大多数人的最大利益,价值基础上的功利与公正相统一。法学中所说的合理,源头上是借引哲学和社会学中的概念,并保持基本相同的含义。

社会领域里,一项制度的存在是否合理,评判基准盖为特定时空条件下是否符合最大多数人的最大利益。① 在我国,劳动教养制度自20世纪50年代中期最初建立至今已半个多世纪。中华人民共和国建立初期,新政权对旧社会的公职人员采取包下来的政策,一部分继续留用;另一部分除因反革命罪行被判刑(从死刑到徒刑)以外,由于政治上不适宜继续留用,放在社会上又会增加失业的,实行劳动教养,集中起来给国家做工,由政府发给一定的工资。这是革命胜利后的一项政治性措施,是稳定新生政权和稳定社会秩序的需要。劳动教养初期的特点是:收容对象的特殊性,即仅限于国家机关和企业事业单位内部清理出来的不够判刑又不适宜继续留用的反革命分子和其他坏分子,劳动教养具有明显的安置就业性质。20世纪50年代后期至1966年"文化大革命"前为大办劳动教养的时期,1957年8月1日第一届全国人民代表大会常务委员会第七十八次会议批准《国务院关于劳动教养问题的决定》,这是劳动教养发展史上第一部专门法规,收容对象由原先2种人扩大到4种人,其共同点是有危害社会的行为,屡教不改,但不够追究刑事责任,生活没有出路。这一时期劳动教养的社会功能,除保留安置就业外,日趋显现维护社会治安的需要。1966年5月至1976年10月"文化大革命"期间,劳动教养处于停办状态。

1976年以来,为劳动教养的第四个阶段。1979年11月29日第五届全国人大常委会第十二次会议批准《国务院关于劳动教养的补充规定》,该补充规定对劳动教养的管理机构、收容的地域范围、期限以及法律监督作了明确规定。这是关于劳动教养问题的第二部专门法规。1982年经国务院同意并转发的公安部《劳动教养试行办法》,明确其性质是对被劳动教养的人实行强制性教育改造的行政措施,工作方针是教育、感化、挽救,把劳动教养场所办成特殊学校。在共和国这片土地上生长起来的劳教制度,半个多世纪以来累计教育改造了300多万有各种违法犯罪行为的人,对满足社会治安需要功不可没。②维护社会治安秩序,符合最大多数人的最大利益。这是劳动教养存在的合理性的基本缘由。

随着2000年7月1日《立法法》的实施,劳动教养制度的合法性出现危机。《立法法》规定,只有法律才能设置剥夺和限制公民人身自由的处罚。作为劳动教养的主要

---

① 最大多数人的最大利益,是指社会价值评判,这种制度并不保证任何时候任何情况下都不可能被误用甚至滥用。尽管如此,在总体上也不会改变该制度的合理性。一些国家刑法领域的保安处分制度便是最好例证。

② 关于劳动教养发展的简要历程,参见储槐植:《中国劳动教养工作的历程》,载《犯罪与改造研究》1998年第10期。

法律性依据《国务院关于劳动教养问题的决定》和《国务院关于劳动教养的补充规定》虽经立法机关批准,但毕竟是行政机关规定的行政法规,至多是准法律。《立法法》出台以前,准法律也完全合法。《立法法》实施后,合法性发生危机,合理性亦受牵连。如果劳动教养制度不废除,立法是维护其存在合理性的唯一出路。劳动教养存在的合理性在理论上遇到的挑战,首先是按照《治安管理处罚条例》第2条规定,四类危害社会的行为,凡依照刑法的规定构成犯罪的,依法追究刑事责任;尚不够刑事处罚的,给予治安管理处罚。可见,治安管理处罚与刑罚已相互衔接,劳动教养无存在余地。

其实在我国,"治安管理处罚—劳动教养—刑罚"是国家遏制违法犯罪的三级制裁体系。治安管理处罚和刑罚之外尚有两块领地专属劳动教养,其一是多次违反治安管理处罚条例,屡教(罚)不改,治安管理处罚不足以惩戒,刑法上又没有相应罪名。例如吸毒,可予治安管理处罚(15日以下拘留);吸毒成瘾的,强制戒毒;强制戒毒后又复吸的,处以劳动教养。又如卖淫嫖娼,可予治安管理处罚(15日以下拘留、警告、责令具结悔过);因卖淫嫖娼被公安机关收容教育后又卖淫嫖娼的,予以劳动教养。[①] 其中因重复吸毒和卖淫嫖娼被劳动教养的在全部劳教人员中占有较大比例。其二是"刑法边缘行为",即形式符合某一罪名,但构不成刑法上的犯罪,所谓"大法不犯、罪错不断、危害治安、百姓憎恶、法院难办"的一类刑法边缘族。[②] 法院对这类人之所以认为难办,是因为其行为虽危害治安、公众憎恶但又构不成刑法上的犯罪,客观恶行不重而主观恶习较深。例如,多次诈骗但每次数额较小。我国的刑法建立在行为责任基础上,这与其他国家的行为人责任刑法有重大差别。行为人责任刑法重行为人的主观恶性和人身危险性,行为责任刑法必然重行为及其结果的客观实害。治安管理处罚,就其对象的实际内容看大体相当于有些国家的轻罪或违警罪。轻罪和违警罪一般都以客观的有害行为和结果为处罚依据。所以,我国的刑法和治安管理处罚的对象在行为及其结果的客观实害轻重程度上是相互衔接的。在这一层面上没有劳动教养的地位。问题在于我国刑法中犯罪概念兼有定性与定量因素,行为不达一定的量便不构成犯罪。[③] 尽管行为人的主观恶习深重,刑法对此只能表示无奈。这就是我国刑法的结构性缺损。在犯罪概念没有定量限制的国家,只要行为符合刑法规定,不论行为结果数量大小也不论行为人主观恶性深浅,刑法均可管辖,即刑法不存在结构性缺损。劳动教养制度

---

① 关于对重复吸毒和卖淫嫖娼的劳动教养的规定,分别见全国人大常委会《关于禁毒的决定》(1990年)和全国人大常委会《关于严禁卖淫嫖娼的决定》(1991年)。

② 参见储槐植:《劳动教养是我国特有的治安制度》,载《法制建设》1984年第6期。"刑法边缘行为",在其他国家不存在这一概念,因为其他国家刑法犯罪概念不像我国那样有量的限制,所以"刑法边缘族"这种称谓在其他国家也不存在。

③ 关于犯罪的定量因素问题,详见储槐植:《我国刑法中犯罪概念的定量因素》,载《法学研究》1988年第2期。

的法制功能便是弥补刑法结构缺损。① 为纠正劳动教养运作中的不合理现象,有人提议取消刑法犯罪概念定量因素从而随之取消劳动教养制度。在形式逻辑的推理上这也许是最彻底的解决方案。问题在于从社会整体价值上考量,是取消劳教制度还是改革劳教制度,何者为上策? 其实,事情的核心是取消还是保留犯罪构成的定量限制,在价值评判上何者更合我国国情。拙文《再论我国刑法中犯罪概念的定量因素》②从利弊得失比较中得出的结论是保存定量因素但需进行适度调整。

这里需要补充的第一点是,我国古代刑事法律规定的侵犯人身和侵犯财产的自然犯,形式上看来没有量的限制,但古代法律并没有总则性的预备犯和未遂犯条款,所以,实质上仍有量的内涵。科学认为,事物的量有外延量与内涵量之分。外延量指事物存在的规模(即广度)的标志,如体积大小、个数、颜色深浅、生命长短等。我国古代刑法中可能没有外延量的限制,如盗窃罪没有明确数额限制。但内涵量是有的,例如,伤害的轻重程度对是否构成犯罪有影响,打人一拳(甚至造成皮肤青肿)这种行为并未被纳入我国古代刑法,而西方有的国家如英国中世纪刑法中就有 assault 罪,实际即为殴击的未遂状态。当今我国刑法犯罪概念量的限制有其历史渊源。"治乱世用重典"是我国传统的治世经验。"乱世"这一概念既有政治含义也包括社会治安形势。乱世重典同时随之出现"法不责众"这一治国策略。假定"重典"又伴以"责众"则必然导致对统治者群起攻之从而使政权陷于孤立的危险境地。这种局面是可以预料的,但不是统治者愿意看到的。法不责众的现代语言便是缩小打击面。刑事领域缩小打击面有两个途径:一是控制罪种的设置;二是在犯罪概念中设有数量限制,后者对犯罪圈的收缩起更重要的作用。如果立法上要取消犯罪定量限制,则要转变法不责众策略,其前提是改变重刑主义刑法思想。我们期待这一天的到来。

需要补充说明的第二点是,若取消立法犯罪概念定量因素,自然也就会导致现行治安管理处罚制度的消亡,必然出现犯罪概念泛化,极大地扩张法定犯罪圈。在我国现实背景下,这将会造成灾难性后果。近年来,治安管理处罚数大致是法院有罪判决数的 5 倍多③;如果全部归法院审理,且不说法院不堪重负,而且在我国现有国家权力结构、意识形态、传统法文化影响以及刑事司法机制远不健全的条件下,广大司法人员偏好入罪而不习惯出罪,公民中的犯罪记录(前科)数将会是现在的 6 倍以上。而犯罪记录在中国传统文化中,其负面社会心理效应是广泛而沉重的,这对公民的自由发展极为不利。在我国,在相当长时期内,取消刑法犯罪概念定量限制,对人权保障肯定是

---

① 其他国家和地区的刑法立法上犯罪概念一般没有定量因素。
② 参见储槐植、汪永乐:《再论我国刑法中犯罪概念的定量因素》,载《法学研究》2000 年第 2 期。
③ 1998 年法院审结刑事案件 480374 件,公安机关查处治安管理处罚案件 2994282 起;1999 年的刑案为 539335 件,治安案件为 3105940 起。资料来源分别为 1999 年和 2000 年《中国法律年鉴》。

弊大于利。这是从实践理性层面对劳动教养存在的合理性进行的论证。

　　还需补充说明,罪与非罪是性质区别,加入数量因素是否科学?所谓质(性质),即事物所具有的特质,是一事物区别于他事物的一种内在的特殊规定性。而量(数量)也是一种规定性,即事物存在的规模和发展的程度(如多少、大小、轻重、高低、快慢等)用数来表示的规定性。相对于质的规定性,就实践经验而言,量的规定性更容易被感知。例如,被偷一元钱未必产生受害感觉,而被盗一万元则肯定造成重大心理伤痛,但不会思量偷钱无论多少都同样是侵犯财产所有权。可见,量的变化会在社会人的心理上形成质的不同。哲学上质量互变规律对犯罪概念定量因素的刑法立法不失为是一种理论支持。事实上,社会(由人群组成)无时无刻不受到各种各样(包括人的行为)的分割,社会在受害中存在和发展,但国家完全没有必要对任何程度的侵害都采取最激烈的反应(即动用刑罚)方式。否则,必定得不偿失。我国刑法立法定性又定量样式与其他国家"立法定性司法定量"样式相比,差异主要在立法与司法权力分配不同,其现实根基是我国权力结构统一集中的传统、司法人员业务水平偏低以及公众习惯于区别刑事违法与犯罪的社会心理等。这些因素的改变和消除需要经历一段相当长的时期。

二、如何实现劳动教养运作的合理性

　　从劳动教养程序运作方面观察,劳动教养在实际处遇上是剥夺被劳教人的人身自由,时间最长可达3年(必要时还可延长1年)之久,而处分决定权操在行政机关之手,相对人没有为自己辩护的权利,缺乏公开性,缺乏监督,随意性大,容易侵犯人权。所以现行运作机制缺乏合理性。1998年10月5日我国签署了《公民权利和政治权利国际公约》,根据该公约第9条第1款的规定,除非依照法律所规定的根据和程序,任何人不得被剥夺自由。根据联合国有关解释,这里的"法律"是指立法机关制定的法律,这里的"程序"是指经过法庭审理。劳动教养程序运作如何改革,是劳动教养立法的关键。

　　剥夺公民人身自由的裁决权由法院行使,这是当代世界社会文明的最低要求。经济全球化必然导致法律制度趋同化,我国加入世界贸易组织后,这种趋势定将加速实现。劳教决定权归由法院行使,是劳动教养制度改革的别无他途的唯一选择,只要劳动教养场所不是被劳教人可以自由出入的旅馆,只要劳动教养处分是使被劳教人脱离原生活社区(与社会隔离),劳动教养的性质便是一种类型的刑事处罚。需要着力探讨的是,行使处罚决定权的法庭如何组成、如何设置以及如何操作?

　　关于法庭的组成,劳教处罚主要针对扰乱社会安宁、行为发生在基层社区的作恶者,为维护治安,提高法庭效率,基层人民法院创设的劳动教养法庭(名称尚可斟酌),可由法官、行政机关(公安机关或者司法行政机关)代表和社区居民代表三人组成。① 法官任庭长,法庭集体行使处罚权,案件由公安机关直接移送。法庭地址甚至可以选设于公安机关办公大楼内,犹如美国有些州的警察法庭。② 行政机关(政府)代表参加法庭(司法机关)是否符合法理?

美国自20世纪30年代经济危机实施新政以后,行政权力扩张,出现一些新型独立管制行政机构综合地行使立法、行政和司法裁决的权力。刑事法院权力的核心是判刑权,当代大陆法系和英美法系的许多国家作为刑罚权组成部分的减刑权却由司法行政系统行使。美国联邦和各州的假释委员会也并非全由法官组成。在存在陪审制的国家,法院的裁判权由法官和普通公民(非法官)共同合力行使。这说明,出于实践效果考虑,将原来属于法院(司法)的部分权力让予其他人员(其他国家机关人员和普通公民)联合行使是合理的。与此同时,必要时法院也部分地行使其他国家机关的职权,例如法院判决的执行工作,其性质实际是行政活动。

劳动教养案件不涉及国家安全、公共安全、经济安全,一般也不涉及人身安全,主要是社会治安秩序问题。案件的处理,公正与效率并重,即使出错也不难纠正,至少不会造成无法挽回的损失,这是因为其处罚力度远远低于刑罚。行政机关代表参加法庭,有助于提高工作效率。对行政参与司法存有疑虑和反感,其思维底色是政府(国家)与公民(个人)对立。在任何社会,政府与公民的关系,永远处于既对立又统一的矛盾状态。对立,是因为两者属于不同利益主体;统一,是由于在社会存在层面谁也离不开谁。这种矛盾关系在不同历史阶段和社会背景下,对立与统一这两个方面各有不同侧重:或者是对立为矛盾的主要方面,对立压倒统一;或者是统一为矛盾的主要方面,统一超过对立。20世纪以前的漫长岁月里政治学、法学和社会学理论建立在政府(国家)与公民(个人)的关系以对立(敌对)为基点,这种研究范式(理论立场)由于符合客观社会存在,所以是科学的。然而历史在发展,社会在前进,政府与公民的关系也随之改换。从当代世界总体趋势着眼,可以认为政府与公民关系正逐渐转变为统一融合超过对立敌视,尽管有些时空下有些方面不尽如人意,但大势是明朗的。③ 当代社会

---

① 在《论教养处遇的合理性》一文中,曾提出法庭由法官、公安机关代表和司法行政部门代表三人组成。这种方案的缺点是行政机关(政府)代表与司法机关代表人数比例是2∶1,结构不妥。改为司法、行政与社区三者等比关系,既公正又民主,有利于提高办案质量。劳教立法应是实体、程序、组织三元一体的法律,组织涉及人民法院组织法。

② 警察法庭是治安法庭的一种别称,归属法院系统,审理的案件均由警察直接移送,出于工作效率考虑,庭址选在警察局大楼,故有此称谓。

③ 我国的情况与世界潮流相比是慢了历史节奏一大拍,公民与政府关系在诸多事情上不相合,公民满腹牢骚实际也是对政府"恨铁不成钢"的心绪表露。不争的事实是20多年来政府的改革开放政策使绝大多数人得到了实惠,而且公众相信社会进一步发展和经济进一步繁荣以及个人小家境遇的进一步改善都离不开国家。公民对国家政府的依赖程度有增无减。

科学领域的一些理论著述已有迹象显现研究范式在发生变化。① 理论学说反映社会存在。社会现实是：由于经济关系复杂化和经济全球化，政府对经济的宏观调控不是削弱而是增强。直接关涉每个人生活质量并涉及子孙后代的环境污染治理和生态环境改善，主要依靠政府。遏制危害严重的有组织犯罪，维护社会安定也只能仰仗国家，这些都说明公民对政府的依赖程度在增长，这是一方面。另一方面，国家职能性状发生变化，政府的管理活动从侧重遏制向侧重服务过渡。政府与公民两方面彼此向对方靠近，渐趋统一超过对立的局面，此乃大趋势。劳动教养运作上走司法程序，即劳动教养司法化。与普通刑事诉讼相同，被告人有权获得辩护，可以聘请律师，不服法庭判决可以提起上诉。为司法效率计，诉讼可实行简易程序。

为确保程序运作的合理性，必须坚持劳教处分法定原则，立法时应具体列举劳动教养对象。1982年《劳动教养试行办法》中规定劳教适用对象为6种人，1989年国务院发布的《铁路运输安全保护条例》第24条增加了4种人，1990年通过的《关于禁毒的决定》又增加了一种人；此外，近年来的一些司法解释等规范性文件也增加了劳动教养的适用对象，总计达20多种。② 根据法治原则和实际需要，应对这20多种情形加以甄别清理，有些可以删除，不再作为劳教对象。如有必要，可以增列新的对象。执行时必须严格遵守劳教处分法定原则，不得任意扩大适用范围。这种情形，当前较为严重。例如，根据国务院转发公安部《劳动教养试行办法》（1982年）第10条规定，对有盗窃、诈骗违法犯罪行为，屡教不改，不够刑事处分的，方得收容劳动教养。而实践中，对盗窃、诈骗的数额不够定罪判刑的，一律劳动教养，而基本不考虑是否"屡教不改"这一前提条件。有的地区甚至擅自"降低劳教门槛"或扩大劳动教养收容范围。劳动教养处分法定原则，是刑事法治的必然要求，其重要性与刑法中的罪刑法定原则相等。

劳动教养期限，是劳教制度运作合理性的一个重要方面。在劳动教养立法中，建议除强制戒毒后重复吸毒的劳教期最高可达3年外，其他的上限为一年半已足够。并建议在共同犯罪案件中，主犯被判徒刑，从犯被处劳教，其劳教期限不得长于主犯的刑期，这应视为一项规则。

劳教制度改革中的另一难题是，切实将劳动教养与监狱服刑区别开来。这是因为劳动教养是对刑法（重恶行轻恶习）结构性缺损的补救，处分对象是具有刑法边缘行为的刑法边缘族，毕竟不是现行刑法上的犯罪分子，处治方法也不是刑法上的刑罚，在总体上刑罚的严厉程度远远高于劳动教养。劳动教养与监禁刑相比，虽然都使受处罚人

---

① 例如昂格尔在《现代社会中的法律》中提到的"规范信赖"说，雅科布斯在《行为 责任 刑法》中阐述的"刑法忠诚"论等。
② 参见夏宗素、张劲松等主编：《劳动教养学基础理论》，中国人民公安大学出版社1997年版，第87—88页。

不自由,即不能在原社区自由生活,但丧失自由的程度应当有区别:在特定监管场所之内能否有或有多大的活动自由,以及接触社会的可能性大小等。切实做到使被教养人丧失自由的程度低于服刑犯人,这是一项系统工程,涉及方方面面。诸如劳教场所选址不远离社区,场所建筑环境校园化,在场所之内有较大自由活动空间,不像监狱那样步步设卡,营造宽松气氛。亲友会见和与外界通信等规定也应与监狱有区别。此外,可否考虑:除重复吸毒劳教人员全天候在劳教所教养外,对其他劳教人员可借鉴国外实行的间歇监禁方式,就是被处罚人在一定周期(一日或者一周)的一定时间(白天或黑夜,平日或周末)内在监所度过,其余时间在社会上工作、学习和生活。

　　与运作方式相关,劳动教养制度改革还有个模式选择问题。有人建议移植国外的保安处分制度来改造我国的劳动教养制度。诚然,我国的劳动教养制度与国外的保安处分制度在价值取向上相类似,主要针对行为人的人身危险性。广义上的保安处分包括行政法上的保安处分和刑法上的保安处分即狭义的保安处分。前者不以实施刑事犯罪为前提,我国对吸毒者和卖淫嫖娼者的劳动教养与之相近;后者的对象主要是惯犯和倾向犯,保安处分适用以实施刑法上的犯罪为前提,剥夺自由的保安拘禁作为自由刑的补充,通常是自由刑执行完毕后接着执行保安拘禁。可见,国外刑法上的保安处分与我国的劳教制度在适用前提和运作机制上基本没有共同点,缺乏借鉴的客观基础。应当承认,借鉴西方国家保安处分制度来改革我国劳动教养制度的建议,其出发点是不把劳教归入治安管理处罚,也不归入刑法,这是可取的,但并不可行。如前所述,由于西方刑事立法上犯罪概念没有量的限制,案犯无例外地均具有适用保安处分的客观条件即构成刑法上的犯罪,而我国劳教对象恰恰没有构成刑法上的犯罪,否则便直接判刑而无必要适用劳动教养了。再者,世界上少数几个国家的判刑之外加处剥夺自由的保安处分,其当代命运是走向衰落:德国1975年刑法典保安处分制度中关键性的第65条(对严重人格异常累犯适用)已于1984年删除,对危险的惯犯适用保安处分的案例数量也呈下降趋势。法国1970年的一项法律规定,对多次累犯在刑罚之外可宣告长达10年的"刑事监护",1994年新刑法已将其取消,改为量刑时直接加重其刑。日本1974年拟就的《改正刑法草案》迟迟未获通过的原因之一是其创设的保安处分制度被批评为落后于时代的刑事政策。理由无非是,法院定罪判刑时很难科学地料定犯罪人未来再犯罪的概率究竟有多大,因而与人权保障相抵触。

　　另有人建议参考国外的轻罪法来拟制我国的劳动教养法。典型法例是日本的《轻犯罪法》(1973年最终修改),共4条,第1条列举34种轻罪行为,例如"无正当理由潜入没有人居住且无人看管的住宅、建筑物或者船舶的"、"严重不注意,向可能伤害他人身体或者物品的场所投掷、发射物品"、"不听从公务员的制止,用人声、乐器声或者广播声破坏安静影响四邻的"、"虚构犯罪或者灾情向公务员报告的",等等。第2条为

"对于实施前条行为的,根据情况,可以免除刑罚,或者处以拘留或科料,也得并科"。拘留的期限为 1 日以上不满 30 日。科料的数额为 1000 日元以上不满 1 万日元。轻罪案件经由法院审理。可见,日本轻罪法的内容与我国的治安管理处罚条例极为相似,而与劳动教养制度相去甚远。

其实,美国的民事收容(Civil Commitment)制度,除权力主体和程序运作外,同我国现行劳动教养制度确有几分相似。"收容"处遇实际上是剥夺相对人的人身自由,所称"民事",是指并非刑法上的犯罪。民事收容的对象为:酒鬼、吸毒成瘾者、精神失控者、流浪汉、失业者、偏执性越轨行为人、性罪错实施者以及因欠债不还经法庭判决仍不执行者等。20 世纪 60 年代以后,民事收容在程序运作上被立法严格化:案件审理时,相对人可获得律师帮助。证据的证明标准是"清楚的有说服力的证据",其标准虽低于刑事诉讼的"排除合理怀疑的证据",但高于民事诉讼的"优势证据"。对判决不服有权提起上诉。① 实际上,我国劳动教养的对象范围宽于美国的民事收容。如果说对美国的做法我国有什么可以借鉴的,也无非是运作机制司法化。

综上所述,假如取消我国刑法犯罪概念定量因素,劳动教养制度便没有存在的必要。如果保留犯罪概念定量因素,对于屡犯不改又不够刑罚的刑法边缘族而言,劳动教养是唯一可供选择的制度设计,但对现行制度必须通过立法来改革其运作机制,实现劳动教养司法化。

---

① 资料来源:美国《Black's Law Dictionary》(1990 年第 6 版)的 Civil Commitment 词条以及耶鲁大学法学院葛伟宝教授于 2000 年 1 月 19 日参加中国社会科学院法学研究所主办的"劳动教养制度改革学术座谈会"上提供的材料《Civil Commitment in the United States》。

议论劳动教养制度改革*

一、从保安处分说起

据说,拟议中的违法行为矫治法的起草工作,在某种程度上受到国外保安处分制度的启迪。"保安处分"为何物,在理论上找不到一个被公认的定义。大体可以说,保安处分是国家为了维护法律秩序及社会安全,根据法律的明文规定,作为刑罚的替代或者补充,对实施了危害行为的无责任能力人、限制责任能力人以及其他具有特定人身危险性的人适用的,旨在消除其危险状态、预防犯罪、保卫社会安全的具有法律处分性质的治疗、感化、禁戒、隔离、矫治等措施的总称。① 对保安处分,从不同角度可以作出多种不同的分类。以行为人行为时的意思状态为标准,可分为这样两类:其一,基于非自控的意识状态下实施的违法举动(危害行为),诸如精神病人伤害他人(武疯子)、少年恶行,病理性醉态下伤害他人,吸毒成瘾②等。对行为人采取行政性保安处分,或称民事收容,可由行政机关作出决定。③ 这种处分国外有论著称为刑罚的替代。其二,出于自由意志的危害行为,诸如惯犯、职业犯、倾向犯实施的违法行为,对行为人采取的保安处分,称为司法性保安处分,实为刑事拘禁,由法院作出决定,作为"刑罚的补充",这种保安处分一般在刑罚执行完毕后执行。适用保安处分必须具备两项条件:第一,实施了被法律规定为犯罪的行为。第二,具有人身危险性,即再犯可能性(意大利刑法称作社会危险性,以别于行为的社会危害性)。由于再犯预测的困难和对人权保障的强调,司法性保安处分的适用呈现弱化趋势。

当今世界,实行司法性保安处分的国家,实行保安处分有两个共同点:一是处分法定原则,是刑法罪刑法定原则的当然要求,即受处分人实施了法律上的犯罪努力;二是处分决定由法院依据法律程序,剥夺或限制公民人身自由的裁决权归属法院,这是实现社会正义的起码要求,也是政治文明的体现。以此为参照,观察我国的劳动教养制度,能有怎样的体会?除劳教戒毒类似行政性保安处分以外,其他对象的劳动教养与

---

* 原载《中国司法》2005 年第 5 期。
① 参见北京大学法学百科全书编委会:《北京大学法学百科全书》"刑法学、犯罪学、监狱法学"卷,北京大学出版社 2003 年版,第 19 页。
② 吸毒属违法行为,吸毒成瘾是一种反复发作的脑疾病。
③ 民事收容,当今有些国家,如意大利、美国等,也由法院决定。

国外已形成共识的保安处分制度比较相距甚远,是很明显的。劳动教养是我国特有的一项治安制度,其他所有国家和地区没有一种制度与其大体相同或相似。① 违法行为矫治的棘手问题主要是劳动教养问题。

二、劳教改革的几种选择

当下劳教制度改革的价值定向是保留其合理成分而同时革除其缺陷。主要缺陷有三:被教养的对象范围缺乏明确的限定;教养期限过长;教养审批过程缺乏有效的监督机制。改革大致有这样几种方案:

(1)彻底废除劳教制度,这是最简单的可以同时消除三项缺陷的方案,改革的成本最低,但问题在于消除缺陷的同时连其合理成分一并抛弃,而且也不现实。这一主张仅有个别学者认同。

(2)将劳动教养的适用对象全部纳入刑法,这是内涵有别于上述方案的又一种废除劳教制度的方案。这种做法应当说是全同于当今世界所有国家和地区的刑事立法体制,即刑法上的犯罪概念仅有定性而没有定量因素。这不好吗?但此方案不合我国国情。理论上回答这个问题有助于深度阐明劳教制度的合理性,这是改革得以推进的首要前提。合理性理论上遇到的质疑首先是,按照《治安管理处罚条例》第2条规定,四类危害社会的行为,凡依照刑法的规定构成犯罪的,依法追究刑事责任;尚不够刑事处罚的,给予治安管理处罚。因此认为,治安管理处罚与刑法已相互衔接,再无劳动教养存在的余地。其实,治安管理处罚和刑罚之外尚有两块领域专属劳动教养。其一是,多次违反治安处罚条例,屡教(屡罚)不改,治安管理处罚不足以惩戒,刑法上又没有相应罪名的情形。例如吸毒,可予治安管理处罚(15日以下拘留),吸毒成瘾的强制戒毒,强制戒毒后又复吸的处以劳动教养。其二是,刑法边缘行为,即形式上符合某一罪名但构不成刑法上的罪名,所谓"大法不犯、罪错不断、危害治安、公众憎恶、法院难办"的一类刑法边缘族,法院对这类人所以感到难办,是因为其行为虽危害治安、公众憎恶,但在刑法上对客观恶行不重而主观恶习较深者无法入罪。例如多次诈骗但每次数额较小便是。我国刑法建立在"结果本位"基础上,这与其他国家的"行为本位"有重大差别。行为本位刑法重行为人的主观恶性和恶习,即使客观恶行轻微但恶习较深者仍然可以纳入刑法视野。结果本位必然看重行为的客观实害,客观实害是可以计量的。这就导致我国刑法独有的犯罪概念兼具定性与定量因素的特点。就是说,行为在客观上不达相当的量便不构成犯罪。尽管行为人的主观恶习较深但客观恶行不重,刑

---

① 参见储槐植:《劳动教养是我国特有的治安制度》,载《法制建设》1984年第4期;以及储槐植:《再论劳动教养制度合理性》,载《中外法学》2001年第6期。

法对此只能表示无奈。这就是我国刑法的结构性缺损。其他国家和地区刑法的犯罪概念没有定量限制,只要行为符合刑法规定,不论结果数量大小(甚至没有结果)也不论行为人主观恶习深浅,刑法均可管辖,刑法不存在结构性缺损。偷一个梨或者打人一拳,均属刑法上的罪,但是否进行刑事处罚则由司法官员裁量,如果行为人主观恶习深便可入罪,否则不会惩治。这就是"立法定性、司法定量"。在我国,刑法结构性缺损由劳动教养制度予以弥补。刑法结构性缺损,并非只有负价值,也有正价值。这与我国的国情相联系。犯罪概念的定量限制,其直接结果是缩小刑事惩罚面(劳教并非刑罚)。如果将劳动教养对象全部纳入刑法,实质就是取消刑法上犯罪概念的定量限制,其结果不仅取消了劳动教养,同时也取消了治安处罚。这会造成怎样的局面呢?犯罪概念外延放大,极大地扩张法定犯罪圈。近年来,治安处罚加上劳动教养的数量大致为法院有罪判决数的5倍多。假如它们全部归法院审理,且不说法院不堪重负,其直接后果是公民的犯罪记录数将是现在的5倍以上。而犯罪记录在中国传统文化中,其负面社会心理效应是十分广泛而沉重的。犯罪在我国民众的观念中,不仅是法律上的恶,更是道德上的一种恶,"犯罪人"的烙印被打上后将会使其背上终身重压,并且还要连累家人。对社会危害较轻(尽管有较显恶习)的公民不予认定犯罪,而只作违法处理,则可避免上述问题的发生。这既有利于公民个人的生存和发展,也可以减少公民对国家的抗力,从而在尽可能广泛的基础上增强公民与国家的合力,有利于提高社会的和谐度。可以认为,在我国,在相当长时期内,取消刑法犯罪概念定量限制,对人权保障和司法资源配置肯定是弊大于利。这是从实践理性层面对劳动教养制度存在的以功能合理为基础的合理性进行的论证。还需说明,罪与非罪是性质区别,介入数量因素是否科学?所谓质(性质),即事物所具有的特质,是一事物区别于他事物的一种内在的特殊规定性。而量(数量)也是一种规定性,就生活经验而言,量的规定性更容易被感知。例如,被偷一元钱未必产生受害感,而被盗一万元则肯定造成重大心理伤痛。可见,量的变化会在社会人的心理上形成质的不同。哲学上的质量互变规律对犯罪概念定量因素这一刑法立法模式不失为一种深度的理论支持。事实上,由人群组成的社会无时无刻不受到各种各样包括人的行为的分割,社会永远在受害中存在和发展,但国家完全没有必要对任何程序的侵害都采取最激烈的反应方式——动用刑罚。否则,必定得不偿失。我国刑法立法定性又定量的样态与其他国家和地区刑法立法定性司法定量的样态相比,差异主要在国家权力分配形式的不同。

(3)劳动教养的出路在于将劳教纳入确立我国的保安处分制度,改变我国现行保安措施行政化的现状,实现保安处分制度的全面刑法化。依据这一方案,将我国现有的剥夺自由的保安措施如收容教养、强制戒除、强制医疗和劳动教养;限制人身自由的保安措施为收容教育;非人身强制的保安措施如没收财物、吊销驾驶执照和禁止从业等全都改变为司法性保安处分,建立我国刑事保安处分体系,将其作为与刑罚并列的犯罪或者触犯刑法的不法行为的法律后果之一,纳入刑法典。① 这一方案,在相当程度上符合经济全球化政治趋同化背景下将出现的法律全球化的趋势,但现在看来仍觉过于理想化而在相当长时期内难以兑现。

(4)刑法立法的犯罪概念兼具定性与定量样态在相当长时期内不会改变,对于屡犯(屡教)不改又不够刑罚处罚的刑法边缘行为,劳教教养(不论冠以何种名称)是唯一可供选择的制度设计。这一方案的要旨是通过立法来改革其运作机制:明确限定劳教对象(教养法定),缩短教养期限,转换审批程序,实现劳动教养司法化。具体说来,目前我国劳教的适用对象为三类人:一是强制戒毒后又复吸的,二是有轻微犯罪行为但不够刑罚处罚的,三是有常习性违法行为的,即屡罚(屡教)不改,其客观危害行为的严重程度尚构不成刑法上的犯罪。改革的办法是,对强制戒毒后又复吸的由行政机关(公安机关)决定交专门设施教养戒毒;对较轻微犯罪行为(但不够刑罚的)则实行治安管理处罚;对有常习性违法行为的,由法院(法庭)通过简易程序决定实行劳动教养。可见,所谓司法化其适用对象仅限于三类人中的一类即常习性违法行为人,其行为在形式上符合刑法上某一罪名但客观危害不达犯罪构成的定量限度,然而行为人具有人身危险性(有明显的再犯可能性)这一方案的两大特点是:一是在总体上维持"治安处罚、劳动教养、刑罚处罚"有中国特色的三级治安制裁体系,二是部分改变现行劳教审批机制(称有限司法化),即现行劳教对象中的一类人员的劳教决定权由法院行使。这一方案为学界多数人认同。

(5)第五种方案是一种过渡性方案,考虑到有关机关的可接受程度,改革办法是将现行非常设机构的劳动教养管理委员会变为常设机构。现行有关法规规定,对需要收容劳动教养的人由大中城市人民政府下设的劳动教养管理委员会审查批准。劳教管理委员会由公安、司法、民政、劳动等部门的负责人组成,其办事机构设在公安机关,审批权很自然便由公安机关行使。由于劳动教养管理委员会不是常设机构,审批权行使过程实际上并不受劳教管理委员会的控制,缺乏有效监督,势必出现权力行使随意的种种弊端。劳教管委会改为常设机构,审批权由几家联合共同行使,避免一家独断,形成内部制约机制,有利于控制权力行使中的随意性。说它是过渡性,因为这一方案设置的劳教裁决权仍属行政机关,而依照历史发展和人权彰显所形成的国家治权分立原则②,限制和剥夺公民人身自由的权力不由与公民利益有着密切联系的行政机关行使,而应当由相对中立的专门审判机关行使。这已是世界通例,一项重大制度的改

---

① 参见梁根林:《保安处分制度的中国命运——兼论劳动教养的出路》,载储槐植、陈兴良、张绍彦主编:《理性与秩序——中国劳动教养制度研究》,法律出版社 2002 年版,第 174—191 页。

② 国家主权不可分割,但治权可以分立,这是政治文明发展的要求。当然,治权分立原则的实现可以有多种形式。治权分立的实质是以权治权、防止权力腐败。

革,有一段过渡期也是可行的。这也并非迁就部门利益,毕竟劳动教养需要有相关机关的积极协作和配合。渐进性是改革的应有之义。当然,改革的理想目标不应被忘却。

三、关键在于执行

劳动教养制度无论采取何种改革方案,只要劳教制度还存在,关键仍在于劳教执行场所的运作状况。即使劳教审批机制合理完善,但执行场所管理落后,改革成果仍难体现。相反,即使审批机制不尽如人意,只要执行场所的管理科学合理有效,仍然能在一定程度上弥补审批环节的缺陷而取得较好效果。从根本上说,劳教制度能否实现其社会价值,最终取决于执行场所的工作质量。

劳动教养无论作为强制性教育改造措施还是行政处罚,它同自由刑是有区别的,原因是适用刑法定罪量刑与否。在自由减失的程度和方式上相比较,自由刑是剥夺人身自由,劳动教养是限制人身自由(这是劳教应有的基本特性)。劳教场所不是监狱。过去把劳教办成"二劳改"是劳教制度受到社会质疑的重要原因。可喜的是,近年来司法部倾注全力,进一步深化劳教办特色(把劳教场所办成名实相符的教养处遇设施而不是监狱),坚持以人为本推进劳教管理工作改革,形成充分体现劳教制度本质的封闭、半开放、开放式管理,充分调动劳教人员的改造积极性,从而达到教育感化、挽救的最佳效果。20世纪90年代中司法部提出在全国劳教系统组织开展创建现代化文明劳教所活动,2002年以来司法部劳教局对如何进一步搞好现代化文明劳教所的创建工作进行了认真研究,形成了《现代化文明劳教所标准》的初稿,在有计划安排探索实践的基础上,司法部决定于2004年10月起《现代化文明劳教所标准》正式颁布实施。我们相信,司法行政机关在将劳动教养制度改革为违法行为教育矫治制度这一系统工程中定将作出基础性的重要贡献。

劳动教养制度走向[*]

劳动教养制度自20世纪50年代中期至今已有半个世纪。中华人民共和国成立初期，新政权对旧社会的公职人员采取包下来的政策。一部分继续留用，另一部分除因反革命罪行被判刑以外，由于政治上不适宜继续留用，放在社会上又会增加失业，实行劳动教养，集中起来给国家做工，由政府发给一定的工资。这是革命胜利后的一项政治性措施，是巩固新政权和稳定社会秩序的需要。此时劳动教养具有明显的安置就业性质。1957年8月1日第一届全国人大常委会第七十八次会议批准的《国务院关于劳动教养问题的决定》是劳动教养制度发展史上第一部专门法规。收容对象由原先的2种人扩大到4种人，其共同点是有危害社会的行为，屡教不改但不够追究刑事责任，生活没有出路。自"文化大革命"开始，这个时期劳动教养的社会功能，除保留安置就业外，日趋显现维护社会治安的需要。1979年11月29日第五届全国人大常委会第十二次会议批准《国务院关于劳动教养的补充规定》，对劳动教养的管理机构、收容的地域范围、期限以及法律监督作了明确规定，这是劳动教养制度的第二部专门法规。1982年经国务院同意并转发的公安部《劳动教养试行办法》，明确其性质是对被劳动教养的人实行强制性教育改造的行政措施，工作方针是教育、感化、挽救，要求把劳动教养场所办成特殊学校。1991年11月国务院公布的《中国人权状况白皮书》指出劳动教养是行政处罚。在共和国这片土地上生长起来的作为"强制教育改造"的一种"行政处罚"制度的劳动教养，半个世纪以来累计教育改造了约400万有各种违法或轻微犯罪行为的人，对维护社会秩序、满足治安需要功不可没。维护社会治安秩序，符合最大多数人的最大利益，这是劳动教养制度存在的合理性的基本缘由。

随着2000年7月1日《立法法》的实施，劳动教养制度的合法性出现危机。《立法法》规定，只有法律才能设置剥夺和限制公民人身自由的处罚。作为劳动教养的主要法律性依据的《国务院关于劳动教养的补充规定》虽经立法机关批准，但毕竟是行政机关规定的行政法规，至多是准法律。《立法法》出台以前，准法律也完全合法。《立法法》实施后，合法性发生危机，合理性亦受牵连。如果劳动教养制度不废除，立法是维护其存在合理性的唯一出路。

劳动教养存在的合理性在理论上遇到的挑战，首先是按照《治安管理处罚法》

---

[*] 原载《犯罪与改造研究》2007年第9期。

(2005年)第2条规定,四类危害社会的行为,依照刑法的规定构成犯罪的,依法追究刑事责任,尚不够刑事处罚的,由公安机关给予治安管理处罚。可见,治安管理处罚与刑罚已相互衔接,劳动教养没有存在余地。这是个假命题。其实在我国,治安管理处罚和刑罚之外还有两块领地专属劳动教养,其一是多次违反治安管理处罚条例,屡教(罚)不改,治安管理处罚不足以惩戒,而刑法上又没有相应的罪名。例如吸毒,可予治安管理处罚(15日以下拘留);吸毒成瘾的,强制戒毒;强制戒毒后又复吸的,处以劳动教养。其二是"刑法边缘行为",即形式符合某一罪名,但又构不成刑法上的罪,所谓"大法不犯、罪错不断、危害治安、百姓憎恶、法院难办"的一类刑法边缘族。法院对这类人之所以难办,是因为其行为虽危害治安、公众憎恶但并不构成刑法上的罪,行为人主观恶习较深而客观恶行并不重。例如多次诈骗但每次数额较小。我国劳动教养制度的产生和延续有其深厚的社会根基:治乱用重典与缩小打击面(法不责众)相辅相成的传统治国理政哲学,与此相承刑法思想则推衍出犯罪概念兼具定性与定量限制这一当代世界独特的刑法现象。犯罪概念定量因素决定了行为达到一定程度的客观实害才由刑法调整。否则,行为人主观恶习虽深,但行为后果未达到一定的量,仍然无法进入刑法领域,负责任的政府对此却不能不管。劳动教养这一制度设计便担当此使命。

当前劳动教养制度受到批评的主要问题是处分决定权操在单一行政机关之手,相对人没有自己辩护的权利,缺乏公开性,缺乏监督,随意性大,人权保障不可靠。

据当前国情,废除劳动教养制度不可取。应通过某种形式的立法,取得劳教制度的合法性。关键是改革劳教制度。学界有多种建议,较有代表性的是创立中国式的保安处分制度。

国际范围内,保安处分就其行使主体而言有两大类,一是行政性保安处分,处分决定主体为行政机关,适用对象为非犯罪事项,如对精神病人实施强制医疗,对吸毒成瘾者实施强制戒毒,等等。另一类是司法性保安处分,处分决定主体为法院,适用对象为具有人身危险性的犯罪人,尽管处分的性质不是刑罚(而是刑罚的补充或替代),但前提是实施了刑法上的犯罪。

所谓中国式的保安处分制度,因其作为对现行劳动教养制度(决定权在行政机关)的改革,理所当然地其处分决定主体应是司法机关(法院),属司法性保安处分。适用对象虽"不够刑事处罚"但屡教(罚)不改恶习较深者,尽管处分不是刑罚,但这里有个无法回避的问题,处分性质的类型是什么?显然不是民事性处分,也不是行政性处分(因为是法院作出的),只能是刑事性处分。既然是刑事性处分,尽管处分不是刑罚,但处分对象的行为性质不能否定其为刑事罪行。如是,按逻辑推导,结论必然是刑法上的犯罪概念不再有定量限制。这就不是一个解释性的技术问题,它是涉及刑法思想的大问题。我国刑法中犯罪概念定性又定量,其他国家和地区是立法定性司法定量,两种不同模式。犯罪概念的定量因素,是我国刑法重大的创制。行为的社会危害大到一定程度才是犯罪。数量不同导致性质有异(哲学上的量变引起质变)。在我国法律意识中,刑事性违法与刑事犯罪在性质上不同。其他国家因立法上犯罪成立没有量的限定,刑事违法就是刑事犯罪,偷一辆汽车是盗窃罪,偷一个苹果也属盗窃罪。我国则不同,犯罪概念定量因素的正面效应主要有两项。一是把没有达到法定数量的危害行为排除在犯罪圈之外,减少犯罪数。这有益于维护正常的社会心理,使相当比例的公民免留犯罪的污名劣迹,减轻他们的心理压力,利于个人自由发展,同时从公民与国家之间的关系来看,可以减少公民对国家的抗力,从而在尽可能广泛的基础上加强公民与国家的合力。其二,可以使刑事司法力量集中打击事关国家稳固、社会发展以及公民生命财产安全的犯罪活动,避免把有限的司法资源消耗在那些社会危害不大的一般违法行为上,从而使刑事司法发挥最佳效能。在国家管理和社会生活的大系统中,刑事司法绝非无能,但也绝非万能。事无巨细都动用刑事司法资源,不仅没有必要,而且整体刑事司法运作的效果必定很差,导致刑罚效益下降。因此,定量的犯罪概念把那些没有达到一定数量要求的违法行为排除在犯罪圈之外,交由行政机关处理,这样既可以避免刑事司法资源不必要的浪费,又可利用行政机关处理事务便捷迅速的特点,及时化解矛盾,维护社会稳定。定量的犯罪概念也不是完美无缺的,其问题主要在运作机制方面。广大公众和我国司法实务界对犯罪定量限制已经习惯,并未提出多大意见。有学者从概念的逻辑分析角度出发提出了取消犯罪概念定量因素的主张。如果这样,不仅劳教制度没有立足之地,就连治安管理处罚制度也要一并消亡。这样,必将极大地扩张法定犯罪圈。在我国现实背景下,将会造成灾难性后果。从人权保障视角而言,也是得不偿失。

还需说明,罪与非罪是性质上的区别,加入数量因素是否科学?这是众多境内外学者普遍的质疑。这里有个哲学问题,所谓性质,是一事物区别于其他事物的一种内在的特有规定性。而数量,也是一种规定性,即事物存在的规模和发展的程度用数量来表示的规定性。相对于质的规定性,就实践经验而言,量的规定性更容易被感知。例如,被偷一分钱通常不会产生受害感,而被盗一万元则肯定会造成伤痛。此例虽属极端,但却说明一个道理,量的变化显然会在人的心理上形成质的差异。犯罪概念定量因素在实践理性上可以得到说明。哲学上质量互变规律对犯罪概念定量因素的刑事立法也不失为是一种理论支持。进而在刑事科学理论上也值得探讨。犯罪概念只含定性因素,这是从侵害者单方面所作的静态规定,犯罪人偷到一分钱和偷到一万元都是非法占有了他人财物。犯罪概念兼具定性与定量因素,这是包容了侵害与被害的双方所作的动态规定,是一个关系范畴。事实上,犯罪本性是关系范畴,没有被害也就无所谓侵害。20世纪末世界刑事司法领域兴起的重视被害人利益已经成为推动刑事法制改革的宏大潮流。方兴未艾的恢复性司法、对刑事被害人的国家补偿制度等便是适例。内含关注被害的定量因素这种犯罪概念可恰如其分地被视为是对这一世界潮流在刑事实体法基础部分的反映。对犯罪概念定量因素千万不要轻易地说"不",更不要因为其他国家没有而认为我国也不能有。公众认同加合法等于合理。

劳动教养措施要取得合法性,必须有相关立法。可以采用保安处分模式,但不是典型的司法保安处分,也不是通常的行政性保安处分,而是一种中国式的"准司法性"保安处分。具体而言是,这种保安处分的决定权由行政大系统中的一个多部门组成的委员会行使(不是单个行政机关行使)。国家职能(治权)大体分为三个部类,即立法、司法和行政。这三个部类中,行政体系最为宏大,其本身是一个成分复杂多元的大系统。随着社会发展和国家管理的需要,一些人口众多、幅员辽阔的现代大国出现了国家给予行政系统(的委员会)以"委任立法"和"委任司法"的法律权限,例如美国联邦和一些州的假释委员会(成员来自多个行政部门)便享有某种司法权。美国联邦贸易委员会则享有一定的立法权。我国原来有过一个委员会即劳动教养管理委员会(成员来自多个行政部门,处理事务可实现利益平衡即公正,公正是司法的本性)。由于劳动教养管理委员会实际上已经不存在,立法时也可以改名为"违法行为教育矫治管理委员会",由其行使这种保安处分(含现有的劳动教养)的裁决权。在立法中,应规定由国务院出台这一管理委员会的工作细则,包括工作的基本原则、组织和程序、处分对象范围、权利义务、处分类别和期限以及法律监督等。

劳动教养措施无论采取何种方式加以改革,也不论冠以何种称谓,只要社会上还存在"大法不犯、罪错不断、屡教(罚)不改、恶习较深"的人员,总需要有一定设施对他们进行收容和矫治,即要有相应的执行机构。可以认为执行机构的工作质量是制度成效的关键。对执行机构(现在的劳动教养所)的管理的基本要求是:设施的空间环境和受矫治人员的人身自由度比监狱宽松。近年来司法部劳动教养管理局尽心竭力践行和谐司法,进行了卓有成效的工作,这一基本要求已经达到,并在管理模式的改革方面进行着有益的探索并不断深化:封闭管理军营化,半开放管理校园化,开放管理社区化。总体开放程度日益提高。半个世纪以来,司法行政机关和基层实务部门对教育矫治违法人员的事业所作出的努力,有目共睹。

从国情出发思考劳动教养制度改革[*]

在正式提出司法体制工作机制改革之前,劳动教养制度问题就已受到人们的关注,当前更是如此。本人就此问题发表过多次论述,主要有《劳动教养是我国特有的治安制度》(1984年第4期《法制建设》)、《刑罚现代化:刑法修改的价值定向》(1997年第1期《法学研究》)、《论教养处遇的合理性》(1999年6月3日《法制日报》)、《再论劳动教养制度合理性》(2001年第6期《中外法学》)、《议论劳动教养制度改革》(2005年第5期《中国司法》)、《"劳动教养"怎么办?》(2005年《江苏矫治》总第3期)、《劳动教养制度走向》(2007年第9期《犯罪与改造研究》)。7文前后跨度为23年,但是集中在世纪之交。内容主要涉及两方面,其一,劳动教养制度符合中国国情,从存在论上说明中国劳动教养制度的合理性。其二,从机制论上指出劳动教养制度运作中有问题需要改革。据我所知,目前国内劳教制度废止论已明显式微。当然也有人士从书面人权概念挑战劳教制度存在的必然性,但是笔者认为符合国情、有利治安又为公众接受的制度在实质上与人权观念是和合的。关于劳动教养制度存在的合理性问题,本文没有再作讨论,只想进一步讨论劳教制度改革问题。改革涉及诸多方面,关键问题(或者说首要问题)是劳动教养措施适用对象范围和此种措施的裁决权由谁行使。关于适用对象范围问题,本文不予讨论,可以参见司法部预防犯罪研究所劳动教养学研究室撰写的《论劳动教养制度的改革发展与立法规制》一文。本文只讨论"劳教"处分裁决主体问题。如果有"违法行为矫治法"出台,那就是违法行为矫治裁决权的问题。

我在《再论劳动教养制度合理性》(2001年)一文提出劳动教养制度改革司法化,即处分决定权由法院行使。而在《劳动教养制度走向》(2007年)中则改为由"违法行为矫治管理委员会"行使裁决权。为什么有这样的改变?以前考虑劳教制度改革时着重从观念着眼设想纠正处分裁决主体权力行使中的监督缺位的问题。当思绪进一步落实到操作层面时,问题出来了。设想如果由法院行使裁决权。根据现行法院体制,行使审判职能的法庭有三种,民事审判庭、行政审判庭、刑事审判庭。民庭职能是解决平等主体间的权利纠纷问题,行政庭(依现行法律)收案范围为民告官(指官方单位),这两类审判庭不可能成为劳教处分裁决主体。刑庭如何?根据现行法律,刑庭审理的是刑法上规定的犯罪案件,而劳教人员实施的则是"尚不构成犯罪"的违法行

---

[*] 原载《中国司法》2009年第3期。

为,所以刑庭不予管辖。怎么办?可以另设一种法庭。有人提议设立"轻罪法庭"。这至少在名称上不妥,因为轻罪也是罪。那么设立类似许多国家的"治安法庭"如何?所有其他国家的刑法上犯罪概念只有定性因素而没有定量因素限制,因而"治安法庭"管辖的基本上都是轻微的违法(犯罪)行为案件,其社会危害程度有些尚不及我国的治安管理处罚行为。治安法庭法官均为独任法官,大都由遴选的地方绅士担任。审理均为简易程序,也没有严格的证据规则,结局一般都不涉及剥夺自由,所以都是一审了结。我国当前不可能引进西方"治安法庭"模式。主要原因是我国刑法上犯罪概念兼具定性与定量双重限制,理念根源于我国传统的治国理政经验(方略)"缩小(刑罚)打击面"(法不责众),减少犯罪数,尽可能使国民免留"罪犯"的污名劣迹,减轻心理压力,利于个人自由发展,从而在尽可能广泛的基础上加强国民与国家的和合。同时,犯罪概念的定量限制,导致刑法结构性空缺,即刑法以"恶行"(可用数来衡量)为惩治对象而必然弱化了对"恶习"(难用数来衡量)的管束,劳动教养制度填补了这个空缺(劳教对象基本是恶行不大而恶习较深"屡教不改"的违法人员)。其他国家刑法犯罪概念都没有定量限制,所以也不需要类似我国的劳动教养制度。犯罪概念的定量限制在我国不是一个简单的立法技术问题,而是一个政治问题,已经为广大司法工作者和人民大众所接受,可以认为已融入了我国的文化生态之中。尽管犯罪概念的定量限制在司法操作中有时会带来纷争,但这不是主流,不足以动摇根本。在此背景下,即使设立"治安法庭",也不可能在实体和程序上与西方模式相同或相似。由于审理对象基本属于恶习较深的人员,而矫正恶习大大难于矫正恶行,所以处分决定必须是一定期限的集中矫治,"集中"必定与"隔离"相伴存在。否则不足以达致矫治效果。由于处分不轻,必定同时伴随三个程序性事项:许可被审人聘请律师进行辩护;因而证据收集和证明要求大体上应相当于刑事诉讼法的规定;被告人不服裁决可以上诉。如果上诉,则需有二审法庭。二审法庭是特设的治安法庭的上诉庭还是普通法院系统的中级法院?由此可以想象,如果将劳动教养(违法行为矫治)案件交给法院审理,无异于交给法院一块烫手山芋:投入的司法资源不少,产出的则是大批"无果"释放。如果以上追问(设想和推断)大体符合实情,劳教制度司法化恐怕还需进一步全面考量和深入论证。

根据现行刑法和刑事法制,现行劳动教养所收容教育的对象为两类人员:侵犯财产、扰乱社会治安者和强制戒毒后又复吸者。他们不是刑法上的罪犯,对他们的矫治不是刑罚。对他们的教育矫治就其法律性质而言只能是行政性的防治(通过矫治常习违法行为以预防升格为刑法犯罪)措施。如果改革劳动教养制度而不改变刑法和刑事法制,名称可以改变(例如改为违法行为矫治法),但矫治的法律性质仍不会是刑罚,即仍然是行政性教育矫治措施,尽管根据需要有一定期限的集中隔离矫治。那么,由结果的法律性质往前推导,便可得知处分决定权由国家行政系统行使的结论在逻辑上并无障碍。可能遇到的理念困惑是国家行政机关有权限制公民的人身自由吗？按当代国际通例，司法机关有限制和剥夺自由的权利。其隐含前提是达到一定年龄、心智健全、人格正常的人。把心智异常的精神病人送进"医院"与外界隔离（完全没有"自由"），这是尽人皆知的常识。而对常有违法行为（恶习较深）或心理缺陷（人格异常）的人，出于预防危害行为升级、维护社会秩序的公益目的，在有些国家则由行政机关采取在一定期限内约束其自由的措施（学理上归入行政性保安处分），这与人权观念并无冲突。吸毒成瘾和常习性违法行为（其实强制戒毒后又复吸的也是一种常习性违法行为），现代心理学认为均属于人格异常。

劳动教养制度的主要问题并不在于裁决权由行政机关行使，而在于裁决权行使过程中缺乏有效监督。笔者以为，劳动教养关于裁决权改革的关键在于设计有效监督。监督包括内部监督和外部监督，事中监督和事后监督。监督要形成制度，要法制化。究竟怎样设计，希望在有关立法草案准备过程中组织有关方面进行论证，集思广益，一定会找到最佳方案。

劳动教养措施无论采取何种方式加以改革，也不论冠以何种称谓，只要社会上还存在"大法不犯、罪错不断、屡教（罚）不改、恶习较深"的人员，只要刑法犯罪概念有定量限制，总需要有一定设施对他们收容和教育矫治，即要有相应的执行机构。对执行机构（现在称"劳动教养所"）管理机制的基本要求是：设施的空间环境和管理制度给予受矫治者的人身自由度明显比监狱宽松。在此笔者想顺带说一点看法，于2008年6月1日起施行的《禁毒法》规定，对经社区戒毒后再次吸食、注射毒品的由公安机关决定予以强制隔离戒毒，同时指出全国人大常委会《关于禁毒的决定》随《禁毒法》的施行同时废止。《关于禁毒的决定》规定对强制戒毒后又复吸的"实行劳动教养"。《禁毒法》规定强制隔离戒毒的决定由公安机关作出，虽然《关于禁毒的决定》即将废止，但并不意味着强制隔离戒毒的具体执行也必须归公安机关。尽管"强制隔离戒毒"可不冠以"劳动教养"称谓，从国家整体利益考虑，并不妨碍强制隔离戒毒可以仍在已有多年工作经验的"劳动教养所"执行。劳教所（今后也可能改称"违法行为矫治所"，吸毒本身即为违法行为）完全可以并且有条件具体实施强制隔离戒毒。这和《禁毒法》并不冲突，而且是最经济的且更有效的措施，完全不必舍近求远，完全不必另起炉灶。

再论劳动教养制度改革[*]

"在我国司法领域,最富有中国特色、最引人争议、最具有社会功效的,莫过于劳动教养制度。"通过对劳动教养如何改革展开讨论,可以为顶层设计出台最优方案提供适当的理论支持。

一、劳动教养:中国式保安处分制度

改革劳教制度,是推进法治建设的需要。进行劳教制度改革,首先需要认识劳教制度的性质。

有一种说法近乎通说,认为治安处罚与刑法(刑罚)已无缝对接,完全没有劳动教养存在的余地,应当废除劳动教养。依据是现行《治安管理处罚法》(2005年)第2条规定:"扰乱公共秩序,妨害公共安全,侵犯人身权利、财产权利,妨害社会管理,具有社会危害性,依照《中华人民共和国刑法》的规定构成犯罪的,依法追究刑事责任;尚不够刑事处罚的,由公安机关依照本法给予治安管理处罚。"

这是一种似是而非的说法,需要澄清。诚然,治安管理处罚与刑法(刑罚)在行为的社会危害性程度上彼此衔接,但并非证明劳教无法容身。须知,治安管理处罚法与刑法关注的是行为本身的危害性,均属"违法行为法"这一普通法部类。而劳动教养处分对象,虽然半个多世纪以来在种类归属上曾有诸多变化,但通说认为是"大法不犯、罪错不断、屡教不改"的常习性违法人群。应当认为,劳动教养关注的是行为人的主观恶习(人身危险性),是"违法行为人法",属特别法类型。治安管理处罚和刑罚是制裁"恶行",而劳动教养收容处分的是"恶习"。行为法与行为人法不属同一法律部类,二者不可比附,也不相互抵牾。

有两个事例值得理论关注:其一,根据《治安管理处罚法》第76条的规定,有该法第67条("引诱、容留、介绍他人卖淫"),第68条("制作、运输、复制、出售、出租淫秽的书刊、图片、影片、音像制品等淫秽物品或者利用计算机信息网络、电话以及其他通讯工具传播淫秽信息"),第70条("以营利为目的,为赌博提供条件的,或者参与赌博赌资较大的")的行为,"屡教不改的,可以按照国家规定采取强制性教育措施"。这些

---

[*] 原载《检察日报》2013年3月7日。

"屡教不改"的行为在现实社会生活中不在少数；这类行为人,刑法不能对其依法追究刑事责任,治安处罚对此也无能为力。对这类人员可以恰如其分地称之为惯常的刑事性违法人群。公安部 2005 年 9 月 13 日印发的《关于进一步加强和推进劳动教养审批工作的实施意见》中指出《治安管理处罚法》第 76 条规定的强制性教育措施,就是劳动教养。

其二,1979 年《刑法》第 152 条规定,"惯窃、惯骗"或者盗窃、诈骗公私财物数额巨大,均为两罪的加重犯。但 1997 年《刑法》为了保持刑量的可计算性删除了"惯窃、惯骗"的规定,表明现行刑法关于罪刑的分则性规范纯属"行为法",以区隔"行为人法"。

西方社会中存在的保安处分有两类：一类是由行政程序裁决的行政性保安处分,对象有对吸毒成瘾者的强制戒毒,对精神病人的强制医疗,还有对游手好闲的流浪者实行民事收容,执行方式均为强制性处遇措施。另一类是对常习性犯罪人(倾向犯)经由司法程序采取的刑事性保安处分(亦称司法性保安处分),即定罪判刑之后外加一定时间的限制自由的保安处分。两类保安处分的共同本质属性:旨在保卫社会安宁,防止特定人群违法升级的法律制度。

我国劳动教养设施收容对象主要是两类人,强制戒毒者和常习性刑事性违法人群。这在西方当分属行政性保安处分和刑事性保安处分的管制对象。而在我国,由于刑法犯罪概念设有定量限制(导致大大缩小"犯罪"标签粘贴机会,符合传统中华文化精神,减缩刑事打击面是我国传统治国理政经验),因此保安处分措施只能统归行政程序,执行方式当同为强制性教育矫治措施,也是这种制度的法律定位。

保安处分制度不是我国的创造,德国早在 1933 年就引进刑罚以外的保安及矫正处分(刑罚的双轨制)的惯犯法,基本做法一直持续至今。我国稍有差异的仅是将行政性保安处分与刑事性保安处分在程序机制上合二为一。在基本特性和终极目的上无异于国际通行的保安处分制度,只是在组织形式上存在差异,或者是不典型的行政性保安处分,或者是不典型的刑事性(司法性)保安处分。保安处分性质的"劳动教养"在幅员辽阔、人口众多且社会处在转型期的中国作为一种社会管理措施,在存在论上是可以证成的。

二、劳动教养制度的主要问题

(1)合法性欠缺。现行劳动教养制度的规范性依据有,1957 年 8 月 3 日国务院《关于劳动教养问题的决定》,1979 年 11 月 29 日全国人大常委会批准的国务院《关于劳动教养的补充规定》和 1982 年 1 月 21 日国务院批准的《劳动教养试行办法》等,这些均属"行政法规",不是"法律"。根据 2000 年《立法法》第 8 条的规定,"对公民政治权利的剥夺、限制人身自由的强制措施和处罚""只能制定法律"。

（2）劳动教养裁决主体为非中立的单一行政机关,加之缺乏有效监督,随意性大,频频出现侵犯人权的事例。

（3）劳动教养适用对象缺乏法定化,必然导致处分对象的泛化,诸如因单纯言论、信仰这类纯属思想范畴的问题而被劳动教养的事例并不罕见。执法权滥用败坏了"劳教"名声。

三、劳动教养制度改革方案探讨

（一）彻底废除劳教制度,也可以认为是广义上的改革

具体做法是,将以往作劳教处理的案件一概不再作劳教处理,视具体情况,或者上提适用刑法按犯罪起诉,或者下放适用治安管理处罚法作治安处罚。这可能是零成本、满收益、干净利索的举措。举例说,如遇到《治安管理处罚法》第67条和第76条规定的"引诱、容留、介绍他人卖淫""屡教不改的,可以按照国家规定采取强制性教育措施"（即劳动教养）。当然在执法实务中也可以不采取强制性教育措施,符合刑法规定则作犯罪处理,不够刑法规定便作治安处罚。这是将"行为人法"作"行为法"处理。如果只有少数个案,这种办法并无大碍,而且相比有人建议设立"轻罪法庭"（按逻辑推导,这必将导致同时取消治安管理处罚）更为妥当。但是,如果这种做法在实务中批量出现,则可能削足适履,需要慎重考量。

（二）实际改革方案

1. 名称

劳动教养制度改革遇到的第一个问题应是名称问题。由于几十年来执法权滥用,社会舆情出现了"劳动教养"与"侵犯人权"两个概念几近形影相随的现象。加之,为使拟议中的改革方案名实相符,曾经提出并得到广泛认同的名称为"违法行为教育矫治法",但有人认为采用"违法行为矫治法"更好,因为"矫治"概念已内含"教育"因素,所以不必赘加"教育"二字。还有人建议采用"收容教育法"。将劳动教养措施改为"违法行为矫治法"这个名称也许未必十分理想,但如果想不出更好的,这也不失为一种可行的方案。

2. 对象

违法行为矫治法适用对象法定化是劳教改革的核心问题,它是约束这种制度在法治框架内运作而不被滥用的法律保障。违法行为矫治,其对象应是具有违法恶习（违法行为反复性,常习性违法）的人。对常习性违者的"矫治"必须通过一段时间的"强制性教育",这是生活常识。换言之,只有对屡教不改的常习性违法者才可适用强制性

教育(矫治)措施。明确了适用条件,适用对象的范围才不至于被无限扩大。

关于违法行为矫治法适用对象范围,有不同的看法。我国现行对违法行为的强制性教育措施主要有劳动教养、收容教育、政府收容教养等。"劳动教养"纳入行为矫治法自不待言,而"收容教育"该不该纳入违法行为矫治法?认为应该入围的理由是1997年《刑法》"附则"的规定,列于附件二的全国人大常委会制定的决定予以保留,"有关行政处罚和行政措施的规定继续有效",包括《关于严禁卖淫嫖娼的决定》第4条第1、2、3款规定"卖淫、嫖娼的,依照治安管理处罚条例第三十条的规定处罚。对卖淫、嫖娼的,可以由公安机关会同有关部门强制集中进行法律、道德教育和生产劳动,使之改掉恶习。期限为六个月至二年。具体办法由国务院规定。因卖淫、嫖娼被公安机关处理后又卖淫、嫖娼的,实行劳动教养,并由公安机关处五千元以下罚款"。这里必须指出两点,其一,《治安管理处罚条例》第30条对卖淫、嫖娼者的处罚方法有15日以下拘留、警告、责令具结悔过或者依照规定实行劳动教养,可以并处5000元以下罚款,但并无收容教育之规定。所谓"收容教育",是1993年9月4日由国务院发布、由公安部负责解释的《卖淫嫖娼人员收容教育办法》在《治安管理处罚条例》之外所添加的"解释走私货"。其二,2005年出台《治安管理处罚法》,此前的《治安管理处罚条例》已废止。前者第66条取代了后者第30条,最高处罚仅为"十日以上十五日以下拘留,可以并处五千元以下罚金",不仅没有"收容教育",甚至取消了《治安管理处罚条例》第30条的"劳动教养"(即《治安管理处罚法》第76条规定对第67条、第68条和第70条行为的屡教不改者可以采取的"强制性教育措施")。

剩下的问题是《刑法》第17条第4款规定的"因不满十六周岁不予刑事处罚的,责令他的家长或者监护人加以管教;在必要的时候,也可以由政府收容教养"。这种"政府收容教养"该不该纳入"违法行为矫治法"?按矫治法本性属保安处分性质,政府收容教养不该进入,但鉴于政府收容教养事例不多,出于实务经济性考量,将其当作"另则"收进也未尝不可。

强制戒毒,可以归入违法行为矫治法。因为吸毒属违法,成瘾具有惯常性。对精神病患者不应纳入违法行为矫治法。因为精神病不属违法。违法行为矫治法的适用对象就是实施违法行为且屡教不改者。首先,对"违法行为"应有明确的类型性规定,并且对"屡教不改"也须有可操作的解释。公安机关曾对"屡教不改"解释为,指依法判处刑罚执行期满五年内又实施前述行为,或者被依法予以罚款、行政拘留、劳动教养执行期满后三年内又实施前述行为,情节较重,但尚不够刑事处罚的情形。这一思路可供参考。

矫治期限应作明确规定,以三个月至两年为宜。

3. 行使主体

违法行为矫治案件裁决权由谁行使,关涉程序正义促成实体正义,意义重大。对此,学界大体有两类方案,值得讨论。

(1)司法化方案,具体有两种:一种是治安法院(确切说是治安法官),借鉴英美法系国家治安法官的做法,对民间纠纷和轻微刑事案件的快速有效解决,其成功经验的主要原因是社会宏观环境与社区发育成熟:公众诚信度高,对权威(治安法官是地方绅士,有威望,能服众)的信赖,等等。我国目前尚不具备。另一种司法化方案是依据《人民法院组织法》第21条的规定:"基层人民法院除审判案件外,并且办理下列事项:(一)处理不需要开庭审判的民事纠纷和轻微的刑事案件……"具体做法是,违法行为矫治案件由公安机关直接送交法院,无须经由检察院提起诉讼;不是公诉案件,也不是自诉案件,也不是刑诉法规定的简易程序。功效在于成本低,过程快速高效。此方案如果可行,则应在违法行为矫治法中适当加以具体化。理论上需要疏通的问题是"违法行为(矫治)"案件在我国语境下能否称为"轻微的刑事案件"?可以对"刑事"概念做某种延展释意,并不困难。

(2)准司法方案,即由国家行政大系统中多个部门组成的委员会(而不是由单一行政机关,否则会出现既是运动员又是裁判员的情况)行使裁决权,在大中城市行政系统内由民政、财政、司法、劳动、教育等部门代表组成"违法行为矫治管理委员会"行使裁决权。之所以称作"准司法"方案,是因为"司法"机制的核心价值在于制度上保证裁决主体对裁决对象保持中立从而达致公正,由委员会行使裁决权同样旨在保证裁决主体对裁决对象的中立性,这里的"司法"仅指词语上运用一定程序处理案件的意思,即为准司法。这一方案并不增加操作成本,还可以避免上述司法化方案可能产生的"违法行为"与"刑事案件"概念上的纠结。而且,随着社会发展如国家管理的需要,一些人口众多、幅员辽阔的大国出现了国家给予行政系统(的委员会)以"委任立法"和"委任司法"的法律权限,例如美国联邦和州的假释委员会便享有某种司法权,又如英国的行政裁判所也行使一定的准司法权。

关于违法行为教育矫治法立法中几个重大问题的思考[*]

根据中央司法体制和工作机制改革的精神,劳动教养制度将要改革为违法行为教育矫治制度。目前,有关立法机构正在进行相关法律的制定工作。在立法过程中,法律的性质、适用对象、适用条件、决定程序以及法律名称等几个重要问题必须加以澄清。

一、关于违法行为教育矫治法的性质和定位

关于改革后的劳动教养的法律性质,有着各种主张。如保安处分、行政处罚、轻罪,或者非刑罚方法等。我们认为,从我国现行有关立法确立的法律处分结构来看,应当将违法行为教育矫治法定位于我国现行刑事处罚和行政处罚体系之外的一种独立的法律处分,是对被矫治人员的强制性教育措施。

首先,从我国现行劳动教养适用对象所实施的行为来看,主要是违反社会治安管理的行为。如果立法更多地考虑行为的危害性,那么应当将其定位于一种处罚制度。但从我国目前对违反治安管理行为的惩罚体系来看,各处罚之间衔接较为严密,对轻微违法的惩罚有治安管理处罚,对严重的或者犯罪行为的处罚则有刑罚,因此,不需要也没有空间单独设立其他的处罚措施。对此,也有的人建议通过将劳动教养等法律处分轻罪化,来解决目前两种处罚之间衔接紧密而无法设定新的处罚的问题。但是,轻罪化,一方面会导致取消现行刑法定量因素的限制功能,势必大幅度扩大犯罪圈,使我国的犯罪总量大幅增长,公民的犯罪记录也会大量增加,社会负面影响较大。另一方面也必然要求对整个刑事法律体系动大手术,甚至重构,这在目前情况下是不现实的,在立法上不具备可操作性。同样,将其归入行政处罚,也不具备可操作性。一方面《治安管理处罚法》和《行政处罚法》都颁布和实施不久,重新进行调整缺乏操作性。另一方面,实际上在相关立法时劳动教养的问题也曾被提及,法律之所以最终没有规定,还是考虑到了劳动教养更多的是对行为人的教育矫治,而不是对行为的惩罚。也就是说,现行劳动教养不是主要关注其行为本身的危害性,而是实施行为人的主观恶

---

* 原载《中国司法》2010 年第 7 期,与张桂荣合作。

习,所以不能简单地将其定位于一种处罚措施,而应当定位于对行为人的一种教育矫治措施。

另外,从我国目前劳动教养适用对象来看,绝大多数对象是属于"大法不犯、罪错不断、屡教不改、气死公安、法院难办"的刑法边缘族。"法院难办",说明其行为虽危害治安,但不构成刑法上的犯罪,行为人主观恶习较深,而客观恶行并不重。"罪错不断、屡教不改、气死公安",说明其主观恶习之深,处罚根本不起作用。但是,如果因为处罚体系衔接紧密或者因惩罚不起作用,而对这些人放任不管,那么无论从国家在社会管理中充当的角色,还是国家对全体国民人身财产安全的保护义务来说,都是严重的失职。国家作为全体公民利益的代表,有责任保护公众的安全和利益不受侵害,同时国家作为全体公民利益的代表者,有责任对需要国家关怀和帮助的人提供必需的支持和帮助。因此,从国家责任的角度出发,国家应当将这些人纳入国家的管控范围内,对这些人采取适当的措施进行干预。考虑到这些人主观恶习较深,处罚不起作用,因此,对这些人最有效的干预就是关注其人格特征,矫治其主观恶习。而主观恶习的消除和不良人格特征的矫正,必须靠教育矫治措施来完成。因此,将其定性为教育矫治更能够体现制度目的和功能。实际上,从我国现行劳动教养以及其他相关制度的历史发展过程来看,这些制度也一直在强调教育矫治功能,比如对劳动教养人员的心理教育、文化教育、职业技术教育以及对吸毒成瘾、性病、艾滋病感染者的治疗等。也可以说,定位于教育矫治措施也是合理的继承。

然而,尽管这些人主观恶习较深,需要消除和矫治,但是他们不会主动地要求接受教育矫治,因此,国家为了保证教育矫治目的的实现,必须要运用国家权力对其采取强制性的手段,强制其接受教育矫治。另外,对主观恶习较深的人进行教育矫治需要一定的时间和场所,从节约成本和可行性来说,教育矫治也只能采取集中的方式进行。而集中实际上就意味着一定程度的强制,就如寄宿制学校对于寄宿学生的管理一样,在学校的活动范围、活动时间、外出、入校的时间、内务卫生等方面,都要制定相应的规章制度。从形式上看,这是对其自由的限制,但这样做的目的是更好地管理,其实质并不是惩罚。可以说,强制是管理的需要。将许多具有违法恶习的人集中在一起进行教育矫治,更需要制定相应的规范以约束其行为,对其人身自由进行一定程度的限制。因此,这种教育矫治是一种强制性的教育矫治。强制不是为了惩罚,而是实现教育矫治目标的需要,强制是实现教育矫治的手段和途径。

将其定位于强制性教育措施,在目前的法律中也能找到相应的依据。根据《治安管理处罚法》第 76 条的规定,有本法第 67 条、68 条、第 70 条的行为,屡教不改的,可以按照国家规定采取强制性教育措施。而第 67 条、第 68 条、第 70 条分别规定的是对引诱、容留、介绍卖淫、传播淫秽信息、赌博等行为的处罚,即根据第 76 条规定,对于具有上述行为而且屡教不改的,可以采取强制性的教育矫治措施。公安部2005年9月13日印发的《关于进一步加强和改进劳动教养审批工作的实施意见》中指出《治安管理处罚法》第76条所规定的强制性教育矫治措施,就是劳动教养。

二、关于违法行为教育矫治法的适用对象及其适用条件

如果将其性质定性为强制性教育矫治措施,那么适用对象必须是需要教育矫治的人员。而如何判断哪些人需要教育矫治,是一个关键的问题。也就是适用条件的确定至关重要。只有明确了适用条件,适用对象的范围才不会被无限扩大。

由于强制性教育矫治制度是一项关注行为人主观恶习的措施,只有主观上具有违法恶习的人才可以适用这一措施。而主观的东西往往通过一定的外部行为特征反映出来,因此,对于主观恶习的判定,应当根据行为人的行为表现来判断。对于违法恶习的判定,应当从其违法行为的反复性来判断,要看行为人的违法处罚史,是否多次或者反复违法行为,是否经过了多次处罚仍继续实施违法行为。也就是要将屡教不改作为其适用条件。

三、关于违法行为教育矫治的决定程序及其决定机关

当前劳动教养受到批评的主要问题是决定权操控在单一的行政机关之手,相对人没有自己辩护的权利,缺乏公开性,缺乏监督,随意性大,人权保障不可靠。对于程序问题,人们提出了不同的建议,有的主张司法化,有的主张继续保持行政性,采用行政程序等。

我们认为,从制度性质以及社会发展趋势来看,为了保证效率和公正,强制性教育措施采取行政正当程序或者称之为"准司法程序"更加适合。

我国目前违法犯罪现象不断增多,就业、医疗、教育、交通、环境污染等各种社会问题日益突出,迫切需要国家采取积极主动的措施来进行干预,而这一要求和任务的实现最终要靠政府主动发挥其管理职能来实现。这是由行政行为本质特征所决定的。作为行政行为与司法行为最大的不同就是,行政行为是为了实现国家目的而主动执行、适用法律的活动。而司法是追诉犯罪、裁判纠纷的被动适用法律的活动。[①] 也就是说,行政是主动的,司法是被动的。解决社会问题尤其是解决犯罪问题,应当采取积极主动的事前行动,而不是消极的事后行动。强制性教育矫治措施,作为一种预防犯罪措施来说,应当是国家为了解决犯罪问题而主动行使行政职能的体现。所以,从教育

---

① 参见王连昌、马怀德主编:《行政法学》(第4版),中国政法大学出版社2007年版,第3页。

矫治的角度,更应选择行政性的程序,而不是司法程序。

实际上,早在19世纪末20世纪初,随着社会问题如就业、教育、卫生、交通以及环境污染等大量涌现,周期性经济危机开始频繁爆发,为缓解这些问题,需要国家采取行政措施加以积极干预,西方国家进入了行政国家。① 尤其是20世纪初,随着行政国家的到来,行政权不断扩张,行政的功能日趋积极化、扩大化和复杂化。而基于社会发展的客观实际需要,要求政府能动地解决各种社会现实问题,行政自由裁量权日益增长也被人们所接受。人们认识到,在新的现实条件下,行政自由裁量权并不只是为恶,不能为善,它在正确运用的条件下,不仅不会给公民带来祸患,而且能为公民创造福祉。为了限制权力的滥用,完全可以采取合适的方式和途径来控制行政权,以促使行政权合法、公正、有效地运作。② 因此,采用行政程序,充分发挥行政职能在解决社会问题中的作用,是社会现实的需要。

另外,作为一种教育矫治措施,其目的本身不是为了惩罚,而是为了教育矫治,尤其是通过对其不良人格特征的矫治,可以使被教育矫治人员成为身心健康的人,这实际上是对其基本权利的保护。这与"行政的目的在于促进国家与社会的福利"相一致。③ 因此,违法行为教育矫治是一种挽救、教育或者治疗措施。

所以综合考虑,对于强制性教育措施,建议采用行政程序。当然,为了限制自由裁量权的无限扩张,应当通过建立正当程序的方式加以控制,即决定机构中立、决定程序公开、当事人参与,为当事人提供申辩的权利等。

建立正当程序,决定机关的中立性至关重要。目前,关于决定机关中立性的问题,许多人提出了不同的改革方案。有的观点建议采用司法化,即由人民法院通过公正的审判程序来决定。这一模式具体又包括三种方案:一是设立专门的治安法院,负责审理公安机关提请的劳动教养案件;二是由人民法院内设的刑事审判庭、行政审判庭负责审理劳动教养案件,在上述业务庭增设劳动教养审判合议庭,或实行审判独任制;三是在人民法院内部单独设立治安审判庭,专门负责审理劳动教养案件。④

从理论上,设立单独的治安法院或者治安法庭具有合理性,也符合正当程序的要求,但从我国目前的国情来看,其操作具有相当的难度。首先,作为强制性教育矫治措施,它既不是刑事处罚,也不是行政或者民事处罚,因此,其程序既不能适用刑事程序,也不能适用民事程序或者行政程序,而需要构建一个新的独立的司法程序,这具有相当的难度,不具有可行性。其次,还要建立相应的机构,增加编制,配备人员,更重要

---

① 参见石佑启:《论行政法与公共行政关系的演进》,载《中国司法》2003年第3期。
② 参见石佑启:《论行政法与公共行政关系的演进》,载《中国司法》2003年第3期。
③ 参见张爱晓:《犯罪与行政违法行为界定的理论基础》,载戴玉忠、刘明祥主编:《犯罪与行政违法行为的界限及惩罚机制的协调》,北京大学出版社2008年版,第265页。
④ 参见赵秉志:《劳动教养制度改革的方向与方案》,载《法学研究》2010年第1期。

的是要修改法院组织法,这也具有相当的难度。另外,这也会造成不必要的司法资源浪费,并不可取。同样,由人民法院内设的刑事审判庭、行政审判庭负责审理劳动教养案件也不可取。作为强制性教育矫治措施,它不同于行政处罚或者民事处罚,也有异于刑事制裁,其决定过程应遵循专门的程序规则,如果由人民法院内设的刑事审判庭或者行政审判庭负责审理,既容易混淆违法行为教育矫治的法律属性,又可能导致实际审理程序的混乱,并不妥当。

我们认为,目前关于劳动教养程序的问题,实际上主要集中在程序缺乏正当性的问题。而程序的正当性,既可以通过司法化,也可以通过将行政程序的决定机关中立化并为当事人提供辩解、辩护的机会以及决定程序公开等方式加以解决。按照正当程序原则的要求,对于涉及人身自由的法律处分必须采用正当程序,正当程序的关键之一就是决定机构的中立性,即任何人或团体不能作为自己案件的法官。[①] 所以决定机构的确定必须解决其中立性问题。

所谓中立方应当是指当事人以外的没有利害关系的其他人,以此意义理解,中立机构或者中立方的选择范围非常广泛,不限于法院。为了保证效率和公正,强制性教育矫治措施的决定权可以交由行政大系统中的一个多部门组成的委员会行使(不是单个行政机关行使)。国家职能大体可以分为三类,即立法、司法和行政。这三类中,行政最为宏大,其本身就是一个成分复杂多元的大系统。随着社会发展和国家管理的需要,一些人口众多、幅员辽阔的现代大国出现了国家给予行政系统(的委员会)以"委任立法"和"委任司法"的法律权限,例如美国联邦和部分州的假释委员会(成员来自多个非法院的部门)便享有某种司法权。再如英国的行政裁判所制度或者委员会制度等。行政裁判所(administra-tivetribunals),简称裁判所(Tribunal)。它是指在一般法院以外,由法律规定设立用以解决行政上的争端,以及公民相互之间某些和社会政策有密切联系的争端的特别裁判机构。所用名称不一,最常用的名称有委员会(Commission 或 Committee)、专员(commissioner)、局(board)和裁判所等。它们行使司法权或准司法权,有时也称为特别裁判所。[②] 它们是作为行政运作的组成部分而设立的。此外,英国对于精神病人强制医疗的裁决采用委员会制,即由"精神保健审议委员会"(Mental Health Review Tribunal,MHRT)负责裁决。这一委员会在法律家主宰的范围内具有司法机关的性格,但是允许医师、社会人各1名参审,和美国或德国等国的司法法院程序相比更温和。[③] 英国的行政裁判所具有专门知识、程序简便、灵活性、办案迅速、费用低

---

① 参见王名扬:《英国行政法》,北京大学出版社2007年版,第117页。
② 参见王名扬:《英国行政法》,北京大学出版社2007年版,第104页。
③ 参见[韩]卢龙愚:《保安处分的诸问题》,载赵秉志主编:《中韩刑事制裁的新动向:"第二届中韩刑法学术研讨会"学术文集》,中国人民公安大学出版社2005年版。

廉以及符合社会立法需要等优点。①

我国原来有过一个委员会即劳动教养管理委员会,但实际上已经不存在了,立法时可以改名为"违法行为教育矫治管理委员会",由其行使裁决权。当然,立法中应规定由国务院出台这一管理委员会的工作细则,包括工作的基本原则、组织和程序、处分对象范围、权利义务、处分类别和期限,以及法律监督等。

---

① 参见王名扬:《英国行政法》,北京大学出版社 2007 年版,第 105—106 页。

第八编

刑法研究心得

提倡折衷

——法学研究范式检讨*

范式(来自英文 paradigm,原意为词形变化表)指由一系列概念组成的分析问题的思维框架,大体也可理解为思想方法。"折衷"作为一种思想方法,是指平抑偏执达致适中的方法和过程。

古希腊有关于"公平""正义"的思辨理性。古代中国,有关于"伦理情感"的实践理性,与此相关,中国传统的一种思维方法是形象整体思维。这在中医理论与实践中体现得最明显。中医各科的核心理论"经络学说"是典型的形象整体思维的例证。

20世纪80年代以来,我国社会科学包括法学领域在众多学者尤其是中青年学者大力推动下快速引进了西方的各种理论知识,同时也引进了研究范式,有广泛影响的一种范式即"二元对立"。这一范式有强烈的逐层展开、层层深入的思辨色彩,诸如权利与义务,自由与秩序,公正与效率,理想与现实,国家与社会,政府与公民,事实与规范,等等,均以二元对立范式展开。这对推动我国法学的发展起了显著作用。形象整体思维这种传统思想方法却被逐渐遗忘。

"二元对立"范式产生的社会背景有其深厚的历史性。此种范式根植于阶级对抗社会结构:统治与被统治、压迫与被压迫的紧张关系。社会存在决定社会意识,包括思维方法。这种范式必定具有对现实存在的强烈批判性,因而具有相应的真理性,在我国当今也复如此。这种范式的优长是精细性,表现为一系列的追问(追问到最后或许是不可知)。它的一个逻辑特征是非此即彼,排斥折衷,将此范式用来观照当今社会生活实践(我国的和全球的)必定会发现诸多不契合的现象。例如对某些制度和措施涉及理想与现实关系的讨论中往往是展望美好的理想并以对现实的过分批判为条件,人权口号宗教化。矫枉过正的结论往往与二元对立范式存在形影关系。

在漫长的阶级对立社会中,国家与公民的关系基本是统治与被统治的对立关系。法制随社会变迁而变化,法学理论也要随法制演变而变化。随着生产力发展,国民财富的普遍增长,国家的社会保障制度的建立和健全,随着科学技术发展和法治水平提高,政府职能由管治向服务转变,公民生活质量普遍提高,公民与政府的亲和度日益增

---

* 原载《浙江社会科学》2005年第3期。

强。另一面,随着自然环境恶化和严重犯罪数量增长,公民个人以及民间组织对此显得软弱无力,为改善生存条件和免遭犯罪侵害,公民对国家的依赖程度随之增长。在当今世界许多国家尤其经济发达和法治水平较高的国家,政府与公民、国家与社会的关系由过往的对立为主已渐变为统一性上升的格局。这是不以人的主观意志为转移的客观存在。在这种社会背景下,人文社会科学的二元对立研究范式虽然并不过时,但也不可独此一家,需要调整补充,笔者以为应当关注"折衷",重视二元统一的方面。在非此即彼之外,关注亦此亦彼、非此非彼现象。政治运作、法律机制等社会实践中处处可见妥协和折衷。甚至可以认为折衷是社会生活的本性。下面就刑法和刑法学为例进行考察予以说明。

(1)关于罪刑法定原则的功能和价值。通行的观点是它只有一种功能和价值,即限制国家司法权的滥用以收人权保障之功效(偏执一端)。诚然,罪刑法定原则在产生和形成阶段(前现代法治社会)其功能和价值确是限制国家司法权的滥用,这是基于当时的社会背景——国家与公众的关系主要以对立为主。但是在罪刑法定原则的定型时期(现代法治国家)其功能和价值已渐变为兼具惩罚犯罪和人权保障双重功能。罪刑法定这一原则现已演变为一种技术,即国家自觉地用来作为惩治犯罪的技术。犹如游戏规则,规则起初是外加于游戏的,久而久之,规则与游戏融为一体。无规则的游戏已不能算作游戏而是胡闹。罪刑法定原则与刑法的关系亦复如是。有人说,没有罪刑法定原则照样可以惩罚犯罪而且效率会更高,据此否定罪刑法定原则的惩罚犯罪的功能,这种说法纯属臆想。在当今时代,刑法与罪刑法定原则已形影不离,自觉融为一体而不可分,当今已不存在没有罪刑法定原则的刑法立法,不像初期那样,社会进步势力将罪刑法定原则强加给国家。当代可以说,罪刑法定原则与其载体"刑法"在功能上等同。罪刑法定原则的两种相辅相成的价值:在限制国家刑罚权随意发动的基础上为国家行使刑罚权确立合法性根据。罪刑法定是现代国家追究犯罪的基本方式。

(2)关于实体法与程序法的社会价值。刑事实体法和刑事程序法,孤立而论,它们各自都有惩治犯罪和保障人权两种功能。当将它们联系起来在实际运作中,则出现功能互补即折衷局面:实体法侧重惩罚犯罪而程序法侧重保障人权。这一思想方法对刑事司法有重大导向作用。

(3)关于犯罪行为形式。通说认为不是作为就是不作为,非此即彼,没有中间形式(第三形式)。其实,刑法上的作为与不作为,不是形式逻辑上的"白与非白"关系。"非白"是对"白"的全称否定判断,而"不作为"并非是对"作为"的全称否定。这就是说,逻辑上不排除存在第三形式。因为"不作为"这一概念的组成词"作为"其实际含义并非刑法上的犯罪行为形式"作为"。犯罪行为的典型形式"作为"的含义是刑法禁止实施的行为(违反禁止规范)。而"不作为"的组成词"作为"恰恰是刑法要求实施的行为(违反命令规范)。"持有"属独立的第三犯罪行为形式既非作为也非不作为。①

(4)关于罪过形式。通行理论将犯罪心态分为两种即故意(两类)和过失(两类),泾渭分明。相应地,刑法规定的一个犯罪(罪名)要么是故意要么是过失,不能既有故意又有过失。诚然,多数情况确实如是,这可视为典型。但事实上也有一些非典型的例外情形(没有无例外的规律)。有代表性的例子是《刑法》第397条的两个罪名,滥用职权罪和玩忽职守罪。多数著作认为滥用职权罪只能是故意,玩忽职守罪必是过失。其实不然。这里着重讨论滥用职权罪。其主观心态,通说为故意,又有三种细微差别。(1)王作富教授在其主编的《刑法》(中国人民大学出版社1999年版)中认为,"行为人明知自己滥用职权的行为会导致公共财产、国家和人民利益遭受重大损失的结果,并且希望或者放任这种结果发生"。(2)张明楷教授在《刑法学》(法律出版社2003年版)中认为"必须出于故意","致使公共财产、国家和人民利益遭受重大损失的结果,虽然是本罪的构成要件,但作为客观的超过要素,不要求行为人希望或者放任这种结果发生"。(3)陈兴良教授在《规范刑法学》(中国政法大学出版社2003年版)中也认为是故意,"至于致使公共财产、国家和人民利益遭受重大损失并非是滥用职权罪的结果,而是滥用职权罪的罪量。也就是说,滥用职权行为本身是故意的,但并非只要实施了滥用职权行为就构成犯罪,而是只有在致使公共财产、国家和人民利益遭受重大损失的情况下才构成犯罪"。但问题是在同一法条的玩忽职守罪中,兴良教授又认为"玩忽职守罪的结果是致使公共财产、国家和人民利益遭受重大损失"。二者对照显然很难自圆其说。明楷教授是拿来的境外说法,似乎水土不服。根据我国刑法学界的共识,结果犯的"故意"应当是对结果持希望或者放任心态。兴良教授干脆否认滥用职权罪是结果犯,这显然离学界的共识太远了。王教授承认滥用职权罪是结果犯,但得出该罪心态为故意的结论只是简单套用刑法关于犯罪故意的定义,显然没有注意到该罪行为人心态的复杂多样性,难以招架实践的诘问。高西江在主编的《刑法的修订与适用》(中国方正出版社1997年版)中认为,"玩忽职守罪多数是过失"(言内之意是并不完全排除故意,当然一般只会是间接故意),"滥用职权罪在主观方面表现为过失或者间接故意"。侯国云等在《新刑法疑难问题解析与适用》(中国检察出版社1998年版)中认为"无论滥用职权罪也好还是玩忽职守罪也好主观上都是既可由过失构成也可由故意构成"。周道鸾、张军在主编的《刑法罪名精释》(人民法院出版社2003年版)中认为"滥用职权罪的主观方面一般由过失构成……但也不排除故意的存在"。陈兴良在主编的《罪名指南》(中国政法大学出版社2000年版)中认为是间接故意,也可能是出于过失。附加一句,张军、侯国云曾直接参与全国人大常委会法制工作委员会组织的刑法修订准备工作,高西江是刑法修订研究小组的召集人。他们的观点反映了

---

① 理由详见储槐植:《三论第三犯罪行为形式"持有"》,载《中外法学》1994年第5期。

立法意向,该项立法是司法实践经验的总结。另外,从道理上考察,立法将滥用职权罪和玩忽职守罪"通常"认为一为故意一为过失的心态不同的两种罪纳入同一法条,均为结果犯,对主观心态未加明定,而且法定刑也未作区分,这就意味着两罪在罪过形式上没有决然区分。"滥用职权行为和玩忽职守行为是渎职犯罪中最典型的两种行为。两种行为的构成要件除客观方面不一样以外,其他均相同。"①一种罪兼有故意(间接故意)与过失(多半为轻信过失)两种罪过形式,刑法中并不仅仅是第397条如此规定。在行为的客观损害结果严重以及法定刑上限不高的情形下,故意与过失同罚并无大碍,何况还可以从幅度刑中进行酌定。

有鉴于此,笔者曾撰文②首先介绍了国外刑法罪过形式的规定和学术研究情况,德国刑法理论的"第三种罪过形式"、法国刑法理论的"中间类型"以及美国刑法规定的"轻率"(reck lessness)。德国和法国的这种理论与美国刑法的立法规定在内涵上是一致的。所以如是,一是考虑到间接故意与轻信过失,无论在理论上还是在实践中要进行明确区分是极其困难的,两者共同之处是行为人对其产生危害结果的行为具有轻率特性(明显偏离普通人应有的谨慎),行为时对后果的预想多半呈模糊状态:既可能含侥幸避免成分(轻信),也不排除漠不关心的成分(放任),究竟以何者为主?因案件不同而相异,有些案件中连行为人自己也不明确何况司法人员。二是司法实践中的情况更为复杂,如果硬要判定是故意或者是过失往往不可能做到,结果是无法治罪放纵了犯罪。《美国模范刑法典》(许多州的刑法以此为蓝本)对结果犯的心态由2种改为3种,即在过往的故意和过失(疏忽过失)之间增设中间模糊心态"轻率"是科学性和实用性兼具的表述方式。由于我国现实采2种4类的罪过形式分类方法,立法上缺乏中间类型(诸如美国刑法中的轻率),所以理论上暂时只得表述为"复合罪过形式",即同一法条的同一罪名在实际社会生活中既可能是故意也可能是过失。

(5)关于间接故意的认识因素。通行观点是,间接故意的认识因素只包括预见危害结果发生的可能性。少数学者认为还包括预见危害结果发生的必然性。后者以举生活中确有认识到结果必然发生但对结果仍持放任态度的实例来说明自己的观点符合实际(亦此亦彼)。前者则用推论思辨方法予以反驳认为"放任"以存在"两种可能性"(结果可能发生也可能不发生)为前提,如果认识到必然发生就否定了两种可能性,就不存在放任的前提,也就没有间接故意。所谓非此即彼。为说清这一问题,需明确两个前提条件。其一,直接故意与间接故意的主要区别在哪里?主要不在认识因素而在情感因素。直接故意的情感因素是肯定性情感,间接故意对结果呈两可态度即模

---

① 胡康生、李福成主编:《中华人民共和国刑法释义》,法律出版社1997年版,第562页。两位主编是1997年刑法修订工作的主持人。
② 参见储槐植、杨书文:《复合罪过形式探析——刑法理论对现行刑法内含的新法律现象之解读》,载《法学研究》1999年第1期。

糊性情感。其二,是否承认情感因素与认识因素之间有矛盾冲突的一面?情感有理智的一面也有非理性一面。因此情感因素并非总与认识因素相一致。由此间接故意的认识因素既包括预见危害结果的可能性也包括预见必然性,这种看法并不违背心理学常识。盖为亦此亦彼的又一例证。①

(6)罪与刑的关系,不仅有对立的一面还有统一的一面。关于罪刑统一关系,学界极少关注。罪刑对立,这是表面可见的显象。罪与刑彼此对抗,相互斗争。斗争不外出现两种结局,或者刑遏制罪或者罪抗衡刑。罪刑统一关系主要体现在三方面:其一,罪与刑各依对方为自身存在的条件。其二,罪与刑产生于相同的社会物质生活条件,犯罪和现行统治都产生于相同的条件。相同的条件,主要指社会生产方式。罪与刑产生的统一性观点具有重大认识价值。科学认识犯罪原因是正确制定刑事政策的首要前提。在微观上,犯罪是"人祸";在宏观上,犯罪可视为准"天灾"。如果以减灾的思想方法来进行刑事决策,将会提高其理性水平和长远的有效程度。其三,罪刑统一关系还表现在矛盾转化上。矛盾转化不是指罪变刑、刑变罪而指矛盾双方主次地位的转变。刑压制住罪是国家制定刑罚和适用刑罚之目的。罪抗衡刑,则罪为矛盾的主要方面。实证学派批判古典学派,焦点在于刑罚目的。古典学派的报应刑论,其产生的社会背景是对封建罪刑擅断的批判,是司法专横而非面对罪压倒刑的社会现实,所以报应刑论不含罪刑转化之目的。一个多世纪以来的社会实践表明,理论上转变刑罚目的无力转化罪刑矛盾地位以收控制犯罪之功效。20世纪后半期西方世界流行的折衷目的刑论(混合理论),其真谛不在于压制犯罪数量上升,而在于追求刑罚公正合理的价值取向,兼顾主权与人权。

(7)关于刑法解释论。纯主观主义方法和纯客观主义方法,被公认为不可取。任何单一"主义"都有局限性。客观说为主辅以主观说,或者主观说为主辅以客观说,这两种解释论上的折衷方式已得到越来越多学者的认同。

附带提一句,关于法理学研究。20世纪法学研究中的价值处理经历了重内容和重程序的不同阶段。亚图·考夫曼的程序与内容并重的法理学代表了21世纪法理学发展的方向。②

"折衷"的价值取向是什么?"折衷"就是"执中",即捕捉中心,居中不偏私,不偏不倚,也就是公正。公正的基本实现方式是折衷。折衷的基本价值是公正。折衷是政治的本性,是法律的生命。折衷的社会功效是实现社会稳定。

"折衷"的哲理根据,是唯物辩证法的矛盾规律,矛盾双方对立又统一,对立即一分为二,统一即合二为一。矛盾规律是事物存在和发展的普遍规律。折衷即一分为二基

---

① 参见储槐植:《论刑法学若干重大问题》,载《北京大学学报(哲学社会科学版)》1993年第3期。
② 参见周永坤:《法学研究中的价值处理》,载《法制与社会发展》2004年第4期。

础上的合二为一。

如何实现折衷？折衷不是无原则和稀泥，而是规则下的博弈，是合理的妥协，是双赢的让步。

如何折衷？大致可由两部分构成：第一步关系分析，核心为是非辨析。第二步，利弊权衡，价值整合。

社会生活充满矛盾和冲突。非此即彼的思维方法，是期望所有的事件和现象都应进行理性计算。而现实生活中的事件和现象并不是非此即彼的而是非此非彼或亦此亦彼的，不是泾渭分明的。"理性高于感性"是西方哲学的基本假设，但这一分析框架不足以解释所有问题。随着各种问题在更深入的层面展开，"理性做主"这一框架的局限性越来越明显。因为各种问题都有非常复杂的决定因素而并非是由理性说了算，尤其到问题的深处，甚至可以发现最终的决定因素是一种高级感性，有学者称其为"大感性"。大感性的基本特征是整体性和直觉性，即形象整体思维。[①] 亚里士多德认为，"要使得事物合乎正义，须有毫无偏私的权衡；法律就是这样一个中道的权衡"[②]。中道权衡作为方法，与中国古来的儒学中庸思想是相通的。中庸不等于平庸，中庸的核心含义是中和、适中、无过无不及、把握分寸、恰到好处。事物的对立两端之间都有个"中"（数学上，正1至无穷大与负1至无穷小之间的"中"是0，不偏不倚，折衷追求的是0偏执），中是事物的理想状态。中庸的本质是在两个极端之间寻求适中。在治国策略上，法家主张严刑峻法，以力服人。道家怀柔敦厚，清静无为。荀子则根据中庸思想，认为法家失之太过，道家失之不及，唯有中和才是最好的治国理政之道，主张"德主刑辅"，宽猛相济。正如孔子所言，"隐恶而扬善，执其两端，用其中于民"。文化是一个民族的核心要素，是民族精神的显现。"中庸"是中华民族传统文化中的一项优质因素。

折衷作为一种研究范式，并不深奥，它其实是一种大众化的思维方法。"人"本身就是"折衷"的化身，人体左右对称，不偏不倚，天生的平衡感则是人类活动的生理基础。人们只要留神、关注、用心观察和对待事物自然就会达到或接近"折衷"。表达折衷这一思维方法，我们熟悉的词语有：统筹、兼顾、妥协、协调、并重、平衡、统合、整合、一体化等。近年来我们看到以折衷范式为命题的文章和论著日益增多，诸如《在××与××之间》（诸如在秩序与自由之间，在公正与效率之间，在权力与权利之间）等。

研究范式多样化是学术繁荣的需要和表现。一个人也不只专用一种范式，甚至研究一个问题也可以同时运用多种范式。本文旨在提倡一种需要光复的范式，而绝无贬低其他范式的意思。

[①] 参见赵汀阳：《论可能生活：一种关于幸福和公正的理论》，中国人民大学出版社2004年版，第197页。

[②] 〔古希腊〕亚里士多德：《政治学》，吴寿彭译，商务印书馆1965年版，第169页。

刑法学研究的新构想[*]

思路恰当与否直接影响研究工作能否顺利进展。笔者以为刑法研究的基本思路是多方位立体思维。具体说来,从刑法之外研究刑法,这涉及研究的广度;在刑法之上研究刑法,这涉及深度;在刑法之中研究刑法,这是起点和归宿。前两个方位是我国刑法学界的薄弱环节。

刑法不会自我推动向前迈进,它总是受犯罪态势和行刑效果两头的制约和影响,即刑法之外的事物推动着刑法的发展。这是刑法的发展规律。刑法研究只有在认同刑法规律的前提下才可能取得重大进展。历史和现实都证明了这个道理。16世纪中期前后,西方世界从自由竞争转为垄断经济,犯罪数量日益增长,因此以古典刑法思想为理论基础制定的刑法由于其无能而受到普遍怀疑,于是学者们跳出刑法圈去探索犯罪原因以期找到控制犯罪的方略。犯罪人类学派(又译刑事人类学派)和犯罪社会学派(又译刑事社会学派)就是在这样的历史背景下形成的。犯罪学研究推动刑法理论发生重大演变:刑法基石由行为主义转为行为人主义,刑事责任本质由道义责任变为社会责任、规范责任,刑事责任范围由结果责任扩展为行为责任,刑罚目的由报应、威胁为主发展为矫正、预防为主,等等。新的刑法理论促进了一系列刑法制度和规范的产生与推广,例如:犯罪未遂概念外延扩大,教唆犯独立于从犯,从犯责任独立性规定,缓刑、假释和不定期刑制度,等等。第二次世界大战以来,西方世界的犯罪浪潮表明刑罚效用理想化观念的破灭,人们开始意识到对刑法的期望不可不切实际,从而导致在刑罚目的观上刑法新派向旧派靠拢,新古典主义抬头。

犯罪决定刑法,刑法决定刑罚执行;行刑效果又影响犯罪率升降。刑法要接受前后两头信息,不问两头(只问一头)的刑事立法不可能是最优刑法。不问两头的刑法研究不可能卓有成效。研究刑法必须确立刑事一体化意识[①],刑法研究者要有健全的知识结构——具有一定的犯罪学和行刑学(劳改学、监狱学)素养。

在刑法之中研究刑法,就刑法论刑法的解释刑法学是刑法学科的基础,对司法实践有重大价值,不可取代。我国刑法界在这方面取得了长足进展,十分可喜。然而不可否认,近年来我国刑法研究出现了原地踏步至多是碎步慢进的局面,原因何在?走

---

[*] 原载《中外法学》1991年第1期。

[①] 参见储槐植:《建立刑事一体化思想》,载《中外法学》1989年第1期。

出这种夹道的希望何在？除了上述拓宽刑法研究视野（从刑法之外研究刑法）之外，还需倡导在刑法之上研究刑法，这样才能站得高看得深。所谓"在刑法之上"就是要对刑法现象进行哲理思考和总体社会价值判断。刑法也和其他事物一样，除有自身规律外，还受社会发展一般规律支配，这是更深层面的问题。刑法和刑法学中的许多问题的解决往往取决于哲学认识。以下试举几例说明。

例如关于法人犯罪的肯定说与否定说之争，在刑法之中就刑法论刑法，否定说更理直气壮；然而社会实践（世界范围）表明肯定说似乎更受青睐，缘由在于两种观点的价值取向不同。

再如《刑法》第 10 条"但书"（情节显著轻微危害不大的，不认为是犯罪）的存废争论，否定说认为它给司法人员过大的裁量权以致破坏法制，在立法上开了一个口子。肯定说认为它给犯罪概念中注入了定量因素，具有中国特色，体现了宽大与惩办相结合的刑事政策，缩小打击面，以便使有限的司法力量集中用于同严重犯罪作斗争，社会意义重大。争论的焦点在于是从刑法之中还是从刑法之上考虑问题。

又如对全国人大常委会《关于惩治贪污罪贿赂罪的补充规定》第 11 条第 1 款，学者见解不一。否定说认为，我国没有财产申报制度，这个规定实为"有罪推定"。肯定说的观点有多种，一种认为，这一条款的规定属于"犯罪事实假定"，不可笼统称作有罪推定，罪名也可用"非法所得罪"。另一种观点认为，这是我国刑事立法的一个创新，既非有罪推定，也非犯罪事实假定，它是通过实体上犯罪构成要件的规定来减轻国家公诉机关的证明责任，旨在方便诉讼，使得狡猾的犯罪分子难以逃脱法律制裁，因而罪名不能叫非法所得罪（实体法上的罪名正是控诉人证明责任之重心所在，而该款的立法初衷恰恰在于考虑到控诉人证明不了被告人"非法所得"），应定名为"持有超过合法收入的财产罪"或者"巨额财产来源不明罪"①，这里涉及一个英美法系与其他法系不同的立法思路问题。大陆法系（社会主义法系也类似）实体刑法没有过多考虑诉讼的可行性程度。英美法则相反，诸如推定谋杀（意图重伤而致人死亡）、推定诈骗（违反特定义务实施了虽可能非有意的欺骗行为但产生了诈骗罪的一切法律结果）等实体规范显然是为了方便诉讼。实体与诉讼相结合的"推定故意"（行为人被合理地认为已经预见某种特定结果的心理状态）是美英刑法所特有的，这从根本上说是功利主义立国哲学的体现。马克思主义认为，功利主义哲学固然不好，但法律尤其应用性很强的刑法多多重视可操作性并无不当。立法要便于执行。前述《关于惩治贪污罪贿赂罪的补充规定》第 11 条第 1 款并非"推定故意"，然而"两高"《关于办理淫秽物品刑事案件具体应用法律的规定》（1990 年 7 月 6 日）第 4 条"走私淫秽录像带 5-10 盒以上……可以认为是以牟利或者传播为目的，适用《全国人民代表大会常务委员会关于惩治走私罪的补

---

① 储槐植：《惩治腐败的锐利武器》，载《法制日报》1989 年 12 月 15 日。

充规定》第三条的规定追究刑事责任"则可以视作推定走私(淫秽物品)罪。为避免错罚无辜,此种"推定"以同时具备两个条件为前提,即有走私行为和淫秽物品达到一定数量。证明这两点并不困难,从而免除了公诉机关对被告人罪过(特定目的)的单独证明责任,以防放纵罪犯。凭以往经验,此条"规定"预计可能会受到来自通行的犯罪构成和诉讼方面的质难。笔者认为,从总体社会价值(包括得失衡量)上看,这个规定是可取的,也并不是我国的独创。

总之,研究人员因循多方位思路,将有助于把我国刑法研究推向纵深发展。

当前刑法研究的方法问题[*]

我国刑法研究的论著甚丰,但不无遗憾的是,有关方法论的研究并未得到应有的重视。本文试图检讨我国刑法研究方法的现状,并提出改进建议。

一、刑法研究方法现状

我国刑法研究方法存在的问题可以归纳为如下三个方面:

(一) 理论因循倾向

由于历史的政治原因,中国刑法的理论框架深深地打着苏联影响的烙印。中华人民共和国成立初期,主要是学习苏联的刑法理论。后来因为政治运动及其他原因,法制遭到破坏,刑法理论研究处于停顿状态。1979年《刑法》的制定及新的政治经济形势促使刑法学复苏,十余年来得到相当发展。出版、发表了成百上千的刑法学专著和论文,学术界也活跃着一批中青年刑法学者。尽管如此,刑法思考模式、理论框架与基本观点并没有多少实质性突破,仍深受苏联模式的影响。比较典型的有犯罪论和刑事责任论。欧陆刑法和英美刑法对中国刑法的影响甚微。近年来,有学者大胆尝试构建新的刑法理论体系,试图一反唯苏联模式是从的教条作风,这种精神与理论勇气值得肯定。但问题在于不能凭空想象出一套新的理论体系来代替原有理论体系,而首先是应对现有刑法制度从理念到现实运行状况进行反思,抛弃只囿于法律概念的推理、理论体系的构造这种传统的思考方法。刑法学本质上是一门应用学科,理论因循只会使刑法学窒息。不可忽视,中国刑法理论并非土生土长,继承传统文化的比例过少。然而,不植根于自己的文化土壤,中国刑法不可能有前途。目前刑法理论界的任务之一是要清除教条主义的影响,厘清因不重视刑法研究方法而导致的理论上的混乱,深刻反思各种刑法制度。

(二) 偏重"体系思考"、忽略"问题思考"

自《刑法》制定以来,刑法学的研究重心是刑法解释学。除刑法解释学外,对犯罪构成理论也倾注了相当精力。法律思考方法以"体系思考"为主。"体系思考"指的是抽象的概念推理,借概念条理化完成封闭的理论体系。其特点是与"形而下"的具体事

---

[*] 原载《晋阳学刊》1994年第6期,与罗树中合作。

实脱节。刑法学作为人文科学之一,理应有逻辑体系,应有"形而上"的思考;但作为一门应用型经验学科,理论体系的建构应以实证研究材料为基础,体系应是开放的。"难以反驳的法理体系,将无法付诸实施。"①经验表明,不可反驳的封闭式刑法理论体系对解决刑事立法、刑事司法所面临的现实问题助益甚少。近来有学者不遗余力地构筑理论刑法学的完整体系,可说是"体系思考"的极端。

"问题思考"指的是对现实问题进行实证研究并解决它们。将其作为刑法研究方法,就可做到立足社会现实,紧扣时代脉搏,解决刑事立法、刑事司法中的现存法律问题,并进而反思刑法理论的缺失。就刑法研究而言,"问题思考"面向"形而下"的具体法律问题;"体系思考"只有在以"问题思考"实证研究取得成果为基础时,才会有"形而上"诸如刑法本质、刑法追求的社会伦理价值等的思考。否则,"体系思考"便可能走向法国刑法学家马克·安塞尔所极力反对的"以形而上学为基础建立刑法概念,搞法学上的先验主义"②的危险境地。总之,"问题思考"需要研究者走出抽象概念的圈子,去抓住活生生的法律问题,与现实生活紧密联系,它需要研究者付出艰巨的努力。遗憾的是,目前研究刑法的学者大都偏爱抱着书本闭门搞"体系思考",冷落"问题思考"。其表现为:

1. 形式地主张罪刑法定原则与罪刑相适应原则

罪刑法定原则和罪刑相适应原则是刑法自身制约机制的基石,提倡这些原则的目的是防止司法机关擅断,防止不依法办事。学界不少人力主在中国刑法典中应明文规定这两个原则。鉴于中国法制尚欠完备,呼吁依法办事、严肃法纪是可以理解的。不足的是仅止于形式与概念的研究,没有深入一步调查中国法制的现实,找出症结,设计可行的措施。事实上,刑法基本原则只有具体地化入一系列刑法制度、规范及司法行动中时,才谈得上刑法的罪刑法定与罪刑相适应,具有刑法自身制约的机制。刑法的自身制约是指罪刑法定和罪刑相适应原则的精神融入了刑法立法、解释、适用及理论之中,刑法具有保障人权的功能。

美国和德国均具有独特而成熟的刑法文化,刑法自身制约机制比较健全。美国为实现刑法自身制约的措施有:宪法对刑法的限制③,专业素质较高的法官与律师,详细的量刑指南,复杂严格的证据规则,各种依法成立的执行刑法的机构等。德国是大陆刑法的代表国家,刑法理论博大精深,重在阐明刑法的内在结构及其原则,阐明刑法规范作为行为准则的道德与自然法依据及根源。德国刑法历经起自18世纪的贝卡利亚古典派刑法与起自19世纪下半叶新派刑法的洗礼,具有实证性、形式性(理论体系

---

① 〔德〕吴登堡:《德国刑法学的现状》,蔡墩铭译,台北商务印书馆1977年版,第8页。
② 〔德〕耶谢克:《现代刑事政策的国际趋势》,载《刑事法杂志》第30卷第5期。
③ 参见储槐植:《美国刑法》(第2版),北京大学出版社1996年版,第25页。

化)、合理性(追求秩序正义与人道的法律理念)的特征。具体案件的裁决和判决的执行,尽管也依赖于对立法的解释,但刑法理论对这些问题的原理性阐述不仅影响了立法、案件解决的程序与方法,也影响着法官、律师、检察官对立法的解释与适用。总之,刑法立法与司法行为依赖刑法理论,法律专业人才在刑事审判中起支配作用。可以说,德国刑法以理论为核心具备了比较健全的刑法制约机制。

2. 缺乏实证研究的刑罚论

纵观世界刑法史,重大刑法改革运动均与刑罚有关,刑法史基本上是一部刑罚改革史,均通过多种尝试反复探索、改善刑罚各种制度的功效,决定刑罚条文的取舍。马克·安塞尔曾提出现代刑事政策学的三大课题是:改革监禁刑、摆脱监禁刑、非犯罪化与非刑罚化。① 这三大课题无一不直接与刑罚相关。但刑罚理论只能以实证材料为基础,玄思、臆测无济于事。而中国刑罚研究现状中缺乏的正是实证研究。尤其关于刑罚目的的探讨,推测者居多,往往使讨论走入概念迷宫。目前,刑罚制度的设置、刑罚运行机制、量刑准则、判决的执行、犯人的矫正与社会的再安排等现实问题急需研究解决,需要一批理论与实干人才付出努力,作大量的调查、试验和比较研究工作。

(三) 没有充分体现时代精神的刑法分则体系

刑法分则犯罪构成要件体系规定的是刑法所保护的客体秩序。洞察时代的现实要求与发展趋势,使刑法分则体系符合时代精神是刑法学界的重要任务。近几年来,围绕刑法修改提出了许多颇有价值的建议,但仍需继续深入研究。尤其是经济违法行为的"犯罪化"与刑法保护的人文价值,研究得很不足。不立足时代状况,突破教条主义束缚,刑法分则体系不可能实质上实现现代化。比较著名的是关于"法人犯罪"问题的讨论。笔者认为,对该问题的讨论本身就很值得作一番思考。

(四) 对刑法功能缺乏科学考察,刑事政策研究不力

从哲学上讲,刑法的目标是为了解决事关社会与人生的重大问题而不是无关轻重的琐事。但刑法的目标受制于刑法自身的功能。刑法的功能是有限的。这种有限性体现在两个方面,一是刑法规范内容不完整,不可能将所有应予刑罚制裁的行为毫无遗漏地纳入刑法中。这主要是因为社会的发展,新型犯罪层出不穷,未做及时规范。二是刑法只是社会控制体系中最具强制性的一种法律手段。完成社会控制,尤其是预防犯罪的目标,主要应依赖社会综合治理。因此,科学地考察刑法的功能,明了影响刑法功能发挥的内在与外在因素,对于最适当地发挥刑法的作用、正确地制定刑事政策很有意义。目前,对刑法功能的认识还比较肤浅,尽管强调社会综合治理的作用,但近

---

① 参见〔法〕马克·安塞尔:《新刑法理论》,卢建平译,天地图书有限公司1990年版,第四章。

十年来所采取的刑事政策明显存在对刑罚期望值过高的偏向。① 欧洲大陆国家的刑法动态中,出现以刑事政策的观点来说明刑法中各种体系的趋向,试图使刑法解释学与刑事政策学的相互关系进入一个新的境界。② 中国刑法动态中,对刑事政策的研究整体上还不够,但已逐渐加以重视。如北京大学等学校的法律院系已开始给研究生开设刑事政策的专题课,也将出版研究刑事政策的专著。

二、成因分析

导致上述刑法研究方法现状的原因很多,主要有三方面:

(1)历史原因。中国有着几千年的封建历史,封建意识残余仍颇有市场。如法制观念淡薄,不依法办事的现象相当严重,以及仅视刑法为利剑(而不是天平)的工具主义法律文化。这都不利于对刑法作严肃认真的研究。

(2)对世界动态缺乏了解。中国刑法深受苏联刑法理论的影响,理论因循倾向浓厚;中国对外开放的时间不长,学术交流远远不够。两方面的因素影响了对世界刑法动态的了解。没有比较,自难发现自身的欠缺。幸运的是,这两种不利因素均在逐渐消除。

(3)对国情缺乏深刻认识。刑法植根于民族文化与社会生活之中,如果对中国的文化传统、政治经济状况、社会发展趋势研究不够,刑法研究不可能深入,也难以比较刑法研究方法的优劣。

三、改进建议

笔者认为,面对改革开放对中国刑法研究的要求,对刑法制度进行全面反思的时候已经来临。这种反思应从两个层次上进行,一是站在刑法之外研究刑法,即结合各种人文科学对犯罪现象作新的认识,促使刑事思想一体化,使刑法反思变为一场思想运动与改革运动,二是站在刑法之上研究刑法,即对刑法进行哲学思考,深化人们对刑法的认识。要达到这两个层次的刑法反思,首先必须改进刑法研究方法。方法不当,目标永难达成。下面提出几点改进建议:

(1)协调"体系思考"与"问题思考"。"体系思考"重思辨,"问题思考"重实证,因此,这两种方法各有千秋,不可偏废。按照马克思主义认识论原理,对事物的真理性认

---

① 参见储槐植:《严而不厉:为刑法修订设计政策思想》,载《北京大学学报(哲学社会科学版)》1989年第6期。

② 参见李茂生:《刑事政策与刑罚制度》,载《刑事法杂志》第24卷第6期。

识必须走"具体—抽象—具体"的途径。落实到刑法研究,就必须走先实证研究、后理论思考的道路。从刑法思想发展史来看,也说明这一点。从贝卡利亚开始的古典刑法学派重纯粹思辨之"体系思考",忽略实证研究。在19世纪资本主义蓬勃发展的形势下,面对日益严峻的犯罪态势无能为力而遭新派刑法学的抨击,古典刑法学派逐渐失去市场。19世纪下半叶兴起的新派刑法学开始重视刑罚个别化与刑事政策的灵活做法;而且由于自然科学的发达,也提高了人们认识犯罪现象、控制犯罪态势的信心。但纳粹在欧洲对法制与人权的肆虐,又使美国自19世纪末从对新派刑法学的怀疑,逐渐转上一条古典学派与新派调和的道路。世界刑法思想发展历程表明,刑法研究中思辨与实证必须并重,而且只有以重实证之"问题思考"为先导,重思辨的"体系思考"才不会滑向形而上学。因此,目前我国刑法研究方法中摆正"体系思考"与"问题思考"的位置,先将重心移向"问题思考"是当务之急。

(2)拓宽研究视野。这可以从两方面进行:从横的方面,加强刑法比较研究,加深对中国刑法特殊内涵的认识。从纵的方面,刑法理论要与立法、司法融为一体,不可只囿于刑法解释学。应将刑法视为一个动态的系统,确立刑事一体化思想,重视犯罪学与刑事政策学的研究,建立"全刑法学"的概念。

(3)加强判例研究。这有助于提高办案质量,统一刑法的适用,目前也是改进中国刑法研究,给中国刑法学注入新内容的一条途径。

刑法学论文写作谈[*]

《中外法学》1990年第6期"法学论文写作指导"专栏开辟以来刊载的几篇文章,对指导法学各专业领域论文的写作有普遍借鉴意义。为节约篇幅,本文尽可能地避免与之重复。

一、文章越来越难做

不少同志认为,近年来本科生毕业论文和硕士学位论文的质量与过去相比不见提高,甚至有所下降。由于没有进行普遍调查,不敢妄断。假定这一评论大致反映真实情况,我试图评说其原因。首先,诸多客观原因导致青年学生在主观上降低学习积极性或者分散学习精力。其次,后来者居上,虽然是发展总趋势,但是,文章越来越难做,现在的小学生都会进行加减乘除四则运算,然而在人类文明之初第一个说出"1"的人堪称为伟大的数学家(尽管无法考证究竟是谁)。现在任何一位大学刑法学讲师都能够写出一本在质和量上都超过贝卡利亚的《论犯罪与刑罚》的著作,但公认的"近代刑法学之父"毕竟还是贝卡利亚。在我国,70年代末80年代初,内容正确的关于刑法的解释性文章即"法律是这样"就具有社会价值;而现在,有新意的文章多半涉及刑法修订即"法律应当这样"的完善刑事立法的内容。从"是这样"到"应当这样",难度显然提高。文章越来越难写,可以说是普遍趋势。论文指导教师认识这点的意义在于,只有从严要求学生才可能使他们的论文达到合格水平。论文写作者认识这点的意义更加重大,以便树立雄心壮志,知难而进,是做到"后来者居上"的思想前提。有志者事竟成。

二、功到自然成

坚定非把论文写好不可的思想固然重要,但实干才是成功的保证。不少同学说,确实想把论文写好,但是未必真能写好。原因可能多种多样,我以为功夫不到是主要原因。

---

[*] 原载《中外法学》1991年第2期。

论文,是本科生四年知识学习或研究生三年能力培养的综合反映和集中检验。论文成绩是平日功夫的自然结果,因此,必须把眼光前移到平时的日积月累上。没有几年的刻苦努力,要把论文写好是不可能的。平素的努力至少应体现在以下几个方面:

(一) 打牢知识功底

知识是论文写作的原材料,巧妇难为无米之炊。大学生和研究生不可谓没有丰富的知识,然而功底未必坚实。知识功底就青年学生而言首要之点是逐渐形成合理的知识结构。为做好刑法学论文,知识结构必要组成部分至少应包括以下内容:

1. 马克思主义哲学和国家法律理论

大学里都有相应的课程,但是学生中认真阅读马克思、列宁、毛泽东有关方面原著的并不多,而往往满足于片段的、介绍性的间接(第二、第三手)材料。且不说介绍性间接论述的正确性可能有问题,由于介绍性文章与阅读者视角的差异而致使发生认识偏斜也是常有的事情。在一些驳论性文章中批评他人观点不合马克思主义,而真正不合马克思主义观点的恰恰是其本人。有的文章摘引马克思主义经典作家的语录作为论据来论证自己的观点,由于论点与论据两者缺乏内在联系甚至南辕北辙,所以,结论往往并非马克思主义的。造成这种现象的原因之一,是没有阅读马克思主义原著或者虽然阅读但并未领悟其精神实质。

刑法是与现行统治(政权)关系最密切因而政治性(政策性)最强的一个部门法。我国是人民民主专政的社会主义国家,为写好刑法论文,认真学习马克思主义关于国家和法律,尤其有关犯罪和刑罚的论述原著是十分重要的。刑法要为维护现行统治服务,在这个问题上应防止两种偏向,一种是忽视这个服务作用,另一种是近视地、过于狭隘地看待这种服务功能。刑法学论文的社会价值大小在很大程度上取决于为避开这两种偏向所作努力的自觉性高低。

2. 犯罪学—刑法学—行刑学一体化知识

为写好刑法论文,具有较深的刑法学知识自不待言。刑法是关于犯罪和刑罚的法律规范。从研究角度说,关于犯罪,不仅应深入把握其法律结构,而且要了解其发展规律,犯罪学的基本内容之一就是研究犯罪规律。假定不停留在刑法解释学水平上,便应当研究刑事法理(刑法哲学)和刑事政策,因而探讨犯罪规律和行刑效应显得尤其重要。

从社会实践观察,国家刑事司法是一个系统。犯罪引起刑法的制定和适用,对犯罪适用刑法的主要方法是判处刑罚,刑罚目的的实现必须通过刑罚的执行,行刑效果作为信息必然反馈回来影响(制约)刑法的修订和刑事政策的调整。所以,处于刑事司法系统中心环节的刑法要受到两头(犯罪和行刑)的制约。刑法研究不能无视这种相互关系。刑法学论文写作者首先应当是刑法学研究者。

3. 必要的有关知识

应具备诸如社会学、政治学、经济学、史学、伦理学、心理学、逻辑学、数学、系统论、控制论等方面的超过常识的中等知识。各门科学的发展规律是既加深纵深度,又扩大横面联系,不同学科之间的联系日益密切。为适应这个规律,学习者和研究人员就必须不断开阔自己的知识面。例如,写作罪过方面的论文就应当有相当的心理学知识,写作经济犯罪的论文如果缺乏必要的经济学知识,则论文质量肯定会受到影响。

(二) 提高思维能力

知识功底厚实为写好论文提供可能,但并非充足条件。好的论文至少应具有一定的创见或新意。创见和新意其实就是自己的看法与既存的所有他人的看法不同。要达到这点,前提是能够发现他人的看法中"有问题"。一些研究生常发出"读书时不容易发现问题"的慨叹。发现问题是解决问题的先决条件。发现问题确实不容易。广博的知识,多读多想,是"发现问题"的基础,但要真正能够发现问题并进而解决问题,还需要借助于思维能力的提高。

从思维类型看,科学研究(包括论文写作)主要借助于逻辑思维,运用概念、判断、推理以及语言文字表达的方式进行思维操作,从而把握事物的本质和规律。但有时直觉思维(灵感思维)也起作用,甚至是重要作用。一些著名的自然科学家认为,有的重大发现(发明)往往以直觉思维为契机。所谓直觉思维,是指不经过从感性到理性的逻辑思维过程,而是依靠深层的心理体验作用,把"埋藏在潜意识中的思维成果调动出来,同显意识中所要解决的问题相沟通"①,从而使问题突然得到领悟。直觉思维常常发生在这样的场合,经过长久反复的逻辑思维仍感"此路不通",在山重水复疑无路时通过一种偶然的机遇而豁然开朗,呈现出柳暗花明又一村的景象。直觉思维虽有跳跃性特点,但并不是无意识和无条件的。它的出现有两个条件:"一是勤于思索,对问题长久沉思,掌握问题的症结所在;二是富有知识,潜意识中有大量的知识储备。"②这种思维模式不是无源之水,它是长久沉思和大量知识储备在偶然机遇下的产物。其心理机制尽管迄今研究所得尚属粗浅,但确实是许多人,尤其是很多学子共有的经验。

逻辑思维和直觉思维均以勤于思考为基础。勤于思考还应与善于思考相结合。就刑法论文写作而言,善于思考在方法上有三点尤其重要:一是弄清楚所争论的概念的内涵与外延,有时思路理不清往往与概念不明晰有关。二是弄清楚事物内部的层次关系,任何事物本身都是一个系统,均有各自内在的层次结构,分层剖析是认识事物本来面目的有效方法。试举一例说明。关于间接故意的认识因素是否包括认识到危害结果必然发生,这是一个争论已久的问题。肯定说以举生活中确有认识到结果必然发

---

① 谢龙主编:《现代哲学观念》,北京大学出版社1990年版,第173—174页。
② 谢龙主编:《现代哲学观念》,北京大学出版社1990年版,第173—174页。

生但对结果仍持放任态度的实例来说明自己的观点。否定说则用推理方法驳斥肯定说,认为"放任"以存在"两种可能性"为前提,所以认识到必然发生就不存在放任的前提了。迄今为止人们对间接故意存在着理解差误。其实,间接故意没有心理学上的意志因素(两种过失当然也没有)而只有情感因素。罪过的四种形式中只有直接故意才有意志因素。意志是以自觉目的(目的就是希望达到的结果)支配行动的心理活动。情感是对外界事物(犯罪构成中的危害结果)的态度和评价的心理活动,它可区分为肯定的情感(直接故意中的)、否定的情感(过失犯罪中的)和模糊的情感(间接故意中的)。模糊的情感在数轴上表示为一个区间,有的更接近于肯定性情感,有的更接近于否定性情感,"接近"的程度大小不等。情感(属非理性因素)与认识(属理性因素)经常会出现矛盾。在轻信过失中表现得很突出,上述争论问题也是这种矛盾的反映。关键在于如何解释这一现象。否定说把认识因素与情感因素(即通常所说的意志因素)放在同一层次上并以认识因素为主导进行推论,从而得出不承认矛盾的结论。其实,情感与认识从心理机制上观察它们不在同一层次上,两者并非主次关系。情感对认识起驱动作用和控制作用。就某一具体心理过程看,并不是认识驱动和控制情感。在认识到危害结果可能发生时,间接故意的情感因素是较典型的"放任"。在认识到危害结果必然发生时,情感因素便是特殊的放任即"放纵"(由模糊态趋近于但还不等于肯定态),然而也不能说是"希望"。从认识推导(运用逻辑思维)情感,这不符合情感的非理性特征(它与意志是不同的),也没有注意到心理机制的层次关系。肯定说的结论虽然正确,但以举例方式代替理论分析则缺乏说服力。三是弄清楚事物的外部关系。经常有这样的现象,某一事物从局部是可行的,而从全局看是不可行的,也有相反的情形。

(三) 训练文字能力

如果说思维是用脑,那么,文字主要是动手。如果说思维是认识,那么文字主要是实践。常听同学说"想得挺好,写出来就不是那回事了"。这主要是文字功底浅的缘故。训练文字表达能力的唯一办法是多写。

勤动笔,有许多好处。首先是提高写作能力,其次是补充思考的不足。把脑中的东西落实到纸上,常常会发现思考不全面、不周密、不确切甚至不正确,修改文章就是补充思考或重新思考。与此相关的第三个好处是有助于提高思维的精确度。

文字训练的方法是多写。写作贵在"多",没有足够的量就没有相当的质。平时写作分为两类,一类是必写的,例如,本科生二年级和三年级两次学年论文,加上各课程书面作业,假定每课平均两次,这样到毕业时至少有过50次写作练习。研究生也应有一定量的必写作业,而且应有最少字数规定,例如,刑法学这门课就有3次,每次都是一篇3000字或5000字以上的简短论文。如果各门必修课和限制性选修课都有类似要求（至少必写一篇），那么，在写学位论文以前至少有过 20 次像样的写作练习。另一类是同学自己主动写作，鼓励他们向报刊投稿，写作过程中教师应给予必要的指点和帮助。古人云"读书破万卷，下笔如有神"。我改为：写作过百篇，下笔不发愁。

最后，需要声明的是，本文没有按"选题—搜集资料、社会调查—提出论文纲要—论文写作、修改和定稿"这样的"论文写作指导"格式进行叙述，像是有点儿出格，而是侧重于指明为写好论文必须有长期的训练和准备，这倒不是别出心裁，是否可称为广义上的写作指导？

编辑后记

摆在读者诸君面前的这本《储槐植文选》，是中国当代著名刑法学家、犯罪学家、中国刑事政策学的开拓者、法学教育家、北京大学荣誉退休教授、北京师范大学刑事法律科学研究院特聘教授、中国刑法学研讨会顾问储槐植先生的个人学术文选。

《储槐植文选》收录了储师自20世纪80年代至今公开发表的100余篇学术论文、演讲与随笔，内容涵盖刑事一体化与关系刑法论，刑事政策论，刑事立法论，刑法解释论，外国刑法论，关系犯罪学与犯罪场论，监狱、行刑与劳动教养以及刑法研究心得八大主题。作为中国法学界公认的刑事科学思想家，储师对刑法学、犯罪学、刑事政策学、刑事执行法学、外国刑法学等诸多领域，都贡献了具有独特个人标签意义的原创性学术思想、概念和命题，包括刑事一体化、刑法现代化、刑法契约化、刑法机制、刑法结构严而不厉、刑法例外规律、正视法定犯时代的到来、犯罪概念的定量因素、数量刑法学、持有作为第三行为方式、一个半因果关系、复合罪过形式、罪数不典型、关系刑法学与关系犯罪学、犯罪场、监狱行刑悖论等。此外，储师早在1987年就对美国刑法精髓进行了鞭辟入里的分析、归纳和提炼，其所著《美国刑法》迄今为止仍然是国内美国刑法研究领域无法超越的巅峰。

储师这些闪耀着智者与哲人的思想光辉，每每令人茅塞顿开、拍案叫绝的学术思想、概念和命题，散见于时间跨度为整整四十年的学术期刊、报端、演讲录以及著作或教材之中，虽然此前亦曾被部分收录于《刑事一体化与关系刑法论》（北京大学出版社1997年版）、《刑事一体化论要》（北京大学出版社2007年版）两部文集之中，但是，一则收录范围有限，二则没有反映储师近年来不顾年事已高仍然皓首穷经、笔耕不辍的最新研究成果。因此，在储师即将迎来九十华诞之际，征得储师本人同意后，我着手对储师的学术文选进行收集、整理，并按照上述主题进行了编排。

需要特别说明的是，在包括储师在内的几代中国刑法学人的持续推动之下，中国刑法学、犯罪学、刑事政策学、刑事执行法学研究实现了跨越式发展，中国刑事法治亦开启了追求良法善治、努力实现个案正义的新征程。以今天的眼光和标准温习储师在几十年前的著述，不难发现其中某些具体论述可能具有一定的时代局限性。但是，这些具有一定时代局限性的具体论述，是储师思想历程的客观记录，正是这些点点滴滴的学术努力，最终汇聚成持续推动中国刑法学术与刑事法治进步的时代洪流。更为重要的是，通过对储师不同时期的学术思想的完整展现，读者可以真切地感受到德高望重、学贯中西的储师不唯上，不唯书，不崇洋，只唯实，立足中国本土实践，直面中国问题，独立思考，不断创新的大师风范。储师坚定的学术理念、深邃的学术思想、独特的学术范式、科学的学术态度，仍然可以使后辈学人得到深刻的学术启迪。

在本书的编辑和出版过程中，北京大学法学院博士研究生刘颖恺、陈俊良，硕士研究生解彦梓、徐彬喆与杨可等同学协助我进行了文献的下载、转换和整理。北京大学出版社蒋浩副总编辑热情支持本书的出版，并同步支持出版储师九十华诞祝贺文集《刑事一体化：源流、传承与发展》。责任编辑李娜女士等人极其认真、细致、专业地审校了全部书稿。深圳市北大创新发展基金会为本书的出版提供了出版资助，上海财经大学麻国安教授给予了特别支持。对以上诸君的支持与贡献，我谨代表储师与我本人表示由衷的谢意与敬意！

梁根林

2022 年 9 月 28 日